DEUTSCHES LITERATUR-LEXIKON

NACHTRAGSBAND III

Deutsches Literatur-Lexikon

BIOGRAPHISCH-BIBLIOGRAPHISCHES HANDBUCH

BEGRÜNDET VON WILHELM KOSCH

DRITTE, VÖLLIG NEU BEARBEITETE AUFLAGE

NACHTRAGSBAND III:
N – Z

WISSENSCHAFTLICHER BEIRAT:
WOLFGANG ACHNITZ, LUTZ HAGESTEDT, MARIO MÜLLER,
CLAUS-MICHAEL ORT, REIMUND B. SDZUJ

DE GRUYTER

DIE MITARBEITERINNEN UND MITARBEITER DIESES BANDES

Florian Altenhöfer, M. A., Leipzig; Prof. Dr. Christoph Fasbender, Chemnitz;
Eleonore Hofmann, München; Dr. Suliko Hofschulte-Mikelashvili, Hamburg;
Bruno Jahn, München; Dr. Mike Malm, München; Prof. Dr. Mario Müller, Hildesheim;
Prof. Dr. Claus-Michael Ort, Kiel; PD Dr. Reimund B. Sdzuj, Greifswald;

WISSENSCHAFTLICHER BEIRAT

Mittelalter: PD Dr. Wolfgang Achnitz, Universität Münster
Frühe Neuzeit: PD Dr. Reimund B. Sdzuj, Universität Frankfurt/M., Universität Greifswald
18. Jahrhundert: Prof. Dr. Mario Müller, Universität Hildesheim
19. Jahrhundert: Prof. Dr. Claus-Michael Ort, Universität Kiel
20. und 21. Jahrhundert: Prof. Dr. Lutz Hagestedt, Universität Rostock

REDAKTIONELLE LEITUNG

Bruno Jahn

REDAKTIONSSCHLUSS

15. September 2021

ISBN 978-3-11-072691-6
e-ISBN (PDF) 978-3-11-072641-1
e-ISBN (EPUB) 978-3-11-072647-3

Bibliographische Information Der Deutschen Nationalbibliothek
Die Deutsche Nationalbibliothek verzeichnet diese Publikation in der Deutschen
Nationalbibliographie; detaillierte bibliographische Daten sind im Internet über
http://dnb.d-nb.de abrufbar.

© Copyright 2022 Walter de Gruyter GmbH, Berlin/Boston
Satz: bsix information exchange GmbH, Braunschweig
Druck: Beltz Grafische Betriebe GmbH, Bad Langensalza
♾ Gedruckt auf säurefreiem Papier
Printed in Germany
www.degruyter.com

ABKÜRZUNGS- UND SIGLENVERZEICHNIS

ABKÜRZUNGSVERZEICHNIS

Abkürzungen gelten auch für die entsprechenden Flexionsformen. Adjektive auf -lich und -isch werden in der Regel abgekürzt.

Abb.	Abbildung(en)	Bibl.	Bibliothek(en), Bibliot(h)eca, Bibliothèque
Abdr.	Abdruck		
Abh.	Abhandlung(en)	bibliogr.	bibliographisch
Abt.	Abteilung(en)	Bibliogr.	Bibliographie(n)
ahd.	althochdeutsch	biogr.	biographisch
Akad.	Akademie(n)	Biogr.	Biographie(n)
allg.	allgemein	Bl.	Blatt, Blätter
Anh.	Anhang	BR	Bayerischer Rundfunk
Anm.	Anmerkung(en)	Briefw.	Briefwechsel
Ann.	Annalen, Annales, Annals, Annali	BSB	Bayerische Staatsbibliothek, München
anon.	anonym	Bull.	Bulletin
Anthol.	Anthologie(n)	Burl.	Burleske(n)
Anz.	Anzeiger, Anzeigen		
a. o. Prof.	außerordentl. Prof.	CD	Compact Disc
apl. Prof.	außerplanmäßige(r) Prof.	CDU	Christlich Demokratische Union
Arch.	Archiv		
ARD	Arbeitsgemeinschaft der öffentlich-rechtlichen Rundfunkanstalten der Bundesrepublik Deutschland	Chron.	Chronik(en)
		Cod.	Codex, Codices
		CSU	Christlich-Soziale Union in Bayern
AT	Altes Testament	Cty.	County
Auff.	Aufführung(en)	CVP	Christlichdemokratische Volkspartei
Aufl.	Auflage(n)		
Aufs.	Aufsatz, Aufsätze		
Aufz.	Aufzeichnung(en)	D.	Drama
Ausg.	Ausgabe(n)	d. Ä.	der (die) Ältere
ausgew.	ausgewählt	Darst.	Darstellung(en)
Ausw.	Auswahl	dass.	dasselbe
Ausz.	Auszug, Auszüge	dems.	demselben
autobiogr.	autobiographisch	Dép.	Département
Autobiogr.	Autobiographie(n)	ders.	derselbe
		DFG	Deutsche Forschungsgemeinschaft
Ball.	Ballade(n)		
BBC	British Broadcasting Corporation	Dg.	Dichtung(en)
		d. Gr.	der (die) Große
Bd., Bde., Bdn.	Band, Bände, Bänden	d. i.	das ist
bearb., Bearb.	bearbeitet, Bearbeiter(in), Bearbeitung	Dial.	Dialog(e)
		dies.	dieselbe(n)
begr.	begründet	Diss.	Dissertation
Beih.	Beiheft(e)	d. J.	der (die) Jüngere
Beitr.	Beitrag, Beiträge	DLA	Deutsches Literaturarchiv/ Schiller-Nationalmus., Marbach
Bem.	Bemerkung(en)		
Ber.	Bericht(e)		
bes.	besonders	DLF	Deutschlandfunk
Bez.	Bezirk	DNB	Deutsche Nationalbibl.

Doz.	Dozent(in)	FS	Festschrift, Festgabe
Dr.	Doktor	FU	Freie Univ.
Drehb.	Drehbuch		
dt.	deutsch	GDZ	Göttinger Digitalisierungs-
durchges.	durchgesehen(e)		zentrum
		geb.	geborene
ebd.	ebenda	Ged.	Gedicht(e)
ed.	editio, edidit, ediert v., edited by	gedr.	gedruckt
		gegr.	gegründet
ehem.	ehemalig(er), ehemals	gem.	gemeinsam
eig.	eigentlich	gen.	genannt
Einf.	Einführung(en)	ges.	gesammelt(e)
eingel.	eingeleitet	Gesch.	Geschichte(n)
Einl.	Einleitung(en)	Gesellsch.	Gesellschaft
enth.	enthält, enthalten(d)	Ggw.	Gegenwart
Ep.	Epos, Epen	GSA	Goethe-Schiller-Arch., Weimar
Epigr.	Epigramm(e)		
erg.	ergänzt	GSt.arch.	Geheimes Staatsarch.
ErgBd., ErgBde.	Ergänzungsband, Ergänzungsbände		
		H.	Heft(e)
ErgH.	Ergänzungsheft(e)	HAAB	Herzogin Anna Amalia Bibl.
Erinn.	Erinnerung(en)	HAB	Herzog August-Bibl., Wolfenbüttel
erl., Erl.	erläutert, Erläuterung(en)		
ersch.	erschienen	Habil.	Habilitation
erw.	erweitert	h.c.	honoris causa
Erz.	Erzähler, Erzählung(en)	hd.	hochdeutsch
Ess.	Essay(s)	Hdb.	Handbuch, Handbücher
ETH	Eidgenössische Technische Hochschule	hebr.	hebräisch
		hg., Hg.	herausgegeben (von), Herausgeber(in)
evang.	evangelisch		
Ex.	Exemplar	hist.	historisch
		hl.	heilig
f., ff.	folgende Seite(n), folgende Spalte(n), folgendes (folgende) Jahr(e)	Hörsp.	Hörspiel
		HR	Hessischer Rundfunk
		hs., Hs., Hss.	handschriftlich, Handschrift, Handschriften
F.	Folge		
Facs.	Facsimile, Faksimile	HU	Humboldt-Univ.
Fak.	Fakultät(en)		
Fass.	Fassung	illustr., Illustr.	illustriert, Illustration(en)
FDH	Freies Dt. Hochstift – Frankfurter Goethemus., Frankfurt/M.	insbes.	insbesondere
		in Verb. mit	in Verbindung mit
		in Vorb.	in Vorbereitung
FDP	Freie Demokratische Partei	Inst.	Institut(e)
FPÖ	Freiheitliche Partei Österreichs	Interpr.	Interpretation(en)
		ital.	italienisch
Feuill.	Feuilleton(s)		
fol.	folio	Jb.	Jahrbuch, Jahrbücher
Forsch.	Forschung(en)	Jber.	Jahresbericht(e)
Forts.	Fortsetzung(en)	Jg.	Jahrgang, Jahrgänge
fragm., Fragm.	fragmentarisch, Fragment(e)	Jgdb.	Jugendbuch
Frfr.	Freifrau	Jh.	Jahrhundert(e)
Frhr.	Freiherr		
frz.	französisch	Kap.	Kapitel

Kat.	Katalog(e)	Nachw.	Nachwort
kath.	katholisch	nd.	niederdeutsch
Kdb.	Kinderbuch	NDR	Norddeutscher Rundfunk
Kl.	Klasse	nds.	niedersächsisch
Kom.	Komödie(n)	Neudr.	Neudruck(e)
komm., Komm.	kommentiert(e), Kommentar(e)	NF	Neue Folge
		nhd.	neuhochdeutsch
KPD	Kommunistische Partei Deutschlands	nlat.	neulateinisch
		Nov.	Novelle(n)
KPÖ	Kommunistische Partei Österreichs	Nr.	Nummer
		NS	Neue Serie, Nova Series, New Series, Nouvelle Série, Nuova Seria
Kr.	Kreis		
Kt.	Kanton		
		NSDAP	Nationalsozialistische Deutsche Arbeiterpartei
lat.	lateinisch		
LB	Landesbibl.	NT	Neues Testament
Lb., Lbb.	Lebensbild, Lebensbilder	NWDR	Nordwestdeutscher Rundfunk
Leg.	Legende(n)		
Lex.	Lexikon, Lexika		
Lfg.	Lieferung	ÖNB	Österreichische Nationalbibl.
Libr.	Libretto, Libretti	öst.	österreichisch
lic.	licentiatus	ÖVP	Österreichische Volkspartei
lit., Lit.	literarisch, Literatur(en)	o. J.	ohne Jahr
Lkr.	Landkreis	op.	opus
LP	Langspielplatte	o. Prof.	ordentl. Prof.
Lsp.	Lustspiel	ORB	Ostdeutscher Rundfunk
luth.	lutherisch	ORF	Österreichischer Rundfunk
M. A.	Magister Artium, Master of Arts	P.	Prosa
		Pap.	Papier
MA, ma.	Mittelalter, mittelalterlich	Par.	Parodie(n)
masch.	maschinenschriftlich	Perg.	Pergament
Mbl.	Monatsblatt, Monatsblätter	PH	Pädagog. Hochschule
MDR	Mitteldeutscher Rundfunk	Philol.	Philologie
mhd.	mittelhochdeutsch	philos., Philos.	philosophisch, Philosophie
Mitarb.	Mitarbeit(er, -erin)	Präs.	Präses, Präsident(in)
Mitgl.	Mitglied(er)	Prof.	Professor(in)
Mitt.	Mitteilung(en)	Progr.	Programm(e)
Mitw.	Mitwirkung	Prov.	Provinz
mlat.	mittellateinisch	Ps.	Pseudonym(e)
mnd.	mittelniederdeutsch	Publ.	Publikation(en), Publication(s)
m.n.e.	mehr nicht erschienen		
mnl.	mittelniederländisch		
Monogr.	Monographie(n)	Qschr.	Quartalschrift(en)
Ms., Mss.	Manuskript, Manuskripte		
Mschr.	Monatsschrift	R.	Reihe(n)
Msp.	Märchenspiel	RB	Radio Bremen
Mus.	Museum	RBB	Rundfunk Berlin Brandenburg
NA	Neuauflage	rd.	rund
Nachdr.	Nachdruck(e)	red., Red.	redigiert, Redaktion, Redakteur(in)
Nachr.	Nachricht(en)		
Nachtr.	Nachtrag, Nachträge	Reg.	Register

Rel., rel.	Religion, religiös	Sz.	Szene(n)
Rep.	Reportage(n)		
Resp.	Respondent(en)	Tb.	Taschenbuch
rev.	revidiert	TH	Techn. Hochschule
Rev.	Revue, Review	Theol.	Theologie
RIAS	Rundfunk im amerikanischen Sektor	Tl., Tle., Tln.	Teil, Teile, Teilen
		Trag.	Tragödie(n)
Rom.	Roman(e)	Trauersp.	Trauerspiel(e)
Rs.	Rundschau	Tril.	Trilogie
RSB	Radio Saarbrücken	Td.	Tausend
		TU	Techn. Univ.
s.	siehe	tw.	teilweise
S.	Seite(n)		
Sachb.	Sachbuch	u.	und
Sb.	Sitzungsbericht(e)	u. a.	und andere, unter anderem
SB	Staatsbibl.	u. ä.	und ähnliche(s)
SBPK	Staatsbibl. zu Berlin Preuß. Kulturbesitz	UB	Univ.bibl.
		u. d. T.	unter dem Titel
Schausp.	Schauspiel	überarb.	überarbeitet(e)
Schr.	Schrift(en)	überl., Überl.	überliefert, Überlieferung
Schriftst.	Schriftsteller(in)	übers., Übers.	übersetzt, Übersetzer(in), Übersetzung(en)
Schw.	Schwank, Schwänke		
schweiz.	schweizerisch	übertr., Übertr.	übertragen, Übertragung(en)
SDR	Süddeutscher Rundfunk	ULB	Univ.- u. Landesbibl.
SED	Sozialistische Einheitspartei Deutschlands	unbek.	unbekannt
		ungedr.	ungedruckt
sep.	separat	Univ.	Universität(en), Université, University
SFB	Sender Freies Berlin		
Slg.	Sammlung(en)	Unters.	Untersuchung(en)
SLUB	Sächs. LB – Staats- und Univ.bibl. Dresden	unvollst.	unvollständig
		u. ö.	u. öfter
sog.	sogenannt	Urauff.	Uraufführung
Son.	Sonett(e)	urspr.	ursprünglich
Sp.	Spiel(e)	USPD	Unabhängige Sozialdemokratische Partei Deutschlands
SPD	Sozialdemokratische Partei Deutschlands		
		usw.	und so weiter
SPÖ	Sozialdemokratische Partei Österreichs		
		v.	von
SR	Saarländischer Rundfunk	V., VV.	Vers, Verse
SRG	Schweizer Rundspruch-Gesellschaft	v. a.	vor allem
		Vbdg.	Verbindung
SStB	Staats- u. Stadtbibl.	Ver.	Verein(e), Vereinigung(en)
St.	Sankt, Saint; Stück(e)	verb.	verbessert
StB	Stadtbibl.	Verf.	Verfasser(in)
StLB	Stadt- u. Landesbibl.	verh.	verheiratet
Str.	Strophe(n)	verm.	vermehrt
StUB	Stadt- u. Univ.bibl.	veröff., Veröff.	veröffentlicht, Veröffentlichung(en)
Stud.	Studium, Studie(n)		
SUB	Staats- u. Univ.bibl.	vers.	versehen
Suppl.	Supplement(e)	versch.	verschieden(e, -es)
SVP	Schweizerische Volkspartei	verw.	verwitwet
SWF	Südwestfunk	Verz.	Verzeichnis(se)
SWR	Südwestrundfunk	Vgh.	Vergangenheit

vgl.	vergleiche	zahlr.	zahlreiche
Vjs.	Vierteljahresschrift	z. B.	zum Beispiel
Volksk.	Volkskunde	ZB	Zentralbibl.
Volksst.	Volksstück	Zeichn.	Zeichnung(en)
vollst.	vollständig	ZLB	Zentral- und Landesbibliothek
Vorw.	Vorwort		
		Zs.	Zeitschrift(en)
wahrsch.	wahrscheinlich	Ztg.	Zeitung(en)
Wb.	Wörterbuch	zus.	zusammen
WDR	Westdeutscher Rundfunk	zus.gest.	zusammengestellt
wiss., Wiss,	wissenschaftlich, Wissenschaft(en)	zw.	zwischen
Ws.	Wochenschrift	z. Z.	zur Zeit

ABKÜRZUNGEN GEOGRAPHISCHER NAMEN

Br.	Breisgau	Rhld.	Rheinland
Burgenl.	Burgenland	Schles.	Schlesien
Dtl.	Deutschland	Siebenb.	Siebenbürgen
Erzgeb.	Erzgebirge	Thür.	Thüringen
Frankfurt/M.	Frankfurt am Main	Ts.	Taunus
Frankfurt/O.	Frankfurt an der Oder	Vogtl.	Vogtland
		Westf.	Westfalen
Friesl.	Friesland	Württ.	Württemberg
Holst.	Holstein		
Kurl.	Kurland	*USA-Bundesstaaten:*	
Livl.	Livland	Conn.	Connecticut
Mecklenb.	Mecklenburg	Ill.	Illinois
Ndb.	Niederbayern	Kalif.	Kalifornien
Nds.	Niedersachsen	Mass.	Massachusetts
Obb.	Oberbayern	Mich.	Michigan
Öst.	Österreich	N. Y.	New York (Staat)
Pomm.	Pommern	Wash.	Washington
Pr.	Preußen	Wisc.	Wisconsin

SIGLENVERZEICHNIS

AAB	Abh. der Dt. (ab 1946; bis dahin Preuß.) Akad. der Wiss.. zu Berlin. Phil.-hist. Kl., 1804 ff.	ABäG	Amsterdamer Beitr. zur älteren Germanistik, Amsterdam 1972 ff.
AAG	Abh. der Königl. Gesellsch. der Wiss., Göttingen	ABnG	Amsterdamer Beitr. zur neueren Germanistik, Amsterdam 1972 ff.
AAH	Abh. der Heidelberger Akad. der Wiss. Phil.-hist. Kl., 1913 ff.	ADB	Allg. Dt. Biogr., 55 Bde., Reg.-Bd., 1875–1912
AAM	Abh. der Bayer. Akad. der Wiss. Phil.-hist. Kl., 1833 ff., 1910 ff.	Adelung	Allg. Gelehrten-Lex. v. C. G. Jöcher, Forts. v. J. C. Adelung u. H. W. Rotermund, 7 Bde., 1784–1879

AfdA	Anz. für dt. Altertum u. dt. Lit., 1876–1989	Baader	C. A. Baader, Lex. verstorbener bayer. Schriftst. des 18. u. 19. Jh., 2 Bde., 1824/25
AfK	Arch. für Kulturgesch., 1903 ff.		
AG	Acta Germanica. Kapstadt 1966 ff.	Bartsch-Golther	K. Bartsch, Dt. Liederdichter des 12. bis 14. Jh. Eine Ausw., 1864 (4. Aufl., besorgt v. W. Golther, 1901; Nachdr. 1966)
AH	Analecta Hymnica Medii Aevi (hg. C. Blume, G. M. Dreves [u. H. M. Bannister]) 55 Bde., 1886–1922 (Nachdr. 1961; Reg., hg. M. Lütolf, Bd. I/1, I/2, II, 1978)		
		BB	Bayer. Bibl. Texte aus zwölf Jh., hg. H. Pörnbacher u. B. Hubensteiner, 5 Bde., 1978–90
AION(T)	Istituto Universitario Orientale. Annali. Sezione Germanica. Studi Tedeschi, Neapel 1958 ff.	BDL	Bibl. der Dt. Lit. Mikrofiche-Gesamtausg. nach Angaben des Taschengoedeke (bearb. A. Frey) 1995 (2., überarb. u. erw. Ausg. u. Suppl. 1, 1999; Suppl. 2, 2002–05)
AKL	Allgemeines Künstlerlex. Die Bildenden Künstler aller Zeiten u. Völker, 1992 ff.		
Albrecht-Dahlke	Internationale Bibliogr. zur Gesch. der dt. Lit. v. den Anfängen bis zur Ggw. unter Leitung u. Gesamtred. v. G. Albrecht u. G. Dahlke, 4 Tle., 1969–84	Biogr.-Bibliogr. Kirchenlex.	Biogr.-Bibliogr. Kirchenlex., bearb. u. hg. F. W. Bautz, fortgeführt v. T. Bautz, 1975 ff.
		Biogr. Jb.	Biogr. Jb. u. Dt. Nekrolog, hg. A. Bettelheim, 18 Bde., 1897–1917, 2 Reg.bde., 1908 u. 1973
Archiv	Arch. für das Stud. der neueren Sprachen u. Literaturen, 1846 ff.		
ARG	Arch. für Reformationsgesch., 1903 ff.	Börsenbl. Leipzig	Börsenbl. für den Dt. Buchhandel, hg. vom Börsenverein der Dt. Buchhändler zu Leipzig, 1834 ff. (1945–1990: Zusatz «Leipzig»)
ARW	Arch. für Rel.wiss., 1898–1941/42		
Aufriß	Dt. Philol. im Aufriß, hg. W. Stammler, Nachdr. der 2., überarb. Aufl., 3 Bde. u. 1 Reg.bd., 1978	Börsenbl. Frankfurt	Börsenbl. für den Dt. Buchhandel, Frankfurter Ausg. 1945–1990
		de Boor-Newald	Gesch. der dt. Lit. v. den Anfängen bis zur Gegenwart, hg. H. de Boor u. R. Newald, 1949 ff.
AUMLA	AUMLA, Journal of the Australasian Universities Language and Literature Association, Christchurch 1953 ff.		
		Braune-Ebbinghaus	Ahd. Lesebuch. Zus.gest. u. mit einem Wb. vers. v. W. Braune, fortgeführt v. E. A. Ebbinghaus, 17. Aufl., 1994
Autorenlex.	Autorenlex. dt.sprachiger Lit. des 20. Jh. (überarb. u. erw. Neuausg., hg. M. Brauneck) 1995		
		Brunhölzl	F. Brunhölzl, Gesch. der lat. Lit. des MA, 2 Bde., 1975 u. 1992
BA	Books Abroad, 1–50 Norman/Oklahoma 1927–76 (ab 51, 1977, u.d.T.: World Literary Today)	BWG	Biogr. Wb. zur dt. Gesch., 2. Aufl., hg. K. Bosl, G. Franz u. H. H. Hofmann, 3 Bde., 1973–75

CineGraph	CineGraph. Lex. zum dt.sprachigen Film, hg. H.-B. Bock, 1984 ff.	DU	Der Deutschunterricht, 1949 ff.
CL	Comparative Literature, Eugene/Oregon 1949 ff.	Dünnhaupt	G. Dünnhaupt, Personalbibliogr. zu den Drucken des Barock. 2., verb. u. wesentl. verm. Aufl. des Bibliogr. Hdb. der Barocklit., 6 Bde., 1990–93
CollGerm.	Colloquia Germanica, 1967 ff.		
Cramer	T. Cramer, Die kleineren Liederdichter des 14. u. 15. Jh., 4 Bde., 1977–85		
		DVjs	Dt. Vjs. für Lit.-wiss. u. Geistesgesch., 1923–44, 1949 ff.
Daphnis	Daphnis, Zs. für Mittlere Dt. Lit., 1972 ff.		
		EG	Etudes germaniques, Paris 1946 ff.
DB	Dt. Bücher, Amsterdam 1971 ff.	Ehrismann	G. Ehrismann, Gesch. der dt. Lit. bis zum Ausgang des MA, 4 Bde., 1918–35
DBE	Dt. Biogr. Enzyklopädie, hg. W. Killy u. R. Vierhaus, 13 Bde., 1995–2003; 2., überarb. u. erw. Ausg., hg. R. Vierhaus, 12 Bde., 2005–08		
		Ersch-Gruber	Allg. Encyclopädie der Wiss. u. Künste, begr. v. J. S. Ersch u. J. G. Gruber, 167 Bde., 1818–89, unvollständiger Nachdr. 1969–92
Denecke-Brandis	Die Nachläse in den Bibl. der Bundesrepublik Dtl., bearb. v. L. Denecke; 2., Aufl., völlig neu bearb. v. T. Brandis, 1981		
		Euph.	Euphorion. Zs. für Lit.gesch., 1894 ff.
		FA	Frankfurter Anthol., hg. M. Reich-Ranicki, 1976 ff.
Dict. Spir.	Dictionnaire de spiritualité ascétique et mystique. Doctrine et histoire. Fondé par M. Viller ... 17 Bde., Paris 1937–95	Fabula	Fabula. Zs. für Erzählforsch., 1960 ff.
		FdF	C. Faber du Faur, German Baroque Literature, New Haven, Bd. 1, 1958, Bd. 2, 1969
DL	Die dt. Lit. [...] Texte u. Zeugnisse, hg. W. Killy, 7 Bde., 1963–78 (Nachdr. 1988)		
		FH	Frankfurter H., Zs. für Kultur u. Politik, 1946 ff.
DLE	Dt. Lit. Slg. lit. Kunst- u. Kulturdenkmäler in Entwicklungsreihen, hg. H. Kindermann, 1928–50 (Nachdr. 1964–70)	Flood, Poets Laureate	J. L. Flood, Poets Laureate in the Holy Roman Empire. A Bio-bibliograpical Handbook, 4 Bde., 2006
		Frels	W. Frels, Dt. Dichterhss. 1400–1900, 1934
DLZ	Dt. Lit.-Ztg., 1880 ff.		
DMA	Dictionary of the Middle Ages, hg. J. R. Strayer, 13 Bde., New York 1982–89; Suppl. 1, 2004	GA	Gesammtabenteuer, hg. F. H. v. der Hagen, 3 Bde., 1850 (Neudr. 1961; NA des 1. Bd. 1968)
DNL	Dt. National-Lit., hg. J. Kürschner, 1882–99	GermWrat	Germanica Wratislaviensia, Breslau 1957 ff.
DR	Dt. Rundschau, 1874 ff.		
DSL	Die Schöne Lit., 1924 ff.	GGA	Göttingsche Gelehrte Anz., 1739 ff.
Dt. biogr. Jb.	Dt. biogr. Jb., hg. H. Christern, 11 Bde., 1925–32, Reg.bd. 1986	GLL	German Life and Letters, Oxford 1936 ff.

Goedeke	K. Goedeke, Grundriß zur Gesch. der dt. Dg. aus den Quellen, 2. Aufl. 1884 ff.; IV/1–5 3. Aufl. 1910 ff.; NF 1955 ff.	HLS	Hist. Lex. der Schweiz, hg. Stiftung Hist. Lex. der Schweiz, 2002 ff. (auch online, e-HLS)
Goedeke Forts.	Dt. Schriftstellerlex. 1830–1880, hg. v. der Berlin-Brandenburgischen Akad. der Wiss., 1995 ff.	HMS	Minnesinger. Ges. u. hg. v. F. H. v. der Hagen, 7 Tle. in 3 Bdn., 1838–56 (Neudr. 1963)
GQ	The German Quarterly, Menasha/Wisc. 1928 ff. Appleton/Wisc. 1949 ff.	HZ	Hist. Zs., 1859 ff.
		IASL	Internationales Arch. für Sozialgesch. der dt. Lit., 1976 ff.
GR	The Germanic Review, New York 1926 ff.	IG	Internationales Germanistenlex. 1800–1950, hg. u. eingel. C. König, 3 Bde., 2003
GRM	Germanisch-Romanische Mschr., 1909–43, NF 1950/51 ff.		
		Inscape	Inscape, Ottawa/Kanada 1959 ff.
Hall-Renner	M. G. Hall u. G. Renner, Hdb. der Nachlässe u. Slg. öst. Autoren, 1992; 2., neu bearb. u. erw. Aufl. 1995	Inventar	Inventar zu den Nachlässen emigrierter dt.sprachiger Wissenschaftler in Arch. u. Bibl. der Bundesrepublik Dtl., hg. K.-D. Lehmann, 2 Bde., 1993
Hamberger/Meusel	G. C. Hamberger, J. G. Meusel, Das gelehrte Teutschland oder Lex. der jetzt lebenden teutschen Schrift., 5., verm. u. verb. Ausg., 23 Bde., 1796–1834 (Nachdr. 1965/66; Reg.bd. 1979)		
		JASILO	Jb. des Adalbert-Stifter-Inst. des Landes Oberöst., 1994 ff.
		Jb. Darmstadt	Dt. Akad. für Sprache u. Dg., Darmstadt, Jb., 1953 ff.
HBLS	Hist.-Biogr. Lex. der Schweiz, 7 Bde., 1921–34	JbFDH	Jb. des Freien Dt. Hochstifts, 1920 ff.
Hdb. Editionen	Hdb. der Editionen. Dt.sprachige Schriftst. vom Ausgang des 15. Jh. bis zur Ggw., bearb. v. W. Hagen, I. Jensen, E. u. H. Nahler, ²1981	JEGP	The Journal of English and Germanic Philology, Urbana/Ill. 1897 ff.
		Jöcher	C. G. Jöcher, Allg. Gelehrten-Lex., 4 Bde., 1750–87
Hdb. Emigration	Biogr. Hdb. der dt.sprachigen Emigration nach 1933. Hg. Inst. für Zeitgesch., München, u. Research Foundation of Jewish Emigration, Inc., New York, 3 Bde., 1980–83	Jördens	K. H. Jördens, Lex. dt. Dichter u. Prosaisten, 6 Bde., 1806–11
		Killy	Lit. Lex. Autoren u. Werke dt. Sprache, hg. W. Killy, 15 Bde., 1988–93 (2., vollständig überarb. Aufl. u.d.T.: Killy Lit.lex. Autoren u. Werke des dt.sprachigen Kulturraumes, hg. W. Kühlmann, 13 Bde., 2008–12)
HdG	Hdb. der dt. Gegenwartslit., 3 Bde., hg. H. Kunisch u. a., ²1969/70		
Heiduk	F. Heiduk, Oberschles. Lit.-Lex. Biogr.-bibliogr. Hdb., 3 Bde., 1990–2000		
		KLG	Krit. Lex. zur dt.sprachigen Gegenwartslit., hg. H. L. Arnold, 1978 ff.
Hist. Wb. Rhetorik	Hist. Wb. der Rhetorik, hg. G. Ueding, 1992 ff.		

Klingner/Lieb	J. Klingner/L. Lieb, Hdb. Minnereden. Mit Beitr. v. I.-E. Doroباţu u. a., 2 Bde., 2013	Liliencron	R. v. Liliencron, Die hist. Volkslieder der Deutschen vom 13. bis zum 16. Jh., 4 Bde. u. Nachtr., 1865–69 (Neudr. 1966)
KLL	Kindlers Lit.-Lex., 7 Bde. u. Erg.Bd., 1965–74	LitJb	Lit.wiss. Jb. der Görresgesellsch., NF, 1961 ff.
KLL³	Kindlers Lit.-Lex., hg. H. L. Arnold, 3., völlig neu bearb. Aufl., 18 Bde., 2009	LöstE	S. Bolbecher, K. Kaiser, Lex. der öst. Exillit., 2000
KNLL	Kindlers Neues Lit. Lex., hg. W. Jens, 22 Bde., 1988–98	LThK	Lex. für Theol. u. Kirche, 2. Aufl., 10 Bde. u. Reg., 1957–67; 3., völlig neu bearb. Aufl., 11 Bde., 1993–2001.
Kraus LD	C. v. Kraus, Dt. Liederdichter des 13. Jh., I Text, 1952, II Komm. (besorgt v. H. Kuhn), 1958 (2., v. G. Kornrumpf durchges. Aufl., 2 Bde., 1978)	LuK	Lit. u. Kritik, 1966 ff.
		MAL	Modern Austrian Literature, Binghamton/N. Y. 1968 ff.
		Manitius	M. Manitius, Gesch. der lat. Lit. des MA, 3 Tle., 1911–31
Kussmaul	I. Kussmaul, Die Nachlässe u. Slg. des DLA, 2 Bde., 1999	Marienlex.	Marienlex., hg. R. Bäumer u. L. Scheffczyk, 6 Bde., 1988–94
LAL	G. Goetzinger, C. D. Conter u. a., Luxemburger Autorenlex., Mersch 2007	Metzler Lit. Chronik	V. Meid, Metzler Lit. Chronik, ³2006
		Meusel	J. G. Meusel, Lex. der vom Jahre 1750 bis 1800 verstorbenen teutschen Schriftst., 15 Bde., 1802–16
LCI	Lexikon der christlichen Ikonographie, 8 Bde., Rom u. a. 1968–70		
LE	Das lit. Echo, 1898 ff.	MF	Des Minnesangs Frühling. 38., erneut revidierte Aufl., bearb. v. H. Moser u. H. Tervooren, 1988
Lennartz	F. Lennartz, Dt. Schriftst. des 20. Jh. im Spiegel der Kritik, 3 Bde. u. Reg.Bd., 1984		
		MG	Monumenta Germaniae historica inde ab a. C. 500 usque ad a. 1500, 1826 ff.
Lessing Yb.	Lessing Yearbook, 1969 ff.		
LeuvBijdr	Leuvense Bijdragen, Löwen 1910 ff.	MGG	Die Musik in Gesch. u. Gegenwart, hg. F. Blume, 17 Bde., 1949–86; 2., neu bearb. Ausg. hg. L. Finscher, Personentl., 17 Bde. u. 1 Suppl.bd., 1999–2008.
Lex. dt.-jüd. Autoren	Lex. dt.-jüd. Autoren. Redaktionelle Leitung: R. Heuer, 21 Bde., 1992–2013		
LexKJugLit	Lex. der Kinder- u. Jugendlit., hg. K. Doderer, 3 Bde. u. ErgBd., 1975–82	MGS	Michigan Germanic Studies, Ann Arbor/Mich., 1975 ff.
LexMA	Lex. des MA, 9 Bde., 1980–98	MignePL	Patrologiae cursus completus, series latina, hg. J. P. Migne, Paris 1844 ff.
LGL	Lex. der dt.sprachigen Gegenwartslit. seit 1945, begr. v. H. Kunisch, fortgeführt v. H. Wiesner u. a., neu hg. T. Kraft, 2 Bde., 2003	MIÖG	Mitt. des Inst. für öst. Gesch.forsch., 1880 ff.
		MLN	Modern Language Notes, Baltimore/Maryland 1886 ff.
LiLi	LiLi, Zs. für Lit.-wiss. u. Linguistik, 1971 ff.	MLQ	Modern Language Quarterly, Seattle/Wash., 1940 ff.

Mommsen	W. A. Mommsen, Die Nachlässe in den dt. Arch. (mit Ergänzungen aus anderen Beständen). Bearb. im Bundearch. in Koblenz, 2 Tle., 1971 u. 1983 (wird nach Nrn. zitiert)	NN	Neuer Nekrolog der Deutschen, hg. A. Schmidt, B. F. Voigt, 30 Bde., 1824–56
		NR	(Die) Neue Rundschau, 1904 ff.
		NSR	Neue Schweizer Rundschau, 1922 ff.
Monatshefte	Monatshefte (für den dt. Unterricht, dt. Sprache u. Lit.), Madison/Wisc. 1899 ff.	ÖBL	Öst. Biogr. Lex. 1815–1950, 1957 ff.
Morvay-Grube	K. Morvay, D. Grube, Bibliogr. der dt. Predigt des MA, 1974	ÖGL	Öst. in Gesch. u. Lit., 1957 ff.
		Öst. Kat.-Lex.	Kat. Lex. zur öst. Lit. des 20. Jh. (hg. G. Ruiss.) 2 Bde., 1995
MSD	K. Müllenhoff, W. Scherer (Hg.), Denkmäler Dt. Poesie u. Prosa aus dem 8. bis 12. Jh., 1864 (3. Aufl. bearb. v. E. Steinmeyer, 2 Bde., 1892; Neudr. 1964)	OL	Orbis Litterarum, Kopenhagen 1943 ff.
		OM	Mitt. des Ver. für Gesch. u. Landeskunde v. Osnabrück, 1848 ff.
Munzinger-Arch.	Internationales Biogr. Arch. IBA Munzinger-Arch., 1949 ff.		
Nachlässe DDR	Gelehrten- u. Schriftstellernachlässe in den Bibl. der Dt. Demokrat. Republik, 3 Tle., 1959–71 (wird nach Tln. u. Nrn. zitiert)	PPB (Halle)	Beitr. zur Gesch. der dt. Sprache u. Lit., begr. v. H. Paul u. W. Braune, Halle 1874 ff. (ab 1955: Zusatz «Halle»)
		PPB (Tüb.)	Beitr. zur Gesch. der dt. Sprache u. Lit., Tübingen 1955 ff.
NDB	Neue Dt. Biogr., hg. v. der Hist. Kommission bei der Bayer. Akad. der Wiss., 1953 ff.	PEGS	Publ. of the English Goethe Society, Leeds 1886–1912, NS 1924 ff.
NDH	Neue Dt. Hefte, 1954–89		
NDL	Neue Dt. Lit., 1953–2004	PMLA	Publ. of the Modern Language Association of America, Menasha/Wisc. 1884 ff.
Neoph.	Neophilologus, Groningen 1951 ff.		
Neudrucke	Neudr. dt. Lit.werke des XVI. u. XVII. Jh., begr. v. W. Braune, fortgeführt u. hg. v. E. Beutler, 1876 ff.	Poetica	Poetica. Zs. für Sprach- u. Lit.wiss. Amsterdam 1969 ff.
		PP	Philologica Pragensia, Prag 1958 ff.
Neumeister-Heiduk	E. Neumeister, De Poetis Germanicis, hg. F. Heiduk in Zus.arbeit mit G. Merwald, 1978	PQ	Philological Quarterly, Iowa City 1922 ff.
		Pyritz	Bibliogr. zur dt. Lit.gesch. des Barockzeitalters, begr. v. H. Pyritz, fortgeführt u. hg. v. I. Pyritz, 3 Bde., 1985–94
NGS	New German Studies, Hull 1973 ff.		
NHdG	Neues Hdb. der dt. Ggw.lit. seit 1945, begr. v. H. Kunisch, hg. D.-R. Moser, aktualisierte Ausg. 1993		
		Raabe, Expressionismus	P. Raabe, Die Autoren u. Bücher des lit. Expressionismus. Ein bibliogr. Hdb. In Zus.arbeit mit I. Hannich-Bode, 2., verb. Aufl., 1992
NLit	Die Neue Lit., 1931 ff.		
NM	Neuphilol. Mitt., Helsinki 1899 ff.		

RE	Realencyklopädie für protestant. Theol. u. Kirche, hg. A. Hauck, 3. Aufl., 24 Bde., 1896–1913	SAB	Sb. der Dt. (ab 1946; bis dahin: Preuß.) Akad. der Wiss. zu Berlin. Phil.-hist. Kl., 1882 ff.
Redlich	M. Redlich, Lex. dt.balt. Lit. Eine Bibliogr., 1989	SAM	Sb. der Bayer. Akad. der Wiss. Phil.-hist. Abt. 1860 ff.
Renner	G. Renner, Die Nachlässe in den Bibl. u. Museen der Republik Öst., 1993	SchillerJb	Jb. der Dt. Schillergesellsch., 1957 ff.
RG	Recherches Germaniques, Straßburg 1971 ff.	Schmidt, Quellenlex.	H. Schmidt, Quellenlex. zur dt. Lit.gesch., 3., überarb. u. erw. Aufl., 34 Bde., 1994–2003
RGG	Die Rel. in Gesch. u. Ggw., 3. Aufl., 6 Bde., 1957–62; 4., völlig neu bearb. Aufl. u.d.T.: Rel. in Gesch. u. Ggw., 8 Bde., 1998–2005	Schmutz-Pfister	A. Schmutz-Pfister, Repertorium der hs. Nachlässe in den Bibl. u. Arch. der Schweiz, 2., stark erw. Aufl., bearb. v. G. Knoch-Mund, 1992 (wird nach Nrn. zitiert)
Riemann	H. Riemann, Musiklex. 12., völlig neubearb. Aufl. in 3 Bdn., hg. W. Gurlitt, H. H. Eggebrecht, Personentl. Bd. 1 u. 2, 1959–61, ErgBde., hg. C. Dahlhaus, 2 Bde., 1972–75; Riemann-Musik-Lex., 13. aktualisierte NA, hg. W. Ruf in Verb. mit A. van Dyck-Hemming, 5 Bde., 2012	Schottenloher	K. Schottenloher, Bibliogr. zur dt. Gesch. im Zeitalter der Glaubensspaltung 1517–1585, 7 Bde., 1952–66
		SdZ	Stimmen der Zeit, 1914 ff (Stimmen aus Maria Laach, 1869–1914)
		Seminar	Seminar. A Journal of Germanic Studies, Toronto 1965 ff.
RL	Reallex. der dt. Lit.gesch., hg. P. Merker u. W. Stammler, 4 Bde., 1925–31; 2., neubearb. Aufl. hg. W. Kohlschmidt u. W. Mohr, 5 Bde., 1955–88	SN	Studia Neophilologica, Uppsala 1928 ff.
		Sommervogel	C. Sommervogel, Bibl. de la Compagnie de Jésus, 12 Bde., Brüssel 1890–1932
RLC	Revue de littérature comparée, Paris 1921 ff.	Spalek	Dt. Exillit. seit 1933 (hg. J. M. Spalek u. a.) 1976 ff.
RLW	Reallex. der dt. Lit.wiss. Neubearb. des RL, hg. H. Fricke, J.-D. Müller u. K. Weimar, 3 Bde., 1997–2003	Spalek/Hawrylchak	J. M. Spalek, S. H. Hawrylchak, Guide to the Archival Materials of the German-Speaking Emigration to the United States after 1933, 4 Bde., 1978–97
Rohnke-Rostalski	Lit. Nachlässe in Nordrhein-Westf. Eine Bestandsaufnahme, bearb. v. D. Rohnke-Rostalski, hg. E. Niggemann, 1995	SPIEL	Siegener Periodicum zur Internationalen Empir. Lit.wiss., 1982 ff.
		SR	Schweizerische Rundschau, 1900 ff.
RSM	Repertorium der Sangsprüche u. Meisterlieder des 12. bis 18. Jh., hg. H. Brunner, B. Wachinger, 13 Bde. u. 3 RegBde., 1986–2009	SuF	Sinn u. Form, 1949 ff.
		StudiGerm	Studi Germanici, Rom 1963 ff.

Theater-Lex.	W. Kosch, Dt. Theater-Lex. Biogr. u. bibliogr. Hdb., 1953 ff.	Wall	R. Wall, Lex. dt.sprachiger Schriftstellerinnen im Exil 1933 bis 1945 (überarb. u. aktualisierte NA) 2004
Thieme-Becker	U. Thieme u. F. Becker, Allg. Lex. der bildenden Künstler v. der Antike bis zur Ggw., 37 Bde., 1907–50	WB	Weimarer Beitr., 1955 ff.
		WBN	Wolfenbütteler Barock-Nachr., 1974 ff.
TirLit	Lex. Lit. in Tirol, hg. A. Unterkircher u. C. Riccabona (Forschungsinst. Brenner-Arch., Innsbruck; Internet-Edition) 2006 ff.	Westfäl. Autorenlex.	Westfäl. Autorenlex. (1: 1750–1800, 2: 1800–1850, 3: 1850–1900, 4: 1900–1950), hg. u. bearb. v. W. Gödden u. I. Nölle-Hornkamp, 1993–2002
TRE	Theolog. Realenzyklopädie, 36 Bde., 1977–2005	Wilpert/Gühring	G. von Wilpert u. A. Gühring, Erstausgaben dt. Dg. Eine Bibliogr. zur dt. Lit. 1600–1900, 2., vollst. überarb. Aufl., 1992
TuK	Text + Kritik, 1963 ff.		
VASILO	Adalbert Stifter-Inst. des Landes Oberöst., Vjs., 1952–92; Forts. siehe JASILO		
		WirkWort	Wirkendes Wort, 1950/51 ff.
VD 16	Verz. der im dt. Sprachraum erschienenen Drucke des 16. Jh., bearb. I. Bezzel, 25 Bde., 1983–2000	WSB	Sb. der Akad. der Wiss. zu Wien, Phil.-hist. Kl., 1848 ff.
		Wurzbach	C. v. Wurzbach, Biogr. Lex. des Kaiserthums Öst., 60 Bde., 1856–91
VD 17	Verz. der im dt. Sprachraum erschienenen Drucke des 17. Jh. (nur online unter: http://www.vd17.de/).	ZDU	Zs. für dt. Unterricht, 1887–1919
VL	Die dt. Lit. des MA. Verfasserlex., hg. W. Stammler u. K. Langosch, 5 Bde., 1933–55; 2., völlig neu bearb. Aufl., hg. K. Ruh u. a., 14 Bde., 1977–2008	Zedler	Großes vollständiges Universal-Lex. aller Wiss. u. Künste, 64 Bde. u. 4 Suppl.bde., 1732–54, Nachdr. 1993 ff.
VL Dt. Hum.	Dt. Humanismus 1480–1520. Verfasserlex., hg. F. J. Worstbrock, 2 Bde., 2005–13	ZfdA	Zs. für dt. Altertum und dt. Lit., 1876 ff. (Zs. für dt. Alterthum, 1841–76)
Vollmer	H. Vollmer, Allg. Lex. der bildenden Künstler des 20. Jh., 6 Bde., 1953–62	ZfdPh	Zs. für dt. Philol., 1869 ff.

★ = geboren   † = gestorben   → = siehe   ~ steht unter «Literatur» anstelle des Stichworts

Bei Verweisen auf Artikel in den Ergänzungsbänden wird die Zahl des betreffenden Bandes angegeben; Verweise auf Artikel im Hauptalphabet enthalten diese Angaben nicht.

VERFASSER-SIGLEN

BJ	Bruno Jahn	MM	Mike Malm
CF	Christoph Fasbender	MMü	Mario Müller
CMO	Claus-Michael Ort	RBS	Reimund B. Sdzuj
EH	Eleonore Hofmann	SH	Suliko Hofschulte-Mikelashvili
FA	Florian Altenhöfer		

N

Naber, Sabina, * 17.12.1965 Tulln/Niederöst.; wuchs in Traismauer/Niederöst. auf, studierte in Wien Theaterwiss., Germanistik, Gesch. u. Philos., 1991 Abschluß als Magistra; seit 1987 als Autorin u. Regisseurin sowie als Journalistin u. a. beim ORF u. den «Niederöst. Nachr.» tätig, schrieb 1988/89 Texte für die Rockgruppe «Exhibition» u. 1989–95 Texte für Musicals, unterrichtet seit 2010 in den Bereichen Vortrag u. Schreiben, ist seit 2016 auch als Fotokünstlerin tätig; lebt in Wien; verfaßte neben mehreren Romanen zahlr. Kurzgeschichten. – Mitbegründerin der Plattform der öst. Krimiautoren (Leitung 2003–08), 2010–13 Sprecherin des Vereins «Syndikat», Mitgl. des Vereins «Mörderische Schwestern». – Friedrich-Glauser-Preis – Kategorie Beste Krimi-Kurzgesch. (2007). – Regisseurin, Schriftstellerin.

Schriften: Die Namensvetterin (Kriminalrom.) 2002; Der Kreis (Kriminalrom.) 2003; Die Debütantin (Kriminalrom.) 2005; Der letzte Engel springt (Kriminalrom.) 2007; Die Lebenstrinker (Kriminalrom.) 2009; Die Spielmacher (Kriminalrom.) 2011; Marathonduell. Erster Fall für Mayer & Katz (Kriminalrom.) 2013; Caddielove. Ein Fall für Mayer & Katz (Kriminalrom.) 2014; Renata geht tanzen. Erotischer Roman, 2014; Schwalbentod. Ein Fall für Mayer & Katz (Kriminalrom.) 2015; Flamencopassion. Ein Fall für Mayer & Katz (Kriminalrom.) 2016; Eine Melange für den Schah (Kriminalrom.) 2019; Leopoldstadt (Kriminalrom.) 2021.

Herausgaben: Tödliche Elf. Kriminalgeschichten, 2008; Gemischter Satz. Kriminalgeschichten, 2010.
BJ

Nadj Abonji, Melinda, * 22.6.1968 Bečej/Jugoslawien; kam 1973 mit ihren Eltern, die zur ungar. Minderheit in Jugoslawien gehörten, in die dt.sprachige Schweiz, studierte an der Univ. Zürich (1997 Lizenziat), trat als Solo-Performerin u. gem. mit dem Rapper Jurczok 1001 auf; Veröff. in Lit.zs. (u. a. «drehpunkt», «manuskripte», «entwürfe») u. Anthol.; Mitgl. des Verbandes Autorinnen u. Autoren der Schweiz. – Kulturelle Auszeichnung des Kt. Zürich (1998), Werkbeitrag des Bundesamtes für Kultur (1998), Werkjahr der Marianne u. Curt Dienemann-Stiftung (1998), Stipendium am Lit. Colloquium Berlin (2000), Hermann-Ganz-Preis (2001), Werkbeitr. der Cassinelli-Vogel-Stiftung (2001), Anerkennungsgabe der Stadt Zürich (2004), Werkbeitr. der Schweizer Kulturstiftung Pro Helvetia (2006), Dt. Buchpreis (2010), Schweizer Buchpreis (2010), Lit.-Werkjahr der Stadt Zürich (2010), Schillerpreis der Zürcher Kantonalbank (2018). – Schriftst., Musikerin.

Schriften: Mensch über Mensch. Texte zu Bildern von Per Traasdahl, 2001; Im Schaufenster im Frühling (Rom.) 2004; Tauben fliegen auf (Rom.) 2010; Schildkrötensoldat (Rom.) 2017.

Tonträger: Voice Beatbox Violin (CD, Kurzprosa, mit JURCZOK 1001) 2006; Jenci. Auf der Kompilation Sounds from Home / La Suisse international, 2006; Verhören. (mit B. NILL) 2014.

Literatur: Munzinger-Arch.; KLG – B. SPOERRI, Eine mnemograf. Landschaft mitten in Europa – eine narrativ-analyt. Lektüre von ~s Rom. ‹Tauben fliegen auf› (in: Aussiger Beitr. 6) 2012, 65–80; A. CZEGLÉDY, Grenzgänge in ~s Rom. ‹Tauben fliegen auf› (in: Reisen über Grenzen in Zentraleuropa, hg. A. F. BALOGH, CH. LEITGEB) 2014, 273–287; M. KAZMIERCZAK, «Balkankrieg ist die Spezialität eines Volkes» – Zum entlarvenden Blick der Figur der Migrantin auf den Jugoslavienkriegsdiskurs bei ~ u. Marica Bodrozic (in: (Post-)Jugoslawien. Kriegsverbrechen u. Tribunale in Lit., Film u. Medien, hg. I. BRAUN u. a.) 2014, 59–73; I. SELLMER, Verlorenes u. Wiedergefundenes im Rom. ‹Tauben fliegen auf› von ~ (in: Wie viele Sprachen spricht die Lit.? Dt.sprachige Ggw.lit. aus Mittel- u. Osteuropa, hg. R. CORNEJO u. a.) 2014, 170–179; K. FÖRSTER, Foreign or familiar? ~'s and Marica Bodrožić's multilingual literature (in: GLL 68, H. 2) 2015, 228–244; V. KING, Migration, Interkulturalität u. Adoleszenz. Generationale Dynamiken am Beispiel des Rom. ‹Tauben fliegen auf› von ~ (in: Freiburger lit.psycholog. Gespräche. Jb. für Lit. u. Psychoanalyse 34) 2015, 141–161; D. KOMOROWSKI, Von der Schwierigkeit anzukommen. Betrachtungen zu ~s Rom. ‹Tauben fliegen auf› (in: Grenzüberquerungen u. Migrationsbewegungen. Fremdheits- u. Integrationserfahrungen in der öst., dt., schweizer. u. poln. Lit. u. Lebenswelt, hg. G. JELITTO-PIECHULIK u. a.) 2015, 179–189; R. MARE, «Ich bin Jugoslawe – ich zerfalle also». Chronotopoi der Angst – Kriegstraumata in der dt.sprachigen Ggw.lit., 2015; E. MAZURKIEWICZ, Die vertraute Fremde. Das Leben zw. drei Kulturen in dem Rom. ‹Tauben fliegen auf› von ~ (in: Südslawen u. die dt.sprachige Kultur, hg. A. BURAS-MARCINIAK, M. GOLASZEWSKI) 2015, 113–124; S. MAFFLI, »Ich möchte unsere Verschiedenheit verstehen«. Darst.formen intergenerationeller Kommunikation in ~s Migrationsrom. ‹Tauben fliegen auf› (in: Familie u. Identität in der Ggw.lit., hg. G. LOVRIC, M. JELEC) 2016, 133–146; E. PABIS, Frauen unterwegs. Dimensionen der Fremdheit in «Grenzgänger_innengeschichten» zeitgenöss. Autorinnen (in: Konstruktion – Verkörperung – Performativität. Genderkrit. Perspektiven auf Grenzgänger_Innen in Lit. u. Musik, hg. A. HORVÁTH, K. KATSCHTHALER) 2016, 17–46; E. N. VESTLI, Transit auf dem Rücksitz. Sibylle Lewitscharoffs ‹Apostoloff› u. ~s ‹Tauben fliegen auf› im Vergleich (in: Germanistik in Ireland. Jb. der/Yearbook of the German Studies Association of Ireland, H. 11) 2016, 75–87; G. PREDOIU«Angekommen wie nicht da.» Heimat u. Fremdheit in ~s Rom. ‹Tauben fliegen auf› (in: Pluralität als Existenzmuster. Interdisziplinäre Perspektiven auf die dt.sprachige Migrationslit., hg. R. RADULESCU, CH. BALTES-LÖHR) 2016, 191–206; J. BARKHOFF, Heimat im Dazwischen: Transiträume u. transitor. Bewegungen in ~s ‹Tauben fliegen auf› (in: Fabulierwelten. Zum (Auto)Biographischen in der Lit. der dt. Schweiz. FS Beatrice Sandberg, hg. I. HERNÁNDEZ, D. SOŚNICKA) 2017, 205–220; A. CZEGLÉDY, Kultur, Identität u. Ethnizität in ~s Rom. ‹Tauben fliegen auf› (in: Zur kulturellen Funktion von kleiner Differenz. Verwandtschaften, Freundschaften u. Feindschaften in Zentraleuropa, hg. A. F. BALOGH, CH. LEITGEB) 2017, 121–131; O. LÉNÁRT, Kleine Differenzen in der Wahrnehmung des Eigenen u. Fremden bei ~ (ebd.) 209–224; M. HOLDENRIED, Zw. Ablehnung u. Akzeptanz. Familienkonstellationen in der dt.sprachigen Ggw.lit. (in: Familienaufstellungen in Kinder- u. Jugendlit. u. Medien, hg. C. ROEDER, M. RITTER) 2017, 37–53; S. PASEWALCK, Inszenierung kultureller Alterität als Vielstimmigkeit. Vladimir Vertlibs ‹Letzter Wunsch› u. ~s ‹Tauben fliegen auf› (in: Das Paradigma der Interkulturalität. Themen u. Positionen in europ. Lit.wiss., hg. J. E. GLESENER u. a.) 2017, 21–39; Z. CHEN, Nirgendwo zu Hause – Migration in der schweizer. Lit. am Beispiel von ‹Tauben fliegen auf› (in: Akten des XIII. Internationalen Germanistenkongresses Shanghai 2015. Germanistik zw. Tradition u. Innovation, hg. J. ZHU u. a., Bd. 11) 2018, 161–165; G. PREDOIU, «[...] Sich wo auch immer zu Hause fühlen, sich aber nirgendwo zu Hause fühlen [...].» Ein Leben im Dazwischen: Zu ~s Rom. ‹Tauben fliegen auf› (in: Temeswarer Beitr. zur Germanistik, H. 15) 2018, 197–215; B. P. KORY, Vom heimatl. Raum der Kindheit zur «Patchwork»-Heimat in ~s Rom. ‹Tauben fliegen auf› (ebd.) 2018, 217–232; B. STONE, Food and the Foreign Home in ~'s ‹Tauben fliegen auf› (in: The World Within. Self-perception and images of the Other in German literatures and cultures. Die Welt auf Dt. Fremdenbilder u. Selbstentwürfe in der dt.sprachigen Lit. u. Kultur, ed. A. BANDHAUER u.a.) North Melbourne, Victoria 2018, 169–183.; E. N. VESTLI, Kein Kind unserer Zeit. ~s ‹Schildkrötensoldat› (in: ebd., H. 16) 2019, 183–202; H.-CH. KOLLER, Erzählte Bildung. Zur Darst. von Bildungsprozessen in ~s Rom. ‹Tauben fliegen auf› (in: Mitt. des Dt. Germanistenverbandes 67, H. 1) 2020, 15–23. BJ

Nadolny, Petra, * 11.1.1960 Jarmen; Tochter eines Filmvorführers, Gymnasialbesuch in Demmin, 1978 Abitur, ab 1979 Journalistik-Stud. in Leipzig, 1983 Diplom-Abschluß, dann Red. beim «Börsenbl. für den Dt. Buchhandel» (Leipzig), 1985 Ausreiseantrag, Berufsverbot, Gründung einer freien Theatertruppe, 1988 Emigration in die BRD, danach Schauspielerin in Theater, Film u. Fernsehen, spielte u. a. an der Komödie Düsseldorf u. in den TV-Serien «Switch» (1997–2000) u. «Switch Reloaded» (2006–12); lebt in Köln u. Berlin. – (Neben weiteren Auszeichnungen) Dt. Comedypreis (2007), Grimme-Preis (2013). – Schauspielerin, Schriftstellerin.

Schriften: Alles Neiße, Oder? Meine Geschichten aus dem Osten, 2011; Heimat to go. Von der Kunst, sich immer zu Hause zu fühlen, 2014. MM

Nadolski, Dieter, * 3.11.1939 Rathenow; Sohn eines Arbeiters, studierte ab 1958 Chemie u. Pädagogik in Halle/Saale, war daneben ab 1963 Verlagslektor in Leipzig, 1967 Promotion in Halle («Prinzipien für ein Standardlehrbuch der anorgan. Chemie für die Hand des Chemielehrerstudenten»), ab demselben Jahr Fachgebietsleiter am Inst. für Büroorganisation in Leipzig, war ab 1973 Oberassistent am Inst. für Verlagswesen u. Buchhandel der Univ. Leipzig, dort 1976 Diss. B («Möglichkeiten u. Probleme verbesserter Informationsdarst. in naturwiss.-techn. Hochschullehrbüchern»), leitete ab demselben Jahr das Inst., 1983–90 Verlagsleiter bei Edition Leipzig, daneben ab 1987 Prof. für Theorie u. Methodik der Lit.vermittlung in Leipzig, auch Engagement für das dortige «Haus des Buches»: 1990 Gründungsmitgl. u. ab

1991 Vorstandsmitgl. von dessen Kuratoriums-Ver., 1990–92 Vorsitzender des Landesverbandes Sachsen, Sachsen-Anhalt u. Thür. im Börsenver. des Dt. Buchhandels, betrieb 1991–2020 den Tauchaer Verlag in Taucha; lebt in Taucha; publizierte u. a. buchwiss. Arbeiten, Sachbücher, Anekdoten u. Erz., meist über sächs. Gesch. u. deren hist. Persönlichkeiten; Veröff. u. a. in «Marginalien. Zs. für Buchkunst u. Bibliophilie» (Bucha u. a.) u. «Börsenbl. für den Dt. Buchhandel» (Leipzig). – Prof., Verleger, Autor.

Schriften: Lektorieren und Redigieren von Fachliteratur (mit A. E. MILTSCHIN) 1979; Altes Gebrauchs-Zinn. Aussehen und Funktion über 6 Jahrhunderte (Fotos v. U. Piekara, Illustr. v. K.-H. Barnekow) 1983; Kleines Lexicon der Schwartzen Kunst. Spracheigentümlichkeiten und Brauchtum des Buchdruckerhandwerks von A–Z (Illustr. v. E. Herfurth) 1985; Zunftzinn. Formenvielfalt und Gebrauch bei Fest und Alltag des Handwerks (Fotos v. S. Schmidt, Illustr. v. K.-H. Barnekow) 1986; Alte Handwerksbräuche. Ein kleines Brevier (Illustr. v. E. Herfurth) 1990; Wahre Geschichten um Gräfin Cosel, 1992; Wahre Geschichten um Sachsens letzten König, 1993; Wahre Geschichten um den Dresdener Fürstenzug, 1993; Wahre Geschichten um das Auto (mit B. RÜDIGER) 1993; Wahre Geschichten von der Festung Königstein, 1994; Die Frauenkirche zu Dresden, 1994; Die Affären Augusts des Starken, 1994; Gräfin Cosel, 1994; August der Starke, 1994; Wahre Geschichten von der Augustusburg, 1995; Sachsens letzter König, 1995; Die Ehetragödie Augusts des Starken, 1996; Die miserable Gräfin Cosel und andere Episoden aus Schloss Nossen und Kloster Altzella, 1997; August der Starke. Sein Leben in Bildern, 1997; Gräfin Cosel. Ihr Leben in Bildern, 1998; Augusts des Starken Erzrivale auf Mildenstein und andere Episoden um das Schloß, 1998; Wahre Geschichten um sächsische Schlösser, 2002; Wahre Geschichten um das Bäderwesen (Mitverf. der 2. Aufl., mit B. RÜDIGER) ²2003; Wahre Geschichten um sächsische Burgen, 2003; Wahre Geschichten um Weihnachtliches aus Thüringen, 2006; Wahre Geschichten um die Kaiser-Wilhelm-Gedächtniskirche zu Berlin (mit J. NADOLSKI) 2007; Der Dresdener Fürstenzug, 2007; August der Starke wie er wirklich war. Die häufigsten Irrtümer über den legendären Sachsen, 2007; Wahre Geschichten aus dem Erzgebirge (mit J. NADOLSKI) 2008; Worauf wir Thüringer stolz sind, 2010; Gräfin Cosel wie sie wirklich war. Die häufigsten Irrtümer über die legendäre Mätresse, 2013.

Herausgaben: Didaktische Typografie. Informationstypografie, pädagogische Typografie. Ein Sammelband, 1984; Wahre Geschichten um das Meissner Porzellan, 1990; Wahre Geschichten um August den Starken, 1991.

Vorlaß: SLUB Dresden (Briefw.); Dt. Nationalbibl. Leipzig (Briefwechsel).

Literatur: Wer war wer in der DDR? Ein Lex. ostdt. Biogr. (hg. H. MÜLLER-ENBERGS u. a.) ⁴2006, Bd. 2, 718 (auch online); M. WEBER, Leipziger Verleger. Porträts u. Interviews, 2009, 132–137.

MM

Nägele, Horst (Waldemar), * 29.5.1934 Stuttgart; Abitur in Stuttgart, Verwaltungsbeamter bei der Dt. Post in Esslingen, Stuttgart u. Sindelfingen, dann Stud. der Philos., Germanistik, Skandinavistik, Anglistik u. Indologie in Kiel, Newcastle upon Tyne u. Aarhus, 1969 Promotion zum Dr. phil. in Kiel («Über Jens Baggesens humorist.-krit. Epos ‹Adam u. Eva›. Ein Beitr. zu des Dichters Stellung dem zeitgenöss. dt. Geistesleben gegenüber»), war Doz. an der Süddän. Univ. in Odense, zudem Beschäftigung mit fernöstl. Meditationstechniken; lebt auf der dän. Insel Fünen; verfaßte u. a. Lyrik, Erz., Rom. u. Sachbücher (u. a. über Meditation); zudem lit.wiss. Arbeiten, u. a. über Friedrich → Hebbel, Jens Peter Jacobsen (1847–1885) u. Jens Baggesen (1764–1826); Veröff. u. a. in NDH, «Schwäb. Heimat» (Stuttgart), «Hebbel-Jb.» (Heide), «Zs. für Germanistik» (Berlin u. a.) u. «Jb. des Freien Dt. Hochstifts» (Göttingen). – (Neben weiteren Auszeichnungen) Alfred-Müller-Felsenburg-Preis (2010). – Verwaltungsbeamter, Lit.wissenschaftler, Schriftsteller.

Schriften: Friedrich Hebbel über die Komödie. Eine Studie zu Hebbels Holbergkritik, 1970 (Sonderdr.); J. P. Jacobsen (Monogr.) 1973; Spidstegt lam, et alternativt orienteringsløb (Rom. in dän. Sprache) Horsens 1985; Anflüge. mind games deutsch (Anti-Rom.) 1990; Die Heilkraft der Meditation (Sachb.) 1997; Die Heilkraft der Massage (Sachb.) 1998; schmiegende brecher. unbescholtene gedichte aus weiten gärten, 2004; Lebenslanges Suchen. Zwischen Europa 1912 und immer wieder Afrika (Rom.) 2007; Zeitlos Zeit. Unpolitische und politische Gedichte, London 2008; Schwimmzüge. Eine fortlaufende Geschichte, London 2008; Liebe leben. Meditationen der Achtsamkeit für ein umsichtiges Miteinander (Sachb.) 2010; Was ein Volk ausmacht. Was sich so alles machen lässt und durch die Bürger getragen wird, 2015. MM

Naeher, Gerhard, * 9.5.1937 Göppingen; bis 1960 Jura-Stud., dann Referendariat in Berlin, 1962 vorübergehend in Untersuchungshaft wegen Beteiligung an Sprengstoff-Anschlägen auf die Berliner Mauer, war 1963–65 Mithg. von «Dt. Szene. Polit. Zs. der jungen Generation» (Berlin), 1965–70 Red. bei «Die Welt», zuerst als innenpolit. Red. in Hamburg, dann als Chef vom Dienst in Berlin, 1971–78 Stabsmitarb. beim Axel Springer Verlag, dort ab 1979 Bereichsleiter, war ab 1980 Geschäftsführer der Ullstein AV Produktions- u. Vertriebsgesellsch., 1984–86 Geschäftsführer von «Aktuell Presse Fernsehen» (Hamburg); verfaßte u. a. Rom., Lyrik u. Sachbücher zum Thema Medien, u. a. eine Biogr. Axel → Springers. – Journalist, Manager, Schriftsteller.

Schriften: Die elektronische Herausforderung. Texte der Referate und der Podiumsdiskussion einer Fachveranstaltung der Axel Springer Verlag AG am 28. Februar 1980 in Berlin (Mitarb.) 1980; Stirbt das gedruckte Wort? Neue Medien, die große Herausforderung (Sachb.) 1982; Spuren von Freiheit (Ged.) 1988; Freiheit bis Timbuktu (Rom.) 1988; Der Medienhändler. Der Fall Leo Kirch (Sachb.) 1989; Axel Springer. Mensch, Macht, Mythos (Biogr.) 1991; Mega-schrill und super-flach. Der unaufhaltsame Aufstieg des Fernsehens in Deutschland (Sachb.) 1993; Land unter. Eine gesamtdeutsche Geschichte (Rom.) 2007.

Vorlaß: DLA Marbach (Briefwechsel).

Literatur: K. L. SHELL, Bedrohung u. Bewährung. Führung u. Bevölkerung in der Berlin-Krise, 1965, 238 f. MM

Nagacevschi, Silvia → Berger, Silvia.

Nagel, Daniela (Ps. Marie Adams), * 1977 Köln; Besuch des Gymnasiums in Bergisch Gladbach, Stud. der Germanistik u. Philos. an der Fernuniv. Hagen, Praktika bei Filmfirmen, Magister-Diplom, u. a. Tätigkeiten als Drehb.autorin, Journalistin (u. a. für «Cinezone.de»), Werbetexterin u. Autorencoach, lebt in Köln; verfaßte u. a. Rom., Ratgeber u. filmwiss. Arbeiten. – Journalistin, Schriftstellerin.

Schriften: Das Drehbuch – ein Drama für die Leinwand? Drehbuchanalyse am Beispiel von Florian Henckel von Donnersmarcks ‹Das Leben der anderen›, 2008; Fünf Kinder? Sie Ärmste! Ein Survivalguide für gelassene Mehrfachmütter (Ratgeber, Illustr. v. J. Moskito) 2013; Das Leben ist kein Kindergeburtstag (Rom.) 2013; Irgendwas ist doch immer! (Rom.) 2015; Das Café der guten Wünsche (Rom.) 2016; Glück schmeckt nach Popcorn (Rom.) 2017; Der kleine Buchladen der guten Wünsche (Rom.) 2019. MM

Nagual, Arabella → Oswald, Susanne.

Nahlik, Michelle, * 1.2.1971 Thun/Kt. Bern; Besuch des Gymnasiums in Thun, danach in der Drogenszene von Thun, Bern u. Zürich unterwegs, Ausbildung zur biomedizin. Analytikerin u. Arbeit in einem Spital, zahlr. Auslandsaufenthalte, lebt in Fribourg; verfaßte Lyrik, Erz. u. ein autobiogr. Jugendbuch. – Analytikerin, Schriftstellerin.

Schriften: Tropfen der Erkenntnis (Ged. u. Erz.) 2007; Das Maktub von Luana. Sugar. Ein Tagebuch (Jgdb.) 2010 (erw. u. überarb. Neuausg. u. d. T.: Sugar. Eine Lebensgeschichte, 2017). MM

Nandi, Ines (geb. Bourauel, auch Ayla I. N., Ps. Agnes Auen), * 10.2.1949 Eitorf (Rhein-Sieg-Kr.); Tochter eines Soldaten, Gymnasialbesuch in Köln u. Paris, 1967 Abitur in Paris, Lehramt-Stud. der Anglistik u. Romanistik in Bonn, 1973 Staatsexamen, 1975 Berufsverbot wegen Mitgliedschaft in kommunist. Gruppe, ab 1976 Schreibkraft in Bonn, zuletzt Lebensberaterin u. Medium, lebt seit 1980 in Laupheim; verfaßte Rom., Lyrik, Kdb., Erinn. u. Esoterik-Sachbücher. – Pädgogin, Lebensberaterin, Schriftstellerin.

Schriften: Zeiten-Sprung (Rom.) 2004; Die Jungfrau, die heiraten wollte. Autobiografische Notizen, 2006; Janas Weg (Rom.) 2011; Hoffnung (Ged.) 2011; Dreizehn Prinzen. Verwandlungs-Märchen, 2011; Die Wibbel-Wabbels kommen! Eine Geschichte für Kinder von 8 bis 88, 2011; Wenn Bäume sprechen könnten. Baumweisheiten, 2012; Das Heilwissen der Bäume und die Botschaft vom Wind, 2014; Die Christusenergie. Einweihungen und Praxis (Ratgeber) 2015 (engl. Ausg.: Christ-Mary-Energy. Self-Empowerment, Initiations, Practice, 2019); Der physische Aufstieg des Menschen, 2015; BaumWeisheit. Ein Dialog zwischen Mensch und Baumwesen, 2017; Transformation. Achterbahn in die Selbstliebe, 2018; Nicki die Hasenente. Ein Weisheitsmärchen für Kinder von 7 bis 107, 2019; Die neue Unsterblichkeit, 2020. MM

Nash, Bridget, * 29.1.1954 Iserlohn; Ausbildung zur Industriekauffrau, Mitarb. von Siemens in Erlangen, lebte zuletzt in Nürnberg; schrieb vor allem Kriminalrom., aber auch Erz. u. einen Reisebericht. – Industriekauffrau, Schriftstellerin.

Schriften: Entscheidung in Boston (Krimi) 2013; Wo ist Steven? (Krimi) 2014; Safari im afrikanischen Winter (Reiseber.) 2014; Codename Eligo (Krimi, mit F. Lias) 2015; Der Marionettenmörder (Krimi) 2015; Blutende Liebe und spannende Kurzgeschichten, 2016; Der Schrei der Krähen (Krimi) 2018; Der Todesbringer (Krimi) 2019.   MM

Nassar, Zeina, * 1998 Berlin; Profiboxerin (u. a. Berliner u. dt. Meisterin), Stud. der Soziologie u. Pädagogik in Potsdam, auch Auftritte als Schauspielerin, lebt in Berlin; publizierte eine Autobiographie. – Sportlerin, Schauspielerin, Verf. einer Autobiographie.

Schriften: Dream Big. Wie ich mich als Boxerin gegen alle Regeln durchsetzte, 2020.

Literatur: K. Müller-Hohenstein, J. Westphal, Viel Erfolg! Wie wir wurden, was wir sind, 2020, 56–61.   MM

Naters, Elke, * 5.1.1963 München; Ausbildung zur Schneiderin in München, Tätigkeiten als Kostümbildnerin u. Modedesignerin, Stud. der Medienkunst in Berlin, freie Fotografin u. Schriftst., Ehefrau des Autors Sven Lager (1965–2021), N. u. Lager betreiben ab 2014 eine Paarberatung in Berlin, gründeten dort 2015 auch ein Gemeinschaftshaus, lebt seit 1986 vor allem in Berlin, aber u. a. auch in Bangkok u. Hermanus; verfaßte u. a. Rom., Erlebnisber., Hörsp. u. Drehb.; N. u. Lager betreiben 1999–2001 die lit. Website «Ampool», die zu einem wichtigen Sammelpunkt der damaligen dt. Ggw.lit. wurde (beteiligt waren u. a. Rainald → Goetz, Christian → Kracht, Helmut → Krausser); N. gab mit Lager später die «Ampool»-Texte heraus; Veröff. u. a. in «Edit. Papier für neue Texte» (Leipzig). – Schriftst., Hg., Unternehmerin, Fotografin.

Schriften: Königinnen (Rom.) 1998; Lügen (Rom.) 1999; G.L.A.M. (Prosa mit Fotos v. N.) 2001; Mau Mau (Rom.) 2002; Durst Hunger müde (Erlebnisber., mit S. Lager, Illustr. v. A. Dorn) 2004; Paardialoge (Hörsp.) 2004; Kurztexte (Hörsp.) 2004; Justyna (Rom.) 2006; Regeln des Anstands (Hörsp.) 2006; Grenzen (Hörsp., mit S. Lager) 2007; Was wir von der Liebe verstehen (Erlebnisber., mit dems.) 2008; Gebrauchsanweisung für Südafrika (Reiseführer, mit dems.) 2010 (erw. u. bearb. Neuausg. u. d. T.: Gebrauchsanweisung für Kapstadt und Südafrika, 2014); Wettersymphonien (Hörsp.) 2011; Später Regen (Rom.) 2012; Es muss im Leben mehr als alles geben (Erlebnisber., mit dems.) 2013.

Herausgaben: The Buch. Leben am Pool (mit S. Lager) 2001.

Literatur: Killy ²8 (2010) 502. – F. Aspetsberger, Label-Kunst, Imitate, neue Naivität. Zu den jungdt. ‹Popliteraten› Benjamin von Stuckrad-Barre, Christian Kracht, ~, Joachim Bessing u. andern (in: Neues. Trends u. Motive in der öst. Ggw.lit., hg. ders.) 2003, 79–104; M. Brinkmann, Unbehagl. Welten. Wirklichkeitserfahrungen in der neuen dt.sprachigen Lit., dargestellt anhand von Christian Krachts ‹Faserland› (1995), ~ ‹Königinnen› (1998), Xaver Bayers ‹Heute könnte ein glückl. Tag sein› (2001) u. Wolfgang Schömels ‹Die Schnecke. Überwiegend neurot. Gesch.› (2002) (in: WB 53) 2007, H. 1, 17–46; I. Stauffer, Travestie u. weibl. Dandytum bei Thomas Meinecke u. ~ (in: DU 60) 2008, H. 4, 53–63; M. McCarthy, Feminism and generational conflicts in Alexa Hennig von Lange's ‹Relax›, ~'s ‹Lügen›, and Charlotte Roche's ‹Feuchtgebiete› (in: Studies in twentieth & twenty-first century literature 35) 2011, H. 1, 56–73; B. Westphal, Haben Dandys Gefühle? Ein Vergleich von Texten der Jh.wenden um 1900 u. 2000 im Hinblick auf die Darst. von Emotionen bei Thomas Mann, Stefan Zweig, Christian Kracht u. ~ (in: Emotionen. Beitr. zur 12. Arbeitstagung schwed. Germanistinnen u. Germanisten: Text im Kontext in Visby am 15./16. April 2016, hg. F. Grub, D. Stoeva-Holm) 2018, 105–139.   MM

Natmeßnig, Kriemhilde, * 22.6.1927 Villach; war Volksschullehrerin in Klagenfurt u. Ebenthal/Kärnten, 2005 Titularprof., lebt in Klagenfurt; u. a. Kärtner Lorbeer (2004); publizierte vor allem Lyrik, Prosa u. Aphorismen; zudem photograph. u. andere künstler. Arbeiten. – Pädagogin, bildende Künstlerin, Schriftstellerin.

Schriften: Verse, einem Liebestraum gewidmet (Ms.) [1956?]; Traumlieder, 1961; Im Bannkreis des Du (Ged.) 2 Bde., 1989, 1990 (erw. Neuaufl. in 1 Bd., 2001; zusätzl. erw. Neuaufl. 2007); Denkergebnisse (Ged.) 1991; Psychologische Gedichte, 3 Bde., 1992–95; Schattenbilder und Texte (Fotos

u. Ged.) 1997; Konstruktionen und Schattenbilder (Bildbd.) 1998; Schattenbilder (Bildbd.) 1999; Non plus ultra (Bildbd.) 2000; Gesammelte Lyrik und Prosa, 2012 (auch u. d. T.: Gesammelte Lyrik und Prosa, Fotografie abstrakt, 2015; Psychologische Gedichte, Monologe, Prosa, 2016); Abstrakte und konkrete Kunst in der Fotografie, 2016.
Vorlaß: DLA Marbach; ÖNB Wien (jew. Briefwechsel). – Hall-Renner 93.
Literatur: G. Ruiss u. a., Lit. Leben in Öst. Hdb. 1991, 1991, 598. MM

Naujoks, Verena → Rabe, Verena.

Naumann, Gerhard, * 3.7.1931 Wermsdorf; ab 1946 Besuch der Wirtschaftsschule in Grimma, 1949–51 Instrukteur bei der Kreisleitung der FDJ Grimma, dann an der Landesjugendschule in Radebeul, Ausbildung zum Krankenpfleger in Arnsdorf (Kr. Bautzen), 1952 Staatsexamen, danach Militärdienst u. NVA-Offizier, ab 1963 Vorsitzender der Betriebsgewerkschaftsleitung im Kreiskrankenhaus Borna (Kr. Leipzig), ab 1965 Stud. der Gesellschaftswiss. an der Gewerkschaftshochschule «Fritz Heckert» in Bernau bei Berlin, 1968 Diplom-Abschluß, dann Mitarb. u. zuletzt bis 1990 Abt.leiter im Zentralvorstand der Gewerkschaft Gesundheitswesen; lebte in Berlin; verfaßte Kurzgeschichten. – Krankenpfleger, Militär, Gewerkschaftsfunktionär, Erz., Gesellschaftswissenschaftler.
Schriften: Was für eine Welt! Kurzgeschichten aus dem Gestern, Hier und Heute, 2007; Da haben wir den Salat. Kurzgeschichten aus dem Gestern, Hier und Heute, 2007. MM

Naumann, Meino, * 26.6.1938 Hannover, † 3.9.2015 Oldenburg; wuchs in Norden/Ostfriesl. auf, Stud. der Germanistik, Gesch. u. Philos., 1977 Promotion zum Dr. phil. in Bonn («Fabula docet. Stud. zur didakt. Dimension der Prosa Eichendorffs»), Lehrer am Abendgymnasium in Oldenburg, dort Studiendirektor u. ab 1978 auch stellv. Schulleiter, ab 1999 im Ruhestand, lebte in Oldenburg; verfaßte u. a. Rom., Lyrik, Radioess. u. germanist. Arbeiten zu Joseph von → Eichendorff u. Johanna → Spyri; Veröff. u. a. in «Aurora. Jb. der Eichendorff-Gesellsch.» (Berlin u. a.). – Pädagoge, Germanist, Schriftsteller.
Schriften: ‹Hier hat man gar nie ein trauriges Herz, nur in Frankfurt›. Paradies und Gefängnis in Johanna Spyris ‹Heidi›, 1982 (Sonderdr.); Festschrift zum 25jährigen Bestehen des Abendgymnasiums Oldenburg (Red.) 1985; Das Reich der Schwestern. Roman eines Ameisenvolkes, 1992; Werpeloh – Werpeloh (Ged.) 1998; Odysseus landet am friesischen Strand. Siebenundzwanzig Gedichte über Nordseeinseln (Illustr. v. A.-M. v. Engelhardt) 1998; Werthers Wilhelm. Seine galanten und schrecklichen Abenteuer, in Briefen von ihm selbst erzählt, 2004; Dohlenjude. Kaajööd (Rom.) 2005; ...o Oldenburg! (Ged., Fotos v. H. Behrends) 2008; Die blaue Freiheit (Rom.) 2010.
Herausgaben: Aber am Abend laden wir uns ein. Ein Mosaik für Wolfgang Hempel zum siebzigsten Geburtstag (Illustr. v. D. M. Weidenbach) 2001.
Vorlaß: DLA Marbach (Briefwechsel).
Literatur: Lit.datenbank Nds. (hg. Lit.haus Hannover) [o. J.], www.literatur-niedersachsen.de/. MM

Navarro, Fabian, * 18.7.1990 Warstein; Besuch des Gymnasiums in Warstein, ab 2008 Auftritte bei Poetry Slams (u. a. Landesmeister Schleswig-Holst. 2014), 2010 Abitur, studierte Germanistik u. Philos. in Hamburg, Betreiber des Projekts «Eloquentron3000» (Lyrik von Künstl. Intelligenz), Mitarb. des Kulturver. «FOMP» (Wien), daneben Tätigkeiten als Veranstalter von Kreativ-Workshops u. Moderator, lebte in Wien u. Berlin; publizierte vor allem Lyrik u. Erz.; Veröff. u. a. in «Titanic» (Berlin) u. «ZEIT» (Hamburg). – Schriftst., Veranstalter, Moderator.
Schriften: Ganz viel Mist und ein wenig Poesie (Ged.) 2011; Von A nach B (Ged. u. Erz.) 2014; Die Chroniken von Naja (Ged.) 2017.
Herausgaben: poesie.exe, 2020. MM

Naveroffsky, Magdalena Augusta → Grünbeck, Esther.

Nebe, Volkmar (Ps. Janne Mommsen), * 1960 Kiel; Abitur, Zivildienst im Gotteskoog (Nordfriesland), danach u. a. Tätigkeiten als Werftarbeiter, LKW-Fahrer u. Pianist, Stud. der Musik in Oldenburg, dann Musiker u. musikal. Leiter an Theatern, ab 1994 auch Doz. für Musical u. Chanson an der Schausp.schule in Kiel, zuletzt freier Autor; lebt in Hamburg; verfaßte vor allem Rom., Erz., Dramen u. Drehb. (u. a. für «Tatort»). – Musiker, Doz., Schriftsteller.
Schriften: Tatort Schleswig-Holstein. Kriminalstories aus der NDR-Welle-Nord-Serie, 1991; Unter Wasser spielt keiner Cello! (Kriminalrom.) 1992;

Allein unter Spielplatzmüttern (Rom.) 2007; Der Mann mit dem Bobby-Car (Rom.) 2008; Das Wunder von Bern (Drama) 2009; Oma ihr klein Häuschen (Rom.) 2010; Ein Strandkorb für Oma (Rom.) 2011; Oma dreht auf (Rom.) 2012; Männer können auch anders (Rom., mit R. Pingel) 2012; Omas Erdbeerparadies (Rom.) 2013; Träum weiter, Mann (Rom., mit dems.) 2013; Friesensommer (Rom.) 2014; Die Insel tanzt (Rom.) 2015; Zwischen den Bäumen das Meer (Rom.) 2016; Seeluft macht glücklich (Rom.) 2017; Mein wunderbarer Küstenchor (Rom.) 2018; Die kleine Inselbuchhandlung (Rom.) 2018; Omas Inselweihnacht (Rom.) 2019; Die Bücherinsel (Rom.) 2019; Botter bi de Fisch (Kom.) 2019; Wiedersehen in der kleinen Inselbuchhandlung (Rom.) 2020; Das kleine Friesencafé (Rom.) 2021; Das Inselweihnachtswunder (Rom.) 2021. MM

Nebehay, Stefan, * 28.6.1950 Wien; Sohn eines Buchhändlers, Stud. der antiken Numismatik sowie der Ur- u. Frühgesch. in Wien, dort 1976 Promotion zum Dr. phil. («Beitr. zur Erforschung der frühen u. mittleren Latènekultur in Niederöst.»), danach wiss. Mitarb. an versch. Forschungsprojekten, war zudem in leitender Funktion am Zentralarch. des Naturhist. Mus. in Wien tätig, lehrte 1993–2003 an der Univ. Wien, 1999 Übernahme der väterl. Buchhandlung in Wien, lebt in Wien; trat vor allem mit prähist., archäolog. u. numismat. Forsch. hervor (u. a. zu Hallstatt); verfaßte zudem Lyrik u. Prosa; Veröff. u. a. in «Ann. des Naturhist. Mus. in Wien». – Prähistoriker, Numismatiker, Archivar, Buchhändler, Schriftsteller.

Schriften: Die Kelten in Gallien. Museum für Völkerkunde, Wien 18.10.1978–14.1.1979 (Kat., Bearb., hg. Mus. für Völkerk. Wien) 1978; Hallstatts zweite Ausgrabung. Die Erforschung einer Pioniertat der österreichischen Archäologie, 1980 (Sonderdr.); Richard Pittionis ‹Systematische Urgeschichte›, 1991 (Sonderdr.); Flüchtiges Wild (Ged., Illustr. v. H. Zens) 2014; Iris – Eris – Eros (Ged. u. Prosa) 2016; Mondholz (Ged.) 2020. – Zudem wiss. Arbeiten zu Archäologie u. Numismatik. MM

Nebel, Hans-Joachim, * 14.8.1952 Dahme/Mark; Sohn eines Tischlers, Schulbesuch in Dahme, 1968–70 Ausbildung zum Rohrleger in Lübbenau/Spreewald, dann Schlosser für Landmaschinen in Dahme, 1971–73 Wehrdienst, danach auf Montage, lebt seit 1989 in Berlin; verfaßte vor allem Lyrik, Erinn. u. Meditationsbücher. – Schlosser, Schriftsteller.

Schriften: Die Quelle des Verderbens (Erlebnisber.) 2000; Gedanken ohne Ende (Ged.) 2001; Geboren – verdammt – gerettet (Erfahrungsber.) 2002; Quellen der Geborgenheit (Ged.) 2003; Der Seele freudig Tränen lauschen (Ged.) 2003; Der Nächte leisen Tönen lauschen (Ged.) 2003; Blicke die berühren (Meditationen) 2003; Romantische Abendgedanken (Ged.) 2003; Vom Kind zum Trinker (Erinn.) 2004; Blühende Erinnerung (Ged.) 2004; Sehnsucht und Erfüllung (Ged.) 2004; Blattgeflüster (Ged.) 2004; Trost und Erfüllung (Ged.) 2005; Liebe und Geborgenheit (Meditationen) 2005; Träume der Geborgenheit (Meditationen) 2005; Trost der Stille (Meditationen) 2006; Träume der Erinnerung. Das Meditationsbuch, 2006; Stimmen der Sehnsucht (Meditationen, Fotos v. S. Langer) 2006; Quellen der Zuneigung. Das Meditationsbuch, 2006; Mondbeglänzte Frühlingsnacht (Meditationen) 2006; Euch Wolken beneid' ich (Meditationen) 2006; Abendbeglänzte Stille (Meditationen) 2006; Von der Sucht zur Romantik. Biographie & romantische Lyrik, 2008; Vom Elend zur romantischen Lyrik (Prosa u. Ged.) 2008; Trost der Sehnsucht. Romantische Lyrik, 2008; Blicke, die berühren. Romantische Lyrik, 2008; Blicke der Sehnsucht. Worte und Bilder zum Nachdenken, 2008; Abendschön, du Lichtgedanke. Romantische Lyrik, 2008; Träume der Sehnsucht. Romantische Lyrik, 2008; Ich träumte so treulich. Worte und Bilder zum Nachdenken, 2008; Gedanken der Sehnsucht. Romantische Lyrik, 2008; Du mein Trost, du mein Verlangen, 2008; Das Schweigen der Trauer (Ged.) 2009; Stimmen der Nacht, 2009; Gedanken ohne Wiederkehr (Ged.) 2009; Gedanken der Nacht (Ged.) 2009; Des Abschieds Tränen (Ged.) [2009?]; Am Wildbach wo die Drossel singt. Romantische Lyrik, [2009?]; Blicke der Geborgenheit. Romantische Lyrik, 2011; Es rauschen so seltsam die Wälder. Romantische Lyrik, 2011; Wenn das Edelweiss in Blüte steht. Romantische Lyrik, 2011; Quellen der Erinnerung. Romantische Lyrik, 2011; Das Schweigen der Stille. Romantische Lyrik, 2011; Träume die berühren. Romantische Lyrik, 2011; Träume der Einsamkeit. Romantische Lyrik, 2011; Abendgold, du mein Verlangen. Romantische Lyrik, 2011; Trost der Träume. Romantische Lyrik, 2011; Das Schweigen der Gefühle.

Schwermütige & romantische Lyrik, 2011; Wünsche der Sehnsucht. Romantische Lyrik, 2011; Gedanken im Wind. Romantische Lyrik, 2011; Gedanken der Stille. Romantische Lyrik, 2011; Am Wildbach, wo die Drossel singt. Romantische Lyrik, 2011; Mondbeglänzte Sommernacht. Romantische Lyrik, 2011; Blicke des Schweigens (Ged.) 2011; Abendschön, du mein Verlangen. Romantische Lyrik, 2011; Abendrot, du mein Verlangen (Ged.) 2011; Abendgedanken (Ged.) 2011; Gedanken des Schweigens. Romantische Lyrik, 2020; O Herbst, du mein Verlangen. Romantische Lyrik, 2020; Auf den Flügeln der Trauer. Schwermütige Lyrik, 2020; Tränen ohne Wiederkehr. Schwermütige Lyrik, 2021; Der Saiten trauriges Spiel. Schwermütige Lyrik, 2021. MM

Nedzit, Rudolf (Ps.), * 1957 Saarlouis; lebt in Saarlouis; verfaßte u. a. Ess., Erz., Rom. u. Lyrik. – Schriftsteller.

Schriften: Wantlek. Briefe an einen Freund (Briefrom.) 2007; Wantlek (Rom.) 2010; Weil wir sind, die wir sind (Rom.) 2011; Nietzsche. Die rückwirkende Kraft (Ess.) 2012; Letzte Skizze. Eine Betrachtung, 2012; Die Klarheit des Nichttrinkers, 2013; Bis ans Ende ist alles Beginn. Ein fantastischer Bericht, 2013; Kapitel V (Erz.) 2014; Die Denkwelt des Rudolf Nedzit. Eine Spiegelung, 2014; Das O von Finger und Daumen, 2014; Das Büchlein der Ruhe. Mitteilungen an einen gewissen Soares, 2014; als kähme es auf die fehler an, 2014; Alles vergeht – doch der Rest bleibt. Erzählung oder so, 2014; Überraschungsmomente (Kurzgesch.) 2015; Ich bin Isolato (Erz.) 2017. MM

Nègre, Mariane → Maudry, Mariane.

Neidhardt, Fabian, * 24.1.1986 Pforzheim; absolvierte ein Volontariat beim Hörfunksender «Energy Stuttgart», studierte 2010–14 Sprechkunst u. Kommunikationspädagogik an der Staatl. Hochschule für Musik u. Darstellende Kunst Stuttgart sowie 2014–16 Lit. Schreiben an der Univ. Hildesheim, seit 2014 als freier Journalist u. a. für den SWR tätig, auch Sprecher für Werbespots u. Hörb., Auftritte bei Poetry Slams, hält Vorträge, moderiert Veranstaltungen wie TEDxStuttgart, seit 2019 Übers.tätigkeit bei dem Online-Portal «iFixit»; lebt in Stuttgart. – Stipendium des Förderkr. dt. Schriftst. in Baden-Württemberg (2020). – Journalist, Autor, Übers., Moderator.

Schriften: Das Leben ist ein Erdbeben und ich stehe neben dem Türrahmen, 2012 (Selbstverlag); Immer noch wach (Rom.) 2021 (Hörb. [gelesen v. F. N.] als Mp3-Datei, 2021). FA

Neidhart, Mirjam, * 20.5.1965 Basel; 1987/88 Ausbildung an der Scuola Teatro Dimitri in Verscio u. 1988–92 an der Schausp.-Akad. in Zürich, Master-Abschluß, Schauspielerin am Jungen Theater Zürich, dann Regieassistentin an der Landesbühne in Wilhelmshaven, am Schauspielhaus in Bochum u. am Schausp. Köln, 1993–95 Hausregisseurin an der Landesbühne in Wilhelmshaven, 1995/96 künstler. Leiterin am Theater die Tonne in Reutlingen, danach freie Autorin u. Regisseurin, inszenierte u. a. am Stadttheater Konstanz, am Stadttheater Würzburg u. am Landestheater Linz, drehte Dokumentarfilme u. war 1998/99 Doz. in Berlin, 2001–03 Stud. der Szenografie in Zürich mit Master-Abschluß, Mitgl. der Theaterformation «1visible», 2008–13 Vorstand von «netzdhk» (Zürich) u. 2013–15 Präs. der «Freunde der Theaterausbildung» (Zürich); lebt in Zürich; verfaßte vor allem Ggw.dramen. – Regisseurin, Dramatikerin, Schauspielerin.

Schriften: Eröffnungsstück (Drama) 1990; Dramatisierung des Buches Hiob, 1992; Planmäßige Abfahrt: 16 Uhr 33 (Ensemblestück) 1993; Diogenes (Kabarett) 1995; Scheinwärts (Drama) 1995; Chez Claire (Drama) 1996; Ohne Fahrplan (Drama) 1999; Achtung frisch verliebt (Drama) 2002; Meeting Joint (Drama) 2004; Der singende Knochen (Drama) 2004; ZONE 40. Ein satirischer Abend zu Demographie, Mamamanie und Babyphobie, 2006; 8 wie Achterbahn. Eine szenische Fahrt zum Thema Erziehung, 2006; Torschusspanik. Intime Einsichten in der Reproduktionskrise (Drama) 2006; Illegal. Berichte aus dem Untergrund (Drama) 2008; Meggiy geht zurück in den Kongo (Drama) 2008; Das Land, das ich dir zeige (Drama) 2011; White Crest (Drama) 2012; To be, or not to be humanoid… (Kom.) 2013; SKYLUCK. Ein dokumentarisches Stück zu Flucht und Emigration, 2016; Juxtapositions (Theater-Ess.) 2017; Odyssee (Drama) 2018; A. Baum, Stillleben (Bearb.) 2019; Nichts geschenkt! Eine kurze Geschichte der Frauenrechte in der Schweiz (Drama) 2020.

Literatur: A★dS Lex. (hg. Schweiz. Schriftst.-innen- u. Schriftst.-Verband, Red. N. Fetz u. a.) [o. J.], https://lexikon.a-d-s.ch/. MM

Nekvedavicius, Christian (auch Kristijonas Nekvedavičius, Ps. K. Wydmond), ★ 25.12.1946 Herford; studierte Anglistik, Slawistik, Baltistik u. Komparatistik in Münster/Westf., 1972 pädagog. Staatsexamen, danach Lehrer, 1978–80 Doz. an der Volkshochschule Gütersloh, ab 1980 Mitarb. an Wörterbüchern, Lexika u. verwandten wiss. Projekten, u. a. als Red. von PONS-Wörterbüchern (1980–83) u. wiss. Mitarb. der FH Münster (1998–2003), betrieb ab 1981 den Verlag «Edition Sunna» (zuletzt Münster), zudem Tätigkeiten als Journalist u. Übers.; lebt in Münster; publizierte u. a. Lyrik, Erlebnisber., eine Enzyklopädie u. Übers. engl. Liebeslyrik; Veröff. u. a. in «Westfäl. Nachr.» (Münster). – Pädagoge, Lexikograph, Journalist, Schriftst., Übers., Verleger.

Schriften: Endloses Morgen-Grauen. Liebeslieder und Sonette, 1980; Echos aus dem Schattenreich (Ged.) 1998; Karinsüchtig. Tagebuch eines entsorgten Vaters, 2014; Enzyklopädie des Okkultismus von A–Z, 3 Bde., 2020/21. – Zudem Mitwirkung an zahlr. dt.-engl. u. engl.-dt. PONS-Wörterbüchern.

Übersetzungen: J. Donne, Liebeslieder (auch Hg.) 1981 (engl. u. dt.); ders., Erotische Elegien (auch Hg.) 1983 (engl. u. dt.); J. Wilmot of Rochester, Laszive Gedichte (auch Hg.) 2005 (engl. u. dt.); ders., Erotische Ergüsse. Erotic effusions, 2016 (engl. u. dt.); Die liebe Noth mit der Liebe. Galante Lyrik aus dem alten England von Breton bis Dryden 1580–1680 (auch Hg.) 2016 (engl. u. dt.); Ph. Sidney, Astrophel and Stella. Liebessonette an Penelope Rich, 2016 (engl. u. deutsch).

Literatur: Westfäl. Autorenlex. Online. MM

Neldelius, Johannes, ★ um 1554 Groß-Glogau (poln. Głogów), † 12.2.1612 Leipzig; Sohn des Bürgers Matthias Neldel u. der Apollonia, geb. Axter; Besuch der Schule seiner Heimatstadt, dann der Fürstenschule Schulpforte (Eintritt am 4.1.1568), Stud. in Leipzig (ab Sommer 1570), dort Erwerb des Bakkalaureats (8.8.1572) u. des Magistergrads (25.1.1575); anschließend private Lehrtätigkeit u. Medizin- u. Jurastud., 1576 Kollegiat im Großen Fürstenkolleg; Aufenthalt in Wittenberg, dort Immatrikulation an der Leucorea am 1.8.1580; im Sommer 1585 Rezeption in die Leipziger Philos. Fak., 1586 Rhetorikprof., ab 1588 Prof. für aristotel. Logik u. Ethik; im Auftrag des Kurfürsten Christian I. Teilnahme an Schulvisitationen; 1589 Ehe mit Anna (1566–1620), Tochter des Händlers u. Ratsverwandten Johann Lebzelter, fünf (zum Teil früh verstorbene) Kinder; 1594/95 u. 1610/11 Rektor der Academia Lipsiensis, 1585, 1593 u. 1607 Dekan der Philos. Fakultät. – Philosophieprof., Mediziner, Jurist, Herausgeber.

Schriften: Copulatio animae et corporis in homine, aliquot thesium et conclusionum sententijs explicata, et ad disputandum proposita ex fontibus doctrinae Platonicae atque Aristoteleae, in academia Lipsiensi […]. Ad septimum Idus Aprilis, 1576; Manibus amplissmi, consilio, ac virtute praestantissimi viri, D. Hieronymi Rauscheri, cum iam sextum esset consul reip. Lipsicorum, pie defuncti, anno M. D. LXXVI. VII. Xbris., 1577; Epithalamia scripta humanissimo, eruditione doctissimae, virtute, ac pietate praestanti viro, domino Clementi Montagio, […] et honestissimae ac pudicissimae virgini Euphrosynae, […] Iohannis Rostii, […] filiae, nuptias celebrantibus XIII. Calend. Martij anno MDLXXII, 1577 (weitere Beiträger: O. Brinner u. G. Agricola); ΑΝΑΜΝΗΣΙΣ ΤΟΥ ΙΗΣΟΥ ΧΡΙΣΤΟΥ ΠΑΘΟΝΤΟΣ ΚΑΙ ΘΑΝΟΝΤΟΣ ὑπερ ὑμῶν, 1577; Miscellanea medica, in publica et ordinaria disputatione proposita […]. Ad diem mensis Septemb. [Ex. 1 hs. korr.: 2 mensis Octob.], S. Simoni (Präs.), J. N. (Resp.), 1578; Schediasma ΜΗ ΑΥΤΟΚΑΒΔΑΛΟΝ prodromi solidioris atque illustrioris futurae de universa rhetoricae natura, ac constitutione disputationis, in quo analytica quaedam thematia de fine ac scopo disciplinae eiusdem, in ordinariam disceptationem academiae Lipsensis proponuntur […]. Quibus aliquot exercitationes uberius disserendi gratia sunt annexae […]: ad diem VIII. Aprilis, J. N. (Präs.), J. Illyes (Resp.), 1587 (VD 16 N 485; weitere, um eine Gegenschrift erw. Ausg.: Schediasma ΜΗ ΑΥΤΟΚΑΒΔΑΛΟΝ prodromi solidioris […]: autore M. Iohanne Neldelio publico facultatis oratoriae profeßore: cum examine ejusdem schediasmatis, autore Alberto Mollero Mindensi, studioso in acad. Lips. Erfurt 1587; VD16 ZV 11437); ΚΥΚΝΕΙΟΝ ΑΣΜΑΤΙΟΝ Annae Lebceltriae Moribundae […]. M. Ioann. Neldelius affinis (Epicedium) (in: C. Becker, Christliche Leichpredigt/ bey Begräbniß der […] Frawen Annae, deß […] Thomas Lebzelters/ Bürgers und deß Raths/ auch […] Handelßmannes in Leipzig/ geliebten Haußfrawen. Welche den 10. Junij deß

1600. Jahrs [...] abgeschieden/ [...] ist), 1600, G2^v; Ad Nobilissimum Virum Dn. Avum maternum et Nepotem. [...] (Widmungsged.) (in: J.-A. v. SALHAUSEN, De praeparatione adolescentum nobilium ad munera reipublicae orationes duae: exercitii causa scriptae et recitatae in inclyta academia Lipsiensi), 1600, H4^v; Epithalamium (in: Carmina in festivitatem secundarum nuptiarum, quas integerrimus [...] Thomas Lebzelterus in urbe Lipsica mercator primarius, et senatorus dignissimus; cum [...] Magdalena [...] Gregorii Volcommeri, civis quondam et senatoris Lipsicae reipubl. etc. relicta filia celebraturus est, ad diem XIX. Maii), 1601; De Immatura Morte Affinis Omnium Charissimi IAMBEION ΘΡΗΝΗΤΙΚΟΝ [...] (griech. Epicedium) (in: G. WEINRICH, Christliche Leichpredigt/ bey dem [...] Begräbnüß deß [...] Herrn Iacobi Lebzelters, der Artzney Doctoris [...] welcher am 17. Junij [...] 1601. [...] entschlaffen [...]), 1601 (zwei Drucke), F2^r; Reipublicae Lipsiensis ΠΡΟΣΩΠΟΠΟΙΙΑ [...] / Consulis ΕΙΔΩΛΟΠΟΙΙΑ Αντίστοφος [...] / ΘΡΗΝΙΤΙΚΟΝ ΕΠΟΣ [...] (3 Epicedia, 2 lat., 1 griech.) (in: G. WEINRICH, Christliche Leichpredigt/ aus dem eilfften Capitel der Epistel an die Hebreer. Bey dem [...] Leichenbegengnis deß [...] Herrn Iacob Griebens jetzo gemeiner Stadt gewesenen regierenden Bürgermeisters/ und des churfürstlichen sächsischen Schöppenstuls Assessoris etc. welcher am 24. Julij dieses instehenden 1601. Jahres/ [...] entschlaffen/ [...]) 1601, E4^v–F2^v; O Si Tui sim compos, atque vulnerum [...] (Epicedium) (in: C. BECKER, Christliche Leichpredigt/ bey dem Begräbnüß der [...] Frawen Sabinen. Deß [...] Herrn/ Valentini Krappens/ I. U. D. deß churf. sächsischen Schöppenstuls zu Leipzig Assessoris, geliebten Haußfrawen. Welche den 6. Junij Anno 1602. [...] entschlaffen/ [...]), 1602, F4^r; Eheu dira mali labes ab origine nobis [...] / Vix tua Nicoleos terrae mandavimus ossa [...]. Ioan. Neldelius affinis (2 Epicedia) / (in: G. WEINRICH, Zwo Leichpredigten/ so bey dem [...] Leichenbegängnis zweyer [...] Eheleute gehalten worden. Die erste beym Begrebnis [...] Niclas Volckmars/ [...]/ welcher am 3. Octobris [...] 1602. [...] entschlaffen/ [...]. Die andere beym Begrebnis der [...] Mariae, [...] die jhme bald am 22. tage obgedachten Monats [...] gefolget [...]) 1602, 34–36 u. I2^v–I3^r; Lituaniae Plangor. In obitu Illustrissimi [...] Principis [...] Christophori Radzivil Senioris [...] (Epicedium) (in: M. Dresser, Iusta funeri illustrissimi principis [...] Christophori Radzivili, ducis Birzarum et Dubinkorum, palatini Vilnensis in magno ducatu Lithuaniae [...] soluta in academia Lipsiensi, anno 1604. mense Ianuario) 1604, E3^v–E4^v; Epithalamium (in: Gamelia illibato hymenaeo et casto amori, in solennitatem nuptiarum [...] Magno Lebzeltero, i. u. licentiato, assessori consistorii electoralis, quod est Cygneae, dignissimo et [...] Catharinae [...] Arnoldi Preunii, civis olim Islebiensis. etc. pie denati, relictae filiae. Boni ominis, moris et amoris ergo data et dicata ab affinibus et amicis. [...] Mense Februario) 1604; Siccine Coe senex sine cura linquis alumnum [...] (Epithalamium) (in: Clarissimo viro dn. Andreae Doerero [...] medico electorali: sponso: cum lectißima virgine Gertrudi, Henrici Rotheupti mercatoris ac civis Lipsensis [...] defuncti filia, sponsa nuptias celebranti die 21. Augusti. Gratulatum adsunt amici ac populares) 1604, A4^v; Non latet in tenebris ardens fiducia Christi [...] (Epicedium) (in: G. WEINRICH, Christliche Leichpredigt beym [...] Leichenbegängnis der [...] Frawen Catharinae, des [...] Herrn Gregorij Volckmars/ Rahtsverwandten [...] hinderlassenen Widwin/ welche am 10. Februarij [...] 1605. [...] entschlaffen/ [...]) 1605, F1^v; Epithalamium (in: Johannis Siglicii Halla-Saxonis, phil. et med. doctoris, et [...] Mariae, d. Zachariae Schilteri, celeberr. theologi [...] filiae, nuptiis, ad X. Septemb. vergentis anni M. DC. V. Lipsiae [...] celebrantis ab amicis studio testandae singularis benevolentiae nuncupata gamelia) 1605; Epithalamium (in: Vota nuptialia Henrico Schulenbergio, artium liberalium magistro, sponso, et Annae, Ioannis Zimmermanni civis Lipsensis filiae, virgini, sponsae facta ab amicis) 1605; Pratum logicum, organi Aristotelici septis inclusum, iucundisque passim viridariis adeoque flosculis conspicuum: sive praxis et usus organi Aristotelici genuinus: in omnibus omnium artium et facultatum disciplinis: ex ore d. Iohannis Neldelii, academiae Lipsensis professoris Aristotelici celeberrimi, exceptus, et non absque authoris comprobatione, publici juris factus, 1607; Qui coelum, maria et terras rimatus es acri [...] (Geleitged.) (in: Vota pro felici in Pomeraniam abitu Christophori Hunichii M. cum rectoratum illustris paedagogij Stetinensis susciperet. Scripta a praeceptoribus, amicis, collegis et discipulis in academia Lipsiensi) 1607, B1^v; Magnum opus est, animos tenerae formare juventae [...] (Epicedium) (in: V. SCHMUCK, Leichpredigt/ uber den Spruch des 68. Psalms/ [...]

beym Begräbniß des [...] M. Christophori Heiligmeyers/ S. Theol. Bacularij, SchulRectoris zu S. Niclas in Leipzig/ welcher am 3. Junij Anno 1607. [...] verschieden/ [...]) 1607, E1ʳ; Epithalamium (in: Nuptiis secundis, quas ornatißimus [...] vir Heinricus Kolreuter cum foemina honestißima Maria, viri integerrimi [...] Pauli Lobwasseri reipublicae Schnebergensis senatoris, pie defuncti relicta vidua pridie Calend. Novembris celebrat, pietatis, et benevolentiae declarandae gratia filius ac amici gratulantur) 1608, A2ᵛ; Epithalamium (in: Carmina votiva honori nuptiarum ornatiß. viri-juvenis, dn. Gregorii Volckmars/ civis et mercatoris Lipsici [...] et Gertrudis [...] Casparis Graessens/ senatoris ac aedilis reipub. Lipsicae digniss. fil. factarum Lipsiae Libonotrorum, Kal. IXb. M. DC. IIX. conscripta ab adfinib. fr. et amicis) 1608.

Herausgaben: S. Simoni, Synopsis brevissima novae theoriae de humoralium febrium natura, periodis, signis, et generali curatione, authore Simone Simonio Lucensi, phil. et medicinae doctore, ac professore, et medico electorali, in academia Lipsica. Cuius paulo post [...] consequentur Hypomnemata. Annexa quoque affinitate tractationis est, brevis eiusdem de humorum differentijs disputatio, nec non examen sententiae a Brunone Seidelio Erphordiense medico, latae, de ijs quae Laurentius Iubertus ad explicandam febrium humoralium naturam et materiam disputavit (Widmungsvorr. u. Widmungsged. J. N. [«Medicinae studiosus»], am Ende Leservorr. zu einer Galen-Vorlesung Simonis) 1577 (VD16 S 6558; auch Basel o. J. [Widmungsbrief dat.: 1577; VD16 S 6557]); Rɪᴘᴀ, J. F., Illustris de peste tractatus iuridicus ac politicus Ioann. Francisci Ripae Papiensis, ICti celeber. continens cum privilegia contractuum ultim. voluntat. et iudiciorum, causa pestis specialiter concessa, tum etiam politica luis eiusdem remedia, tam prophylactica, quam therapeutica, non solum ijs, qui iuri dicundo praesunt, sed etiam magistratibus, quorum cura respublicae gubernantur, perquam utilis ac prope necessarius, hoc tempore periculosissimo accurate recognitus opera Ioannis Neldelii Glogoviensis Silesii, in academia Lipsica publici philosophiae professoris. Eiusdemque studio in fine tractatus additus est rerum et verborum locupletissimus index, 1598.

Ausgaben: Cuiusdam M. Ioannis Neldelii Glogoviae in finibus Poloniae ac Silesiae oriundi, olim medicine, nunc iurisprudentiae studiosi, atque hoc tempore viventis Lipsiae, etc. epistolae et carmina diversis temporibus atque occasionibus scriptae, ad Simonem Simonium phil. ac med. doct. et felicissimi potentissimique principis ac domini, domini Augusti Sax. ducis, S. R. Imp. elect. et medicum, Paris o. J.; (Ex.: NB St. Petersburg). – Opuscula posthuma duo. I. Synopsis in Post. analyt. II. De ordine doctrinae disputatio. Quibus index rerum et verborum locupletissimus adjectus est (Widmung unterz.: Addictissimi Iohan. Neldelij pie defuncti Haeredes) 1613 (zwei Vorlesungen); Commentarius in titulum digestorum de regulis iuris antiqui nervosus, succinctus et perspicuus (Widmungsbrief unterz.: «Iohan. Neldelii pie defuncti heredes») 1614; B. Bᴇᴄᴋᴇʀ, Disputationes logicae M. Brunonis Becceri, Oscherslebiensis Saxonis, ex Aristotele, et M. Johannis Neldelij professoris quondam in Lipsiensi academia meritißimi accuratißimis commentariis, per totum organum Aristotelis fideliter collectae, et nunc post mortem ejus in usum candidatorum philosophiae publici juris factae. Quibus accesserunt etiam ejusdem autoris theses de philosophia et ratione definiendi (hg. J. Rʜᴇɴɪᴜs) 1619 (²1626); Institutio de usu organi Aristotelici in disciplinis omnibus, ante annos fere sexaginta Francofurti excusa, nunc vero studiosae juventutis commodo emendatior, triplici indice auctior, edita atque in illustri academia Julia publicis disputationibus proposita [...]. Praemissa etiam est viri celeberrimi Hermanni Conringii epistola [an J. Thomasius] (hg. H. Cʀᴇʟʟ) 1666 (2. Aufl. des ‹Pratum logicum› von 1607; angeh. mit eig. Titelbl.: W. Rᴏʟғɪɴᴄᴋ, Epistola, qua viri clarissimi Johannis Nedelii institutio de usu organi Aristotelis in omnibus disciplinis commendatur, serius exhibita).

Nachlaß: Griech. Eintrag (Leipzig, 10.3.1597) in das Stammbuch (1597–1603) Johann Siglicius: HAAB Weimar, Stb 362, Bl. 179; griech. Eintrag (Leipzig, 2.5.1604) in das Stammbuch (1600–1616) Andreas Seifart: HAAB Weimar, Stb 297, Bl. 114.

Bibliographien: VD16; VD17. – Kat. der fürstlich Stolberg-Stolberg'schen Leichenpredigten-Slg. (bearb. W. K. v. Aʀɴsᴡᴀʟᴅᴛ, Bd. 2) 1928, 805 (Register).

Literatur: Zedler 23 (1740) 1673; Jöcher 3 (1751) 853; Adelung 5 (1816) 472; ADB 23 (1886) 417; J. Kɴᴀᴘᴇ, Autorenlex. dt. Rhetoren 1450–1700, 2017, 284. – Gratulatorii versus in festivam celebritatem nuptiarum, clarissimi viri [...] Iohannis Neldelii Glogoviensis, opt. art. et philosophiae magistri, et professoris Aristoteleae logices atque ethices in incluta academia Lipsiensi eximij, sacrosanctum matrimonium contrahentis, cum virgine [...] Anna, [...] dn. Iohannis Lebzelteri, senatoris Lipsiensis relicta filia, III. Non. Novembris, an: M. D. XIC., 1589; P. AILBER, Quinio anagrammatum in laudem spectata et eximia dignitate, singularique humanitate praestantissimis viris, dn. procancellario et reliquis quatuor dominis examinatoribus, debitae gratitudinis et observantiae ergo conscriptus, 1610 (Lobged. auf P. Werner, J. N. u. a.); V. SCHMUCK, Leichpredigt aus dem spruch Apoc. 2. Sey getrew etc. Bey ansehlicher christlicher/ bestattung des weiland ehrnvesten/ achtbarn und wolgelarten Herrn M. Iohannis/ Neldelii, Organi und Ethices Professoris, auch des grossen Fürsten Collegij Collegiati bey der Universitet Leipzig. Welcher den 12. Februarij anno 1612. in Gott selig verschieden/ und den 14. hernach in der Pauliner Kirche begraben worden, 1612; Integerrimo atque optimo viro, dn. Iohanni Werchau, civi et mercatori Lipsiensi [...] Magdalenae [...] M. Iohannis Neldelii, hujus academiae quondam professoris meritissimi relictae filiae. Haec carmina epithalamia cum solenni faustivitatis apprecatione nuncupabant, affines, amici et fautores bono omine, felici sidere XVII. Maij, anno 1613, 1613 (Ged. zur Hochzeit von N.' Tochter Magdalena); Tröstliche Erinnerung bey christlicher Leichbestattung der erbarn [...] Anna, gebohrnen Lebzelterin/ H. M. Johannis Neldelii [...] Professoris etc. hinterlassenen Wittben, zu Leipzig gehalten/ den 13. Decemb. Anno 1620, 1620 (Einblattdr.); V. SCHMUCK, Leichpredigt/ beym begräbnis der erbarn und ehrntugendsamen Frawen Anna/ des weyland ehrnvesten/ achtbarn und wolgelahrten Herrn M. Iohannis Neldelii, berühmten Professoris Philosophiae Aristotelicae zu Leipzig/ seliger, hinterlassener Witwen/ welche den 10. Decemb. des 1620. Jahres/ [...] selig entschlaffen/ [...], 1621; H. WITTE, Memoriae philosophorum, oratorum, poetarum, historicorum et philologorum. Nostri seculi clarissimorum renovatae decas prima, 1677, 53–61; J. H. CUNRADI, Silesia togata [...], Liegnitz 1706, 198 f.; C. THOMASIUS, Ein kleiner Versuch von Annalibus von anno 1409 biß 1629. eine etwas genauere Einsicht in die Historie von Ursprung u. Fortgang der Universitäten in Teutschland/ sonderlich der Univ. Leipzig u. Wittenberg/ u. der in denenselben entstandenen Zänckereyen unterschiedener Facultäten/ [...] zu erlangen/ [...]. Zum Gebrauch des Thomasischen Auditorii, 1717, 140,

181–184, 187–191, 252, 254 f.; S. S.[chneider], Zuverläßige Nachricht von dem ehemahl. berühmten Leipz. Philosopho, M. Joh. Neldelio † d. 12. Febr. 1612. aet. 58. als Prof. Org. et Ethices Aristot. als ein Suppl. zum Joech. Gel. Lex. (in: Dreßdnische gelehrte Anzeigen auf das Jahr 1762, XXXI. St.) 1762, 481–488; C. F. H. BITTCHER, Pförtner Album. Verzeichniß sämmtl. Lehrer u. Schüler der königl. preuß. Landesschule Pforta vom Jahre 1543 bis 1843. [...], 1843, 42; E. G. GERSDORF, Beitr. zur Gesch. der Univ. Leipzig. Die Rectoren der Univ. Leipzig [...] vom Jahre der Gründung bis zur Ggw. [...], 1869, 42, 44; Pförtner Stammbuch 1543–1893 zur 350jährigen Stiftungsfeier der königl. Landesschule Pforta (hg. M. HOFFMANN) 1893, 27; F. LUDWIG, Dr. Simon Simonius in Leipzig. Ein Beitr. zur Gesch. der Univ. von 1570 bis 1580 (in: Neues Arch. für sächs. Gesch. u. Altertumskunde 30) 1909, 209–290, hier 268–270; W. RISSE, Die Logik der Neuzeit, Bd. 1: 1500–1640, 1964, 303 f.; F. ROTH, Restlose Auswertungen von Leichenpredigten u. Personalschr. für genealog. u. kulturhist. Zwecke, Bd. 8, 1974, 349, R 7571. RBS

Ne'man → Lichtenstaedter, Siegfried.

Nemecek, Renate → Schaider, Renate.

Nenik, Francis (Ps.), * 1981; wuchs wohl in einem Dorf nahe Leipzig auf u. studierte u. a. Latein u. Klass. Archäologie, veröff. Beitr. in Zs. wie «Edit», «Katapult» u. «Merkur». – 2. Preis im Ess.-Wettbewerb der Zs. «Edit» (2012), Arbeitsstipendium der Kulturstiftung des Freistaates Sachsen (2016), Buch der Woche bei NDR Kultur (2018), Sachb. der Woche bei MDR Kultur (2018), Anna Seghers-Preis (2021). – Schriftsteller.

Schriften: XO (Rom.) 2012 (Neuausg. 2021); Ach, bald crashen die Entrechteten furchtlos gemeingefährliche, hoheitliche Institutionen, jagen kriegserfahrene Leutnants mit Nachtsichtgeräten oder parlieren querbeet Russisch, Swahili, Türkisch und Vietnamesisch, während Xanthippe Yamswurzeln züchtet (Illustr. H. Kirschner) 2013; Doppelte Biografieführung (hg. J. DEGE, M. ZEISKE) 2016; Münzgesteuerte Geschichte (Rom.) 2016 (E-Book; Neuausg. u. d. T.: Die Untergründung Amerikas, 2017); Seven Palms. Das Thomas-Mann-Haus in Pacific Palisades, Los Angeles (Fotos S. Stumpf) 2018; N. u. A. Semsrott, Kalender des Scheiterns (Mitarb., mit M. HOFFMANN) 2018;

Reise durch ein tragikomisches Jahrhundert. Das irrwitzige Leben des Hasso Grabner (Biogr., mit Audio-CD) 2018; E. oder die Insel (Rom.) 2021; Tagebuch eines Hilflosen. Skizzen aus dem Amerika Donald Trumps, 2021.

Literatur: S. HAMEN, Sagen, was ist. Spiegeln, was sein könnte (in: Sprache im techn. Zeitalter 57, H. 230) 2019, 198–204; M. SCHMITZ-EMANS, Book Design as Literary Strategy. Aka Morchiladze's Novel «Santa Esperanza» and Its Poetics of Playful Storytelling (in: The Printed Book in Contemporary American Culture. Medium, Object, Metaphor, hg. H. SCHAEFER, A. STARRE) 2019, 203–226, hier 216. FA

Nenning, Christoph, * um/vor 1560 Liebenwerda; kaum biogr. Daten bekannt, einige wenige Hinweise (auf einen längeren Aufenthalt in Durlach, Reisen nach Frankreich, Italien, Sizilien, Malta, auf Geldnot [«premente necessitate, stipem petiit»] u. einen 20jährigen unehel. Sohn) bei Martin → Crusius (Lit.); möglicherweise ließen sich Lebensstationen N.s anhand seiner zahlr. Widmungen u. Druckorte verfolgen. Sicher bezeugt ist das Stud. in Greifswald (immatrik. am 13.7.1576: «Christophorus Nenyngius, Misenus») bei Johannes → Seckerwitz, dessen Drama ‹Samarites› (Rostock 1577) N. später unter seinem eigenen Namen veröffentlichte (VD16 N 502–504 u. ZV 11441), das Gleiche gilt für Seckerwitz' ‹De generibus Poetarum. σύγκρισις› (in dessen ‹Pomeraneidum [...] libri quinque›, Greifswald 1582), eine Poetik in Gedichtform (vgl. dazu VL 16, Bd. 5, 2016, 627, 629, 636). Ob es weitere Plagiate gibt, bleibt zu prüfen. Daß es sich bei dem «Christophorus Nenningius Schessingen.» der Wittenberger Matrikel (Inskription am 25.7.1573) um N. handelt, ist fraglich («Schessingen[sis].»?); das gilt ebenso für dessen Identifizierung mit dem Leipziger Studenten «Nenning Christoph. Pruten.» (immatrik. im Sommer 1574) durch FLOOD (Lit.). N. hat den Magistergrad erworben u. wurde (wohl 1594) zum Dichter gekrönt. – Nlat. Dichter.

Schriften: Epithalamium (in: E. CELLIUS, Nuptiae secundae; nobilis [...] viri [...] domini Melioris Iaegeri, a Gertringen, in Eningen, et Buchenbach: [...] ducis Wirtembergici d. d. Ludovici, etc. intimi consiliarij: ducentis nobilem [...] virginem, Annam a Berlichingen: [...] Iohannis Iacobi, a Berlichingen, [...] filiam: celebratae Stuccardiae in aula illustrissimi principis praedicti, anno 1586. die 15. Augusti: descriptae carmine elegiaco, tribus libris) 1587; Declaratio duplicis nobilitatis, dedicata illustrissimo principi ac dn: d. Iohanni Sigismundo, Marchioni Brandenburgensi, duci Prussiae, Stetini, Pomeraniae, Cassubiorum et Henetorum, etc. burggravio Norinbergensi, principi Rugiae, etc. domino suo clementissimo. Authore Christophoro Nenningio Libenwerdense Misniaco, Dresden 1592 (Prag 1593; u. d. T.: Διασάφησις de duplici nobilitate. Gratitudinis ergo et strenae loco ad [...] d. iudicem caesarium, d. primatem, d. consulem coeterosque inclytae reipublicae Pragae antiquae d. senatores amplissimos, dominos [...] colendos [...], Prag 1597); Pictura boni magistratus ex psalmo centesimo primo, versibus heroicis expressa, et dedicata, illustrissimo principi ac domino, d. Ioachimo Friderico, administratori Magdeburgensi, Marchioni Brandenburgensi, duci Prussiae, Stetini, Pomeraniae, Cassuborum et Henetorum, etc. burggravio Norinbergensi, principi Rugiae, etc. domino suo clementissimo. Authore Christophoro Nenningio M., Dresden 1592 (u. d. T. u. mit neuen Widmungen: Paraphrasis psalmi, CI. [= 101] Misericordiam et iudicium cantabo, etc. continens picturam boni magistratus versibus hexametris expressam, dedicata [...] consulibus et senatoribus [...] reipublicae Litomericensis, dominis suis officiose colendis [...], Prag 1593; [...] dedicata [...] d. Andreae, episcopo Vratislaviensi [...], superioris ac inferioris Silesiae supremo praefecto [...] dum Pragam metropolin Bohemiae [...] calend. Decembris anno 93 [...] ingrederetur a Christophoro Nenningio Libenwerdensi Misniaco, Prag [1593/94]; [...] in gratiam [...] dn. Johannis Welseri, inclytae ac liberae reipublicae Augustanae Vindelicae IIviri, musarum ac bonarum artium fautoris insignis [...], Ingolstadt 1594; [...] in gratiam [...] dn. Ioachimi Friderici, postulati primatus et archiepiscopatus Magdeburgensis administratoris, Nürnberg 1595; Speyer 1595; [...] in gratiam [...] Otthonis Heinrici, comitis palatini ad Rhenum, ducis Bavariae, comitis in Veldentz et Sponsheim etc. [...], Nürnberg 1596); Votum ad Christum opt: ma: pro reprimendis hostibus ecclesiae, cui inserta est descriptio, triumphi Romani et cum eodem collatio triumphi Christi, quem in gloriosa ascensione sua celebravit, 1592; Samarites. Seu Epimetheus restitutus. Tragicomoedia de lapsu hominis, eiusdemque per Christum restitutione, mysticis simulachris concinnata authore Christophoro Nenningio Libenwerdense Misniaco, 1593 (1594

[2 Ausg.]; 1595); Querela huius temporis ecclesiae ad summum afflictae, coram Iehova fundentis orationem, ex psalmo supra centesimum secundo, o. O. 1594; ΣΥΓΚΡΙΣΙΣ de generibus poetarum. Ad magnificum ac nobilissimum dominum, D. Iacobum Curtium a Sennftenaw, s. caesariae maiestati ab arcanis consilijs, Sacrique Romani Imperij procancellarium etc. mecoenatem suum reverenter colendum authore Christophoro Nenningio Libenwerdensi Misniaco, Prag 1594 (mit neuen Widmungen: [...] ad amplissimum virum, nobilitate, prudentia, doctrina et virtute praestantem dn. Marcum Welserum, inclytae ac liberae reipublicae Augustanae consulem [...] auctore M. Christophoro Nenningio Misn. P. Caesareo, Ingolstadt 1594; [...] ad [...] Stanislaum Pawlowski a Pawlowitz, episcopum Olomucensem [...] musarum ac bonarum artium fautorem insignem, dominum suum clementissimum [...], Olmütz 1594).

Nachlaß: Gedichte: Bibl. Vaticana, Cod. Pal. lat. 1905; Brevis notatio earum rerum, quae in qualibet fere totius Italiae civitate visu ac perlustratione dignae occurrent, 80 Bl., letztes Viertel 16. Jh.: Bibliotheca Bipontina, Zweibrücken, Hs 11 B (vgl. L. G. Svensson, Die Gesch. der Bibliotheca Bipontina. Mit einem Kat. der Hss., 2002, 239).

Bibliographien: VD16 (noch unvollst., Plagiate nicht erkannt). – Goedeke 2 (²1886) 142.

Literatur: Enchiridion renatae poesis Latinae in Bohemia et Moravia cultae (hg. A. Truhlář u. a.), Bd. 4, Prag 1973, 22 f.; Flood, Poets Laureate, Bd. 3, 2006, 1419 (unzulänglich). – B. Bilovius, Ad potentissimum ac invictissimum Romanorum imperatorem, div. Rudolphum II. [...] horti poetarum Germanorum III., 1596, D8^{r-v}; M. Crusius, Diarium [...] 1598–1599 (hg. W. Göz, E. Conrad) 1931, 53 f. (19.–20.5.1598); J. Bolte (Hg.), Johannes Ackermanns Spiel vom barmherzigen Samariter (1546) (in: Archiv 77) 1887, 303–328, hier 305; J. Bolte, Unbekannte Schauspiele des 16. u. 17. Jh. (in: Sitzungsber. der Preuß. Akad. der Wiss., Phil.-hist. Kl.) 1933, 373–407, hier 389, 407; O. G. Bauer, Allegorien auf dem Theater des dt. Sprachraums. MA – Renaissance, Diss. Wien 1970, 590 f.; P. Wiebe, To adorn the groom with chaste delights – Tafelmusik at the weddings of Duke Ludwig of Württemberg (1585) and Melchior Jäger (1586) (in: Musik in Baden-Württ., Jb. 6) 1999, 63–100, hier 83; C. Spanily, Allegorie u. Psychologie. Personifikationen auf der Bühne des SpätMA u. der frühen Neuzeit, 2010, Register.   RBS

Neocorus, Johannes (auch Johann Adolph Köster; Johannes Adolphi; Ettahulphides), * um 1555 Dithmarschen, † um 1631 Büsum; Sohn des Dithmarscher Diakons u. Lehrers Adolph Philippi Köster († 1580) u. dessen Ehefrau Katharina († 1580); Stud. in Helmstedt (immatrik. am 27.10.1582: «Johannes Custos, Dithmarsus»); 1587 Schulrektor u. Küster in Büsum (damals noch Insel), dort am 18.3.1590 zum zweiten Prediger (Diakon) gewählt; 1591 Heirat mit Margarethe, geb. Heesch (Hesche), drei Kinder; um 1624 aus unbekannten Gründen abgesetzt, lebte N. danach in Büsum als Bauer. Bekannt geworden ist N. durch seine ab 1598 in nd. Sprache abgefaßte Chron. des Dithmarscher Landes (fortgeführt bis 1619; zugleich Hauptquelle für N.' Vita). – Schulrektor, evang. Pfarrer, Chronist, Bauer.

Ausgaben: Insignia gentilitia societatum et familiarum veterum Ditmarsorum vulgo Klufte descripta a Jan Adolphi V. D. M. Busum: a. 1594. (in: Monumenta inedita rerum Germanicarum praecipue Cimbricarum, et Megapolensium [...], hg. J. E. v. Westphalen, Bd. 4) 1745, 1442, 1471–1479 (Nr. 38); Johann Adolfi's, genannt Neocorus, Chronik des Landes Dithmarschen. Aus der Urschrift herausgegeben (hg. F. C. Dahlmann), 2 Bde., 1827 (Nachdrucke: 1904–1910; 1927–1929; 1978); Neocorus wat he vun de olen Dithmarscher vertellt. In Utwaahl plattdütsch navertellt vun F. Pauly, o. J. (= Dithmarschen. Landeskunde, Kultur, Natur 16/17, 1940/41).

Nachlaß: Dithmersche historische Geschichte van ehrer Abkumbst, Seden, Gebrucken [...] dorch Johannem Neocorum, Ettahulphidem in demsulvigen Lande bordich. Anno 1598, 894 S., fol.: UB Kiel, Cod. MS. SH 187; vgl. dazu Ratjen, Verzeichniss der Hss. der Kieler Universitätsbibl. welche die Herzogthümer Schleswig u. Holstein betreffen, Bd. 2, 1848–1854, 1–3.

Literatur: J. Moller, Cimbria literata, Bd. 1, Kopenhagen 1744, 458; Jöcher 3 (1751) 857; Adelung 5 (1816) 487; ADB 23 (1886) 428–431; Schleswigholstein. biogr. Lex., Bd. 5, 1979, 169–172 (D. Lohmeier); Killy ²8 (2010) 522 (D. Lohmeier). – J. H. Fehse, Versuch einer Nachricht von den evang.luth. Predigern in dem Nordertheil Dithmarschens, 1769–1773, 214–233; J. A. Bolten, Dithmarsische Gesch., Tl. 1, 1781, 48–55; F. C. Dahlmann, Neocorus, der Dithmersche (in: Kieler Bl. 5, H. 2) 1818, 181–252; P. J. F. Boysen, Büsum, eine Kirchspielschron. [...] (hg. W. Dührsen) 1888, hier 126–131; H. Heesch, Neocorus. Vortrag in der

Wanderversammlung des schleswig-holstein. kirchengeschichtl. Vereins in Heide am 18. Okt. 1910 (in: Schr. des Vereins für schleswig-holstein. Kirchengesch., R. 2, Bd. 5) 1910/13, 345–357; W. SIMONSEN, Nd. u. hochdt. in den chroniken des Johann Adolph Neocorus u. des Daniel Lübbeke, Diss. Kiel 1911; R. HANSEN, Gesch. der Kirchengemeinde Wöhrden, 1923, 104; H. STIERLING, Der Ber. des Neocorus über die dithmars. Frauentrachten um 1600 (in: Schleswig-holstein. Jb. 13) 1923, 115–119; E. BRAAK, Die Sprache der Fortsetzer des Neocorus Hans Detleff, Christian Wigbert, Melchior Luden, 1931 (Diss. Kiel 1930); H. STIERLING, Ein Trinkhorn des Neocorus im Schleswiger Museum? (in: Jb. des Altertumsvereins für Schleswig u. Umgebung) 1932, 19–22; O. F. ARENDS, Gejstligheden i Slesvig og Holsten fra Reformationen til 1864, Bd. 1, Kopenhagen 1932, 3; F. PAULI, Das Leben des Neocorus (in: Dithmarschen. Landeskunde, Kultur, Natur, N. F.) 1956, 12–14; H. STAACK, Friedrich Christoph Dahlmann, dem Neocorus-Hg. zum Gedenken (in: ebd.) 1960, 84–88; Friedrich Christoph Dahlmanns Begründung, warum er die Chron. des ~ in ihrer nd. Urschrift herausgegeben habe (in: Jahresgabe der Klaus-Groth-Ges. 16) 1972, 83 f.; R. HANSEN, Andreas Ludwig Jacob Michelsen über die nd. Schriftsprache des Neocorus (in: ebd. 18) 1975/76, 115–119; A. LÜDTKE, Zur Chron. des Landes Dithmarschen von Johann Adolph Köster, gen. Neocorus. Eine historiograph. Analyse, 1992; J. RUSCH, Neocorus, 2009 (illustr. Darst. der Entstehung der Büsumer N.-Bronzeplastik); J. MARTENSEN, Genese u. Wirkungsgesch. eines Irrtums bei Neocorus. Die Gründung der Kirche in Eddelak (in: Zs. der Gesellsch. für schleswig-holstein. Gesch. 135) 2010, 57–76; B. v. OBERG, Rätsel um Neocorus-Trinkhorn gelöst? (in: Dithmarschen. Landeskunde, Kultur, Natur, N. F.) 2020, 13–16. RBS

Neomarcus, Petrus (auch Neumarckus, Neumark), * um 1580 Stettin, † nach 1637; Sohn des Stettiner Ratsherrn Peter Neumark († 1591); Jurastud. in Wittenberg (immatrik. am 30.12.1597) u. Königsberg (am 9.10.1598); Bürger u. Jurist (Gerichtsadvokat, Prokurator, Schöffe [scabinus] u. Assessor) in Stettin; am 15.3.1607 durch den kaiserl. Hofpfalzgrafen u. Wolgaster Hofgerichtsdirektor Reimar Seltrecht zum kaiserl. Dichter gekrönt; drei Söhne (Christian, Petrus, Constantin). – Jurist, nlat. Dichter.

Schriften: Disputatio ethica de summo hominis bono, seu beatitudine huius vitae, iuxta Aristotelis aliorumque philosophorum sententiam, P. STAERMONTIUS (Präs.), P. N. (Resp.), 1598 (wieder in: Disputationes ethicae distinctis temporibus habitae in collegio philosophico privato Witebergae, mensibus vernis, anni 98. [...] studiosis s. s. theologiae et iurisprudentiae [...], P. STAERMONTIUS [Präs.], P. N., B. OSTEN, S. HOLTZMANN, D. MEISNER, J. ULBECK, G. A. SCHRÖTER, J. SCHULTZ [Respp.], 1598 [corr. ex: 1589]); Carmen de agone et captivitate domini ac salvatoris nostri Iesu Christi, in horto magnificis nobilibus, amplissimis et sapientissimis viris multarumque rerum experientia praestantiss dn. Coss. [...] a Petro Neomarco [...], Königsberg 1599; Myropolium Veneris, clarissimo viro [...] Gulielmo Simonis doctori medico, nuptias celebranti, cum virgine Elisabetha Friderici, a natalibus, a forma, a modestia, ornatissima, laudatissima, cultissima, consecratum a Petro Neomarco, Stettin 1605 (Einblattdr.); Iudicium Iovis, super discordia Palladis et Veneris [...] Philippo II. duci Stetini Pomeraniae, Cassubiorum Henetorumque, principi Rugiae, comiti Gutzkoviae, nec non domino Leoburgensium et Butovensium, principi inter literatos literatissimo, nuptias celebranti, cum [...] domina Sophia, principe Slesvigae, Holstatiae, Stormariae, et Dithmarsiae [...], Stettin 1607 (Einblattdr.); Ornatissimo viro dno. Iohanni Steinmetzio secundo, Hermundoro, poetae, in inclyta Phyliraea academia, philosophiae magistro noviter renunciato Petrus Neomarcus poeta coronatus caesareus, Stettin 1607 (Einblattdr.); Petrus Neomarcus Poeta Coronatus Caesareus. Sub dio aeternum nil est, durabile nil est [...] Epicedium (in: J. PRAETORIUS, Christliche Leichpredigt/ von der Creutzhitze der lieben Kinder Gottes auff dieser Erden/ bey [...] Leichbegengnis der [...] Frawen Erdmud Schmiedes/ des [...] hochgelarten Herrn Danielis Crameri, der H. Schrifft Doctoris, und der Stifftskirchen zu S. Marien Pastoris [...] ehlichen Haußfrawen/ welche [...] 14. Februarij [...] zur Erden bestetiget worden) Alt-Stettin 1608, G4^v–H1^r; Epigrammata in honorem nuptiarum [...] Iohannis Meieri [...] illustris dicasterii Stetin. advocati digniss. sponsi, et honestiss. ac lectiss. virginis, Catharinae, viri clariss. et consultiss. dni. Joachimi Egeri, i. u. d. piae memoriae, relictae filiae sponsae [...], Stettin 1609

(Einblattdr.); Ode in honorem nuptiarum, reverendi et clariss. viri, dn. Danielis Crameri, ss. theologiae doctoris, pastoris, et professoris [...] et virginis Elisabethae, a pietate, a modestia, a forma, probatissimae, laudatissimae [...] et mercatoris Stetinensis primarii, filiae sponsae [...], Stettin 1609 (Einblattdr.); lat. Epicedium (in: D. CRAMER, Der Gedechtnuß [...] des ehrwürdigen/ [...] Herrn/ Otto von Rammin/ weylandt fürstlichen Stetinischen Cantzlern/ [...] welcher den 18. Februarij dieses [...] Jahres zu Alten Stettin [...] sein leben geendet/ und den 12. Martij [...] zur Erden bestetiget worden: Leichpredigt. [...] Sampt andern hindangefügten [...] Grabschrifften) Alt-Stettin 1610; Elegia In Obitum Magnifici, Nobilissimi, Nominisque, Ingenii, Doctrinae, Peritiae Rerum Ac Eloquentiae Gloria Clarißimi Viri, Dn. Othonis a Rammin [...]. Scripta a Petro Neomarco P. L. (in: Piis manibus, memoriaeque sempiternae magnifici [...] viri dn: Othonis a Ramin aulae lateranensis comitis [...]: p. monumenta amicorum et clientum pietatis causa) Alt-Stettin 1610, B3^{r-v}; Petri Neomarci Stetinensis Pom. P. L. Miscellanea variorum carminum, in III. libros distributa, quorum I. epigrammata, II. epithalamia, III. epicedia, continet. Quibus denique adjecta est laurea autoris poetica, Stettin 1610 (Slg. von zumeist Jugendgedichten [«has mearum Musarum primitias, quas plerasque in flore juventutis conscripsi», A5^r], Herzog Philipp II. gewidmet); Begleitged. (in: E. NEOMANNUS, Tröstlicher Bericht I. Was zu halten sey von plötzlichen und unverhofften Todsfellen guter frommen Christen? II. Wo der heiligen Leuthe ihre Seelen/ nach absterben des Cörpers hin kommen? III. Was deroselben bis an den Jüngsten Tag [...]/ ihre Thun und Fürhaben sey? [...]) 1611; Magnipotenti Magnanimoque Mundi Monarchae, munificoque Musarum Mecoenati, Matthiae. [...]. Induperatoris solennia festa Mathiae [...]. Petrus Neomarcus, Poeta Laureatus, et illustris dicasterij Procurator (Lobged.) (in: D. REUTZ, Keyserpredigt/ aus der Historia 1. Reg. v. 32 et seq. zu [...] Ehren der ordentlichen Erwehlung und Crönung des [...] Herrn Matthiae, erwehlten Römischen Keysers/ [...]. Auf gnädigs befehl [...] Philippi II. Hertzogen zu Stettin [...]) Alt-Stettin 1612, L4^v–M2^v; Stemmata clara Ducum Pomeranae Gentis, et Arma [...]. Petrus Neomarcus P. L. et Ill. Dicasterij Stet: Advocat: et Procurator (Lobgedicht) (in: P. FRIEDEBORN, Historische Beschreibung der Stadt Alten Stettin in Pommern [...]) Alt-Stettin 1613, d1^v–d2^r; Fata manent omnes, durae lex aspera mortis [...] (Epicedium) (in: D. CRAMER, Von der heiligen Matriarchin/ Rebecca/ Genes. 25. v. 21. eine Leichpredigt, zun letzten Ehren/ der [...] tugentreichen Frawen Sophiae Camerariae: des ehrnvesten [...] Herrn Theodori Plönnies, beider Rechten Doctorn/ [...] sehligen Ehegemahl: welche den 10. Septemb. dieses [...] Jahrs zu Alten Stettin sehliglich entschlaffen/ [...]) Alt-Stettin 1614, G2^v–G3^r; In nova fert animus nunc rursum funera questus [...] (Epicedium) (in: Epicedia in improvisum, ast pium obitum clarißimi [...] dn. Wilhelmi Marstalleri u. j. d. nec non [...] dn. Uldarici, ducis Stetinensis Pomeraniae etc. consiliarij dignissimi, qui 23. Septembr: [...] obdormivit [...] scripta condolentiae ergo a cognatis et amicis) Stettin o. J. (1615), A3^r–A4^v; Sanguis Heroi, Generosa, propago, Philippe [...] / Discessit Rectore Deo vetus annus ab astris [...]. Petrus Neomarcus Poeta Laureatus Caesareus (2 Gratulationsged.) (in: Annus Christi M. DC. XVII. strenis votivis pro illustriss: et celsiss: principe ac dn: dn. Philippo II. duce Pomeranorum, etc. celebratus a ministris aulicis Sedinensium Thren. 3. v. 22. [...]) Stettin 1617, C1^v–C4^r; Elegia consolatoria, in obitum, dni. Christophori, viri praeclarissimi et praestantissimi, dni. Desiderij Constantini Oesleri, medicinae d. et illustrissimorum ducum Pomeraniae etc. archiatri, filij desideratissimi, ad patrem moestissimum, scripta a Petro Neomarco P. L. C. Constantine decus Medicorum, Numen in arte [...], o. O. o. J. (Einblattdr., 1617); Est nihil in toto durabile climate mundi [...]. Petrus Neomarcus P. L. Illustrium Archidicasteriorum Pomeraniae Advocatus, et Reipub. Patriae Scabinus (Epicedium) (in: Epicedia in obitum Sophiae Mariae Kleistes [...] dni. Guilielmi Kleistes, haereditarij in Mutrin et Dubbero, jllustrissimi archidicasterij Stetinensis praesidis dignissimi, conjugis dulcacidae, 9. Martij anno 1622. [...] consopitae: condolentiae ergo scripta ab amicis) Stettin 1622, A2^v–A3^v; Dicata gens Apollini [...] (Epithalamium) (in: Seria bonorum vota nunquam sera. Ita nec haec quibus dulcacidae nuptiarum festivitati Philippi Horst Brunsvigatis in Salana prof. publ. et Dorotheae-Barbarae Eckhardiae novorum-nuptorum Altenburgi Hermundurorum ipsis Martinalibus anno cIɔ Iɔ c XXIII. celebratae comprecari optime voluerunt [...] fautores et amici magni) 1623, A3^v–A4^v; Virtutem et mores, Bambami, docta juventus [...] Petrus Neomarcus P. L. Illustr. Archidicast. Pom. Advocatus, et Jud. Sedin.

Adsessor (Begleitged.) (in: M. BAMBAMIUS, Tyrocinium ethicum in usum [...] studiosorum adolescentum, qui primum ad studium ethices animum appellere conantur, ex Aristotele mundi miraculo, aliisque autoribus probatis [...]) 1629, A7^v; Viro Politissimo, Dn. Caspari Janthesio, Illust. Archidicast. Pom. Advocato, Adfini et amico singulari. [...] (Widmungsged.) (in: G. A. PALAZZO, Aurei et summe salutiferi [...] novi discursus de gubernaculo et vera status ratione, nucleus. [...] antehac in Germania nunquam visus, hg. C. JANTHESIUS) Danzig 1637, §§§§1^{r-v}.

Ausgabe: Poetica feriarum Philippicarum descriptio (1612) (in: J. C. DÄHNERT, Pommersche Bibl., Bd. 3), 1754 (Widmungsvorr. vom 16.1.1755) 337–340 (urspr. in: REUTZ, Keyserpredigt, 1612).

Bibliographien: VD17 (noch unvollständig). – Kat. der fürstlich Stolberg-Stolberg'schen Leichenpredigten-Slg. (bearb. W. K. v. ARNSWALDT), Bd. 3, 1930, 597 (Register).

Literatur: Jöcher 3 (1751) 858; Adelung 5 (1816) 489; Flood, Poets Laureate, Bd. 3, 2006, 1428 f. (unzulänglich u. fehlerhaft). – B. BILOVIUS, Epigrammatum libellus XLIII, 1610, A5^r; DERS., Anagrammatismorum Plejades VII. libris distinctae [...], 1614, 52; A. C. VANSELOW, Gelehrtes Pommern [...], Stargard 1728, 79.   RBS

Nesch, Thorsten, * 21.12.1968 Solingen; 1989 Abitur, Ausbildung zum Sozialversicherungs-Fachangestellten, 1993 Zivildienst, danach Stud. der Soziologie u. Ethnologie in Köln, arbeitete dann u. a. in der Gastronomie, ab 1994 Journalist, ab 2004 Tätigkeiten als Doz., u. a. 2014/15 als Doz. für Kinder- u. Jugendlit. an der PH Karlsruhe, auch techn. Assistent in einem Mus., Auftritte als Musiker u. Performance-Künstler sowie film. Arbeiten als Regisseur, Drehb.autor u. Editor, lebte ab 1998 in Calgary u. Victoria (beide Kanada), ab 2004 in Leverkusen, seit 2014 in Lethbridge (Kanada) ansässig; verfaßte u. a. Drehb., Rom., Erz., Lyrik, Sachbücher, Jgdb. u. Kdb.; zudem engl.-dt. Übersetzungen. – (Neben anderen Auszeichnungen) Hans-im-Glück-Preis (2012). – Journalist, Doz., Schriftst., Übers., Medienschaffender.

Schriften: Der Kulturterrorist tanzt den Bullettentango. Social-Beat-Literatur-Gazette (Red., mit R. ADELMANN) 1994; Bizarria Germania (Erz. u. Ged.) 1995; Gebrochen Deutsch. Gutbürgerliche Literatur (Ged.) 1997; Willkommen im Paris. Deutsche Gedichte, englische Songs & schwarzweiße Fotos. 1. Spätsommer, 2000 (dt. u. engl.; auch als 1 Audio-CD); Winter im Paris. Deutsche Gedichte, englische Songs, schwarzweiße Photos & Artefakte, 2003 (dt. u. engl.); Strandpiraten des Lebens (Rom.) 2004; Abenteuer in Westkanada. Über Flora, Fauna und Strandpiraten (Erlebnisber.) 2007; Joyride Ost. Ein Roadmovie-Roman, 2010; School-Shooter (Thriller) 2011; Helden oder: warum Kometen nicht auf Idaho stürzen! Wie Jugendliche Romane schreiben können (Sachb.) 2011; Flirren (Rom.) 2011; Die Lokomotive (Rom.) 2011; Verkehrt! (Rom.) 2012; Ein Drehbuch für Götz. Ein Sardinien-Roman (mit K. FLENTER) 2012; Als sich Gott das Leben nahm (Rom.) 2012; Wir überfallen die Polizei (Rom.) 2013; Unbekannt Verzogen (Jgdb.) 2013; Grolar (Horrorrom.) 2013; Buster, König der Sunshine Coast (Rom.) 2014; Apphillybilly Lifestyle (Erz.) 2014; Die Weihnachtsmannfalle (Kdb., Illustr. v. D. Henning) 2015; Die Kreuzfahrt mit der Asche meines verdammten Vaters (Jgdb.) 2015; Der Drohnenpilot (Rom.) 2015; Johnny Burdon (Rom.) 2017; Der Stummfilmpianist (Rom.) 2017; My totem came calling (Rom., engl., mit B. MUSARIRI) 2019.

Übersetzungen: D. Tutu, Keine Zukunft ohne Versöhnung (mit A. MONTE) 2001.

Literatur: Lit.port Autorenlex. (Internet-Edition).   MM

Nessel, Martin (auch Martinus Nesselius, Neßelius), * 10.11.1607 Mährisch Weißkirchen (heute Hranice na Moravě/Tschechien), † 1673 (Wien oder Brünn); Besuch der Schule in Leutschau (Oberungarn, heute Levoča/Slowakei), Aufnahme des Jurastud. in Wittenberg (immatrik. am 15.8.1629), 1631 Konrektor in Schemnitz (Ungarn, heute Banská Štiavnica/Slowakei), 1634 Reise durch Polen, Forts. des Stud. in Rostock (Sept. 1634: «Martinus Neßelius Weiskircha-Moravus»), wo N. am 27.5.1635 im Namen des kaiserl. Hofpfalzgrafen Adrian von Mynsicht durch den Rektor der Univ. Peter →Lauremberg zum Dichter gekrönt wurde; 1636–39 Konrektor in Uelzen, dort am 18.9.1637 Eheschließung mit Margareta, der Tochter des Uelzener Apothekers Daniel Schaller (fünf Kinder), längerer Aufenthalt in Verden; 1641 Prorektor in Minden; am 27.6.1643 wurde N. an der Univ. Helmstedt durch Christoph →Schrader der Magistergrad verliehen, die angestrebte, seit dem Tod Heinrich → Meiboms vakante Poetikprofessur konnte er nicht erlangen; 1646–55 erster Rektor des Ulricianum im ostfries. Aurich (Bestallung am 17.9.1646), 1656 Rektor an der luth. Domschule in Bremen (Berufung im Sommer 1655), dort zugleich Inspektor des Konvikts, 1666 Entlassungsgesuch u. Amtsniederlegung (vgl. ‹Carmen eucharisticum› [Ausg.]); am 25.4.1666 mit Frau u. vier Kindern Rückkehr nach Mähren (Brünn) u. Konversion zum Katholizismus in Wien («Viennae in templo Domus Professae S. J. facta publice ac solenniter professione fidei, ritu Catholico communicavi», Brief an Peter → Lambeck), N.s ältester Sohn Daniel avancierte zum Hofbibliothekar u. kaiserl. Rat (N.s jüngster Sohn, Franz Albert, war in Norddtl. geblieben u. wurde Pfarrer in Aurich). In Wien hat sich der sehr umfangreiche Nachlaß N.s erhalten. – Pädagoge, Schulrektor, nlat. Dichter, Übersetzer, Herausgeber.

Schriften (die sehr zahlr. Beitr. zu Sammelschriften u. zu Werken anderer in Ausw.): Ad Praestantissimum. Dn. Respondentem. Amicum meum dilectum. [...] (Widmungsged.) (in: Collegii moralis exercitatio XIV. de semivirtutibus et semivitiis [...] academici exercitij gratia [...] ad diem 29. Aprilis, M. Grosser [Präs.], D. Lophus [Resp.]) 1630, B2^r; ΘΡΗΝΟΣ ΕΓΚΩΜΙΑΣΤΙΚΟΣ super obitum luctuosissimum christianissimi serenissimi, invictissimi principis Gustavi Adolphi magni, eius nominis secundi, D. G. Svecorum, Gothorum, Vandalorum regis [...] herois ante, in, et post obitum victoriosissimi a quodam Germanicae poeseos cultore elegantissimo profusus, nunc vero Latinos numeros carmine elegiaco translatus per Musophilum Nelessium Marcomannum, 1634 (von Hejnic [Lit.], 1986, N. zugeschrieben); Triga Epigrammatum Ad Dnm. Petrum Laurembergium, Academiae Rostochi: Rectorem Magnificum; de instituta ac celebrata, in honorem ipsius, a Flore Juvenum Studiosorum, Musica Organica: [...] facta a Martino Nesselio Moravo P. L. C. (in: Amicum obsequium, et solemnis gratulatio, quam magnifico academiae rectori dn. Petro Laurembergio, cum [...] musica aliquot symphoniarum, exhibuit nobilissimorum [...] virorum juvenum studiosorum corona frequentißima [...] a. d. XX. Augusti 1635) 1635, A3^v–A4^v; Cum Sol admoto tellurem sidere findit [...] / Saepe dat augurium cum felici omine nomen [...] / Experiens, Fabrici, fractae tutela salutis [...] (3 Gratulationsged.) (in: Laureae ac honori doctorali [...] dn. Johannis Fabricii, medici ac chirurgi celeberrimi juxtaque felicissimi, gratulantur, et felicia quaeque precantur amici) 1635, A3^r–A4^v; Magni Parentis magna proles, patriae [...] (Gratulationsged.) (in: Laureae novae et summis in philosophia honoribus, quos [...] solenni et publico ritu collatos accipiebat in incluta [...] ad Varnum academia Johan Daniel Horst Giess. die XV. Octob. anno M. DC. XXXV. gratulantur dn. praeceptores, favitores, amici) 1635, A3^v–A4^r; Slesia doctorum nutricula faeta virorum [...] (Gratulationsged.) (in: Laureae novae et summis in philosophia honoribus, quos [...] solenni et publico ritu collatos accipiebat in incluta [...] ad Varnum academia Benedictus Hausmannus Svidniciensis Silesius die XV. Octob. anno M. DC. XXXV. gratulantur dn. praeceptores, favitores, amici) 1635, A2^r–A3^r; Triga Epigrammatum. [...] (in: Gratulantur viro clarißimo dn. Johanni Fabricio Dantiscano de summis in philosophia honoribus [...] in academia Rostochiensi solenni more delatis ad diem XV. Octob. anno M. DC. XXXV. patroni, fautores, amici) 1635, A4^v; Quicunque rebus arduis emancupas [...] (Begleitged.) (in: Exercitationum ethicarum sexta de circumstantiis actionum moralium, electione et consultatione [...] ad diem Martii, J. Reinboth [Präs.], J. Kirchmann [Resp.]) 1636, S2^{r-v}; Jambus. Nequam puelle Cypridos formosulae [...]. Martinus Nesselius Moravus, P. L. C. Con-Rector Ultzensis Epithalamium) (in: Epithalamia in honorem nuptiarum [...] Heinrici Leonis, (Löwen) copiarum equestrium majoris meritissimi, sponsi, et [...] Ursulae Vilhelmsiae, [...] dn. Friderici Dickmanni, relictae viduae, sponsae, Ulysseae dn. 7. post Trinitat. celebratarum, concinnata [...] a fautoribus, affinibus, consanguineis et amicis), o. O. 1636, B1^{r-v}; Versmanne, Legum candidate strenue [...] (Epicedium) (in: Carmina ad virum [...] prudentia iuris eximium? dn. Iohannem, Versmannum, civem reipub: Ulysseae [...]: cum [...] Mariam Annam praematura morte raptam vehementer lugeret pariter ac efferret die XI. Iulij; anno 1636. humanitatis, ac solatioli alicuius causa scripta ab amicis et fautoribus) 1636, A2^v–A3^v; Cum pater egereret totas, Gradivus habenas [...] (Epithalamium) (in: Carmina epithalamia in festivitatem nuptiarum viri praestantissimi [...] Henrici Ellerndorffs/ Ultzensis patricij sponsi cum virgine [...] Margretae Kragens Luchoviensis patriciae sponsae Luchoviae celebratarum die 22. Novembr. anno 1636. ab amicis et faritoribus adornata) 1636, A3^v–A4^r; Carmen epicedium quod memoriae ac honori reverendißimi, illustrißimi celsißimique principis ac domini, dn. Augusti, episcopi Raceburgensis, ducis Brunsvicensis et Lunaeburgensis, domini quondam sui clementissimi; dicat Martinus Nesselius Moravus P. L. Caes. Con-Rector Ulyssensis, o. O. o. J. (1636; 2 Drucke); Anacreon. Sic ergo res tulere [...] (Epithalamium) (in: Nuptiis auspicatissimis [...] M. Danielis Papendorffii poet. laur. caesar. rectoris scholae Ulsensis [...] sponsi; ut et [...] foeminae; Dorotheae Tietzen/ [...] Ernesti Eldrendorff/ civis reipubl. Ulsensis primarij relictae viduae, sponsae, Ulseniae celebrandis XXIX. Octobris. Faustae gratulationis ergo a fautoribus, affinibus atque amicis acclamatum) 1637, A2^v–A4^r; Docte Liber, Medici sincera medulla laboris [...] (Lobged.) (in: A. v. MYNSICHT, Thesaurus et armamentarium medico-chymicum [...]) 1638, e1^v–e2^r (wieder in den späteren Ausg.); Quis tibi tam celeres, Alevein cultissime, flammas [...] (Epithalamium) (in: Gratulation- und Glückwündschung/ zu sonderlichen Ehren [...] Herrn Daniel Alewin/ Patritii Ultzensis, Bräutigams: und der [...] Jungfern/ Cathrinen Mollers/ des [...] Herrn Georg Mollers/ fürnehmen Bürgers [...]/ auch wolverordneten Kirchen Juraten zu S. Johannis, in der Stadt Lüneburg [...] hinterlassener Tochter/ Braut: aus den Buchstaben ihrer beyderseits Namen/ [...] auff ihren hochzeitlichen Ehrentag/ welcher in Lüneburg/ den 11. Junii, Anni 1638. solenniter gehalten wird) 1638, B1^{r-v}; Sacra parat Cypriae Juvenis cum Virgine Divae [...] (Epithalamium) (in: Sacris connubialibus, quae [...] a [...] Erasmo Ulrici ecclesiaste veteris Soltquellae dignissimo, sponso; et [...] virgine Dorothea Haußmanns/ [...] Conradi Hausmanni, [...] ducum Brunoviciensium ac Lunaebergensium, Hitzacker-ae Telonio praefecti, p. m. filia, sponsa, rite celebrab: Soltquellae XX. m. Novembris, anno [...] cIɔ Iɔ c XXXIIX. feliciter, et bonum omen amici annuunt [...]) 1638, unpagin. [4 f.]; Scilicet est tandem Veneris subeunda potestas [...] (Epithalamium) (in: Honores gamicos sponsis [...] dn. Aegidio Schirmero Brunsvic. Luneb. copiarum equestrium Mejeriarum hodie ecclesiastae. Et [...] virgini Elisabethae, dn. Rudolphi Dithmers/ civis Hulsensis [...] relictae filiae. Hulsis celebrandos VI. Kl. Martias. Gratulamur amici fautores) 1639, A3^v–A4^r; Panegyricus illustrissimo ac celsissimo principi ac domino. Dn. Augusto duci Brunovicensi et Lunaeburgensi. Scriptus. a Martino Nesselio Moravo; poeta coronato, con-rect: Ultzensi, 1639 (wieder in: J. H. BOECKLER, Augusti ducis Brunovicensis et Luneburgensis fama non moritura, revocata [...]) 1645, 55–139); Epicedium in funere reverendi et clarißimi viri, domini M. Henningi Ludovici P. L. C. ad D. Simeonis in patria Minda ultra XL. annos pastoris vigilantissimi, fidelissimi: viri de schola ibidem ecclesiaque pariter praeclare et egregie meriti, scriptum a Martino Nesselio, 1640; Quando tibi Heckenbergiade pulcherrima nuptum [...] / Werther Freund/ ewrem Begehn/ [...] (1 lat., 1 dt. Epithalamium) (in: συγχάρματα in gratiam et honorem nuptiarum [...] dn: Iohannis Heckenbergii, diaconi Ulssensis [...] et [...] Charitatis Cregels, [...] M. Heinonis Cregelii, praepositi Ulssensis, et vicinarum superintendentis, unicae filiae, sponsae, conscripta ab amicis, collega et affinibus) 1640, A3^v–B1^r; Martini Nesselii Moravi Epos de Juda proditore: Theocritus Idyll 14. [...], 1641; Martini Nesselii Moravi ΛΟΓΑΡΙΟΝ, dictum ab eo publice, cum in scholam Mindensem celeberrimam corrector ipse solenniter introduceretur, mense Januario anno christiano MDCXLI, 1641; Alia, Autori, Disputationes Ethicas secundum edenti, aliunde transmissa. Clarißimo Viro Dn. M. Andreae Henrico Bucholtz/ Philosopho et Philologo eximio [...] testandae singulari benevolentiae L. M. Q. fecit Martinus Nesselius, P. L. C. Scholae Mindanae Pro-Rector. Quas varius labor [...] (Lobged.) (in: A. H. BUCHOLTZ, Philosophiae practicae pars communis sive ethica. Ante quinquennium in academia Rostochiensi publice disputata. Nunc revisa [...] et in academia Rintelensi, respondentibus [...] juventibus philosophantium examini exhibita [...]) 1641, A7^r–A8^r; Poemata. Nunc primum edita, 1642 (umfangreiche Slg. von Ged., mit vielen biogr. Hinweisen); Epicedium (in: H. ELERT, Christliche LeichPredigt/ bey [...] Leich-Begängnüß/ [...] Johannis Gottfridi Heshusij, welcher den 24. Decemb. jetzlauffenden 1640. Jahrs [...] entschlaffen und [...] am 27. Decembris [...] in seine Ruhe-Kammer [...] gesetzet worden) 1643; Epicedium, honestissimae et castissimae faeminae Annae Lembken amplißimi et consultißimi viri dn. Burchardi Uffelmanni j. u. d. et inclitae reipub: Verdensis syndici meritissimi, conjugi desideratissimae, matronae, sexus sui decori et ornamento (mit eig. Titelbl. an: J. v. SANDBECK, Jesus resurrectio et vita Das ist: eine christliche Leichpredigt auß dem 11. Cap: Johannis [...] bey der Begräbnuß der [...] Annen Lembken/ des [...] Burchardi Uffelmans/ beyder Rechten Doctoris und [...] Syndici der Stadt Verden/ [...] ehelichen Haußfrawen sehl. etc. welche [...] am 15. Septembris Anno 1642. [...] abgefordert/ und am 22. ejusdem [...] zu Verden [...] beygesetzet worden) 1643; Begleitged. (in: H. RIMPHOFF, Aurea pacis corona et catena, das ist: güldene Friedens/ Frewden/ Bundes Cron und Kette. Vor die respective, hochwürdige/ [...] Herrn/ Gevollmächtige/ Abgesandte/ Subdelegirte und Zugeordnete/ auff die viel und hochgewünschete nothwendige Friedens Inter- und Composition Versamblung zu Münster und Oßnabrügge [...]) 1643; Propempticon illustrißimo et generosißimo domino, dn. Johanni Oxenstierna, S. R. Majestatis et regnorum Sveciae senatori, et cancellariae consiliario eminentissimo, extraordinario ac supremo ad generales pacificationis tractatus per Germaniam legato, libero baroni in Kymitho, domino in Vieholm, Horningsholm, et Tulgarn, cum Minda ad celebrem illam pacis negociationem Osnabrugam proficisceretur, 1643; Epithalamium reverendissimi, serenissimi principis ac domini, dn. Friderici, electi archi: et episcopi Bremensis, ac Verdensis, coadjutoris Halberstadensis, haeredis Norwagiae, ducis Slesvici, Holsatiae, Stormariae, Dithmarsiae, comitis in Oldenburg et Delmenhorst. Et serenissimae ac celsissimae principis ac dominae, dn. Sophiae Amaliae ducis Brunsvicensis et Lunaeburgensis; scriptum a M. Martino Nesselio P. L. C. scholae Mindensis prorectore, 1643; Praestantißimo et humanißimo Viro Dno. Ottoni Gibelio Holsato, Scholae Mindensis Cantori meritissimo, Collegae quondam suo Charissimo, cum Seminarium Modulatoriae Vocalis ederet, Benevolentiae testandae fecit M. Martinus Nesselius [...]. Quos vigor ingenii pullati fece popelli [...] (Lobged.) (in: O. GIBEL, Seminarium modulatoriae vocalis, das ist: Pflantzgarten der Singekunst/ [...]) 1645 (²1657; ³1658); Commentatio mortalitatis [corr. ex: Mor.Talitatis], variis carminibus adornata, 1646; Meditatio novissimorum, philologice pertractata, qua potissimum, quid hac super materia statuerunt veteres gentilium sapientes, et quousque se eorum hic porrexerit vis ingenii, ex ipsorum monumentis ostenditur, 1646; Historia Susannae, nuptiis nobilissimi, amplissimi, consultissimique viri, dn. Burchardi Uffelmanni, j. u. d. celeberrimi, inclitae reipub. Verdensis, syndici meritissimi, sponsi; et [...] virginis Elisabethae, [...] dn. Andreae a Mandelsloh, perquam reverendi archiepiscopalis Bremensis cathedralis ecclesiae capituli, structurarii et secretarii primarii, filiae charissimae, sponsae, solenni festivitate Bremae celebrandis pridie calend. Julii anno M DC XLVI consecrata [...], 1646; Threni, sive lamentationes Jeremiae Anathotitae, elegia paraphrastica redditae [...], 1646 (2 Drucke, unterschiedl. Widmungen); Religiosa industria, dulcissimis servatoris nostri meritissimi natalibus ac cunis consecrata, 1646; Epithalamium (in: Castissimis amoribus geminorum pectorum viri plurimum reverendi [...] Alberti Eleri ss. theol. licentiati, aulae Auricanae in comitatu Frisiae Orientalis ecclesiastae consilarii ecclesiastici dignissimi [...] ut et [...] Gesche Beermanns [...] Henningi Beermann/ civis et mercatoris in republ. Hamburgensi florentissimi et ecclesiae ad D. Petri jurati fidelissimi filiae gratulabundi applaudunt fautores et amici) 1648; Theatrum amoris, sive canticum canticorum, sapientissimi regum Salomonis, elegiaco carmine metaphrastice redditum autore M. Martino Nesselio scholae Auricanae rectore, 1649 (mit neuer Widmung, ²1658); Pietas scholae Auricanae et lacrimae, quas funeri luctuosissimo illustrissimi comitis ac domini dni. Ulrici, comitis ac domini Frisiae orientalis, dynastae Esenae, Stedesdorfii et Wittmundae etc., fundatoris quondam eius et patroni munificentissimi, cum solemni ritu et pompa illustrissimorum maiorum suorum monumentis ac dormitorio inferretur Aurici die 24. Februarii anno MDCXLIX, consecrarunt humillime, ac impenderunt scholae eiusdem alumni, ac primae classis discipuli, 1649 (nach TIADEN [Lit.] 1790); Carmen gratulatorium [...] dominae Christinae [...] Sveonum, Gothorum [...] reginae [...] quum [...] Sveciae regno inauguraretur; et ejusdem coronam acciperet testandae [...] devotioni scriptum a Martino Nesselio, 1650 (Ex. 1: Kriegsverlust); mehrere lat Ged. (in: Arbustum vel arboretum augustaeum, aeternitati ac domui Augustae Selenianae sacrum [...], hg. M. GOSKY) 1650 (einzeln verz. bei HUECK [Bibliogr.]; u. d. T.: Divi Augusti ducis Brunovic. et Lüneburgensis [...] vita et fama [...], ²1693 [Titelausg.]); Cantica sacra ex veteris et novi testamenti libris selecta, et metaphrasi poetica, accurata illa, et perspicua illustrata, 1651; Proverbia Salomonis, tertii Hebraeorum regis, carmine elegiaco reddita a M. Martino Nesselio P. L. C. Ulricani, quod Aurici Frisiorum est, rectore, 1653; Sapientiae Jesu Siracidae liber; quo utilissimae sententiae, uberrima doctrina, et pulcherrima praecepta de omni virtutum officio continentur; metaphrasi elegiaca redditus [...], 1654 (2 Drucke); Frisiae ocellus Emda, 1655 (nicht ermittelt, vgl. HARKENROHT [Lit.], 1731); Libellus Tobiae qui plurima, ac pulcherrima pietatis, sanctimoniae, patientiae, liberalitatis, beneficentiae, aliarumque virtutum exempla ac specimina suppeditat; carmine elegiaco redditus a M. Martino Nesselio, P. L. C Ulriciani, quod Aurici Frisiorum est, rectore sumtibus autoris, 1655; Sero equidem venio, et longe post Festa peracta [...]. M. Martinus Nesselius, P. L. Caes. Ulricani quod Aurici Frisiorum est, Rector (Gratulationsged.) (in: Longaevitatis adorea gloria et aeterna historia serenissimus [...] princeps ac dominus Augustus, dux Brunovicensium et Lunaeburgensium, [...] cum septuagesimum septimum diem natalem 4. Iduum Aprilis [...] felicißime celebraret [...] acclamabant et gratulabantur [...] duces et ministri. Anno quo ALterCanDVM) 1655, G1^v–G4^v; Praestantissimo et Literatissimo viro-juveni Dn. Alhardo Mollero, juris et Philosophiae Studioso solertissimo, Artem germanice Poetandi bonis avibus Edenti, gratulatur: [...] (Gratulationsged.) (in: A. MÖLLER, Tyrocinium poeseos Teutonicae, das ist: eine kunst- und grund-richtige Einleitung zur deutschen Verß- und Reim-kunst [...]) 1656, A5^{r-v} (wieder 1675); M. Martini Nesselii, Scholae Regiae ad D. Petri Bremae Rectoris, et Convictorii Inspectoris Protrepticon ad Danielem Nesselium Filium suum Primogenitum charissimum (in: D. NESSEL, Historia passionis et mortis Jesu Christi, domini, et servatoris nostri meritissimi, carmine epico, sive hexametro expressa, et in schola regia ad aedem D. Petri Bremae finito examine publico habita et e memoria dicta [...] die vigesimo quinto Martii 1656,)(3^r–)(4^v (nach PRATJE [Lit.] ist N., nicht sein Sohn Daniel, Verf. dieser ‹Historia›); M. Martini Nesselii P. L. C. Scholae Regiae ad Aedem D. Petri Bremae Rectoris, et Convictorii Inspectoris Protrepticon Ad Pietatis [...] cultu conspicuum maxime Juvenem, Discipulum suum longe charissimum Johannem Henricum Ab Hagen. [...] (in: J. H. v. HAGEN, Oratiuncula de innocentia in vita et in morte Jesu Christi domini et servatoris nostri meritissimi, in schola regia ad aedem d. Petri Bremae, finito examine verno, cum altera de patientia ejusdem liberatoris nostri ... in perferendis passionis doloribus ab alio recitata praecederet, publice habita et ex memoria pronunciata) 1657, 3 f.; Pia suspiria, et intimi gemitus, quos variis, et interdum duris admodum et asperis vitae suae temporibus effudit, simplicique et inaffectata animi devotione ad servatorem suum meritissimum longe, dominum nostrum Jesum Christum, ablegavit, et in decem distichorum centurias degessit [...], 1657 (überarb. u. mit neuer Widmung [dat. Wien, August 1671] an Johann Adolph von Schwartzenberg, Wien ^{2}1671); Epithalamium (in: Epithalamia, festivitati nuptiali [...] dn. Antonii Guntheri Bloccii, pastoris Esenshamensis in Butjadia vigilantissimi et honestißimae virginis Tide Gerkeniae, plurimum reverendi [...] viri, dn. M. Henrici Gerkenii [...] filiae [...]) 1657; Clarissimo Viro, Dn. Michaeli Watsonio, Philosophiae Magistro Praecellentiss. cum Synopsin totius Philosophiae ederet. Quicunque ingenuis impendunt artibus aevum [...] (Gratulationsged.) (in: M. WATSON, Unio sapientiae sive synopsis totius philosophiae, in qua scientiae practicae effectivae et contemplativae [...]) 1658,)(8^r–[)(10]^r; Triste ministerium, et prorsus lacrimabile, Magne [...] (Epicedium) (in: Lessus in praematurum [...] obitum [...] Alexandri baronis ab Erskein, praesidis militiae, consiliarii et commissarii regii, in ducatu Bremensi et Verdensi [...] qui [...] excessum ex hac misera in coelestem vitam sortitus est anno cIɔ Iɔc LVI, die XXVIII. Julii. Et tandem cryptae [...] illatus est anno cIɔ Iɔc LVIII die VI Maji ab incomparabilium ejus virtutum [...] cultoribus conscriptus) 1658, 6–9; Cunae salutiferae, et calendae Januariae, variis carminibus celebratae; adjecta est et mantissa piorum aliquot carminum [...], 1659; Feriae nataliciae Christi, domini, ac servatoris nostri meritissimi longe ac mellitissimi, variis carminibus celebratae [...], 1660; Nuptiis auspicatissimis [...] (Epithalamium für Melchior Schweling u. Margarethe, geb. Meyer, Witwe des Erich Brand) 1660 (vgl. ROTH [Lit.], Bd. 1, 1959, Nr. 235); Gratulationsged. (in: Applausus et vota, quibus gratulantur amici-fautores Wittebergae, Argentorati, Bremae, Stolpae et Schlaviae honoribus doctoratus philosophici quos [...] in illustri academia Hasso-Schaumburgica [...] decanus collegii philosophici [...] Michael Watsonius [...] contulit fratri suo [...] Christiano Watsonio Stolpa-Pomerano ad d XXV. Aprilis [...]) 1661; Haec quoque restabat nobis satis aspera poena [...] (Epicedium) (in: Supremus honos, quo subitum [...] ex hac vita excessum [...] M. Simonis Hennings, Berga-Norvegi ecclesiae, quae ad aedem divi Petri Bremae colligitur, pastoris regii [...] qui XIII. Cal. Julii, cIɔ Iɔc LXI mortalitatem exuit, et [...] VIII Cal. Julii [...] terrae mandatus est, prosequuntur, veneranturque, collega, amici ac fautores) 1661, 3–5; Egregios rapit e medio, per funera acerba [...] (Epicedium) (in: Carmina funebria in [...] obitum [...] dn. Johannis Baldovii, Byrutho-Franci; pastoris primarii ecclesiae, quae Neoburgi ad Visurgim [...]; qui vivendi finem fecit ipsis

Calendis Octobris [...] piae condolentiae testandae causa conscripta ab amicis, et moestissimo filio) 1662, 4–6; Laudatio theologiae, sive carmen, quo dignitas ac praestantia divinissimae illius doctrinae celebratur partem aliquam, eaque caeteris disciplinis omnibus anteire longe, et multum antecellere breviter ostenditur [...], 1663; Non gerit ille hominum pectus, sed cornea fibra [...] (Epicedium) (in: Lacrimae, quas funeri [...] matronae Annae Agnesae Hausbrand, [...] Johannis Steiniger dicti a Schönkirch/ S. Reg. Majest. Sveciae per circulum Westphaliae ministri residentis [...] uxoris, quae [...] die III Martii [...] M DC LXIV. [...] expiravit; [...] consecrarunt piae et officiosae condolentiae ergo impenderuntque amici) 1664, 4–7; Alloquium Ad Pie Defunctam. [...] (Epicedium) (in: J. SCHMIDT, Christliche Seelen-Apoteck des gütigen lieben Gottes/ [...]. Bey [...] Leichbegängnüß/ der [...] Anna Magdalenen Schlichthabers/ des [...] Hinrich Hülsemans/ Eltern wollverdienten Seelsorgers zu Wehdem/ ehelichen lieben Hauß-Ehre. welche [...] am heiligen Ostertage/ des jetztlauffenden 1665 Jahrs [...] entschlaffen/ [...]) 1665, 71–73; Crusiade, nostri certissima gloria secli [...] (Lobged.) (in: J. A. CRUSIUS, Tractatus politico-juridico-historicus. De praeeminentia, sessione, praecedentia, et universo jure ΠΡΟΕΔΡΙΑΣ magnatum in Europa [...]. Libris quatuor absolutus [...]), 1665,):( ):( ):(2ʳ–):( ):( ):(3ʳ (²1666); Elegia consolatoria ad illustrissimum et excellentissimum dn. dn. Matthiam Biorneklou, s. reg. majest. et regnorum Sveciae senatorem, etc. haereditarium in Elmahoff, Wannestadt, Tislinge, et Kungsham, etc. cum praematurum, beatum tamen et felicem excessum filii sui unici, generosi et nobilissimi, dn. Johannis Biorneklou, haereditarii in Elmahoff, Wannestadt, Tislinge, et Kungsham, etc. qui auras vitales haurire caepit Stetini, nobili Pomeranorum metropoli, anno recuperatae gratiae cIↃ Iↄc XLIII, die XXIII. Martii; mortalitatem finivit Lipsiae, celeberrimo Misniae emporio, anno cIↃ Iↄc LXIV, die XXIX Julii, vehementer, et acerbe lugeret, et ipsum splendide ac magnifice Holmiae, incluta Svecorum metropoli humandum curaret, singularis devotionis causa, et societati doloris testandae scripta [...], 1665; Exercitationes miscellae, in quibus agitur 1. De morte ejusque generibus. 2. De jure sepulturae. III. De immortalitate animae. IV. De resurrectione mortuorum. V. De judicio extremo. VI. De consummatione seculi. VII. De suppliciis inferni. IIX. De praemiis vitae aeternae; disseritur e sacris atque una profanis literis, et sententiarum varietates examinantur [...], 1667.

Herausgaben, Übersetzungen, Bearbeitungen: D. Heinsius, Hymnus Jesu Christo, unico et vero dei filio Belgice conscriptus, postea Germanice redditus a Martino Opitio Silesio, nunc Latine a Martino Nesselio Moravo, 1635; M. Opitz, Epigrammata, et alia quaedam Latinitate donata; cum mantissa; et M. Christophori Stephani Cremnicio-Hungari, Decade eligiarum: authore et editore Martino Nesselio Moravo P. L. C., 1635; Compendium historiae veteris et novi testamenti, ex Johannis Cluveri historiarum totius mundi epitome in spem eximij fructus a studiosa juventute hinc percipiendi, excerptum et in duos libris digestum. Studio et opera Martini Nesselii, 1645 (2 Drucke); V. F. Pibracius (Guy DuFaur de Pibrac), Nucleus doctrinae et prudentiae civilis, sive regulae vitae, quas pulcherrimis sententiis, et rotundissimis Gallicis tetrastichis complexus est, summus superioris seculi vir, Vidus Faber Pibracius, nunc Latinis, ac geminatis tetrastichis, commodo studiosae juventutis, expressit M. Martinus Nesselius, scholae regiae Bremensis rector et alumnorum convictorii inspector, 1661 (²1664).

Ausgaben: Carmen Eucharisticum ad Ocellum et Lumen Saxoniae, inclitam et celeberrimam Bremam, Adeoque ad ejusdem Magnificos [...] Consules, Syndicos, Et Senatores [...] semper colendos et suspiciendos, scriptum a M. Martino Nesselio P. L. C. Rectoratu Scholae Regiae jam jam abituro. [...] (in: Fasti consulares et senatorii inclutae reipublicae Bremensis ab anno cIↃ CCCCXXXIII. repetiti et in praesens tempus producti nunc primum editi (hg. H. POST) 1726, 74–76; Propempticon Illustrissimo Domino Johanni Oxenstierna [...]. Scriptum Rintelii a. 1643 (in: HEYNACHER [Lit.]) 1896, 123–134.

Briefe: Binae epistolae Mart. Nesselii [...] (in: R. A. NOLTENIUS, Commercium litterarium clarorum virorum, Bd. 1, 1737, 125–136 (1. an Herzog August, dat. Wolfenbüttel, 19.8.1646; 2. an Martin Gosky, dat. Aurich, 5.4.1650, jeweils mit Angaben zur Vita); Brief an Peter Lambeck, dat. Brünn, 20.1.1667 (in: P. LAMBECK, Commentariorum de augustissima bibliotheca caesarea Vindobonensi liber primus, hg. A. F. KOLLÁR), Wien ²1766, 828b–834b (mit einer «brevis vitae meae historiola»); vgl. Verz. der gedruckten Briefe dt. Autoren des 17. Jh., Tl. 1 (bearb. M. ESTERMANN) 1993, 847.

Nachlaß: Brief (28.1.1636) von Johann Kirchmann an N.: ÖNB Wien, Autogr. 113/96-1; Brief

(11.4.1640) an Andreas Reyher: Forschungsbibl. Gotha, Chart. A 701, Bl. 372^r–373^v; Dissertatio historica de Marcomannis, o. J.: ÖNB Wien 9385; Excerpta historica e variis auctoribus, o. J.: ÖNB, Cod. 9397; Album amicorum Martini Nesselii, 1634: ÖNB Wien, Cod. 9711; Liber exercitiorum dictatorum filio Danieli, o. J.: ÖNB Wien, Cod. 9884; Epigrammata V in statuam Deiparae Virginis ab imperatore Leopoldo I. dicatam et die XVII Decembris 1657 inauguratam: ÖNB Wien, Cod. 10146; In effigiem Leopoldi I. Romanorum imperatoris epigrammata XVI, o. J.: ÖNB Wien, Cod. 10167; Collectanea philosophica ex duobus Zabarellis aliisque, o. J.: ÖNB Wien, Cod. 10616; Notae in C. Hornei compendium dialectices Helmstadii a. 1642 excusum, o. J.: ÖNB Wien, Cod. 10619; Excerpta e scriptoribus polemicis catholicis, o. J.: ÖNB Wien, Cod. 11685.

Bibliographien: VD17 (noch unvollständig). – M. HUECK, Gelegenheitsgedichte auf Herzog August von Braunschweig-Lüneburg u. seine Familie (1579–1666). Ein bibliogr. Verz. der Drucke u. Hss. in der Herzog August Bibl. Wolfenbüttel, 1982, 239; S. SALVADORI, Inventar des Briefw. von Johann Valentin Andreae (1586–1654) 2018, 550.

Literatur: Zedler 23 (1740) 1941 f.; Jöcher 3 (1751) 867; J. G. W. DUNKEL, Hist.-crit. Nachr. von verstorbenen Gelehrten u. deren Schr. [...], Tl. 1, 1753, 112–114, Nr. 205; Adelung 5 (1816) 508 f.; H. W. ROTHERMUND, Lex. aller Gelehrten, die seit der Reformation in Bremen gelebt haben [...], Tl. 2, 1818, 60 f.; Wurzbach 20 (1869) 196; W. KOSCH, Das kath. Dtl., Bd. 2, o. J. [1938], 3206 f.; Biogr. Lex. zur Gesch. der böhm. Länder (hg. F. SEIBT u. a., Bd. 3) 2000, 26; Flood, Poets Laureate, Bd. 3, 2006, 1423–1425 (unzulänglich u. fehlerhaft); Biogr. Lex. für Ostfriesland (hg. M. TIELKE), Bd. 4, 2007, 322–326 (H. JANSSEN); Enchiridion renatae poesis Latinae in Bohemia et Moravia cultae (hg. A. TRUHLÁŘ u. a.), Bd. 6, Prag 2011, 218 f. – A. TSCHERNING, Epinicion in lauream, viri ingenio et doctrina praestantis, dn. Martini Nesselii Moravi, jurium studiosi [...] praecentum, 1635; Vota epithalamia nuptijs viri praestantißimi humanißimi et eruditißimi dn. Martini Nesselii, Moravi, j. u. studiosi, P. L. C. scholae apud Ulsenses conrectoris dignissimi, fidelissimique sponsi; ut et lectißimae pudicißimaeque virginis Margaritae Schallers viri praestantissimi experientissimique dn. Danielis Schallers Varisci pharmacopoei et civis Ulsensium primarii, filiae sponsae, Ulseniae celebrandis acclamata, a scholae alumnis, 1637 (vgl. dazu detailliert HOFFMANN [Lit.] 1970); Acclamationes votivae et amicabiles ad dn. Martinum Nesselium [...] conrectorem Ultzensium [...] et Margretam [...] Danielis Schalleri [...] filiam [...] sponsos ritu solemni 18. die Sept. [...] inaugurandos, Ultzae [...], 1637 (Ex. 1: Kriegsverlust); Nuptiis auspicatißimis viri ornatißimi, humanißimi, doctißimi dn. Martini Nesselii, Moravi, j. u. studiosi. P. L. Caes. scholae Ulsensis conrectoris vigilantissimi, fidelissimi, contrahentis matrimonium cum virgine lectißima, pudicißima Margareta Schalleria, viri praestantissimi [...] dn. Danielis Schalleri Varisci, in repub: Ulsensi pharmacopoei et civis primarii filia, sponsa, Ulseniae celebrandis XVII die Septembris boni ominis ergo adplaudebant amici, o. O. 1637; Votivae acclamationes quibus viro clarißimo ac eruditißimo, dn. Martino Nesselio Weiskircha-Moravo P. L. C. et scholae Mindanae prorectori summos in studio sapientiae et honestißimarum literarum honores decano et promotore viro clariß. ac excellentiss. dn. M. Christophoro Schradero eloquentiae p. p. in illustri Iulia die XXVII Junii anno cIɔ Iɔc XLIII ipsi collatos gratulantur amici, 1643; M. PLESKEN, Seriem docentium in athenaeo scholaque cathedrali Bremensi sistit [...], 1725,)(3^r; J. I. HARKENROHT, Oostfriesche Oorsprongkelykheden, van alle Steden, Vlekken, Dorpen, Rivieren, enz. in ende buiten Oostfriesland en Harrelingeland [...], 1731, 363; J. K. OPITZ, Commemorabilia de M. Io. Nicolao Horstio docto Westphalo eiusque aliquamdiu collega prorectore Martino Nesselio poeta laureato caesareo, in medium adfert, et ad actum oratorium die XV. Maii anni CCLII in auditorio maiori gymnasii [...] habendum omnes musarum fautores perofficiose ac peramanter invitat [...] rector, 1752, 9–23; Hamburgische Berichte von den neuesten gelehrten Sachen, Bd. 21, 1752, 48. St., 389–391 (Rez. von OPITZ, 1752); A. REERSHEMIUS, Ostfriesländisches Prediger-Denkmal [...] mit einem Anhange welcher 1. ein Verz. der Rectoren u. Conrectoren [...] in sich fasset (hg. P. F. REERSHEMIUS) 1765, 521 f.; J. H. PRATJE, Kurzgefaßter Versuch einer Gesch. der Schule u. des Athenäi bey dem königl. Dom zu Bremen, 1. St., 1771, 27–29, 36; 2. St., 1772, 10–15; C. FUNCK, Ost-Friesische Chronick, Tl. 6, 1786, 112–122; E. J. H. TIADEN, Das gelehrte Ost Friesland, Bd. 3, 1790, 117 f.; A. PIEPER, Die Propaganda-Congregation u. die nord. Missionen im siebenzehnten Jh. Aus den Acten des

Propaganda-Archivs u. des Vaticanischen Geheim-Archivs, 1886, 41; M. Heynacher, Rektor Nessel u. die beiden ersten Jahrzehnte der Schule (in: Ders., FS zu der 250jährigen Stiftungsfeier des königl. Gymnasiums zu Aurich am 17. Sept. 1896) 1896, 97–122 (mit Wiedergabe diverser Quellen); A. Schmidtmayer, ~. Ein vergessener Poet des 17. Jh. (in: Der Ackermann aus Böhmen. Mschr. für das geistige Leben der Sudetendeutschen, Bd. 1), Karlsbad 1933, 241–247; U. Wegener, Die luth. Lateinschule u. das Athenaeum am Dom in Bremen in ihrer polit. u. kulturellen Bedeutung, 1941, 61 f.; F. Roth, Restlose Auswertungen von Leichenpredigten u. Personalschr. für genealog. Zwecke, Bd. 1, 1959, 110, Nr. 235 (vgl. dazu: Die Personalschr. der Bremer Staatsbibl. bis 1800, bearb. H. J. v. Witzendorff-Rehdiger, 1960, 144, Nr. 2027); Bd. 7, 1972, 497, Nr. 6967; F. v. Senden, Ulricianum in Aurich 1646–1955, 1967; J. C. Arens, D. Heinsius' Christushymne, vertaald door M. Nesselius naar M. Opitz (in: Tijdschrift voor Nederlandse taal- en letterkunde 83) 1967, 187–191; H. Hoffmann, Uelzener Lateinschüler des Jahres 1637 (in: Siebenhundert Jahre Stadtrecht in Uelzen, hg. E. Woehlkens) 1970, 163–172; J. Leighton, Die Gelegenheitsschr. der Universitätsbibl. Bremen (in: Gelegenheitsdichtung [...], hg. D. Frost, G. Knoll) 1977, 9–17; J. Hejnic, Nově zjištěné bohemikální tisky ze 16. a 17. století (in: Časopis národního muzea. Řada historická, 155), Prag 1986, 91–99; M. Opitz, Briefw. u. Lebenszeugnisse. Krit. Ed. mit Übers. (hg. K. Conermann) 2009, Bd. 2, 1270, 1275; Bd. 3, 1394, 1398. RBS

Nester, Johannes, * 18.5.1596 Hof (bayer. Vogtland), † 22.10.1662 Dresden; Vita nach der Leichenpredigt von Bulaeus (Lit.), 1662: Sohn des Hofer Bürgers Erhard Nester († 1629) u. der Helena († 1634), geb. Bayer; Besuch des städt. Gymnasiums, 1610 Alumnus der fürstl. Landesschule Heilsbronn, Stud. in Altdorf (1615; kein Matrikeleintrag), Leipzig (1616; kein Matrikeleintrag) – dort am 6.12.1617 durch den kaiserl. Pfalzgrafen Simeon Reinhardt zum Dichter gekrönt – u. Jena (immatrik. im Sommer 1619); in Jena am 1.11.1619 zum Dr. med. promoviert u. am selben Tag Eheschließung mit Maria-Aemilia († 1665), der Tochter des Jenaer Medizinprof. Philipp Jakob Schröter († 1617), mit der er neun, teils früh verstorbene Kinder hatte (5 Söhne, 4 Töchter; Catharina Elisabeth [† 1684] heiratete 1666 den Wittenberger Theologen Abraham → Calov); 1620 Stadtarzt in Kulmbach u. 1621 zugleich im benachbarten Kronach, 1623 in Schneeberg, 1627 Arzt im Distrikt Rochlitz, 1638 zugleich Physicus der Fürstenschule in Grimma, 1648 kursächs. Leibarzt in Dresden. – Mediziner, Stadtarzt, kursächs. Leibarzt, nlat. Dichter.

Schriften (die sehr zahlr. Beitr. zu Sammelschr. u. Werken anderer in Ausw.): O Multum saxo patientior ille Sicano [...]. Johannes Nesterus P. L. C. Phil. et Med. Stud. (Epicedium) (in: V. Schmuck, Leichpredigt/ aus dem Spruch Christi/ Luc. 11. [...] beym Begräbnüß/ deß [...] Herrn/ M. Heinricus Schwalenbergs/ Professoris der H. Sprach bey der löblichen Universitet Leipzig/ welcher [...] 8. Martij Anno 1618. [...] entschlaffen [...]) 1618, F3^v–F4^v; Epithalamium (in: Nuptiis auspicatis doctißimi [...] M. Iohannis Pyrlaei, s. s. theol. candidati, et [...] virginis Annae Mariae, dn. Joachimi Buthneri, pharmacopaei quondam in inclyta Halensium reipub. [...] relictae filiae. Quarto die Maij anno 1618. Reideburgi feliciter celebratis, consecrata amicorum pia vota) 1618; Griech. Epigramm / In Vappam Sive Zoilum. [...] (in: J. V. Finck, Encheiridion dogmatico-hermeticum morborum partium corporis humani praecipuorum curationes breves continens: in gratiam verae medicinae studiosorum conscriptum) 1618,)?(7^v–)?(8^v; ΠΕΡΙ ΕΠΙΛΗΨΙΑΣ διάσκεψις Ιατρική, quam Athenis Salanis [...] pro licentia, insignibus ac privilegiis doctoralibus in arte medica consequendis publice ventilandam proponit [...] ad diem XXIII. Octob. [...], J.-F. Schröter (Präs.), J. N. (Resp.), 1619; Melos heroicum, in quo praesens et deplorandus totius S. R. I. status leviter et breviter poetico penicillo depictus, 1622 (nicht ermittelt; nach Fikenscher [Lit.] 1803); Jane, ah ne doleas plus nimio memor [...]. Joh. Nesterus D. P. L. Caes. Culmbac. Poliater (Trauerode) (in: Epicedia manibus [...] virgunculae Annae-Sibyllae [...] dni. Johannis Reiboldi in Rösnitz et Kloschwitz etc. [...]: ipsiusque conjugis [...] Annae-Mariae von der Gabelentz etc. filiolae unicae desideratißimae, quae nata Culmbaci 18. Februarii [...] 1622. denata vero ibidem 27. Febr: [...] 1623. Scripta a moerentibus et condolentibus) 1623, A2^v–A3^r; Consilium anti-dysentericum Das ist gründlicher Bericht/ und getrewer Rathschlag/ von der rothen Ruhr/ ins gemein/ und ihren zufällen/ bevorab der epidemialischen und anfälligen/ darinnen einfältig/ jedoch deutlich und nach notthurfft angezeiget wird: was nemlichen die rothe Ruhr sey/ woher sie komme/ wie sie für andern Blut unnd Bauchflüssen/ und sonsten auch zu erkennen: und do jemand damit uberfallen/ wie er sich davon erledigen/ die gesunden aber sich darfür praeserviren und behüten sollen. Alles mit fleiß aus alten und newen Medicis, arabischer/ griechischer/ lateinischer und deutscher Sprachen/ wie auch zum theil eigener Experientz zusammen getragen/ und in druck verfertiget: durch Joannem Nesterum, der Artzney Doctorn, P. L. Caes. und der Stadt Culmbach/ in Marggraffthumb Brandenburg/ oberhalb des Gebirgs/ Phys. Ordinarium [...], 1623; Epicedium (in: Epicedia piis manibus integerrimi [...] viri domini Melchioris Sigelii, electoralis decimarum metallicarum apud Eybenstochienses praefecti meritissimi [...] immaturo obitu d. 9. Novemb. anno 1626. rebus humanis exempti, a filio, amicis et nepotibus, amoris, honoris et moeroris testificandi gratia, dicata) o. O. 1626; Gratulationsged. (in: ΕΥΦΗΜΙΑΙ in lauream philosophicam quam rectore magnifico dn. Johanne Heintzio, phil. et med. doctore [...] decano spectabili M. Johanne Friderico utriusque linguae et histor. profess. p. cum aliis [...] XXIV. in alma Philurea consequebatur [...] M. DC. XXVIII. 25. Januarij. Christianus Heydenius Lyptizensis decantatae a parente, fautoribus, cognatis amicis et fratribus) 1627, A1^v–A3^r; Heu heu! gravem rerum viciß́itudinem! [...]. Schnebergae fundebat [...] Johannes Nesterus, D. P. L. Caes. p. t. Phys. ibid. Ord. (Epicedium) (in: V. HENTZSCHEL, Splendor doctorum magnificus das ist heller Ehrenschein getrewer Lehrer. In einer christlichen Leich und Trostpredigt/ uber [...] Dan. 12. 3. bey dem [...] Begräbnis des [...] Viti Wolfrumii SS. Theologiae Doctoris, unnd [...] Pfarrherrs und Superintendentis der [...] Stadt Zwickaw. Welcher [...] 1626. den 9. Augusti [...] eingeschlaffen/ [...]) 1627, K4^r–L1^v; In Tumulum. Desideratissimae suae filiolae a Parente moestissimo inscriptum. Heu! heu! quam subito marcet, qui floruit ante [...] (Epicedium mit Zitat aus Röm. 14 auf den Tod seiner Tochter) (in: A. POLENTZ, Leich-Predigt bey dem Begräbnis des christlichen Jungfräwleins Mariae-Aemyliae, des ehrnvesten/ großachtbarn und hochgelahrten Herrn Iohan. Nesteri, Phil. et Medic. Doctoris, P. L. Caesar. dieser zeit zu Rochlitz/ und der benachbarten Städte Physici Ordinarij, etc. vielgeliebten einigen Töchterlein/ Sel. welches den 28. August. Anno 1627. zu Rochlitz selig in Christo entschlaffen/ und den 30. ejusdem daselbst/ in sein Ruhbetlein geleget worden) 1627, E3^v; Widmungsged. (in: M. LUNGWITZ, Der biblischen Hertz-Postilla ander Theil : Gründtliche unnd schrifftmässige Erklärung der hohen Fest und Sontags-Episteln [...]) 1628; ΧΑῖρε. Novenarum celebris, Godofrede, Sororum [...] (Epicedium) (in: N. HECKER, Der Gottes-Furcht Ehren-Preiß/ und Nutz Uber das Sprüchlein des weisen Manns Syrachs Cap I. v. 13. [...] Leichpredigt; bey ansehlicher Leich-Bestattung der [...] Frawen Marien/ des ehrwürdigen/ [...] Herren M. Godofredi Cundisii, wolverordneten Pfarrers und Superintendentens zu Leißnigk/ gewesenen [...] HaußEhre/ [...]. Welche zu Wurtzen den 2. Octobris des 1632 Jahrs [...] ist entschlaffen/ [...]) 1633, K3^v–K4^v; Anacreon Latinus Junoniis floridissimis viri nobilißimi strenuißimique dn. Stephani a Friesen, in Hain etc. reverendiss. praesulatus Cizensis consiliarii gravissimi, protogamuntos, cum [...] Catharina a Friesen [...] Henrici a Friesen in Roetha haereditarii, summi appellationum judicii electoralis, quod Dresdae est, praesidis eminentissimi, provincialis triburarii collegii directoris, nec non dioeceseon Rochlit. Coldit. Leisnit. et Bornensis capitanei splendidissimi, filia, sponsa Rochlitii ad d. 30. Aprilis [...] MDCXXXIII. solenniter celebrandis faustae adclamationis ergo dicatus a Johanne Nestero med. doctore [...], 1633; Si toties morimur quoties privamur amicis [...] (Epicedium) (in: Memoriae mortuorum solatium vivis. ΕΠΙΘΑΝΑΤΙΑ. Clarißimo [...] viro d. Thomae Reinesio, medico reip. Altenburgensis ordinario uti dexterrimo, ita celeberrimo, trium liberorum obitum praematurum lugenti, scripta ab amicis L. M.) 1634, A2^v–A3^r; Fama, vetustatis tradux et nuncia, Phoebo [...] (Gratulationsged.) (in: Plausus poeticus in promotione doctorali [...] Gothofredi Cundisii ss. theologiae licentiati et ecclesiae Leisnicensis pastoris ac superintendentis [...] decano et promotore [...] Jacobo Martini ss. theol. doctore [...] amoris et honoris ergo datus a patronis, cognatis, fautoribus et amicis) 1634, C3^r–C4^r; Lobged. (in: M. VOGEL, Rochlitium redivivum carmine elegiaco, ad Julii Caes. Scaligeri salivam [...] celebratum [...] quo collatae laureae consuetum testimonium domini com. pal. et fautorum applausus accesserunt [...] M. Jacobo Hermsdorffio Rochlicensi, aulae ecclesiastae ac superintendenti Quedlinburgensi [...] xenii ergo redditum [...]) 1635; Epithalamium (in: Προσφωνήσεις συγχαιριστικαὶ in honorem nuptiarum [...] Andreae Conradi u. i. d. et advocati apud Cygneos p. t. celeberrimi sponsi nec non [...] Mariae [...] Johannis Ritzii civis et mercatoris Lipsiensis quondam primarij pie defuncti relictae filiae sponsae ab affinibus, amicis, et sympatriotis illibatae faventiae ergo dicata, consecratae, die 24, Novembr. anno 1635) 1635, A2^v–A3^r; Inter tot curas, belli creperosque tumultus [...] (Epicedium) (in: J. SATTLER, Ultimum et beatissimum hominis christiani suspirium [...] aus dem 31. Psalm v. 6. [...]. Bey dem [...] Begräbnis/ des [...] Knabens Gabriel Wagners/ des [...] M. Gabriel Wagners/ wolbestalten Amptspredigers zu S. Nicolai in Freybergk/ [...] Sohns/ welcher Anno 1637. den 23. Aprilis [...] entschlaffen/ und [...] den 25. ejusdem [...] bestattet worden) 1637, E1^v–E2^r; Heu! Vita vix brevis spithama mortalium est [...]. Joh. Nesterus D. p. t. Med. provincial. Rochlitij (Epicedium) (in: Epicedia in obitum clariβimi ac summi viri, Danielis Sennerti, electoralis archiatri et prof. p. senioris in acad. Wittenberg. Cujus eruditio ut communem excesserat modum; sic fama et gloria nullo tempore finietur) 1638, C2^v–C3^v; Epithalamium (in: Adplausus votivi nuptiis secundis viri [...] Michaelis Lohrii, collegae-scholae, cantoris et melopoei apud Dresdensis [...] cum [...] Anna-Christina [...] Johannis Lindneri, electoralis praefecturae, Coldicii quae est, quaestoris laudatissimi, filia; auspicio secundo rite celebrandis Dresdae, ibid. April. cIɔ Iɔ CXL. dati et oblati a fautoribus et amicis) 1640; Epithalamium (in: Viro excellentissimo dn. Philippo Müllero, med. licent. mathemat. prof. publ. alumn. electoral. praeceptori [...], etc. atque foeminae lectissimae Elisabethae Merkiae, dn. M. Andreae Waltheri, diaconi Bornensis [...] relictae viduae d. XVI. Novembris δευτερογαμούντοιν gratulantur affines, collegae, amici) 1640; Propemptikon (in: G. CUNDISIUS, Curriculi Merseburgici clausula bona, das ist: christliche Valet-Predigt / am vierzehenden Sonntage nach Trinitatis/ Anno 1643. aus dem ordentlichen Evangelio Luc. 17. a v. 11. usque ad v. 20. gehalten in der Dom-Kirche zu Merseburg/ [...]) 1644; Plausus poeticus Junoniis floridissimis perillustris ac generosissimi [...] dn. Christiani, liberi baronis a Schönburg, domini in Glauchaw et Waldenburgk, haereditarii in Greslas, cum [...] Agnete-Elisabetha Ruthena, dn. de Plawen, dn. in Graitz, Crannichfeld, Gera, Schlaiz et Lobenstein, Rochsburgi in arce Schönburgica ad d. XXX. Novembr. [...] MDCXXXXV. solenniter celebrandis laetitiae et faustae adclamationis ergo dicatus a generosiss.

dn. sponsi, servorum minimo et medico Johan. Nestero Curia-Varisco medic. d. poet. laur. caes. et phys. provincial. Rochl., 1645; Threnodia, In luctuosum ac immaturum [...] abitum et obitum praestantiss. [...] Faeminae, Barbarae-Elisabethae Röhlingiae ortu Schroteriae, Adfinis suae desideratissimae, Testandi moeroris atque doloris causa scripta ab adfine Joh. Nestero D. Poeta L. Caes. [...]. Si toties morimur, quoties privamur amicis [...] (Epicedium) (in: G. BLUMBERG, Rahels Geburts-Schmertz: und Jacobs gedultiges Hertz. Aus [...] Genes. 35. vers. 16. [...] bey der [...] Sepultur und Begräbnüß der [...] Frawen Barbaren Elisabethen/ gebornen Schröterin des [...] Herrn Ulrich Röhlings [...] Bürgers und Fundgrübners zum Schneberg [...] Hauß-Ehre: welche [...] den 6. Decemb. abgefordert/ und [...] den 10. desselben Monats dieses [...] 1645. Jahres [...] bestattet worden) 1646, E3^r–E4^r; Copia Herrn D. Johann Nesters Phys. provincial. zu Rochlitz Schreiben an den churf. sächss. Ampts-Verwaltern daselbst/ anietzo zu Dreßden/ wegen des entstandenen Heil-Brunnens/ zu Döhlen bey Rochlitz: nebenst beygefügter specificirter Verzeichnüß derer jenigen/ so allbereit vom gebrauch dieses Wassers heil und gesund worden, o. O. 1646; Sic est; Mitra novum haut facit Magistrum [...]. Joh. Nesterus D. Scholae Elect. Grimm. et oppidor. district. Rochl. Physicus (Gratulationsged.) (in: Tiliae votivae quibus erectis lauream magisterialem Christiano Lindero Rochlicensi, lubente Philurea d. XXIIX. Januarii solenniter collatam gratulatum veniunt promotores, praeceptores, consanguinei et fautores) 1647, A1^v–A2^r; Gratulationsged. (in: Eugepae magistrale h. e. laetae [...] acclamationes in lauream supremam philosophicam, quam in inclytissima ad Salam academia [...] M. Johan Christfried Sagittarius [...] facultatis philosophicae hodie decanus [...] Michaeli Hunoldo, Leisnicensi Misnico, scholae Rochlitiensis p. t. rectori [...] conferebat. d. VIII. Eid. Februarii [...] cIɔ Iɔc XLIIX. scriptae, ac oblatae, a dnn. praeceptoribus, promotoribus, fautoribus, collegis et amicis) 1648, A2^v; Gratulationsged. (in: Corona Apollinaris rectore magnifico [...] Andrea Sennerto [...] in alma Leucorea [...] in splendidissima panegyri d. 12. Octob. imposita [...] Friederico et [...] Christophoro Schindleris, fratribus germanis. Celebrata a parente, affinibus, fautoribus et amicis. Anno M. DC. XLIIX.) 1648; Quot Coelum rutilis micat nitelis [...] (Gratulationsged.) (in: Ara gratitudinis, quam [...] perquam-reverendus [...] dn. M.

Christophorus Laurentius Halberstadensis, serenissimi electoris Saxoniae concionator-aulicus senior [...], pro exacto feliciter sexagesimo septimo aetatis suae anno XIV. Martii, anno M. DC. XLIX. e votivo fautorum amicorumque applausu, extructam erectamque L. M. statuit) 1649, A3^v; Mneme Christiana onomasterii viri nobilis et amplissimi, dn. Christiani Reichbrods in Klingenbergk/ sereniss. electori Saxoniae a secretioribus [...], III. d. Aprilis a. o. r. M. DC. XLIX. coelo volentissimo revolutis, eidemque divina indulgentia vice trigesima quinta reversis erecta et dicata a Joh. Nestero d. sereniss. elect. Saxoniae medico, 1649 (Einblattdr.); Gratulationsged. (in: Stichidia onomastika nobilissimo [...] dn. Thomae Reinesio phil. et medicinae doctori, physico [...] festum nominale [...] sexagesima secunda illucescens, auspicato celebranti a. d. 21. Decembris observantiae contestandae ab amicis et clientibus, debitae autem gratudinis significandae gratia a collegio scholastico Altenburgensi) 1649; Lob-Gedicht/ als der edle/ wohl-ehrenveste und hoch-achtbare Herr Christian Reichbrodt auff Klingenbergk/ churfürstl. Durchl. zu Sachsen/ und treufleissige geheimte Secretarius/ den 3. Aprilis des 1650. Jahrs zum sechs und dreissigsten mahl seinen Nahmens-Tag gesund erlebet hatte. Gesetzet und glückwünschend übergeben/ von D. Johann Nestern/ höchstgedachter ihrer churfürstl. Durchl. Leib-Medico, 1650; Epicedium (in: D. SCHNEIDER, Dulcissima animae ad quietem revocatio [...] aus denen Ver. 7. 8. 9. Psalm 116. [...] bey christlicher [...] Beerdigung/ der [...] Frawen Annen/ gebohrner Hindermeyerin/ des [...] Herrn Gimelis Bergens/ [...] gewesenen wohlbestalten Hoff-Buchdruckers/ p. m. zu Dresden/ hinderlassenen Frawen Wittwen/ welche den 23. Novembris [...] 1648. Jahrs [...] eingeschlaffen/ [...]) 1650; Ad Inclytam Schnebergam, Misniae Sareptam. Quod faustum Schneberga, tibi velit esse Jehova! [...] (in: C. SCHINDLER, Redintegratio arae Chionurinae. Erneuerung des Schneebergischen Altars/ am Tage der siegreichen Himmelfahrt unsers Herrn und Heylandes Jesu Christi/ den 23. Maii/ 1650. [...]) 1650, L2^{r-v}, Widmungsged. (in: Sequuntur carmina memoriae altaris, sereniss. Sax. electorum Johannis, ejusque filii successoris Joh. Friderici auspicio fundati, artificio vero et industria singulari Lucae Cranachii pictorum t. t. excellentissimi anno 1539. perfecti, templo Nivemontanorum majori anno 1633. mense Augusto caesarei militis rapina subtracti: nunc postliminio [...] paterna sereniss. elect. Sax. Johannis Georgii I, ejusque filii principis; successoris Joh. Georgii cura, mense Julio anno 1649. recuperati; et die 23. Maii [...] anno 1650. sacro usui denuo dicati, perennandae), o. J.; Quae Praecepta Decem tabulis inscripta duabus [...] (Lobged.) (in: J. HERTZOGK, Des Geistlichen Lehr- Tugend- und Laster-Spiegels/ das ist: außführlicher Erklährung/ des h. Gesetzes Gottes derer zehen Geboth/ [...] erster Theil [...]) 1650, CC2^{r-v}; Epithalamium (in: Missilia melica in solennitate nuptiarum viri [...] Johannis Matthiae Nesteri, med. doct. clarissimi, ac reip. Schnebergensis physici ordinarii sponsi; et [...] Christianae-Catharinae [...] M. Petri Kirchbachs/ pastoris et superint. ecclesiae et dioeceseos Zwiccaviensis fidelissimi, relictae filiae sponsae, die 6 Novembris anno MDCL. celebratarum, laetitiae, et boni ominis ergo sparsa a parentibus, fautoribus, cognatis, amicis) 1650; Qui bene seminium jactavit in arva colonus [...] (Lobged.) (in: H. DIEKER, Seminarium Afrano-Misnicum. Oder Afranische Meissnische Schul-Predigt/ darinnen Schulen mit dem Acker und See-Werck verglichen werden. Aus dem Evangelio am Sontag Sexagesimae Luc. 8. [...]. In der Kirchen zu S. Affra in Meissen/ den 25. Febr. 1652. gehalten [...]) 1652, G2^r; Sic est; est morbus Senium, mox victima mortis [...] (Epicedium) (in: J. WELLER, Frommer Lehrer dreyfache Ehren-Krone/ aus den letztern Worten im Propheten Daniel Cap. 12. v. 12. da der [...] Herr M. Daniel Reichard/ in die 30. Jahr [...] Superintendens zu Pirna/ und [...] in die 51. Jahr [...] Pfarrer [...]/ zu seinem Ruhebettlein [...] eingesencket wurde/ [...]) o. J. (um 1652), N1^r; ΕΠΙΤΥΜΒΙΟΝ super obitu nobilis et amplissimi viri dn. Matthaei Brauns in Podelwitz/ Polckenbergk et Korpitzsch/ sereniss. electoris Saxoniae rationum et redituum praefecti ut dignissimi, ita solertissimi, amici sui desideratissimi, Dresdae 3. d. Januarii circa 9. vespertinam anno M DC LIII. pie defuncti, atque d. 16. eiusd. m. christiano ac solenni ritu in aede Sophiae tumulati, supremi adfectus et honoris ergo scriptum a Johanne Nestero d. sereniss. Sax. elect. medico cubiculario, 1653; Et cum Günthero, Fili carissime [...] (Epicedium) (in: B. STEPNER, Volckreiche Herrligkeit/ welche nach der einsamen Traurigkeit dieses Lebens zu hoffen/ aus den Worten deß 27. Psalms/ vers. 13. [...] bey christlicher Leichen-Bestattung der [...] Frauen Catharinae/ deß [...] Herrn Daniel Pöhlers/ J. U. D. vornehmen Practici und gewesenen Stadt-Voigts in Zwickau [...] Wittben/ welche dem 13. Octobris dieses 1653.

Jahrs [...] entschlaffen/ [...]) 1653, F3ʳ; Nullus ad hanc doctus, sed primo factus ab ortu [...] (Epicedium) (in: Lessus memoriae et honori [...] dn. Georgii Marchii, sereniss. Sax. elect. pharmacopoei aulici [...] pia d 7. Decemb. anni 1653 morte [...] extincti, ejusdemque mensis die 15. solemni ritu terrae mandati: dicatus ac dictus a fautoribus, cognatis atque amicis) 1654, unpagin.; Wanckelidae, Medici Gnato, Regina-Salome [...] (Epithalamium) (in: Dio numini proxenetae pro Ἐυγαμία [...] dn. Guilhelmi Wanckelii Dresdensis medicinae doctoris [...] sponsi, [...] Dn. Andreae Molleri Pegavii, philos. medic. doctoris [...] unicam [...] filiam [...] Reginam Salomen sponsam auspicato matrimonio sibi copulantis Freibergae Hermundurorum IV. Kal. Decembr. a. C. cIɔ Iɔc LIV. Vota fautorum, fratris, adfinium et amicorum nuptialiorum loco oblata) o. J., A2ᵛ–A3ʳ; Epicedium (in: M. LUNGWITZ, Verum christianorum gaudium. Rechtschaffener gläubigen Christen wahre bestendige Freude/ gezeiget in dem geistreichen Spruche Psal. 73. v. ult. [...] als am 15 Augusti, Anno 1653. der [...] Herr Ambrosius Polentius, gewesener [...] Pfarrherr und Superintendens zu Rochlitz/ [...] in sein Ruhe-Kämmerlein gesetzet ward/ [...]) 1655; Epithalamium (in: Taedae conjugales lectissimae conjugum pari nobilissimo [...] Christiano Reichbrodt de Schrenckendorff/ in Klingenberg et Pesterwitz/ toparchae, [...] elect. Sax. a consiliis et secretis intimis excellentissime merito, etc. etc. itemque [...] Margarita Heimaniae, natae Schaeferiae, etc. etc. nuptiarum solemnissimarum die II. Januari cIɔ Iɔ CLV per amicos clientesque devotissime accensae) o. J.; Cupressus electoralis Saxonica in exsequiis illustrissimis sereniss. et incomparabilis principis herois, divi Johannis Georgii I. S. R. Imp. electoris senioris, et patriae patris opt. max. IIX. Octobris circa quintam pomerid. anno fatali M DC LVI. Dresdae in aula sua placidißime defuncti, contestandi debiti luctus gratia erecta et sereniß principi filio-successori domino Johanni-Georgio, II. Saxoniae, Juliaci, Cliviae ac Montium duci, S. R. Imp. archimarschallo et electori, etc. domino suo clementissimo, humillimo affectu dicata a serenitatis suae servo et medico subjectissimo [...], o. J.; Churfürstlicher sächsischer Cypressen-Baum/ welchen bey dem hochfürstlichen Leichen-Begängnis des durchlauchtigsten und unvergleichlichen Fürsten-Heldens/ Herrn Johann Georgen des Ersten/ des H. Röm: Reichs ältesten Churfürsten und höchstverdienten Landes-Vaters/ so den 8. Octobr. abends 3. Viertel auf 5. Uhren im Jahr 1656. in seiner Residenz zu Dreßden sanfft und selig verschieden/ aus schuldigstem Mitleiden auffgericht/ und des nunmehro höchstseligsten Herrn Vaters in der Chur erblichen Nachfolger/ dem durchlauchtigsten/ hochgebohrnen Fürsten und Herrn/ Herrn Johann Georgen dem Andern/ Herzogen zu Sachsen/ Jülich/ Cleve und Berg/ des Heiligen Röm. Reichs ErzMarschallen und Churfürsten/ etc. seinem gnädigsten Herrn/ demütigst dediciret und in lateinischer Sprache übergeben ihrer churfl. Durchl. unterthänigster Diener und Leib-Medicus D. Johann Nester/ und ins Teutsche umbgesetzet M. Gottfried Sternberger von Sittau aus der Ober-Laußnitz SS. Theol. Stud. itzo zu Leipzig, o. J. (1656); Epithalamium (in: Ευφημισμός ἐπιθαλάμιος viro reverendo [...] dn. M. Friderico Blumbergern/ aedis S. Petri Ophusanae prope Querfurtam pastori fidelissimo, sponso, cum [...] Christina Elisabetha [...] M. Petri Kirchbachs/ pastoris ecclesiae Cygneae, ac vicinarum superattendentis [...] filia natu minore, sponsa Altenburgi d. 21. m. Octobris anno 1656. nuptias secundas feliciter celebranti, oblatus a parente, fautoribus, adfinibus atque amicis) 1656; Ara honoris et obsequii, quam serenissimo et potentissimo principi ac domino, domino Johanni-Georgio II. Saxoniae, Juliaci, Cliviae ac Montium duci, S. Rom. Imperii archimarschallo et electori, ejusdemque regni in locis, ubi jus Saxonicum viget, et ad vicariatum pertinentibus, p. t. vicario, landgravio Thuringiae, Marchioni Misniae, nec non Superioris et Inferioris Lusatiae, burggravio Magdeburgensi, comiti in Marca et Ravensberg, domino in Ravenstein, domino suo clementissimo, cum in urbibus ditionis suae homagium acciperet, communis patriae nomine posuit serenitatis suae devotiss. et fideliss. servus et medicus Joh. Nesterrus Curia-Variscus D. Poeta Laur. Matthia-Caes., o. J.; Epicedium (in: C. BULAEUS, Geistliche Hertzens-Freude/ welche nach Anleitung der letzten Wort im 73. Psalm/ [...] die [...] Fr. Anna-Magdalena/ geborne Seidelin/ von Grossen-Hayn/ des [...] Herrn Petri Werdermanns/ churfürstl. Durchl. zu Sachsen/ hochbestalten Raths/ [...] etc. gewesene Eheliebste/ [...] an [...] Gott [...] getragen [...] hat. Nach dem dieselbe/ im Jahr 1660. [...] am 20. Maji [...] zu Dreßden [...] entschlaffen/ [...]) 1660.

Briefe: T. REINESIUS, Epistolarum ad Nesteros, patrem et filium, conscriptarum farrago: in qua varia medica et philologica lectu jucunda continentur: antehac a b. authore nunquam edita; jam vero instanter petenti typographo exhibita et posteritati commendata (Widmung von J. GEBHARDUS; Leservorr. u. hg. J. M. NESTER) 1669 (1670).

Nachlaß: Eintrag (Dresden, 14.10.1648) in das Stammbuch (1641–1648) Johann Caspar Beutel: HAAB Weimar, Stb 275, Bl. 91ʳ.

Bibliographien: VD 17. – Kat. der fürstlich Stolberg-Stolberg'schen Leichenpredigten-Slg. (bearb. W. K. v. ARNSWALDT), Bd. 1, 1927, 693 (Register).

Literatur: Jöcher 3 (1751) 868; G. W. A. FIKENSCHER, Gelehrtes Fürstenthum Baireut [...], Bd. 6, 1803, 118; Adelung 5 (1816) 511; A. HIRSCH, Biogr. Lex. der hervorragenden Ärzte aller Zeiten u. Völker (hg. W. HABERLING u. a.), Bd. 4, ²1932, 344; Flood, Poets Laureate, Bd. 3, 2006, 1425 f. (unzulänglich u. fehlerhaft). – In laurum Apollineam sive poeticam, qua vir magnificus, amplissimus, clarissimus et consultissimus, dn. Simeon Reinhardus, j. u. d. s. lateranensis palatii, aulae caesareae et consistorij imperialis comes etc. virum-juvenem quadrata eruditionis doctrina, et sculptili morum venustate praestantißimum, dn. Iohannem Nesterum, Curiensem-Variscum, in incluta Lipsiensium academia VI. die m. Decemb. anno M. DC. XVII. Phoebo et Musis applaudentibus donabat, ornabat. Fasciculum hunc gratulatorium conscribebant fautores, populares et amici, 1617; Prorectore magnifico viro [...] dn. Johanne Himmelio ss. theol. doctore et p. p. [...] dn. Johan-Fridericus Schröterus, phil. juris utriusque et medicinae doctor [...] comes palatinus caesareus, [...] gradum in arte medica supremum duobus viris-juvenibus, illius artis candidatis dn. Laurentio Maenio Stargardio-Pomerano, et dn. Johanni Nestero Curio-Varisco, p. l. caes. [...] ritu sollemni conferet in templo collegii academico. Ad quem actum Kal. Novembr. [...] peragendum [...] ex grata talionis lege auditum, spectatumque rogat, invitat, vocat Eusebius Schenck med. doctor prof. publ. p. t. decanus, o. J. (1619; Einblattdr.); In honorem et amorem conjugalem quem clarissimus et excellentissimus vir, dn. Johannes Nesterus Curia-Variscus, poeta laur. caes. et medicinae doctor recens-creatus, sponsus; cum lectiß. florentissimaque virgine, mox viragine Maria, nobiliß. [...] viri dn. Philippi Jacobi Schröteri, phil. et med. doct. comitis pal. caes. et prof. publ. in [...] Jenensium academia [...] relicta filia, sponsa. Ienae ipsißimis m. Nov. Kal. anno [...] M. DC. XIX inijt fasciculum hunc gratulatorium conscribebant fautores, commensales, populares et amici, 1619 (corr. ex: 1616, Beiträge von Johann → Gerhard u. a.); Epyllium gratulatorium ad multae et felicis lectionis, felicioris eruditionis felicissimae praxeos virum, dn. Johannem Nesterum, medic. doct. celeberrimum, etc. patronum meum magnum. Cum ille magni Saxonis archiater vocatus et constitutus esset anno M. DC. XLVIII., 1648; ΠΡΟΠΕΜΠΤΗΡΙΑ et votivae acclamationes, quibus deo opt. max. ita disponente, et sereniss. Saxoniae electore vocante, Rochlitio abeuntem et Dresdam adeuntem, virum ampliss. excellentiss. experientissimumque dn. Johannem Nesterum, Curia Variscum, medic. d. et practicum celeberrimum, P. L. Caes. hactenus scholae electoral. ad Moldam et oppidorum districtus Rochlicensis physicum ord. nunc vero archiatrum electoralem Saxonicum dignissimum, prosequuntur et excipiunt fautores et amici, 1648; Ευφημίαι cll. quorundam virorum et amicorum, in novam spartam D. Johannis Nesteri, sereniss. Saxoniae electoris medici, scriptae et serius transmissae, o. O. 1648; C. BULAEUS, Christlicher LeichSermon/ uber die Worte König Davids/ 1. Chronic. 30, 15. Herr/ wir sind Frembdlinge und Gäste für Dir/ [...]. Bey ansehnlicher und volckreicher Bestattung des edlen/ vesten und hochgelahrten Herrn Johannis Nesters/ der Artzney hocherfahrnen Doctoris, und churfürstl. Durchl. zu Sachsen wolbestallten LeibMedici in Dreßden; welcher Anno 1662. am 22. Octobr. im 66. Jahr des Alters/ [...] entschlaffen/ und am Tage aller Seelen/ war der 2. Novembr. bey der Frauen-Kirche ehrlich beschicket worden [...], 1662 (mit Personalia; angehängt: P. HOFFMANN, Eigentlicher Abriß eines rechtschaffenen christlichen Medici, an dem preiß-würdigen Exempel des weiland edlen/ [...] Herrn Johann Nesters/ [...] in einer Abdanckungs-Rede [...] gezeiget; angehängt: Sequntur lacrymae, quibus beatum obitum [...] dn. Johannis Nesteri, electoralis archiatri [...] prosequebantur amici et filij); Trauer-Thränen/ über den seligen Absterben/ des [...] Johann Nesters/ der Artzney hocherfahrnen Doctoris, und churf. Durchl. zu Sachsen/ wohlverdienten Leib-Medici an Tage seiner Beerdigung/ war der 2. des WinterMonats [...] MDCLXII. ausgegoßen von des selig Verstorbenen hinterbliebenen KindesKindern, 1662; Epithanatia super obitum viri nobilißimi [...] Johannis Nesteri, medicinae doctor. cor. poet. caes. ac serenissimi Sax. elect. archiatri [...] cum Dresdae 22. m. Oct. circa quartam vespertinam anno M. DC. LXII. [...] placide atque beate obdormivisset, et d.

2. Nov. [...] terrae mandaretur. In moestissimae viduae et suorum solatium dolenter conscripta a fautoribus, cognatis atque amicis, 1662; Ehren- und Trauer-Bezeigung/ über den seligen Hintritt der [...] Marien/ gebohrner Schroeterin/ des [...] Johann Nesters/ der Artzney hocherfahrenen Doctoris, und churfürstl. Durchl. zu Sachsen etc. hochbestalten Leib-Medici sel. hinterlaßenen Wittben. Am Tage ihrer Beerdigung war der 1. Augusti des 1665sten Jahres/ bewiesen von etlichen mittleidenden Freunden, 1665; G. W. A. FIKENSCHER, Gelehrtes Fürstenthum Baireut [...], Bd. 6, 1803, 118; F. ROTH, Restlose Auswertungen von Leichenpredigten u. Personalschr. für genealog. u. kulturhist. Zwecke, Bd. 5, 1967, 344, Nr. 4589; Bd. 9, 1976, 18, Nr. 8028. RBS

Netenjakob, Moritz, * 15.4.1970 Köln; Sohn des Übers. u. Publizisten Egon N. (* 1935) u. der Regisseurin Doris N., ab 1991 Autor von Sketchen, Bühnenprogr., Drehb. u. anderen Texten für TV u. Kabarett, u. a. für «Stromberg», Hella von Sinnen (* 1959) u. Cordula Stratmann (* 1963) sowie 1994–96 als Hausautor für das Kabarett «Springmaus» (Bonn), 1998–2000 Autor u. Headwriter für «Switch» u. 2001/02 Headwriter für die «Wochenshow», war 2004/05 Doz. an der Univ. der Künste in Berlin, zudem Auftritte u. eigene Sendungen als Komiker u. Kabarettist (u. a. 2011–14 die Radio-Sendung «Lieblingsstücke»), betrieb 2010/11 ein Café in Köln, Ehemann der Regisseurin u. Schauspielerin Hülya Doğan-N. (* 1967); lebt in Köln; verfaßte u. a. humorist. Rom., Satiren u. Komödien. – (Neben weiteren Auszeichnungen) Grimme-Preis (2006). – Komiker, Kabarettist, Schriftsteller.

Schriften: Macho man (Rom.) 2009; Der Boss (Rom.) 2012; Mit Kant-Zitaten zum Orgasmus (Satiren) 2014; Milchschaumschläger. Ein Café-Roman, 2017; Der Partyprofi (Kom.) 2018; Extrawurst (Kom., mit D. JACOBS) 2019; Krank (Kom., mit C. GELETNEKY) 2020; Himmel und Kölle (Musical, mit D. JACOBS) 2020.

Tonträger: Multiple Sarkasmen (1 Audio-CD) 2007; Netenjakob spielt, liest & singt Netenjakob. Highlights aus 20 Jahren Satire Bühne TV Romane (1 Audio-CD) 2013. MM

Neubauer, Johanna Maria Elisabeth → Merk, Johanna Maria Elisabeth.

Neubeck, Rüdiger Freiherr von, * 8.4.1947 Würzburg; wuchs in Würzburg auf, studierte evang. Theol. u. Germanistik in Würzburg u. ab 1967 in Bonn, war ab 1973 Gymnasiallehrer in Stuttgart, Heidenheim an der Brenz u. Bad Mergentheim, zuletzt Oberstudienrat, lebt in Würzburg; verfaßte Lyrik, Nov. u. einen autobiogr. Roman. – Pädagoge, Schriftsteller.

Schriften: Zu den Hügeln der Nacht (Ged.) 2002; Traumes Mitte. Ein autobiographischer Roman, 2002; Auf Walthers Spuren (Ged.) 2005; Mein Würzburg (Ged.) 2016; Der Zauber von Mainfranken (Ged.) 2017; Mein Traum von Kirrweiler (Ged.) 2018; Liebeserklärung an Meisenheim in der Pfalz (Ged.) 2018; Mein Ostpreußen (Ged.) 2020; Das Paradies am Main (lyr. Prosa) 2020. MM

Neuberger, Ingrid → Pachmann, Ingrid.

Neuberger, Martin Franz, * St. Andrä am Zicksee/Burgenland; Matura in Eisenstadt, Lehramtstud. in den Fächern Dt., Geographie u. Geometr. Zeichnen an der dortigen Pädagog. Akad. u. der Univ. Wien, ab 1981 Lehrer in Frauenkirchen u. ab 2007 in Neusiedl am See, auch Tätigkeit als Landwirt u. Auftritte mit der Musikgruppe «SAE!TNR!SS», ab 2018 im Ruhestand, lebt in Sankt Andrä; schrieb u. a. Lyrik u. Lieder (teils in Mundart), Erz., Schultheater-Dramen u. einen Reisebericht. – Pädagoge, Landwirt, Schriftst., Musiker.

Schriften: das ungegenteil (Ged.) 2006; schwarzweisheiten, 2009; weggehfährten (Ged.) 2011; die ungelesenen weggehfährten (Ged.) 2016; Die Kerlinger Höhe (Erz.) 2016; schmetterling in engelshäuten. heiter besinnliche weihnachtsstücke, 2017; entlebt (Erz.) 2017; kein tag wie der andere. die sonnenuhr des klosters maria schutz in st andrä am zichsee (Erz.) 2019; betrUGANDAmenschlichkeit (Reiseber.) 2020; das kloster (Erz.) 2020. MM

Neubert, Martha → Franz, Marie.

Neudert, Cornelia (auch Cee Neudert), * 11.12. 1976 Eichstätt; 1996 Abitur in Eichstätt, Stud. der Germanistik, Anglistik u. Kunstgesch. in München, ab 1997 Mitarb. des Bayer. Rundfunks, u. a. als Reporterin, Autorin u. Red., 2002 Erwerb des Magistergrades, lebte seit 2003 in Freising; trat vor allem mit Kdb. hervor, schuf aber u. a. auch Hörsp. u. dramat. Arbeiten; häufige Zus.arbeit mit

Klaus Baumgart (* 1951). – Dt. Kinderhörsp.preis (2010). – Journalistin, Schriftstellerin.

Schriften: Rotkäppchen und der Drache (Kindertheater) 2000; Betta splendens (Hörsp.) 2002; Die Mausefalle (Hörsp.) 2002; Der geheimnisvolle Drachenstein (Rom., Illustr. v. Leopé) 2002 (überarb. Neuausg. 2016); Laura kommt in die Schule (Kdb., Illustr. v. K. Baumgart) 2003; Ein Herz für Vampire (Kdb., Illustr. v. A. Rieger) 2003; Die Weihnachtskatze (Kdb., Illustr. v. A. Meier) 2004; Das große Lauras-Stern-Buch (Kdb., Illustr. v. K. Baumgart) 2004; Zuckerbäckerei Grimm (Hörsp.) 2004; Das geheimnisvolle Drachentreffen (Rom., Illustr. v. K. Schliehe u. B. Mark) 2004; Laura sucht den Weihnachtsmann (Kdb., Illustr. v. K. Baumgart) 2005; Lauras erste Übernachtung (Kdb., Illustr. v. dems.) 2005; Freundschaftsgeschichten (Kdb., Illustr. v. B. Korthues) 2005; Das große Sandmännchen-Geschichtenbuch erzählt von einem Hund, einer Katze, einem Mäuserich, einer Flohdame und einem Spatz (Kdb., Illustr. v. L. Leiber) 2005; Die Sternenstaubsauger (Hörsp.ser.) 2005–08; Tierfreundegeschichten (Kdb., Red. M. Diwyak, Illustr. v. M. Weber) 2006; Ponygeschichten (Kdb., Red. M. Diwyak, Illustr. v. J. Ginsbach) 2006; Lauras Stern. Gutenacht-Geschichten (Kdb., Illustr. v. K. Baumgart) 2006; Lauras Ferien (Kdb., Illustr. v. dems.) 2006; Lauras Stern. Traumhafte Gutenacht-Geschichten (Kdb., Illustr. v. dems.) 2007; Lauras Stern. Neue Gutenacht-Geschichten (Kdb., Illustr. v. dems.) 2007; Laura und das Pony (Kdb., Illustr. v. dems.) 2007; Toms geheime Monsterfotos (Kdb., Illustr. v. F. Schmitt) 2007; Sandmännchens Weltreise. 20 Geschichten erzählt von einem Kamel, einer Kuh, einem Pinguin, und einem Fisch (Kdb., Illustr. v. L. Leiber) 2007; Das lustige Leseraben-Rätsel (Kdb., Illustr. v. J. Hartmann) 2007; Mister Cat (Radioerz.) 2007; Rabenstarke Tiergeschichten (Kdb., mit Tino, Illustr. v. E. Czerwenka u. M. Weber) 2008; Lauras Stern. Zauberhafte Gutenacht-Geschichten (Kdb., Illustr. v. K. Baumgart) 2008; Laura und der Freundschaftsbaum (Kdb., Illustr. v. dems.) 2008; Lauras Stern und der geheimnisvolle Drache Nian (Kdb., Illustr. v. dems.) 2009; Lauras Stern. Fantastische Gutenacht-Geschichten (Kdb., Illustr. v. dems.) 2009; Lauras Stern. Wunderbare Gutenacht-Geschichten (Kdb., Illustr. v. dems.) 2009; Laura und die Lampioninsel (Kdb., Illustr. v. dems.) 2009; Ein Jahr voller Pferde (Kdb., Illustr. v. S. Voigt) 2009; Sandmännchens Traumgeschichten (Kdb., Illustr. v. L. Leiber) 2009; Lara und die Traumpiraten (Radioerz.) 2009; Der Dschinn aus dem Ring (Hörsp.) 2010; Der Zauberschlüssel (Radioerz.) 2010; Vampir-Sommer-Nacht (Radioerz.) 2010; Monstergeschichten (Kdb., Red. M. Diwyak, Illustr. v. B. Gotzen-Beek) 2010; Georg (Kindermusical, mit P. Thomas, Musik v. A. Sutor) 2011; Bergwerksforscher (Radioerz.) 2011; Das Erwachen des Drachen (Radioerz.) 2011; Lauras Stern. Geheimnisvolle Gutenacht-Geschichten (Kdb., Illustr. v. K. Baumgart) 2011; Das große Lauras Stern Traummonster-Buch (Kdb., Illustr. v. dems.) 2011; Lauras Stern. Märchenhafte Gutenacht-Geschichten (Kdb., Illustr. v. dems.) 2012; Laura und das kleine Kätzchen (Kdb., Illustr. v. dems.) 2012; Lauras Piratenschatz (Kdb., Illustr. v. dems.) 2013; Keinohrhase und Zweiohrküken (Kdb., mit dems. u. a.) 2013; Die kleine Spinne Widerlich (Kdb., Illustr. v. D. Amft) 2013; Lauras Stern. Glitzernde Gutenacht-Geschichten (Kdb., Illustr. v. K. Baumgart) 2014; Lauras Stern. Fabelhafte Gutenacht-Geschichten (Kdb., Illustr. v. K. Baumgart) 2014; Jan und die Piraten (Kdb., Illustr. v. M. Spang) 2014; Ooops! Die Arche ist weg... (Kdb.) 2015; Meine schönsten Kinderlieder (Kdb., Illustr. v. K. Schuld) 2015; Der freche Rennflitzer (Kdb., Illustr. v. C. Faust) 2015; Meteoritenstaub (Radioerz.) 2015; Abenteuer Nr. 1 (Radioerz.) 2015; Elfenblumen (Hörsp.) 2015; Die kleine Spinne Widerlich: Mein Bauernhof-Mitmachbuch (Kdb., Illustr. v. D. Amft) 2016; Abenteuer Nr. 2 (Radioerz.) 2016; Besonders gefährlich (Radioerz.) 2016; Laura und das Osterei (Kdb., Illustr. v. K. Baumgart) 2016; Lauras Stern. Meine ersten Zaubertricks (Kdb., Illustr. v. dems.) 2016; Lauras Stern. Abenteuerliche Gutenacht-Geschichten (Kdb., Illustr. v. dems.) 2016; Laura hat Geburtstag. Geschenkbox (Kdb. mit 1 Audio-CD u. Spielzeug, Illustr. v. dems.) 2016; Meine lustigen Schulrätsel (Kdb., Illustr. v. J. Hartmann) 2017; Mein Elefant will nicht ins Bett (Kdb., Illustr. v. S. Göhlich) 2017; Wissper: Ein Eisbär lernt schwimmen (Kdb.) 2017; Wissper: Ein Elefant will turnen (Kdb.) 2017; Wissper: Ein Tag bei den Erdmännchen (Kdb.) 2017; Meine schönsten Weihnachtslieder (Kdb., Illustr. v. K. Schuld) 2017; Laura und der Sternenzauber (Kdb., Illustr. v. K. Baumgart) 2017; Laura und die Osterüberraschung (Kdb., Illustr. v. dems.) 2017; Mü und die Weltraumpiraten (Radioerz.) 2018; Wie Henri Henriette fand

(Kdb., Illustr. v. C. Hansen) 2018; Rosa und das Einhorn (Kdb., Illustr. v. J. Gerigk) 2018; Laura und der Ferienhund (Kdb., Illustr. v. K. Baumgart) 2018; Lauras Stern. Freundschaftliche Gutenacht-Geschichten (Kdb., Illustr. v. dems.) 2018; Abenteuer Nr. 3 (Radioerz.) 2019; Yuki, der kleine Ninja (Kdb. mit 1 Audio-CD, Illustr. v. P. Nöldner) 2019; Vorsicht Monster! Hast du das Zeug zum Monsterjäger? (Kdb., Illustr. v. T., K. u. P. Nöldner) 2019; Mias Pferde-Abenteuer (Kdb. mit 1 Audio-CD, Illustr. v. I. Göntgen) 2019; Meine schönsten Lieder für unterwegs (Kdb., Illustr. v. P. Fix) 2019; Lauras Stern. Der Vorlesewettbewerb (Kdb., Illustr. v. K. Baumgart) 2019; Finn im Weltraum (Kdb. mit 1 Audio-CD, Illustr. v. B. Reddig-Korn) 2019; Henri und Henriette feiern Weihnachten (Kdb., Illustr. v. C. Hansen) 2019; Mü und die Weltraumprinzen (Radioerz.) 2020; Vorsicht, Monster! Komm mit auf Monsterjagd! (Kdb., Illustr. v. T., K. u. P. Nöldner) 2020; Ferien auf dem Reiterhof (Kdb., Illustr. v. M. Brockamp) 2020; Laura und der Vorlesetag (Kdb., Illustr. v. K. Baumgart) 2020; Lauras Stern. Das Buch zum Film (Kdb., Illustr. v. dems.) 2020; Lauras Stern. Die kleine Robbe (Kdb., Illustr. v. dems.) 2020; Petronella Apfelmus (Hörsp. in 12 F. auf insges. 13 Audio-CDs) 12 Tle., 2020/21; Weltraum (Kdb., Illustr. v. J. Windecker) 2021; Henri und Henriette fahren in die Ferien (Kdb., Illustr. v. C. Hansen) 2021; Mach's gut, Eichhörnchen! Einfühlsames Vorlesebuch zum Thema Tod & Trauer (Kdb., Illustr. v. L. Winkel) 2021.

Literatur: E. HOFFMANN, Mit Esprit u. Fantasie. ~ hat sich mit Kinderbüchern einen Namen gemacht (in: Fink. Das Magazin aus Freising 14) 2020, H. 11, 16 f. MM

Neuert, Marcus, * 22.1.1963 Frankfurt/M.; Sohn der Künstlerin Gi N. (* 1935) u. eines Journalisten, Ausbildung zum Reiseverkehrskaufmann, Tätigkeit in der Reisebranche, auch Jazz-, Rock- u. Weltmusik-Gitarrist, ab 2016 freier Musiker u. Schriftst., auch Stud. der Kulturwiss. an der Fernuniv. Hagen, Vizepräs. der Autorenvereinigung «Die Kogge», lebte u. a. in Plüdershausen, seit 2011 in Minden ansässig u. seit 2018 zudem in Coswig (Sachsen); verfaßte u. a. Lyrik, Nov., Erz., kleinere Prosa u. Rezensionen; Veröff. u. a. in «Das Boot. Bl. für Lyrik der Ggw.» (Bad Herrenalb) u. «Tentakel Lit.magazin» (Bielefeld). – (Neben weiteren Auszeichnungen) Lyrikpreis des Freien Dt. Autorenverbandes Hamburg (2005). – Reiseverkehrskaufmann, Schriftst., Musiker.

Schriften: Windparkaktionäre (Ged.) 2003; Abendlandkonserve (Ged.) 2005; Bildschnittworte – Wortschnittbilder (Ged., Illustr. v. Gi N.) 2007; Nördliches Fenster (Ged. u. Prosa) 2009; Moornovelle (Nov.) 2012; Irrfahrtenbuch (Ged. u. Prosa) 2015; Imaginauten. Ein Morbidarium in 21 Erzählungen, 2018. MM

Neuffer, Susanne, * 19.5.1951 Nürnberg; wuchs in Fürth auf, studierte Germanistik, Romanistik u. Kulturwiss. in Erlangen u. Tübingen, war dann als Lehrerin tätig; lebt in Hamburg; verfaßte vor allem Lyrik, Rom. u. Erz.; Veröff. u. a. in NDL, «Merkur. Dt. Zs. für europ. Denken» (Stuttgart) u. «Manuskripte. Zs. für Lit., Kunst, Kritik» (Graz). – (Neben weiteren Auszeichnungen) Förderpreis für Lit. der Kulturbehörde Hamburg (1996, 2014). – Pädagogin, Schriftstellerin.

Schriften: Armut und Reichtum. Die Gestalt des Bettlers. Materialmappe für den Religionsunterricht Klasse 9/10 nach dem Hamburger Lehrplan (mit B. AYCK) 1994; männer in sils-maria (Ged.) 1999; Frau Welt setzt einen Hut auf (Erz.) 2006; Schnee von Teheran oder vom Verlassen des Geländes (Rom.) 2014; In diesem Jahr der letzte Gast (Erz.) 2016; Im Schuppen ein Mann (Erz.) 2019.

Literatur: Lit.port Autorenlex. (Internet-Edition). MM

Neugirg, Norbert (Albert), * 8.10.1960 Erbendorf (Kr. Tirschenreuth); Sohn eines Fuhrunternehmers, Kindheit in Wurz (heute zu Püchersreuth), Mittlere Reife, Ausbildung zum Bürokaufmann, Wehrdienst in Bayreuth u. Weiden in der Oberpfalz, Abt.leiter, 1985 Gründer u. danach Leiter der Musik- u. Kabarettgruppe «Altneihauser Feierwehrkapell'n», 1990 Mitbegründer der Laienbühne «Oberpfalztheater», zudem Mitautor u. Moderator von «Kabarett aus Franken» im Bayer. Rundfunk, 2011 u. 2015 Auftritte als Schauspieler im Rahmen der Luisenburg-Festspiele Wunsiedel; lebt in Windischeschenbach; publizierte vor allem humorist. u. satir. Prosa u. Lyrik; Veröff. u. a. in «Der neue Tag» (Weiden). – (Neben weiteren Auszeichnungen) Oberpfälzer Lit.preis (2012), Bezirksmedaille des Bez. Oberpfalz (2013), Heimatpreis

Oberpfalz (2016). – Kabarettist, Musiker, Schriftst., Schauspieler, Moderator, Bürokaufmann.

Schriften: Gott zur Ehr', dem Nächsten zur Wehr (Feuerwehrhymne, Musik: L. Zandt) 2001; Was ich so denk', 2006; Worte, Reim und Bücherleim, 2008; Ansichten und schlichte, nicht vernichtete Gedichte, 2011; Tusch eineinhalbmal (Illustr. v. N. Desing) 2015; Zoigl-Pentaptychon. Konzept & Projektskizze (mit H. Bäumler) 2016; Das Zoigl-Projekt (mit dems., J. Herda) 2016.

Literatur: M. Eibl, Der Lit.preis ‹Oberpfälzer Jura› für ~ (in: Die Oberpfalz 101) 2013, 59–61; BSB, Buch & Kunstverlag Oberpfalz, ~ (in: Lit.portal Bayern, hg. BSB München) o. J., www.literaturportal-bayern.de. MM

Neuhaus, Dietrich, * 4.3.1931 Stettin (poln. Szczecin), † 6.12.2020 Grünwald; lebte nach dem 2. Weltkrieg zunächst in Hamburg, Stud. der Germanistik, Buchhändler, Auftritte als Kabarettist mit der Gruppe «Buchfinken», dann als Werbetexter tätig, betrieb zeitweise ein Reise-Unternehmen, lebte in Grünwald; publizierte u. a. Rom., Dramen, Hörsp., Lyrik u. Erz.; Übers. von Texten versch. Autoren der Weltlit. (u. a. Dante, William Shakespeare, Charles Baudelaire, T. S. Eliot). – Kabarettist, Werber, Buchhändler, Unternehmer, Schriftsteller.

Schriften: Vorsicht: Gedichte. Verse aus acht Jahrzehnten, 2004; Schwarzrosa Prosa (Erz.) 2004; Stück-Arbeit. Bühnen- und Hörspieltexte, 6 Bde., 2005–12; Erzähl doch keine Geschichten! 33 Geschichten, 2006; Der andere Adam. Filmnovelle, 2007; Nicht ohne meine Katzen. Prosa, Verse, Fotos, 2008; Der Gedankendieb (Rom.) 2009; Wir weigern uns Feinde zu sein. Eine zeitkritische Erzählung, 2010; Shakespeares dunkle Jahre. Fakten und Fiktionen. Eine kreative Chronik von 1579 bis 1593, 2010; Der Sohn des Buckelapothekers. Die Erinnerungen des Georg Gottfried Rudolph – Diener, Schreiber und Vertrauter Friedrich Schillers (hist. Rom.) 2011; Alles muss raus! Noch mehr Geschichten, 2011; Willkommen im Greisenpalast. Berichte vom Leben ab Siebzig, 2012; Das Dorf der dichtenden Katzen. Gedachte Gedichte, 2012; Von Magiern, Mimen und Meistern. Sechserlei Lektüren, 2013; Fannie Fantastisch. Eine Katzen-Suite in fünf Sätzen, 2013.

Übersetzungen: Mit anderen Worten. Übertragungen, Nachdichtungen, 2009; Mein Shakespeare. Sechs Werke des Meisters in freier Interpretation und Übertragung, 2013.

Tonträger: Veröff. weiterer Texte als privat publizierte Ton-Aufnahmen (jew. 1 Audio-CD) u. d. T.: Katzen-Schnurren. Verse und Prosa über die allerliebsten Freunde; Modern Times. Verse und Prosa zum sogenannten Zeit-Geist; Beziehungskisten. Verse und Prosa über Liebeslust und -last; Aal bis Zebra. Fabel-haftes und Sa-tierisches in Versen; Von der Liebe zur Freundschaft. Verse und Prosa über die Zweisamkeit; Wenn einer eine Reise macht. Urlaubsnotizen in Versen; Lyrik aus Lappland; Eine Katze ist kein Hund. Cat-Storys in Versen frei nach T. S. Eliot; Blick zurück nach vorn. Geschichten von gestern und immer; Der Dichter Peter Paul Althaus. Fantastische Verse, zu Musik gesprochen; Ringelnatz in Concert. Hommage an einen verkannten Dichter; Vorsicht: Gedichte! Verse aus acht Jahrzehnten. MM

Neuhaus, Jochen, * 9.4.1944 Erlangen; Besuch des Gymnasiums in Beckum u. Recklinghausen, Stud. der evang. Theol., Philos. u. Pädagogik in Wuppertal, Tübingen u. Münster/Westf., theolog. u. pädagog. Examen, wiss. Mitarb. des Comenius-Inst. in Münster, Assistent an der PH Rhld., dann Gesamtschul- u. Gymnasiallehrer, lebt in Minden; verfaßte u. a. Rom., Erz., Lyrik u. Dramen. – Pädagoge, Schriftst., Herausgeber.

Schriften: Mondgesang (Ged. u. Prosa) 1997; Brot und Rosen. Gedichte, literarische Flicken, Erzählungen und ein Versuch, rätselhafte Volksliedtexte im Plauderton unterhaltsam zu deuten, 1998; Ophelias Lächeln. Lyrik, Prosa und visuelle Poesie, 1999; Unvollendet. Ein Mysterienspiel in drei Segmenten mit Vorrede und Bausteinen, 2001; An der Weser Ufer saßen wir... (Ged., mit M. O'Neli) 2002 (dt. u. georg..); Im Lande des Rotmilans (Ged.) 2003; Engel und Engelin. Satyrisches Gedicht (Illustr. v. J. A. Rahim) Minden/Muharraq 2005 (dt., engl. u. arab.); Erdbeeren (Rom.) 2006; Oppermanns Erzählung (Rom.) 2008; strichpunkt. konkrete poesie, 2012; Kaiserkonzert (Rom.) 2014; schau doch mal: bäume und ihre freunde... zur herbstzeit im park, 2018; Wortgestein. Lyrik, visuelle und dadaistische Poesie, 2018; Anderst. Erzählungen, Stücke und Poesie, 2019.

Herausgaben: Süß das Leben, bitter auch... Gedichte georgischer Poeten (mit I. Imnadze) 2009.

Vorlaß: StB München (Briefwechsel). MM

Neuhaus, Maria Barbara Freifrau von (geb. von Hund), * 1661 Pilmersreuth (heute Ortsteil von Tirschenreuth), † 1733 wahrsch. Ansbach; N.' Vater, Johann Christoph von Hundt auf Thumsenreuth († 1662), starb kein Jahr nach ihrer Geburt; die Mutter (geb. von Saurzapf) erzog u. bildete N. aus, 1680 Hochzeit mit dem aus Obb. stammenden u. kath.-gläubigen Frhr. Franz Carl von Neuhaus auf Höfen (1651–1684), Pfleger der Ämter Mörnsheim u. Dollnstein (Obb.), die vier aus dieser Ehe hervorgehenden Kinder starben noch im Kindesalter, das letzte 1686; N. nahm als Erzieherin u. Oberhofmeisterin mehrere Stellungen an: von ca. 1694 bis 1697/98 erzog sie an der Seite der Markgräfin Eleonore Juliane von Brandenburg-Ansbach (1663–1724, die mütterlicherseits aus dem Haus Oettingen-Oettingen stammte) deren Tochter Markgräfin Christiane Charlotte (1694–1729) am Hof der Herzöge von Württ.-Winnental, ab 1697/98 war sie am Hof der Fürsten von Nassau-Idstein als Oberhofmeisterin tätig, in gleicher Stellung ging sie 1701 an den Hof der Oettinger Fürsten zur Erziehung von Prinzessin Elisabeth Friederike (1691–1758), einer Tochter von Fürst Albrecht Ernst II. von Oettingen-Oettingen (1669–1731) u. Landgräfin Sophie Luise von Hessen-Darmstadt (1670–1758) – der gleichnamige Vater des Fürsten Albrecht Ernst war der Onkel der oben erwähnten Markgräfin Eleonore Juliane. Als N. 1711 nach Ansbach zu Markgräfin Christiane Charlotte zog, begab sie sich also in den Dienst ihres ehem. Zöglings, dort war sie an der Erziehung Markgraf Karl Wilhelm Friedrichs von Brandenburg-Ansbach (1712–1757) beteiligt, dem Sohn Markgräfin Christiane Charlottes, 1722 nahm N. mit eigenem Willen ihren Abschied u. lebte fortan bis zu ihrem Tod zurückgezogen. Sie stiftete in Oettingen, Ansbach u. andernorts insgesamt sieben Legate in einer Höhe von jeweils bis zu 2.000 Gulden zur Unterstützung von Witwenhäusern, in Ansbach ermöglichte ihre 1727 getätigte Stiftung den Bau des von Markgräfin Christiane Charlotte vorangetriebenen ersten Witwenhauses der Stadt (heute: Würzburger Straße 39) – zuvor hatte N. eine Stiftung für ein kleineres Witwenhaus in Oettingen eingerichtet. Nach WEIGELT (2001) soll ein «Register über […] Stifftungen, Welche […] Maria Barbara Neuhauß […] gemachet», angefertigt worden sein. Den von N. unterstützten Witwen widmete sie eine von ihr herausgegebene Predigtsammlung mit einem Vorw. des Nassau-Idsteiner Superintendenten Johann Christian → Lange (1669–1756), eine Liedersammlung u. drei Gebetbücher. – Oberhofmeisterin, Verf. u. Hg. geistl. Texte.

Schriften: Geistliche Lieder über die 7 Blutvergießungen Jesu, Ansbach 1696 (^{2}1730); Gebet in dem zu Oettingen errichteten Wittwenhaus täglich zu sprechen, ebd. 1716; Gebete im Wittwenhaus zu Ansbach täglich zu sprechen, ebd. 1727; Andächtige Gebete und Litaneyen auf alle Wochentage eingerichtet, ebd. 1728.

Herausgaben: Geistliche Blumen-Sammlung von einer christlichen Standesperson aus sehr vielen gehaltenen Predigten auf die Sonn-, Fest- und Feyertage zusammengelesen, mit einer Vorrede der Verfasserin und Vorbericht Dr. J. C. Langs, Naussau-Idsteinischen Superintendents, Idstein 1721.

Literatur: J. A. VOCKE, Geburts- u. Todten-Almanach Ansbachischer Gelehrten, Schriftst. u. Künstler, oder: Anzeige jeden Jahrs, Monats u. Tags, an welchem jeder derselben geboren wurde, u. starb, nebst ihrer kurz zus.gedrängten Lebens-Gesch. u. dem Verz. ihrer Schrift. u. Kunstwerke, Tl. 1, 1796, 370 f.; E. F. C. OERTEL, Georg Ludwig Oeder, der erste Rektor bei der Einweihung des neuen Gymnasiums in Ansbach […], nebst einer Chron. der Stadt Ansbach wie sie war u. ist. Ein unterhaltendes Denkbuch für Ansbach, 1837, 49; F. BEYERLEIN, Frau Maria Barbara von Neuhausen u. ihre Witwenhäuser (in: Ansbacher Heimatbl. 4) 1928, Nr. 10; H. AMMON, Die Stifterin des Waisenhauses (in: Gemeindebrief Ansbach) November 1971 – Januar 1972, 4 f.; K. DUMRATH, Das Evang. Waisenhaus in Oettingen. Ein Werk pietist. Frömmigkeit (in: Jb. für Fränk. Landesfor. 34/35) 1975, 537–563; F. W. KANTZENBACH, Der Pietismus in Ansbach u. im fränk. Umland (in: Der Pietismus in Gestalten u. Wirkungen. Martin Schmidt zum 65. Geburtstag, hg. H. BORNKAMM u. a.) 1975, 286–299, hier 290; H. WEIGELT, Gesch. des Pietismus in Bayern. Anfänge, Entwicklung, Bedeutung, 2001, 365; CH. SCHMITT-MAASS, Fénelons «Télémaque» in der dt.sprachigen Aufklärung (1700–1832). 2018, 165 f. MMÜ

Neuhaus, Nele (eig. Cornelia N., geb. Löwenberg, Ps. Nele Löwenberg), * 20.6.1967 Münster/Westf.; Tochter des Politikers Bernward Löwenberg (* 1937), 1986 Abitur in Kelkheim (Ts.), Sekretärin, Stud. der Rechtswiss., Germanistik u. Gesch. (ohne Abschluß), danach u. a. Mitarb. einer

Werbeagentur u. in der Fleischfabrik ihres damaligen Ehemanns, zuletzt freie Schriftst., gründete 2011 die Nele Neuhaus Stiftung (Kelkheim); lebt in Kelkheim; publizierte vor allem Kriminalrom. u. Jgdb.; als Krimi-Autorin zahlr. Bestseller. – Honya Taisho – Großer Preis der Buchhändler Japans in der Kategorie «Übersetzungen» bzw. «Internationale Lit.» (2013), MIMI Krimi-Publikumspreis des Dt. Buchhandels (2014). – Schriftstellerin.

Schriften: Unter Haien (Kriminalrom.) 2005 (2., überarb. Aufl. 2009); Eine unbeliebte Frau (Kriminalrom.) 2006 (überarb. Neuausg. 2009); Das Pferd aus Frankreich. Eine Pferdegeschichte, 2007; Mordsfreunde (Kriminalrom.) 2007 (überarb. Neuausg. 2009); Tiefe Wunden (Kriminalrom.) 2009; Schneewittchen muss sterben (Kriminalrom.) 2010; Wer Wind sät (Kriminalrom.) 2011; Elena. Ein Leben für Pferde (Jgdb.) 7 Bde., 2011–19; Charlottes Traumpferd (Jgdb.) 6 Bde., 2012–18; Böser Wolf (Kriminalrom.) 2012; Charlottes Traumpferd: Mein Pferde-Tagebuch (Jgdb.) 2013; Die Lebenden und die Toten (Kriminalrom.) 2014; Sommer der Wahrheit (Rom.) 2014; Straße nach Nirgendwo (Rom.) 2015; Im Wald (Kriminalrom.) 2016; Muttertag (Kriminalrom.) 2018; Zeiten des Sturms (Rom.) 2020.

Literatur: A. Ciechomska, Wahnsinn kann tödl. sein. Darst. des Irrsinns in den Kriminalrom. von ~ (in: Formen der Zeit u. des Wahnsinns in Lit. u. Kunst, Red. A. Pogoda-Kołodziejak, R. Małecki) Siedlce 2014, 113–118; O. Mayer, Popular German Crime Fiction: ~ and her Bestselling Novels (in: Studies in Foreign Languages & Literature. 50) 2017, 45–60; K. Seibert, Schöner Ort – schöner Mord? Die Region als konstitutives Element im aktuellen dt.sprachigen Regionalkrimi, 2018, 249–290. MM

Neumann, Käte, * 3.8.1923 Chemnitz; Schulbesuche in Chemnitz u. Dresden, Ausbildung zur Buchhändlerin, ab 1946 Besuch der Volksbüchereischule in Leipzig, 1947 Examen, dann Bibliothekarin in Dresden u. ab 1949 in Dippoldiswalde, leitete ab 1951 eine Stadtteilbibl. in Dresden, war ab 1959 bei den dortigen Staatl. Kunstslg. beschäftigt, leitete ab 1962 die Kunstbibl. in Dresden, daneben ab 1971 Fernstud. der Bibliothekswiss. an der HU Berlin, 1975 Diplom-Abschluß, ab 1989 im Ruhestand, war ab 1998 Red. der Zs. «Radebeuler Mosaik»; lebt seit 1945 in Radebeul; verfaßte u. a. Erinn., Erlebnisber., Erz., Lyrik sowie bibliogr. u. buchwiss. Arbeiten; Veröff. u. a. in «Der Bibliothekar» (Leipzig), «Dresdener Kunstbl.», «Mitt. des Landesver. Sächs. Heimatschutz» (Dresden) u. «Jb. der Staatl. Kunstslg. Dresden»; Bekanntschaft mit dem Maler Curt Querner (1904–1976). – Bibliothekarin, Red., Schriftstellerin.

Schriften: Bibliographie der Staatlichen Kunstsammlungen Dresden, 1976 (Sonderdr.); Hans Meid und das Theater, 1977 (Sonderdr.); Illustrationen und Buchausstattungen von Hans Meid, 1984 (Sonderdr.); Werkverzeichnis Curt Querner. Gemälde, Aquarelle, Zeichnungen, Skizzenbücher (mit C. Dittrich) 1984; Bibliographie der Staatlichen Kunstsammlungen Dresden 1981 bis 1985, 1987 (Sonderdr.); Bibliographie der Veröffentlichungen von Dr. h.c. Hellmuth Heinz von 1924 bis 1989, 1991; Von Katzen und anderen Naturwundern (Erz. u. Ged., Illustr. v. H. Hille) 2003; Zwischen Trollstigen und Abu Simbel (Erlebnisber.) 2006; Ein Blick ins Buch und zwei ins Leben das wir die rechte Form dem Geiste geben. Erinnerungen einer Bibliothekarin, 2010; Radebeuler Spaziergänge (Ortsführer) 2015.

Vorlaß: SLUB Dresden (Briefwechsel).

Literatur: Erinn.bibl. DDR (hg. Erinn.bibl. DDR e. V.) o. J., www.erinnerungsbibliothek-ddr.de. MM

Neumann, Oliver → Bottini, Oliver.

Neumann, Sabine, * 25.7.1961 Regensburg; studierte Philos., Germanistik u. Sprachwiss. in Regensburg, 1982/83 in Venedig u. 1984–88 in Berlin, Magister-Abschluß, war als Lehrerin u. a. an der TU Helsinki tätig, auch Arbeit als Dolmetscherin u. Doz. für Kreatives Schreiben; lebt in Berlin u. Malmö; publizierte Erz. sowie engl.-dt., schwed.-dt. u. ital.-dt. Übers.; Veröff. u. a. in NDL, LuK u. «Am Erker. Zs. für Lit.» (Münster). – (Neben weiteren Auszeichnungen) Autorenstipendium des Berliner Senats (1996), Arbeitsstipendium der Senatskulturverwaltung Berlin (2004). – Pädagogin, Schriftst., Übersetzerin.

Schriften: Streit (Erz.) 2000; Das Mädchen Franz (Erz.) 2003.

Übersetzungen: A. Swärd, Polarsommer, 2005; L. Lotass, Dritte Fluggeschwindigkeit, 2006; A. Swärd, Bis zum letzten Atemzug, 2011; S. Alakowski, Bessere Zeiten, 2011; I. Avalli, Die Ungetreue, 2016; J. Nevelius, Vaken vila. Ein Weg zu entspannter Präsenz, 2017; C. Eden, Twisted. Riskante Wahrheit, 2017; dies., Torn. Spiel mit dem Feuer, 2017; dies., Shattered. Dunkle Vergangenheit, 2017; dies., Bound. Tödliche Erinnerung, 2017; dies., Wrecked. Mörderische Spuren, 2018; dies., Taken. Eiskalte Jagd, 2018; E. L. Todd, Dark escort: Tyler, 2018; A. Andrews, Playing by her rules, 2018; M. Wild, Verlangen (mit N. Restemeier) 2018; K. Evans, Mr. President. Liebe ist alles (mit N. Restemeier) 2018; A. Andrews, Playing the game, 2019; dies., Playing it cool, 2019; A. Martin, Most wanted billionaire (mit N. Restemeier) 2019; M. Dawson, Liebeszauber für Anfänger, 2020; dies., Liebesglück auf Umwegen, 2021.

Literatur: A. Heckmann, Perfektes Debüt (in: Am Erker. Zs. für Lit. 23) 2000, H. 40, 90 f.; C. Wittrock, Aufdringliche Reflexionen des Scheiterns (in: Stint. Zs. für Lit. 15) 2001, H. 29, 137; A. Heckmann, Der unendl. Mangel an Sein (in: Am Erker. Zs. für Lit. 26) 2003/04, H. 46, 82; U. Schnaas, Der lit. Entwurf weibl. Adoleszens in Karen Duves ‹Dies ist kein Liebeslied› u. ~s ‹Das Mädchen Franz› (in: Moderna språk. Riksföreningen för Lärarna i Moderna Språk 98) 2004, H. 1, 36–46.　　　　　　　　　　　　　　MM

Neumann, Simone (eig. S. Bahmann), * 8.5.1977 Höxter; Abitur in Höxter, 1996–2002 Stud. der Gesch. u. Slavistik in Köln, 2002–04 Lektorin in München, dann freie Red. u. Autorin; lebt in München; publizierte hist. Rom. u. Geschenkbücher. – Lektorin, Red., Schriftstellerin.

Schriften: Zärtliche Worte. Weisheiten der Liebe (Geschenkbuch, Red.) 2003; Tiefe Gefühle. Gedanken zur Freundschaft (Geschenkbuch, Red.) 2003; H. Walch, Laß die Sonne in Dein Herz (Geschenkbuch, Red., mit S. Kords, Fotos v. A. Cowin) 2003; Innere Ruhe. Quelle der Lebenskunst (Geschenkbuch, Red.) 2003; Einfach glücklich (Geschenkbuch, Red., Fotos v. S. Engels) 2003; 1001 Nacht. Weisheiten aus dem Orient (Geschenkbuch, Red.) 2003; Wundervolle Weihnachtszeit (Geschenkbuch, Text u. Red.) 2004; Weinlese. Ein Buch für Genießer (Geschenkbuch, Text u. Red.) 2004; Was ich dir zu Weihnachten wünsche (Geschenkbuch, Red. F. Spieth, Fotos v. H. Hirz) 2004; K. u. V. Wybranietz, Von Herzen gute Besserung (Geschenkbuch, Red.) 2004; dies., Kopf hoch! (Geschenkbuch, Red.) 2004; Vielen Dank (Geschenkbuch, Red.) 2004; Viel Glück (Geschenkbuch, Red.) 2004; Engelsfreuden (Geschenkbuch, Red.) 2004; Ich wünsche dir von ganzem Herzen... (Geschenkbuch, Text u. Red., Fotos v. H. Hirz) 2004; Glücksbotschaften guter Wünsche (Geschenkbuch, Red. F. Spieth, Fotos v. R. Gallina) 2004; Glücksbotschaften der Liebe (Geschenkbuch, Red. F. Spieth, Fotos v. R. Gallina) 2004; Glücksbotschaften der Genesung (Geschenkbuch, Red. F. Spieth, Fotos v. R. Gallina) 2004; Glücksbotschaften der Freude (Geschenkbuch, Red. F. Spieth, Fotos v. R. Gallina) 2004; Aus Liebe (Geschenkbuch, Red.) 2004; 1. Hilfe bei Liebeskummer (Geschenkbuch, Text: S. N., Red. u. Illustr. F. Spieth) 2004; Alles Gute (Geschenkbuch, Red.) 2004; Teddybären zum Liebhaben (Geschenkbuch, Red.) 2004; Momente der Zärtlichkeit (Geschenkbuch, Red.) 2004; Momente der Liebe (Geschenkbuch, Red.) 2004; Momente der Leidenschaft (Geschenkbuch, Red.) 2004; Viele liebe Wünsche zum 50. Geburtstag (Geschenkbuch) 2005; Viele liebe Wünsche zum 60. Geburtstag (Geschenkbuch, Fotos v. R. Gerth u. a.) 2005; Viele liebe Wünsche zum 70. Geburtstag (Geschenkbuch, Fotos v. dems. u. a.) 2005; Viele liebe Wünsche zum 80. Geburtstag (Geschenkbuch) 2005; Viele gute Wünsche zu Weihnachten (Geschenkbuch, Fotos v. H. Hirz) 2005; Das Leben – ein Fest (Geschenkbuch) 2005; Viele gute Wünsche für meine liebe Mutter (Geschenkbuch, Fotos v. H. Hirz) 2006; Mensch ärgere dich nicht. Spielend leicht durchs Leben (Geschenkbuch, Text: S. N., Illustr. v. P. Schmidt u. Elektrolyten) 2006; Ich schenk dir mein Herz! (Geschenkbuch, Text v. ~, Illustr. v. P. Schmidt) 2006; Viele gute Wünsche zum Geburtstag (Geschenkbuch, Fotos v. H. Hirz) 2007; Viele gute Wünsche von ganzem Herzen! (Geschenkbuch, Fotos v. dems.) 2007; Träume unter freiem Himmel! (Geschenkbuch) 2007; Sei lieb umarmt! (Geschenkbuch) 2007; Genieße den Tag! (Geschenkbuch, Text: S. N., Gestaltung v. E. Schindler) 2007; Ein Blumenmeer für dich! (Geschenkbuch, Text: S. N., Gestaltung v. E. Schindler) 2007; Alles Gute zum Geburtstag! (Geschenkbuch) 2007; Zu Hause ist's am schönsten (Geschenkbuch) 2008; Zeit der Liebe (Geschenkbuch, Fotos v. H. Hirz) 2008; Von Träumen und Zielen (Geschenkbuch) 2008; Viele liebe Wünsche zum 65. Geburtstag (Geschenkbuch, Fotos v. H. Hirz) 2008; Viele liebe Wünsche zum 75. Geburtstag (Geschenkbuch, Fotos v. dems.) 2008; Von der Schönheit der Natur (Geschenkbuch, Red.,

Illustr. v. E. Schindler) 2009; Viele gute Wünsche von Herzen (Geschenkbuch, Fotos v. S.-V. Müller) 2009; Viel Glück und alles Liebe (Geschenkbuch, Fotos v. H. Hirz) 2009; Für meine liebe Freundin (Geschenkbuch, Fotos v. dems.) 2009; Für die beste Mutter (Geschenkbuch, Fotos v. dems.) 2009; Ein Dankeschön von Herzen (Geschenkbuch, Fotos v. dems.) 2009; Des Teufels Sanduhr (hist. Rom.) 2009; Viele gute Wünsche zur Weihnachtszeit (Geschenkbuch, Fotos v. dems.) 2010; Die Schlüsselträgerin (hist. Rom.) 2010; Das Geheimnis der Magd (hist. Rom.) 2012; Die Flucht der Gauklerin (hist. Rom.) 2013. MM

Neumayer, Gabi (Ps. Bato), * 22.10.1962 Hilden; Stud. der Sprachwiss. in Köln, 1991 Abschluß als Magister, Tätigkeiten als Zs.-Red., Autorin u. Lektorin, zuletzt auch Mithg. von «autorenforum.de» u. Chefred. des dazugehörigen Newsletters «The Tempest», Mitgl. im «Syndikat»; lebt in Bergheim (Rhein-Erft-Kr.); verfaßte vor allem Kdb. (darunter auch Rom. u. Sachbücher), zudem Zukunftsrom., Krimis u. Ratgeber. – Journalistin, Lektorin, Schriftstellerin.

Schriften: Fred und Marie (Kdb., Illustr. v. W. Gebhard) 1998; Im Gemüseschungel (Kdb., Illustr. v. V. Beyer) 1999; The cursed bakery (Kdb.) 2000 (dt. u. engl.); Viele Grüße, dein Löwe (Kdb., mit E. Conti) 2002; Schulgeschichten (Kdb., Illustr. v. V. Döring) 2003; English at work. Business English erfolgreich einsetzen und Fehler vermeiden, 2003; Die professionelle Überarbeitung (hg. Storials) 2003; Das Gänseblumchen Fredericke. Eine Geschichte zum Vorlesen und Ausmalen für Groß- und Klein (Bearb., Illustr. v. M. Netten, E. Rossaint) 2003; Und wann schläfst du? (Kdb., Illustr. v. W. Gebhard) 2004; Nikolausgeschichten (Kdb., Illustr. v. J. Möhring) 2004; Ritterburggeschichten (Kdb., Illustr. v. dems.) 2004; Fantasygeschichten (Kdb., mit M. Borlik) 2004; Piratengeschichten (Kdb., Illustr. v. M. Kohl) 2005; Delfingeschichten (Kdb., Illustr. v. S. Hollstein) 2005; Piratengeschichten (Kdb., Illustr. v. A. Fischer-Bick) 2006; Hexengeschichten (Kdb., Illustr. v. P. Theissen) 2006; Dinosauriergeschichten (Kdb., Illustr. v. S. Coenen) 2006; Die Spur führt zum Fußballplatz (Kdb., Illustr. v. M. Tophoven) 2006; Daphne und die Schafe (Kdb., Illustr. v. D. Desmarowitz) 2006; Tim bei der Feuerwehr (Kdb., Illustr. v. G. Dürr) 2007; Prinzessinnengeschichten (Kdb., Illustr. v. J. Katzenberger) 2007; Paul, der Polizist (Kdb., Illustr. v. G. Apel) 2007; Gespenstergeschichten (Kdb., Illustr. v. E. Spanjardt) 2007; Dinosaurier (Kdb., Red. K. Baege, Illustr. v. E. Ferrero u. C. Wagner) 2007; Die Nacht im Zoo (Kdb., Illustr. v. V. Fredrich) 2007; Die Schatzsuche im Wald (Kdb., Illustr. v. dems.) 2008; Fußball (Kdb., Red. A. Reiter, Illustr. v. W. Gebhard) 2008; Feengeschichten (Kdb., Illustr. v. P. Theissen) 2008; Der geklaute Campingplatz (Kdb., Illustr. v. V. Fredrich) 2009; Tiere aus aller Welt (Kdb., Red. A. Weiss, Illustr. v. J. Brandstetter) 2010; Berühmte Entdecker (Kdb., Red. A. Weiss, Illustr. v. G. Jakobs) 2010; Dinosaurier (Kdb., Illustr. v. P. Pfeiffer) 2011; Als die Welt zum Stillstand kam (Zukunftsrom.) 2012; Undercover City: Der Unsichtbare im Wald (Kdb., Illustr. v. S. Meyer) 2013; Undercover City: Ein geheimnisvolles Spiel (Kdb., Illustr. v. dems.) 2013; Blame it on the vampire! (Kdb.) 2014 (engl. u. dt.); The wrong horse (Kdb.) 2014 (engl. u. dt.); The mystery of Brightwood Castle (Kdb.) 2014 (engl. u. dt.); The lost vampire (Kdb.) 2014 (engl. u. dt.); Holidays with vampires (Kdb.) 2014 (engl. u. dt.); Der verflixte Fluch des Kraken (Kdb.-Rom., Illustr. v. A. v. Knorre) 2015; Der Schatz des listigen Lars (Kdb.-Rom., Illustr. v. dems.) 2015; Der Fall des Seifenkönigs (Kdb., Illustr. v. dems.) 2016; Der Fall der verschwundenen Nashörner (Kdb., Illustr. v. dems.) 2016; Umwelt und Energie (Kdb., Illustr. v. I. Dollinger) 2019; Die dunkle Seite des Dackels. Ein Krimi mit Hund und Herz, 2020; Berühmte Entdecker (Kdb., Illustr. v. G. Jakobs) 2020. (Ferner Slg. von Musterbriefen u. Bewerbungsschreiben sowie Ratgeber über Rechtschreibung.)

Literatur: Lex. der dt.sprachigen Krimiautoren (Red. A. Jockers, R. Jahn) ²2005, 206. MM

Neumeister, Siegfried (auch Sigfried; Siegefridus, Sigefridus, Sigfridus Neumeisterus), * 1584 (1572?) Reichenbach (Vogtl.), † begraben 28.3.1626 Reichenbach; Olischer (Lit.), 1729, nennt als Geb.-Dat. den 1.2.1572, Grünberg gibt im ‹Sächs. Pfarrerbuch› (Lit.) zwei Geb.-Jahre an; Sohn des Reichenbacher Schulmeisters (1568), Diakons (1572) u. Pfarrers (1585) Heinrich N. (1542–1614); Schulbesuch in Zwickau, Stud. in Leipzig (immatrik. im Sommer 1600, Eidesleistung erst im Rektorat von Johannes → Friderich, im Sommer 1604; N. scheint also 1600 noch unmündig gewesen zu sein, was für das Geb.-Jahr 1584 spricht); dort am

28.10.1604 Bakkalaureus und am 24.1.1605 Magister artium; Theol.stud. in Rostock (immatrik. im Juli 1606), im Sommer Rezeption in die Philos. Fak. u. Lehrtätigkeit; am 15.7.1607 Heirat mit Anna, der Tochter des Rostocker Präfekten Peter Mentz; um 1611 Pfarrer im mecklenburg. Teterow (nicht Treptow), resigniert 1612; 1614, als Nachfolger seines Vaters, Pfarrer in Reichenbach u. Adjunkt der Ephorie (d. i. Superintendentur) Plauen; am 23.9.1624 erwarb N. in Leipzig das theolog. Bakkalaureat; vorher, zu einem unbekannten Zeitpunkt, muß er zum Dichter gekrönt worden sein. – Luth. Pfarrer, Privatdoz., Dichter.

Schriften: Epigramma. Quis Papa, quis Monachus, vittatus quisve Suita [...]. M. Sigefridus M. Henr. fil: Neumeister, Reichenbach: Variscus (in: H. NEUMEISTER, Der päpstische BettlerMantel/ das ist: GegenBeweiß/ auff Georg Scherers Anno 1590. in Wien publicireten lutherischen BettlersMantel. Darinnen [...] mit dem einigen Articul de Justificatione beweiset wird/ welchs Theil denselben geflickten BettlerMantel/ davon Scherer redet/ trage/ die Bäpstler/ oder Lutheraner? [...] Vor 15. Jahren/ ohne des Autoris wissen zu Regensburg gedruckt/ jetzo aber mit verwilligung des Autoris [...] uffs newe auffgeleget) 1606, 8; Exercitationum ethicarum privatarum [...] [1–14], 1606/07 (vollst. Ex.: Kungliga biblioteket Stockholm); daraus: Exercitationum ethicarum privatarum septimum de justitia, jure et aequitate [...], S. N. (Präs.), N. BARNEKE (Resp.), 1607; Exercitationum ethicarum privatarum, ἀγώνισμα undecimum, de continentia et tolerantia [...] in alma Rosarum academia [...] ad 15. Calend. Aprilis [...], S. N. (Präs.), J. BOLTENIUS (Resp.), 1607; Genethliacum, quod puerulo suaviβimo recens nato Johanni, nec non optimis ejus parentibus [...] Henrico Stallmeistero, i. u. doctori et reipub. Rostochiensis consuli vigilantissimo, heroi ex familia ordinis patricij et consularis Padebornae oriundo, studiorum et studia honesta sectantium mecoenati et fautori maxumo, et conjugi [...] Margarithae [...] Bartholomaei Clingii j. u. doctoris et prof. p. in inclyta acad. Rostochiana celeberrimi, et illustriss. duc. Megap. consiliarij probatissimi filiae ob suaviβimum ex suaviβimo conjugio filiolum die 25. Martij anni 1607. susceptum primogenitum ex intimis animi visceribus syggairon accantat M. Sigefridus Neumeister [..]., 1607; Chorea panegyrica, in honorem et devotam gratulationem, magnificis, spectatissimis, consilii et prudentiae gravitate, doctrinaque viris clarissimis, inclitae facultatis juridicae in academia Rostochiensi professoribus celeberrimis, ad 6. Id. Aprilis anno 1607 feliciter congregatis effusa a M. Sigefrido Neumeistero Reichenb. Varisco, ss. theol. stud., 1607; Tripudium academicum, Apollinis chorique musarum Charidum et Nereidum incolentium, in gratiam [...] Bartholomaeo Clingio, j. u. d. et professori publico, et illustriss. Megapolitanorum principi a consilijs spectatissimo, cum inclytae academiae Rostochiensis rector magnificus quinta vice declararetur, prid. Calend. Maij, anno 1607 decantatum a M. Sigefrido Neumeistero, Reichenbachio Varisco, ss. theol. stud., 1607; Quis tibi Cunradine canet praeconia laudum [...] (Lobged.) (in: H. CONRADIN, Poemata antea nunquam in lucem edita) 1607, (:)7^{r-v}; Illustrissimo et celsissimo principi ac domino dn. Philippo II. duci Stetinensi [...] homagium suscipienti, 1608 (Einblattdr.); Ad Rever. Dn. Autorem amicum singularem. Hactenus ut viva monstrasti Pascha voce [...] (Widmungsged. [Epigramm]) (in: T. TILANDER, ΠΟΙΜΕΝΟΠΙΣΤΙΑ archipastoris Jesu Christi. Hirtentrew des Ertzhirten Jesu Christi. Das ist Erklerung [...] des 23. Psalms/ [...] Davids/ [...] bey dem Begrebniß des edlen [...] Heinrich Fineken, Erbsessen zu Cassow etc. welcher den 21. Maij [...] entschlaffen/ folgends aber den 15 Junij [...] 1607. [...] bestattet worden [...]) 1608, A1^v (wieder 1626); Epithalamium (in: Epithalamia in amorem conjugalem reverendi et doctissimi viri dn. Johannis Corfinii, verbi divini apud Rostochiensis in aede Jacobaea ministri sponsi et [...] virginis Elisabethae celeberrimi illius theologi dn. D. Simonis Paulli [...]) 1608; Epigramma ad litigatores, etc. Non dubium est, Syriae praefectus Caesare missus [...] F. M. Sigefridi Neumeisteri Varisci Poetae (in: J. JUNGCLAUS, Decisio seu juris conclusio. De illustri et in praxi quotidie occurente quaestione: utrum a puncto spolij, et spolij attentati appellare liceat, et, si appellatum sit, an appellatio a judice appellationis ad latiores processus sit admittenda [...]) 1609, I3^r; Kinder Postill, das ist, kurtze Argumenta, Summarien und Innhalt der vornembsten Lehren aller Evangelien uber die Sontag und Feste [...] in kurtzen (und leichten) lateinischen Epigrammatibus und deutschen Reimen [...] Jetzo uffs new ubersehen (Vorr. J. COLER) 1611 (Ex. 1: Kriegsverlust); Threnologia das ist/ ein hertzliches Klag und Trostliedt/ uber und wegen den tödlichen und uberzeitligen abgang/ des jungen Herrlein und Erben zu Meckelnburgk Hertzog Johan Christophers, des durchleuchtigen hochgebornen Fürsten und Herren/ Herrn Hans Albrecht/ Hertzogen zu Meckelnburg/ Fürsten zu Wenden/ Graffen zu Schwerin/ der Lande Rostog und Stargard Herrn/ unsers gn. F. u. H. und I. F. G. hertzliebsten Gemahlin der durchleuchtigen hochgebornen Fürstin und Frawen/ Frawen Margretha Elisabeth/ gebohrnen und velmehlten Hertzogin zu Meckelnburg/ Fürstin zu Wenden/ Gräffin zu Schwerin/ [...] unser gn. F. u. F. als II. FF. GG. vielgeliebten und gewünschten Söhnleins/ welches den 22. Decemb. Anno 1611. [...] mit grosser frewde II. FF. GG. und des gantzen Landes gebohren/ aber den 21. Martij Anno 1612. [...] mit grosser hertzlicher beküммerniß II. FF: GG. und des gantzen Landes/ in der zartesten blüht seiner Jugend verblichen/ und im Herrn entschlafen ist. II. FF. GG. zu trost und linderung ihrer trawrigkeit gestellet durch M. Siegfried Neumeistern Voigtlendern von Reichenbach/ der gemeine Christi zu Tetrow in Meckelnb: Pastorem, 1612; Sacrarum nuptiarum benedictarumque primarum Adami Evaeque prostyposis in honorem [...] felicemque gratulationem [...] Nicolao Hahn, in Basedow/ Pletsch et Pandorff haereditario sponso, cum [...] Adelheide Preens [...] Nicolai Preens/ in Wolde etc. haereditarii, filia relicta, sponsa. die 16. Januarii anno 1614. matrimonium feliciter ineunti a M. Sigefrido Neumeistero [...] ecclesiae Tetrovianae [...] pastore, carmine heroico instituta, 1614; Ad Clarißimum et Reverendum Dn. Jacobum Colerum Graezensem SS. Theol. Doctorem et Superintendentem Gustroviensem Mechelburgiorum Generalem, patronum et Sympatriotam suum maxime colendem. Idillion. M. Sigefridi Neumeisteri [...] SS. Theol. Stud. Decanatum Anno Christi 1606. Ingenium, dotesque tuae si dicere mentis [...] (in: J. HILDEBRAND, ΤΥΜΒΟΛΟΓΙΑ oder christliche LeichPredigt bey dem Begräbnis des [...] Jacobi Coleri der H. Schrifft Doctorn/ und fürstlichen mecklenburgischen Superintendenten [...], gehalten im Thumb zu Güstrow [...]/ 1612. 13. Martij) 1615, D4^v–E3^v; Quid faciam? de me, Matthia, carmina poscis [...] (Epithalamium) (in: Ευφημίαι γαμικαὶ sive faustae ac votivae acclamationes ad [...] νεογάμων [...] viri iuvenis dn. Matthiae Ditschii, cantoris Reichenbachensis sponsi nec non [...] virginis Mariae, [...] Iohannis Purgolti p. m. relictae filiae, sponsae, [...] Reichenbachij nuptias celebrantium 31. Augusti [...] M DC XIX. confectae et dedicatae a fautoribus, collega, consanguineis et amicis) 1619, A1^v; Christliche Vorwehr und Warnung wider calvinischen Schwarm, Greuel, Gift, Irrthum und Lügen, 1621 (nach SCHMIDT [Lit.] 1656, u. Adelung [Lit.], 1816; nicht ermittelt); Conjuge nil apta, nil chara, suavius orbe [...] (Epicedium) (in: V. SCHMUCK, Leichpredigt/ uber den 27. Psalm: [...] beym Begräbnis der [...] Frawen Veronica, des [...] hochgelarten Herrn Heinrich Höpffners/ der h. Schrifft Doctorn und Professorn/ etc. bey der Universitet zu Leipzig/ ehelichen Haußfrawen. Welche den 27. Februarij des 1624. Jahrs [...] entschlaffen/ und den 1. Martij hernach [...] bestattet worden) 1624, G3^v–G4^r; Artis precatoriae ἐκτύπωμα In gratiam Domini Autoris hujus, carmine germanico adornatum [...]. Jambicum Dimetrum, Dicolon, Tetradecastrophon. [...] Kan auch gesungen werden/ Jm thon/ Nun frewet euch [...]. Weil unser Lebn in dieser zeit/ [...] (in: T. TILANDER, Güldene Betekunst/ das ist/ einfeltige Erklerung und Außlegung des Spruchs/ Psal. 50. v. 15. [...]. Darinnen die Adjacentia precationis unnd umbstende/ so zu einem gleubigen [...] Gebete gehörig/ [...] beschrieben werden. Allen Nothleidenden [...] erkläret [...]) 1626, J1^r–J4^v.

Bibliographie: VD17 (noch unvollst.; Personenidentität von Siegfried, Sigfried, Siegefridus, Sigefridus, Sigfridus N. größtenteils nicht erkannt).

Literatur: H. WITTE, Diarium biographicum [...], Danzig 1688, Y4^r; Zedler 24 (1740) 273; Jöcher 3 (1751) 886; Adelung 5 (1816) 585; 6 (1819) CCCVII (Zusätze [nicht in allen Ausg.]); Flood, Poets Laureate, Bd. 3, 2006, 1429 f. (unzulänglich u. fehlerhaft). – C. BECMANN, Carmina in honorem [...] virorum-juvenum numero XVIII: quibus in celeberrima academia Lipsensi [...] titulus et insignia magisterij conferebantur pridie conversionis Pauli anno Christi 1605. [...] prorectore [...] Michaele Wirthio [...]. Procancellario [...] Iohanne Neldelio [...]. Decano [...] Iohanne Albino [...] decantata [...], 1605, C2^v–C3^r: das Ged. auf N.: XVI. Sigefridus Neumeister Reichenbachensis. Vicisti tandem, nec iniquo marte labores [...]); Ευχαὶ γαμικαὶ festivitati nuptiarum humanißimi ac doctißimi viri dn. M. Sigefridi Neumeisteri [...] Henrici Neumeisteri, ecclesiae, quae Reichenbachij Variscorum est, pastoris, et dioeceseos Plaviensis adjuncti visitatoris industrij, filij, matrimonium ineuntis cum [...] Anna [...] Petri Mentzenii p. m. illustriss. principibus Megapol. agri Bollenhagen praefecti, filia relicta unica Rostochij die 15. Julij solenniter celebratarum, ab amicis concinnatae, 1607; Decanus senior et doctores collegii theologici. Quod de sacri ministerij functionibus apostolus pronunciat; indubitatus sermo [...]. Id quod etiam nunc factum est, quando in studio theologico petitores primi honorum gradus sese obtulerunt viri venerandi et doctissimi quinque, nimirum: dn. M. Sigefridus Neumeister, pastor in Reichenbach/ in patria et ephoriae Plaviensis adjunctus. M. Ananias Weber Lindenhanensis [...]. M. Gallus Schacherus Lipsensis [...]. M. Bartholomaeus Beck Döbelensis [...], et M. Bartholomaeus Majerus Regissehensis Tyrigeta. [...] promotionis ipsorum renunciationi publicae dicatus est dies XXIII, praesentis mensis, quo [...] ss. theologiae baccalaurei creabuntur [...]. P. P. Lipsiae, 19. Septembris. Anno 1624, 1624 (Einblattdr.); Laurea sancta sive theologica prima capiti reverendi, clariβimi, doctiβimi, humaniβimique viri, dn. M. Sigfridi Neumeisteri, pastoris patriae Reichenbacensis, ephorias Plaviensis adjuncti, et poetae caesarei, Lipsiae 23. Septemb. imposita. De qua gratulantur, confratres, collegae, compatres, affinis, cognati, concives, amici et discipuli, 1624; Laurea sancta sive theologica prima imposita capiti M. Sigfridi Neumeisteri, Reichenbachij Varisci, ecclesiae patriae pastoris, et ephoriae sive superintendentiae Plaviensis adjuncti, P. Caes. ab rev. inclyta et celeberrima facultate theologica, in illustri academia Lipsica, die 23. Septembr. anno 1624. cum intimatione sive programmate publico, oratiuncula publice habita. Gratulationes votivae, in honorem domino candidato acclamatae ab amicis, etc., 1624; T. SCHMIDT, Chronica Cyngnea, oder Beschreibung der sehr alten/ [...] Stadt Zwickau/ [...], 1656, 509 f.; J. B. OLISCHER, Entwurff einer Chronica der alten voigtländischen Stadt Reichenbach [...], 1729, 59–62 (zu Vater u. Sohn N.); Etwas von gelehrten Rostockschen Sachen, für gute Freunde; erstes Jahr, 1737, 476 f. (nach WITTE u. OLISCHER); [...] vierdtes Jahr, 1740, 117; K. G. DIETMANN, Die gesamte der ungeänderten Augsp. Confeβion zugethane Priesterschaft in dem Churfürstenthum Sachsen [...] bis auf das [...] 1752te Jahr, 1. Tl., 3. Bd., 1755, 632; J. B. KREY, Andenken an die Rostockschen Gelehrten aus den drei letzten Jh., 5. St., 1815, 19; G. BUCHWALD, Wittenberger Ordiniertenbuch, Bd. 2: 1560–1572, 1895, 168, Nr. 1167 (Vita von N.s Vater Heinrich bis 2.3.1572); A. H. KREYSSIG, Album der ev.-luth. Geistlichen im Königreiche Sachsen von der Reformationszeit bis zur Gegenwart (bearb. P. H. KREYSSIG, O. E. WILSDORF) ²1898, 526 f.; Sächsisches Pfarrerbuch. Die Parochien u. Pfarrer der ev.-luth. Landeskirche Sachsens (1539–1939) (bearb. R. GRÜNBERG), Tl. 1, 1939/40, 547 (Geb.-Dat.: 1572); Tl. 2/2, 1940, 645 (Geb.-Dat. 1584); G. WILLGEROTH, Die Mecklenburg-Schwerinschen Pfarren seit dem dreißigjährigen Kriege. Mit Anm. über die früheren Pastoren seit der Reformation, Bd. 1, 1924, 485; R. ROCHOLL, Gesch. der evang. Kirche in Dtl., 1897, 321; A.-K. KUPKE, Die Kirchen- u. Schulvisitationen im 17. Jh. auf dem Gebiet der evang.-luth. Landeskirche Sachsens. Mit einem Repertorium der Visitationsakten, 2010, 503.

RBS

Neundlinger, Elisabeth, * 21.6.1950 Wien, † 26.12.2018 Linz; Besuch des Gymnasiums in Linz, dort auch Ausbildung zur Lehrerin, danach als Heilpädagogin tätig, lebt in Linz; verfaßte Lyrik u. kurze Prosa. – Pädagogin, Schriftstellerin.

Schriften: Ich horche in die Stille. Gedichte im Jahreskreis, 2001; Libellenflug. Gedichte für Kinder und Junggebliebene (Ged., hg. W. MAXLMOSER) 2001; Begegnungen (Kurzprosa) 2002; Weil ich doch deine Freundin bin. Freundschafts- und Liebesgedichte (hg. W. MAXLMOSER) 2003; Märchen (hg. DERS.) 2005; Lass alles hinter dir (Ged., hg. DERS.) 2006.

MM

Neundlinger, Helmut, * 20.11.1973 Grieskirchen/Oberöst.; wuchs in Eferding/Oberöst. auf, 1992 Matura in Dachsberg (Gem. Prambachkirchen), 1992–98 Stud. der Philos. u. Germanistik in Wien, Diplom, dort 2008 Promotion zum Dr. phil. («Der Bote sucht nach Lebenszeichen. Hermes Phettbergs ‹Tagebuch des inneren Schreckens›»), danach u. a. Lektor, Journalist u. Germanist, war 2010–12 am Öst. Lit.arch. tätig, ab 2014 wiss. Mitarb. am Zentrum für museale Sammlungswiss. an der Donau-Univ. Krems, auch Auftritte als Musiker; lebt in Wien; publizierte vor allem Lyrik, Rom. u. germanist. Arbeiten (auch als Hg.), letztere u. a. über Ernst →Jandl, Christian →Loidl (1957–2001; ErgBd. V), Hermes →Phettberg (* 1952) u. Bruno →Weinhals (1954–2006); gab Werke seines Doktorvaters Wendelin →Schmidt-Dengler (1942–2008) heraus; Veröff. u. a. in LuK, «Wespennest. Zs. für brauchbare Texte» (Wien), «Die Rampe. Hefte für Lit.» (Linz) u. «Facetten. Lit. Jb. der Stadt Linz». – (Neben weiteren Auszeichnungen) u. a. Öst. Staatsstipendium für Lit.

(2012, 2014). – Germanist, Schriftst., Hg., Lektor, Journalist.

Schriften: ‹von einen sprachen›. Poetologische Untersuchungen zum Werk Ernst Jandls (mit M. Hammerschmid) 2008; Tagebuch des inneren Schreckens. Über Hermes Phettbergs ‹Predigtdienste›, 2009; Tagdunkel (Ged.) 2011; Die Gerüche des Meeres und der Eingeweide (Lyrik) 2017; Eins zwei Fittipaldi (Rom.) 2018; Die Kunst der Erschöpfung. Lesen und Schreiben mit Ernst Jandl & Co., 2018; Virusalem. Gesang aus dem Bauch des Wals (Ged.) 2020.

Herausgaben: Christian Loidl, 2002; Christian Loidl (1957–2001). Beiträge zu Leben und Werk des Dichters (mit L. Federmair) 2007; Marianne-Fritz-Archiv Wien. Eine Dokumentation (mit K. Kastberger) 2012 (mit 1 CD-ROM); W. Schmidt-Dengler, Hamlet oder Happel. Eine Passion, 2012; G. Schorsch, Leben tanzen (mit M. Mollner) 2013 (mit 1 DVD); Immer weiter (mit dems.) 2013; Bruno Weinhals. Sprachdenker & Geschichtensucher, 2 Bde., 2014; W. Schmidt-Dengler, ‹Das Unsagbare bleibt auch ungesagt›. Über Ilse Aichinger, Umberto Eco, Herta Müller u. a. Preisreden und Würdigungen, 2014; Einfache Frage: Was ist gute Literatur? Acht komplexe Korrespondenzen (mit Th. Eder u. a.) 2016; Thanksgiving für ein Habitat. W. H. Auden in Kirchstetten, 2018; Ich möchte noch einmal irgendwo fremd sein. Ilse Helbich. Schreiben im Gegenwartszustand (mit F. Suter) 2019; ‹Vorwärts, genossen, es geht überall zurück›. Karl Wiesinger (1923–1991). Begleitbuch zur Ausstellung im StifterHaus, Linz (mit G. Hofer) 2020.

Literatur: J. J. White, ‹von einen sprachen›. By Michael Hammerschmid and ~ (in: Words and music, hg. J. Beniston u. a.) Leeds 2010, 215–217; M. Schmitz-Emans, Michael Hammerschmidt ~, ‹von einen sprachen› (in: MAL 43) 2010, H. 2, 94–96; H. Gfrereis, Wer spricht in einer Lit.ausstellung? Überlegungen zum dialog. Möglichkeitsraum einer Gattung, angestoßen von ~ (in: Schauplatz Arch. Objekt – Narrativ – Performanz, hg. K. Kastberger u. a.) 2019, 31–40; Arch. der Öst. Gesellsch. für Lit. 2020, www.ogl.at/archiv/; Salzburger Lit.netz (Red. Ch. Gürtler u. a.) o. J., www.literaturnetz.at/salzburg/. MM

Neuner, Florian, * 29.4.1972 Wels/Oberöst.; Stud. der Germanistik u. Philos. in Salzburg, Wien, Frankfurt/M. u. ab 1995 in Berlin, Arbeit als Journalist, u. a. ab 1996 beim RBB; verantwortete 2000 eine Waltraud → Seidlhofer (* 1939) gewidmete Ausg. von «Die Rampe» (Linz), 2006 eine Ausg. der Zs. über Elfriede → Czurda (*1946) u. 2016 eine Ausg. über Christian → Steinbacher (*1960); war 2002–06 Mithg. von «Perspektive. Hefte für zeitgenöss. Lit.» (Graz u. a.) u. ab 2007 Mithg. von «Idiome. Hefte für neue Prosa» (Wien), zuletzt auch Red. von «Scheinschlag. Berliner Stadtztg.», Mitgl. von «MAERZ» (Linz); lebt in Berlin u. Wien; verfaßte u. a. Erz., Prosa, Ess. u. Lyrik; auch Hg., etwa von Werken Chris → Bezzels (1937–2015); trat neben lit. Arbeiten auch mit Texten zur Neuen Musik hervor; Veröff. u. a. in «Junge Welt» (Berlin), «Die Rampe», «Neue Zs. für Musik» (Mainz), «Lichtungen. Zs. für Lit., Kunst u. Zeitkritik» (Graz), «Wespennest. Zs. für brauchbare Texte» (Wien) u. «Facetten. Lit. Jb. der Stadt Linz». – (Neben weiteren Auszeichnungen) Arbeitsstipendium des Landes Oberöst. (2004, 2006, 2007, 2008, 2014, 2017), Adalbert-Stifter-Stipendium (2009), Alfred-Döblin-Stipendium (2010), Arbeitsstipendium des Öst. Bundesministeriums für Unterricht, Kunst u. Kultur (2012, 2013). – Journalist, Schriftst., Herausgeber.

Schriften: Und käme schwarzer Sturm gerauscht (Prosa, hg. Kulturamt der Stadt Linz) 2001; Jena Paradies (Prosa) 2004; China daily (Prosa) 2006; Zitat Ende (Prosa) 2007; Ruhrtext. Eine Revierlektüre (Prosa, Fotos v. J. Gruneberg) 2010; Satzteillager (Lyrik) 2011; Moor (oder Moos). Eine den Inseltexten vorgelagerte Textinsel (Prosa, Fotos v. dems.) 2013; Inseltexte (Prosa) 2014; Drei Tote (Prosa) 2017; Ramsch (Erz., Fotos v. dems.) 2019; ROST. Eine psychogeographische Expedition (Prosa) 2021.

Herausgaben: Josef Németh 1940–1998 (mit S. Neuner) 2000; Ruhrgebiet (mit T. Ernst) 2009; Das Schwarze sind die Buchstaben. Das Ruhrgebiet in der Gegenwartsliteratur (mit T. Ernst) 2010; H.-K. Metzger, Die freigelassene Musik. Schriften zu John Cage (mit R. Riehn) 2012; C. Bezzel, Isolde und Tristan (mit C. Steinbacher) 2012; C. Bezzel, Tagebuchtage, 2014; Der unfassbare Klang. Notationskonzepte heute (mit C. Herndler) 2014; C. Bezzel, namor, 2016; zeichen setzen für waltraud seidlhofer, 2019; Autorenmusik. Erkundungen im Zwischenreich von Sprache und Musik (mit H. Muenz) 2019 (mit 1 Audio-CD).

Vorlaß: UB Frankfurt/O.; DLA Marbach; Lit. arch. Sulzbach-Rosenberg.

Literatur: S. STEINBACHER, Zaungast. Begegnungen mit oberöst. Autorinnen u. Autoren, 2008, 88–100; T. ERNST, Von Hölderlin bis Porno. Der Autor ~ zw. prosaischer Sprachkunst, queeren Subkulturen u. lit.polit. Kämpfen (in: Blühende Nischen. Beitr. zur Popgesch., hg. M. BÜSSER u. a.) 2010, 174–181; J. HOLZNER, ~s Prosaprojekt ‹Ruhr.Text› (in: Die Rampe 1) 2010, 35; ‹Das Erleben von Lit. in Form zu gießen›. Benedikt Viertelhaus (‹Krit. Ausg.›) im Gespräch mit ~ (‹Idiome›), Jan Valk (Idiome›), Jan Valk (‹Sprachgebunden›), Marc Holzenbecher (‹Still›) u. Jörn Dege (‹Edit›, Leipzig) (in: Die Horen 58) 2013, H. 2, 275–296; C. STEINBACHER, ‹Ich wollte in offene Räume›. Ein Gespräch über Verknotungen, Regelverletzungen, Paraphrasen u. Gegen-Dichtungen (in: Die Rampe 3) 2016, 14–26; Lit.port Autorenlex. (Internet-Edition). MM

Newman, Mia → Popescu, Adriana.

Nguyen, Jenny-Mai → Nuyen, Jenny-Mai.

Nickel, Artur, * 15.2.1955 Marburg/Lahn; 1974 Abitur, Zivildienst, Stud. der Germanistik u. evang. Theol. in Tübingen, Staatsexamen, ab 1984 Lehrer, ab 1991 in Essen, 1993 Promotion zum Dr. phil. in Tübingen («Hans Werner Richter – Ziehvater der Gruppe 47. Eine Analyse im Spiegel ausgewählter Ztg.- u. Zss.artikel»), 2000 Gründer des «Essener Kulturgesprächs» u. 2003 der Essener Autorenschule, zudem Vorstandsmitgl. der Erich Kästner Gesellsch. (München), lebte ab 1986 in Bochum; publizierte vor allem Lyrik, Erz. u. germanist. Arbeiten (u. a. zu Hans Werner → Richter); daneben Hg. zahlr. Anthol. mit Texten von Kindern u. Jugendlichen sowie anderen Autoren. – Pädagoge, Schriftst., Herausgeber.

Schriften: Brückenspiele (Ged., Illustr. v. K. Flörsheim) 2008; Farbgespinste flussabwärts (Ged.) 2012; ruhreinwärts verdichtet (Ged., Illustr. v. S. Bloch) 2016; Im Spiegelschnitt (Ged.) 2020 (dt. u. russisch).

Herausgaben: Fremd und doch daheim?! Kinder und Jugendliche zwischen den Kulturen. Ein Lesebuch der Lernwelt Essen (mit F. KÖSTER) 2005; Dann kam ein neuer Morgen. Kinder und Jugendliche über ihre Zukunft zwischen den Kulturen. Ein Lesebuch der Lernwelt Essen (mit DERS.) 2006; Heute ist Zeit für deine Träume. Ein Lesebuch (mit A. KLINK) 2007; Es kann jeden treffen. Ein Lesebuch der Essener Autorenschule mit Hidir E. Çelik (mit L. VAN TREECK) 2007; Pfade ins Revier – Pfade im Revier. Ein Lesebuch (mit A. KLINK) 2008; Ruhrkulturen. Was ich dir aus meiner Welt erzählen möchte (mit DEMS.) 2009; Märchenhaftes zwischen Emscher und Ruhr. Kinder und Jugendliche erzählen (mit DEMS.) 2010; Zwischen meinen Welten unterwegs. Neues von Kindern und Jugendlichen aus dem Ruhrgebiet (mit DEMS.) 2011; Hallo, Moritz! Ja, anders in Essen, ja! Der verrückte Stadtführer (mit J. OLIVER, L. VAN TREECK) 2011; Wenn Wasser erzählt... Junge Texte aus dem Ruhrgebiet (mit A. KLINK) 2012; Wenn Erich Kästner Zeitgenossen trifft (mit M. NICOLAI) 2012; EinBlicke. Literarisch serviert von Essener Jugendlichen (mit L. VAN TREECK) 2013; Dann öffnete sich mir die Tür. Ein- und Ausblicke von Jugendlichen aus dem Ruhrgebiet (mit A. KLINK) 2013; Wie die Zeit vergeht. Kinder und Jugendliche aus dem Ruhrgebiet erzählen (mit DEMS.) 2014; Was mir Hoffnung macht! Kinder und Jugendliche aus dem Ruhrgebiet erzählen, 2015; ‹Ach, an den Schläfen blühn schon graue Haare›. 40 Jahre Erich-Kästner-Gesellschaft (mit P. BRONS, M. NICOLAI) 2015; Von Grenzen und Grenzverschiebungen. Kinder und Jugendliche aus dem Ruhrgebiet erzählen, 2016; Von Fluchten und Wiederfluchten. Eine Anthologie, 2017; Wer ich wo bin?! Kinder und Jugendliche aus dem Ruhrgebiet erzählen, 2017; Mapping Essen. Eindrücke, Gedanken, Sinnesreize, Poesie des Alltags (mit J. OLIVER, H. BRAUCKHOFF-ZAUM) 2018; Vom Glück und seinen Launen. Literarische Spurensuche mit Jugendlichen aus dem Ruhrgebiet, 2018; Ruhrpotterwege – kommst du mit? Jugendliche von der Ruhr laden dich ein (mit H. BRAUCKHOFF-ZAUM) 2019; Ich begann zu erzählen. Das Schreib- und Buchprojekt für junge Menschen zwischen 10 und 20 Jahren aus dem Ruhrgebiet, 2019; Kästneriaden zum 120. Geburtstag. Erich Kästner Jahrbuch 9 (mit P. BRONS, M. NICOLAI) 2019; Auf-BRUCH in meine Zukunft. Jugendliche aus dem Ruhrgebiet blicken nach vorn, 2020.

Vorlaß: DLA Marbach; StB München; Lit.arch. Sulzbach-Rosenberg (alle jeweils Briefwechsel).

Literatur: Lit.port Autorenlex.(Internet-Edition); Liton.NRW (Internet-Edition). MM

Niebla → Beilharz, Johannes.

Niederhäuser, Hans Peter, * 14.7.1955 Zürich; wuchs in Hauptwil auf, besuchte die Kantonsschulen St. Gallen u. Romanshorn, 1974 Matura, Stud. der Germanistik u. Theol. in Zürich, 1981 Abschluß als Lic. phil. u. 1982 als Diplom-Lehrer, war 1983–2018 Lehrer an der Kantonsschule in Frauenfeld (Kt. Thurgau), daneben Doz. in der Erwachsenenbildung (u. a. an der Volkshochschule Frauenfeld), ab 2013 auch Synodaler bei der evang. Landeskirche im Kt. Thurgau u. zuletzt Mitgl. des Synodalbüros, 2018 Promotion zum Dr. phil. in Zürich («Konfessioneller Krieg u. lit. Dialog. Die ‹Thurgauer Gespräche› zum Ersten Villmergerkrieg 1655/1656»); lebt in Weinfelden; publizierte u. a. Rom., Erz., Lyrik u. Sachbücher. – Pädagoge, Kirchenfunktionär, Schriftsteller.

Schriften: Ein-Satz-Geschichten (Erz., Illustr. v. C. Lippuner) 2005; Die Kantonsschule Frauenfeld und ihre Dichterinnen und Dichter. Eine Ausstellung der Klasse 3md, Herbstsemester 2008/09 (Betreuer) 2008; Das Christkind in der Gerümpelkammer und andere Christkindgeschichten, 2008; nicht überall wildfremde leute. alltagseinsätze (Illustr. v. B. Breuninger) 2010; Der Novemberschreiber (Rom.) 2011; Alltagsleichen (Krimis, hg. B. OETTERLI HOHLENBAUM) 2011; Smart reading. Schneller & genauer lesen (mit R. MANFERDINI) 2 Bde., 2013; Und dann gehen sie weiter. Einseitige Geschichten, 2013; Auf dem Pilgerweg (Meditationen, Illustr. v. P. Rottmeier) 2013; Schneller lesen. Vom auditiven Lesen zum visuellen Erkennen (mit R. MANFERDINI) 2 Bde., 2021.

Literatur: J. FÄH, Auf ein paar Wörter u. Striche zus.gezurrte Lebensgesch. (in: Orte. Eine Schweiz. Lit.zs. 34) 2012, H. 170, 49; Lit.port Autorenlex. (Internet-Edition). MM

Niederhauser, Trix, * 11.8.1969 Kernenried/Kt. Bern; Geschäftsführerin einer Buchhandlung in Burgdorf/Kt. Bern, auch musikal. Auftritte als Bandmitgl., lebt in Burgdorf; publizierte Rom. (u. a. Liebes- u. Kriminalromane). – Buchhändlerin, Erzählerin, Musikerin.

Schriften: Halt mich fest (Liebesrom.) 2006; Das Tantenerbe (Rom.) 2012; Denn vom Trauern kommt der Tod (Kriminalrom.) 2013; Die Liebsten (Kriminalrom.) 2015; Schwimmende Schmetterlinge (Rom.) 2018. MM

Niedermeier, Manuel, * 28.9.1984 Regensburg; Stud. der Germanistik u. Komparatistik in Regensburg u. Wien, Bühnentechniker am Gorki-Theater in Berlin, lebt in Berlin; u. a. Bay. Kunstförderpreis (2014); Veröff. in «Wienzeile. Supranationales Magazin für Lit., Kunst & Politik» (Wien). – Bühnentechniker, Schriftsteller.

Schriften: Durch frühen Morgennebel (Rom.) 2014.

Literatur: Lit.port Autorenlex. (Internet-Edition). MM

Nielsen, Jens, * 1966 Aarau; Industrie-Lehre, Matura, 1995–98 Schausp.-Ausbildung in Zürich, danach Schauspieler, Sprecher u. Spoken Word-Künstler, Lebensgefährte der Schauspielerin u. Schriftst. Aglaja → Veteranyi (1962–2002), mit der er 1996 die Theatergruppe «Engelmaschine» gründete, trat zudem u. a. mit Radio-Kolumnen hervor: 2007/08 «Der Taxifahrer» (SRF1) u. 2014–19 «Früh-Stück» (SRF2), war 2007–14 Hausautor der Theatergruppe «Trainingslager», zudem Auftritte mit dem «SEN-Trio»; lebt in Zürich; verfaßte u. a. Rom., Erz., Dramen, Hörsp. u. Lyrik; u. a. Veröff. in «Orte. Eine Schweiz. Lit.zs.» (Zürich), «Drehpunkt. Die Schweizerische Lit.zs.» (Basel) u. «Schweizerische Monatsh. Zs. für Politik, Wirtschaft, Kultur» (Zürich). – (Neben weiteren Auszeichnungen) Schweizerischer Lit.preis (2017). – Schauspieler, Schriftsteller.

Schriften: Max am Rand (Drama) 2003 (auch als Hörsp., 2003); Vom Himmel fallen oder von den Bäumen (Drama) 2005 (auch als Hörsp., 2005); Endidyll (Drama) 2007 (auch als Hörsp., 2007); Immer stimmt das dann plötzlich (Hörsp.) 2008; Die Uhr im Bauch (Hörsp.) 2008; Tag der Dachse (Drama) 2008; Der Vulkan. Stücke von Schlaflosigkeit (Drama) 2009; Alles wird wie niemand will (Erz.) 2009; Die Erbsenfrau (Drama) 2009; CASTING oder Wir können uns gerne Diezen (Hörsp.) 2009; 2010. Die Rückkehr der Bümpliz (Drama) 2010; Mupf & Söhne (Drama) 2010; Gras. Osten. Egal (Illustr. v. A. Gefe) 2011; Keine Aussicht auf ein gutes Ende (Drama) 2011 (auch als Hörsp., 2012); Das Ganze aber kürzer (Erz.) 2012; New Orleans (Drama) 2012; Mit den Waffen einer Maus (Hörsp.) 2012; Sicht ins Nichts (Drama) 2013; Mein Gewicht. Geschichten einer Schwerkraft (Drama) 2014; ... & Gloria (Drama) 2014; Frau Higgins. Anstelle von Erinnerung (Hörsp.) 2015;

Flusspferd im Frauenbad (Erz.) 2016; Lomonossow (Drama) 2017; Nicht Kohelet. Kein Prediger (Hörsp.) 2017; Ich und mein Plural. Bekenntnisse (Rom.) 2018; Sportler des Herzens (Drama) 2019; Winkelritt (Drama) 2021.

Literatur: CH. LINSMAYER, Veteranyi, Aglaja Monica Gina (in: NDB 26) 2016, 778 f.   MM

Niethammer, Gert Roman (eig. Gerhard Roman N., Ps. Roman Romanow), * 1935 Stuttgart; Sohn eines Künstlers, Ausbildung zum Drucker u. Schriftsetzer, Stud. der Kunst u. Psychologie mit Diplom-Abschluß, war danach u. a. leitender Mitarb. in Werbeagenturen, ab 2003 Honorarprof., Doz. u. freier Schriftst., zudem Arbeiten als Grafiker u. Illustrator, lebt in Hesedorf (Bremervörde); verfaßte vor allem Rom. (unveröff.) u. Erzählungen. – Werber, bildender Künstler, Schriftsteller.

Schriften: Als der Regenbogen das Land küßte (Erz.) 1996; Der gestohlene Engel (Erz.) 2000; Feuer unter der Haut. 10 erotische Träumereien, 2001; Knisternde Berührungen (erot. Erz.) 2003; Hallo Emma (Erz.) 2003; Warum Timm den Weihnachtsmann erschoss (Erz.) 2005; Zwischen Himmel und Erde (Erz.) 2006; Wingis Land und Ostetal (Bildbd., Fotos v. E. Knoll) [o. J.].   MM

Niger, Antonius (auch Spet, Spete, Speth, Mela, Melas, Mola; sehr selten: Nigrinus), * um 1500 Breslau, † 5.6.1555 Braunschweig; Stud. in Erfurt (immatrik. am/nach dem 2.5.1516: «Anthonius Spet Vratislaviensis»), wo er zum Kreis um → Eobanus Hessus gehörte; im Herbst 1518 Bakkalaureus artium; als Angehöriger resp. Stipendiat der schles. Bursa pauperum geriet er in Verdacht, eine gegen die päpstl. Bannbulle ‹Exsurge Domine› vom 15.6.1520 gerichtete Ankündigung (‹Intimatio›) an der Tür des Collegium maius angebracht zu haben; Anfang 1521 von der Fakultätsleitung nicht zum Magisterexamen zugelassen, hielt N. gleichwohl im Kloster der Augustinereremiten Vorlesungen; um 1517–21 zugleich Lehrer an der von Euricius → Cordus geleiteten Stiftsschule zu St. Maria in Erfurt; Erwerb des Magistergrades (BAUCH [Lit.] 1882, 189, vermutete in Wittenberg; dort jedoch kein Matrikeleintrag, nicht im Dekanatsbuch der Philos. Fak.); 1523, als Nachfolger von Ambrosius → Moibanus, Rektor der Pfarrschule bei St. Maria Magdalena in Breslau, dort Teilnahme an der Disputation (20.–23.4.1524) des Reformators der Stadt Johann → Heß in der Dorotheenkirche, zuständig für den griech. Text des NT; ausgestattet mit einem Dreijahresstipendium des Breslauer Rats (bewilligt am 18.10.1527) Medizinstud. in Wien (immatrik. im Sommer 1528: «Anthonius Mola de Vratislavia mag. Erfordiensis», Randnotiz: «poeta et medicus»; in der Matrikel der ungar. Nation: «Mag. Antonius Mela Wratislaviensis»); 1529 Poetiklehrer an dem vom Bischof Johann Lubrański geschaffenen Athenaeum in Posen (dazu JANOCKI [Lit.] 1776); 1533 Disputationstätigkeit in Leipzig (immatrik. im Winter 1532/33: «Anthonius Niger Vratißlaviensis»; späterer Zusatz [1554]: «Excellenti eruditione praeditus»; im Winter 1553 Erwähnung in den Akten der Medizin. Fak.); 1533–37 erster Prof. der Physik in Marburg (immatrik. im ersten Halbj. 1533); 1536 Promotion zum Dr. med. in Bologna ([nicht Padua] am 5.10.: «D. Antonius Mola Vratislaviensis in Med.»); 1537 Stadtarzt in Braunschweig (am 17.10.1541 Bestallung auf Lebenszeit), dort Heirat, zwei Söhne (vgl. NIGIDIUS [Lit.] 1591); neben der ärztl. Praxis unterrichtete N. zeitweilig (1546–48) Griechisch am durch den Superintendenten Nikolaus Medler u. ihn selbst im ehemaligen Franziskanerkloster errichteten Paedagogium publicum, an dem kurzzeitig auch Matthias → Flacius Illyricus lehrte. – Lehrer, Humanist, Physikprof., Stadtarzt, nlat. Dichter.

Schriften: Antonius Niger In Leum Qualicunque Leus nomen ratione paretur [...] (2 Distichen) / Antonius Niger Vratslaviensis In Leum Quis execrandum non Lei factum putet [...] (in: P. EBERBACH, In Eduardum Leeum quorundam e sodalitate literaria Erphurdien, Erasmici nominis studiosorum epigrammata, Ad lectorem Qui legis haec [...]) 1520, C3ʳ, C4ʳ; Ad Doctorem Hieronymum Hauser Antonij Melae Hendecasyllabi. Consultißime Iuris, et Patrone [...] (in: K. PEUTINGER, [hs.] Chunradus Peuthinerus, Iu, Con. Iuris erat quondam magnas componere lites [...] [2 Distichen; kein Titelbl.]), Wien 1529, B3ʳ; Antonii Melae Wratislaviensis Hendecasyllabi. Liber loquitur ad Lectorem. Iusti forma mihi deest libelli [...] (in: J. A. BRASSICANUS, Proverbiorum symmicta. Quibus adiecta sunt Pythagorae symbola. XVIII. et ipsa proverbialia, hactenus a paucis animadversa, recens autem ex Iamblicho Chalcidense philosopho graeco, latina facta simul et explicata), Wien 1529, 4 f.; Disputatio doctoris Wenceslai Bayer Cubitensis, de principatu cordis, habita Lipsiae, die septima Marcij, W. PAYER (Präs.), A. N. (Resp.), 1533 (Titelbl.ʳ: Cordato Lectori A: N: [...] [3 Distichen]); 2 Distichen (in: J. REUSCH, De racione curandi per sanguinis missionem disputatio) 1533, Titelbl.ʳ; De decem praecipuis erroribus, et abusibus propter quos apud nonnullas gentes praeclara medicinae ars, mulierculis, Iudaeis, ac impostoribus, veluti praedae relicta, misereque infamata, constuprataque iaceat, 1543 (1590); Regiment, jnhaltendt, wie sich wider die Pestilentz zubewaren, 1550; Exhortatio ad liberalium artium studia, solidam erudiendae adolescentiae rationem complectens per Antonium Nigrum medicum Braunsvigensem, scripta ad adolescentes studiosos (Widmungsvorr. M. FLACIUS ILLYRICUS), 1550; Consilium de tuenda valetudine, 1554 (recognitum et auctum: 1555; mit einem Epitaphium von J. Camerarius: 1558; 1573; 1581; 1583); Clarissimi Viri D. Antonii Nigri, Medici Inclitae urbis Brunsvigae, De Bernardo Holtorpio, Epigramma. [...] (4 griech. Distichen mit lat. Übers. von C. Corner) (in: B. HOLTORP, De illustri et heroica familia, rebus gestis, ac honoribus Marchionum Brandeburgensium, liber elegiarum) 1554, A1ᵛ; Griech. Ged. (in: J. ZANGER, Practicae musicae praecepta, pueritiae instituendae gratia, ad certam methodum revocata) 1554, A1ᵛ.

Herausgaben: Übersetzungen, Bearbeitungen: Demosthenes, De libertate Rhodiorum, Krakau 1521; OVID, De tristibus libri V., Krakau 1529; ders., Oratio [...] de pace, Krakau 1531; Psalmi aliquot Davidis Graecis versibus compositi, per Antonium Nigrum medicum Brunsvigensem, 1552; J. Metzler, Primae grammatices Graecae partis rudimenta, olim quidem per Ioannem Mecelerum edita, iam vero per Antonium Nigrum medicum locupletata, et tanta facilitate tradita, ut studiosus Latinis literis mediocriter instructus, grammaticen Graecam hinc vel suo marte assequi poßit, 1554 (1558; mindestens 18 weitere Ausg. bis 1615).

Ausgaben: Delitiae poetarum Germanorum huius superiorisque aevi illustrium pars IV. (hg. J. GRUTER) 1612, 1158 f. (3 Epigramme: In Eduardum Leeum / In eundem / Eobano Hesso); zus. mit N. MEDLER, Institutio scholae Brunsvicensis per aestatem anno 1546 (in: Braunschweigische Schulordnungen von den ältesten Zeiten bis zum Jahre 1828, hg. F. KOLDEWEY, = MGP, Bd. I, 1) 1886, 65–72.

Briefe: H. EOBANUS HESSUS, Helii Eobani Hessi [...] et amicorum ipsius, epistolarum familiarium libri XII. [...] (hg. J. DRACONITES) 1543, 232 (H. an N., undat.), 284 (N. an H., undat.); H. EOBANUS HESSUS, Tertius libellus epistolarum Eobani Hessi et aliorum quorundam virorum (hg. J. CAMERARIUS) 1561, C1ʳ⁻ᵛ (H. gewidm. Ged. N.s), K8ᵛ–L1ᵛ (2 Briefe N.s an J. Camerarius: Padua, 3. u. 20. Aug.), vgl. N4ᵛ–N5ʳ, R6ᵛ; J. CAMERARIUS, Libellus novus, epistolas et alia quaedam monumenta doctorum superioris et huius aetatis complectens [...], 1568, D3ʳ–D5ʳ (Brief N.s an C., mit zwei Ged.), M4ᵛ–M5ᵛ (2 Briefe N.s an C.), O2ʳ (Brief N.s an C.), T5ᵛ–T6ᵛ (Brief C.s an N.); J. CAMERARIUS, Epistolarum familiarium libri VI. [...] (hg. J. u. PH. CAMERARIUS) 1583, 365–367 (C. an N., Tübingen, 1.6.1536); Clarissimo Viro D. Michaeli Neandro Soraviensi, bonarum literarum professori eximio, Domino et amico suo amando, venerandoque S. [...] (undat. Brief, Braunschweig) (in: M. NEANDER, Compendium. Rerum physicarum, conscriptum, in gratiam et usum studiosae iuventutis) 1587, 146 f.; Brief (Augsburg, August 1530) von Julius Pflug an N. (in: J. PFLUG, Correspondence, hg. J. V. POLLET, Bd. 1) Leiden 1969, 108 f.; Melanchthon-Briefwechsel – Regesten online (s. v. Niger): www.hadw-bw.de/mbw-regest.

Nachlaß: 2 Briefe (Braunschweig, 1533?) an Johannes Lang : UB Erlangen-Nürnberg (Digitalisate); zahlr. Briefe (1540–1555) an Joachim Camerarius: UB Erlangen-Nürnberg (Digitalisate); Brief (Braunschweig, 26.11.1537) an Anton Musa: UB Erlangen-Nürnberg (Digitalisat); vgl. auch: Die Briefslg. des Nürnberger Arztes Christoph Jacob Trew (1695–1769) in der Universitätsbibl. Erlangen (bearb. E. SCHMIDT-HERRLING) 1940, 433 f.

Bibliographien: VD16; VD17. – K. ESTREICHER, Bibliographia Polska, Bd. 8, Krakau 1882, 15, 21 f.

Literatur: Zedler 24 (1740) 875; Jöcher 3 (1751) 944; F. W. STRIEDER, Grundlage zu einer hess. Gelehrten- u. Schriftst.-Gesch. seit der Reformation bis auf gegenwärtige Zeiten, Bd. 10, 1795, 74–76; Adelung 5 (1816) 724 f.; ADB 23 (1886) 695 (G. BAUCH); Braunschweigisches Biogr. Lex. 8. bis 18. Jh. (hg. H.-R. JARCK u. a.) 2006, 524 f. (M. FIMPEL; unzulänglich). – E. CORDUS, Botanologicon, 1534, 7 u. passim (N. figuriert als Gesprächsteilnehmer); DERS., Opera poetica omnia, iam primum collecta [...], um 1550, 271ᵛ–272ʳ (Epigramm: Ad Antonium Nigrum); H. EOBANUS HESSUS, Operum farragines duae, 1539, 260ᵛ–261ʳ (Ad Antonium Melam), 262ʳ⁻ᵛ (Ad Antonium Melam Peregre reversum); J. CAMERARIUS, Narratio de H. Eobano Hesso, comprehendens mentionem de compluribus illius aetatis doctis et eruditis viris [...]. Epistolae Eobani Hessi ad Camerarium et alios quosdam [...], 1553, C3^v, T4^r; P. NIGIDIUS, Elenchus professorum academiae Marburgensis [...] qui [...] ab anno [...] M. D. XXVII. usque ad annum M. D. LXXXIII. ibidem [...] docuerunt, 1591, 10, 26 f., Nr. 12 (mit Angabe des Todesdatums); M. ADAM, Vitae Germanorum medicorum: qui seculo superiori, et quod excurrit, claruerunt [...], 1620, 76 f.; J. H. CUNRADI, Silesia togata [...], Liegnitz 1706, 201 f.; S. J. EHRHARDT, Presbyterologie des evangelischen Schlesiens, Tl. 1, Liegnitz 1780, 83 f., 111; P. J. REHTMEYER, Historiae ecclesiasticae inclytae urbis Brunsvigae pars III. oder: der berühmten Stadt Braunschweig Kirchen-Historie dritter Theil/ [...], 1710, 194–196; A. POUCHENIUS, Brevis Elegia in obitum clarissimi viri, Antonii Nigri, Medicinae Doctoris, amici sui incomparabilis. / Epitaphium (1555) (in: ebd., Beylage zum VI. Cap., Num. 6.) 1710, 69 f. (separ. Pagin.); G. LIZELIUS, Historia poetarum Graecorum Germaniae a renatis literis ad nostra usque tempora [...], 1730, 63 f.; J. D. A. JANOCKI, Ianociana sive clarorum atque illustrium Poloniae auctorum memoriae miscellae, Bd. 1, Warschau, Leipzig 1776, 185, Nr. 70; J. G. G. PEUCKER, Kurze biogr. Nachr. der vornehmsten schles.n Gelehrten, die vor dem achtzehnten Jh. gebohren wurden, nebst einer Anzeige ihrer Schr., Grottkau 1788, 85; C. KRAUSE, Helius Eobanus Hessus. Sein Leben u. seine Werke. Ein Beitr. zur Cultur- u. Gelehrtengesch. des 16. Jh., 2 Bde., 1879, Reg.; G. BAUCH, Das Leben des Humanisten ~. Mit einer Beilage (in: Zs. des Vereins für Gesch. u. Alterthum Schlesiens 16) 1882, 180–219; Erg. (in: ebd. 32) 1898, 389; DERS., Aktenstücke zur Gesch. des Breslauer Schulwesens im XVI. Jh., 1898, 22–24; Schles. Landsleute. Ein Gedenkbuch hervorragender, in Schles. geborener Männer u. Frauen aus der Zeit von 1180 bis zur Ggw. (hg. K. G. H. BERNER) 1901, 11; Die Matrikel der ungar. Nation an der Wiener Univ. 1453–1630 (hg. K. SCHRAUF), Wien 1902, 38, 53, 197; O. CLEMEN, Urtheile zweier Braunschweiger Stadtärzte über ihr Publikum im 16. Jh. (in: Zs. des hist. Ver. für Niedersachsen 68) 1903, 536 f. (wieder in: DERS., Kleine Schr. zur Reformationsgesch., hg. E. KOCH, Bd. 1, 1982, 570 f.); G. BAUCH, Gesch. des Breslauer Schulwesens in der Zeit der Reformation, Bd. 2, Breslau 1911, Reg.; F. GUNDLACH, Catalogus professorum academiae Marburgensis. Die akadem. Lehrer der Philipps-Univ. in Marburg von 1527 bis 1910, 1927, 386, Nr. 682; Notitia doctorum sive catalogus doctorum qui in collegiis philosophiae et medicinae Bononiae laureati fuerunt ab anno 1480 usque ad annum 1800 (hg. G. BRONZINO), Mailand 1962, 26; W. SPIESS, Gesch. der Stadt Braunschweig im Nachmittelalter. Vom Ausgang des MA bis zum Ende der Stadtfreiheit (1491–1671), Bd. 2, 1966, 562, 677 f., 726 f.; E. KLEINEIDAM, Universitas Studii Erffordensis, Tl. 2, 1969, Reg. (2., erw. Aufl. 1992); Tl. 3, 1983, 46; Das Bakkalarenreg. der Artistenfak. der Univ. Erfurt 1392–1521 (hg. R. C. SCHWINGES, K. WRIEDT) 1995, 320; C. A. ZONTA, Schles. Studenten an ital. Universitäten. Eine prosopograph. Studie zur frühneuzeitl. Bildungsgesch., 2004, Reg. (s. v. Mola); Die Sitzungsprotokolle der Artistenfak. der Univ. Erfurt 1410–1521 (hg. F.-J. STEWING), Tl. 1: Edition (Erscheinen angekündigt). RBS

Nitschmann, Samuel → Coryli, Samuel.

Nitzsche, Rainar O. M. (Ps. Olaf Olsen, Ps. Ramona Redlair), * 27.12.1955 Berlin-Zehlendorf; 1974 Abitur in Homburg (Saarpfalz-Kr.), Stud. der Biologie in Kaiserslautern, 1988 Promotion zum Dr. rer. nat. («Brautgeschenk› u. Reproduktion bei Pisaura mirabilis, einschließlich vergleichender Unters. an Dolomedes fimbriatus u. Thaumasia uncata»), danach zunächst als Biologe in Idar-Oberstein tätig, betrieb ab 1989 den Rainar Nitzsche Verlag (Kaiserslautern), im selben Jahr Umschulung zum Buchhändler u. dann Arbeit im Beruf, weitere Tätigkeiten in der StB Kaiserslautern u. bei einer diakon. Einrichtung, auch Fotograf; lebt seit 1974 in Kaiserslautern; publizierte u. a. Rom. u. Erz. (vor allem im Fantastik-Genre), Lyrik, Ess., Bildbde. u. Sachbücher über Spinnen; Veröff. u. a. in «Arachnolog. Mitt.» (Freiburg u. Frankfurt/M.). – Biologe, Verleger, Buchhändler, Fotograf, Schriftsteller.

Schriften: Wir... Menschen der Erde. Lyrik, entstanden 1976–1981, 1982; Ruf der Mondin (fantast. Erz.). I: Lieder der Nacht, 1992. – II: Im Licht der vollen Mondin, 1996. – III: Mondin-Schein und Sein, 2000; Die Zeit der Bäume (Ged., Illustr. v. H. Fuchs) 1992; OM oder das Rauschen der scheinbaren Leere. Meditative Lyrik, 1994; Klang über den Meeren der Zeit (Ged., Illustr. v. dems.) 1996; Geschichten um Manfred den Magier auf seinem weiten Weg durch sieben und eine Welt (fantast. Rom.). I: Der leuchtende Pfad des Magiers, 1998. –

II: Wandlungen der Drei, 2004. – III: Wüsten-Berges-Himmels-Welten, 2005. – IV: Ins All – im Eins, 2008; Das Brautgeschenk der Spinne (Sachb.) 1999; Still riefen uns die Sterne (fantast. Erz.) 2000; Spiegelwelten deiner Seele (fantast. Erz.) 2001 (erw. Neuausg. 2016); Aton. Vater Sonn. Phantastische Tag-Geschichten, 2001; Spinne sein. Spinnen-Spiegelungen in Menschen-Augen (Sachb.) 2004; Höllen-Fahrten-Leben-Träume. Alltäglicher und wahrer Horror auf Erden und andernorts, 2005; Die Meere des Wahnsinns, 2005; Von Engeln, Erleuchtung und Ewigkeit. Meditative Kurzprosa und Grafik (Illustr. v. H. Fuchs) 2006 (2., korr. Aufl. 2007); Ewig sein in Stille. Meditative Lyrik und Grafik (Illustr. v. B. Mallmann) 2006 (überarb. Neuausg. 2016); ES bricht hervor aus dir (fantast. Lyrik u. Erz.) 2006; Spinnen-Traum-Gespinste (fantast. Erz., Illustr. v. dems.) 2007 (2., überarb. Aufl. 2008); F. Renner, Spinnen. Ungeheuer – sympathisch (Bearb. der 5. Aufl.) 2008; Spinnenkunstwelten (Bildbd.) 2 Bde., 2009, 2010; Naturkunstwelten (Bildbd.) 2009; Kunstwelten (Bildbd.) 2009; Das Schlafende steht auf aus Seinen Träumen (fantast. Kurzprosa) 2010; Spinnen kennen lernen. Eklig, giftig oder zum Kuscheln? Wie Spinnen wirklich sind (Sachb.) 2011; Spinnen. Warum sie vor uns Angst haben. Aktuelles Spinnenwissen (Sachb.) 2012; Spinnen lieben lernen. Biologie – heimische Arten – Rekorde (Sachb., Illustr. v. B. Rast, E. Bouché) 2013; Fantastic Spider Worlds. Art meets nature photography (Bildbd. in engl. Sprache) 2013 (dt. Ausg. u. d. T.: Spinnen fantastisch verfremdet, 2016); Spinnen-Sex und mehr. Spinnenbiologie, Mensch und Spinne. Was Sie niemals wissen wollten – und doch jetzt hier erfahren (Sachb., Illustr. v. dens.) 2015; Die Pfadwelten. Meditativ lyrische Biofantasy, 2015; Aliens. Fantastische Wesen von hier und dort und überall (Prosa, Fotos u. Gemälde, mit E. Bouché) 2015; Höllenkunst (Prosa, Fotos u. Gemälde, mit DERS.) 2017; Baumtraum. Künstlerisch verfremdete Fotografien mit fantastisch-lyrischer Kurzprosa, 2017; Spinnen. Biologie – Mensch und Spinne – Angst und Giftigkeit, 2018; BuntBunt (Prosa, Fotos u. Gemälde, mit DERS.) 2018; Kirchen Kunst. Kirchenansichten verfremdet mit fantastischen Texten, 2019; GOTT und die Großen – Kleinen Götter. Gedanken und Gedichte, 2019; Angst vor Spinnen und ihre Giftigkeit (Sachb.) 2019; Fotokunst (Fotos u. Gemälde, mit DERS.) 2020; Strahlendes Leuchten himmelwärts (Prosa, Fotos u. Gemälde, mit DERS.) 2021; Gedanken und Kreis (Ess.) 2021.

Herausgaben: Das Ende des Tunnels. Phantastische Texte, 1990; Märchens Geschichte. Neue Phantastik- und Horrorgeschichten, 1994.

Literatur: Rhld.-Pfälz. Personendatenbank (Red. Rhein. LB Koblenz) 2010, www.rppd-rlp.de/ps03215; CLARISSA, Clarissas Krambude. Autoren erzählen von ihren Pseudonymen, 2011, 193.

MM

Nix, Christoph, * 26.10.1954 Ehringshausen (Lahn-Dill-Kr.); Sohn einer Ökonomin, Gymnasialbesuch in Herborn, dort 1973 Abitur, anschließend Stud. der Rechts- u. ab 1982 der Politikwiss. in Gießen, dazw. 1974–76 Zivildienst, wiss. Lehrstuhlmitarb., 1982 1. Staatsexamen, 1982/83 Referendar am Landgericht Frankfurt/M., zudem Ausbildung zum Schauspieler u. Auftritte als Clown, 1982–85 Vorstandsmitgl. im Bundesverband der Heimvolkshochschulen, 1983 2. Staatsexamen, ab 1985 Tätigkeit als Rechtsanwalt in Gießen, dort 1985–90 Kreisbeigeordneter, war ab 1988 Doz. u. ab 1990 o. Prof. in Hannover, 1990 Promotion zum Dr. jur. in Bremen («Die Vereinigungsfreiheit im Strafvollzug»), ab 1991 Regie-Assistent am Berliner Ensemble bei Peter Palitzsch (1918–2004), ab 1994 Theater-Intendant in Nordhausen (Kr. Nordhausen), ab 1999 in Kassel u. 2006–20 in Konstanz, auch Arbeiten als Regisseur u. Theaterprojekte in Afrika, zudem Kurator kultureller Veranstaltungen (u. a. 1998 des «Thüringer Herbstes»), ab 2000 Mitgl. im Kuratorium der Evang. Akad. Hofgeismar, 2001–04 im Vorstand der Intendantengruppe des Dt. Bühnenver., 2002–04 Vorstandsmitgl. der Hess. Theaterakad., ab 2011 Honorarprof. an der Univ. Bremen, zudem ab 2013 Stud. der Theaterwiss. in Bern u. dort 2015 Promotion zum Dr. phil. («Theater_Macht_Politik. Zur Situation des dt.sprachigen Theaters im 21. Jh.»), war ab 2017 Strafverteidiger in Konstanz, ab 2020 Intendant der Tiroler Volksschauspiele in Telfs, Dozenturen in Kassel, Bremen, Bern, Zürich, Valparaiso u. Berlin; publizierte neben jurist. Fachschr. auch Rom., Erz., dramat. Arbeiten u. essayist. Texte, darunter Beitr. zum Ggw.theater (auch als Hg.); Veröff. u. a. in «Neue Zürcher Ztg.», «Theater der Zeit» (Berlin), «Frankfurter Rs.», «taz» (Berlin), «WELT« (Berlin), «Neue Gesellsch./FH» (Bonn), «Kulturpolit. Mitt.» (Bonn), «Recht u.

Politik» (Berlin), «Zs. für Rechtspolitik» (München), «Mschr. für Kriminologie u. Strafrechtsreform» (Berlin), «Kriminalistik» (Heidelberg) u. «Strafverteidiger-Forum» (Bonn). – Jurist, Intendant, Regisseur, Schauspieler, Schriftst., Herausgeber.

Schriften: Als hätten sie den Westerwald mit Olivenbäumen bepflanzt (Erz.) 1983; ‹Drinnen sieht die Sache ganz anders aus!› Über alltägliche und systematische Demütigungen im Strafvollzug, 1985; Deutsche Kurzschlüsse. Einlassungen zu Justiz, Macht und Herrschaft, 1997; Die Wüste lebt! Beiträge zu einer ausweglosen Theaterdebatte (hg. A. SEYFFERT) 1999; Eiszeit oder Abschied von der Evangelischen Hochschule Hannover. Eine Festschrift, 2007; Junge Hunde (Rom.) 2008; Rabenjagd. Eine Theatergeschichte, 2009; Leitfaden für entlassene Strafgefangene (mit A. PALM u. a.) 2010; Mord auf dem Säntis (Kammeroper, Libr., Musik: N. Alder u. F. Schenker) 2011; Muzungu (Rom.) 2018; Hermann der Krumme oder die Erde ist rund (Drama) 2020; Lomé. Der Aufstand (Rom.) 2020. – Zudem zahlr. jurist. Fachveröffentlichungen.

Herausgaben: Gefangenenmitverantwortung. Unterdrückungsinstrument oder Instrument zur Beseitigung der Unterdrückung? Beiträge über das Butzbacher Modell einer Gefangenenrepräsentanz (mit M. HEISE u. a.) 1980; 80 Jahre Theater Nordhausen (mit A. SCHWEIMLER) 1997; Das Theater & das Geld. Beiträge zu einer mühseligen Debatte (mit U. DONAU, K. ENGERT) 1997; Das Theater & der Markt. Beiträge zu einer lasterhaften Debatte (mit DENS.) 1999; Das Theater & das Urheberrecht. Versuche einer Aufklärung (mit P. WRONEWITZ, F. DEPENHEUER) 1999; Das Theater & die Energie. Beiträge zu einer spannungsreichen Debatte (mit K. ENGERT, B. BOJARSKY) 1999; War da was? Staatstheater Kassel 1999–2004, 2004; Das Theater und sein Erfolg. Beiträge zu einer endlosen Debatte, 2004; Hier wird gespielt! 400 Jahre Theater Konstanz (mit D. BRUDER, B. LEIPOLD) 2007; Theaterpädagogik (mit D. SACHSER, M. STREISAND) 2012; Theater in Afrika. Zwischen Kunst und Entwicklungszusammenarbeit. Geschichten einer deutsch-malawischen Kooperation (mit N. KELLER, T. SPIECKERMANN) 2013 (dt. u. engl.); Theater_Stadt_Politik. Von Konstanz in die Welt (mit D. BRUDER u. a.) 2019; Spielen. Über den Grundimpuls des Theaters (mit M. STEFKE, M. ZURMÜHLE) 2020; Theater in Afrika II. Theaterpraktiken in Begegnung. Kooperationen zwischen Togo, Burundi, Tansania und Deutschland (mit R. ALFA, E. ELWERT) 2020 (dt. u. französisch).

Literatur: Munzinger-Archiv. – F. QUILITZSCH, Der Clown lacht, aber er lügt nicht. Gespräch mit ~, Intendant des Theaters Nordhausen (in: Palmbaum 3) 1995, H. 4, 69–74; J. BUDDENBERG, Immer vorm Wind. Intendant ~ u. sein Schauspieldirektor Armin Petras segeln in ihre erste Spielzeit am Hess. Staatstheater in Kassel (in: Theater der Zeit 54) 1999, H. 6, 32–34; R. MEYER-ARLT, Die Posen der Piraten. ~ eröffnet seine Intendanz in Kassel mit Inszenierungen von Katja Paryla u. Armin Petras (in: Theater heute 40) 1999, H. 11, 30 f.; B. BLITZ, Anrührend provokativ? Theater Konstanz: Der neue Intendant ~ sucht die Verbindung zur großen Theaterwelt (in: Theater der Zeit 62) 2007, H. 2, 39 f.; D. DAUDE, ~, Theater_Macht_Politik. Zur Situation des dt.sprachigen Theaters im 21. Jh. (in: Forum modernes Theater 30) 2015, 194–196; Paragrafen Pantomimen Partisanen. FS (hg. K. R. ENGERT u. a.) 2019. MM

Nösner, Uwe, * 3.7.1960 Dresden, † 14.10.2018 ebd.; ab 1977 u. a. Tätigkeiten als Bauarbeiter, Krankenpfleger u. Totengräber, 1981–90 Red. der Ztg. «Die Union» (Dresden), war ab 1991 als Red. u. Redenschreiber in der Verwaltung des Sächs. Landtags tätig, dort u. a. Red. des «Landtagskuriers» (Dresden); lebt in Dresden; verfaßte u. a. Lyrik, Prosa, Ess. u. Sachbücher (u. a. über Theosophie); edierte Victor → Klemperers Tagebücher aus der NS-Zeit u. publizierte sie 1987–89 als Forts. in der «Union»; Veröff. u. a. in NDL u. «Ostragehege» (Dresden). – Journalist, Schriftst., Herausgeber.

Schriften: Pergamon (Illustr. v. J. Dreißig) 1989; Von der Wende zum Parlament. Sachsen auf dem Wege zur Demokratie (Red., hg. Sächs. Landtag) 1991; Geschichte der theosophischen Ideen. Eine Einführung, 1998; Zehn Jahre Sächsischer Landtag. Bilanz und Ausblick. Festschrift 10 Jahre Sächsischer Landtag 1990–2000 (Red., hg. Präs. des Sächs. Landtags) 2000; Ein Jahrzehnt sächsische Gesetze 1990–2000. Festschrift (Red., mit H.-A. ROTH) 2000; Auf der schlaflosen Seite des Mondes (Ged., Illustr. v. R. Müller) 2001; Der Sächsische Landtag und die Flutkatastrophe (Red., hg. Sächs. Landtag) 2002; Die gekreuzigte Zeit (Ged.) 2006; Reise ans Ende des Traums (Prosa) 2007; E. Iltgen, Der Weg der sächsischen Demokratie. Reden und Beiträge aus der Amtszeit des Präsidenten des Sächsischen Lantdtags 1990–2009 (Red.) 2009; Von der Jagdpfalz zur grünen Universität. Der Tharandter Wald – historische Annäherungen und heimatkundliche Exkursionen, 2015; Die gescheiterte Reformation. Ein Zwischenruf (Ess.) 2015; Geschichte der theosophischen Ideen. Wege zu den Quellen schöpferischer Religiosität (Illustr. v. J. Dreißig) 2016.

Literatur: M. STREUBEL, Einstand: ~ (in: NDL 32) 1984, H. 2, 88–90; A. HELBIG, Verwundbare Worte. Der Dichter ~ (in: Ostragehege 8) 2001, H. 2, 52–54; DERS., Für einen freien Geist ist Rel. ein schöpfer. Prozess. Gespräch mit ~ am 20. Okt. 2016 im ‹Cafe Apotheke im Taschenbergpalais›, Dresden (in: ebd. 24) 2017, H. 1, 34–42.   MM

Noetzel, Joachim David, * 13.8.1944 Berlin; Lehrerstud. in Berlin, Germanist u. Schriftst., lebt in Berlin; verfaßte Ged., Erz., Nov., Kdb. u. Ess.; schuf russ.-dt. Übers.; Hg. von Werken Kuno →Felchners; Veröff. in «Das Ostpreußenbl.» (Hamburg). – Germanist, Schriftst., Hg., Übersetzer.

Schriften: Die Geschichten vom Schneemann Naserot und dem Dackel Naseweiß (Kdb.) 1967; Feldwege (Ged.) 1991; Inka (Erz.) 1991; Es geht um Liebe (Nov.) 1993; Nachtboot (Ged.) 1993; Wohin, ach wohin (Nov.) 1995; Glücklose Wege (Ess.) 1997; In jedem Fenster seh ich Dich (Ged.) 1997; Mensch bleiben ist unser Ziel (Ess.) 1997; Draheim. Ein Malerleben (Biogr.) 2002.

Herausgaben: K. Felchner, Der Hof in Masuren, 1976; ders., Carmina Domestica, 1978.

Vorlaß: DLA Marbach (Briefwechsel).   MM

Noga, Andreas, * 7.7.1968 Koblenz; Ausbildung zum Versicherungskaufmann, Schadenssachbearbeiter bei einer Versicherung, ab 1987 lit. Veröff., 2003–13 Red. der Zs. «Federwelt» (München), 2008–12 Beisitzer im Vorstand des Verbandes dt. Schriftst. Rhld.-Pfalz, lebte ab 1999 in Alsbach, siedelte dann nach Koblenz über; verfaßte u. a. Lyrik u. kurze Prosa, teils erg. durch eigene Fotos; Veröff. u. a. in «Orte. Eine Schweizerische Lit.zs.» (Zürich), «Die Horen» (Göttingen) u. «Das Ged. Zs. für Lyrik, Ess. u. Kritik» (Wessling). – (Neben weiteren Auszeichnungen) u. a. Arbeitsstipendium Lit. des Landes Rhld.-Pfalz (2018). – Sachbearbeiter, Schriftst., Redakteur.

Schriften: Farbflecken. Gedichte in freiem Rhythmus, 1996; Hinter den Schläfen. Gedichte und Fotografien (Illustr. v. K.-F. Hacker) 2000; Nacht Schicht (Ged.) 2004; Bernsteinäugiges Fellchen (Ged.) 2007; Orakelraum. Lyrische Collagen, 2008; Lücken im Lärm (Ged.) 2010; Kurz & Gott (Illustr. v. E. Münch) 2015; Kurz & Gott: Erdennah (Illustr. v. dems.) 2016; Weihnachten in zwei Sätzen (Postkartenbuch) 2016; Wer ohne Geschenk ist, bringt Liebe mit. 24 Türchen auf dem Weg durch den Advent, 2017; Ganz viel Glück (Postkartenbuch) 2017; Alles im grünen Bereich. Ein Wald-Leporello (Fotos v. R.-J. Petschat) 2021; Mit stillen Grüßen. Ein Leporello zum Abschied (Illustr. v. O. Koller) 2021.

Literatur: E. MESSMER, Die Unschärfe in der Tiefenschärfe (in: Orte. Eine Schweizerische Lit.zs. 33) 2009, H. 161, 56 f.; Lit.port Autorenlex. (Internet-Edition).   MM

Nohr, Andreas, * 21.4.1952 Hamburg; studierte ab 1971 evang. Theol. u. Philos. in Hamburg, Bonn u. Berlin, war ab 1978 Pfarrer in Hamburg, leitete später das Organisationsbüro des Evang. Kirchbautags, ab 2007 freier Schriftst.; lebt in Hamburg; verfaßte Rom. (u. a. hist. u. Kriminalrom.), Erz., philos. Schr. u. Sachbücher (u. a. über Kirchenorgeln); Hg. von Konferenzschr. des Evang. Kirchbautags; Veröff. u. a. in «Nordelb. Stimmen» (Kiel) u. «Kunst u. Kirche» (Wien). – Evang. Theologe, Büroleiter, Schriftsteller.

Schriften: Riemenschneider. Zwölf Blicke für ein Gesicht, 1998; Stumpf oder: von Städten und Räumen. Rothenburg im Jahre 1802 – ein historisches Kriminalmärchen, 1999; Lusamgärtlein. Vier Liebesgeschichten, 2000; Mitternacht. Die Geschichte des Nicolaus Bruhns (Rom.) 2000; Meyerbrinck. Das heitere Werk. Ein Kurzroman, 2002; Hunger. Klaus Störtebekers letzte Nacht (Rom.) 2004; Die weiße Stadt. Eine Geschichte aus der Barockstadt Eichstätt (Kurzrom.) 2004; Vom Umgang mit Kirchen. Streit um die Pforten des Himmels? (Sachb.) 2006; Orgelhandbuch Paris (Sachb., mit B. KRAUS) 2006; Der Fassdoktor (Rom.) 2008; Vom Umgang mit Orgeln. Eine inszenierte Studie zur Lage der Orgelkunst (Sachb.) 2010; Andokides. Von Gier und Würde (Rom.) 2013; Das japanische Haus. Wesensbeschreibung eines alten Mannes (Rom.) 2016; Sie kam aus dem Schnee und sprach nicht. Eine Weihnachtsgeschichte (Rom.) 2017; Null. Sein, Nichtsein, Möglichsein, 2017; Sieben Tore. Ein Mythos um Leben und Tod (Rom.) 2019; Gott als Möglichkeit. Ein religionsphilosophischer Zugang, 2020.

Literatur: Kirchliche Präsenz im öffentlichen Raum. Glaube und Architektur im 21. Jahrhundert. Berichte und Ergebnisse des 23. Evangelischen Kirchbautages vom 15. bis 19. September 1999 in Hamburg (mit R. BÜRGEL) 2000; Sehnsucht nach heiligen Räumen – eine Messe in der Messe. Berichte und Ergebnisse des 24. Evangelischen Kirchbautages, 31. Oktober bis 3. November 2002 in Leipzig (mit H. ADOLPHSEN) 2003; Spuren hinterlassen... 25 Kirchbautage seit 1946 (mit R. BÜRGEL) 2005; Glauben sichtbar machen. Herausforderungen an Kirche, Kunst und Kirchenbau. Berichte und Ergebnisse des 25. Evangelischen Kirchbautages, 29. September bis 2. Oktober 2005 in Stuttgart (mit H. ADOLPHSEN) 2006. MM

Nolde, Anne Dorothee Elise (geb. Becker), * 21.7.1772 Schwerin, † 4.9.1802 Rom; Tochter des herzogl.-mecklenburg. geheimen Rats u. Leibarztes Hermann Ludwig Becker (1722–1789), der aus einer Rostocker Gelehrtenfamilie stammte, u. der Anna Maria Karnatz († 1773); hatte mindestens einen älteren Bruder, den Arzt Johann Hermann Becker (1770–1848); wurde im Haus des Vaters protestantisch erzogen u. durch Privatlehrer in dt. Dichtkunst, Zeichnen, Malerei, Frz., Engl., Physik u. Chemie unterrichtet; verfaßte mit zehn Jahren eigenständig erste Lieder; im Frühjahr 1791 Hochzeit mit dem aus Neustrelitz stammenden Arzt u. Rostocker Prof. für Arzneikunst Adolf Friedrich Nolde (1764–1813), 1801 Bildungsreise mit ihrem Ehemann nach Rom, wo sie an «Nervenschwäche» (Typhus) starb u. einen Tag später beigesetzt wurde. N. hatte ein inniges Verhältnis zu ihrem Onkel, dem Schriftst., Theaterdirektor u. Philosophen Johann Jacob → Engel (1741–1802), u. zu Werner Karl Ludwig Ziegler (1763–1809), Prof. für evang. Theol. in Rostock, dem sie ihre lit. Texte zur Begutachtung zuschickte; sie publizierte in mehreren Periodika Ged., Briefe u. kleinere Texte in Prosa. – Lyrikerin, Verf. kleinerer Texte in Prosa.

Schriften: Das Blümchen der küssenden Freundschaft (in: Taschenbuch für häusliche und gesellschaftliche Freuden, hg. L. LANG) Frankfurt/Main u. a. 1797, 166; An Friedrich Matthisson (in: Berlinisches Archiv der Zeit und ihres Geschmacks) Berlin 1800, Mai, Nr. 1; Rosalie (in: Erholungen, hg. W. G. BECKER) Leipzig 1801, Nr. 4, 164; Elwire. Romanze (in: ebd.) 1802, Nr. 3, 186; Frühlingslied (in: ebd.) 1802, Nr. 4, 228; Herbstlied (in: Almanach und Taschenbuch zum geselligen Vergnügen, hg. W. G. BECKER) Leipzig 1802, 265; Die sterbende Nonne (in: ebd.) 1803, 300; An die Freundschaft (in: Egeria. Taschenbuch für das Jahr [...], hg. K. MÜCHLER) Berlin 1802, 72 (online: HAAB Weimar); ein Beitr. im Göttinger «Musenalmanach» auf das Jahr 1786 (hg. K. REINHARD).

Bibliographie: Schmidt, Quellenlex. 23 (2000) 499.

Literatur: Jöcher 5 (1816) 783. – C. W. O. A. VON SCHINDEL, Die dt. Schriftst.innen des neunzehnten Jh., Bd. 2, 1825, 60–63; F. RASSMANN, Lit. Handwb. der verstorbenen dt. Dichter [...] von 1137 bis 1824, 1826, 411; E. OELSNER, Die Leistungen der dt. Frau in den letzten vierhundert Jahren. Auf wiss. Gebiete, 1894, 94; Die Varnhagen von Ensesche Slg. in der Königl. Bibl. zu Berlin, geordnet u. verzeichnet von L. Stern, 1911, 561 (Erwähnung N.s in einem Brief von Varnhagen aus dem Jahr 1801); E. FRIEDRICHS, Die dt.sprachigen Schriftst.innen des 18. u. 19. Jh. Ein Lex., 1981, 221; G. GREWOLLS, Wer war wer in Mecklenb.-Vorpomm.? Ein Personenlex., 1995, 37 (N.s Bruder Johann Hermann Becker). MMÜ

Noll, Wulf, * 1.9.1944 Kassel; studierte Germanistik u. Philos. in Berlin u. Düsseldorf, Magister-Abschluß, 1977–79 wiss. Mitarb. an der Gesamthochschule-Univ. Essen, Tätigkeit als Journalist, lehrte dt. Sprache u. Lit. an japan. Univ.: 1986–90 als Lektor in Tsukuba (Ibaraki) u. 1993–97 als a. o. Prof. in Okayama, dazw. 1993 Promotion zum Dr. phil. in Düsseldorf («Sloterdijk auf der ‹Bühne›. Zur philos. u. zur philos.krit. Positionsbestimmung des Werkes von Peter Sloterdijk im Zeitraum von 1978–1991»), leitete ab 1999 Integrationskurse in Düsseldorf, war 2009–11 Lektor für dt. Sprache u. Lit. an der Univ. Ningbo (China); lebt in Düsseldorf; publiziert u. a. Rom., Erz., Lyrik, Ess. u. Reiseber.; Veröff. u. a. in «Die Horen» (Göttingen) u. «Litfass. Berliner Zs. für Literatur». – (Neben weiteren Auszeichnungen) Arbeitsstipendium des Landes Berlin (1978). – Pädagoge, Journalist, Schriftsteller.

Schriften: Subkultur – Sublimpoeme (Ged.) 1978; Mephisto-Quelle (Ged.) 1985; Ein bißchen Macht für die Nacht (Ged., mit D. FOHR) 1985; Des Rheinturms feine Spitze sticht gen Himmel (Ged.) 1986; Woanders Pachinko! Ein japanischer Reiseroman, 1994; Freundliche Grüsse aus dem Yenseits. Gedichte aus Japan (Illustr. v. M. Aoki) 1999;

Momotarostraße. Erzählungen aus Japan, 2003 (dt. u. japan.); Kennst du nur das Zauberwort (Erz., hg. M. SERRER) 2004; Crazy in Japan. Flanieren in zwei Welten, 2005; Reise nach Indien. ‹Dann, gute Nacht, Madame!› (Reiseber.) 2006; Den zuckenden Kugelfisch überlebt. Japanische Lesereise, 2007; Im Jahr des Pegasus. Asiatische Impressionen (hg. DERS.) 2014; Schöne Wolken treffen. Eine Reisenovelle aus China, 2014; Wortzauber und Parlando im Salon – Literaturstadt Düsseldorf. Presseartikel, 2016; Zum Glück gab es Beat. Ronny Blumensteins Erzählungen aus den späten sechziger Jahren, 2018; Drachenrausch. Flanieren in China, 2019; Straße der Konkubinen und andere ‹chinesische› Liebesgedichte, 2020; Mit dem Drachen tanzen. Erzählungen aus China und Deutschland, 2021.

Vorlaß: Inst. für Buchwiss. Mainz; DLA Marbach; Lit.arch. Sulzbach-Rosenberg (jeweils Briefwechsel).

Literatur: D. FOHR, Rheinturm als Metapher. Zu einem Lyrikbd. von ~ (in: Die Horen 33) 1988, H. 149, 213 f.; PEN. Das Autorenlex. 2015/16 (Red. R. SCHWEIKERT) ²2015; Liton.NRW (Internet-Edition). MM

Nolte, Jakob (Ps. Nolte Decar), * 1988 Gehrden; wuchs in Barsinghausen auf, Abitur in Bad Nenndorf, Freiwilliges Soziales Jahr in Potsdam, Dramaturgie- u. Regieassistent am Schauspielhaus Hannover u. am Dt. Theater in Berlin, ab 2010 Stud. des szen. Schreibens an der Univ. der Künste in Berlin, dann freier Schriftst., 2017 Mitbegründer des Labels «Tegel Media» (Berlin), lebt in Berlin; verfaßte u. a. Rom., Dramen, Prosa, Hörsp. (auch Regie) u. Comics; schrieb mit Michel Decar zus. unter dem Ps. «Nolte Decar»; Veröff. u. a. in NR, «bella triste» (Hildesheim) u. «Entwürfe. Zs. für Lit.» (Zürich). – u. a. Brüder-Grimm-Preis des Landes Berlin (2013). – Schriftst., Regisseur.

Schriften: Agnes (Drama) 2013; Die Pilger von Mekka (Drama, Bearb. nach C. W. GLUCK) 2013; Tatort Dallas. 2. Folge: Die Tagesordnung (Hörsp.) 2013; ALFF (Rom.) 2014; Helmut Kohl läuft durch Bonn (Drama, mit M. DECAR) 2013; Sämtliche Erzählungen (Drama) 2014; Das Tierreich (Drama, mit M. DECAR) 2014; Maggie T. (Drama, mit DEMS.) 2014; Der Volkshai (Drama, mit DEMS.) 2015; Der neue Himmel (Drama, mit DEMS.) 2015; Gespräch mit einer Stripperin (Drama) 2015; Gespräch wegen der Kürbisse (Drama) 2016; Schreckliche Gewalten (Rom.) 2017; No Future Forever (Drama) 2017; Unbekannte Meister 4: Werbung in Niemandes Namen. Eine Einführung in das Werk von Klara Khalil (Hörsp.) 2018; Don Quijote (Drama, Bearb. nach M. DE CERVANTES) 2019; Die Glücklichen und die Traurigen (Hörsp.) 2020; Kurzes Buch über Tobias (Rom.) 2021.

Literatur: M. DÖRING, Eis am Stil u. tausend Tote. Das Autorenduo Nolte Decar fragt mit seinem Stück ‹Das Tierreich› danach, worauf angesichts globalpolit. Katastrophen die persönl. Freiheit fußt. Ein Gespräch (in: Theater der Zeit 69) 2014, H. 10, 54 f.; M. DÖRING, Hochtouriges Einfallstourette (ebd.) 2014, H. 12, 44; J. BERGER, Im Teenagerreservat (in: Theater heute 56) 2015, H. 1, 56 f.; M. HAHN, Unheiml. Ggw. Inszenierungen u. Funktionalisierungen des Unheimlichen in der dt.sprachigen Ggw.lit., 2019, 67–80. MM

Nolte, Johannes (auch Noltenius; Olorino), * Ende Dez. 1635 Braunschweig (getauft 1.1.1636), † 24.1.1714 Timmerlah (heute zu Braunschweig; Sohn des Braunschweiger Bürgers u. Kaufmanns Henning N. – der Großvater Georg N. war der Rel. wegen aus Brabant (Brüssel) geflohen – u. dessen Frau Ilse, geb. Hartmann (Biogramm nach ERMISCH [Lit.] 1714, u. Fortgesetzte Sammlung [Lit.] 1720; in der späteren Lit. andere Lebensdaten); Besuch der heimatl. Katharinenschule u. (um 1650) des Andreanums in Hildesheim; Stud. in Helmstedt (als Minderjähriger deponiert am 3.6.1649; Zusatz: «Venit in academiam et iuravit 1. Aprilis 1653», Studienbeginn u. Eidesleistung also erst vier Jahre später) u. Jena (immatrik. am 15.5.1655); 1658 Konrektor an der Ägidienschule in Braunschweig (Amtseinführung am 24.6.), am 8. Oktober desselben Jahres Heirat mit Dorothea (1638–1724), der Tochter des Braunschweiger Kirchen- u. Schulinspektors Paul Schwabe, mit der er 15 (nach anderer Angabe 16), teils früh verstorbene Kinder hatte; am 28.11.1662 im Auftrag des kaiserl. Hofpfalzgrafen Johann → Rist in Braunschweig zum Dichter gekrönt u. unter dem Namen Olorino in dessen Elbschwanenorden aufgenommen; 1664 Pfarrer in Timmerlah, Sonnenberg u. Broitzem; krankheitshalber mußte sich N. seit 1688 durch seinen Sohn Heinrich Ernst (1664–1734) vertreten lassen. – Konrektor, Pfarrer, Dichter, Übersetzer, Liederdichter.

Schriften: Epithalamium (in: Epithalamia in honorem nuptiarum [...] dn. Hermanni Schorkopff pastoris apud Brunsvicenses Andreani, nec non [...]

virginis Armagartae Mariae, [...] Henrici Losen/ [...] quodam ecclesiatae in Kotzbu [...] relictae filiae [...] conscripta a collegis, amicis et fautoribus [...] M DC LX. ad d. IX. Octobris) 1650; Collegii ethici disputatio decima de jure, ejusque interpretatione per aequitatem [...] in illustri academia Jenensi [...] exercitii gratia [...] ad diem 13. Junii, A. C. SCHUBART (Präs.), J. N. (Resp.), 1655; Lucia Maria von Stoltzenberg Durch Buchstabens Wechsel/ Ja laß auch vor mit Lob ergentzen. Erklärung. Es läst der Menschen Feind der Todt sich nicht erweichen/ [...]. Mit eiliger Feder entworffen von Johanne Noltenio Brunopol: S. S. Theol. Stud. [...] Anno M. DC. VI. [!] (1 dt. u. 1 griech. Epicedium) (in: D. PECKEL, Sanctum piorum duellum Das ist: rittermässiger/ [...] Krieges und SiegesKampff aller [...] Kinder Gottes/ umb die ewig-werende Sieges und Friedens Cron, [...] in einem [...] Leich Sermon [...] bey [...] Leichbestattung/ der [...] Frawen Luciae Mariae von Stoltzenberg, deß [...] Junckherrn Georg Otto Merrettich [...] Hauß-Ehre/ [...]. Welche den 27. Maij/ [...] 1656 Jahr/ [...] ihr Leben beschlossen/ [...]) 1656, 87–90; Theses theologicae de baptismo [...] in illustri ad Elmum academia [...] ad diem Septemb., J. HILDEBRAND (Präs.), J. N. (Aut. u. Resp.), 1657 (zwei Drucke); Parodia Σχετλιαστική Ad Oden X. Horat. lib. I. Carm: Dn. Iustum Hessum directa Vir decorae insigne decus Minervae [...] (Epicedium) (in: Epicedia in beatum obitum [...] dn. Justi Hessi ecclesiae Brunsvic. Catharinianae pastoris per annos XXIII. quam optime meriti, scripta ab amicis et collegis) 1658, b3^v–b4^r; Parodia Votiva Ad Oden II. Lib. III. Hor. Angustam amici pauperiem pati etc. Viro Nobili, Clarissimo, atque Doctissimo Dno. Joachimo Hensenio Lüneburgensi, cum Jena Brunsvigam [...] veniret [...] consecrata [...] (Gratulationsged.) (in: Supremum in utroque jure doctoris gradum [...] dn. D. Ernesto Friderico Schrötero [...] promotore [...] dn. Joachimus Hensenius Lüneburgensis, in illustri ad Salam academia, publico et solenni ritu, VI. Id. Junii, cum capesseret, hisce subsequentes fautores, amici et sympatriotae applaudebant [...]) 1658 (nach Chronogramm),)(2^{r-v}; Ad Dominum Sponsum. Quae jungitur puella [...] (Epithalamium) (in: Vota pro felici et fausto connubio dn. Johannis Schultzen/ schol. Aegid. cantoris fidelissimi, sponsi, ut et virginis [...] Sophiae Dorotheae [...] dn. M. Zachariae Deütschen/ [...] apud Rostochienses quondam archidiaconi [...] relictae filiae, sponsae, nuncupata ab amicis et collegis, celebrantur nuptiae Brunopoli die 2. Novembr. cIɔ Iɔc LVIII.) 1658, unpagin. [3 f.]; Epithalamium (in: Ἐυφημίαι nuptiis auspicatissimis [...] dn. M. Christiani Friderici Smidii, scholae Aegidianae apud Brunsvicenses rectoris [...], et [...] virginis Ilsae Brands/ dn. Hanß Brands/ civis primarii [...] filiae suavissimae, sponsae, Brunsvigae die XXIII. Novembris cIɔ Iɔc LVIII. solenni festivitate celebratis, dictae a fautoribus atque amicis) 1658; ΕΠΟΣ ΓΕΝΕΘΛΙΑΚΟΝ hoc est, carmen heroicum de salutifera filii dei Θεανθρώπου nativitate conscriptum a Iohanne Noltenio Brunopolit. scholae patriae Aegidianae Conr. [...], 1659 (Ex. 23 mit hs. Widmung N.s für den Rektor der Ägidienschule, C. F. Schmid, auf dem Titelbl.); Epicedium (in: E. BECKER, Hertz-erquickender Trost wider die Furcht des Todes aus dem schönen Sprüchlein Pauli, in der Epistel an die Philipper am ersten Capitel. [...] bey [...] Leichbestattung der [...] Frauen Elisabeth Schäffers/ des [...] Herrn Augusti Leidenfrostes/ [...] fürstl. braunschw. lüneb. Amptmans zu Dannenberg [...] ehelichen Haußfrauen/ da dieselbe den 18. Martii [...] entschlaffen/ und am folgenden 26. ejusdem [...] beygesetzet worden) 1662; Kling-Gedichte, welches zu schuldiger Dankbarkeit an den hoch-ehrwürdigen/ hoch-edlen/ und hoch-gelahrten Herren Herren Johan Rist/ treufleissigen Seelen-Hirten der Gemeine zu Wedel/ dero Römischen Käyserlichen Majestät wolverordneten Hof- und PfaltzGrafen/ Mecklenbürgischen geheimen und vielbetrauten Consistorial-Raht seinen großmächtigen Beförderer stellete Johannes Nolte von Braunschweig/ als er von ihm die Lorbeer-Kron empfing/ und in den Orden der Dichter ward auf und angenommen. Weil er mich/ Edler Rist/ so würdig hat geschetzet/ [...], 1662 (Einblattdr.); Veteris amicitiae τεκμήριον, hoc est, carmen hexametrum. quod nobili atque excellenti viro dn. Iohanni Jacobi, cum ex academia Salana, disputatione pro licentia summos in arte medica consequendi honores feliciter habita, Brunsvigam in patriam rediret, cultae cum eo a teneris amicitiae memor scripsit Johannes Noltenius, Brunsvicensis, scholae patriae Aegidianae con-rect. anno M DC LXII. IV. Eid. Quintilis (mit eig. Titelbl. in: Viro juveni nobili atque excellenti dn. Johanni Jacobi medicinae doctorando, cum in inclyta ad Salam academia disputationem pro summis in arte medica consequendis honoribus habuisset, et in patriam Brunsvigam reverteretur gratulantur fautores et amici) 1662, unpagin.; Προσφώνησις ad Subditos. [...] (griech.-lat. Ged.) (in: Soteria incolumitatem et robur germanae gloriae, serenissimi principis ac domini, domini, Augusti, ducis Brunovicensium ac Lunaeburgensium [...] profunda vigilantia rempublicam, etiam in senio, strenue administrantis, sub ortum Calendarum Januariarum anni [...] CIƆ IƆCLXIII. fervidis suspiriis prosequentia) 1663, E3^r–E4^r; lat. Epicedium (in: J. DINCKLER, Frommer außerwehlten Christen [...] herlicher Zustand in dem Himmel/ aus der Offenbarung Johannis am 7. Cap. bey [...] Leich-begängnüs des [...] Hrn Johannis Schrödters/ fürstl. mecklenb. [...] Wittümbs-Rath/ und Rentmeisters/ und der [...] Brigittae Stillen/ welche beyde/ als [...] Ehegatten etzliche wenich tage nach ein ander alß den 27. Jan. und 1sten Febr. [...] entschlaffen [...]) 1663; Cede procul, crasso qui clamas gutture, caeco [...] (Epithalamium) / Christianus Fridericus Smidius [...]. Olorino (Anagramm u. 5 Distichen) / Anna Catharina Nievvertts [...] (Anagramm u. 3 Distichen) (in: Epithalamia viro clarissimo dn. M. Christiano Friderico Schmidt/ scholae Aegidianae in inclyta Brunsviga rectori, virginem [...] Annam Catharinam, [...] dn. Arnoldi Niewerths/ ecclesiae Garmisiensium et Astentensium pastoris [...] filiam [...] uxorem ducenti scripta a fautoribus, amicis, discipulis, d. XVI. Junii ipsis nuptiis Garmisiae celebrandis sacro [...]) 1663, B3^r–B4^v; Ad Dominum Sponsum. Hantelmanne, tibi donarem argentea vasa [...] Johannes Noltenius Poet. Caes. [...] / Hantelman/ durch Buchstaben-Versetzung/ Man helt an. [...] Olorino / Iulius Hantelman Per Anagram. elis. aspir. [...] (3 Επιθαλαμια) (in: S. MÖLLER, Ευχὴ γαμικὴ qua [...] dn. Julii Hantelmans pastoris ad D. Blasii, sponsi, et [...] virginis Dorotheae [...] dn. Cordt Kalmß senatoris et patritii Brunsvicensis primarii [...] filiae, sponsae nuptiis Prid. Non. Octob. cIƆ IƆc LXIII. celebrandis fata felicia precatur [...]) 1663, B1^v–B2^r; Widmungsged. (in: [C. v. HÖVELN] Candorins Eren- Danz- Singe- Schauspile-Entwurf, Tl. 1) o. O. [Stockholm?] 1663; Heterosis Odes Horationae XXIV. libri primi Carminum ad Dresdenses directa, ut Welleri sui obitum moderate ferant. Quis desiderio tam fidi Praesulis, atque [...] scripta a Johanne Noltenio Poet. Cor. Caes. Pastore Timmerlagiensi (Epicedium, Anagramm u. 3 Distichen) (in: Epicedia in [...] obitum [...] dn. Jacobi Welleri, a Moltzdorf/ theologi eminentissimi, [...] electori Saxoniae a concionibus aulicis primarii, [...] testandi doloris ac desiderii ergo conscripta Brunsvigae, mense Julio, anno M DC LXIV.) 1664,)(3^v–)(4^r; Simon Meyburg per anagr. Migro. Ibi Nemus. Evolutio. Ut, cum fata vocant, udis abjectus in herbis [...] (Anagramm u. Epicedium) (in: A. H. BUCHOLTZ, Kurze Trübsal und ewige Herrligkeit der gläubigen Kinder Gottes/ aus der andern Epistel an die Corinther Cap. IV. v. 17. 18. [...] bey [...] Leichbegängniß des [...] Herrn Simonis Meyburg Icti, und Decani des Stiffts Cyriaci zu Braunschweig/ am XIV. [...] Julii [...] cIƆ IƆc LXVII. in der Kirchen St. Martini daselbst [...]) 1668, G2^{r-v}; Antonius Samuel Schindler per anagr. elis. aspir. [...]. Epigramma. Quo te, Sponse, colit tua mellitissima Sponsa [...] (Anagramm u. Epithalamium) (in: Gratulatoria in nuptias [...] dn Antonii Samuelis Schindleri, ecclesiae, quae Christo in Völpke colligitur, pastoris fidelissimi, sponsi; nec non [...] Annae, dn. Hieronymi Woltmanns/ [...] relictae filiae, sponsae, die XI. Octobr. Brunsvigae celebrandas, testandi affectus ergo, conscripta) 1669, A3^v–A4^r; I. Paulus Roberus. [...] Palus Seu Robur. [...] Omne tulit punctum, verbi qui praeco sacrati [...]. II. Roberus Sub Rore [...] Quas, Robere, tibi validas in corpore vires [...]. III. Paulus Roberus Plus Auro Rubes. [...] Dum sistis Domino cor Chrisiti sanguine tinctum [...] (3-teiliges Epicedium) (in: H. STEDING, Leich-Sermon aus den Worten Daniel XII. v. 2. 3. [...] bey [...] Begräbniß des [...] Herrn M. Pauli Röberi gewesenen treufleissigen Predigers bey der Kirchen St. Catharinae in Braunschweig/ am ersten Advents-Sontag Anno 1669. gehalten [...]) 1670, G2^v–G3^v; Auff den früzeitigen; doch aber seligen tödtlichen Hintritt Des weiland Edlen/ Groß-Achtbaren und Hochgelahrten Herrn Herrn Achatii von Dam/ vortrefflichen Jcti und gewissenhafften Advocati in Braunschweig. [...] Johannes Noltenius Pastor in Timmerlage/ Kayserlich-gekrönter Poet/ und in dem hochlöbl. Swan-Orden beygenahmet Olorino (Anagramm u. Epicedium) (in: A. H. BUCHOLTZ, Zuverlässiger Glaubens-Trost aller bußfertigen Sünder/ aus [...] 1. Timoth. I. v. 15. veranlasset/ und bey [...] Leichbestattung des [...] Herren Achatii vom Damm J. U. Licent. und vornehmen Practici hieselbst am XXVII. Decembr. Anno M DC LXIX. [...] zu Braunschweig erkläret [...]) 1670, G2^r; Andreas Henricus Bucholtz [...]. Evolutio. Cur abit et nostras linquit Bucholtzius oras? [...] (Anagramm u. Epicedium) (in: H. RUDOLPHI, Leich-Sermon/ [...] über die [...] Worte Rom. XIV. 7. 8. [...] bey [...] Leichbegängniß deß [...] Herren Andreas Henrich Buchholtz/

[...] Superintendenten der Kirchen und Schulen zu Braunschweig/ [...] welcher zu Braunschweig am 20. Maij Anno M DC LXXI. [...] gestorben/ und [...] den 2. Julii [...] in der Pfarr-Kirchen zu St. Martini [...] bestattet) 1671, 11^r (wieder in: H. WITTE, Memoriae theologorum nostri seculi clarissimorum renovatae decas decima tertia, 1684, 1714); Monumentum Bölschenianum. Joachimus Bölschen per anagr. [...]. Evolutio. Tu, qui salvifico sonuisti oracula verbi [...] (Anagramm u. Epicedium) (in: V. BANDAU, Der Gläubig-Sterbenden seeliger Tod: in einer [...] Leichpredigt bey [...] Leichbestattung des [...] Herrn Joachimi Bolschenii wolverdienten Pastoris zu Brohma. Welcher den 7. Febr. 1676 [...] entschlaffen/ und darauf den 22. selbiges Monats in der Kirchen zu Brohma [...] bestattet worden) 1676, D3^r; Henningus Danckvvort per anagr. abjecta aspir. [...]. Evolutio. Ingenuus nunc Candor ubi super orbe superstes? [...] (Anagramm u. Epicedium) (in: C. KRAUSE, Pulcherrimum boni pastoris et pie defuncti peccatoris epitaphium. Das herrliche Grabmahl eines gottseeligen Predigers und in Gott seeligen Sünders/ aus I. Tim. I. 15. 16. [...] bey [...] Leichbestattung des [...] Henningi Danckwohrts/ [...] Predigers der Kirchen zu S. Catharinen in Braunschweig/ welcher [...] 1678. den 16. Jul. [...] sein irrdisch Leben seelig beschlossen/ und [...] den 25. gedachten Monats [...] in sein Ruhekämmerlein gebracht worden [...]) 1678, 71; Johannis Noltenii Ad Filium Henricum Ernestum Schediasma. Quod Tibi, mi Fili, Commissum volvere triplex [...] (in: H. E. NOLTE, Dreyfaches Vergiß es nicht! Am Fest-Tage der Verkündigung Mariae im Jahre 1693. Bey Erklärung des gewöhnlichen Evangelii aus des Luc. 1. cap. der christlichen Gemeine zu Timmerlah/ zum Andencken/ theils der vormahls geschehen heylwertigen Empfängniß Jesu [...]) 1693, D3^v; Anna Eleris Per anagr. Resn' Aliena? Evolutio [...]. Vita quid humana est? Resn' est Aliena Viator? (Anagramm u. Epicedium) (in: G. W. SACER, Elegie als der edle und wolgelahrte Herr Petrus Christoph Krügelstein/ J. U. Studiosus, seine Frau Mutter [...] Anna Elers/ weyland Herrn Johann Christoph Krügelsteins/ beeder Rechten vornehmen Dris [...] Frau Wittwe/ welche wenige Monathe nach ihrem seel. Ehe-Herrn [...] entschlaffen/ betrauerte) 1693, b2^r; Deus, mea [...] / Cum me premunt patrata [...] / Fiat, Deo quod complacet [...] (3 geistl. Lieder) (in: Praxis pietatis scholasticae, complectens elementa doctrinae christianae quinquepartita, hymnosque [...] latinos [...] in usum studiosae juventutis, quae in ludis literariis Brunsvicensibus [...] instituitur [...], hg. J. A. GEBHARDI) 1699, 92–100, Nr. 55, 56, 57; Est nobis patria coelum. Tempore sat longo patria qui Pastor in urbe [...]. Johannes Noltenius, Pastor Senior Timmerlagensis, Poeta Caesareo Ristianus / Petri per anagr. Perit? An perit ille, Petrae qui Christo semper adhaeret? [...] f[ecit]. Olorino (2 Epicedia, 1 Anagramm) (in: C. L. ERMISCH, Die Freudigkeit eines evangelischen Predigers/ nach Anleitung der schönen Worte S. Pauli 2. Cor. I, 12. 13. 14. [...]. Bey [...] Beerdigung des [...] Herrn M. Zachariae Petri, wol-verdienten Predigers bey hiesiger S. Martini Kirchen [...] am 18. Febr. 1700. [...]) o. J., 111 f.; lat. Epicedium (in: Moesta dioeceseos ab ilice dictae querela, id est, epicedia in luctuosum quidem, sed beatum obitum serenissimi [...] dni. Rudolphi Augusti Brunsvicensium et Luneburgensium ducis, patriae patris, dum viveret, opt. max. doloris, et supremi honoris testandi causa scripta a verbi divini et sacramentorum in supra dicta dioecesi degentibus ministris) 1704; 1. Ad plurimum Reverendum atque Clarissimum Dominum Christophorum Wiegelebium, Tractatum de paucitate salvandorum et multitudine damnandorum [...] emittentem. A Via ceu spirans multos e naribus ignes [...]. 2. In ejusdem Concionem De Peccato in Spiritum S. habitam. Fertur Alexander nodum, qui Gordius olim [...]. Fecit Timmerlagae Johannes Noltenius Past. ib. Sen. (in: C. WIEGELEBEN, Paucitas salvandorum et multitudo damnandorum Das ist: die Wenigkeit derer/ die da selig/ und die Vielheit derer/ die verdammet werden/ [...] nach Anleitung der beyden Evangelien am Sonntag Septuages. und Sexages. [...]/ benebst einer andern Predigt von der Sünde wider den Heil. Geist/ [...]) 1705,):(4^r)-:(5^r; Liber Tobiae in memoriam conjugii quinquagenarii Noltenio-Swabiani carmine Latino elegiaco redditus ab ipso Johanne Noltenio pastore Timmerlagensium seniore, Poeta Caesareo-Ristiano. Anno FaC, porro nobIs bene CeDant oMnIa IesV!, 1708 (nach Chronogramm); Jordanus Bodenius per anagr. Jesu, Ob Id Ornandus. Evolutio. Hactenus in sacra, Jesu, Bodenius aede [...]. Herr Bode hat sein Ambt so in der Welt geführet/ [...] (lat.-dt. Epicedium) (in: C. L. ERMISCH, Gläubige Hertzens-Versicherung von der zukünfftigen Gnade Gottes [...] bey [...] Leichbestattung des [...] Herrn Jordani Boden/ sechs und zwantzig-jährigen getreuen Seel-Sorgers der Gemeine Gottes zu S. Petri allhie [...] am 21. Octob. [...] 1708) 1708, 71 f.

Übersetzungen: Sex cantiones sacrae. 1. Heut' ist des Herren Ruhetag etc. 2. Für deinen Thron tret ich hiemit etc. 3. Wach auff mein Hertz und singe etc. 4. Nun ruhen alle Wälder etc. 5. Herr Jesu Christ du höchstes Gut etc. 6. Herr Jesu meines Lebens Licht etc. rhythmis latinis donata, o. O. 1690; [E. C. Homburg] Ode sacra. Jesu meines Lebens Leben/ Jesu meines Todes Tod/ etc. Ex Germanico in Latinum sermonem metrice et rhythmice translata, o. O. o. J. (um 1690); Odarum sacrarum ex Germanico in Latinum sermonem rhythmice translatarum continuatio, o. O. 1691; [G. Neumark] Ode sacra Wer nur den lieben Gott läst walten/ und hoffet auf ihn allezeit etc. Ex Germanico in Latinum sermonem conversa, et serenissimo atque celsissimo principi ac domino dn. Rudolpho Augusto, Brunsvicensium et Lunaeburgensium duci, patriae patri opt. max. sub auspicium anni a partu virginis M DC XCII. xenii loco humillime oblata a Johanne Noltenio, o. O. 1692.

Nachlaß: Brief (23.9.1702) an August Hermann Francke: Halle, Hauptarch. Franckesche Stiftungen, AFSt/H C 799 : 17.

Bibliographien: VD 17; VD 18.

Literatur: Zedler 24 (1740) 1200; Jöcher 3 (1751) 971; Adelung 5 (1816) 790; Flood, Poets Laureate, Bd. 3, 2006, 1440–1442 (unzulänglich); Braunschweigisches Biogr. Lex. 8. bis 18. Jh. (hg. H.-R. Jarck u. a.) 2006, 527 f. (fehlerhaft). – [C. v. Höveln] Candorins Deutscher Zimber Swan darin des hochlöbl: ädelen Swan-Ordens Anfang/ Zunämen/ Bewandnis/ Gebräuche/ Satsungen/ Ordensgesätse/ samt der hochansähel: Geselschafter Ordens-Namen entworfen, 1667, 184, 205 f., 218, 235 f., 266 u. ö.; C. L. Ermisch, Die göttliche Gnaden-Gegenwart in einer christlichen Leichen-Predigt bey dem Begräbniß des weyland hochwol-ehrwürdigen und wolgelahrten Herrn Johannis Noltenii gewesenen Senioris des Geistlichen Ministerii im Gericht Eich, auch fünfftzig-järigen getreuen Seel-Sorgers der christlichen Gemeinen zu Timmerlage/ Sonnenberg/ und Breutzen/ über die Worte Esai. XLIII. 1, 2, 3. Und du/ spricht der Herr/ der dich geschaffen hat Jacob/ etc. am 2. Februarii. Anni 1714. zu Timmerlage christ-erbaulich fürgestellet[...], o. J. (1714); angehängt, mit eig. Titelbl. u. eig. Pagin.: C. L. Heilmann, Schuldiges Denckmahl und Ehren-Gedächtniß/ dem weyland wohl-ehrwürdigen/ großachtbahren/ und hochwohlgelahrten Herrn/ Herrn Johanni Noltenio, ins 54. [!] Jahr treu-fleißigen und um seine Gemeinen hoch-wohlverdienten Pastori wie auch Seniori Gerichts der Eich/ bey hochansehnlicher Leich-Bestattung des seelig verblichenen Cörpers in einer Abdanckungs-Rede aufgerichtet [...], o. J. (angehängt: Trauergedichte); P. J. Rehtmeyer, Historiae ecclesiasticae inclytae urbis Brunsvigae pars IV. oder: der berühmten Stadt Braunschweig Kirchen-Historie vierter Theil [...], 1715, 658–661; Fortgesetzte Slg. von alten u. neuen theolog. Sachen [...]. Auf das Jahr 1720 [...], 1720, 974–983 (Nr. IX. B. Johannis Noltenii Hymni Ecclesiastici metrice et rhythmice in latinam linguam translati; Nr. X. Vita Johannis Noltenii Auctoris Hymnorum, Ejus Nepote Auctore Johanne Friderico Noltenio [...]); J. M. Gross, Hist. Lexicon evang. Jubel-Priester [...], 1727, 285 f.; Bd. 2, 1732, 98; J. C. Wetzel, Hist. Lebens-Beschreibung der berühmtesten Lieder-Dichter, Tl. 4, 1728, 374–376; J. A. Trinius, Beytrag zu einer Gesch. berühmter u. verdienter Gottesgelehrten auf dem Lande. Aus glaubwürdigen Urkunden u. Schr., 1751, 430–433; D. F. Detlefsen, Johann Rist's geschäftl. Treiben als gekrönter Poet u. kaiserl. Pfalz- u. Hofgraf (in: Zs. der Gesellsch. für Schleswig-Holstein-Lauenburgische Gesch. 21) 1891, 265–293, hier 286 (Nr. 68), 292; Hofpfalzgrafen-Register (bearb. J. Arndt), Bd. 1, 1964, 7 (F 13); Die Pastoren der Braunschweigischen evang.-luth. Landeskirche seit Einführung der Reformation (bearb. F.-W. Freist), Bd. 2, 1974, 219, Nr. 2824; Bd. 3, 1980, 51. RBS

Norden, Lia → Reider, Katja.

Nordmann, Gisela (geb. Mühlenberg), * 28.5.1936 Aschersleben; Biologie-Stud. an der TH Dresden, Diplom-Abschluß, Biologin in der Forsch., 1980 Promotion zum Dr. rer. nat. in Halle/Saale («Unters. zur Stabilisierung u. Steigerung der Alkaloidproduktion saprophyt. Stämme von Claviceps purpurea [Fries] Tulasne»), lebt seit 1955 in Dresden; verfaßte Erz. u. Lyrik. – Biologin, Schriftstellerin.

Schriften: Vertraute Stadt. Begegnung mit Dresden (Ged. u. Kurzgesch.) 2006; Wenn der Sommer geht (Ged. u. Erz.) 2009; Und die Magnolie blüht. Gedichte, Gedanken, Erlebtes, 2013; Das Haus an der Selke (Erz.) 2015. MM

Nostitz-Drzewiecki, Johanna Friederike Juliane von → Wietersheim, Johanna Friederike Juliane Freiin von.

Noth, Claudia (geb. Schnarr), * 17.2.1945 Borsch (heute zu Geisa/Thür.); Stud. der Lit.wiss. in Frankfurt/M., wiss. Mitarb., ab 1978 Ehe mit Ernst Erich → Noth, Tätigkeit als Buchhalterin, betrieb mit Lothar Glotzbach den Glotzi Verlag (Frankfurt/M., Bensheim, Raversbeuren), u. a. in Bensheim u. Raversbeuren ansässig; verfaßte u. a. Thriller, Erz. u. Kinderbücher. – Verlegerin, Hg., Schriftst., Buchhalterin.

Schriften: 125 Jahre Genossenschaftsbank Fulda eG (Red.) 1987; Blühendes Wolfskraut (Thriller) 2000; Marianne Schmidmeier – warum? (Erz.) 2000; Ernst Erich Noth (1909–1983) Bibliographie, 2001; Wiederum Weihnachten... Jahrbuch für kleine und große Leser (Kdb.) 2013.

Herausgaben: E. E. Noth, Die Tragödie der deutschen Jugend, 2002; ders., Jup und Adolf (mit L. Glotzbach, Illustr. v. W. Diewock) 2003; L. Tieck, Der gestiefelte Kater & Prinz Zerbino, 2003; E. E. Noth, Straße gesperrt, 2006; ders., Deutsche Schriftsteller im Exil 1933–1979, 2012; ders., Die Mietskaserne, 2021. MM

Nowack, Jörg F. (Ps. Berenike D. Schwarza), * 21.4.1963 Nebra; u. a. Tätigkeit als Eisenbahner, auch Ausbildung zum Mediengestalter u. Stud. der Staatswiss., zuletzt Autor u. freier Lektor; lebt in Rudolstadt; verfaßte u. a. Rom., Nov. u. Kinderbücher. – Lektor, Schriftsteller.

Schriften: Kinkerlitzchen für die Leselust: Alfreds Geheimnis (Rom.) 2013; Kinkerlitzchen für die Leselust II: Zwiebelfischs Abenteuer (Rom.) 2014; Schatzsuche zwischen Saale und Unstrut. Lilly, Nikolas und die Himmelsscheibe von Nebra (Kdb., Illustr. v. S. Pohle) 2015; Abenteuer zwischen Kyffhäuser und Westharz: Lilly und Nikolas auf den Spuren der ersten deutschen Herrscher (Kdb., Illustr. v. ders.) 2016; Der neugierige Junge, der die Welt erschütterte: Lilly und Nikolas auf Luthers Spuren (Kdb., Illustr. v. ders.) 2017; Tanzende Schmetterlinge in Rudolstadt. Eine Liebesnovelle in Erinnerung an das Rudolstädter Tanz- und Folkfest, 2017. MM

Nowack, Nicolas, * 26.10.1961 Hamburg; Stud. der Medizin, Slavistik, Lit.- u. Theaterwiss. in Hamburg, Facharzt für Psychiatrie u. Psychotherapie, ab 1987 Arzt an einer psychiatr. Klinik in Hamburg, 1992 Promotion zum Dr. med. in Hannover («Patholog. Persönlichkeitszüge unter bes. Berücksichtigung der Borderline-Pathologie bei Alkoholabhängigen im Vergleich mit Alkoholmißbrauchern»), später Arzt an einer Klinik in London, Gründer u. Geschäftsführer der «Dr. Nowack Gruppe» u. des «Zentrums für Soziale Psychiatrie» in Salzwedel, daneben ab 1999 Doz. u. ab 2000 Prof. an der Hochschule Magdeburg-Stendal, zudem Mitgl. in Fachgremien (u. a. ab 2013 Vorstandsmitgl. im Bundesverband der Soziotherapeuten); auch schauspieler. Ausbildung u. Tätigkeit als Schaupieler, als Autor Mitgl. der Gruppe «PENG» (Hamburg); lebt in Salzwedel; publizierte neben psycholog. Fachveröff. u. a. Lyrik, einen Briefrom. u. ein Kdb.; Hg. einer Lyrik-Anthologie. – Mediziner, Unternehmer, Schriftst., Schauspieler.

Schriften: Rats, 1986; Frauenfreunde. Ein Briefwechsel (Briefrom., mit F. Buecheler) 1989; Absonderl-ich. Lieder für Linguistenkinder, 2002; Hier entsteht demnächst ein Sinn. Optische Poesie mit einer vollständigen Dokumentation von Salzwedels LiteraTour-Pfad (Fotos v. J. Trott u. a.) 2006; Fußnoten (Ged.) 2010; Der Ofen Ottokar. Eine Geschichte mit einem lauten ‹Hatschi› und spannenden Fragen zu den Bildern und zur Geschichte (Kdb., Illustr. v. B. Bexte) 2012. – Zudem Publikation psycholog. Fachtexte.

Herausgaben: Nordsee ist Wortsee. Eine Auswahl moderner Nordsee-Poesie, 2006.

Literatur: Hamburg literarisch. Ein Adreßbuch (hg. Kulturbehörde der Freien u. Hansestadt Hamburg, Red. V. Fink u. a.) 1990, 139. MM

Nucke, Siegfried, * 22.5.1955 Nordhausen/Kr. Nordhausen; 1974 Abitur in Waltershausen/Kr. Gotha, 1974–78 Lehrerstud. Dt. u. Gesch. an der PH Potsdam mit Diplom-Abschluß, danach Lehrer in Waltershausen, 1981–84 Fernstud. am Lit.inst. Leipzig mit Diplom-Abschluß, 1985–97 Doz. an der Fachschule für Sozialpädagogik in Gotha/Kr. Gotha, dann Lehrer am Berufsschulzentrum Gotha-West u. ab 2002 dessen Leiter, ab 2010 Vorstandsmitgl. des Schriftst.verbandes Thür., betrieb ab 2014 den Verlag «Tasten & Typen» (Bad Tabarz), ab 2018 pensioniert, lebt in Bad Tabarz; verfaßte u. a. Hörsp., Lyrik, Erz. u. Aphorismen, zudem journalist. Veröff.; publizierte auch über Heinrich → Hoffmann (1809–1894); Veröff. u. a. in «Temperamente. Bl. für junge Lit.» (Berlin), «Neue Thüringer Illustrierte» (Weimar) u. «Palmbaum» (Bucha). – Pädagoge, Journalist, Verleger, Schriftsteller.

Schriften: Zu Hause wartet Sven (Hörsp.) 1982; Die Zauberer von Mohonia (Hörsp.) 1989; Elche auf dem Müll (Hörsp.) 1993; Zeitsprung (Bildbd., Texte v. N., hg. Adam Opel AG, Fotos v. U. Kneise) 1995; Nur gereimt, nicht gelogen (Hörsp.) 1996; Zeitreise durch Thüringen. Ausflüge in die Vergangenheit (Führer) 1997; 216 Schlüssel. Eine Kindheit (Erz.) 2016.

Literatur: D. Fechner, H. Völkerling, Thüringer Autoren der Ggw., 2003, 140 f.; Autoren (hg. VS Schriftst.verband, Landesverband Thür.) o. J., www.schriftsteller-in-thueringen.de/.; Thüringer Lit.rat, Autorenlex. (Internet-Edition).

MM

Nürnberg, Dorothea, * 29.11.1964 Graz; Stud. der Germanistik u. Romanistik in Graz u. Paris, Magister-Abschluß, Arbeit im Kulturmanagement, auch Journalistin; lebt in Wien u. Semriach; verfaßte u. a. Rom., Erz., Lyrik, Drehb., Ess., Reiseber. u. Bildbd. (teils mit eigenen Fotos); Hg. indigener brasilian. Lyrik; Veröff. u. a. in «Neue Zürcher Ztg.», «Der Standard» (Wien) u. «Lit. Öst.» (Wien). – Journalistin, Kulturmanagerin, Schriftstellerin.

Schriften: BewußtSein im Werden (Ged.) 1996; Penelope (lyr. Musiktheater) 1998; Auf dem Weg nach Eden (Rom.) 2000; In achtzehn Touren um die Welt. Ein literarischer ReiseVerführer, 2001; Tanz. Spiralen des Lebens (Bildbd., Fotos v. C. Prieler) 2002; ... heimgekehrt unter das Kreuz des Südens. Impressionen aus dem Regenwald (Illustr. v. F. Lana) 2002; Quellwärts. Brücken zwischen Nord und Süd (Fotos v. C. Mazal) 2003; Tochter der Sonne (Rom.) 2004; Onda. Meditationen aus Meer und Sand (Bildbd.) 2004; Kurzweiliges und Eiliges. Eine GedankenVersammlung, 2005; Spiegelbilder (Erz.) 2006; Gestern vielleicht (Rom.) 2008; Sterntänzer (Rom.) 2012; Gatito. Der kleine Katerprinz (Rom.) 2014; Unter Wasser (Rom.) 2015; herzwortweben (Ged.) 2017; sonnenwind (Ged.) 2018; Herzträume. Philosophischpoetische Weltbetrachtungen, 2019.

Herausgaben: Im Flug der Harpyie. No vôo da harpia. Indigene Poesie und Prosa aus dem brasilianischen Regenwald (mit O. Jekupé) 2015.

MM

Nuhr, Dieter, * 29.10.1960 Wesel; Sohn eines Beamten, Gymnasialbesuch in Düsseldorf, 1979 Abitur, Zivildienst, ab 1981 Lehramt-Stud. der Kunst u. Gesch. in Essen, daneben ab 1987 Auftritte als Kabarettist, 1988 1. pädagog. Staatsexamen, ab 1994 kabarettist. Soloprogr., auch zahlr. TV-Auftritte u. -Sendungen, u. a. 2006–10 als Moderator des ZDF-Jahresrückblicks, 2009 in «Nuhr so» u. ab 2014 in «Nuhr im Ersten», auch Ausstellungen als Fotograf, zeitweise Mitgl. der Grünen, zuletzt parteilos, lebt in Ratingen; publizierte vor allem satir. u. humorist. Texte bzw. Aufnahmen, zudem Bildbde. u. Kat. mit seinen Fotos. – u. a. Dt. Kleinkunstpreis (1998), Bayer. Kabarettpreis (2000), Dt. Comedypreis (2003, 2009, 2010, 2015, 2016), Kleinkunstpreis Nordrhein-Westf. (2007), Verdienstorden des Landes Nordrhein-Westf. (2017). – Kabarettist, Fotograf.

Schriften: Nuhr am nörgeln!, 1995 (auch als Audio-CD, 1995); Nuhr weiter so, 1996 (auch als Audio-CD, 1997); Nuhr nach vorn, 1998 (auch als Audio-CD, 1999); Gibt es intelligentes Leben?, 2006; Wer's glaubt, wird selig, 2007; Nuhr unterwegs (Bildbd.) 2008; Nuhr fotografiert! (Bildbd., hg. M. Ehler, K. Thelen) 2010; Nuhr auf Sendung. Ein Radiotagebuch, 2 Bde., 2010, 2016; Der ultimative Ratgeber für alles, 2011 (auch auf 4 Audio-CDs, 2011); Das Geheimnis des perfekten Tages, 2013 (auch auf 4 Audio-CDs, 2013); Nuhr um die Welt (Kat., Red. A. König, K. Thelen) 2015; Nuhr aus Wesel (Kat., hg. H. Kemper, Red. dies., K. Pieper) 2016; Die Rettung der Welt. Meine Autobiografie, 2017 (auch auf 4 Audio-CDs, 2017); Das grüne Quadrat (Kat., Text v. C. Tannert) 2018; Gut für dich! Ein Leitfaden für das Überleben in hysterischen Zeiten, 2019 (auch auf 4 Audio-CDs, 2019); Dieter Nuhr – Photography (Bildbd., Text v. B. Reifenscheid) 2020; Wo geht's lang? Ungewohnte Blicke auf eine ziemlich fremde Welt (Bildbd.) 2020.

Tonträger: www.nuhr.de (2 Audio-CDs) 2000; Ich bin's Nuhr (1 Audio-CD) 2004; Fritz Walter, Kaiser Franz und wir. Unsere Weltmeisterschaften (mit M. Breuckmann, F. Goosen, 1 Audio-CD) 2004; Nuhr die Wahrheit (1 Audio-CD) 2007; Nuhr die Ruhe (1 Audio-CD) 2009; Nuhr unter uns (1 Audio-CD) 2011; Nuhr ein Traum (1 Audio-CD) 2013; Nur Nuhr (1 Audio-CD) 2015; Nuhr hier, nur heute (1 Audio-CD) 2017; Kein Scherz! (1 Audio-CD) 2019. – Weitere Aufnahmen s. Schriften.

Literatur: Munzinger-Archiv. – R. Grauel, Nicht immer nu(h)r nörgelnd. Der Ratinger Kabarettist ~ (in: Journal. Jb. des Kr. Mettmann 16) 1996/97, 14–17; O. Cless, Wenn's im Laufschuh philosophiert. Der Düsseldorfer Kabarettist ~ u.

seine neuesten Nörgeleien (in: Düsseldorfer Hefte 44) 1999, H. 3, 34 f. MM

Nunold, Beatrice, * 1957 Hannover; Stud. der Kunstgesch., Philos., Ethnologie u. Vietnamistik in Hamburg, daneben künstler. Ausbildung an der dortigen Freien Kunstschule, 1997 Promotion zum Dr. phil. an der Univ. Hamburg («Hervor-bringungen. Ästhet. Erfahrungen zw. Bense u. Heidegger»), auch hypnose- u. kunsttherapeut. Ausbildung, u. a. Lehraufträge an der Univ. Bremen, zahlr. Ausstellungen als bildende Künstlerin, war 2009–12 Vorsitzende des Freien Dt. Autorenverbandes (FDA) in Nds., Mitgl. im Vorstandsbeirat des BBK Nds., bis 2017 auch 1. Vorsitzende des Bundes Bildender Künstler (BBK) im Harz, lebte in Goslar u. zuletzt in Ensdorf (Opf.); verfaßte vor allem Rom., Erz. u. Lyrik, tw. in den Genres Science-Fiction u. Fantastik; zudem philos. u. bildwiss. Monogr. u. Aufs., u. a. über Martin → Heidegger. – Schriftst., bildende Künstlerin, Philosophin.

Schriften: Freiheit und Verhängnis. Heideggers Topologie des Seins und die fraktale Affektlogik. Entwurf einer fraktgenen Topologie des physio-psychisch-mentalen Seins, 2004 (auch als 1 CD-ROM); Der große Wald (fantast. Kriminalrom.) 2008; Zwischen Vorgestern und Übermorgen. Geschichten aus dem Harz (mit C. u. P. Baier) 2011; ZeiTraum (Erz., mit I. Ried, D. Welker) 2011; Weltenwächter (Science-Fiction-Erz. u. Lyrik) 2012; Kathara (Science-Fiction-Rom.) 2015; Am Rand der Welt (Ged.) 2020. MM

Nussbaum, Hannelore, * 31.12.1933 Konstanz; wuchs in Ulm auf, Design-Ausbildung, später u. a. Mitarb. in einem Architekturbüro, auch Gasthörerin in Lit.wiss. an der PH Weingarten, lebt in Bad Schussenried; verfaßte vor allem Ged., Erz. u. kurze Prosa; auch lit. Beschäftigung mit Maria → Menz (1903–1996); Veröff. u. a. in «Allmende» (Halle/Saale). – Angestellte, Schriftstellerin.

Schriften: Zieh' einen Kreis (Ged., Fotos v. M. Reuter) 1991; Zwischen Zeilen ein Ort (Kurzprosa) 1995; Kastanientage (Erz. u. Ged.) 1998; Die offene Tür. Begegnungen mit der Dichterin Maria Menz, 2002; Casanovas Strümpfe (Kurzprosa) 2006; Mein Südwort heißt Venedig (Erz., Illustr. v. I. Wissel) 2006; Pauline und das Mäuseglück (Kdb.) 2011.

Vorlaß: DLA Marbach (Briefwechsel).

Literatur: M. Menz, Briefe 2: Briefw. mit Befreundeten (hg. C.-W. Hoffmann) 2009, 761; Autorinnen u. Autoren in Baden-Württ. (hg. Lit. Gesellsch. Karlsruhe) [o. J.], www.autoren-bw.de/. MM

Nussbaumer-Moser, Jeannette, * 2.5.1947 Thusis/Kt. Graubünden; Tochter eines jen. Gelegenheitsarbeiters, wuchs in Nivagl (Zorten) auf, Tätigkeiten in Landwirtschaft u. Gastronomie, zudem u. a. Haushaltshilfe in Sissach u. Fabrikarbeiterin in Pratteln, lebt in Altstätten; verfaßte Erz. u. einen autobiogr. Erlebnisbericht. – Angestellte, Schriftstellerin.

Schriften: Die Kellerkinder von Nivagl. Die Geschichte einer Jugend (Erlebnisber.) 1995; Vom Kinderkrätzli zum Trekkerrucksack. 17 Trekker-Geschichten von Bergwanderungen in der Schweiz und fernen Ländern, 1999 (2., überarb. Aufl. 2008); Geheimnisvolles Nivagl und andere rätselhafte Geschichten, 2006; Meine Puppenkinder und ihre Geschichten, 2008. MM

Nußbücker, Frank, * 23.3.1967 Jena; Abitur in Oranienburg, ab 1988 Stud. der Germanistik u. Theaterwiss. in Berlin, Magister-Abschluß, danach u. a. Schauspieler u. Mitarb. einer Mitfahrzentrale, 2001 Weiterbildung zum Autobiografiker, danach Ghostwriter u. freier Schriftst., ab 2008 auch Hg. der Zs. «Storyatella. Berliner Kurzgesch. Das Leben schreibt das Beste, aber nicht alles!» (Berlin), lebt in Berlin; verfaßte u. a. Rom., Erz., Sportbücher u. Auftrags-Autobiogr.; tw. lit. Zus.arbeit mit seiner Ehefrau Anke N. (* 1971); Veröff. u. a. in «Signum. Bl. für Lit. u. Kritik» (Dresden) u. «Junge Welt» (Berlin). – Schriftsteller.

Schriften: Kuchenmüllers Abflug. Liebesgeschichten, 1999; W. Maulhardt, Berlin ist nicht in Afrika. Meine Lebensgeschichte erzählt für dich und für euch alle (als Ghostwriter) 2005; Der Kiebitz von Saalow, erster Teil. Von trunkenem Vieh, Erdbeermilch und Weidenstecken, 2008; E. Most, Fünfzig Jahre im Auftrag des Kapitals. Gibt es einen dritten Weg? (als Ghostwriter, mit K. Rohnstock) 2009 (2., erg. Aufl. 2009); 111 Gründe, den 1. FC Union Berlin zu lieben. Eine Liebeserklärung an den großartigsten Fußballverein der Welt, 2013 (erw. Neuausg. 2018); 111 Gründe, Boxen zu lieben. Von fliegenden Fäusten, menschlichen Dramen im Ring und der Poesie des Kampfes, 2014; 111 Gründe, Unioner zu sein. Eine Liebeserklärung an die wundervollsten Fans der Welt, 2015;

M. Widmaier, Hier kann ich nicht bleiben. Das ruhelose Leben des Rudolf Amos Bardin (Abrahamsohn) (als Ghostwriter) 2016; Der Geist des Spiels. Ein Fußball-Roman, 2016; H.-E. u. C. Blume, Die Geschichte von Hans im Glück. Vom Seiltänzer zum Pianisten (als Ghostwriter) 2016; H. Birch, Wiedersehen, ich gehe in die Fremde. Streben für eine bessere Welt (als Ghostwriter) 2017; ‹Jutten Tach.› ‹Dit heißt Eisern!› Ein eisernes Familien-Tagebuch in Wort und Bild (Illustr. v. S. Paff) 2017; U. Blankenstein, Habt ihr Kummer oder Sorgen… Mein Leben als Frau Puppendoktor Pille (als Ghostwriter) [2020]; Fettnäpfchenführer Ostsee. Auf dem Bodden der Tatsachen (mit ANKE N.) 2021; W. Lippert, Was haben wir gelacht. Mein Leben mit Humor (als Ghostwriter) 2021.   MM

Nuyen, Jenny-Mai (eig. J.-M. Nguyen), * 14.3.1988 München; Tochter eines Informatikers, Film-Stud. in Florenz u. New York (abgebrochen), später Stud. der Philos. an der FU Berlin, freie Schriftst., lebt in Berlin; verfaßte u. a. Rom. (meist Fantasy) u. Lyrik. – Schriftstellerin.

Schriften: Nijura. Das Erbe der Elfenkrone (Fantasyrom.) 2006; Nocturna. Die Nacht der gestohlenen Schatten (Fantasyrom.) 2007; Das Drachentor (Fantasyrom.) 2007; Rabenmond. Der magische Bund (Fantasyrom.) 2008; Die Sturmjäger von Aradon: Feenlicht (Fantasyrom.) 2009; Die Sturmjäger von Aradon: Magierlicht (Fantasyrom.) 2010; Noir (fantast. Rom.) 2012; Nacht ohne Namen (fantast. Rom.) 2015; Heartware (Thriller) 2017; Die Töchter von Ilian (Fantasyrom.) 2019; Kalt wie Schnee, hart wie Eisen (Fantasyrom.) 2021.

Literatur: M. BONACKER, Elfen u. Abi. ~ u. ihr Debütrom. ‹Nijura – Das Erbe der Elfenkrone› (in: Bulletin Jugend u. Lit. 37) 2006, H. 11, 6 f.   MM

Nygaard, Hannes (eig. Rainer Dissars-Nygaard), * 1949 Hamburg; kaufmänn. Ausbildung, studierte Betriebswirtschaftslehre, dann Tätigkeit als Unternehmensberater, zuletzt freier Schriftst.; lebte in Münster/Westf., zuletzt in Nordstrand ansässig; verfaßte Kriminalrom. u. Kurzkrimis. – Unternehmensberater, Schriftsteller.

Schriften: Tod in der Marsch (Kriminalrom.) 2004; Vom Himmel hoch (Kriminalrom.) 2005; Tod an der Förde (Kriminalrom.) 2006; Mordlicht (Kriminalrom.) 2006; Todeshaus am Deich (Kriminalrom.) 2007; Küstenfilz (Kriminalrom.) 2007; Todesküste (Kriminalrom.) 2008; Tod am Kanal (Kriminalrom.) 2008; Mord an der Leine (Kriminalrom.) 2009; Der Tote vom Kliff (Kriminalrom.) 2009; Der Inselkönig (Kriminalrom.) 2009; Tatort: Erntedank (Kriminalrom.) 2010; Tatort: Borowski und die einsamen Herzen (Kriminalrom.) 2010; Sturmtief (Kriminalrom.) 2010; Niedersachsen Mafia (Kriminalrom.) 2010; Tod im Koog (Kriminalrom.) 2011; Schwelbrand (Kriminalrom.) 2011; Das Finale (Kriminalrom.) 2011; Schwere Wetter (Kriminalrom.) 2012; Nebelfront (Kriminalrom.) 2012; Eine Prise Angst (Kurzkrimis) 2012; Unwahrheiten für das Kopfkissen. Hannes erklärt die Welt, 2013; Fahrt zur Hölle (Kriminalrom.) 2013; Das Dorf in der Marsch (Kriminalrom.) 2013; Auf Herz und Nieren (Kriminalrom.) 2013; Schattenbombe (Kriminalrom.) 2014; Flut der Angst (Kriminalrom.) 2014; Biikebrennen (Kriminalrom.) 2014; Nordgier (Kriminalrom.) 2015; Stadt in Flammen (Kriminalrom.) 2016; Das einsame Haus (Kriminalrom.) 2016; Nacht über den Deichen (Kriminalrom.) 2017; Im Schatten der Loge (Kriminalrom., mit J. RUSCH) 2017; Tod dem Clan (Kriminalrom.) 2018; Hoch am Wind (Kriminalrom.) 2018; Das Kreuz am Deich (Kriminalrom.) 2018; Rache im Sturm (Kriminalrom.) 2019; Falscher Kurs (Kriminalrom.) 2019; Das weiße Haus am Meer (Kriminalrom.) 2020; Das Böse hinterm Deich (Kriminalrom.) 2020; Im Moor (Kriminalrom.) 2021; Unter dunklen Wolken (Kriminalrom.) 2021.   MM

O

Oberländer, Christa, * 5.9.1944 Augsburg; Abitur, dann Ausbildung am Augsburger Singschullehrer- u. Chorleiterseminar, Sozialdienst im Mütterkurheim Oberstdorf, Stud. der Pädagogik in Augsburg, Hamburg u. München, 1967 pädagog. Staatsexamen in München, danach pädagog. Assistenzjahr in Frankreich, Arbeit als Grundschullehrerin in Dtl. u. Frankreich, war zudem als Stadtführerin u. ehrenamtl. Klinik-Seelsorgerin tätig, lebte in Rommelsried (heute zu Kutzenhausen); publizierte Lyrik, Prosa u. einen Reisebericht. – Pädagogin, Schriftstellerin.

Schriften: Im Banne der Provence. Gestalten und Landschaften (Reiseber., mit G. POHLUS) 1991 (2., erw. Aufl. 1994); Auf dem Meer der Zeit (Ged.) 1994 (2., erw. Aufl. 1996); Daß etwas in mir aufgeht und lebt (Prosa) 2001; Traumlicht (Prosa, Illustr. v. A. Kindel) 2004; Treibsand (Ged.) 2018.

MM

Oberländer, Harry, * 9.11.1950 Bad Karlshafen; Schulbesuch in Karlshafen u. Hofgeismar, Abitur in Hofgeismar, ab 1969 Stud. der Soziologie in Frankfurt/M., daneben polit. Engagement in linken Gruppen, dann Mitgl. der Grünen, zudem Mitarb. der Karl-Marx-Buchhandlung u. des SDS-Verlags «Neue Kritik» in Frankfurt/M., Diplom-Abschluß, dann Autor von Rundfunk-Features, daneben Logenschließer am Schausp. Frankfurt/M., ab 1986 Mitarb. des «Hess. Lit.büros» (Frankfurt/M.) u. Red. beim «Hess. Lit.boten» (Frankfurt/M.), 1988–90 Journalist in Hongkong, dann Volkshochschul-Doz. in Frankfurt/M., ab 1994 Mitarb. u. 2010–16 Leiter des «Hess. Lit.forums» (Frankfurt/M.), zudem Chefred. des «Lit.boten» (Frankfurt/M.), ab 2016 Red. bei «faust-kultur» (Frankfurt/M.), daneben freier Journalist u. Schriftst.; Ehemann von Irmgard Maria → Ostermann; lebt in Frankfurt/M.; verfaßte u. a. Lyrik, Prosa, Ess. u. Features; auch engl.-dt. u. hebr.-dt. Übers.; Veröff. u. a. in «taz» (Berlin), «Die Horen» (Göttingen), «Lit. Hefte» (München) u. «Akzente» (München). – Leonce-und-Lena-Preis (1973). – Schriftst., Journalist, Soziologe, Doz., Geschäftsführer, Buchhändler.

Schriften: Zum Verhältnis der ästhetischen Theorie Hegels zu neueren Diskussionen über materialistische Ästhetik, 1975; Ein paar Dinge von denen ich weiss (Ged., mit J. BURKHARD, J. M. WALTHER) 1977; Staatsgewalt und Zensur als Motiv deutscher Literatur 1468–1849 (Rundfunkess.) 1977; Das siebte Kreuz. Der Fluchtweg des Arbeiters Georg Heisler aus dem KZ Osthofen bei Worms über Mainz nach Frankfurt. Nacherzählt dem Roman von Anna Seghers und nachgewandert (Rundfunkerz.) 1980; Garten Eden, Achterbahn (Ged.) 1988; Tannhäuser, Grüße aus Prag (Rundfunkerz.) 1994; Luzifers Lightshow (Ged.) 1996; Fundstücke des Jahrhunderts (Rundfunkarbeit) 2000; Chronos Krumlov (Ged. u. Ess.) 2015; Zwischen den Zeilen. Über Victor Otto Stomps, 2020.

Übersetzungen: A. Tellez, Sabaté. Stadtguerilla in Spanien nach dem Bürgerkrieg, 1945–1960, 1974; R. Clark, L. Levitt, Attica. Entstehung, Verlauf und blutige Zerschlagung einer Gefangenenrevolte, 1977; N. Baram, Der Wiederträumer (mit L. BÖHMER) 2009; M. Angelou, Ich weiß, warum der gefangene Vogel singt, 2018.

Herausgaben: A. Seide, Das ABC der Lähmungen. Ein Kneipenroman (mit Adam-Seide-Arch.) 2012; Poetische Positionen (mit B. JAGER, W. SÖLLNER) 2016; Stimmen aus Hessen (mit DENS.) 2016; Nordlichter (mit DENS.) 2016; Lass die Chiffren schlafen (mit DENS.) 2017; No home (mit DENS.) 2017; Den Koffer trag ich selber, 2017; Lebe wohl, gute Reise (mit DENS.) 2017; Anfänge (mit DENS.) 2018; M. Beltz, Parmesan und Partisan, 2018.

Vorlaß: Inst. für Buchwiss. Mainz; DLA Marbach; Lit.arch. Sulzbach-Rosenberg.

Literatur: A. POHLMANN, ~ (in: Lit. in Frankfurt. Ein Lex. zum Lesen, hg. P. HAHN) 1987, 430 f.; ~ im Gespräch mit Martina Weber: Lit. jenseits des Massenpublikums muss möglich bleiben (in: Poet. Das Magazin des Poetenladens 14) 2013, 177–181; M. BUSELMEIER, Höchstens eine Revolte (in: Poetin. Lit.magazin 24) 2018, 96 f.

MM

Obermayer, Maria Franziska (auch Obermeyer), * 2.1.1783 Amberg, † 10.8.1807 ebd.; Tochter eines Gerichtsverwalters u. Gutsbesitzers in Lohe (heute Ortsteil von Sulzbach-Rosenberg/Oberpfalz), wurde kath. erzogen, erlernte von ihrem gelehrten Bruder die dt. Dichtkunst u. holte sich darüber hinaus Rat bei Freunden u. Verwandten ein. Mehrere ihrer Ged. blieben im Verwandten- u. Freundeskreis erhalten, während die bei O. verbliebenen Ms. auf eigenen Wunsch mit in ihr Grab gelegt wurden. Nach GREGER (1831), der O.s Werk posthum publizierte, starb sie «als ein Opfer der Sorgfalt für ihre Eltern» in jungen Jahren. – Lyrikerin.

Ausgabe: Sonette geistl. Inhalts mit den Titeln «Der Hausaltar», «Die Mariahilfkirche bei Am-

berg», «Himmel und Erde» u. «Der Mensch» in: Sonette von bayerischen Dichtern (ges. v. F. A. GREGER, Bd. 1) 1831, 284–288 (online: BSB München).
Bibliographie: Schmidt, Quellenlex. 23 (2000) 86.
Literatur: Goedeke 12 (²1929 [Nachdr. 2011]) 501, Nr. 7. – E. FRIEDRICHS, Die dt.sprachigen Schriftst.innen des 18. u. 19. Jh. Ein Lex., 1981, 223.
MMü

Obermayr, Richard, * 22.8.1970 Ried im Innkreis/Oberöst.; wuchs in Schlatt bei Schwanenstadt/Oberöst. auf, studierte in Wien; Mitgl. der Grazer Autorenversammlung; lebt in Wien. – Adalbert-Stifter-Stipendium des Landes Oberöst. (2000), Hermann-Lenz-Stipendium (2000), Robert-Musil-Stipendium (2000–05), Stipendiat von HALMA – Das europ. Netzwerk lit. Zentren (2008), Reinhard-Priessnitz-Preis (2011), Heimrad-Bäcker-Preis (2020). – Schriftsteller.
Schriften: Der gefälschte Himmel (Rom.) 1998; Das Fenster (Rom.) 2010.
BJ

Oberthanner, Ewald, * 10.2.1950 Innsbruck; studierte Germanistik u. Anglistik in Innsbruck, war danach als Lehrer, später auch als Journalist tätig, bis 2003 zudem Obmann des Kulturver. «Blue-Pink» (Innsbruck); Autor von Erz. u. Romanen. – Pädagoge, Schriftst., Journalist.
Schriften: Amalfi oder der Irrtum der Wirklichkeit (Rom.) 2001; Weich wie Watte (Rom.) 2002; Die Schwäne des St. James's Park (Erz.) 2004; Tödliche Treibjagd (Kriminalrom.) 2014; Blick in den Abgrund (Kriminalrom.) 2015.
Herausgaben: Die Allelujastaude. Besinnlich-tiefgründige, kritisch-satirische, sarkastisch-provokante, humorvolle Weihnachtserzählungen, 2004.
MM

Obexer, Maxi (eig. Margareth O.), * 13.8.1970 Brixen; wuchs in Feldthurns auf, Matura, studierte Komparatistik, Philos. u. Theaterwiss. in Wien u. Berlin, Dramaturgin u. a. am Gorki-Theater in Berlin, zudem Regie-Arbeiten, freie Schriftst., Gastdoz. u. -prof., u. a. 2009–11 an der Univ. der Künste in Berlin, 2014–20 am Dt. Lit.inst. Leipzig, 2016 an der Univ. Georgetown in Washinton D.C. u. 2017 an der Univ. Nantes, 2014 Gründerin u. dann Leiterin einer Summer School in Südtirol, war 2014 mit Marianna Salzmann (*1985) Gründerin u. dann Mitleiterin des «Neuen Inst. für dramat. Schreiben» (Berlin), 2020 Mitbegründerin u. seitdem 2. Vorsitzende des «Verbandes der Theaterautor:innen», zeitweise auch Vorsitzende der Südtiroler Autorinnen u. Autorenvereinigung, lebt in Berlin; verfaßte u. a. Dramen, Erz., Ess. u. Hörsp. (auch Regie); daneben Entwicklung von Performances u. Kunst-Installationen; auch Dramen-Hg.; beschäftigt sich in ihren Texten u. a. mit dem Themen Europa, Migration u. Frauen; schuf zudem ital.-dt. Übers.; Veröff. u. a. in «Akzente» (München), «Theater heute» (Berlin) u. «Orte. Eine Schweizer Lit.zs.» (Zürich). – (Neben weiteren Auszeichnungen) Eurodram-Preis (2016). – Regisseurin, Schriftst., Übers., Hg., Verbandsfunktionärin.
Schriften: Die Liebenden. Eine Geschichte in zwei Monologen (Hörsp.) 1999; Offene Türen (Drama) 2000; M. Tournier, Kaspar, Melchior und Balthasar (Hörsp.-Bearb.) 2001; Gelbsucht (Drama) 2001; Das Herz eines Bastards (Erz. u. Ess.) 2002; Die Störung (Drama) 2003; Liberté toujours (Drama) 2003; Das Risiko (Drama) 2003; M. Fiume, Aida (Hörsp.-Bearb. u. -Übers.) 2004; F.O.B – Free on board (Monolog) 2004; Liberté toujours. Drei Monologe von drei unmöglichen Schritten, 2004; Von Kopf bis Fuß (Drama) 2004; Hiddensee (Monolog) 2004; Das Geisterschiff (Drama) 2005; Zwei Szenen (Drama) 2006; Der Zwilling (Drama) 2006; M. Carlotto, Arrivederci amore, ciao (Hörsp.-Bearb.) 2007; E. da Cunha, Krieg im Sertão (Hörsp.-Bearb.) 2007; Gletscher (Drama) 2008; Lotzer. Eine Revolution (Drama) 2008; Vom guten Leben (Drama) 2008; F. Norris, Gier nach Gold (Hörsp.-Bearb.) 2009; Die Notwendigkeit von Kunst (hg. J.-B. JOLY) 2010; Im Auge der Seekuh (Monolog) 2010; Wenn gefährliche Hunde lachen (Rom.) 2011; Planet der Frauen (Libr.) 2012; M. Kröger, Grenzfall (Hörsp.-Bearb.) 2013; A. Schnitzler, Traumnovelle (Libr.) 2013; Das Ballhaus (Drama, mit R. CAVOSI) 2013; Das Schweigen der Schweiz (Drama, mit A. SAUTER u. a.) 2016; Illegale Helfer (Drama) 2016; Gehen und Bleiben (Drama) 2016; Europas längster Sommer (Rom.) 2017; Wenn wir lieben (Drama) 2018; Wenn wir lieben (Drama) 2018; L. Thalheimer, Costa Rica time warp (Bildbd., Texte v. ~) [2018]; Verlorene Kämpfer – Vom Ende der Roten Armee Fraktion (Drama) 2019; Auf den Spuren der Kuh. Eine kurze Chronik aus der antiken Zukunft (Drama) 2020.
Übersetzungen: D. Maraini, Der Taubenmann oder Berichte über den Einbruch der Dunkelheit (Hörsp.) 2002; dies., Schatten oder Kinder

der Dunkelheit (Hörsp.) 2003; G. Favini, Die Flügel des Wahns (Hörsp.) 2003; L. Ariosto, Orlando Furioso (Hörsp.) 2004; G. Favini, Gäste (Hörsp.) 2005.

Herausgaben: In Zukunft! Neue Theaterstücke zur Gegenwart (mit T. JERMAN, C. SCHOLZE) 2018.

Literatur: N. SCHRÖDER, ‹... jetzt bin ich mein eigener Grenzposten.› Über die Autorin u. Dramaturgin ~ aus Feldthurns (in: Sturzflüge 49) 2001, 70–75; S. REUTER, Komm runter, Sweety. ~s ‹Die Liebenden› in Tübingen (in: Theater heute 45) 2004, H. 5, 43 f.; B. NOACK, Zwei-Klassen-Schiffbruch (in: ebd. 49) 2008, H. 2, 50; F. WILLE, Helden ihrer selbst (in: ebd. 57) 2016, H. 8/9, 69; T. GINDLSTRASSER, Nicht unterlassene Hilfeleistung (in: Theater der Zeit 71) 2016, H. 3, 43; F. WILLE, Fragen der Augenhöhe (in: Theater heute 58) 2017, H. 5, 67 f.; I. THEELE, Der ‹Schlepper›, das unbek. Wesen. Formen der Fluchthilfe in ~s ‹Wenn gefährl. Hunde lachen› u. ‹Illegale Helfer› (in: Niemandsbuchten u. Schutzbefohlene. Flucht-Räume u. Flüchtlingsfiguren in der dt.sprachigen Ggw.lit., hg. T. HARDTKE u. a.) 2017, 287–303; R. TAHOUN, Multiperspektivität der Flucht in ~s ‹Wenn gefährl. Hunde lachen› (2011), Daniel Zipfels ‹Eine Handvoll Rosinen› (2015) u. Emad Blakes ‹Mama Merkel› (2016) (in: Grenz-Übergänge. Zur ästhet. Darst. von Flucht u. Exil in Lit. u. Film, hg. M. BAUER u. a.) 2019, 19–37; C. V. MALTZAN, Sehnsuchtsort Europa. Zu Grenzen in ~s Rom. ‹Wenn gefährl. Hunde lachen› (in: Grenzen u. Migration. Afrika u. Europa, hg. DIES. u. a.) 2019, 139–155; K. FORBRIG, ‹Leaving and remaining›. The staging of Europe in the work of ~ (in: : Forum modernes Theater 31) 2020, 187–197. MM

Oblasser, Theresia, * 9.4.1941 Taxenbach/Pinzgau; Tochter eines Landwirts, Schulbesuch in St. Georgen (zu Bruck an der Großglocknerstraße), zudem Ausbildung an Haushalts- u. Berufsschulen, landwirtschaftl. Gehilfin auf dem Hof der Familie, auch auswärtige Aushilfstätigkeiten, ab 1965 Ehe mit einem Bergbauern u. Landwirtin bei Taxenbach, ab 1984 auch schriftstellerisch tätig, zudem polit. u. kulturelles Engagement (u. a. in der Bergbauernvereinigung), ab 2001 im Ruhestand, lebt in Taxenbach; publizierte u. a. Erinn. u. Lyrik, teils in Pinzgauer Mundart; schuf 2002 auch eine Mundart-Bearb. des Markus-Evangeliums; Veröff. u. a. in «Salzburger Bauernkalender» u. «Koryphäe. Medium für feminist. Naturwiss. u. Technik» (Wien). – u. a. Walter-Kraus-Mundartpreis (2011). – Landwirtin, Schriftstellerin.

Schriften: Wetta geh auf und kimm nit. G'schichtn, Soaga, Anekdoten, Mundart, Unterpinzgau, Gastein (mit R. GRUBER) 1996; Das Weite suchen... (mit I. ELLMAUER u. a., hg. Arge Region Kultur) 2001; ‹Das Köpfchen voll Licht und Farben...› Eine Bergbauernkindheit (Erinn., Bearb. A. GORIZHAN, G. MÜLLER) 2006; Heimkommen (Ged., hg. R. PILS) 2010; Bin nit va dao, bin va weit hea. Gedichte aus den Hohen Tauern (Fotos v. C. Nöbauer) 2011; Eigene Wege. Eine Bergbäuerin erzählt (Bearb. G. MÜLLER) 2013.

Literatur: C. HÄMMERLE, Von heiligen Vor- u. Schreckensbildern. Funktionen u. Wirkungsweisen kath. Bildkultur im Kontext rel. Kindererziehung (in: Rel. u. Alltag. Interdisziplinäre Beitr. zu einer Sozialgesch. des Katholizismus in lebensgeschichtl. Aufz., hg. A. HELLER u. a) 1990, 250–286; ~ (in: Salzburger Lit. Netz, hg. CH. GÜRTLER, R. PINTAR, Red. S. KRAUSHAAR, B. JUDEX) [o. J.], www.literaturnetz.at/salzburg/. MM

Odörfer, Gerhard, * 3.5.1956 Wagna; bis 1974 Schulbesuch in Graz, 1975–78 freier Mitarb. des ORF, daneben Dolmetscher- u. Jura-Stud., 1982–85 Bankkaufmann in Graz, ab 1989 Berufsunfähigkeits-Pension, ab 1998 Mitgl. des «Steiermärk. Kunstver. Werkbund» (Graz), lebt seit demselben Jahr in Salzburg, betrieb dort ein Massage-Gewerbe, auch Auftritte als Schauspieler u. Entertainer; publizierte Lyrik u. Gedanken. – Bankkaufmann, Masseur, Schriftsteller.

Schriften: In Deinen Augen. Gedanken und Gedichte, 1991 (2., durchges. Aufl. 1993); Unterwegs oder Unsere Welt ist offen (Illustr. v. A. Plocek) 1999.

Literatur: ~ (in: Salzburger Lit. Netz, hg. C. GÜRTLER, R. PINTAR, Red. S. KRAUSHAAR, B. Judex) [o. J.], www.literaturnetz.at/salzburg/. MM

Oehlschläger, Christian, * 3.12.1954 Hannover; Sohn eines Pfarrers, Gymnasialbesuch in Burgwedel, Stud. der Forstwirtschaft in Göttingen, ab 1981 Förster, ab 1984 Veröff. als Schriftst. u. Fachautor, ab 1985 zeitweise forstl. Beratungstätigkeiten in Süd- u. Mittelamerika, ab 1993 Leiter der Bezirksförsterei Burgwedel, ab 2020 im Ruhestand, lebt in Burgwedel; trat vor allem mit Krimis u. Jagderz. hervor. – Förster, Schriftsteller.

Schriften: Seltene Beute. Jagdkurzgeschichten (Illustr. v. C.-H. Dömken) 1990; Wildwechsel (Jagdgesch.) 1998 (2., durchges. u. korr. Aufl. 2009); Der Schwanenhals (Kriminalrom.) 2005 (Neuausg. u. d. T.: Schwanenhals, 2011); Der Kohlfuchs (Kriminalrom.) 2006 (Neuausg. u. d. T.: Kohlfuchs, 2011); Draußen vom Walde. Jagd- und Weihnachtsgeschichten (Illustr. v. E. Paetz-Kalich) 2007; Die Wolfsfeder (Kriminalrom.) 2008 (Neuausg. u. d. T.: Wolfsfeder, 2012); Der Waldvogel (Kriminalrom.) 2011 (2., durchges. Aufl. 2011, Neuausg. u. d. T.: Waldvogel, 2013); Wo Hirsch und Has'... (Jagdgesch.) 2012; Das Hirschluder (Kriminalrom.) 2014 (überarb. Neuausg. u. d. T.: Hirschluder, 2016); Der Neunwürger (Kriminalrom.) 2016 (Neuausg. u. d. T.: Neunwürger, 2018); Auf trügerischer Spur. Jagd- und Kriminalgeschichten, 2018.   MM

Oehmen, Bettina (geb. Güllekes), * 19.11.1959 Dortmund; Tochter eines Lehrers u. einer Erzieherin, 1978 Abitur in Castrop-Rauxel, dann Stud. der Musik (klass. Gitarre u. Gesang) in Dortmund u. Jerusalem, danach Liedermacherin u. Schriftst., lebte ab 1982 in Jerusalem u. ab 1985 in Bocholt; verfaßte u. a. Kriminalrom., Lyrik, Jgdb., Erlebnisber., Meditationen, Ratgeber u. Sachbücher (u. a. Esoterik). – Liedermacherin, Schriftstellerin.

Schriften: Im Sonnengeflecht der Hirnfinsternis. Eine kleine Inventur der Neunziger (Lyrik u. Prosa) 1998; Das Bocholter Bilderbuch (mit 1 Audio-CD) 1999; Gedichte über Gott und die Welt, 2000; Julius sieht mehr. Eine phantastische Reise ins Innenland (Jgdb.) 2001; Zwei Leichen zuviel (Kriminalrom.) 2002; Der Tod malt in Acryl (Kriminalrom.) 2002; Mordsgedanken (Kriminalrom.) 2003; Spaghetti im Badezimmer. Eine vergnügliche Familiengeschichte, 2003; Variationen über die Liebe oder was wir daraus machen (Erz.) 2004; Solé oder der Weg zum Glück (Meditationen) 2005; Was gibt es Dolleres als Julias Großmutter (Jgdb.) 2007; Sternenblut (Kriminalrom.) 2007; Solé oder der Weg zum Sein (Meditationen) 2007; Shalom Chaverim. Drei Jahre im Heiligen Land (Erlebnisber.) 2008; Die Welt durch Kinderaugen (Anekdoten) 2008; Solé oder der Weg zum Erinnern (Meditationen) 2009; Was Sie schon immer über Bocholt wissen wollten (Bildbd.) 2009; Himmelsfenster (Rom.) 2010; Briefgeheimnis (Kriminalrom.) 2010; Solés Blumenbuch (Esoterik-Sachb.) 2011; Variationen über die Liebe II (Erz.) 2012; Der Gemüsehändler und das Mädchen im roten Mantel (Rom.) 2012; Das Geheimnis der Tulpen (Rom.) 2014; Was Sie schon über Bocholt wussten, aber vergessen haben (Bildbd.) 2016; Solé oder Der Weg zur Weisheit (Gedanken u. Meditationen) 2016; Menschenkinder oder Gesandte des Himmels. Wie behandeln wir uns angemessen? (Ratgeber) 2016; Bocholt Schwarz-Weiß-Bunt (Bildbd.) 2016; Handbuch für das Chaos. Über die Transformation von Chaos in Glück (Ratgeber) 2017; Die MM-Gedankenschule. Von der Entrümpelung des ‹Magic Mind› (Ratgeber) 2018; Vom Wert der wahren Illusion (Prosa, Illustr. v. F. Bahr) 2019; Magie im Alltag (Esoterik-Sachb.) 2019.

Herausgaben: Unsere Erde (Anthol.) 2001.

Tonträger: 13 Feen (1 Audio-CD) 1987; Secret of my Life (1 Audio-CD, mit C. Oehmen) 2001; Lieder aus Israel (1 Audio-CD) 2002; Liebes Leben (1 Audio-CD, mit C. Oehmen) 2002; Traumfänger (1 Audio-CD, mit C. Justiniano, L. Llorente) 2003; Julius-Lieder (1 Audio-CD) 2004; Liebe Lieder (1 Audio-CD, mit C. Oehmen, D. Tchorz) 2004; Solé. Lieder zum positiven Denken (1 Audio-CD, mit T. Erkelenz u. a.) 2005; 15 Meditationsreisen aus ‹Solé oder der Weg zum Sein› (1 Audio-CD) 2008.

Literatur: Liton.NRW (Internet-Edition).

MM

Oehmichen, Inge (geb. Wicher), * 24.9.1947 Duisburg; Kindheit in Duisburg, Ausbildung zur Großhandelskauffrau, Sekretärin, Besuch einer Fachoberschule für Sozialpädagogik, ab 1994 freie Schriftst., auch Ausstellungen als bildende Künstlerin, lebte zuletzt in Blankenheim (Ahr); verfaßte u. a. Ged., Kdb., Jgdb. u. Krimis; Veröff. u. a. im «Jb. Kr. Wesel» (Duisburg). – Sekretärin, Schriftst., bildende Künstlerin.

Schriften: Vicki (Jgdb.) 1996; Sehnsucht, so heißt meine zärtliche Schlange (Ged.) 1997; Jonathan, unser Lieblingsgespenst (Kdb., Illustr. v. U. Hess) 1997; Küsse, Kummer und ein Kätzchen (Jgdb.) 2003; Eifelsüchtig. Lesebuch für Groß und Klein, 2003; Violett fliegt. Abenteuer einer Eifelprinzessin (Jgdb.) 2006; Eifelei, [2008]; Eifelbiester (Krimi) 2009.

Vorlaß: Kreisarch. Euskirchen.

Literatur: 20 Jahre Edition Fischer u. R.-G.-Fischer-Verlag 1977–1997. Dokumentation einer

20jährigen Verlagsarbeit. Bd. 2: Autoren von H–O (hg. Rita-G.-Fischer-Verwaltungsgesellschaft-mbH-&-Co.-Verlags-KG) 1996, 413; Friedrich-Bödecker-Kreis NRW (Red. L. BRÜNIG) o. J., www.boedecker-kreis-nrw.de/. MM

Oelschlegel, Albert → Olearius, Albert.

Oelze, Anselm, * 6.1.1986 Erfurt; Stud. der Philos., Politikwiss. u. Philosophical Theology an Univ. in Freiburg/Br. u. Oxford, 2016/17 Forsch.aufenthalt an der Univ. Helsinki, 2017 Promotion zum Dr. phil. an der HU Berlin, 2018/19 Doz. an der Univ. München; lebt in Leipzig. – Hochschullehrer, Philosoph, Autor.
Schriften: Theories of Animal Rationality in the Later Middle Ages (Diss.) 2017 (Buchausg. u. d. T.: Animal Rationality. Theories of Animal Rationality in the Later Middle Ages. Later Medieval Theories 1250–1350, Leiden 2018); Wallace (Rom.) 2019; Die Grenzen des Glücks. Eine Reise an den Rand Europas (Ber.) 2021.
Literatur: Thüringer Lit.rat, Autorenlex. (Internet-Edition). FA

Oertel, Michael (Ps. Edgar Fleischer), * 27.3.1967 Großenhain (Kr. Meißen); Enkel des Komponisten Herbert Gadsch (1913–2011), Sohn einer Kantorin, Kindheit in Graupa (heute zu Pirna) u. Freiberg (Kr. Mittelsachsen), Besuch der Polytechn. Oberschule, Ausbildung zum KfZ-Schlosser, war u. a. Verwaltungsfachangestellter, Hausmeister u. Bestatter, ab 1999 Stud. der Sozialpädagogik, Diplom-Abschluß, dann Tätigkeit als Sozialarbeiter (u. a. Leipziger Bahnhofsmission, Sozialdienst der Stadt Leipzig), zeitweise auch Mitgl. des Leipziger Stadtrats u. Vorsitzender des von ihm gegründeten Ver. «Mehrweg» (Leipzig), zudem Journalist u. Fotograf, lebt seit 1991 in Leipzig; verfaßte u. a. Lyrik, Rom., Kdb., Ess. u. Aphorismen. – Sozialpädagoge, Schriftst., Fotograf, Journalist.
Schriften: Meine letzten Worte: Macht es besser! (Aphorismen) 2009; Tagebuch eines Depressiven, 2009; Jahrbuch zum 5. Jubiläum des Mehrweg e. V. (Red., hg. Mehrweg e. V.) [2009]; Helfe-Elfe Magda in Ostfriesland (Kdb., Illustr. v. J. Kuhnt) 2010; Edgars Welt! Eine Liebeserklärung an die Armut, das Verrücktsein und an Dich!, 2010 (2., überarb. Aufl. 2016); Ich mach' mir Angst. Ein Edding-Roman, 2012; … du mir auch, 2012; Wer den Nachteil nicht ehrt … Sprüche & Aphorismen (Illustr. v. M. A. Segado) 2014; Helfe-Elfe Magda in den Rocky Mountains (Kdb., Illustr. v. J. Kuhnt) 2016; Blackbox fürs Leben (Ess. u. Ged.) 2017.
Literatur: ~ (in: Mitgl.verz. der Autoren, hg. Friedrich-Bödecker-Kreis im Freistaat Sachsen e. V.) [o. J.], www.boedecker-sachsen.de/autoren/. MM

Oertzen, Charlotte Sophie Albertine Wilhelmine von (geb. Freiin von Jasmund), * 20.8.1780 Kassel, † 3.1.1818 Neustrelitz; Tochter des kurhess. Appellationsgerichtspräs. u. späteren württemberg. Staatsministers Ludwig Helmuth Heinrich Frhr. von Jasmund (1748–1825) u. der Henriette Wilhelmine von Schlotheim (1758–1810); hatte einen jüngeren Bruder namens Karl (1782–1847), der Offizier u. preuß. Landrat war, u. eine jüngere Schwester namens Karoline (1807–1875, verh. mit dem württemberg. Ober-Tribunalrat Adolf Frhrn. von Waechter, † 1858); erhielt Unterricht durch Privatlehrer, nahm Anteil an den gelehrten Kreisen des Vaters in Kassel, am 8.5.1800 Hochzeit in Neubrandenburg mit dem herzogl. Mecklenburg-Strelitzer Kanzleirat u. Gutsbesitzer auf Klockow August Otto Ernst von Oe. (1777–1837), mit dem sie auf Gut Klockow (gelegen zw. Friedland u. Torgelow im Lkr. Mecklenburgische Seenplatte) u. in der Residenzstadt Neustrelitz lebte, am 15.2.1801 Geburt des einzigen Sohnes u. späteren Juristen u. Komponisten Carl Ludwig von Oe. († 1871), an dessen Ausbildung u. Erziehung Oe. rege beteiligt war; gewann das Vertrauen des Neustrelitzer Hofes, zu dem sie bald zählte: war 1810 beim Besuch von Königin Luise von Preußen (1776–1810) in Neustrelitz u. auch bei deren Ableben auf Schloß Hohenzieritz am 19.7. desselben Jahres zugegen. Nach Luises Tod wurde Oe. sowohl von deren Vater als auch von deren Ehemann gebeten, Luises Leichnam an die Grenze zur Übergabe an die preuß. Gesandtschaft zu begleiten. Oe. berichtete in mehreren Briefen dem Vater von den letzten Lebenstagen Luises, diese Briefe wurden (laut SCHINDEL 1825) durch Großherzog Karl anonym publiziert. 1814 begleitete Oe. ihren Mann zum Wiener Kongreß (dieser wirkte dort als Mecklenburg-Strelitzer Staatsminister u. Bevollmächtigter) u. blieb dort bis zu dessen Rückreise 1815; wurde 1817 von ihrem an Typhus erkrankten Bruder Karl besucht, infizierte sich bei der Krankenpflege im Dezember u. starb wenige Tage darauf an den Folgen der Erkrankung, während der Bruder wieder gesundete.

Oe. wurde bekannt als Korrespondentin zum Tod Königin Luises durch das «Morgenbl. für gebildete Stände» u. die Übernahme ihres Berichts in die 1814 ersch. Luisen-Biogr. von Caroline Friederike von Berg (1760–1826).

Schriften: Anon., Correspondenz aus Neustrelitz, betr. die letzten Tage der Königin Luise in Hohenzieritz (in: Morgenblatt für gebildete Stände, Ausg. Nr. 196) 16.8.1810 (kurze Notiz über das Ableben u. die Planungen der Beisetzung; online: BSB München); Anon., Die letzten Lebenstage der Königinn Louise (von Preußen) bey ihrem durchlauchtigsten Herrn Vater zu Neu-Strelitz und Hohenzieritz in Mecklenburg vom 25 Juni bis 19 Juli 1810, an welchem letzten 19 Juli sie auch in Hohenzieritz endete (in: ebd., Ausg. Nr. 105 u. 106) 2. u. 3. 5.1811 (ausführl. Ber.; in einer Fußnote wird der Verf. gedacht: «Wir verdanken diese Skizze von den letzten Lebenstagen der unvergeßlichen Fürstinn [d.i. Königin Luise] der Feder einer geistreichen Frau […]»); Anon., Authentische Mittheilung der letzten Lebenstage und Stunden der Königinn Luise von Preußen bei Ihrem [...] Herrn Vater zu Neu-Strelitz und Hohenzieritz in Mecklenburg vom 25sten Juni bis zu Ihrem Todestage den 19. Juli 1810, 1811 (wird irrtümlich Caroline Friederike von Berg zugeschrieben, Nachdr. 1891).

Ausgaben: Der Bericht über die letzten Lebenstage von Königin Luise wurde abgedruckt im Anhang zu: Caroline Friederike von Berg, Louise – Königin von Preussen. Der Preussischen Nation gewidmet, 1814 (2., bearb. Aufl. 1849); Charlotte Sophie von Oertzen. Die letzten Lebenstage der Königin Luise von Preußen, bei ihrem durchlauchtigsten Herrn Vater zu Neu-Strelitz und Hohenzieritz in Mecklenburg vom 25. Juni bis 19. Juli 1810 an welchem letzten 19. Juli sie in Hohenzieritz endete. Zum Tag der Eröffnung des Schloßmuseums in Paretz [30.9.2001] (hg. H. Bohne) 2001.

Literatur: C. W. O. A. von Schindel, Die dt. Schriftst.innen des neunzehnten Jh., Bd. 2, 1825, 69–72; Damen Conversations Lex. (hg. K. Herlossohn, Bd. 7) 1836, 487 f.; H. Gross, Deutschlands Dichterinen u. Schriftst.innen. Eine lit. Skizze, ²1882, 257 f.; E. Oelsner, Die Leistungen der dt. Frau in den letzten vierhundert Jahren. Auf wiss. Gebiete, 1894, 138, 187; S. Pataky, Lex. dt. Frauen der Feder, Bd. 2, 1898, 102; Tb. des Geschlechts von Oertzen (bearb. F. v. Oertzen) 1899, 25; E. Friedrichs, Die dt.sprachigen Schriftst.innen des 18. u. 19. Jh. Ein Lex., 1981, 224. MMü

Oesterheld, Lisa F., * 1957 Gelsenkirchen; wuchs in Reinbek auf, studierte Sozialpädagogik, auch Ausbildung zur Pastoralreferentin, war zunächst in der Sozialarbeit tätig, dann Pastoralreferentin in Vechta, dort ab 2007 Leiterin des Referats für Exerzitien u. Spiritualität im Bischöfl. Münsterschen Offizialat, lebt in Vechta; publizierte neben Lyrik auch Erz. u. theol.-pädagog. Sachtexte; Veröff. u. a. in «Katechet. Bll.» (Ostfildern). – Sozialpädagogin, Pastoralreferentin, Schriftstellerin.

Schriften: Durch die Herzhaut. Verdichtete Gotteserfahrungen (Illustr. v. K. Flörsheim) 2006; In Worten zelten. durchlichtete Gedichte, 2007; Memos an Gott (mit M. Roentgen, M. Sorger, Illustr. v. B. Leisenheimer) 2 Bde., 2009, 2011; Exerzitien für junge Erwachsene (mit M. Roentgen, F. Wotte) 2009; Wortgrün (Ged.) 2009; Bleibe im Wind (Lyrik u. Erz.) 2012; Gottesschimmer (geistl. Ged.) 2016; Hymne ans Leben (Ged.) 2019.

Literatur: Lit.port Autorenlex. (Internet-Edition). MM

Oetjen, Egon, * 4.5.1948 Bad Zwischenahn; Arbeit als Sport-Journalist, später Red. in Oldenburg, lebt in Bad Zwischenahn, war dort 2001–15 auch Ratsherr (zuerst CDU, dann Unabhängige Wählergemeinschaft); publizierte teils in Mundart verfaßte Ged., Erz., Kdb. u. humorist. Texte. – Journalist, (Mundart-)Schriftst., Politiker.

Schriften: Friedebert oder die Erlebnisse eines Hasen. Geschrieben in Hoch- und Plattdeutsch (Kdb.) 1998; Oh, watt'n Gedicht! (Ged.) 2000; Faustdick und weitere abstehende Ohren. Geschichten aus dem Leben von Oma Herta und Opa Hermann (Erz.) 2000; Datt Schlitzohr. Geschichten ut datt Läben van Oma Herta und Opa Hermann. To'n Läsen, Vertellen und Tolustern (Mundart-Erz.) 2001; Piefkes Rache. Das is ja wohl'n Witz, wa? (Witze u. Sketche) 2002; ... aber schön war's doch! Lebensgeschichten, 2003.

Herausgaben: R. Kleinfeld, Weg ohne Gnade, 2003. MM

Öztanil, Guido Erol (auch Guido Hesse-Öztanil, Ps. Cosmo Schweighäuser), * 27.2.1965 Stuttgart; Stud. der Germanistik u. Gesch in Hannover, dort 1992 Abschluß als Magister u. 2008 Promotion zum Dr. phil., Tätigkeiten als Journalist u. Red., war u. a. Reporter für die «Deister- u. Weserztg.» (Hameln) u. Red. von «Hallo Sonntag Hameln» (Hameln), lebt in Hameln; trat vor allem mit wiss.

Arbeiten zu Heinrich Albert → Oppermann u. Arno → Schmidt hervor; Veröff. u. a. in «LiLi», «Göttinger Jb.» u. «Bargfelder Bote» (München u. a.). – Germanist, Journalist.

Schriften: ‹... in weiss und schwarze Stücke zerbrochen!› Versuch einer Dia-Montage zum Steinernen Herzen von Arno Schmidt nebst einigen Anmerkungen über Handlungsreisende, Hannover und Historie, 1993; Verbannung der Kurprinzessin Sophie Dorothea nach Ahlden, 1994; ‹Solche ungeheuren empfindsamen Naturen wie Schmidt›. Eberhard Schlotter im Gespräch, 1995; Dickens, Rummelplatz und Kino. Ästhetische Produktion und Großstadt bei Arno Schmidt, 1995 (Sonderdr.); Bilderkacheln. Das Album zu Arno Schmidts Roman ‹Das steinerne Herz› (mit J. HUERKAMP u. a.) 2004; ‹Stumme Lichtzeichen›. Arno Schmidt und das Kino, 2012.

Herausgaben: Zettelkasten 24 (Jb. der Gesellsch. der Arno-Schmidt-Leser 2005) 2005; Komplizierte Gefilde. Beiträge zu Arno Schmidt, 2007; ‹Mit stahlscharfer Klinge›. Beiträge zu Heinrich Albert Oppermann (mit H. J. KUSSEROW) 2012.

Literatur: H. KUHLMANN, ‹Eine sonderbar von bisherigen Schemata abweichende Sichtweise›. ~ im Gespräch mit Ulrich Holbein (in: Z. Zs. für Kultur- u. Geisteswiss. 1993/94) 1993/94, 23–45.

MM

Off, Jan (auch Sir Jan Off, Hauptwachmeister Off), * 31.5.1967 Braunschweig; 1986 Abitur, 1987 Zivildienst, Stud. der Politikwiss., Soziologie u. Mathematik in Münster/Westf. u. Braunschweig, dann freier Schriftst., lebte ab 1999 in Leipzig, ab 2003 in Braunschweig, ab 2004 in Darmstadt u. zuletzt in Hamburg; verfaßte u. a. Rom., Erz. u. Kurzprosa. – Schriftsteller.

Schriften: Getrockneter Samen im Haar eurer Mütter, 1996; Affenjagd mit Kim Il Sung. Social-Beat-Stories, 1997; Kreuzigungs-Patrouille Karasek. Neues aus der Braunschweiger Sonderschule (hg. A. REIFFER, Illustr. v. K. Gabel) 1997; Köfte (Illustr. v. dems.) 1998 (2., überarb. Aufl. 1999); Hanoi-Hooligans, 2001; Ausschuss (Rom.) 2003; Vorkriegsjugend. 200 Gramm Punkrock (Rom.) 2003 (auch als 1 Audio-CD, gelesen von O., 2004); Weisswasser (Rom., mit A. HERDEN) 2006; Angsterhaltende Maßnahmen. Homestories, 2006; Unzucht (Rom.) 2009 (überarb. Aufl. 2018); Offenbarungseid. Rare Altlasten aus dem Off, 2010; Happy Endstadium (Rom.) 2012; Wenn du ein totes Pferd reitest, lass den McDrive links liegen (Kurzprosa) 2013; Wenn du einen toten Nachbarn bewirtest, gib etwas Botox ins Essen, 2013; Metastasen Mambo (Erz., mit D. BERNEMANN) 2013; Fallobst in meinem Beautycase. Wachkomapatienten 2007–2012. Pamphletische Texte, 2013; Bei uns kommt der Hass aus der Leitung. Wichsvorlagen für Scheintote (Erz., mit E. STEIN, S. LOVE) 2014; Wenn du eine tote Idee fickst, denk an Stalins Jungfernhäutchen (Erz.) [2015]; Die Helligkeit der letzten Tage (Rom.) 2016; Hass macht mobil (mit B. DEATT u. a.) 2017; Klara (Rom., mit D. BERNEMANN, J. MECHENBIER) 2018; Nichts wird sich niemals nirgendwo ändern (Rom.) 2020.

Tonträger: Don't mess around with Harald Juhnke (1 Audio-CD) 1999; Im Kessel der Enthusiasten (1 Audio-CD) 2001.

Literatur: J. KONECNY, Auf der Jagd nach Terroristen. Für ~ (in: Das Gedicht. Zs. für Lyrik, Ess. u. Kritik 10) 2002, 124 f.

MM

Ohde, Deniz, * 1988 Frankfurt/M.; zog 2011 nach Leipzig, studierte dort Germanistik (Abschluß 2018); lebt in Leipzig. – Stipendiatin des 21. Klagenfurter Lit.kurses (2017); Lit.preis der Jürgen Ponto-Stiftung (2020), aspekte-Lit.preis (2020): – Schriftstellerin.

Schriften: Streulicht (Rom.) 2020.

BJ

Ohngemach, Gundula Leni (Ps. Ellen Beck), * 1958 Stuttgart; wuchs in Weil der Stadt auf, studierte Germanistik, Theater- u. Sportwiss. in München, Magister-Abschluß, Regieassistenz am Münchner Residenztheater u. später beim Film, auch Zus.arbeit mit George → Tabori, Casting Director in München, Nachtsekretärin bei der Zs. «BUNTE» (München), zudem eigene Regie- u. Produktionstätigkeit, Lektorin für Drehb. bei «Constantin Film» (München), schrieb dann Drehb. für Spielfilme, u. a. «Das Superweib» (1996) nach einem Rom. von Hera → Lind u. «Opernball» (1998) nach einem Rom. von Josef → Haslinger, lehrte Drehb. an der Dt. Film- u. Fernsehakad. Berlin, war bei der dt. Filmförderungsanstalt (FFA) ordentl. Mitgl. in der Europakommission u. stellv. Mitgl. im Verwaltungsrat, lebt in Berlin u. Los Angeles; publizierte neben film. Werken auch Rom. u. theaterwiss. Arbeiten (auch als Hg.), vor allem zu Tabori. – Theater- u. Filmschaffende, Theaterwissenschaftlerin, Schriftstellerin.

Schriften: Schöne Witwen küssen besser oder: Wer zahlt hat keine Phantasie (Rom.) 2004 (auch als Online-Ausg. u. d. T.: Who is Who? Chaos an der Côte d'Azur, 2015); Jung und jünger (Rom.) 2007.

Herausgaben: George Tabori, 1989.   MM

Olearius, Albert (auch Albert Oelschlegel, Albertus Ölschlegelius, Oelschlögel, Olschlegelius; VD 16: Albrecht Oelschläger), * um/vor 1560 Selbitz (bei Hof/Oberfranken); Stud. in Leipzig (immatrik. im Sommer 1575: «Albertus Olschlegelius Curien.»); vom 7.1.1578–95 Pfarrer an St. Marien in Sylda (Grafschaft Mansfeld); seine Unterschrift («Albertus Oelschlegelius») unter das Konkordienbuch leistete O. im Konsistorium in Leipzig; 1591 gehörte er zu den Pastoren der Inspektion Sangerhausen, die das Dekret des Kurfürsten Christian I. unterzeichneten, mit dem die Abschaffung des Exorzismus bei der Taufe befohlen wurde. – Pfarrer, nlat. Dichter.

Schriften: De glorioso triumpho resurrectionis domini et servatoris nostri Iesu Christi elegia scripta ab Alberto Olschlegelio Selbicensi, 1576 (Ex. British Museum, London, mit hs. [teils beschnittener] Widmung des Autors auf dem Titelbl.: «Reverendo et doctissimo domino magistro, Arno[ldo] Hein pastori Selbicensi [...]»); Epicedium, in obitum reverendissimi et clarissimi viri D. Nicolai Selnecceri sacrosanctae theologiae doctoris sinceri, voce, scriptis voluminibus, exilijs et constantia in vera confessione, de tota ecclesia Iesu Christi praeclare et optime meriti, praeceptoris sui observandi scriptum ab Alberto Olearius alias Oelschlegelio cognominato, pastore in Siloh Mansfeldica discipulo, gratitudinis et amoris ergo, ad filios, carissimi patris obitum lugentes, quem ex hac vita deus Lipsiae evocavit 23. Maij, anno M. D. XCII., 1592; Concordia rediviva. Ad illustrissimum principem et dominum, dominum Fridericum Guilhelmum, ducem vice electorem et tutorem Saxoniae, landgravium Thüringiae, Marchionem Misniae, etc. dominum suum clementissimum. Albertus Olearius alias Oelschlegelius cognominatus, pastor in Siloh Mansfeldica, 1592 (Ged.; zwei Drucke); dt. Übers. u. d. T.: Concordia rediviva. Das ist: die Concordia so begraben lag/ ist wider kommen an den tag. In lateinischen Versen/ an den durchlauchtigsten/ hochgebornen Fürsten und Herrn/ Herrn Friederich Wilhelm/ Hertzogen und erwehleten Administratorn/ und Vormunde der Chur Sachsen/ etc. geschrieben. Durch/ Herrn Albertum Olearium/ Pfarrer zu Siloh/ in der Graffschafft Manßfeldt. Itzo aber gleicher gestalt/ seiner churfürlichen [!] Durchlauchtigkeit und Hoheit/ in deutsche Reimen verfasset/ zugeschrieben und dediciret. Durch/ Martinum Sckirlen/ Bitt: Ludirectorem/ in der alten vom Könige Widikindo erbaweten Stad Wetthin an der Sala, 1593 (zwei Drucke).

Bibliographie: VD 16.

Literatur: Concordia. Pia et unanimi consensu repetita confessio fidei et doctrinae electorum, principum, et ordinum imperii, atque eorundem theologorum, qui Augustanam Confessionem amplectuntur [...], 1580, Lll2ᵛ; S. MÜLLER, Chronicka der uralten Berg-Stadt Sangerhaußen [...] biß aufs Jahr 1639. [...], 1731, 260; J. A. BIERING, Clerus Mansfeldicus, das ist: alle Herren General-Superintendenten, Decani, Pastores und Diaconi [...] benebst den Schul-Rectoribus, Cantoribus und Collegen [...] in der gantzen Graffschafft Mansfeld, von Lutheri Reformation an, bis auf gegenwärtige Zeit [...], o. O. 1742, 219, 226 f.; J. A. TRINIUS, Gesch. berühmter u. verdienter sowohl alter als neuer Gottesgelehrten, aus glaubwürdigen Urkunden u. Schriften, Bd. 3, 1756, 502; Pfarrerbuch der Kirchenprov. Sachsen (Red. V. ALBRECHT-BIRKNER), Bd. 6, 2007, 358; Bd. 10, 2009, 655.   RBS

Olearius, Gottfried (auch Godofredus, Gottfridus), * 1.1.1604 Halle/Saale, † 20.2.1685 ebd.; Sohn des Theologen Johannes → O. d. Ä. (1546–1623) u. dessen zweiter Frau Sibylla (1584–1622), der Tochter des Hallenser Pastors Nicolaus Nicander; Besuch der Lateinschule seiner Geburtsstadt, wo er unter dem Vorsitz des Rektors Siegmund → Evenius eine griech. Diss. «De Christo» verteidigt haben soll (SCHUBART [Lit.] 1685, E1ᵛ; Druck nicht ermittelt); nach pro forma-Intitulation an der Univ. Leipzig im Sommer 1612 Stud. der Philos., Sprachen u. Theol. in Jena (immatrik. im Sommer 1622) u., mit fürstl. Stipendium, in Wittenberg (26.5.1623), wo er am 27.9.1625 den Magistergrad erwarb; nebenher Tätigkeit als Informator, u. a. des Prinzen Johann von Anhalt; am 27.4.1628 Magister legens, am 7.9.1629 Adjunkt der Philos. Fak. Wittenberg; 1633 Ordination u. zweiter Diakon an der Stadtkirche, am 15.7.1634 Promotion zum Dr. theol.; am 24.3. desselben Jahres zum Pfarrer an St. Ulrich in Halle berufen; ab 1647 Oberpfarrer der Stadtkirche S. Marien in Halle, Inspektor des Gymnasiums u. Superintendent. O. heiratete am 11.11.1634 in erster Ehe Anna (1612–1636), die Tochter des Ratskämmerers von Halle Johann David Wogau, am 16.1.1638 in zweiter Elisabeth (1607–1674), die Tochter des Hofrats u. Salzgrafen Johann Schäffer (zahlr. Kinder, darunter Johann Gottfried → O.). Bekannt wurde O. außer durch eine hist. Beschreibung der Stadt Halle u. Kirchenlieder auch durch etliche Lehrwerke der geistl. Beredsamkeit. – Luth. Theologe, Pfarrer, Schulinspektor, Superintendent, Historiker, Kirchenliederdichter.

Schriften (die sehr zahlr. Beitr. zu Sammelschr. u. Werken anderer in Ausw.): Una Disputa Thoscana, Della Fantasia Di Giudei In Loro Empia Religione, Cavata da'l libro di maasim, che Alla nuova e spesse volte isperimentata inventione del molto magnifico, e chiarissimo Signor Filippo Glumo [= Philipp Glaum], Dottore d'ambe leggi eccellente, e Precettor mio osservando, alli quattordeci di studi miei, cioè à' venti e otto di Marzo, l'anno mille sei cento venti e cinque, hò scritto à mano à mano ed αὐτοσχεδίος, e colla gratia di sacrosanta Trinità, Nello studio Christiano, cioè. de'l Riverendissimo nostro, che si chiama Christiano-Guglielmo, A gli d' Aprile, diquel medesimo anno, parlando Italiano, nella presenza di valorosi gentilhuomini, ne difenderò io. Goffredo Ogliaro Hallese Sassone, 1625; Praecognitorum theologicorum disputatio X. et ultima. De vera partitione theologiae vel accurati systematis theologici [...] die 29. Junij, B. MEISNER (Präs.), G. O. (Resp.), 1625; Quem natale solum teneris ditavit ab annis [...] (Epicedium) (in: Justa exequialia beatis manibus [...] dn. Andreae Groshenningi [...] academiae Rostochianae professoris publici designati [...] desideratissimi! Pie meritoque soluta ab amicis, cognatis, et propinquis relictis moestissimis) 1626, C2^{r-v}; Est vita nostra haec ludibrium merum [...] (Epicedium) (in: F. BALDUIN, Christlicher Leichsermon uber die Wort des 103. Psalms/ [...] bey [...] Leichbegengnuß des [...] Herrn Mauritii Blumen/ der Artzney Doctoris und designirten Botanices und Anatomices Professoris publici zu Wittenberg/ welcher den 31. Maii Anno 1626. [...] entschlaffen/ und [...] am 4. Junii [...] in sein Ruhebetlein ist versetzet worden [...]) 1626, G2^{v}–G3^{v}; Praefixam satagit quisquis contingere metam [...] (Gratulationsged.) (in: Ἐξήγησις aphorismi Paulini ex 1. Tim. 3. v. 16. [...] publici exercitii gratia [...] in academia Wittebergensi [...] d. 6. Decemb. [...], F. BALDUIN [Präs.], B. BALDUIN [Resp.]) 1626, E4^{v}; Diatribe theologica de utroque testamento, veteri et novo, quorum illud ter opt. terque max. testator, Jehova exercituum, in antiqua Israelitarum, hoc in catholica omnium populorum ecclesia sancire ac promulgare voluit; [...] in electorali Witteberga [...] ad d. 3. Aprilis, P. RÖBER (Präs.), G. O. (Resp.), 1628; De ministerio ex evangelio dom. 3. advent: [...] 13. Augusti 1628. [...] disputabitur, W. LEYSER (Präs.), G. O. (Resp.), 1628; ΠΕΝΤΑΣ quaestionum philosophicarum in celeberrima elector. ad Albim academia [...] ad diem XXIII. Xbr. [...], G. O. (Präs.), D. HASE (Resp.), 1628; Periculosa sat licet sit alea [...] (Geleitged.) (in: Propemptica ad M. Johannem Bohemum, poet. caesar. gymnasii Hallensis legitime vocatum et confirmatum con-rectorem, boni ominis ergo, a fautoribus et amicis conscripta) 1628, unpagin.; Collegii secundi in Augustanam Confessionem disputatio VI. continens ΑΝΤΙΘΕΣΙΝ articuli IV. de quaestione, an peccata penitus tollantur in justificatione, posteriora argumenta Becani examinans. Proposita in incluta electorali academia Wittebergensi [...] ad diem 29. Augusti, J. MARTINI (Präs.), G. O. (Resp.), 1629; Dissertatio theologica de quaestione: an felicitas temporalis sit nota ecclesiae? Bellarmino cumprimis lib. 4. de eccles. cap. 18. hoc asserenti opposita [...]. Ad diem 17. Septembris [...], W. LEYSER (Präs.), G. O. (Resp.), 1629; De virtute morali, positiones practicae [...] in electorali universitate Wittebergensi pro loco in ampliβima facultate philosophica, ab eadem benevole sibi aβignato [...]. Ad diem 8. Octobris, G. O. (Präs.), D. FELGENHAUER (Resp.), 1629; Impiger extremos antlasti Sponse labores [...] (Epithalamium) (in: Gratulatoria in auspicatas nuptias [...] juvenis, domini Johannis Helwigii, bibliopolae, sponsi cum [...] foemina Elisabetha [...] domini Caspari Heyden, bibliopolae, ac reipub. Wittebergensis camerarii quondam [...] relicta vidua etc: scripta et oblata ab amicis et fautoribus. Ad 24. Cal. Novemb. anno 1629) 1629, A3^{v}; Tot Martis ferulis luisque dirae [...] (Epicedium) (in: P. RÖBER, Lobspruch rechtgleubiger verstendiger Lehrer/ [...] bey [...] Leichbegängniß/ des [...] Herrn/ Wolfgangi Franzii der h. Schrifft Doctoris [...], welcher zu Wittebergk [...] an. 1628 [...] 26. Octobr. [...] aus dieser Welt abgefodert [...]) 1629, b2^{r-v}; Disputatio ethica de gradibus virtutum moralium [...] in celeberrimi Wittebergensi academia [...] die 28. mensis IXbris [...], G. O. (Präs.), J. CRUSIUS (Resp.), 1629; Ad Praestantiss. Dn. Respondentem, amicum et consalinum amicissimum εὐφημισμός. Salanae velut impiger palaestra [...] (Gratulationsged.) (in: Disputatio juridica de empti-vendititi contractu [...] in electorali ad Albim academia [...] ad diem 4. Januarij, C. CARPZOV [Präs.], F. SCHAPER [Resp.]) 1630, F2ʳ; Collegii theologici disputatio III. ex repetitionis Menzero-Chemnitianae disputatione quarta de unione duarum naturarum in Christo hypostatica, quinta de communicatione idiomatum et sexta de Christi officio [...], P. RÖBER (Präs.), G. O. (Resp.), 1630 (nach Katalogeintrag); Quaestionum illustrium politicarum. Decuria I. [...] in florentißima Wittebergensi universitate [...] ad diem 7. Aprilis [...], G. O. (Präs.), C. STEINKOPFF (Resp.), 1630; Quaestionum illustrium politicarum decuria III. [...] in illustri ad Albim academia [...]. Ad diem 24. Aprilis [...], G. O. (Präs.), C. RUDLOFF (Resp.), 1630 (mit einem Gratulationsged. v. O.); Quaestionum illustrium politicarum. Decuria II. [...] in incluta ad Albim academia [...] ad diem 12. Maij [...], G. O. (Präs.), M. GERLACH (Resp.), 1630; Quaestionum illustrium politicarum decuria V. [...] in incluta ad Albim academia [...]. Ad diem 31. Julij, G. O. (Präs.), J. F. AM ENDE (Resp.), 1630 (mit einem Epigramm von O.); Quaestionum illustrium politicarum. Decuria XIV. [...] in incluta ad Albim academia [...] ad diem 7. Augusti, G. O. (Präs.), W. WITZENDORFF (Resp.), 1630; Quaestionum illustrium politicarum. Decuria XIII. [...] in incluta ad Albim academia [...]. Ad diem 21. Augusti [...], G. O. (Präs.), J. LÜNING (Resp.), 1630; Στοιχείωσις πολιτική sive aphorismi politici e libb. VII Schönborneri singulis capitibus deprompti [...] in inclyto ad Albim athenaeo [...] ad diem 28. Augusti [...], G. O. (Präs.), J.-H. SCHULTZ (Resp.), 1630; Quaestionum illustrium politicarum decuria VII. [...] in florentißima Wittebergensium academia [...] ad diem 30. Decembris, G. O. (Präs.), C. FINDEKELLER (Resp.), 1630; Quaestionum illustrium politicarum decuria VI. [...] in inclyta Wittebergensi academia [...]. Ad diem 10. Januarij [...], G. O. (Präs.), N. GERLACH (Resp.), 1631; Quaestionum illustrium politicarum decuria IV. [...] in inclyta Wittebergensi academia [...] ad diem 16. Februarii [...], G. O. (Präs.), J. OLEARIUS (Resp.), 1631; Quaestionum illustrium politicarum decuria X. [...] in alma, quae ad Albim est, universitate [...] ad diem 24. Martij [...], G. O. (Präs.), J. G. REICHHELM (Resp.), 1631; Quaestionum illustrium politicarum decuria XI. [...] in inclyta Wittebergensi academia [...] ad diem 26. Martij, G. O. (Präs.), M. WOGAU (Resp.), 1631 (mit einem Epigramm von O.); Quaestionum illustrium politicarum decuria XII. [...] in florentissima Wittebergensi academia [...]. Ad diem 15. Aprilis [...], G. O. (Präs.), J. E. REICHHELM (Resp.), 1631 (mit einem Epigramm von O.); Quaestionum illustrium politicarum decuria IX. [...] in florentissima academia Wittebergensi [...]. Ad diem 30. Aprilis [...], G. O. (Präs.), J. C. v. MILTITZ (Resp.), 1631; Quaestionum illustrium politicarum decuria IIX. [...] in florentissima Wittebergensi academia [...] ad diem 28. Maij [...], G. O. (Präs.), A. GEY (Resp.), 1631; Quod si diuturno, tristior, squalido et [...] (Epicedium) (in: P. RÖBER, Vita hominis 1. brevitate punctum [...]: Beschreibung deß menschlichen Lebens/ daß es 1. ein kurtzer Punct [...] sey: [...] bey [...] Leichbestattung deß [...] Herren Paul Helwigs/ deß Eltern/ [...] Buchhändlers in Wittenberg/ welcher [...] entschlaffen dieses 1631. Jahrs am 20. Julij [...] und den 22. ejusd. folgendes in sein Ruhebetlein eingesetzet [...]) 1631, L3ʳ; Sermo ad exequiatores post funeris deductionem. [...] (in: P. RÖBER, Paradoxorum trias: drey hohe wunderliche/ [...] Reden/ Joh. II. v. 25. [...] bey [...] Begräbnis der [...] Frawen Ursulen Schröterin/ deß [...] Herrn Matthiae Grossen/ [...] deß königlichen Landgerichts in der Nieder Laußnitz Assessoris [...] hinderlassener Wittiben/ welche am 27. Sept. dieses 1632. Jahrs/ [...] verschieden/ [...] und folgendes d. 30. Sept. [...] bestattet worden [...]) 1632, I2ʳ–I3ᵛ; Gründliche Erörterung der Frage: ob die zeitliche Glückseligkeit ein rechtes Kennzeichen der wahren Kirchen sey/ auß heiliger Schrifft/ und andern theologischen Beweißthumb/ sambt beygefügter application zu Erbawung des Christenthumbs/ sonderbarem Gebrauch zeitlicher Glück- und Unglückseligkeit/ auch wahren Glückseligkeit der Kinder Gottes/ kürtzlich gestellet [...], 1632; In terris Mars et steriles dominantur avenae [...] (Epicedium) (in: Musae funebres, quibus clarissimi viri, Johannis Avenarii, i. u. l. et eloquentiae in electorali ad Albin acad. prof. p. obitus deploratur) 1633, a3ᵛ–a4ʳ; Gratiarum actio post funerationem. [...] (Abdankung) / In coeli patriam quo Jane beatus abires [...] (Epicedium) (in: P. RÖBER, Veri et optimi summi boni [...] in Deo [...] quaerendi, 1. electio [...], Deß allerhöchsten [...] Gutes/ [...] 1. Benennung [...] bey [...] Leichbegängniß deß [...] Johan-Joachimi Schwartzlosen von Halsenleben/ [...] J. U. Studiosi, welcher [...] 1633. [...] am 15 [...] Februarii [...] von der Welt abgefodert [...]/ und folgenden d. 17. ejusd. in sein [...] Ruhbettlein eingeleget worden) 1633, (✱✱✱)1ᵛ– (✱✱✱)3ʳ

u. (***)4ʳ; Disputatio ethica de justitia et jure [...] in inclyto ad Albim athenaeo [...] exercitij gratia [...]. Ad diem 28. Decembris [...], G. O. (Präs.), S. FINDEKELLER (Resp.), 1633; Disputatio theologica solennis, de sanctissima et sufficientissima Jesu Christi, pro peccatis, et salute humani generis satisfactione, et merito [...] pro impetrandis in sacra theologia summis honoribus, quos doctoreos vocant, publice, in majori auditorio academiae Wittebergensis, ad diem XX. Maii [...], J. HÜLSEMANN (Präs.), G. O. (Resp.), 1634; Thesaurus Israelitarum et Crucigerorum pretiosissimus, Rechtschaffener Israeliten und creutztragender Christen allerköstlichster Schatz/ aus dem 25. und 26. vers des 73. Psalms. Bey ansehnlicher volckreicher Leichbestattung des wolehrnvesten großachtbarn und hochgelahrten Herrn Johann Scheffers/ beyder Rechten fürnehmen Doctoris, königlichen schwedischen magdeburgischen wolverdienten Hoff und JustitienRaths/ wie auch Saltzgräffen zu Halle/ welcher den 4. Septembris dieses 1635. Jahres [...]/ christlich und selig verschieden/ und folgendes Dienstags den 8. Septembris [...]/ in der SchulKirchen, in sein Ruhstädlein zu dem Leichnam seiner vorangeschickten seligen HaußEhr beygesetzt worden. Betrachtet/ fürgezeiget und auff begehren zum Druck ubergeben/ durch Gottfridum Olearium, D. Pfarrern zu S. Ulrich daselbst, 1635; Lebendiger Trost in Noht und Todt [...] [Leichenpredigt auf Anne Müller, geb. Seiffart], 1636 (Ex.: 1 u. 32, beide beschädigt); Post tristes clades, ignes, Martisque furores [...] (Epicedium) (in: Lessus in obitum matronae [...] Annae Seifardiae [...] dn. Matthiae Mulleri supremi fontium magistri [...] conjugis per XXXVII. annos [...] cujus beata anima d. 3. Maij [...] coelo recepta [...]) 1636,)(2ʳ; Pax ut Apostolico fuit enthea semper in ore [...] (Lobged.) (in: G. CUNDISIUS, Politicus. Nec vanus, nec profanus, sed in fide sanus, et vere christianus. Das ist: gottseliger Weltmann/ in einer christlichen Anzugs-Predigt/ [...] beschrieben/ und in der Dom-Kirche zu Merseburg ermeltes Tages Anno 1637. vorgetragen/ [...]) 1638, E2ᵛ–E3ʳ; Die beständige/ tröstliche und heilsame Gottes Trewe/ auß dem 13. vers des 10. Cap. der 1. an die Corinther/ bey ansehnlichem und sehr volckreichem Begräbnüß des weyland wolehrwürdigen/ großachtbarn und hochgelahrten Herrn Andreae Merckii, der H. Schrifft Doctoris, der christlichen Gemein zu Hall in Sachsen wolverdienten OberPfarrers und Superattendenten/ des ErtzStiffts Magdeburg generalis, etc. welcher am 7. Januar. dieses 1640 Jahrs/ in Christo selig entschlaffen/ und folgenden 10. christlich zur Erden bestattet worden/ kürtzlich entworffen in der OberPfarrKirchen zur L. Frawen daselbst [...], 1640; Addere Idumaeus vexamina saepe solebat [...] (Gratulationsged.) (in: G. CUNDISIUS, Abdias enucleatus Das ist/ der geistreiche Prophet Obadia in X. Predigten [...] erkläret/ und der christlichen Gemein bey dem Dom zu Merseburg A. 1638. vorgetragen/ [...]) 1640, B3ᵛ–B4ʳ; (wieder ²1652; ³1667); Jubel-seliger Grüner Donnerstag zu Halle in Sachsen Ao. 1641. Das ist: drey christliche Danck-Predigten uber das hundert jährige Gedächtnüß der Wunder-Gnaden Gottes/ so Ao. 1541. Grünen Donnerstages mit freyer öffentlicher Predigt des Evangelij und richtigem Gebrauch des heiligen Sacraments unter beyderley Gestalt bey der Häupt-Kirchen zur Lieben Frawen in Halle angangen/ und darinnen/ wie auch in den andern biß Dato waltet und schaltet. Gehalten durch Arnoldum Mengering D. Pastorn zu S. Mariae und Superintendenten. Gottfridum Olearium D. Pastorn zu S. Ulrich. M. Christianum Müllerum, Pastorn zu S. Moritz, 1642 (O.' Predigt G4ᵛ–I4ʳ); Augenscheinlicher Gegensatz lutherischer und päbstischer Christ-Tags Feyre/ zu danckbarer Gedächtniß/ der numehr vor hundert Jahren/ am heiligen Christ-Tage/ durch evangelische Predigt/ und Gottesdienst eingeweiheten/ und dabey durch Gottes Gnade bißhero erhaltenen Pfarrkirchen zu S. Ulrich/ zu Hall in Sachsen/ in dreyen Predigten fürgezeit/ und nebst zugehörigen Zeit-Register/ an Tag gegeben [...], 1642; Das Leben unsers Herrn Heylandes Jesu Christi auß den h. vier Evangelisten/ summarisch entworffen [...], 1643; Gegen-Bedencken/ über ein kurtzes Bedencken/ von dem Kirchen-Friede der Lutherischen und Reformirten/ auff Begehren gestellet durch Gottfridum Olearium, D. der christlichen Gemein bey S. Ulrich zu Hall in Sachsen Pastorem, 1643; Gratulationsged. (in: G. CUNDISIUS, Oratio de impedimentis studii theologici, die 21. m. Septembr. anno 1643. Jenae in auditorio majori habita) 1643; Scientia scientiarum Jobaea, Hiobs gewisseste höchste und beste Wissenschafft/ auß dessen Buchs 19. Capitels 25. 26. 27. gesetzlein/ zur Ehre Gottes und schuldigen Andencken/ des weiland wolehrnvesten/ vorachtbarn und wolweisen Herrn Matthes Mullers/ wolverdienten Ober-Bornmeister im Thal und KirchVaters zu St. Ulrich in Hall/ auch vornehmen Pfänners und dieses

Nahmens letzten Geschlechters daselbst/ so den 23. Hornungs dieses 1645. Jahres [...]/ im 69. Jahr seines Alters selig und sanfft im Herrn entschlaffen/ und den 26. desselben/ [...] zu seinem lengst zugerichtetem ErbBegräbnüs ansehnlich begleitet und christlich beygesetzet worden. In der PfarrKirchen bey S. Ulrich erkläret und auff begeren in Druck gegeben [...], 1645; Der Pfarrkirchen zu S. Ulrich in Halle verneuerter Predigstul/ mit Gottes Wort und Gebeth eingeweihet von Gottfrido Oleario D. Pastore daselbst/ am XIII. sontag nach Trinitatis/ im Jahr Christi 1645., 1645; Christliche Denck- und Danck-Predigt/ wegen der zu Hall in Sachsen am 13. Martij deß 1645. Jahres plötzlich entstandenen/ durch Gottes verlerhung aber gnädiglich gedämpfften/ schädlichen fewers-brunst/ bey dem fünfften Hauptstück und beschluß des heiligen Catechismi/ auch ansehnlicher volckreicher versamlung/ in der Ober-Pfarr-Kirchen zur lieben Frauen am 13. Martij deß 1646. Jahres gehalten [...], o. J.; Der newe Heylbrunn zu Hornhausen/ eine wundersame gabe Gottes/ mancherley urtheil unterworffen/ aber gebürlich zubeobachten/ der christlichen Gemeine bey S. Ulrich zu Hall in Sachsen/ am 8. Sontage nach der H. Dreyfaltigkeitfest/ kürtzlich fürgetragen und auff begehren in Druck gegeben [...], 1646; Der Gerechten und Frommen/ betrübter/ ungeachter/ doch seliger Hintritt aus Esa. cap. 57. v. 1. 2. bey ansehnlicher volckreicher Leichbegängnüß des weyland wolehrwürdigen/ groß-achtbarn und hochgelahrten Herrn Arnoldi Mengeringii der heiligen Schrifft berühmten Doctoris, wolverdienten Superintendentis, der Ober-Pfarr-Kirchen zur L. Frawen Pastoris, und des Gymnasii Inspectoris zu Hall in Sachsen. Welcher im 51. seines Alters/ den 12. Januarii dieses 1647. Jahres selig verschieden/ und folgenden 18. in sein Ruhestetlein versetzet worden/ auff begehren erkläret in obgedachter Ober-Pfarr-Kirchen/ und zum Druck ausgefertiget durch Gottfridum Olearium [...] nunmehr des Seligverstorbenen verordneten Successorem, 1647; Meletemata quaedam academica post praefationem recensita nunc certis de causis edita, 1647; Der gläubigen Kinder Gottes tröstliche freyheit und sichere verwahrung wieder 1. Verdamnis/ 2. Zweiffel und 3. Trennung/ aus deß 8. capitels der Epistel S. Pauli an die Römer ersten und letzten Gesetzlein/ bey ansehnlicher volckreicher Leichbestattung deß edlen/ vesten/ gros-achtbarn und hochgelarten Herrn D. Simonis Malsij/ käyserlichen Pfaltz- und Hoff-Gravens und Befreyten deß Römischen Reichs/ wolverdienten ertzstifftischen magdeburgischen/ und hertzoglichen sächsischen eisenachischen Cantzlärs/ auch fürstlichen anhaltischen/ und gräffl. oldenburgischen geheimen Raths/ etc. welcher im Jahr 1585. den 25. April zu Broderoda geboren/ den 18. April dieses 1648. und 63. seines Alters/ in Halle selig verstorben/ und den 21. selbiges Monats/ nach der in der Kirchen zur L. Frawen gehaltenen Leichpredigt/ in sein Ruhekämmerlein gebracht und eingesencket worden/ auff begehren abgehandelt und in druck gegeben [...], 1648 (o. J. [um ²1670]); Si, quae sustinuit, nutante ruenteve pila [...] (Epicedium) (in: J. HÜLSEMANN, Himlisch Leben des [...] Herrn Wilhelm Leysers/ heiliger Schrifft weitberümbten Doctoris/ [...] bey seines am 8 Februarij dieses 1649sten Jahres verblichenen/ und am 15. darauff [...] bestatteten Cörpers Einsenckung [...] aus dem 2. Cap. der Epistel an die Galater [...]) 1649, X4^r; Des himmlischen Weinstocks fruchtbringender Reben Saft und Kraft/ aus des 15. Capitels des Evangelii Sanct Johannis fünften Gesetzlin bey hochansehnlicher volckreicher Leichbestattung des wohl-ehrnvesten/ großachtbarn und hochgelarten Herrn Christiani Gueinzii, Phil. et Jcti. des Gymnasii Hallensis, in die 23. Jahr wohlverdienten Rectoris, welcher am 3. Aprilis/ dieses 1650. Jahrs/ im 58. seines Alters selig entschlaffen. Und folgenden itztgedachten Monats/ nach der in Schuel-Kirchen gehaltenen Leich-Predigt/ in sein Schlaf-Kämmerlein beygesetzet worden/ auf begehren abgehandelt und in Druck gegeben [...], 1650; Exrcitatio analytica Formulae Concordiae nona: [...] valedicturus proponit [...]. Die IX. Kal. Junij [...], G. O. (Präs.), L. HACKEBERG (Resp.), 1650 (O. führte anstelle des am 3.4. verstorbenen Christian →Gueinz den Vorsitz bei dieser u. den folgenden Disputationen); Exercitatio analytica Formulae Concordiae decima: [...] placide denato Christiano Gueinzio gymnasii Hallensis rectore meritissimo [...]. Die XIII. Maij [...], G. O. (Präs.), M. BARWASSER (Resp.), 1650; Exercitatio analytica Formulae Concordiae undecima: [...] denato dn. Christiano Gueinzio [...]. Ad diem XXI. Maji [...], G. O. (Präs.), D. SCHRÖDER (Resp.), 1650; Exercitatio analytica Formulae Concordiae duodecima: [...] post obitum [...] Christiani Gueinzii, gymnasij Hallensis rectoris [...]. Prid. Kal. Junij [...], G. O. (Präs.), C. G. OCKEL (Resp.), 1650; Exercitatio analytica Formulae Concordiae decima tertia:

[...] denato Christiano Gueinzio [...]. Die 14. Junij [...], G. O. (Präs.), D. GEORG (Resp.), 1650; Niliacis opibus praeponens probra Jehovae [...] (3 Distichen) (in: M. DIETTMAR, Praeclara haereditas [...]. Das ist: Revocations-Predigt/ nach dem der Author Martinus Diettmar [...]/ welcher in der Abtey Amorbach/ [...] Benedictiner Ordens/ [...] gewesen [...] durch sonderbare Gnade Gottes/ [...] sich auß den päpstischen Irrthumen/ [...] zum [...] Liecht deß heiligen Evangelij begeben [...] hat. Zu Leipzig in Meissen/ [...] 14. Augusti [...]) 1650, b1^r; (anon.) Heilige Passion-Andacht/ das ist zwey schöne geistliche Lieder/ das erste: ein Danck-Lied für den hochtheuren tröstlichen Schatz des allein seligmachenden Blutes Jesu Christi/ Ich sag dir Danck Herr Jesu Christ/ im Thon Herr Jesu Christ meines Lebens-Liecht. das ander: eine schöne Betrachtung des Leidens Jesu Christi/ Bevor Christus ohne Schuld/ im Thon: Christus der uns selig macht, o. J. (um 1650); Rechtschaffner Davidshertzen/ bey allerley Alter und Stande wolbeliebtes Seufftzerlein/ so aus des 71. Psalms 18. verß/ bey ansehnlicher volckreicher Leichbestattung des weiland ehrwürdigen/ vorachtbarn und wolgelarten Herrn M. Johannis Volcmari, der Ober Pfarrkirchen zur lieben Frawen in Halle/ Archidiakon, und des Ministerii Senioris daselbst/ als er am 10. Aprilis dieses 1651. Jahrs und im 70. seines alters selig verstorben/ darauff den 14. Aprilis begraben worden/ in obgedachter Kirchen auff begeren erkleret/ und hernach zum druck verfertiget [...], 1651; (zus. mit seinem Bruder Johannes O.) Vota binorum fratrum Joh. Benedicto Carpzov, ss. theol. licent. et p. p. etc. amico suo veteri, sincero ac integerrimo, inque Christo fratri coniunctissimo de doctoralibus honoribus amice gratulantium d. XXIII. Septembr., 1651 (Einblattdr.); Der geistlichen Kriegs-Helden Sterbens-Freudigkeit/ auß den 7. und 8. Gesetzlein des 4. Capitels der andern Epistel S. Pauli an den Timotheum/ bey hoch ansehnlicher/ volckreicher Leichbegleitung des [...] Herrn Daniel Knorren/ chur-fürstl. Durchl. zu Sachsen des hochlöblichen/ freyherrlichen/ Trandorffischen Regiments zu Fuß gewesenen Obristen Leutenandes/ welcher am 18. Octobris dieses 1651. Jahrs [...] zu Hall in seinem Vaterlande seelig verstorben/ und den 21. obgedachtes Monats[...] beygesetzt worden. Auff Begehren abgehandelt und in Druck gegeben [...], 1651; Thesaurus salutis orthodoxus, das ist/ unverfälschter Schatz der Seeligkeit/ auß des Herrn Jesu Christi unsers einigen Seligmachers; S. Pauli und D. Lutheri worten/ in Thesi, Antithesi, Praxi oder im Satz/ Gegensatz und wircklichen Nachsatz kürtzlich gesamlet und eröffnet den einfältigen zum besten [...], 1652 (zwei Drucke); (anon.) Ein trauriges klaglied. In welchem der Römische Pabst Leo X. bekennet/ wie er samt seinen Vorfahren und nachfolgern sich muthwilliger weise über Gott und seine Kirche erhoben/ dem Herrn Christo trotziglich sich wiedersetzet/ eine neue Lehr errichtet/ Gottes wort verfälschet/ und also viel tausend Seelen mit sich in den abgrund gestürtzet/ und darinnen seine Schuld und missethat (wiewol zu spat) anfänget zu bereuen. Allen Papisten und vermeinten oder falsch-genannten Catholischen zur treuhertzigen warnung vor augen gestellet/ und einer Papistischen verlästerung D. Martini Lutheri entgegen gesetzt. Im Thon: Komt her zu mir spricht Gottes Sohn, 1652 (Verf. zugeschrieben; vgl. VD17 39:147265R); Memoriale patientiae poenitentiae et fiduciae oder christlicher Gedult/ Buße und Glaubens Denckmal/ aus Mich. VII. v. 9. bey volckreicher Leichbestattung des weiland ehrwürdigen vorachtbarn und wolgelarten Herrn M. Henningi Engelbrechts der OberPfarrkirchen zu unser L. Frauen zu Halle Archidiaconi, welcher am 17. Wintermonats des 1652. Jahres/ im 46. seines Alters/ selig verstorben/ und am 22. gemeltes Monats begraben worden/ in obgedachter Kirchen auf begehren erkläret und hernach zum Druck verfertiget [...], 1652; Reverendo et Doctissimo Dn. Georgio Ernesto Rosenbergero. Sub Babylone quidem fuit estque Ecclesia Christi [...] (Gratulationsged.) (in: G. E. ROSENBERGER, Revocation und Wiederruffs-Predigt/ dadurch dem heylosen Pabstthumb offentlich entsaget hat Georgius Ernestus Rosenberger/ [...] zu Dortmund/ [...] den 7. Julii Anno 1652.) 1653, D4^r; Mystarum, veluti Themidos coryphaeus et aulae [...] (Epithalamium) (in: Feliciter nuptiis auspicatissimis dn. M. Christophori Andreae Merckii patriae ad B. Virgin. ecclesiatae et [...] virginis Mariae Elisabethae dn. Chiliani Stisseri [...] cancellarii p. m. filiae d. X. Maji an. 1653. Halae celebratis acclamant patroni, collegae, affines et amici) 1653,)(2^v; Bohsi patris amor, generis decor inclyte, bina [...] (Epithalamium) (in: Fausta, quae, nuptialibus taedis [...] dn. Gotofredi Bohs/ i. u. doctorandi ac practici et virginis [...] Annae Sophiae [...] dn. Friderici Kühns/ dicasterij Magdeburgici [...] senioris [...] filiae secundae, apprecabantur fautores et amici in die faustini [...]) 1653, A2^r; Kurtzer und Gottes wort gemäßer Bericht wie ein warer Christ bey bevorstehender großer und also auch anderer Sonnen- und Mondesverfinsterung sich gebürend zu bezeigen habe [...], 1654; In Domino quis quis moritur, similemque relinquit [...] (Epicedium) (in: Ultima quae nobili [...] viro dn. Friderico Kuhnio Jcto, dicasterij patrii seniori [...] die 30. Octobr. anno 1654. denato, ac 5. Novembr. terrae dato desiderium sui aegre ferentes fundebant fautores et amici) 1654, [A2]ʳ; Gymnasium patientiae das ist der hochnötigen/ thätigen/ heylsamen Gedult Schule/ aus des allgemeinen Sendbrieffs deß h. Apostels Jacobi 1. Cap. 2. 3. 4. 12. verß. bey deß vorehrnvesten/ großachtbarn/ hochgelarten und hochweisen Herrn Johann Schäffers/ vornehmen Icti, wolverdienten Rathsmeisters/ des fürstlichen magdeburgischen Schöppenstuels Senioris, Scholarchen und Pfänners alhier/ so im 55. seines Alters/ den 15. Januarii dieses lauffenden 1655. Jahres selig verschieden/ den 19. desselben gehaltener ansehnlicher Leichbegängnis/ auff begeren eröffnet [...], 1655; Das uhralte/ fürtrefliche lehr- trost- und ermahnungsreiche Buch des heiligen Hiobs/ der christlichen Gemeine zu Hall in Sachsen in der Haupt-Kirchen zu unser L. Frawen/ in 55. Sermonen oder kurtzen Predigten summarisch erkläret und fürgetragen [...], 1655 (zwei Drucke; 2., verb. u. verm. Aufl. 1663); Iubilum davidico christianum, das ist christliche Jubel-Feyr/ aus des hocherleuchteten Propheten und Königs Davids CXXII. Psalm/ an dem von des postulirten Administratoris, des Primats und Ertz-Stiffts Magdeburg Hertzogs Augusti zu Sachsen/ Jülich/ Cleve und Berg/ etc. fürstl. Durchl. den 25. Septembris dieses 1655. Jahres angestellten und hochfeyerlich gehaltenen Religion-Friedens-Jubel-Fest/ in der Haupt-Kirchen zur L. Frauen in Hall fürgezeiget/ und auf Begehren in Druck gegeben [...], 1655; Pastoritia salvatoris gratia [...] [Leichenpredigt auf Christian Müller, Pastor in Halle], 1656 (Ex.: 32, Brandschaden); Sic patriam repetis, sic nosque tuosque relinquis [...] (Epicedium) (in: J. HÜLSEMANN, Schöne Brüderschafft des Unter-Hirten mit seinem Ertz-Hirten/ [...] bey [...] Leichen-Bestattung des [...] Herrn Johannis Benedicti Carpzovii [...] welcher [...] seine Seele [...] Christo Jesu am XXII. Tag Octobris 1657. wieder geben/ [...]) 1658, K4ᵛ (wieder in: J. B. CARPZOV, Fasciculus myrrhae, oder christliche Leich-Predigten/ [...], 1700, 565 f.); Nescia mors methodi variaeque Machaonis artis [...] (Epicedium) (in: Trost- und Ehren-Pfeiler welcher dem [...] Knaben Andreae Volrad/ des [...] Herrn Andreae Nietneri, bey der Artzney Doctoris [...] Sohne/ welcher [...] 1658. den 13. Mäy/ [...] verstorben/ und den 16. dieses beerdiget worden/ auffgerichtet von etlichen guten Freunden und Bekandten) o. J.,)(1ᵛ; Notitia notitiarum tergemina, christlicher Lehrer und Zuhörer dreyfache beste Wissenschafft/ so auß dem 2. B. Samuel. cap. 7. vers. 18. bey ansehnlicher und volckreicher Leichbestattung/ deß weyland wolehrwürdigen/ vorachtbarn und wolgelarten Hn. M. Johannis Benckers/ der Kirchen zu S. Mauritz in Halle Pastoris, deß Ministerij Senioris und deß Gymnasij Inspectoris, sel. Den 14. Mäymonats deß 1658. Jahres in itztgemeldeter Pfarrkirchen auff begeren fürgezeiget [...], 1658; Epithalamia et votivae acclamationes in secundas nuptias viri plurimum reverendi, amplissimi et excellentissimi dn. Christiani Chemnitii, ss. theologiae doctoris et professoris publici; ut et pastoris et superintendentis Jenensis, cum pudicissima, lectissima ac pientissima matrona Maria Gerhardina; b. dn. D. Johannis Gerhardi, celeberrimio theologi, relicta filia natu minori; viri experientissimi, amplissimi et excellentissimi dn. D. Johannis Volcken, medicinae doctoris, et medici ducalus Saxo-Gothani vicarii; vidua: ad diem XII. Julii anno M DC LVIII. cum deo celebrandas a celeberrimorum virorum et fratrum, amicorum singularium biga, Halis Saxonum transmissa, 1658 (ein Epithalamium von O., eines von seinem Bruder Johannes); Aphorismi homiletici oratoriae sacrae nucleum complectentes ex scriptoribus ecclesiasticis certo ordine collecti et proprio studio aucti [...], 1658; Isagoge antipapistica secundum Formulae Concordiae ductum adornata [...], 1658 (wieder in: G. O., Isagoge anticalvinistica, 1662); Geistliche Oelbaums-Lust bey ehelicher Copulation und Einsegnung deß edlen vesten und hochgelarten/ Herrn Johann Joachim Kemnitzen/ beeder Rechten Doctoris, fürstl. Ertzstifft: Magdeb. wolbestalten Hoff- und Justitien-Raths als Bräutigams/ und seiner vielgeliebten Gesponß/ der wolerbarn/ viel ehr- und tugendreichen Jungfer Anna Elisabeth/ deß wolehrwürdigen/ großachtbarn und hochgelarten Herrn Johannis Olearii, der heil. Schrifft Doctoris, fürstl. sächs. magdeb. Hoffpredigers und Kirchen-Raths eheleiblichen Tochter/ an dero hochzeitlichen Ehren-Tage zu Hall/ war der 3. Mäy deß 1695. Jahres erweckt [...], 1659; Frommer Christen einige Erquickung auß dem Sterb-Gesang: Mitten wir im Leben sind mit dem Todt ümbfangen/ etc. bey hochansehnlicher Leich-Begängnis der wolgebornen Frawen Gertraudten/ Herrin und Frey-Frauen von und zu Jöstelsberg/ hochedelgebohrnen von Holtzhausen/ des wolgebornen Herrn Johann Moritzen/ Herrn von und zu Jöstelsberg/ Frey-Herrn zu Lindt/ Felden/ Chalsberg und Feyersberg/ etc. hertzgeliebten Ehe-Gemahlin/ nach dero seligem Hintritt und Beysetzung/ in der Barfüsser Kirchen/ zu Hall in Sachsen/ den 22. Novemb. 1659. Auff Begehren fürgezeiget [...], 1659 (vgl. zur Datumsangabe VD17 39:111089N); Chur-sächsisch Ehren-Trauermahl auß des 1 B. der Chronic. 30. cap. 28. verß/ und des 92. Psalms 13. 14. 15. 16. verß/ wegen hochseligsten tödtlichen Hintrits so wol des weiland durchlauchtigsten hochgebohrnen Fürsten und Herrn/ Herrn Johann Georgen des Ersten/ Hertzogen zu Sachsen/ Jülich/ Cleve und Berg/ deß Heil. Römischen Reichs Ertz-Marschalln und ChurFürsten/ Landgrafen in Düringen/ Marggrafen zu Meissen/ auch Ober- und Nieder-Laußnitz/ Burggrafen zu Magdeburg/ Grafen zu der Marck und Ravensburg/ Herrn zu Ravenstein/ etc. als auch der weiland durchlauchtigsten hochgebornen Fürstin und Frauen/ Frauen Magdalenen Sibyllen/ verwittibten ChurFürstin und Hertzogin zu Sachsen [...] geborner Marggräffin zu Brandenburg und Hertzogin in Preussen/ [...] auf des postulirten Administratoris des Primat- und Ertz-Stiffts Magdeburg Hertzogs Augusti zu Sachsen/ etc. fürstl. durchl. Gn. Verordnung in dero fürstl. Residentz-Stadt Halle-OberPfarrkirchen zur L. Frauen den 5. Novemb. 1656. und den 13. Martij des 1659. Jahrs auffgerichtet [...], 1659; Salubris animae tranquillatio, Die heilsame Seelen-Ruhe und Befriedigung/ auß deß 19. cap. Hiobs 25. 26. 27. verß. bey ansehnlicher volckreicher Leich-Begängniß/ deß edlen/ wolehrenvesten/ großachtbaren und hochgelarten Herrn/ Jacob Unruhens/ beyder Rechten Doctoris, f. magdeb. wolverdienten Hoff- und Justitien-Raths/ auch Saltz-Gräffens allhier/ welcher am 9. Septembris des 1660. Jahres und 47. seines Alters/ sanfft und selig verschieden/ und am 13. gedachtes Monats zu seinem Ruh-Bettlein gebracht worden. In der Ober-Pfarr-Kirchen zu unser L. Frauen/ vor itztgedachter Beerdigung auff Begehren fürgezeiget [...], 1660; Cur tot summa parans nostris Themis alma brabea [...] (3 Distichen) (in: Applausus votivi [...] dn. Ioachimo Reinholdo Baussio, Hallensi, [...] eccles. metrop: Magdeb. capituli syndico [...], cum ipsi doctorales in utroque jure honores [...] in illustri academia Julia d. 2. Octob. anno 1660 [...] conferrentur sonsecrati a fautoribus atque amicis) o. J., A2ᵛ; Ὑπομνήματα: Christi exemplum; christianique officium, e concionibus dominicalibus et festivis, dni. D. Gottfriedi Olearii, superintendentis atque scholachae vigilantissimi, meritissimi, Hallis-Saxonum, annis ecclesiaticis M DC LIIX. et M DC LIX. habitis, exhibentia, brevibusque epigrammatibus Latino-Germanicis comprehensa, a Christiano Werner, S., 1661 [Kupfertitel: Ὑπομνήματα Oleario-Werneriana Latino-Germanica Christi exemplum; christianique officium exhibentia, 1660]; Photismus piorum dulcissimus, Gläubiger Seelen süsse Erleuchtung/ oder Liechts-Erquickung/ welche aus des 60. Cap. Esaiae 19. und 20. Verß/ bey ansehnlicher volckreicher Leichbegleitung/ der weiland wolerbarn/ viel ehrn- und tugendreichen Frauen/ Reginen Elisabeth/ gebohrner Rudloffin/ des weiland edlen/ [...] Herrn Johann Scheffers/ beyder Rechten Doctoris, fürstl. magdeburg. hochverdienten Hoff- und Justitien-Raths/ auch Saltzgräffens zu Halle sel. nachgelaßener Witwen/ so am 13. Julii Anno 1660. selig verstorben/ und am 18. desselben in der Barfüßer Kirchen begraben worden/ daselbst auff Begehren fürgezeiget [...], 1661; B. Lutherus Tom. VIII. Jen. germ. f. 227. im Trost-Brieffe an eine Witwe. [...] (Lutherzitat u. dt. Epicedium) (in: Christliche Clag- undt Trost-Gedichte: uber den/ [...] tödtlichen Hintritt/ des [...] H. Christoff Ockels: der königl. Mytt. undt Cron Schweden gewesenen General-Proviant-Meister; auch Bürgers und Pfänners allhier: welcher [...] den 12. Januarii, Anno 1661. [...] verschieden/ und folgenden 5. selbes Monaths/ [...] bestattet worden: bey dessen [...] Leich-Begängnüß außgefertigt undt übergeben von guten Gönnern undt Freunden/ auch Anverwandten undt Kindern) 1661, [A2]ʳ; Homo Herba, foenum, flos agri! [...] (lat./dt. Epicedium) (in: Die Vergänglichkeit menschliches Lebens abgebildet an dem grünen verwelckenden Kraut/ dessen Exemplar und augenscheinlicher Beweiß der [...] Herr Andreas Kraut/ fürstlicher magdeburgischer wohlbestalter Amptman zum Giebichenstein und vornehmer Pfännder allhier in Hall/ welcher [...] den 22. Aprilis dieses 1661. Jahrs/ [...] verwelcket/ und am 25. desselben [...] beygesetzet worden seines Alters im sechs und viertzigsten Jahr) 1661,)(1ᵛ; Isagoge anticalvinistica secundum Formulae Concordiae ductum in theologiae purioris cultorum gratiam adornata [...]. Cum approbatione reverendiss. facult. theol. in universit. Lips. cui accessit similis Isagoge antipapistica antehac cum ejusdem facultatis approbatione edita, 1662; Animarum fidelium desiderium Gläubiger Seelen sehnliches Verlangen/ aus des h. Apostels Pauli Worten 2. Corinth. V. v. 1. 2. 3. bey ansehnlicher und volckreicher Leichbestattung der am 8. Maji Anno 1663. zu Leipzig selig verstorbenen/ und am 13. desselben zu Halle/ in ihr längst-begertes Ruhkämmerlein gebrachten edlen/ viel-ehrn- und tugendreichen Frauen Annen gebornen Carpzovin/ deß weiland ehrnvesten/ vorachtbarn und wohlgelarten Herrn Eraßmus Ludwigers/ fürnehmen Patricii und Pfänners allhier s. nachgelassenen Witwen/ in der Pfarr-Kirchen zu S. Ulrich am obgemelten Begräbnis-Tage fürgestellet [...], 1663; Encoenia HierOrganica, oder christliche Orgelweyhe/ durch Gottes Wort und Gebeth/ aus Psalm 150. v. 44. bey erstmahligen solennen Gebrauch des neuerbaueten kleineren Orgel-Wercks/ in der Ober-Pfarr-Kirchen zur Lieben Frauen zu Hall/ am 15. Februarij des 1664. Jahres verrichtet und fürgezeiget [...], 1664; Pentas orationum panegyricarum de 1. Gogo et Magogo, 2. Romani imperii termino, 3. Obsequio legibus debito, 4. Urbe Hala Saxonum et 5. Perversi scholastici propudio, in academia partim Witebergensi, partim in gymnasio Halensi habitarum [...], 1664; B. Lutherus Tom. V. Ien. fol. 526. [...] Tharaides sobolem voluit mactare Jehovae [...] (Zitat u. Epicedium) (in: Trauer und Trost-Gedichte/ bey des [...] Hn. Friedrich Hoffmanns/ [...] fürstl. sächß. magdeburg. Leib-Medici [...] ältesten Söhnleins Johann Andreas/ welcher [...] im Jahr 1664. den 30. Jenner [...] entschlaffen. Christlicher Leich-Bestattung/ so geschehen/ am 1. Febr. 1664.) o. J., Titelbl.^{v}; Grandaevo quod avo viventi haud obtigit olim (Gratulationsged.) (in: Benedictae oleae ramo [...] dn. Johanni Andreae Oleario, [...] principi ac domino dn. Augusto [...] a concionibus aulicis, summos in theologia honores doctoralemque gradum in illustri Salana academia [...] III. Idus Jul. [...] M. DC. LXIV. [...] capessenti, benedicunt [...] gratulantes) 1664, Titelbl.^{v}; Erinnerung aus Gottes Wort bey dem neuen Comet-Stern/ im Christ-Monat des abgewichenen 1664. Jahres/ bey öffentlicher Kirch-Versamlung geschehen [...], o. J.; Christliche Schuel-Freude oder Schuel-Jubel-Fest/ wegen glücklicher Einführung und hundert jähriger Erhaltung des Gymnasii oder der Stadt-Schuelen zu Hall in Sachsen/ auf e. e. hochweisen Raths daselbst Verordnung hochfeyerlich gehalten am 17. Augusti im Jahr Christi 1665. Und auf Begehren kürtzlich beschrieben und zusammen getragen [...], 1666; Sirach. c. XXX. v. 17. [...] Siracidae melior mors est, quam languida vita [...] (Sirach-Zitat u. Epicedium) (in: Mitleidende Trost-Schrifft/ welche dem [...] Herrn Christian Zeisen/ [...] Raths-Meister/ [...] über den [...] Ableiben seiner [...] Hauß-Ehre/ [...] Fr. Mariae Catharinen geborner Schultzin/ [...] am Tage ihrer [...] Beerdigung den 20. Augusti [...] 1666. eingehändiget/ desselben [...] Freunde und Bekanten) 1666, unpagin.; Idea dispositionum biblicarum specialis, pentateucho, singulis per singula capita homiliis disponendo, explicando, applicando, et Christo, qui finis, scopus et nucleus legis, monstrando, inserviens, una cum idea homiliarum Gregoriano-Scholasticarum, nec non authorum, rerum et dictorum Mosaicorum, in homiliis anniversariis usurpandorum indice [...], 1666; B. Ambrosius Tom. III. [...] Matre urgente ratum quod magnus Caesar habebat [...] (Zitat u. lat./dt. Epicedium) (in: Solatia, quae serenissimae principi Anhaltinae ac dominae, dnae. Sophiae Augustae, duci natae Slesvic. Holsat. Stormar. [...] etc. viduae et tutrici; exhibuerunt professores nonnulli Wittenbergenses aliique laudabilissimam principis beatissimi memoriam venerantes) o. J. (um 1667), (o)2^{r-v}; Halygraphia topo-chronologica, das ist: Ort- und Zeit-Beschreibung der Stadt Hall in Sachsen aus alten und neuen Geschichtschreibern/ gedruckten und geschriebenen Verzeichnissen/ sampt eigenen viel jährigen Anmerckungen ordentlich zusammen getragen/ abgefasset/ und nebst in Kupffer gebrachten Grund- und Seit-Riß/ auch nothwendigen Registern/ verfertiget [...], 1667 (erw. Ausg., hg. J. G. Olearius, ^{2}1679; o. J. [um 1700; vgl. VD17 3:005453F]); Ideae dispositionum biblicarum specialis pars altera, libris historico-sacris, a Josua usque ad Esther, singulis per singula capita homiliis, disponendis, explicandis, applicandis, et Christo, qui finis, scopus et nucleus scripturae, monstrando inserviens, cum indice authorum, rerum et sacrarum in homiliis anniversariis usurpandarum historiarum triplici [...], 1668; Seelen-Erquickung aus dem Gebeth aller Gebethe/ welches ist das heilige/ von seinen ersten Worten genannte/ Vatter unser/ zu Beförderung tröstlicher Andacht/ samt nützlichem Anhang fürgezeiget [...], 1669; Epicedium (in: Letztes Ehren-Zeugnüß eines recht edlen [...] Lebens und Wandels/ des [...] Herrn Julii von Weißbachs/ fürstlichen magdeburgischen wohlbestellten Truchses bey dero hochlöblichen Leib-Compagnie zu Roß allhier/ welcher [...] 1669. den 22. Junii [...] in Halle gestorben/ und den 7. Julii [...] bestattet worden/ [...] zu bezeugung christschuldiger Consolentz aufgesetzt [...] von vornehmen Gönnern, Verwandten und Bekanten) o. J. (Ex.: 32, Brandschaden); Tröstungs-Rede/ auß Psalm 73. v. 23. 24. an Herrn M. Christophorum Andream Mercken/ Archi-Diaconum [...] und dessen hertzliebe HaußEhre Frauen Marien Elisabeth/ gebohrne Stißerin/ als/ wegen dero hertzlieben/ selig verstorbenen Tochter/ Jungfr. Rosinen Elisabeth/ unversehens- und schmertzlich-erfolgten tödtlichen Hintritts hochbetrübte und bekümmerte Eltern/ wohlmeinend aufgesetzt [...], o. J. [um 1670]; Wenn ein Mensch mit Ernst Gottes Wort im Hertzen [...]. Luth. im 8. Jen. Theil am 368. Blat. Gott lieben/ Gottes Wort und Gottes Diener hören/ [...] (Zitat u. Trauerged.) (in: Das wahre Gut der Seelen/ welches nunmehro [...] besitzet die [...] Frau Rosina/ gebohrne Zourschin/ des [...] Herrn Timothei Alesii [...] Hauß-Vogts in Halle [...] Wittbe/ welche [...] den 1. May/ Anno 1671. [...] verstorben auf begehren in Eyl entworffen [...]) o. J., A3^v; Der Allmächtige verletzt und verbindet/ [...] Hiob 5. v. 18. An die hochbetrübte Frau Witwe. [...] (Zitat u. Trauerged.) (in: Seeliger Himmels-Berg welchen der [...] wohlweise Herr Johann Ellenberger/ [...] Patricius und Pfänner/ den 21. Augusti/ [...] der Seelen nach/ [...] erstiegen hat/ und als er den 23. Augusti/ [...] bestattet wurde/ eiligst angezeiget) 1671, B1^{r-v}; Ad honoratissimam Familiam Wildvogelianam. Defunctam moesto ut plangatis pectore et ore [...] (Epicedium) (in: Ewig-seeliger Sieg/ welchen [...] Frau Maria Nicolain/ des [...] Herrn Georgii Wildvogels/ hochfürstl. sächs. magdeburg. wohlverdienten Raths/ [...] Frau Witbe/ [...] der Seelen nach [...] am 5. Tage des Heumonats [...] im 1671. Jahre allhier erlanget/ [...]. Vorgestellet am 7. Tage gedachten Monats [...]) 1671, B2^v; I. N. J. Gott gibt/ was Ihm gefällt/ nimmt wiederumb den Seinen/ [...] (Epicedium) (in: Trauer- und Trost-Gedichte uber den [...] Verlust des hochrühmlichen Geschlechts- und [...] Tugend-Adels/ welchen an der [...] Fr. Dorotheen Catharinen von Witzleben/ durch dero am 27. Septembris jüngsthin erfolgten [...] Hintritt/ ihr hertzgeliebter Eh-Herr [...]

Herr Hanß Katte/ fürstl. magdeb. [...] Cammer-Hoff- und Justitien-Rath [...] empfunden/ von [...] Gönnern und guten Freunden [...] aufgesetzt/ [...]) o. J. (1671), B2^v; Schluß-Sermönlein nach vollendeter ansehnlicher volckreicher Leichbegängniß Herrn Johannis Nicolai Benckeri, der christlichen Gemeine zu St. Moritz in Halle XIII. Jahr gewesenen treufleißigen Diaconi sel. in der Pfarr-Kirchen zu S. Moritz gehalten/ den 20. Octobris/ 1671 und auf begehren aufgesetzt [...] (in: A. C. Schubart, Auß der geistlichen fruchtbringenden Christen-Gesellschafft der Bewährte/ [...] bey [...] Leichbegängniß des [...] Herrn Johann Nicolai Benckers [...]) 1671, F1^r–F4^v; Apostolicum moribundorum refectorium Recht apostolisches Labsal/ wieder des Todes Furcht und Qual/ aus der II. an Timoth. 4. Cap. v. 7/8. bey ansehnlicher und volckreicher Leich-Begleitung/ des weiland wohl-ehrwürdigen/ großachtbarn und hochgelarten Hn. Sixti Bertrams/ der heiligen Schrifft berühmten Doctoris, der christlichen Gemeine zu S. Ulrich in Hall/ in die XXV. Jahr wolverdienten Pastoris, und des Gymnasii daselbst Inspectoris, so den 1. Decembr. im Jahr 1609. zu Naumburg gebohren/ den 12. Decembr. des 1671. Jahres im 63. seines Alters/ allhier selig verstorben und den 18. ejusdem zu seinem Ruhbettlein gebracht worden/ auf Begehren in der Pfarr-Kirchen zu Sanct Ulrich fürgezeiget [...], o. J. (1672); Religions-Postill/ oder christliche reine Religions-Schule/ und Ubung des wahren Gottes-Diensts/ nach der fürnehmsten Artickel/ gründlichem An-Satz/ schädlichem Gegen-Satz/ und würcklichem Nach-Satz/ auß denen Sonn- und Fest-Tags Evangelien/ in den Ampts-Predigten und Kirch-Versamlungen der christlichen Gemeine zur L. Frauen oder S. Marien/ zu Hall in Sachsen/ eröffnet und angestellet [...], 1672; Ideae dispositionum biblicarum specialis pars tertia, libris poetico-sacris, Jobi, Davidis Psalmorum, Salomonis proverbiorum, Ecclesiastae, et Cantici canticorum, singulis per singula fere capita et psalmos homiliis, disponendis, explicandis, applicandis et Christo, qui finis, scopus et nucleus scripturae, monstrando inserviens, cum indice authorum, rerum et dictorum in homiliis anniversariis usurpandorum triplici [...], 1673; Des Lebens Anfang wird mit Thränen eingehhet/ [...] (Trauerged.) (in: Die dem himmlischen Wein-Stock Jesu Christo [...] ewig-einverleibte [...] Frau Regina/ geborne Stockin/ des [...] Herrn Joachim Rickmanns/ beyder Rechten Doctoris, [...] nachgelassenen Witben/ welche im Jahr [...] 1673. dem 11.

Novemb. seelig verstorben [...] durch unterschiedene Leich-Gedichte/ [...] beehrt von vornehmen Gönnern/ nahen Anverwandten und Freunden) o. J., A1ᵛ; Schluß-Sermon/ mit welchem der seligen Frau D. Rickmannin Leich-Begängniß in dero Behausung geendigt Gottfridus Olearius, D. Superintendens, etc. den 17. Novembris/ i. J. 1673., o. J.; Im Nahmen Jesu! So hat Herr Beuter auch durch Gottes Gnad erlanget [...] (Trauerged.) (in: Den seeligen Wechsel des zeitlichen Weh/ mit dem ewigen Wohl/ welchen [...] Herr Peter Beuther/ [...] Lehn-Secretarius emeritus [...] glücklich getroffen/ als er am 25. Januarii des [...] 1675sten Jahrs [...] das irdische Lehn/ [...] mit dem himmlischen Erbe/ [...] vertauscht. Haben zu dessen letzten Ehren/ [...] am Tage seiner [...] Beerdigung/ war der 28. [...] Januarii/ entworffen: etliche vornehme Gönner/ gute Freunde und nahe Anverwandten) o. J. (1675),)(2ʳ; (zus. mit seinem Sohn Johann Gottfried) Zwo christliche Glocken-Predigten/ als zwey vormahls schadhaffte/ und durch göttliche Verleihung glücklich umbgegossene Glocken/ der Kirchen zu Unser L. Frauen in Hall/ zum ersten mahl wieder geleutet/ und darauf mit Gottes Wort und Gebet zu unterschiednen mahlen eingeweihet worden/ von Gottfrido Oleario, S. Th. D. Superintendente [...] und M. Joh. Gottfrido Oleario, besagter Kirchen Diacono, gehalten/ nachmahls/ auff vieler gut- und frommer Hertzen Begehren/ zu wohlgemeynten Andencken in Druck gegeben, 1675; Valentissimum montilustrium, Die allerkräfftigste geistliche Bergschaue/ oder Bergbesichtigung/ auß des 121. Psalms 1. und 2. Gesetzlein/ bey ansehnlicher und volckreicher Leich-Begleitung/ des weiland wohl-ehrenvesten/ hochachtbaren und hochgelahrten Herrn Valentini Bergers/ des löblichen Gymnasii der Stadt Halle in Sachsen/ in die 17. Jahr treuverdient-gewesenen Rectoris, so den 18. Januarii, im Jahr 1620. zu Ohrdruff in Thüringen gebohren/ den 22. Maji des 1675sten Jahres/ im 56sten seines Alters/ allhier seelig verstorben/ und den 27. Maji zu seinem Ruhbettlein gebracht worden/ auff Begehren in der Pfarr-Kirchen zu S. Marien/ oder U. L. Frauen/ fürgezeiget [...], 1675; Wo ihr in ein Hauß kommet/ so grüsset dasselbige/ und sprecht zu erst: Friede sey in diesem Hause! Matt. 10/12 Luc. 10/5 [...] Demnach so haben des [...] D. Friedrich Hohndorffs/ [...] vornehmen Jc. hoch-fürstl. sächs. magdeburg. hochansehnlichen Hoff- und Justitien Raths/ auch Saltz-Gräfens allhier [...] wohlerbautes neues Garten-Hauß/ bey erstmaliger Betretung desselben/ wo zu sie den 8. Julii [...] 1675 [...] gewürdiget worden [...] begrüsset D. Gottfriedus und M. Johan-Gottfridus, Olearii, o. J, (Einblattdr.); Habet Ruta praesentaneum adversus venena omnia remedium. Plinius lib. X. Nat. Hist. c. 13. Wie die Raute allem Gifft/ [...] (Begleitged.) (in: J. Sɪɴᴀᴘɪᴜꜱ, Chur sächsisches Rauten Kräntzlein, mit unverwelckten und schönsten Hertzblümlein geziehret und gebunden) o. O. 1677, unpagin.; Annotationes biblicae, theoretico-practicae, sacrae theologiae cultoribus consecratae, una cum appendice, memorabilium de variis scriptoribus secundum alphabeti seriem judiciorum, nec non indice autorum, rerum ac verborum, 1677 (mit Portrait O.'); Des zeitlichen Todes Bitterkeit aus Gottes unfehlbarem seeligmachenden Wort mit rechten Glaubens-Trost kräfftigen Mitteln und denckwürdigen Exempeln sampt andächtigen Gebethen und Anhang der seligen Sterbe-Kunst [...] versüsset (Kupfertitel: Versüsste Todes bitterkeit), 1677; Epicedium (in: Letzter Liebes und Ehren Dienst dem [...] Johann Christoff Cuno/ hoch-fürstl. Magdeb. wohlbestellten und treuverdienten Hauß-Voigt/ als er [...] am 23. Jun. des itztlauffenden 1677sten Jahres [...] entschlaffen/ am Tage seiner Beerdigung/ den 27. dieses/ in folgenden Klag- und Trostgedichten geleistet von vornehmen Gönnern/ Anverwandten und Freunden) 1677; So geht zur wahren Ruh [...] (Epicedium) (in: J. G. Oʟᴇᴀʀɪᴜꜱ, Die/ [...] ewigseelige Beruhigung/ der [...] Matronen Fr. Christinen Elisabeth/ gebohrner Ockelin/ des [...] Herrn Christian Werners/ [...] Cantzley-Secretarii, sel. hinterlassenen Witben/ am Tage ihres verblichenen Leibes-Bestattung/ den 30. Julii, Anno 1677. [...]) 1677, Titelbl.ᵛ; Christliche Schluß- und TrostRede/ mit welcher Herrn Simon Andreas Beckers/ der Medicin Licentiatens/ Leich-Begleitung/ am 29. Novembris des 1678. Jahres geendiget [...], 1678; Ideae dispositionum biblicarum specialis pars quarta, libris propheticis, ab Esaia ad Malachiam, singulis per singula capita homilis, disponendis, explicandis, applicandis et Christo, qui finis, scopus, et nucleus scripturae, monstrando inserviens, cum expositorum serie et dictorum in homiliis anniversariis usurpandorum indice [...], 1678; A summo parente, per filium unigenitum, in virtute spiritus sancti, supremos in facultate theologica honores, Johanni Oleario, sacrae theologiae licentiato, in universitate Lipsiensi professori publico ordinario, majoris principum collegii collegiato, felices, faustos, benedictos, vovent, precantur, gratulantur, filio, fratri, patruo, pater, filius [recte: frater], nepos, d. XIIIX. IIIXbris. a. s. M. DC. LXXIIX., 1678 (Gratulationsged. von O. [Vater], Johann Gottfried [Bruder, 1635–1711] u. dessen Sohn Johann Gottfried [Neffe, * 1663]); Christliche Jüden-Tauff-Predigt aus Ezechiel. XXXVI, 25. 26. 27. vor und bey angestellter solenner Tauffe eines gebohrnen/ zum Christenthum unterrichteten und bekehrten Jüdens Christian Jacobs/ den 26. Nov. i. J. Christi 1677. in der Kirchen zu unser Lieben Frauen zu Hall in Sachsen gehalten von Gottfrido Oleario [...]. Hiernechst folget ein kurtzer Bericht der gantzen Tauff-Solennität/ und des neu-bekehrten Jüden öffentlich-gethane Glaubens-Bekäntniß; ingleichen Coronis conversum Judaeorum historica, oder historischer Anhang einer guten Anzahl denckwürdiger zum christlichen Glauben bekehrter und getauffter Jüden/ mit angefüget durch M. Joh. Gottfr. Olearium, ad B. Virg. verbi div. ministr., 1678 (vgl. dazu C. JACOB, Christlicher Heilbrunnen [...], 1677, VD17 32: 673706Q); Doringo nubit Brunneria nata: precamur [...] (Epithalamium) (in: Glückseliges Wohlergehen/ dem [...] Herrn Zacharia Döringen/ beyder Rechte Licentiato [...] Syndico zu Torgau/ und der [...] Jfr. Benignen Elisabeth Reginen/ des [...] Herrn Georg Philipp Brunners/ beyder Rechte berühmten Doctoris [...] Tochter/ bey ihrem in Hall den 16. Septembr. 1679. angestellten hochzeitlichen Ehren-Feste/ [...] gewündschet von vornehmen Gönnern/ Anverwandten und Freunden) 1679,):(2ʳ: Homiliarum catecheticarum Halensium thematico-analyticarum, plusquam DCC. per XXIII. annos singulos bis XVI. habitarum, quoad praeambula, exordia, propositiones, partitiones et tractationes delineatio, cum praefatione isagogico-exegetico-historica [...] [Kupfertitel: Man. catecheticum sive homiliarum catechet. Hal. de anno MDCXXXIV. (...) delineatio], 1680; Ideae dispositionum biblicarum specialis pars quinta, libris apostolicis, a Matthaei evangelio, ad Johannis apocalypsin, singulis per singula capita homiliis, disponendis, explicandis, applicandis et Christo, qui finis, scopus et nucleus scripturae, amplectendo inserviens, cum expositorum serie et dictorum in homiliis anniversariis usurpandorum indice [...], 1681; Ideae dispositionum biblicarum specialis pars sexta, libris apocryphis, a Judith ad Manassis orationem, singulis per singula capita vel membra homilis, disponendis, explicandis, applicandis [...] cum indice autorum, rerum et dictorum [...], 1681; Salomonis Herrlichkeit/ treibet uns zur Schuldigkeit! Aus I. Cronic. c. 30. v. 25. vor der/ ihrer churfürstl. Durchl. zu Brandenburg in der Stadt Halle in Sachsen unterthänigst geleisteten Erb-Huldigung/ am 4. Junij im Jahr Christi 1681. (und 700. Jahr nach selbiger Stadt Erbauung) aus obgemeldet-verordnetem Text in der Ober Pfarr-Kirchen zu S. Marien oder Unser Lieben Frauen der christlichen Gemeine kürtzlich fürgezeiget [...] (mit eig. Titelbl. in: Solenne Erb-Huldigungs-Predigten/ welche/ als aus heiliger Fügung Gottes/ mit dem durchlauchtigsten und großmächtigsten Fürsten und Herrn/ Herrn Friderich Wilhelm/ Marg-Grafen zu Brandenburg/ deß Heil. Römischen Reichs Ertz-Cämmerer und Chur-Fürsten in Preussen/ [...] ihrem gnädigsten Chur-Fürsten und Herrn/ die Stände des Hertzogthums Magdeburg/ am 4. Junij des 1681. Jahres/ sich zu Halle in Sachsen/ unterthänigst verbunden/ in denen Pfarr-Kirchen daselbst gehalten/ und auf begehren dem Druck überlassen D. Gottfridus Olearius, D. Andreas Christophorus Schubartus, D. Johannes Christianus Olearius), 1681; Matth. VI. v. 26. Respicite volatilia coeli! Sancta Creatoris vox est summique Magistri [...] (2 Distichen) (in: J. SINAPIUS, Ornithica sacra, Geistliche Vogel-Beitze/ zur fürstlichen Lust/ [...]) o.J. (Widmung dat. 1682),)(4ʳ; Epicedium (in: Das unsterblich-lobwürdige graue Häupt/ deß [...] Herrn Jacob Baumanns/ churfl. brandenb. zur Regierung des Hertzogthums Magdeburg [...] Protnotarii und vornehmen Pfänners allhier/ welcher [...] 1. Tag des Mäymonats [...] 1682. [...] entschlaffen/ beehrten [...] am Tage seiner [...] Leichbestattung/ den 4. Maii/ durch ihre Klag- und Trost -Blumen/ folgende vornehme Gönner und Freunde) 1682; Epicedium (in: A. C. SCHUBART, Das gute Zeugniß eines christlich-tapffern Nicand[...] zum [...] Ehren-Andencken seines [...] Herrn Schwagers/ des [...] Joh. Gottf. Nicandri [...] General-Superintendentis [...] welcher [...] den 30. Julii 1681. [...] diese Zeitligkeit gesegnet/ [...] und dem 17. Junii 1683. [...] mit einer solennen Leichpredigt [...] beehret worden [...]) 1683; Quod Domino placuit fido Dominique Ministro, Id fratri fratris complacuisse decet [...] (Epicedium auf den Tod seines Bruders) (in: J.-G. HOFFMANN, Das unverwelckliche Leben eines gefallenen Palm-Baums [...] aus Ps. LII. 10.

[...] mit seinem [...] Exempel [...] freudig erwiesen/ [...] Herr Johannes Olearius/ der heil. Schrifft hochberühmter Doctor [...] und bey [...] Leichen-Bestattung [...] M DC LXXXIV. den XXVII. April. [...] wiederholet [...]) o. J., Oo2^{r-v}.

Ausgaben: Diatribe theologica de utroque testamento, veteri et novo [...], P. RÖBER (Präs.), G. O. (Resp.), zuerst 1628 (in: Fascis II. exercitationum philologico-historicarum [...], hg. T. CRENIUS) Leiden 1698, 203–242; Homileticae dispositiones plus quam septingentae ad catechismum Lutheri, cum praefatione isagogico-exegetico historica, 1699; Jubilum davidico-christianum oder Doct. Gottfried Olearii Jubelpredigt [...] (1655) (in: Erneuertes hundertjähriges Denkmahl des [...] auf dem Reichs-Tage zu Augspurg den 25. Sept. 1555. geschlossenen heilsamen Religion-Friedens/ und deshalb [...] im Jahr Christi 1655. [...] begangenen Jubel-Fests [...]) 1755, 129–160; Der Brockenberg. Reisebeschreibung des Halleschen Superintendenten G. Olearius vom Jahre 1656 nach einer im Fürstlich Stolberg-Wernigerödischen Hauptarchiv in Wernigerode verwahrten Hs. gedruckt (in: Der Brocken. Abhandlungen über Gesch. u. Natur des Berges, zus.gest. W. GROSSE, hg. R. SCHADE) 1926 (Nachdr. 1991), 96–98; K. BÜRGER, Des Hallischen Superintendenten Olearius Besuch der Baumannshöhle. Aus den Hss. mitgeteilt (2005), Online: https://web.archive.org/web/20070724133333/http://www.iag.tu-darmstadt.de/members/kempe/olearius.tud.

Briefe: Brief (Wittenberg, 19.9.1640) von August →Buchner an O. (in: J. G. DRECHSLER, Amica epistola ad adversarium suum [...] dn. Guilielmum Mechovium, in illustri collegio Lyneburg. ad D. Michael. eloquent. et histor. profess. publ. [...] qua mentem circa juventutis formandae modum paulo declarat uberius [...] o. J. (Epist. dat.: 1.1.1677), 72–80.

Nachlaß: Eintrag (21.2.1659) in das Stammbuch (1658–1659) Leopold Heinrich von Schönberg u. Weisenhoff: HAAB Weimar, Stb 1306, Bl. 81; Eintrag (14.8.1671) in das Stammbuch (1652–1693) Johann Jakob Benz: HAAB Weimar, Stb 404, Bl. 324a; Eintrag (21.2.1675) in das Stammbuch (1675–1679) Johann Ludwig Neuenhahn: HAAB Weimar, Stb 365, Bl. 56; Eintrag (31.7.1680) in das Stammbuch (1678–1681) Johann Andreas Volland: HAAB Weimar, Stb 322, Bl. 67; alle Stammbücher als Digitalisate zugänglich.

Bibliographien: VD17 (noch unvollst.; mehrere Fehlzuschreibungen). – J. KNAPE, Werkeverz. zu den Rhetorikdrucken Deutschlands 1450–1700, 2017, 312, Nr. 999–1000.

Literatur: J. M. GROSS, Hist. Lex. evang. Jubel-Priester [...], [Bd. 1], 1727, 287; Bd. 2, 1732, 98; Zedler 25 (1740) 1169f.; Jöcher 3 (1751) 1050f.; G. L. RICHTER, Allg. biogr. Lex. alter u. neuer geistl. Liederdichter, 1804, 262; Adelung 5 (1816) 1045–1047; ADB 24 (1887) 276f.; RE ^{3}14 (1904) 355; J. KNAPE, Autorenlex. dt. Rhetoren 1450–1700, 2017, 289f. – Vota festivitati nuptiarum viri reverenda dignitate, doctrina atque eruditione clarissimi dn. Gottfridi Olearii, s.s. theologiae doctoris eximij, ecclesiae patriae ad D. Ulricum pastoris fidelissimi, cum pudicissima honoratissimaque virgine Anna, [...] dn. Johannis Davidis Wogavii, reip: Hallensis camerarij, patricij et salinarij primarij, filia, die Martini anno 1634. celebratae. Concepta ab amicis, o. O. 1634; Hochzeitged. u. Glückwüntschung dem ehrwürdigen/ vorachtbarn [...] Gottfried Oleario der heiligen Schrifft Doctori u. Pfarherrn zu S. Ulrich/ als Bräutigam/ u. [...] Annen [...] Johann David Wogawens/ RathsCämmerers u. Pfänners ehelichen Tochter/ als Braut/ zu dero angestelltem hochzeitlichem Ehrenfest/ am Tage S. Martini im Jahr 1634. [...], 1634 (Einblattdr.); Zum andern mal wiederholete Hochzeit-Frewde des wolehrwürdigen/ hochachtbarn u. hochgelahrten H. Gottfried Olearij/ der H. Schrifft Doctoris u. Pfarrers zu S. Ulrich in Halla/ etc. mit der erbarn vielehr- u. tugendsamen Jungf. Elisabethen/ des weyland ehrenvesten/ großachtbarn u. hochgelarten H. D. Johann Schäffers/ wolverdienten ertzstifftischen magdeburgischen HoffRaths u. Saltzgräffens zu Hall/ s. eheleiblichen Tochter. Fortgesetzet am 2. HochzeitTage/ war der 17. Jan. 1638, 1638; De sacra ephoria Hallensi reverendo pl. excellentis. et clariss. dn. Gotofredo Oleario ss. theol. D. gratulantur musae academico-gymnasticae 15. Martii die Christophori 1647., 1647 (Gratulationsged. zu O.' Amtsantritt als Superintendent); Reverentia gymnastica viro reverendo plurimum, excellentissimo, clarissimo, dn. Gottfrido Oleario, ss. th. doct. superintendenti Hallensium et pastori ad D. Mariae, gymnasiique inspectori primario in auspiciis functionis hujus devote exhibita. 12. Cal. Aprilis. a. o. r. M. DC. IIIL, 1647; Lessus funebris in viri admodum rev. ampliss. et excellentissimi dn. Gotfridi Olearii, doctoris-theologi nominatissimi, ecclesiarum Hallensium superintendentis gravissimi, ad D. Mar.

virg. pastoris primarii ac gymnasii ephori spectatissimi filium desideratissimum Augustum, adolescentem pietate, doctrina et moribus cultissimum, praematuro quidem sed beato obitu ad superos hinc evocatum Lipsiae factus a fautoribus, cognatis atque amicis. XXI Decembr. a. r. o. cIɔ Iɔc LVII., 1657 (zum Tod von O.' Sohn August [1646–1657]); J. G. OLEARIUS, Kindlicher Lieb u. Treue letztes Ehren-Denck- u. Danck-Mahl/ welches der weiland wohl-erbaren/ [...] Matronen Fr. Elisabethen/ gebohrnen Schäfferin/ des [...] Herrn D. Gottfried Olearii, bey dieser Stadt Hall hochverdienten Superintendentis, [...] treugewesenen 37. jährigen Ehgattin/ als seiner gleichfals hochgeehrten u. kindlich geliebten Frau Mutter/ seel. an ihrem in der Welt letzt-solennen Ehren-Tage/ bey angestellter ihres den 24. Sept. seel. verblichenen Leibes bestattung/ den 30. Sept. Anno 1674. [...] aufgerichtet dero gehorsamer [...] Sohn M. Johann Gottfried Olearius, Pred. zur L. Fr., 1674; A. C. SCHUBART, Der rechtschaffen-wohlgeübte Theologus, Herr Gottfried Olearius/ heiliger göttlicher Schrifft höchstberühmter Doctor, des sämtlichen Ministerii Senior, zur Lieben Frauen Pastor, Gymnasii Inspector, u. der Kirchen Gottes allhier zu Hall längst-hochverdienter Superintendens, nach hochansehnlich-geschehener Leich-Begleitung seiner einig-gewesenen hertzvielgeliebten Tochter Jungfr. Dorotheen/ in der an ihm christrühmlich u. exemplarisch-verspürten gottgelassenen Zufriedenheit/ vermittelst einer kurtzen Trost- und Schluß-Rede/ hiesiger Gewohnheit nach/ am 5. Februarii des 1677. Jahrs/ u. darauf/ zu mehrer Leides-Linderung/ begehrter maßen im Druck vorgestellet [...], 1677 (zum Tod von O.' Tochter Dorothea [1643–1677]); C. LUCHT, Die himlisch-gesinnte u. gezierte Dorothea/ nach ihren Jungfr. Ehren-Krantz/ Jungfr. Ehren-Kleide u. Jungfr. Ehren-Schmucke: als die hocherbare [...] Jungfrau Dorothea/ des hoch-ehrwürdigen/ [...] Herrn Gottfried Olearii [...] einige [...] Tochter/ nachdem sie im Jahr 1643. den 14. Augusti [...] gebohren/ den 29. Jan. aber/ dieses 1677. Jahres/ im 34. Jahr [...] verstorben/ u. darauf den 5. Febr. [...]/ zu ihres Leibes-Ruhe gebracht wurde/ auß dem 4. u. 5. Vers. des 14. Cap. der hohen Offenbahrung St. Johannis/ in der Kirchen zu Unser L. Fr. [...] gezeiget/ [...], 1677; J. PRAETORIUS, Die besondere Gute Gottes/ durch welche [...] Gottfried Olearius/ der heiligen Schrifft Doctor; der Kirchen zu St. Marien Pastor, Superintendens, u. Scholarcha zu Hall/ am Sontag Sexagesima des 1681 Jahrs beschlos die hundertjährige Zeit/ welch dero [...] ruhender Herr Vater/ Herr D. Johannes Olearius, zu eben selbiger Ehre/ Ampt/ u. Würde am erwehlten Tage des 1581 Jahrs angefangen/ zu schuldiger Glückwünschung in einer Arien entworffen u. mit einer Nacht-Music beehret, 1681; S. EBART, Der unter den Hällischen Lehrern höchst-beglückte Oelbaum/ dem [...] Gottfried Oleario/ der heil. Schrifft weitberühmten [...] Doctori, [...]/ als er die rare Glückseligkeit erlanget/ daß er in seiner bißher ruhmwürdigst geführten Superintentur die Zeit erlebet/ da nunmehr vor hundert Jahren sein sel. Herr Vater D. Joh. Olearius/ am Sontage Sexagesime, 1581. die Cantzel besagter Kirchen zum erstenmahl betreten/ u. zu gleichen Amt beruffen worden/ zu schuldiger Ehr-Bezeigung erklungen u. besungen unter der Music Samuel Ebarts, Organ. zu unser L. Fr., 1681; Kindliche Freude über dem gesegneten Wohlergehen des [...] Gottfried Olearii/ der h. Schrifft Doctoris, [...]/ als er bey [...] glücklich-eintretenden 1682. Jahre seinen neun u. siebenzigsten Geburths-Tag [...] begienge, aus kindlicher Pflicht ausgelassen von seinen gehorsamst-ergebenen [...] Kindern in Leipzig/ u. in gebundener Rede auf Begehren abgefasset durch die Feder eines dem Olearischen Hause ergebenen Dieners, 1681; J. OLEARIUS, Das durch die trüben ElendsWolcken herfür scheinende Freuden-Liecht/ welches bey dem achzigsten Geburths-Tage/ des [...] Superintendentens in Hall Herrn D. Gottfried Olearii, als seines [...] Vaters/ am 1. Januar. des 1683. Jahres zu Leipzig erblicket/ u. schuldigst begrüsset [...], o. O. 1683; Die wunderliche Güte Gottes an dem mit hohen Lebens-Alter begnadigten Oel-Baum/ bey dem im 50sten Jahr seines gefürten Predig Ampts/ im 49sten/ des zu Wittenberg erlangten Doctorats, u. im 36sten des getragnen Häll. Superintendenten-Ampts/ am 1. Januarii, des neue-angebrochnen 1683. Jahres/ hocherfreulich-erlebten achtzigsten Geburts-Tage/ (Tit.) Herrn D. Gottfridi Olearii erkannt u. vorgestellt/ durch folgende brüderliche u. kindl. Glückwünsche, 1683; A. C. SCHUBART, Constantia oleae sacrae in domo Jehovae Das beständige Bleiben des geistlichen Oel-Baums im Hauße Gottes/ bey höchst-ansehnlichen Leich-Proceß des hoch ehrwürdigen/ großachtbaren u. hochgelahrten ältesten evangelischen Theologi unserer Zeit Herrn Gottfridi Olearii, der heiligen göttl. Schrifft hochberühmten u. umb die Kirche

Gottes treu-hochverdienten Doctoris, churfürstl. brandenb. beym Hertzogthum Magdeburg wohlverordneten Inspectoris Primarii im Saal-Creyse/ Ober-Pastoris zur L. Frauen/ wie auch Superintendentis, Scholarchae u. Minist. Senioris allhier in Halle/ als derselbe am 20. Februarii M. DC. LXXXV. [...] im 82. des lebensatten Alters/ u. 51. Jahr seines rühmlichst-geführten Predigt-Ambts diese Zeitligkeit sanfft-seligst gesegnet/ dem 26. darauff in volckreich-grosser Trauer-Versammlung aus dem erwehlten Leich-Text Johannis am V, 24. zubetrachten vorgestellet [...], 1685 (Lebenslauf E1ʳ–F2ᵛ, auf dem alle späteren Biogramme beruhen), angeh. weitere Trauerschriften, die teils auch als Einzeldrucke erschienen; J. G. OLEARIUS, Thränen der Tochter Zion über ihren erlaßten Simeon/ als [...] D. Gottfridus Olearius, weitberühmter [...] Theologus, churfürstlicher brandenburgischer wohlverordneter Inspector Primarius im Saal-Creise des Hertzogthums Magdeburg/ der Ober-Pfarr-Kirchen zur Lieben Frauen in Hall Pastor, u. der andern Superintendens, wie auch Scholarcha, u. des ehrwürdigen Ministerii Senior daselbst/ [...] im 82sten Jahr seines ehren-vollen Alters den 20. Februar. 1685. diese streitende mit der triumphirenden Kirchen verwechselte/ u. darauff den 26. Februar. [...] beerdiget wurde/ bethränet vorgestellet von des Seeligsten betrübten Enckel [...], 1685; G. OLEARIUS, Der bey dem Grabe Jacobs weinende Ephraim/ welchen zu schuldigsten Ehren [...] D. Gottfried Olearii/ weitberühmten u. um die Kirche Christi hochverdienten Theologi/ [...] nunmehro seeligen/ an seinem Leich-Begängniß-Tage den 26. Februar. 1685 [...] darstellen sollen dessen in Leipzig entsprossener Enckel, 1685; G. MOEBIUS, Ad orationem parentalem in obitum duorum praeclarissimorum fratrum virorum [...] dn. D. Johannis Olearii, [...] domini Augusti, archi-episcopatus Magdeburgensis administratoris [...] concionatoris aulici primarii, consiliarii ecclesiastici, et superintendentis generalis fidelissimi; dn. D. Gottfridi Olearii, elector. Brandenburg. in circul. Salin. ducatus Magdeburg. inspectoris primarii, Halae ad b. Virg. pastoris, et ecclesiae ibidem superintendentis [...] crastino die XIV. Aprilis, [...] in collegio majori principp. habendam, magnificum academiae rectorem, utriusque reipubl. proceres, ac cives academicos [...] invitat decanus [...] ss. th. d. ac prof. publ. primarius, o. J. (dat.: 13.4.1685); J. B. CARPZOV, Justa solennia illustri pari fratrum Oleariorum, theologis summis, domino Joanni, serenissimorum Saxoniae principum et ducum, domini Augusti, [...] et domini Joannis Adolfi, consilario ecclesiastico, concionatori primario, confessionario, et superintendenti generali, etc. et domino Godofredo, potentissimi electoris Brandeburgici in Salano Magdeburgensis ducatus circulo inspectori primario, ecclesiae ad B. Virginis pastori [...] etc. postridie Eidus Apriles [...] M DC LXXXV. a facultate theologica in academia Lipsiensi persoluta. Dixit ejus jussu [...], 1685; Weißenfelsisches Mitleid uber den seeligen Todt [...] D. Gottfried Olearii/ hochberühmten Theologi [...] als derselbe am 20. Februar. dieses 1685sten Jahres nach 9. Uhr/ vormittags/ seeligst verschieden und den 26. dito, unter ungemeiner Solennität zur Erden gebracht wurde; gepflogen von des Seeligen Anverwandten und Freunden, 1685; J. PRAETORIUS, Ultimum exequiarum honorem maxime reverendo excellentissimoque domino doctori Gottfrido Oleario, theologo de ecclesia Christi calamo pariter ac eloquio celeberrime merito, electoral. Brandenb. in circul. Sal. ducatus Magdeburg. inspectori primario, ad B. Virgin. pastori, et eccles. patr. superintendenti, scholarchae, et ministerii sacri seniori d. XXVI. Februar. an. Christi M. DC. LXXXV. exhibendum indicit [...], 1685; J. RIEMER, Germaniae presbyterium. Sacrorumque Hallensium summum antistitem b. b. dn. D. Gottfridum Olearium ad tumbam usque veneratur [...], 1685; Lamenta metrica, quibus sanctissimum senem [...] D. Gothofridum Olearium, electoralem Brandenburgicum in circulo ducatus Magdeburgensis Salano inspectorem primarium, [...] d. XX. Februar. ereptum, et d. XXVI. ejusd. [...] M DC LXXXV. in salinis Saxonicis dormitorio suo solenniter illatum prosequebantur Camenae philureae, 1685; Der treue Dienst u. herrliche Gnaden-Belohnung eines [...] Diener Gottes/ des [...] Gottfried Olearii, der H. Schrifft weitberühmten [...] Doctoris, [...] welchen/ als derselbe Anno 1685. den 20. Febr. [...] verschieden/ u. den 26. ejud. [...] bestattet wurde [...] am Tage seiner Beerdigung kürtzlich haben entwerffen lassen des Gymnasii zu Halle Rector u. übrige Collegen, 1685; Der verstorbene Unsterbliche [...] Gottfried Olearius, der heil. göttl. Schrifft hoch-berühmter Doctor [...]/ wie denselben alß ihren [...] Schul-Patron zu seinem unsterblichen Ruhme [...] verehren solte des hiesigen Gymnasii erste u. andere Classe, 1685; Der von den Seinen bethränet in die Grufft gesenckte

Jacob/ bey [...] D. Gottfridi Olearii, weitberühmten [...] Theologi [...] Beerdigung zu Bezeugung schuldigster Condolentz gegen dessen [...] Sohn/ ihro Magnificentz Hn. D. Joh. Oleario, P. P. u. als ihrem hochgeschätzten Patron/ vorgestellet u. übergeben von dero sämptlichen Tisch-genossen, o. J.; Den zwar seligen doch höchst-besorglichen Abgang ihres andächtigen u. gottseligen Aarons/, des [...] hoch-gelahrten Herrn D. Gottfridi Olearii, [...]/ alß derselbe/ [...] 1685. den 20. Febr. [...] entschlaffen/ wolten hiemit/ am Tage seiner volckreichen Leichbestattung den 26. Febr. [...] beklagen/ u. die Thränen der waren Kirch u. gantzen Stadt/ mittleidend anzeigen/ folgende hohe Gönner/ werthe Collegae, u. betrübte Freunde, o. J.; H. PIPPING, Sacer decadum septenarius memoriam theologorum nostra aetate clarissimorum renovatam exhibens, 1705, 41–62; J. G. LEUCKFELD, Historia Heshusiana [...] benebst einer genealogischen Nachricht von allen vormahls gelebten u. noch lebenden Herren Olearien, 1716, 238; J. C. WETZEL, Historische Lebens-Beschreibung der berühmtesten Lieder-Dichter, Tl. 2, 1721, 251 f.; J. C. v. DREYHAUPT, Pagus Neletici et Nudzici, oder ausführliche diplomatisch-historische Beschreibung des [...] Saal-Kreyses [...], Tl. 1, 1749, 1023, 1051; Tl. 2, 1750, 226, 682; J. C. ERDMANN, Biographie sämmtl. Pastoren u. Prediger an der Stadt- u. Pfarrkirche zu Wittenberg vom Anfange des XVI. Jh. [...], 1801, 25; G. FROTSCHER, ‹Halygraphia› des ~ (in: Mitteldt. Familienkunde 12) 1971, 206–209; F. ROTH, Restlose Auswertungen von Leichenpredigten für genealog. u. kulturhist. Zwecke, Bd. 8, 1974, 92–95, 426 f., Nr. 7123 u. 7778; Bd. 9, 1976, 253 f., Nr. 8442; V. ALBRECHT-BIRKNER, U. STRÄTER, Luth. Orthodoxie in Halle – theolog. Profile, Frömmigkeit u. die Auseinandersetzung mit den Pietisten (in: Gesch. der Stadt Halle, hg. W. FREITAG, A. RANFT, Bd. 1) 2006, 333–349; Pfarrerbuch der Kirchenprov. Sachsen (Red. V. ALBRECHT-BIRKNER) Bd. 6, 2007, 375.

RBS

Olearius, Johannes d. Ä., * 17.9.1546 Wesel (Herzogtum Cleve), † 26.1.1623 Halle/Saale; Sohn des Weseler Ölschlägers (latinisiert: Olearius) Jakob Kupfermann u. dessen Frau Anna, geb. Cronenberg[er]; Besuch des Gymnasiums in Düsseldorf, Stud. in Marburg (immatrik. am 1.6.1566) u. Jena (im Winter 1570), wo er am 13.1.1573 den Magistergrad erwarb; am 9.9.1573, zus. mit Gottfried u. Heinrich, Söhnen des Theologen Tilemann → Hesshusen (damals Bischof in Samland), im ostpreuß. Königsberg inskribiert u. am 26.7.1574 zum Rektor des Gymnasiums berufen; am 7.6.1577 Prof. der hebr. Sprache an der Königsberger Academia Albertina; 1578 Prof. der Theol. u. hebr. Sprache in Helmstedt (Amtsantritt am 6.10.), dort am 12.10.1579 zum Dr. theol. promoviert; im Sommer 1581 Pastor primarius an der Marienkirche u. Superintendent in Halle, dort auch Lehrer des Hebräischen am Gymnasium; O., ein bedeutender Vertreter der luth. Orthodoxie u. Stammvater einer weitverzweigten Gelehrtenfamilie (vgl. LEUCKFELD [Lit.] 1716, 234–248), hat zwei Ehen geschlossen, die erste am 12.10.1579 (zugleich Tag seiner Doktorpromotion) mit Anna († 1600), der Tochter des Tilemann Hesshusen, die zweite am 8.2.1602 mit Sibylle († 1622), der Tochter des Hallenser Pfarrers Nicolaus Nicander (insges. 14 Kinder, darunter Gottfried → O.); O. ist nicht mit seinen beiden gleichnamigen Söhnen (1587–1610, aus 1. Ehe; 1611–1684, aus 2. Ehe) zu verwechseln. – Schulrektor, luth. Theologe, Universitätsprof., Hebraist, Pfarrer, Superintendent, Dichter.

Schriften (Beitr. zu Sammelschr. u. Werken anderer in Ausw.): Theses philosophicae, de principiis doctrinarum [...] in inclyta academia Regiomontana [...] mensis Augusti die 20., Königsberg 1574; Theses de certitudine christianae religionis seu de principijs theologiae [...] in inclyta academia Regiomontana [...] 17. Augusti [...], Königsberg 1576; De poenitentia propositiones [...] pro consequendo gradu doctoris in facultate theologica. Februarij [17.2.]. In illustri academia Iulia, quae est Helmstadij, T. KIRCHNER (Präs.), J. O. (Resp.), 1579; Charmosynon in nuptias reverendi et doctissimi viri, d. M. Henrici Heshusii, pastoris et superintendentis Thonnensis, affinis sui chariẞimi: et honestiẞimae virginis Gesae, ampliẞimi quondam in rep. Bremensi consulis Iohannis Esichij, piae memoriae, filiae: Hebraeis versibus scriptum cum paraphrasi Latina, 1580; Oratio funebris in obitum illustrissimae principis ac dn. d. Margaretae filiae illustriss. principis ac d. d. Iulii, ducis Brunsvicensis et Luneburgensis, etc. Publice recitata [...] 25. Ian. anno 1580., 1580; Disputatio de infantum baptismo contra anabaptistarum errores [...] in illustri academia Iulia [...] 12. Februarij, J. O. (Präs.), H. HESHUSEN (Resp.), 1580; Iohannes Olearius Doctor Theologiae Et Hebraeae linguae Professor in Illustri Acad.

Iulia ad Lectorem. Nullus apex, nullum de lege peribit Iota [...] (5 Distichen) (in: ELCHANON PAULUS, Mysterium novum Ein new herrlich und gründtlich beweiß aus den prophetischen Schrifften/ nach der Hebreer Cabala/ daß [...] Jesus Christus [...] warhafftig sey der verheissene Messias. [...] Sampt einer ernsten vermanung des Authoris an alle Jüden) 1580, C4^r; Oratio. De linguae Hebraeae tum necessitate tum facilitate. Habita in illustri academia Iulia, anno 1578. [...], 1581; I. Disputatio de incarnatione verbi: quod filius dei humanam naturam suam non de coelo secum attulerit, sed ex Maria virgine assumserit in unitatem personae: ideoque secundum carnem nobis ὁμοούσιος sit. Adversus anabaptistarum errores [...] in illustri academia Iulia [...] 14. Apri. [!], J. O. (Präs.), L. MOLITOR (Resp.), 1581; II. Disputatio de incarnatione verbi, quae est ἐλεγκτικὴ adversus anabaptistas. Qua Mennonis et d. p. carnem Christi non ex Maria virgine, sed ex substantia τοῦ λόγου ortam, asseverantium, praestigiae refutantur [...] in illustri acad. Iulia [...] 29. Iunij, J. O. (Präs.), P. MUSAEUS (Resp.), 1581; Explicatio quaestionis an tempore necessitatis s. coenam vel a pontificio vel a calviniano pastore quis bona conscientia poßit accipere. Recitata in promotione magistrorum in illustri academia Iulia [...]. Additum est encomion libri concordiae, adversus quendam ὁμονοιομάστιγα, 1582; Christiano Lectori Salutem Per Christum Cum Veritatis, et pacis ardente studio precatur. Iohannes Olearius. S. Theol. D. [...] (Vorrede) (in: T. HESHUSIUS, Verae et sanae confessionis: de praesentia corporis Christi in coena domini, pia defensio: adversus cavillos et calumnias: I. Ioannis Calvini. II. Petri Boquini. III. Theodori Bezae. IIII. Wilhelmi Cleinwitzij, et similium. Item: Refutatio Pelagiani seu anabaptistici Calvinistarum erroris, de baptismo et peccato originis [...]) 1583, ✶2^r–✶8^r; Disputationes X. de praecipuis aliquot religionis christianae capitibus et controversijs: publice propositae, et contrariarum obiectionum succinctis refutationibus in gratiam theologiae logicaeque studiosorum illustratae: [...]. Pars prima [...], 1584 (Slg. von 1569–1581 in Marburg, Jena, Königsberg u. Helmstedt abgehaltenen Dispp.; O. teils als Respondent, teils als Präses); Ad Reverendum Et Clariss. Virum D: D. Danielem Hoffmannum SS. Theolog. Profess. in Acad. Iulia, affinem suum chariss. Quam legis a Patrijs tibi littera mittitur oris [...] (Epigramm) (in: D. HOFMANN, Enarratio psalmi 22 [...]. Tradita praelectione publica in academia Iulia [...]) 1586,

182^v–[183]^v; Consolatorium Carmen. Ad [...] Patrem Ac Dominum, D: Petrum Abbatem Imperialis Monasterij Bergensis laudatissimum, Moecenatem suum officiose colendum: charissimae [...] coniugis suae Margaretae obitu moerentem. Isacides Patrias ubi vix accesserat oras [...] (Epicedium) (in: S. SACK, Christliche [...] Leichpredig bey dem Begrebnis der [...] frawen Margareten Westphalen/ des [...] Herrn Petri Ulneri, des [...] Stiffts zum Berge vor Magdeburg Abten ehelichen Gemahls/ welche den 6. [...] Augusti [...] 1586. [...] entschlaffen/ etc. [...]. Sampt einer [...] Trostschrifft des [...] Davidis Chytraei) 1586 (auch mit Ersch.-Dat. 1587), G3^v–G4^v; Disputationum [...]. Pars altera: qua continentur et disputationum duarum theses, et obiectiones, cum perspicuis solutionibus, 1587 (enthält: Disp. de vera dei invocatione, eiusque conditionibus; Disp. de consolatione christiana et philosophica); Ezra Kenegdo. Adiutorium conforme viro. Tardior, Amramide vates, graviorque loquela [...] (Epithalamium) (in: Gamelia reverendo [...] viro, dn. M. Paulo Nicandro, ecclesiae ad S. Ulricum in Salinis pastori, iterum sponso: et [...] virgini Mariae [...] dn. Iohannis Fabri senatoris in inclyta repub. Halensi filiae. Scripta a collegis et amicis. Postridie Kal. Maij) 1587, A1^v–A3^r; Doctissimo Atque Ornatissimo Viro D. M. Philippo Gallo Halensi, SS. Theologiae candidato, amico suo carissimo. S. P. ab Immanuele nostro Iesu Christo. Doctissime Domine Magister [...] (Epistola, dat. Halle, 27.1.1588) (in: Summa doctrinae christianae, articulis XXI. confessionis Augustanae prioribus comprehensa. Item tria symbola [...], hg. P. HAHN) 1588,)(7^r–✶2^r; Parentalia reverendi et clarissimi deque ecclesiis et scholis optime meriti viri d. doctoris Tilemanni Heshusii s. s. theologiae professoris in inclyta academia Iulia quae Helmstadij est, celeberimi. Memoriae soceri, imo parentis et praeceptoris sui chariβimi dicata [...]. Adiecta sunt et aliorum epicedia, 1589; De caussis cur ab ecclesia Romana pontificia sit facienda secessio. Disputatio [...]. Quae habebitur, iuvante Christo, in inclyta schola Halensi. 20 Augusti [...], 1589; Criminationum pagellae Cerbestanae, quae Strena inscribitur, depulsio necessaria: qua docetur, in epistola d. Philippi Melanchthonis, de exorcismo, Halae Saxonum excusa, nullum crimen falsi commissum: ipsos vero Cerbestanos qui hoc intendunt, multis modis falsarios esse: una cum disputatione de exorcismo, et refutatione XX. obiectionum, quibus

Amlingus piam hanc ceremoniam impudenter infamat, 1591; Drey Predigten vom Unterscheid der wahren christlichen lutherischen und falschen papistischen auch calvinischen Religion. Darinn nach Ordnung aller Articul Augspurgischen Confession die Warheit mit Sprüchen Johannis des Teuffers/ Petri/ und Pauli/ der H. Apostel/ kürtzlich erwiesen. Die falsche Lehre aber widerlegt wird. Gepredigt zu Hall in Sachsen [...]. Sampt einer Vorrede vom Betrug und Lügen der anhaltischen Scribenten/ auch des erichteten M. Christiani Grundmans/ etc., o. O. 1591; In Lauream Poeticam Clarissimo Vati Et Historico, D. M. Henrico Meibomio Imperiali Maiestate tributam. Fare age, quid venias, Herme? quae nuncia portes? [...] (Gratulationsged.) (in: Laurea poetica ab invictissimo et potentissimo imperatore, caesare Rudolpho II. [...] Henrico Meibomio Lemgoviensi, in Iulia academia professori publico [...] donata, et amicorum [...] scriptis celebrata. | |) 1591, 16–18; Epicedium (in: Carmina in obitum [...] Margarethae, d. Christiani Chrishovii, ducalis aulae Magdeburgicae secretarij spectatissimi: coniugis [...] defunctae die 28. Iunij, anno 1591. scripta a mariti maestissimi amicis) 1591; Encomion libri concordiae recognitum, et apostatis ac reprehensoribus eius oppositum. [...] Ad reverendum patrem d. Petrum abbatem montis Parthenopaei, 1592; De papatu fugiendo, et Augustana confessione retinenda orationes duae. Habitae in inclyta schola Halensi [...]. Cum praefatione gratulatoria ad reverendiss. episcopum et capitulum Halberstadense, 1592; zus. mit P. HAHN, Gratulatio solennitati doctorali et nuptiali reverendorum et clarißimorum virorum, d. Samuelis Huberi, sponsi, d. Salomonis Gesneri professorum inclytae acad. Witeb. d. Viti Wolfrum d. Laurentii Drabitii, superintendentum Cygneae et Chemnicensis ecclesiae scripta a ministris ecclesiae Halensis, 1593; Institutio principis christiani. Ex Agapeti tabella regia Iustinianea: et Augustanae Confessionis, orthodoxique libri Concordiae articulis collecta. Illustrissimo, generosissimoque principi ac d. d. Iohan. Sigismundo Marchioni Brandeb. Borussiae duci dedicata, 1593; In Orthodoxam Examinis Theologici Declarationem A Reverendo Patre D. D. Nicolao Selneccero B. M. conscriptam Iohan. Olearius D. Christus ut aequaevi solium regale Parentis [...]. Halae Saxonum 1592. 22. Novemb. (Begleitged.) (in: N. SELNECKER, Operum Latinorum pars prima, continens formam explicationis examinis ordinandorum, olim scripti a d. Philippo Melanthone

[...]. In usum [...] discentium ss. literas in eclesijs et scholis purioribus) 1593,):(1^r–):(4^r; Memoriae Venerandi Senis, Doctrina, pietate, et liberorum benedictione conspicui, Dn. Lucae Hameri [...] fideliter functi: [...]. Non casu, Themis aut genitos in luminis auras [...] (Epicedium) (in: G. SELNECKER, Zwo Predigten. Eine bey [...] Leichßversamlung/ deß [...] Ern Lucae Hammers, Pfarrers zu Tzschernitz und Tzschaasch seligen. Als er [...] den 25. Maij, dieses 94. Jares/ [...] entschlaffen/ und [...] folgenden 27. [...] bestattet worden. Die ander/ bey Einweisung und Introduction, deß [...] Ern/ Eliae Hammers, so [...] an seines Vatern statt [...] zu einem Pfarrer [...] den 10. Sept. investiret worden) 1594, F1^v–F2^v; Reverendis Et Doctissimis Viris [...] D. M. Henrico Heshusio Superattendenti, D. M. Arnoldo Sturmero, et reliquis Pastoribus Hildesianae Ecclesiae [...] (Widmungsvorr.) (in: P. NICOLAI, Ad duos Antonii Sadeelis libellos, quorum alterum de spirituali: alterum de sacramentali fruitione corporis et sanguinis Iesu Christi inscripsit. Responsum christianum [...]) 1595, A2^r–A8^v; Ut radijs Oculus discriminet omnia certis [...] (Epithalamium) (in: Epithalamia ornatissimo iuveni [...] d. Danieli Ockelio sponso, et [...] virgini Barbarae, [...] senatoria dignitate praestantis viri Ieremiae Wogaw relictae filiae, sponsae. Scripta ab amicis) 1595, A2^{r-v}; In Proverbiorum versionem Egenolphicam. Ioan. Olearius Wes. D. [...]. Nepos Iessae versibus inclyte [...] (Lobged.) / Idem in Epistola. Metaphrasin tuam Proverbiorum Salomonis legi perlibenter. [...] (in: C. EGENOLFF, ΕΠΟΔΩΝ libellus I. Proverbia Solomonis, filii Davidis, regis Israelitarum, carmine reddita) 1595, 16–18; Vorrede. Dem Ehrwirdigen [...] Herrn Petro, Abt des Keyserlichen freien Closters zum Berge/ für Magdeburg/ [...] (in: S. CUNO, Lutherus redivivus. Das ist D. Martini Lutheri Sententz und Bedencken/ von der formula Concordiae, und aller hierzu gehörigen händel/ welche sich in diesen viertzig Jahren in den Kirchen der Augspurgischen Confession zugetragen: Reims weise verfasset/ [...]) 1595, ( )2^r–β2^v; Vorrede. Dem Gestrengen Edlen und Ehrnvhesten Eustachius von Wolffen/ auff Loburg Erbsas Obersten/ und Furstlichen Magdeburgischen furnemen geheimbten Cammer Rhat/ Meinen groß gönstigen lieben Junckern. [...] (in: J. LEUNCLAVIUS, Vom türckischen Reich. Bericht/ was es für ein zustand und gelegenheit in der Türkey itziger zeit habe/ [...], übers. S. CUNO) 1595, A2^r–A4^r;

In obitum honestissimae omnique virtute matronali praestantis foeminae Blandinae Zochiae, conjugis [...] d. Iacobi Bedelii, consulis Halensis, compatris et affinis sui charissimi, paraclesis elegiaco carmine scripta [...], 1596; Bedencken D. Iohannis Olearii, Superintendenten zu Halle/ von folgenden Bericht/ geschrieben an den Autorem. [...] (in: H. HESSHUSEN, Bericht von einem Juden/ so die Tauffe zu erst betrieglich gesuchet/ und doch durch Gottes Gericht wunderbarlich zu erkentnis seiner Sünden kommen/ die Tauffe erlanget [...]) 1596, A2^r–C1^v; Dem Ehrwirdigen [...] H. Danieli Hofman der H. Schrifft D. und Professori primario in der Löblichen Julius Universitet, meinen freundlichen L. Schwager/ und alten Collegae [...] (Vorrede) / Nötige Erinnerung D. Johan Olearij (in: D. HOFMANN, Zehen starcke anzeigungen und Erweisungen, das der Dichter des Zerbster Buchs/ verenderung der Lehr und Ceremonien belangend/ von keinem guten Geiste darzu getrieben sey [...]. Mit [...] nötiger erinnerung D. Johan Olearij vom betrug und Finantzerey der jetzigen Calvinisten) 1597 (zwei Drucke), A2^r–A4^v u. 29–32; Vorzeichnis mehr denn zwey hundert Calvinischer Irrthumb/ lügen/ und lesterung wider alle Artickel Augspurgischer Confession/ unnd Stück des heiligen Catechismi D. Luthers. Fürnemlich aus den newlich zu Zerbst gedruckten Zwinglischen Postillen/ Agenden/ und Reformation Büchern colligirt/ ördentlich verzeichnet/ und aus Gottes wort widerlegt [...]. Daraus zu sehen/ wie felschlich die Calvinisten sich der Augspurgischen Confession rühmen/ dieweil sie keinen Articul unverfelscht lassen, 1597; Wider den calvinischen Grewel der Verwüstung/ in des Fürstenthumb Anhalts Kirchen newlich mit gewalt eingesetzet. Trewhertzige Warnung und Bericht/ [...]. Neben gründlicher widerlegung der F. Verantwortung auff etlicher vom Adel und Stedten Erinnerungsschrifft. Bericht von Ceremonien/ beyde zu Zerbst newlich ausgangen. Abfals ursachen D. Peuceri zum Calvinismo/ dem hertzbergischen/ zu Zerbst gedruckten Colloquio angeflickt. Calumnien/ so in desselben Vorrede wider D. Olearium ausgesprengt. Auch Erweisung aus Gottes Wort. Das grosse Herren keines wegs befugt/ ihren Unterthanen/ die calvinische falsche Lehre auffzudringen, 1597; Renovalia Calliopes organicae de invento per quam ingenioso, systemate miraculoso, et usu religioso organorum musicorum, parodia psalmi inter Davidicos ultimi dnn. aedilib. et populo Halensi dicata, cum novum organum ab excellente artifice Davide Beccio Halberstadensi, insigni accessione auctum et perpolitum esset, 1597; Elegia consolatoria ad reverendum et clarissimum virum d. d. Danielem Hoffmannum. S. s. theologiae primarium in illustri academia: Iulia professorem, gravissimo luctu ex coniugis lectissimae filij, et filiae dulcissimae obitu afflictum [...], 1597; Consolatoria elegia ad ampliss. virum d. Jacobum Michaelem Mulbechium, consulem inclytae reip. Halensis vigilantißimum, lugentem obitum filioli sui unici, Laurentij. Compaternitati, familiaeque dignitati dicata [...], 1597; Responsio [...] ad quaestionem de condemnationibus falsorum dogmatum, ante synodi cognitionem (in: T. HESHUSEN, Oratio de dicto Iob. 13. [...]) 1598 (vgl. Herausgaben); Den Edlen Gestrengen und Ehrenvesten/ denen von der Ritterschafft im löblichen Fürstenthumb Anhalt/ die mit der Calvinischen Newerung nicht zu frieden (Vorrede) (in: Stattliches/ außführliches und gar bewegliches Schreiben der löblichen Ritterschafft im Fürstenthumb Anhalt/ so mit der calvinischen Reformation nicht zu frieden/ auff die unter I. F. G. Namen/ Anno 1596 außgegangene Verantwortung. Newlich ubergeben/ Anno 1598 den 26. Januarij. [...] Mit einer Vorrede D. Iohannis Olearii [...]) 1598, A2^r–)(4^v; Memoriae beatae r. et clariss. viri d. d. Hen. Heshusij, superintend. Hildesiani. Thuribulum Aaronis, inter vivos et mortuos stantis, deumque placantis, paulo post animam eidem reddentis. [...], 1598; Epistola et elegia consolatoria, ad clarissimum et doctissimum virum dn. M. Christophorum Caesarem, inclitae scholae Halensis rectorem, compatrem suum charissimum, lugentem obitum filij chariβimi, eximij et doctiβimi iuvenis, opt. artium magistri, et LL. imperialium candidati. dn. Christophori Caesaris, in ipso aetatis flore, et honorum cursu extincti. Anno aetatis XIX. mense V. die XXI. placide in Christo, in complexu parentum amantissimorum, in Salinis, defuncti, die III. Octobris [...] anno 1598. [...], 1598; Gratulatio Dicata, Typographeo Et Nympheo Ornatissimi Sponsi Dn. Iohannis Rocksteti Hallensis, et pudiciss. virginis Annae Lutheriae Sponsae. Nulla Typographica praeclarior extat in orbe [...] (Epithalamium) (in: Vota nuptialia, ornatissimo iuveni dn. Iohanni Rockstedio, civi ac typographo Halensi, sponso, et [...] virgini Annae, [...] dn. Iohannis Leuderi, camerarij et senatoris in inclyta repub. Salinarum primarij filiae, sponsae. Scripta ab amicis. Die nuptiarum 23. Maij anno M. D. XCVIII.) 1598, A2^{r-v}; In Saxoniam Viri Clarissimi D. D. Davidis Chytraei. Nam quibus insignem Chronici Chytrae laborem [...] (Epigramm) (in: D. CHYTRAEUS, Saxonia, ab anno Christi 1500. usque ad M. D. XCIX. Recognita [...]) 1599,)?(6ᵛ−)♦(1ʳ; Widmungsbrief (in: L. HELMBOLD, Quadraginta odae catecheticae. In laudem dei, et piae iuventutis usum, a M. Ludovico Helmboldo [...] scriptae: et [...] harmonice exornatae opera Ioachimi a Burck [...]. Quibus praemissa est epistola [...] Johannis Olearij [...]. Bassus) 1599; Gamelion ornatissimis et opt. sponsis dn. Augustino Crusio, patricio Halensi, et belliss. virgini Margarethae, clarissimi doctissimique viri, dn. M. Chrisophori [!] Caesaris, inclytae scholae Salinarum rectoris, digniss. filiae [...], 1600 (mit Ged. v. J. Avianus); Epigramma In 4. centurias errorum [...] ex calvinianorum sciptis [!] collectorum. a Reverendo et doctissimo viro D. M. Zachaeo Fabro. Centurias plures errorum, et plaustra furorum [...] (in: Z. FABER, Verzeichnis mehr denn vierhundert offendlicher und schendlicher Lügen/ welche die Calvinisten in jhren/ [...] Büchern/ in die gantze Christenheit für die reine seeligmachende warheit göttliches Worts/ [...] ausstrewen/ [...]. Cum epigrammate [...] Iohan: Olearii [...]) 1600, ★8ʳ⁻ᵛ; Disputatio theologica de philosophiae pio usu multiplicique abusu et sylagogia: ex dicto Coloss. 2 et 2. Cor. 10. pro reverendi et clarissimi theologi d. Danielis Hofmanni sententia. Adversus Cornelii Martini philosophi impias calumnias scripta, recognita, et edita. [...] Cum praefatione apologetica: et testimonijs orthodoxorum patrum, recentiorumque theologorum, 1601; De scholis feliciter instaurandis oratio [...]. Habita in inclyta schola Halensi anno Christi CIƆ. IƆ. CIII. XXVI. Ianuarij, die Polycarpi, 1603; Leichpredigt/ bey der christlichen Begräbniß/ weiland deß edlen/ ehrnvesten und hochgelarten Herrn/ Wilhelm Rudolf Meckbachen auff Helmstorff/ der Rechten Doctorn/ und fürstlichen magdeburgischen gewesenen Cantzlern/ etc. welcher den 24. Febr. dieses Jares zu Helmsdorff in Gott selig entschlaffen/ und den 10. Martij hernach in der Stifftkirchen zu Halla ehrlich zur Erden bestattet worden. [...], 1603 (drei Drucke); Exequiale carmen in funere clarissimi doctissimique viri d. M. Christophori Caesaris, scholae Halensis gymnasiarchae meritissimi, [...] recitatum die XVII. Augusti. Quo et ante annos 39. haec schola faeliciter introducta: et encaenia laeta quotannis a docentibus et discentibus celebrari solita: nunc in peracerbum huiusmodi luctum, deo sic disponente, versa fuere, 1604; Dem Hoch und Ehrwürdigen/ Edlen und Gestrengen Herrn/ Ludwig von Lochaw/ der Primat Ertzbischoflichen Kirchen zu Magdeburg Domdechant etc. meinem gnädigen Herrn. [...] (Vorrede) (in: C. KITTELMANN, Außführlicher Beweiß/ das die Calvinische Lehr vom heiligen Abendmal Gottes Wort gantz zu wider und falsch sey/ [...]. Sampt einer Vorrede Herrn D. Johannis Olearij/ von der newlich außgesprengten falsch genannten trewhertzigen Vermahnung der pfältzischen calvinischen Kirchen/ an alle Lutherischen etc.) 1607; Klage und Trostpredigt/ von alter wolverdienter Regenten und Lehrer tödtlichem Abgang/ auß dem Spruch Esa. 3. Sihe/ der Herr Zebaoth wird von Jerusalem nemen allen Vorrath/ Richter/ Propheten/ Eltesten/ und kluge Redener/ etc. Zum Ehrengedächtnis: deß weiland ehrwürdigen/ achtbarn und wolgelarten Herrn/ M. Michaelis Jeringii. Pfarrherrn zu S. Moritz/ und Senioren deß Ministerij. Gehalten, und auff inständig anhalten frommer Hertzen in Druck verordnet [...], 1607; Programma exhortatorium ad s. s. linguae Hebraeae studium. [...] Propositum in Salinis Saxonicis anno 1607. Domin. Reminiscere, 1607; Paraclesis ad amplissimum et prudentissimum virum doctrina, pietate, rerum usu, meritisque praestantem dn. Johannem Tentzerum, consulem reipub. Halensis, affinem et compatrem honorandum, lugentem obitum desideratiss. conjugis Catharinae Polneriae, quae obiit in vera filij dei invocatione, anno 1610. Septemb. 16. [...], 1610 (Epicedium); Christlich Traurmahl und Trostpredigt/ zum Ehrengedächtnüß/ des weiland ehrwürdigen/ achtbarn und wolgelahrten Herrn Petri Grützmachers Decani und Pfarherrn zu Friedeburgk der in Gott seelig entschlaffen Anno 1611. den 15. Octobris, seines Alters im 67. Jahr/ [...], 1612; Epithalamium (in: Solennitati nuptiarum. Praestantissimi [...] viri dn. Chiliani Stisseri junioris, electoralis in episcopatu Merseburgensi consiliarii dignissimi et [...] virginis Rosinae, [...] dn. Pauli Naevii reip. Chemnicensis quondam senatoris [...], relictae filiae. Celebratarum Halae-Saxonum, anno 1615. d. 27. Nov. Vota scripta ab amicis et sponsae agnato) 1615; Oratio de bibliothecis, earumque origine, necessitate et usu, habita in inclyta schola Halensi inter primordia novi operis: et nunc demum, certis de caussis, in lucem edita [...]. Adjectus est insignis locus Lutheri, ejusdem argumenti, 1615; Christliche Leich- und TrostPredigt/ aus dem Buch Hiob am 7. Cap. Mus nicht der Mensch immer im Streit seyn auff Erden/ und seine Tage sind wie eines Taglöhners/ etc. Bey dem Begräbnüß der weiland erbarn/

gottseligen/ vieltugendsamen Matronen/ Barbara Beurin/ des ehrenvhesten/ achtbarn/ hochgelarten Herrn Johannis Scheffers beyder Rechten Doctoris, fürstlichen magdeburgischen wolverordenten Hoffraths vielgeliebten Haußmutter. Welche den 2. Februarij dieses 1616. Jahrs/ [...] in wahrem Glauben und Anruffung ihres Heylandes Jesu Christi entschlaffen/ und den 7. Febr. in der Schulkirchen daselbst zur Erden bestattet worden. Gehalten und in druck gegeben [...], 1616.

Herausgaben und Übersetzungen: T. Heshusius, Confessio de praesentia corporis et sanguinis Jesu Christi in coena domini ([zuerst dt. 1559/60] übers. J. O.) Königsberg 1574 (o. O. 1585: «Hoc anno ab Autore publice iustis de causis repetita»); Propheta Ionas quadrilinguis. Hebraice, Graece Latine, Germanice, 1580; Cyprianus, Oratio sive concio. S. Cypriani martyris, episcopi Carthaginensis, lectu dignissima. De mortalitate: consolationibus adversus terrorem mortis efficacissimis referta. Habita cum grassaretur pestis in Africa, Aegypto, multisque alijs provincijs, anno Christi 253. In gratiam studiosae iuventutis, separatim edita. A Iohanne Oleario [...], 1585; T. Heshusius, Sechs hundert Jrthumb/ lügen und Gotteslesterung/ welche die römische päpstliche Kirche/ als des Endte Christs Synagoga wider Gottes Wort/ und fast alle Heupt Articul christlicher Lere/ halsstarrig und freventlich verthediget. Auss der Papisten eigenen Schrifften auffgesucht/ und mit verzeichnung Buchs und blats ordentlich erzelet/ und auß grundt göttliches worts widerleget/ [...] (Widmungsvorr. u. übers. J. O.), 1588; ders., De duabus naturis in Christo, earumque unione hypostatica tractatus [...] (Vorr. u. hg. J. O.), 1590; ders., De coena domini tractatus [...] d. d. Tilemanni Heshusij, ex publicis eius praelectionibus, nunc demum separatim editus. Cum praefatione Iohannis Olearij [...] ad nobilissimum dn. Augustum, ab Asseburg, 1591; ders., Widerlegung der falschen Lere D. Christophori Pezelij, und seiner Mitprediger zu Bremen. Von der Person Jesu Christi und H. Abendmal. Durch [...] D. Tilemannum Heshusium/ seliger gedechtnis, beschrieben. Itzund in Druck verordenet/ durch Johannem Olearium von Wesell/ [...]. Sampt einer Vorrede/ von den Ursachen dieser Edition. Und widerlegung etlicher unartigen Calumnien und Lügen Pezelii/ und der Calvinischen Prediger zu Embden/ newlich außgangen/ unterm Tittel/ Historischer Bericht/ etc., o. J. (Vorr. dat.: 3.7.1592; zwei Drucke); Protocol oder Acta des Colloquij zu Hertzberg/ zwischen den chur und fürstlichen/ sechsischen/ brandenburgischen/ braunschweigischen/ und anhaltischen Theologen. Von dem Concordibuch und Subscription desselben/ aus was Ursachen die verweigert sey worden. Aus der H. Collocutoren mund also verfasset/ und auffs pappir gebracht. Mit einer Vorrede Johannis Olearij/ der h. Schrifft D., 1594 (vgl. dazu VD16 W 464); ders., Oratio de dicto Iob. 13. Etiamsi occiderit me, tamen sperabo in eum consolationibus adversus terrorem mortis efficacissimis referta, in promotione doctorali Helmstadij ante aliquot annos habita [...] addita est Responsio Iohannis Olearii. D.) 1598; ders., In prophetam Jesaiam commentarius [...]. Nunc primum in lucem editus, cum praefatione et variarum lectionum centuria Johannis Olearii [...], 1617.

Ausgaben: Renovalia Calliopes organicae [...] (1597) (in: G. OLEARIUS, Halygraphia topochronologica, das ist: Ort- und Zeit-Beschreibung der Stadt Hall in Sachsen [...]) 1667, 333–336; J. G. OLEARIUS, Nach wiederholter Erneuerung des berühmten und kunstreichen Orgelwercks in der HauptKirchen zur L. Frauen in Hall, überschickte Folgendes seines sel. Großvaters H. D. Johann. Olearii, Superint. etc. bey itzt gedachter Orgel verbesserung, Anno 1597. in lateinischer sprach übergebenes Gedicht ins Deutsche übersetzt aus Leipzig [...]. Im Jahr 1655 den 27. May, 1655; De poenitentia [...] pro consequendo gradu doctoris in facultate theologica, d. 17. Februarii an. 1579. in illustri academia Julia, quae est Helmstadii, T. KIRCHNER (Präs.), J. O. (Resp.), o. J. (gedr. in Schwabach zw. 1692 u. 1713); S. P. Reverende et Doctissime D. M. frater in Domino charissime. [...] (Brief an den Göttinger Theologieprofessor Theodosius Fabricius, dat.: Halle, 1593) (in: J. v. DRANSFELD, Programma de [...] Jo. Christophoro Leonhard Gerano in solemni conventu die XI Junii a. MDCCXIV in possessionem officii professoris p. Latinae linguae [...] introducendo. Annexa est [...] epistola Jo. Olearii de primo Latinae linguae professore in academia Julia M. Pancratio Crügerio) 1714, 8–10.

Briefe: K. BAMBAUER, Die Briefe des Superintendenten Johannes Olearius aus Halle an den Senior der lutherischen Gemeinde Wesel, Heinrich von Weseken, aus den Jahren 1604–1621 (in: Monatshefte für evang. Kirchengesch. des Rheinlandes 45/46) 1996/97, 95–132.

Nachlaß: Amtstagebuch, 1582: Arch. Marienbibl. Halle; Widerholte entschuldigung D. Johannis Olearij und aussfurliche Widerlegung der ungrund

und Calumnien so M. Amlingus und etliche Cancellisten zu Dessau [...] ausgesprenget [...] (1586): Stadtarch. Halle; Ad reverendum [...] principem et dn. Henricum Julium episcopum Halberstadensem ac ducum [...] etc. missa Apologia D. Johannis Olearii [...] et M. Christiani Kittelmanni [...] pro [...] Daniele Hoffmanno [...], 1599: HAB Wolfenbüttel; Eintrag (o. Dat.) in das Stammbuch (1608–1623) Johann Tauchwitz: HAAB Weimar, Stb 290, Bl. 64.

Bibliographien: VD16; VD17.

Literatur: H. Witte, Diarium biographicum [...], Danzig 1688, T1^r; Zedler 25 (1740) 1170 f.; Jöcher 3 (1751) 1052; ADB 24 (1887) 278 f.; RE ^{3}14 (1904) 354; Biogr.-Bibliogr. Kirchenlex., Bd. 6, 1993, 1190 f. – H. Schele, Epithalamium, in honorem thalami coniugalis reverendi et clarissimi viri d. Iohannis Olearii, theologiae doctoris, Hebreaeque linguae professoris in inclyta academia Iulia, et pudicißimae virginis Annae reverendi et clarißimi d. d. Tilemani Heshusii theologiae in eadem professoris primarij filiae, sponsae: [...], 1579; Carmina gratulatoria in honorem reverendi et clarissimi viri, Iohannis Olearii, s. s. theologiae et Hebreae linguae in academia Iulia professoris: cum ei et insignia doctoris in facultate theologica conferrentur: et foedere jugali pia ac honesta virgo Anna, [...] Tilemani Heshusii [...] filia iungeretur: scripta ab affinibus, Heshusii filiis, 1579; H. Meibom, Cento Vergilianus in honorem nuptiarum reverendi et clarissimi viri d. Iohannis Olearii Wesaliensis, sacrae theologiae doctoris, et professoris in illustri academia Iulia: et castissimae virginis Annae Heshusiae, Tilemani v. c. filiae, 1579; P. Krüger, Paraphrasis secundae dei concionis, ad primos parentes nostros in paradiso habitae, ad reverendum ac clariss. d. Iohannem Olearium, s. theol. doctorem, Hebraeaeque linguae professorem in academia Julia: et ornatißimam virginem Annam Heshusiam, ejus sponsam, 1579; Ders., [Carmen eucharisticum] Cum s. theol. doctoratus tribueretur rever. et clariß. d. Iohanni Oleario Vesal. Hebraeae linguae in acad. Iul. profeßori. Anno C. 1579. 4. Id. Octob. (in: Ders., Decanatus philosophicus quintus, illustris academiae Iuliae, quem semestri aestivi a. C. 1578 geßit. [...] Adiectae sunt precationes, recitatae in duabus promotionibus doctorum) 1579, D8^{r-v}; J. v. Venediger, Hymenaeus in honorem nuptiarum reverendi et clarissimi viri, d. d. Iohannis Olearii, theologiae et Hebraeae linguae professoris: et pudicae castaeque virginis Annae, [...] d. Tilemani Heshusij theologiae doctoris [...]. filiae: [...], 1579; [C. Caesar] In solennitatem nuptiarum secundarum reverenda dignitate, excellente doctrina, insigni virtute, summa auctoritate, immortalibusque in ecclesiam Iesu Christi meritis praestantißimi viri, dn. Iohannis Olearii, sacrosanctae theologiae doctoris celeberrimi; sacrorumque antistitis in Salinis Saxonicis fidissimi: et lectissimae pudicissimaeque virginis Sibyllae, [...] dn. M. Nicolai Nicandri, pastoris olim aedis Ulricianae in ijsdem Salinis [...] p. m. relictae f. νεογάμων: celebratarum IIX. d. m. Febr., 1602; ΜΕΛΥΘΡΙΑ ΓΑΜΙΚΑ. Secundis nuptiis. Quas vir reverenda pietate [...] dn. Iohannes Olearius. SS. theologiae doctor, et ecclesiae Halensis superintendens dignissimus christiano ritu celebrabit 8. Februar. cum [...] virgine Sibylla, [...] dn. M. Nicolai Nicandri pastoris olim ecclesiae Halensis ad d. Udalricum meritißimi, filia. Sponsa. Debitae observantiae declaranda causa dicata ab amicis, 1602; A. Merck, Christliche SterbensLust/ und was doch einem Christen die Bitterkeit des Todes uberzuckern und durchsüssen solle/ daß er gern und willig/ wenn Gott wil/ sterben/ auch die ihm lieb seyn/ Gott dem Herrn gehorsamblich folgen lassen könne: bey ansehnlichem und sehr volckreichem Begräbniß des weyland ehrwürdigen/ achtbarn und hochgelahrten Herrn Johannis Olearii der h. Schrifft D. und wolverdienten Pfarrers und Superattendenten der christlichen Gemein zu Hall in Sachsen/ welcher am 26. Jan. dieses 1623. Jahrs/ in Christo sanfft und selig entschlaffen/ und folgenden 29. christlich zur Erden bestattet worden, 1623 (Vita 40–48); Memoriae piisque manibus viri reverendi [...] dn. d. Johanni Olearii pastoris et superattendentis Halensium per 42. annos fidelissimi, qui decurso vitae suo spacio, annorum 76. mens. 4. sept. 2. dier, 5. placide in domino indormivit. Anno 1623. 26 Jan. secunda pomeridiana. Conscriptum a collegis, fratribus ac amicis, 1623; J. G. Leuckfeld, Historia Heshusiana [...] benebst einer genealogischen Nachricht von allen vormahls gelebten und noch lebenden Herren Olearien, 1716, 2 f., 234–237, 247 f.; J. C. v. Dreyhaupt, Pagus Neletici et Nudzici, oder ausführliche diplomatisch-historische Beschreibung des [...] Saal-Kreyses [...], Tl. 2, 1750, 683; Beylage sub B. Genealogische Tabellen [...], 1750, 110–113, Nr. CVIII («Geschlecht derer Olearius»); Album Academiae Helmstadiensis (bearb. P. Zimmermann), Bd. 1, 1926, 374 (Vita); F. Roth, Restlose Auswertungen von Leichenpredigten u. Personalschr. für genealog. u. kulturhist. Zwecke, Bd. 2, 1961,

55, Nr. 1097; W. Müller, ~ – Stammvater der berühmten hallischen u. sächs.-thüring. Gelehrtenfamilien (in: Ekkehard: familien- u. regionalgeschichtl. Forsch., hg. Hallische Familienforscher Ekkehard, N. F. 3) 1996, 1–3; M. Friedrich, ~ (1546–1623). Ein strenger Lutheraner als Superintendent Halles (in: Mitteldt. Lbb. Menschen im Zeitalter der Reformation, hg. W. Freitag) 2004, 201–234; Pfarrerbuch der Kirchenprov. Sachsen (Red. V. Albrecht-Birkner), Bd. 6, 2007, 376 (teils fehlerhaft). RBS

Olorino → Nolte, Johannes.

Olsen, Olaf → Nitzsche, Rainer O. M.

Omani, Angélique → Oppenheimer, Angelika.

Oppenheimer, Angelika (auch A. Oppenheimer-Mensching, A. Mensching-Oppenheimer, Ps. Angélique Omani), * 5.11.1946 Frankfurt/M.; studierte 1967–75 Romanistik, Philos. u. Psychologie in Frankfurt/M. u. Poitiers, ab 1971 als Übers. u. Dolmetscherin tätig, lebte ab 1977 in Hamburg; trat vor allem mit Übers. aus dem Frz. u. Engl. hervor; verfaßte u. a. Ged., Nov. u. lit.wiss. Arbeiten. – Übers., Dolmetscherin, Schriftst., Lit.wissenschaftlerin.

Schriften: Venedig – ein Traum (Ged.) 1996; Eine romantische Geschichte (Nov.) 1998.

Übersetzungen: J. Meslier, Das Testament des Abbé Meslier (hg. G. Mensching) 1976; Voltaire, Recht und Politik (hg. ders.) 1978; ders., Republikanische Ideen (hg. ders.) 1979; T. Tenenbom, Adolf Eichmann – letzter Akt, 2001 (Urauff. des urspr. engl. Dramas in der ungedr. Übers. O.s); L. H. Seukwa, Der Habitus der Überlebenskunst. Zum Verhältnis von Kompetenz und Migration im Spiegel von Flüchtlingsbiographien, 2006; J. Norbu, Drachensaat. Wie ein diktatorisches Regime in China an der Macht bleibt und Frieden, Freiheit und Gerechtigkeit auf der ganzen Welt gefährdet (hg. Gesellsch. Schweizer.-Tibet. Freundschaft) 2007; Voltaire, Philosophisches Taschenwörterbuch (hg. R. Bauer) 2020.

Herausgaben: E. B. de Condillac, Versuch über den Ursprung der menschlichen Erkenntnis. Ein Werk, das alles, was den menschlichen Verstand betrifft, auf ein einziges Prinzip zurückführt (auch Übers.) 2006. MM

Orlovský, Darah Michaela, * 1984 Linz/Oberöst.; Schulbesuch in Linz, dort Ausbildung zur Kindergarten- u. Hortpädagogin, Stud. der Germanistik in Wien, 2010 Diplom-Abschluß, Mitarb. in internat. Kinderhilfsprojekten (u. a. in Armenien), Tätigkeit in einem Jugendzentrum in Vöcklabruck, lebt in Regau; verfaßte vor allem Kdb. u. Jgdb., wirkte aber auch an einem Hdb. zur Sprachenvermittlung mit. – u. a. Evang. Buchpreis (2014), Kinder- u. Jgdb.preis der Stadt Wien (2014, 2018), Öst. Kinder- u. Jgdb.preis (2015, 2018). – Pädagogin, Schriftstellerin.

Schriften: Mehrsprachigkeit in den Kindergärten. Methodisches Handbuch für die Sprachenvermittlung (mit K.-B. Boeckmann u. a.) 2011; Status: Karibik (mit E. Etz) 2012; Pfefferkorns verrücktere Tage (Jgdb., Illustr. v. A. Peham) 2012; Tomaten mögen keinen Regen (Jgdb.) 2013; Valentin der Urlaubsheld (Jgdb., mit M. Roher) 2014; Geschichten von Jana (Kdb., Illustr. v. N. Kappacher) 2015; Neue Geschichten von Jana (Kdb., Illustr. v. ders.) 2016; Ein Schnurrbart erobert die Welt (Kdb., mit M. Roher) 2016; Ich #wasimmerdasauchheißenmag (Jgdb., Illustr. v. U. Möltgen) 2017; Babybauch und Windelwunder (Kdb., Illustr. v. B. Antoni) 2018; Filomena Grau (Kdb., mit M. Roher) 2019; Eine halbe Banane und die Ordnung der Welt (Kdb.) 2021.

Literatur: ~, Tomaten mögen keinen Regen (Red. G. Kassenbrock) 2014. MM

Orsouw, Michael van, * 1.11.1965 Zug/Kt. Zug; Schulbesuch in Zug, Matura, Stud. der Gesch., Politologie u. Niederlandistik in Zürich, dort 1995 Promotion zum Dr. phil. («Das vermeintl. Paradies. Eine hist. Analyse der Anziehungskraft der Zuger Steuergesetze»), auch journalist. Ausbildung in Zofingen, zudem Kurse in Kulturmanagement an der Fernuniv. Hagen, ab 1984 freier Journalist u. Red. (u. a. «Zuger Neujahrsbl.»), auch Ausstellungsmacher u. Dokumentarfilmer, zus. mit Ehefrau Judith → Stadlin (* 1965) Auftritte als lit. Duo «Satz&Pfeffer» u. 2007 Gründung einer gleichnamigen Lesebühne in Zug, lebt in Zug; publizierte u. a. Kriminalrom., Erz., Hörsp., Dramen (auch Regie), humorist. Texte u. eine fiktive Autobiogr., zudem Biogr. u. andere Sachbücher (u. a. zur Gesch. Zugs); Veröff. u. a. in «Frankfurter Allg. Ztg.», «Luzerner Ztg.» u. «Neue Zürcher Zeitung». – Historiker, Dokumentarfilmer, Journalist, Schriftsteller.

Schriften: W. Wyss, Steinhausen. Die ungewöhnliche Geschichte einer Schweizer Gemeinde (Fotos v. M. v. O. u. J. Korner) 1986; Industriepfad Lorze (Drama, mit H. HORAT) 1995; Sonne, Molke, Parfümwolke (hg. Nestro AG) 1997; 23 Lebensgeschichten. Alltag und Politik in einer bewegten Zeit (Red., mit S. OMLIN u. a., Fotos v. C. Borner-Keller) 1998; Josephine Zehnder-Stadlin (Drama, mit J. STADLIN) 1998; Luftbild Kanton Zug (Bildbd., mit C. RASCHLE, Fotos v. B. Krähenbühl, U. Tanner) 2001; 241-mal Barock in der Innerschweiz. Typen, Bauten, Kleinigkeiten (Bildbd., Fotos v. G. Anderhub) 2001; Bahnhof adieu! Aspekte der spannenden Zuger Bahnhofsgeschichte. Eine Ausstellung zum Abbruch und Neubau des Bahnhofs Zug, 19. Mai – 17. Juni 2001 (Kat., mit T. STIERLI, R. ESTERMANN) [2001]; De Schtar vo Baar (Drama) 2002; Von Spinnern und anderen Baarern. 1848–2002 (mit A. BALDINGER) 2002; Ortsgeschichte Baar (Red., Fotos v. A. Busslinger) 3 Bde., 2002; Moränenlandschaft Menzingen-Neuheim (Red., mit M. BECK, hg. Baudirektion des Kt. Zug, Amt für Raumplanung) 2003; Adelheid. Frau ohne Grenzen. Das reiche Leben der Adelheid Page-Schwerzmann (Biogr., mit J. STADLIN, M. IMBODEN) 2003; Mit See- und Weitblick. Meggen – eine Ortsgeschichte (Red., hg. Gemeinde Meggen) 2004; Flusslandschaft Reuss (Red., mit M. BECK, hg. Baudirektion des Kt. Zug, Amt für Raumplanung) 2004; Spectacle son-et-lumière Wyher (Drama) 2004; Uferlandschaft Zugersee (Red., mit R. SPIESS, hg. Baudirektion des Kt. Zug, Amt für Raumplanung) 2005; Goldglanz und Schatten. Die Innerschweiz in den 1920er-Jahren (mit L. VOGEL) 2005; Page&Page (Drama, mit J. STADLIN) 2005; George Page, der Milchpionier. Die Anglo-Swiss Condensed Milk Company bis zur Fusion mit Nestlé (mit DERS., M. IMBODEN) 2005; Der alte Mann und das Feuer (Drama, mit J. STADLIN) 2005; Voralpenlandschaft Ägeri (Red., mit R. SPIESS, hg. Baudirektion des Kt. Zug, Amt für Raumplanung) 2006; Schau Schwyz Schweiz! Von Mythen und Menschen (Reiseführer, Fotos v. F. Rothenberger) 2006; Platz da... 100 Jahre reformierte Kirche Zug. Wo Wege sich kreuzen (mit J. STADLIN, M. VAN AUDENHOVE) 2006; Die Städte-Rallye. Minimal-Geschichten, die die Landkarte schrieb. Erstaunlich, unverblümt und poetisch (mit J. STADLIN) 2006; Hammer Hardt Rachau Inn Buus (Drama, mit DERS.) 2007; Oberkrimml (Drama, mit DERS.) 2007; Der Zellstoff, auf dem die Träume sind. 350 Jahre ‹Papieri› Cham (hg. Papierfabriken Cham-Tenero AG) 2007; Paul Imhof: Nach allen Regeln der Kunst. Von der Cacaobohne zur Edelschokolade (Red.) 2008; P. Hegglin, Zug, natürlich (Red.) 2008; 3 Orte, 2 Seen, 1 Berg (Red., hg. Bez. Küssnacht) 2008; Cham. Menschen, Geschichten, Landschaften (mit 1 DVD) [2008]; LACHEN (Drama, mit J. STADLIN) 2009; En lueger. Jürg Henggeler, Leben und Werk (Red., hg. P. A. HENGGELER) 2009; Vill Lachen Ohnewitz (Hörsp., mit J. STADLIN) 5 Tle., 2010 (auch als Buch: Vill Lachen, Ohnewitz. Geschichten aus Ortsnamen, 2010); Mit der Zeit (Texte v. O., hg. J. SPECK) 2011; Buus Halt Waterloo (Hörsp., mit J. STADLIN) 2012; Spiel uns das Lied von Zug (Erz., mit DERS.) 2012; Dufour, Held wider Willen. Eine fiktive Autobiografie, 2013; Rötelsterben. Gorans erster Fall (Kriminalrom., mit DERS.) 2015; Stärnehagel (Libr., mit DERS.) 2015; Zeitbild. Zug 1873–2016 (Texte v. O., hg. DNS-Transport Zug u. a., Fotos v. R. Giesecke) 2016; Neuss Helden Vonz Welte Oder: Jedes Wort ein Ort (Hörsp., mit J. STADLIN) 2017; Der Kirschtote. Gorans zweiter Fall (Kriminalrom., mit DERS.) 2017; Alle Echte Orth. Geschichten aus Ortsnamen (mit DERS.) 2018; Zug... Zugabe. Das Theater im Burgbachkeller (Red., hg. Stiftung Kellertheater am Burgbach, Fotos v. A. Schürmann) 2018; Blaues Blut. Royale Geschichten aus der Schweiz, 2019.

Literatur: A★dS-Lex. (Red. B. MAZENAUER, P. BÜTTIKER) o. J., https://lexikon.a-d-s.ch/Person/22391. MM

Orthlebius, Fridericus → Ortlep, Friedrich.

Ortlep, Friedrich (auch Fridericus Orthlebius, Orthlepius, Ortlepius, Ortleppius), ★ um 1566 Weinheim/Bergstraße, † 26.6.1637; evtl. Sohn des Weinheimer Bürgermeisters Hans O. u. dessen Frau Catharina, Witwe des Nikolaus Anthes (deren Heirat am 15.1.1566); Stud. in Heidelberg (deponiert am 16.11.1581: «Fridericus Ortleppius [...] Non iuravit»; Eidesleistung u. erneute Inskription dort erst am 17.6.1587) u. Tübingen (immatrik. am 23.10.1582: «Fridericus Orthlebius»); prakt. Tätigkeit als Substitut am Reichskammergericht zu Speyer; Forts. des Stud. an der Univ. Helmstedt (immatrik. am 15.4.1588), dort Stipendiat des Herzogs mit der Verpflichtung, nach Studienabschluß in herzogl. Dienste zu treten; 1596 Beendigung des Stud. ohne Graduierung; am 26.4.1597 als Gerichtssekretär in Wolfenbüttel vereidigt, im Jahr 1600 erscheint er dort als Notar u. Gerichtsschreiber am Kriminalgericht; am 1.5.1603 heiratete O. Margarete Oberkampf, die Witwe des Matern Badehorn, eines Präfekten in der Grafschaft Mansfeld. Bekannt geworden ist O. vor allem als Verf. von Formularbüchern; er figuriert in Wilhelm → Raabes hist. Novelle ‹Der Junker von Denow› (1859). – Jurist, Notar, Historiker, Hg., Übersetzer.

Schriften: Gratulationsged. (in: Carmina gratulatoria in honorem [...] Henrici Hornii, Guelfibytani, cum ipsi a [...] Henrico Meibomio, laureato poeta, historiarum et poeseos publico professore in academia Iulia magisterij gradus decerneretur, anno etc. 90. 29. Octobris. Scripta ab amicis) 1590; Gratulationsged. (in: Carmina gratulatoria in honorem [...] Henrici Horen, cum in illustri academia Iulia tiara philosophica, sub decanatu viri clariss: Henrici Meibomij [...], anno etc. 90. 29. Octobris, ornaretur, scripta ab amicis) 1590; Examen notariorum immatriculandorum, oder Kurtze vorbereitung der general interrogatorien/ unnd Fragpuncten/ welche von den darzu deputirten Herrn Examinatoribus, denen Notarijs, so am keyserlichen Chammergericht in der Notarien Rotul immatriculirt zu werden begehren/ pflegen vorgehalten zuwerden/ mit angehefften kurtzen/ richtigen/ unnd in gemeinen beschriebenen Rechten/ vornemblich aber des Heiligen Römischen Reichs Constitutionen unnd abschieden/ wolgegründten antworten/ nicht allein obgemelten/ sondern auch andern angehenden Notarien und Schreibern nützlich und dienstlich. Zusammen gezogen/ durch Fridericum Ortlepium Weinheimensem Palatinum, 1592 (^{2}1594; ^{2}1607; ^{2}1608; ^{2}1623; ^{3}1647; Auszug in: A. SAUR, NotariatsSpiegel [...], hg. C. G. SAUR, 1594, 59^v–62^r); dass. lat. u. d. T.: Examen notariorum immatriculandorum. Hoc est, enchiridion generalium interrogatoriorum [...] (übers. F. O.), 1594 (1607; 1608); Gratulationsged. (in: Gratulationes summis in utroque iure honoribus, viro [...] nobilissimo, Arnoldo de Reyger in illustri academia Ienensi collatis XI. Kalend. Februar. anno M. D. XCIII. dicatae ab amicis.) 1593; Freyhens oder Hochzeit Formular/ darinnen allerhand schrifftliche/ meistens theils aber mündtliche Formuln und Vorträg/ so bey Werbungen/ Verlöbnüssen/ Hochzeiten und Heimführungen in üblichem gebrauch. Sampt etlichen andern in Kindtäuffen/ Begrebnussen/ Geleyten/ fürstlichen Empfahungen und Dancksagungen/ etc. mündtlichen Ehrerbietungen. Welche alle in andern außgangenen Formularen nicht zu finden/ sondern mit grossen fleis und mühe zusammen gebracht/ und in Druck verfertiget/ durch Fridericum Ortlepium Weinheimensem Palatinum, 1593 (verm. ^{2}1594 [zwei Drucke; die Frankfurter Ausg. hg. u. bearb. G. SCHENKE]; 1597 [hg. G. SCHENKE]; ^{3}1600; 1604 [hg. G. SCHENKE]; ^{4}1606; ^{6}1613; ^{7}1619; ^{7}1622); Scilicet ut rigidi miles certamina Martis [...] (Gratulationsged.) (in: Acclamationes clarissimo [...] viro dom. M. Ioanni Conradi Stendalia, Amfurtum in locum excellentissimi iurisconsulti d. Ioachimi a Broitzen etc. migranti gratulationis faustae causa transmissae. ab amicis) 1595, B2^v–B3^v; Gründtlicher aussführlicher und warhafftiger Bericht wegen der Meuterey/ so sich bey Nieder Eltern am Rein den Freytag vor Mariae geburt/ welcher ist gewesen der 7. Septembris alten Calenders Anno 1599. morgens zwischen 7 und 8 uhr unter des hochwürdigen durchleuchtigen hochgebornen Fürsten und Herrn/ Herrn Heinrichen Julij postulirten Bisschoffen des Stiffts Halberstadt und Hertzogen zu Braunschweig und Lüneburgk/ geworbenen Regiment teutscher Knechte erhoben und wie dieselbe gestillet. Neben einem ausführlichen bericht was der außschus von wegen der 10 meutrischen Fenlein/ an hochermelte I. F. G. vorbracht/ sie darauff zu bescheit bekommen/ unnd was hinc inde in der Confrontation gegn ihre Hauptleute sich allerseits befunden. Sambt dem Proces/ so von anfang bis zu ende des angestalten kayserlichen Malefitz Rechts gehalten worden. Beschrieben Menniglichen zur wissenschafft durch Fridericum Ortlepium Notarium publicum, und des Peinlichen Gerichts zu Wulfenbüttel bestalten und beeydigten Gerichtsschreibern. Geschehen im Jahr nach Christi Geburt/ 1599, 1600.

Herausgaben und Bearbeitungen: A. Sauer, Compendium prosodiae, in celebri Heydelbergensi paedagogio studiosae iuventuti quondam propositum. Subiunctae sunt fabulae Aesopicae carmine elegiaco redditae. Quorum illud antehac typis nondum fuit excusum: hae vero sub barbaro titulo Aesopi Moralisati, anno M. CCCC. LXXXIX. in lucem prodierunt (hg. u. Vorrede F. O.), 1593 (Sauer war O.s Lehrer im Heidelberger Pädagogium); Aesop, Fabulae Aesopicae, carmine elegiaco redditae (in: A. Sauer, Compendium prosodiae [...]) 1593, 17^v–45^r; (Anon.) Kriegs Anschlag oder ungefehrliche Uberlegung was einem KriegsFürsten ein anzal Kriegsvolck mit dem er im Felde seines Feindes erwarten/ und sich nottürfftig enthalten kan/ auffzubringen/ auch in Besoldung zu halten auffgehet/ erstlichen durch einen des Kriegs erfahrnen gestellet/ jetzo aber nach des heiligen Römischen Reichs Abscheiden/ etc. revidiret und in Truck verfertiget durch Fridericum Ortlepium [...] (in: F. O., Freyens oder Hochzeit Formular/ [...]. Deßgleichen ein kurtze Uberschlagung was einem Kriegsfürsten [...]) 1594 (Helmstedter Ausg.), 176ʳ–201ᵛ (fehlerhafte Pagin.; wieder in: S. WOLDER, New Türckenbüchlein dergleichen vor dieser zeit nie gedruckt worden. Rathschlag/ unnd christliches bedencken/ wie ohne sonderliche beschwerde der Obrigkeit/ auch der Unterthanen/ der Christenheit Erbfeind/ der Türck/ [...] zu uberwinden were. [...] [Vorr. dat.: 14.3.1558]. Item/ Kriegs anschlag/ [...] [hg. u. Vorrede H. MEIBOM] 1595, N3ʳ–Q4ᶠ; wieder in den späteren Ausg. v. F. O., Freyens oder Hochzeit Formular/ [...] [vgl. unter Schriften]); Tractatus incerti auctoris, quo ea, quae camerae imperialis ordinatione, constitutionibus imperij, receßibus et memorialibus visitationum cameralium, communibus itidem conclusis et decretis amplißimi illius collegij continentur, et iure communi vel omißa vel doctorum altercationibus intricata sunt, succinctis et eruditis aphorismis explicantur; adeo ut authenticarum Imperij Romano-germanici titulo merito gaudeat. Hactenus nunquam excusus: nunc ob communem rei literariae utilitatem in lucem primum protractus, typisque datus. Opera et studio Friderici Ortlepii [...], 1599 (wieder u. d. T.: Liber aphorismorum ex ordinatione camerae imperialis, constitutionibus imperij [...], 1607).

Ausgabe: Examen notariorum immatriculandorum, oder Kurtze vorbereitung der general interrogatorien/ unnd Fragpuncten/ [...] (zuerst 1592) (in: H. KNAUST, Ars notariatus: oder Notariat-Kunst: cum Examine notariorum immatriculandorum [...]) 1665, 269–486 (ohne O.s Namen u. Paratexte).

Nachlaß: Generalregister oder Repertorium über alle und jede Criminalsachen, so nach dem Alphabet als die zunahmen anfangen ausgetheilt, de Anno 1569 [bis 1633], 381 Bl., fol.: HStA Hannover, Cal. Br. 21 C IX, 3 Nr. 4 (vgl. SCHORMANN [Lit.] 1974, 92: «ganz aus der Hand des Gerichtssekretärs F. O.»).

Bibliographien: VD16; VD17. – J. KNAPE, Werkeverz. zu den Rhetorikdrucken Deutschlands 1450–1700, 2017, 317 f., Nr. 1020–1022 (Nr. 1022 irrig als Ed. princ. bezeichnet).

Literatur: Jöcher 3 (1751) 1114; Adelung 5 (1816) 1203; J. KNAPE, Autorenlex. dt. Rhetoren 1450–1700, 2017, 294. – S. SCHWAN, Epithalamium quod nuptiis prudentissimi ac doctissimi viri, domini Friderici Ortlepii Weinheimensis Palatini, S. C. Mtis. Aut. Not. Publici, reverendissimo [...] principi ac dn. domino Henrico Julio duci Brunsvicensi ac Lunaeburgensi, postulato episcopo Halberstad., etc. in causis judicij criminalis a secretis fidelissimi conterranei sui plurimum dilecti, amici veteris atque singulari observantia colendi, sponsi et honestißimae lectißimaeque matronae Margaretae Oberkampfiae, [...] magistri Materni Badehorns, Endorffi in comitatu Mansfeldensi provinciae Arnsteinianae pridem praefecti, p. m. relictae viduae, sponsae gratulabundus acciniut [...] celebrandis Wolferbyti ad arcem Guelphanam, Calend. Maii, anno Christi M D CIII, 1603; J. H. ANDREAE, Memorabilia quaedam stratae montanae palatinae. Quae collegit, ipsisque simul [...] ad actum oratorio-promotorium in templo Gallico, gymnasii nostri acroaterio maiori [...] invitat [...], 1772, 29 f.; G. SCHORMANN, Strafrechtspflege in Braunschweig-Wolfenbüttel 1569–1633 (in: Braunschweigisches Jb. 55) 1974, 90–112; H. P. HERPEL, Weinheimer Schultheißen u. Bürgermeister in fünf Jahrhunderten, 1987, 47; K.-F. BESSELMANN, (Nicht nur) Dem Buch verbunden. Bücher aus einer Helmstedter Werkstatt u. ihre Besitzer (in: Der wiss. Bibliothekar. FS Werner Arnold, hg. D. HELLFAIER u. a.) 2009, 41–65; J. KNAPE, Repertorium dt.sprachiger Rhetorikdrucke 1450–1700, 2018, 369–372. RBS

Ortlieb, Anke, * 21.11.1971 Neustrelitz; studierte Germanistik u. Pädagogik, war dann als Dt.lehrerin tätig, Zweitstud. des Kommunikationsdesigns in Wismar, lebt in Rehna; trat als Autorin von Kdb. hervor, die teils in Mecklenb.-Vorpommerscher Mundart verfaßt u. von O. selbst illustr. wurden. – Fritz-Reuter-Lit.preis (2019). – Pädagogin, Autorin, Illustratorin.

Schriften: Mäh! Maa! Möh! Versteihst? (Mundart-Kdb.) 2019; Hasel, Hexe und die Anderswelt (Kdb.) 2020; Mäh! Maa! Möh! Un de oll Schatztruh (Mundart-Kdb.) 2021. MM

Ostendorf-Terfloth, Leonhard (Ps. LOT), * 3.11. 1933 Heilsberg (poln. Lidzbark Warmiński); Sohn eines Lehrers, Schulbesuch in Münster/Westf., 1955 Abitur, Stud. der Germanistik in Münster, dann Schausp.-Stud. in Hannover u. Frankfurt/M., Engagement als Schauspieler am Staatstheater in Wiesbaden, nach einem schweren Unfall 1959 Aufgabe des Berufs, danach Regieassistent in Wiesbaden, dann Schriftst., lebt in Münster; verfaßte u. a. Satiren, Erz., Lyrik, Dramen u. Hörsp.; Veröff. u. a. in «x4telzeitung» (Münster). – WDR-Satirepreis (1994). – Schauspieler, Schriftsteller.

Schriften: Das geschenkte Jahr. Zwei satirische Miniaturen, 1994; Der Phantomgeiger (Hörsp.) 2003; Der Theaterkritiker (Drama) 2005; Der Nobelpreis (Drama) 2007. MM

Ostermann, Irmgard Maria, * 1.9.1953 Reil/Mosel; Tätigkeit als selbständige Fotokauffrau, zuletzt freie Schriftst., lebte seit 1971 in Frankfurt/M., war ab 2006 Vorstandsmitgl. u. 2009–14 stellv. Vorsitzende im hess. Landesverband des «Verbands dt. Schriftst.», 2009–12 auch Vorstandsmitgl. der Lit.gesellsch. Hessen e. V., 2009–16 Vorstandsmitgl. im Hess. Lit.rat; Ehefrau von Harry → Oberländer; verfaßte Rom., Erz., Kurzprosa, Lyrik, Dramen u. Hörsp.; Veröff. u. a. in «Rhld.-pfälz. Jb. für Lit.» (Frankfurt/M.) u. «Orte. Eine Schweizer Lit.zs.» (Zürich). – Unternehmerin, Schriftst., Verbandsfunktionärin.

Schriften: Niemand sonst (Erz.) 2000; Herzsprung (Drama) 2000; Die Formation fliehender Tage (Ged.) 2002; Rias Verlangen (Rom.) 2007; Das Ende der Aufzählung (Rom.) 2012; Junger Bambus (Rom.) 2018.

Literatur: Lit.port Autorenlex. (Internet-Edition). MM

Oswald, Georg Martin, * 5.8.1963 München; Kindheit in Weßling (Kr. Starnberg), Gymnasialbesuch in München, 1985–90 Stud. der Rechtswiss. in München, 1. u. 2. Staatsexamen, ab 1994 Rechtsanwalt in München, daneben Schriftst. u. Journalist, 2010 Tübinger Poetik-Dozentur, leitete 2013–16 den Berlin Verlag, seit 2013 Mitgl. der Bayer. Akad. der Schönen Künste, seit 2020 Lektor im Hanser Verlag, lebt in München; verfaßte u. a. Rom., Erz., Ess., Sachbücher u. Kolumnen; beschäftigte sich in seinen Texten vor allem mit gesellschaftl. Zuständen (z. B. der Mentalität von Bankern), den Abgründen der Politik sowie Vorgängen in Polizei u. Justiz, teils unter Verarbeitung realer Kriminalfälle (z. B. der Ermordung Gianni Versaces); für O. typisch sind krit. u. satir.-moralisch zugespitzte Milieu-Schilderungen; Veröff. u. a. in der «Frankfurter Allg. Ztg.», «Neue Jurist. Wschr.» (München), «Anwaltsbl.» (Bonn), «Akzente» (München) u. «Lit. in Bayern» (München). – u. a. Staatl. Förderungspreis des Freistaats Bayern für Lit. (1995), Arno-Schmidt-Stipendium (2000). – Jurist, Schriftsteller, Journalist, Lektor.

Schriften: Das Loch. Neun Romane aus der Nachbarschaft (Erz.) 1995; Lichtenbergs Fall (Rom.) 1997; Party-Boy. Eine Karriere (Rom.) 1998; Alles was zählt (Rom.) 2000; Im Himmel (Rom.) 2003; Vom Geist der Gesetze (Rom.) 2007; Wie war dein Tag, Schatz? Berichte aus dem Bürokampf (Erz.) 2010; Aufgedrängte Bereicherung. Tübinger Poetik-Dozentur 2010 (mit J. Zeh, hg. D. Kimmich u. a.) 2011; Unter Feinden (Rom.) 2012; 55 Gründe, Rechtsanwalt zu werden, 2013; In schwierigstem Gelände (Erz.) 2013; Alles Kommunikation, oder was? Ein kurzes Plädoyer für intellektuelle Selbstbehauptung, 2017; Alle, die du liebst (Rom.) 2017; Unsere Grundrechte. Welche wir haben, was sie bedeuten und wie wir sie schützen (Sachb.) 2018; Vorleben (Rom.) 2020.

Literatur: Munzinger-Arch.; LGL 2 (2003) 952 f.; Killy² 9 (2010) 24. – M. Kehle, Drinnen u. draußen (in: Am Erker 23) 2000, 92 f.; I. Braun, Bräutigam pisst bei Hochzeit in Swimmingpool. ~ entlarvt die Landvillen-Schickeria (in: Edit. Papier für neue Texte 33) 2003, 60 f.; H. Weber, Lichtenbergs Fall (in: Neue jurist. Wschr. 56) 2003, H. 9, 646 f.; A. Reikowski, Noch ein weiter Weg zum Himmel (in: Am Erker 26) 2003/04, 83; W. Freund, ‹Wir haben uns dem Ökonomismus verschrieben›. Gespräch mit ~ (in: Die Neue Gesellsch. 52) 2005, H. 7/8, 95–98; C. Kremer, Milieu u. Performativität. Dt. Ggw.prosa von John von Düffel, ~ u. Kathrin Röggla, 2008; H. Weber, Vom Geist der Gesetze (in: Neue jurist. Wschr. 62) 2009, H. 11, 745; M. Wells, Social transformations and identity in the age of globalization in Germany. ~'s ‹Alles was zählt› (in: Globalization, German literature, and the New Economy, hg. D. Coury) Toronto 2011, 417–433; D. Lutz, Gebote der Ggw. Die Transformierung der Management- u. Ratgeberlit. im Rom. der Nullerjahre (~, Ernst-Wilhelm Händler, Rolf Dobelli, Martin Walser, Bodo Kirchhoff) (in: Die Unendlichkeit des Erzählens. Der Rom. in der dt.sprachigen Ggw.lit.

seit 1989, hg. C. Rohde, H. Schmidt-Bergmann) 2013, 211–236; J. Drees, Kontingenz u. Recht in ~s Rom. ‹Lichtenbergs Fall› u. ‹Alles was zählt› (in: Dichterjuristen. Stud. zur Poesie des Rechts vom 16. bis 21. Jh., hg. Y. Nilges) 2014, 253–266; B. Pieroth, Dt. Schriftst. als angehende Juristen, 2018, 256–258; Lit.portal Bayern (hg. BSB München) o. J., www.literaturportal-bayern.de/. MM

Oswald, Susanne (Ps. Arabella Nagual), ★ 3.9.1942 Rorschach; studierte Germanistik u. Philos. ohne Abschluß, war danach als Werbetexterin u. -beraterin sowie Handleserin tätig, zuletzt Vorstandsmitgl. des Ver. «Magdener Dorfzytig» u. Mitarb. an dieser Dorfztg., lebt in Magden; verfaßte fantast. Rom. u. chirolog. Sachbücher. – Werberin, Schriftst., Chirologin.

Schriften: Auf den Schwingen des Pendels (Rom.) 1993; Liebe überlebt (Rom.) 1994; Die Königin der Feuersalamander (Rom.) 1994; Im Labyrinth der Kraft (Rom.) 1995; Landkarten der Psyche. Die Hand als Weg zum Selbst. Ein Grundkurs der Chirologie in 12 Schritten, 1997; In Händen Lesen. Deine Stärken – deine Schwächen, 2005; Von Menschen und Geistern (Rom.) 2012; Weisses Feuer, schwarzer Schnee (Rom.) 2014; Im Schnittpunkt der Dimensionen (Rom.) 2014; Das Licht der Wüste (Rom.) 2014; Arkana (Rom.) 2014.

Literatur: Schriftst.innen u. Schriftst. der Ggw. Schweiz (hg. Schweiz. Schriftst.innen- u. Schriftst.-Verband, Red. A.-L. Delacrétaz) 2002, 296 (auch online: https://lexikon.a-d-s.ch/Person/20709). MM

Oswald, Susanne (Ps. Sanne Boll, Sanne Aswald, Ina Janke), ★ 1964 Freiburg/Br.; Fachabitur, Verwaltungsstud. an der Hochschule Kehl (Ortenaukr.), Abschluß als Diplom-Verwaltungswirtin, dann Beamtin im öffentl. Verwaltungsdienst, auch Ausbildung zur Heilpraktikerin u. danach eigene Naturheilpraxis, ab 2009 freie Schriftst., auch Mitbetreiberin einer Senfmanufaktur, lebt in Neuried (Baden); Hg. einer Anthol.; verfaßte u. a. Rom., Hörsp., Kdb., Jgdb. u. Sachbücher (u. a. Ratgeber u. Gartenbücher). – Verwaltungsbeamtin, Heilpraktikerin, Unternehmerin, Schriftstellerin.

Schriften: Autogenes Training. Der sanfte Weg zu Entspannung und Wohlbefinden (Ratgeber) 2006; Entspannung für Körper und Seele (Ratgeber) 2008; Senf. Das geheime Heilmittel der Natur (Sachb.) 2009; Heilen mit der Kraft der Gedanken. So aktivieren Sie Ihren inneren Arzt (Ratgeber, mit 1 Audio-CD) 2009; Optimisten leben besser. Energie aus der Seele (Ratgeber, mit B. Kaltenthaler) 2010; Emmis verliebt vermopste Welt (Kdb., Illustr. v. M. Hillemann) 2010; Emmis verliebt verrockte Welt (Kdb., Illustr. v. ders.) 2011; Liebe wie gemalt (Rom.) 2011; Liebe heißt Tofu (Jgdb.) 2012; Heilen mit Quark, Joghurt & Co. (Ratgeber) 2012; Die heilende Kraft der Zahlen und Symbole. Universelle Energiequellen praktisch nutzen (Ratgeber) 2013; Charlie: Spuk auf Schloss Wolkenturm (Kdb.) 2013; Charlie: Der Schatz im Dschungel (Kdb.) 2013; Charlie: Auf der Spur des Seemonsters (Kdb.) 2014; Tod im Stroh (Kriminalrom.) 2014; Ein Garten für die Seele. Die schönsten Gartenideen für Körper & Geist (Sachb.) 2014; Nie wieder schlaflos. Das Schlaflernbuch für Erwachsene (Ratgeber) 2014; Tod auf dem Titisee (Kriminalrom.) 2015; Zwei Weihnachtsdetektive auf Geschenkespur (Kdb., Illustr. v. L. Hänsch) 2015; Das gerupfte Weihnachtshuhn (Rom.) 2015; Nichts wie raus! Mit Kindern Tiere und Pflanzen entdecken, draußen spielen, im Freien essen, mit Naturmaterialien basteln (Sachb.) 2015; Maus im Glück. Der eigenen Kraft vertrauen (Ratgeber) 2015; Liebe heißt Chaos (Rom.) 2015; Die Wahrheit hinter Healing Code & Co. Die berühmte Bestseller-Methode im Vergleich mit anderen Wegen zur Selbstheilung (Ratgeber) 2015; Älter werden mit Gelassenheit. Denkansätze von Wilhelm Schmid bis Sven Kuntze mit praktischen Übungen für den Alltag (Ratgeber) 2015; Die furchtlosen Stadtmusikanten – gemeinsam sind sie stark (Hörsp., Musik: H. Albrecht) 2016; Tod in der Ortenau (Kriminalrom.) 2016; Wo das Glück wächst. Verborgene Gartenschätze – von Künstlerparadies bis Landschaftsgarten (Sachb., Fotos v. M. Beiser) 2016; Margot Kässmann. Kleine Anekdoten aus dem Leben einer grossen Theologin, 2016; Anselm Grün. Kleine Anekdoten aus dem Leben des Benediktinerpaters, 2016; Tomatenpesto und Ingwersenf. Senf, Dips und Gewürzmischungen selber machen (Kochbuch) [2016]; Keinmal werden wir noch wach… (Kriminalrom.) 2018; Peter Maffay. Kleine Anekdoten aus dem Leben eines großen Musikers, 2019; Lass mich durch, ich bin die Glücksfee! Mein Leben mit Mops Töps – oder wie man glücklich wird (Ratgeber) 2019; Ein Jahr Inselglück (Rom.)

2019; Der kleine Strickladen in den Highlands (Rom.) 2019; Auf ins Glück. Besser leben wie ein Eichhörnchen (Ratgeber) [2019]; Das kleine Weihnachtshaus des Glücks (Rom.) 2020; Wintertee im kleinen Strickladen in den Highlands (Rom.) 2020; Verliebt im Café Inselglück (Rom.) 2020; Glücksoasen für die Seele. 5-Minuten-Auszeit nur für mich (Ratgeber) 2020; Neues Glück im kleinen Strickladen in den Highlands (Rom.) 2021.

Herausgaben: Das Glück der späten Jahre (Anthol.) 2016. MM

Ott, Paul (Ps. Paul Lascaux), * 16.5.1955 Romanshorn; Kindheit in Goldach (Kt. St. Gallen) u. St. Gallen, Stud. der Germanistik u. Kunstgesch. in Bern, 1979 Lizentiat, danach Lehrer, 1984 Patent als Gymnasiallehrer, daneben Schriftst. u. Journalist sowie Mitorganisator des Krimifestivals «Mordstage» u. der «Lit.kantine» in Bern, 1998–2003 Vorstandsmitgl. des Berner Schriftst.innen- u. Schriftst.ver., lebt seit 1974 in Bern; verfaßte vor allem Kriminalrom. u. -erz., aber auch Lehr- u. Sachbücher; Hg. von Krimis anderer Autoren. – Spezialpreis der Lit.kommission der Stadt Bern (2011), Spezialpreis der dt.sprachigen Lit.kommission des Kt. Bern (2020). – Pädagoge, Journalist, Hg., Schriftsteller.

Schriften: Arbeit am Skelett (Kriminalrom.) 1987; Der Teufelstrommler (Kriminalrom.) 1990; Totentanz. Kriminelle Geschichten (Erz.) 1996; Kelten-Blues (Kriminalrom.) 1998; Der Lückenbüsser. Ein Internet-Krimi, 2000; Europa stirbt. Kriminelle Geschichten (Erz.) 2001; Die Gemeindepräsidentin (Drama) 2002; Deutsch. Handbuch für Lehrerinnen und Lehrer, 2002 (zahlr. Neuaufl., zuletzt 2014); Mord im Alpenglühen. Der Schweizer Kriminalroman – Geschichte und Gegenwart, 2005; Salztränen (Kriminalrom.) 2008; Das Krokodil. Der Büro-Krimi (Rom., mit P. HÖNER u. a.) 2008; Wurst-Himmel (Kriminalrom.) 2008; Feuerwasser (Kriminalrom.) 2009; Gnadenbrot (Kriminalrom.) 2010; Mordswein (Kriminalrom.) 2011; Bern und die Hauptstadtregion. Vom Bärenpark zum Bergsee (Reiseführer, mit F. v. GUNTEN) 2011; Schokoladenhölle. Ein feinherber Kriminalroman, 2013; Burgunderblut (Kriminalrom.) 2014; Simonetta. Ein Leben in der Renaissance (hist. Rom.) 2014; Tanz im Park (Kriminalrom.) 2015; Nelkenmörder (Kriminalrom.) 2015; Goldstern (Kriminalrom.) 2016; Die sieben Weisen von Bern (Kriminalrom.) 2018; Der Tote vom Zibelemärit (Kriminalrom.) 2019; Schwarzes Porzellan (Kriminalrom.) 2020; Emmentaler Alpträume (Kriminalrom.) 2021; Lieblingsplätze Bern (Sachb.) 2021.

Herausgaben: Wir waren Helden für einen Tag. Aus deutschsprachigen Punk-Fanzines 1977–1981 (mit H. SKAI) 1983; Im Morgenrot. Die besten Kriminalgeschichten aus der Schweiz, 2001; Mords-Lüste. Erotische Kriminalgeschichten, 2003; Gotthelf lesen. Auf dem Weg zum Original (mit F. v. GUNTEN, Fotos v. H. Trachsel) 2004; TatortSchweiz. 18 kriminelle Geschichten (1 CD-ROM) 2005; J. Temme, Der Studentenmord in Zürich. Criminalgeschichte (mit K. STADELMANN) 2006; W. Burger u. a., Bodensee-Blues. Ein Stafetten-Krimi, 2007; TatortSchweiz 2. 23 kriminelle Geschichten aus der viersprachigen Schweiz, 2007; S. Brockhoff, Musik im Totengäßlein (mit DEMS.) 2008; Gefährliche Nachbarn. 20 Kurzkrimis aus dem schweizerisch-deutschen Grenzgebiet, 2009; Sterbenslust. Erotische Kriminalgeschichten, 2010; P. Altheer, Die 13 Katastrophen (mit K. STADELMANN, D. MÜLLER) 2010; Zürich, Ausfahrt Mord. Krimi-Anthologie, 2011; Berner Blut. Die Anthologie zur Criminale 2013 (mit S. ALTERMATT) 2013; K. Baumann, Achtung Überfall (mit K. STADELMANN) 2014; J. Imfeld, Die Rückkehr des Herrn de Mourbach. Der merkwürdige Mordfall Manata (mit DEMS.) 2016; Schicksal am Piz Orsalia (mit G. RENKER, K. STADELMANN) 2016.

Literatur: Schriftst.innen u. Schriftst. der Ggw. Schweiz (hg. Schweiz. Schriftst.innen- u. Schriftst.-Verband, Red. A.-L. DELACRÉTAZ) 2002, 297 (online: https://lexikon.a-d-s.ch/Person/20713); Lex. der dt.sprachigen Krimiautoren (hg. A. JOCKERS, R. JAHN) ²2005, 174; CLARISSA, Clarissas Krambude. Autoren erzählen von ihren Pseudonymen, 2011, 357 f. MM

Otth, Maria Elisabeth Johanna Charlotte (auch Oth, geb. Wiedemann, Ps. Lotte), * 1774 (oder 1773) Braunschweig, † 9.8.1845 Bern; Tochter von Konrad Eberhard Wiedemann (1722–1804), einem Kunsthändler, u. Dorothea Frederike (geb. Raspe, 1741–1804), einer Bankierstochter; hatte mindestens einen älteren Bruder, den in Kiel lebenden Mediziner Wilhelm Rudolf Christian Wiedemann (1770–1840), u. eine Schwester, die mit einem Justizrat Hufeland in Erlangen verheiratet war; heiratete 1800 den Berner Seckelmeister u. Kanzleisubstitut Karl Emmanuel Otth (1772–1850), der Mitgl. des Großen Berner Rats u. seit 1833 Stadtbuchhalter in Bern war; sie hatten drei Kinder: Maria Anna Klara Charlotte (verh. Brunner, 1801–1839), Karl Adolf (Mediziner, Naturforscher u. Maler, 1803–1839) u. Heinrich Gustav (Offizier, 1806–1874); publizierte spätestens seit 1815 zahlr. Ged. unter dem Ps. «Lotte» in der Zs. «Alpenrosen. Ein Schweizer Almanach» (später «Alpenrosen. Ein Schweizer Taschenbuch»); ein Ged. wurde unter dem Namen «Charlotte Otth, geb. Wiedemann» in der «Ztg. für die elegante Welt» veröffentlicht. – Lyrikerin.

Schriften: Die nachfolgende Zus.stellung ist unvollst.; erfaßt wurden das in der Lit. zu O. erwähnte Werk sowie die in zugängl. Digitalisaten greifbaren Stücke. In den «Alpenrosen. Ein Schweizer Almanach» (hg. KUHN, MEISNER, WYSS u. a.), auf das Jahr 1813 (online: HHU Düsseldorf): Die blaue Farbe (17 f.); Wonne des Frühlings (45 f.); … auf das Jahr 1815 (online: HHU Düsseldorf): Die Stimmen (123–125); Die Jungfrau (127 f.); Treue (169 f.); … auf das Jahr 1818 (online: HHU Düsseldorf): Wehmuth (127 f.); An mein Leben (179 f.); Am Morgen (231 f.); … auf das Jahr 1820 (online: HHU Düsseldorf): Morgen (135 f.); Bußtagslied (145 f.); Der frühe Frühling (225 f.); Der Sturm (230); An die Schneeflocken (345 f.); … auf das Jahr 1823: Alwina (232 f.); Der Freude Jahresfest (245 f.); Der Abschied aus der Nachbarschaft (350 f.); … auf das Jahr 1824 (online: HHU Düsseldorf): Frage an den Engel über meine Schlafstätte (93 f.); Gutes Beyspiel (165); Herzenseinfalt (298–300); … auf das Jahr 1830 (online: HHU Düsseldorf): Die Schwestern (358 f.); Der Wunsch (367 f.). – An Friedrich Eschens Grab zu Servoz im Chamountythale (in: Ztg. für die elegante Welt: Mode, Unterhaltung, Kunst, Theater, hg. K. SPAZIER) ERFURT 4.12.1807, NR. 194, SP. 1547 (ONLINE: BSB MÜNCHEN).

Literatur: Goedeke 7 (^{2}1900) 340; 12 (^{2}1929) 134. – F. RASSMANN, Pantheon dt. jetzt lebender Dichter u. in die Belletristik eingreifender Schriftst., 1823, 243; C. W. O. A. VON SCHINDEL, Die dt. Schriftst.innen des neunzehnten Jh., Bd. 2, 1825, 72; Bd. 3, 1825, 223; H. GROSS, Deutschlands Dichterinnen u. Schriftst.inen. Eine lit. Skizze, ^{2}1882, 145; K. W. BINDEWALD, Deutschlands Dichterinnen, T. 1: Ball., Romanzen, Idyllen, Gesch., Legenden, Sagen u. poet. Erz., rel. Lieder, 1895, 334; E. FRIEDRICHS, Die dt.sprachigen Schriftst.innen des 18. u. 19. Jh. Ein Lex., 1981, 226.   MMü

Otto, Hans-Werner, * 13.5.1954 Wuppertal; wuchs in Wuppertal auf, studierte Theaterpädagogik in Berlin, Lehrer in Wuppertal, zudem Inszenierungen als Theaterregisseur; verfaßte u. a. Rom., Erz., Theaterstücke u. Reiseberichte. – Pädagoge, Schriftst., Regisseur.

Schriften: Mediterraner Heuschnupfen. Texte vom Reisen in den Süden, 1986; Mit dem Kofferradio in der Mählersbeek (Erz.) 2000; Westkotten oder: Hitler ist kein feiner Mann (Erz.) 2006; Rappoport oder hier unten leuchten wir (Erz.) 2007; Winde lassen, Wünsche werfen (Erz.) 2009 (2., veränd. Aufl. 2011); Gott wird uns schon nicht kriegen (Rom:) 2010; Brickendrop und das Patenkind (Erz.) 2011; Ich bin ein Portemonnaieaufheber (Erz.) 2013; Dat gov en Kriagsgewemmel (dramat. Collage) 2014; Rotter Blüte (biogr. Erz.) 2020.

MM

P

Paarmann, Reinhild, * 28.7.1950 Berlin; wuchs in Berlin auf, studierte 1981–85 Sozialarbeit u. Sozialpädagogik ebd. (?), engagierte sich in einem Projekt zur Förderung von Schriftst. in Berlin-Schöneberg, 1981–93 Mitgl. der Neuen Gesellsch. für Lit., organisierte Lesungen von Lyrik u. Prosa, 1984 dritte Vorsitzende des Berliner Ver. für Lit.arbeit, 1985–93 Mitgl. der GEDOK, veröffentlichte Beitr. in Kultur.zs. wie «Die Brücke» u. «Maskenball», leitet seit 2015 die Lyrik-Arbeitsgruppe des Verbandes Dt. Schriftst.innen u. Schriftst.; lebt in Berlin. – 1. Preis des Berliner Lyrik-Wettbewerbs (2018). – Schriftst., Erzieherin, Sozialpädagogin.

Schriften: Wortschluchten & Sprachgitter. Wegweiser durch die aktuelle Literaturlandschaft in Schöneberg/Friedenau (mit L. v. WERDER, E. BLÖCHL) 1984; Komm zwischen die Schmetterlingsflügel, 1993 (Schr. nicht nachweisbar); Nacht der Kornblumen (Ged., Illustr. v. M. Großmann) 2003; Auf 128 Seiten durch die Welt (Ged.) 2004; Blaue Erde (Ged.) 2006; Weg der Seelen (Rom.) 2006; 99 Gedichte Aufbruch, 2007; Der blaue Atlantisstein (Rom.) 2008; Muttermuseum (Rom.) 2011; Shio (Rom.) 2013; «... während mein Herz weit wie die Erde wird» (Lyrik) 2014; Die magischen Schaukelstühle (Rom.) 2017; Reinkarnationsreisen. Bd. 1 (m.n.e.) 2017; Katharina Faustina. Fragmente einer wahren Geschichte, 2020; Der Annedoto (Rom.) 2020. FA

Pachmann, Ingrid (geb. Neuberger), * 5.9.1953 Wien; studierte Publizistik u. Pädagogik an der Univ. Wien, 1976 Promotion zum Dr. phil. ebd., war Mitarb. der Abt. Musikprogramm sowie Red.mitgl. bei der Buchgemeinschaft Donauland, später freie Journalistin, schrieb Beitr. u. a. für Ztg. u. Zs. wie «Die Presse», «Der neue Samstag» u. «Frauenbl.»; lebt in Perchtoldsdorf/Niederösterreich. – Journalistin, Sachbuchautorin.

Schriften: Die Welt der Frau heute und die katholische Frauenzeitschrift «Welt der Frau» mit Inhaltsanalyse (Diss.) 1976; Ich bin unendlich dankbar. Hundertjährige erzählen, 1999; Jetzt erst recht. Schicksalsschläge als Herausforderung. 20 Lebensbilder, 2001 (Selbstverlag); K. Musil, Die Welt bei mir zu Gast. Anekdoten aus der 10er Marie (Aufgezeichnet v. I. P.) 2005; «Servus Franz, grüß dich!» Anekdoten aus 75 Jahren Filmschaffen von Franz Antel (Bearb., Beitr. v. P. ORTHOFER) 2006; Von Sterndeutern, Hellsehern und uraltem Wissen. Berichte von Menschen mit besonderen Fähigkeiten, 2006; Zwei im Doppelpack. Anekdoten von Waltraut Haas & Erwin Strahl. Eine Erzählung, 2008. FA

Paffrath, Elifius, * 1942, † August 2016 Berlin (?); studierte 1964–68 Theaterwiss. an der Theaterhochschule «Hans Otto» Leipzig, war Mitarb. des Theaters des Friedens in Halle/Saale, dann Oberspielleiter in Eisleben, wirkte als Hörsp.autor u. -dramaturg, studierte 1976–78 am Lit.inst. «Johannes R. Becher» in Leipzig, bis 1980 wiss. Mitarb. des Brecht-Zentrums der DDR in Berlin (Ost), nachfolgend als Dramatiker u. Autor für Fernsehen u. Rundfunk der DDR tätig, auch Hörsp.regisseur, ab 1987 Sekretär der Abt.parteiorganisation im Berliner Schriftst.verband, später vorübergehend Drehb.autor beim ARD; lebte zuletzt in Berlin. – Kritikerpreis des DDR-Kinderhörspielpreises (1983). – Bühnen-, Drehb.- u. Hörsp.autor, Theaterwissenschaftler.

Schriften: Gespräche mit einem Zeitzeugen (Hörsp., mit P. BIELE) 1970; Rechenschaftslegung (Hörsp.) 1973; Rechenschaftslegung (Hörsp.) 1974; Kein Fall für Mister H. oder Die weiße Lady (Hörsp.) 1976; Unser Porträt zum IX. Irene Richter, Schichtmeister im VEB Kunstseidenwerk «Siegfried Rädel» in Pirna (Hörsp., mit P. BIELE) 1976; Ein milder Abend in Santiago (Hörsp.) 1977; Jonny, komm bald wieder (Hörsp.) 1978; Kidnapper (Hörsp.) ebd. 1982; Märchen vom Teufelskarl (Hörsp.) 3 Tle. (I Der Soldat und der König – II Die Prinzessin in der Hölle – III Das Goldene Königreich) 1982 (als Bühnenbearb. u. d. T.: Teufelskarl. Märchen, 1984 [Urauff. Halle/Saale 1985]); Spinn, spinn Mädchen (Hörsp.) 1983 (alle Rundfunk der DDR); Mascha, Dascha und der Bär. Kinderhörspiel (mit N. KORN) 1986 (als Ms. gedr.); Die Prinzessin und der Spielmann (Hörsp.) Rundfunk der DDR 1986; Legende von einem Helden, 2 Tle. (I Im Gewittersturm – II Auf der Strecke) ebd. 1987; Der Hexenjäger (Hörsp.) Dtl.sender Kultur 1992; Das Haus, in dem Geschichten wohnen (Hörsp.) Ostdt. Rundfunk Brandenburg 1993; Drum schilt mein Lied nicht, ist es arm. Gedichte, Balladen und Lieder, 2011; Rote Rosen. Henriettes perfider Plan scheint aufzugehen (Drehb.) 2011; Märchenhörspiele, 2012; Rote Rosen. Stockholm (Drehb.) 2012.

Herausgaben: Brecht 78. Brecht-Dialog, Kunst und Politik (mit W. HECHT, K.-C. HAHN) 1979;

Brecht 80. Brecht in Afrika, Asien und Lateinamerika (mit DENS.) 1980.

Literatur: Features u. Rep. im Rundfunk der DDR. Tonträgerverz. 1964–1991 (zus.gest. P. CONLEY) ²1999, 30; J. STAADT, T. VOIGT, S. WOLLE, Operation Fernsehen. Die Stasi u. die Medien in Ost u. West (Vorw. F. PLEITGEN) 2008, 321; I. LEHN, S. MACHT, K. STOPKA, Schreiben lernen im Sozialismus. Das Inst. für Lit. «Johannes R. Becher», 2018, 458; ARD Hörsp.datenbank (online); Hörsp.datenbank HörDat (online); Hörsp.datenbank HspDat.to (online); The Internet Movie Database (online).   FA

Paffrath, Gertrud (auch Gertrud(a) Paffraht, latinisiert Paffradiana), † nach 1657; erste namhaft bekannte Lyrikerin des Baltikums; über ihre Herkunft, Familie u. Ausbildung ist nichts bekannt; lebte zw. 1654 u. 1657 in Riga; zu vermuten ist, daß sie den Rigaer Domschulrektor Johannes → Hörnick (1621–1686; ErgBd. V) kannte, evtl. sogar von ihm unterrichtet wurde; verfaßte 1654–57 Gelegenheitsged. in lat. u. dt. Sprache; aus den Ged. spricht eine gute Kenntnis der Bibel, vor allem des Buchs Sirach, der Schr. des Bernhard von Clairvaux u. Andreas → Gryphius sowie antiker griech. u. röm. Autoren, wobei sie die antiken Texte nur bzw. auch sekundär über Joseph → Langes Florilegium «Polyanthea nova» in der Ausg. von 1645 rezipierte. – Verf. von Gelegenheitsgedichten.

Schriften: Cum nobilissimum et lectissimum par, nobilissimus et doctissimus dn. Hermannus Meiners, et nobilissima atque virtutibus dotatissima virgo, Sophia a Dunten, sacra connubii copula idibus februarii anni millesimi sexcentesimi quinquagesimi quinquagesimi quarti connecteretur. Observantiae et debitae reverentiae ergo ita modulabatur Gerdruta Paffrath, 1654 (darin von P. ein lat. Motto, ein dt.sprachiges Ged., zwei lat. Ged.); Klagund Trost-Reimen an den Erlauchten Hochwolgebornen Grafen und Herrn, Herrn Gustav Horn, Grafen zu Bernburg, Freiherren auff Marienburg, Herrn zu Häringen, Malla, Erfwula, Wyck und Eßpo etc., Rittern u. Ihrer Königl. Mayestät und dero Reiche Schweden Raht, Reichs Marsch und General Feldherrn, Ober Praesidenten des Königl. Kriegs Collegii, General Gouverneurn über Liefland und OberLand-Richtern über Süderfinland, Alß derselbe Seine Hertzvielgeliebte beide Junge Herren, Die Hochwolgeborne Grafen und Herren, Herrn Gustav Carl im vierdten und Eberhard Horn im dritten Jahr Ihres Alters, den 3. April deß 1655sten Jahres mit Gräflichen Ceremonien in den Thumbkirchen der Königl. Statt Riga beerdigen und beysetzen ließ. Auß demüthigster Pflicht und Ehr-Erbietung auffgesetzet von Gertruta Paffrath, 1655 (darin von P. ein lat. Motto u. ein dt.sprachiges Ged.); Apophoreta hymenea, quae ad humanissimum ac doctissimum virum, dn. Wolfgangum Adamum Arnoldi, scolae Mitoviensis p. t. con-rectorem fidelissimum, sponsum, nec non lectissimam pudicissimamque virginem Annam Dorotheam, viri multum reverendi, clarissimi ac doctissimi Johannis Bemol, pastoris Candoviensium primarii, ejusdemque, districtus praepositi, dignissimi, filiam dilectissimam, sponsam, a promotoribus, fautoribus atque amicis missa, data et ipsis calendis januarii [...], 1657 (darin von P. ein dt.sprachiges Gedicht).

Überlieferung: Alle überlieferten Gedichte P.s befinden sich in der Slg. «Lat. u. dt. Gelegenheits-Ged. des 17. Jh. aus Königsberg u. Riga» (SUB Göttingen, Sign. 8 P COLL 168 RAR; online ebd.), Nr. 34 (Epithalamion auf den Rigaer Ratssekretär Hermann Meiners u. Sophia von Dunten, 1654), 42 (Epicedium auf die Söhne des livländ. Generalgouverneurs Gustav Horn, 1655) u. 54 (Epithalamion auf den Konrektor der Mitauer Schule, Wolfgang Adam Arnoldi u. Anna Dorothea Bemol[l], 1657).

Ausgabe: K. Kaur, K. Viiding, Die gelehrte Frauendichtung in Livland: G. P. (in: Humanistica Lovaniensia 61) 2012, 415–442, hier 434–442.

Literatur: Goedeke 3 (²1887) 143. – J. J. PHRAGMENIUS, Riga literata, 1699, 3^bv; F. K. GADEBUSCH, Livländ. Bibl. nach alphabet. Ordnung, Bd. 2, 1777, 324; A. W. HUPEL, Nord. Miscellaneen 27/28 (1791) 424 f.; J. F. VON RECKE, C. E. NAPIERSKY, Allg. Schriftst.- u. Gelehrten-Lex. der Provinzen Livland, Ehstland u. Kurland, Bd. 3, 1831, 357; O. A. WEBERMANN, Balt. Dichterinnen in der Lit. des 17. bis 19. Jh. (in: Jb. des balt. Dt.tums 7) 1960, 57–61, hier 57; C. L. GOTTZMANN, P. HÖRNER, Lex. der dt.sprachigen Lit. des Baltikums u. St. Petersburgs, Bd. 3, 2007, 1004 f.; K. KAUR, Baltisaka naiste juhuluuest XVII sajandi keskpaigast XVIII sajandi lõpuni' (in: Keel ja Kirjandus 1) 2009, 11–32; DIES., K. VIIDING, Die gelehrte Frauendg. in Livland: ~ (in: Humanistica Lovaniensia 61) 2012, 415–442; K. KAUR, Dichtende Frauen in Est-, Liv- u. Kurland 1654–1800. Von den ersten Gelegenheitsged. bis zu den ersten Ged.bdn., 2013, 41–56.   MMü

Paffrath, Günther, * 8.7.1936 Kürten/Bergisches Land; entstammt einer Bauernfamilie, absolvierte eine Lehre zum Landwirt, übernahm zunächst den Betrieb der Eltern, studierte später Pädagogik, war ab 1972 als Lehrer tätig, veröffentlichte zahlr. Beitr. in Anthol. u. Jb.; lebt in Kürten. – Lehrer, Autor.

Schriften (Schr. im Selbstverlag in Ausw.): Leise Dinge. Besinnliche und heitere Lyrik (Zeichn. Susanne P.) 1989 (Selbstverlag); Kleiner Fuchs in großer Welt (Zeichn. Klaus P.) 1992 (Selbstverlag); «Ein Schwein im Beiwagen». Erlebtes Zeitgeschehen im Zweiten Weltkrieg, während des Zusammenbruchs und des Neubeginns ... Erlebnisse und Betrachtungen eines bergischen Bauernjungen, 1998 (Selbstverlag); Lebenskreise zwischen Sülz und Wolga (Rom.) 2004; «Hurra, jetzt biste da!» Vom Kreißsaal bis zum Ruhestand, mit einem Lächeln durchs Leben (Ged.) 2008; Ein Wirtshaus im Bergischen. Alltag und Alltagsgeschichten aus einer Bergischen Gast- und Landwirtschaft. Eine Erzählung aus dem Bergischen Land, 2010 (Selbstverlag); Treckerfahrt ins Abenteuer. Ein Kinderkrimi, 2016 (Selbstverlag). FA

Pahnke-Felder, Ursula, * 18.7.1952 Berlin; besuchte die Gesamthochschule Wuppertal, studierte u. a. Joseph Beuys (1921–86) u. Marc Chagall (1887–85), Künstlerin, hat seit 1980 ein Atelier für Kunst u. Design in Venlo (Niederlande), arbeitet auch als Kostüm- u. Modeschneiderin, seit 1990 Ausst. im In- u. Ausland. – (Neben weiteren Auszeichnungen) Aufenthaltsstipendium des Landes Nordrhein-Westf. für das Atelier Artistique International de Séguret (1972), Reisestipendium der Botschaft des Königreichs der Niederlande für München (2008). – Designerin, Künstlerin.

Schriften: Family Diary (Rom.) 2003 (als E-Book 2005); POSITION, 2011 (Books on Demand); Die Dinner der Aphrodite, 2013 (Books on Demand); bra-participation, 2016 (Books on Demand).

Literatur: AKL Online. FA

Pakosta, Florentina, * 1.10.1933 Wien; Tochter eines Journalisten u. einer Confiserie-Betreiberin, wuchs in Wien auf, 1952 Matura ebd., studierte 1952–56 an der Akad. der bildenden Künste in Prag, verhalf einem Freund ebd. zur Flucht aus der ČSSR, deshalb einmonatiger Aufenthalt in einem Umerziehungslager, unter fortdauernder staatl. Beobachtung, Rückkehr nach Wien, 1956–60 Stud. an der Kunstakad. ebd., Stud.aufenthalte u. a. in Venedig, Amsterdam u. Paris, 1962 erste Einzelausstellung in Wien, widmete sich vor allem (Selbst)-Portraits u. Stillleben, verfaßte satir., die Geschlechtersituation in der Bildenden Kunst betreffende Texte, Veröff. in Kulturzs. wie «protokolle» u. «morgen»; ab 1971 Mitgl. der Wiener Secession (1975–83 als erste Frau im Vorstand ders.); lebt in Wien. – Förderungspreis des Wiener Kunstfonds (1969), Theodor-Körner-Preis (1975), Preis der Stadt Wien für Bildende Kunst (1984), Verleihung des Berufstitels Prof. (1987). – Malerin, Grafikerin.

Schriften (ohne Künstlerbücher): Was man nicht sagen darf. Novellen und Aufsätze zur bildenden Kunst (hg. L. MAURER) 2004; Drehtür. Erzählungen und autobiografische Texte mit sieben Selbstbildnissen (hg. DIES.) 2009; Vorsicht Mensch. Kurzprosa, Tagebuchaufzeichnungen, Aphorismen, 2018.

Literatur: AKL 94 (2017) 154. – ~. Stillleben, Gegenstände, Massenware, 1988; ~. Die schöpfer. Erkenntnis vom jeweiligen Sein (Konzept, Red. u. Stationentexte M. WAGNER) 1999; DERS., Spiegel der Zeit. Eine Stud. über das Lebenswerk v. ~ (in: Morgen. Kulturzs. aus Niederöst. 23, H. 10) 1999, 30 f.; R. O. ZUCHA, «Menschen-Masse u. serielle Gegenstandswelt» (in: Internationale Zs. für Sozialpsychologie u. Gruppendynamik in Wirtschaft u. Gesellsch. 24, H. 4) 1999, 27–30; H. F. SCHWEERS, Gemälde in Museen. Dtl., Öst., Schweiz. Kat. der ausgestellten u. depotgelagerten Werke, Bd. 2, ⁵2008, 1139; M. WAGNER, Europ. Kulturgesch. Gelebt, gedacht, vermittelt, 2009, 695–703; M. EBNER, Genie, Kunst & Identität. Lebensentwürfe u. Strategien bildender Künstlerinnen, 2010, 123–128; P. P. WIPLINGER, Schriftst.begegnungen. 1960–2010, 2010, 220; ~. Malerei seit 1989, Trikolore-Bilder, 2013; P. GORSEN, Passagen der Bildsatire durch den globalen Medienoptimismus. Das Bildniswerk von ~ im Rückblick auf die Physiognomika Franz Xaver Messerschmidts u. Arthur Schopenhauers, 2014; ~ (hg. E. LAHNER, K. A. SCHRÖDER, R. SPIELER) 2018; A. EHMANN u. a., Physiognomie der Macht/The Physiognomy of Power. Harun Farocki & ~ (hg. T. SADOWSKY) 2021. FA

Palaeosphyra → Althamer, Andreas.

Palant zu Breitenbend, Johanna von (auch Iohanna Pal[l]antia, Anna von Pal[l]ant), * um 1550 Burg Reuland in der Eifel (heute Belgien), † nach

1602; Tochter von Johann (Jan) IV. von P. zu B. († vor 1556) – seit 1541 Amtmann von Eschweiler u. Wilhelmstein – u. Maria von Vlodrop († vor 1563), die Eltern heirateten 1532; A. hatte mindestens einen Bruder: Johann V. von Palant zu Wildenburg, Weisweiler, Laurenzberg u. Bottendorf († 1564/72) – seit 1559 Amtmann von Wilhelmstein u. Eschweiler u. seit 1556 verheiratet mit Anna von Gertzen, gen. Sintzig († 1611); P.s Tante Ursula von Vlodrop († nach 1604) war mit dem fläm. Humanisten Karl von Utenhove (1536–1600) verheiratet, dieser flüchtete als Protestant aus Flandern an den Niederrhein, Utenhove adoptierte die früh verwaiste P., unterrichtete sie u. sorgte für die Publ. ihrer Ged.; im Haus des Onkels u. ihrer Tante kam P. mit mehreren gelehrten Freunden des Adoptivvaters zus. u. durfte wohl spätestens ab dem 12. Lebensjahr auch an ihren fachl. Gesprächen teilnehmen, denn die Dichter Johannes → Posthius (1537–1597), Heinrich → Smetius (1537–1614), Franciscus → Modius (1556–1597), Paul Schede → Melissus (1539–1602) und Jakob Monau (1546–1603) berichten in zum Teil pathet. Ged. über die lyr., sprachl. u. künstler. Begabungen P.s u. gaben ihr die Möglichkeit, in ihren Schriften zu publizieren; Modius korrespondierte u. erörterte mit P. auch editor. Probleme; im Oktober 1595 u. im Sommer 1599 erkrankte P. schwer, von der zweiten Erkrankung wird sie durch den damals in Köln lebenden Arzt u. Dichter Wilhelm → Fabry (1550–1634) geheilt; die im Tgb. des Humanisten Arnoldus Buchelius (1565–1641) eingetragene Notiz, wonach P. im November 1599 in Köln gestorben sei, beruht auf einer Verwechslung mit der Kölnerin Margaretha Held (Buchelius hatte P. nach eigenen Angaben einmal in Köln gesehen); da P. gemeinsam mit einer weiteren Nichte ihres Adoptivvaters, der nlat. Dichterin Johanna von → Utenhove († nach 1602), im Jahr 1602 ein Ged. an den Philologen u. Historiker Jan → Gruter (1560–1627) publizieren ließ, wird sie zu diesem Zeitpunkt wohl noch gelebt haben. Mit Anna von Utenhove veröffentlichte P. auch in Schr. von Posthius u. Monau; vermutlich lebten die beiden eine Zeitlang gemeinsam im Haushalt des Karl von Utenhove, da für 1595 überliefert ist, daß Anna von Utenhove dem erblindeten Gelehrten bei Publikationen unterstützte u. von ihm Diktate aufnahm; Ähnliches dürfte auch für P. anzunehmen sein. P. wird zu Lebzeiten vielfach gerühmt u. nach ihrem Tod in namhaften Dichterinnenkatalogen vom frühen 18. Jh. bis in die Ggw. vor allem aufgrund der Ged. von Posthius u. Melissus über sie erwähnt; ihr eigenes kleines überliefertes Werk wird in diesem Zus.hang kaum erörtert. – Nlat. Lyrikerin.

Schriften: Scandere quae condis tantummodo carmina novi (in: P. Schede Melissus, Melissi schediasmata poetica. Item Fidleri Flumina) 1574, 153 (online: BSB München); Quod cerebrum Persis, Ioviale, Favique, quod ursis (in: J. Posthius, Parerga poetica ad Erasmum Neustetterum) 1580, 165 (online: BSB München); Speque, fideque (in: J. Monau, Symbolum Iacobi Monawi. Ipse faciet variis variorum auctorum carminibus expressum et decoratum) 1595, 221 f. (online: ULB Halle); Iane pater cedat cui matutinus (in: Jan Gruter et al., Inscriptiones antiquae totius orbis Romani) 1602 (Akrostichon mit Anna von Utenhove).

Briefe: Paris, Bibl. nationale de France, MS fonds latin 18592, Bl. 100–101 (Legionum epistolarum Utenhovii hecatontas aut centuria prima = hs. Briefsammlung).

Literatur: Jöcher 3 (1751) 1189 (online: ULB Halle). – P. SCHEDE MELISSUS, Melissi schediasmata poetica. Item Fidleri Flumina, 1574, 88–91 (online: BSB München); DERS., Melissi Schediasmata poetica, Bd. 1, ²1586, 30–33, 198–199, 474–477; Bd. 3, ²1586, 81 f., 97, 145 f., 163, 165, 194–196, 246, 295 (online: BSB München); J. POSTHIUS, Parerga poetica ad Erasmum Neustetterum, 1580, 78, 80–83 (online: BSB München); F. MODIUS, Poemata ad amolissimum et splendidissimum Ersamum Neustetterum, 1583, 45 f. (online: SB Berlin); DERS., Novantiquae lectiones, tributae in epistolas centum, 1584, 49–54 (online: BSB München); C. SCHONAEUS, Terentius Christianus, duabus comoediis additis, 1595; G. F. HILDANUS, Observationum et curationum chirurgicarum centuria quarta. Accessit eiusdem authoris epistolarum ad amicos, eorundemque ad ipsum, 1619, 276 (Brief Utenhoves vom 18.9.1599 über die Erkrankung von P.); J. D. STARCK (Resp.), De feminis prima aetate eruditione ac scriptis illustribus et nobillibus (Präs. D. SCHULTETUS), 1703, 8 (online: ULB Halle); J. C. EBERTI, Eröffnetes Cabinet Deß Gelehrten Frauen-Zimmers. Darinnen Die Berühmtesten dieses Geschlechtes umbständlich vorgestellet werden, 1706, 270 f. (online: BSB München); C. F. PAULLINI, Hoch- u. Wohl-gelahrtes teutsches Frauenzimmer […], ²1712, 116 f. (online: BSB München); G. C. LEHMS, Teutschlands galante Poetinnen, mit ihren sinnreichen u. netten Proben, nebst einem Anhang ausländ. Dames, so sich gleichfalls durch schöne Poesien bey der curieusen Welt bekannt gemacht, 1715, 185–190 (mit dem Abdruck des Ged. «Scandere quae condis tantummodo carmina novi»; online: BSB München); J. A. Planer (Resp.), Gynaeceum Doctum, d. i. Von gelehrtem Frauenzimmer (Präs. J. Pasch), 1715, 57 (online: SLUB Dresden); G. S. Corvinus (Amaranthes), Nutzbares, galantes u. curiöses Frauenzimmer-Lexicon […], 1715, 1409 f. (online: HAB Wolfenbüttel); P. P. Finauer, Allg. Hist. Verzeichniß gelehrter Frauenzimmer, Bd. 1, 1761, 159 f. (online: BSB München); Schwäb. Magazin von gelehrten Sachen, 1780, 738; H. Keussen, Die drei Reisen des Utrechters Arnoldus Buchelius nach Dtl., insbes. sein Kölner Aufenthalt I–III (in: Annalen des Hist. Ver. für den Niederrhein insbes. das Alte Erzbistum Köln 84) 1907, 1–102; (ebd. 85) 1908, 43–114; P. de Nolhac, Un poète rhénan ami de la Pléiade: Paul Melissus, 1923, 19 f.; L. Traeger, Das Frauenschrifttum in Dtl. von 1500–1650, Diss. Prag, 1943, Anh., 7; L. W. Forster, Charles Utenhove and Germany (in: ders., Kleine Schr. zur dt. Lit. im 17. Jh.) 1977, 60–80, hier 66 f.; J. M. Woods, M. Fürstenwald, Schriftst.innen, Künstlerinnen u. gelehrte Frauen des dt. Barock. Ein Lex., 1984, 144; H. van de Venne, Cornelius Schoneus 1541–1611. A Bibliography of His Printed Works II (in: Humanistica Lovaniensia 33) 1984, 206–314, hier 210; E. Gössmann, Eva – Gottes Meisterwerk, 1985, 119; K. Karrer, Johannes Posthius (1537–1597). Verz. der Briefe u. Werke mit Regesten u. Posthius-Biogr., 1993, 326 (Brief von J. Posthius an Johannes Weidner [1545–1606] vom 3.10.1595, in dem über die Unterrichtung P.s durch Karl von Utenhove berichtet wird); J. Stevenson, Women Latin Poets. Language, Gender, and Authority, from Antiquity to the Eighteenth Century, 2005, 240, 244 f.; L. De Coene, A. De Coster, Vrouwencatalogi onder de loep. Geleerde vrouwen in de Zuidelijke Nederlanden (1500–1800) (in: Van Dhuoda tot Aletta. Het eeuwenoude spanningsveld tussen vrouwelijkheid en geleerdheid, hg. A. De Coster u. a.) 2008, 75–107, hier 83 f.; P. van Beek, The first female university student: Anna Maria van Schurman (1636), 2010, 34. MMü

Palzer, Thomas, * 10.4.1956 Mainz; Stud. der Philos. u. Neueren dt. Lit. in München, Wien u. Bayreuth, ab 1979 Mithg. der Lit.zs. «Mode & Verzweiflung», Bekanntschaft mit Thomas → Meinecke, gehörte 1983–89 zu den Veranstaltern der Lesungsreihe «Sage & Schreibe», arbeitet als Rundfunkjournalist, verfaßte Beitr. für Kultursendungen wie «Capriccio» (BR), «Kulturreport» (ARD) u. «LeseZeichen» (BR) u. drehte Dokumentarfilme, 2018/19 Doz. für Essayistik am Lit.inst. Leipzig, Leiter von Schreibwerkstätten; lebt in Leipzig. – 1. Preis beim Fernsehpreis LiteraVision (1994, 2002), Tukan-Preis der Landeshauptstadt München (2005), Martha-Saalfeld-Förderpreis (2007), Homines Urbani-Stipendium Villa Decius, Krakau (2009), Arbeitsstipendium der Kulturstiftung des Freistaates Sachsen (2020). – Schriftst., Filmemacher, Philosoph.

Schriften: Hosenträger. Nachrichten aus der Welt von gestern (Vignetten v. M. Melián) 1994; Pony (Gesch.) 1994; Secret Service. Kleine Ekstasen, 1995; Ab hier FKK erlaubt. 50 schnelle Seitenblicke auf die neunziger Jahre, 1996; Champagnerpanik (Drehb.) 1999; Camping. Rituale des Diversen (Bilderwerk v. W. Ellenrieder) 2003; Hubert Fichte. Der schwarze Engel (Drehb.) 2005; Dinger drehen. Kleine Geschichte des Bankraubs (Drehb.) 2005; Ruin (Rom.) 2005; Der Fall Borgia (Drehb.) 2011; Das kommende Buch (Ess.) 2013 (E-Book); Spam Poetry. Sex der Industrie für jeden, 2013 (E-Book); Nachtwärts (Rom.) 2014; Vergleichende Anatomie. Eine Geschichte der Liebe, 2018; Die Zeit, die bleibt (Kriminalrom.) 2019.

Rundfunkfeatures und Hörspiele (Ausw.): Das Jüngste Gericht. Hercule Perrier hat nie gelebt (mit B. Lauchstaedt) BR 1989; Le Monde, der Mond, BR 1990; Journal intime, LP, BR 1996; soundstories / materialmeeting. Tl. 5: Keine Art (mit U. Bassenge, K. Schiefer) BR 2000; Magnetische Erinnerung. Über die Elektrifizierung des Wissens, WDR 2003; Ministerium des Innern, BR 2003; Kritische Masse, RBB 2011; Sterben im Großformat, SWR 2011; Der letzte Mensch, BR 2015; First Contact. Was, wenn die Erde Besuch bekommt?, BR 2016; In den Körper hinabsteigen, BR 2016; Alt und sexy. Experiment am lebenden Herzen, BR 2017; «Denk ich an Deutschland». Osterspaziergang mit Gretchen Dutschke, BR 2018; Christian Kracht ist nicht zu fassen. Der Autor und sein Double, BR 2019.

Tonträger: Nachmittag eines Fauns. Chansons (1 CD, m. J. Scannell, S. Wood) 1996.

Literatur: ARD Hörsp.datenbank (Internet-Edition); Hörsp.datenbank HörDat (online); The Internet Movie Database (Internet-Edition).   FA

Palzhoff, Thorsten, * 27.10.1974 Wickede; studierte Neuere dt. Philol., Vergleichende Lit.wiss. u. Musikwiss. an der TU Berlin, 2004–07 Wiss. Mitarb. am Zentrum für Lit.forsch. Berlin, Arbeitsstelle Nachlaß Jakob Taubes, zeitweise in Groningen (Niederlande) wohnhaft; lebt in Berlin. – Förderpreis Lit. der Gesellsch. zur Förderung der Westfäl. Kulturarbeit (2006), Kunstpreis Lit. der Land Brandenb. Lotto GmbH (2007), Aufenthaltsstipendium im Künstlerdorf Schöppingen (2010, 2013), Aufenthaltsstipendium im Dt. Stud.zentrum in Venedig (2011), Alfred-Döblin-Stipendium (2013), Arbeitsstipendium des Berliner Senats (2013). – Schriftsteller.

Schriften: Tasmon (Erzn.) 2006; Nebentage (Rom.) 2018.

Herausgaben: Jacob Taubes – Carl Schmitt. Briefw. mit Materialien (mit H. KOPP-OBERSTEBRINK, M. TREML) 2012.

Literatur: E. ZEMANEK, Das suggestive Du. Ambivalente Apostrophen u. empath. Erzählen in der neuesten Prosa (in: [Be-]richten u. Erzählen. Lit. als gewaltfreier Diskurs?, hg. M. BASSLER u. a.) 2011, 231–252; Lit.port Autorenlex. (Internet-Edition).
FA

Pancratius, Andreas d. Ä. (auch Pangratius, Pankratius), * 1529 Wunsiedel, † 27.9.1576 Hof (Vogtl./Oberfranken); Sohn des Wunsiedeler Bürgers Thomas Pangraz; Stud. in Wittenberg (immatrik. am 30.1.1549), dort «in die sancti Petri ad Cathedram» (22.2.) 1552 Erwerb des Magistergrads («Andreas Pracratius [!] Wonsidelensis»), im selben Jahr Kaplan in Forchheim (Oberpfalz); 1555 Diakon in Pressath; 1556 Diakon u. 1561 Pfarrer in Amberg, 1566, im Zuge der Einführung des reformierten Bekenntnisses in der Oberpfalz, entlassen; ab 1567 Pfarrer, Superintendent u. Gymnasialinspektor in Hof; verheiratet mit Ursula († 1576), acht Kinder. Von P. ist sein gleichnamiger Sohn («Ambergensis») zu unterscheiden. – Luth. Diakon, Pfarrer, Schulinspektor, Superintendent, Erbauungsschriftsteller.

Schriften: Uber der Sontäge Epistel und Evangelia/ kurtze Summarien und Gebetlein/ allen liebhabern Jhesu Christi/ in sonderheit aber den christlichen Eltern/ sampt iren Kindlein und Haußgesinde/ zu lieb und dienst gestellet, 1565 (erw. ²1572; 1578); Uber der Feste Epistel und Evangelia/ kurtze Summarien und Gebetlein, 1565 (erw. ²1572); beide Werke zusammen (das zweite, ‹Uber der Feste Epistel und Evangelia›, mit eig. Titelbl. u. Erscheinungsjahr 1572): Haußbuch oder kurtze Summarien und Gebetlein/ uber der Sontag und Fest Epistel und Evangelien/ allen christlichen Haußvätern/ sonderlich aber denen/ so die reinen lehr des heiligen Evangelij/ nicht haben und hören können/ zu lieb und dienst gestellet/ mit zu end angehengten/ etlichen christlichen schönen Gebetlein/ für allerley Stende und not der gantzen Christenheit. Durch M. Andream Pangratium, Prediger zum Hof (Widmungsvorr.: 30.1.1572), 1574 (weitere Drucke unter Ausgaben); Methodus concionandi, docens, omnes sacras conciones, iuxta artificium rhetoricae, ita disponere, ut postea labore docentium minore, fructu vero auditorum maiore, in ecclesia publice proponi poßint. [...] Cum praefatione d. Georgij Maioris, 1571 (erw. u. d. T.: Methodus concionandi, monstrans verum et necessarium, artis rhetoricae, in ecclesia, usum [...], Vorrede G. MAIOR, ²1572; erw. 1574; 1594); Fragstücklein aus der Sontage und Fest Evangelien genomen und für die Jugent also gestellet, das auch ungeübte junge Kirchendiener, ein richtige abteilung des Texts, und zimliche gute anleitung, zur gantzen Predigt, darin finden werden [...], 1571 (verb. Eger ²1573; 1591); Kurtze und einfeltige Fragstücklein/ für die Jugend/ und andere Unverstendige/ so das erste mal zum heiligen Sacrament gehen wöllen/ auff den Kinder Catechismum D. Martini Lutheri gestellet. Jtzt abermals vom newen widerumb ubersehen/ und gebessert, 1572; Eine christliche kurtze Leichpredigt/ gethan im Spital zum Hof/ bey der Begrebnus des erbarn unnd achtbarn Herrn Georgen Oberlenders Spitalmeisters und Rathsverwandten daselbst [...] am 2. tag Martij, 1573; Fragstücklein, oder einfeltiger Bericht, wie sich ein jeder Christ zum wirdigen Brauch, des heiligen Abendmals unsers lieben Herrn Jesu Christi, recht schicken solle [...], 1574 (1579); Eine Leichpredigt gethan zu Kotzawe, als der edle, gestrennge, und ehrnveste Beringar von Kotzawe, marggrävischer brandenburgischer Raht, und Amptman zum Thierstain, begraben wurdte am 15. Tage Martij, im 1575. Jare [...], 1575; Auß der Sontäge und Feste Episteln kurtze Fragstücklein/ für die jugent/ und den gemeinen Man/ also gestellet/ daß sie auch jungen Kyrchendienern/ zur abtheilung des Texts/ unnd ordnlichen fürtrage/

der darinn begriefnen Lehr/ dienstlich sein können [...], Eger 1575 (1582).

Ausgaben: Funffzehen Predigten von der schrecklichen Plage der Pestilentz/ was sie sey/ woher sie komme/ und wie wir uns drein schicken sollen. Gestellet und gethan zum Hoff/ [...] (Widmungsvorr. u. hg. J. u. A. PANGRATIUS), 1577; Kurtze und christliche fragstücklein für die liebe Jugendt und einfeltige Christen, so zum heyligen Abentmal gehen wöllen, auff den Kinder Catechismum D. Martini Lutheri gestellet [...], 1579; Christlicher Leichpredigten erster Theil. Darinnen die fürnembsten Sprüche der Bücher Altes Testaments/ als nemlichen/ der fünff Bücher Mose/ deß Buchs Josuae/ der Richter/ Ruth/ der vier Bücher der Könige. Item/ Esrae/ Nehemiae und Tobiae. Auff allerley natürliche und unnatürliche Todtsfäll/ nach rhetorischer Disposition/ mit sondern Fleiß erklärt/ gestellet und gehalten worden seynd/ durch weiland den ehrwürdigen und wolgelehrten Herrn M. Andream Pancratium, gewesenen Pfarrherrn und Superintendenten zum Hof im Voitlandt. Jetzt allen frommen Christen/ so wol Lehrern als Zuhörern/ zu sonderbarem Nutz/ Underricht und Trost/ fein ordentlich zusammen getragen und an Tag gegeben. Sampt drey vollkommenen Registern/ auch schönen nützlichen Concordantzen und marginalibus (Widmungsvorr. u. hg. S. CODOMANN) 1588 (erw. ²1592); Christlicher Leichpredigten ander Theil. Darinnen die fürnembsten Sprüche der Bücher altes Testaments/ als nemlichen/ deß Buchs Hiobs/ der Psalmen Davids/ der Sprüche und Prediger Salomonis/ deß Buchs der Weißheit/ deß Ecclesiastici oder Syrachs: Item/ der Propheten/ Esaiae und Danielis. Auff allerley natürliche und unnatürliche Todtsfäll/ nach rhetorischer Disposition/ mit sondern Fleiß erklärt/ gestellet und gehalten worden seynd [...]. Jetzt allen frommen Christen/ so wol Lehrern als Zuhörern/ [...] an Tag gegeben (hg. S. CODOMANN) 1588 (²1592); Christlicher Leichpredigten dritter Theil. Darinnen die fürnembsten Sprüche aller Bücher deß Newen Testaments/ auff allerley natürliche und unnatürliche Todtsfäll/ nach rhetorischer Disposition erklärt/ gestellet und gehalten worden seynd/ [...] (Widmungsvorr. u. hg. S. CODOMANN) 1588 (²1592); Sieben besondere Leichpredigten/ darinnen sieben Anfechtunge/ welche über dem Absterben der Kinder die Eltern am meisten zu betrüben pflegen/ kürtzlich erklärt/ und wie

inen zubegegnen/ auß Gottes Wort christlich erwiesen und angezeigt wirt. Gehalten durch weyland den [...] Herrn M. Andream Pancratium [...]. Allen betrübten christlichen Eltern/ welche wegen irer verstorbenen Kinder in Trawrigkeit und Bekümmernuß gerahten/ zu diesen letzten Zeiten sehr tröstlich zulesen, 1588 (²1592); Passions und Osterpredigten/ darinnen die gantze Historia von dem Leiden/ Sterben und Aufferstehung unsers Heylandts und Seligmachers Jesu Christi/ auß dem LIII. Cap. Esaiae/ und dem XXII. Psalm Davids/ gantz herrlich erkläret und außgelegt wirdt/ [...]. Jetzt allen frommen Christen/ so wol Lehrern als Zuhörern/ zu sonderbarem Nutz/ Unterricht und Trost/ an Tag gegeben (hg. S. CODOMANN) 1590; Der kleine Catechismus D. Martini Lutheri. Wie der bisher inn den marggrävischen brandenburgischen Kirchen in brauch gewest, und noch getrieben wird. Auch von seinem rechten Nutz, und wirdigen Brauch des H. Abendmals, einfeltige kurtze Fragstücklein [...], 1590 (u. d. T.: Fragstücklein/ vom Nutz und rechtem Gebrauch des heiligen Catechismi. Durch M. Andream Pangratium, gewesenen Prediger zum Hoff/ gestellet [1573], 1593 [VD16 ZV 24473; die Ausg. 1573 nicht ermittelt); Haußbuch oder kurtze Summarien und Gebetlein/ über der Sontäg und Fest Epistel und Evangelien/ allen christlichen Haußvätern/ sonderlich aber denen/ so die reinen lehr des heiligen Evangelii/ nicht haben und hören können/ zu lieb und dienst gestellet. Mit zu end angehengten etlichen christlichen schönen Gebetlein/ für allerley Stend und not der gantzen Christenheit. Durch M. Andream Pangratium, weiland Prediger zum Hof (mit der Widmungsvorr. vom 30.1.1572; das zweite Werk mit eig. Titelbl.: Haußbuch oder kurtze Summarien unnd Gebetlein/ über der [...] Fest Epistel und Evangelien [...]) 1591 (1599; 1613; u. d. T.: M. Andreae Pancratii [...] Vielvermehrtes Haus- und Kirchen-Buch: oder kurtze Summarien und Gebetlein/ über die Sonntags- und Fest-Episteln und Evangelien [...], 1662; u. d. T.: Des seligen [...] Pancratii [...] Summarien/ über die sonntägliche und Fest-Evangelia/ [...], 1680; in: Meiningisches Kirchenbuch in 4. Theilen verfasset/ [...], hg. J. REICHART, [1699], Erster Theil/ in sich haltend die sonn- und festtägigen Episteln und Evangelien mit denen Summarien Pancratii, 1698; u. d. T.: Kurtze Erklärung der ordentlichen Sonn- und Fest-Tags-Evangelien [...]. Wie auch Johann Herrmanns Spruch-Büchlein [...], Vorr.

C. Schleupner, o.J. [um 1734]; bearb. u.d.T.: Brandenburg-bayreuthisches Kirchen-Buch, worinnen der kurze Innhalt der Sonn- und Festtags-Episteln und Evangelien [...] begriffen sind, ehemals von weyland M. Andrea Pancratio herausgegeben nun aber verbessert und zum heutigen Gebrauch bequemer eingerichtet, Vorr. F. A. Ellrodt, 1773); Christlicher Leichpredigten vierdter und letzter Theil/ darinnen die schreckliche Plag der Pestilentz/ was sie sey/ woher sie komme/ und wie sich allerseids die Menschen ... darein schicken ... und darwider auß Gottes Wort trösten [...] sollen/ etc. [...] gepredigt/ durch [...] Herrn/ M. Andream Pancratium, gewesenen Pfarrherrn [...] zum Hof im Voitlandt. Hierzu sind noch etliche andere Leichpredigten auff sonderliche wunderliche Fäll [...] gedruckt/ sampt einem Register [...] Jetzo in diesen geschwinden Sterbensläufften/ allen frommen Christen [...] zu sonderem Nutz und Trost/ an Tag gegeben (hg. S. Codomann) 1597 (alle Teile zus., erw., u.d.T.: Christliche Leichpredigten M. Andreae Pancratij. [...], hg. G. Draud, Tl. 1 [natürliche Todtsfälle], 1608 [mit der Leichenpredigt für P. von J. Saher, 978–985]; wieder 1610; Tl. 2 [unnatürliche Todtsfälle/ oder die denen fast gleich sind], 1610); Themata concionum sive sylva locorum in singula evangelia, quae diebus dominicis et sanctorum festis in ecclesia dei proponi solent, continens quaestiones simplices et coniunctas in genere didascalico: et adhortationes cum detestationibus in genere deliberativo: in usum concionatorum maxime, et tyronum theologiae elaborata, et dictata quidem in scholis theologicis ante annos 28. A reverendo [...] dn. M. Andrea Pancratio [...] nunc autem post quamplurimam exoptationem primum in lucem edita [...]. Praemissa eidem est dn. Phil. Melanchct. de officio concionatoris dissertatio, anno domini 1537. scripta. Ad calcem adijcitur artificiosa et utilissima, locos communes certis titulis scribendi ratio (hg. S. Codomann), 1597; Artificiosa et utilissima locos communes certis titulis conscribendi ratio, scholasticis Curiensibus et alijs auditoribus anno 1569. tradita a reverendo atque clarissimo viro dn. M. Andrea Pancratio (mit eig. Titelbl. in: ebd.) 1597; Geistliche Seelenartzney. Wie man zur Zeit der schrecklichen Plage der Pestilentz die Seelen bewaren und curiren sol. In welcher die Pest sampt ihren Ursachen und Zeichen beschrieben/ und wie man bewerte Hülffmittel/ aus der heiligen Schrifft/ die Seelen zu beschützen/ unnd sie zu heilen/ finden sol. Neben einem Unterricht/ etlicher Fragen/ so zur zeit der Pest vorzufallen pflegen/ wie sich ein jeder darinnen verhalten sol [...] (hg. J. u. A. Pancratius) 1602 (1606); Christliche Catechismi-Predigten/ darinnen die heiligen zehen Gebott/ nach rhetorischer Disposition/ mit sondern Fleiß/ unnd anmuhtiger Ordnung erkläret/ unnd dieselbe/ fürnemblich auff das erste Stück christlicher Buß/ nemblich/ auff wahre Rew und Leydt uber die Sünd/ (wie in gleichem folgendts die andere Hauptstück/ deß Catechismi/ auff die ubrige Stück der Buß) referirt und gezogen werden. Beneben auch gründlicher Anzeigung/ welcher Gestalt solche Predigten an statt einer Postill/ das gantze Jar uber/ mit eim sonderlichen Loco Communi, können fruchtbarlich gebraucht werden. Alles durch weyland den [...] M. Andream Pancratium [...] mit höchstem Fleiß beschrieben/ und gepredigt. Jetzt aber auff vieler begeren unnd anlangen/ der christlichen Gemeyn/ so wol Lehrern als Zuhörern/ zu sonderbarem Nutz/ und heylsamen Unterricht/ an Tag geben [...] (hg. S. Codomann) [Tl. 1], 1604; Christliche Catechismipredigten/ darinnen die Articul deß christlichen/ apostolischen Symboli, nach rethorischer [!] disposition/ mit sondern Fleiß/ und zuvor nie gesehener/ doch gantz anmuthiger lieblicher Ordnung erklärt/ und dieselbe auff das ander Stück der Buß/ nemlich auff den Glauben referirt und gezogen werden: [...] Dabey auch im ersten Theil angezeigt ist/ welcher gestalt solche Predigten an statt einer Postill das gantze Jar uber früchtbarlich können gebraucht werden: und jetzt auff vieler begeren und anlangen [...]/ mit schönen Concordantzen/ auch dreyfachem Register an Tag gegeben/ [...] (hg. S. Codomann) [Tl. 2], 1605; Christliche Catechismi-predigten/ darinnen die Articel deß christlichen/ apostolischen Symboli, vom Leyden und Sterben Christi an/ bis zum Endt desselben Bekandtnuß/ nach rhetorischer Disposition/ mit sondern Fleiß/ und zuvor nie gesehener/ doch anmutiger lieblicher Ordnung/ erklärt/ und dieselben auch auff das ander Stück der Buß/ nemlich auff den Glauben/ referiert und gezogen werden: [...] Dabey auch im ersten Theil gründtlich angezeigt worden/ welcher gestalt solche Predigten an statt einer Postill das gantze Jar uber können fruchtbarlich gebraucht werden: jetzt auff vieler begeren und anlangen der christlichen Gemeyn/ [...] mit schönen marginalibus und dreyfachem Register an Tag gegeben/ [...] (hg. S. Codomann) [Tl. 3], 1605; Christliche Catechismi-predigten/ darinnen die Lehr von den heyligen Sacramenten und Ampt der Schlüssel/ nach rhetorischer Disposition/ [...] erklärt/ und dieselbige auch auff das ander Stück der Buß/ nemlich auff den Glauben/ referirt und gezogen wird. [...] Jetzt auff vieler begeren [...] mit schönen marginalibus an Tag gegeben/ [...] (hg. S. CODOMANN) [Tl. 4], 1605; Allgemeine/ immerwährende geistliche Practica/ das ist: christlicher/ und in Gottes Wort wolgegründeter Unterricht/ woran alle Menschen/ bey jedes Jahrs Anfang/ und sonsten alle Zeit/ gewiß sehen und vermercken mögen/ was für Glück und Unglück/ hie zeitlich und dort ewiglich/ sie zu gewarten und zu hoffen haben [...]. Jetzt allen Menschen/ denen ihre Seelen Seligkeit lieb/ sehr nohtwendig und nützlich zu lesen/ und auff etzlicher guthertziger Christen Begeren/ mit feinen Concordantzen und marginalibus, auch dreyfachenm Register/ an Tag gegeben [...] (hg. S. CODOMANN), 1605; Christlicher Catechismi Predigten/ M. Andreae Pancratij, fünffter und letzter Theil. Darinnen die Lehr vom h. Abendtmahl/ welche noch/ wie oben in den andern Theilen angezeigt worden/ zum andern Stück christlicher Buß gehörig. Wie dann auch die Lehr vom christlichen Gebett. Und endtlich: die Lehre von guten Wercken/ unnd allerley christlichen Tugenden: welche zum dritten Stück gottseliger Buß/ oder vielmehr zur Frucht deroselben gezogen und referiert werden. Alles auß hinderlassenen Büchern/ so vom Autore selbst geschrieben/ was zu diesem löblichen Werck dienet/ und begert worden/ vollends ergentzt/ und in diese nutzliche Ordnung gebracht. Auch mit schönen Concordantijs und marginalibus, beneben einem vierfachen Register an Tag geben [...] (hg. S. CODOMANN), 1607; Supplementum christlicher Catechismi Predigten/ M. Andreae Pancratij. Darinnen die Lehre von guten Wercken/ erstlich in gemein/ darnach insonderheit/ von etlichen sonderbaren christlichen Tugenden/ als: Von der Lieb gegen Gott. Von der Lieb gegen den Nechsten. Von der christlichen Demut. [...] Von der christlichen Freygebigkeit. Vom Eydtschwehren. Die in XXII. unterschiedlichen Predigten/ auß h. Schrifft mit schönen Exempeln/ lieblichen Gleichnussen/ artigen accommodationibus, wie dann auch nohtwendigen marginalibus, und vierfachem Register. Auß hinderlassenen geschriebenen Büchern deß Autoris vollendts ergentzt unnd an Tag geben. (hg. S. CODOMANN), 1607; Etliche christliche gebet auff die fürnemsten Jarfest [...], 1613 (Ex. 1: Kriegsverlust); (Init.-Titel) Ampla haec et ornate extructa Domini domus [...] (1572) (in: J. C. LAYRIZ, Templorum Curiensium, nova in urbe residuorum, primarium, d. Michaeli inscriptum [...] historia [...], 1688 in: DERS., Prodromus historiae Curianae [...]) 1685–1695, 140f.; Epistola Andreae Pangratii, theologi tum Ambergensis [!], qua consultus ab Urbano Zwelffer eidem respondet. E Msto. (Hof, 30.11.1573) (in: Fortgesetzte Sammlung von alten und neuen theologischen Sachen [...]) 1733, 379f.; Auszug aus: Christliche Catechismi-Predigten [...], Tl. 2, 1605 (in: BESTE [Lit.]) 1858, 231–237.

Nachlaß: (Init.-Titel) Volgen ettliche Predigten vor dem durchleuchtigenn hochgebornnen fursten vnd herrn herrn Ludwigen Pfaltzgraven bey Rheinn, Hertzogen inn Baiern der obern Churfurstlichenn Pfaltz Stadthallter, unnd vor Irer fl: g: gemahelin durch [...] M. Andream Pangracium Ir fl: g: hoff Prediger gepredigt: UB Heidelberg, Cod. Pal. germ. 73 (1559), 1ʳ–34ʳ (online zugänglich); Brief (Hof, 14.9.1568) an Paul Eber: FB Gotha, Nachlaß P. Eber, Chart. A 126, 479ʳ–480ʳ; Brief (Hof, 30.11.1573) an Urban Zwölffer: FB Gotha, Nachlaß E. S. Cyprian, Chart. A 412, 158–160; (Mitverf.) Gutachten der Theologen der Markgrafschaft Brandenburg-Ansbach über das Torgische Buch (Ansbach, 11.9.1576), Abschrift: FB Gotha, Chart. B 515, 188ᵛ–202ᵛ (auch: Chart. A 84, 80ʳ–88ᵛ); vgl. auch WIKE (Lit.) o. J., 71.

Bibliographien: VD 16; VD17; VD18. – Kat. der fürstlich Stolberg-Stolberg'schen Leichenpredigten-Slg. (bearb. W. K. v. ARNSWALDT), Bd. 1, 1927, 649 (Reg.); Bd. 2, 1928, 749f. (Reg.); Bd. 3, 1930, 557 (Reg.); Bd. 4, 1935, 1056 (Reg.); J. KNAPE, Werkeverz. zu den Rhetorikdrucken Deutschlands 1450–1700, 2017, 322, Nr. 1027–1028.

Literatur: Zedler 26 (1740) 500; Jöcher 3 (1751) 1220; G. L. RICHTER, Allg. biogr. Lex. alter u. neuer geistl. Liederdichter, 1804, 268; Adelung 5 (1816) 1483f.; 6 (1819) CCCXIII; ADB 25 (1887) 119–121; Bosls bayer. Biogr. 1000 Persönlichkeiten aus 15 Jh. ErgBd. (hg. K. BOSL) 1988, 132; J. KNAPE, Autorenlex. dt. Rhetoren 1450–1700, 2017, 297. – J. C. WETZEL, Hist. Lebens-Beschreibung der berühmtesten Lieder-Dichter, Anderer Theil, Herrnstadt 1721, 280; G. W. A. FIKENSCHER, Gelehrtes Fürstenthum Baireut [...], Bd. 7, 1804, 16–19; J. E. C. DIETSCH, Die christl. Weihestätten in u. bei der Stadt Hof [...], 1856, 160f.; W. BESTE, Die bedeutendsten nachreformator. Kanzelredner der luth. Kirche des XVI. Jh., in Biographien u. einer

Ausw. ihrer Predigten, 1858, 230–237; E. F. H. Medicus, Gesch. der evang. Kirche im Königreiche Bayern diesseits d. Rh. [...], 1863, Reg.; H. Beck, Erbauungslit. der evang. Kirche Deutschlands, Tl. 1, 1883; Die Baccalaurei u. Magistri der Wittenberger philos. Fak. 1548–1560 (hg. J. Köstlin) 1891, 12; Enoch Widmanns Chronik der Stadt Hof (1592) (in: Quellen zur Gesch. der Stadt Hof, hg. C. Meyer) 1894, 1–333, Reg.; G. Wilke, Beitr. zur Lebensgesch. des ~. Progr. des kgl. humanist. Gymnasiums Hof für die Schuljahre 1911/12 u. 1912/13, o. J. (mit Abdr. von Quellen); M. Simon, Bayreuthisches Pfarrerbuch. Die evang.-luth. Geistlichkeit des Fürstentums Kulmbach-Bayreuth (1528/29–1810), 1930, 231, Nr. 1768; J. B. Götz, Die erste Einführung des Kalvinismus in der Oberpfalz 1559–1576 auf Grund urkundl. Forsch., 1933, Reg.; ders., Die rel. Wirren in der Oberpfalz von 1576 bis 1620, 1937, Reg.; M. Weigel, Verz. nebst Angaben über die Lebensläufe u. Familienverhältnisse der Geistlichen u. Praeceptoren der Stadt Amberg während ihrer evang. Periode von 1538 bis 1626 (in: Bl. für fränk. Familienkunde 13) 1938, 1–26, hier 16; Ambergisches Pfarrerbuch (hg. M. Weigel u. a.) 1967, 107, 191, 199, 216; F. Roth, Restlose Auswertungen von Leichenpredigten u. Personalschr. für genealog. u. kulturhist. Zwecke, Bd. 5, 1967, 110 f., Nr. 4180; H. Schönemann, Das Gymnasium Albertinum in Hof (1546-1-811). Eine Gründung aus dem Geist des Humanismus u. der Reformation. Mit Dokumentation der Quellen, 2012, 182 f.   RBS

Pantermüller, Alice, * 9.7.1968 Flensburg; 1988 Abitur, absolvierte ein Lehramtsstud. für Grund- u. Hauptschulen an der PH Flensburg, arbeitete nach dem Ersten Staatsexamen 1994/95 als Foreign Language Assistant an zwei Gesamtschulen in Ayr/Schottland, absolvierte eine Ausbildung zur Buchhändlerin; P.s Kdb.reihe «Mein Lotta-Leben» wurde in zahlr. Sprachen übersetzt, zudem entstand ein Kinofilm (2019, Regie N. L. Vollmar) auf deren Grundlage; Mitgl. des Friedrich-Bödecker-Kr.; lebt in Scharnhorst/Niedersachsen. – Übers., Kinderbuchautorin.

Schriften: Oh, dieses Englisch! Eine heitere und unterhaltsame Betrachtung zur Sprache unserer Nachbarn, 2000; Bendix Brodersen. Echte Helden haben immer einen Plan B, 2011; Bendix Brodersen. Angsthasen erleben keine Abenteuer, 2011; Mein Lotta-Leben (Kdb., Illustr. v. D. Kohl) 17 Bde. (ff.) (I Alles voller Kaninchen – II Wie belämmert ist das denn? – III Hier steckt der Wurm drin! – IV Daher weht der Hase! – V Ich glaub, meine Kröte pfeift – VI Den Letzten knutschen die Elche! – VII Und täglich grüßt der Camembär – VIII Kein Drama ohne Lama – IX Das reinste Katzentheater – X Der Schuh des Känguru – XI Volle Kanne Koala – XII Eine Natter macht die Flatter – XIII Wenn die Frösche zweimal quaken – XIV Da lachen ja die Hunde – XV Wer den Wal hat – XVI Das letzte Eichhorn – XVII Je Otter, desto flotter) 2012–21; Keine Angst vor Seeungeheuern! Mit Leserätseln und Suchbild (Bilder P. Gertenbach) 2013; Lotta feiert Weihnachten (Illustr. v. D. Kohl) 2013; Superhelden fliegen geheim (Zeichn. v. Ulf K.) 2013; Superhelden haut nichts vom Sockel (Zeichn. v. Ulf K.) 2013; Der Zickenzoff oder warum ich plötzlich zwei beste Freundinnen hatte, 2013; Superhelden schwimmen immer oben (Zeichn. v. Ulf K.) 2014; Lina und Fred. Ein Bär kennt kein Pardon (Bilder v. A. Henn) 2014 (Neuausg. mit Hörb. [1 CD] 2016); Echte Helden hüpfen hoch (Bilderb., Illustr. v. C. Hansen) 2014; Als ein Weihnachtsheld vom Himmel fiel (Zeichn. v. Ulf. K.) 2014; Milla im magischen Garten (Bilder v. D. Kohl) 2014; Linus und die Rache der Panther-Bande. Mit Leserätseln und Suchbild (Bilder v. F. Bertrand) 2015; Millas magischer Schultag. Mit Leserätseln (Bilder v. D. Kohl) 2015; Linni von Links, 4 Bde. (I Berühmt mit Kirsche obendrauf – II Linni von Links. Ein Star im Himbeer-Sahne-Himmel – III Alle Pflaumen fliegen hoch – IV Die Heldin der Bananentorte) 2015–18; Lillemi und Wolf. Kleine Fee mit großem Herzen (Bilder v. M. Malmaseda) 2016; Mein Lotta-Leben. Süßer die Esel nie singen (Illustr. v. D. Kohl) 2016; Poldi und Partner (Illustr. v. J. Meyer) 3 Bde. (I Immer dem Nager nach – II Ein Pinguin geht baden – III Alpaka ahoi!) 2017/18; Milla und ihre magischen Freunde. Freundschaftsgeschichten, mit Bilder- und Leserätseln (Bilder v. D. Kohl) 2018; Mein Lotta-Leben. Alles Bingo mit Flamingo! (Illustr. v. D. Kohl, nach einem Drehb. v. B. Börgerding, in Zus.arbeit mit N. L. Vollmar, auf Grundlage der ‹Mein Lotta-Leben›-Buchr.) 2019; Mein Leben, manchmal leicht daneben (Rom., Illustr. v. A. Görlitz u. J. Mark) 2019.

Übersetzungen: K. Meyer, How to Shit in the Woods (Wie man in den Wald sch…) (Bearb. C. Stein) 1998; P. Jones, Tiffi von Flausch (Bilder E. Okstad) 3 Bde. (I Ein Kuschelkätzchen für Mia –

II Kuddelmuddel mit Katze – III Die unsichtbare Katze und ein grünes Wunder) 2015.

Literatur: K. RICHTER, Das Kdb. Seine besondere Stellung u. Wirkung im Kontext der Medienvielfalt u. der kindl. Mediennutzung (in: Hdb. Kinder u. Medien, hg. A. TILLMANN, S. FLEISCHER, K.-U. HUGGER) 2014, 377–391, hier 389; M. BONACKER, Eine wundersame Menagerie. Zur Vielgestaltigkeit v. Tieren in der phantast. Kinder- u. Jugendlit. (in: Kids + media. Zs. für Kinder- u. Jugendmedienforsch. 6, H. 1) 2016, 73–96, hier 82 f. FA

Papazi, Nagip Naxhije (Ps. Taika), * 10.8.1975 Köln; studierte Philos., Anglistik u. Komparatistik in Bonn, arbeitet als Künstler, veröff. Beitr. in den Lit.zs. «Dichtungsring» u. «LiMa»; 2012 Mitgl. des Bundesverbandes junger Autoren u. Autorinnen; lebt in Köln. – Bildender Künstler, Schriftsteller.

Schriften: Zwiespalt. Tragödie in drei Akten mit einem Intermezzo, 2007; Satura. Erzählungen, Fabeln, Parabeln, 2008; 404 Paragraphen. Aphorismen, Gnomen und Stiche, 2010. FA

Paricius, Abraham (auch Paritius), * 4.8.1584 Oels (poln. Oleśnica), † 23.7.1654; Sohn des Basilius P. († 1585), 1572–85 Pfarrer in Domslau (poln. Domasław), u. dessen zweiter Frau Eva Pintzig, Tochter eines Oelser Bürgers; Stud. in Frankfurt/O. (immatrik. im Sommer 1604: «Abrahamus Paricius Olsnensis») u. Wittenberg (11.8.1606); Schulrektor im oberschles. Neustadt (poln. Prudnik); am 13.4.1614 Erwerb des Magistergrades in Frankfurt/O.; im Mai desselben Jahres durch den Hofpfalzgrafen Tobias Scultetus zum Dichter gekrönt; um 1633 Diakon in Neustadt; P. war dreimal verheiratet, in erster Ehe (24.8.1615) mit Rosina, geb. Bilitzer, in zweiter (16.1.1623) mit Maria, geb. Krubel, verw. Bilitzer, in dritter (16.2.1638) mit Martha, geb. Zimmermann; vier Söhne. – Schulrektor, luth. Diakon, nlat. Dichter.

Schriften (Beitr. zu Sammelschr. in Ausw.): Ξενίολον literarium viro dignitate amplissimo, prudentia, consilio, ornatissimo, pietate et autoritate praestantissimo, d. Alberto Ogorkio inclutae Wartembergensium reipubl. consuli dignissimo, mecaenati ac patrono suo, omni officiorum genere plurimum colendo. Pro felici novi anni ingressu, feliciori progressu, felicissimo egressu, laetitiorique semper regressu, honoris et amoris ergo missum ex illustri academia Francofurtana. Ab Abrahamo Paricio Olßn. anno, quo En praebent MetVenDa aCres: CreDeMVs at, Ipse PraesenteM nobIs te pIe ChrIste DabIs, 1605 (nach den drei Chronogrammen); Contubernali Meo Albino Helvigio De Furtis disputanti. Albi non Helvi juncto mihi nomine amici [...]. Abrahamus Paricius Olsna-Sil. (Widmungsged.) (in: Exercitationum juridicarum ad seriem institutionum imperialium accomodatarum disputatio XIX. de furtis vi bonorum raptorum et lege aquilia [...] in incluta Francofurtensium academia [...] liberalis exercitij gratia, H. v. STABENAU [Präs.], A. HELWIG [Resp.]) 1605, in fine; Quid lustrare juvat procul edita Templa Sophorum? [...] Abrahamus Paricius Olsna-Sil. (Widmungsged.) (in: Disputatio VIII. de demonstratione [...] in illustri Marchionum Brandenburgensium academia [...] ad diem 23. Septemb., J. CRÜGER [Präs.], A. HOFFIUS [Resp.]) 1605, [G4]$^{r-v}$; Δυσσοτρίφυλλον ex foliis qua vigorem, integerrimis, [...] parte, viris nobilissimis et amplißimis, dn. Daniele Heslero in Pologwitz, inclutae Vratisl. reip. camerario et senatore spectatissimo, etc. dn. Martino Willero, reip. eiusdem cive primario, etc. dn. Alberto Ogorkio, consule apud Wartemberg. pro tempore dignissimo, etc. dominis patronis et fautoribus omni debita observantiae studio suspiciendis, parte a dignitate reverenda. pietate insigni [...] commendatissimis, dn. Luca Diringio, reipubl. Vratislav. cive laudatissimo, etc. dn. Ioanne Paricio ecclesiae ibid. ad D. Mar. Magdal. diacono vigilantissimo, etc. dn. Balthasare Scribonio diacono [...] fidelissimo, etc. dn. susceptore, adfine, et praeceptore, moecenatib. eo, quo [...] decet, honore afficiendis, etc. adumbratum ab Abrahamo Paricio Olsna Sil., 1605; Abrahami Paricii Sil. Bieliczerus honoris et amoris aeviterni caussa per intervalla concinnatus, et modo pro ampliori adfectus declaratione publicatus [...] m. Xbri anni a XVI^{to} seculo christiano XI^{mi}, Brieg 1611; Euthanasias libelli II. Ecce theoriam primo, moriture, libello euthanati thanati; moriens, praxim inde secundo, Oels 1611 (Kat. StB Breslau auch Ausg. 1609); lat. Epithalamium (in: Honori nuptiarum dn: Laurentii Scholtzii philos: et med: doctoris sponsi cum Anna Grunia, matrona lectissima, dn: Nicolai Falckens, civis quondam Vratislaviensis, relicta vidua sponsa quae celebrabantur 26. Aprilis anno 1611. εὐφημία dicta et dicata ab amicis) Oels 1611; Gratulationsged. (in: Meletemata haecce [...] Christophoro Bilitzero a Bilitz Silesio [...] summis in utraque medicina honoribus [...]) 1611; Epithalamium (in: Camenae gamicae; quibus [...] dn. Joanni Heermanno, Rautenati Sil. ecclesiae Cöbenianae ministro, poetae l. caes. et virgini [...] Dorotheae, [...] dn. Christophori Feigii, reipubl. Rautenens. consulis [...], filiae dilectissimae; sponsis, nuptias in aula Cöbeniana, d. 28. Febr. celebrantibus) Glogau 1612; Duc Viduam! ducta est. Viduae duc funus eadem! [...]. M. Abrahamus Paricius P. L. scholae Neostadiensis rector (Epithalamium) (in: Humaniss. ac doctiss. viro dn. Samueli Beslero, scholae Bresleae Neostadiensis moderatori [...] et feminae lectissimae Barbarae Fuchspergerae, [...] dn. Leonhardi Crapidel sen. civis et cauponis quondam Vratisl. relictae viduae, tertium sponsis) Brieg o. J. [1615] (Einblattdr.; weitere Beitr.: Caspar Cunrad u. Simon Besler); Fili Theologi: Vir Theologe ipse: Generque [...]. M. Abrahamus Paricius L. Neap. Rector (Epithalamium) (in: Lectissimo sponsorum novorum pari: domino M. Jonathae Tilesio, [...] Nathanaelis a Tilenaw, etc. [...] fil: [...] ecclesiaeque Neapol: diac. [...] et Susannae Heneliae [...] dn. Stephani Heneli, p. m. ecclesiarum Neap. huius, et Rüger. pastoris olim [...] rel. filiae, virgini; ad d. IIX. Octobr. anno cIɔ Iɔ CXIIX. bene dicunt. Collegae et amici) Neiße 1618, unpagin.; Ecquid, Wietzigere, sapis? Tibi ducitur Uxor? [...]. M. Abrahamus Paricius P. C. Lib. Neapolit. Rector (Epithalamium) (in: Sacro nuptiali, quod [...] inchoant, [...] dn. Casparus Wietziger Monsterberga Sil. j. u. s. scholaeque Wolaviensis moderator, sponsus, et [...] virgo Barbara [...] dn. Christophori Merrbitii civis et senatoris ap. Winzingens. primarii, relicta filia, sponsa. Celebrantque Wintzingae Sil. d. 30. Octob. an. [...] CIƆIƆCXIIX. fausti ominis ergo accin. applaud[unt]que amici et affines) Liegnitz 1618, B1ʳ⁻ᵛ; Ode triglottos eucharistica de angelorum custodia, Oels 1618 (Kat. StB Breslau); Ingressum egressumque tuum Deus ergo gubernet! Ergo contigerunt etiam tibi Cypria serta [...]. M. Abrahamus Paricius P. L. Caes. Ludi Neapolitani Rector (Epithalamium) (in: Amores conjugales Nicolai Henelii jcti et Annae Partisiae a viris nobilissimis et clarissimis celebrati. Nuptiae hab. in maxima Silesiae IIX. Eid. Octobr. [...]) Breslau 1619, [A6]ᵛ; Ad Cantores nostros II. ipsis Bacchanalibus simul Sponsos. Sacra marita opera una agitant, atque Orgia Bacchi, [...]. M. Abraham Paricius Rector Neustad. (Epithalamium) (in: Solemni nuptiarum festivitati [...] ornatiss: viri dn. Thomae Kretschmeri Neapolitani Silesij, scholae patriae cantoris

[...] cum honestissima foemina Anna [...] dn. Nicodemi Schuberti, civis reipublicae Neustadianae primarij, relicta vidua sponsi, congaudentes adclamant fautores et amici. Celebr. VII. Eid. Februar.) Brieg 1622, B3ʳ–B4ᵛ; Degeneris Salve, Scheere, Sponde Puellae [...] (Epithalamium) (in: Viroiuveni [...] dno. Matthaeo Scheero Neapolitano Silesio, scholaeque patriae pro tempore collegae et cantori industrio; et virgini [...] Annae [...] dni. Jeremiae Ungeradthen p. m. pastoris olim ecclesiae Steubendorffianae [...] relictae filiae; a. d. XIX. Junij a. 1623. Neapoli sponsis factae ab amicis gratulationes) Brieg o. J., A3ʳ⁻ᵛ; Ad Dnm. Joannem Hankium Cantorem nostrum Sponsum. Hoc is pallor erat? tacita hoc meditamina? Sponso [...]. M. Abraham Paricius (Epithalamium) (in: Honori nuptiarum quas ad IV. Id. Februar. anno C. 1625. Svidnicii celebraturus est [...] dn. Johannes Hannkius N. S. scholae patriae p. t. cantor, cum [...] virgine Martha Sartoria, [...] dn. Matthiae Sartorii p. m. ecclesiae Christi in Kauffung/ pastoris quondam [...] relicta filia. Bene ominantes aggratulantur fautores, amici, collegae) Breslau o. J., unpagin.; Begleitged. (in: M. CAELIUS, Prodromus philosophiae peripateticae, duce et autore Aristotele constituae [!], emissus [...] anno Christi. 1626. una cum cultro philosophico a d. Thoma Aquinate fabrefacto) Breslau o. J.; Gratulationsged. (in: Prosphonemata, quibus Nicolao Henelio Jc.to honoratum syndici munus in maxima Silesiae, bono cum deo, susceptum, cum laeticia ac lubentia gratulabantur amici et cultores) Breslau 1639; Super adventu domini et servatoris nostri triplice, juxta seriem et sensum IV. de eodem evangeliorum dominical. commentatio metrico-votiva M. Abrahami Paricii P.L.C., Breslau 1644; Ad funus ut augustissimum, ita omnibus luctuosissimum, serenissimi praeque potentissimi quondam principis ac domini, domini Vladislai IV. Polonorum et Svecorum regis, inque Silesia ducatuum Oppoliens. et Ratiboriens. ducis, regis, principis, et domini sui desideratissimi, etc. Neapoleos Prudnicanae in Oppoliensi Silesiae ducatu nenia, submississimae memor. ergo scripta a M. Abrahamo Paricio P. L. Caes. cive ibidem quindeseptuagenario, Breslau 1649.

Ausgaben: Abrahami Paricii Olsna-Silesii, Euthanasias libelli II. Ecce theoriam primo moriture, libello: euthanati thanati, moriens, praxim inde secundo. [...] Sumptibus agniti Georgii Henrici Paritii, C. M. Not. publ. et Arithmet. Reginoburgensis, 1717; Abraham Paricii, weyland evangelischen

Predigers zu Neustatt in Schlesien/ wie auch kaiserl. gekrönten Poetens/ Kunst wol zu sterben/ in zwey Theile abgetheilet: in deren erstern eine Anweisung zur seeligen Sterbe-Kunst; in dem andern aber deren Ausübung enthalten. Aus dem Lateinischen wahren Original des Autoris in gebundener Rede auf gleiche Weise, wo nicht überall den Worten, doch dem Verstande nach/ ins Teutsche übersetzet/ von M. C. H. Pfaffreuter, Theol. Cand., 1719.

Bibliographien: VD17 (noch sehr unvollständig). – Hdb. des personalen Gelegenheitsschrifttums in europ. Bibliotheken u. Archiven (hg. S. Anders u. a., Bd. 1–2) 2001, Reg.; Bd. 9–11, 2003, Reg.; Bd. 17–18, 2005, Reg.; Bd. 19–20, 2005, Register.

Literatur: Flood, Poets Laureate, Bd. 3, 2006, 1484 f. (unzulänglich). – Abrahamo Paricio Olsnensi Sil. in libero Neostadiano Sil. super. rectori de summis in philosophia honoribus quos in celeberrima ill^{mi} electoris Brandeburgici Francofurtana [...] spectabilis philosophiae decanus [...] M. Christophorus Neander ethices p. p. ipsi contulit Idibus Aprilis factae ab amicis gratulationes, 1614; In M. Abrahami Paricii Olsnenesis Sil. scholae Neapolitanae rectoris lauream Appollinarem qua illum vir magnificus, nobiliss. et ampliss. dn. Tobias Scultetus de Bregoschitz et Schwanensee i[uris]c[onsultus]. S. C. M. consiliarius, sacri palatii comes, fiscique regii per Silesiam et Lusatiam infer. patronus coronavit A° cIɔ Iɔ CXIV. m. Majo votiva amicorum acclamationes, Oels 1614; Novis sponsis M. Abrahamo Paricio P. L. C. in lib. Neapolitano rectori, et roseae virgini Rosinae, viri nobil. et amplissimi, dn. Matthiae Bielczeri a Bielitz sen. consulis Neapolitani meritissimi filiae carissimae, cum deo thalamum auspicatum inituris Neustadii ad d. IX Kalend. VIItembr. cIɔ Iɔ CXV bene dicunt amici, o. J. (1615, nach Chronogramm); D. Eithner, Fulgentissimum obedientiae et fidei uxoriae speculum sponsorum pari Abrahamo Paricio et Rosinae Matthiae Bielczeri filiae [...], Brieg 1615; ΓΕΝΕΘΛΙΑ in natalem feliciter-reducem, quem deo opt. max. concedente, doctissimus, humanissimus et praestantissimus vir, dominus M. Abrahamus Paricius P. L. C. rector scholae Neapolitanae vigilantissimus, 13. Cal. Jan. anno [...] quo seria devotione omnes exclamamus, Triste fVrens apage a nostrIs, apage, o fere MaVors FInIbVs, ast nobIs o toga Chara reDI! ibidem recolit. Debitae observantiae testimonio, in templo memoriae, ad grata mentis aram suspensa et submisse oblata, ab aliquot olim-discipulis, Schweidnitz o. J. (1621, nach Chronogramm; 13. Cal. Jan. = 20.12.!); C. Cunrad, Prosopographiae melicae, millenar. III. [...], 1621, 106; M. Abrahamo Paricio ludi Neapolitani rectori. Et Mariae Krubeliae, Friderici Biliceri a Bilitz p. m. relictae viduae; a. d. XVI. Jan: ao: M. DC. XXIII. a deo et cum ipso iterum sponsis, factae ab amicis quibusdam propiorib. gratulationes, o. O. o. J. (1623); Nuptiis secundis, M. Abrahami Paricii quidem tertiis, et Marthae Zimmermannae [Henr: Zimmerm: civis Vratislav. filiae] primis, unis tamen et ijsdem, a. d. XVI. Febr. an. s. n. cIɔ Iɔc XXXIIX. Bregae celebrandis animitus adclamant fautores et amici, Breslau o. J.; J. H. Cunradi, Silesia togata [...], Liegnitz 1706, 208; [J. Seifert] Stamm-Tafel derer Paritiorum oder Kirchen-Väter, o. O. o. J. (um 1725), 3, 6, 9 f.; S. J. Ehrhardt, Presbyterologie des evang. Schlesiens, Tl. I/2, Liegnitz 1781, 519 f., 636; J. Chrząszcz, Gesch. der Stadt Neustadt in Oberschles., Neustadt 1912, 173; O. Karzel, Die Reformation in Oberschlesien. Ausbreitung u. Verlauf, 1979, 96; G. Buchwald, Wittenberger Ordiniertenbuch, Bd. 2, 1895, 17, Nr. 276 (Basilius Parix); Schlesisches Pfarrerbuch (hg. Ver. für schles. Kirchengesch.), Bd. 1, 2014, 268; Bd. 5, 2015, 270 (mit Geb.-Ort: Domslau). RBS

Parise, Claudia Cornelia (Ps. Äquator, das Aquatier, Apartisahne, Elephantasie Buchbaum, E-Tüpfelchen, Fatma Elfenbein, Famimosa Katharina Kringelschatz, Stella Pipistrella, Dr. Greta Rabenstein, Königin Suleika, Der Uhu:Die Aha), * 26.2.1953 Freudenstadt; Tochter von Rudolf Maria → Tscherpel, wuchs in Höfingen (heute zu Leonberg) auf, arbeitete als Kunstlehrerin (zuletzt Studienrätin). – Lehrerin, Künstlerin, Autorin.

Schriften: Freisprüche von den Göttern meiner Väter zu mir, zum Leben, zu den Männern (Ged.) 1991; Caramaramore (Ged.) 1993; Des K-Notenschlüssels Schlüsselkinder, 1995; König der Elephanten. Turgido il Fior. Lyrik und Zeichnungen, 1996; Zirküsse (Ged.) 2000; Pesca di perle (Lyrik) 2000; Buchcreme mit Bart (Lyrik) 2001; Karnewalfischer (Lyrik) 2002; Als wär's ein Stückchen von dir. Kindheitserinnerungen, 2003; Schreiender Fisch (Ged.) 2003; Lichtensteinmärchen, 2004; Poetische Adler und Spatzen (Ged.) 2004; Die Poase (Ged.) 2005; Glücksmurmeloase. Zwanzig kurze Märchen, 2005; Der Stein vom Berge Asmitu. Neue Märchen, 2006 (dt. u. ital.); Heimatliches Gefieder (Ged.) 2006; Klematis (Ged., mit R.

Tscherpel) 2007; Little Smoky (Ged.) 2007; Die neapolitanische Spinne. Märchen 2007 (dt. u. ital.); Lippentreppe (Ged.) 2008; Papageier (Ged.) 2009; Musen singen im Hof (Ged.) 2009; Die Zauberstadt oder der Sinn des Lexikons. Märchen, 2009 (dt. u. ital.); Buchstabenkrämer (Ged.) 2009; Toter und Untoter. Kriminalgrotesken, 2010 (dt. u. ital.); Seide dem Allesamt (Ged.) 2010; Fausts Faust. Neue Märchen, 2010 (dt. u. ital.); Ungemein ungemeint (Ged.) 2011; Tritratro. 42 Bilder und 43 Gedichte für Kinder, 2011; Hippopotamusserlbusserl (Lyrik) 2011; An und für dich. An Robert Gernhardt und andere (Ged.) 2011; Samttag Seidennacht (Lyrik) 2012; Reisequark (Ged.) 2012; Polterdipauz. Neue Bilder und Gedichte für Kinder, 2012; Ein Mal. Neue Märchen, 2012 (dt. u. ital.); Püsch-püsch, Pipi. 40 Bilder und Gedichte für Kinder, 2013; Viehfalt (Ged.) 2014; Buona notte, Nutte. Gedichte zur Prostitution (Nachw. v. M. S. Fischer) 2014; Piepmatz schrieb Matz. 44 Bilder und Gedichte, 2015; Unfugel (Ged.) 2016; Orchidee. Neue Märchen, für Gigino, 2016 (dt. u. ital.); Hera die Kindsmörderin. Griechische Sagen in Gedichten nach Gustav Schwab, 2016; Etwasser (Lyrik) 2016; Carlettos Charlotta. Bilder und Gedichte, 2016; Tiere, blauh statt Roth (Ged.) 2017; Pliplaplappermaul. Bilder und Gedichte, 2017; Mistraten (Ged.) 2017; Jonathan toter Hahn. Bilder und Gedichte, 2017; Schnarchidee. Neue Märchen, 2018 (dt. u. ital.); Nasenschlecker (Ged.) 2018; Liebmatz Riesenklein. Bilder und Gedichte, 2018; Flöhtöte KlauVier. Gedichte und Bilder für Kinder, 2018; Ringelnatz und Schlingelfratz (eine Ausw. aus den Ged. v. J. Ringelnatz, jeweils mit einem Pendant v. C. C. P. vers.) 2019; Lirum larum warum (Ged.) 2019; Kastritepipé (Ged.) 2019; Großmütterchens Papierschnipselschnaps. Bilder und Gedichte, 2019; So sonder Bar. Neue Märchen, 2020 (dt. u. ital.); Reit auf meiner Nase Rücken (Ged.) 2020; Corona unfassbar (Ged.) 2020. (Ferner nicht nachweisbare Schriften.)

Herausgaben: RehZepter gegen die Impotenz, 1997. FA

Parizek, Gabriele (geb. Pock), * 5.12.1948 Wien; studierte nach einer Ausbildung zur Volksschullehrerin Pädagogik u. Politikwiss. an der Univ. Wien, 1982 u. 2007 Promotion zum Dr. phil ebd., als Lehrerin tätig, zudem Malerin; lebt in Wien. – Lehrerin, Politikwissenschaftlerin, Künstlerin, Lyrikerin.

Schriften: Reintegration von Sonderschülern. Ein Leistungsvergleich in Mathematik zwischen Schülern des Schulversuchs «Einjähriger Lehrgang zur Erlangung des Hauptschulabschlusses für Schüler der Allgemeinen Sonderschule» und Schülern der Hauptschule, 4. Schulstufe, 2. Klassenzug (Diss.) 1982; Im Licht der Weihnacht. Geschichten, Gedichte, Zeichnungen, 1998; Leben in Liebe. Gedichte und Aquarelle, 1999; Anna Bahr-Mildenburg. Theaterkunst als Lebenswerk (Diss.) 2007; Abschied in Liebe. Gedanken und Gefühle, 2011. FA

Parker, Brigitte → Coelen, Ina.

Parrish, Michael J. → Peinkofer, Michael.

Parseghian, R. Albrecht (Ps. für Richard Albrecht; weitere Ps. Dr. Freya Gräfin v. Wiesenhaus), * 4.5.1945 Apolda/Thür.; Sohn einer techn. Zeichnerin, wuchs in Harburg u. Buchholz in der Nordheide auf, besuchte Schulen ebd., 1966 Abitur in Hamburg, studierte 1966–71 Sozial- u. Kulturwiss. in Kiel u. Mannheim, Mitgl. des Sozialist. Dt. Studentenbundes, 1973/74 als Berufsschullehrer tätig, arbeitete ab 1974 als wiss. Angestellter in Köln, 1976 Promotion zum Dr. phil. an der Univ. Bremen, 1979/80 Mithg. der Zs. «Publikation. Das Forum für Autoren u. lit. Öffentlichkeit», 1986–89 Lehraufträge an den Univ. Münster u. Siegen, 1989 Dr. rer. pol. habil., 1991–2003 Mitarb. der Vjs. «Liberal», ab 1994 Red.leiter der «Bl. der Carl-Zuckmayer-Gesellsch.», 2002–07 Hg. des Online-Magazins «rechtskultur.de», verfaßte Beitr. u. a. für den SWF, DLF u. WDR; lebt in Bad Münstereifel/Nordrhein-Westfalen. – (Neben weiteren Auszeichnungen) Stipendium des Landes Nds. (1982), Reisestipendium des Auswärtigen Amtes (1983), Stipendium des Landes Nordrhein-Westf. (1988). – Sozialwissenschaftler, Doz., Journalist, Red., Herausgeber.

Schriften: Marxismus, bürgerliche Ideologie, Linksradikalismus. Zur Ideologie und Sozialgeschichte des westeuropäischen Linksradikalismus, 1975; Buch und Leser in der Bundesrepublik Deutschland. Studien zur Morphologie eines kulturellen Kernbereichs unter spätkapitalistischen Bedingungen (Diss.) 1976; Hoch vom Turme. Ein Feuerbächer erzählt Geschichten, Erlebnisse, auch über den Kirchturm hinaus, 1976 (Selbstverlag); Medien-Provinz. Drei Essays zur Medienlandschaft in der Bundesrepublik, 1979; R. A.s kleine Brötchen (Graphiken v. G. Fontagnier) 1981 (Selbstverlag); Alkoholgefährdete Arbeitnehmer im Betrieb.

Möglichkeiten und Grenzen von Rehabilitationsmaßnahmen. Eine kritische Literaturübersicht, 1981; Carl Zuckmayer und Remarques «Im Westen nichts Neues», 1984; «Symbolkrieg» in Deutschland, 1932. Eine historisch-biografische Skizze, 1986; Der militante Sozialdemokrat. Carlo Mierendorff, 1897–1943. Eine Biographie, 1987 (1997 verfilmt, Regie A. Jungraithmayr); Das Bedürfnis nach echten Geschichten. Zur zeitgenössischen Unterhaltungsliteratur in der DDR, 1987; Exil-Forschung. Studien zur deutschsprachigen Emigration nach 1933, 1988; ... fremd und doch vertraut. Skizzen zur politischen Kultur des Witzes gestern und heute, 1989; «No return». Carl Zuckmayers Exil. Aspekte einer neuen Biographie des deutschen Erfolgsdramatikers. Ein dokumentarischer Essay, 1995; Lauf Maschen. 52 Weg Weiser, jede Woche eine/n. Post Karten Texte, 1995; Staatsrache. Justiz-kritische Beiträge gegen die Dummheit im deutschen Recht(ssystem). Beiträge zur Rechtskultur, 2005 (Books on Demand); «Beleidigung». Deutschland, Sommer 2005. Beiträge zur Rechtskultur, 2005; Genozidpolitik im 20. Jahrhundert, 3 Bde. (I Völkermord[en] – II Armenozid – III «Wer redet heute noch von der Vernichtung der Armenier?») 2006/07; Demoskopie als Demagogie. Kritisches aus den achtziger Jahren (mit 1 CD-ROM) 2007; Such Linge. Vom Kommunistenprozeß zu Köln zu google.de. Sozialwissenschaftliche Recherchen zum langen, kurzen und neuen Jahrhundert, 2008; Murder(ing) People. Genocidal Policy within 20th Century – Description, Analysis and Prevention. Armenocide, Serbocide, Holocaust as Basic Genocidal Events During the World Wars, 2009 (Selbstverlag); Heldentod. Kurze Texte aus langen Jahren, 2011.

Herausgaben: Erkundungen. Texte aus (dem) Revier (mit Nachw. hg.) 1983; Facetten der internationalen Carl-Zuckmayer-Forschung. Beiträge zu Leben – Werk – Praxis, 1997; FlaschenPost. Beiträge zur reflexivhistorischen Sozialforschung, 2011.

FA

Partant, Antonio → Bauer, Thomas.

Parterre, Achim (eig. Michael Lampart), * 30.4. 1970 Biel; wuchs in Nidau/Kt. Bern auf, schrieb 2010–16 Beitr. für die «Morgengesch.» u. entwickelte die Sendung «Timo u. Paps» (beide SRF 1), Mitgl. des Mundarttrios «Die Gebirgspoeten» mit Rolf Hermann (* 1973) u. Matto Kämpf (* 1970), arbeitet als Werbetexter u. leitet einen Velokurierdienst in Langnau im Emmental; Mitgl. des «Berner Schriftst.innen u. Schriftst. Ver.» u. des Verbandes «Autorinnen u. Autoren der Schweiz»; lebt in Langnau im Emmental. – Prix Trouvaille der Lit.kommission des Kt. Bern (2013). – Mundartautor, Texter, Schriftsteller.

Schriften: Nicht einmal einen Hund besass er (Geschn.) 2008; Im Chäsloch. Mundart, 2011; Tschüss zäme! Ein Dorfkrimi, 2013 (als Hörb., 2 CDs, 2013); Im Säli. Heimatgeschichten, 2014; Sieben Leben. Zihlschlachter Geschichten, 2017.

Tonträger: Die Gebirgspoeten. Letztbesteigung (1 CD, mit R. HERMANN, M. KÄMPF) 2010; Die Gebirgspoeten. Muff (1 CD, mit DENS.) 2012; Die Gebirgspoeten. Radio Alpin (1 CD, mit DENS.) 2015.

Literatur: Autorinnen u. Autoren der Schweiz (online); Literapedia Bern (online). FA

Partlicius, Simeon (auch Bartlizius de Spitzbergh; Partlicius von Spitzberg; tschech. Šimon Partlic ze Špicberka), * um 1588 Triesch/Mähren (tschech. Třešť), † um/nach 1640 (?); Sohn eines leibeigenen Laienarztes; 1607–09 Besuch des Gymnasium Augustum in Görlitz, dort Unterricht u. a. bei Caspar → Dornau; anschließend Stud. in Prag, wo er am 27.9.1612 das Bakkalaureat u., nach Entlassung aus der Leibeigenschaft, am 17.4.1614 den Magistergrad erwarb; Forts. des Stud. u. Disputationstätigkeit an der Prager Univ.; von 1612 bis 1620, mit Unterbrechungen, Tätigkeit als Schulrektor an versch. Lateinschulen in u. außerhalb von Prag, 1617 Erzieher der Söhne des böhm. Freiherrn Friedrich Colonna von Fels († 1614); P. verließ als Lutheraner das Land; Medizinstud. in Basel (immatrik. im Sept. 1620 [also vor der Schlacht am Weißen Berg]), dort am 11.1.1621 zum Dr. med. promoviert u. am 12. Febr. desselben Jahres durch den Hofpfalzgrafen Johann Jakob → Grasser zum Dichter gekrönt; ausgedehnte Reisetätigkeit, Aufenthalte u. a. in Rostock (immatrik. im Juni 1622: «Simeon Bartlizius de Spitzbergh Iglaviensis Moravus»), Erfurt (1624/25), Leiden (immatrik. am 26.11.1625: «Symeon Partlizius Moravus») u. London (1627). P.' Name wurde nach dessen Tod als Werbeträger für diverse Kalenderreihen benutzt (vgl. etwa VD17. 27:737399F: «[...] Ad ductum D. Simeonis Partlicii»; VD17 27:712628R). Schon 1635 hatte P. über die mißbräuchl. Verwendung seines Namens geklagt: Er habe seit fünf Jahren keinen Kalender oder astronom. Traktat mehr geschrieben oder publiziert, seine ärztl. Tätigkeit erlaube das gar nicht (vgl. Prognosticon divinum et verum [...], 1635, C1ᵛ–C2ʳ). Das macht die Zuschreibung von unter seinem Namen erschienenen Drucken unsicher. – Arzt, Mathematiker, Astronom, Astrologe, Kalenderschreiber, nlat. Dichter.

Schriften (die regelmäßig erschienenen, im Titel ähnlich lautenden Schreibkalender u. zugehörigen Praktiken in Ausw.; Digitalisate der Erfurter u. Nürnberger Drucke zugänglich im Portal: journals@UrMEL (ThULB Jena): https://zs.thulb.uni-jena.de/receive/jportal_person_00076434): Epithalamium (in: Henrici Ritteri et Annae Hofmanae, nobilis sponsorum paris, sacrum nuptiale, Gorlicii XVI. Kl. Octob, an. CIƆ. IƆCIIX. amicorum aliis atque aliis musis et gratiis votive celebratum) 1608; Vale Gorlitziacum continens τὴν ἀρχὴν [...] quinque rectorum [...] gymnasij Gorlitzensis a Simeone Partlicio iuniore Trisschiniensi Marcom. decantatum anno M. DC. IX. (Vorw. dat.: 9.4.1610), Prag o.J.; Euphemia continens τὴν εὐχὴν anni recentis 1610 necnon novi honoris ac conjugij [...] in honorem [...] Iaroslavi Smirzitii lib. bar. a Smirzitz etc. solennia nuptiarum cum sponsa nob. [...] virgine Anna Elisabetha Zapska de Zap. etc. 8. Febr. celebrat. Boni ominis [...] ac observantiae ergo scripta [...] a Simeone Partlicio iuniore Trischinensi Marcomanno, Prag 1610 (Einblattdr.); Epicedion. Seu lugubre carmen, in obitum [...] heroina et domina, d. Hedwigis Smirzicianae de Hazmbergk, d. sui amantiss. pie ac feliciter vita functae Neo-Pragae 29. Martij, intra horam 15. et 16. aetatis suae 39. anno arae christianae 1610. cuius obitus processio exequebatur 25. April. extremi officij [...] ergo decantatum. [...] A Simone Partlicio iuniore [...] eiusdem her: famulo, Prag 1610 (Figurenged.; Einblattdr.); Leges sumptuariae pro prima laurea philosophica, in academia Pragensi 27. Sept. an. 1612 publice defensae et amplissimo [...] senatui Palaeo-Pragae et Neo-Pragae [...] dicatae a Simone Partlicio Trischiniensi Marc., Prag o.J. [die disputierte Frage lautete: Utrum laudanda sit civitas quae leges sumptuarias praescribit populo]; Mulier mala, mala herba, Mulier bona, bona verba. [...] (Epithalamium) (in: Conjugio [...] d. Georgii Klabzae Glattovini, scholae Poggebradensis moderatoris industrij, sponsi: et [...] matronae Annae Kalikovae, post pie defunctum d. Georgium Kalik [...], relictae viduae, sponsae, 7. Eid. Octob: [...] 1612. celebrato amici amoris et honoris ergo gratulabantur.

[...]) Prag o.J., A4ᵛ–[A5]ʳ; Adamus judicatus hoc est lapsus primaevi parentis nostri, ejusdemque per Christum restauratio. To gest: Pád prwnijch Rodičůw nassych Adama a Ewy [...] propositus musis scholae Glattoviensis a Simeone Partlicio juniore Trischiniensi [...], Prag 1613; Threnus in obitum [...] dn. Annae Magdalanae Venceliciae de Malovecz, olim dn. in Camenitz et Cheinow etc., a thalamo [...] Sigismundi Matthiae Wencelicii de Sarabitz, dn. in Camenitz et Cheinov., vita placide inter horam 18. et 19., aetatis suae 21., 5. Ca[l]. Mart. finitae, cuius exequiae celebrabantur prid. Cal. April. [...], decantatus in signum piae erga eandem familiam affictionis a M. Simeone Partlicio Trischniensi, scholae Pilgram. rectore, Prag o.J. (1615, nach Chronogramm); Gratulationsged. (8 Distichen) (in: J. A. Krzineczky de Ronova, Oratiunculae, habitae publice, cum officium rectoratus acceptaret et resignaret anno 1615) Prag 1615; Epithalamium (in: Epithalamia honoris et amoris ergo ab amicis nuncupata nuptiis [...] d. magistri Georgii Syri B. Brodeni, nuper correctoris scholae Cuttnensium ad Altam aedem etc., nec non [...] viduae Dorotheae, ab obitu [...] d. Barptolomaei Sstierba, civis Cuttnensium consularis relictae [...] 24. Novembris anno D. M. DC. XV.) Prag 1615; Theses de anthropologia sive de corpore hominis et anima [...] in inclyta Pragensium academia defendendas publice proponit M. Simeon Partlicius Trischiniensis, rector scholae Henricanae, anno 1615 Decemb. 23. [...], Prag 1615; Gratulationsged. (in: Φιλόδωρα gratulatoria in supremae laurus philosophicae honores VII ornatissimis iuvenibus a [...] Nicolao Alberto a Kamenek, facultatis philosophicae decano [...], in inclyta academia Pragensi 11. Cal. Maii anno 1616 [...] collatos ab amicis consecrata ac decantata) Prag 1616; Calendarium perpetuum oeconomicum. Kalendář každoročnj Hospodářský/ obsahugjcý w sobě: [...] Wydaný Od Mistra Symeona Partlicya Třestského, o. O. o. J. [Prag 1617]; Πρώκλησις τοῦ Χριστοῦ xenij instar debitaeque observantiae titulo nob. ac clar. v. dn. Simeoni Kohaut de Lichtnfeldt s. c. m. consili: ad consilium appela. in regia Pragae necnon depositori cam: Boem. musagetae munificentiss: etc. ut et reliquis dd: mecaenatibus et patronis omni officiorum genere colendis; victoriam resurrectionis Christi, post tot immundi mundi procellas sub praesidio dei feliciter auspicantibus M. Simeon Partlicius Trischiniensis moderator scholae ad divi Henrici consecrat ac dicat [...], Prag o.J. (1617, nach Chronogramm); Manes Occumbentis L. B. conjugi moestißimae, nec non Fratribus et sororibus, casum fratris vere tragicum deplorantibus. Devoti ac dicati [...]. a M. Simeone Partlicio Juniore [...]: Jun: Bar. de Felso Informatore (Epicedium) (in: M. HAMMER, Threni threnorum Sehnliche Klag [...] angestellt bey [...] Leichbegengniß/ des [...] Herrn Otto Wilhelms/ Herrn von Schönburgk/ [...] welcher den 28. Novembr. des [...] 1617. Jahrs [...] zu Glauchaw im Schloß/ [...] diese Welt gesegnen müssen. [...]) 1618, O1^r–O2^r; Tractatus cometographicus. O dwau nowých Hwězdách aneb Kometách které se spatřowali na koncy Roku MDCXVIII. [...] [Über zwei Sterne oder Kometen, die am Ende des Jahres 1618 gesehen wurden]. Hradec Králové 1619; Judicium astrologicum: Aneb Saud Hwězdářský/ o Nowých domnělých Hwězdách/ [...], Hradec Králové o. J. [1620?]; Flagellum dei: Bič, aneb metla Božj [...], Prag o. J. [um 1620]; Problemata philosophico medica [...] in inclyta ac celeberrima Raurac. universitate pro summis in arte medica privilegiis doctoralibus solemniter consequendis [...]. Ad diem 15. Decemb. anno M DC XX. [...], S. P. (Resp.) Basel o. J.; ΣΧΗΜΑ ἈΣΤΡΟΛΟΓΙΚΟ-ΧΡΟΝΙΚΟΝ solemnitati doctoratus quem [...] dn. Thomas Platerus, [...] in vetustiss. Basil. acad. botan. et anatom. ordinarius [...] conferet an. 1621. Jan. 11. [...] quatuor juvenibus-viris d. Johanni Decio, d. Henrico Wonstorpio, d. M. Simeoni Partlicio d. Aaroni Alanson. Erectum fausti ominis ergo a M. Simeone Partlicio Trisch. Marcomanno [...], Basel o. J. (Einblattdr.; mit Epigrammen von J. J. Grasser u. J. Screta); Sola mori nescia Virtus. Cor, Deetzi, Charitum, lux Sophiae, Deae [...]. M. Simeon Partlicius Trischin. Marcoman. (Gratulationsged.) (in Vota gratulatoria, honoribus doctoralibus, in celeberrima Rauracorum academia, [...] promotore, dn. Thoma Platero [...], ad diem 11. Januarii anno BreVI CorrVet MVnDVs. D. Iohanni Deetzio, Torgensi-Misnico, collatis. Scripta a dominis competitoribus, amicis ac fautoribus) Basel 1621,)(2^v; Triumphus astrologiae, in quo omnes illae speciosae rationes, quibus praestantissimum astrologiae studium a nonnullis contemnitur, captivae ducuntur, et dissertatione singulari tractatur utrum astra in corpus humanum agant? Et si agant: utrum cognitio astrologiae medico sit necessaria. Cui adiectus est modus erigendi figuram coeli, illustratus exemplo nostri seculi [...], Basel 1621; Mundus furiosus mutationis causarum perspicuitate, eversionis rerumpub. varietate, nec non effectuum proprietate magnae illius superiorum planetarum Saturni et Jovis conjunctionis, quae continget anno 1623. die 8. (18.) Junij juxta medios motus [...] et singulari quaestionis tractatione utrum astra in corpus humanum agant? Et si agant: utrum cognitio astrologiae medico sit necessaria? conclusus, autore Simeone Partlicio de Spitzbergk [...], 1622; Alt und New SchreibeCalender/ mit der besondern Verzeichniß deß Gewitters unnd andern Zufällen bey jedem Monden/ und gegen uber gesatzten Zahlen/ auffs Jahr nach der Geburt Christi/ M. DC. XXIII. Fleissig gestellet/ [...], o. J. [1622]; Prognosticon astrologicum: oder Practica auff das Jahr nach der gnadenreichen/ heilsamen Geburt und Menschwerdung unsers Herrn und Heylands Jesu Christi/ M. DC. XXIII. Mit besondern Fleisse gestellet/ [...], o. J. [1622]; Astronomici apologetici pars prior, sive dissertatio de influentiis, qua non solum illae speciosae rationes, quibus influentiae superiorum in inferiora everti viderentur, captivae ducuntur; sed etiam earum veritas, et utilitas, dialogis lectu jucundis scitu que dignis adstruitur; et auctoritate ac testimonio virorum doctrina illustrium comprobatur, o. O. [Bremen?] 1623; Apologia certitudinis astrologicae. Qua omnes illae speciosae rationes, quibus praestantissimum astrologiae studium a nonnullis contemnitur captivae ducuntur. Ad calcem subjectae sunt conjunctiones majores et maxime a conditu rerum supputatae: item descriptio et effectus conjunctionis illis magnae, quae continget an. 1623. die 8. Iunii [...], o. O. o. J.; Officiarium magistratus, medicorum, amicorum, pictura justitiae, Aesculapii, amicitiae jam olim a viris veteribus naturae peritis ingeniose adumbratum, nunc vero primum carmine dialogistico inclusum, et gravioribus doctorum flosculis vestitum ac explicatum [...], 1624 (nach Chronogramm); Gratulationsged. (in: De jure dotium: pactis dotalibus: et soluto matrimonio quemadmodum dos petatur dissertatio juridica [...] in perantiqua Erphordiensium academia [...] die Septemb., A. ZEITHOPFF [Präs.], J. ZEITHOPFF [Resp.]) 1624; Medici systematis harmonici, in quo nova plane et artificiosa discendae et exercendae medicinae methodus per praecepta brevia traditur, canones selectos illustrat, commentaria dilucida explicatur. Ex doctissimorum medicorum, tum dogmaticorum, tum hermeticorum scriptis, assiduis vigiliis, et accurata theoriae et praxeωs observatione, elucubrati, prodromus. [...], 1625; Homo redivivus sive actus iuridicialis satyricus, quo homo, eo nomine, quod terram genitricem suam multis afficiat injurijs, apud Jovem defertur. Qui quidem factum ita fatetur, ut assumptis internis simul et externis rationibus, id defendat. Tandem a spiritu in vera pietate, deque mortalitate et immortalitate informatus, hunc mundum immundum accusat, eidemque prorsus valedicit. Tractatus lectu dignißimus juxta et jucundißimus [...], Leiden 1626; Metamorphosis mundi: qua omnium in mundo rerum viciscitudines [!], conversiones, aut etiam eversiones vere et graphice depinguntur, astronomicis fontibus demonstrantur, sacrarum literarum rivulis confirmantur, continua historiarum serie illustrantur. His accessit: Leo redivivus eiusque querela, et refrigerium, quo se suosque spe melioris fortunae, erigit, cum alloquio ad serenissimum Boemiae regem Fridericum eiusque fidos confoederatos. Auctore Simeone Partlicio de Spitzberg Marcomanno [...], o. O. o. J. [1626] (zur Dat. vgl. S. 165; weitere, stark veränderte, pseudonyme Ausg. mit anderer Widmung u. d. T.: Metamorphosis mundi, qua omnium in mundo rerum vicisitudines, mutationes [...] illustrantur. [...]. Autore D. Simsine Philadelpho Spirensi, Leiden 1626); Alter und newer Schreibkalender/ mit besonderm verzeichnis deß Gewitters und andern Zufällen/ bey jedem Monden/ und gegenubergesätzten Zahlen/ auffs Jahr nach der Geburt Jesu Christi/ M. DC. XXVII. Calculirt und gestellet/ durch D. Simeonem Partlicium von Spitzberg/ Marcoman. M. P. C. C., o. J. [1626]; Prognosticon astrologicum: oder Practica auff das Jahr unsers Herrn Jesu Christi/ M. DC. XXVII. Darinn zu finden: 1. Von dem Chronocratore dieses Jahrs. 2. Von Anfängen der vier Jahrzeiten. 3. Von Finsternissen dieses Jahrs. 4. Von Krieg und Blutvergiessen. 5. Von Kranckheiten und Pestilentz. 6. Von Fruchtbarkeit der Erdgewächse. 7. Von Pflantzen und Seen. Mit besonderm Fleiß gestellet/ [...], O. J. [1626]; D. Simonis Partlicij Muthmassung vom Kriegswesen dises 1628. Jahrs (in: Bericht/ was sechzehen Astronomi oder Calender-schreiber inn ihren grossen Practicken setzen/ von Krieg und Kriegsgeschrey/ dieses 1628 Jahr. Als da sindt 1. D. David Herlicius. 2. D. Simon Partlicius. 3. M. Albinus Mollerus. [...]. 16. M. Johann: Maccius. Auß benannten Authorn zusammen getragen/ [...]) o. J., A3^{r-v}; Alter und newer Schreibkalender/ mit besondern verzeichniß deß Gewitters und andern Zufällen/ bey jedem Monden/ und gegen ubergesätzten Zahlen/ auffs Jahr [...]/ M. DC. XXIX. Calculiret und gestellet/ durch D. Simeonem Partlicium von Spitzberg/ [...], o. J.; Prognosticon astrologicum oder Practica auff das Jahr [...]/ M. DC. XXIX. Darin zubefinden: 1. Von dem Chronocratore dieses Jahrs. [...] 7. Von Pflantzen und Seen. [...], o. J.; D. Simonis Partlicij Meynung und Muthmassung vom Kriegßwesen deß 1630. Jahrs. [...] (in: Von Krieg und Kriegsgeschrey deß 1630. Jahrs/ unterschiedliche Meynung und Muthmassunge/ der sechzehen Calenderschreiber/ Nahmens wie folget. D. David Herlicius. D. Simon Partlicius. [...] Jan. van Gartau. Aus denen vorhin gedruckten grossen Practicken zusammen getragen/ [...] durch Caspar Fulden) 1630, A2^{v}–A3^{r}; Eine newe/ jedermänniglichen sehr nützliche SternWarnung/ von sehr grossen schrecklichen Verenderungen/ so auff die grosse Zusammenkunfften der beyden höchsten Planeten Saturni und Jovis in dem fewrigen Triangel von Anfang der Welt/ biß auffs 1631. Jahr her erfolget/ und was noch künfftig biß 32. 33. 34. und 35. Jahren/ Gutes oder Böses in der gantzen Welt hierauß zu vermuthen/ mit sonderlichem Fleiß gestellet/ und zum Druck verfertiget/ [...], Amsterdam 1631 (3 Druckvarianten; dass., o. O. 1632; dass. in: Victori-Schlüssel/ mit welchem der [...] Fürst unnd Herr/ Herr Gustavus Adolphus/ der Schweden/ [...] König/ etc. in dem H. Röm. Reich Teutscher Nation/ zu desselbigen gefallenen Justici-Wercks/ und Religions Freyheiten/ etc. wider auffhelffung/ durch so vielen vortrefflichen Victorien glücklichen ein: und durchgebrochen hat. Allen KriegsFürsten [...] vorgestellet/ durch einen Liebhaber teutscher Freyheit, o. O. 1631, D4^{r}–F2^{v}; dass. in: Propheceyung/ Doctoris Philippi Theophrasti Paracelsi Anno 1546. Vom Löwen auß Mitternacht. Deßgleichen D. Simonis Partlicii von Spitzberg/ Mathematici, etc. Sternwarnung/ [...], o. O. 1631); D. Simonis Partlcij Meynung vom Kriegßwesen deß 1632. Jahres (in: Sechzehen unterschiedlicher Calender-Schreiber/ auß den schädtlichen Aspecten/ unnd Mondfinsternuß/ so d. 18. (28.) Octobris/ dieses M.DC.XXXII. Jahrs/ sich begeben und zutragen werden/ Meynung und Muthmassungen vom Kriegs-Wesen. Benandtlich: D. David Herlicius. D. Simeon Partlicius. D. Johan Remmelinus/ [...] Alexander Mirus. Auß benandten Authoribus zusammen getragen/ [...]) 1632, A3^{v}–A4^{v}; Simon Partilicius von Spitzberg Marcomannus, Ph. et M. D. Mathematicus, et P. L. Caes. Quantis malorum mens pia fluctibus [...]. Erfurti d. 25. Mart. 1625 (in: In Casparis Cunradi phil. et med. d. lemma symbolicum Domini est salus meletematum melicorum a viris qua genere, qua doctrina et virtute, nobilißimis, clarißimis datorum centuria X.) Oels 1632, B6^{r-v}; Prognosticon divinum et verum, das ist: wahre und klare Propheceyung/ wie es noch in der Welt werde zugehen/ genommen auß dem grossen WunderBuche Gottes/ unnd dann auß etlicher hochbegabter und fürtrefflicher Männer Schrifften. Nebens einer offentlichen Confutation unnd Wiederlegung etlicher Calender und Practicken/ so etliche Jahr hero neben andern Tractätlein/ unter meinem Nahmen fälschlich hin und wieder gedruckt und verkaufft worden seyndt [...], Alckmar 1635 (2 Drucke; ebd. 1637); Alter und newer Schreibkalender/ sambt der Planeten Adspecten/ lauff und gang/ Erwehlung deß Gewitters und anderer zufälle/ auffs Jahr nach Christi gnadenreicher Geburt/ M. DC. XXXVI. welches ein SchaltJahr ist. Calculirt und mit fleiß beschrieben: [...], o. J. [1635]; Prognosticon astrologicum oder Practica auff das Jahr unsers Herrn Jesu Christi/ M. DC. XXXVI. welches ein SchaltJahr ist/ in welchem zufinden/ 1. Von dem Chronocr. und Regenten. 2. Von anfängen der 4. Jahrzeiten. 3. Von Finsternüssen. 4. Von Krieg und Blutvergiessen. 5. Von Kranckheit/ und Pestilentz. 6. Von Erdgewächs und Fruchtbarkeit. Mit besonderm vleiß gestellet [...], o. J. [1635]; Prognosticon Simonis Partlicii Med. D. Vom Krieg (in: Newer astrologischer Post-Reuter/ und kurtze Verfassung der vornemsten und berühmtesten Astronomorum und deroselben Prognostication auff instehendes Jahr Christi 1641. [...] Mit müglichen Fleiß gestellet/ und ... beschrieben durch nachfolgende 19. Authores. 1. D. Laurentium Eichstadium [...]. 4. Simeonem Partlicium. 5. Jacobum Gartnerum. [...]. 19. Joh. Godofred. Arthusium), o. O. 1640, B2^v–B3^r.

Herausgaben: D. Erasmus, Desid. Erasmi Roter: Flores, una cum septem centuriis sapient. dictor; collecti opera d. Simeonis Partlicii. de Spitsberg: Marcomanni, phil. et P. L. C., Amsterdam 1630 (Widmungsvorr. dat.: London, 15.7.1627; Amsterdam 1640; Leiden 1645).

Ausgaben: A new method of physick: or, a short view of Paracelsus and Galen's practice; in 3. treatises. I. Opening the nature of physick and alchymy. II. Shewing what things are requisite to a physitian and alchymist. III. Containing an harmonical systeme of physick. Written in Latin by Simeon Partlicius [...]. Translated into English [...] (übers. N. CULPEPER) London 1654 (Übers. von: Medici systematis harmonici [...] prodromus, 1625).

Bibliographien: VD 17. – Knihopis českých a slovenských tisků od doby nejstarší až do konce XVIII. století, Tl. 2: 1501–1800, Bd. 6, (bearb. F. HORÁK) Prag 1956, 54–60, Nr. 6873–6892; dass., Dodatky [Ergänzungen], Tl. 2, Bd. 6, Prag 2006, 14–16, Nr. 6873–6892; J. HEYNIC, Strahovský konvolut S XIII b 23 (in: Strahovská Knihovna 8) Prag 1973, 19–27, Nr. 3, 5, 11, 12, 19, 24; Enchiridion renatae poesis Latinae (s. Lit.), Bd. 4, 1973, 102–106; Bd. 6, 2011, 227 f.

Literatur: Zedler 26 (1740) 1078; Adelung 5 (1816) 1602 f.; Flood, Poets Laureate, Bd. 3, 2006, 1486–1488 (unzulänglich u. fehlerhaft). – Gymnasii Gorlicensis rector Caspar Dornavius philos. et medic. lecturis S. P. D. [...] Gorlici XIX. Iulii an. CIƆ IƆ CIX., o. J. (Ankündigung einer Redeübung: P. rezitierte, nach dem 3. Buch Herodots, «pro unius dominatu contra monarchomachos»); Prima peneis ornatiss. XIII juvenib: per clariss: virum d. M. Nicolaum Troilum Hagiochoranum, prorectorem academiae Pragensis, 27. Septembris anno 1612. solenni cum applausu in eadem academia collata ab amicis gratulatione excepta, Prag o. J.; Ornatiss. et doctiss. septem viris Athaenis Bohemorum Pragae per [...] M. Nicolaum Troilum [...], pro tempore facultatis philosophicae, decanum [...] suprema philosophiae laurea 15. Kalend. Maij anno 1614. solenniter in signitis amici honorum virtutumque successus optatiss: precando hoc τεκμήριον boni nominis et ominis ergo p. p., Prag o. J., (Titelbl.^{v} die Namen der Kandidaten u. deren Prüfungsfragen: Simon Partlicius Trischiniensis. Num in magnitudine finita, possit esse virtus infinita?); Divino numine annuente, gratiosiss. ord. medic. acad. Basil. iubente, Thomas Platerus Basil. d. anatomicus et botanicus professor ordinarius, designator, die XI. Ianuarii Iovis proximo, candidatis [...] clarissimis, d. Iohanni Deetzio, Torgensi-Misnico, d. M. Henrico Wonstorpio, e Saxonibus-Bremensi, d. M. Simeoni Partlicio, Trisch. Marcomanno, d. Aaroni Alançonno Delphinati, ubi quaestiones hasce discusserint, I. [...]? III. Utrum astra in corpus humanum agant? Et si agant, utrum cognitio aliqua astrologiae medico sit necessaria? IV. [...]? Doctoratus medicae artis, insignia, privilegia dignitatemque [...] collaturus, omnes omnium ordinum academicos [...] officiose rogat et invitat, Basel 1621 (Einblattdr., Einladungsprogr.); J. J. GRASSER, Eruditißimo et Clarißimo Viro D. Simeoni Partlicio,

Marcomanno [...] I. Iac. Grasser Bas. Sacr. Pal. Com. Eq. et Civ. Romanus, authoritate Imperiali Lauream Poeticam Cum omnibus et singulis ejusdem privilegijs, indultis et praerogativis L. M. tribuit. [...] Basileae XII. Febr. ∞ Iͻ CXXI. (in: S. P., Triumphus astrologiae [...] [s. Schriften]) Basel 1621, A4^r; J. Ravisius Textor, Officina, sive theatrum histor. et poeticum [...] (hg. u. bearb. J. J. Grasser) Basel 1626, β7^v–β8^r; F. M. Pelzel, Abbildungen böhm. u. mähr. Gelehrten u. Künstler, nebst kurzen Nachr. von ihren Leben u. Werken, Tl. 3, Prag 1777, 105–109; M. Keller, Kurtze Widerlegung/ der ubelwarnenden Sternwarnung D. Simeonis Partlicij etc. in welcher er die Königreich u. Potentaten in schröckl. Verenderung zu setzen/ und die Kirchen in ein ander Modell zugiessen/ durch seinen fewrigen Triangel vermeinet [...], Oberglogau 1632; J. Smolík, Šimon Partlic ze Špicberka a jeho literární činnost (in: Časopis Českého Musea 45) 1871, 319–325; H. Slouka, Astronomie v Československu od dob nejstarších do dneška, Prag 1952, 140 f.; Enchiridion renatae poesis Latinae in Bohemia et Moravia cultae (hg. A. Truhlář u. a.), Bd. 4, Prag 1973, 101–107; A. R. Weber, Johann Jacob Grasser (1579–1627): Pfarrer, Poet, Hofpfalzgraf u. Polyhistor (in: Basler Zs. für Gesch. u. Altertumskunde 89) 1989, 41–133, hier 129, 131 f., Nr. 19; V. Urbánek, ~ and his works: Rudolfine mood in Bohemian exile (in: Rudolf II, Prague and the world, hg. L. Konečný) Prag 1998, 291–296; ders., ~ a jeho příspěvek k politickému myšlení doby bělohorské. Typologie válek a právo na odpor [~ and his political thought: typology of wars and right to resist] (in: Studia Comeniana et historica 29) 1999, 61–75; F. Bukvaj, J. Bílý, Lidé z kraje pod Špičákem. Významné osobnosti Třeště a okolí, Třešť 2006, 24–26 (Šimon Partlic ze Špicberka [1588–1650] Matematik, hvězdář, lékař, filozof); V. Urbánek, Eschatologie, vědění a politika. Příspěvek k dějinám myšlení pobělohorského exilu. České Budějovice 2008, 32–103; ~ – humanismus, chronologie a astrologie; K.-D. Herbst, Biobibliogr. Hdb. der Kalendermacher von 1550 bis 1750, Art.: Partlicius, Simeon (2014/2019), Online-Datenbank: https://www.presseforschung.uni-bremen.de/dokuwiki/; M. Hemelík, Šimon Partlic ze Špicberku (Portrét renesančního učence) Hrusice 2018. RBS

Pasche, Jürgen, * 24.2.1940 Kassel; wuchs in Kassel auf, absolvierte nach dem Abitur eine Ausbildung zum Volksschullehrer in Weilburg/Hessen, als Lehrer in Kassel tätig, war bis 1998 Rektor einer Grundschule ebd., wirkte zudem als Sänger u. leitete einen Kirchenchor. – Lyriker, Lehrer.

Schriften (Books on Demand in Ausw.): Das Geschenk des Maulwurfs. 25 Kurzgeschichten, 2006 (Books on Demand); Quer geschnitten. 175 Gedichte aus zwei Jahrzehnten, 2007 (Books on Demand); Wechselbäder. Geschichten, Gedichte und anderes, 2011 (Books on Demand); Liebe, Abschied, Packpapier. Variationen des Lebens, 2017 (Books on Demand); Als Louis Spohr Napoleon sehen wollte. Anekdotisches aus seiner «Selbstbiographie», 2019; ... und ich dachte, es käme nichts mehr, 2021 (Books on Demand). FA

Passig, Kathrin, * 4.6.1970 Deggendorf/Ndb.; studierte Anglistik u. Germanistik an der Univ. Regensburg u. der FU Berlin, war danach als Übers. aus dem Englischen u. Journalistin (u. a. für die «Berliner Ztg.», «die tageszeitung», «GEO», «c't», «Merkur», «Spiegel Online», «Zeit Online», «Neue Zürcher Ztg.», «Südd. Ztg.») tätig; 1999 Mitgründerin des BDSM Berlin e. V., dessen Vorstand sie bis 2009 angehörte; gründete 2002 mit Personen aus dem Umfeld des Fanzines «Luke & Trooke» u. des Internetforums «Höfliche Paparazzi» die «Zentrale Intelligenz Agentur» (ZIA) in Berlin (wurde 2006 mit einem Grimme Online Award ausgezeichnet), deren Geschäftsführerin sie bis 2009 war; 2011 entstand das Projekt «Zufallsshirt», 2014 das Gemeinschaftsblog «Techniktagebuch», in dem es um Berichte über Alltagstechnik u. ihre Veränderungen geht (wurde 2019 mit dem Grimme Online Award in der Kategorie Kultur u. Unterhaltung ausgezeichnet); lektorierte mehrere Bücher von Wolfgang → Herrndorf; P.s Bücher wurden in mehrere Sprachen übersetzt; lebt in Berlin. – Ingeborg-Bachmann-Preis u. Kelag-Publikumspreis (2006), Johann-Heinrich-Merck-Preis für lit. Kritik u. Essay (2016), Heinrich-Mann-Preis für Essayistik der Akad. der Künste (2021). – Journalistin, Schriftst., Übersetzerin.

Schriften: Die Wahl der Qual. Handbuch für Sadomasochisten und solche, die es werden wollen (mit I. Strübel) 2000 (2., überarb. Aufl. 2009); Das nächste große Ding (mit H. Friebe, Illustr. v. M. Baaske, Nachw. Ch. Y. Schmidt) 2006; Lexikon des Unwissens. Worauf es bisher keine Antwort gibt (mit A. Scholz) 2007; Strübel & Passig. taz-Kolumnen (mit I. Strübel) 2007; Dinge geregelt kriegen – ohne einen Funken Selbstdisziplin (mit S. LOBO) 2008; Verirren. Eine Anleitung für Anfänger und Fortgeschrittene (mit A. SCHOLZ) 2010; Das neue Lexikon des Unwissens. Worauf es bisher keine Antwort gibt (mit A. SCHOLZ, K. SCHREIBER) 2011; Internet – Segen oder Fluch (mit S. LOBO) 2012; Standardsituationen der Technologiekritik, 2013; Weniger schlecht programmieren (mit J. JANDER) 2013; Sie befinden sich hier, 2014 (E-Book); Vielleicht ist das neu und erfreulich. Technik. Literatur. Kritik, 2019; Strom und Vorurteil. 52 weitgehend unkritische Kolumnen, 2020 (Selbstverlag; ges. Kolumnen von 2019 aus dem Magazin der «Frankfurter Rs.»); Handbuch für Zeitreisende. Von den Dinosauriern bis zum Fall der Mauer (mit A. SCHOLZ) 2020.

Übersetzungen: W. Marshall, Hongkongcrash, 1998; J. Weisberg, Voll daneben, Mr. President! Wahre Worte von George W. Bush (mit G. HENSCHEL) 2003; ders., Schon wieder voll daneben, Mr. President! Noch mehr wahre Worte von George W. Bush, 2003; B. Dylan, Chronicles Volume one (mit G. HENSCHEL) 2004; B. Dylan, R. Santelli, Das Bob Dylan Scrapbook 1956–1966 (mit G. HENSCHEL) 2005; H. Coben, Der Insider (mit G. KWISINSKI) 2007; Ch. Isherwood, Leb wohl, Berlin (mit G. HENSCHEL) 2014; N. Beauman, Glow (mit G. HENSCHEL) 2014; B. Naughton, Alfie (mit M. GÄRTNER) 2015.

Tonträger: Sie befinden sich hier (Audio-CD) 2006.

Literatur: Munzinger-Archiv. – C. KERSTEN, Zentrale Ratgeber Agentur. Das Scheitern der Bohème (in: Bohème nach '68, hg. W. HÜLK u. a.) 2015, 205–222; P. LEO, Laudatio [auf ~, gehalten bei der Verleihung des Johann-Heinrich-Merck-Preises für lit. Kritik u. Ess. 2016] (in: Preise 2016. Laudationes u. Dankreden, hg. Dt. Akad. für Sprache u. Dg.) 2017, 41–48. BJ

Passmann, Sophie (geb. Paßmann), * 5.1.1994 Kempen; mit 15 Jahren erster Poetry-Slam-Auftritt, Abitur, Volontariat beim Lokalsender «Hitradio Ohr» in Offenburg, Stud. der Politikwiss. u. Philos. an der Univ. Freiburg, war u. a. für das «Neo Magazin Royale» tätig, monatl. Kolumne «Alles oder nichts» im «ZEIT Magazin», gewann 2011 die Slam-Meisterschaften in Baden-Württemberg. – Förderpreis der Internationalen Bodensee-Konferenz (2013), LfK-Medienpreis (2014), Grimmelshausen-Förderpreis (2017), Grimme-Preis – Kategorie Unterhaltung (2021), Nannen Preis (2021, Sonderpreis). – Autorin, Radiomoderatorin.

Schriften: Monologe angehender Psychopathen oder: Von Pudeln und Panzern. 2014; Alte weiße Männer. Ein Schlichtungsversuch, 2019; Frank Ocean, 2019; Komplett Gänsehaut. 2021.

Übersetzungen: Ch. Gonzales, Enya, 2020.
EH

Pastorius, Joachim (1662: Pastorius von Hirtenberg/Hirtemberg; auch Hirthenius; Joachimus ab Hirtenberg Pastorius), * 15.9.1611 Glogau/Niederschles. (poln. Głogów), † 26.12.1681 Frauenburg/Ermland (poln. Frombork); P.' Herkunft u. Bildungsgang sind nur teilweise bekannt, Angaben in Lex.-Artikeln stimmen häufig nicht mit denen in P.' Schr. überein. Sohn eines luth. Predigers (Hirt[h]e, Hirt[h]en); bezeugt sind Reisen durch mehrere europ. Länder, Erzieher poln. Adliger (etliche Anhaltspunkte liefert auch die ‹Musa peregrinans›); der Sozinianer P. studierte in Leiden Theol. (immatrik. am 8.9.1636: «Joachimus Hirthenius Polonus. 24 [= Alter], T[heologiae].») u. Medizin (am 19.2.1641: «Joachimus Pastorius Silesius. 30, M[edicinae].») u. Rechtswiss. in Orléans (1638); Promotion zum Dr. med. (nach seinem Epitaph im Frauenburger Dom, vgl. EICHHORN [Lit.] 1866, 626, in Frankreich); 1650 Ernennung zum königlich poln. Historiographen; 1651 Stadtarzt im westpreuß. Elbing, zugleich Honorarprof. für Gesch. am Gymnasium, am 5.12.1652 übernahm er dort das Rektorat; 1654 zum Honorarprof. für Gesch. am Akadem. Gymnasium in Danzig berufen, Amtseinführung am 28.1.1655, von 1655 bis 1667 zugleich Inspektor des Gymnasiums; 1662 wurde P. in den poln. Adelsstand erhoben u. ihm das Indigenat von Polen verliehen; 1667 Aufgabe des Lehramtes am Gymnasium; um 1670 Konversion zum röm.-kath. Bekenntnis, danach mit versch. Ämtern u. Pfründen versehen (u. a. apostol. Protonotar, Domherr, Pfarrer, Offizial, vgl. die Titelliste in ‹Florus Polonicus› [s. Schriften], ⁵1679, a6ʳ). P. war verheiratet mit Anna (Nachname unbekannt, † 23.11.1675), der Tochter eines Posener Kaufmanns, zahlr. Kinder (die älteste Tochter Anna starb 1659, drei Söhne, Adam [Georg], Adrian u. Joachim Friedrich, besuchten das Gymnasium in Danzig bzw. Elbing). – Historiker, nlat. Dichter, Arzt, Pädagoge, Übers., Konvertit, Geistlicher.

Schriften: In Januam Linguarum a Clarißimo Viro Johanne A. Comenio Reseratam. [...] Joach. Hirthenius Med. Doct. (Epigramm) (in: J. A. COMENIUS, Janua linguarum reserata [...]. Die eröffnete Sprachenthüre/ oder Pflantzschule alle Künsten/ [...]) Danzig [8]1641,)(5[v]–)(6[r] (wieder ebd. [9]1647); Ioachimi Pastorii Florus Polonicus seu Polonicae historiae epitome nova, Leiden 1641 (korr. ebd. [2]1642; Danzig o. J. [1651]; verm. Amsterdam 1664; verm. [«aucta, et ad nostri usque temporis bella continuata»] Danzig, Frankfurt [5]1679 (mit Porträt; angeh.: Calendae regiae [= Thorunium recuperatum]; Aurora pacis; Diadema gloriae; Aegis palladia); Heroes sacri, musa peregrinans, flos Poloniae, et epigrammata varia (Widm. unterz.: Ioachimus Pastorius Philos. et Med. Doctor., dat.: 14.7.1644), Leszno [Lissa] o. J. (erw. [um ‹Peplum Samarticum› u. ‹Character virtutum›] Danzig [2]1653); Peplum Sarmaticum, Danzig 1645 (wieder in: Heroes sacri, [2]1653; Danzig 1673); Ad nobilissimum adolescentem Sigismundum de Linda, magnifici et nobilissimi viri Adriani de Linda, burggrabii et praeconsulis Dantiscani filium, epistola de recte instituendo eloquentiae Romanae studio, o. O. o. J. [1649] (u. d. T.: De recte instituendo eloquentiae Latinae studio epistola, Danzig 1650; wieder in: De juventutis instituendae ratione [...], Elbing 1653); anon., Relatio gloriosissimae expeditionis, victoriosissimi progressus, et faustissimae pacificationis cum hostibus serenissimi et potentissimi principis ac domini, dni. Joannis Casimiri, regis Poloniae et Sveciae etc. etc., o. O. 1649 (dt. Übers.: Eigentliche und gründliche Relation und Beschreibung, des jenigen Zuges und Verrichtung welche der durchlauchtigste und großmächtigste Fürst und Herr, Herr Johannes Casimirus König in Pohlen und Schweden etc. etc. etc. wider seine Feinde und Rebellen die Tartarn und Cosaken gehabt von einer hohen Persohn, welche dem Werck selbsten beygewohnet, vertrauter weise communicieret, o. O. 1649; poln. Übers.: Relacya Chwalebney expedyciey/ triumphálnego powodzenia/ [...]. Przetłumáczona z Łacińskiego na Polskie ku Sławie Korony Polskiey, o. O. 1650); Aquilae Sarmaticae super augustis nuptiis serenissimi et potentissimi Polon: Sveciaeque regis Joannis Casimiri, cum serenissima Ludovica Maria de Gonzaga et Nivers regina Poloniae vidua [...] plausus, Danzig 1649 (in: Heroes sacri, [2]1653); In Sibyllae Teutonicae Poemata posthuma, a Viro Clarissimo Samuele Gerlachio, post editum ab eodem Germanae Poeseos Theatrum publicata. Quae modo Teutonicas, male dissita Numina, Musas [...]. Joachimus Pastorius M. D. Historiogr. S. R. Maj. Polon. (in: S. SCHWARZ, Deutsche poetische Gedichte [...], hg. S. GERLACH, Tl. 1) Danzig 1650, b1[r]; In secundam Partem Carminum doctissimae vatis Sibyllae Schwartzin. Quem dedit attonitum Pomeranae Musa Sibyllae [...]. Joach. Pastorius (4 Distichen) (in: ebd., Tl. 2) Danzig 1650,):(4[v]; Illustrissimo et reverendissimo domino domino Andreae comiti de Lesno D. G. episcopo Culmensi et Pomesaniae post gestum multis annis fide praeclara vicecancellariatum nunc augusto regis iudicio auspicioque magno meritorum suorum honestamento ordinum omnium applausu optatissimo supremum regni cancellariatum capessenti novum istud honoris magmentum animo deditissimo et hoc indice animi sermone gratulatur Joachimus Pastorius, Elbing 1650; Character virtutum in usum gymnasij Opaliniani Siracoviensis, o. O. 1651 (Character virtutum, Danzig 1650 [nach Kat.: Königl. Bibl., Kopenhagen]; in: Heroes sacri, [2]1653; 1656; an: P. MATTHIEU, Minister status [s. Übers.], 1664; «Editio quarta» Danzig o. J. [1679/80]); De serenissima Polon: et Sveciae regina Ludovica Maria Gonzaga, duce de Mantua et Nivers etc. etc. quando una cum serenissimo rege XIX. Septembris anno M DC LI. Gedanum coelo sudissimo ingrediebatur. Ingreditur pulchra comitatus Apollo Diana [...], o. O. o. J. [Danzig 1651] (2 Epigramme; Einblattdr.); Professionis suae honorariae auspiciis orationem de historiae dignitate VI. Non. Mart. praemissurus, ad eam benevole audiendam, omnes [...] invitat, Elbing 1651; De dignitate historiae oratio cum honorarium historiae docendae munus aggrederetur, habita Elbingae anno Christi servatoris M. DC. LI., Elbing o. J. (Widmungstafel unterz.: Joach: Pastorius D. Med. et Histor: Regius, Physicus Elbingens. et Historiar. ibid. Professor honorarius); Oratio de inundationibus, inprimis illa, quae anno M. IƆ. C. LI. post vernum aequinoctium circa Elbingam in Prussia contigit, Elbing 1651 (2 Drucke); Bellum Scythico-Cosacicum seu de conjuratione Tartarorum Cosacorum et plebis Russicae contra regnum Poloniae ab invictissimo Poloniae et Sveciae rege Ioanne Casimiro profligata narratio plenioris historiae operi praemissa [...], Danzig 1652 (ebd. 1659; ebd. 1665); Oratio honori literarum et memoriae posthumae duorum gymnasii Elbingani rectorum Joannis [et] Michaelis Myliorum patris [et] filii, dicta XX. Iun. anno M. DC. LII. a J. P. D., Elbing 1652; Illustrisso ac excellentisso domino Zbygneo de Gorai Goraiski: domino in Billgorai, Radziecin, Strzyzowice, Chrzanow, Niedrzwica, etc. etc. castellano Helmensi, regni Poloniae senatori, et ad tractatus perpetuae pacis Polono Svecicos legato [Porträt (G. HONDIUS sculp[si]t.) mit umlaufendem Text, darunter zweispaltig:] Regius Hunnigenum sanguis, praelustris Avorum [...]. J. Pastorius D. Histor. Reg., Danzig 1652 (Einblattdr.); Meditationes super passionibus Christi servatoris, Elbing 1652 (u. d. T.: Meditationes super historia passionum Christi servatoris, ²1664; an: P. MATTHIEU, Minister status [s. Übers.], 1664; in: Alea mundi, 1680); Serenissimi potentissimi Poloniae et Sveciae etc. regis Johannis Casimiri ex serenissima Ludovica Gonzagea principe Mantuae montis Ferrati duce de Nevers, etc. etc. masculae soboli genethliacon Joachimi Pastorii d. historici regii etc. quod, tametsi illa repetentibus heu cito fatis mortua, mori noluit dni autoris amicissimus R. Z. B., Königsberg 1652; De conservanda literarum gloria oratio inauguralis, Elbing 1653; De juventutis instituendae ratione diatribe, item epistola de eloquentiae studio secundum edita, Elbing 1653 («secundum edita» bezieht sich nur auf die ‹Epistola›); Literarum nostrarum patronis, cultoribus, clientibus S. pl. D. Joach: Pastorius D., o. O. [Elbing] 1653 (Schulprogr.); Nobilissimo [...] viro domino Eliae Hofmanno juriscons. serenissimi principis Neoburgici [...] negotia in aula regia agenti nunc Gedani nuptias secundas cum [...] Elisabetha [...] viri Aaronis Jansonii, civis Gedanensis filia ineunti et celebranti festinato hoc carmine lyrico omnia fausta ex animo precatur vetus amicus [...], Elbing 1653; Palaestra nobilium seu consilium de generosorum adolescentum educatione in gratiam quorundam illustrium Polonorum conscriptum a J. P. M. D., Elbing 1654 (erw. [um ‹Scripta quaedam panegyrica›] 1678); In eadem Solennia Secularia. Anni feruntur perpetim volubili [...]. Cognato suavissimo [...] Joachimus Pastorius D. Med. [...] (Begleitged.) (in: J. P. TITZ, Oratio secularis, Prussia seculum, sublata cruciferor. tyrannide, libertatis sub augustiss. Polon. regibus tertium ordiente, Dantisci in auditorio athenaei maximo, a. C. cIɔ Iɔc LIV. d. VI. Mart. habita [...]) Danzig o. J. [1654], G1^{r-v}; Musa gymnasii Gedanensis, magnificorum, nobilissimorum, amplissimorum, ac consultissimorum virorum, dnnn. burggravii, praesidis, praeconsulum, scholarcharum, et consulum, hujus parnassi magna ex parte germinum, splendidis honoribus consecrata, solenni introductionis actu, viri, amplissimi [...] dn. Joachimii Pastorii, sereniss.

Sveco-Polonicae regiae majestatis historici celeberrimi [...], metro poetico plectroque musico, transmissa, Danzig 1654; Generoso urbis et in ea literarum praeside juxtaque magnificio scholarchali collegio athenaei nostri Gedanensis festivitatem secularem felicissime nuper caeptam, pro modo virium nostrarum in auditorio maximo XX. Junii. circa horam decimam antemeridianam continuabimus. [...] Quod quo fiat ex voto nostro, illustres, magnificos [...] et omnigena virtute eximios musarum patronos, fautores, mystas, amicos, earundemque alumnos florentissimos ut par est observanter, officiose [...] ut [...] adsint oro et invito Joachimus Pastorius [...], Danzig o. J. [1655]; Orationes duae. Quarum prima inauguralis de praecipuis historiae autoribus, altera de potissimis eiusdem argumentis agit, Danzig o. J. [1656?]; Ad [...] Johannem Ernestum Schefflerum [...] cum carissimam conjugem paralysi correptam tumularet, Danzig 1656; Fortunae constantia victrix. Gratulatio qua serenissimum et potentissimum principem ac dominum, dn. Joannem Casimirum Poloniae et Sveciae regem [...] post multas fortunae insultationes in Prussiam denique suam atque in eam Gedanum, bono cum deo adventantem laetabundus excipit [...], Danzig 1656; Stella aurea seu fax virtutis ex natura stellarum accensa, Danzig 1656 (erw. Danzig o. J.; 1664; an: P. MATTHIEU, Minister status [s. Übers.], 1664; in: Character virtutum, Danzig o. J. [1679/80]); Vita Joannis Crellii Franci a J. P. M. D. ante plures annos descripta (in: J. CRELLIUS, Opera omnia exegetica. [...] In duos tomos distincti [= Bibliotheca fratrum Polonorum quos unitarios vocant, Bd. 3], Bd. 1) Eleutheropoli [...]. Post annum domini 1656 (= Amsterdam 1665/66; vgl. SANDIUS [s. Bibliogr.] 1684, 118, 149), ★1^r–★4^v (wieder in: J. CRELLIUS, Ethica Aristotelis, ad sacrarum literarum normam emendata [...], Cosmopoli [Amsterdam] 1681; Sylvarum pars prima, Danzig 1656; De bibliotheca Gedanensi ad nobiliss. et amplissimum virum dominum Adrianum Engelke/ consulem et scholarcham Gedan: cum eandem bibliothecam multo labore et sumptu ornaret ordinaretque. Multiplices inter titulos, monumentaque laudum [...]. J. P., Danzig 1656 (Einblattdr.); Sylvarum, pars secunda, Danzig 1657; Epicedium (in: Fürstlicher Leich-Conduct welcher gestalt [...] der [...] F. Sibyllen Margareten, gebohrner Hertzogin in Schlesien zur Liegnitz und Briegk, des [...] Grafens von Dönhoff, Woywodens in Pommeren [...] Fr. Wittiben fürstliche Leiche [...] in Dantzig den 18 Julii des abgelauffenen 1657

Iahrs bey der [...] Pfarrkirchen zu S. Marien [...] beygesetzet worden) Danzig o. J. [1658]; zus. mit A. CNÖFFEL, Felicibus hymenaeis [...] dn. Christiani Paulicii med. doct. [...] cum praestantissima virgine Susanna Schureria [...] XVIII. Iun. anno M. D. CLVIII. celebrandis applaudunt amici intimi, Danzig 1658; Serenissimo ac potentissimo principi et domino domino Joanni Casimiro dei gratia regi regi Poloniae, magno duci Lithvaniae, Russiae, Masoviae [...] etc. nec non Svecorum, Gothorum, Vandalorum haereditario regi: iunctae conjurataeque Scytharum et rebellium Russorum potentiae fortissimo felicissimo domitori: nunc triumphales laureas fascesque in Prussiam suam inferenti felicem ingressum inter publica gaudia et plausus, quod de suo posuit offerens, animo devotiss. gratulatur [...], Elbing o. J. [1659]; anon., Calendae regiae seu de auspicatissimo serenissimi ac potentissimi principis ac domini dni. Joannis Casimiri, Poloniae et Sveciae regis magni ducis Litvaniae, Russiae, Prussiae, Masoviae, Samogitiae etc. etc. in obsessum a se et feliciter recuperatum Thorunium ingressu ipsis Calendis Januarii anno M DC LIX. celebrato. Intermixta alia complura ad praesentem bellorum Polonicorum statum pertinentia, Danzig 1659 (in: Florus Polonicus, ⁵1679); Epistola praecedenti [sc. einem Beileidsschreiben v. A. D. L. (= Adrian v. d. Linde)] respondens. [...] (in: Nobile Nepenthes [s. Lit.]) 1659, [A2]ᵛ–C1ʳ; Ad Adrianum de Linda [...], cum ex pedis laxatione convaluisset [...] gratulatio, Danzig 1659; Serenissimo ac potentissimo principi et domino domino Joanni Casimiro dei gratia regi Poloniae, magno duci Lithvaniae, Russiae, Prussiae, Masoviae, Samogitiae, Livoniae, Smolensciae, Czernichoviae, etc. nec non Svecorum, Gothorum, Vandalorum haereditario regi: iunctae conjurataeque Scytharum et rebellium Russorum potentiae fortissimo felicissimo domitori: nunc triumphales laureas fascesq. in Prussiam suam inferenti felicem ingressum inter publica gaudia et plausus, quod de suo potuit offerens, animo devotiss. gratulatur Joachimus Pastorius, Elbing o. J. [1659]; Stilla musarum deflendo acerbissimo funeri nobilissimae et longe desideratissimae Florentinae Fridrichiae nec non consolationi illustris burggrabii regii viri magnifici et generosi dni: Adriani de Linda prae-coss. senioris et proto-scholarchae, optime merentis, maestissimi defunctae parentis: et juxta nobilissimi spectatissimique viri dni. Ehlhardi Friederichii dolentissimi defunctae mariti. L. m. fusa [...], Danzig o. J. [1659]; Epistola ad nobiliss. [...] virum dn. Johannem Hevelium [...] scripta anno MDCLX die XIV. Jun. cum postridie tumulandus esset magnus polyhistor., medicus et astronomus, Laurentius Eichstadius, o. O. [Danzig] 1660 (wieder in: Excerpta ex literis illustrium [...] virorum, ad [...] dn. Johannem Hevelium cons. Gedanensem perscriptis, hg. J. E. OLHOFF, Danzig 1683, 63 f.); anon., Oliva pacis, ad sacram caesaream majestatem, reliquosque serenissimos reges et principes christianos, quorum illustrißimi et excellentissimi ad septentrionalis pacis tractatus deputati dd. legati, die 3. mensis Maji anni currentis, 1660. desideratissimam pacem orbi postliminio pie restituerunt. Ingrati animi, significationem juxtim ac immortalis famae monumentum, Danzig 1660; Aurora pacis seu oratio praesentibus coram legatis caesareis, regis Poloniae etc. [...] circa initia tractatum Olivensium habita, Breslau 1660; Epigramma de sereniss. rege et regina cum die s. Adalberti mitissimo post diuturna frigora caelo, Olivam venissent. [...], Danzig 1660 (Einblattdr.); Ad Literarum Hebraicarum Doctissimum Gedanensis Gymnasii Professorem Dn. Joh. Salomonem, Cum Librum de Sermone-Deo edidisset. Aethereae postquam fulsit Tibi gratia lucis [...] (5 Distichen) (in: Gratulationes, clarissimo viro, dn. Rabbi Johanni Salomoni, linguae Hebraeae in gymn. Ged. prof. publ. scriptae a collegis, ejusdem gymnasii professoribus) o. O. [Danzig] 1660, unpagin.; De praecipuis beneficiis et successibus quibus divina gratia s. regiam majestatem et rempubl. Poloniae universam nec non principes populosq. faederatos anno M DC LIX. decoravit oratio in celeberrima panegyri. Praesentibus caesareis, regiis, electoral. legatis habita Gedani XIII. Januar. anno M DC LX. ineunte, o. O. o. J. [Danzig 1660]; Panegyrica gratulatio serenissimo et potentissimo principi ac domino domino Carolo II. Angliae, Scotiae, Franciae, et Hyberniae regi. Pio. Justo. Forti. Clementi. Benefico. Aeterno calamitosae, sed victricis tandem virtutis exemplo. Anno regis regum M IƆ LXI. XXIII April. III. Maij. Londini. Festivitate solennissima inaugurando scripta a Joachimo Pastorio med. d. secretario et histor. S. Reg. Mtis. Pol. et Svec. etc., Danzig 1661 (u. d. T.: Carolus restitutus seu pangeyrica gratulatio [...], ebd. 1678); Innocui ruris, post tot monumenta priorum [...] (3 Distichen) / Aliud. Plebejos de rure tuo si ferre rogares [...] (2 Distichen). Scribebam Colbergae in transitur Joachimus Hirthenius (in: Ä. VAN DER MYLE, Oblectatio vitae rusticae) Stettin ²1661, unpagin.; In solennissimum tempus quod conclusa anno superiore tum serenissimi Magnae Britanniae regis restitutio, tum Olivensis in Prussia pax, nunc porro augusta ejusdem maiestatis coronatio, tum auspicatum celebrium Poloniae comitiorum initium sacrum festumque fecit, ode in magnifica panegyri quam inclyta, quae Gedani est, Anglorum natio anno M IƆc LXI. III. Maji st. n. XXIII. April. st. vet. instituit affectu hilari decantata. [...] scribebat gratulabundus J. P., o. O. [Danzig] o. J. (Einblattdr.); Dicere jura soles Civi: simul attamen Astra [...]. Joachimus Pastorius ab Hirtenberg, D. (3 Distichen) (in: J. HECKER, Motuum caelestium ephemerides ab anno [...] M DC LXVI ad M DC LXXX. Ex observationibus correctis [...] Tychonis Brahei, et Joh. Kepleri hypothesibus physicis, tabulisque Rudolphinis. [...]) Danzig 1662, b2^r; Viri nobilissimi et amplissimi Johannis Hevelii, in Palaeopolitana Gedanensi consulis, astronomi celeberrimi, nuptias secundas. Secundissimas esse vovet optatque Joachimus Pastorius histor. reg. Arbiter Uraniës cum nuper Hevelius ingens [...], Danzig 1663 (Einblattdr.); Gratulationsged. (in: Quaestionum juridicarum miscellanearum senio [...] Calendar. April., C. ROSTEUSCHER [Präs.], C. FREDER [Resp.]) Danzig 1664, Titelbl.^{v}; Epithalamium (in: N. DILGER, Memoriale domini, das ist, Gedächtnüss der Gnade Gottes an dem ehelichen Jubel-Jahrs-Fest dess wol-edlen [...] H. Johan Wahlen, des Elteren [...] Rahtsverwandten und Cämerers in Dantzig und dessen [...] Hauss-Ehre der edlen [...] Fr. Elisabeth Haxbergin, welches [...] im Jahr 1664 den 24 Junii [...] in Dantzig angestellet [...] worden [...]) Danzig o. J. [1664]; Theodosius Magnus ex variis autoribus, cura Joachimi ab Hirtenberg Pastorii adornatus (an: P. MATTHIEU, Minister status [s. Übers.]) 1664; Ad sereniss. ducem Brunsvic. et Lunaeburg. principem re et nomine Augustum cum vegetis animi et corporis viribus, ac in literis negotiisque principe dignis perpetuo usque actuosus, octogesimum septimum aetatis annum iniisset. Epigramma gratulatorium Joachimi ab Hirtenberg Pastorii. Sceptrigeras inter, Princeps Auguste, curules [...], Danzig 1664 (Einblattdr.); Ad praeclarum et multis meritis venerabilem senem dn. Joannem Chemnitium primarium urbis Gedanensis ultra quadraginta annos secretarium, cum sacros bibliothecae suae libros gymnasio Gedanensi [...] donasset epigramma primario ejusdem bibliothecae libro, arrhae loco dato, quo Roma vetus et nova continetur inscriptum, Danzig 1664; In venustulas Epigrammatum Centurias Viri Clarissimi Frid. Hoffmanni. Coeperat inclemens fortunam accidere Mavors: [...]. Joachimus Pastorius ab Hirtenberg [...] (in: F. HOFFMANN, Poeticum cum musis colludium: sive lusuum epigrammaticorum centuriae) Amsterdam ^{2}1665, A3^r (wieder 1703); Diadema gloriae felicibus auspiciis, serenissimi ac potentissimi principis et domini, Michaelis dei gratia regis Poloniae, magni ducis Lithuaniae, Russiae, Prussiae, Masoviae [...] etc. etc. favente caelo triumphante republica, Cracoviae in aede S. Stanislai anno Christi M. DCLXIX. die principi angelorum dicata coronam suscipientis consecratum [...], Krakau o. J. [1669] (wieder in: Florus Polonicus, ^{5}1679); In Epistolas Virorum Celebrium, quas partim ex paterna Bibliotheca, partim ex Schediis Martini Opitii partim aliunde collectas publicat Nobiliss. Andreas Jaski a Jaskindorff etc. Epigramma Joachimi de Hirtenberg Pastorii. S. R. M. Commissarii et Historici. Ecce, reviviscit, prope jam damnatus [...] (in: H. GROTIUS, Epistolae ad Israelem Jaski, hg. A. JASKI]) Danzig 1670, (:)5^{r-v}; Ad nobilissimum virum dn. d. Wachslagerum, cum in civitate Thoruniensi patria sua consulatum adiret a. 1672, Danzig 1672; Poemata sacra. Accesserunt alia nonnulla ad illustriss. et reverendissimum dominum dn. Bonaventuram de Niedzielno Madalinski, nominatum episcopum Metonensem, coadjutorem Plocensem, praepositum Vladislaviensem et Petricoviensem, Gnesnensem et Varsaviensem canonicum, supremum thesauri regni et camerae S. R. M. notarium, Oliva 1673; Das schmertzlich verletzte/ nun hertzlich ergetzte Königreich Pohlen/ als nach Absterben seiner königl. Maytt. in Pohlen folgendes Tages der König aller Könige/ das betrübte Königreich mit herrlicher Victoria und Siegs-Triumph über den Erb-Feind erfreuet/ aus gewisser gründlicher Nachricht/ nebenst einem Diario, was von Tage zu Tage sich begeben und wie dieses Haupt-Treffen sich angefangen/ fortgangen/ und geendiget/ auch das feste Schloß Chocim erobert worden. Diesem ist beygefügt die Dancksagung/ welche nach geendigter Predigt den 3. Decembris in Dantzig von denen Cantzeln verkündiget, o. O. 1673 (Titelbl.^{v}: In Serenissimum Regem [...]? f. J. P. ab H.; evtl. ist P. nur Beiträger); Tumuli Inscriptio. Sive Civis, sive exterus es, Siste gradum Viator [...] jacet mortuus [...] Michael Rex Poloniae [...] (Epitaphium, zus. mit A. V. D. LINDE) (in: Continuatio XXVII. diarii Europaei, insertis variis actis publicis, oder täglicher Geschichts-Erzählungen acht und zwanzigster Theil/ [...], hg.

W. SERLIN) 1674, Appendix [Epitaphia Regi Poloniae Anno 1673. erecta), 167 f.; Tiara princeps celsissimi principis reverendissimi archipraesulis domini Andreae Olssovii archiepiscopi Gnesnensis legati nati regni Poloniae mq; d. Lithvaniae primatis et primi principis pio grati animi affectu celebrata a Ioachimo ab Hirtenberg Pastorio s. r. m. secretario etc., o. O. o. J. [1675]; In exequias [...] Joannis Casimiri, ultimi Jagellonidum sanguinis [...], o. O. 1676; Ad [...] Mariam Casimiram, reginam Poloniae [...] cum 20. Augusti anno 1676 [...] urbem Gedanensem ingrederetur, o. O. 1676; Aegis palladia in serenissimi ac potentissimi principis et domini, domini Joannis III. regis Poloniae, magni ducis Lithvan., Russiae, Prussiae, Masoviae, Samogit., Kioviae, Woliniae, Podoliae, Podlass., Livoniae, Smolensciae, Sever., Czernichov. etc. clypeo gentilitio, Sarmatiae, orbisque christiani protectore, anno M. DC. LXXVI. 11. Februar. sub ipsam inaugurationis regiae solennitatem adumbrata a Joachimo de Hirtenberg Pastorio, S. R. M. secret. histor. commiss. et burggr. Mariaeburg., Thorn o. J. [1676]; In auspicatissimum natalem novi principis, quem serenissima parens vix exspirante sanctissimae virginis natali IX. Septembr. anno M. DC. LXXVII. feliciter Gedani edidit gratulabundus effudit Joachimus Pastorius [...], o. O. o. J. [Danzig 1677] (Einblattdr.); Joachimi ab Hirtenberg Pastorii Historiae Polonae pars prior, de Vladislai IV. regis extremis, secutoque inde interregno, et Joannis Casimiri electione ac coronatione. Interserta Cosacorum et Tartaricae simul gentis descriptio, ac multa alia, Danzig 1680; De vita et rebus gestis Theodosii Magni, imper. r. commentarius, iterato editus, nunc ita recognitus, ut pene novus videri possit, Danzig 1680; Alea mundi, seu theatrum vicissitudines et metamorphoses naturales, domesticas, civiles, aulicas, ecclesiasticas, et literarias, novo compendio exhibens. Accessere Meditationes passionum Christi, olim editae, nunc recognitae, Danzig 1680; Joachimus Ab Hirtenberg Pastorius Johanni Petro Titio, Cognato suo, et Amico longe honoratissimo, S. P. D. [...]. (Zuschrift) / In Hortum A Titio Meo Stylo suavissimo descriptum. O Laureati dulce Corculum Phoebi [...]. Ex Museo, VI. Id. Decemb. prid. Nominalium meorum, A. C. cIɔ Iɔc LXII.) (Lobged.) (in: J. P. TITZ, Hortus oratione repraesentatus) o. O. o. J., A4^{r-v} (vgl. FISCHER [Lit.] 1888, L u LXX f.).

Übersetzungen: [S. PRZYPKOWSKI] Fausten Socinen von Sena Leben und Wandel auß dem Lateinischen ins Teutsche übersetzet. durch I. P. D. Im Jahr 1637, o. O. (Zuschreibung problematisch: P.' Leidener Inskription vom 9.2.1641 erwähnt noch keine Doktorpromotion. Gibt «1637» nicht das Erscheinungs-, sondern das Jahr der Übers. an?); [E. DU REFUGE] Institutiones aulicae, nunquam editae; ex C. Tacito cum primis, sed et alijs historicis, ab authore incerto privatim traditae; et jam [...] publico donatae (hg. E. MEISNER, übers. J. P.), Amsterdam 1642 (u. d. T.: Aulicus inculpatus ex Gallico auctoris anonymi traductus a Ioach. Pastorio Med: D., Amsterdam 1644; ebd. 1649; wieder in: Disputatio politico-historica de aulico, S. C. OLPE [Präs.], 1661: Olpe ließ in Jena von 4 Respp. über den, jeweils mit abgedr., Text disputieren; wieder u. d. T.: Aulicus Pastorii inculpatus in gratiam studiosae juventutis denuo editus, et publice ventilatus [...], hg. S. C. OLPE, 1662); P. MATTHIEU, Minister status seu considerationes politicae super vita Nicolai Neovelli Villa-Regii quinque regum christianissimorum consiliarii et ministri status primarii. Scriptae a Petro Matthaeo, Henrici IV. regis Galliarum historico, nunc in Latinum sermonem traductae, Danzig 1656 (mit dem Zusatz «nunc in Latinum sermonem traductae a Joachimo Pastorio ab Hirtenberg» auf dem Titelbl.: 1664 [angeh., doch nicht in allen Exemplaren: Theodosius Magnus; Character virtutum; Stella aurea; Meditationes super historia passionum); Differentiae inter politicen genuinam ac diabolicam. Cum nonnullis actis publicis et articulis pacis inter ambas coronas initae: ex Gallico in latinum translatae, a Joachimo Pastorio d., Amsterdam 1659 (o. O. o. J. [«Juxta Exemplar Amsterodami, 1659»]; vgl. dazu PRAETORIUS [Lit.] 1713, 117).

Ausgaben: In calamitosissimum Incendium quo, quicquid pene Hevelianum erat, cum quadraginta Domibus, 26. Septembris Anno 1679. absumtum est. Pluribus hic ustis inclaruit Urbibus annus [...] (Epigramm) (in: Excerpta ex literis illustrium [...] virorum, ad [...] dn. Johannem Hevelium cons. Gedanensem perscriptis, hg. J. E. OLHOFF) Danzig 1683, 194; Joachimi Pastorii ab Hirtenberg, Historiae Polonae plenioris partes duae: ejusdemque dissertatio philologica de originibus Sarmaticis, Danzig 1685; 2. Tl. u. d. T.: Historiae Polonae plenioris pars posterior, de Ioannis Casimiri regis expeditione Zboroviana et Beresteciana, profligatoque ibidem Chano Tartarico ac Chmelnicio Colaco, accesserunt alia plurima acta, ad annum usque M DC. LI. Opus posthumum (Widmungsvorr., hg. u. bearb. G. A. v. HIRTENBERG, PASTORIUS) Danzig 1685; [3. Tl.] mit eig. Titelbl.: De originibus Sarmaticis, dissertatio philologica, posthuma, Danzig 1685; De juventutis instituendae ratione diatribe, item epistola de eloquentiae studio (in: De philologia, studiis liberalis doctrinae, informatione et educatione litteraria generosorum adolescentum [...] tractatus Guilielmi Budaei, Thomae Campanellae, Joachimi Pastorii [...]. Accedunt [...] ineditae epistolae, hg. u. komm. T. CRENIUS) Leiden 1696, 223–271; Palaestra nobilium seu consilium de generosorum adolescentum educatione [...] / Brief an J. Könerding (Utrecht, 24.5.1636) (in: ebd.) 1696, 272–349; Florus Polonicus ou Abrégé de l'histoire de Pologne (übers. E. C. v. MANTEUFEL) 1726: Landesarch. Sachsen-Anhalt, Wernigerode, H 82, Nr. 1204; Acta pacis Olivensis inedita tomus I in quo Ioachimi Pastorii ab Hirtenberg Aurora pacis diarium pacificationis e bibliotheca Zalusciana nunc primum prolatum Oliva pacis continentur [...] (hg. J. G. BÖHME) Breslau 1763; Acta pacis Olivensis inedita tomus II in quo diaria Svecium Danicum Curonicum e tabulariis ac bibliothecis nunc primum prolata continentur (hg. J. G. BÖHME) Breslau 1766; Brief (Danzig, 12.4.1677) an Christoph Hartknoch (in: Das gelahrte Preussen [...] 1) Thorn 1722/23, 26–28; Literae Joach. Pastorii ab Hirtenberg ad Adrian. de Linda [...]. Ex MSCto. (dat.: Danzig, 26.7.1679) (in: Fortgesetzte Sammlung von alten u. neuen theologischen Sachen [...]) 1743, 403–405; Autobiografia Joachima Pastoriusa (Annotatio circa statum suum Joachimi Pastoris cantoris canonici Varmiensis circa annum 1680, hg. A. BIRCH-HIRSCHFELD) (in: Reformacja w Polsce 9/10) 1937/39, 470–477; De bibliotheca Gedanensi ad [...] dominum Adrianum Engelke/ [...] (1656, Einblattdr.) (in: KRZEMIŃSKI [Lit.]) 1993, 14.

Briefe: Verz. der gedruckten Briefe dt. Autoren des 17. Jh., Tl. 1 (bearb. M. ESTERMANN) 1993, 906 f.

Nachlaß: Epithaphium Stanislai Lubieniecii senioris, a. 1633. vita functi, Ms. (s. SANDIUS [Bibliogr.] 1684, 149); Brief (20.5.1650) an Isaac Vossius: UB Leiden, BUR F 11; Brief an Isaac Vossius: UB Amsterdam, HSS-mag.: III E 9:12; Pacificationis Olivensis Diarium [...]. Finivi Ao 1665 Mense Septembri. Joachimus ab Hirtenberg Pastorius, 83 Bl., fol.: Prov.: Załuskische Bibl., heute: Russische NB, St. Petersburg, Rps 3176 III (s. J. D. A. JANOZKI, Specimen catalogi manuscriptorum bibliothecae Załuscianae, 1752, 42, Nr. CIX; Digitalisat: polona.pl; ed. in: Acta pacis Olivensis, Bd. 1, 1763 [s. Ausg.]); De victoria Chocimensi anno 1673 d. 11. Nov. per Polonos obtenta, o. O. 1673, 3 Bl.: HAAB Weimar, 14, 2 : 20; Gedichte, Briefe u. a.: vgl. Kat. der Danziger Stadtbibl., Bd. 1, Tl. 1–3 (bearb. A. BERTLING, O. GÜNTHER) Danzig 1892–1909, Reg.; Gedichte u. Briefe: vgl. Hss.-Kat. der Stadtbibl. Königsberg i. Pr. (bearb. A. SERAPHIM) Königsberg 1909, Register.

Bibliographien: VD 17. – C. SANDIUS, Bibliotheca anti-trinitariorum [...], 1684, Freistadt [d. i. Amsterdam] 115, 118, 149 f.; K. ESTREICHER, Bibliografia Polska, Bd. 24, Krakau 1912, 108–120; KUBIK [Lit.] 1970, 199–210 (umfangreiches, aber teils sehr fehlerhaftes Kurztitelverz. nur der selbständigen Werke); Polnische Drucke u. Polonica 1500–1701. Kat. der Herzog-August-Bibl. Wolfenbüttel (bearb. M. GOŁUSZKA, M. MALICKI), Bd. 2: 1601–1700, Tl. 2, 1994, 525–530, P 2584–2598; J. KNAPE, Werkeverz. zu den Rhetorikdrucken Deutschlands 1450–1700, 2017, 324, Nr. 1035–1038.

Literatur: H. WITTE, Diarium biographicum [...], Danzig 1688, Ssss2^{r-v}; Jöcher 3 (1751) 1293; Adelung 5 (1816) 1651–1653; ADB 25 (1887) 219 f.; Biogr. Lex. der hervorragenden Ärzte aller Zeiten u. Völker (hg. A. HIRSCH), Bd. 4, 1886, 504 f.; Altpreuß. Biogr., Bd. 2, 1969, 490 (T. SCHIEDER); Polski słownik biograficzny, Bd. 25, Wrocław 1980, 261–265 (L. MOKRZECKI); J. KNAPE, Autorenlex. dt. Rhetoren 1450–1700, 2017, 299 f. – R. ZUM BERGEN, Is coepas comedat qui ferre jocosa recusat sive anagrammatum manipulus una cum epistolio ad [...] dn. Joachimum Pastorium medicinae doctorem historiographum regium, gymnasij directorem, professorem publicum reip. Elbingensis physicum fautorem et amicum meum singulariter colendum [...], Königsberg o. J. [um 1653]; J. MAUKISCH, Pharetra gymnasii Gedanensis aperta ad solennem introductionis actum viri amplißimi, excellentißimi, experientißimique dn. d. Joachimi Pastorii, sereniss. sveco-polonicae regiae majestatis medici et historici celeberrimi, gymnasii Elbingensis olim directoris, nostriq[ue]. jam gymnasii professoris honorarii, die XXIIX. Januarii, anno cIɔ Iɔc. LV. instituendum, magnificum senatum, amplissimum scabinatum, reverendum ministerium, clarissimum collegium professorium florem civitatis nobilissimum; et gymnasii juventutem florentissimam invitatum [...], Danzig o. J. (Einladung zur Amtseinführung); J. H. GIESE, Gratulatio qua virtutem, ejusque comitem honorem amplissimi [...] dn. Joachimi Pastorii, serenissimae Polono-Svecicae regiae majestatis medici, et historici longe celeberrimi, cum [...] unaninimi augustae augusti magistratus Gedanensis reipubl. consensu gymnasii Gedanensis professor honorarius renunciaretur, die XXVIII. Jan. anni [...] M. DC. LV. novi praeceptoris novam ambiens benevolentiam prosecutus est nominis ejus cultor observantissimus [...], Danzig o. J. [1655, nach Chronogramm]; Acclamationes votivae quibus viro excellentissimo [...] dn. d. Joachimo Pastorio, med. et historiograph. s. r. m. Pol. et Svec. cum historiarum professor honorarius, in incluto Gedanensium gymnasio solemniter renunciaretur; eam, quam debent, futuro dno. professori suo, observantiam contestaturi: applaudere voluerunt, nonnulli nominis ejus cultores perpetui, Danzig 1655; J. G. MOERESIUS, Gemina geminarum apollinearum artium, medicae et poeticae, corona, qua nobile caput amplissimi [...] viri, dn. Joachimi Pastorii, d. med. et historiogr. S. R. M. Pol. et Svec. cum in auditorio majori illustris gymnasii Dantiscani historiarum professor honorarius publica solennitate V. Cal. Febr. anno MDCLV. renunciaretur, radiabat, monitore Apolline, detecta et oculis omnium exposita [...], Danzig o. J.; I. CONRAD, Gratulatio super nativitate blandi pueri Adriani Pastorii, quam viro amplissimo [...] dn. Joachimo Pastorio, med. d. historiogr. reg. et hist. apud Gedanenses profes. honor. octava vice feliciter parenti, obtulit musa plaudens [...], Danzig 1655; J. P. TITZ, Elegia, ad nobiliss. ampliss. excellentiss. virum dn. Joachimum Pastorium, phil. et med. d. medicum et historiographum regium, nec non in inclyto Gedan. athenaeo professorem honorarium celeberrimum, cognatum et amicum honoratissimum, cum ei filia primogenita, ob virtutes, dotesque apprime nobiles merito aestimatissima, a. h. CIƆ IƆC LIX. d. XIV. Januar. praematura morte erepta esset, scripta, Danzig o. J.; Nobile Nepenthes, quod acerbissimo vulneri Pastoriano ex praematuro carissimae filiae Annae obitu accepto, magnifica, nobilissima et excellentissima manus pie et benevole adhibuit, Danzig o. J. [1659]; J. SCHLAVICIUS, Elegia ad excellentissimum aeque ac experientissimum virum dnum Joachimum Pastorium, medicinae doctorem et historiographum regium [...] etc. super desiderio pacis, quae nunc tractatur, et obitu viri nobilissimi [...] domini Ruttgeri zum Bergen, consiliarii electoralis gravissimi, luctus testandi gratia scripta, Königsberg 1660; F. HOFFMANN, Poeticum cum musis colludium: sive lusuum epigrammaticorum centuriae, Amsterdam 1663, 134–137; G. H. WEBER, An den Unpartheyischen Leser (in: Der untadelhaffte Hoffmann/ aus der frantzösischen in die römische Sprache verkleidet von Hn. Joachimo Pastorio [...]. Aus der lateinischen in unser teutsche Mutter-Sprache umbgesetzet [...], übers. DERS.) 1664, A7^r–A8^v; C. BEHR, In obitum viri per-illustris ac reverendissimi, dn. Joachimi ab Hirtenberg Pastorii, protonat. apost. Chelmensis ac deinde et Varmiensis canonici, decani parochi et offic. Gedan. ac Pomeran. generalis, praepos. ad S. Albertum, S. R. Maj. Polon. historici, secret. et commissar. a. C. 1681. ipsa die nati servatoris, Frauenburgi in Prussia denati: ad virum excellent. ac celeberrimum, dn. Johannem Petrum Titium, eloqu. et poes. in gymnasio Gedanensi p. p. longe meritiss., Danzig 1681 (Trauerged.); De scriptoribus historiae Polonicae schediasma literarium [...] in [...] Gedanensium athenaeo, ad diem XXVII. Januarii, G. GRODDECK (Präs.), S. J. HOPPE (Resp.), Danzig 1707, Reg.; E. PRAETORIUS, Athenae Gedanenses [...], 1713, 18 f., 114–117, 233; A. N. TOLCKEMIT, Elbingscher Lehrer Gedächtniß [...], Danzig 1753, 261–264, 403; E. PRAETORIUS, Danziger Lehrer Gedächtniß [...] (hg. J. H. RÜDIGER) Danzig, Leipzig 1760, 77; J. G. BÖHME, Elogium Ioachimi Pastorii ab Hirtenberg [...] (in: Acta pacis Olivensis, Bd. 1 [s. Ausg.]) 1763, 205–213; J. G. PEUKER, Kurze biogr. Nachr. der vornehmsten schles. Gelehrten die vor dem achtzehnten Jh. gebohren wurden [...], Grottkau 1788, 94 f.; J. F. HACKIUS, Regia via omnes dissidentes in religione neo-evangelicos ad orthodoxam et salvificam christianae fidei veritatem perscrutandam, inveniendam, et amplectendam manuducens [...], Danzig 1689, 209 f.; EICHHORN, Die Prälaten des ermländ. Domcapitels (in: Zs. für die Gesch. u. Altertumskunde Ermlands 3) 1866, 305–397, 529–643, hier 625–630; A. RÄSS, Die Convertiten seit der Reformation nach ihrem Leben u. aus ihren Schr. dargestellt, Bd. 12, 1875, 363–366; E. FISCHER, Die offizielle brandenburg. Geschichtschreibung zur Zeit Friedrich Wilhelms, des großen Kurfürsten (1640–1688). Nach den Akten des geheimen Staatsarchivs dargestellt (in: Zs. für preuß. Gesch. u. Landeskunde 15) 1878, 377–430, hier bes. 387–391; L. H. FISCHER, Einl. (in: J. P. TITZ, Dt. Ged., hg. DERS.) 1888, XI–LXXVIII, hier L, LXIX–LXXI u. Reg.; Kat. der Danziger Stadtbibl., Bd. 1, Tl. 1 (s. Bibliogr.) 1892, 672 f.; M. TOEPPEN, Die Elbinger Geschichtsschreiber u. Geschichtsforscher in krit. Uebersicht, 1893 (= Zs. des westpreuß. Geschichtsver. 32); Schles. Landsleute. Ein Gedenkbuch hervorragender, in Schles. geborener Männer u. Frauen aus der Zeit von 1180 bis zur Ggw. (hg. K. G. H. Berner) 1901, 35; Das Totenbuch des Prämonstratenserinnen-Klosters Zuckau bei Danzig (hg. M. Perlbach) Danzig 1906, 70, 77, 110, 134 f., 142; S. Kot, Polacy na studjach w Orleanie w XVI i XVII wieku (in: Sprawozdanie z czynności i posiedzeń. Polskiej Akademji Umiejętności 25, Nr. 5) Krakau 1920, 3 f.; Die Matrikel des Gymnasium zu Elbing (1598–1786) (hg. H. Abs) Danzig 1944 (Nachdr. 1982), IX, XVII, 128, 144; K. Kubik, Etyka społeczna w ujęciu gdańskiego pedagoga XVII wieku Joachima Pastoriusa (in: Rocznik Gdański 21) 1962, 159–178; L. Mokrzecki, Dyrektor Gimnazjum Elbląskiego ~ (1652–1654) i jego poglądy na historię (in: Rocznik Elbląski 4) 1969, 60–83; K. Kubik, ~ Gdański pedagog XVII wieku, Gdańsk 1970; Księga wpisów uczniów gimnazjum gdańskiego 1580–1814. Catalogus discipulorum gymnasii Gedanensis 1580–1814 (hg. Z. Nowak, P. Szafran), Warszawa, Poznań 1974, 26, 181 f., 201 f.; J. Chutkowski, ~, Legnica 1987; J. M. Krzemiński, Gdańsk biblioteką sławny (in: Libri Gedanenses 10) 1993, 9–15; D. Żołądź-Strzelczyk, Pädagog. Ansichten des ~ (in: Humanismus im Norden. Frühneuzeitl. Rezeption antiker Kultur u. Lit. an Nord- u. Ostsee, hg. T. Haye) Amsterdam u. a. 2000, 251–264; J. Starnawski, Dydaktyka literatury według postulatów Joachima Pastoriusa (in: Literatura, kultura, język: z warsztatów badawczych, Red. J. Rećko) Zielona Góra 2000, 65–77; K. Friedrich, The other Prussia. Royal Prussia, Poland and liberty, 1569–1772) Cambridge/UK 2000, Reg.; J. M. Krzemiński, Emblematyczny wiersz Joachima Pastoriusa ‹In Horologium Gedanense› (in: Barok: historia, literatura, sztuka 10, 2) Warszawa 2003, 117–120; J. M. Krzemiński, Joachima Pastoriusa wiersz o widowiskach w Gdańsku w 1651 roku (in: Od liryki do retoryki. W kręgu słowa, literatury i kultury, hg. I. Kadulskiej, R. Grześkowiaka) Gdańsk 2004, 77–86; T. Banaś, Pastorius Joachim (1611–1681), poeta, historyk, pedagog (in: Słownik pisarzy śląskich, Red. J. Lyszczyna, D. Rott, Bd. 1) Katowice 2005, 103–107; Kulturgesch. Preußens königlich poln. Anteils in der Frühen Neuzeit (hg. S. Beckmann, K. Garber) 2005, Reg.; H.-J. Bömelburg, Frühneuzeitl. Nationen im östl. Europa. Das poln. Geschichtsdenken u. die Reichweite einer humanist. Nationalgesch. (1500–1700), 2006, Register. RBS

Patsch, Elisabeth (auch E. Vinera), * 28.6.1988 Cottbus; besuchte das Gymnasium in Cottbus, leitet Schreibwerkstätten u. Esoterik-Kurse. – Fantasyautorin.

Schriften: Frieden, 2002; El Fator (Fantasy-Rom.) 3 Bde. (I Die Macht des fremden Planeten – II Unerbittliche Kämpfe – III Visionen des Abschieds) 2002–04; Festung des Teufels (Fantasy-Rom.) 3 Bde., 2010–19; Vereint als Rabenbrüder, 2015. FA

Patzer, Georg, * 2.11.1957 Neuenkirchen/Steinfurt; absolvierte eine Buchhändlerlehre, Stud. der Gesch. u. Lit.wiss. an der Univ. Bielefeld, 1983–92 Mithg. von «Sonnenfisch. Zs. für Lit.», ab 1991 Mitarb. bei versch. lit.wiss. Nachschlagewerken wie Killy, KLG u. Kindlers Lit.lex., ab 1994 Mithg. der Schr.reihe «Fragmente», verfaßte Beitr. für die «Frankfurter Allg. Ztg.», «Stuttgarter Ztg.» u. «Literaturkritik.de. Rezensionsforum für Lit. u. für Kulturwiss.», zudem als Lehrer für Kampfkunst- u. Meditationstechniken wie Qigong u. Taijiquan tätig; lebt in Karlsruhe. – Journalist, Lektor, Lit.wissenschaftler, Autor.

Schriften (Schulbücher in Ausw.): Zen und der Kriminalroman. Eine Zen-Ästhetik des Romans am Beispiel der Kriminalromane Janwillem van de Weterings, 1992 (zugl. Magister-Arbeit Univ. Bielefeld 1989); Der Sammler. Fragment, 1994; Gotthold Ephraim Lessing. Nathan der Weise, 2001; Deutsche Lyrik nach 1945 bis zur Gegenwart 2 Bde. (I Von der Trümmerlyrik bis zur Gegenwart – II Geschichte, Entwicklung, Personen) 2001; Brecht kennen lernen. Leben und Werk. Theater – Lyrik – Prosa, 2001; Theodor Fontane. Unterm Birnbaum, 2002; Bertolt Brecht. Mutter Courage und ihre Kinder, 2002; Hermann Hesse. Unterm Rad, 2004; Kleine Geschichte der Stadt Karlsruhe, 2004; Ödön von Horváth. Jugend ohne Gott, 2006; Umkreisung. Rainer Maria Gerhardt in Karlsruhe, «... hier noch unbekannt ...», 2011; 50 x Baden. Höhe- und Wendepunkte der Geschichte, 2014; Die Geschichte des Südwestens. Wie wir wurden, was wir sind, 2015; 50 x Württemberg. Eine spannende Zeitreise durch die Landesgeschichte, 2017; Einfach clever. 40 weltberühmte Erfindungen aus Baden-Württemberg (mit

S. Ries) 2019; 50 x Heidelberg. Eine spannende Zeitreise durch die Stadtgeschichte, 2020; Arno Schmidt und Ulm, 2020.

Rundfunkfeatures und Hörspiele (Ausw.): Was bist du für ein Meer, daß du in deinen Ufern bleiben mußt. Über den Lyriker und Verleger Rainer Maria Gerhardt, SWR 1994; Würde, Weisheit und Verfall. Schriftsteller über das Alte, SWR 2008; Die Reisen des Tiziano Terzani. Ein Journalist auf der Suche nach Wahrheit, SWR 2009; Der erleuchtete Kommissar. Zen-Buddhismus in der westlichen Literatur, SWR 2010. FA

Paulinus, Henricus (auch Heinrich, Heinricus, Hinrich P.), * Nov. 1537 Emden, † 17.11.1602 ebd.; Sohn des Eilart Kremer u. dessen Ehefrau Berentje van Dueten (deren Ehevertrag vom 1.2.1537); Besuch der Lateinschule seiner Heimatstadt, 1549–56 Stipendiat der Emder reformierten Großen Kirche; Stud. in Wittenberg (immatrik. am 12.8.1559: «Henricus Paulinus Frisius») u. Leipzig (im Winter 1563/64: «Henricus Paulinus Embdan.»); 1568–95 Sekretär bzw. Stadtschreiber im Dienst der Stadt Emden, in der er auch als Gerichtsvorsitzender fungierte; um/vor 1571 Ehe mit Heyle (Heila, Heilke), einer Tochter von Johann Koeps (Koops) u. seiner Frau Anna Gerrits; 1595–97 Amtsverwalter auf der Emder Burg. – Reform. Humanist, Stadtsekretär, Amtmann.

Schriften: ΛΟΓΟΣ ΕΝΡΕΙΚΟΥ ΠΑΥΛΙΝΟΥ ΠΕΡΙ ΤΟΥ σεβασμωτάτου ἀνδρὸς, κουρίου ΦΙΛΙΠΠΟΥ ΜΕΛΑΓΘΟΝΟΣ: τοῦ κοινοῦ πατρὸς, καὶ διδασκάλου ἡμῶν ἐναγχος τὸν βίον μεταλλαχότος [...], 1560; Oratio de dignitate historiae, et de lectione Herodoti: in qua res Graecae maxime memorabiles, et illustria virtutum vitiorumque exempla, quae apud Herodotum extant, strictim referuntur, quibus etiam Latinae et Germanicae quaedam historiae inseruntur: conscripta et pronunciata, ab Henrico Paulino Aembdano, cum eiusdem auctoris interpretationem inchoaret, in academia Witebergensi. Cum praefatione viri clariβimi d. doctoris Casparis Peuceri, 1563; Oratio de vita, doctrina et obitu reverendi, et ornatissimi viri, d. Cornelij Colthunij, fidelis ministri, doctrinae sacrae, in ecclesia Embdana, dicta Embdae, in coetu clarissimorum, et doctissimorum virorum, 1568; Oratio funebris de magnanimo comite, et nobilissimo domino, Christophoro, comite et domino Frisiae orientalis, qui in expeditionem belli adversus Turcas profectus, Maxaemiliano II caesare imperatore, in Ungaria mortem obijt, 1569.

Ausgaben: Rerum Belgicarum historia, Philippo II. Hispaniarum rege ac Belgarum principe. Accessit specialis inter Frisios orientales et occidentales contentio: ubi et de authoris legatione, captivitate et relaxatione, 1663; Henricus Paulinus Georgio Heloandro suo, S. P. D. (Brief dat.: Leipzig, 13.6.1564) (in: Epistolarum ab illustribus et claris viris scriptarum centuriae tres, hg. S. A. Gabbema), Harlingen 1664, 185–188 (wieder ²1669); Extract aus des Henrici Paulini, Secretarii der Stadt Emden/ zu Emden Anno 1569. gedruckten Lateinischen Leichen-Rede/ über das Absterben des Grafen Christophori, Edzardi II. zweyten Bruders/ [...] (in: E. R. Brenneysen, Ost-friesische Historie und Landes-Verfassung/ [...]. In zween Tomis [...], Bd. 1) 1720, 262–269 (2. Pagin.); Henrici Paulini [...] Bericht von dem Anno 1585. im Octobri entstandenen Streit wegen der West-Friesischen Streiffereyen auf dem Embs-Fluß/ und des dadurch der Stadt Emden und dem gantzen Lande zugefügten Schadens/ am Ende der von ihm beschriebenen/ Anno 1663. zu Emden selbst gedruckten Historie von der niederländischen Unruhe befindlich; aus dem Lateinischen ins Teutsche ubergesetzet und in §§ vertheilet (in: ebd.) 292–300; Rede über den sehr verehrungswürdigen Mann, den Herrn Philipp Melanchton, unseren gemeinsamen Vater und Lehrer, der vor kurzem gestorben ist. Gewidmet dem sehr angesehenen Rat der Stadt Emden (Einl., lat. Text der Widmungsvorr, Übers. u. Hg. des griech. Textes E. v. Reeken) (in: Lias 17, 1) 1990, 27–61; dass. (nur die dt. Übers.) (in: E. v. Reeken, Ostfriesische Schriften aus der beginnenden Neuzeit. Ubbo Emmius, H. P., Johannes Althusius) 1993, 47–63, 79–83 (die Textteile sind in verwirrter Reihenfolge wiedergegeben); Leichenrede zum Tode des Grafen Christoph († 13.IX.1566) (nur die dt. Übers.) (in: ebd.) 64–78; Anhang, der den besonderen Streit zwischen den Ost- und Westfriesen enthält (in: ebd.) 85–101 (o. Angaben [= Übers. von: Rerum Belgicarum historia [...], 1663, 535–568]).

Nachlaß: Zuschrift des H. P. zu Emden wegen seiner Gedächtnisrede auf Graf Christoph: NLA Aurich, Rep. 135 Nr. 22; Entsendung des Stadtsekretärs H. P. nach Groningen zu Verhandlungen über Aufhebung des Arrestes gegen Emder Schiffe, Jan. 1584: StadtA Emden, I Nr. 334; Verhandlungen des Magister N. P. in Westfriesland u. mit dem niederländischen Generalstatthalter Robert, Graf zu Leicester, über die Freiheit des Emder Handels, März–Nov. 1586: StadtA Emden, I Nr. 335 d; Diverse Akten: NLA Aurich, Rep. 1 Nr. 932; Rep. 241, E 41 (Verz. der ostfries. Beamten u. Bedienten der gräflich-fürstl. u. der preuß. Zeit bis 1806, mit Dienstjahren u. Todesjahr).

Literatur: Adelung 5 (1816) 1714; A. J. VAN DER AA, Biographisch woordenboek der Nederlanden, Bd. 15, Haarlem 1872, 124; Biogr. Lex. für Ostfriesl. (hg. M. TIELKE), Bd. 2, 1997, 294–296 (W. HENNINGER). – H. O. FEITH, ~ (in: Groninger Volks-Almanak voor 1838) Groningen 1837, 188–191; J. STRACKE, Ostfriesl. u. die Univ. Wittenberg (Jb. der Ges. für bildende Kunst u. vaterländ. Altertümer zu Emden 45) 1965, 112–132; W. HAMMER, Die Melanchthonforsch. im Wandel der Jahrhunderte. Ein beschreibendes Verz., Bd. 1, 1967, 191, Nr. 255; K. ECKE, Emder Eheverträge: Auszüge aus Reichskammergerichtsakten, Ostfries. Urkundenbuch, Urkundenslg. des Stadtarch. Emden, Kontraktenprotokolle der Stadt Emden (StA Aurich), Emden 1974 (NLA Aurich, Typoskript), 41; E. V. REEKEN, Emsblockade der Westfriesen ohne Kriegszustand: Emder Unterhändler als Repressalie interniert; Ber. des Stadtsekretärs ~ von 1663 (in: Unser Ostfriesl. [Beil. zur Ostfriesen-Ztg.] 9) 1982; Dt. Geschlechterbuch. Genealogisches Hdb. bürgerl. Familien, Bd. 190 (bearb. S. EBERHARD) 1983, 56 f.; K. ECKE, Emder Stadtschreiber bzw. Sekretäre 1500–1887 (in: Quellen u. Forsch. zur ostfries. Familien- u. Wappenkunde 36) 1987, 135 f.; Die Kirchenratsprotokolle der reformierten Gemeinde Emden 1557–1620 (hg. H. SCHILLING, bearb. DERS., K.-D. SCHREIBER), Tl. 1 u. 2, 1989–92, Reg.; H. SCHMIDT, Gesch. der Stadt Emden von 1500 bis 1575 (in: K. BRANDT, H. V. LENGEN, H. SCHMIDT, W. DEETERS, Gesch. der Stadt Emden, Bd. 1 [= Ostfriesl. im Schutze des Deiches, hg. J. OHLING u. a., Bd. 10]) 1994, 162–269, hier 243 f., 252 f.; K.-D. VOSS, Das Emder Religionsgespräch von 1578. Zur Genese des gedruckten Protokolls sowie Beobachtungen zum theolog. Profil der fläm. Mennoniten, 2018, 130–134. RBS

Pauls, Ilse (geb. Vogelsang), * 3.3.1941 Wien; absolvierte eine Ausbildung zur Säuglings- u. Kinderkrankenpflegerin, war drei Jahre im Beruf tätig, widmete sich später der Aquarell- u. Acrylmalerei, liefert eigene Illustr. zu ihren Lyrikbänden; lebt in Gablitz/Niederösterreich. – Lyrikerin.

Schriften: Die innere Seele, 1993; Späte Ernte (Ged.) 1996; Auf dem Weg. Gedichte und Gebete (hg. O. E. JAGOUTZ) 2005; Stille Stunden. Aquarelle und Gedichte (hg. DIES., Illustr. v. I. P.) 2007; Geschenkte Stunden (Ged., Illustr. v. I. P.) 2007; Worte am Weg (Ged., Illustr. v. I. P.) 2013; Lebensbilder (Ged., Illustr. v. I. P.) 2020. FA

Pauls, Tom (Uwe), * 26.4.1959 Leipzig; Bruder der Choreografin u. Theaterregisseurin Irina P., wuchs in Leipzig auf, erhielt im Kindesalter Gitarren- u. Klavierunterricht, ab 1967 Mitgl. des Rundfunkkinderchors Leipzig, absolvierte 1975–77 eine Lehre zum Säureschutzfacharbeiter u. a. in Weißenfels, Naumburg u. Bitterfeld (später zu Bitterfeld-Wolfen), studierte 1979–88 (83?) Schausp. an der Theaterhochschule Leipzig, begründete 1982 mit Jürgen Haase u. Peter Kube die Kabarett-Gruppe «Zwinger-Trio», Auftritte mit ders. auch in der BRD, bis 1990 Engagement am Staatsschausp. Dresden, seitdem freischaffend als Schauspieler u. Kabarettist tätig, entwickelte gem. mit dem Theaterregisseur Holger Böhme die Kunstfigur Ilse Bähnert, verkörperte dies. 1991 zum ersten Mal bei einem Soloauftritt, 1993 Beginn des Kabarettprogr. «Ostalgie» gem. mit Uwe Steimle, ab 1998 auch Musikprogramme in Kooperation mit versch. Orchestern, übernahm Rollen in Fernsehserien wie «Tatort», «Polizeiruf 110» u. «In aller Freundschaft», begründete 2007 die Ilse-Bähnert-Stiftung u. 2011 das T.-P.-Theater in Pirna/Sachsen; lebt in Dresden. – Kabarettist, Schauspieler.

Schriften: Das wahre Leben der Ilse Bähnert. Ein sächsisches Geschichtenbuch mit Folgen (mit P. UFER) 2006; Eiserne Ration für fichilante Sachsen. Geschichten und Gedichte, die jeder kennen sollte, 2010; Ilse Bähnert jagt Dr. Nu. Eine Krimikomödie mit Schuss (mit M. SÜSSENGURTH) 2009; Wenn der Frostmann zweimal klingelt (mit DEMS.) 2010; Mit Schirm, Charme und Zitrone (mit DEMS.) 2010; Die Kratzer auf dem heißen Blechdach (mit DEMS.) 2010; Und nächstes Jahr am Ballermann (mit DEMS.) 2011; Ilse Bähnert und der Frosch ohne Maske. Ein Kreuzfahrt-Krimi (mit DEMS.) 2011; Ilse Bähnerts süßes Sachsen. Kuriose Geschichten über Kaffee, Kuchen und Likör (mit DEMS.) 2012; Deutschland, deine Sachsen. Eine respektlose Liebeserklärung (mit P. UFER) 2012 (als Hörb., 2 CDs, 2014); Nischd wie hin. Unsere sächsischen Lieblingsorte (mit B.-L. LANGE, Fotos v. A. Garbe, G. Waldek, Zeichn. v. U. Forchner) 2013; Das wird mir nicht nochmal passieren. Meine fabelhafte Jugend (mit M. SÜSSENGURTH) 2015 (als Hörb., 1 CD, 2015); Meine Lene. Eine Liebeserklärung an die Dichterin Lene Voigt (mit P. UFER) 2017 (als Hörb., 1 CD, 2019); Tom Pauls – Macht Theater. Ein Stück vom Leben, 2021.

Tonträger (Ausw.): Ostalgie (mit G. ZISCHONG, 1 CD) 1993; Tom Pauls. Zwiefach sind die Phantasien (1 CD) 2002; Rettet uns den Gogelmosch. Der erlesene Wortschatz der Sachsen (1 CD) 2009; Ilses kleines Dynamo-Lexikon (mit G. ZIMMERMANN, M. SÜSSENGURTH, 1 CD) 2013; Die Weihnachtsgans Auguste (1 CD) 2013; Die Witze der Sachsen (1 CD) 2016; Gipfeltreffen (mit G. EMMERLICH, L. GÜTTLER, 1 CD) 2019.

Literatur: Lex. Schauspieler in der DDR (hg. F.-B. HABEL, unter freundl. Mitarb. v. V. WACHTER), 2009, 319 f.; Discogs.com (online); Filmportal.de (online); The Internet Movie Database (online).

FA

Pauly, Angelika, * 15.4.1950 Wuppertal; besuchte ab 1975 eine Fachoberschule für Gestaltung in Wuppertal, als Akzidenzsetzerin u. Buchdruckerin tätig, studierte Mathematik an der Univ. Wuppertal (ohne Abschluß), verarbeitete den frühen Tod ihres Sohnes († 2002) in «Kai lebt» (2006); lebt in Wuppertal. – Kinderbuchautorin, Lyrikerin.

Schriften: Kieselsteine. Ein Lebensbuch, 2004; Wanderstedt. Ansichten einer Seelenstadt, 2005; Kai lebt. Die Geschichte eines autistischen Jungen, der freiwillig aus unserem Leben ging, 2006; Emilia, 2006 (Neuausg. 2017); Herr I. Kurzgeschichten über Herrn I., 2007 (Neuausg. ohne Untert. 2009); Gestatten, Julius, 2007; Es geht ein leiser Traum durch meinen Sinn ... (Lyrik) 2008; Emilia, 2006 (Neuausg. mit dem Untert.: 52 spannende und lustige Geschichten mit Emilia. Ein Kinderbuch zum Vorlesen und für das Erstlesealter, 2008); Die Märchenmühle, 2008; Pieksi und der Wassermann, 2009 (2. Aufl., mit 1 Audio-CD, 2010; Neuausg. [Illustr. v. S. Koch, mit 1 Audio-CD] 2018); P.s Stadtgespräche, 2009 (überarb. Neuausg. 2020); Henry, der sanfte Irre. Geschichten aus der Psychiatrie, 2009; Der Märchenhüter, 2009; Das unerbittliche Haus, 2010; Kleiner Oberteufel Pieksi, 2011; Emilias Zaubergarten, 2011 (Neuausg. 2018); Emilia greift ein, 2012 (Neuausg. 2018); Emile und Emilia, 2012 (Neuausg. 2018); Julius zwischen den Welten, 2013; Der Märchenbrunnen, 2013; Der kleine Herr I. (Erz., Illustr. v. G. Merl) 2014; Babymäuschen. Die Weisheiten eines Ungeborenen, 2015 (E-Book, Selbstverlag); Mausi Emilia (Illustr. v. G. Hylla) 2016; Julians Stern. Ein Geschichtenbuch (Illustr. v. G. Hylla) 2016; Lustiges Wichteland Sim-Saladum (mit 1 Audio-CD) 2017; Julius zwischen den Welten. Geschichten und Gespräche über Physik, Philosophie und ganz dumme Dinge, 2017; I-Dötzchen Emilia, 2017; Herr I. trifft Julius, 2017; Geheimzwerg. Gespräche mit einem Ungeborenen. Ein Tagebuch, 2017; Der Märchenbrunnen (Illustr. v. G. Hylla, mit 1 Audio-CD) 2017; Kleiner Oberteufel Pieksi (Illustr. v. S. Koch) 2018; Prima, Emilia!, 2018; Die Märchenmühle, 2018; Der Märchenhüter (Illustr. v. R. Stedron) 2019; Emilia und ihre Zwillinge, 2019; Emilia. Erinnerungen, 2019; Trag mich durch die Nacht (Ged.) 2020; Spatzenkind, 2020; Das unerbittliche Haus (Erz.) 2020.

Tonträger: Tippen-Tappen-Tönchen. Der Treppenlauf (1 CD) 2011.

FA

Pauly, Gisa (geb. Gisela P.), * 23.2.1947 Gronau; wuchs ab 1949 in Münster auf, 1973–93 Berufsschullehrerin, nachfolgend schriftstellerisch tätig, schrieb 2005–12 Drehb. für die Telenovela «Sturm der Liebe» (ARD), verfaßte Beitr. für die Familienzs. «Spielen u. Lernen» sowie für das Magazin «Westfalium»; Mitgl. des Ver. für Kriminallit. «Syndikat», 2012/13 Präs. der Autorinnenvereinigung «Mörderische Schwestern»; lebt in Münster. – (Neben weiteren Auszeichnungen) Lit.preis der Stadt Boppard (1989), gem. mit Armin Ulrich Goldene Kamera des SWR (2004), Short-Story-Preis der Stadt Leverkusen (2005), Tatort Töwerland Stipendium, Juist (2007). – Schriftst., Lehrerin, Drehbuchautorin.

Schriften: Mir langt's! Eine Lehrerin steigt aus, 1994; Die Klassefrau (Rom.) 1997 (Sonderausg. 2015); Endlich Mama! (Zeichn. v. M. Pohle) 2001; Schlafende Hunde, 2003 (= Münster-Krimi 2); Liebesträume (Kriminalrom.) 2004; Das Mörderspiel (Kriminalrom.) 2006; Mamma Carlotta ermittelt, 15 Bde. (ff.) (I Die Tote am Watt – II Gestrandet – III Tod im Dünengras – IV Flammen im Sand – V Inselzirkus – VI Küstennebel – VII Kurschatten – VIII Strandläufer – IX Sonnendeck – X Gegenwind – XI Vogelkoje – XII

Wellenbrecher – XIII Sturmflut – XIV Zugvögel – XV Lachmöwe) 2007–20; Doppelt gemordet hält besser (Kriminalrom.) 2007; Reif für die Insel oder was ich dir sagen will ... eine Sylt-Geschichte, 2008; Die Frau des Germanen (Rom.) 2009; Deine Spuren im Sand. Ein Sylt-Roman, 2010; Gestrandet. Ein Sylt-Krimi, 2011; Die Hebamme von Sylt (hist. Rom.) 2011; Sturm über Sylt. Die Insel-Saga, 2013; Die Kurzärztin von Sylt. Die Insel-Saga, 2014; Der Mann ist das Problem (Rom.) 2015; Dio mio! Mamma Carlottas himmlische Rezepte, 2016; Venezianische Liebe (Rom.) 2017; Siena-Reihe, 3 Bde. (I Jeder lügt, so gut er kann – II Es wär schon eine Lüge wert – III Lügen haben lange Ohren) 2018–21; Die Leuchtturm-Haie (Kdb., Illustr. v. E. Skibbe) 4 Bde. (I Oma Rosella und die geheime Seehundmission – II Die Jagd nach dem Perlendieb – III Die Beute der Strandpiraten – IV Käpt'n Matjes und der verschollene Schatz) 2018/19; Es wär schon eine Lüge wert (Rom.) 2019; Die Kurärztin von Sylt. Die Insel-Saga, 2019; Die Fürstentochter. Die Frau des Germanen, 2020.

Herausgaben: Schöne Bescherung, 2013.

Literatur: Lex. der Kriminallit. (hg. K.-P. Walther) (Losebl.slg.; zu ‹Inselzirkus›, ‹Liebesträume›, ‹Schlafende Hunde›); Lex. Westfäl. Autorinnen u. Autoren (hg. Lit.kommission für Westf.) 2001 (online); Lex. der dt.sprachigen Krimiautoren. Unter Mitarb. der aufgenommenen Autorinnen u. Autoren (hg. A. JOCKERS, unter Mitarb. v. R. JAHN) ²2005, 211; U. BONTER, Stadt – Land – Mord. Einige Bem. zu den aktuellen dt. Regionalkrimis (in: Facetten des Kriminalrom. Ein Genre zw. Tradition u. Innovation, hg. E. PARRA-MEMBRIVES, W. BRYLLA) 2015, 91–101; V. HOFMACHER, Dem Regionalkrimi auf der Spur. Zwei Regionalkrimireihen im analyt. Vergleich (Dipl.-Arbeit Univ. Wien) 2018, 15, 19–21 u. ö.; K. SEIBERT, Schöner Ort – schöner Mord? Die Region als konstitutives Element im aktuellen dt.sprachigen Regionalkrimi, 2018, 199–247; Histo-Couch.de (online); The Internet Movie Database (online).   FA

Paxmann, Christine (Ps. Claire Singer, Nora Bernstein), * 1961 München; studierte Germanistik, Theaterwiss., Kunsterziehung u. Kommunikationsdesign in München, arbeitete zeitweise in versch. Werbeagenturen, war 1999–2006 Programmleiterin bei versch. Verlagen, leitet eine Agentur für Buchkonzeption u. -gestaltung, seit 2003 Hg. der Fachzs. «Eselsohr»; lebt in München. – Volkacher Taler (2019). – Grafikerin, Hg., Autorin.

Schriften (Ausw.): Hoppe, hoppe, Reiter, 1988; Schmetterlingsjahre. Von mir über mich (Illustr. v. B. Asam) 1989; Bärchens Freunde zählen, 1992; Mondkind. Verse zum Einschlafen und Träumen (hg. M. THALER) 1992; Plüschpfote. Verse für kleine Wehwehchen (hg. DIES.) 1992; Zipfelmütze. Verse fürs Alleinsein (hg. DIES.) 1992; Ferienspaß bei Oma und Opa. Spiel- und Bastelideen, 1995; 24 Tage noch bis Weihnachten. Spiel- und Bastelideen, 1995; Stilleben. Schritt-für-Schritt-Anleitungen. Übungs- und Lernprogramm, auf Stilleben abgestimmt, 1996; Das große Buch der Hexen. Die Geschichte eines Mythos vom Paradies bis heute, 2000; Teufel. Entstehung, Mythos und Wirken des personifizierten Bösen, 2001; Baby Mail. Die wunderbare Geschichte, wie ich meine Eltern fand, neun Monate voller Abenteuer. Für alle Eltern von heute und morgen ..., 2004; Winterglück (mit C. HUTH) 2004; Amore mio. Eine italienische Feriengeschichte, 2006; Mami, Papi, ich bin da! Das aufregende erste Jahr zu dritt, 2006; Weltwunder in 60 Minuten, 2008; Was wir wieder schätzen sollten. Die schönen Traditionen (mit J. THIELE) 2008; Karlotta verzettelt sich, 2009; Mami, Papi, jetzt geht's los! Meine wilde Kindergartenzeit, 2009; Wer war Odysseus? (Kdb.) 2009; Küsse nicht den Rehbaron, 2010; Wie man Kinder zum Lesen bringt (mit J. THIELE) 2010; Blut ist nicht rosa (Jgdb.) 2011; Karlotta verzettelt sich, 2011; Karlotta voll verschneit, 2011; Polly, 3 Bde. (I Das Leben ist keine Keksdose – II Das Leben ist kein Streichelzoo – III Das Leben ist kein Feriencamp) 2011/12; Maja im Weihnachts-Chaos. Ein Advents-Krimi in 24 Kapiteln, 2012; Karlotta durch den Wind, 2013; Extremflirten (Rom.) 2014; Heute wegen Mord geschlossen. Ein Hüttenkrimi mit Clara Kull, 2014; Das Lapislazuliherz (Jgdb.) 2014; Karlotta voll verschneit!, 2014; Bens gnadenlos verkorkste Schulzeit (Illustr. v. E. Muszynski) 2015; Karlotta voll verdreht, 2015; Lili in Love, 2014; Tanz. Immer im Takt, 2015; Augen zu und Kuss, 2017; Wunderbare Wasserorte im Chiemgau (mit K. BOVERS) 2017; Der Garten meiner Mutter. Geschichten aus dem Erbgarten, 2017; Das Leben könnte so schön sein (Rom.) 2018; Waldlust. Geschichten vom Sich-Verlieren und Sich-Finden im Wald, 2019; Heute mal Prinzessin?, 2019; Unser Waldabenteuer, 2020; Olaf Hajeks Buch der Blumen, 2020; Schäm dich (nicht)! Ein Guide durch die guten und weniger guten Seiten der Scham (mit H. BROSCHE) 2021; Demokratie für Kids. So geht's! Wer darf wählen? Wer darf regieren? Wie funktionieren Wahlen? Haben Kinder Rechte? Wer ist der Staat?, 2021.

Herausgaben: Das große Fritz Baumgarten Liederbuch. Mit den schönsten Liedern durch die Jahreszeiten, 2008. FA

Payk, Tedor (eig. Theo Rudolf P.), * 30.12.1938 Gelsenkirchen; besuchte 1950–59 das Gymnasium in Gelsenkirchen, 1959 Abitur ebd., 1959/60 Wehrdienst in Schwanewede/Nds., studierte 1960–68 Philos., Psychologie u. Medizin an Univ. in Münster, München, Bonn u. Berlin, 1966 Promotion zum Dr. med. in Bonn, ab 1968 Medizinalassistent in Bonn u. Hamburg, 1970 Promotion zum Dr. phil. in Bonn, absolvierte eine Ausbildung zum Psychiater u. Psychotherapeuten in Hamburg u. Bonn, 1974 Facharzt für Neurologie u. Psychiatrie mit Psychotherapie, 1976 Habil. in Neurologie, Psychiatrie u. medizin. Psychologie, anschließend Privatdoz. an der Univ. Bonn, 1980 apl. Prof., 1985 ordentl. Univ.prof., bis 2003 Ärztl. Leiter des Westfäl. Zentrums für Psychiatrie u. Psychotherapie am Klinikum der Univ. Bochum, bis 2009 auch Leiter der Fliedner Klinik in Düsseldorf, zudem als Supervisor u. Gutachter tätig; lebt in Bochum. – Psychiater, Psychologe, Hochschullehrer, Lyriker, Buchautor.

Schriften (Fachschr. in Ausw.): Der Traum bei den endogenen Psychosen (Diss.) 1966; Auditive Lateralität (Diss.) 1969; Mensch und Zeit. Chronopathologie im Grundriß, 1979; Therapie psychischer Erkrankungen. Grundlagen und Methoden der psychiatrischen und psychotherapeutischen Behandlung, 1982; Mensch + Zeit (Ged.) 1997; Leben am Rand (Ged.) 2000; Psychiater. Forscher im Labyrinth der Seele, 2000; Zeit zu leben (Ged.) 2001; Von Lebens-Arten (Ged.) 2002; Töten aus Mitleid. Über das Recht und die Pflicht zu sterben, 2004; Robert Schumann. Lebenslust und Leidenszeit, 2006 (2., überarb. Aufl. 2019); Das Böse in uns. Über die Ursachen von Mord, Terror und Gewalt, 2008; Der beschützte Abschied. Streitfall Sterbehilfe, 2009; Spätnachrichten (Ged.) 2011; Wortmeldungen (Ged.) 2013; Randbemerkungen (Ged.) 2014.

Herausgaben: Sozialdarwinismus, Genetik und Euthanasie. Menschenbilder in der Psychiatrie (mit M. BRÜNE) 2004.

Literatur: Liton.NRW (Internet-Edition). FA

Peer, Alexander, * 2.8.1971 Salzburg; studierte 1991–95 Germanistik, Philos. u. Publizistik in Wien, 1995–97 medienpädagog. Ausbildung am Medienzentrum der Stadt Wien, danach u. a. für Verlage u. Werbeagenturen tätig, zuletzt freier Journalist, Schriftst., Texter u. Lektor, leitete auch Schreibwerkstätten; u. a. Mitgl. der «Salzburger AutorInnenGruppe» u. der «AutorInnenvereinigung Lit.kreis Schloß Neulengbach & Lit.zs. PODIUM» (Wien), lebt in Wien; u. a. Stadtschreiber in Schwaz (Tirol) (2011), Journalistenpreis des Öst. Zs.- u. Fachmedienverbandes (2016); verfaßte u. a. Rom., Nov., Erz., Porträts, Ess., Reportagen u. Rezensionen; gab einen Bd. über Leben u. Werk von Leo → Perutz (1882–1957) heraus; Veröff. u. a. in «Entwürfe. Zs. für Lit.» (Zürich), «Wiener Ztg.», «Die Presse» (Wien) u. «Der Standard» (Wien). – Journalist, Schriftst., Herausgeber.

Schriften: Ostseeatem (Erz., mit E. UHRMANN) 2004 (2., überarb. Aufl. 2008); Land unter ihnen (Nov.) 2005 (Neuausg. 2011); Bis dass der Tod uns meidet (Rom.) 2013; Der Klang der stummen Verhältnisse (Ged., Illustr. v. M. Kone) 2017.

Herausgaben: ‹Herr, erbarme Dich meiner!› Leo Perutz: Leben und Werk, 2007; Schreibende Nomaden entdecken Europa. Impressionen und Essays, [2019].

Literatur: T. WASZAK, Über die Schwierigkeiten beim Schreiben über die Liebe am Beisp. von ‹Bis dass der Tod uns meidet› von ~ (in: Der Liebesrom. im 21. Jh., hg. R. POKRYWKA) 2017, 87–102; Lit.port Autorenlex. (Internet-Edition). MM

Pei, Lisa (Ps.), * 31.8.1947 Köln; studierte Sozialpädagogik, 1970 Staatsexamen, anschließend Grundschullehrerin, leitete einen Schulkindergarten, verf. 2001/02 Drehb. für die ZDF-Gerichtssendung «Streit um drei»; 1995–2002 Mitgl. des Ver. für Kriminallit. «Syndikat»; lebt in Köln. – Pädagogin, Kriminalautorin.

Schriften: Die letzte Stunde (Kriminalrom.) 1995; Annas Umweg (Kriminalrom.) 1996; Weibersommer (Rom.) 1997; Drei Chinesen mit dem Kontrabass (Rom.) 1998 (Neuausg. u. d. T.: Sagte kein Wort, 2005); Im Namen des Enkels (Rom.) 1999;

Die Kandidatin (Rom.) 2001; Annas Umweg (Kriminalrom.) 2006.

Literatur: F. STEWART, Out and Undercover. The Closeted Detective in ~s ‹Die letzte Stunde› (in: Sexual-Textual Border-Crossings. Lesbian Identity in German-Language Literature, Film, and Culture, hg. R. MAGSHAMRÁIN) 2010, 125–142; H. P. KARR, Lex. der dt. Krimi-Autoren (online).

FA

Peifer, David d. Ä. (auch Peiffer, Pfeifer, Pfeiffer, Pfeyffer), * 2.1.1530 Leipzig, † 2.2.1602 Dresden; Sohn des Leipziger Juristen Nicolaus P. († 1565) u. dessen Frau Kunigunde, geb. Wolfhard († 1558); Besuch der Thomasschule in Leipzig (1537) u. der Fürstenschule Schulpforte (Eintritt am 4.6.1544); Stud. in Leipzig (deponiert bereits im Sommer 1540, zus. mit seinem Bruder Abraham), dort am 10.3.1546 Erwerb des Bakkalaureats; im Sommer 1548 wurde P. ein Teil des Buchner-Stipendiums in Aussicht gestellt («de illa spes facta Davidi Pfeifero», vgl. Acta rectorum [Lit.] 1859), der ihm am 13.4.1549 verliehen wurde; am 25.10.1550 auf dem Reichstag zu Augsburg vom röm. König Ferdinand zum Dichter gekrönt; im Winter 1551/52 in Leipzig zum Magister artium promoviert; Jurastud. in Bologna (immatrik. 1555), dort am 1.3.1558 zum Dr. jur. utr. promoviert, zwischenzeitlich Bildungsreisen durch Italien; danach (um 1560) Hofrat u. Gesandter (‹orator›) im Dienst des Herzogs Johann Albrecht I. von Mecklenburg; in Leipzig am 10.7.1563 Heirat mit Barbara († 1591), einer Tochter des sächs. Leibarztes Blasius Grunewald (15, teils früh verstorbene Kinder; P. ist nicht mit seinem gleichnamigen Sohn zu verwechseln); 1565–89 kurfürstlich sächs. Rat (1574 zum Geheimrat befördert) u. Gesandter, 1586 zum Kanzler ernannt, in Dresden; 1589 auf seinem Gut Goseck (Gossig), gleichzeitig Beisitzer am Dresdener Oberhofgericht; das Kanzleramt übernahm P., selbst orthodoxer Lutheraner, wieder ab 1591, nach dem Tod des calvinistisch gesinnten Kurfürsten Christian I. – Humanist, nlat. Dichter, Jurist, Rat, Gesandter, Historiker.

Schriften: Imperatores Turcici, libellus de vita, progressu, et rebus gestis principum gentis Mahumeticae, elegiaco carmine conscriptus, a Davide Peifero Lipsico, Basel o. J. [um/nach 1550] (enth. zudem: F. TRAUBOTUS, Elegia de caesaribus Turcicis, Davidis Peiferi [...]; L. HELIANUS, Ad [...] sacri Romani imperij electores, reliquosque inclytos in concilio Augustensi Germanorum principes [...] carmen exhortatorium; G. SABINUS, Germania ad regem Ferdinandum); David Pfeifferus Lipsicus: Poeta Laureatus. Herculeos mendax abscondat fama labores [...] (5 Distichen) (in: C. BRUSCHIUS, Monasteriorum Germaniae praecipuorum ac maxime illustrium: centuria prima. [...]) 1551, R4^r; Caput XXVI. ecclesiastici, carmine elegiaco expressum (Epithalamium) (in: A. ERSTENBERG, Epithalamium scriptum in nuptiis optimi viri Volfgangi Harderi [...]) 1551; Epistola ecclesiae afflictae ad Christum salvatorem, elegiaco carmine conscripta a Davide Peifero Lipsico. Responsio Christi ad eandem, authore Andrea Erstenbergio Antisteo, 1552; In Elegias Ioannis Boceri, Davidis Peiferi Poetae laureati, Epigramma. Cur adeo dulces fragrant hic floribus aurae? [...] (9 Distichen) (in: J. BOCER, Elegiarum [...] liber primus) 1554, A1^v; Elegia in nuptiis optimi et eruditionis piae [...] Hieronymi Tilesij [...] scripta a Davide Peifero, 1554; Ad Momum, David Peiferus, Poeta Laureatus. [...] (3 griech. Distichen) (in: G. MYLIUS, Elementa christianae religionis reddita elegiaco carmine [...]) o. J. [um 1555], A1^v; Trimetron In Duces Megalopolenses, Ioannis Boceri. [...]. A Davide Peufero [!] Lipsico (griech. Ged.) (in: J. BOCER, De origine et rebus gestis, ducum Megapolensium. Libri tres) 1556, A7^v; In Petri Albini Commentarios De Mysnia. [...] / Eiusdem [...] Davidis Peiferi in Gossik U. I. D. et P. Cl. ac [...] Consiliarij intimi, Epigramma aliud (2 griech., 1 lat. Empfehlungsged.) (in: P. ALBINUS, Commentarius novus de Mysnia. Oder newe Meysnische Chronica. [...]) 1580, γ4^v–δ1^{r-v} (wieder 1590, 446 f.); Daivd [!] Peiferus I. U. D. Consil. Saxon. Elect. N. Reusnero V. Cl. S. P. D. Est ita profecto, clarissime et doctissime Reusnere: ut bonos boni [...]. Dresdae. XV. Cal. Iul. Anno M. D. XXC. (Zuschrift) (in: N. REUSNER, Emblemata [...] partim ethica, et physica: partim vero historica, et hieroglyphica [...], hg. J. REUSNER) 1581, 362–364; In Tractatum De Iure Connubiorum. Conscriptum Per Nobilem Virum, Doctrina, Pietate Et Virtute Praestantissimum, D. Ioachimum a Beust, in Planitz [...] (9 griech. Distichen mit lat. Übers.) (in: J. v. BEUST, Tractatus de sponsalibus et matrimoniis ad praxim forensem accommodatus. [...]) 1586,)(4^{r-v} (1588; u. d. T.: Tractatus de iure connubiorum [...], 1591; 1592; 1597); Tyranni Turcici. De vita et rebus gestis principum gentis Othomannicae, libelli duo, scripti carmine elegiaco; aliaque poemata, non minus iucunda, quam erudita: autore Davide Peifero, in Gossig. i. u. d. Iam recogniti, et aucti, 1587; Nobili Et Generoso Viro, Pietate, Doctrina, authoritate, et virtute praestanti, Domino Ioachimo a Beust in Planicio, Iureconsulto celebri [...] Domino et amico suo colendissimo. David Peiferus I.C. S. P. D. Dum nos exercent vani ludibria mundi [...] (Epigramm) (in: J. v. BEUST, Orthodoxa enarratio evangeliorum, quae diebus dominicis et sanctorum festis in ecclesia dei explicantur. [...]) 1591, A6^r–B4^r (1592; wieder in den folgenden Ausg.); In Artem moriendi Nobiliss. Et Doctissimi Iurisconsulti Ioachimi a Beust, Domini in Planitz. Epigramma [...]. Est adeo per se Mors formidabile nomen [...] (6 Distichen) (in: J. v. BEUST, Enchiridion de arte bene beateque moriendi [...]) 1593, A2^v (wieder 1595; 1599); David Peiferus I.C. D. Salomoni Medico [...] digniss: S. D. Descendit Coelo, Salomon Alberte, duorum [...] (Epicedium) (in: Justa quae funeri uxoris suae charissimae Ursulae Burenianae solvit moestißimus maritus Salomon Albertus medicus. XXIIII. Februarij anno Iesu Christi. M. D. XCIII.) 1594, A8^{r-v}; Ad Clarissimum Et Doctissimum Iurisconsultum Oratorem et Poetam D. Nicolaum Reusnerum Leorinum ΔPAMATIKON Davidis Peiferi [...]. Cultori Themidos prosit noceatne Poesis [...] (in: N. REUSNER, Operum [...] pars quarta, continens anagrammatum libros IX. [...]) 1594, ()1^r–()2^v (wieder in: DERS., De iure testamentorum [...] tractatus sive commentarius amplißimus scholis Ienensibus publice propositus [...], hg. J. REUSNER, 1597); David Peiferus i.c. d. Matthaeo Dressero in academia Lipsica professori utriusque linguae primario, s. p. d. [...] Dresdae: pridie Calend. Decemb. anno M. D. XCV. (in: M. DRESSER, Orationes duae: una de libris quos legere, et de orationis genere, quod imitari studiosos decet. Altera de modo parandi facultatem sermonis elegantis, et cognoscendi historias. Cum d. Davidis Peiferi [...] epistola eiusdem generis, senili sapientia et eloquentia plena) 1596, C6^r–F6^r; Elegia ad Germaniam (in: Selectissimarum orationum et consultationum de bello Turcico variorum et diversorum auctorum volumen quartum bipartitum [...], hg. N. REUSNER, Tl. 1) 1596, 270–278; Lobschrifft/ Gestellet von dem Ehrenvesten und Hochgelarten Herrn Davide Pfeiffer/ beyder Rechten Doctorn/ etc. Der Tod ein schrecklich Name ist/ [...] (in: J. v. BEUST, Sterbenßkunst: oder Bericht/ wie man seliglich/ wohl und christlich sterben könne [...], übers. J. WITTICH) 1597, Aaa2^v (1598); Ad tumbam nobilis et clarissimi Viri, Dn. Ioachimi a Beust I.C. in Planitz, etc. qui in Christo placide obdormivit, pridie Id. Februarij, Anno: M. D. XCVII. Ediderat nuper Ioachimus Beustius artem: [...] (Epicedium) (in: P. WILLICH, Leichbegängnis und Ehrenpredigt/ bey der Begrebnis des weyland edlen [...] Herrn Ioachimi von Beust/ auff Planitz/ etc. Erbsassen/ der Rechten Doctorn [...]. Welcher den 4. Februarij [...] entschlaffen/ und folgends den 14. dieses Monats [...] bestattet worden/ [...]) 1597, a4^r; (wieder in: B. CRUSIUS, In beatum obitum [...] dn. Ioachimi a Beust i. u. d. [...] etc. parentatio habita in ludo literario Nivimontij coram ampliss. senatu, et reverendo ministerio ecclesiastico, civibusque primarijs [...], 1598, 23); Ad Clarissimum [...] D. Nicolaum Reusnerum Leorinum. ΔPAMATIKON [...]. / Ad Clarißimum virum, D. Nicolaum Reusnerum IC. et Comitem Palatinum etc. Epigramma. [...] Multa reservati Caesar specialia juris [...] (in: N. REUSNER, De iure testamentorum et ultimarum voluntatum tractatus sive commentarius amplißimus scholis Ienensibus publice propositus [...], hg. J. REUSNER) 1597, A4^v–[ ]4^r; (das ‹Epigramma› wieder in: Imp. Rudolphi Secundi, Romanorum caesaris [...], etc. comitiva palatina ex singulari gratia concessa d. Nicolao Reusnero [...]. Cum epigrammatis variorum [...] auctorum in honorem eiusdem scriptis, 1599); Petro Heigio I.C. [...]. In Curia Septemvirali Dresdensi, Collegae quondam suo desideratissimo. Non igitur totum te nobis abstulit Hegi [...] (5 Distichen) (in: P. HEIGE, Quaestiones iuris tam civilis quam Saxonici [...] editae nunc primum [...], hg. L. PERSON) 1602,)○(1^r (wieder in: DERS., Commentarii super IIII. institutionum imperialium d. Iustiniani libros [...], 1603, Titelbl.^{v}).

Ausgaben: Tot nuper scatuit Plauti Comoedia mendis [...]. David Peiferus JC. et trium Elect. Sax. Cancellarius, [...] aetatis anno LXXII. (5 Distichen) (in: Plautus, Fabulae XX. superstites [...], hg. F. TAUBMANN) 1605,):(4^r (wieder in den folgenden Ausg.); Imperatores Turcici, libellus [...] (1550) (in: Delitiae poetarum Germanorum huius superiorisque aevi illustrium, hg. J. GRUTER, Tl. 5) 1612, 31–57; Lipsia, seu originum Lipsiensium libri IV. cum quibusdam additamentis (hg. A. RECHENBERG), 1689 (mit einem «Curriculum Vitae Davidis Peiferi JCti.» Rechenbergs; 2 Drucke; ^{2}1700; u. d. T.: Memorabilia Lipsiensia, in quibus origo urbis et academiae, incrementa utriusque variae belli pacisque vices una cum carmine auctoris de vita rustica et panegyrico seculari Johannis Friderichi v. cl. percensentur, ³1725); Epistolae publico nomine scriptae statum ecclesiae et reipublicae sub Augusto Saxoniae electore egregie illustrantes primum nunc editae (hg. F. G. GOTTER, Vorr. J. F. BUDDE) 1708 (²1721); Serenissimo et Potentissimo Principi, Domino Rudolfo II. Caesari Augusto [...] (Widmungsbrief, Dresden, undat.) (in: P. J. FÖRTSCH, De Oppiano poeta Cilice nonnulla disserit et Davidis Peiferi epistolam ad Rudolphum II. imp. Oppiani venaticis Latino carmine ab illo redditis praemissam in lucem profert [...], o. J. [1749], XI–XV; Oppiani de venatione libri IV. carmine Latino redditi a Davide Peifero I.C. anno M. D. LV. (in: Oppinianus, ΟΠΠΙΑΝΟΥ ΚΥΝΗΓΕΤΙΚΑ ΚΑΙ ΑΛΙΕΥΤΙΚΑ. Oppiani Cynegetica et Halieutica. Ad fidem librorum scriptorum [...]. Accedunt versiones latinae metrica et prosaica, plurima anecdota et index Graecitatis, hg. J. G. SCHNEIDER) 1813, eig. Pagin.; Das religiöse Leipzig oder Buch III des Leipziger Ursprungs u. seiner Geschichte (übers. E. v. REEKEN, bearb. G. LÖWE) 1996.

Briefe: Briefe an u. von David Chytraeus (in: D. CHYTRAEUS, Epistolae [...]; nunc demum in lucem editae, hg. D. CHYTRAEUS [filius]) 1614, 803 f., 888–890, 933–937, 1104–1108, 1121 f., 1250–1253.

Bibliographien: VD16; VD17; VD18.

Literatur: Zedler 27 (1741) 106 f.; Jöcher 3 (1751) 1346; Adelung 5 (1816) 1793 f.; ADB 25 (1887) 321–324 (A. v. EISENHART); Flood, Poets Laureate, Bd. 3, 2006, 1498–1500 (unzulänglich u. fehlerhaft); Sächs. Biogr., 2013 (H. D. KREBS, H. SCHWANITZ) Online-Ressource: https://saebi.isgv.de/. – F. TRAUBOT, J. BOCER, Epithalamia scripta in nuptijs clariss. viri d. Davidis Peiferi iurisconsulti, 1563; P. LEYSER, Eine christliche Predigt/ gehalten bey dem Begrebnüs des weiland ehrenvhesten/ grosachtbarn und hochgelarten Herrn David Peifers/ der Rechten Doctorn, churfürstlichen sechs. Geheimbden Rahts und Cantzlern/ welcher den 2. Februarij dieses 1602. Jahrs allhier zu Dreßden in warem Glauben und Anruffung seines Erlösers unnd Seligmachers Jesu Christi/ sanfft und seliglichen eingeschlaffen/ und hernach den 6. Februarij ehrlich zur Erden bestattet ist worden, 1602 (mit Vita); C. CUNRAD, Prosopographiae melicae, millenarius I, 1615, 128; P. B., Rezension der Oppianus-Ausg. von 1813 (in: Jenaische allg. Lit.-Ztg., Nr. 119) 1815, 465–471, hier 470 f. (zu P.s Übers.); C. F. H. BITTCHER, Pförtner Album. Verzeichniß sämmtlicher Lehrer u. Schüler der königl. preuß. Landesschule Pforta vom Jahre 1543 bis 1843. [...], 1843, 4; Acta rectorum universitatis studii Lipsiensis inde ab anno MDXXIIII usque ad annum MDLVIIII (hg. F. ZARNCKE) 1859, 338, 342, 349, 353; Pförtner Stammbuch 1543–1893 zur 350jährigen Stiftungsfeier der königl. Landesschule Pforta (hg. M. HOFFMANN) 1893, 3; Acta nationis Germanicae universitatis Bononiensis ex archetypis tabularii Malvezziani (hg. E. FRIEDLÄNDER, C. MALAGORA) 1887, 334; Dt. Studenten in Bologna (1289–1562). Biogr. Index zu den Acta nationis Germanicae universitatis Bononiensis (bearb. G. C. KNOD), 1899, 403 f. (mit Wiedergabe des Epitaphs); Urkundenbuch der Univ. Wittenberg (bearb. W. FRIEDENSBURG), Tl. 1, 1926, Reg.; F. ROTH, Restlose Auswertungen von Leichenpredigten u. Personalschr. für genealog. u. kulturhist. Zwecke, Bd. 5, 1967, 118 f., Nr. 4188; A. SCHIRRMEISTER, Triumph des Dichters. Gekrönte Intellektuelle im 16. Jh., 2003, 161 f., 218; H. KRELL, Das Verfahren gegen den 1601 hingerichteten kursächs. Kanzler Dr. Nicolaus Krell, 2006, bes. 400–403; U. SCHIRMER, Der ernestin. u. albertin. Landadel in der Zentralverwaltung der Kurfürsten u. Herzöge von Sachsen (1525–1586) (in: Die Familie von Bünau. Adelsherrschaften in Sachsen u. Böhmen vom MA bis zur Neuzeit, hg. M. SCHATTKOWSKY) 2008, 191–214.　RBS

Peinkofer, Michael (Ps. Marc van Ellen, Michael J. Parrish), * 13.1.1969 Kempten; 1988 Abitur, studierte Germanistik, Alte u. ma. Gesch. sowie Kommunikationswiss. in München, während der Stud.zeit erste Veröff. unter Ps., zw. 1991 u. 2001 zahlr. Aufenthalte in den USA, war Berichterstatter u. Reisejournalist, arbeitete als Übers. für versch. Verlage, verfaßte 1993–2006 Beitr. für Film- u. Fernsehz. wie «Moviestar», «TV-Highlights» u. «DVD Special», Mitbegründer der Firma Dreamagix Studios in Kempten, Mitarb. bei den Heftromanserien «Maddrax» u. «Jerry Cotton», konzipierte die Fantasy-R. «Torn» u. war deren Hauptautor; lebt in Kempten. – Journalist, Red., Autor.

Schriften (Ausw.): Das große Star-Trek-Buch. Von der Classic-Serie bis zu Voyager (mit U. RAUM-DEINZER, Red. M. KNORR) 1997; Die Bruderschaft der Runen (Rom.) 2005; Die Erben der schwarzen Flagge (hist. Rom.) 2006; Die Rückkehr der Orks (Rom.) 2006; Die indische Verschwörung (Jgdb.) 2006; Der Schatten von Thot.

Nach den Aufzeichnungen von Lady Kincaid (hist. Rom.) 2006; Die Invisibilis-Thriller, 3 Bde. (I Invisibilis – II Venatum – III Caligo) 2007–09; Der Schwur der Orks (Rom.) 2007; Der Pirat von Barataria (Jgdb.) 2007; Land der Mythen, 2 Bde. (I Unter dem Erlmond – II Die Flamme der Sylfen) 2007/08; Die Flamme von Pharos. Nach den Aufzeichnungen von Lady Kincaid (hist. Rom.) 2008; Das Gesetz der Orks (Rom.) 2008; Am Ufer des Styx. Nach den Aufzeichnungen von Lady Kincaid (hist. Rom.) 2009; Auf der Jagd nach dem grünen Smaragd, 2009; Die Zauberer (Rom.) 2009; Team X-Treme (Kdb., Bilder v. D. Ernle) 5 Bde. (I Alles oder nichts – II Die Bestie aus der Tiefe – III Projekt Tantalus – IV Das Borodin-Gambit – V Sumpf des Schreckens) 2009/10; Das Licht von Shambala. Nach den Aufzeichnungen von Lady Kincaid (hist. Rom.) 2010; Die Zauberer. Die erste Schlacht, 2010; Die Zauberer. Das dunkle Feuer, 2010; Team X-Treme Mission Zero: Der Alphakreis, 2011; Piratten! (Kdb., Bilder v. D. Ernle) 5 Bde. (I Unter schwarzer Flagge – II Gefangen auf Rattuga – III Das Geheimnis der Schatzkarte – IV Der Schrecken der Sümpfe – V Die Schatzinsel) 2011; Das Buch von Ascalon (hist. Rom.) 2011; Das verschollene Reich (hist. Rom.) 2012; Das Zauberer-Handbuch. Schreib deinen eigenen Fantasy-Roman, 2012; Splitterwelten (m. C. Dittert) Tril. (I Splitterwelten – II Nachtsturm – III Flammenwind) 2012–18; Spiel der Schatten (Jgdb.) 2013; Die Herrschaft der Orks (Rom.) 2013; Die Könige, 3 Bde. (I Orknacht – II Kampf der Könige – III Sieg der Könige) 2013–18; Bloodcast (Rom.) 2014 (E-Book); Schneefall (Kriminalrom.) 2014; Das Vermächtnis der Runen (hist. Rom.) 2014; Gryphony (Kdb.) 4 Bde. (I Im Bann des Greifen – II Der Bund der Drachen – III Die Rückkehr der Greife – IV Der Fluch der Drachenritter) 2014–16; Sternenritter (Kdb., Bilder v. D. Ernle) 16 Bde. (ff.) (I Die Festung im All – II Angriff der Robotroxe – III Der Planet aus Eis – IV Verrat auf dem Feuerstein – V Das Monster aus Metall – VI Die Weltraumfalle – VII Tentakel des Schreckens – VIII Der Tempel des Lichts – IX Notlandung auf Bizarrix – X Verschwörung auf Halidon – XI Die Tiefen von Fryx – XII Die Nacht der Robotroxe – XIII Die Sümpfe von Shrog – XIV Weltraumfieber – XV Das große Planetenrennen – XVI Geheimauftrag Varash) 2014–21; Mordfall (Kriminalrom.) 2014; Die Ehre der Orks (Rom.) 2016; Der Wind und die Wahrheit (hist. Rom.) 2016;

Die Runen der Freiheit (hist. Rom.) 2017; Die Legenden von Astray 4 Bde. (I Tote Helden – II Tiefer Zorn – III Rote Flammen – IV Verlorener Thron) 2017–19; Phönix-Tril. (I Phönix – II Widerstand – III Sintflut) 2017–20; Twyns (Kdb.) 3 Bde. (I Die magischen Zwillinge – II Zwischen den Welten – III Der dunkle König) 2018/19; Ork City (Rom.) 2021; Die Farm der fantastischen Tiere (Kdb., Illustr. v. S. Krüger) 2 Bde. (ff.) (I Voll angekokelt! – II Einfach unbegreiflich!) 2021.

Ausgaben: Orks. Die komplette Saga, 2011; Zauberer. Die komplette Saga, 2012; Könige. Die komplette Saga, 2019; Piratten! Die große Saga auf einen Blick (Bilder v. D. Ernle) 2 Bde. (I Aufbruch ins Abenteuer – II Rattbones Rache) 2020.

Literatur: Histo-Couch.de (online); The Internet Speculative Fiction Database (online). FA

Peisker, Johannes (auch Peissker, Peißker), * 29.7. 1631 Langenberg (Vogtl.), † 7.2.1711 Wittenberg; Besuch des Rutheneum in Gera, dort Unterricht bei Johann Sebastian →Mitternacht, seit 1646 Rektor dieses Gymnasiums; Stud. in Leipzig (kein Matrikeleintrag) u. Wittenberg (immatrik. am 21.2.1659: «Iohannes Peissker Langenberga Variscus»), dort am 13.10.1659 zum Magister artium promoviert; während des Stud. Informator junger Adliger in Delitzsch; wohl 1665/66 zum Dichter gekrönt («P. L. Caes. Lauru Vienna gratis missa una cum Diplomate pretioso», so P. selbst, ohne Datumsangabe, in: Als [...] die Chur-Stadt-Schule [...] repariret worden, 1702, B2^r [Rektorenverz.]; am 19.1.1669 zum Rektor der Stadtschule in Wittenberg berufen (Amtseinführung am 15.2.); 1678 Aufnahme in die Hamburger Deutschgesinnte Genossenschaft ‹Der Ungemeine›, Nr. 158); P. war zweimal verheiratet, in erste Ehe am 13.9.1670 mit Magdalena (1650–1698), einer Tochter des Verwalters (Speisemeister) des kurfürstl. Konvikts in Wittenberg Martin Trebeljahr, in zweiter Ehe am 19.10.1700 mit Elisabeth, einer Tochter des Delitzscher Chirurgen Esaia Hartmann; P. ist nicht zu verwechseln mit dem gleichnamigen «Berlinensis» (1648–1676). – Philologe, Schulrektor, Dichter.

Schriften (die sehr zahlr. Beitr. zu Sammelschr. u. Werken anderer in Ausw.): Epithalamium (5 griech. Distichen) u. 1 Chronodistichon. Johann Peißker/ Philol. et Philos. Studiosus (in: Bellaria melica, nuptiis Praetorio-Zweifelianis, 2. Non. Jun. anno ↀↃ LVII. Lißae, Delitio conterminae celebratis, cum plausu ac voto perennantis felicitatis, consecrata a fautoribus et amicis) o. J., A4ʳ; Pindarische Ode/ nach Prosopopoeischer Art/ dem Selig-Verstorbenen Herrn Elias Fischern einführend: [...]. Johann Peißker/ Philol. et Philos. Stud. Nobilium quorundam t. t. heic Delitii Praeceptor (in: J. CLAUDER, Frommer Christen Angst und Noth nimmt ein Ende mit dem Todt: [...] als [...] Herr Elias Fischer/ Not. Publ. Caes. [...] zu Delitzsch/ am 19. Martij 1657. [...] entschlaffen/ und nechstfolgenden Sontags Palmarum [...] zur Erden bestetiget ward; in einer Predigt zu S. Petri und Pauli außgeführet) 1658, K2ʳ–K3ʳ; Trochaische Trauer- und Trost-Ode. Was den Ehstand nun ein Jahr [...] (in: J. CLAUDER, Sanffter Todes-Weg/ als des [...] wohlgelahrten Hn. Christoph Mayers/ wohlbestelten fürstl. S. AmptSchössers zu Delitzsch/ [...] eintzige Tochter/ Maria-Sophia/ [...] bey der Haupt-Kirchen zur Ruhe bracht ward am 23. Jan. 1658. [...]) o. J., K1ʳ–K2ᵛ; Epicedium (in: Schuldige Trost-Zeilen! An den wohl-ehrwürdigen [...] Abraham Calovius, der heil. Schrifft weltberühmten Doct. hiesigen Orts treufleisigen Professoren/ und Pfarrherrn/ [...] als derselbe [...] Regina/ gebornen Friesin/ seiner [...] Hauß-ehr/ das letzte Ehren-Geleite Anno 1658. den 3. Brachmonats-Tag [...] in Wittenberg gabe/ überreichet zu Bezeugung hertzlichen Mitleidens von denen gesambten anitzo in Wittenberg studierenden Preussen) 1658; CYΓXAPMA. ΔΙΓΛΟΤΤΟΝ. Quod. Promotioni. Doctorali. Virorum [...] L. Abrahami. Telleri. Ad. D. Thomae. Apud. Lipsenses. Pastoris. Dignissimi. Juxta. Ac. Consistorii. Ecclesiastici. Adsessoris. Gravissimi. Dn. L. Martini. Geieri. SS. Theol. Professoris. Publici. Nec Non. Lipsiae. Ad. D. Thomae. Archidiaconi [...] L. Jacobi Clauderi. Ecclesiae. Delitianae. Pastoris. Ejusdemque. Ac. Vicinarum. Superattendentis. Vigilantissimi. Dn. L. Bartholomaei. Stepneri. Ecclesiae. Quae. Christo. Apud. Cygnaeos. Colligitur. Pastoris. Ac. Vicinarum. Ephori. Dignissimi. In. Alma. Philuraea. IIX. Idus. Julii. [...] MDCLIIX. Publica. Panegyri. Ac Ritu. Soleni. Peractae. Sacrum. Atque. Ad. Significandam. Eamque Submissam. Suam. Observantiam. In. Famae. Templo. Suspensum. Voluit. Johannes. Peißker. Philol. Et. Philos. Studiosus. Nobilium. Quorundam. T. T. Delitii. Praeceptor, 1658; Epicedium (in: J. HÜLSEMANN, Gut Leben/ böse Zeit/ guter Namen/ lange Zeit: bey christlicher Leich-Bestattung des [...] Herrn Zacharias Griebners/ J.

U. Cand. [...] nach dem ihn der allerhöchste Gott den 7. Octobr. des 1659. Jahrs [...] in das ewige unvergängliche Erbe versetzet/ [...]) 1660; Mihi Jesu Praesis! [...] (griech-lat.-dt. Epicedium) (in: Lamenta exsequialia, quae perenni memoriae ac honori supremo viri [...] domini Valentini Dalichovii [...] praetoris apud Wittebergenses [...], quum ex supremi sententia numinis, anno messiano M. DC. LXI. [...] XIIX. Kal. Maj. [...] obdormiisset, sacra eße et voluerunt et jußerunt lugentes magis, quam lubentes ejusdem consanguinei, convictores, domestici, gnati) o. J., A2ʳ–A3ᵛ; Ad Virum Excellentissimum atque Clarissimum Dn. M. Othonem Praetorium, Poeseos P. P. in Alma Leucorea longe Dignissimum [...] Moecenatem honoratissimum. Trinum perfectum, vulgata paroemia cantat [...] (Epithalamium) (in: Ad Othonem Praetorium, poeseos in academ. Wittebergensi p. p. cum d. XXIX. Octob. anno cIↃ IↃc LXI. nobilissimam virginem Dorotheam, summi viri, Augusti Buchneri, etc. etc. relictam filiam in uxorem duceret gratulationes collegarum, adfinium et amicorum) o. J., B4ʳ; Jugiter in vita mortis meminisse tenetur [...] (Epicedium) (in: J. MEISNER, Duplex diadema speciei [...]/ aus den 5. Cap. des Buchs der Weißheit/ bey [...] Leichbegängniß der [...] Frauen Dorotheen Elisabethen/ gebohrner Hülsemannin/ wie auch des [...] Hrn. M. Abraham Calovii, der heiligen Schrifft Studiosi, des [...] Herrn Abraham Calovii, der heil. Schrifft Doctoris [...] HaußEhre/ und [...] einigen Sohns/ welche beyde den 26. Martii [...] verschieden/ und den 31. ejusd. [...] in ihre Ruhestättlein eingesencket worden/ [...]) 1662, S3ʳ⁻ᵛ; Mihi Jesu Praesis! Splendidis fulgens Domus natalibus [...]. M. Johannes Peißker/ Langenberga Variscus (Gratulationsged.) (in: De poenis nobilium et bene meritorum, ex arithmetica proportione statuendis, publice facturus est verba [...] ad d. XX. Sept., S. F. FRENZEL [Präs.], T. BÖTTICHER [Resp.]) 1662, unpagin.; Schuldiges Danck- und Denck-Gedichte/ welches dem wohlehrenvesten/ großachtbaren/ wohlgelahrten und hochweisen Herrn Gregorio Blumen/ churfl. Durchl. zu Sachs. wohlbestalten ChurCreyß LandSteuerEinnehmern/ und wohlverdienten Bürgermeister alhier zu Wittenberg/ seinem hochgeehrten Patron und grossen Beförderer/ an dessen durch göttliche Gnade glücklich erwiederten Nahmens-Tage/ war der 12. Martii/ im Jahr 1663. gebührender massen überreichte M. Johannes Peißker/ P.L.C. und der Stad-Schulen Rector, o. J.; (die Jahreszahl

«1663» steht im Widerspruch zu P.s eigener Angabe, wonach er das Rektorenamt 1669 übernommen hat; es dürfte ein Druckfehler vorliegen); Quae nos exercent mortales tristia mundo! [...] (Epicedium) (In: Lessi ferales super praematuro [...] obitu [...] foeminae Reginae Caloviae, [...] jcti dn. Wilhelmi Lyseri [...] conjugis [...] et [...] theologi dn. Abrahmi Calovii [...] filiae [...] ipsis exequiarum solennibus facti, Wittebergae mense Jan. a. s. cIɔ Iɔc LXIV), o. J., [A2]^r; Der Himmel ruhet nicht; So machts ein edler Geist/ [...]. M. Johann. Peißker (Lobged.) (in: B. KINDERMANN, Der deutsche Poet/ [...]) 1664, b6^v–b7^r; Ad Clarissimum Dn. Praesidem, Fautorem meum et Amicum honorandum. [...]. Ad Praestantissimum Dn. Respondentem, Amicum perdilectum. [...] (2 Lobged.) (in: Dissertatio philosophica de sapientia prima [...] ad diem 12. Martij, M. PACHAL [Präs.], J. C. STURM [Resp.]) 1664, B4^r; An (Tit.) Frauen Sophien Grübnerin/ Der in Gott ruhenden (Tit.) Frauen Doctorin Mayerin/ hinterbliebenen Frauen Tochter. Es bleibet bey dem Schluß: Wir müssen alle wandern [...] (Trauerged.) (in: M. GEIER, 1. Kurtze/ vermeinte Ungnade/ und 2. Lange rechtschaffne Himmels Gnade/ aus Jes. LIV, 7. 8. [...]. Bey [...] Leichbestattung der [...] Matron Fr. Sophien/ gebornen Benckendorffen/ des [...] Herrn Johann Mayers/ vornehmen Jcti, [...] Witben/ als dieselbe am 31. Julii dieses 1664. Jahres/ ihre [...] Lebenszeit [...] geendet/ [...]) o. J., H4^{r-v}; Non plenis olim juvit certare cululis [...] (4 Distichen) (in: Dissertatio politica, de consiliario principis [...] ad diem 1. Octobr., J. MANITIUS [Präs.], D. SCHICKE [Resp.]) 1664, E5^r; Assidui cuncto metuendi tempore motus [...]. M. Johannes Peißker (Epicedium) (in: A. CALOV, Vidua vere probata, aeternum beata [...]/ bey [...] Leichbegängnüß der [...] Frauen Coeciliae, geborner Leyserin/ des [...] Herren Erasmi Unruhe/ uf Rabenstein/ [...] hinterlassenen Frau Wittwen welche [...] am 17. April des Jahres Christi 1665. [...] diese Welt gesegnet [...]) o. J., P4^r; Terminus instabat vitae, vitaque migrandum [...] (3 Distichen) / Es hatte sich der Jahres-Lauff geendet/ [...]. M. Johann. Peißker/ P.L.C. (Trauerged.) (in: A. CALOV, Jobeum fidei symbolum, das schöne Glaubens Bekäntniß [...] Hiobs/ [...]. Bey [...] Leichbegängniß des [...] Job Wilhelm Fincelii, bey der Chur-Stadt alhier wohlverordneten Bürgermeisters/ [...]. Welcher am 2. Jan. dieses 1666. [...] diese Welt gesegnet/ [...]) 1666, M1^v–M3^r; Alexandrinisches Kling-Gedicht/ an seinen Herrn M. Gottfried Voigten/ von Delitzsch auß Meissen/ der heiligen Schrifft wohl Beflissenen/ als derselbe von dem Glauben der getaufften kleinen Kinder/ unter ihro Excellentz H. D. Deutschmann/ öffentlich in Wittenberg sehr rühmlich disputierte. [...] (in: Disputatio theologica de fide infantum baptizatorum [...] in illustrissima Saxonum academia [...] ad d. Jun., J. DEUTSCHMANN [Präs.], G. VOIGT [Resp.]) 1666, [92]; Qui modo Musarum celebri florebat in horto [...] (Epicedium) (in: Lessus solennis quem viro juveni praeeximio [...] M. Danieli Stepnero Longomontano Misnico, ss. theol. studioso solertissimo, cum XIX. Aug. 1666. de nocte lethifero ferri ictu cecidisset, ipsique 2. Septembris justa persolverentur, fecerunt patroni, praeceptores, frater, fautores atque amici) 1667, B1^v; Novit, qui penitus cordis penetralia novit [...]. M. Johann Peißker/ P.L.C. (Epicedium) (in: J. MEISNER, Medicina adversus mortem [...]/ auß den 42. Psalm bey [...] Leichbestattung der [...] Frawen Catharinen/ gebohrnen Calovin/ des [...] Herrn Johannis Deutschmans/ der heil. Schrifft Doctoris und [...] Prof. Publ. [...] HaußEhre/ welche den XXII. Mart. selig entschlaffen/ und den XXV. darauff [...] in die Erde eingesencket worden/ [...]) 1667, S4^r; Ein Buhler sucht die kohlpechschwartze Nacht/ [...] (Epithalamium) (in: Glückwüntschende Freuden-Gedichte/ als [...] H. M. Christian Cörner/ [...] Pastor Primarius zu Staßfurth/ mit der [...] Jungf. Anna Elisabeth von Syborgs/ den 16ten Aprilis im 1667. Jahre zu Magdeburg sein hochzeitliches Ehren-Fest begienge/ aufgesetzet/ und von Wittenberg überschicket von ihro Excellentz Herrn D. Wendelers sämbtl. Tischgenossen) o. J., A2^{r-v}; Ad Praestantissimum Politissimumque Dnum. Roeberum, Magistrum Philosophiae dignissimum. Quid Juramentum magni sit Principis, illud [...] (3 Distichen) (in: De iuramento imperantis [...] ad d. Octob., S. F. FRENZEL [Präs.], J. RÖBER [Resp.]) 1667, C2^v; Non praeconis eget Musae Luterodia nostrae [...]. Madrigal. Muß ich auch Dir/ Hochwerthes Haus/ [...]. M. Johan. Peißker/ P. L. C. (2 Trauerged.) (in: Funus pientißimae [...] matronae, Annae Siegleriae natae Lutterodiae, [...] Aegidii Siegleri, civit. Witteberg. consulis meritissimi, relictae viduae, d. 25. Novembr. cIɔ Iɔ c LXVII. beate defunctae, in necessariorum solatium sequentibus lessibus prosequebantur fautores, propinqui ac amici) o. J., B3^v; Mortua sum subito, subito sum coelica facta [...] (Epicedium) (in: A. CALOV, Antiphona de Zione derelicta non-derelicta

[...]. Bey [...] Leichbegängnüs der [...] Frauen Annae Sophiae, gebohrnen Fritzschkin/ des [...] Hn. Constantini Ziegra/ der h. Schrifft Doctoris [...] gewesenen Eheliebsten/ welche am 12. Decembr. des verwichenen 1667sten [...] Jahres [...] entschlaffen/ und drauff am 19. Decembr. in ihr Ruhebettlein gesetzet/ [...]) 1668, L3ʳ; Memoriae [...] Othonis Praetorii, sereniss. elect. Sax. historiographi, ac poeseos prof. publ. longe celeberrimi [...] ipso exsequiarum die, qui IIX. Martii anni MDCLXIIX. erat [...] acceptum hanc elegiam sacram esse volebat M. Johannes Peißker/ P.L.C., o. J.; zus. mit. G. Thilo, Debitae observantiae tessera viro nobilissimo, amplissimo, atque excellentissimo dn. Michaeli Walthero, math. super. professori publ. longe celeberrimo, et hodie decano spectabili, sponso, cum virgine clarissima, Euphrosyna, [...] dn. Conradi Victoris Schneideri, medicorum seculi nostri facile principis [...] filia natu maxima, sponsa, nuptias III. Kal. April. anno cIↃ IↃc. LXIIX. Wittenbergae celebranti exhibebatur a cultorum biga, 1668; Honoratissimo sponsorum pari, viro praecellenti praeclarissimoque dno. M. Johanni Schellenbergero, ss. theol. candidato, et rectori apud Mariaemontanos dignissimo, et [...] Annae Sophiae [...] Chrysostomi Lehmanni, jcti ac consulis Mariabergensis [...] natae natu maximae. In nuptiis IX. Cal. Decembr. anno MDCLXVIII. Mariamonte celebratis hoc, quicquid est, extemporanei carminis, vetustioris amicitiae partim in gymnasio Gerano, partim in academiis contractae ergo, sacrum esse volebat, debebat Wittenbergae M. Johannes Peißker/ P.L.C., 1668; Frisia Te genuit, Strophi, clarissimae tellus [...] (4 Distichen) (in: Disputatio juridica de jure cursuum publicorum [...] ad diem Aprilis, M. F. Lederer [Präs.], L. J. Stroph [Resp.]) 1669, C4ᵛ; Mihi Jehova Providebit! Quos, Hebensteini, versus hoc tempore pangam [...] (6 Distichen) (in: Honores in philosophia summos in florentissima ad Albim academia [...] a decano [...] Balthasare Stolbergio, Graecar: lit. prof. publ. ordinar. [...] dn. Wolfgango Hebensteinio PlaviaVarisco, ecclesiae [...] Prataviae [...] pastori fidelissimo, die XXVII. Aprilis anno M. DC. LXIX. solenni ritu collatos gratulantur patroni, fautores atque amici) o. J., unpagin.; Lectori Benevolo Sal. (Vorr.) (in: G. Prenzlow, Introductio ad collegium de copia verborum ac rerum, cui accessit consilium de ratione informandi ad amicum quendam) 1671,)†(2ʳ–)†(4ᵛ; CΥΓΧΑΡΜΑ juveni pietatis ac eruditionis laude conspicuo, dn. Davidi Wendelero, phil.

et ss. theol. cultori, honores in philosophia summos suffragante ampliss. philos. colleg. III. Kal. Mai. anno MDCLXXII. in academia patria cum laude adepto amoris atque honoris ergo adclamab. M. Joh. Peißker/ P.L.C. [...], o. J.; Christliches Denckmahl/ alß (Tit.) Herr Ernestus Bahn/ bey der churfl. sächs. Verpflegungs-Commission verordneten Quatember-Steuer Einnehmer [...] und dessen hertzgeliebte HaußEhre [...] Dorothea/ gebohrne Trebeljahrin ihr [...] Töchterlein/ nahmendlich Christinen/ welches den Sontag Laetare, war der 17. Martii Anno 1672 [...] verschieden/ den 21. hujus [...] bestattet liessen aus schuldigen Mitleiden auffgerichtet [...], o. J.; Selmnizio dat moesta justa Leucoris [...] (Epicedium) (in: Ad illustrem [...] dn. Ernestum Fridemannum a Selmnitz/ in Straußfurth/Vehra/ Steinburg et Cranichborn/ etc. potentiss. elect. Saxon. comitem ac consiliarum [...] cum expectationis maximae [...] filium natu secundum, dn. Ernestum Dietericum, Wittenbergae [...] ad diem XXV. Martii [...] cIↃ IↃc LXXII. [...] denatum [...] efferret, epicedia academiae Wittenbergensis) o. J., [D1]ᵛ; Wie hat Ihn mein Patron/ der Trauer-Fall betrübet/ [...] (Trauerged.) (in: A. Calov, Vitae et mortis nativa acerbatis [...]. Aus [...] Phil. I, 21. [...] Bey [...] Leichbegängnüs der [...] Frauen Annae Sibyllae, gebohrner Planckin/ des [...] Herrn Georg Melchior Thielo, [...] jetzo regierenden Bürgermeistern und Syndici der Churstadt Wittenberg eheliche Hauß-Ehre/ welche [...] am 5. Julii dieses 1673sten Jahres [...] verschieden/ und [...] am 8. Julii [...] bestattet worden/ [...]) o. J., K4ʳ⁻ᵛ; Carmen epicum de gloriosa Christi resurrectione, quo simul [...] dnn. patronos, reliquosque lyceo nostro optime cupientes, ad orationem de resurrectionis dominicae fructibus a Johanne Fritschio, Borckersdorfens. Lusato, musis nostris una valedicturo, gratias euergetis acturo, academicisque in posterum [...] studiis invigilatur ad d. 23. April. hor. I. pomerid. in auditorio superiori scholastico habendam eo, quo par est, modo invitat M. Joh. Peißker/ [...], 1674; Strenuus is miles, qui pugnat fortiter, audit [...] (4 Distichen) (in: De strenis Von NeüJahrs-Geschencken [...] in electorali Saxonum universitate [...] III. Non. Jan., J. F. Scharf [Präs.], J. Fritschel [Resp.]) 1675, B2ᵛ; Epicedium (in: Quum vir reverendus [...] dn. M. Caspar Schmid/ Tzschopa-Misnicus, ecclesiae Wittebergensis diaconus per quadraginta sex annos meritissimus, IX. Kal. Septembr. anno MDCLXXV. solenni ritu [...] terrae [...] mandaretur monumentum hoc ultimi honoris [...] esse voleb. collegium scholasticum Wittebergense) o. J.; zus. mit D. WINTER, Viro per-reverendo clarissimoque dn. M. Christiano Lehmanno, ecclesiae Annaemontanae diacono dignissimo, de nuptiis cum lectissima pudicissimaque virgine Anna Rosina, viri reverendi admodum clarissimique dn. M. David Köleri, ecclesiae Swartzenbergensis pastoris optime-meriti, ac dioeceseos Annaebergensis adjuncti multo gravissimi, natu maxina filia, X. Kalend. Decembr. anno cIɔ Iɔc LXXV. Swartzenbergae solemniter celebrandis, veteris amicitiae academicae memor congratulabatur Wittebergae amicorum biga, o. J.; O Gratam famam, quae Te, Clarissime Lani [...] (Gratulationsged.) (in: Summos in philosophia honores in incluta Phylurea [...] a decano [...] M. Christophoro Lichtner/ [...] dn. Georgio Lani, olim Carponae in sup. Hung. rectori [...], nunc exuli, [...] a. [...] M. DC. LXXVI. die 28. Januar. solenni ritu collatos gratulantur patroni, praeceptores, amici, et populares) o. J., unpagin.; Elegia. Quum Sol Erigones ferme peragraverat astrum [...] (Epicedium) (in: Alß [...] Frau Anna Maria/ gebohrne Schedertin/ des [...] Herrn Johann Langens/ Notar. Publ. Caes., hochverdienten Bürgermeisters/ [...] dieser [...] Chur-Stadt Wittenberg/ [...] Ehe-Liebste/ welche den 5. Sept. [...] Anno 1676. [...] entschlaffen/ den 10. ejusd. [...] beerdiget wurde/ wolten gegen ihren [...] hochbetrübten Herrn Patron, ihr christliches Mittleiden bezeigen die sämptlichen Schul-Collegen alhier) o. J., Titelbl.ᵛ; Dissertatiuncula, de Ciceronis imitatione, qua simul plurimum venerabiles amplissimosque dnn. patronos, ceterosque ordinis scholastici fautores, ad actum dramaticum in genere causarum deliberativo de Cn. Pompejo, imperatore bello Asiatico, ex C. Manilii, Tr. Pl. plebisscito, praeficiendo, ad filum orationis Ciceron. pro lege Manilia elaboratum, in auditorio superiori scholastico VII. Id. Octob. anno cIɔ Iɔc LXXVI. [...] instituendum, ea, qua par est, observantia invitat [...], o. J.; Christ-schuldigste Gebühr/ als der weyland edle/ groß-achtbahre und wohlgelahrte Hr. Caspar Limmer/ von Gera/ vornehmer Candidatus Juris, u. s. f. den 1. Junii ietztlauffenden 1676sten Jahres/ abends umb 8. Uhr in seinen erlöser Christo Jesu/ unter währenden Singen und Bethen sanfft und seelig in Wittenberg entschlaffen/ und darauff den 11. ejusd. mit hochansehnlicher und volckreicher Trauer-Begleitung/ nebst gehaltener Leichen-Predigt daselbst beehret wurde/ so wohl aus bereitwilligster Observantz gegen das hoch-leid-tragende vornehme Hauß/ als zur Bezeugung schmertzlichen Mitleidens abgestattet von M. Joh. Peißkern/ von Langenberg/ [...], o. J.; Ad actum declamatorium de spiritu sancto, XI. Kal. Jul. ao. MDCLXXVII. in auditorio superiori scholastico, circa hor. IX. antemeridianam instituendum plurimum-venerabiles [...] dnn. patronos, ac ceteros ordini nostro quam optime cupientes ea, qua decet, pietate invitat M. Johann. Peißker/ [...], 1677 (Schulprogr.; wieder in: Tabulae, ad faciliorem grammatices Graecae Wellerianae tractationem accommodatae [...], 1704); Perillustri, excellentissimo, generosissimoque domino, dn. Hermanno a Wolfframbsdorff, dynastae Mügelae, Kösteritii, Saalhusae et Limpachii, etc. [...] electoris Saxoniae comiti et consiliario sanctiori, supremo camerario et camerae directori, circuli Lipsiensis capitaneo summo, et praefecturarum Coldicensis, Leisnicensis, Bornensis, Rochlicensis et Grimmensis capitaneo, ac supremo tribunali reditum praefecto, nec non canonico Martisburgensi [...] quum [...] in augusta electorali Saxonica aula, praetorio, communi bonorum omnium adplausu, mense Septembr. anno MDCLXXVII. praeficeretur de collato hoc gravissimo munere, ea, qua decet, observantia ac pietate, gratulatur devotissimus cliens M. Johann. Peißker/ Langenbergensis [...], o. J.; Quum viro summe-reverendo [...] dn. L. Johann. Andreae Lucio, serenissimi atque potentissimi Elector. Sax. hactenus ecclesiastae aulico optime merito; nunc vero inclyti electoralis proto-synedrii designato assessori gravissimo, ecclesiae Dresdensis pastori vocato, ejusdemque et vicinarum superintendenti vigilantissimo, dn. patrono ac promotori suo aetatem devenerando, supremum in theologia doctoratus axioma prid. Non. Decembr. ao. cIɔ Iɔc LXXVII. in solenni panegyri hic Wittebergae conferretur, officium hoc pietatis ea, qua par est, ratione praestabat M. Johann. Peißker/ [...] o. J.; Ad Virum Nobiliss. Praeclarissimumque Dn. Godofred. Thilonem, Phil. M. atque Athenaei Goldberg. Rectorem celeberrimum, Fautorem et Amicum Veterem Academicum aestumatissimum. Quaestorem sistis, nec solo nomine talem [...] (5 Distichen) (in: G. THILO, De quaestore schediasma politicum) o. J. [1677], B4ᵛ; Pietatis tessera, quam viro magnifico ac meritis illustri dn. Jonae Schrimpfio, jcto. comiti pal. caes. serenissimi elector. Saxon.

ac plurimorum, eorundemque praecipuorum Sacr. Rom. Imper. principum statuum et ordinum consiliario, atque in augustissima imperiali aula residenti mandatario perpetuo [...] ipsis Kalend. Jan. an. MDCLXXIIX. exhibendam Wittebergae Viennam mittebat M. Johann. Peißker/ [...], o. J.; Alß der weyland edle/ veste hochgelahrte und hocherfahrne Hr. George Christian Pfeifer/ von Dreßden aus Meissen/ der Medicin wolgewürdigter Licent. den 1. Sontag Epiphan., war der 13. Januar. des 1678sten Jahres mit hochansehnlicher und volckreicher Trauer-Begleitung nebst gehaltener Leichen-Predigt in Wittenberg beehret wurde/ wolte dieses Denckmahl so wohl dem Wohlseeligen zum rühmlichen Andencken/ alß zu Bezeugung christgebührendes Beyleides gegen die hochbetrübte vornehme Freundschafft auffrichten M. Johann. Peißker/ [...], o. J.; Ad actum oratorio-poeticum Christi natalitiis sacrum in acroaterio scholastico superiori, IV. Kal. Febr. a. MDCLXXIIX. circa h. IX. antemeridianum instituendum venerabiles admodum amplissimosque dnn. patronos ac reliquos ordini nostro faventes, decenti ratione invitat M. Johann Peißker/ [...], o. J. (Schulprogr.); Virum. Meritis. Illustrem. Philippum. A. Zesen. Com. Pal. Caes. Atque. Equitem. Theutonium. Societatis. [...] Fundatorem. Ac. Praesidem. [...] Hospitem. H. T. Wittebergensem. Multo. Acceptissimum. Dn. Fautorem. Ac. Maecenatem. Aetatem. Colendum. Hac. Qualicunque. Animi. Grati. Tessera. In. Mnemosynes. Fano. Suspensa. Ea. Qua. Poterat. Ratione. IX. Kal. Novembr. Anno. MDCLXXIIX. Athenis. Leucoreis. Discessurum. Comitabatur. M. Johann Peißker/ P.L.C. [...], o. J.; Elegia Gemina. I. Heu! Schernhauerus vixit! quam flebile dictu! [...] II. Muß ich den Werthen Freund mit einem Grabmahl ehren! [...] (2 Trauerged.) (in: Quum perquam-reverendum [...] dn. M. Johan. Simon. Schernhauerum, Visena Thuringum, ecclesiasten Witteberg. [...], ac lyceo nostro quam optime cupientem, VI. Nov. anno cIↃ IↃc LXXIIX. [...] defunctum, X. ejusd. [...] efferent, adfectus ultimi hoc monumentum statuebat collegium scholasticum Wittebergense) o. J.,)(1ᵛ–)(2ʳ; Wie seelig sind/ die recht Barmhertzig sich erweisen! [...]. M. Joh. Peißker/ P. L. C. [...] (Lobged.) (in: Dissertatio theologica, de misericordium ΕΥΤΥΧΙΑ. Ex. Matth. V. v. 7. [...] in illustri electorali academia Wittebergensi [...] Ad diem [Ex. 3, hdschr.: 15.] Novembr. [...], J. DEUTSCHMANN [Präs.], C. HEYDMANN [Resp.]) 1678, [17f.];

ΞΕΝΙΟΝ ΕΥΧΑΡΙΣΤΙΚΟΝ ΤΕΤΡΑΓΛΩΤΤΟΝ, quo virum magnificum [...] Jonam Schrimpfium, jct. sacri lateranensis palatii aulae caesareae, ac imperialis consistorii comitem [...] electori Saxon., nec non aliis Sacri Romani Imperii ducibus, principibus et statibus a consiliis et negotiis maxime arduis in augustissima aula caesarea etc. [...] et [...] Antonium Weckium [...] electoris Saxon. consiliarium gravissimum, atque in rebus ad Sacrum Romanum Imperium pertinentibus a secretis sanctioribus, etc. [...] ipsis Kal. Jan. a. MDCLXXIX. Wittebergae, tanquam animi grati symbolo prosecuturus erat ex observantiae lege mittebat M. Johann. Peißker/ [...], o. J.; Symbol. [...] Gen. XXII. 14. [...] Quid Civium solers extorrium parat [...] (in: Feliciter! Feliciter! Cum serenissimus [...] dn. Fridericus dux Saxoniae [...] ex summa singularique gratia, [...] dn. Matthiam Rosnerum, Sempronio-Hungarum [...] exulem, [...] nunc [...] sacris aulicis Altenburgi Misniae, clementissime praeficeret, hanc singularem dei principisque gratiam [...] depraedicantes, et suo Rosnero [...] faustissima quaeque comprecati, patroni, fautores, amici ac populares [...] metris suis acclamant, mense Martio, anni Salutis cIↃ IↃc LXXIX) o. J., unpagin.; Unterthänigster Nachruff/ an den großmächtigen und durchlauchtigsten Fürsten und Herrn/ Hrn. Johann Georg dem Andern/ Hertzog zu Sachsen/ Jülich/ Cleve und Berg/ [...] etc. etc. meinen gnädigsten Chur-Fürsten und Herrn/ welcher mit seiner landes-väterlichen hohem Gegenwart die weltberühmte Chur-Stadt Wittenberg/ dem 17. Martii des 1679sten Heil-Jahrs begnadiget/ und dem 24. ejusd. von derselben gnädigst abgereiset/ in tieffster Demuth auffgesetzet [...], o. J.; Als der großmächtige und durchlauchtigste Fürst und Herr/ Herr Johann Georg der Andere/ Hertzog zu Sachsen/ Gülich [!]/ Cleve und Berg/ des Heil. Röm. Reichs Ertz-Marschall und Chur-Fürst/ Land-Graf in Thüringen/ Marggraff zu Meissen/ auch Ober- und Nieder-Lausitz/ Burggraff zu Magdeburg/ Graff zu der Marck und Ravensberg/ Herr zu Ravenstein/ etc. etc. mein gnädigster Churfürst und Herr/ dem 26. Heumonats/ des 1679sten Jahres/ seinen hohen chur-fürstlichen Einzug in die Chur-Stadt Wittenberg gehalten/ von dannen sich nach Gommern erhoben/ und glücklich/ dem Höchsten sey gedankket/ dem 1. Augusti wieder anhero kommen/ ward gegenwärtiges in unterthänigster Auffwartung nebst demüthigsten Danck überreichet [...], o. J.; Quem Tubaris nuper retulit, pius Accola luctum! [...] (Epicedium) (in: G. S. RENGER, Mnemoneutica christiana, eine geistliche Gedenck-Kunst/ [...]. Bey [...] Leich-Begängnuß/ und [...] Beerdigung/ als der [...] Herr Joh. Ludwig Hartmann der h. Schrifft weit-berühmter Doctor, primarius Pastor und [...] Superintendens unserer Rotenburgischen Kirchen/ [...] nachdem er den 18. Julii des Jahrs 1680. [...] die Sterbligkeit überwunden/ den 21. ejusd. [...] zur Grab- und Ruhstätt begleitet woden [...]) 1680, A2^v; Die Dichter-Zunfft wird itzund dichten [...] (Epithalamium) (in: Als der wohl-ehrwürdige [...] Herr M. Christoph Klesch/ K. B. D. vormahls gewesener Pfarrherr zu Georgenberg in Ober-Ung./ [...] anietzo [...] Pastor in Denstädt/ wie auch [...] Mit-Glied in der [...] Deutsch-gesinnten Genosseschafft [...] mit der [...] Jgf. Maria Justina/ [...] des [...] Herrn Pauli Barmanns/ [...] Ambts-Verwesers und [...] Ober-Bürgermeisters im Naumburg/ [...] Tochter/ den 19. April in 1681sten Heil-Jahr in Naumburg sein hochzeitliches Ehren-Fest [...] begiengen/ wurde dieses Schrifft-Gedächtnüs in Wittenberg auffgerichtet von des Herrn Bräutigams vornehmen Patronen, guten Gönnern/ und Freunden) o. J., unpagin.; Debitae observantiae tesseram viro summe-reverendo, amplissimo, excellentissimoque dn. L. Sam. Benedicto Carpzovio, serenissimi ac potentissimi electoris Sax. hactenus ecclesiastae aulico optime merito; nunc vero designato ecclesiae Dresdensis pastori, ejusdemque et vicinarum superintendenti dignissimo, dn. patrono ac promotori suo aetatem observando, quum a venerando theologorum ordine, in celeberrima electorali ad Albim academia, summis doctoris theologi honoribus, insignibusque ac privilegiis IV. Kalend. Maj. [...] cIɔ Iɔc LXXXI. in templo arcis, ritu solenni ornaretur, L. M. Q. obferebat M. Johann. Peißker/ [...], o. J.; Quum amplissimus, clarissimusque vir, dn. Jo. Fridericus Hekelius, ss. theol. candidatus dignissimus, nobilis poeta laur. caes., philologus insignis, scholaeque Reichenbacensis rector bene-merentissimus, et h. t. sponsus felicissimus, florentissimam virginem Mariam natalibus Scharschmidiam, sponsam lectissimam, VI. Id. Jul. anno cIɔ Iɔc XXCII. Reichenbachii more solemni feliciter domum duceret, ex veteri amicitia oden hanc choriambicam Wittenberga L. M. Q. mittebat M. Johann. Peisker/ [...], o. J.; Infulam doctoralem viro nobilissimo, [...] Christiano Augusto Pompejo, Wittenbergensi, juris utriusque licentiato celeberrimo, a magnifico jctorum ordine XIV. Decembr. anno MDCXXCII. in academia patria more majorum solennissime collatam ode hac alcaica interprete, eaque adfectus antiqui tessera, gratulab. M. Johann. Peiskerus [...], o. J.; Man läst ein theures Pfand nicht obenhin verwahren? [...] (Trauerged.) (in: Beatae memoriae monumentum in [...] obitum viri juvenis [...] dni. Davidis Schlegelii phil. atque s. s. theol. sudiosi [!] cum is XV. Novemb. a. C. MDCLXXXII. ad aeternam [...] vitam feliciter emigraret, solennique funere d. XIIX Dec. ejusd. ad dormitorium suum deferretur a quibusdam patronis fautoribus et amicis erectum) o. J., unpagin.; Quum rectore magnifico, viro summe-reverendo, amplissimo, excellentissimoque dn. Joh. Deutschmanno, ss. theol. doctore et profess. publ. celeberrimo, atque electoralium alumnorum ephoro gravissimo, amplissimi philosophorum ordinis decanus spectatissimus [...] dn. Theodor. Dassovius, poes. prof. publ. ordinarius, et linguar. orient. extraordinarius, viro-juveni per-eximio [...] dn. Gothofredo Bergnero, Langenbergensi, phil. et ss. theol. cultori solertissimo, necessario suo perdilecto, IIX. Kal. Maji anno XXCIII. summos in philosophia honores, in solenni panegyri decerneret, ex adfectu singulari hoc, quicquid est, fundebat ex tempore M. Johann. Peisker/ [...], o. J.; Viro clarissimo, dn. Melchiori Gebauer/ Radeberga Misnico, ss. theol. ac ministerii candidato dignissimo [...] III. Kal. Jul. ao cIɔ Iɔc XXCIII. Wittenberga in Livoniam ad munus numinis auspicio capessendum iter paraturo ex singulari adfectu [...] adclamabat M. Johann. Peißker/ [...], 1683; Epithalamion seniori collegae IV., viro de Wittenbergensi schola oppidana per XXX. annos [...] Caspari Hohmuthio, tertium sponso, quum [...] Martham, natalib. Mülleriam [...] Andreae Elstermanni, diaconi h. l. pestilentialis [...] viduam, secundumsponsam, IV. Kal. Novemb. anno MDCXXCIII. auspicato domum duceret [...] dnn. collegiarum nomine extemporanea vena fusum ab ejusd. ludi rectore [...], o. J. (Einblattdr.); Supremum popularitatis affectum in virum-juvenem nobilissimum [...] dn. David. Jehringium, Plavia-Variscum, j. u. candidatum dignissimum, favitorem olim honorandum, IX. August. circa horam IX. vespert. ao. MDCXXCIV. demortuum, et XXIV. ejusdem solemnibus exequiis hic Wittembergae cohonestatum non tam lubens, quam lugens hoc ipso monumento testaturus erat M. Johann Peisker/ [...], o. J.;

Trauer- und Trost-Gedichte/ welches bey christlicher Leichbestattung [...] Christian August Pompeji/ beyder Rechten weitberühmten Doctoris, und des churfl. sächs. Hofgerichts alhier hochbestalten Advocati ordinarii, etc. so den 1. Septembr. des 1684sten Heil-Jahres/ [...] entschlaffen/ und den 5. ejusd. [...] in seine Ruhe-Städte gesetzet wurde/ denen hochleidtragenden zu einigen Troste/ aus sonderbahrer ungefärbter Liebe/ die ich gegen den Hochseeligen jederzeit gehabt/ mitleidend in Eyl aufsetzete/ M. Johann Peißker/ [...], o. J.; Devotum observantiae monumentum theologo meritis illustri, dn. d. Abraham Calovio, ss. theol. [...] prof. publ. primario [...] facult. theol. ac synedr. ecclesiast. seniori venerando, eccles. Wittemberg. pastori vigilantissimo et circuli electoral. Saxonici superintendenti generali eminentissimo, quum [...] Johannam Dorotheam [...] Joh. Andreae Quenstedii, ss. theol. d. ejusdemque prof. publ. h. l. famigeratissimi, consistor. eccl. assessoris gravissimi, templi cathedralis ad arcem praepositi meritissimi, et h. t. venerandae theol. facult. decani spectatissimi, filiam natu maximam, IV. Non. Septembr. anno MDCXXCIV. [...] duceret collegii scholastici Wittembergensis nomine submisse poneb. ejusd. lycei rector [...], o. J.; So wird Herrn Klemmens Fleiß gedoppelt wohl belohnet! [...] (Gratulationsged.) (in: Wohlmeinendes Glückwünschen/ mit welchen dem wolehrenvesten [...] Herrn Johann Klemmen/ von Chemnitz aus Meissen/ der [...] Closter Schule Roßleben [...] Conrectorem, als er die höchste Würde in der Philosophiac den 15. Octobr. 1684. auf der löbl. Universität Wittenberg [...] erlangte aus guter Affection beehren wolten etzliche des Herrn Magisters sonderbare Gönner und gute Freunde) o. J., unpagin.; Qui triste Fatum Kesleriadae canam? [...] (Epicedium) (in: Piae exequiae, quibus vir juvenis pereximius [...] dn. Caspar Keslerus, Ligio-Silesius, philos. et ss. theol. stud. die tertia post obitum [...] Wittebergae, quae erat XX. Martii, anno M.DC. LXXXV. cohonestabatur a dn. praeceptoribus, patronis, fautoris et amicis) o. J., unpagin.; Dem auferstandenen Sieges-Fürsten/ Christo Jesu zu Ehren/ auf ihr hochwürd. Magnificentz/ Hn. D. Abraham Calovii Bewilligung/ über die Worte: Victoria, der Tod ist verschlungen in den Sieg/ [...] aufgesetzte Aria M. Johann Peißkers/ ward am heil. Oster-Tage in der Pfarr-Kirchen allhier musiciret im Jahr Christi 1685. von Johann Ulich, o. J.; Quum academiae Wittembergensis rectore magnifico [...] Jo. Frid. Mayero, doct. et profess. theologo longe celeberrimo, electoralium alumnorum ephoro gravissimo, et templi omnium sanctorum praepos. substituto venerando, a decano [...] Georgio Casparo Kirchmajero, orat. profess. publ. [...] Petrus Masius, Hamburg. ss. theol. studiosus solertissimus, IV. Kal. Maj. ao. MDCXXCV. in solenni panegyri more majorum philosophiae doctor Wittembergae renunciaretur ex singulari adfectu hac ipsa ode Sapphica adplaudeb. M. Johann. Peisker/ [...], 1685; Dem mit Jauchzen gen Himmel fahrenden Triumphs-Fürsten/ Christo Jesu zu Ehren/ auf ihr hoch-würd. Magnificentz/ Hn. D. Abraham Calovii, Bewilligung/ über die Worte: Gott fähret auf mit Jauchzen/ und der Herr mit heller Posaunen aufgesetzte Aria M. Johann Peißkers/ ward am heil. Fest der Himmelfahrt Christi in der Pfarrkirchen alhier musiciret im Jahr 1685. von Johann Ulich, o. J.; Dn. Samueli Bosseo, Vitteberg. i. u. stud. adfini honorando, s. p. d. M. Iohann. Peisker [...] (Zuschrift) (in: Disputationem juris feudalis de investitura abusiva [...] Aug. [...], G. STRAUSS [Präs.], S. BOSSE [Resp.]) 1685 (1760); Der gantzen hochpreiswürdigen Deutschgesinnten Genossenschaft sämtlicher vom 1643sten Jahre nach der Heilgebuhrt an bis in das itztlauffende 1685ste nacheinander einverleibten Zunftgenossen Zunft- Tauf- und Geschlächts-Nahmen/ darbei der Ort/ wo sie gebohren oder sich niedergelassen/ auch wohl eines und des andern Geflissenheit/ Stand, Ambts-Bedienung oder Beruf zugleich angezeiget wird/ auf Begehren vieler Liebhaber zu lichte gegeben [am Ende: Gesetzt in Wittenberg von dem Ungemeinen], o. J. [1685, nach Chronogramm] (erw. [2]1705); Manuductio poetica, eaque universalis, nec [...] exsanguis, sed fucci plena, decem tabulis inclusa, poeseos candidatis cujuslibet linguae profutura, atque usu poetico illustrata, cujus thema esto: Jesus est natus. Ubi ostendetur (α) apparatus, (β) carminis in potissimo quoque genere elaborandi ratio, methodo facillima, omnibusque artis hujusce tyronibus adprime utili, ac scitu maxime necessaria [...], erw. [2]1685 (erw. [3]1697; u. d. T.: Institutio poetica, eaque universalis, hg. G. LEHMANN, [5]1704); Gratulationsged. (2 griech. Distichen) (in: Honores philosophicos [...] a decano spectabili [...] dno. Michaele Walthero [...] viro juveni politissimo [...] dn. Johanni Christoph. Ernesti, Keula-Schwartzburgico, in alma ad Albim d. 27. Apr. cIɔ Iɔc XXXVI. solenniter collatos felices esse jubebant amici) o. J., Titelbl.ᵛ; СҮГХАРМА EYKTIKON viro summe-reverendo, magnifico, amplissimo, excellentissimoque dn. Balthasari Bebelio, Argentoratensi, doctori theologo, et hactenus ss. theol. prof. publ. ordin. in celeberrima universitate patria celeberrimo, atque ecclesiastae optime merito, jam vero singulari divino nutu et electorali auctoritate Saxon. ss. theol. in famigeratissima ad Albim academia vocato prof. publ. primario, senatus ecclesiastici adsessori gravissimo, ecclesiae Wittebergensis pastori, totiusque circuli electoralis Saxon. superintendenti generali vigilantissimo, sub exoptatissimi adventus auspicium XII. Kal. Sextil. ao. cIɔ Iɔc XXCVI. ea, qua decet, observantia dictum oblatumque collegio scholastico Wittebergensi, interprete ejusdem ludi rectore [...], o. J.; Magnum Sionis lumen, virum quondam magnificum [...] Balthasarem Bebelium, Argentoratensem, doctorem theologum [...] s. s. theol. in celeberrima electorali ad Albim universitate prof. publ. primarium, senatus ecclesiastici adsessorem gravissimum, ecclesiae Wittebergensis pastorem, tractusque electoralis Saxon. superintendentem generalem vigilantissimum ex divina voluntate anno MDCXXCVI. VI. Non. Octobr. circa VI. pomerid. hisce in terris extinctum, atque ipsis Non. Octobr. concione funebri solennissime cohonestatum supremo pietatis cultu, collegii scholastici Wittebergensis nomine, prosequebatur M. Johann. Peisker/ [...], 1686; Pietatis. Annuae. Tessera. Viro. Nobilissimo. Excellentissimoque. Dn. Jo. Friderico. Scharffio. Ph. Et. J. U. D. Com. Palat. Caesar. Et. Consil. Saxon. Nec. Non. Illustr. Fructif. Ac. Teuton. Societatum. Consorti. Honoratiss. Etc. Prid. Solemnium. Auctoritate. Electorali. Ob. Victorias. Aliquot. Divino. Beneficio. A. Turcarum. Tyranno. Superior. Ann. Reportatas. A. Castella. Recuperata. Domin. II. Post. Epiph. Anni cIɔ Iɔc XXCVI. Summa. Veneratione. Celebrandorum. Sero. Quidem. Sed. Serio. Tamen. Ex. Observantiae. Lege. Remissa. A M. Johann. Peiskero [...], o. J.; Bona verba, quum sub praesidio magnifici summique viri, dn. Casparis Ziegleri, jcti, antecessoris, consiliar. elector. Saxon. splendidissimi, facult. jurid. in celeberrima academia Witteberg. ordinarii ac senioris venerandi etc. vir nobilissimus, cl[arissi]musque dn. Wolfgang. Paul. Steinhäuser/ Plau. Var., jurium candidatus dignissimus, disputationem de jure exigendi collectas ad elocationem filiarum illustrium III. Kal. Mart. ao. cIɔ Iɔc XXCVI. non fine

Themidos adplausu habiturus, et postea iter Witteberga in Silesiam ad ephoriam per-illustris sobolis Malzanae capessendam paraturus esset, ex singulari adfectu fautori suo atque populari honoratissimo dicebat M. Johann. Peißker/ [...], o. J.; Gleich und Gleich gesellt sich gerne/ bey hochzeitlichem Ehren-Feste des (Tit:) Hn. Christian Heinrich Schumachers/ vornehmen Buchhändlers alhier/ als Bräutigams/ und der hoch ehr- und tugendreichen Jungf. Anna Marien/ des (Tit:) Herrn Johann Michael Babsten/ wohlseel. Andenckens/ weiland vornehmen Buchhändlers alhier/ nachgelassenen Jungfer Tochter/ und dero Zeit des (Tit:) Herrn Heinrich Johann Meyers/ ingleichen weitberühmten Buchhändlers alhier/ vielgeliebten J. Stieff-Tochter/ als Braut/ welches den 26. Octobr. des 1686sten Jahres in Wittenberg christlöbl. angestellet/ wohlmeinend in folgender Ode vorgestellet von M. Johann Peißkern/ [...], und auß schwägerlicher Freundschafft in die Music gebracht von Johann Ulich/ Cantore und bey der Pfarr-Kirchen alhier Organisten, o. J.; I. Astraea luget! Quid sibi forsitan [...]. II. Wer weiß doch seine Zeit/ wie lang' er möchte leben [...] (2 Trauerged.) (in: Voces lugubres, queis ob [...] obitum, viri nobilissimi [...] dn. Ernesti Wilhelmi Vogelii, j. u. d. facultatis juridicae et judicii provincialis [...] in inferiori Lusatia [...] assessoris gravissimi, curiae electoralis Wittenbergensis advocati ordinarii, etc. etc. cum die 14. Augusti, anno M DC LXXXVII. justa exequiarum eidem rite solverentur, desiderium doloremque suum declararunt fautores et amici) o. J., C2ʳ; Pietatis officium viro summe-reverendo, magnifico [...] Caspari Loeschero, ss. theol. doctori, et hactenus ecclesiae Cygneae pastori, ejusdemque dioeceseos superintendenti vigilantissimo, nec non scholae ibidem inspectori primario, jam vero in celeberrima universitate Wittebergensi ss. theologiae professori publico, senatus ecclesiastici adsessori gravissimo, ecclesiae parochialis pastori, tractusque electorialis Saxon. superintendenti generali [...] XVI. Augusti ao. MDCXXCVII. ab oratione auspicali ex cathedra b. Lutheri habita ea, qua decet, ratione praestitum a collegio scholastico Wittebergensi, interprete M. Johann. Peiskero [...], o. J.; Quum clarissimus vir, dn. M. David Winterus, scholae Wittebergensis con-rector meritissimus, conjugem [...] Annam Mariam, natalibus Nicolaiam, XIIX. Octobr. a VII. matutin. ao. MDCXXCIIX. placidissime defunctam et XXIII. ejusd. habita concione funebri cohonestatam solenniter h. l. efferret, hoc ipsum affectus monumentum poneb. moestissimi dn. vidui collegae interprete M. Joh. Peiskern/ rectore, o. J.; Acerbi luctus symbolum in funere viri magnifici, meritisque illustris, dn. Wilhelmi Leiseri, Rabensteinii toparchae, jcti atque in celeberrima electorali ad Albim universitate antecessoris jamdudum celeberrimi, curiae provincialis, senatus ecclesiastici, scabinatus ac facultatis juridicae assessoris gravissimi, dn. maecenatis atque euergetae nunquam satis laudandi, V. Non. Maji, anno cIɔ Iɔc XXCIX. circa hor. II. antelucanam in Jesu placidissime defuncti, atque VII. Id. ejusdem, ipso ascensionis Christi festo, concione funebri habita, in aede parochiali solennissime conditi, pietatis ergo exhibebat collegium scholasticum Witteberg. interprete ejusd. rectore [...], o. J.; Cl. viro, dn. M. Joh. Dünnehaupten [...] fautori suo aestumando, s. p. d. jamdudum musam mea tuam, eruditissime dn. magister, amare coepit [...], 1689; Quum summus vir meritisque illustris dn. Georgius Francus, med. d., serenissimorum aliquot S. R. Imp. dnn. electorr. ac principp. consiliar. atque archiater, com. pal. caes., patholog. in electorali ad Albim universitate profess. publ. celeberrimus, acad. Leopoldino-Imperial. adjunctus, d. Argus, et Italicae recuperatorum collega splendidissimus, in famigeratissima Leucorea, amplissimas rectoris magnifici partes XIIX. Octobr. anno cIɔ Iɔc XCI. solemniter more majorum susciperet, hoc ipsum σύγχαρμα singularis observantiae declarandae causa f. M. Johann. Peisker/ [...], o. J.; Lobged. (in: J. A. GLEICH, Neuverfertigter Redner/ bestehend in allerhand weltlichen/ Hof- Raths- und geistlichen Reden/ auch vielen Leich-Abdanckungen/ auf unterschiedliche rare Fälle gerichtet/ [...]) 1691 (^{2}1696); Quum Januarii lux erat orta ter [...] (Epicedium) (in: Quum magni nominis theolgus [...] d. Michael Waltherus, professor h. l. publicus [...] XXI. Jan ao. cIɔ IɔcII. [!] [...] obdormiret, atque XXXI. ejusd. [...] conderetur, hoc ipsum supremae observantiae monumentum doloris contestandi ergo ponebat collegium scholasticum Wittebergense) o. J., Titelbl.^{v}; Devoti cultus symbolum, quod doctoribus theologis, viris summe reverendis meritisque insignibus, dn. Christophoro Schradero, hactenus serenissimi ac potentissimi elect. Brandeburg. in ducati Magdeburg. consiliario consistoriali et concionatori aulico, nunc designato ecclesiae Dresdensis pastori, ejusdemque et vicinarum superintendenti gravissimo, etc. ut et domino Johann. Georgio Neumanno, prof. poes. in elect. Wittenb. universitate huc usque publ. et academ. bibliothecario, nunc vocato professori ss. theol. ordinario, XI. Octobr. ao. cIɔ Iɔc XCII. in templo arcis solennissime renunciatis L. M. Q. sacrum esse voleb. M. Johann. Peisker/ [...], o. J.; Tabulae, ad faciliorem grammatices Graecae Wellerianae tractationem accomodatae, atque abhinc triginta, et quod excurrit, annis in privatum studiosae juventutis usum conscriptae; jam vero, ut publici juris fierent, desideratae, ac philologicis aliquot notis adornatae, quibus annexae sunt I. Duae tabulae; una de curiosis observationibus, altera de philologia. II. Appendix, in qua varia et declinationum et conjugationum exempla conspiciuntur. III. Specimen analyticum dicti Paulini ad Coloss. III, 17. quod grammatice aliter atque aliter datum, et philologice tractatum proponitur [...], 1695 (hg. G. LEHMANN, 1704); Alß der edle/ groß-achtbare/ und rechts-wohlgelahrte Herr Christian Martini, Notar. Publ. Caesar., und des churfürstl. sächs. Ambts zu Beltzig wohlbestalter Ambts-Richter/ wie auch des Hospitals zum Heil. Geist Administrator am Sand-Berg daselbst/ mit der edlen/ viel ehr- und tugendbelobten Jungf. Anna Catharinen Oelschlägerin/ des (Tit.) Herrn Heinrich Oelschlägers/ vornehmen Bürgers/ Kauff- und Handels-Mannes in Belzig/ eheleiblichen Jungf. Tochter erster Ehe/ den 15. Junii dieses 1696sten Heil-Jahres/ sein hochzeitl. Ehren-Fest christ-löbl. daselbst begienge/ wolte mit diesem eilfertigst auffgesetzten Denckmahl auch seine schwägerliche und recht-auffrichtige Gebühr zu Wittenberg abstatten/ und übersenden M. Johann. Peisker/ [...], o. J.; Quum rectore magnifico, viro nobilissimo, amplissimo, excellentissimoque dn. Christiano Röhrensee/ phil. practicae in celeberrima electorali ad Albim universitate prof. publ. celeberrimo, nec non electoral. alumnorum ephoro ut gravissimo, sic optime merito, a decano spectabili, viro nobilissimo [...] domino Augusto Wolffio, ss. theol. candidato, atque amplissimi ordinis philosoph. assessore dignissimo, vir-juvenis clarissimus, dn. Joh. Sigismund. Stoltzius, junior, Pirna-Misnicus, ss. theol. cultor solertissimus, in auditorio splendidissime renovato, XV. Octobr. a. o. r. cIɔ Iɔc XCVI. philosophiae magister solenniter renunciaretur, hanc antiqui amoris tesseram L. M. Q. dabat M. Joh. Peisker/ [...], o. J.; I. Dum novus annus adest, renovantur symbola luctus [...]. II. Was gab ein Gottesmann mir ohnlängst zu verstehen [...] (2 Trauerged.) (in: Supremus honor nobilissimae matronae,

Johannae Mariae, natalibus Waltherae, [...] dn. Johan. Saereßigs/ ordinis senatorii [...] in electorali civitate Wittebergensi, [...] relictae viduae, ipsis Calend. Januar. [...] anno cIↄ Iↄc XCVII. [...] defunctae, et IV. Id. ejusd. exequiis Gräffenheinae peractis [...] debitae observantiae ac doloris contestandi ergo habitus a tribus superioribus lycei Wittebergensis collegis) o. J., unpagin.; Ach! daß mit dieses Jahr zum Trauer-Jahr ist worden! [...] (Trauerged.) (in: Trauer- und Trost-Gedichte/ als der wohl-ehrwürdige/ [...] Hr. M. Johannes Fabricius, von Neu-Brandenburg aus der Marck/ bey der hiesigen Pfarr-Kirche [...] Archi-Diaconus [...], welcher den 11. Octobr. Ao. 1698. [...] entschlaffen/ und den 16. ejusdem [...] bestattet wurde/ [...] zum unsterblichen Nachruhm aufgesetzet/ von dem Wittenbergischen Schul-Collegio) o. J., unpagin.; Sanctae memoriae viri et gente et mente nobilissimi, consultissimique dn. Werneri Theodori Martini, j. u. candidati jamdudum dignissimi meritissimique, atque perquam illustribus dnn. liberis baronibus a Friesen hactenus a studiis academicis in florentissimo honorum stadio, XIII. Octobr. ao. cIↄ Iↄc IIC. in Jesu suo placidissime exspirantis, atque habita concione funebri XX. ejusdem in coemiterio intra urbem primario solemnissime conditi, hoc ipsum carmen lugubre, supremi cultus ac singularis amoris ergo, sacrum esse voluit [...], o. J.; Quum, rectore magnifico, viro summe reverendo, amplissimo atque excellentissimo dn. Joh. Deutschmann/ s. s. theol. doct. et prof. publ. primar. celeberrimo, colleg. theol. seniore maxime venerando, templi ad arcem praeposito jam emerito, atque alumn. elect. ephoro gravissimo, a decano ampliss. philosophorum ordinis maxime spectabili, viro nobilissimo [...] dn. Christiano Röhrenseen/ philos. pract. prof. publ. longe celeberrimo, et elect. alumn. ephoro jamdudum optime merito, clarissimus candidatus, dn. Godofr. Victor Möhring/ Servesta-Anhaltin., philosophiae doctor in electorali academia Wittembergensi, V. Kal. Maj. anno cIↄ Iↄc IC. solemnissime renunciaretur, hoc ipsum adfectus singularis monumentum ponebat M. Johann. Peisker/ [...], o. J.; Als die durchlauchtigste Fürstin und Frau/ Fr. Christiana verwitbete Hertzogin zu Sachsen/ Jülich/ Cleve und Berg/ auch Engern und Westphalen/ gebohrne Hertzogin zu Schleßwig-Holstein/ Landgräfin in Thüringen/ Marggräfin zu Meissen/ auch Ober- und Nieder-Lausitz/ gefürstete Gräfin zu Henneberg/ Gräfin zu der Marck und Ravensberg/ Frau zu Ravenstein/ etc. meine gnädigste Fürstin und Frau/ ihren höchst-erfreulichen Geburths-Tag am hochheiligen Michaelis-Feste dieses 1700. Jahres/ auf dero hoch-fürstlichen Residentz in Delitzsch christ-feyerlich celebrirte/ wolte dieses unterthänigste Denckmahl zum Zeugniß demüthigster Devotion überreichen [...], o. J.; Elegia [...] ad Godofredum Bergnerum, 1700; Dum Patriam illustras, Drechseli, Clare Magister [...] (4 Distichen) (in: Historia Varisciae, sigillatim urbis Curiae, descripta [...] et VII. Id. Octobr. cIↄ Iↄcc publice defensa, J. A. Planer [Präs.], J. G. Drechsler [Resp.]) o. J., [A2]^v (wieder in: J. A. Planer, Historia Varisciae, sigillatim urbis Curiae, 1701); Dum bruma, vulgo Solstitium vocant [...] (Epicedium) (in: Quum vir magnificus [...] d. Jo. Georg. Neumannus, theologus atque p. p. [...], electoral. almnorum ephorus [...] desideratissimam conjugem, matronam [...] Christianam Elisabetham nat. Hoeltichiam, XVII. Dec. [...] 1701. [...] defunctam, et XXVI. ejusd. [...] efferret, hoc ipsum monumentum ea, qua decet, ratione poneb. collegium Wittebergense scholasticum) o. J., Titelbl.^v; Als unter dem Rectore magnificentissimo der weltberühmten Universität Wittenberg/ dem durchlauchtigsten Fürsten und Herrn/ Herrn Friedrich August/ königl. poln. auch Chur-Printzen zu Sachsen/ etc. etc. etc. zum rühmlichsten Andencken des andern academischen Jubel-Jahrs/ unter Inspection und Vorsorge des (Tit.) Hn. Gen. Superint. D. Casp. Löschers/ wie auch des (Tit.) Hrn. Johann Ludolph Quenstedts/ hochverordneten Ober-Bürgermeisters/ die Chur-Stadt-Schule/ nebst andern Gebäuden/ alhier repariret worden/ so geschehen im August-Monat des 1702. Heil-Jahres/ wolte und solte in dieser Bedenck-Schrifft dieselbe nach prosopopoeischer Redens-Art nebst andern merckwürdigen Sachen vorstellen M. Johann. Peisker/ P. L. Caes. d. z. Wittenbergischer Chur-Stadt Schul-Rector, und der Deutsch-gesinnten Genossenschafft Mit-Glied/ [...], o. J.; Quid volvis veteres Annales, quidque revolvis [...] (Epigramm u. Eteodistichon) (in: J. Deutschmann, Pyramis Wittebergensis, seu statua honoris, eorum electorum Saxonicorum heroum laudatissimorum, qui a fundatione academiae Wittebergensis, anno 1502. d. 18. Octobr. electoralem ducatum Sax. tenuerunt et administrarunt, academiam Wittebergensem condiderunt [...] et Lutheri doctrinam defenderunt [...] honoris causa jubilaeo anno [...] 1702. [...] extructa [...]) o. J., E2^v;

Heu! Luctus ingens jam Tibi, Leucori [...] (Epicedium) (in: Supremum officium viro magnifico [...] domino Georg. Michaeli Hebero, Icto et antecessori in inclyta academia Vitembergensi [...], curiae provincialis, scabinatus et facultatis jurid. assessori [...], nec non reipubl. Vitemberg. syndico [...] dn. patrono et euergetae nunquam fatis laudando, d. IV. Febr. a. M. DCCII. [...] defuncto, atque d. XII. ejusd. mens. [...] sepulto, lugens praestare voluit, debuit collegium scholasticum Vitemb.) o. J., Titelbl.^{v}; ΕΠΟC CΥΓΧΑΡΙCΤΙΚΟΝ viro nobilissimo praecellentissimoque, dn. M. Ernest. Christ. Schroedtero, ss. theol. candidato clarissimo, atque ampliss. ordin. philosoph. adsessori dignissimo, pro loco ab incluta facult. philosoph. in academia patria more solemni benevole obtento, d. V. Calend. Aprilis anno cIɔ Iɔc CII. de lingua Marci authentica magna cum laude disputanti, ex singulari adfectu sacrum esse voleb. M. Joh. Peisker/ P. L. Caes. [...], o. J.; Christ-rühmlichsten Nachklang/ als die weyland hoch-edle/ hoch- ehr- und tugend-belobte Frau/ Frau Magdalena Sibylla/ gebohrne Wellerin/ des hoch-edlen/ vest und hochgelahrten Herrn/ Hn. Wern. Theod. Martini, wohlseeligsten Andencken/ hochberühmten J. U. D. und Prof. Publ. sr. churf. Durchl. zu Sachs. weyland hochbestalten Appellation-Rahts/ der Juristen-Facultät/ Schöppen-Stuhls und geistlichen Consistorii, wie auch des Land-Gerichts in der Nieder-Lausitz hochansehnlichen Assessoris, gewesene Ehe-Liebste/ den 17. Julii des 1702den Jahres [...] sanfft und seelig verschieden/ und den 6. Aug. ejusdem Ann. mit hochansehnlichen Leich-Process und solenner Predigt/ [...] allhier beehret worden/ aus schuldigster Gebühr abgestattet in Nahmen des Wittenbergischen Schul-Collegii [...], o. J.; CΥΓΧΑΡΜΑ ΕΥΚΤΙΚΟΝ viro maxime reverendo, amplissimo clarissimoque dn. Io. Hieronymo de Wedig, archidiacono de Wittembergensi aede, vulgo parochiali dicta, jamdudum optime merito, atque ss. theol. licentiato, a festo pasch. anno o. r cIɔ Iɔ CCV. more majorum solemniter renunciato, meo in Christo patri devenerando, honoris et amoris causa dictum [...], o. J.; Ecquid opus facto? Heu! iterum est conspecta cupressus [...] (Epicedium) (in: Cupressus exequialis viro summe-reverendo [...] domino Ph. Ludovico Hannekenio, ss. theol. d. ejusdemque in celeberrima academia Vitemberg. prof. publico [...] XVI. Jan. ao. cIɔ Iɔc c VI. [...] defuncto, ac XXIV. ejusd. [...] elato, supremi honoris atque doloris contestandi causa ponebatur a collegio Vitemberg. scholastico) o. J., Titelbl.^{v}; Hactenus Eusebien, Themidem, Sophiamque, Sorores [...] (Epicedium) (in: Honor supremus sanctae memoriae reverendissimi quondam viri [...] dn. Johannis Deutschmanni, ss. theol. doct. ejusdemque prof. publ. primarii [...], annos XXXII. nati, XII. Aug. anno cIɔ Iɔ CCVI. [...] denati, et postridie [...] humati [...], habitus, nec non devoti cultus ac doloris contestandi causa, consecratus a collegio Vitembergensi scholastico) o. J., Titelbl.^{v}; Luximus Eusebies Lumen, Columenque Themistos [...] / Grabschrifft. Hier ruht Herr Röhrensee/ ein Hochbegabter Lehrer/ [...] (lat.-dt. Epicedium) (in: Doloris symbola in amplissimo funere, nobilissimi viri meritisque insignis, domini Christiani Röhrenseen/ phil. pract. profess. publ. quondam celeberrimi, et alumnorum electoral. ephori optime meriti, IIX. Maj. an. cIɔ Iɔcc VI. [...] denati, ac XVI. ejusd. [...] elati supremi honoris contestandi ergo dabantur a collegio Vitemberg. scholastico) o. J., Titelbl.^{v}; Et Tibi, Kleppiside, clarissima Munera grator [...] (Gratulationsged.) (in: Als der edle [...] Hr. Gottfried Kleppisch/ von Radeberg aus Meißen/ der heil. Schrifft eyffrigst Ergebener/ am 30. April. Anno 1708. auff der weltberühmten Universität Wittnberg/ den wohlverdienten Magister-Titul rühmlichst erhielte/ wolten darüber gegen ihm ihre Freude bezeigen Nachgesetzte) o. J., Titelbl.^{v}; Wie offt wird unverhofft der Ehestand versetzet [...] (Trauerged.) (in: Als an den 27. Julii des noch lauffenden 1708ten Jahres die am 23. selbigen Monaths seel. verstorbene Tit. Frau Anna Justina Enckin/ gebohrne Blumin/ Tit. Hn. Augustus Christian Enckens/ [...] treugeliebte Ehegattin zu ihrer Ruhestelle [...] eingesencket [...] wurde/ wolten in folgenden Worten ihr Leidwesen bezeugen nachgesetzte Gönner und Freunde) o. J., A2^v–B1^r; Memoria semi-secularis, h. c. Funffzig jähriges Denckmahl/ als der wohlgebohrne Herr/ Herr Andreas Gottfried von Kirchbach/ auf Prieschka und Wölkisch/ etc. sr. königl. Majest. in Pohlen/ und churfl. Durchl. zu Sachsen hochverdienter Obrist-Lieutenant/ etc. mein hochzuehrender Herr und Patron/ den 18. Octobr. Anno 1709. durch göttliche Gnaden Verleihung bey guter Gesundheit in der weltberühmten Chur-Stadt Wittenberg angelanget/ eben in der derselben Woche/ da A. 1659. [...] Hr. Augustus Buchnerus, hochberühmter öffentlicher Lehrer der Eloquentz und Poesie/ wie auch [...] dazumahl [...]

Decanus in der [...] philosophischen Facultät [...] und in derselben seiner achten und letzten Magisteriali Promotione XXX. [...] Candidaten auffgeführet; unter welchen ich vorietzo sonderlich dreyer/ [...] als Waltheri, Pfeifferi, und Rangonis [...] gedencken wolte und solte/ [...] bey Außgang des alten/ und Anfang des neuen Jahres zu Wittenberg auffgesetzet/ und [...] an gehörigen Ort überschicket [...] von M. Johann. Peiskern/ [...] d. z. Wittenbergischen Chur-Stadt-Schul-Rectore, h. t. Emerito [...], o. J.; E heu! dolendum est flebilibus modis [...] (Epicedium) (in: Supremum officium viro summe reverendo [...] domino Io. Georgio Neumanno, s. s. theol. doct. et prof. publ. in academia Vitembergsi [...] V. Sept. a. cIↄ Iↄ CC IX. [...] defuncto, XV. eiusdem [...] sepulto, doloris declarandi causa, praestitum a Vitembergensi collegio scholastico) o. J., Titelbl.^{v}; I. Προσφώνησις εὐκτική! [...]. II. Sic Coelo placuit, Pilariki, mi optime Fili [...]. (1 griech., 1 lat. Gratulationsged.) (in: Quum auspiciis rectoris magnificentissimi, Friderici Augusti, principis regii, et electoratus Saxonici heredis [...] collegii philosophici decanus [...] dn. Georg. Guilielmus Kirchenmaierus [...] viro-juveni [...] dn. Jo. Stephano Pilarikio, Vitemberga Saxoni, summum doctoris philosophiae titulum [...] anno cIↄ Iↄ CCX. prid. Kal. Maji [...] decrevisset, boni ominis atque nominis causa priscum illud Romanum felicter adclamabatur ab optime cupientibus) o. J., unpagin.; Ergo supremis Melpomene, ut solet [...] (Epicedium) (in: J. A. GLEICH, Wohlgemeintes christliches Andencken/ welches seinen geliebtesten Eltern nach Ihrem Todte/ [...] durch gegenwärtig gesammlete Lob- und Leich-Reden/ gebührend stifften und auffbehalten/ [...] wollen [...]) o. J. (Vorr. dat.: 30.11.1714), i2^v.

Ausgabe: Die Mitgliederverzeichnisse [der Deutschgesinnten Genossenschaft] v. J. P. (1685 u. 1705) (in: PH. V. ZESEN, Sämtliche Werke, hg. F. VAN INGEN, bearb. U. MACHÉ, G. SCHULZ-BEHREND, Bd. 12) 1985, 421–443 (Synthese der beiden Ausgaben).

Nachlaß: Eintrag (Wittenberg, 30.6.1667) in das Stammbuch (1660–1667) Sebastian Kirchmaier: HAAB Weimar, Stb 155, 84^v; Eintrag (Wittenberg, Sept. 1689) in das Stammbuch (1687–1692) Ulrich Nübling: HAAB Weimar, Stb 49, 371; Eintrag (Wittenberg, 25.11.1697) in das Stammbuch (1692–1698) Stephan Andreas Mizler: HAAB Weimar, Stb 156, 155.

Bibliographien: VD17; VD18. – Kat. der fürstlich Stolberg-Stolberg'schen Leichenpredigten-Slg. (bearb. W. K. v. ARNSWALDT), Bd. 1, 1927, 695 (Reg.); Bd. 2, 1928, 807 (Register).

Literatur: Zedler 27 (1741) 140 f.; Jöcher 3 (1751) 1349; Adelung 5 (1816) 1800; Flood, Poets Laureate, Bd. 3, 2006, 1500–1503 (unzulänglich u. fehlerhaft); J. KNAPE, Autorenlex. dt. Rhetoren 1450–1700, 2017, 301 f. – Summos in philosophia honores, quos [...] decanus spectabilis [...] dn. Augustus Buchnerus [...] praestantissimo nec non literatissimo dn. Johanni Preiskero, Langenberga-Varisco in alma Leucorea XIII. Octobr. anno M DC LIX. laudabiliter conferebat, prosphonemate hoc gratulatorio prosequuntur ipsius commensales. [...], 1659 (Einblattdr.); G. F. STIEHLE, Schuldiges Ehrengedichte/ dem ehrenvesten/ vorachtbahrn und wohlgelahrten Herrn Johannes Peißckern/ von Langenberg auß dem Voigtlandt/ der Heiligen Schrifft ergebenen/ alß er [...] von dem edlen [...] Herrn Augustu [!] Buchnern/ der [...] Universität Wittenberg hochverdienten Seniore [...] den höchsten Grad in der Philosophie erlangete/ [...], 1659 (Einblattdr.); Laurus poetica, quae laurum magisterialem, quam viro juveni eruditione, pietate, et humanitate praestantissimo dn. Johanni Peiskero Langenberga-Varisco. [...] decanus spectabilis [...] Augustus Buchnerus [...] imponebat, gratulabunda gratulatur, erecta a conterraneis. [...], 1659 (Einblattdr.); J. C. BURCKARD, Verba votiva, quibus erga praecellentem atque praeclarissimum dn. Iohannem Peiskerum philosophiae magistrum, philologum celeberrimum P.L.C., et scholae Wittenbergensis rectorem rite vocatum dn. patronum ac praeceptorem suum omni honoris cultu prosequendum, debitam suam observantiam testari voluit ac debuit felici sidere d. XIV. Februar: anno MDCLXIX, o. J. (Einblattdr.); J. E. SATTLER, Ad virum praecellentem et praeclarissimum dn. Johannem Peiskerum, philosophiae magistrum philologum celeberrimum P.L.C. cum is scholae, quae hic est, rectoris vices subiret d. 14. Februarii anno MDCLXIX versus hos gratulatorios dabat unus ejusdem observantissimus discipulus [...], o. J. (Einblattdr.); Bona verba, quibus honorem et amorem conjugalem viro clarissimo, dn. M. Johanni Peiskero, P. L. C. et scholae Wittebergensi rectori dexterrimo, ut et lectissimae [...] virgini Magdalenae, [...] dni. Martini Trebeljahrii, electoralis convictorii publici [...] oeconomi quondam [...] filiae, ipso nupt. die, XIII. Septembr. anno cIↄ Iↄc LXX. Wittenbergae, faustum precantur patroni, fautores, amici, 1670 (Beiträger u. a.: A. Calovius, J. Meisner, J. A. Quenstedt, J. Deutschmann, A.

Sennert; Ara votiva, onomasmati viri praecellentissimi, praeclarissimi, atque doctissimi, dn. M. Johannis Peisker/ Langenberga Varisci, P.L.C. et lycei Wittebergensis rectoris meritissimi, directoris dexterrimi, patroni et fautoris nostri omni honoris cultu colendi die 24. Junii a. C. 1677. Wittebergae erecta a nonnullis gratulabundis atque congaudentibus conterraneis, o. J.; Gratitudinis et observantiae monumentum, quod viro praecellenti atque praeclarissimo M. Johanni Peiskero, poet. laur. caes. nec non lycei Wittebergensis rectori bene merito domino patrono, atque praeceptori suo filiali obsequio aetatem prosequendo cum dies Johanneo nomini sacer VII. Kal. Jul. MDCLXXVII. felix faustusque illucesceret erigere voluerunt quidam ad nutum parati auditores, o. J.; PH. V. ZESEN, Die ungemeine Einverleibung in die hochpreiswürdige Deutschgesinnete Genossenschaft und Mit-Ertzschreinhalterswahl des [...] keiserlichen Dichtmeisters/ Herrn M. Johan Peiskers/ Oberlehrers der wohlbestelten Wittenbergischen Stadtschuhle/ u. a. m. nuhnmehr unter den Deutschgesinten des Ungemeinen/ deutet ihm so wohl/ als den edlen Deutschgesinten/ mit dem Aussatze hiesiger Reimenbislein/ öffentlich an Filip von Zesen, 1678; Die treuverbundene Landsmannschafft/ wohlehrenvesten/ hochgeachten und wohlgelarten Herrn M. Johann Peißker/ edelgekrönten käyserlichen Poeten/ der weitberuffenen Stadt-Schule in [...] Wittenberg [...] Rectori, der hochpreißwürdigen Teutschgesinnten Genossenschafft/ unter dem Zunfft-Nahmen des Ungemeinen/ hochansehnlichen Mit-Ertz-Schreinhalter [...] an seinem glücklich wiedererlebten Nahmens-Tag den 24. Junii Anno MDCLXXIX aus obliegender Schuldigkeit vorgestellet von dessen treu- und dienstverpflichtesten Lands-Leuten, o. J.; CYΓXAPMA EYKTIKON, quo virum praecellentem [...] dn. M. Johannem Peiskerum, poet. laur. caes. lycei Witteb. rectorem, laudatissimaeque Teuton. Societ. auxiliatorem consortem famigeratissimum, dn. patronum ac praeceptorem suum benevolentissimum, sub anniversarium onomasteriorum recursum IIX. Kal. Quinctil. a. MDCLXXIX submissa animi veneratione atque gratulatione, hocce praetenui et claudo jambo exceperunt auditores primi ordinis devotissimi, o. J.; Amorem testari suum, reversis ex voto ac plane singulari numinis gratia d. 24. Junii 1683. onomasteriis [...] M. Johanni Peiskero, poetae laureato caesareo, scholae Wittenbergensis rectori [...] philologo eximio, ac laudat. Societ. Teuton. ex animo addictissimo [...] voluerunt, debuerunt populares-Narisci, o. J.; Amorem atque affectum singularem, reversis ex voto ac plane singulari numinis gratia ♂d. 24. Junii 1684. onomasteriis exoptatissimis, viro [...] praeclarissimo dn. M. Johanni Peiskero, P.L.C. scholae Wittenbergensis rectori ut felicissimo, sic de re literaria immortaliter merito; philologo haud vulgari, ac illustr. Societ. Teutonicae ex animo addictissimo, dn. patrono, fautori studiorum suorum certissimo, singulorumque Nariscorum maecenati optimo ex observantia testantur, uno ore ac animo bene precantur populares-Narisci, et amici quidam, o. J.; Onomastica sacra, viro nobili [...] dn. Johanni Peiskero, philologo percelebri, p. laur. caes. rectori de lyceo Wittenberg. multo meritissimo, et illustr. Societatis Teuton. addicto, XXIV. d. Jun. a. aer. Chr. MDCXXCIV. ut nomen et omen haberet obsequiosissimo cultu, versibus exiguis [...] facta a scholae primis auditoribus, o. J.; F. SCHMIDT, C. F. LÄMMEL, C. ROTH, Votiva lampas onomastica, quam viro praecellenti [...] M. Johanni Peiskero, philologo celeberrimo, lycei, quod Wittebergae est, rectori meritissimo, poetae laur. caes. ac illustr. Societ. Teuton. addicto [...] die XXIV. Junii, festivitatis Johannis sacra [...] MDCXXCV accendebat triga amicorum [...], o. J.; Quum vir nobiliss. [...] dn. M. Johannes Peiskerus, philologus eximius [...] lycei Wittenberg. rector insigniter meritus [...] onomasteria anniversaria feliciter IIX. Kal. Jun. [...] cIɔ Iɔc XXCV. celebraret haec gratae mentis symbola ultro conferebant ipsius domestici, propinquaque cognatione conjuncti, o. J.; C. HEDLER, Vota onomastica ad deum ter opt. max. pro [...] M. Johanne Peiskero, nobile coronato poeta et philologo excellentissimo, lycei Wittembergensis rectore per XVII. annos meritissimo [...]; ut et dn. Johanne Ulichio, laudatissimi lycei Wittenbergensis cantore aestumatissimo, ac chori musici directore [...] animo devoto fusa [...] Wittembergae in aedibus Scharfianis, ipso Johannis die, anno [...] cIɔ Iɔc LXXXV, o. J.; Quum onomasteria viri praecellentis [...] dn. M. Johannis Peiskeri, lycei Wittenbergensis rectoris [...], d. 24. Junii [...] M. DC. XXCV. felici sidere relucescerent [...] ex popularitatis lege unanimi votorum consensu gratulabantur, et felicissima quaeque apprecabantur sequentes conterranei Varisci, o. J.; F. SCHMIDT, C. F. LÄMMEL, C. ROTH, J. E. ROTH, Vota onomastica, quae viro praecellentissimo [...] dn. M. Johanni Peiskero, philologo celeberrimo, lycei, quod Wittenbergae est, rectori meritissimo, poetae laur. caes.

ac illustr. Societ. Teuton. addicto die XXIV. Junii, festivitati Johannis sacra. a. [...] MDXXCVI [...] ex pia observantia offerebat quadriga amicorum [...], o. J. (Einblattdr.); Als der edle/ [...] Herr M. Johann Peißker/ P. Laur. Caesar. der Wittenbergischen Stadt-Schule hochverdienter Rector, wie auch der hochpreißwürdigen Deutschgesinten Genossenschafft wohlansehnliches Mitglied etc. seinen [...] Nahmens-Tag den 24. Junii [...] 1686. feyerlich begieng/ wolten in folgender Freuden-Ode und Nacht-Musik ihre gebührende Schuldigkeit abstatten dessen gehorsame Zuhörer erster Ordnung, o. J.; Mens grata, viro nobilissimo, amplissimo, praecellentissimoque, domino M. Johanni Peiskero, poetae laur. caesar. celeberrimo, rectori scholae Wittenbergensis meritissimo, ut et illustris Societ. Teuton. membro gravissimo, domino patrono ac praeceptori suo nunquam non colendo, diem onomasticum a. M. DC. XCIV. VIII. Cal. Julii celebranti, declarata ab auditoribus I. et II. classis, o. J.; C. LÖSCHER, Die beste Vergnügung eines Christen/ welche so wohl lustig als ruhig ist/ aus den 4. und 5. Versen des XXXVII. Psalms/ bey volckreicher Beerdigung S. T. Frauen Magdalenen Peiskerin/ gebohrner Trebeljahrin/ S. T. Hn. M. Johannis Peikers/ P. L. C. auch wohlverordneten und rühmlich verdienten Rectoris der Lateinischen Stadt-Schul zu Wittenberg/ hertzlichgeliebten Eheliebsten/ am 21. Januar. 1698. in der Stadt-Kirche daselbst vorgestellet [...], o. J.; J. H. WEDIG, Bey christlicher und hochansehnlicher Leich-Bestattung/ der weiland Gott- Ehr- und Tugend-liebenden Fr. Magdalenen/ gebohrnen Trebeljahrin/ (Tit.) Hn. M. Johann Peiskers/ Poet. Laur. Caes., der Stadt-Schulen zu Witberg wohlmeritirten Rectoris, und der löbl. Deutschgesinnten Genossenschafft vornehmen Mit-Gliedes/ hertzlich werthgewesenen Eheliebsten/ wurde der wohl-seelig Verstorbenen zu schuldigen Ehren/ und dem hinterlassenen hochbetrübten Hrn. Witwer zu tröstlicher Auffrichtung/ folgende Danck-Rede den 21. Januarii dieses 1698sten Jahres gehalten [...], o. J. (mit Lebenslauf); [P. G. SPERLING] Rector academiae Vitembergensis, Paulus Gottfriedus Sperling/ medic. doctor, et anatom. ac botan. prof. publ. civibus academicis S. P. D. [am Ende: P. P. d. XXI. Ianuar. anno cIɔ Iɔc XCVIII.], o. J.; Viro nobilissimo, amplissimo, ac praecellentissimo, dn. M. Jo. Peiskero, poetae laur. caes., rectori lycei Vitembergensis [...], cum funeri desideratissimae conjugis Magdalenae, gente Trebeljahriae,

postridie Eid. Januar. cIɔ Iɔc IIC. vita defunctae, ac XII. Cal. Febr., habita concione funebri solenni ritu efferendae justa solveret. CYMΠAΘEIAC CYMBOΛA dabant patroni, fautores, amici, o. J.; Justa nobilissimae, optimaeque matronae Magdalenae, natae Trebeljahriae, viri nobilissimi [...] domini M. Joh. Peiskeri, poet. laur. caes. [...] conjugi exoptatissimae, d. XIV. Jan. a. C. M. DC. XCVIII. placidissime in Jesu defunctae, et d. XXI. dicti anni et mensis habita concione funebri, solennissime elatae, lugentes solverunt collegae lycei Wittenbergensis, o. J.; Luctus symbola, in obitum nobilissimae, integerrimaeque matronae, Magdalenae Peiskeriae, natae Trebeljariae, viri nobilissimi [...] M. Joh. Peiskeri [...] uxoris optimae, d. XIV. Jan. a. C. M. DC. XCVIII. [...] mortuae, d. XXI. ejusd. mens. concione in aede Mariana habita, solenni ritu sepultae, non sine dolore collecta ab auditoribus I. et II. cl[assis]. lycei Vitembergensis, o. J.; J. ULICH, Aria, welche bey dem hochzeitlichen Ehren-Fest/ Tit. Herrn M. Joh. Peißkers/ P. L. C., wie auch wohlmeritirten Rectoris bey der Wittenbergischen Stadt-Schule/ und der preißwürdigen Teutschgesinnten Genossenschafft vornehmen Mitgliedes/ als Bräutigams/ und Tit. Jungfer Elisabeth/ Tit. Hn. Esaiä Hartmanns, vornehmen Bürgers und kunsterfahrnen Chirurgi in Delitsch/ eheleibl. eintzigen Jungfer Tochter/ als Braut/ den 19. Octobris 1700. zu sonderbahren gevatterlichen Gefallen auffgesetzet/ und aus wohlmeinendem Gemüthe übergeben [...], o. J.; Als (S. T.) Herr M. Johann Peisker/ P. L. Caes., der Wittenbergischen Chur-Stadt-Schulen längst-verdienter Rector, und der hoch-preiß-würdigen deutschgesinnten Genossenschafft Mitglied/ mit (S. T.) Jungfer Elisabeth/ Herrn Esaiae Hartmanns/ vornehmen Bürgers und kunsterfahrnen Chirurgi in Dölitsch/ eheleiblichen einigen Tochter/ am 19. Octobr. 1700. sein hochzeitlich Freuden-Fest beginge/ solte ihn und dessen Geliebteste mit folgenden geringen Hochzeit-Wundsch bedienen die Löscherische Familie in Wittenberg, o. J.; Sincera vota, quibus nuptialem solemnitatem, viri nobilissimi [...] dn. M. Johann. Peiskeri, poetae laur. caes. celeberrimi, rectoris de lyceo Vitembergensi meritissimi, et laudatiss. Societ. Teuton. consortis dignissimi, sponsi, et lectissimae [...] virginis, Elisabethae, viri integerrimi, dn. Esaiae Hartmanni, civis Deliciani primarii et chirurgi celebris unicae filiae, sponsae, Delicii XIX. Octobr. a. M. DCC. celebratam, prosequi voluerunt collegae lycei Vitembergensis,

o. J.; E. C. SCHRÖDTER, Das in Delitzsch gefundene Delicium, wolte bey dem erwünschten Hochzeit-Feste (S. T.) Herrn M. Johann Peiskers/ berühmten Poet. L. Caes., der Wittenbergischen Chur-Stadt-Schulen höchst-verdienten Rectoris, und der hoch-preißwürdigen Deutschgesinnten Genossenschafft würdigsten Mitgliede/ mit (S. T.) Jungf. Elisabethen/ (S. T.) Herrn Esaiae Hartmanns/ vornehmen Bürgers und kunsterfahrnen Chirugi in Delitzsch/ eheleibl. einigen Jgf. Tochter/ am 19. Octobr. dieses 1700. Jahres höchsterfreut erwegen/ und seine schuldige Gratulation hiermit abstatten [...], o. J.; [J. H. FEUSTKING] Prorector academiae Vitembergensis Io. Henricus Feustkingius s. theol. doct. eiusdemq. professor publ. consistorii sacri assessor, augustissimae principis electricis Saxoniae concionator aulicus, et seren. duc. Saxo Goth. consiliarius ecclesiasticus civibus academicis s. p. d. (am Ende: P. P. Eidibus Februariis [...] ∞ IƆ CC XI), o. J.; Supremum honoris officium, quod viro nobilissimo [...] domino M. Johanni Peiskero, poet. laur. caes. lyc. oppid. Vitemb. rectori meritissimo, nec non illustris Societatis Teuton. collegae, die VII. Febr. a. r. s. MDCCXI. placidissimo fato defuncto, XIII. ejusd. publice magna et splendida patrum ac civium frequentia elato, doloris significandi causa praestiterunt patres ac cives academ. Vitembergensis, o. J. (Beiträger u. a.: C. Löscher, G. Wernsdorff, M. Chladenius, H. L. Schurzfleisch); Den nach vollbrachter sauren Schul-Arbeit wohlbelohnten treuen und fleißigen Arbeiter/ wollte bey dem Grabe des wohl-edlen, groß-achtbahren und wohlgelahrten Herrn M. Johann Peißkers, kayserl. gekrönten Poeten/ und in die 42. Jahr wohlverdienten Rectoris, bey der Stadt-Schulen allhier/ wie auch der hochlöblichen teutschen Societät ansehnlichen Mitgliedes und Ertz Schrein-Halters/ als selbiger D. 13. Februar. 1711. in seine Grufft gesencket wurde/ zum ewigen Nachruhm vorstellen das sämmtliche Raths-Collegium, o. J.; Schuldiges Thränen-Opffer/ welches bey dem Grabe des wohl-edlen/ groß-achtbahren/ und wohlgelahrten Herrn M. Johann Peißkers/ käyserl. gecrönten Poetens/ und der Stadt-Schulen zu Wittenberg hochverdientgewesenen Rectoris, wie auch der löbl. Deutschen Genossenschafft Mittgliedes/ als er den 7. Febr. An. MDCCXI. sanfft und selig in seinem Erlöser eingeschlaffen/ und den 13. Februarii drauff/ allhier in Wittenberg bey volckreicher Trauer-Versammlung zu seiner Ruhe-Statt gebracht wurde/ gebührend abgestattet werden solte von vier innen-benannten Alumnis der Schulen daselbst, o. J. RBS

Pelkofer, Hans, * 4.11.1920 Tutzing, † 9.10.2011 ebd.; 1939–45 Soldat im 2. Weltkrieg, besuchte die Eisenbahnfachschule in München, war bis 1984 bei der Dt. Bundesbahn tätig (zuletzt Amtsrat), zudem Eisenbahn-Fachlehrer; lebte in Tutzing. – Lyriker, Fachautor, Bahnbeamter.

Schriften: Lieder, so schön wie der Norden, 1993; Lieder und Sagen des Nordens, 1994; Weihnachten vor fünfzig Jahren. Lieder zum Fest der Liebe 1945, 1995; Vor fünfzig Jahren. Gedichte vom 16. Dezember '44 bis zum 04. Juli '45, 1995; Hochlandsagen, 1996; Tiersaga, 1996; Brotzeit. Lieder und Gedichte, 1997; König-Ludwig-Saga. Lieder und Verse auf den geheimnisvollen Märchenkönig, 1997; Zeitzeugen-Saga. Erinnerungen in Versen, 1997; Bis Wunder sind geschehen. Gereimte Geschichten und Gedichte, 1998; Isar-Saga. Gereimte Geschichten, 1998; Bevor der Sommer kam. Eine tragische Liebesgeschichte zwischen Prag und Oberbayern, 1999; Geschichten aus dem Oberland. Zwischen Würmsee und Mittenwald, 1999; Rügen-Saga. Lyrische Inselimpressionen von gestern und heute, 1999; Alpenvorland-G'schichten. Zwischen Andechs und Hohenpeißenberg, 2000; In Rübezahls Reich. Gereimte Geschichten aus dem Riesengebirge, 2000; Oberammergau vor 50 Jahren. Erinnerungen eines Heimatdichters, 2000; Rosen am Wegesrand. Verse von Liebe und Leid, 2000; Christkindl- und Stille-Nacht-Post. Versgeschichten und Lieder zum Advent, 2001; Gärtner der hohen Berge. Gereimte Alpen-Geschichten, 2001; Hannerle und Stefanbua. Versgeschichten für Junggebliebene, 2001; Jura-Melodien. Versgeschichten aus dem Fränkischen, Schwäbischen und Schweizer Jura, 2002; Wenn Kirchenglocken läuten. Versgeschichten in Reimen, 2002; Die lichte Stadt. Lebensspuren in Augsburg. Versgeschichten, 2003; Teure Heimat. Oberbayerische Erinnerungen in Versen, 2004; Dreiflüsse-G'schichten. Verse um Lech, Ammer und Loisach, 2005; Geliebte Glocken der Heimat. Klingende Versgeschichten aus Oberbayern, 2006; Mein Psalter. Religiöse Lieder und Gedichte nach Kriegsheimkehr, 2007; Von Lebens- und Bergeshöh'n. Versgeschichten aus Oberbayern, 2007; Hoch im Norden, auch zur Polarnacht. (Norwegen 1940), 2008; Hoch im Norden, auch zur Sommernacht. (Norwegen 1940/41), 2009; Eine Herrlichkeit in Bayern. Geschichten und Gebete aus dem Pfaffenwinkel, 2009; Südtirol-Saga. Verserzählungen, 2010; Weg zu einem Paradies. Versgeschichten aus Oberbayern, 2010; 1946 und 1947 im Alpenvorland. Versgeschichten, 2011; Josef-Saga. Verserzählungen, 2011.

Herausgaben: J. Ziegler, Feldpostbriefe aus Rußland. Februar 1944–Februar 1945, 2005. FA

Pelte, Reinhard, * 20.10.1943 Wernigerode; Stud. der Meteorologie u. Ozeanografie an der Univ. Kiel, unternahm zahlr. Seefahrten, mehrere Jahre in Portugal ansässig, war als Meteorologe im Öffentl. Dienst, lebte bis 2013 in Flensburg, seitdem in Schleswig ansässig; 2009 Mitgl. des Ver. für Kriminallit. «Syndikat». – Kriminal- u. Sachbuchautor, Meteorologe.

Schriften: Inselkoller. Jung ermittelt auf Sylt, 2009; Kielwasser. Der zweite Fall für Kommissar Jung, 2010; Inselbeichte. Der dritte Fall für Kommissar Jung, 2011; Zwischen Nord- und Ostsee. 66 Lieblingsplätze und 11 Köche, 2011; Tiefflug. Der vierte Fall für Kommissar Jung, 2012; Mordsee. Der fünfte Fall für Kommissar Jung, 2013; Inselroulette. Der sechste Fall für Kommissar Jung, 2014; Inselgötter. Der siebte Fall für Kommissar Jung, 2016; Lieblingsplätze zwischen Nord- und Ostsee (mit MORITZ P.) 2020.

Literatur: Lex. der dt. Krimi-Autoren (Internet-Edition); Lit.port Autorenlex. (Internet-Edition). FA

Peltonen, Pekka, * 15.1.1954 Pertunmaa/Finnland; Sohn eines Landwirts, studierte Agrarwiss. in Helsinki u. Stuttgart-Hohenheim, zeitweise in der Land- u. Forstwirtschaft beschäftigt, 1986–2000 Mitarb. der «Sindelfinger Ztg.» u. 1990–92 des Wochenbl. «Landpost», auch als Übers. tätig, veröffentlichte seinen Rom. «Die Sehnsucht aber bleibt» (2009) in einer dt. u. finn. Fass.; lebt seit 1985 in Böblingen. – Journalist, Autor, Agrarwissenschaftler.

Schriften: Das Herz der Wildnis. Eine Erzählung aus Finnland, 1992; Die Augen der Barmherzigkeit. Eine Erzählung, 1993; ... und der Wind wird nie sterben (Jgdb., Illustr. v. P. P.) 1993; Wenn die Barbarazweige blühen, 1994; Die Sehnsucht aber bleibt (Rom.) 2009 (Books on Demand); Kui ma ei eksi. Luuletusi (Lyrik) 2014 (Books on Demand). FA

Pelzmacher, Joseph (eig. Egon Sorgenreich), * 27.2.1964 Kloster/Hiddensee; Sohn eines Sattlers, wuchs in Stralsund auf, absolvierte Ausbildung zum Nachrichten- u. Sicherheitstechniker, anschließend im Beruf tätig, seit 2012 Mithg. der Zs. «Das offene Ohr»; Mitgl. der Freedom of the Press Foundation sowie des Whistleblower Bayern e. V. – Stadtschreiber von Rumpelskirchen (2013). – Sicherheitsexperte, Romanautor.

Schriften: Funkstille (Rom.) 1999; Katja und die Inseln. Von Hiddensee nach Australien (Erz.) 2002; Pseudonyme in der Literaturgeschichtsschreibung oder von Rudi zu Joseph (Ess.) 2006; Schau heimwärts, Männel! Betrachtungen, 2008; Menschenskinder! oder: Human Resources, 2009 (7., wesentl. erw. Aufl. 2010; dengl. Übers. 2013); Vom Börde-Land zum Isar-Strand. Lyrik, 2012; Die Trillerpfeife (Rom.) 2014; Das verfluchte Symbol der Künste. Ein 8bit-Roman (Illustr. v. A. Polygon) 2018.

Literatur: T. SCHAEFER, Amiga Forever. Nostalgie u. Dekonstruktion im dt.sprachigen Technikrom. des 21. Jh. (in: Das Ding an sich 7, H. 5) 2019, 7–21. FA

Pentz, Winfried, * 6.5.1934 Wernigerode/Harz; Sohn eines Heimleiters, besuchte Schulen in Altmorschen (später zu Morschen), Dessau u. Wernigerode, übersiedelte 1952 mit seiner Familie nach Westdtl., absolvierte 1953–55 eine landwirtschaftl. Lehre in Kirchlinteln/Nds., studierte bis 1958 Land- u. Volkswirtschaft an der Univ. Göttingen, 1961 Promotion zum Dr. agr. ebd., war 34 Jahre Beamter bei der Landwirtschaftskammer Westfalen-Lippe in Münster; lebt ebenda. – Landwirt, Romanautor.

Schriften (Fachschr. in Ausw.): Untersuchungen über den deutschen Speisekartoffelmarkt mit internationalen Vergleichen (Diss.) 1962; Schlachthofstruktur und Vermarktungskosten für Schweine in Westfalen-Lippe. Vortrag anlässlich der 33. Hauptversammlung der Landwirtschaftskammer Westfalen-Lippe am 9. Dezember 1976 in Münster, 1977; Der Butterbaron (Rom.) 2002; Heimkehr nach Preußen (Rom.) 2004; Flucht nach Schweden, 2006 (Books on Demand); Unter alten Eichen, 2008 (Books on Demand); Mit dem Wind im Rücken, 2010 (Books on Demand); Die Hersbergs, 2013 (Books on Demand); Eichenlund. Vom Bauernhof zum Agrarunternehmen, 2015 (Books on Demand); Falkengrund, 2017 (Books on Demand); Der Reinhardshof, 2019 (Books on Demand). FA

Pentzelt, Thomas → Spieß, Thomas.

Penzar, Nastasja, * 1990 Berlin; Kindheit in Frankfurt/M., 2009/10 pädagog. Arbeit mit Jugendlichen in Guatemala, 2010–14 Stud. der Romanistik in Leipzig, dazw. 2011/12 Stud. Dt. als Fremdsprache in São Paulo, ab 2014 Stud. der Sprachkunst an der Univ. für angewandte Kunst in Wien, studierte zudem Szen. Schreiben an der Univ. der Künste in Berlin; lebt in Berlin; verfaßte u. a. Rom., Dramen, Lyrik u. Rezensionen; schuf zudem span.-dt. u. serbokroat.-dt. Übers.; Veröff. u. a. in «Herder-Korrespondenz» (Freiburg/Br.). – Autorin, Übersetzerin.

Schriften: trokut (Drama) 2016; Yona (Rom.) 2021. MM

Penzel, Matthias, * 16.4.1966 Mainz; wuchs zunächst in Mainz u. Straßburg auf, besuchte Schulen in Kaiserslautern u. Ludwigshafen, absolvierte nach dem Abitur seinen Zivildienst in Weinheim, veröffentlichte derweil erste journalist. Texte, Aufenthalte u. a. in Marokko, Algerien u. im Iran, studierte Philos., Germanistik u. Soziologie an der Univ. Köln, arbeitete in London als Korrespondent für das «Fachbl. Musikmagazin», 1992–94 Chefred. der Musikzs. «Kerrang!», 1995–2000 Chefred. der Formel-1-Zs. «F1 Racing» (heute «GP Racing»), ist seit 2001 in Berlin wohnhaft, 2007–17 Kulturred. bei der Musikzs. «Rocks», 2008–19 Doz. an der Akad. Dt. POP, seit 2018 Modul Leader im Bachelor-Stud.gang Media Reporter ebd., verfaßte Beitr. für «Spiegel Online», «Die Tagesztg.» u. «Rolling Stone», schrieb Liedtexte für Udo → Lindenberg. – Journalist, Red., Dozent.

Schriften: TraumHaft (Rom.) 2004; Rebell im Cola-Hinterland. Jörg Fauser – eine Biographie (mit A. WAIBEL) 2005; Blood on the Highway. When too many Dreams Come True. The Ken Hensley Story (mit K. HENSLEY) 2007; Knietief im Chelsea (Hörsp.) WDR 2009; Objekte im Rückspiegel sind oft näher, als man denkt. Die Auto-Biografie, 2011; Talk On The Wild Side. Volume 1 (m.n.e.) 2013 (E-Book). *Übersetzungen:* D. D. Ramone, Chelsea Horror Hotel, 2015. *Herausgaben:* C. Weissner, Der Tod in Paris. Roman (mit V. WIESER, Vorw. S. PENN, Übers. W. HARTMANN) 2013; ders., Aufzeichnungen über Außenseiter. Essays und Reportagen (Geleitw. A. WAINE) 2020.

Literatur: ARD Hörsp.datenbank (Internet-Edition); Hörsp.datenbank HörDat (Internet-Edition); Hörsp.datenbank HspDatto (Internet-Edition); The Internet Movie Database (Internet-Edition); Lit.port Autorenlex. (Internet-Edition). FA

Perels, Christoph, * 12.5.1938 Rehfelde (heute Kr. Märkisch-Oderland); studierte Germanistik, Gesch. u. Philos. in Erlangen, Kiel, Göttingen u. Paris, 1963 1. Staatsexamen, 1964–66 Lektor beim S. Fischer-Verlag (Frankfurt/M.), 1972 Promotion zum Dr. phil. in Göttingen («Stud. zur Aufnahme u. Kritik der Rokokolyrik zw. 1740 u. 1760»), dann wiss. Assistent in Braunschweig, dort 1979 Habil. («Fremdes Wort u. fremde Sprache. Ein Beitr. zur Stilgesch. der dt. Lyrik von Heinrich Heine bis Gottfried Benn») u. 1980–83 Prof. für Germanistik, 1983–2003 Direktor des Freien Dt. Hochstifts (Frankfurt/M.), daneben ab 1986 Mitgl. im Rundfunkrat des «Hess. Rundfunks», ab 1987 Honorarprof. an der Univ. Frankfurt/M., ab 1990 im Stiftungsrat der Stefan-George-Stiftung, ab 2001 auch im Programmbeirat des Senders «ARTE»; Ehrenmedaille der Eichendorff-Gesellsch. (2000); publizierte neben einem Lyrikbd. vor allem wiss. Arbeiten (auch als Hg.), etwa zu → Goethe, Heinrich von → Kleist, Stefan → George, Georg → Trakl, Gottfried → Benn u. Paul → Celan; Briefw. u. a. mit Paul Celan, Dolf → Sternberger u. Marcel → Reich-Ranicki; Veröff. u. a. in GRM, JbFDH, «Hölderlin-Jb.» (Paderborn), «Goethe-Jb.» (Göttingen), «Internat. Jb. der Bettina-von-Arnim-Gesellsch.» (Berlin) u. «Aurora» (Berlin). – Germanist, Lyriker.

Schriften: Barnimer Jahre (Ged., Lithografien v. F. Hartung) 1980; C. F. Weichmanns Poesie der Nieder-Sachsen (1721–1738), Nachweise und Register (Bearb., mit J. RATHJE, J. STENZEL) 1983; ‹Kein Später›. Das Problem der ausgebliebenen ‹Erziehung des Menschengeschlechts› in Celans letzten Gedichtbänden, [1984] (Sonderdr.); Fünfzig Jahre Verlag Heinrich Ellermann, 1985; Zum Problem der Kontinuität in der deutschen Lyrikgeschichte zwischen 1930 und 1950, 1985 (Sonderdr.); Unmut, Übermut und Geheimnis. Versuch über den ‹West-östlichen Divan› von Goethe, 1987; Dichterärzte in der deutschen Literatur, 1991 (Sonderdr.); Wahlverwandte Farbentöne. Heinrich

Heines Lyrik im Licht seiner Schrift ‹Französische Maler›, 1991 (Sonderdr.); Goethe und sein Kreis in handschriftlichen Zeugnissen. Ein Geschenk an das Freie Deutsche Hochstift, Frankfurter Goethe-Museum (Bearb., mit J. BEHRENS) 1992; Gelebtes Kunstwerk. Frau von Stein zum 250. Geburtstag, 1992 (Sonderdr.); ‹Amerika, du hast es besser›. Die Neue Welt in Goethes dichterischem Werk, 1995 (Sonderdr.); Anmut und Gelehrsamkeit. Zum neunzigsten Geburtstag von Rudolf Hirsch, 1996 (Sonderdr.); Ein um nichts verkürzter Goethe. Aus historischem und ethischem Verständnis. Ernst Beutler und sein Lebenswerk, 1997 (Sonderdr.); Goethe in seiner Epoche. Zwölf Versuche, 1998; Dichterwege. Eine kleine Goethe-Biographie, 1999; Ernst Beutler, das Freie Deutsche Hochstift und die Universitäts-Germanistik, 1999 (Sonderdr.); Die Frankfurter Gesellschaft um 1800, 2000 (Sonderdr.); Schönheit nach der Katastrophe. Hofmannsthal und die Geburt der Salzburger Festspiele, 2000 (Sonderdr.); S. George, Zeitgenössische Dichter, zweiter Teil (= Sämtl. Werke 16) (Bearb.) 2011.

Herausgaben: R. Schneider, Gesammelte Werke. Bd. 5. Lyrik (mit E. M. LANDAU) 1981; Die deutsche Literatur vom Mittelalter bis zum 20. Jahrhundert. Texte und Zeugnisse, Bd. 4 (mit W. KILLY), 2 Teilbde. 1983; Lyrik verlegen in dunkler Zeit. Aus Heinrich Ellermanns Reihe ‹Das Gedicht. Blätter für die Dichtung› 1934 bis 1944. Gedichte von 40 Autoren mit einem Gesamtverzeichnis der Jahrgänge 1-10, 1984; Leben und Rollenspiel. Marianne von Willemer, geb. Jung 1784-1860. Ausstellung Freies Deutsches Hochstift, Frankfurter Goethe-Museum 20. November 1984 bis 31. Januar 1985 (auch Red. mit J. BEHRENS, P. MAISAK) 1984; Herzhaft in die Dornen der Zeit greifen... Bettine von Arnim 1785-1859 (Red. R. MOERING, H. SCHULTZ) 1985; Ernst Beutler 1885-1960 (unter Mitarb. v. J. BEHRENS) 1985; R. Schneider, Gesammelte Werke. Bd. 8. Gedichte, 1987; G. Benn, Gedichte, 1988 (mehrere bibliogr. erg. Nachdr., zuletzt 2018); Sturm und Drang. Ausstellung im Frankfurter Goethe-Museum 2. Dezember 1988 – 5. Februar 1989, Goethe-Museum Düsseldorf, 26. Februar – 9. April 1989, 1988; Zueignung: Raimer Jochims. Dichtung und Malerei, Zyklen von Papierarbeiten 1982-1988. Freies Deutsches Hochstift, Frankfurter Goethe-Museum. Eine Ausstellung vom 22. August bis 14. Oktober 1990 (Red. J. BEHRENS, G. BOEHM) 1990; Christian Georg Schütz der Ältere 1718-1791. Ein Frankfurter Landschaftsmaler der Goethezeit. Freies Deutsches Hochstift – Frankfurter Goethe-Museum, Frankfurt am Main, 31. Oktober 1991 bis 31. Januar 1992 (Red. P. MAISAK) 1991; Das Frankfurter Goethe-Museum zu Gast im Städel (Red. DIES.) 1994; ‹Ein Dichter hatte uns alle geweckt›. Goethe und die literarische Romantik. Ausstellung im Frankfurter Goethe-Museum 19. Juni – 31. Juli 1999, 1999; Max Beckmann: 143 Federzeichnungen zu Goethes ‹Faust. Der Tragödie zweiter Teil›. Ausstellung im Freien Deutschen Hochstift/Frankfurter Goethe-Museum, 15. Oktober 2000 – 3. Dezember 2000 (Red. DIES.) 2000; Fünfzig Jahre Stefan-George-Stiftung 1959-2009 (mit U. OELMANN, W. GRAF VITZTHUM) 2009; ‹Denn das Leben ist die Liebe...› Marianne von Willemer und Goethe im Spiegel des ‹West-östlichen Divans› (mit H. BIRUS, A. BOHNENKAMP-RENKEN) 2014. – Zudem Mithg. der Clemens Brentano- u. Hugo von Hofmannsthal-Editionen des Freien Dt. Hochstifts; während seines Direktorats auch Hg. des JbFDH.

Vorlaß: UB Basel; Arch. der Akad. der Künste Berlin; SB Berlin; Schweizer. Lit.arch. Bern; SLUB Dresden; SUB Göttingen; Badische LB Karlsruhe; DLA Marbach; StB München.

Literatur: P. NEUMANN, Lobrede auf ~ bei Gelegenheit der Verleihung der Ehrenmedaille der Eichendorff-Gesellsch. Marburg, den 25. Mai 2000 (in: Aurora 61) 2001, 151 f.; Goethezeit – Zeit für Goethe. Auf den Spuren dt. Lyriküberl. in die Moderne. FS für ~ zum 65. Geburtstag (hg. K. FEILCHENFELDT u. a.) 2003; Reden beim Festakt zur Verabschiedung des Direktors Prof. Dr. ~ am 12. Mai 2003 (in: JbFDH 2003) 2003, 306-315.

MM

Perinet, Anna (geb. Gansch), * 1769 Wien, † 20.9.1798 ebd.; Tochter des Bediensteten eines kaiserlich-königl. Ministers in Wien, zuletzt als Portier tätig; soll sich autodidaktisch gebildet haben u. früh in Laientheatern mitgewirkt haben, heiratete nach einer nicht standesgemäßen Liebesbeziehung 1787 in Wien den Dichter u. Schauspieler Joachim → Perinet (1763-1816), trat mit ihrem Ehemann am Leopoldstädter Theater in Wien auf, er soll sein wohl nicht geringes Erbe während der Ehejahre ausgegeben haben, so daß die häusl. Verhältnisse der Familie drückend wurden, weswegen P. zu ihrer ebenfalls armen Mutter zog u. dort nach kurzer Zeit mit 29 Jahren starb; hinterließ eine Slg. von Gedichten, die von einem Freund publiziert worden sind, allerdings ist unbekannt, wo u. wann die Ged. erschienen. – Verf. von Gedichten.

Bibliographien: H. GIEBISCH, G. GUGITZ, Bio-bibliogr. Lit.lex. Österreichs von den Anfängen bis zur Ggw., 1964, 295; E. FRIEDRICHS, Die dt.sprachigen Schriftst.innen des 18. u. 19. Jh. Ein Lex., 1981, 231.

Literatur: Wurzbach 22 (1870) 20–24 (Art. Perinet, Joachim, hier 23 f.; NDB 20 (2001) 186 f. (Art. Perinet, Joachim). – G. GUGITZ, Joachim Perinet (in: Jb. der Grillparzer-Gesellsch. 14) 1904, 170–223; Lex. der Frau in zwei Bdn. (Red. G. KECKEIS, Bd. 2) 1954; P. S. ULRICH, Biogr. Verz. für Theater, Tanz u. Musik. Fundstellennachweis aus dt.sprachigen Nachschlagewerken u. Jb., Bd. 2, 1997; R. ANGERMÜLLER, Wenzel Müller u. «sein» Leopoldstädter Theater. Mit bes. Berücksichtigung der Tagebücher Wenzel Müllers, 2009, 186 (Tagebucheintrag zum Tod P.s). MMü

Perle, Thomas, * 1987 Oberwischau/Rumänien; kam 1991 mit seiner Familie nach Dtl., wuchs dreisprachig auf, Volontär am Staatstheater Nürnberg, studierte 2008–15 Theater-, Film- u. Medienwiss. an der Univ. Wien, 2009 Mitarb. in der Dramaturgie des Volkstheaters Wien, 2010–12 Regieassistent am Schauspielhaus Wien, 2015 Auff. der ersten Regiearbeit «Europas Töchter» auf dem «MIMAMUSCH Festival für Kurztheater», unterrichtete 2016 kreatives Schreiben für Jugendliche am Staatstheater Nürnberg, 2020 Engagement am Nationaltheater Radu Stanca Hermannstadt/Rumänien; Mitgl. des interkulturellen AutorInnentheaterprojekts «Wiener Wortstaetten» u. des Theaterprojekts «Fabulamundi. Playwright Europe»; lebt in Wien. – Exil-Lit.preis der Edition Exil (2013), Writer in Residence, Loisium Wine & Spa Resort Südsteiermark (2014), Startstipendium für Lit. der öst. Bundesregierung (2015), Arbeitsstipendium für Lit. ders. (2016), Lit.preis der Nürnberger Kulturläden (2016), Rottweiler Stadtschreiber (2016), Wiener Dramatik Stipendium (2018/19), Retzhofer Dramapreis (2019), Dramatikerstipendium der Literar-Mechana (2019/20), Dorfschreiberpreis Katzendorf (2019/20). – Dramatiker, Theaterregisseur.

Schriften: Mutterseele. Dieses Leben wollt ich nicht, Urauff. Wien 2017; Wir gingen weil alle gingen (P.) 2018; Karpatenflecken, Urauff. Wien 2020.

Literatur: ‹Ich möchte den Frauen etwas zurückgeben in dieser männerdominierten (Theater-)Welt›. Irina Wolf sprach mit dem jungen, in Siebenbürgen geb. Schriftst. u. Theaterautor ~ über sein St. ‹mutterseele›, biogr. Prägungen u. deren Weg in den Text (in: Spiegelungen. Zs. für dt. Kultur u. Gesch. Südosteuropas 12, H. 1) 2017, 245–250. FA

Perlinger, Sissi (eig. Elisabeth Judith Michaela P.), * 9.12.1963 Furth im Wald/Bayern; Tochter einer Kostümbildnerin u. eines Bühnenbildners, wuchs in München auf, studierte für acht Jahre Schausp., Tanz u. Gesang in Paris, München, Wien, New York u. Los Angeles, Auftritte als Sängerin mit der Gruppe «The High Cat», ab 1985 an Bühnen in Wien, Zürich u. München engagiert, entwickelte ab 1986 eigene Kabarettprogramme, 1987 erste Solo-Tournee im dt.sprachigen Raum mit «Der Sissi. P. Skandal», moderierte die Comedyshows «Schräge Vögel» (ZDF, 1992) u. «Sissi. Die P. Show» (ARD, 1999), spielte Rollen in Fernsehkrimis wie «Der Kurier» (ARD, 1996) u. «Der Bulle von Tölz» (Sat.1, 1997) sowie in Kinofilmen wie «Waschen, schneiden, legen» (1999, Regie: Adolf Winkelmann) u. «Harte Jungs» (2000, Regie: Marc Rothemund), Ensemblemitgl. der Musicals von Peter Maffay «Tabaluga und das verschenkte Glück» (2003/04) u. «Tabaluga und die Zeichen der Zeit» (2012), spricht seit 2006 die Hörb. der Kdb.reihe «Prinzessin Lillifee» von Monika Finsterbusch (* 1954). – Dt. Kleinkunstpreis (1992), Sonderpreis in Montreux (1992), Adolf-Grimme-Preis mit Gold (1997), Garchinger Kleinkunstmaske (2005), Musikpreis des Bayer. Kabarettpreises (2008). – Kabarettistin, Sängerin, Schauspielerin.

Schriften: Die letzte Druidin oder die drei Arten der Liebe (Rom.) 1998; Die geheimen Tips der S. P. Ein Handbuch für die moderne Frau, 1998; Auszeit. Der P.-Weg ins Glück, 2010; Ich bleib dann mal jung. Der P.-Weg in die allerbesten Jahre, 2015.

Tonträger (Ausw.): Mein Herz sieht rot (1 CD) 1992; Ich brauch ne Affäre (1 CD) 1999; Singledämmerung (1 CD) 2006.

Literatur: Theater-Lex., Nachtr.bd. 5 (2017) 12; Munzinger-Archiv. – K. BUDZINSKI, R. HIPPEN, Metzler-Kabarett-Lex., 1996, 298; S. I. WAGNER, Comedy-Lex., 1999, 230 f.; Filmportal.de (online); The Internet Movie Database (online). FA

Perren, Ernesto (eig. Ernest-Joseph P.), * 1.1.1942 Zermatt/Kt. Wallis; Sohn einer Bergführerfamilie, besuchte Schulen in Brig/Kt. Wallis, Luzern u. Zürich, Reiseaufenthalte u. a. in Frankreich, Spanien u. England, absolvierte 1968 eine Ausbildung zum Luftverkehrsfachmann bei Swissair, für 26 Jahre ebd. beschäftigt, ab 1994 als selbständiger Trekkingleiter u. Parahotellier in Zermatt tätig, veröff. Beitr. in der Lit.zs. «Orte» u. im «Walliser Jb.»; Mitgl. des Verbandes «Autorinnen u. Autoren der Schweiz», Vizepräs. des «Walliser Schriftst.verbandes»; lebt in Zermatt. – (Neben weiteren Auszeichnungen) Lit.preis des Walliser Schriftstellerverbands (2005), Kulturpreis der Raiffeisen Kulturkommission Mischabel-Matterhorn (2007), Kulturpreis der Gemeinde Zermatt (2012). – Bergschriftst., Essayist, Lyriker, Tourismus-Unternehmer.

Schriften: Wenn Erde und Himmel sich berühren ... (Ged., Illustr. v. R. Mirer, A. Brigger, Yolanda P.) 1997; Am Wege zur leuchtenden Pyramide. Das Weisshorn und seine 100-jährige Hütte, 2000; Wallis deine Berge. Die schönsten Gipfel im Bild gebannt, im Worte eingefangen (Bildbd., Bilder v. L. Weh) 2001; Wanderführer Zermatt. Alpine-Monument, 2003 (2., aktual. Aufl. 2013); Hotels erzählen. 150 Jahre Riffelberg, 125 Jahre Grand Hotel Zermatterhof, 2004; 100 Jahre im Banne des Monte Rosa. 3100 Kulmhotel Gornergrat, 2007; Wendezeit – Zeitenwende. Geistes- und kulturgeschichtliche Betrachtungen. Essays, Erzählungen und Gedichte (Illustr. v. Yolanda P.) 2013; Mythos Matterhorn. Essays um Zermatt und den «Berg der Berge» (Bilder, Stiche u. Fotos v. Viktor P.) 2015.

Herausgaben: Aroleit. Berg- und Talgeschichten, 2012.

Literatur: Autorinnen u. Autoren der Schweiz (online). FA

Perrig, Severin, * 13.9.1961 Hamburg; Stud. der Germanistik, Gesch. u. Ethnologie an den Univ. Marburg u. Zürich, absolvierte 1985/86 einen Lehrgang an der Ringier Journalistenschule in Zürich, 1988–91 wiss. Assistent an der Univ. Zürich, 1992 Promotion zum Dr. phil. ebd., Mitarb. der Regest-Ausg. der Briefchron. von Hugo von → Hofmannsthal, arbeitete als Lehrer in Luzern, Lehrbeauftragter für Dt. Lit. an der Univ. Ostrava/Tschechien, 2001 weitere Lehraufträge an der Hochschule für Gestaltung u. Kunst in Luzern u. an der Höheren Fachschule für Farbgestaltung in Zürich, 2003 Teilnahme am Weiterbildungskurs Kulturkommunikation u. Kulturkritik an der Zürcher Hochschule Winterthur, verf. Beitr. für «Literaturkritik.de. Rezensionsforum für Lit. u. für Kulturwiss.» u. «Lit. & Kunst. A Magazine of Literature + Art»; lebt in Luzern. – Atelierstipendium der Zentralschweizer Kantone in Berlin (2009/10), Arbeitsaufenthalt in der Casa Zia Lina, Elba (2012), Atelierstipendium der Landis & Gyr Stiftung in London (2013/14), Artist in Residence, BSA Aarau (2020). – Lit.wissenschaftler, Publizist, Doz., Bühnenautor.

Schriften: Hugo von Hofmannsthal und die zwanziger Jahre. Eine Studie zur späten Orientierungskrise, 1994; Wie Dornröschen seine Unschuld gewann. Archäologie der Märchen (mit B. Mazenauer, Ess. v. P. Bichsel) 1995; Roaring Dreams, Urauff. Luzern 2005; Der Traum von einer kanalisierten Welt. Hans Conrad Escher und das Linth-Kanalwerk, 2007; Herr Rorschach, Urauff. Herisau 2008; Stimmen, Slams und Schachtel-Bücher. Eine Geschichte des Vorlesens. Von den Rhapsoden bis zum Hörbuch, 2009; Am Schreibtisch großer Dichter und Denkerinnen. Eine Geschichte literarischer Arbeitsorte, 2011; Smaragdgrau. Zehn literarische Ausflüge in eine spezielle Farbe, 2020.

Herausgaben: «Aus mütterlicher Wohlmeinung». Kaiserin Maria Theresia und ihre Kinder. Eine Korrespondenz, 1999; P. Bichsel, Das ist schnell gesagt (mit B. Mazenauer) 2011. FA

Perryman, Kevin A., * 9.5.1950 Colchester/Großbritannien; studierte 1969–73 Germanistik u. Romanistik am Magdalen College in Oxford, unterrichtete ab 1973 Englisch, Frz. u. Dt. im Landheim Schondorf/Ammersee, begründete 1983 die Lyrikzs. «Babel» sowie den gleichnamigen Verlag, veranstaltet (Schul-)Lesungen, verfaßte Beitr. für die «Monatshefte», widmet sich auch der Photographie u. Malerei, Ausst. seiner Werke u. a. in Oxford, Bad Tölz/Obb. u. Schondorf/Ammersee; seit 2003 korrespondierendes Mitgl. der Bayer. Akad. der Schönen Künste; lebt in Fuchstal/Oberbayern. – Horst-Bienek-Förderpreis für Lyrik der Bayer. Akad. der Schönen Künste (1996), Welsh Arts Council Translator's Fellowship, University of Wales (1998). – Lehrer, Lyriker, Verleger, Übers., Künstler.

Schriften (ohne Künstlerbücher, engl.sprachige Schr. in Ausw.): Zwei Improvisationen (Ged.) 1979

(Selbstverlag); The Call of the Cuckoo, Market Drayton 1997; Eingeschneit (Ged.) 1997; Talisman. Ausgewählte Gedichte und Übersetzungen, 1997 (dt. u. engl.); Pyramids on Sand. Photographs & Haiku, 1999; Daidalos (Ged., Bilder v. C. Saltzwedel) 2000; Admiral und Trauermantel. Neunzehn Gedichte, 2002; Im Asyl deiner Arme, 2005; Was Wellen betrifft. Vierzehn Gedichte (Radierungen u. Holzschnitt v. C. Saltzwedel) 2005; Atlantenlos. Zwanzig Gedichte, 2006; Meerwärts. Gesammelte Gedichte in deutscher Sprache, 2006; Laut Protokoll, 2006; Andante. Wellengedichte, 2008; Der nicht verjährte Traum (Ged.) 2009; Die sieben letzten Worte. Zyklen, Fetzen und andere Gedichte, 2016; Der Bau Lumen (Bildbd., mit T. Hurter) 2018.

Übersetzungen: Französische Impressionisten und Ihre Wegbereiter. Aus der National Gallery of Art, Washington und dem Cincinnati Art Museum (Red. C. Lenz) 1990; R. Creeley, Hoffnung klar umrissen. Dreizehn Gedichte, 1995; S. Rafferty, Salathiels Lied (Ged.) 1997 (dt. u. engl.); A. Beresford, Sonnenlicht im Obstgarten (Ged., mit 1 Audio-CD) 2011 (dt. u. engl.); W. Hiller, Gedankensplitter. Nach Gedichten von R. S. Thomas (2012/13), 2014; R. Fulton, Sanfte Gegengifte. Dreizehn Gedichte (Graphik v. A. Frohloff) 2020.

Herausgaben (Ausw.): K. Krolow, Unumwunden (Holschnitte v. W. Mayer) 1985; R. S. Thomas., Das helle Feld, 1995 (dt. u. engl.); P. Russell, Stony Heart. Steinernes Herz (Übers. K. P.) 1997 (dt. u. engl.); R. S. Thomas, Laubbaum Sprache (Ged., Übers. K. P.) 1998 (dt. u. engl.); G. Prast, Abschüssige Vorlagerung, 1999; W. Bächler, Wo die Wellenschrift endet. Ausgewählte Gedichte aus fünf Jahrzehnten, 2000; G. M. Brown, Staubkorn vom Boden des Himmels, 2001 (dt. u. engl.); Postskriptum, 2002; R. S. Thomas, Die Vogelscheuche Nächstenliebe (Ged.) 2003 (dt. u. engl.); E. Borchers, Schneetreiben im Zimmer. Gedichte für Wolfgang Bächler, 2005; Zwischen Fels und Nebel (mit L. Wieser) 2006; R. S. Thomas, Steinzwitschern (Ged.) 2008 (dt. u. engl.); F. Mayröcker, Flieder (Ged., Radierungen v. V. Schwegler) 2008; R. S. Thomas, Das Kreuz (Ged., Radierungen v. ders.) 2010; ders., Mit Fängen aus Feuer. Ausgewählte Gedichte aus sechs Jahrzehnten, 2010 (dt. u. engl.); ders., In zierlichen Schlingen. Ausgewählte Gedichte aus fünf Jahrzehnten, 2013 (dt. u. engl.); ders., Das himmelreimende Kind. Ausgewählte Gedichte aus sechs Jahrzehnten in chronologischer Reihenfolge (Übers. K. P., mit 1 Audio-CD) 2013 (dt. u. engl.); A. Beresford, Vor acht Leben (Übers. K. P., Illustr. v. A. Frohloff) 2014 (dt. u. engl.); D. Nick, Abtrünniges Herz (Ged., Graphiken v. A. Frohloff) 2018.

Literatur: Lit.portal Bayern (unter Babel; online); Lyrik Kabinett (online). FA

Pertim, Enna (eig. Anne Timper), * 17.1.1927 Recklinghausen; als Schauspielerin tätig, studierte nach dem frühen Unfalltod ihres Mannes Soziologie, Psychologie u. Pädagogik in Hannover, Aufbaustud. für Sprechwiss. in Göttingen, Lehraufträge an der Univ. ebd., Mitarb. an den Lehrerhdb. «Sprache u. Sprechen», freiberuflich in der Erwachsenenbildung tätig, veröffentlichte Beitr. in versch. Lyrik-Anthol. u. -Zeitschriften; lebt in Isernhagen/Niedersachsen. – Pädagogin, Schauspielerin, Autorin.

Schriften: Schattenlichter. Lichter Schatten (Ged.) 1985; Und zwischen den flüchtigen Tagen … Kurzprosa, 1992; Saitenspiel und Dissonanz (Erzn.) 2001 (Books on Demand); Die Freiheit der späten Jahre. Wie Menschen unterschiedlichen Alters ihre dritte Lebensphase erleben und gestalten, 2001 (Books on Demand); Immer im Jetzt (Ged.) 2009; Karelia. Eine Reise durch Finnland auf dem Weg in ein neues Leben, 2015 (Selbstverlag; E-Book).

Herausgaben: Abschied heißt nicht Ende. Frauen erzählen über den Tod ihres Partners und ihr Leben nach dem Verlust (Vorw. V. Kast) 1994.

Literatur: Lit.datenbank Nds. (online). FA

Peter, Matthias, * 15.9.1961 Zürich; ab 1980 Regieassistent, Regisseur u. Schauspieler am Stadttheater Luzern u. St. Gallen, seit 1985 freischaffend tätig, auch Kulturjournalist, verfaßte 1992–2018 Beitr. für die Beilage «Heimatspiegel» der Tagesztg. «Zürcher Oberländer», weitere Veröff. in «Mein Luzern» u. «Luzerner Kalender», seit 2004 Künstler. Leiter der Kellerbühne St. Gallen, auch Regisseur u. Schauspieler ebd., inszenierte Texte von Hans Rudolf → Hilty u. Ödön von → Horváth; lebt in St. Gallen. – Werkbeitr. Stadt St. Gallen (2000, 2013), Aufenthalt in Atelierwohnung Rom, Kt. St. Gallen (2001). – Theaterregisseur u. -leiter, Schauspieler, Autor.

Schriften: Sechs Schüsse. Ein St. Galler Krimi (mit D. Pfister) 2000; Tötende Töne. Ein St. Galler Krimi (mit dems.) 2001; Spreng-Sätze. Ein St.

Galler Krimi (mit DEMS.) 2002; Roma, Mura, Roma. Römische Reportagen (Bildern v. D. Bentele) 2003 (Schr. nicht nachweisbar); Jakob und Heinrich Senn. Zeitbilder der Schweiz aus dem 19. Jahrhundert, 2004; Applaus & Zugaben. 50 Jahre Kellerbühne St. Gallen, 2014.

Literatur: Theater-Lex. Nachtr.bd. 5 (2017) 18 f. – Autorinnen u. Autoren der Schweiz (online); Krimi-Couch.de (online). FA

Peter, Niels (eig. Niels Peter Szwaczka), * 26.2. 1943 Bremen; wuchs in Bremen auf, absolvierte eine Maschinenschlosser-Lehre, ging 1962 nach Ulm, Ausbildung zum Religionspädagogen an der Karlshöhe Ludwigsburg, unterrichtete ab 1966 evang. Rel. an versch. Schulen, ab 1971 als Grundschullehrer in Berlin tätig; lebt in Neuwied. – Religionslehrer, Kriminalautor.

Schriften: Inspektor Herdenbein frisst sich durch (Kriminalrom.) 7 Bde. (I Der Tote vom Schluensee – II Mord im Schluensee-Hotel – III Eine Plöner Strangulierung – IV Leichen im Dörpskrog – V Kossauer Geheimnisse – VI Grebiner Abgründe – VII Inspektor Herdenbein und der Tycoon von Kiel) 1999–2006. FA

Petermann, Margareta (geb. Schaub), * 7.11.1953 Söllingen (heute zu Rheinmünster); 1973 Abitur in Kehl, Lehramtsstud. in Freiburg/Br., ab 1979 als Lehrerin an Grund-, Haupt- u. Werkrealschule ebd. tätig, engagierte sich als Mentorin an der Hauptschule, auch in der Erwachsenenbildung tätig; lebt in Kehl. – Lehrerin, Lyrikerin.

Schriften: Sein ist werden. Werden ist sein (Ged.) 2003; Die Kathedrale der Seele. Eine Traumreise durch die Kathedrale der Seele (Ged., mit I. D. TARRASSOW, CHRISTIAN P.) 2003; Weisheiten und philosophische Erkenntnisse (Ged., mit DENS.) 2003 (Books on Demand). FA

Peters, Helmut, * 9.9.1950 Bochum; 13 Jahre als Bankangestellter bei der Sparkasse tätig, besuchte ab 1980 eine Schule des zweiten Bildungswegs, studierte nach dem Abitur Germanistik u. Soziologie, arbeitete 1991–2016 als Schuldnerberater bei der Diakonie Krefeld & Viersen, Mithg. von «Der Angler. Losebl.slg. für Lit. u. Grafik», betrieb 2005–17 gem. mit Wilfried Besser u. Ulrich Dittmar den Lit.stammtisch «Die Tram» in Recklinghausen, seit dem Ruhestand 2016 als Berater tätig, hält Vorträge u. moderiert Zukunftswerkstätten; Mitgl. des Ver. Bochumer Autoren, des Dortmunder Kulturrats u. der Neuen Lit. Gesellsch. Recklinghausen; lebt in Recklinghausen. – Kulturschaffender, Berater, Autor.

Schriften: Nichts ist was ist. Aphorismen, Gedichte, Texte, 1999; Denken zwischen Gedanken – nicht ohne Hintergedanken (mit H. SCHÄFERLIN) 2004; VerMUTungen. Gedanken & Aphorismen, 2009; Jammern zwischen Tür und Angel. Der kleine Bürohelfer (mit G. WEINMANN, Illustr. v. P. Schmitz) 2011; Der Mensch an und für sich und im Besonderen. Gedanken, Bilder, Aphorismen (mit T. HÄNTSCH) 2015.

Herausgaben: Bank und Jugend im Dialog. Ein Handbuch für Banken, Sparkassen, Schulen, Schuldner- und Verbraucherberatungsstelle (mit G. RAAB) 2000 (2., überarb. u. erw. Aufl. [mit 1 DVD] 2004).

Tonträger: In bester Gesellschaft. Drei Autoren aus dem Vest Recklinghausen präsentieren Aphorismen und andere durchwachsene Texte (1 CD, mit E. LINVERS, W. BESSER, Musik: K. Gajewsky) 2009.

Literatur: Liton.NRW (Internet-Edition). FA

Peters, Sjoerd → Petrus, Suffridus.

Petersen, Johanna Eleonora (geb. von und zu Merlau), * 25.4.1644 Frankfurt/M., † 19.3.1724 Gut Thymer bei Loburg (Sachsen-Anhalt); Zweitgeborene von vier Töchtern des Hofmeisters Georg Adolf von Merlau († 1681) u. dessen Frau Sabina, geb. Ganß von Utzberg († 1653); P. nennt sich in ihren Publ. «von und zu Merlau»; wuchs in Frankfurt/M., dem väterl. Gut Merlau (Gemeinde Mücke, Mittelhessen) u. auf Gut Philippseck bei Frankfurt auf, ihre Erziehung erfolgte anfänglich durch die Mutter, wurde nach dem Tod der Mutter weiterhin im väterl. Haus erzogen u. bis zu ihrem 12. Lebensjahr unterrichtet, 1657–59 Hofjungfrau der Gräfin Eleonora von Solms-Rödelheim (1629–1680) in Rüdesheim, 1659–73 zunächst Hofjungfrau, dann Kammerfräulein der Herzogin Anna Margarete von Schleswig-Holstein-Sonderburg-Wiesenburg (1629–1686) in Wiesenburg (Sachsen), eine Verlobung u. ein Verlobungsgesuch in dieser Zeit scheiterten, lernte 1672 die Pietisten Philipp Jacob → Spener (1635–1705) und Johann Jakob → Schütz (1640–1690) kennen u. blieb fortan mit diesen in Kontakt, wobei ihr schon vor dieser Begegnung chiliast. Vorstellungen geläufig waren, 1673 Rückkehr ins väterl. Haus, siedelte im Frühjahr 1675 nach Frankfurt/M. zu Maria Juliane Baur von Eyseneck (1641–1684) über, mit der sie seit dem Sommer 1676 ein sonntägl. pietist. Konventikel abhielt, lernte dort den Superintendenten Johann Wilhelm → Petersen (1649–1727) kennen, den sie am 7.9.1680 heiratete u. zu ihm nach Eutin zog, aus der Ehe stammt ein überlebender Sohn: Friedrich August (1682–1732), nach der Berufung ihres Mannes zum Superintendenten von Lüneburg 1688 siedelte sie mit ihm zum neuen Amtssitz über, 1692 Amtsenthebung u. Landesverweisung ihres Mannes aufgrund eines Urteils zu heterodoxer Lehre am Ende eines Konsistorialprozesses, 1692/93 Aufenthalt in Magdeburg, ab 1693 auf einem Gut in Niederndodeleben bei Magdeburg, 1705 Reisen mit ihrem Mann in Mittel- u. Süddtl., 1707 Umzug auf das Gut Thymer, 1708 Reisen mit ihrem Mann nach Schles., Teplitz, Karlsbad u. Prag; veröffentlichte seit 1689 vielbeachtete erbaul. Schr. u. exeget. Texte, die teils polem. Gegenschr. hervorriefen u. zum Teil in mehreren überarb. Neuaufl. erschienen. Ihre 1718 erstmals erschienene Autobiogr. publizierte sie ein Jahr nach dem Erscheinen der Autobiogr. ihres Mannes, konzipiert als zweiter Teil derselben. Ihr Mann u. sie gelten als vorbildl. Arbeitspaar des Pietismus u. als Schöpfer der Apokatastasislehre. P. wird auch die Übers. der Kom. Molières (1622–1673) aus dem Frz. ins Dt. zugeschrieben. – Pietistische Schriftstellerin.

Schriften: Gespräche des Hertzens mit Gott, 2 Tle., 1689 (online: HAB Wolfenbüttel; ULB Halle; Neuaufl. 1694 u. 1715 u. d. T.: Hertzens-Gespräch mit Gott. In zwey theile abgefasset und zu Aufmunterung anderer frommen gottliebenden Seelen ans Tage-Licht gestellet […]. Mit einer Vorrede [von] Christian Kortholten. Anietzo zum andernmahl gedruckt und mit vielen schönen Kupfern gezieret); Glaubens-Gespräche Mit Gott. Jn Drey unterschiedene Theile abgefasset, Also daß Der I. Theil Das Werck des Glaubens in der Krafft, Der II. Theil Das Zeugniß, die Macht und Herrlichkeit des Glaubens, Der III. Theil Das Ende des Glaubens, welches ist der Seelen Seligkeit, vorstellet. Jn dieser letzten Glaublosen Zeit zur Auffmunterung und Erweckung des Glaubens auffgesetzt, 1691 (überarb. Aufl. 1698 u. d. T.: Der Geistliche Kampff Der beruffenen, auserwehlten und gläubigen Uberwinder, Durch welchen Sie beym Anfange, Fortgange und Ausgange ihres Christenthums die Krone der Erstgebuhrt erstreiten müßen. Unter dem Bilde der Sieben Gemeinen dem Johanni in der Offenbahrung gezeiget. Klar und deutlich vorgestellet Und vor einigen Jahren in Druck gegeben von Johanna Eleonora Petersen […], Nunmehr aber zu mehrerer Erbauung und kräfftiger Erweckung wahrer Gottseeligkeit, Christlicher Geduld und Freudigkeit im Leiden in diese bequeme Form gebracht); Anleitung zu gründlicher Verständniß der Heiligen Offenbahrung Jesu Christi, welche Er seinem Knecht und Apostel Johanni Durch seinen Engel gesandt und gedeutet hat, sofern Sie in ihrem eigentlichsten letzten prophetischen Sinn und Zweck betrachtet wird Und in ihrer völligen Erfüllung in den allerletzten Zeiten, denen wir nahe kommen sind, grössten Theils noch bevorstehet. Nach Ordnung einer dazu gehörigen Tabelle, Darinnen die heilige Offenbahrung in der Harmonie der Dinge und Zeiten kürtzlich entworffen ist. Mit einer zur Vorbereitung dienlichen Vor-Rede und Deyfachem Anhange, 1696 (online: HAB Wolfenbüttel); Das ewige Evangelium Der Allgemeinen Wiederbringung Aller Creaturen. Wie solche unter andern In rechter Erkäntniß Des Mittlern Zustandes der Seelen nach dem Tode tieff gegründet ist Und nach Außführung Der endlichen Gerichte Gottes dermaleins völlig erfolgen wird. Von einem Mit-Gliede D. Ph. G. Zu Ende ist beygefüget ein kurtzer Anhang Von einigen harmonischen Schrifft-Stellen und verschiedenen sonderbaren Zeugnüssen Lutheri, 1698 (online: SUB Göttingen; Nachdr. 1699; erneuter Nachdr. in: J. W. Petersen, Mystērion Apokatastascōs Pantōn. Das ist: Das Geheimniß Der Wiederbringung aller Dinge, 1700; online: SUB Göttingen); Die Nothwendigkeit Der Neuen Creatur In Christo. In einem Send-Schreiben Gezeiget, 1699 (1 bekanntes Ex., FB Gotha – ein Wiederabdruck erschien 1714 u. d. T.: Einige Send-Schreiben, Betreffende die Nothwendigkeit Verschiedener bißher von den meisten Gelehrten in Verdacht gezogener Lehren, Sonderlich in diesen letzten Zeiten, da die Zubereitung zur Hochzeit des Lammes, mit so größerem Eyfer und Fleiß geschehen soll. Auff einiger Freunde Begehren verfertiget; darin enthalten sind zwei weitere Sendschreiben: «Von der Nothwendigkeit Der Lehren» u. «Über die Beyde Fragen, 1. Ob man mit Grund der Warheit eine bessere Zeit zu hoffen habe? 2. Ob man die in Apoc. 20. beschriebene 1000. Jahr noch zu erwarten?», online: SLUB

Dresden, ULB Halle; eine Übers. von «Die Nothwendigkeit Der Neuen Creatur» erschien 1772 in London u. d. T.: The nature and necessity of the new creature in Christ. Stated and described according to heart's experience and true practice. By Joanna Eleonora de Merlau. Translated from the German by Francis Okely, A. B. Formerly of St. John's College in Cambridge; online: SUB Göttingen); Die verklärte Offenbahrung Jesu Christi, Nach dem Zusammenhang und Nach dem Sinn des Geistes. Mit beygefügtem Geistlichen Kampff, der Erstgebohrnen, Zu Siegreicher Erstreitung der Crone der Erstgeburt, Unter dem Bild der sieben Gemeinen dem Johanni offenbahret, 1706 (online: SLUB Dresden; «Geistlicher Kampff», erschien als Einzelschr. erneut 1719); Das Geheimniß Des Erst-Gebornen, Der von Anfang ist und der da ist Gott, das Wort, Der Gott-Mensch Jesus Christus, Gestern und Heute und Derselbe in Ewigkeit. Durch dessen seeliges Erkäntniß Die strittigen Partheyen in den unterschiedlichen Religionen unter sich könten vereiniget werden. Sammt einer Summarischen Erklärung Uber die Epistel an die Römer, wie auch über das 17. Cap. Johanniß und über einige Schrifft-Oerter, so von dem obigen Geheimniß handlen, 1711 (online: SLUB Dresden); Kurtze Betrachtungen über die Sprüche Von der Im Geist des Glaubens erkannten Hoch-Heiligen Person Jesu Christi, Davon In den vier Evangelisten Theils nach seiner Hoheit, Theils nach seiner Niedrigkeit, Theils nach Beyden zugleich gehandelt, Und davon gezeuget, und mitgetheilet wird, 1715 (online: ULB Halle); Betrachtungen In Drey Send-Schreiben. Das Ite Uber die Worte Christi vom Glauben, Das IIte Von den 8 Seeligkeiten, so Christus über die Gläubigen ausgesprochen, Das IIIte Von den 8 Wehen, so Christus den Ungläubigen gedrohet und kund gemacht. In Einfalt auffgesetzet, 1717 (online: ULB Halle); Die verklärte Offenbahrung Jesu Christi. Nach dem Zusammenhang und Nach dem Sinn des Geistes. Mit beygefügtem Geistlichen Kampff, der Erstgebohrnen, Zu Siegreicher Erstreitung der Crone der Erstgeburt, Unter dem Bild der sieben Gemeinen dem Johanni offenbahret, 1717 (online: ULB Halle); Kurtze Betrachtungen von der Nutzbarkeit des lieben Creutzes, wie solches denen fleischlichen Menschen eine Thorheit und Ärgernisse, d[en] Glaubigen aber göttliche Weißheit und ein heilsames Mittel zur Seeligkeit ist, 1717; Leben Frauen Joh. Eleonora Petersen, Gebohrnen von und zu Merlau, Hrn. D. Jo. Wilh. Petersen Eheliebsten. Von ihr selbst mit eigener Hand aufgesetzet, und vieler erbaulichen Merckwürdigkeiten wegen zum Druck übergeben, daher es als ein Zweyter Theil Zu Ihres Ehe-Herrn Lebens-Beschreibung beygefüget werden kann, 1718, Titelbild (online: SLUB Dresden; erneuter Druck als zweiter Teil der in 2. Aufl. ersch. Autobiogr. ihres Mannes: J. W. P., Lebens-Beschreibung Johannis Wilhelmi Petersen, Der Heiligen Schrifft Doctoris, vormahls Professoris zu Rostock, nachgehends Predigers in Hanover an St. Egidii Kirche, darnach des Bischoffs in Lübeck Superintendentis und Hoff-Predigers endlich Superintendentis in Lüneburg. Die zweyte Edition. Auffs neue mit Fleiß übersehen, von vielen Druckfehlern gesäubert, und mit einer neuen Vorrede vermehret, 1719; online: BSB München).

Übersetzungen: Derer Comödien des Herrn Von Moliere, Königlichen Frantzösischen Comödiantens, ohne Hoffnung seines gleichen [...]. So hohen als niedern Standspersonen zu erbaulicher Gemüths-Belustigung, Der Jugend aber, welche der Frantzösischen Sprach begierig seyn mag, zu desto geschwinder und leichter Begreiffung derselben in das Teutsche übersetzet Durch J. E. P. Mit schönen Kupffern gezieret, das erstemal also gedruckt [Paralleltitel: Les Comedies De Monsieur De Moliere, Comedien Incomparable Du Roy De France], 4 Tle., 1694–1710 (online: HAAB Weimar).

Ausgaben: Johanna Eleonora Petersen geb. von und zu Merlau, Leben, von ihr selbst mit eigener Hand aufgesetzt. Autobiographie (hg. P. GUGLIELMETTI) 2003; The Life of Lady J. E. P., written by herself. Pietism and Autobiography. Translation, with Notes and Introduction by B. BECKER-CANTARINO, 2005; Leben. Eine Selbstbiographie (hg. K.-M. GUTH) 2014; J. E. P. Legitimation ihrer theologischen Veröffentlichungen (1691/1696) (in: Pietismus. Eine Anthologie von Quellen des 17. und 18. Jahrhunderts, hg. C. SOBOTH u. a.) 2017, 297–303; Begeisterte Mägde. Träume, Visionen und Offenbarungen von Frauen des frühen Pietismus (hg. R. ALBRECHT) 2018, 23–33.

Briefe: M. Matthias, Mutua Consolatio Sororum. Die Briefe Johanna Eleonora von Merlaus an die Herzogin Sophie Elisabeth von Sachsen-Zeitz (in: Pietismus und Neuzeit. Jahrbuch [...] zur Geschichte des neueren Protestantismus 22) 1996, 69–102 (13 Briefe vom 30.1.1678 bis zum 8.2.1684); R. Albrecht, Zum Briefwechsel Johann

Georg Gichtels mit Johanna Eleonora Petersen (in: Der radikale Pietismus. Zwischenbilanz und Perspektiven der Forschung, hg. W. BREUL u. a.) 2010, 361–368. – Brieforiginale bewahren auf: SB Berlin, Nachlaß August Hermann Francke; FB Gotha, Nachlaß Ernst Salomon Cyprian; Halle/Saale, Franckesche Stiftungen, Studienzentrum August Hermann Francke, Arch. u. Bibl., Hauptarch.; Karlsruhe, Badische Landesbibliothek.

Nachlaß: Auf der linken Seite einer Doppelseite im Stammbuch des Erdmann Rudolph Fischer (geführt von 1707 bis 1716) notierte P. als einzige Frau unter zahlr. Gelehrten am 5.8.1709: «Ich bin der weg, die warheit und das leben. Johanna Eleonora Petersen» (auf der rechten Seite befindet sich der Eintrag ihres Mannes mit Datum; online: ULB Halle, pag. 179ᵛ–180ʳ). – Ein weiterer Eintrag im Stammbuch des Studenten Petrus Mahler (Franckesche Stiftungen, Studienzentrum August Hermann Francke, Arch. u. Bibl., Hauptarch., Sign. AFSt/H C 836 : 67).

Bibliographie: J. M. WOODS, M. FÜRSTENWALD, Schriftst.innen, Künstlerinnen u. gelehrte Frauen des dt. Barock. Ein Lex., 1984, 90 f.

Literatur: Siehe auch die Lit. zu J. W. Petersen. – Killy ²9 (2010) 166 f.; Biogr.-Bibliogr. Kirchenlex. 7 (1994) 273–275; TRE 26 (1996) 248–254; LThK ³8 (1999) 83. – P. J. SPENER, Die vereinigung Christi mit seiner Kirche u. jeglicher glaubigen Seele […] Bey gelegenheit der Ehelichen Trauung Des [...] Joh. Wilhelm Petersen […] Und Der [...] Johannä Eleonorä Von u. Zu Merlau, Des [...] Georg Adolff Von u. Zu Merlau [...] eheleibl. Tochter, 1680 (online: SB Berlin, HAB Wolfenbüttel; Nachdr. 1690, online: SUB Hamburg; Edition in: Geschlechtlichkeit u. Ehe im Pietismus, hg. W. BREUL, S. SALVADORI) 2014, 7–42); C. G. KOCH, Mundus vult decipi, Oder Gründl. Überführung, Daß Fr. ~ […] In der Unter ihrem Nahmen herauß gegebenen Anleitung Zur gründl. Verständniß Der Offenbahrung Johannis Meisterlich ausschreibe u. der Welt einen blauen Dunst vormachen wolle, 1697 (online: ULB Halle); B. PHILALETHES, Annehml. Gespräch Zw. Thoma u. Johanne Von den verheissenden Tausend-Jahren Apoc. am XX., Durch welches Das von gleicher Materie Zu Ende voriges Jahres herausgegebene u. Zw. Martha u. Maria Gehaltene erste Gespräch. Nebst einigen beygefügten Anmerckungen Herrn D. Petersens u. seiner Eheliebsten Person u. Lehre betreffend, nach Nothdurfft untersuchet u. erl., 1697; J. W. PETERSEN, Das Leben Jo. Wilhelmi Petersen, Der Heil. Schrifft Doctoris, Vormahls Professoris zu Rostock, nachgehends Predigers in Hannover an St. Egidii Kirche, darnach des Bischoffs in Lübeck Superintendentis u. Hof-Predigers, endlich Superintendentis in Lüneburg. Als Zeugens der Warheit Christi u. seines Reiches, nach seiner grossen Oeconomie in der Wiederbringung aller Dinge, 1717 (²1719, online: BSB München); F. HORN, Erinn. an J. E. P., geb. von Merlau, u. ihren Gatten, Dr. Wilhelm P. (in: Frauentaschenbuch auf das Jahr 1820, hg. F. H. FOUQUÉ DE LA MOTTE) 1820, 67–108; H. DÖRING, Die gelehrten Theologen Deutschlands im achtzehnten u. neunzehnten Jh. nach ihrem Leben u. Wirken dargestellt, Tl. 3) 1833, 245 f.; A. RITSCHL, Gesch. des Pietismus, Bd. 2: Der Pietismus in der luth. Kirche des 17. u. 18. Jh., 1. Abt., 1884 (Nachdr. 1966 u. 2019) 225–249; W. NORDMANN, Die theolog. Gedankenwelt in der Eschatologie des pietist. Ehepaares Petersen, 1929; DERS., Die Eschatologie des Ehepaares P., ihre Entwicklung u. Auflösung (in: Zs. des Ver. für Kirchengesch. der Prov. Sachsen 26) 1930, 85–108; ebd. 27 (1931) 1–19; DERS., Im Widerstreit von Mystik u. Föderalismus. Geschichtl. Grundlagen der Eschatologie bei dem pietist. Ehepaar P. (in: Zs. für Kirchengesch. 50) 1931, 146–185; H. STEITZ, Gesch. der Evang. Kirche in Hessen u. Nassau, Tl. 2: Orthodoxie, Pietismus, Rationalismus, 1962, 192; K. LÜTHI, Die Erörterung der Allversöhnungslehre durch das pietist. Ehepaar Johann Wilhelm u. ~ (in: Theolog. Zs. [Univ. Basel] 12) 1965, 362–377; J. WALLMANN, Philipp Jakob Spener u. die Anfänge des Pietismus, ²1986, 335–339; DERS., Der Pietismus, 1990; E. BEYREUTHER, Gesch. des Pietismus, 1978, 294 f.; M. SCHMIDT, Pietismus, 1972, 127–130; DERS., Biblisch-apokalypt. Frömmigkeit im pietist. Adel. ~s Auslegung der Johannesapokalypse (in: Text – Wort – Glaube. Studien zur Überl., Interpr. u. Autorisierung bibl. Texte, hg. M. BRECHT) 1980, 344–358; E. A. SCHERING, Johann Wilhelm u. J. E. P. (in: Orthodoxie u. Pietismus, hg. M. GRESCHAT) 1982, 225–239; F. GROTH, Die «Wiederbringung aller Dinge» im württemberg. Pietismus. Theologiegeschichtl. Stud. zum eschatolog. Heilsuniversalismus württemberg. Pietisten des 18. Jh.) 1984, 38–59; R. ALBRECHT, ~. Die Prophetin von der Gnade Gottes (in: Sanft u. rebellisch. Mütter der Christenheit – von Frauen neu entdeckt, hg. K. WALTER) 1990, 138–148; B. BECKER-CANTARINO, Pietismus u. Autobiographie.

Das «Leben» der ~ (1644–1724) (in: «Der Buchstab tödt – der Geist macht lebendig». FS H.-G. Roloff, Bd. 2) 1992, 917–936; H. SCHNEIDER, Der radikale Pietismus im 17. Jh. (in: Der Pietismus vom siebzehnten bis zum frühen achtzehnten Jh., hg. M. BRECHT) 1993, 391–437; M. MATTHIAS, Johann Wilhelm u. J. E. P. Eine Biogr. bis zur Amtsenthebung Petersens im Jahre 1692, 1993; S. LUFT, Leben u. Schreiben für den Pietismus. Der Kampf des pietist. Ehepaares J. E. u. Johann Wilhelm P. gegen die luth. Orthodoxie, 1994; M. H. JUNG, Frauen des Pietismus. Von Johanna Regina Bengel bis Erdmuthe Dorothea von Zinzendorf. Zehn Porträts, 1998; M. WIEHLE, Börde-Persönlichkeiten. Biogr. Lex. der Magdeburger Börde, 2001, 128; M. H. JUNG, ~, geb. von u. zu Merlau. Weibl. Laientheol. im radikalen Pietismus (in: Theologen des 17. u. 18. Jh. Konfessionelles Zeitalter – Pietismus – Aufklärung. Eine Einf., hg. DERS., P. WALTER) 2002, 123–143; E. KORMANN, Gattung, Geschlecht u. gesellschaftl. Konstruktion. Das Beispiel der Autobiographik des 17. Jh. (in: Akten des X. Internat. Germanistenkongresses Wien 2000. «Zeitenwende. Die Germanistik auf dem Weg vom 20. ins 21. Jh.», h. P. WIESINGER, Bd. 10. Geschlechterforsch. u. Lit.wiss.) 2003, 87–93; L. MARTIN, Female Reformers as the Gatekeepers of Pietism. The Example of Johanna Eleonora Merlau and William Penn (in: Monatshefte für dt.sprachige Lit. u. Kultur 95) 2003, 33–58; M. H. JUNG, Nachfolger, Visionärinnen, Kirchenkritiker. Theol.- u. frömmigkeitsgeschichtl. Stud. zum Pietismus, 2003, 11–64; R. ALBRECHT, Pietist. Schriftst. u. Theologin. J. E. von Merlau-Petersen (1644–1724) (in: Weisheit – eine schöne Rose auf dem Dornen-Strauche, hg. E. GÖSSMANN) 2004, 123–196; DIES., ~. Theolog. Schriftst. des frühen Pietismus, 2005; DIES., Die Apokatastasis-Konzeption bei ~ (in: Alles in allem. Eschatolog. Anstöße. FS C. Janowski, hg. R. HESS, M. LEINER) 2005, 199–214; DIES., ~ (1644–1724). Eine engagierte u. streitbare Schriftst. (in: Evang. Seelsorgerinnen. Biograf. Skizzen, Texte u. Programme, hg. P. ZIMMERLING) 2005, 82–102; S. K. NÉMETH, Leben u. Wirken von Kata Bethlen u. ~ (in: Interdisziplinäre Pietismusforsch., hg. U. STRÄTER, Bd. 2) 2005, 701–707; C. LINDBERG, The pietist theologians. An introduction to theology in the seventeenth and eighteenth centuries, 2005; B. BECKER-CANTARINO, Erbauung u. Autorschaft bei ~ (1644–1724) (in: Aedificatio. Erbauung im interkulturellen Kontext in der Frühen Neuzeit, hg. A. SOLBACH) 2005, 19–34; D. BREUER, «Der bekräfftigte Origenes». Das Ehepaar Petersen u. die Leugnung der Ewigkeit der Höllenstrafen (in: Heterodoxie in der Frühen Neuzeit, hg. H. LAUFHÜTTE, M. TITZMANN) 2006, 413–424; G. BUTZER, Das meditative Selbstgespräch im Pietismus. ~. «Gespräche des Hertzens mit GOTT» (in: Daphnis 35) 2006, 589–614; R. ALBRECHT, Vom Verschwinden der Theol. zugunsten der Biographie. Zur Rezeption ~ (in: Gendering Tradition. Erinnerungskultur u. Geschlecht im Pietismus, hg. U. GLEIXNER, E. HEBEISEN) 2007, 123–148; B. BECKER-CANTARINO, ~ (1644–1724). Pietism and women's autobiography in seventeenth-century Germany (in: Teaching other voices. Women and religion in early modern Europe, ed. M. L. KING, A. RABIL JR.) 2007, 193–201; D. H. SHANTZ, «How the Lord revealed his secrets to me, one after another». The life and thought of ~ (1644–1724) in recent scholarship. A review article (in: Peri 5) 2007, 73–95; G. SCHWÖBEL, Sehnsucht nach dem Vollkommenen – J. E. von Merlau zu Merlau verheiratete Petersen im Dialog mit Philipp Jakob Spener u. Johann Jakob Schütz, 2007; B. BECKER-CANTARINO, «Die mütterl. Krafft unsrer neuen Gebuhrt». Theolog. Ideen u. rel. Wirksamkeit von Jane Lead (1623/24–1704) u. ~ (1644–1724) (in: Glaube u. Geschlecht. Fromme Frauen – Spirituelle Erfahrungen – Rel. Traditionen, hg. R. ALBRECHT u. a.) 2008, 235–252; R. ALBRECHT, ~ in the Context of Women's and Gender Studies (in: Pietism in Germany and North America 1680–1820, ed. J. STROM et. al.) 2009, 71–84; M. A. CLIFTON-SODERSTROM, The convergence model of pietist ethics. Faith active in love (Gal. 5:6) (in: Political Theology 11) 2010, 490–506; DIES., Angels, worms, and bogeys. The Christian ethic of Pietism, 2010; B. DOHM, Böhme-Rezeption in England u. deren Rückwirkung auf den frühen dt. Pietismus. Jane Lead u. das Ehepaar Petersen (in: Offenbarung u. Episteme. Zur europ. Wirkung Jakob Böhmes im 17. u. 18. Jh., hg. W. KÜHLMANN, F. VOLLHARDT) 2012, 219–239; K. KAUER, Vernunftbegabte Gottesgelehrte oder radikale Frömmlerin? Eine krit. Lektüre der Autobiogr. ~ (in: Lit. in der Stadt. Magdeburg in MA u. Früher Neuzeit, hg. M. SCHILLING) 2012, 313–330; M. A. TAYLOR, Handbook of Women Biblical Interpreters. A Historical and Biographical Guide, 2014; R. ALBRECHT, Pietismus u. Mystik. Verknüpfung von Bibellektüre u. visionärem Erleben bei ~ (in: «Dir hat vor den Frauen nicht gegraut». Mystikerinnen u. Theologinnen in der Christentumsgesch., hg. M. Delgado, V. Leppin) 2015, 196–216; A. Flick, Dr. Robert Scott u. seine Verbindung zum Ehepaar Petersen. Prophetin Rosamunde Juliane von der Asseburg als «erstgeborene Jungfrau des Lammes» (in: Der Sachsenspiegel. Bl. für Gesch.- u. Heimatpflege 17) 2015, 52; R. Albrecht, ~ (1644–1724) (in: Frauen in Sachsen-Anhalt. Ein biogr.-bibliogr. Lex. vom MA bis zum 18. Jh., hg. E. Labouvie) 2016, 288–293; K. Klein, ~ 1644–1724. Prominente Schriftst. theolog. Werke im Pietismus (in: «… von gar nicht abschätzbarer Bedeutung». Frauen schreiben Reformationsgesch., hg. Frauenwerk der Nordkirche u. der Schleswig-Holstein. Landesbibl.) 2016, 48–53; L. Martin, Pietist. Briefe als Mittel der Erziehung in radikal-pietist. philosoph. Kreisen um 1700 (in: Erziehung als «Entfehlerung». Weltanschauung, Bildung u. Geschlecht in der Neuzeit, hg. A. Conrad u. a.) 2017, 69–80; M. Matthias, Das Ehepaar Petersen u. die theolog. Aufklärung (in: «Erinnern, was vergessen ist». Beitr. zur Kirchen-, Frömmigkeits- u. Gendergesch. FS R. Albrecht, hg. R. Hering, M. Jakubowski-Tiessen) 2020, 83–98; R. Albrecht, ~ (in: Pietismus Hdb., hg. W. Breul) 2021, 114–121. MMü

Petrick, Dirk, * 27.5.1980 Weißwasser/Sachsen; studierte Kommunikation an der Univ. der Künste Berlin, nahm zw. 2003 u. 2011 Schauspielunterricht, seit 2002 als (Synchron-)Sprecher für Rundfunk, Film u. Fernsehen tätig, seit 2007 auch szen. Lesungen; lebt in Berlin. – Barnimer Preis für Kinder- u. Jugendlit. (2017). – Sprecher, Kinderbuch- u. Hörspielautor.

Schriften: Der Käse-August und das Waldmannli. Ein Märchen für Kinder (Illustr. v. S. Thoenes) 2009; Max und das Geheimnis des Wurzelmagiers (Illustr. v. D. Heirich) 2011; Max und die Festung des Schwarzen Fürsten (Illustr. v. ders.) 2013; Balau aus dem Blaubeerbusch (Illustr. v. A.-S. Kempe) 2015; Max und die Spur ins Feuerland (Illustr. v. D. Heirich) 2015; Kinea. Abenteuer einer Katzenkriegerin (Illustr. v. D. Heirich) 2019; Promille + Beats, 2019.

Tonträger: Gefährliche Schatzjagd, 2016; Auf ins Abenteuer. Wie alles begann, 2016; Ruby, Königin der Meere, 2017; Angriff der Feuerdrachen, 2017; Mindnet, der Supercomputer, 2017; Der Zauberwettbewerb, 2018; Gefährliche Schatzjagd, 2018; Fotoshooting mit Hindernissen, 2018; Diebstahl auf Rosenborg, 2019; Auf der Curly Horse Ranch, 2019; Weihnachten auf Rosenborg, 2020; Ein Rivale zum Verlieben, 2021 (alles Hörsp. auf CD mit Beiheft).

Literatur: Dt. Synchronkartei (online); The Internet Movie Database (online). FA

Petrick, Nina (eig. Nina v- Lieven), * 3.12.1965 Berlin; Tochter des Künstlerpaares Helma u. Wolfgang P., wuchs in Berlin auf, studierte Germanistik u. Kunstgesch., leitete ab 1995 mit Tanja Dückers (* 1968) die Lesungsreihe «Neue Autoren in Berlin» im Stükke-Theater ebd., verfaßte zahlr. Kindergesch. für Rundfunksender wie RBB, WDR u. NDR, bietet auch Schreibwerkstätten an; Mitgl. des Autorinnen- u. Autoren-Netzwerks «Spreeautoren»; lebt in Berlin. – Peter-Härtling-Preis (1996). – Kinder- u. Jugendbuchautorin.

Schriften: Herz los (Rom.) 1998; Die Regentrinkerin (Rom.) 1999; Familienlandschaft (Rom.) 2002; Geheimzeit (Rom.) 2004; Straßengeschichten mit Moritz und Luise. Ein Verkehrsbuch für Kinder ab fünf Jahren (mit I. Bohnenkamp, F. Wiemann) 2004; Prinzessin für einen Tag (Illustr. v. T. Székessy) 2006; Die unglaubliche Fledermaustante (Zeichn. v. B. Korthues) 2006; Charlie und die Halstuchbande. Kinderkrimi (Zeichn. v. B. Scholz) 2007; Luzies zweite Chance (Illustr. v. S. Harjes) 2007; Das Picknick im Wald (Bilder v. A. Steffensmeier) 2008; Charlie und der Diamantenräuber. Kinderkrimi (Illustr. v. I. Hardt) 2009; Zweimal Marie (Bilder v. U. Krause) 2009 (Neuausg. 2019); Achtung, wir kochen! (Bilder v. B. Antoni) 2010; Anna, Max und das Schneewunder (Bilder v. R. Kehn) 2010; Ausflüge mit Hindernissen (mit H. Schulze, Bilder v. A. Steffensmeier) 2010; Lilli lässt sich nicht erpressen, 2011; Mafalda Mädschick. Ein verhexter Geburtstag (Bilder v. S. Reich) 2011; Ein Kuchen verschwindet (Bilder v. C. Westphal) 2014; Plötzlich Hexe. Verzaubert Nochmal (Illustr. v. B. Schaalburg) 2015; Der zauberhafte Elfenbaum (Bilder v. B. Gotzen-Beek) 2015; Geschichten für Abenteurer (mit H. Schulze, Bilder v. I. Hardt, A. Steffensmeier) 2016; Lili Kolibri (Illustr. v. V. Schmidt) 3 Bde. (I Die geheimnisvolle Zauberblume – II Die Verwandlung der Königspalmen – III Das verwunschene Paradies) 2018/19; Mit Oma auf Balkonien (Bilder v. P. Grigo) 2019; Feengeschichten (Illustr. v. C. Sturm) 2020; Klassenfahrtgeschichten (Illustr. v.

L. Hänsch) 2020; Doppelt gebucht (Illustr. v. B. Schaalburg) 2021.

Radiogeschichten (Ausw.): Anton Finkental zieht in die Stadt, 2010; Emma und die Zauberpuppe, 2010; Wer hilft Zauberpuppe Peggy?, 2010; Große Zauberprüfung für kleine Hexen, 2012; Cleo & Luzie und der größte Streit der Welt, 2014; Der vertauschte Austausch, 2015; Viel Neues für Lucy Raffelhüschen, 2015; Mia Mersiela. Das Mädchen aus der Waschmittelwerbung, 2016; Mona im getauschten Haus, 2016; Lena in der Tauschwohnung, 2017; Zwei Familien unter einem Dach, 2018; Hilfe, die Kita ist geschlossen!, 2019; Angst zähmen, 2020 (alles RBB).

Literatur: H.-J. GELBERG, V. den drei Wünschen. Aus dem Jurybericht zum Peter-Härtling-Preis für ~ (in: Eselsohr. Fachzs. für Kinder- u. Jugendmedien 16, H. 7) 1997, 23; Kinderbuch-Couch.de (online). FA

Petrus, Suffridus (auch Petri; Sjoerd Peters, Pieters), * 15.6.1527 Leeuwarden (oder Rinsumageest, bei Dokkum), † 23.1.1597 Köln; Stud. in Löwen (1547) u. Köln (immatrik. im Aug. 1551: «Suffridus Feitzma, Leovardiensis; iur.»); 1553 Lehrer für alte Sprachen in Leeuwarden; 1556 Privatdoz. in Löwen; 1557 Prof. der griech. u. lat. Sprache in Erfurt (gratis intituliert im Winter 1556/57: «Suffridus Petrus Leovardiensis Frisius, latinae ac graecae linguae professor, donatus precio inscriptionis, ob reverentiam universitatis»); 1562 Sekretär u. Bibliothekar von Kardinal Antonius Granvella, Staatsminister des span. Königs Philipp II. u. Erzbischof von Mechelen, in Brüssel; nach Granvellas Abberufung 1664 längere Aufenthalte in Löwen – wo P. heiratete (bekannt ist nur, daß er im März 1574 bereits mehrere Kinder hatte u. seine Frau 1580 starb) u. 1574 das Lizentiat beider Rechte erwarb – u. Friesland; 1577, mit Empfehlung von Petrus → Canisius, Prof. an der Jurist. Fak. der Univ. Köln u. (bis April 1593) Rektor der Studenten der Theol. u. Jurisprudenz vorbehaltenen Kronenburse, 1590 Kanonikus an S. Aposteln u. zum Historiographen der Prov. Friesland ernannt. Bekannt wurde P. u. a. durch seine Kontroverse mit Ubbo → Emmius über hist. Kritik. – Kath. Humanist, Jurist, Universitätsprof., Historiker, Übersetzer.

Schriften: Oratio habita ad m. rectorem, et doctores atque decanos artium facultatis, pro reformatione universitatis (Widmung dat.: Erfurt, 15.1.1558), 1558; Carmen gratulatorium, conscriptum in electionem, reverend: et amplis. in Christo patris ac domini domini Kiliani Vogel. Regij monasterij montis S. Petri apud clariss. Erphordiam abbatis dignissimi, 1558; Orationes quinque, de multiplici utilitate linguae Graecae. Inseruntur autem, praeter caetera, de optima studiorum ratione, et imitatione, quaedam, et alia lectu dignißima, Basel 1566; M. Suffridi Petri Leovardiensis Frisij ἀκροστιχίς. [...] (Akrostichon) (in: Conservandae bonae valetudinis praecepta longe saluberrima, regi Angliae quondam a doctoribus scholae Salernitanae versibus conscripta: [...] atque [...] rhytmis quoque Germanicis illustrata [...], hg. J. CURIO) 1568, A5^v–A7^r (wieder 1573; 1582); Suffridi Petri Leovardiensis Frisij Epigramma in Divum Cyprianum, opera et industria doctissimi viri Iacobi Pamelij in integrum restitutum: [...] (griech. Epigramm) (in: CYPRIANUS, Opera [...] iam denuo [...] recognita [...] in tres tomos nunc primum distincta [...], hg. J. PAMELIUS) Antwerpen 1568, α4^r (wieder in den folgenden Ausg. bis Paris 1643); Oratio de praestantia legum Romanarum. Ad amplißimum ordinem statuum Frisiae, Antwerpen 1574; Suffridus Petrus Leovardiensis Frisius Iurisconsultus. V. C. Ioanni Metello Sequano Iurisconsulto. [...] (Widmungsvorr.) (in: Q. ASCONIUS PEDIANUS, In aliquot orationes M. T. Cic[eronis]. commentarii [...], bearb. T. POPMA) 1578, †2^r–†4^r; In Opus Gerardi Rodolphi Graviensis, De Litteris Canonicis, Carmen Suffridi Petri Leovardiensis V.I.C. Fortis ut excubias nocturnis miles in armis [...] (in: G. RODOLPHUS, De litteris canonicis [...] quibus in ecclesia primitiva sancti patres ex generalium conciliorum decretis, in sacrosancta Nicaena synodo prius excogitatis, usi sunt. [...]) 1582, (?)2^{r-v}; Ad Reverendiss. Amplissimoque Utriusque Ordinis Senatorii Viros, Reipublicae Iuliacensis, Testimonium Suffridi Petri Leovardiensis. V. Iurisconsulti, Professoris Pandectarum et Collegij Iuridici trium Coronarum praesidis. [...] (dat.: Köln, 7.5.1586) (in: C. TECTONURGUS, Quod his verbis: Accipite, manducate: hoc est corpus meum, non panem in testimonium futurae redemptionis: sed proprium et substantiale corpus Christus apostolis donaverit [...] demonstrant catholici [...]) 1587, A3^{r-v}; Suffridi Petri Leovard. I. C. Car[men]. Laudabunt alij Veteres, alijque recentes [...] (Lobged.) (in: BULGARUS, PLACENTINUS, Bulgari et Placentini, veterum iurisconsultorum ad titulum pandectarum de diversis regulis iuris antiqui, breves duo et elegantes commentarij [...], hg. J. CAMPIUS) 1587, †8^v; De Frisiorum antiquitate et orgine libri tres: in quibus non modo eius gentis propriae, sed et communes Germaniae totius antiquitates multae, hactenus incognitae, produntur; et obscuri veterum scriptorum loci plurimi illustrantur [...], 1590 (Franeker 1698); Venit ab urbe meas infelix rumor ad aures [...] (Epitaphium für Kardinal Antonius Caraffa) (in: P. LINDEBERG, Commentarii rerum memorabilium in Europa ab anno octuagesimo sexto, usque ad praesentem nonagesimum primum gestarum, quibus summorum virorum, Joannis Regiomontani, Joannis Stoefleri, Henrici Ranzovii, et multorum aliorum, de anno potissimum mirabili praedictiones corroborantur et confirmantur [...] ex bibliotheca Ranzoviana collecti) 1591, Z3^{r-v}; Strena Suffridi Petri [...] missa ampliss. ordinib. Frisiae [...], Franeker 1591; J. DE BEKA, W. HEDA, S. P., Historia veterum episcoporum Ultraiectinae sedis, et comitum Hollandiae, explicata chronico Iohannis de Beca canonici Ultraiectini ab anno nativitatis Christi usque ad annum 1345. et historia Guilhelmi Hedae praepositi Arnhemensis auctoris nunquam editi, completa appendice usque ad annum Christi 1574. auctore Suffrido Petri Leovardiensi Frisio, I. U. C. et Frisiorum historico (hg. B. G. FURMERIUS) Franeker 1592 (ebd. 1612; u. d. T.: De episcopis Ultraiectinis [...], hg. u. komm. A. BUCHELIUS, Utrecht 1643); De scriptoribus Frisiae, decades xvj. et semis: in quibus non modo peculiares Frisiae, sed et totius Germaniae communes antiquitates plurimae indicantur, et veterum historicorum ac geographorum loci hactenus non intellecti explicantur; causaeque redduntur dilucidae, cur veteres Germani praeter meritum ruditatis et imperitiae a quibusdem in re literaria arguantur, 1593 (Franeker 1699; Utrecht 1730).

Übersetzungen und Herausgaben: Plutarch, Oratio, de parentum erga liberos naturali benevolentia. Suffrido Petro Leovardiensi Frisio, linguae Latinae ac Graecae in academia Erphordiensi professore, interprete, 1558; ders., Septem sapientum convivium Suffrido Petro [...] interprete (Widmung dat.: Erfurt, 26.11.1558), o. J.; ders., Oratio, an seni sit administranda respub. Suffrido Petro [...] interprete (Widmung dat.: Erfurt, 15.12.1558), o. J.; ders., Disputatio de significatione symboli ει quod in templo Delphico fuit Apollini consecratum: Suffrido Petro [...] interprete (Widmung dat.: Erfurt, 21.12.1558), o. O. o. J.; ders., Disputatio. Utrum aqua ne an ignis utilior sit. Suffrido Petro [...] interprete (Widmung dat.: Erfurt, 18.11.1559), o. J.; ders., Disputatio, utrum Athenienses bello an sapientia clariores extiterint. Suffrido Petro [...] interprete (Widmung dat.: Erfurt, 1.12.1559), o. J.; ders., Disputatio, de primo frigido. Suffrido Petro [...] interprete (Widmung dat.: Erfurt, 2.12.1559), o. J.; ders., Quaestiones Platonicae. Suffrido Petro [...] interprete (Widmung dat.: Erfurt, 7.12.1559), o. J.; ders., Opusculum, de educandis liberis, longe nunc quam hactenus unquam emendatius editum: cum interpretatione et scholijs Suffridi Petri [...], Basel 1561 (Köln 1578); ders., De Iside et Osiride opusculum ante hac non translatum. Eiusdem orationes duae de esu carnium interprete Suffrido Petro [...], Löwen 1564; Athenagoras, Apologia, vel legatio, vel potius supplicatio pro christianis: ad imperatores Antoninum et Commodum: a Suffrido Petro Leovardiense Frisio in Latinum ex Graeco translata, et iustis commentarijs illustrata: adiectis etiam castigationibus eiusdem, quibus textus graecus a mendis plurimis repurgatur, et integritati suae restituitur. Habes hic amice lector, cum alia permulta scitu digna, ex intimis antiquitatis penetralib[us]. eruta, tum universam pene nascentis ecclesiae historiam, summa cum diligentia explicatam, 1567 (hg. A. RECHENBERG, 1684; hg. E. DECHAIR, Oxford 1706); Cicero, De officiis libri tres. Cato maior, vel de senectute, ad T. Pomp. Atticum. Laelius, vel de amicitia, ad eundem Atticum. Paradoxa Stoicorum sex, ad M. Brutum. Somnium Scipionis, ex libro sexto de repub. Opera Suffridi Petri [...] ad plurima, eademque vetustißima atque optima exemplaria manu descripta sic recogniti, ut infinitis in locis castigatiores nunc sint, quam fuerunt hactenus. Eiusdem in hosce libros castigationum suarum rationes, Basel 1568; [Sozomenus, EVAGRIUS] Historiae ecclesiasticae pars tertia, qua continentur Hermiae Sozomeni Salaminij lib. 9. Evagrij Scholastici Epiphanensis lib. 6. Ioanne Christophorsone interprete, Löwen 1569 (von P. die Übers. von Sozomenus, Bücher 7–9, mit eigener Widmungsvorr., dat.: Löwen, 31.5.1567; in zahlr. weitere Ausg. übernommen); Historiae ecclesiasticae scriptores Graeci, nempe, Eusebius, cognomento Pamphilus [...]. Socrates Scholasticus [...]. Theodoritus, Cyrenensis episcopus. Hermias Sozomenus. Evagrius Scholasticus, Epiphanensis. Ioanne Christophorsono, Anglo, [...] interprete. Hac nova editione de integro recogniti, et varie illustrati a Suffrido Petro [...]. Adiecto indice rerum memorabilium locupletißimo, 1581 (1612; 1675); MARTINUS POLONIUS, Martini Poloni, archiepiscopi Consentini, ac summi pontifics poenitentiarij, Chronicon expeditissimum, ad fidem veterum manuscriptorum codicum emendatum et auctum: opera Suffridi Petri Leovardiensis Frisij. U. I. C., Antwerpen 1574; De illustribus ecclesiae scriptoribus, auctores praecipui veteres: I. D. Hieronymus Stridonensis presb. II. Gennadius Masseliensis presbyter. III. Isidorus Hispalensis episcopus. IIII. Honorius Augustodunensis presbyter. V. Sigebertus Gemblacensis monachus. VI. Henricus de Gandavo, archidiaconus Tornacensis: partim antea excusi, partim nunc demum in lucem editi, omnes autem in congruum ordinem redacti, et perpetua chronologia illustrati, et veterum codicum, tum excusorum, tum manuscriptorum collatione ab infinitis mendis repurgati, et annotationibus haudquaquam poenitendis commendati: opera Suffridi Petri [...] Frisij, V. I. L. [!], 1580.

Ausgaben: (anon.) Responsum iuris, a quibusdam magnis Belgarum iureconsultis scriptum, pro S. Romani Imperij subditis, qui in provincia Frisiae nonnullos reditus annuos seu proventus numerata pecunia emerunt a regia maiestate catholica, utpote domino ipsius Frisiae constitutos et hypothecatos in et super districtu, terra vel agro (den Bild.) olim ad illustrissimos Saxoniae principes pertinente: quod typis edi placuit ad meliorem informationem modernorum Frisiae deputatatorum [...], 1602; Apologia Suffridi Petri Leovard. i. u. c. et amplissim. ordinum Frisiae dum viveret historici, pro antiquitate et origine Frisiorum, cum Bernardi Gerbrandi Furmerii Leovardiensis, i. c. et ejus in scribenda historia successoris peroratione contra Ubbonem Emmium Frisium Gretanum, scholae Gruninganae rectorem. Ad ampliss. et illustres ordines Frisiæ. Addita est inscriptio antiqua suis characteribus expressa, uti hodieque Romae visitur, de Frisiorum sub Carolo Magno expeditione, una cum judiciis doctorum et illustrium virorum de tribus libris ejusdem Suffridi, quos scripsit de antiquitate et origine Frisiorum (bearb. u. hg. B. G. FURMERIUS) Franeker 1603 (ebd. 1699); J. de Beka, S. P., Chronicon Iohannis de Beka canonici Ultraiectini continens res gestas episcoporum sedis Ultraiectinae et comitum Hollandiae a Christo nato usque ad annum 1345. expletum porro appendice, deducta ad annum Christi 1574. auctore Suffrido Petri Leovardiensi Frisio, u. i. c. et Frisiorum historico. Ad illustrem et generosum dominum d. Guilhelmum Ludovicum comitem in Nassov. Catzenellebogen, Vianden et Dietz [...] etc. Nec-non et ad ejusdem Frisiae illustres et praepotentes ordines eorumque delegatos (hg. B. G. FURMERIUS) Franeker 1611; Gesta pontificum Leodiensium a Ioanne de Bavaria usque ad Erardum a Marcka (in: Qui gesta pontificum Leodiensium scripserunt auctores praecipui [...], hg. J. CHAPEAUVILLE, Bd. 3) Lüttich 1616, 68–234.

Briefe: Illustrium et clarorum virorum epistolae, selectiores superiore et hoc seculo scriptae, distributae in centurias tres (hg. S. A. GABBEMA) Harlingen ²1669, passim (Register).

Nachlaß: Zahlreiche Werke u. Briefe: Provinciale Bibl. van Friesland, Leeuwarden; vgl. dazu Provinciale Bibliotheek van Friesland Leeuwarden. Catalogus der briefverzameling van S. A. Gabbema (Vorr. G. A. WUMKES) Leeuwarden 1930, 158–162; vgl. auch: www.tresoar.nl; Anmerkungen zu Peter Jacobsz. van Thabor u. a., Historie van Vrieslant: Koninklijke Bibliotheek Den Haag, 71 H 26; Epitaphium für Kardinal A. Caraffa (1591): ÖNB Wien, Cod. 9737x, 7^r.

Bibliographien: VD16; VD17. – B. G. FURMERIUS, Catalogus operum Suffridi Petri [...] (in: S. P., Apologia [...]) Franeker 1603; J. HARTZHEIM, Bibliotheca Coloniensis [...], 1747, 300 f.; PAQUOT (Lit.), Bd. 7, 1766, 277–293.

Literatur: Jöcher 3 (1751) 1443 f.; Adelung 5 (1816) 2062 f.; B. GLASIUS, Godgeleerd Nederland. Biographisch woordenboek van Nederlandsche godgeleerden, Bd. 3, s'Hertogenbosch 1856, 93 f.; A. J. VAN DER AA, Biographisch woordenboek der Nederlanden, Bd. 15, Haarlem 1872, 239–245; ADB 25 (1887) 539 f.; Nieuw Nederlandsch biografisch woordenboek (Red. P. C. MOLHUYSEN u. a.), Bd. 5, Leiden 1921, 498 f. (H. BRUGMANS); Biogr. Lex. für Ostfriesland (hg. M. TIELKE) Bd. 1, 1993, 284 f. (H. FEENSTRA). – U. EMMIUS, De origine atque antiquitatib[us]. Frisiorum, contra Suffridum Petri et Bernardum Furmerium, hujus gentis historicos perspicua et solida veritatis aßertio, Groningen 1603; B. FURMERIUS, Hyperaspistes apologiae Suffridi Petri [...] de origine et antiquitatibus Frisiorum ad Ubbonem Emmium scholae Groninganae rectorem, Leeuwarden 1604; M. HAMCONIUS, Frisia seu de viris rebusque Frisiae illustribus. Libri duo. [...]) 1609, N2^r–P4^r; M. ADAM, Vitae Germanorum philosophorum [...], 1615, 422 f.; J.-N. PAQUOT, Mémoires pour servir à l'histoire littéraire des dix-sept provinces des Pays-Bas [...], Bd. 2, Löwen 1768, 68–74; Bd. 7, ebd. 1766, 271–293; E. J. H. TIADEN, Das gelehrte Ost Friesland, Bd. 2,

1787, 71–85; F. Nève, Relations de Suffridus Petri, et d'autres savants du XVIe siècle avec l'université de Louvain [...], Löwen 1848; J. H. D. Möhlmann, Kritik der fries. Geschichtschreibung überhaupt u. der des Dr. Onno Klopp insbesondere. Zur Ermunterung zu einem gründl. Stud. u. zur Vertheidigung der hochlöbl. ostfries. Landstände, 1862, bes. 38–45, 77–79; L. F. Hesse, Beschreibung des früher in der Erfurtischen Universitätsbibl., jetzt in der Königlichen zu Berlin, befindl. Codex der Werke Cicero's u. seines ursprüngl. Inhalts [...] (in: Serapeum 27) 1866, 49–59, 65–76, 81–89, 97–107; P. Canisius, Epistolae et acta (hg. O. Braunsberger) Bd. 7, 1922, 197–200, 217; H. Keussen, Die alte Univ. Köln. Grundzüge ihrer Verfassung u. Gesch., 1934, 248, 256–258, 263, 465; E. H. Waterbolk, Twee eeuwen Friese geschiedschrijving. Opkomst, bloei en verval van de Friese historiografie in de zestiende en zeventiende eeuw, Groningen u. a. 1952; E. Kleineidam, Universitas studii Erffordensis. Überblick über die Gesch. der Univ. Erfurt, Tl. 3, ²1983, 86–90, 242–244; W. Bergsma, ~ als landshistorieschrijver (in: It Beaken. Tydskrift fan de Fryske Akademy 56) 1994, 80–123; P. N. Noomen, ~ en de Friese identiteit (in: ebd.) 146–187; M. H. H. Engels, Werken van ~ in de Provinciale Bibliotheek van Friesland (in: ebd.) 239–252; W. Bergsma, Gelovigen, dominees en geleerden. Opstellen over Friese en Nederlandse geschiedenis in de vroegmoderne tijd, Hilversum 2019. RBS

Petsos, Monika (geb. Bartosch), * 3.7.1950 Gütersloh; besuchte 1957–70 die Volksschule u. das Gymnasium in Wiedenbrück (heute zu Rheda-Wiedenbrück), studierte 1970–75 Germanistik u. Kunst an der Univ. Münster, ab 1975 Hausfrau, ab 2000 Leiterin einer Schreibwerkstatt in Kierspe/Nordrhein-Westfalen; lebt in Herscheid/ebenda. – (Neben weiteren Auszeichnungen) Preisträgerin des Lit.wettbewerbs zum Internationalen Frauentag der Stadt Werdohl (2000), 1. Preis des Lit.wettbewerbs des Autorenkreis. Ruhr-Mark (2002). – Lyrikerin.

Schriften: Worte für's Handgepäck (Ged.) 1997; Unter der Salzhaut das Süßherz (Ged.) 2000; Fische vom Olivenbaum (Ged.) 2001; Fenster mit Himmel (Ged.) 2004; Aus dem Wind gepflückt (Ged.) 2007; Fremdglanz über dem Teich. Neue Gedichte, 2008.

Literatur: Liton.NRW (Internet-Edition). FA

Petz, Georg, * 21.12.1977 Wien; wuchs in Pöllau/Steiermark auf, studierte 1996–2003 Anglistik u. Germanistik an der Univ. Graz, 1992–96 Teilnahme an der Lit.werkstatt Graz, war 1999–2001 Mitarb. der steiermärk. Hochschulztg. «Punkt», 2001 Chefred. ebd., ab 2004 Leiter v. Schreibwerkstätten für Jugendliche, 2005 wiss. Assistent an der Univ. Graz, arbeitet seit 2006 als Engl.- u. Dt.lehrer am Gymnasium in Hartberg/Steiermark, Mitbegründer der Autorengruppe «Plattform», 2010 Promotion zum Dr. phil., ab 2012 Doz. für Cultural Studies an der Univ. Graz, Autor, Red. u. Mithg. der Lit.zs. «Lichtungen», veröffentlichte zudem Beitr. in «Manuskripte»; 2005 Vorstandsmitgl. der Akad. Graz, 2006 Schriftführer ebd.; lebt in Graz. – (Neben weiteren Auszeichnungen) Lit.förderungspreis der Stadt Graz (2004), Lit.preis der Akad. Graz (2004), Förderstipendium der Univ. Graz (2006), Marktschreiber von St. Johann/Tirol (2006), Förderpreis für Lit. der Steiermärk. Stadtsparkasse (2007), Öst. Staatsstipendium für Lit. (2008/09, 2013/14), Lit.stipendium der Stadt Graz (2009). – Schriftsteller, Doz., Lehrer.

Schriften: Übernachtungen (Erz.) 2003; Die Anatomie des Parasitären (Erzn.) 2005; Die Tausendjährige Nacht (Rom., hg. R. Pils) 2006; Die unstillbare Wut (Rom.) 2007; Die Entwicklung der Imitation räumlicher Perspektivität in Landschaftsdeskriptionen englischer Erzählliteratur (Diss.) 2010 (als überarb. Buchausg. u. d. T.: Mind maps. Die Entwicklung der Imitation räumlicher Perspektivität in Landschaftsdeskriptionen englischer Erzählliteratur, 2012); Bildstill (Rom.) 2011; Déjà-vu (Rom., hg. R. Pils) 2012; Millefleurs (Erzn.) 2014; Der Hundekönig. Vierzehn Erzählungen aus einer Nacht, 2019.

Literatur: Lit.haus Graz (online); Lit.haus Wien (online). FA

Petzon, Laura Senta → Rubel, Nomi.

Peutinger, Margarete (geb. Welser), * 17. oder 18.3.1481 Memmingen, † 5.9.1552 Augsburg; Tochter des vermögenden Kaufmanns Anton I. Welser u. der ebenfalls vermögenden Kaufmannstochter Catharina Welser, geb. Vöhlin; wird bereits im Elternhaus angehalten, u. a. Latein zu lernen u. sich umfassend mit der lat. Rhetorik u. Poetik vertraut zu machen – als Lehrer wird ihr älterer Bruder Christoph genannt; verlobte sich am 23.9.1498 mit dem Juristen u. Humanisten Konrad → Peutinger

(1465–1547), am 20.11.1498 fand die Hochzeit statt, aus dieser Ehe gingen zehn Kinder hervor (sechs Töchter, vier Söhne; weitere Kinder, die früh starben, werden vermutet); Konrad versteht seine Ehe von Beginn an als eine «institutia divina», in der P. als «uxor docta» u. Parteigängerin seines gelehrten Lebenswegs eine wichtige Rolle einnehmen sollte, einen programmat. Brief an Johannes → Reuchlin (1455–1522) publizierte Konrad in den Jahren 1514 u. noch einmal 1519; aus einem späteren Brief Konrads aus dem Jahr 1521 ist zu entnehmen, dass P. gemeinsam mit ihrem Mann in einem Arbeitszimmer u. an einem eigenen Schreibtisch arbeitete – nach ZÄH (2002) soll dieser Brief fingiert sein; das gelehrte Paar investierte in die humanist. Ausbildung seiner Töchter u. Söhne viel persönl. Energie, als Lehrer wurde Johannes → Pinicianus (1477/78–1542) engagiert – Juliana (1500–um 1506, sicher vor 1511), die erste Tochter, soll mit drei Jahren bereits lat. Sprachkenntnisse besessen haben, erhielt in humanist. Kreisen den Ehrentitel «latina filia», u. a. aufgrund einer vor Kaiser → Maximilian I. (1459–1519) gehaltenen lat. Rede, die 1505 u. noch einmal 1520 im Druck erschien; auch die zweite Tochter, Constantia Peutinger (1503–1546), erhielt nachweisbar eine humanist. Ausbildung, hatte wie ihre Mutter Zugang zur umfangreichen Bibl. der Peutinger-Familie – Constantia wurde im Gelehrtenkreis des Vaters ebenfalls als begabte lat. sprechende u. schreibende Frau gewürdigt, in ihrer Ehe mit dem Juristen Melchior Soiter von Windach († 1555) führte sie das programmat. Leben eines humanist. Paares – wie sie es von ihren Eltern kennengelernt hatte – weiter. P. soll 1512 mit Hilfe ihres Mannes eine numismatisch-epigraph. Abh. in Form eines lat. Briefes an ihren in Rom weilenden Bruder Christoph verfaßt haben, der sie einen Beitr. zur Rolle gelehrter schreibender Frauen voranstellt – sowohl JOACHIMSEN (1903) als auch ZÄH (2002) interpretieren die Epistola als ein fingiertes Werk Konrad Peutingers, der damit die weibl. Gelehrsamkeit im positiven Sinne zu diskutieren beabsichtigte: die anfangs gewünschte Publ. der Epistola scheiterte aus unbekannten Gründen zu Lebzeiten des Ehepaares, sie wurde erst posthum 1778 publiziert. Allerdings existiert eine Reinschrift der Epistola von P.s Hand. – Lat. Schreiberin, evtl. auch Autorin.

Schriften: Epistola Margaritae Velseriae (Verfasserschaft unsicher; Ms. von 1512; gedruckt u. d. T.: Margaritae Velseriae, Conradi Peutingeri conjugis, ad Christophorum fratrem epistola, multa rerum antiquarium cognitione insignis, quam primus typis exscribendam curavit H. A. Mertens, 1778, online: BSB München).

Überlieferung: Zur Überlieferung der Epistola-Manuskripte siehe ZÄH (2002) 457–466, 484, Nr. 6 (Abb. des Autografen M.s S. 472, Abb. 38).

Ausgabe: ZÄH (2002) 485–505, Nr. 6a-9 (Einleitungen u. Begleitbriefe).

Literatur: Historia vitae atque meritorum Conradi Peutingeri [...] post Jo. Ge. Lotterum novis curis illustratam, multoque auctiorem edidit F. A. Veith, 1783, 25 f. (online: SLUB Dresden); G. W. ZAPF, Merkwürdigkeiten der Zapfischen Bibl., Bd. 1, 2. St., 1787, 298–301; P. JOACHIMSEN, Gefälschter Ruhm. ~ u. ihre lat. Diss. (in: DERS., Ges. Aufsätze. Beitr. zu Renaissance, Humanismus u. Reformation, zur Historiographie u. zum dt. Staatsgedanken, ausgew. u. eingel. N. HAMMERSTEIN, Bd. 2) 1983, 571–575 (zuerst in: Frankfurter Ztg., Nr. 115, vom 26.4.1903); DERS., Geschichtsauffassung u. Geschichtsschreibung in Dtl. unter dem Einfluß des Humanismus, 1910, 119; E. KÖNIG, Peutingerstud., 1914, 26 f.; Konrad Peutingers Briefw. (ges., hg. u. erl. E. KÖNIG) 1923, VI, 20, 26 f., 55, 339–341, 153–155, 358–360; Große Frauen der Weltgesch. Tausend Biogr. in Wort u. Bild (hg. A. LUX) 1963, 373; P. DIEMER, Discendi cupiditate. Einige humanist. Motive in Gemälden der süddt. Renaissance (in: Jb. des Zentralinst. für Kunstgesch. 2) 1986, 304–316; U. HESS, Lat. Dialog u. gelehrte Partnerschaft. Frauen als humanist. Leitbilder in Dtl. (1500–1550) (in: Dt. Lit. von Frauen, hg. G. BRINKER-GABLER, Bd. 1) 1988, 127–137; M. SCHAD, Die Frauen des Hauses Fugger von der Lilie (15.–17. Jh.), 1989, 56 f.; H. WUNDER, «Er ist die Sonn', sie ist der Mond». Frauen in der Frühen Neuzeit, 1997, 37 f.; M. A. PANZER. E. PÖSSL, Bavarias Töchter. Frauenporträts aus fünf Jahrhunderten, 1997, 72–75; P. AMELUNG, Ein unbekannter Peutinger-Brief im Bestand der Württemberg. Landesbibl. (in: Bücher, Menschen u. Kulturen. FS Hans-Peter Geh zum 65. Geburtstag, hg. B. SCHNIEDER u. a.) 1999, 81–87; U. KÖHLER-LUTTERBECK, M. SIEDENTOPF, Lex. der 1000 Frauen, 2000, 278; H. ZÄH, Konrad Peutinger u. Margarete Welser. Ehe u. Familie im Zeichen des Humanismus (in: Die Welser. Neue Forsch. zur Gesch. u. Kultur des oberdt. Handelshauses, hg. M. HÄBERLEIN, J. BURKHARDT) 2002, 449–509; P.

TERJANIAN, The art of the armorer in late medieval and Renaissance Augsburg. The rediscovery of the Thun sketchbooks (in: Jb. des Kunsthist. Mus. Wien 17/18) 2015/16, 152–179. MMü

Pfäfflin, Fritz → Schäfer, Frank.

Pfannek am Brunnen, Hildemar David (eig. Hildemar Hauschild), * 29.3.1954 Selau (heute zu Weißenfels); entstammt einer jüd. Weinbauernfamilie, wuchs in der Nähe von Naumburg/Saale auf, als Maurer u. Weinbauer tätig, wegen Wehrdienstverweigerung in Haft, ging 1981 nach Haftentlassung nach Westdtl., nach dem Mauerfall 1989 Rückkehr auf das elterl. Weingut, längere Aufenthalte in London u. Bautzen; lebt in Naumburg/Saale. – Fördergabe der Hermann Sudermann Stiftung (2005). – Lyriker, Erzähler.
Schriften: Im Garten stirbt der Auerhahn, 18 Bde., 1973–83; Lyrik einer verschwiegenen Jugend, 1988 (erw. Neuausg. 2004); Übergangszeit (mit P. A. KLEINERT, L. NITSCHE KORNEL) 1991 (2., veränd. Aufl. 1991); Scharte (hg. E. HESSE, A. KOZIOL) 1992; Das Habakuk-Kästel. 25 chassidische Legenden, 1999; Silberdisteln, 2004; Die Entmutterung der Seele, 2004; Russische Trauerlieder, 2004; Engel auf windbelassenen Wiesen, 2005; Der geschenkte Bruder, 2005; In brennender Liebe, 2005; Ein kleines Tal des Friedens, 2005; Der Wasserträger, 2005; Orchideen im blauen Siegel, 2006; Die Pianohüpfelin oder die kollektive Lüge, 2006; Der Seher von Lublin. Jiddische Legenden aus der Sammlung des Habakuk Kästels, 2007; Silberdisteln im Holzfeuer, 2008; Das umstrittene Tagebuch. Europa auf dem Wege zum perfekten Untertan, 2012; Wohin die Schlüssel führen, Bd. 1 (m.n.e.): Eine Wanderung vom Gutshaus Großjena, entlang dem Blütengrund, über die Fähre, die Saale nach Roßbach hinauf, weiter an den Weinbergen über die Fischhausbrücke zum Park der Landesschule Pforte, 2014 (Selbstverlag). FA

Pfanner, Thomas, * 9.1.1960 (1956?) Mágocs/Ungarn; besuchte als Internatsschüler ein Jesuiten-Kolleg, Stud. der Geologie in Braunschweig, absolvierte eine Ausbildung zum Altenpfleger, als Verwaltungsdirektor von zwei privaten Pflegeheimen in der Vulkaneifel tätig, arbeitete zudem als Doz. an Berufsfachschulen für Altenpflege u. versch. Fortbildungsinst., Gutachter im Gesundheitswesen, verfaßte Beitr. für versch. Krimi-Anthol., auch Veröff. als Ghostwriter; lebt in Sankt Augustin. – Romanautor, Doz., Heimleiter.
Schriften: Glaube Liebe Mord. Krimi, 2001; Nächstenliebe unmöglich (Thriller) 2001; Das große Geheimnis (Thriller) 2003; Tödliches Versprechen (Rom.) 2004; Gott will es! (Rom.) 2005; T 73. Das KrogiTec-Komplott, 2005; Auftrag: Überleben! (Science-Fiction-Rom.) 2012; Kampf um Katinka (Science-Fiction-Rom.) 2 Bde., 2013; Johann Gabb, der Weg des Bauern. Biografischer Roman, 2014; Psychozoikum. SF-Thriller, 2014.
Literatur: J. ZIERDEN, Eifel, Krimi-Reiseführer. Auf den Spuren v. J. Berndorf & Co., 2002, 206; Liton.NRW (Internet-Edition). FA

Pfeifer, David d. Ä. → Peifer, David d. Ä.

Pfeiffer, Boris, * 21.2.1964 Berlin; wuchs in Berlin auf, 1983 Abitur, als Taxifahrer u. Buchhändler tätig, studierte ab 1986 Sprachwiss. u. Landschaftsplanung an der TU Berlin, 1993 Regieassistenz am Hess. Staatstheater Wiesbaden, ab 1994 Theaterregisseur u. -autor am Grips Theater für Kinder u. Jugendliche in Berlin, Auff. seiner Stücke u. a. an Bühnen in Hamburg, Zürich u. Düsseldorf, absolvierte 1998–2000 ein Drehb.stud. an der Dt. Film- u. Fernsehakad. Berlin, arbeitete derweil als Aufnahmeleiter für das ZDF, ausgew. Titel P.s für die Reihe «Die drei ??? Kids» wurden als Hörspiel bearb. bzw. als Musical inszeniert. – Kinder- u. Jugendbuchautor, Dramatiker, Theaterregisseur.
Schriften (Ausw.): Drachenblut (Drehb.) 2003; Mein Ponyhof (Illustr. v. K. Schliehe, B. Mark) 8 Bde. (I Kira und Buttermilch – II Kira und das Geisterpferd – III Kira rettet eine Freundschaft – IV Kira, der Wirbelwind – V Kira, die Waldfee – VI Kira fängt den Pferdedieb – VII Kira und die Ponypost – VIII Kira rettet das Traumpferd) 2003–05; Baby im Bauch? (Jgdb.) 2006; Seeschlangen-Spuk (Illustr. v. H. Juch) 2006 (= Die drei ??? und du 1); Die Schokofalle (Illustr. v. K. Schmidt, S. Wegner) 2006 (= Die drei ??? Kids 27; 2., überarb. Aufl. 2009); Rückkehr der Saurier (Illustr. v. H. Juch, V. Sponholz) 2007 (= Die drei ??? Kids 31; 2., überarb. Aufl. 2009); Das wilde Pack (Illustr. v. S. Meyer) 15 Bde. (I [dass.] – II […] schmiedet einen Plan – III […] und der geheime Fluss – IV […] lässt es krachen – V […] in der Falle – VI […] im verbotenen Wald – VII […] in geheimer Mission – VIII […] im Schattenreich – IX […] in voller Fahrt – X […] lüftet ein Geheimnis – XI […] und die verlorene

Insel – XII […] schwimmt im Geld – XIII […] rettet einen Freund […] – XIV […] in Richtung Freiheit – XV […] endlich am Ziel) 2007–12; Vampire in Rocky Beach (Illustr. v. H. Juch) 2008 (= Die drei ??? und du 4); One Night Stand (Jgdb.) 2009 (Neuausg. mit dem Untert.: Jugendroman, 2015); Angriff der Roboter (Illustr. v. J. Saße) 2010 (= Die drei ??? und du 8); Akademie der Abenteuer, 4 Bde. (I Die Knochen der Götter – II Die Stunde des Raben – III Das Schiff aus Stein – IV Das Erbe des Rings) 2010–14 (Neuausg. aller 4 Bde. [Illustr. v. K. Kersting] 2021); Ein Pony namens Buttermilch (Illustr. v. K. Schliehe, B. Mark) 4 Bde. (I [dass.] – II Ein klasse Team – III Mit Mut und Köpfchen – IV Helfer auf vier Hufen) 2010/11; Unsichtbar und trotzdem da! (Illustr. v. S. Kampmann) 7 Bde. (I Diebe in der Nacht – II Unter der Stadt – III Magier unter Verdacht – IV Jagd in den Straßen – V Spur der Erpresser – VI Der Schatz der Krokodile – VII Pilot in der Falle) 2011–13; Der schwarze Joker (Illustr. v. H. Juch) 2013 (= Die drei ??? Kids 55); Die geheime Galaxie (Illustr. v. H. Juch) 2013 (= Die drei ??? und du 15); Familie Pullunder sagt Gute Nacht. Vorlesegeschichten (Bilder v. S. Brix) 2014; Der goldene Drache (Illustr. v. K. Schmidt) 2016 (= Die drei ??? Kids 67); Dunkelfeld (Kriminalrom.) 2016; Celfie und die Unvollkommenen (Illustr. v. M. Dörr) 2017; Dunkelhaus (Kriminalrom.) 2017; Die Musikdiebe (Illustr. v. J. Saße) 2018 (= Die drei ??? Kids 77); Das Geisterspiel (Illustr. v. K. Schmidt) 2021; Lockdown. Ein C-Movie (Ged.) 2021.

Theaterstücke (Ausw.): Liebster, ich spüre genau, daß ich wieder wahnsinnig werde …, Urauff. Berlin 1992; Unter der Hungerleuchte, Urauff. Mannheim 1993; Bosana, Urauff. Berlin 1994; Eins auf die Fresse, Urauff. ebd. 1996; Ich knall euch ab! (mit F. Huby, nach dem gleichnamigen Rom. v. M. Rhue) Urauff. Rostock/Düsseldorf/Dresden 2004; Wehr dich, Mathilda! (mit I. Schulz, Liedtexte V. Ludwig, nach dem gleichnamigen Rom. v. A. Holm) Urauff. Berlin 2007; Krach im Bällebad (mit ders.) Urauff. ebd. 2010.

Übersetzungen: L. Garlando, Tor! (Illustr. v. S. Turconi) 9 Bde. (I Anpfiff! – II Brasilien, wir kommen! – III Die Meisterschaft ruft! – IV Traum vom Finale – V Das Duell – VI Elfmeter in Paris – VII Tommis letztes Spiel – VIII Der neue Kapitän – IX Tommi kommt zurück) 2009–11.

Herausgaben: Kinderaugen (mit M. Beautemps) 5 Bde. (I Planet 6b – II Stadt, Land, ich! – III Huch. – IV Komm mit in unsere kunterbunte Welt – V Leise Geschichten der lauten Kängurus) 2019/20; H. A. Selkirk, Der Schatz des Gehenkten (Illustr. v. K. Kersting) 2021.

Literatur: Theater-Lex., Nachtr.bd. 5 (2017) 34 f. – S. Fischer-Fels, K. Behrens, ‹Ich knall euch ab!›. Vom Buch zum St., ein Werkstattber. (Felix Huby, ~, Morton Rhue) (in: Fundevogel. Kinder-Medien-Magazin 152) 2004, 5–13; C. Fischer, Ein Rom., ein Drama, drei Inszenierungen. ‹Ich knall euch ab!› von Morton Rhue als Vorlage für Theater. (Felix Huby, Morton Rhue) (ebd.) 2004, 13–24; C. Tilmann, C. Fischer, «Von Musterschülern u. Mördern». Ringurauff. von ‹Ich knall euch ab!› nach Morton Rhue in Dresden, Rostock u. Düsseldorf (in: Theater der Zeit 59, H. 4) 2004, 36–40; Filmportal.de (online); The Internet Movie Database (online). FA

Pfeiffer, Dorothea → Greß, Dorothea.

Pfeiffer, Johanna Margaretha (verh. Mesch), * 30.10.1689 Altenburg/Thür., † 18.9.1752 ebd.; Tochter des Hofbeamten u. Syndikus des Magdalenenstifts in Altenburg, Johann Abraham P. (nach 1653–1721), u. dessen Frau Margaretha Christina, geb. Kellner († 1691); verlor ihre Mutter sehr früh, ihr Vater heiratete im darauf folgenden Jahr Catharina Sophia, geb. Förster († nach 1728), aus dieser zweiten Ehe gingen drei Töchter u. vier Söhne hervor, u. a. Sophia Dorothea → Stockmann (1698–1728) u. Susanna Elisabeth → P. (1702–nach 1730); die Kinder der Familie erhielten privaten Unterricht; 1705 erwarb P.s Vater seiner Tochter ein Haus in Altenburg, um sie im Fall seines Todes finanziell abzusichern; P. heiratete 1711 den aus Merseburg stammenden Advokaten Johann Martin Mesch († 1737 oder davor) u. hatte mit diesem fünf Töchter u. fünf Söhne, mit Mesch bezog P. ihr Haus in Altenburg, dort lebte sie bis 1737, in diesem Jahr veräußerte sie ihr Haus u. zog wohl innerhalb Altenburgs um. Von ihr ist ein Trauerged. auf den Tod ihres Vaters bekannt. – Gelegenheitsdichterin.

Schriften: Ich kunte nicht einmahl die liebe Mutter nennen, 1721.

Ausgabe: Carrdus (Lit.) 267.

Nachlaß: Siehe Carrdus (Lit.) 420.

Literatur: Das «weiblich Werk» in der Residenzstadt Altenburg 1672–1720. Gedichte u. Briefe von Margaretha Susanna von Kuntsch u. Frauen in ihrem Umkreis. Mit einer Einl., Dokumenten, Biographien u. Komm. (hg. A. Carrdus) 2004, 18, 22,

25, 27, 36 f., 262, 356, 390, 410, 419–422.

MMü

Pfeiffer, Susanna Elisabeth, * 21.9.1702 Altenburg/Thür., † nach 1730; Tochter des Hofbeamten u. Syndikus des Magdalenenstifts in Altenburg, Johann Abraham P. (nach 1653–1721), u. seiner zweiten Frau Catharina Sophia, geb. Förster († nach 1728), ihre Halbschwester aus der ersten Ehe des Vaters war Johanna Margaretha → P. (1698–1752); P., ihre Halbschwester, ihre zwei Schwestern (darunter Sophia Dorothea → Stockmann, 1698–1728) u. vier Brüder erhielten privaten Unterricht; P. heiratete 1722 den Altenburger Amtsaktuar Christian Wilhelm Brem (wohl vor 1698–1759), das Paar hatte zwei Töchter u. drei Söhne; über den Zeitpunkt ihres Todes liegen keine Nachr. vor. Von ihr ist ein Trauerged. auf den Tod ihres Vaters bekannt. – Gelegenheitsdichterin.

Schriften: Ach! Vater/ ach! wohin? Ist denn die Zeit vorhanden, 1721.

Ausgabe: CARRDUS (Lit.) 269.

Nachlaß: Siehe CARRDUS (Lit.) 422.

Literatur: Das «weiblich Werk» in der Residenzstadt Altenburg 1672–1720. Gedichte u. Briefe von Margaretha Susanna von Kuntsch u. Frauen in ihrem Umkreis. Mit einer Einl., Dokumenten, Biographien u. Komm. hg. A. CARRDUS 2004, 18, 22, 25, 27, 36 f., 262, 367, 390 f., 410, 419–422.

MMü

Pfeyffer, David d. Ä. → Peifer, David d. Ä.

Pfister, Marcus, * 30.7.1960 Bern; absolvierte den einjährigen Vorkurs der Kunstgewerbeschule Bern, machte 1977–81 eine Graphiker-Ausbildung in einer Werbeagentur in Kirchlindach-Herrenschwanden, 1981–83 in Zürich im Beruf tätig, sechsmonatige Reise durch Kanada, die USA u. Mexiko, ab 1984 selbstständiger Graphikdesigner, Werbekonzepter u. Illustrator, auch Bildhauer u. Photograph; P.s Bilderb. «Der Regenbogenfisch» (1992) wurde in mehr als 50 Sprachen übers. u. diente als Vorlage für mehrere Animationsfilme (1997 ff.) u. eine 26-teilige Animationsserie (1999/ 2000, Regie D. Edwards); lebt in Bern. – (Neben weiteren Auszeichnungen) 1. Preis Ulmer Bilderbuchspatz (1993), Prix de la Jeunesse, Cherbourg (1994), American Booksellers Book of the Year Award (1995), Steir. Leseeule (1997), Fischhof-Preis der Gesellsch. Minderheiten in der Schweiz u. der Stiftung gegen Rassismus u. Antisemitismus (2014). – Bilderbuchautor, Grafiker, Künstler.

Schriften (Ausw.): Die vier Lichter des Hirten Simon, 1986; Wer ist mein Freund?, 1986; Pits neue Freunde, 1988; Pit und Pat, 1989; Hoppel, 1991; Der Regenbogenfisch, 1992; Papa Pit und Tim, 1994; Hoppel lernt schwimmen, 1995; Regenbogenfisch, komm hilf mir!, 1995; Lieber Nikolaus wann kommst du?, 1996; Der Regenbogenfisch stiftet Frieden, 1998; Mats und die Streifenmäuse. Eine Geschichte mit zwei Enden, 2000 (4., überarb. Aufl. 2014); Der Regenbogenfisch hat keine Angst mehr, 2001; Wenn du mal groß bist, Nils, 2009.

Literatur: K. COATS, Fish Stories. Teaching Children's Literature in a Postmodern World (in: Pedagogy. Critical Approaches to Teaching Literature, Language, Composition, and Culture Spring 1/2) Durham/NC 2001, 405–409 (zu ‹Der Regenbogenfisch›); H.-M. GUTMANN, Keiner glaubt die Gesch. vom Regenbogenfisch (in: Jb. der Rel.pädagogik 17) 2001, 9–13; C. VORST, Lebenshilfe mit Geräten – oder doch irgendwie anders? Anm. zum Erfolg des Bilderb. ‹Der Regenbogenfisch› (in: Praxis Dt. Zs. für den Dt.unterricht 28, H. 165) 2001, 60–64; K. SCHMITT-DIETRICH, Dida, der kleine Dino. Lauteinf. d, d (in: Fördermagazin. Individuelle Förderung von Kindern mit Lernschwierigkeiten 23, H. 4) 2001, 13–15; A. MARQUARDT, ‹Der Regenbogenfisch stiftet Frieden›. Die Dynamik von Streit u. Versöhnung, Primarstufe (in: Rel. heute 50) 2002, 98–104; M. L. LITSCHE, ‹Der Weihnachtsstern›. Ein Theaterst. nach ~ mit Tanz u. Musik (in: Grundschulmagazin. Impulse für den kreativen Unterricht 72, H. 6) 2004, 51–55; K. SCHMITT-DIETRICH, ‹Mats u. die Wundersteine›. Erstlesen u. noch mehr Förderung mit einem Bilderb. (in: Fördermagazin. Individuelle Förderung von Kindern mit Lernschwierigkeiten 28, H. 6) 2006, 7–10; E. M. KOHL, Geschichtengrammatik. oder: Wenn Geschn. über sich selbst sprechen (in: Die Grundschulzs. Gemeinsam Schule machen 21, H. 204) 2007, 22–26; C. MILLS, Slave Morality in The Rainbow Fish (in: Philosophy in Children's Literature, mit Einf. hg. P. R. COSTELLO, Vorw. T. E. WARTENBERG) 2012, 21–40; I. Tomkowiak, Gesch. der Kinder- u. Jugendlit. in der (Dt.-)Schweiz (in: Hdb. Kinder- u. Jugendlit., hg. T. KURWINKEL, P. SCHMERHEIM, Mitarb. S. JAKOBI) 2020, 68–74, hier 73; M. ZIMMERMANN, Lernen mit (Kinder- u. Jugend-)Lit. (in: Hdb. eth. Bildung.

Rel.pädagog. Fokussierungen, hg. K. DIES., LINDNER) 2021, 339–346, hier 343; Filmportal.de (online); The Internet Movie Database (online).

FA

Pflüger, Andreas (Ps. Anatol Roth), * 15.10.1957 Bad Langensalza; wuchs in Saarbrücken auf, studierte Theol. u. Philos. (ohne Abschluß), Tätigkeiten als Koch, Taxifahrer u. Möbelverkäufer, später als Autor u. Dokumentar-Regisseur tätig, lebt in Berlin; verfaßte u. a. Rom., TV-Drehb. (etwa für die Serien «Tatort» u. «Ein Fall für zwei»), Hörsp., Dramen u. Musicals. – u. a. Dt. Krimipreis (2018). – Schriftst., Regisseur.

Schriften: In der Nacht sind alle Taxen grau (Drama) 1988 (auch als Hörsp., 1988); Hallo Taxi! Falscher Alarm! (Hörsp.) 1990; Tourist Berlin (Hörsp.) 1991; Herrengold (Drama) 1991 (auch als Hörsp., 1991); Tote zahlen später (Hörsp.) 1992; Das Bouillabaisse-Komplott (Hörsp.) 1993; Hanna oder der lange Abschied vom kurzen Glück (Hörsp.) 1994; In mir ist noch alles lebendig (Hörfunk-Feature, mit P. RICHTER) 1994; Eigentlich müßte ich sagen: Die Gedenkstätte ist meine Heimat (Hörfunk-Feature, mit DEMS.) 1996; Operation Rubikon (Thriller) 2004; Endgültig (Thriller) 2016; Niemals (Thriller) 2017; Geblendet (Thriller) 2019; Ritchie Girl (Rom.) 2021.

MM

Pfluger, Elisabeth, * 21.10.1919 Härkingen/Kt. Solothurn, † 2.5.2018 Solothurn; entstammte einer Gastwirtsfamilie, besuchte die Bezirksschule in Neuendorf/Kt. Solothurn u. das Lehrerseminar in Solothurn, zunächst Erzieherin in San Remo/Italien, kehrte nach Beginn des 2. Weltkriegs 1939 in die Schweiz zurück, besetzte als Lehrerin Vertretungsstellen u. a. in Olten, Dornach u. Wolfwil (alle Kt. Solothurn), unterrichtete neun Jahre an der Primarschule in Neuendorf, nahm ab 1945 an ausgew. Kursen in Psychologie, Lit., Kunst u. Volkskunde an der Univ. Basel teil, war 1949–81 Lehrerin in Solothurn u. Riedholz, ab 1958 Mitarb. an Rundfunksendungen für Frauen u. Kinder, 1983–2006 Hg. bzw. Red.leiterin des «Solothurner Kalenders», trat als Heimatforscherin hervor, erstellte Slg. von Solothurner Sagen sowie von Kinderversen, Liedern u. Tänzen. – Kulturpreis des Kt. Solothurn (1981), Prix Pro Wartenfels (2001), Anerkennungspreis des Regierungsrates des Kt. Solothurn (2017). – Lehrerin, Volkskundlerin, Mundartautorin.

Schriften: Solothurnisches Gäu. Zur Erinnerung an den 500. Jahrestag der Zugehörigkeit zu Solothurn (mit JULES P., Fotos v. E. Zappa, Vignetten v. C. Spiegel) 1963; Solothurner Sagen. Burgen und Ritter, Gschicht und Gschichte, christligi Zeiche, vo ähnenoche, ugueti Chreft, Naturgeister (ges. u. erz., Fotos v. E. Zappa) 1972 (4., veränd. Aufl. [Vorw. G. ISLER, Illustr. v. J. C. Haefely] 1988); 900 Jahre Härkingen. Unser Dorf in Geschichte und Sage (mit JULES P., K. GSCHWIND) 1980; Vom Läbe und vom Wätter. Ein Hampfele Soleduner Buure-Regle (Illustr. v. H. Küchler) 1981; Solothurner Liebesbriefe. Gebäck im Jahreslauf (Illustr. u. Vignetten v. A. Spiegel, N. Rüedi) 1982; Solothurner Geschichten. Geschichtliche Sagen, Legenden, Dorfgeschichten (ges. u. erz., Illustr. v. O. Fluri, Vorw. A. RÖTHELI) 1984; Solothurner Geistersagen. Vo ähnenoche, bsungeri Chreft, Geistertier, Naturgeister, ugueti Chreft (ges. u. erz., Illustr. v. O. Fluri, Vorw. G. WYSS) 1986; Vill Haag und weeni Garte. Solothurnereien oder Eigenheiten und Dorfneckereien von Aedermannsdorf bis Zullwil (Zeichn. v. U. Frentzel) 1990; Flueblüemli und Aarechisle. Sagen und Müsterli us den Ämter Wange und Aarwange (Zeichn. v. U. Frentzel) 1991; So si mir. Geschichten zum Schmunzeln aus allen zehn Bezirken des Kantons Solothurn (Illustr. v. ders.) 1996; Heiteri Müsterli. Geschichten zum Schmunzeln aus allen zehn Bezirken des Kantons Solothurn (Illustr. v. ders.) 1997; Glustigi Gschichtli (Illustr. v. O. Müller) 1999; Settigi Sache gids. 190 merkwürdige Geschichten, 2004; He nu so de (Illustr. v. U. Frentzel) 2007; Gschicht und Gschichte, 2011; Lache steckt aa. 199 Schmunzelgschichte, 2013.

Herausgaben: Ähnen am Bach heds au Lüüt. Solothurner Spruchweisheiten (Aquarelle u. Zeichn. v. O. Fluri) 1983; J. Joachim, Lonny und ausgewählte Erzählungen. Gedenkausgabe zum 150. Geburtstag (mit F. FURRER) 1984.

Nachlaß: ZB Solothurn.

Literatur: HLS 9 (2010) 694 (auch online). – H. BRUNNER, ~. Ein Leben für die Volksk., 2009.

FA

Pfoertner, André, * 12.1.1972 Basel; besuchte 1983–91 das Gymnasium in Basel, studierte 1991–97 Gesch., Soziologie u. Volkswirtschaftslehre an den Univ. Basel u. Wien, 1999 Promotion zum Dr. phil. an letztgen. Univ., 2001–07 als Sachbearb. bzw. Gruppenleiter bei der Eidgenöss. Bankenkommission in Bern tätig, absolvierte ab 2004 Weiterbildungskurse an einem Inst. für Finanzanalyse, 2007–11 Leiter des Bereichs Legal & Compliance im Unternehmen Wegelin Fondsleitung AG in St. Gallen, seit 2011 Finanzexperte der Raiffeisenlandesbank Niederöst.-Wien AG, Veröff. von Ged. in Anthol.; lebt seit 2011 in Wien. – Fund Manager, Lyriker.

Schriften: Evolution einer Liebe, 2000; Amerikanisierung der Betriebswirtschaftslehre im deutschsprachigen Raum. Versuch der Nachzeichnung eines historischen Prozesses unter besonderer Berücksichtigung der Verhältnisse in Österreich und der Schweiz, 2001; Cogitative Erotik (Ged.) 2 Bde., 2002/05; Instinktiv lasziv. Erotische Verse, 2010; Legenden zwischen Lenden. Mittelmeergedichte, 2016.

Literatur: Autorinnen u. Autoren der Schweiz (Internet-Edition); Lit.port Autorenlex. (Internet-Edition).　　　　　　　　　　　　　　FA

Pharetratus, Michael (auch Köcher), * 22.2.1570 Neunhofen (heute zu Neustadt an der Orla/Thür.), † 13.1.1633 Weira; dritter Sohn des damaligen Neunhofener Pfarrers Georg Köcher (1530–1576) u. dessen Frau Sara († 1611), Tochter des Neunhofener Pfarrers Georg Walther; Besuch der Schule in Nordhausen, wo sein Vater ab 1570 Oberpfarrer war; Stud. in Leipzig (immatrik. im Sommer 1587) u. Jena (im Sommer 1591), dort 1597 Erwerb des Magistergrades; noch im selben Jahr Rektor der Stadtschule in Neustadt an der Orla; am 22.10.1599 Heirat mit Esther, einer Tochter des Weimarer Bürgermeisters Sebastian Cunold (8 Kinder); 1606 Pfarrer im nahegelegenen Weira; wohl 1614 wurde P. zum Dichter gekrönt; er starb nach Mißhandlungen durch kaiserl. Soldaten. – Schulrektor, evang. Pfarrer, nlat. Dichter, Dramatiker.

Schriften: Schriften (die sehr zahlr. Beitr. zu Sammelschr. u. Werken anderer in Ausw.): Gratulationsged. (in: In lauream in utroque iure supremam [...] carmina [auf Bartholomäus Reusner zur Erlangung des jurist. Doktorgrades] 1591 (Beitr.: A. Chemnitius, H. P., M. Pharetratus; Ex. 1: Kriegsverlust); Epithalamium (in: ΕΥΦΗΜΙΑΙ in solennitatem nuptiarum [...] domini M. Basilii Bohemi medicinae candidati apud Neapolitanos, sponsi et [...] Annae [...] Erasmi Hartmanni [...] filiae relictae, sponsae, VII. Idus Septembris anno [...] M. D. XCI. actarum scripta tam ab affinibus, quam olim discipulis, academiae iam Ienensis civibus) o. J.; Gratulationsged. (in: Epos gratulatorium ad illustrissimum principem ac dominum, d. Magnum, ducem Brunsvicensem et Lunaeburgensem etc. inclytae et celeberrimae Ienensis academiae rectorem auspicato designatum, Calend. Ianuarij anno M. D. XCII) o. J.; Gratulationsged. (in: Laurea magistralis doctissimo iuveni domino Laurentio Laelio Kleinlanghemio Franco, in [...] Ienensium academia Cal. Sext. anni 1592. decreta, rectore [...] dn: Magno, Lunaeburgensium et Brunsvicensium duce [...] a decano [...] d. M. Georgio Limnaeo [...] et gratulationibus ab amicis celebrata) 1592; Gratulationsged. (in: In auguralibus illustris et generosi domini, d. Reinprechti baronis in Polhaim et Liechteneckh, rectoris academiae Salanae magnifici [...] renunciati IV. Id. Sextil. M. D. XIIC. ΕΥΦΗΜΙΣΜΟΙ gratulatorii a doctißimis aliquot viris summissae observantiae ergo scripti) o. J.; Gratulationsged. (in: Carmina gratulatoria in honorem [...] d. Arnoldi de Reyger cum in inclyta Salana, academia iuris utriusque doctor solenniter renunciaretur XXII. Ianuarij anno sal. M. D. XCIII. honoris observantiaeque causa scripta) o. J.; Gratulationsged. (in: Carmina gratulatoria scripta in honorem [...] d. Ottonis Svalenbergii Stetinensis, cum suprema in utroque iure laurea insigniretur in inclyta Salana [...] XI. Cal. Febr. anno M. D. XCIII.) o. J.; Clio volentem me fide Lesbia [...]. Michael Pharetratus Neopolitanus (Gratulationsged.) (in: Acclamationes gratulatoriae ad illustrem ac generosum dominum d. Casparum a Windischgraitz, liberum baronem in Waltenstein et Thal, dominum in Trautmansdorff, rectorem academiae Salanae solenniter renunciatum die XV. Febr. [...] cIɔ Iɔ XCIII.) o. J., A3^v–B1^r; Gratulationsged. (in: Gratulatoria ad [...] Georgium Limnaeum mathematum professorem pub. prorectorem academiae Salanae [...] cIɔ Iɔ XCIII. solenniter renunciatum) o. J.; Gratulationsged. (in: Carmina ΕΥΚΤΙΚΑ in honorem [...] Christophori Gruneri Schnebergensis, pastoris ecclesiae veteris oppidi et professoris academiae Regiomontanae Borussorum, cum ei theol. doctoris insignia solenniter tradebantur cum alijs viris reverendis [...] in [...] Lutherana academia Ienense, 15. Maij, anno [...] M D XCIII. scripta ab amicis) o. J.; zus. mit B. Praetorius, Odae sapphica et alcaica; in supremam philosophiae lauream quae ornatiss. virtute [...] d. Ludovico Columbino Feldensi Hasso: sub rectoratu

[...] d. d. Caspari a Windischgraetz [...] prorectoratu [...] d. M. Georgii Limnaei [...] a d. M. Christophoro Hammero, collegii philosophici decano [...] anno [...] M D VIIC. conferebatur: lusae ab amicis, o. J.; Gratulationsged. (in: ΕΥΦΗΜΙΑΙ, in honorem reverendi [...] viri dn. M. Antonii Probi Stolberg. [...] pastoris ecclesiae Vimariensis [...] cum theol. doctoris insignia ei solenniter tradebantur [...] M. D. XCIII) o. J.; Echo in honorem [...] [Epithalamium für Johannes Schelgerus, Quaestor in Dipoldiswalde, u. Catharina, Witwe des Daniel Zorn, Quaestor in Radeberg, Dresden, 21.8.1593] 1593 (Einblattdr.); zus. mit J. Fiedler, Carmina pro honore et faustitate nuptiarum, quas ornatissimus atque doctissimus iuvenis dn. Georgius Steinbeisius, Frankenhusanus, integerrimi atque prudentis viri, dn. Georgii Steinbeisii, consulis Frankenhusani filius, et [...] Ursula [...] dni. Christiani Fischeri, p. m. Ienensium consulis relicta filia Ienae celebrabant ad VI. Calendas VIIbr. anno [...] MDVIIC. conscripta ab amicis, o. J.; Gratulationsged. (in: ΕΥΦΗΜΙΑΙ, in honorem reverendi [...] d. M. Leonhardi Hutteri Ulmensis: cum ei in ss. theologia doctoralia [...] privilegia [...], in [...] academiae Ienensis consessu publico, anno ∞ IƆ XCIV. XIIX. Kald. Febr. conferrentur: [...] a brabeuta [...] dn. Samuele Fischero, [...]. Scriptae a professorib. discipulis et amicis) o. J.; Epithalamium (in: ΓΑΜΗΛΙΑ, in honorem nuptiarum [...] domini magistri Georgii Seileri Vinariensis; et [...] virginis, Elisabethae, [...] d. Samuelis Fischeri, ss. theologiae doctoris, professoris, pastoris, atque superintendentis Ienensis filiae [...] celebratarum 3. Iunij, anno [...] M. D. XCIV.) 1594 (zwei Drucke); Epithalamium (in: ΕΠΗ ΓΑΜΙΚΑ honoribus [...] Iohannis Blumenrederi, tum arci Voitbergianae ab epistolis, tum notarii publ. sponsi, et [...] Mariae, [...] Melchioris Hoeferi, Voitbergiani quaestoris laudatissimi filiae sponsae, Neustadii ad Orlam nuptias solenniter celebrantium die Iunii 2. anni [...] M D VC, consecrata a sponsi fautore; parente; consanguineo) 1595; Epithalamium (in: ΕΥΦΗΜΙΣΜΟΙ in honorem [...] Iulii Armi Mainrodensis i. u. candidati, cum [...] Anna, [...] dn. M. Friderici Pensoldi [...] filia: nuptias celebrantis Ienae 7. Iulii anno M. D. XCV. scripti a dn. professoribus, affinibus et amicis) o. J.; Cum natura velit, cum iubeat Deus [...]. Michael Pharetratus Neapol. ad Orlam (Epithalamium) (in: ΕΥΦΗΜΙΑΙ honoribus integerrimi viri, dn. Georgii Freund civis et rhacopolae Ienensis, cum lectissima [...] virgine Elisabetha [...] dn. Georgii Eckelt consulis apud Ohrdrufianos [...] filia, matrimonium ineuntis ad XVI. Septemb. [...] cIɔ Iɔ. VC. dicatae ab amicis) o. J., A3ʳ–A4ʳ; Heinricus Richelmius Goettingensis [...] / Iustinianeae tradunt quodcunque rubricae [...] (Anagramm u. Epigramm) (in: Disputationum processus iudiciarii quarta de feriis, dilationibus, exceptionibus et satisdationibus [...] in [...] academia Salana [...] ad IV. Kalend. August., A. v. Reyger [Präs.], H. Reichelm [Resp.]) 1595, E2ʳ⁻ᵛ; Epithalamium (in: Hymenaei [...] domino Heliae Zinckio Regiomontano Franco: medicae artis studioso [...] dn. Martini Zinckii consulis quondam [...] relicto filio et [...] virgini Barbarae [...] dn. Michaelis Ulichij civis Ienensis [...] relictae filiae νεογάμοις 14. Iunij anno 1596. Scripti ab amicis) o. J.; Musa quae flebas lacrymosa nostri [...] (Geleitged.) (in: Προπέμπτικα reverendo [...] dn. Leonharto Huttero, ss. theologiae doctori, cum ex illustri academia Ienensi Wittebergam ad sacrarum litterarum professionem legitime vocatus abiret mense Decembri. Anni cIɔ Iɔ XCVI. Scripta a dd. professoribus, amicis et studiosis Ienensibus) o. J., B3ᵛ; Quis desiderio sit modus, aut pudor [...]. Michael Pharetrus, Neapolitanus ad Orlam (Epicedium u. Tetrastichon) (in: L. Fabricius, Oratio de studiis, doctrina, professione, et obitu [...] dn. Iohannis Georgii Volckmari, sanctae theologiae doctoris et nuper professoris in academia Witebergensi [...]. Ad quam accesserunt aliquot doctißimorum virorum [...] epicedia lugubria [...]) 1597, H4ʳ–I1ᵛ; Hendecas odarum honoris atque congratulationis ergo piis, honestis ac doctissimis viris, et iuvenibus undecim, quibus amplissimus collegij philosophici senatus in celeberrima Ienensi academia deo auspice, decano [...] et designatore quartum electo, humanissimo atque erudissimo viro, dn. M. Iohanne Zölnero, p. p. rectoratu vero iam tertium defungente magnifico atq. clarissimo viro, dn. Iacobo Flachio, medicinae doctore et prof. etiam p. dignitatem ius et privilegia magisterii philosophici pridie Calendarum Februariarum, anno [...] M. D. IIC. publico solennique ritu, ac more maiorum conferebat, dicata et conscripta a Michaele Pharetrato Varisco, 1597; Carmen Sapphicum gratulatorium, in doctoralem utriusque iuris lauream et dignitatem, quam [...] vir Henricus Sitovius [...], o. J. [1597] (Einblattdr.); Sapphicum. [...] Esse qui poscunt aliquid, vel ostro [...]. Michael Pharetratus (Lobged.) (in: Theses de ratione disputandi [...]. Ad diem IX. Aprilis [...], W. Heider [Präs.], M. Jacobi [Resp.]) 1597, D6ʳ; Geleitged. (in: ΕΥΦΗΜΙΑΙ προπεμπτικαὶ in gratiam [...] dn. Christophori Hoseri Augustani Iena Witebergam abituri an. 1597. 20. Aprilis. Scriptae ab amicis et popularibus, sempiternae memoriae, bonique ominis ergo) o. J.; Ne Sacerdotis tibi amor pudori [...] (Epithalamium) (in: Festivitati nuptiarum reverendi viri [...] dn. M. Michaelis Neandri, ecclesiae Neustadiensis ad Orlam diaconi fidelissimi, sponsi: et [...] virginis, Barbarae, [...] dn. Eobaldi Schelgeri consulis Neustadiensis, filiae, sponsae: celebrandarum [...] Neustadii, ad VIII. Idus Iunii [...] cIɔ Iɔ IIIC. gratulantur affines et amici) o. J., A5^{r-v}; [...] variorum metrorum ἤχοι quas pia eruditione, et erudita pieta conspicuis viris atq, iuvenibus, competitoribus suis, magistris a spectabiliss. viro dn. M. Wolfgango Heidero p. p. et decano, Ienae 2. Augusti an. 1597 solenniter creatis [...] Michael Pharetratus conscribebat, 1597 (Einblattdr.); zus. mit L. P. E., Carmina gratulatoria in nuptias humanissimi, pietate, doctrina erudita, plurimarumque virtutum laudibus politissimi viri, dn. magistri Iacobi Stein Naumburgensis, sponsi: et [...] virginis Felicitatis [...] Ieremiae Schweickeri civis Lipsiensis, filiae, sponsae: [...], 1597; Epicedium (in: S. ROTH, Leich Predigt. Zu dem Begrebnus/ des erbarn [...] Heren David Zeisen/ Bürgern unnd des Raths zur Newstadt an der Orlaw/ welcher den 9. Iunij, Anno 1598. [...] vorschieden [...]) 1598; Ieremias propheta captivus. Tragicocomoedia sacra passim e Ieremiae libro, praesertim tamen illius 27. 28. 37. et 38. capp. desumta et conscripta a M. Michaele Pharetrato. Neustadii ad Orlam literarii ludi rectore jam tandem divulgata, ut ibidem ageretur 12. Iun: anno [...] deihominis 1598. [...], 1598 (Terenz-Zitat auf dem Titelbl.); Epicedium (in: S. ROTH, Leichpredigt/ bey dem christlichen Begrebnüs des [...] Jünglings Ludovici Franci des [...] Melchior Franckens/ f. s. Landrenthmeisters zu Weymar/ etc. [...] Sohns/ welcher den 14. Septembris dieses Jahrs zur Newstadt an der Orla [...] verschieden/ und folgendes tages allda [...] bestattet worden/ [...]. Addita sunt carmina in obitum eiusdem [...]) 1598; Immortale decus chori [...]. M. Michael Pharetratus Ludirector Neopolit: ad Orlam Sponsi Germanus (Epithalamium zur Hochzeit seines Bruders) (in: ΕΥΦΗΜΙΑΙ festivae celebritati nuptiarum reverendi viri [...] Iohannis Pharetrati Neapolitani ad Orlam, illustris gymnasii Portensis pastoris [...] nuptias celebrantis die 19. Februarij, anno Christi 1599. cum [...] virgine Susanna [...] domini M. Matthaei Neandri, scholae Weydensium rectoris filia, sponsa nuncupatae ab amicis, cognatis et affinibus) 1599, A2^r–A3^r; Rectius vives nove Wendlere [...] (Epithalamium) (in: Carmina in honorem nuptiarum [...] domini Christophori Wendleri LL. studiosi, matrimonium contrahentis, cum pudicissima vidua Maria [...] M. Basilii Bohaemi medici Neustadiensis filia: celebrandarum foeliciter Neustadij ad Orilam 3. Calendarum Novembris [...] cIɔ Iɔ IC scripta ab affinibus et amicis etc.) 1599, A2^r; Blanda minus Blandina foret, si basia danti [...]. M. Michael Pharetratus Ludirector Neopolitanus ad Orlam (Epithalamium) (in: In honorem festivitatis nuptialis [...] domini Martini Eichleri ss. LL. studiosi, sponsi [...] et [...] virginis Blandinae; [...] dn. magistri Stephani Rothii, superattendentis Neostadiensis ad Orylam [...] filiae, sponsae [...]. Celebratae Neostadij ad Orylam 13. Novembris anno 1599) o. J., A4^{r-v}; Aliud Carmen Piis Et Beatis Defunctae manibus, scriptum a M. Michaele Pharetrato, Rectore Scholae Neostadiensis ad Orilam. Dimidium regni defuncta coniuge quondam [...] (Epicedium u. Epithaphium) (in: N. MEISE, Leichpredigt. Gehalten zu Oppurgk/ den VII. Tag Junij/ Anno [...] M. DC. bey dem Begrebnus der edlen [...] Frawen Catharinen Susannen/ gebornen Schlegelin/ des [...] Esaiae von Brandensteins auff Oppurgk und Grünaw/ churf. sächss. Witwen geheimen Rathes/ [...] Hausfrawen/ [...] welche den IIII. tag obgedachtes Monden und Jahrs [...] ist eingeschlaffen. Mit angehengten [...] Carminibus und Epitaphijs) o. J., G2^v–G4^r; Qui naevo careat, reperitur nemo virorum [...]. M. Michael Pharetratus Ludirector Neustadiensis ad Orlam (Epithalamium) (in: Pro faustis nuptiis reverendi [...] viri, dn. Christophori Bloetneri, fidelissimi Caurensis ecclesiae pastoris, sponsi, et castißimae [...] virginis Magdalenae, [...] dn. Christophori Hoeferi, civis et praefecti camerae senatoriae Neustadiensium ad Orlam filiae, sponsae, 10. Iunij anno [...] 1600. Neustadij celebrandis) o. J., A2^r–A3^r; Auream nemo, sat amabilemque [...] (Epithalamium) (in: Honori et amori vitae atque doctrinae laudatae juvenis, dn. Michaelis Zigenspeck cantoris Neustadiensium ad Orlam [...], nuptialem festivitatem cum [...] puella Dorothea, [...] dn. M. Balthasaris Hoeveri, pastoris olim Kirchediani in Saxonia [...] relicta filia, anno [...] 1600. die Junij 3. Neustadij [...] celebrantis, gratulantur collegae) 1600 (Einblattdr.); Theologorum copiosa merces in coelis, et in terris; dignitas item, atque praeeminentia pro venerandi ministerij fidelitate expectanda metrice exposita, et memoriter in promotione scholastica Neustadij ad Orlam 8. Iunj [!] decantata a M. Michaele Pharetrato Ludirectore ibidem, anno deihominis 1601, o. J.; Sapphicus catalogus illustrissimorum Saxoniae electorum omnium cum devotißima precatione pro illustrissimi atque serenissimi principis et domini, dn. Christiani Secundi, ducis atque electoris Saxoniae, Sacri Romani Imperii archimarschalli, landgravii Turingiae, Marchionis Misniae, burggravij Magdeburgensis, principis ac domini nostri clementissimi prospera et salutari gubernatione auspice deo suscepta anno Christi 1601. die 23. Septembris. [...] Illustriss. celsit. tuae subjectissimus M. Michael Pharetratus ludirector Neustadiensis ad Orlam, o. J. (Einblattdr.); Res est favore digna matrimonium [...] (Epithalamium) (in: Carmina votiva pro [...] conjugio, quod [...] dn. M. Michael Hartmannus Neustadiensis ad Orilam, sponsus; et [...] virgo Barbara, [...] dn. Melchioris Hoeveri senioris, arcis Arnshaugianae et Zigenriccensis quaestoris [...] filia, sponsa solenni festivitate inierunt Neustadii ad Orlam VIII. Februarii a. s. M. D CIII. conscripta et oblata ab affinibus atque amicis) o. J., A4ʳ–B1ᵛ; Nuptiale Problema Et Votum. Saepe proci certant, et adhuc sub iudice lis est [...] (Epithalamium (in: Nuptiis [...] dn. M. Iohannis Hartmanni Varisci, Neapolitani ad Orilam, ecclesiaeque in pago Crossen prope Zwiccaviam ministri vigilantiss. sponsi, et [...] foeminae Barbarae [...] magistri Christiani Ebeli, ecclesiae Crossensis olim pastoris, pie defuncti, relictae viduae sponsae in paroecia Crossensi Nonis Martij celebratis, moris, honoris et amoris ergo sequentibus carminibus gratulabantur. Amitinus, amici, patruelis, frater, cognatus) 1603, A3ᵛ–A4ᵛ; Carmina, quae Sponsae reverendo tradita patri [...] (Epithalamium) (in: Vota pro [...] secundis nuptiis honesti [...] viri Michaelis Hermanni civis et subsenatoris Neustadiensis, sponsi; et pudicae [...] virginis Barbarae, [...] domini Iohannis Geinitzii pastoris Copitzensis filiae dilectae, sponsae, celebratis Neustadii ad Orlam 7. Junij a. s. 1603. ab affinibus et amicis scripta) o. J., A2ʳ; Consilijs author sis utilis opto, colantque [...] (7 Distichen) (in: Gratulationes et vota pro felici auspicio consulatus, ad cuius clavum vir amplissimus [...] dn. M. Basilius Bohemus consedit Neostadii ad Orilam. XXX. Septembris anno [...] cIɔ Iɔ c III. scripta ab amicis [...]) o. J., A2ʳ; Non ebibendum poculum amystide [...] (Epithalamium) (in: ΓAMIKA solenni festivitati honesti juvenis Melchioris Beer, civis Neustadiensis; sponsi; et [...] virginis Mariae, [...] dn. Christophori Hoefferi, sen: camerae senatoriae, et aerarii sacri praefecti, filiae, sponsae; Neustadii ad Orlam 29. Novembris anno Christi 1603. nuptias celebrantium, a fratribus, affinibus atque amicis data) o. J., Titelbl.ᵛ; Admonitores duo scholasticorum operum. Prior est sermo succinctus de ludorum literariorum inspectoribus sub verni examinis auspicio anno 1599. 26. Martij Neustadij ad Orlam habitus. Posterior est oratiuncula de pueritiae in scholis neglectae peccato. Anno 1604. conscripta a M. Michaele Pharetrato [...], 1604; Epithalamium (in: Vota nuncupata festivitati nuptiarum [...] dn. Tobiae Rothii, scholae apud Cygnaeos collegae, et in inferiori aede ibidem cantoris dignissimi, etc. et [...] virginis Margarethae, [...] dn. Nicolai Engels/ reipub. Cygnaeae senatoris, etc. filiae. Celebratarum Idiis Februarij, anno ChrIstI MeDIatorIs. A collegis, affinibus atque amicis) o. J. [1604, nach Chronogramm]; In natas veniunt matris cum sanguine [...] (Epithalamium) (in: Elogia et vota pro felici copula nuptiali [...] dn: Kiliani Pempelii, in agro Hummelsheinensi ecclesiastae substituti, cum [...] puella Margareta, [...] dn. M. Basilii Bohemi, Neapolitanorum consulis et medici industrii filia. Solenniter celebrata Neustadii ad Orlam, undecimo Calendarum Martiarum. Anno ChrIstI MeDIatorIs) 1604 (nach Chronogramm), A2ʳ⁻ᵛ; Epithalamium (in: Hymenaei pro conjugali faustitate [...] dn. M. Erasmi Hartmanni collegae in patria Orlana schola supremi, sponsi; et [...] puellae Justinae, [...] dn. M. Stephani Roth, senioris, superintendentis ac pastoris Neustadiensis [...] filiae, sponsae, [...] nuptias celebrantium Neustadii ad Orlam 22. Januarii, anni DoMInI nostrI ChrIstI, gratulandi ergo decantati a patruelibus, collega, et amicis affinibus) o. J.; Epithalamium (in: Epithalamia in honorem et gratiam nuptiarum dn. M. Wolfgangi Heideri, ethices ac logices in inclyta Salana professoris publici, sponsi, nec non [...] Barbarae [...] Johannis Breuningi, pastoris olim Pirckenfeldensis in Franconia, relictae filiae [...] sponsae celebratarum Ienae die 8. Aprilis, anno 1605 scripta ab amicis) 1605; zus. mit M. Neander, J. Leuthier, Beatus in Christo manibus: viri reverendi et eruditi, domini Nicolai Bloetneri, diaconi, de patria, quae est Neustadii ad Orlam, ecclesia [...] 9. Novembris. Anno 1605 [...], 1605 (Einblattdr.); Christianus, hoc est, oratio de nomine et homine christiano, ejusque praestantia et beatitudine. In scholastica panegyri, et honorifica reverendi ministerij, senatus prudentißimi, aliorumque hospitum et civium literatorum praesentia superiori anno Neustadii ad

Pharetratus

Orlam habita a M. Michaele Pharetrato ludi ibidem rectore, 1606; προσφώνησις Ad Nobilissimum, felicis, promtique et impigri in literis animi adolescentem Johan-Georgium a Brandenstein Respondentem. Ingenium praeceps Fabio haud placet. At mihi tardum [...]. M. Michael Pharetratus Parochus Weyrensis Eccl. (Gratulationsged.) (in: Disputatio de praescriptis verbis et in factum actionibus [...] in illustri Salana [...] ad diem 25. Jul., O. FOMANN [Präs.], J.-G. v. BRANDENSTEIN [Resp.]) 1607, E1^{r-v}; Ode Alcaica In honorem Nobilissimi, sagacis et industrii adolescentis Christophori Caroli a Brandenstein, respondentis. Considerate singula dicere [...] (Gratulationsged.) (in: Disputatio de jurisdictione [...] in illustri Salana [...] ad diem 1. August., J. SUEVUS [Präs.], C. C. v. BRANDENSTEIN [Resp.]) 1607, E4^{r-v}; Leichpredigt bey dem christlichen/ ansehlichen/ adelichen Begrebnüß/ der edlen und ehrntugendsamen Frawen Christinen/ gebornen von Weißbach/ deß auch edlen gestrengen und ehrnvesten Herrn Esaiae von Brandenstein auff Knau/ Oppurck/ Grünau und Krobitz/ churfürstlichen sächsischen vornehmen Geheimten Rahts und Oberhoffrichters vielgeliebten ehelichen Haußfrawen/ welche am Dienstag nach Palmarum/ den 22. Martij dieses lauffenden 1608. Jahrs seliglich und sanfft in Christo dem Herrn entschlaffen/ und folgendes Osterdinstages gantz ehrlichen zur Erden bestattet worden/ gehalten in der Kirchen zu Knau/ durch M. Michaelem Pharetratum Pfarrern zu Weyra, o. J.; Huic animis opus Andreae est, huic pectore firmo [...]. M. Michael Pharetratus, Parochus Weyrensis (Epithalamium) (in: Gratulationes nuptiis, reverendi [...] viri, dn. M. Erasmi Hoeveri, pastoris in Volckmansdorff/ sponsi: et honestae [...] virginis, Christinae, [...] dn. Georgii Trautmanni, camerarii curiae Pesnicensium, filiae dilectae, sponsae, celebratis Neostadii ad Orilam III. Kal. Decemb. anno [...] cIɔ Iɔ CVIII. honoris et amoris ergo conscriptae a fratre, affinibus et amicis) o. J., A3^v–A4^r; zus. mit M. NEANDER, Epithalamia honoribus, reverendi, et docti viri dn. Theodorici Meineri, substituti Trockenbornensis sponsi: et castißimae virginis Elisabetae Müllerinae, reverendi et doctiß. viri dn. Caspari Mülleri, pastoris ibidem: filiae, sponsae. Dicata 11. Octobris a. [...] 1608, o. J. (Einblattdr.); Epithalamium (in: ΕΠΗ ΕΠΙΘΑΛΑΜΙΑ in nuptias secundas [...] d. Johannis Majoris, ecclesiae Jenensis pastoris et superintendentis, nec non [...] Elisabethae, [...] d. Johannis Stromeri j. u. d. jun. p. m. relictae viduae, [...] dn. Jacobi Schröteri, consulis de repub. Vinar. [...] filiae, Jenae 26. Febr. institutas, decantata ab affinibus, fautoribus, et amicis) 1610; Epithalamium (in: Aves Cypriae sancto amori, et illibato hymeneo [...] dn. M. Friderici Kittelmanni Hallensis Sax. pastoris in Lettin vigilantissimi sponsi, et [...] virginis Magdalenae, [...] dn. Lazari Heinemanni, civis Halens. filiae dilectissimae sponsae, missae gratulationis ergo ab amicis, fratribus, adfinibus ad diem nuptiarum 12. Iulii, anno 1610) o. J.; Votum pro incolumi, felici, et exoptato reditu nobilissimi atque magnificentissimi viri, domini Esaiae a Brandenstein/ serenissimo electori [...] 3. die Aprilis, anno MDCXI, o. J. (Einblattdr.); Homini esse solum non bonum est, genus suum [...] (Epithalamium) (in: Nuptiis viri [...] praestantißimi dn. Johannis Rudingeri, Calae ad Salam ludimoderatoris dignissimi, sponsi, et [...] edoctae virginis, Catharinae, [...] domini Johannis Wendleri Moderwicensis ecclesiae pastoris [...] filiae, sponsae, MoDerVVICI, XI. Calend. Maii celebratis. Moris, honoris, et amoris ergo sequentibus carminibus gratulabuntur fautores, affines atque amici) 1612, A3^r–A4^r; Epithalamium (in: Vota vota in nuptiarum solennitatem M. Balthasaris Gualtheri, Hebraeae et Graecae LL. in Salana professoris publici. Et Barbarae Hoffmanniae, virginis [...]. Celebrat: Fridrichrodae [...] die XVII. Maji [...] cIɔ Iɔ CXII.) o. J.; Dignus honos sequitur fugientem, seque sequenti [...] (Gratulationsged.) (in: προσφωνήσεις gratulatoriae in honorem [...] dn. Johannis Maioris sacrarum literarum in academia Salana professoris publici, ecclesiae Jenensis pastoris [...], cum [...] decano [...] dn. Ambrosio Reudenio ss. theologiae doctore et professore primario, sacrosanctae theologiae doctor publice [...] renunciaretur. Die 22. Junii, a. o. r. 1612) o. J., B1^{r-v}; Iam tua nunc igitur, quod fert divina voluntas [...] (Epicedium) (in: M. LEHEN, Die edle Gottes Erndte/ das ist: eine christliche Leichpredigt/ auß dem 126. Psalm [...]/ bey adelichem Begräbnis/ des weiland edlen/ [...] Isaac von Brandenstein/ uff Kolba/ churf. sächs. bestalten LandRahts/ und [...] HoffRichters zu Jehna/ welcher den 28. Julii/ im Jahr 1613. [...] verstorben/ [...]) o. J., F2^v–F3^r; Erubuit noster Gvolgangus, salva puella est [...] (Epithalamium) (in: Epithalamia in nuptiarum solennitatem [...] d. Wolfgangi Sommeri Orlamündensis, pastoris in Eichenberg substituti [...], sponsi. Nec non [...] virginis, Elisabethae, [...] dn. Christophori Moltzeri, civis ac senatoris olim Neostadiensis [...] relictae filiae, sponsae. Celebratarum Neostadii ad Orilam XVI. Calend. Decembr. anno Christi M. DC. XIII. a fautoribus et amicis consecrata) o. J., Titelbl.ᵛ; Gratulationsged. (in: B. Bilov, Corona poetica [...] domino M. Josepho Claudero, scholae Orlanae conrectori votis omnibusque fautorum et amicorum adornata [...] Neostadii ad Orlam Idibus Januarii, anno 1614. solenni actu imposita) o. J.; Ode Dicolos Distrophos. Clara et chara mihi Schola Neustadiensis ad Orlam [...]. M. Michael Pharetratus P. L. Affinitatis, et Amicitiae gratia (in: Corona nuptialis [...] dn. M. Josepho Claudero, P. L. scholae Neostadiensis ad Orlam conrectori sponso; et puellae [...] Barbarae, [...] dn. M. Michaelis Neandri, ecclesiae Neustadiensis archidiaconi [...] filiae, sponsae; in solemni festivitate [...] 6. die Junii, anno 1614 devote celebrabant, [...] imposita a parente, fautoribus, affinibus, et amicis) 1614 (nach Chronogramm), A2ᵛ–A3ʳ; Quis desiderio pudor, aut modus esto Neandri [...] (Epicedium) (in: M. Lehen, Jesus Christus unser bester Schatz: das ist/ eine [...] Leichpredigt/ vom Spruch S. Pauli 1. Cor. 1. v. 30. [...]. Bey dem Begräbnis des [...] Herrn M. Michaelis Neandri, gewesenen Archidiaconi der Kirchen in Newstadt an der Orla/ welcher am h. Christage des 1612. Jahrs [...] verschieden/ und den 27. Decembris [...] bestattet worden) 1614, F2ᵛ–F3ʳ; Ad Valentinum Naglerum Smalcaldicum. Naglere o Juvenum confidentissime, quis te [...] (in: V. Nagler, Ocia adolescentiae) 1614 (nach Chronogramm), A4ʳ⁻ᵛ; Letzter Ehrendienst/ oder Predigt/ aus den letzten Worten des XCI. Psalmen Davids von dem Bunde der göttlichen Gnaden wider den Bund des Zorns und des Todes. Bey dem christlichen/ adelichen/ wolangeordneten Leichbegängniß/ der edlen und viel ehrentugendsamen Frawen Elisabeth von Brandenstein/ gebornen von Breittenbach. Welche im LXXI. Jahr ihres Alters/ im XLIII. ihres Witwenstandes/ in diesem 1615. Jahr/ den 15. Tag des Herbstmonats/ Freytags vor Matthaei/ gegen Abend umb 5. Uhr sanfft/ still und selig zu Oppurg entschlaffen. Und allda auch mit einem ansehenlichen Comitat und Apparat den 23. desselbigen Monats nach Matthaei ehrlich zum Grabe bestattet wurde. Verrichtet zu Knau durch M. Michaelem Pharetratum [...], o. J. (mit einem Epicedium P.'); Qui mihi correxit primos, cum scribere versus [...] (Epicedium) (in: M. Lehen, Mala mundi gratia: böser Weltdanck. Eine christliche Predigt beym Begräbniß des [...] Herrn M. Basilii Bohemi weiland Bürgermeisters unnd Stad-Medici in Newstadt an der Orla/ welcher am 24. Tag Octobris des 1613. Jahrs [...] abgeschieden/ und folgendes Dienstags [...] bestattet worden/ gethan in der Pfarrkirchen [...]) 1615, F1ᵛ; Boni ominis et nominis causa festo die Johannis Baptistae, qui erat 24. Junii anno 1615. ad serenissimum et illustrissimum principem, et dominum, dn. Johannem Georgium, ducem Saxoniae, Juliae, Cliviae, et Montium, Romani Imperii archimarschallum, et electorem potentissimum, etc. dominum nostrum clementissimum, cum post venatum Neustadii institutum in Cnauanum ex singulari gratia comitatu conspicuo transiret ode scripta et data a Michaele Pharetrato [...], o. J. Einblattdr.); Ode in exoptatum adventum serenissimi atque illustrissimi principis ac domini, dn. Johannis Georgii, ducis Saxoniae, Juliae, Cliviae et Montium [...]. Cum Cnauanum feudum nobilissimi, strenui et magnifici viri Esaiae a Brandenstein, praesidis Lipsensis dicasterii eminentissimi, et consiliarii aulici intimi, post expeditam Martisburgi lustrationem militarem, et institutam in finibus Neustadii ad Orlam venationem cervinam in perspicuum singularis clementiae indicium visere dignaretur 24 die Junii, qui Johanni baptistae erat sacer, anno Christi 1615. Elector almus, Dux alacerrimus [...], o. J. (Einblattdr.); Multis Neustadij carus erat tuus [...] (Epithalamium) (in: Nuptiis secundis: utinam et foecundis, viri reverendi [...] dn. Bartholomaei Stöckigkt/ ecclesiae in Goßig et Eulenaw/ [...] pastoris [...] nec non virginis [...] Margarethae, [...] dn. M. Michaelis Neandri, ecclesiae Neustadiensis olim archidiaconi p. m. relictae filiae: Neustadij celebratis XX. die mensis Augusti anno Christi M DC XVI. secundissima quaeque animitus precantur fautores, affines, amici) 1616 (nach Chronogramm), A2ʳ⁻ᵛ; Epithalamium (in: Vota nuptialia ad [...] virum juvenem, dn. Michaelem Schubartum, Neustadiensem ad Orlam, pastorem ecclesiae Neapolitanae prope Schnebergam fidelissimum, contrahentem matrimonium cum [...] Susanna, viri [...] Georgii Creuselii, civis et pastoris inibi filia dilecta, etc. ad diem XII. Calendar. Novemb. anno M DC XVI.) 1616; Uxorem tibi dilectam, quae fulsit honore [...]. M. Michael Pharetratus P. L. Ecclesiae Weiranae Pastor (Epicedium) (in: M. Lehen, Optimus mulierum ornatus: bester Weiber-Schmuck. Eine kurtze Leichpredigt/ uber [...] 1. Tim. 2. [...] bey [...] Leichbegängnis/ der [...] Frawen Martha geborner Mildin von Lenckersdorff/ etc. des [...] Herrn M.

Johann Mißlers/ churf. sächsischen AmptSchössers zu Arnßhaugk [...] ehlicher Haußfrawen/ welche den 8. Januarij des 1617. Jahrs/ [...] verschieden/ und den 13. Tag hernach [...] bestattet worden [...]) 1617, 69; Von der Gevatterschafft/ so bey unnd zu der heiligen Tauff vor Alters her gestifftet/ ein nützlicher/ nöhtiger/ nicht unlustiger Sermon/ Unterricht und Unterrede. Dem Einfeltigen/ unnd insonderheit dem deutschen Mann zu besserer Nachrichtung in bekanter Sprach Frag- und Antworts weise verfasset [...], 1617; Pro Iubilaeo Catechetico seu Lutherano Psalterio Dn. Fabiani Zeisoldi, Ode Alcaica, zoilo opposita. Quid Mome frustra ringeris improbe? [...] (Lobged.) (in: F. ZEISOLD, Lutherisch JubelBüchlein/ das ist: Der kleine Catechismus Doct. Martini Lutheri, welcher durch Gottes Gnade numehr hundert Jahr/ [...] mächtiglich bestanden [...] Reim und gesangsweiß [...] gestellet/ [...]) 1617, B10^r; Coenum barbaricum prioris aevi [...]. M. Michael Pharetratus P. L. (Lobged.) (in: J. CLAUDER, Oratio secularis de inculta et horrida superioris pontificiae; excultaque et florida nostrae Lutheranae aetatis Latinitate: recitata in schola Altenburgensi prid. Non. Novemb. anno Christi MDCXVII. a [...] eiusdem rectore) o. J. (1617 nach Chronogramm), G2^v (wieder 1618); Begleitged. (in: M. ZIEGENSPECK, Christlich Tagwerck/ das ist: Morgen/ Mittags und Abend Gebet/ auch andechtige Tisch-Geseng und kurtze Seufftzer vor und nach der Beruffsarbeit den Tag uber nützlich zu gebrauchen [...]) 1617; Neustadii quamvis proprii nihil occupem ad Orlam [...] (Epithalamium) (in: Hymenaei pro felici nuptiarum auspicio [...] dn. Davidis Capellae jun. Neustadiensis ad Orlam, notarii imperiali autoritate publici, sponsi, et [...] matronae Susannae Magwitzianae, [...] dn. Valentini Scheibii, senatui Altenburgensi a literis p. m. relictae viduae, sponsae; cum matrimonio [...] jungerentur Neustadii, 14. Aprilis [...] boni ominis et singularis adfectionis ergo missi et consecrati ab affinibus et amicis) 1618, A3^{r-v}; Zelotes pastor, vel dissertatio theologica de sobrio et oportuno pastoris peccata arguentis rigore, hoc est quaestiones septem: an, quibus auxiliis, ubi, queis, cur, quomodo, quando divini verbi minister esse debeat rigidus legis concionator? Ventilatae et explicatae a M. Michaele Pharetrato, Neustadiensi ad Orlam, 1619; Ad dn. Johannem Hentzelmannum, liberalium artium magistrum, affinem suum charissimum [...], 1619 (Einblattdr.); Ad reverendum seniorem, Dn. Iacobum Clauderum, pastorem Mosbachiensem, Dn. Sponsi Patrem. Fortunate parens, iterum tibi cernere natos [...] (Widmungsged.) (in: Polito et integerrimo iuveni-viro, dn. Iohanni Claudero, [...] dn. Iacobi Clauderi, ecclesiae Mosbachiensis pastoris, filio, sponso; nuptias ad diem XXVII. mensis Iunii anno MDCXX. Altenburgi celebranti cum Christina, dn. Gerhardi Becceri, civis quondam ibidem primarij, relicta vidua [...] sponsa: gratulantur parens: socer: frater: affines et amici) 1620 (nach Chronogramm), A1^v; Mirata parvum quem fuit Oryla [...]. M. Michael Pharetratus [...] congratulans oden hanc nuptialem dedit (Epithalamium) (in: Epithalamia. In festivitatem nuptialem [...] dn. Wolfgangi Erici a Brandenstein, in Oppurgo haereditarij, consiliarij electoralis Saxonici cum felici conjugio sibi jungeret virginem [...] Evam Susannam [...] Valentini a Selwitz in Waldsachsen/ [...] filiam unicam [...] devotißimi testandi animi causa dicata) 1620, A2^r–A3^r; Begleitged. (in: J. STÖCKER, Sprüche Salomonis [...] in welchen/ als in einem täglichen Handbuch gelehret wird/ wie ein [...] Christ ein gut Leben führen soll/ für Gott und der Welt. In hundert und neun und sechzig Predigten/ zu Jehna [...]. Sampt einer Vorrede der [...] theologischen Facultet zu Jehna 1621; Exequiale carmen beatis manibus nobilissimi, atque magnificentissimi dn. Gvvolf-Erici a Brandenstein [...] Dresdae nati anno 1594 13. Novembris. [...], 1621 (Einblattdr.); Poppaeo Papio vetitum fuit omine Romae [...] (Epithalamium) (in: ΜΕΛΕΤΗΜΑΤΑ in honorem nuptiarum secundarum [...] dn. Francisci Troemleri Vinariensis scholae senatoriae Jenensium conrectoris [...] sponsi et [...] virginis Mariae, olim [...] dn. Jacobi Häfneri pastoris Altenmarckij in Austria [...] relictae filiae nunc vero [...] dn. Georgii Knab Rhodensium pastoris [...] privignae sponsae celebrandarum Rhodae ad diem 25. Junij, anni 1622. Haec [...] amoris testificandi causa [...] et boni ominis ergo, nuncupata volunt fautores, affines, collegae, et amici) o. J., A2^{r-v}; Tractatus de nobilitate in honore et precio habenda, cui accessit stemma nobilium Brandensteiniorum, nec non alia, quae seq. pag. indicabit, 1622; Beicht Stuel/ wie dessen dreyerley art zufinden. Der erste ist von Gott in Cristo gestifftet, der andere ist von rechten Christen und anhero, der dritte ist von bäpstischen Antichristen erhalten. Nach Anleitung Herrn D. Martini Lutheri D. Martini Chemnitij, und auff Anweisung auch etzlicher anderer vornehmen Theologorum, adumbriret und abgerissen. Durch M.

Michaelem Pharetratum Pfarrern bey der Newstad an der Orla in Weyra, 1622; Ehrengedechtnis/ des nunmehr in Gott ruhenden woledlen/ gestrengen/ und vhesten Herrn Esaiae von Brandenstein uff Oppurck/ Knaw/ Grünaw und Krobitz/ churfürstl. sächs. vornehmen wolverdienten geheimen Raths/ und OberhofRichters des Oberhofgerichts zu Leipzig/ welcher zu Knaw in dem angehenden 1623. Jahre den 2. des Jenners/ umb den Mittag zwischen 10. und 11. sannft und selig in Christo entschlaffen/ unnd folgendes den 19. desselbigen von dannen nach Oppurck begleitet/ allda den 20. sein Leichnam durch ein ansehnlich Begängnis/ adelich und christlich zur Erden bestattet wurde. Darbey die Predigt verrichtet hat M. Michael Pharetratus P. W., 1623; Nascitur soli sibi nemo, magnam [...] (Epithalamium) (in: Bona verba ac vota quibus ΓΛΥΚΥΠΙΚΡΟΝ connubiale Horstio-Eckhardinum [...] M. Philippo Horst Brunsvigati, poetae laur. caesar., oratoriae in Salan. prof. publ. et Dorotheae-Barbarae [...] dn. Henrici Eckhardi theologi Saxo-Altenburgici filiae IIItio Eid. Novemb. [...] anno ∞ IↄcXXIII. Altenburgi Hermundurorum apparatum [...] auspicati numinis, nominis, et ominis causa, ire voluerunt fautores, amici) 1623, B3^{r-v}; Epithalamium (in: Favus favorum [...] quae binis corculis [...] dn. M. Davidi Stemlero in ecclesia patria Neustadii ad Orilam verbi ministro [...], et virgini [...] Catharinae [...] dn. M. Johannis Schuccelii pastoris Arnstatensis [...] filiae, Arnstadii [...] d. 18. m. IXbris gaudium nuptiale gaudentibus, praedulcia fautorum, adfinium, amicorum labia [...] exhibuerunt anno [...] cIↃ Iↄc XXIII) o. J.; Epithalamium (in: Fabrica honoris ad tectum et lectum amoris [...] M. Christophori Zaderi, scholae Altenburgensis conrectoris; sponsi: et [...] virginis, Christinae; [...] dn. Adami Zimmermanni, mercatoris atque reipub. Zizensis senioris [...] filiae; sponsae; votis fautorum et amicorum condecorata postrid. Decembris, anno [...] MDCXXIII) 1623 (nach Chronogramm); Ode Alcaica. Quo nemo ad Orlam Nobilium virum [...] (Epicedium) (in: J. MÜLLER, Christliche Leichpredigt/ bey dem adelichen Leichbegängniß/ weyland des woledlen [...] Schweipoldi von Brandenstein/ des andern/ Erb- und Gerichtssassen uff Wernburg und Moderwitz/ welcher den 24. Julij, dieses 1624. Jahrs/ [...] entschlaffen/ und [...] den 2. Augusti [...] beygesetzet worden) 1624, K1^v–K2^r; zus. mit D. ANDREAS, Odae congratulatoriae ad virum generosum, nobilissimum et magnificium dn. Christophorum Ca-

rolum a Brandenstein in Oppurgo [...] cum ipsi primogenitus filiolus Mauritius Christianus [...], 1624 (nach Chronogramm; Einblattdr.); Laudavit puerum patria quem schola [...]. M. Michael Pharetratus P. W. P. C. (Epicedium) (in: S. HABERLAND, Christliche Leichpredigt/ bey dem Begräbnüs des [...] Herrn M. Melchioris Lehen, Poet. Laur. Caesar. weiland Pfarrers und Superintendentens zur Newstadt an der Orla. Welcher den 28. Augusti Anno 1626. [...] eingeschlaffen/ [...]. Und [...] am 31. Tage desselben Monats [...] bestattet worden) o. J., E2^v–E3^r; Triumviri M. Michaelis Pharetrati P. L. Amyntas: nobilis: Mitio: civis: Corydon: rusticus. Quoad originem, vitae conditionem, mores et fortunam, Latinis hexametris tetrastichis [...] adornatus, et Germanicis rhythmis succincte expositus [Paralleltitel: Dreyerley Stände Ebenbild oder Beschreibung [...]], 1627; Breitenbauchiadam claro de stemmate natus [...] (Epicedium) (in: M. ZIEGENSPECK, Der Tochter Zion schmertzliches Leid und hertzliche Frewd/ aus [...] Esaiae, cap. 49. [...]. Bey der adelichen/ [...] LeichProcession deß [...] Hans-Christophs von Breitenbauch/ uff Rahnis und Buchau. Welcher am 27. Aprilis dieses 1627. Jahrs/ [...] verschieden/ und [...] den 17. Maij [...] begraben worden) o. J., G3^v–G4^r; Epicedium (in: J. RÜDEL, Christliche LeichPredigt/ bey dem Begräbnis/ der [...] Frawen Martha/ des [...] Herrn M. Christierni Caelij [...], Pfarrers zu Triptis gewesenen ehlichen Haußfrawen. Welche den 1. Julij [...] verstorben/ und den 3. hernach [...] bestattet worden. Gehalten [...] Anno [...] M. D. XXVII.) o. J.; Vita Nestorea Doctor amabilis [...] (Epicedium) (in: V. HENTZSCHEL, Splendor doctorum magnificus Das ist heller Ehrenschein getrewer Lehrer. In einer [...] Leich und Trostpredigt/ uber [...] Dan. 12. 3. bey dem [...] Begräbnis des [...] Herrn Viti Wolfrumii SS. Theologiae Doctoris, unnd [...] Pfarrherrs und Superintendentis der [...] Stadt Zwickaw. Welcher im Jahr 1626. den 9. Augusti [...] eingeschlaffen/ und [...] den 11. Augusti [...] bestattet worden) 1627, M4^{r-v}; Grandi mensura divina charismata sancti [...] (Epigramm) (in: J. GERHARD, Harmoniae evangelistarum Chemnitio-Lyserianae [...] continuatae [...] pars tertia) 1627, c4^v; Lobged. (in: J. CLAUDER, Psalmodia nova, sive selectissimorum hymnorum [...] centuria I. [...]. Das ist: hundert christliche Morgen- Abend- Tisch- und zu einem Gott wolgefälligen Leben/ und seeligem Sterben dienliche Gesänge [...]) 1627 (^{2}1630); Qui puellaris potes esse formae [...] (Epithalamium) (in:

Nuptiis secundis [...] dn. Davidis Zeisii, haereditarij in Döla; sponsi: et [...] virginis, Elisabethae, [...] dn. M. Michaelis Neandri, ecclesiae Neustadiensis ad Orilam archidiaconi, [...] relictae filiae; sponsae; Neustadij celebrandis; votis subsequentibus adplaudunt affines et amici) 1627, A2^v–A3^r; Copiae cornu Deus e supernis [...] (Epicedium) (in: C. DAUDERSTADT, Exequiae Pölnitzianae. Das ist/ christliche Leichpredigt/ bey dem adelichen Leichen Begängnis/ des [...] Herrn Bernharden von Pölnitz/ [...] churf. Durchl. zu Sachsen [...] geheimbten Raths und Ober-HoffRichters zu Leipzig/ etc. welcher den 5. Augusti [...] entschlaffen/ und [...] den 3. Septemb. [...] beygesetzet/ [...]) 1628 (nach Chronogramm), P4^v; Fortes creantur fortibus, et boni [...] (Epithalamium) (in: Carmina gratulatora [!] pro nuptiis auspicatis [...] dn. Gabrielis Wendleri, substituti in Moderwitz [...], quas cum [...] virgine Elisabetha, [...] dn. Christophori Hartmanni, pastoris in Lindaw [...] filia, sponsa. Celebrat Neostadii, 27. Januar. anno 1629. Versa, tersa, dicata, oblata a parentibus, affinibus, amicis) o.J., A2^v–A3^r; Ad Autorem hujus Decadis. Saga sagax, praesaga mali, imo venefica dira [...]. M. Michael Pharetratus Poet. L. Caes. [...] (Epigramm) (in: J. RÜDINGER, De magia illicita decas concionum Zehen gründliche Predigten von der Zauber: und Hexenwerck aus Anleitung heiliger Schrifft und bewehrter Autorum Rationibus [...]) 1630, b3^v; Qui bene vixisti, pieque, mortuus certe bene es [...] Epicedium) (in: J. STÖCKER, Mors piorum praematura, das ist/ früzeitiger Todt junger Leute/ [...] erkläret aus dem 2. Versic. Esaiac c. 57. [...] bey dem christlichen Begräbnis/ Fridrich Lehens/ [...] alumni gymnasii Mansfeldiaci, welcher den 8. Julii dieses 1630. jahrs [...] in [...] Eisleben [...] entschlaffen [...]) 1631, D3^r; Hipponax fuit impius, qui dixit foeminae duos [...] (Epithalamium) (in: Votivae acclamationes in nuptias [...] viri-juvenis dn. Abrahami Seidelii, ecclesiae Daumitschensis pastoris [...] sponsi: nec non pudicissimae [...] virginis Barbarae, [...] dn. Justi Walthers [...] olim civis primarii [...] relictae filiae [...] sponsae, Neustadii ad Orilam die XIIX. Januarii solenniter celebratas scriptae a fautoribus, consanguineis et amicis) 1631, A2^v–A3^r; Gratulationsged. (in: Hermathena metrica Michaeli Crellio Altenburgo-Misnico post acceptam in alma Philyrea die XXVII. Jan: anni M DC XXXI. magisterii lauream erecta et desacrata a dnn. promotoribus, fautoribus et amici) o.J.; Gratulationsged. (in: Votivae acclamationes a dominis promotoribus, amicis, et fautoribus scriptae boni ominis atque amoris ergo, cum die 14. Febr. an. 1631. honores magistrales in celeberrima Salana ritu solenni conferrentur Johanni Rudingern poetae l. caes. in superiori Oppurgo ecclesiastae) o.J.; Epithalamium (in: Carmina gratulatoria solennitati nuptiarum [...] dn. M. Johannis Steinii pastoris [...] sponsi; ut et [...] virginis Annae Margaretae [...] dn. M. Erasmi Taubeneccii [...] filiae sponsae Ienae 7. Novembr. celebratarum; anno 1631. scripta et consecrata a promotoribus, cognati, affinibus, fautoribus et amicis) o.J.; Unam Centuriam vertere mira res [...] (Lobged.) (in: J. CLAUDER, Psalmodiae novae pars nova, sive selectissimorum hymnorum centuria II. [...]. Das ist: das ander Hundert christlicher/ [...] Gebet-Lieder/ [...]) 1631 (nach Chronogramm), unpagin.; Ionas Neander Vir gravis, et bonus [...]. M. Michael Pharetratus, P. W. P. L. (Epicedium) (in: P. LEYSER, Leichpredigt aus den Worten Hiobs am 19. Cap. [...]. Beym Begräbnis des [...] Herrn Jonae Neandri, des churf. sächs. Oberhoffgerichts/ und der löblichen Juristen Facultet zu Leipzig Notarii, welcher den 11. Januar. Ann. 1632. [...] entschlaffen/ und den 16. Januar. [...] bestattet worden. [...]) 1632, E3^{r-v}; Gratulationsged. (in: Vota in lauream viridem magistralem, quam [...] decanus [...] dn. M. Daniel Stahlius logicae ac metaphysicae professor publ. [...] ex [...] facultatis philosophicae decreto, publica solennitate d. 7. Aug. a. 1632. Jenae imposuit Paulo Elstero Ratisponensi: scripta a mecoenatibus atque amicis) o.J.; Opinionem praeter hiscit [...]. M. Michael Pharetratus P. W. P. L. (Epicedium) (in: Epicedia in praeproperum [...] obitum [...] dn. Sebastiani Iehringii, haereditarij in Weltwitz, Jcti [...] dn. Christophori Caroli, comitis a Brandenstein, [...] consiliarij [...] ab cognatis et amicis lugubri animo et calamo conscripta et exarata) 1632, A3^r.

Nachlaß: Elegie auf Georg Mylius: FB Gotha, [Nachlaß G. Mylius] Chart. A 87, 320^r–321^v; Brief (Weira, 7.6.1612) an Andreas Wilke: FB Gotha, Gym. 6, 358^{r-v}.

Bibliographien: VD16; VD17; Goedeke 2 (^{2}1886) 144. – Kat. der fürstlich Stolberg-Stolberg'schen Leichenpredigten-Slg. (bearb. W. K. v. ARNSWALDT), Bd. 1, 1927, 649, 696 (Reg.); Bd. 2, 1928, 808 (Reg.).

Literatur: Zedler 27 (1741) 1753; Adelung 6 (1819) 44; ADB 25 (1887) 737; Flood, Poets Laureate,

Bd. 3, 2006, 1527 f. – [W. HEIDER] Decanus collegii philosophici in academia Jenensi M. Wolfgangus Heider L. S. P. D. Praeclarum Est Illud Antisthenis Philosophi [...]. P. P. Prid. Calend. Sextil. [...] cIɔ Iɔ XCVII., 1597 (Einblattdr., Einladungsprogr. zur Magisterpromotion); Nuptiis perdocti, perque humani viri, dn. M. Michaelis Pharetrati, scholae Neapolitanae ad Orilam rectoris digniss. et pudicissimae virginis Esther, amplissimi, prudentissimique viri, dn. Sebastiani Cunholdi, [...] filiae, celebr. XI. Cal. Novembr. anno M. D. IC., o. J. (Einblattdr.); B. BILOVIUS, Epigrammatum libellus LVII. [...], 1614, A4ʳ; J. RÜDINGER, M. Michael Pharetratus redivivus carmine heroico repraesentatus Neustadii ad Orilam die 13. Jan. an. 1634. [...], 1634; J. CRUGER, Streitender Christen geistlicher Köcher voller GlaubensPfeile wider allerley Seelen u. GlaubensFeinde/ gefüllet aus dem 13. Psalmen König Davids/ so ausgelegt worden ist bey dem Leichenbegängniß des ehrwürdigen/ achtbarn u. wolgelahrten Herrn M. Michaelis Köchers P. L. weiland Pfarrers zu Weyra/ welcher bey Einfall des Feindes am 13. Octob. des 1632. Jahrs durch zugefügte gifftige Wunden dermassen tödtlichen verletzet worden/ daß er daran den 13. Januar. Anno 1633. in wahrem Erkäntniß Christi seelig verstorben/ u. den 18. hernach christlich zur Erden bestattet ist, 1635; K. G. DIETMANN, Die gesamte der ungeänderten Augsp. Confeßion zugethane Priesterschaft in dem Churfürstenthum Sachsen u. denen einverleibten Landen, Tl. 1, Bd. 3, 1755, 306; F. ROTH, Restlose Auswertungen von Leichenpredigten u. Personalschr. für genealog. u. kulturhist. Zwecke, Bd. 6, 1970, 191 f., Nr. 5302 (zu P.' Bruder Johannes); Thüringer Pfarrerbuch, Bd. 8: Großherzogtum Sachsen (-Weimar-Eisenach) Landesteil Weimar mit Jena u. Neustadt/Orla (Neustädter Kreis). Entwurf, Verz. der Pfarrer (bearb. F. MEINHOF), 2012, 340 f.; Pfarrerbuch der Kirchenprov. Sachsen (Red. V. ALBRECHT-BIRKNER) Bd. 5, 2007, 50 f.

RBS

Phettberg, Hermes (eig. Josef Fenz, Ps. Grit Fellner), * 5.10.1952 Hollabrunn/Niederöst.; stammte aus Weinbauern-Familie, Schulbesuche in Unternalb u. Retz, dort 1966–69 Besuch der Handelsschule, danach Banklehre u. bis 1973 Bankangestellter in Wien, dazw. 1971 Militärdienst, 1973 Arbeit als Erzieher u. anschließend bis 1975 pädagog. u. theol. (röm.-kath.) Ausbildung in Wien, 1973/74 auch Arbeit als Nachtwächter, war 1975–79 Pastoralassistent in der Erzdiözese Wien, 1979/80 Postulant im Stift Klosterneuburg, 1981 erneut Pastoralassistent, dann wegen seiner Homosexualität entlassen, war 1982–89 Kanzlist bei der Landesregierung von Niederöst., zudem ab 1987 Red. der Zs. «Unter Druck» (Wien) u. 1990–94 der Zs. «Stock im Eisen» (Wien), Engagement in der «Libertinen Sadomasochismusinitiative» (Wien), Mitw. an Kunstprojekten u. Performances sowie Auftritte als Schauspieler, u. a. ab 1991 bei der Wiener Theatergruppe «Sparverein Die Unzertrennlichen», eigene Sendungen in TV u. Internet, bekannt wurde Ph. vor allem als Moderator von «Phettbergs Nette Leit Show» (1994–96, zuerst im Theater, dann im ORF), war ab 1992 auch Kolumnist im «Falter» (Wien), zudem zahlr. Lesungen u. kabarettist. Auftritte, zeitweise ÖVP-Mitgl. (1969–78, 1982–88), lebt in Wien; u. a. Preis der Stadt Wien für Publizistik (2002); verfaßte u. a. Kolumnen u. Lyrik. – Autor, Journalist, Schauspieler, Moderator, Pastoralassistent, Verwaltungsbeamter, Bankangestellter.

Schriften: Hermes Phettbergs Predigtdienst. Für alle Sonn- und Feiertage des Kirchenjahres (Kolumnen) 1995; Hermes Phettberg räumt seine Wohnung zamm (mit F. OSTERMAYER) 1995; Frucade oder Eierlikör, 1996; Hundert Hennen (Kolumnen) 3 Bde., 2004; Alles Erschleckliche! Ausgewählte Texte (hg. M. MILLAUTZ u. a.) 2012; Blue Jeans. Der Phettberg-Comic (Illustr. v. W. Fröhlich) 2016.

Literatur: Munzinger-Archiv. – B. BIRCHNER, Phettbergs Phaxen, 1995; K. KAMOLZ, ~. Die Krücke als Zepter, 1996; B. KRALLER, Herr Palm u. Knecht Phettberg. Der neueste Fall öst. Unterhaltungskunst (in: Das große Rhabarbern. Neununddreißig Fallstud. über die Talkshow, hg. J. ROTH, K. BITTERMANN) 1996, 173–180; R. WIELAND, Der philosophierende Dilettant. Das Phänomen ~ (in: ebd.) 1996, 181–184; ~s Stationen (hg. G. GRASSL) 1996; T. SEIFERT, EU: Bibberndes Umarmen aus Angst vor den Industriegiganten. ~ im Gespräch mit Thomas Seifert (in: Europa der Sinne, hg. Bank für Arbeit u. Wirtschaft) 1998, 85–94; FRANZOBEL, Phettberg. Eine Hermes-Tragödie, 1999; H. NEUNDLINGER, Tagebuch des inneren Schreckens. Essays über ~s ‹Predigtdienste›, 2009; H. NEUNDLINGER, Von der Leere zerfressen. ~s Suchtreflexionen (in: Im Rausch des Schreibens. Von Musil bis Bachmann, hg. K. MANOJLOVIC, K. PUTZ) 2017, 322–325; Via Dolorosa. Ein Gespräch mit ~ (hg. C. K. STEPINA) 2020.

MM

Philaretes → Bauriedel, Paul Joachim Siegmund.

Pichler, Karlheinz, * 12.1.1956 Feldkirch/Vorarlberg; Stud. der Germanistik, Gesch. u. Kunstgesch. an der Univ. Wien, 1989–99 Red. bzw. Chefred. der schweiz. EDV-Zs. «Output», ab 1990 Red. der Zs. «Kultur» in Dornbirn, 2000–06 Chefred. der «Computerworld Schweiz», ab 1999 Journalist, Kurator u. Kritiker in Zürich, 2004 Mitbegründer des Internet-Portals «Kultur Online», ab 2007 Chefred. u. ab 2009 auch Hg. von «ICTkommunikation», betreibt die Agentur «kapi-media», veröffentlichte Kunstkritiken u. kulturjournalist. Beitr. in der «Neuen Vorarlberger Tagesztg.», den «Bodenseeheften» u. den «Vorarlberger Nachr.»; seit 2006 Mitgl. des Zürcher Schriftst. u. Schriftst.innen Verbandes, seit 2008 Vorstandsmitgl. desselben; lebt in Binz/Kt. Zürich. – Öst. Lyrikpreis Klopfzeichen (1998). – Lyriker, Chefred., Journalist, Kritiker.
Schriften: Regenbogenvogel. Bilder und Lyrik 1998; Zeichnung als Fossil (Bildbd., mit J. HOFLEITNER, Bilder v. H. Leinfellner) 1998 (dt. u. engl.); Die Ohren so blau (Reaktionen v. H. Gfader) 2006; K. P., Alles grün im Schatten – R. Jochum, Atlas, 2011.
Herausgaben: Das Gute muss nicht immer das Böse sein. Kunst aus Vorarlberg, 2007.
Literatur: Lit.radio.at (online); Lit. Vorarlberg (online). FA

Pickel, Juliane, * 22.3.1971 Ratingen; Stud. der Germanistik u. Pädagogik in Münster/Westf. u. Hamburg, dort 2001 Diplom, auch journalist. Ausbildung, u. a. Tätigkeiten als Journalistin u. Werbetexterin, zuletzt Mitarb. der Online-Red. des NDR; lebt seit 1994 in Hamburg. – Walter-Kempowski-Lit.preis (2017), Förderpreis für Lit. der Stadt Hamburg (2018), Peter-Härtling-Preis (2021). – Journalistin, Texterin, Autorin.
Schriften: Krummer Hund (Kdb., Illustr. v. J. Hülsmann) 2021. MM

Piekar, Martin, * 5.8.1990 Bad Soden/Ts.; Schulbesuch in Frankfurt/M., Lehramtsstud. der Philos. u. Gesch. an der Univ. ebd., Mitgl. der Autorenkollektive «sexyunderground» (seit 2008) u. «Salon Fluchtentier» (seit 2013), veröffentlichte Beitr. in den Lit.zs. «Neue Rs.», «Ort der Augen» u. «Poet», leitet Schreibwerkstätten für Kinder, Jugendliche u. Erwachsene. – (Neben weiteren Auszeichnungen) Lyrix-Preis (2010), Lyrikpreis des 20. Open Mike der Lit.werkstatt Berlin (2012), Förderpreis des jungen Lit.forums Hessen-Thür. (2015), hr2-Lit.preis (2015, 2016). – Lyriker, Lehrer.
Schriften: Bastard Echo (Illustr. v. M. Zander) 2014; Überschreibungen (mit J. KUHLBRODT, hg. M. DIEL) 2016 (E-Book); Amok PerVers (Illustr. v. R. Wagemann) 2018. FA

Pieters, Sjoerd → Petrus, Suffridus.

Pigor, Thomas, * Mai 1956 Alzey/Rhld.-Pfalz; Bruder der Theaterregisseurin Gertrud P. (* 1958), Schulbesuch in Unsleben/Bayern u. Bad Neustadt/Saale, 1975 Abitur, studierte bis 1982 Chemie an der Univ. Würzburg, seit Ende der 1970er Jahre als Musikkabarettist aktiv, gehörte 1983–92 zum Ensemble der Berliner Musicaltruppe «College of Hearts», u. a. Komponist, Schauspieler u. Regisseur bei ders., nahm 1988–91 privaten Gesangsunterricht, seit 1995 gem. mit Benedikt Eichhorn (* 1962) Auftritte als das Duo «P. singt, Benedikt Eichhorn muss begleiten», seit 1996 Tonträger-Veröff. des Duos, 2010–18 Autor u. Sänger der «Chanson des Monats» auf dem Sender SWR2, verfaßte Liedtexte für Künstler wie Tim Fischer (* 1973), Désirée Nick (* 1956) u. Max Raabe (* 1962); lebt seit 1985 in Berlin. – Saarländ. Kleinkunstpreis St. Ingberter Pfanne (1996), Dt. Kabarettpreis, Sonderpreis (1997), Mindener Stichling (1998), Dt. Kleinkunstpreis (1999), Berliner Kleinkunstgral (2000), Nobelschuh 2000 (2000), Kabarett-Förderpreis Sprungbrett (2006), Öst. Kabarettpreis (2006), Dt. Chansonpreis (2010), Leipziger Löwenzahn (2011), Fränk. Kabarettpreis (2014), Bayer. Kabarettpreis (2015), Salzburger Stier (2018) (alle für «P. singt, Benedikt Eichhorn muss begleiten»). – Musiker, Kabarettist, Liedermacher, Autor.
Schriften: Wie man am schnellsten in den Himmel kommt. 12 Heiligengeschichten für vor dem Einschlafen, 2001; Pigor singt, Benedikt Eichhorn muss begleiten. Die wilden Jahre, 2008; 100 Chansons. Die Chansons des Monats der letzten acht Jahre (mit 1 MP3-CD) 2018.
Theaterstücke (Ausw.): Blutiger Honig. Das Bienenmusical (mit C. SWOBODA, W. BÖHMER) Urauff. Berlin 1988; Harry Stark. Das Metzgermusical (Musik: S. Betancor) Urauff. ebd. 1989; Im Schatten der Hochbahn, Urauff. Berlin 1994; Anton. Das Mäusemusical (mit GERTRUD P., Musik: J.-W. Fritsch) Urauff. Konstanz 2004; Erhöhte Temperatur. Musikalische Revue mit den Songs von P.,

Eichhorn & Co, Urauff. Saarbrücken 2008; Edgar, der Schrecken der Briefträger. Ein Musical für Hundefreunde (mit GETRUD P., Musik: J.-W. Fritsch) Urauff. Graz 2015.

Tonträger: Im Club Existentialiste (1 CD, Musik: B. Eichhorn, T. P., Rinnert) 1996; Der Beck (1 CD, Musik: B. Eichhorn, M. Sein) 1998; Volumen 2 (1 CD, Musik: B. Eichhorn, T. P.) 1998; Volumen 3 (1 CD, Musik: B. Eichhorn, U. Heinrich, T. P.) 1999; Benedikt Eichhorn Präsentiert: P. Und Die Pigoretten Und Der Ulf (1 CD, Musik: B. Eichhorn, U. Heinrich, T. P.) 2002; Volumen 4 (1 CD, Musik: B. Eichhorn, U. Heinrich, T. P.) 2004; Volumen 6 (1 CD, Musik: B. Eichhorn, U. Heinrich, T. P.) 2007; Volumen 7 (1 CD, Musik: B. Eichhorn, T. P.) 2011; Volumen 8 (1 CD, Musik: B. Eichhorn, R. Rodgers, T. P., U. Heinrich) 2014.

Literatur: Theater-Lex. Nachtr.bd. 5 (2017) 50 f. – S. I. WAGNER, Comedy-Lex., 1999, 235; Discogs.com (online). FA

Pillat, Jutta, * 15.3.1943 Leipzig; studierte Pädagogik in Görlitz, 1972 Dipl.lehrerin für Dt. Sprache u. Lit. ebd., 1981 Absolventin des «Inst. für Lit. Johannes R. Becher» in Leipzig, war bis 1986 Dt.lehrerin, wurde 1990 an der PH Leipzig promoviert, als Hochschullehrerin in der Lehrerausbildung tätig, leitete bis 1995 eine Bildungseinrichtung für Altenpflege in Nordrhein-Westf., in Köln wohnhaft, 2000 Rückkehr nach Leipzig; Mitgl. der GEDOK, der Gesellsch. für zeitgenöss. Lyrik u. des Förderkr. der Freien Lit.gesellsch. Leipzig. – Hochschullehrerin, Pädagogin, Schriftstellerin.

Schriften: Literarische Schaffens- und Gestaltungsprozesse im Literaturunterricht sechster Klassen. Dargestellt am Beispiel lyrischen Gestaltens (Diss.) 1990; Süßholz raspeln. Ausgewählte Gedichte, 2002; Nonsens oder was? Sprachspielereien, 2003; Ein roter Mund auf Schnee. Lyrik aus der Angst, 2005; Das Leben der Dinge (Kurzgeschn.) 2009; Kinder schreiben Texte. Für alle, die kreativ schreiben und Kinder beim Schreiben begleiten wollen, 2010; Blaue Stunde. Gedichte zu Gemälden von Uwe Pfeifer, 2012; Mokka süß, war es denn Glück. Reiseerzählungen, 2014; Die aus der Kälte kommen. Porträtgedichte, 2017; Frauen im Kostüm, 2019; Süßholz, Kussmund, Träume. Sammlung von Gedichten und Briefstücken, 2019.

Herausgaben: Stimmen für Leipzig (Illustr. v. C. Knorr) 2015; Antworten auf einen Handstand. Texte von 25 Autoren zu Uwe Pfeifers Farblithografie «Handstand», 2017. FA

Pinu, Joseph von (auch Josephus a Pinu), * um 1530 Auerbach (sächs. Vogtland), † um/nach 1572; Sohn des kursächsichs. Rats Georg von Pinu († 1540) u. dessen Frau Dorothea († 1552); Stud. in Erfurt (immatrik. im Winter 1547/48: «Iosephus de Pinu Aurbacensis»), Jena (immatrik. 1549), Wittenberg (am 20.6.1554), wo er den Magistergrad erwarb, u. Leipzig (im Sommer 1561: «Ioseph. a Pinu Auerbach. m[agister]. Vitebergen.»); am 14.8.1562 in Prag durch Kaiser Ferdinand I. zum Dichter gekrönt (das Krönungsdiplom in P.s «Eteostichorum liber», 1565, G4ʳ–G5ʳ); C. →Cunrad (Lit.), 1615, apostrophierte P. als «Medicus et Poeta», doch von einer ärztl. Tätigkeit oder Publ. einschlägiger Schr. ist nichts bekannt; HILTON (Lit.) 1895, 435, galt P. als «pioneer of the literary artifice of chronograms». – Arzt, nlat. Dichter.

Schriften: Epithalamium scriptum honesto et docto viro Castulo Stumpf Augustano, et virgini pudicissimae Barbarae filiae viri praestantis virtute et prudentia Cunradi Wickart in oppido Iena scriptum autore Iosepho a Pinu Aurbachio, o. O. 1550; Iosephi a Pinu Auerbachii Epithalamion de nuptijs clarissimi simul et optimi viri, summa doctrina, et virtute praestantis, d. Guari Wigandi, medicinae doctoris peritissimi, et honestae virginis Catharinae Dittelbachin, clarissimi viri d. Christophori Dittelbachs, cancellarij Brandenburgensis in Onolczbach, etc. LL. doctoris filiae. Adiecta est elegia ad clarissimum poetam Ioannem Stigelium, rectorem academiae Ienensis scripta, 1553; ΔΙΣΤΙΧΑ illustrium ac clarorum aliquot virorum, et foeminarum obitus, et simul annorum numeros, quaedam etiam diem continentia, memoriae scripta a Iosepho a Pinu Auerbachio, 1554; Elegia in natalem Iesu Christi servatoris nostri [...], 1554; Septem psalmi Davidis, quos vocant poenitentiales, elegiaco carmine redditi, autore M. Iosepho a Pinu, 1556 (mit neuer Widmung, 1558); Carmen elegiacum in natalem diem Iesu Christi servatoris nostri scriptum [...], 1556; Distichon Iosephi A Pinu Continens Annum Et Diem Obitus. [...] (in: J. SCHOSSER, Epitaphium sanctae et piae matronae Catharinae, coniugis reverendi viri d. Philippi Melanthonis, praeceptoris nostri observandi, quae 11. Octobris anno 1557. ex hac vita evocata est [...]) 1557 (Einblattdr.); Carmen de genitali die domini et salvatoris nostri

Iesu Christi [...], 1558; ΕΤΕΟΣΤΙΧΑ aliquot earundem exortus continentia (in: [L. RUSTENIUS] Catalogus academiarum totius orbis christiani. Adiecta sunt ΕΤΕΟΣΤΙΧΑ aliquot earundem exortus continentia scripta authore M. Iosepho a Pinu Auerbachio et dedicata. Illustrissimo principi ac d. d. Ioanni Friderico .III. duci Saxoniae landgravio Turingiae) 1558 (1561 [corr ex: M.D.XLI]); Epithalamium (in: H. OSIUS, Epithalamion scriptum honesto et docto viro Iohanni Surbirio, et [...] virgini Catharinae, filiae [...] Petri Wurttzleri etc. [...]. Elegia Graeca Iohannis Chesselii) 1558; Aenigmata de annis genitalibus reverendissimorum [...] virorum, d. Mart. Lutheri, Philippi Melanthonis, et Pauli Eberi [...], 1559 (Einblattdr.); Carmen elegiacum in natalem domini et salvatoris nostri Iesu Christi scriptum a Iosepho a Pinu Auerbachio, 1559; Aenigma De Anno mortis eiusdem. Belligerae Divae superest invisa quot ales [...] (Epicedium, 6 Distichen) (in: H. MOLLER, Epitaphium reverendi viri d. Philippi Melanthonis [...]) 1560 (Einblattdr.; wieder in: Scriptorum publice propositorum a gubernatoribus studiorum in academia Witebergensi. Tomus quartus. Complectens annum 1559. et duos sequentes usque ad festum Michaelis, hg. M. MAIUS, 1561, P4^v–P5^r); Distichon Continens Numerum Annorum, Obitus D. Philippi Melanthonis, Quinque vocibus compositum. [...] (in: L. SCHRÖTER, Epithaphii cantilena doctissimo [...] viro, d. Philippo Melanthonis, qui obijt anno [...] 1560. die 19. Aprilis, sex vocibus composita [...]) o. O. o.J. [1560], D2^v–D3^r; Iosephi a Pinu Auerbachii Eeostichorum liber. Eiusdem aenigmatum de annis natalibus illustrium, ac clarorum aliquot virorum libellus, 1561 (teils mit wechselnden Widmungen: 1562; 1563; 1565; 1566; 1570; o. O. o.J. [nach VD16: um 1598]); Tempus obitus 1560. [...] (Distichon) / Aenigma De Anno Mortis Eiusdem. [...] (6 Distichen, zuerst 1560 erschienen, s. o.) (in: Orationes, epitaphia et scripta, quae edita sunt de morte Philippi Melanthonis omnia [...]) 1561/62, d1^v–d2^r (beides wieder in: A. PERIANDER, Germania [...] in qua doctissimorum virorum elogia, et iudicia continentur [...]) 1567, 786); Epicedium (in: Epitaphium clarissimi viri, et poetarum principis Johannis Stigelii, qui obiit anno 1562. die 12. Febr: [...]) o. O. 1562 (Einblattdr.); Epistola virtutis scripta ad illustrissimum atque inclytum principem ac dominum, dominum Carolum, archiducem Austriae, ducem Burgundiae, etc. divi Ferdinandi imperatoris filium, o. O. 1562; Historia Susannae Graece scripta a Iosepho a Pinu, o. O. 1562; Eteosticha Germanorum imperatorum omnium obitus continentia (in: Catalogus Romanorum et Germanicorum imperatorum, et eorum effigies a C. Iulio Caesare usque ad divum Ferdinandum imperatorem. Adiecta sunt aliquot eteosticha Germanorum imperatorum omnium obitus continentia, scripta a Iosepho a Pinu Auerbachio) o. O. 1562; Tempus Obitus Eiusdem [= Johannes Stigel] Aenigmate notatum. Mandibula quot letho animas Manoeius heros [...]. Ios. a Pinu (Epicedium) (in: J. ROSA, Oratio [...] de vita [...] doctoris Erharti Schnepfii, recitata Ienae, cum gradus magisterii philosophici aliquot honestis et doctis viris decerneretur, Calendis Iulij. Anno a nato Christo 1562. [...]) 1562, E6^{r-v} (wieder in: Scriptorum publice propositorum a gubernatoribus studiorum in academia Witebergensi. Tomus quintus. [...], hg. M. MAIUS, 1564, E3^{r-v}); Tempus Mortis Iohannis Homilij aenigmate designatum, 1562. Arbiter armorum quot lucibus ensifer Heros [...]. I. a Pinu (Epicedium) (in: J. CAMERARIUS, Oratio habita in declaratione magistrorum optimarum disciplinarum et artium [...]. In qua copiosa mentio fit [...] praestantissimi viri Iohannis Homilii mathematici, superiore anno mortui, epicediis epitaphiisque aliquot diversorum adiectis, edita) 1563, 25–27; Imago domini nostri Iesu Christi passi pro peccatis totius generis humani, anno mundi 3996. qui designatus est in sequenti carmine rebus ex historia eiusdem paßionis desumptis M. Georgio Halae pastori ecclesiae Lipsiensis ad d. Thomae templum Iosephus a Pinu ddt. [...], 1564 (Einblattdr.); Carmen continens narrationem de divina institutione magistratus et subditorum scriptum a Iosepho a Pinu poeta coronato. Ad generosos et magnificos viros Iohannem Iacobum, Georgium atque Hulderichum Fuggeros, Kirchbergae et Weissenhornae dominos etc., 1566 (dass., [...]. Scriptum ad [...] principem ac dominum, d. Ernestum archiducem Austriae, etc., o. O. o.J.; u. d. T.: Carmen continens narrationem non quidem historicam sed confictam admonendae adolescentiae causa, ut cogitet, et distinctionem ordinum divinitus factam esse, et unicuique elaborandum esse, ut virtute suam personam tueatur. Huic additum est aliud, comprehendens res aliquas insignes laudatissimorum caesarum Germanorum, et simul indicationem temporis, quo Maxmilianus legitimis electorum suffragijs caesar electus est, scriptum ad eundem, o. O. o.J.); Carmina caesarum, regum, et archiducum aliquot ex familia Austriaca natales et obitus numeris indicantia. Scripta ad illustrissimos et caesareo genere natos principes ac dominos d. Rodolphum et d. Ernestum fratres, archiduces Austriae et duces Burgundiae etc. Authore Ios: a Pinu p. coronato, o. O. 1571 (erw. [His accesserunt generosissimorum (...) deque hoc genere optime meritorum aliquot virorum tempora nativitatum versibus comprehensa] o. O. 1572); Epistola virtutis scripta ad illustrissimum et inclytum principem ac dominum, dominum Rodolphum, archiducem Austriae, etc. Maxim: II. imperatoris filium, o. O. o. J.

Ausgaben: Chronogramme (in: N. REUSNER, Icones sive imagines virorum literis illustrium [...]) Straßburg 1587 (auch in späteren Ausg.); Gedichtausw. (in: Delitiae poetarum Germanorum huius superiorisque aevi illustrium, hg. A. F. G. G.), Tl. 5, 1612, 85–94; Widmungsbrief (Wittenberg, 1.3.1559) an König Friedrich II. (in: Gelehrter Männer Briefe an die Könige in Dännemark, vom Jahr 1522 bis 1587, hg. A. SCHUMACHER, Tl. 3) Kopenhagen, Leipzig 1759, 242 f.; Ausw. von Chronogrammen (in: J. HILTON, Chronograms 5000 and more in number excerpted out of various authors and collected at many places) London 1882, 121 f., 364 f., 367–369; Ausw. von Chronogrammen (in: J. HILTON, Chronograms collected more than 4000 in number since the publication of the two preceding volumes in 1882 and 1885, London 1895, 424, 429, 435–453; Distichon Iosephi A Pinu Continens Annum Et Diem Obitus, 1557 (in: DOMTERA-SCHLEICHARDT [Lit.]) 2021, 38 (Repr. des Einblattdrucks); Aenigma De Anno mortis eiusdem, 1560 (in: ebd.) 2021, 213 (Repr. des Einblattdrucks).

Bibliographie: VD16 (noch unvollständig).

Literatur: Zedler 28 (1741) 395; Adelung 6 (1819) 244; Flood, Poets Laureate, Bd. 3, 2006, 1543–1545 (unzulänglich u. fehlerhaft). – PH. MELANCHTHON, Epigrammatum [...] libri sex (hg. J. MAIOR) 1575, I5^r (Ad Pinum); C. CUNRAD, Prosopographiae melicae, millenarius II. [...], 1615, 147; (Ps.) Jo. Aenoth. Leont. a S., Einige Nachricht von ~ Auerbachius (in: Literarische Bl. 5) 1805, 57–62; RICHTER, Einiges zu der Nachricht über ~ Auerbachius (in: ebd. 6) 1805, 347–349; Nicolaus Copernicus-Gesammtausg., Bd. 9. Biographia Copernicana (bearb. A. KÜHNE, S. KIRSCHNER) 2004, 11–13; M. SCHILLING, Wittenberger Flugbl. Melanchthons in mediengeschichtl. Perspektive (in: Buchdruck u. Buchkultur im Wittenberg der Reformationszeit, hg. S. OEHMIG) 2015, 245–260, hier 257; C. DOMTERA-SCHLEICHARDT, Die Wittenberger ‹Scripta publice proposita› (1540–1569). Universitätsbekanntmachungen im Umfeld des späten Melanchthon, 2021, Register. RBS

Piotrowski, Gabriele (geb. Wolff), * 21.4.1935 Schwarzengrund/Oberschles. (poln. Kopice); lebte nach 1947 in Hildburghausen/Thür., 1954 Abitur, studierte anschließend Psychologie in Leipzig (ohne Abschluß), floh in die BRD, absolvierte das westdt. Abitur in Wuppertal, studierte Pädagogik in Münster, war als Lehrerin in Harsewinkel/Nordrhein-Westf. tätig; lebt ebenda. – Lyrikerin.

Schriften: Gedichte aus der blauen Kugel, 1994 (Selbstverlag); Gefühlslandschaften (Ged., Aquarelle v. H. Wolff) 1996; Das kleine blaue Buch (Ged., Bilder v. J. Vollrath) 1997; Ich habe mir Flügel geliehen (Ged.) 2000 (Selbstverlag); Das Zauberdorf (Ged., Aquarelle u. Holzschnitte v. J. R. Vollrath) 2001; Farbschimmer (Ged.) 2005 (Books on Demand); Paradieslandschaften (Ged., Aquarelle v. H. Wolff) 2007; Streifzüge durch den Garten unseres Lebens (Geschn., Ged., Bilder u. Skulpturenfotos v. SONJA P., Ged. v. G. u. ALEXANDER P.) 2009; Kleine Spiegel. Gedichte sind Spiegel unserer Außen- und Innenwelt (Ged. u. Bilder v. SONJA u. G. P.) 2012. FA

Pipistrella, Stella → Parise, Claudia Cornelia.

Pircher, Anne Marie, * 8.8.1964 Tscherms (in der Nähe von Meran, ital. Cermes); wuchs in Schenna/Südtirol (ital. Scena) auf, Aufenthalt in Santa Barbara/CAL, veröffentlichte Lyrik u. P. in Lit.zs. wie «Lit. am Samstag», «Podium» u. «Sturzflüge»; Mitgl. des Südtiroler Künstlerbundes u. der Südtiroler Autorenvereinigung; lebt in Kuens/Südtirol (ital. Caines). – Erzählerin, Lyrikerin, Bühnenautorin.

Schriften: Bloßfüßig (Illustr. v. A. M. P.) 2000; Kopfüber an einem Baum, 2003; Rosenquarz (Erzn.) 2007; Schwarz und weiß (Erz.) 2010 (als Theaterst. Urauff. Meran 2011); Zu den Linien (Erzn.) 2014; Über Erde (Ged.) 2016; Das Haus meiner Mutter (Erz.) 2017.

Literatur: Tirlit. – S. KLETTENHAMMER, Kleine Lit. Formen bei Tiroler u. Südtiroler Autorinnen (in: Kulturraum Tirol. Lit., Sprache, Medien. Jubiläumsbd. «150 Jahre Germanistik in Innsbruck», hg. DIES.) 2009, 277–294, hier 290 f.; Lit.haus Wien (online); Saav.it. Autor*innen (online). FA

Pirinçci, Akif (Ps. Cedric Arnold), * 20.10. 1959 Istanbul; entstammt einer Gastarbeiterfamilie, wuchs ab 1969 in Dtl. auf, ab 1970 in Weißenthurm/Rhld.-Pfalz, besuchte die Hauptschule, begann nach seinem Abschluß Hörsp. u. Kurzgeschn. zu schreiben, 1976 mit dem 1. Preis eines Hörsp.wettbewerbs des HR ausgezeichnet, studierte 1978–81 Drehb. an der Akad. für Film u. Fernsehen in Wien, 1979 erste Veröff. in der Science-Fiction-Anthol. ‹Die Anderen›, als Drehb.autor tätig, erhielt Aufträge von der Filmproduktionsgesellsch. ‹Neue Constantin›, feierte 1989 einen großen internationalen Erfolg mit seinem Kriminalrom. ‹Felidae›, dessen Forts. ebenfalls hohe Verkaufszahlen erreichten, ab 2012 vermehrt publizistisch tätig, veröffentlichte Beitr. in als rechtsgerichtet geltenden Zs. bzw. Online-Portalen wie «Die Achse des Guten», «Eigentümlich Frei» u. «Junge Freiheit», vertrat zunehmend rechtspopulist., homophobe u. islamfeindl. Positionen, 2014 bewirkte seine polem. Schr. «Deutschland von Sinnen» kontroverse Diskussionen, Lesungen bei Veranstaltungen der rechtspopulist. Partei AfD, 2015 Gastauftritt bei einer Kundgebung der fremdenfeindl. Organisation Pegida in Dresden, zeitweise Boykottierung von P.s Schr. durch den dt. Buchhandel, 2017 zu Geldstrafen wegen Volksverhetzung durch das Amtsgericht Bonn u. Dresden verurteilt; lebt in Bonn. – «Mimi»-Krimipreis (1990). – Schriftst., Publizist.

Schriften: Tränen sind immer das Ende (Rom.) 1980 (Selbstverlag); Felidae (Rom.) 1989 (in zahlr. Sprachen übers.; 1994 verfilmt, Regie M. Schaack; Comicbearb. mit dem Untert.: Katzencomic [Zeichn. v. R. Koo] 1994); Der Rumpf (Rom.) 1992; Francis (Rom.) 1993; Das große Felidae-Katzenbuch. Was sie fühlen, wie sie denken, was sie lieben (mit R. Degen, komm. v. Francis, dem berühmten Kater) 1994 (erw. u. aktual. Ausg. u. d. T.: KatzenSinne. Was sie fühlen, denken, lieben, 1995); Yin (Rom.) 1997; Cave Canem. Ein Felidae-Roman, 1999; Die Damalstür (Rom.) 2001 (Neuausg. u. d. T.: Die Tür, 2009); Das Duell. Ein Felidae-Roman, 2002; Salve Roma! (Rom.) 2004; Der eine ist stumm, der andere ein Blinder (Thriller) 2006; Schandtat. Ein Felidae-Roman, 2007; Der letzte Weltuntergang. Krimi-Erzählungen, 2007; Felipolis. Ein Felidae-Roman, 2010; Volltreffer (Rom.) 2010; Göttergleich (Rom.) 2012; Deutschland von Sinnen. Der irre Kult um Frauen, Homosexuelle und Zuwanderer, 2014; Die große Verschwulung. Wenn aus Männern Frauen werden und aus Frauen keine Männer, 2015; Umvolkung. Wie die Deutschen still und leise ausgetauscht werden, 2016; A. auf Achse. «Das Schlachten hat begonnen» und andere Texte, 2016; Der Übergang. Bericht aus einem verlorenen Land, 2017.

Herausgaben: Attacke auf den Mainstream. «Deutschland von Sinnen» und die Medien (mit A. Lombard) 2014.

Literatur: Killy ²9 (2010) 242; Munzinger-Archiv. – Lex. der Kriminallit. (hg. K.-P. Walther) (Losebl.slg.; zu ‹Cave Canem›, ‹Das Duell›, ‹Die Damalstür›, ‹Felidae› u. ‹Francis›); E. Siedel, Zw. Resignation u. Hoffnung. Türk. Autoren in der Bundesrepublik (in: Die Welt des Islams. International Journal for the Study of Modern Islam 26, H. 1/4) Leiden 1986, 106–123, hier 110 u. ö.; Hansers Sozialgesch. Die dt. Lit. vom 16. Jh. bis zur Ggw. (hg. R. Grimminger) Bd. 12: Ggw.lit. seit 1968 (hg. K. Briegleb, S. Weigel) 1992, 213, 217 u. ö.; E. Schmidt, «Hoffnungslos verdeutscht». Der Bestsellerautor ~ (in: AiD. Integration in Deutschland. Aktueller Informationsdienst zu Fragen der Migration u. Integrationsarbeit 10, H. 1) 1994, 12; M. Veteto-Conrad, Finding a Voice. Identity and the Works of German-Language Turkish Writers in the Federal Republic of Germany to 1990, 1996, 80 f.; P. Fachinger, Ohne Koffer. Renan Demirkan u. ~ (in: Interkulturelle Konfigurationen. Zur dt.sprachigen Erzähllit. v. Autoren nichtdt. Herkunft, hg. M. Howard) 1997, 139–151; dies., Werther's Others. From Plenzdorf to ~ (in: Seminar 33, H. 1) 1997, 59–71; J. Weigand, Katzenhelden (in: Jugend Medien Schutz-Report 20, H. 4) 1997, 10; ‹Tränen sind immer das Ende› (in: Der Rom.führer [...] 29, hg. B. u. J. Gräf) 1995, 154 f.; ~, ‹Felidae› (ebd.) 156 f.; ~, ‹Der Rumpf› (ebd.) 157 f.; ~, ‹Francis› (ebd.) 1995, 158 f.; J. Jordan, Of Fables and Multiculturalism. The Felidae Novels of ~ (in: German-Language Literature Today: International and Popular?, hg. A. Williams, S. Parkes, J. Preece) Oxford 2000, 255–268; P. Fachinger, Rewriting Germany from the Margins. «Other» German Literature of the 1980s and 1990s, Montreal 2001; Lex. der dt.sprachigen Krimiautoren (hg. A. Jockers, R. Jahn) ²2005, 215; H. Bouriscaut, Des chats et des hommes. Les ‹Katzenkrimis› d'~ (in: L'Amour des animaux dans le monde germanique. 1760–2000, hg. M. Cluet) Rennes 2006, 171–190; A. L. Cobbs, Migrant's

Literature in Postwar Germany. Trying to Find a Place to Fit In, Lewiston/NY 2006, 72 f., 76; T. CHEESMAN, Novels of Turkish, German Settlement. Cosmopolite Fictions, Rochester 2007; A. HEUNER, Germany's Crime and Mystery Scene (in: World Literature Today 85, H. 3) Norman/OK 2011, 16 f.; Völkerfeindl. EU-Regulierungswahn. ~ u. Harald Vilimsky im Interview, 2014; O. LANDRY, «Don't Panic, I'm Islamic». Voicing Resistance through Documentary (in: CollGerm 47, H. 1/2) 2014, 83–106, hier 94; C. NESTLER, J. ROHGALF, Eine dt. Angst. Erfolgreiche Parteien rechts von der Union. Zur AfD u. den gegenwärtigen Gelegenheitsstrukturen des Parteiwettbewerbs (in: Zs. für Politik 61, H. 4) 2014, 389–413, hier 407; K. GANZ, A.-K. MESSMER, Anti-Genderismus im Internet. Digitale Öffentlichkeiten als Labor eines neuen Kulturkampfes (in: Anti-Genderismus. Sexualität u. Geschlecht als Schauplätze aktueller polit. Auseinandersetzungen, hg. S. HARK, P.-I. VILLA) 2015, 59–77, hier 67 u. 72; J.-P. BARBIAN, Die Grenzen der Liberalität. Warum Bücher rassist. u. rechtspopulist. Autoren nicht in eine Öffentl. Bibl. gehören (in: BuB. Forum Bibl. u. Information 68, H. 1) 2016, 5–7; M. SPIELER, Einzelne Medien müssen aus Bibl. verbannt werden, nicht Autoren. Erwiderung auf Jan-Pieter Barbians Komm. «Die Grenzen der Liberalität», BuB 1/2016 (ebd., H. 2/3) 2016, 76–78; F. HERRMANN, Das Märchen vom überkochenden Brei. Narrative in der medialen Berichterstattung zum Flüchtlingsthema im Herbst 2015 (in: Commucatio Socialis 49, H. 1) 2016, 6–20, hier 8; J. J. ROSSELLINI, The German New Right. AfD, PEGIDA and the Re-Imagining of National Identity, London 2019, 31–62; E. PEPIAK, White Femininity and Trolling: Historicizing Some Visual Strategies of Today's Far Right (in: Violence and Trolling on Social Media: History, Affect, and Effects of Online Vitriol, hg. S. POLAK, D. TROTTIER) Amsterdam 2020, 109–130, hier 117; Filmportal.de (Internet-Edition); The Internet Movie Database (Internet-Edition); Liton.NRW (Internet-Edition). FA

Pirker, Herbert, * 19.10.1935 Wien; wuchs in Wien auf, studierte Klavier, Orgel u. Musikwiss. an Univ. ebd. (ohne Abschluß), anschließend Angestellter bei der Sparkasse, arbeitete als Werbetexter, leitete die Werbeabt. eines Verlags, verf. ab 1990 Rundfunk- u. Fernsehbeitr. für das ORF, veröffentlichte Feuill. in der Ztg. «Die Furche» u. «Wiener Ztg.» sowie die Mundart-Kolumne «kuaz u. guad» in der «Neuen Kronen Ztg.», veranstaltet Lesungen gem. mit Schauspielern wie Elfriede Ott u. Karlheinz Hackl, die seine Ged. u. Geschn. vortragen; lebt in Wien. – Goldenes Verdienstzeichen des Landes Wien (2011). – (Mundart-)Autor.

Schriften: Salzburg, kurzer Aufenthalt (Hörsp.) ORF 1982; Das Hörspiel (Hörsp.) ORF 1990; Im Wiadshaus, auf da Gossn und Dahaam. Gedichte aus Wien, 1990; Jawohl, Herr Rat. Bezirksgeschichtln (Zeichn. v. G. Petzer) 1993; Weana Zeitn. Gedichte aus Wien (Zeichn. v. G. Petzer) 1995; Gemischter Satz. Unvergleichliche Gedichte (Zeichn. v. dems.) 1999; Ein gewisser Augustin N. Sagenhaftes aus Österreich und seiner Hauptstadt (Zeichn. v. G. Gepp) 2001; Hawedeare. Bedenkliches aus Wien (Zeichn. v. G. Petzer) 2003; Kuaz und guad. Dialektgedichte (Zeichn. v. G. Gepp) 2007; Olles in Uadnung. Unbedenkliches aus Wien (hg. R. PILS, Zeichn. v. G. Petzer) 2010; Axel, kein Hitlerjunge 154 Passagen (hg. R. PILS) 2013.

Literatur: Hörsp. oe1.orf.at (online); Wien Gesch. Wiki (online). FA

Pitterna, Manfred (Ps. Jecheskel ben Tzadok), * 10.10.1954 Wien; begann eine Lehre bei einer Versicherung (ohne Abschluß), ließ sich bis 1981 zum Schauspieler ausbilden, auch als Bühnenautor tätig, engagierte sich 1988–94 in der Wiener Kulturinitiative «Klopfzeichen», ab 1991 Diakon, veröffentlichte Beitr. in Anthol. wie «Frankfurter Bibliothek»; Mitgl. der «Interessengemeinschaft öst. Autorinnen u. Autoren» sowie der «Öst. Dramatikerinnen Dramatiker Vereinigung»; lebt in Wien. – Lyriker, Romanautor.

Schriften: Wer Ohren hat zu hören, der höre! Gedichte über Menschen und Gott, 1988 (Selbstverlag); Wenig Frommes. Gedichte und Texte von einst und jetzt, ²1993 (Selbstverlag); Die dritte Lese. Gedichte, die Sie noch nicht kennen, 1996 (Selbstverlag); « … und Ehre sei dem Schöpfer» (Rom.) 2005; Gedichte, 2009; Schach! Ein Wien-Krimi, 2012; Marschzorch III (Science-Fiction-Rom.) 7 Bde. (I Heimkehr – II Integration – III Degradiert – IV Aus den Weiten des Alls – V Rückkehr – VI Das Handelsabkommen – VII Koloniestart) 2019/20. FA

Pitzke, Christine, * 11.7.1964 Burghausen/Obb.; 1983 Abitur am Kurfürst-Maximilian-Gymnasium in Burghausen, 1984–87 Ausbildung zur Krankenpflegerin, studierte dann engl./amerik. u. dt.

Lit, Psychologie u. Philos. an der Univ. München, erwarb 1993 den Magistergrad im Fach Neue Dt. Literatur, anschließend mehrjährige Tätigkeit im Verlagswesen u. als Medizinjournalistin (Urban & Schwarzenberg, Gustav Fischer Verlag, GesundheitsBrockhaus), ab 1993 Mitarb. u. Autorin für den BR, vor allem im Bereich Wiss. u. Bildung, 2001 Autoren-Werkstatt Prosa des Lit. Colloquiums Berlin. – Hermann-Lenz-Stipendium (2004), Lit.preis der Jürgen Ponto-Stiftung (2004), Rauriser Lit.preis (2005), Lit.stipendium des Freistaats Bayern (2012), Fellowship Villa Concordia Bamberg (2014/15), Stipendium Künstlerhaus Edenkoben (2020). – Schriftstellerin.

Schriften: Versuche, den Morgen zu beschreiben (Rom.) 2004; Nächste Nähe, weit entfernt (Rom.) 2007; Der Sommer, in dem Folgendes geschah (Rom.) 2010; Im Hotel der kleinen Bilder (Rom.) 2013; Wir stehen unter Schöpfung (Rom.) 2018.

BJ

Pixner, Gottfried, * 19.10.1944 Wien; studierte Chemie an der TH Wien (ab 1975 TU Wien), 1971 Promotion zum Dr. techn. ebd., arbeitete zwei Jahre als Assistent an der TU Wien, 35 Jahre Lehrer an einer Höheren Techn. Lehranstalt, 1981–87 Mithg. der Vjs. «Bakschisch. Zs. für humorvolle u. skurrile Texte», zahlr. Beitr. in Zs. wie «Öst. Chemie-Zs.», «Der Lit. Zaunkönig» u. «Frauenbl.»; verh. mit Brigitte → Pixner; 2010 Mitgl. des Öst. Schriftst.verbandes; lebt in Wien. – Chemiker, Lyriker.

Schriften: Synthese substituierter 2,3-Dihydro-5-phenyl-1H-thieno[3,2-e]-1,4-diazepin-2-one (Diss.) 1971; Und zitterten wie Lespenlaub, 1995; Ab geht die Schüttelpost. Schüttelreime, 2001; Der reinste Limer-Tick! Limericks & Cartoons (Illustr. v. D. Stenzenberger) 2006; Wenn der Iodbaum blüht. Anekdoten & Amüsantes zu Naturwissenschaft und Medizin, 2007; Die Venus von Villen-Dorf. 1000 Aphorismen & Sprüche, 2008 (Selbstverlag); Schüttelwelten. Hundert Schüttelreimgedichte, 2009 (Selbstverlag); Ein geschüttelt' Maß. Hundert Schüttelreimgedichte vom Wortbaum geschüttelt, 2011 (Books on Demand); Scharfzüngigkeiten. Aphorismen & Sprüche, 2013; Im Schüttelschauer. Schüttelreime, 2014; Welt-Erkundungen. Aphorismen, Epigramme & andere Bedenklichkeiten, 2016; Darf's ein Epi-Gramm mehr sein? Epigramme & Sinngedichte, 2018; Limericks & Co. Limericks, Klapphornverse & Epigramm-Vierzeiler, 2019; Engelszungen & Teufelskrallen. Aphorismen und Sprüche, 2021.

Literatur: Austria-Forum (online). FA

Plaichinger, Thomas, * 27.8.1960 Salzburg; wuchs in Salzburg, Zürich u. ab 1968 in Hamburg, dort Gymnasialbesuch u. Abitur, studierte Anglistik, Romanistik u. Theaterwiss. in München, Arbeit als Journalist, 1985 auch Berater der Dt.-Frz. Lit.tage der Hamburger Kulturbehörde, zuletzt zudem Vorstandsmitgl. des Lit.zentrums im Lit.haus Hamburg; lebt in Hamburg; verfaßte u. a. Rom., Libr. u. Sachbücher (teils in frz. Sprache) sowie Texte für TV-Dokumentationen; schuf zudem frz.-dt., ital.-dt. u. engl.-dt. Übers.; Veröff. in u. a. «taz» (Hamburg). – (Neben weiteren Auszeichnungen) Lit.förderpreis der Stadt Hamburg (1989). – Journalist, Schriftst., Übersetzer.

Schriften: Les murs réclames. 150 ans de murs peints publicitaires (Sachb., mit B. ULMER) Paris 1986; Les écritures de la nuit. Un siècle d'illuminations et de publicité lumineuse (Sachb., mit DEMS.) ebd. 1987; A votre santé! Histoire de la publicité pharmaceutique et médicale (Sachb., mit DEMS., C. ADVENIER) ebd. 1988; Mademoiselle im Hafen (Kriminalrom.) 1989; Das Bild des Kometen. Vom Leben des Raymond Radiguet, von Cocteau, Picasso und dem Paris der 20er Jahre (Illustr. v. J. Cocteau) 1989; Gast-Häuser und historische Hotels – Österreich, 1991; Gast-Häuser und historische Hotels – Schweiz, 1992; Matrosen versenken (Rom.) 1992; Der Mittelpunkt des Wartens (Erz.) 1994; Hannes Steinert: Die Liebe ist mit zartem Rot gefärbt. Zeichnungen und Gouachen; 03.12.1995 bis 24.02.1996, Magnus Hirschfeld Centrum Hamburg, 07.03.1996 bis 14.04.1996, Kulturverein Berggasse Wien (Kat., mit M. ARNOLD, M. WENGER) 1995; Festland (Rom.) 1995; Jakob (Rom.) 1997; Triest. Kammeroper in drei Bildern (Musik: P. Mayers) 1998.

Übersetzungen: B. Dorival, Sonia Delaunay. Leben und Werk 1885–1979 (mit G. RICKE) 1985; H. Guibert, Blinde, 1986; H. Martin, Moderne Architektur Paris 1900–1990, 1988; J. Cocteau, An einem anderen Ort, 1989; M. Tremblay, Der Mann in Papis Bett, 1990; R. Plant, Rosa Winkel. Der Krieg der Nazis gegen die Homosexuellen (mit D. LEWIS) 1991; Tom of Finland. Sein Leben, seine Kunst, 1992; R. Isensee, Männer lieben Männer. Der Ratgeber für Lebens- und Liebesbeziehungen, 1992; B.

Sehlinger, Euro-Disney. Der objektive Führer. Unabhängig und kritisch, 1993; S. Baron, J. Damase, Sonia Delaunay. Ihre Kunst – ihr Leben, 1995; E. Denby, Willem de Kooning, 1997; D. Hockney, Picasso, 1997.

Literatur: Hamburg literarisch. Ein Adreßbuch (hg. Kulturbehörde der Freien u. Hansestadt Hamburg, Red. V. FINK u. a.) 1990, 145. MM

Plass, Hermann (auch Hermannus Blassius, Plassius, Plaßius), ⋆ um 1556 Schönebeck (bei Magdeburg), † 1611 Könnern; Stud. in Wittenberg (immatrik. am 24.3.1575: «Hermannus Blassius Schonebeccen»), Straßburg (wohl 1579), wo P. 1581 den Magistergrad erwarb, Jena (Winter 1582: «M. Hermannus Plaßius, Magdeburg.»), Helmstedt (13.10.1585: «M. Henricus [!] Plassius, Magdeburgensis», vgl. dazu Album Academiae Helmstadiensis, Bd. 1, 1926, IX f., Korrektur) u. Frankfurt/O. (Sommer 1586: «magister Hermannus Blassius Magdeburgensis»); Hofmeister in Helmstedt; 1596 Schulrektor in Burg (bei Magdeburg); um 1598 zum Dichter gekrönt; 1598 Stadtvogt (‹praefectus›) in Könnern; bei dem «Hermannus Plassius Conariensis Saxo», der am 31.10.1622 in die Wittenberger Matrikel eingetragen wurde, dürfte es sich um einen Sohn bzw. Verwandten P.' handeln. – Nlat. Dichter, Jurist.

Schriften: Gratulationsged. (in: Carmina gratulatoria in honorem [...] adolescentum, Simonis Eisen Chreilshemij, et Burchardi Gensscheidelii Svinphordiani: cum eis in celeberrima Argentinensium academia a [...] M. Nicolao Floro, decano, gradus magisterij philosophici 12. Novembris, anno 1.5.79. decerneretur. Conscripta ab amicis) Straßburg 1579; De vitiis potestatum ratiocinationis, et caeteris argumentationum generibus, theses: [...] in Argentoratensi academia propositae: [...] V. Calend. prid. Nonas. III. Idus Iunij, J. L. HAWENREUTER (Präs.), H. P. (Resp.), Straßburg 1580; Gratulationsged. (in: Carmina gratulatoria scripta in honorem [...] Israelis Spach Argentinensis honores doctoreos adipiscentis 13. die Septembris Tubingae: nuptias celebrantis 7. Novemb. Argentinae. Scripta ab amicis) Straßburg 1581; D. Laurentius carmine elegiaco descriptus, et in inclyta Argentinensium academia publice recitatus, ab Hermanno Plassio Saxone, Straßburg 1581; Epithalamium (in: Epithalamia in honorem reverendi viri [...], dn. M. Georgij Rollenhagij urbis Magdeburgensis gymnasiarchae [...]: et Magdalenae Cundelbrucs, virginis [...], ab amicis conscripta) Straßburg 1581; Gratulationsged. (in: Carmina gratulatoria in honorem [...] ornatissimi adolescentis: d. Martini Stromeieri Colmariensis, cum ei primus in philosophia gradus decerneretur in [...] Argentoratensium academia ad Nonas Iunias, anno [...] M. D. LXXXII. scripta [...] ab amicis) Straßburg 1582; Gratulationsged. (in: Gratulatoria in honorem et laudem [...] adolescentis Wigandi Dauchsteyn Ketternespacensis Nassoici, cum ei primae laureae honos in celeberrima Argentoratensium academia a [...] d. Michaele Beuthero [...] decerneretur, anno 1582 Non: Iun. ab amicis officij et amoris ergo scripta) Straßburg 1582; Elegia in honorem nuptiarum reverendi et clarissimi viri d. Cunradi Allmanni d. Nicolai canonici, sponsi: et pudicissimae virginis Margaretae Steinbecciae, sponsae. Scripta a M. Hermanno Plaßio Schonenbecio, 1584; Arma canant alij violentaque praelia Martis [...].(Epithalamium) (in: Carmina in nuptias [...] domini Ioannis Friderici Schroteri, philosophiae et medicinae doctoris [...], academiae Genensis professoris [...], et [...] virginis Barbarae, [...] dn. magistri Eliae Vogelij etc. filiae celebratas Genae IIV. Nonis Febr: [...] CIƆ. IƆ. XXCIIII.) o. J., B2^r–B4^v; Nuper ut audierat Christi te verba docentem [...]. M. Hermannus Plaßius Saxo. (Epithalamium) (in: Carmina gratulatoria in nuptias reverendi [...] viri domini M. Conradi Beckeri sponsi, et [...] virginis Annae Arens sponsae, legitime celebratas Helmstadij pridie Cal. Feb. anno 1586. Dedicata ab amicis) 1586, A2^r–A3^r; Ad Simonem Grunerum. Carmina conscribant, Simon, tibi multa Poetae [...] (5 Distichen) (in: Epigrammata ab amicis scripta Simoni Grunaeo Lygio, de honoribus publice illi in academia ad Viadrum collatis a [...] M. Davide Origano Glacensi, philosophici ordinis decano [...]. Ad III. Id. IIXB. anni C. CIƆ. IƆ. XIVC.) 1586, A2^r; Epigramma. Hic mons est Helicon: hic sunt et numina Phoebi: [...] (Gratulationsged.) (in: Honori ornatissimi [..] viri [..] dn. Gregorii Dobelini Rupinensis, cum ipsi in celeberrima [!] academia Francofordiana, a [...] decano, M. Davide Origano [...] magisterij gradus decerneretur, scripta ab amicis) 1586, A1^v; M. Iohan. Sculteto Luben. Pastori Ecclesiae Dei in Zedlitz. Nil quia sunt Musae: nil sunt et numina Phoebi: [...] / M. Iohan. Praetorio Halens. Pastori Ecclesiae Dei in Pilgramsdorff. Audio Pegasidum tibi pulchra placere sororum [...] (2 Epigramme) (in: Gratulationes reverend. [...] viris, verbi divini ministris: Iohanni Sculteto Lubenensi Silesio: et Iohanni Praetorio Halensi Saxoni:

magisterii titulo ornatis in academia Francofordiana: a M. Davide Origano Glacensi [...] decano: [...]. Dedic. et consecr. ab amicis. Ad III. Id. IIXB. anni Christi CIƆ. IƆ. XXCVI.) o. J., A2^{r-v}; Graeca superstitio sacra numina Phoebi [...] (4 Distichen) (in: Honori ornatissimi [...] iuvenis domini Iohannis Cnoblochii Marchici: insignibus magisterij in inclyta academia Marchiae Brandeburg: [...] a [...] dn. M. Davide Origano, philosophici ordinis decano, ornati. Carmina scripta ab amicis) 1586, A1^v; Aut pluet, aut nitidum tollet super aethera lumen [...] (5 Distichen) (in: Gratulatio in renunciationem [...] juvenis d. Heizonis Buscheri Hannoverani, artium liberalium et philosophiae magistri, in inclyta academia Witebergensi, a [...] d. Casparo Strubio collegij philosophici decano, factam 3. Non. April. an: 1587. Scripta ab amicis) 1587, A1^v; Aliud Carmen Ad Andream Sartorium Brigensem. Eximij quando spaciabar in arua Sabini [...] (5 Distichen) (in: Honori [...] praestantiss. [...] viri, dn. Andreae Sartorii Bregensis, cum ipsi summus in utroque iure gradus a [...] dn. Sebastiano Gerstmano [...] academiae Francofurdianae decano [...] conferretur: eidemque sponso [...] virgo Maria, [...] dn. Christophori Pruckmani consulis Francofurdensium pie defuncti filia, sponsa uno eodemque die 21. Aug. anni 87. adduceretur, carmina ab amicis scripta) 1587, A2^v; Lobged. (in: P. WAXMUND, Oratio in laudem iurisprudentiae [...] ad nobilissimum [...] dn. Thomam Moll, arcis Wartburgicae et civitatis Isnacensis praefectum [...]) 1588; Grandia facta senex; iuvenis bene cantat amores [...] (Epithalamium) (in: Epithalamia in honorem nuptiarum [...] domini Stephani viri [...] Mauritii Haiieri reipub. Halensis praetoris [...] filij, cum virgine [...] Elisabetha [...] clariß. viri Tilemani Heshusii [...] theologiae doctoris [...] et academiae Iuliae professoris primarij filia, celebratarum Helmstadij 2 Feb. anni cIɔ Iɔ lxxxix. conscripta ab amicis) 1589, C3^v–C4^r; Magno illi Iulio Brunsvicensium et Lunaeburgensium duci: academiae Iuliae fundatori: memoriae ergo faciebat M. Hermannus Plassius Saxo. Iulius Imperij columen, Guelphumque columna [...], 1589 (Epigramm; Einblattdr.); Epigramma. Scandimus haud pariter divinae Palladis arcem [...] (7 Distichen) (in: Carmina in honorem [...] domini Iohannis Werneri Hannoverani, cum ei in illustri academia Iulia, quae est Helmsteti, decano [...] dn. Iacobo Horstio [...] insignia et privilegia doctoralia in arte medica conferrentur; ac simul cum [...] virgine Ludimilla praenominati ... [...] decani [...] filia nuptias celebraret, memoriae benevolentiaeque ergo scripta ab amicis) 1589, A1^v; Epithalamium (in: Ornatissimus [...] vir, dn. Henningus Friderici, Colledanae scholae rector [...], sponsus: cum [...] Catharina, [...] dn. Henrici Rudigeri, reipub: Budstadianae consularis [...], filia, sponsa, Budstadiae Idibus Ianuarijs secundas nuptias celebrat: quibus amicitiae [...] et consanguinitatis ergo, coniunctis votis bene precantur viri optimi, amici, fratres) 1589; Epigramma Ad Sponsum. Debeo coniugibus parvam taedisque Camoenam [...]. Hermannus Plass. M. (Epithalamium) (in: Ornatissimo [...] viro, dn. Basilio Michaelio, in gymnasio Gottingensis ss. linguae professori [...], sponso, cum [...] virgine Catharina [...] dn. Francisci Schreccii, civis in Salinis heroum, filia [...] sponsa: Gottingae a. d. XIII. Cal. Novemb. faustas nuptias celebranti. [...] cIɔ Iɔ xIc. De ijsdem coniunctis sequentium carminum votis gratulantur: viri optimi, affines, amici) 1589, Titelbl.^{v}; Nuper Apollineam, Themidos meditabar et artem [...] (Epigramm) (in: Carmina gratulatoria, in honorem [...] dn. Gregorii Guntheri Torgensis, cum ipsi a [...] dn. d. Ioanne Bockelio [...] in inclyta academia Iulia, insignia doctoris medicinae conferrentur, 21. Aprilis anno 1589. Scripta ab amicis) 1589, A2^v–A3^r; Epithalamium (in: In nuptias reverendi [...] viri dn. Ioannis Leporini Quedlinburgensis pastoris ecclesiae Bodenburgensis fidelis: et [...] Elisabethae [...] Ioannis Praetorij pastoris ecclesiae Rebeccensis filiae carmina scripta ab amicis) 1589; Epigramma Et Venus et Iuno certarunt propter amorem: [...] (Epithalamium) (in: Epithalamia in honorem [...] iuvenis, Hectoris Mithobij iunioris, sponsi, et [...] virginis, Dorotheae Bockeliae, [...] Iohannis Bockelii, medicinae doctoris, et in illustri academia Iulia professoris filiae, sponsae, scripta ab amicis) 1589, A2^r; Gratulationsged. (in: Propositiones legales de obligationibus quae quasi ex contractu nascuntur [...] in [...] academia Iulia [...] die 28. Febr. [...], T. PLASS [Präs.], W. GIGAS [Resp.]) 1590; Clio [...]: seu elegiarum liber, 1590; Thalia [...]: sive carminum liber, 1590; Euterpe [...]: sive epigrammatum liber, 1590; Gratulationsged. (in: Carmina gratulatoria in honorem [...] Henrici Horen, cum in illustri academia Iulia tiara philosophica, sub decanatu viri clariss: Henrici Meibomij P. L. Caesarij, anno etc. 90. 29. Octobris, ornaretur, scripta ab amicis) 1590; Gratulationsged. (in: Positiones legales disputationis pandectarum LXVIII. et ultimae de appellationibus [...] in celeberrimae academiae Iuliae

[...] 23. Novemb. anno 88. inchoato, et 4. Martij ann. 90. absoluto, J. WEDING [Präs.], M. MICHAELIS [Resp.]) 1590; Gratulationsged. (in: In lauream in utroque iure supremam [...] carmina [auf Bartholomäus Reusner zur Erlangung des jurist. Doktorgrades] 1591 (Beitr.: A. Chemnitius, H. P., M. Pharetratus; Ex. 1: Kriegsverlust); Nuptiis secundis illustr. principis ac domini d. Friderici Gulielmi ducis Saxoniae, landgravii Thuringiae, Marchionis Misniae [...], 1591; Gratulationsged. (in: ΑΣΜΑΤΑ ΣΥΝΗΔΗΜΕΝΑ ad Iohannem Regium Rotenburgotuberanum, cum ipsi in [...] academia Ienensi a [...] decano M. Wolfgango Heidero summus philosophiae dignitatis gradus pridie Calend. Febr. anno 1592. publica. renunciatione decerneretur. [...] Ab amicis scripta) o. J.; Gratulationsged. (in: Gratulationes in lauream supremam philosophicam, qua in acdemia Ienensi [...] decano [...] M. Wolfgango Heidero [...]: iuvenis ornatissimus Iohannes Faber Noribergensis, pridie calendarum Februarij anni 1592. ornabatur, scriptae a popularibus, amicis, commensalibus) o. J.; Gratulationsged. (in: Laurea magistralis [...] iuveni domino Laurentio Laelio Kleinlanghemio Franco, in [...] Ienensium academia Cal. Sext. anni 1592. decreta, [...] a decano [...] d. M. Georgio Limnaeo, [...] et gratulationibus ab amicis celebrata) o. J.; Schediasmata Salana Hermanni Plassii Magdeburgensis, 1592 (Ex. 1: Kriegsverlust); Gratulationsged. (in: In auguralibus [...] d. Reinprechti baronis in Polhaim et Liechteneckh, rectoris academiae Salanae magnifici solenniter renunciati IV. Id. Sextil. M. D. XIIC. ΕΥΦΗΜΙΣΜΟΙ gratulatorii a doctißimis aliquot viris summissae observantiae ergo scripti) o. J. [1592]; In natalem Christi servatoris elegia: in inclyta Salana publ. recitata, 1592; Ad autorem. Quanta sit utilitas iuris, quantusque recessus [...]. M. Hermannus Plaßius Saxo. (Epigramm) (in: G. J. REICHE, Oratio de iure et iurisconsulto. In inclyta academia Salana publice habita) 1592, Titelbl.^{v}; Nemo velut certam sortem, Divosque faventes [...] (Epigramm) (in: Programma publice propositum in funere [...] foeminae [...] Catharinae: [...] doctoris Pauli Rudigeri, olim advocati curiae provincialis [...], coniugis relictae [...] defunctae. Die 20. Ian. anno [...] 1593. Addita sunt quaedam epitaphia pietatis et memoriae causa) o. J., A4^{r-v}; Gratulationsged. (in: In lauream in utroque iure supremam [...] d. Arnoldi de Reyger Thubanti felicibus collatam auspicijs XXII. die Ianuarij anno [...] M. D. XCIII. [...] decano d. Nicolao Reusnero u. i. d. illustriß. Saxon. ducum consiliario, et collegij iuridici seniore, designatore sive agonothete d. Virgilio Pingizzero u. i. d), 1593, A4^r; Gratulationsged. (in: Carmina gratulatoria scripta in honorem [...] d. Ottonis Svalenbergii Stetinensis, cum suprema in utroque iure laurea insigniretur in inclyta Salana [...] XI. Cal. Febr. anno M. D. XCIII.) o. J.; Danto Deo solo veniunt et honos et imago [...] (Epigramm) (in: Acclamationes gratulatoriae ad [...] dominum d. Casparum a Windischgraitz, liberum baronem in Waltenstein et Thal, [...] rectorem academiae Salanae solenniter renunciatum die XV. Febr. [...] cIↃ IↃ XCIII.) o. J., A3^r; Gratulationsged. (in: Gratulationes scriptae honori [...] Eliae Forsteri [...] cum ei gradus et insignia doctoratus in utroque iure conferrentur [...] M. D. XCIII.) o. J.; De passione Christi lacrymae Hermanni Plassii Magdeburgensis, 1593; Gratulationsged. (in: ΕΥΦΗΜΙΑΙ in honorem reverendi [...] viri dn. M. Antonii Probi Stolberg. [...] cum theol. doctoris insignia ei solenniter tradebantur [...] M. D. XCIII) 1593; Gratulationsged. (in: Gratulatoria ad [...] Georgium Limnaeum mathematum professorem pub. prorectorem academiae Salanae [...] cIↃ IↃ XCIII. solenniter renunciatum) o. J.; Epithalamium (in: Solennitati nuptiarum [...] d. M. Henrici Volimhusii in ecclesia Langenbergensi pastoris, etc. quibus illi [...] d. Esaiae Crugeri pastoris et superattendentis Gerani filia Maria virgo [...] ipsis Idibus Maij anno [...] 1593. iungebatur. Ab amicis dicata vario carminum genere epithalamia) o. J.; Gratulationsged. (in: Carmina ΕΥΚΤΙΚΑ in honorem [...] Christophori Gruneri Schnebergensis, pastoris ecclesiae veteris oppidi et professoris academiae Regiomontanae Borussorum, cum ei theol. doctoris insignia solenniter tradebantur cum alijs viris reverendis et doctiss. in [...] Lutherana academia Ienense, 15. Maij, anno [...] M D XCIII. scripta ab amicis) o. J.; Parentatio Ipso Die Sepulturae recitata. Hora 12. pom. Ergone perpetuo recitabo carmina luctu [...] / Epithaphium. Hic jacet exigua Senior Schroterus in urna [...]. Ab eodem Plaß. (in: G. MYLIUS, Ein christliche Leichpredigt/ [...] bey der Begrebnis des weyland edlen/ [...] Herren Johannis Schröteri des eltern/ der Artzney [...] Doctoris/ der Universitet Jena ersten gewesenen Rectoris: welcher [...] verschieden den letzten Martij/ und volgends den 2. Aprilis [...] bestattet worden) 1593, E1^v–F1^r; Epigrammata in rectoratum illustrissimi et generosissimi principis ac domini d. Magni ducis Brunsvicensis ac Lunaeburgensis: et [...] d. Nicolai Reusneri i. c. iuridicae facultatis senioris, et [...] Saxoniae ducum consiliarij digniβimi. Debitae observantiae ergo scripta a M. Hermanno Plassio: Ioanne Rotenburgio Antverpiano: Conrado Carolo Hilperhusano, o. J. [um 1593]; Ad Eundem [= N. Reusnerum] Hermannus Plassius. Esse ferunt, Reusnere parens, Heliconia Tempe: [...] (in: N. REUSNER, Operum [...] pars tertia [...]) 1593, 244; Ad Nicolaum von Miltitz tam genere quam doctrina nobilem adolescentem. Miltitz gloria nobilis juventae [...] (Lobged.) (in: N. v. MILTITZ, Oratio de juniorum exercitiis, utrum illud, quod in animo per literas, an quod in corpore per militarem instructionem, prima suscipiendum vice, quam in celeberrima Witebergensium academia IX. Calend. Octobris publice [corr. ex: lubpice] habuit. Anno 1595.) 1596, C4^v; Candida sive leucoris. Herman. Blas. Madeburgij, 1596 (Slg. von Widmungsged.); Ergo patris summi cupidus, cupidusque polorum [...] (Epicedium) (in: S. GESNER, Christliche Leichpredigt. Bey dem Begrebnis des [...] Herrn/ M. Ludovici Hunnii, D. Aegidii Hunnii Superintendenten und Professorn zu Wittenberg ehleiblichen erstgebornen Sohns/ welcher am letzten Junij/ Anno 1596. [...] entschlaffen ist/ [...]) 1596, Q4^r; Mirum est Magistris forsitan [...] (Gratulationsged.) (in: Carmina gratulatoria honoribus [...] dn. Balthasaris Heindelii, Plauensis, ecclesiastae in patria [...] a [...] decano [...] Wolfgango Franzio, Plauensi, [...] una cum 47 doctis [...] viris et juvenibus solenniter [...] summis philosophiae insignibus ad 11 Kal. Octob. anno 1596 Witebergae ornati. Ab amicis et conterraneis scripta) 1596, A4^r; Gratulationsged. (in: ΕΥΛΟΓΙΑΙ politioris literaturae scientia conspicuo juveni, dn. Ioanni Lichtenbergero, Plauensi, [...] cum ei in alma Witebergensium [...] dn. Wolfgango Franzio, Plauensi [...] collegii philosophici decano laudes magisterii una cum XLVII doctis [...] viris et juvenibus ad II Kal. Octob. anno 1596 solenniter decernerentur, ab amicis amoris ergo dicatae) 1596; Gratulationsged. [...] M. Hermannus Plassius P. L. (in: ΕΥΦΗΜΙΑΙ in geminum honorem ΑΥΘΗΜΕΡΟΝ Iacobi Stincii Hamburgensis laurum nempe doctoralem et hymenaeum nuptialem cum Euphrosyna Forstera, Victorini Gruneri u. i. d. et in Salana quondam professoris relicta vidua, [...] scriptae ab amicis) o.J. [1598], 5^v–6^v; Ad Nicolaum Reusnerum IC. Comitem Palatinum Caesareum etc. Sapphicum Hermanni Plaßij P. L. Omnibus villis generosa virtus [...] (in: Imp. Rudolphi Secundi, Romanorum caesaris semper augusti, etc. comitiva palatina ex singulari gratia concessa d. Nicolao Reusnero iurisconsulto. Cum epigrammatis variorum et diversorum auctorum in honorem eiusdem scriptis) 1599, H1^v–H2^r; Arethusa Hermanni Plassii Magdeburgij, 1599 (20 Elegien; erw. 1600; mit neuer Vorr., 1605); Dum pia conficio nostrae Silicernia nuptae [...] / Aliud. Te bene Stigelius Chytraee celebrat, et ipse [...]. M. Hermannus Plassius P. C. Praefectus Conaviensis (2 Epicedien) (in: Vita Davidis Chytraei, theologi summi, historici eximij [...], memoriae posteritatis, orationibus et carminibus amicorum, justisque encomiis consecrata, Widmungsvorr. U. CHYTRAEUS) 1601, X3^r–X4^r; Omnia quod ferme fiant connubia fato [...]. M. Herman. Plassius, Poeta Coronatus et Conariensium Praefectus (in: Vota nuptialia honesto juveni dn. Michaeli Specht Servestano sponso, cum [...] virgine Sibylla, [...] dn. Michaelis Pfulmani [...] unica filia, Regiomonti in Borussia matrimonium ineunti: ab amicis scripta) 1601, o. Pagin.; Hunc tumulum celebres tibi Cancellarie nati [...]. M. Hermanni Plassii P. L. et praefecti oppidi Conderrensis (Epicedium) (in: J. OLEARIUS, Leichpredigt/ bey der christlichen Begräbniß/ weiland deß [...] Herrn/ Wilhelm Rudolf Meckbachen/ auff Helmstorff/ [...] welcher den 24. Febr. dieses Jares [...] entschlaffen/ und den 10. Martij hernach [...] zu Halla [...] bestattet worden. [...]) 1603, H2^r; De scholis oratio. I., 1604; De scholis oratio II., 1605; De privilegiis scholarum oratio, 1607; Ecloga Sive Iolas. Tityrus, Meliboeus. [...]. / Elegia. [...] / Epigramma. [...] (in: P. HAN, Christliche Landtags Predigt/ auß dem zwantzigsten Psalm [...] Davids. Am 27. tag Septemb. Anno Christi 1608. auff dem Landtag zu Hall in Sachsen: bey antretung [...] der ertzbischofflichen Regierung/ deß [...] Herrn Christian Wilhelmen, postulirten Ertzbischoffen zu Magdeburgk/ [...] etc. Sampt etlichen Carminibus gratulatoriis [...]) 1608, E1^r–E3^r; Hermanni Plassii Madeburgensis De iurisscientia oratiuncula: in inclyta Salana publice recitata, 1612 [«M. D. CXII.», nach VD16 zu lesen als: M. D. XCII., also 1592].

Ausgaben: Arethusa (1605) (hg. W. SUCHIER), o. O. o. J. [1924] (Nachdr., Privatdr.); Doria sive Athenaea, et Arethusa (1606) (hg. W. SUCHIER), o. O. o. J. [1924] (Nachdr., Privatdruck).

Nachlaß: Genethliacum zur Geburt eines Sohnes von Georg Mylius (um 1589): FB Gotha, Chart. A

87, 243^{r-v}, 246a^{r-v}; Propempticum für Andreas Wilke (um 1592): FB Gotha, Gym. 8, 45^{r-v}; Elegie auf Georg Mylius (um 1592): FB Gotha, Chart. A 87, 272^{r-v}.

Bibliographien: VD 16; VD 17.

Literatur: Flood, Poets Laureate, Bd. 3, 2006, 1557 f. (unzulänglich u. fehlerhaft). – Hermanno Plassio in inclyta reip. Argentinensis academia magisterij philosophici gradum accipienti, gratulantur amici. Ioanne Sturmio rectore, Michaele Beuthero Carolopolita i. u. doctore, eiusdem academiae decano, Straßburg 1581; M. ZUBER, Poematum, literato orbis theatro exhibitorum, pars altera, 1627, 198; W. SUCHIER, ~ Madeburgius († 1611), kaiserlich gekrönter Dichter (in: Montagsbl., 71, H. 27) 1929, 217–220. RBS

De Plattdütsche → Steckling, Karsten.

Platthaus, Andreas, * 15.2.1966 Aachen; Sohn eines Unternehmers, Ausbildung zum Bankkaufmann in Köln, Stud. der Betriebswirtschaft in Aachen sowie der Rhetorik, Philos. u. Gesch. in Tübingen, danach als Journalist tätig, ab 1997 Red. bei der «Frankfurter Allg. Ztg.», stellv. Leiter des Feuilletons u. ab 2016 Leiter des Lit.-Ressorts, daneben bei den dt. Donaldisten tätig u. seit 2007 deren Ehrenmitgl., Lehrbeauftragter an der Univ. Frankfurt/M., ab 2020 Mitgl. der Jury für den Preis der Leipziger Buchmesse; lebt in Leipzig u. Frankfurt/M.; u. a. Chevalier de l'Ordre des Arts et des Lettres (2017), Hess. Kulturpreis (2018); publizierte u. a. Rom., Biogr., Sachbücher, Ess. u. Bildbde., häufig zum Thema Comics; Hg., u. a. von Graphic Novels sowie von Comic-Versionen von Werken Robert → Musils u. Thomas → Bernhards; frz.-dt. Übers.; Veröff. u. a. in «Evang. Komm.» (Stuttgart). – Journalist, Schriftst., Hg., Übersetzer.

Schriften: Who's who in Entenhausen. Die Spitzen der Gesellschaft (mit W. DISNEY, J. GROTE) 1997; Im Comic vereint. Eine Geschichte der Bildgeschichte (Sachb.) 1998; Der Stammbaum der Ducks (mit DENS.) 1999; Die Welt des Walt Disney. Von Mann & Maus (Sachb.) 2001; Moebius Zeichenwelt (Bildbd.) 2003; Frankfurt-Panorama (Bildbd., Fotos v. M. Wicander) 2006; Alfred Herrhausen. Eine deutsche Karriere (Biogr.) 2006; J. Harder, MIKROmakro. Lebensformen und Lebenswelten auf Papier (Kat., Texte: A. P. u. T. GROENSTEEN) 2007; Dresden-Panorama (Bildbd., Texte. A. P. u. M. BERTRAND, Fotos v. H. Zimmermann) 2007; Die 101 wichtigsten Fragen: Comics und Mangas (Sachb.) 2008; Freispiel (Rom.) 2009; V. Reiche, Friendly Fire. Der Bilderzyklus (Ess.: A. P.) 2011; Nachlass Erich Ohser – e.o.plauen (mit E. SCHULZE, hg. Kulturstiftung der Länder) 2013; 1813. Die Völkerschlacht und das Ende der alten Welt (Sachb.) 2013; Und so weiter, bitte (Laudatio) 2014; Das geht ins Auge. Geschichten der Karikatur (Sachb.) 2016; Bleikreislauf. Zur Zeichenkunst von Gabriela Volanti (Ess.) 2016; 18/19. Der Krieg nach dem Krieg. Deutschland zwischen Revolution und Versailles (Sachb.) 2018; S. Schwartz, Geschichtsbilder. Comics & Graphic Novels (Kat., Texte: A. P. u. C. VOGT, J. VOIT) 2018; Auf den Palisaden. Amerikanisches Tagebuch, 2020; Lyonel Feininger. Porträt eines Lebens (Biogr.) 2021.

Übersetzungen: R. Sattouf, Der Araber von morgen. Eine Kindheit im Nahen Osten, 5 Bde., 2015–21.

Herausgaben: W. Busch, Der Kuchenteig, 2010; Th. Bernhard, Alte Meister (Illustr. v. N. Mahler) 2011; R. Musil, Der Mann ohne Eigenschaften (Illustr. v. N. Mahler) 2013; V. Reiche, Kiesgrubennacht. Graphic Novel, 2013; U. Lust, Flughunde. Graphic Novel, 2013; O. Vieweg, Huck Finn. Die Graphic Novel, 2013; N. Mahler, Alice in Sussex. Frei nach Lewis Carroll und H. C. Artmann, 2013; U. Keyenburg, Geschichten vom Herrn Keuner von Bertolt Brecht und Ulf K., 2014.

Tonträger: A. Schopenhauer, Eristische Dialektik oder die Kunst, Recht zu behalten (2 Audio-CDs) 2007; Lust an sich. Die Geschichte der Onanie (mit H. HOGER, R. MÜLLER, 1 Audio-CD) 2009; Freak Attack. Die geheime Weltgeschichte der Narren, Visionäre und Mutanten (mit A. THALBACH, C. BRÜCKNER, 1 Audio-CD) 2011.

Literatur: A. VERSTAPPEN, Partielle Vereinigung (in: Am Erker 21) 1998, H. 36, 155 f. MM

Platz, Claudia, * 9.3.1962 Ludwigshafen; Ausbildung zur Medizin.-Techn. Assistentin in Mainz, Stud. der Anthropologie, Philos. u. Ethnologie, Magister-Abschluß, danach in der Kinder- u. Jugendlichen-Sportförderung tätig, ab 2001 freie Autorin; lebt in Gau-Bischofsheim; verfaßte vor allem Kriminal- u. hist. Rom., aber auch Erz. u. ein Musical; Hg. von Krimi-Anthologien. – Anthropologin, Schriftstellerin.

Schriften: Der Lubberer. Mainz sucht einen Mörder (Kriminalrom.) 2001; Rosenmontod. Fassenachts-Krimi aus Mainz, 2002; Der Korridor.

Rhein-Main-Krimi, 2003; Der zweite Blick. Tod in Nahaufnahme (Kriminalrom.) 2006; Die falschen Caesaren (hist. Kriminalrom.) 2008; Das Blut von Magenza (hist. Rom.) 2011; Betreff: Mord! (Kriminalrom.) 2012; Rheinhessen-Liebe (Musical) 2016.

Herausgaben: Tödlicher Glühwein. 19 Weihnachtskrimis aus Rheinhessen (mit A. SCHULZ-PARTHU) 2013; Feurio! Acht Kurzkrimis, 2014.

MM

Platzgumer, Hans (eig. Johann Platzgummer), * 20.11.1969 Innsbruck; Gitarre-Stud. am Innsbrucker Konservatorium, 1987 Matura in Innsbruck, ab demselben Jahr Veröff. als Musiker, Elektroakustik-Stud. an der Musikhochschule Wien, 1989 Diplom-Abschluss, lebte dann kurz in Berlin u. ab 1989 in New York, dort mit der Band «H.P. Zinker»« erfolgreich, zudem Stud. der Filmmusik in Los Angeles, war ab 1995 Mitgl. der Gruppe «Die Goldenen Zitronen» in Hamburg, in den folgenden Jahren Arbeit als Musiker u. Produzent (u. a. von «Tocotronic») unter eigenem Namen, unter Bezeichnungen wie «Aura Anthropica» sowie in versch. Bands wie «Queen of Japan», «Shinto», «Convertible» u. «Hp.stonji»; komponierte Musik zu Filmen sowie zu Hörsp., Dramen u. sonstigen Texten anderer Autoren (u. a. André → Heller, Albert → Ostermaier, Marcel Proust), zudem Kurator von Kultur-Veranstaltungen, lebte u. a. in München, Lochau u. Wien; zu P.s lit. Arbeiten zählen Rom., Nov., Erz., Hörsp. u. Ess.; Veröff. u. a. in «Die Horen» (Göttingen) u. «Der Standard» (Wien). – u. a. Goldene Schallplatte (2004), Emil-Berlanda-Preis (2007). – Musiker, Produzent, Schriftsteller.

Schriften: Welche Farbe hat Rainhard Fendrich? (Hörsp.-Performance, mit C. HOFER) 2000; Günter Koch revisited: Voll in den Mann (Hörsp., mit H. NIESWANDT, SPARKS) 2001; Shonen A (Hörsp., mit CA MI TOKUJIRO) 2001; Expedition. Die Reise eines Underground-Musikers in 540 KB (autobiogr. Rom.) 2005; Biometrische Freiheit (Hörsp., mit D. NEIDHART) 2005; Weiß (Rom.) 2008; Etwa 90 Grad (Hörsp.) 2008; Der Elefantenfuß (Rom.) 2011; Trans-Maghreb. Novelle vom Bauträger Anton Corwald, 2012 (auch als Oper mit Libr. v. P., Musik: P. Herbert, 2014); Musik ist Müll (Ess., mit D. NEIDHART) 2012; Korridorwelt (Rom.) 2014; Am Rand (Rom.) 2016 (auch als Hörsp.-Bearb., 2016); Drei Sekunden Jetzt (Rom.) 2018; Willkommen in meiner Wirklichkeit! (Ess.) 2019; Bogners Abgang (Rom.) 2021.

Literatur: KLG. – Hörsp. in der ARD 2001. Eine Dokumentation (hg. Dt. Rundfunkarch.) 2003, 113, 407; Das ABC der Musikhänse – ein schizophrenes Gespräch zw. ~ u. Hans Groisz (in: Dreigroschenh. 2006) 2006, H. 3, 8–11; M. MELLER, Lexikal. Überblick über Tiroler Komponisten u. Komponistinnen im 20. u. beginnenden 21. Jh. (in: Musikgesch. Tirols 3, hg. K. DREXEL, M. FINK) 2008, 361–414, hier 394; M. GRIESSER, ‹Provinz ist keine Gegend, sondern ein Zustand.› Ein Ess. zu elektron. produzierter Populärmusik u. subkulturellen Zentren in Innsbruck (in: ebd.) 2008, 651–668.

MM

Plepelits, Karl, * 12.9.1940 Wien; Gymnasialbesuch in Melk, Stud. der Klass. Philol., Alten Gesch. u. Anglistik in Wien u. Innsbruck, 1964 Promotion zum Dr. phil. in Wien («Die Fragm. der Demen des Eupolis»), dann Gymnasiallehrer in Feldkirch u. Graz, dazw. 1970–79 wiss. Mitarb. am «Thesaurus Linguae Latinae» in München, auch Tätigkeit als Reiseführer, lebt seit 1996 in Karpfenberg; verfaßte u. a. Rom., Nov. u. Erz.; zudem Übers. altgriech. u. byzantin. Rom. sowie engl.-dt. Übers.; Veröff. u. a. in «Der altsprachl. Unterricht» (Stuttgart) u. «Gnomon» (München). – Pädagoge, Altphilologe, Schriftst., Übersetzer.

Schriften: J. B. Staudt, Ferdinandus quintus rex hispaniae maurorum domitor. Drama des Wiener Jesuitenkollegs anläßlich der Befreiung von den Türken 1683 (Bearb. u. Übers., hg. W. PASS) 1981 (lat. u. dt.); Römische Ferien oder mit der Zeitmaschine in die Römerzeit, 1998; Die Macht des Eros, 1998; Apokalypse II oder Enthüllungen des Johannes, 2000; Myriam verliebt in Ägypten oder in den Fängen der Fundamentalisten (Rom.) 2003; Juliette oder die Bucht der Geheimnisse, 2004; Der Glaube, die Berge und das Paradies (Nov.) 2006; Die verbotene Frucht. Eine west-östliche Liebesgeschichte (Rom.) 2008; Zu Gast bei Berenike. Zwei Leute von heute bei den alten Römern (und den jungen Römerinnen) (Rom.) 2009 (Neuausg. u. d. T.: Geliebte Römerin, 2012); Zu Gast bei Aphrodite (Rom.) 2009; Unterwegs in Ägypten (Reiserom.) 2009; Unterwegs in Libyen (Reiserom.) 2010; Denn die Zeit ist nahe. Frauen im Urchristentum (hist. Rom.) 2011; Zwei Frauen in einem Haus (erot. Erz.) 2012; Unterwegs in

Marokko (Reiserom.) 2012; Unterwegs am Nil. Eine Reise durch Ägypten im arabischen Frühling, 2012; Das Geheimnis der Zistrosen oder: Marias sonderbare Botschaften (Liebesrom.) 2013; Was der Liebesgott verbunden hat (Liebesrom.) 2013; Unterwegs in Spanien. Fiestas, Pilger, Kathedralen, 2013; Geliebte Myriam, geliebte Lydia (Rom.) 2013; Die große Katastrophe (Erz.) 2013; Geliebter Gottesmann (Liebesrom.) 2013; Du sollst nicht töten. Apostel Johannes ermittelt (hist. Kriminalrom.) 2013; Helenos und Helena oder: Stärker als der Tod ist die Liebe (Rom.) 2013; Mitra oder Komödie der Leidenschaften (Rom.) 2013; Und es jubeln die Rachegeister. Ein Regio-Mystery-Krimi aus Österreich, 2014; Don Juan und Don Quichote (Rom.) 2014; Unterwegs in der Türkei. Strände, Säulen, Minarette, 2015; Lasst alle Hoffnung fahren ... und andere mörderische Begebenheiten, 2015; Freut euch auf ... Das Fest der Liebe (Erz.) 2015; Dein sei mein ganzes Herz (Liebesrom.) 2015; Wer eine Frau begehrlich ansieht (Liebesrom.) 2016; Von Mord zu Mord (Thriller) 2016; ... so gebrauch ich Gewalt (Kriminalnov.) 2016; Michel und Micheline (Liebesnov.) 2016; Ich liebte eine Hexe (Erz.) 2016; Eine einfache Geschichte (Erz.) 2016; Die wunderbaren Abenteuer des Liebesgottes, 2016; Die Himmelfahrt des kleinen Karli, 2016; Der Womanizer (Liebesrom.) 2016; Der Mord und das Mädchen (Rom.) 2016; Das Reich des Todes (Nov.) 2016; Hellas mit und ohne Säulen. Unterwegs in Griechenland (erzählendes Sachb.) 2017; Hat der Wolf erst Blut geleckt (Kriminalrom.) 2017; Der Preis des Ehebrechens (Kriminalrom.) 2017; Zwei Liebende im Wunderland (fantast. Rom.) 2018; Wenn dich jemand auf die rechte Wange küsst, 2018; Was Sie schon immer über Griechenland wissen wollten. Eine Radkreuzfahrt rund um die Ägäis, 2018; Was Sie schon immer über die Türkei wissen wollten, 2018; Was Sie schon immer über Ägypten wissen wollten. Ägypten und das Abendland, 2018; Soll ich hier krepieren? oder: Wenn die Katze aus dem Haus ist (Krimi) 2018; Rein platonisch (erot. Nov.) 2018; Rache muss sein (Krimi) 2018; Neugierige Leute sterben bald (Krimi) 2018; Lob und Preis dem Liebesgott. Eine heitere Liebesgeschichte, 2018; Entscheidung auf Kap Sunion (Erz.) 2018; Eine heiße Sommernacht. Eine erotische Liebesgeschichte, 2018; Die Wunder einer Vollmondnacht. Wie ich mit der Muttergottes plauderte, 2018; Die Paradiesesjungfrau (Erz.) 2018; Die Mausefalle, die Banditen und das ‹Trumm›. Eine Reise durch die Hölle (Krimi) 2018; Die Liebe liebt das Wandern (erot. Liebesrom.) 2018; Die Liebe fragt nicht, ob sich's schickt. Eine Liebestragödie in drei Akten, 2018; Rache folgt der Freveltat (Rom.) 2018; Was Sie schon immer über Marokko wissen wollten, 2019; Vöglein, Vöglein in der Hand (Erz.) 2019; Verliebt, verlobt, verheiratet – verstoßen (Erz.) 2019; Mit der Zeitmaschine in die Römerzeit. Eine abenteuerliche Reise durch das Römische Reich, 2019; Meine marokkanische Penelope (erot. Erz.) 2019; Jonas in der Unterwelt (Erz.) 2019; Geschichtsunterricht in der Ofenschüssel (Erz.) 2019; Erobern wirst du sie (erot. Liebesrom.) 2019; Eine Nacht in Kyrene (Erz.) 2019; Die Liebe, das Verhängnis und der Tod. Eine schauerliche Geschichte (Rom.) 2019; Die Liebe – eine Himmelsmacht (Erz.) 2019; Wohltätig ist der Liebe Macht (Rom.) 2020; Was Sie schon immer über Spanien wissen wollten, 2020; Uns fehlt ein Mann, erklärten mir zwei süße Girls (Erz.) 2020; Heiliger Zorn und heilige Liebe (Rom.) 2020; Hat Nikaia Mann und Kind ermordet? (hist. Kriminalrom.) 2020; Geh hin und sündige fortan nicht mehr (Rom.) 2020; Ein Griechenlandbuch für alle. Hellas mon amour, 2020; Das Auge sieht den Himmel offen. Die Liebe und der Gottesmann (Rom.) 2020; Leichen auf dem Lebensweg (Krimi) 2021; Der Mörder und die Schicksalsgötter (Thriller) 2021.

Übersetzungen: C. v. Aphrodisias, Kallirhoe, 1976; A. Tatios, Leukippe und Kleitophon, 1980; R. Righter, Erfundene Wahrheit. Die Informationspolitik der Dritten Welt, 1981; E. Makrembolites, Hysmine und Hysminias, 1989; T. Prodromos, Rhodanthe und Dosikles, 1996; N. Eugeneianos, Drosilla und Charikles, 2003.

Tonträger: Des Lebens ungemischte Freude (MP3-Hörbuch) 2010. MM

Plessow, Günter, * 30.9.1934 Berlin; ab 1954 Stud. der Architektur an der TU Berlin, dort 1960 Diplom-Abschluß, anschließend bis 1961 weitere Stud. in London, war 1962–64 wiss. Assistent an der TU Berlin, dann bis 1997 Tätigkeit als freier Architekt in Berlin, daneben ab 1974 Veröff. von Lyrik, ab 1999 auch Übers.; in Badenweiler u. Berlin ansässig; trat vor allem mit Lyrik u. engl.-dt. Übers. (u. a. Shakespeare, Percy Shelley u. John Keats) hervor; Veröff. u. a. in «Bauwelt» (Gütersloh) u. «Baumeister» (München). – Architekt, Übers., Lyriker.

Schriften: Grötzebach, Plessow, Ehlers. Projekte 1975–1985. Ausstellung vom 10. April – 2. Mai

1986, Aedes, Galerie für Architektur und Raum (Kat., mit D. Grötzebach, R. Ehlers) 1986; Berliner Ver(s)bau. Gesammelte Gelegenheits- und Entlastungslyrik 1980–1985 (hg. Galerie Aedes) 1986; Günter Ohlwein: Terra di Siena. Chronik einer Zuneigung. Plastiken, Zeichnungen 1979–1988 (Kat., Texte v. G. P.) 1989; Verspürt – notiert (Ged.) 1994; Lord Byron, Don Juan, Canto I (Parodie) 2017; Sylter Elegien und andere Postkartenpoeme, 2019.

Übersetzungen: W. Shakespeare, Kritik der Liebe. Shakespeare's sonnets & A lover's complaint, 2001; M. Drayton, IDEAS MIRROVR. Amovrs in Quatorzains, 2002 (auch u. d. T.: Ideas Spiegel. Amores in Vierzehnzeilern, 2014); S. Daniel, Delia. With the Complaint of Rosamond, 1592, 2005; E. St. Vincent Millay, Sonnets from an ungrafted tree. Sonette aus unveredeltem Holz, 2007; dies., Fatal interview. Verhängnisvolle Begegnung, 2007; dies., Love is not all, 2008; E. E. Cummings, Was spielt der Leierkasten eigentlich. Die frühen Sonette, 2009; H. Doolittle, Denken und Schauen. Fragmente der Sappho. Notizen und Gedichte aus dem Frühwerk H. D.s, 2011; P. B. Shelly, Adonais. Eine Elegie auf den Tod von John Keats, 2012; ders., Gedichte, 2013; J. Keats, Ballade, Oden, Sonette, 2013; H. Doolittle, Sea garden, 2016; W. Shakespeare, Shakespeares Sonettseptette, 2016; Th. Hardy, Gedichte 1912–13, 2017; J. Keats, Ballade, Oden, Sonette, Lamia, 2017; Lord Byron, Gedichte 1816, 2017; P. B. Shelley, Oden, Sonette, Stanzen, The Masque of Anarchy, 2018; E. St. Vincent Millay, Ich lebe, ich vermute. Sämtliche Sonette, 2018; J. Davies, Orchestra. Poetik des Tanzens, getanzt, 2019; S. T. Coleridge, The rime of the ancient mariner. Der alte Seemann, 2020.

Bibliographie: Schmidt, Quellenlex. 25 (1994) 49.
Literatur: Architektenzeichnungen 1479–1979 von 400 europ. u. amerikan. Architekten aus dem Bestand der Kunstbibl. Berlin (Bearb. E. Berckenhagen) 1979, 279; I. Schabert, Die Dichter u. ihr Architekt. ~ rekonstruiert Elisabethan. Sonettzyklen (in: Shakespeare-Jb. 153) 2017, 155–162.

MM

Pletl, Adalbert (Ps. Adalbert von Kirchberg), * 21.3.1876 Kirchberg im Wald (Bayer. Wald), † 22.6.1922 Lalling (Bayer. Wald); arbeitete als Maler, Vergolder u. Dekorateur; verfaßte hist. Rom. über die ostbayer. Regionalgesch. des 14. Jh.; sein antisemit., in 82 Folgen von 1921/22 im «Deggendorfer Donauboten. Heimatbl. für Deggendorf u. das Donau-Wald-Gebiet» erschienener Rom. «Der Vehmfalk. Hist. Rom. aus dem bay. Wald» (Buchausg. 1926 im Verlag Josef Nothhaft, Deggendorf) rechtfertigt das 1338 an den Deggendorfer Juden begangene Pogrom, bedient sich der seit dem späten 14. Jh. nachweisbaren Leg. vom Hostienwunder als Folge eines angebl. Hostienfrevels u. unterstellt den Juden darüber hinaus, mit einem verfemten, tyrann. Burgherrn zu paktieren; der zuletzt in 4. Aufl. 1955 erschienene Rom. trug zur Legitimation der bis 1991 stattfindenden Hostienwallfahrt «Deggendorfer Gnad» bei. – Malermeister, Heimatschriftsteller.

Schriften: Das Frauenbrünnl. Historischer Roman aus dem bayerischen Walde, [1890]; Der Vehmfalk. Historischer Roman aus dem bayerischen Wald, «Deggendorfer Donaubote» 28.12.1921–5.4.1922, als Buch 1926 (⁴1955).

Literatur: M. Eder, Die «Deggendorfer Gnad». Entstehung u. Entwicklung einer Hostienwallfahrt im Kontext von Theol. u. Gesch. (Diss. Regensburg, Geleitw. v. Prof. Dr. F. Mussner) 1992, 570–572; L.-D. Behrendt, Deggendorf. Kleine Stadtgesch., 2017, 50–54; M. Eder, Nicht ein einziges Aufsätzchen oder Werkchen… Zur Historiographiegesch. der «Deggendorfer Gnad» (in: Dem steigenden Interesse auch des einfachen Mannes für Gesch. u. Heimatkunde Rechnung tragend … Der Raum Deggendorf in der Geschichtsschreibung von 1800 bis heute (in: Deggendorfer Geschichtsbl. 41) 2019, 201–222.

CMO

Pletzinger, Thomas, * 4.9.1975 Münster/Westf.; Abitur in Hagen, studierte Amerikanistik in Hamburg, zudem Stud. am Dt. Lit.inst. in Leipzig, Mitarb. von Verlagen u. Lit.agenturen in Hamburg u. New York, auch Journalist u. Übers., 2010/11 Gastprof. an der Hochschule für Bildende Künste in Hamburg; lebt in Berlin; verfaßte u. a. Rom., Kurzprosa, Biogr., Rep. u. engl.-dt. Übers.; Veröff. u. a. in «Merian» (Hamburg), «ZEIT» (Hamburg), «Allmende. Zs. für Lit.» (Halle), «Lichtungen. Zs. für Lit., Kunst u. Zeitkritik» (Graz), «Sprachgebunden. Zs. für Text u. Bild» (Berlin) u. «Bella Triste. Zs. für junge Lit.» (Hildesheim). – (Neben weiteren Auszeichnungen) Uwe-Johnson-Förderpreis (2009), Writer-in-Residence am Grinnell College in Grinnell (2010, 2014). – Journalist, Schriftst., Übersetzer.

Schriften: Bestattung eines Hundes (Rom.) 2008; Gentlemen, wir leben am Abgrund (Reportage) 2012; Die ganz große Sache. Klasse 8g, Ida-Ehre-Schule (als Schreibtrainer) 2013; The great Nowitzki (Biogr.) 2019.

Übersetzungen: G. Stern, Alles brennt, 2010; D. Mazzucchelli, Asterios Polyp, 2011; J. Sullivan, Pulphead. Vom Ende Amerikas (mit K. RIESSELMANN) 2012; G. Lewis-Kraus, Die irgendwie richtige Richtung. Eine Pilgerreise, 2013; A. Bechdel, Wer ist hier die Mutter? Ein Comic-Drama (mit T. SCHNETTLER) 2014; T. Tenenbom, Fett wie ein Turnschuh. Wie ich im Land der Currywurst 40 Kilo abnahm (mit T. SCHNETTLER, T. JOCHHEIM) 2014; J. Sullivan, Zwei Prinzen, 2021.

Literatur: Munzinger-Archiv. – J. BRANDT, Neue Heimat. In ~s Rom. ‹Bestattung eines Hundes› haben sich die Figuren von allen Bindungen gelöst (in: Edit. Papier für neue Texte 47) 2008, 67–69; Y. SCHUMACHER, Lugano, traurige Tropen (in: Entwürfe. Zs. für Lit. 15) 2009, 116f.; F. STEPHAN, Une saison en enfer (in: ebd. 18) 2012, 103–105; TH. V. STEINACKER, Zu mir oder zu dir? Laudatio auf ‹Blåvand› von Tim Dinter u. ~ (in: Allmende. Zs. für Lit. 38) 2018, 35–45; Lit.port Autorenlex. (Internet-Edition). MM

Plischke, Thomas (Ps. Jonas Wolf, Ole Kristiansen), * 29.5.1975 Ludwigshafen am Rhein; Sohn eines Psychologen u. einer kaufmänn. Angestellten, Abitur, Zivildienst, Stud. der Psychologie u. Soziologie in Mannheim, dort dann Ausbildung zum Verlagskaufmann, zusätzl. Stud. der Amerikanistik, Anglistik u. Medienkultur in Hamburg, Magister-Abschluß, danach freier Autor, Lektor u. Übers., auch Lehrtätigkeit als Doz., lebt in Hamburg; publizierte u. a. Science Fiction- u. Fantasyrom., Krimis, Thriller, Erz., Sach- u. Spielbücher, Hörsp., engl.-dt. Übers. u. ein Drama; häufige lit. Zus.arbeit mit seinem Lebenspartner Ole Johan Christiansen (*1977). – Autor, Lektor, Übersetzer.

Schriften: Spiegelungen (Drama) 1994; Das schwarze Auge 72: Fuchsfährten (Fantasyrom.) 2003; Engel Ordensbuch Urieliten. Die Bewahrer der Wege (mit O. J. CHRISTIANSEN) 2004; Engel Ordensbuch Raphaeliten. Die heilenden Hände des Herrn (mit DEMS.) 2004; Engel Ordensbuch Ramieliten. Die Hüter des Wortes (mit DEMS., V. STÖCKLEIN) 2004; Engel Quellenbuch Mater Ecclesia (mit DENS.) 2005; Der Schwur des Sommerkönigs (Rom., mit DERS.) 2 Bde., 2005; Engel: De bello britannico (mit O. J. CHRISTIANSEN) 2006; Endspiel. Das Runde im Eckigen (Rom.) 2006; Die Chroniken von Aris 1 (Hörsp.) 2007; Die zerrissenen Reiche 1: Die Zwerge von Amboss (Fantasyrom.) 2008; Sacred 2: Fallen Angel – der Schattenkrieger (Hörsp., mit DEMS.) 5 F., 2008/ 09; Die zerrissenen Reiche 2: Die Ordenskrieger von Goldberg (Fantasyrom.) 2009; Kalte Krieger (Thriller) 2009; Die Zombies (Rom.) 2010; Die zerrissenen Reiche 3: Die Halblinge des ewigen Hains (Fantasyrom.) 2010; S. King, The Green Mile (Bearb., mit DEMS.) 2011; Nerdistan. Willkommen in der fantastischen Welt der Nerds (mit DEMS.) 2012; Autopilot (Rom.) 2012; Heldenzorn (Fantasyrom.) 2012; Heldenwinter (Fantasyrom.) 2012; Alles über Hobbits (Sachb.) 2012; Der Wind bringt den Tod (Thriller) 2012; Alles über Elfen (Sachb.) 2013; Heldenblut (Fantasyrom.) 2013; Das Feuer bringt den Tod (Thriller) 2014; Der Wald bringt den Tod (Kriminalrom.) 2016.

Übersetzungen: Gesetze der Nacht. Theater der Dunkelheit, 1996; C. Oliver, Vampire. Kompendium für Erzähler, 1999; Ein Quellenband für Trinity – Hoffnung, Opfer, Einheit: Geheime Ziele, 1999; G. Fleming, Vampire: Die Maskerade, Clansroman 3: Gangrel (mit O. J. CHRISTIANSEN) 2000; J. Heinig, Clanbuch: Tremere. Ein Quellenband für Vampire: Die Maskerade, 2000; B. Baugh u. a., Blutmagie. Geheimnisse der Traumaturgie, 2000; Die Erciyes-Fragmente. Die Tagebücher und Anmerkungen des Fra Niccolo von Venedig, nodistischer Gelehrter und Wandermönch (mit DEMS.) 2001; D. Carroll, Die Zeit der Abrechnung (mit DEMS.) 2004; B. Bridges u. a., Die Welt der Dunkelheit. Ein Regelwerk für Erzählspiele aus dem Hause White Wolf (mit DEMS.) 2004; D. Rus, Play to live: Gefangen im Perma-Effekt (mit DEMS.) 2018; ders., Play to live: Der Cyber-Clan (mit DEMS.) 2018; G. Weisman, Ravnica: Krieg der Funken (mit DEMS.) 2020. MM

Plöckinger, Othmar, * 28.8.1965 Schärding/ Oberöst.; Stud. der Germanistik u. Mathematik in Salzburg, dort 1998 Promotion zum Dr. phil. («Adolf Hitler als Redner. Forschungstendenzen u. diskurs- u. wirkungsanalyt. Überlegungen am Beispiel des Wahlkampfes zu den Reichstagswahlen am 6. Nov. 1932»), Gymnasiallehrer in Salzburg, daneben Lektor in Moskau, Almaty (Kasachstan) u. Gaza-Stadt, zeitweise auch Doz. an der Univ. der Bundeswehr in München; trat vor allem mit hist. Forsch. zu → Hitler u. dessen programmat.-autobiogr. Schr. «Mein Kampf» hervor; verfaßte zudem Rom., Erz., Dramen u. Lieder; auch Aufnahmen als Musiker; Veröff. u. a. im «Hist. Lex. Bayerns», in «Vierteljahrsh. für Zeitgesch.» (München), «Vjs. für Sozial- u. Wirtschaftsgesch.» (Stuttgart), «Zs. für Ideengesch.» (München) u. «Zs. für Rel.- u. Geistesgesch.» (Leiden). – Historiker, Pädagoge, Schriftst., Musiker.

Schriften: Reden um die Macht? Wirkung und Strategie der Reden Adolf Hitlers im Wahlkampf zu den Reichstagswahlen am 6. November 1932, 1999; Gübichingen (Rom.) 2003; Geschichte eines Buches: Adolf Hitlers ‹Mein Kampf› 1922–1945, 2006 (2., aktual. Aufl. 2011); Die Abenteuer eines Bauern auf dem Schachbrett, nebst einer Schilderung seiner Liebe zur Dame seines Herzens, welche ihm mehrfach Tod und somit wenig Freude erbrachte, und einer Erläuterung der Frage, wie das Schachspiel entstanden sei. Stück in einem Akt für eine Person, 2008; Unter Soldaten und Agitatoren. Hitlers prägende Jahre im deutschen Militär 1918–1920, 2013.

Herausgaben: Quellen und Dokumente zur Geschichte von ‹Mein Kampf› 1924–1945, 2015; A. Hitler, Mein Kampf. Eine kritische Edition (mit C. Hartmann u. a., im Auftrag des Inst. für Zeitgesch. München) 2 Bde., 2016 (7., durchges. Aufl. 2017); Schlüsseldokumente zur internationalen Rezeption von ‹Mein Kampf›, 2016; Sprache zwischen Politik, Ideologie und Geschichtsschreibung. Analysen historischer und aktueller Übersetzungen von ‹Mein Kampf›, 2019.

Tonträger: Same old story (1 Audio-CD) 2005; Trial & error (1 Audio-CD) 2008; The War of the Peasants (1 Audio-CD) 2011; Illusions (1 Audio-CD) 2020. MM

Pock, Gabriele → Parizek, Gebriele.

Podhorský, Eduard → Albert, Eduard.

Pölitz, Hans-Günther, * 26.1.1952 Waldheim/Kr. Mittelsachsen; Lehramt-Stud. Dt. u. Staatsbürgerkunde an der PH Zwickau, dort ab 1972 Auftritte als Kabarettist u. künstler. Leiter der Kabarettgruppe «Junge Dornen», zudem Schausp.-Ausbildung, ab 1982 Tätigkeiten als Kabarettist, Regisseur u. Autor, u. a. 1982–89 am Kabarett «Zange» in Magdeburg, 1984–93 am Kabarett «Kugelblitze» in Magdeburg (auch Direktor) sowie 1994/95 bei der «Münchner Lach- u. Schießgesellsch.», Gründer des 1996 eröffneten Kabaretts «Magdeburger Zwickmühle» u. dort dann künstler. Direktor sowie Autor u. Kabarettist, auch regelmäßige Radio- u. TV-Auftritte beim MDR, so 1997–2018 mit der Radio-Kolumne «Das Pölitzfrühstück» u. 1999–2009 im Kabarett «Die 3 von der Zankstelle». – (Neben weiteren Auszeichnungen) Salzburger Stier (1990), Ostdt. Kabarettpreis (1999). – Kabarettist, Satiriker.

Schriften: Abwatschen und Tee trinken (Satiren) 2010; Alphabet des Schreckens (Satiren) 2013; Schwafel, Pech und Pferdefüße (Satiren) 2015; Der Fünfundsechzigjährige, der aus dem Bett stieg und beim Frühstück in der Zeitung verschwand (Satiren) 2017; Problembären aus dem Staatszirkus (Satiren) 2019.

Tonträger: Zahlr. Kabarett-Aufnahmen mit dem Ensemble der «Magdeburger Zwickmühle».

Literatur: K. Budzinski, R. Hippen, Metzler Kabarett Lex., 1996, 305 f.; H. Pfeifer, Leben in der Zwickmühle. ~ u. das Kabarett (in: Triangel 6) 2001, April-H., 50–52; www.zwickmuehle.de/ensemble-gaeste/magdeburger-zwickmuehle/.
MM

Pömer (von Diepoltsdorf), Maria Magdalena (geb. Stock(h)amer von Diepoltsdorf), * 1660 Nürnberg, † 3.6.1739; Tochter des Nürnberger Patriziers Johann Paul Stock(h)amer von Diepoltsdorf u. dessen Frau Maria Barbara, geb. Imhof, aus Hof; P.s Vater war Ratsmitgl. in Nürnberg; sie heiratete am 18.11.1689 den Reichsblut-, Stadt- u. Bannrichter Georg Christoph P. (1658–1733), aus der Ehe gingen mindestens 13 Kinder hervor, aber nur der 1713 geb. Sohn Georg Wilhelm überlebte die Mutter; durch diese Ehe gelangte der Herrensitz Diepoltsdorf an das Nürnberger Patriziergeschlecht Pömer (seitdem nannten diese sich «Pömer von Diepoltsdorf»); P. verfaßte ein Ged. auf den Tod ihres Vaters. – Eine gleichnamige Maria Magdalena Pömer (1660–1719) war die Tochter von Hieronymus Wilhelm Schlüsselfelder aus Kirchensittenbach u. der Maria Salome (geb. Tetzel), verheiratet mit dem Nürnberger Ratsmitgl. Georg Siegmund Pömer (1648–1718). Diese P. verfaßte auf den Tod ihres Ehemanns am 13.9.1718 ein Trauerged. (online: SUB Göttingen). – Gelegenheitsdichterin.

Schriften: Des Adels wahre Zier, Der Noris ältester Rath, der mehr als Vaters-Treu an seiner Tochter that, wird, als er sich zum Land der Seeligkeit geschwungen, aus Danckbarkeit beklaget und besungen, Von Maria Magdal. Pömerin, geb. Stockhaimerin von Diepoltsdorff den 28. May 1716 (in: Auserlesene und noch nie gedruckte Gedichte unterschiedener Berühmten und geschickten Männer, zusammen getragen und nebst seinen eigenen an das Licht gestellet von Menantes [d. i. C. F. Hunold], St. 11–20) 1720, hier St. 16, II. Abt., 513–517 (online: ULB Halle).

Bibliographie: J. M. WOODS, M. FÜRSTENWALD, Schriftst.innen, Künstlerinnen u. gelehrte Frauen des dt. Barock. Ein Lex., 1984, 94.

Literatur: G. A. WILL, Nürnbergisches Gelehrten-Lexicon, 3. Tl., 1757, 215 f.; G. F. ALBRECHT, Genealog. Staats-Calender auf das Jahr 1776, 289 f.; M. DIEFENBACHER, Pömer von Diepoltsdorf, Patrizierfamilie (in: Stadtlex. Nürnberg, hg. DERS., R. ENDRES, 2., verb. Aufl.) 2000, 833. MMü

Pöschl, Walter, * 18.2.1931 Landshut; Amtmann, zuletzt Regierungsdirektor; lebt in Landshut; verfaßte u. a. Ged. u. Erz. (teils in altbair. Mundart); Hg. von autobiogr. Texten hist. Persönlichkeiten; Veröff. u. a. in «Lit. in Bayern» (München), «Straubinger Kalender» u. «Verhandlungen des Hist. Ver. für Niederbayern» (Landshut). – Verwaltungsbeamter, Schriftsteller.

Schriften: ‹Im boarischn Himme›. Ein bairischer Psalter, 1990; A Stern is aufganga. Die Weihnachtsgeschichte in altbairischer Mundart, 1997; Die glorreiche Landshuter Fürstenhochzeit von 1475 (Illustr. v. B. Kühlewein) 2001; Er schenkt die Fülle des Lebens. Ein Adventskalender für Erwachsene, 2003; Heitere Pfarrergeschichten. Schau lieber nicht herab, o Herr (Illustr. v. G. Beyer) 2008; Mein Freund Korbi. Heitere Familiengeschichten (Illustr. v. dems.) 2009; Gell, Schutzengl, da schaugst! Weitere Pfarrergeschichten (Illustr. v. dems.) 2011; 350 Jahre Wallfahrt Maria Bründl in Berg ob Landshut. Ursprung und Entwicklung der Wallfahrt bis in unsere Zeit. Eine Festschrift (hg. Kath. Pfarramt Heilig Blut Landshut) 2011; Heilige Tage (Mundartged., Fotos v. T. Ott) 2013; Da san mia dahoam. Gedichte und Geschichten aus Bayern (Illustr. v. G. Beyer) 2015.

Herausgaben: Kindheit und Jugend in Landshut. 22 autobiographische Zeugnisse, 2006. MM

Pöttler, Marcus, * 16.2.1977 Hartberg/Steiermark; wuchs in Pöllau auf, 1997 Matura in Weiz (Steiermark), Ingenieur der Elektrotechnik, Mitarb. eines Ingenieurbüros in Graz; lebt in Weiz; Veröff. u. a. in «Lichtungen. Zs. für Lit., Kunst u. Zeitkritik» (Graz) u. «Manuskripte. Zs. für Lit., Kunst, Kritik» (Graz). – (Neben weiteren Auszeichnungen) Feldkircher Lyrikpreis (2009), Lit.stipendium des Landes Steiermark (2010), Lit.preis der Akad. Graz (2011). – Ingenieur, Lyriker.

Schriften: Fallen (Ged.) 2007; Schilderung der Einzelheiten (Ged.) 2012; Noctarium (Ged., hg. H. BRUNNER) 2013; Echos (Ged.) 2021.

Literatur: Künstler*innen-Datenbank Kulturserver Graz (hg. Kulturamt der Stadt Graz) 2021, http://kultur.graz.at/; Lit.port Autorenlex. (Internet-Edition). MM

Pötzsch, Oliver, * 20.12.1970 München; Sohn eines Mediziners u. einer Lehrerin, 1990 Abitur in Gilching, anschließend Zivildienst, kurzzeitig Stud. der Germanistik, 1992–97 Ausbildung an der Dt. Journalistenschule in München, danach Journalist beim BR, ab 2013 freier Schriftst., auch Auftritte als Musiker; lebt in München; publizierte u. a. hist. Kriminalrom. (darunter mehrere Bestseller), hist. Rom., Kdb., Jgdb., einen Erlebnisber. u. Erzählungen. – Journalist, Schriftsteller.

Schriften: Die Henkerstochter (hist. Kriminalrom.) 2008; Die Henkerstochter und der schwarze Mönch (hist. Kriminalrom.) 2009; Die Henkerstochter und der König der Bettler (hist. Kriminalrom.) 2010; Die Ludwig-Verschwörung (hist. Kriminalrom.) 2011; Der Hexer und die Henkerstochter (hist. Kriminalrom.) 2012; Die Burg der Könige (hist. Rom.) 2013; Die Henkerstochter und der Teufel von Bamberg (hist. Kriminalrom.) 2014; Ritter Kuno Kettenstrumpf (Kdb., Illustr. v. S. Hammer) 2014; Ritter Kuno Kettenstrumpf und die geheimnisvolle Flaschenpost (Kdb., Illustr. v. ders.) 2015; Die Schwarzen Musketiere: Das Buch der Nacht (Jgdb.) 2015; Meine Kur hat einen Schatten. Wie ich nach einer Herz-OP die Reha trotz Country-Abenden und Bier-Dealern überlebte (Erlebnisber.) 2016; Die Henkerstochter und das Spiel des Todes (hist. Kriminalrom.) 2016; Die schwarzen Musketiere: Das Schwert der Macht (Jgdb.) 2016; Die Henkerstochter und der Rat der Zwölf (hist. Kriminalrom.) 2017; Der Spielmann. Die Geschichte des Johann Georg Faustus (hist.

Rom.) 2018; Der Lehrmeister (hist. Rom.) 2019; Die Henkerstochter und der Fluch der Pest (hist. Kriminalrom.) 2020; Auf den Spuren der Henkerstochter. Reiseführer zu den Stätten meiner Romane, 2020; Das Buch des Totengräbers. Ein Fall für Leopold von Herzfeldt (hist. Kriminalrom.) 2021.

MM

Pohl, Alfred, * 22.8.1928 Essen, † 4.2.2019 Göttingen; Sohn eines Architekten, Kindheit in Rheydt u. Trier, nach dem 2. Weltkrieg Besuch der Werkkunstschule Trier, zudem Ausbildung zum Tierpräparator in Göttingen, war danach in der Erwachsenenbildung tätig (u. a. Volkshochschule Frankfurt/M.), ab 1954 pädagog. Ausbildung an der PH Lüneburg, ab 1957 Lehrer in Nörten-Hardenberg u. Göttingen, besuchte 1960/61 die Werkkunstschule Hannover, war 1963–67 Assistent für Kunsterziehung an der PH Göttingen, 1965 Atelier-Studien bei Johnny Friedlaender (1912–1992) in Paris, 1967–70 Lehrer in Lima (Peru), gehörte 1972–74 der pädagog. Mission im kolumbian. Erziehungsministerium in Bogotá an, zuletzt Kunsterzieher an einer Realschule in Göttingen, ab 1990 im Ruhestand; lebte ab 1974 in Göttingen; Publ. zahlr. Kat. u. Bildbde. mit P.s künstler. Arbeiten, darunter Holzschnitte, Zeichn. u. Radierungen; daneben verfaßte P. u. a. Lyrik, Erinn. u. span.-dt. Übers.; schuf zudem Illustr. (meist Holzschnitte) für Werke anderer Autoren (u. a. Rose → Ausländer, Karl → Krolow, Ernst → Jünger, Rudolf Otto → Wiemer); künstlerisch ist P. vor allem als Meister des Farbholzschnitts von Bedeutung; Veröff. u. a. in «Lyrik aus dieser Zeit» (München u. a.), «Spektrum. Internat. Vjs. für Dg. u. Originalgraphik» (Zürich) u. «Illustration 63. Zs. für die Buchillustr.» (Memmingen). – Bildender Künstler, Pädagoge, Schriftsteller.

Schriften: Drei Peruaner: Eduardo Moll, Alfred Pohl, Maria Scholten. Overbeck-Gesellschaft, Lübeck, 20. Febr. – 19. März 1972 (Kat., hg. Overbeck-Gesellschaft) 1972; Dieter Gutt, Helga Kaiser, Carl-Heinz Kliemann, Alfred Pohl (Kat., hg. Jh.halle Hoechst u. Kunstkabinett Hanna Bekker vom Rath) 1972; Alfred Pohl. Farbholzschnitte, 16. Juni – 31. Juli 1976 (Kat., hg. Kunstkabinett Hanna Bekker vom Rath) 1976; Alfred Pohl. Zeichnungen und Graphik. Ausstellung im Städtischen Gustav-Lübcke-Museum Hamm vom 11. März – 22. April 1979 (Kat., hg. Gustav-Lübcke-Mus. Hamm) 1979; Alfred Pohl, Clare Romano, John Ross. Ausstellung von Radierungen und Collagraphien vom 29. März – 12. Mai 1979 (Kat., hg. Galerie Klaus v. Francheville) 1979; Alfred Pohl. Zeichnungen und Druckgraphik, 10.6.–19.7.1980 (Kat., hg. Kunstkabinett Hanna Bekker vom Rath) 1980; Zu meinen Farbholzschnitten, 1980; Paracas, 1981; Alfred Pohl – Farbholzschnitte und Farbradierungen (Kat., hg. dass.) 1985; Holzschnitte (Kat., hg. Galerie am Grasholz Rottendorf) 1987; Alfred Pohl – Holzschnitte und Radierungen 27.10.–23.12.1988 (Kat., hg. Kunstkabinett Hanna Bekker vom Rath) 1988; Botschaften (Ged. u. Holzschnitte) 1988; Alfred Pohl. Rio de Janeiro, setembro de 1990 (Kat., hg. Museu Nacional de Belas Artes, Presidência da República, Secretaria da Cultura) Rio de Janeiro 1990; Alfred Pohl – Holzschnitte, Radierungen, Aquarelle mit dem ‹Don Quixote-Zyklus› (Kat., hg. Galerie Böhler Bensheim) 1991; Querschnitte (Autobiogr.) 1992; Engel in Europa. Erinnerungen, 1992; Alfred Pohl, Graphik zu lateinamerikanischer Literatur. Universitätsbibliothek Düsseldorf 21. Juni – 21. Aug. 1993 (Kat., hg. UB Düsseldorf) 1993; Alfred Pohl – Vom Geist des Holzes (Kat., hg. Thomas-Morus-Akad. Bensberg) 1993; Alfred Pohl: Graphische Arbeiten. Städtisches Museum Göttingen, 15. Dezember 1996 – 26. Januar 1997 (mit R. LÖSCHNER, F. ZEHNDER, Red. J.-U. BRINKMANN) 1996; 70 Jahre Alfred Pohl. Der Schreiber (Ged.) 1998; Verzauberter Ort und andere Gedichte, 1999; Wüstenbilder, 2000; Zeichnungen I, 2000; Descubrimientos – compenetración – planchas perdidas. Entdeckungen – Verbundenheit – verlorene Platten (Bildbd., Red. H. VOLLRATH) 2002; Pohl 2008 (s. Lit., mit zahlr. Illustr. P.s); Lugar encantado. Holzschnitte, Zeichnungen, Texte, 2008; Engel im Museum: Alfred Pohl – Farbholzschnitte (Kat., Texte von K. ARNDT, C. HÖHL, hg. M. BRANDT) 2009.

Illustrationen P.s in Werken anderer Autoren: R. O. Wiemer, Kalle Schneemann, 1964; ders., Wir Tiere in dem Stalle, 1966; G. Ettl, Du, Amerika des Südens, 1969; C. H. Kurz, Afrikanische Reminiszenzen. Aus meinen Reiseskizzenbüchern, 1975; W. Orillo, Der Berg stürzt in den Park, 1975; J. Loskill, Zeitpunkt, 1980; K. Krolow, Sterblich, 1980; L. Luco, Entremos en las cosas (auch Übers. von P.) 1980 (span. u. dt.); R. Ausländer, Einen Drachen reiten, 1980; B. Frischmuth, Vom Leben des Pierrot, 1982; R. Kunze, Aus: einundzwanzig variationen über das thema ‹die post›, 1983; E. Fitzbauer, Wunschzettel, 1985; M. Querbach, Ablagerungen, 1985; R. O. Wiemer, Sehnsucht der Krokodile, 1985; W. Fritz, Wie nie zuvor, 1986; S. Grabert, Flaschenpost, 1986; S. Hein, Sonntägliche Ortsbegehung, 1990; E. Fitzbauer, Das Südlicht, 1990; E. Jünger, Serpentara, 1991; S. Brenner, Faultierträume. Fabelhaftes und Sa-Tierisches, 1992; H. Schirneck, Das Fest, 1992; E. Jünger, November, 1993; H. Wollschläger, Dies irae, 1994; R. O. Wiemer, Ein volles Geständnis, 1994; ders., Es müssen nicht Männer mit Flügeln sein. Geschichten und Gedichte zur Weihnachtszeit, 1995; J. L. Borges, Der Palast, 1996; E. Fitzbauer, Sonne, Mond und Wolkentiere, 1996; O. Caradec, Von oben bis unten, 1997; K. Krolow, Genug ist nie genug, 1997; R. Ausländer, Unter einem fremden Stern, 1997; R. Firmbach, Sirenengesänge, 1998; H. D. Schäfer, Auf der Flucht. Meine Kindheit in Bildern, 1999; H. Heine, Göttingen. Aus der ‹Harzreise› von 1824 (hg. J. Jenssen) 2005; J. Jenßen, Münchhausiaden. Die Freiherrn von Münchhausen und Göttingen, 2006.

Literatur: F. Geierhaas, ~ (in: Graph. Kunst 6) 1976, H. 1, 13–17; K. Arndt, Salut für ~ (in: ebd. 60) 2003, H. 1, 11–16; ~ – Retrospektive (hg. Landschaftsverband Rhld., Rhein. Landesmus. Bonn, Kunstslg. Georg-August-Univ. Göttingen) 2008; K. Arndt, ~ achtzig (in: Graph. Kunst NF 2008) 2008, H. 1, 8–12; N. Schwerdtfeger, Engel im Mus. ~ – Farbholzschnitte. Ansprache zur Eröffnung der Ausstellung im Dom-Mus. Hildesheim am 19. April 2009 (in: Jb. für Gesch. u. Kunst im Bistum Hildesheim 77) 2009, 293–304; D. Meyer, Der Orpheus im Künstler. Tiere im Werk von ~ (in: Graph. Kunst NF 2013) 2013, H. 2, 2–6; U. Nauber, Die Leg. von den drei Lebenden u. den drei Toten. Eine Totentanzfolge von ~ (in: ebd. NF 2015) 2015, H. 2, 18–20; D. Meyer, ~ ist tot. Ein Nachruf auf den Virtuosen des Farbholzschnitts (in: ebd. NF 2019) 2019, H. 1, 30; ~ [Nachruf] (in: Frankfurter Grafikbrief März 2021) 2021, www.grafikbrief.de/. MM

Poiarkov, Rosemarie (geb. Wandl), * 9.6.1974 Baden bei Wien; Stud. der Philos., Germanistik u. Politologie in Wien, dort 1999 Abschluß, Tätigkeiten als Journalistin, Dt.trainerin, Dramaturgin u. Leiterin von Theater- u. Schreibworkshops, Mitgl. der Grünen u. ab 2020 Bezirksrätin in Wien-Leopoldstadt; lebt in Wien; verfaßte u. a. Rom., Erz., Dramen, Kdb. u. Hörspiele. – (Neben weiteren Auszeichnungen) Alfred Gesswein-Lit.preis (2003). – Journalistin, Dramaturgin, Pädagogin, Politikerin, Schriftstellerin.

Schriften: Eine CD lang. Liebesgeschichten, 2001; küchenliegen (Drama) 2004; Katharina macht mal halblang (Drama) 2006; Wer, wenn nicht wir? (Erz.) 2007; Nur ein Spiel (Hörsp.) 2007; Matti, spring! (Hörsp.) 2010 (urspr. Theater-Performance u. d. T.: Matti – Runter kommen alle, 2008); Frisches Blut (Minidramen) 2010; Made in Austria (Hörsp., mit O. Soulimenko) 2015 (urspr. Theater-Performance, 2012); Jakob und Ingxenje (Kdb., Illustr. v. M. Weiss) [2015]; Bloom Blum Baby (Radio-Musical, mit J. Hoffer, O. Soulimenko, Musik v. M. Lenz) 2017; Aussichten sind überschätzt (Rom.) 2017; Dreams and Tears of Anna Karenina (What Tolstoy didn't write) (Radio-Musical, mit J. Hoffer u. a.) 2019.

Literatur: M. Prinz, Doppelte Buchführung. Schreiben als Arbeit am Leben bei Peter Kurzeck, ~, Ernst Molden u. Richard Obermayr. Quartalsber. zu einem laufenden Projekt (in: Volltext 4) 2009, 24–27; M. A. Hainz, Apokalypse u. Apokalypse-Blindheit (in: LuK 53) 2018, H. 523/524, 42–48; Lit.port Autorenlex. (Internet-Edition). MM

Polanski, Franziska, * 1957 Wiesloch/Baden-Württ.; studierte Medizin, Germanistik, Kunstgesch. u. Theaterwiss., 1985 Promotion zum Dr. med., Assistentin des Opernregisseurs Jean-Pierre Ponnelle (1932–1988), Ärztin in München, Mitarb. der «Süddt. Ztg.» (München), Autorin u. Hörsp.-Regisseurin, leitete 2008–11 das Forsch.projekt «Altersstereotype im kulturellen Gedächtnis» am Marsilius-Kolleg der Univ. Heidelberg, zuletzt Kuratorin u. Veranstalterin der Wanderausstellung «Das Alter in der Karikatur», lebte in München u. später in Heidelberg; verfaßte vor allem humorist. Prosa, Dramen, Szenen u. Hörsp., zudem wiss. Aufs. zur Altersforsch.; Veröff. u. a. in «Neue Zürcher Ztg.», «Frankfurter Rs.», «Hannoversche Allg. Ztg.» u. «Zs. für Gerontologie u. Geriatrie» (Heidelberg). – Medizinerin, Autorin, Altersforscherin, Ausstellungsmacherin, Regisseurin.

Schriften: Königsberger Klöpschen und andere hochdramatische Szenen, 1991; Herr Schneider platzt und andere normale Zwischenfälle, 1994; Der verschluckte Fernseher und andere Alltagskatastrophen, 1994; Frau Schmöller schmollt und andere dramatische Szenen, 1995; Die Sketch-Werkstatt. Hinweise zur Aufführungspraxis und

25 Sketche von der Autorin, 1996; Verzweifeln Sie bitte draußen! Minidramen und Satiren, 1997; Mächtig wichtig. Aus der Welt des Erfolgs. Sechs Szenen und Miniaturhörspiele, 1999; Apokalypse light. Szenen und Satiren, 2000; Fleischerei Suami oder die hohe Kunst des Einkaufens (Hörsp.) 2001; Mahlzeit oder sechs unaufhaltsame Fortschritte (Hörsp.) 2002; Königsberger Klöpschen (Hörsp.) 2002; Gute Fahrt (Hörsp.) 2003; Das Mozartserenadenvirus (Hörsp.) 2003; Unterwäsche für Carmen in der Schöpfung (Hörsp.) 2003; ISDN (Hörsp.) 2003; Am Colitischen Meer (Hörsp.) 2003; Liebesbrief eines Straßenbahnchauffeurs (Hörsp.) 2003; Parfüm (Hörsp.) 2003; Reisebericht (Hörsp.) 2003; Urlaubstagebuch (Hörsp.) 2003; Auf dem grünen Hügel (Hörsp.) 2003; Aldigehirn (Hörsp.) 2003; Radiokonfekt: ‹Weihnachtspost› (Hörsp.) 2003; Fest der Familie (Hörsp.) 2003; Sparmaßnahmen (Hörsp.) 2004; Wir nehmen teil (Hörsp.) 2004; Hoffnungslos (Hörsp.) 2004; Schnittblumen (Hörsp.) 2004; Eheabend (Hörsp.) 2004; Osterspaziergang (Hörsp.) 2004; Die Seevogelschule (Hörsp.) 2005; Der Katze Kern (Hörsp.) 2005; Gebrauchsanweisung (Hörsp.) 2006; Häppchenschizophrenie (Hörsp.) 2006; Die Telefonbeichte (Hörsp.) 2006; Erholung vom Ich (Hörsp.) 2006; Verständnis füreinander zeigen (Hörsp.) 2007; Die neue Diskussion (Hörsp.) 2007; Bestens betreut (Hörsp.) 2007; Pausengespräch (Hörsp.) 2007; In den Uffizien (Hörsp.) 2007; Biofernsehen (Hörsp.) 2008; Beim Psychiater (Hörsp.) 2008; Blumen (Hörsp.) 2008; Sprechstunde (Hörsp.) 2008; Pistengespräch (Hörsp.) 2008; Der verschluckte Fernseher (Hörsp.) 2009; Nachtkritik (Hörsp.) 2010; Salzburger Festspiele (Hörsp.) 2010; Mousse au Menschlichkeit (Hörsp.) 2010; Titanic live (Hörsp.) 2011; Wohnungsnot (Hörsp.) 2011; Bellevue (Hörsp.) 2011; Richard Wagners Hunde. Da lernt' ich wohl, was Liebe sei, 2017.

Herausgaben: Ruhe im Stammbaum! Ein Familienbuch, 1991; Wild auf Erfolg! Das Karrierebuch, 1992; Das Alter in der Karikatur, 2014 (3., überarb. u. erw. Aufl. 2016).

Tonträger: Sie schießen dann bitte ganz wie zu Hause. Szenen und Miniaturhörspiele (1 Audio-CD) 2002; Menschen – bald so schlau wie Affen? Satiren und Absurdica (1 Audio-CD) 2007.

MM

Polenz, Nickel von, † nach 1456; Landvogt der Niederlausitz, Verf. eines Spottgedichts. – Ritter N. v. P., Neffe des «eisernen» Landvogts Hans v. P. (um 1385–1437), stammte aus einem Adelsgeschlecht mit Besitzungen in der Mark Meißen, der Lausitz u. in Ostpreußen. 1439 wurde er vom König zum Landvogt der Niederlausitz ernannt, die in einem machtpolit. Vakuum in den kommenden zehn Jahren zum Zankapfel zw. dem Königreich Böhmen u. den Kurfürsten von Sachsen u. Brandenburg werden sollte. Die rücksichtslose Machtpolitik des Brandenburgers trieb N. 1445 dazu, ein Spottged. auf den Markgrafen Friedrich anzufertigen u. singen zu lassen. Der Brandenburger verübelte dem Landvogt das Ged. in höherem Maße als alle anderen Maßnahmen. Obwohl der Herzog von Sachsen Fürbitte für den Dichter einlegte, erpreßte der beleidigte Brandenburger einen Bittgang mit horrenden Strafzahlungen. Als N. zögerte, verwüstete der Markgraf die Herrschaft Senftenberg. 1446 bemühte sich N. um den Herzog von Sachsen als Schiedsrichter. In Folge des 1449 ausbrechenden Streits zw. Brandenburg u. Sachsen verloren die hoch verschuldeten P. große Teile ihres Besitzes.

Literatur: R. v. Mansberg, Der Streit um die Lausitz 1440–1450 (in: Neues Arch. für Sächs. Gesch.) 1908, 282–311; R. Lehmann, Gesch. der Niederlausitz, ²1963, 154.

CF

Polinske, Jürgen, * 5.8.1954 Potsdam; Schulbesuch in Luckenwalde, 1973 Abitur, Militärdienst, Stud. der Kristallographie (ohne Abschluß), dann Fachschul-Stud. zum Bibl.facharbeiter, ab 1990 an der UB der HU Berlin tätig, ab 2018 im Ruhestand; lebt in Berlin; Autor von dt. u. span. Ged. u. Erz.; Hg. von zweisprachiger Lyrik-Anthol., die zw. dt. u. span.sprachiger Lyrik (z. B. dem Werk von César Vallejo, 1892–1938) vermitteln. – Bibliothekar, Schriftst., Herausgeber.

Schriften: 10. Mai 2003, so ein Feuer nie wieder! Eine Lesung in zwei Teilen angekündigt mit dem Titel: ‹Bin ich selbst, oder setze ich nur Zeichen? Lesezeichen?› ... und ein Anhang eines Textes von Herrn Shishun Li gelesen aus Anlaß des 60. Jahrestages der Bücherverbrennung durch die Nazis auf dem Opernplatz in Berlin (in chinesisch und deutsch), 2003; In guter Gesellschaft (Ged.) 2004; Stürmische Umarmung (Ged., Übers. G. Tsouni) 2006 (dt. u. griech.); Das ursprüngliche Blau und Geschmack von Kakao (Ged., mit J. P. Quevedo)

2007 (dt. u. span.); Erborgtes Licht (Ged.) 2010; Am Ende der Siesta (Ged.) 2010 (dt. u. spanisch).

Herausgaben: Palabras de la Tierra. XVII Cita de la Poesía 2012 Berlin, Latinoamérica, España (mit J. P. Quevedo) 2013 (dt. u. span.); Was wir zu sagen haben. Dichterbegegnung Lateinamerika-Spanien-Berlin. XX. Cita de la Poesía 2016, 25.05. bis 29.05.2016 in Berlin, 2016 (dt. u. span.); Dulcinea lebt, Herr Quijote und Was wir zu sagen haben Teil 2, 2017 (dt. u. span.); Arbor etum. Gedichte zur XXI. Cita de la Poesia, 30.05.–04.06.2017 in Berlin, 2017; brennen auf den Nägeln und der Seele (mit J. P. Quevedo) 2018 (dt. u. span.); M. N. S. Pérez, Interrogantes del viento. Fragen des Windes, 2019; Liebe Sünde. Amor Pecado. Eine Anthologie zu Ehren C. Vallejos und seiner 100 ‹Die schwarzen Boten›, 2020 (dt. u. spanisch). MM

Pollheide, Gerhard, * 20.10.1951 Isenstedt (heute zu Espelkamp); bis 1990 Bank-Angestellter, anschließend bis 2000 Unternehmensberater, danach Doz., Gastronom freier Künstler u. Schriftst.; lebt in Lübbecke, seit 2003 auch in Sayalonga (Andalusien); publizierte u. a. Rom., Erz., Lyrik, Ess. u. Erlebnisberichte. – Unternehmensberater, Schriftst., bildender Künstler.

Schriften: Ich stürzte ab – und konnte fliegen (Ged. u. Illustr.) 1999; Gehst Du ein Stück zu zweit (Ged. u. Illustr.) 1999; Dagegen, dafür zu sein (Ged. u. Illustr.) 1999; Im Mäuseland Verdumm (Erz. u. Lyrik) 2001; Heimwärts ist wo ... (Erz. u. Lyrik) 2001; Und diese Welt schuldet mir nichts (Ged. u. Prosa) 2008; Liebeslieder im Krieg. Ein Roman mit Briefen und Erzählungen in Lyrik und Prosa, 2008; Ich habe nie am Strand gegessen. Mein Jakobsweg zu mir (Erfahrungsber.) 2008; Hinter dem Regenbogen. Ein lyrischer Liebesroman, 2008; Die Nacht gebiert kein frühes Rot. Lyrische Gedanken in Andalusien, 2008; Schmetterlinge trotzen Stürmen. Gedichte, Essays, Erzählungen, Bilder und Gespräche aus drei Jahrzehnten, 2010; Hartes, hartes Land. Andalusische Gedanken, 2011; Die Nacht gebiert kein frühes Rot. Lyrische Gedanken in Andalusien, 2011; Du kamst übern Sand... Liebesgedichte und Erotik aus vier Jahrzehnten, 2015; Deutschland ist für mich wie seine Flagge... Ausgewählte politische Lieder und Streitschriften aus vier Jahrzehnten in, an und nach Deutschland in Lyrik und Prosa, 2015; Das Wetter schlägt um... Ausgewählte Lyrik aus vier Jahrzehnten, 2015; Wir Suchenden... In Isenstedt und anderswo (Rom.) 2015.

Literatur: Liton.NRW (Internet-Edition); Lex. Westfäl. Autorinnen u. Autoren (Internet-Edition). MM

Pollstätter, Lisl (geb. Elisabeth Wieder), * 5.2. 1946 Henndorf am Wallersee; Tochter eines Landwirts, landwirtschaftl. Ausbildung in Admont (Steiermark), ab 1971 Landwirtin in Neumarkt am Wallersee, ab 1978 auch als Schriftst. tätig; verfaßte Lyrik u. Prosa in Flachgauer Mundart. – (Neben anderen Auszeichnungen) Silbernes Verdienstzeichen des Landes Salzburg (2003), Walter-Kraus-Mundartpreis (2020). – Landwirtin, Schriftstellerin.

Schriften: Höhn und Tiafn. Gedichte in Salzburger Mundart (Flachgau) (Illustr. v. F. Korger) 1982; Lebensspuren. Gedanken – Gedichte – Geschichten in Flachgauer Mundart und Schriftsprache (Illustr. v. R. Gredler) 1998.

Literatur: Salzburger Lit.hdb. (hg. H. Hofmann u. a.) 1990, 35; B. Sowinski, Lex. dt.sprachiger Mundartautoren, 1997, 784. MM

Polster, Martin, * 26.2.1938 Ottendorf-Okrilla, † 26.11.2015 Stuttgart; Stud. der evang. Theol., 1966 Promotion zum Dr. theol. in Tübingen («Die geschichtl. Entwicklung der württemberg. Rettungshauspädagogik in ihrer Bedeutung für die evang. Heimerziehung heute»), evang. Pfarrer, Schuldekan in Degerloch, ab 1988 Dekan u. Pfarrer in Heilbronn, leitete 1994–2003 das Pädagog.-Theol. Zentrum der Evang. Landeskirche in Württ. in Stuttgart-Birkach, war zudem Honorarprof. an der PH Ludwigsburg, 2002–11 auch Vorsitzender der Evang. Schulstiftung Stuttgart, lebte in Stuttgart; verfaßte vor allem rel. Kdb. (u. a. Bibeltexte für Kinder) u. Arbeiten zur evang. Pädagogik; schuf zudem engl.-dt. u. frz.-dt. Übers.; war auch Hg. pädagog. Lehrbücher; Veröff. u. a. in «Theolog. Lit.ztg.» (Leipzig). – Evang. Theologe, Kdb.autor, Übers., Herausgeber.

Schriften: Die Taufe. Unterrichtsmodelle für Konfirmanden, 1976; Unerwartete Wege in der ersten Hälfte des 20. Jahrhunderts (Mitarb., Bearb. P. Sauer, G. Schäfer) 1988; Das Böse in biblisch-christlicher Sicht. Theologische Perspektiven und Folgerungen für eine evangelische Erziehung, 1994; Konfirmandenunterricht in Seminarform.

Erprobung in ausgewählten Regionen der Landeskirche, 1995; Konfessionelle Kooperation im Religionsunterricht. Gegenwärtige Praxis und zukünftige Perspektiven (Vortrag) 1995; Konfirmandenunterricht und Konfirmation in Württemberg bis zur Arbeitshilfe 1975. Bericht beim Sonderausschuß der Landessynode zum Konfirmandenunterricht am 6. Februar 1997, 1997; Ohne Religionsunterricht keine Schule von morgen (Rede) 1998; Gib mir Wurzeln, lass mich wachsen. Psalmen für Kinder (Illustr. v. E. Temporin) 2006; Die Bibel in 365 Geschichten (Kdb., Illustr. v. N. Ugliano) 2007 (Neuausg. mit Illustr. v. L. Glazer-Naudé, 2015); Die große Gabriel-Kinderbibel (Illustr. v. R. Janßen) 2012; Das erste Ostern (Kdb., Illustr. v. ders.) 2014; Meine erste bunte Bibel (Kdb., Illustr. v. ders.) 2016; Meine erste Wimmelbibel (Kdb., Illustr. v. C. Hochmann) 2017; Die schönsten Bibelgeschichten zum Vorlesen (Kdb., Illustr. v. R. Janßen) 2018; Meine liebsten Kindergebete (mit E. Grosche, Illustr. v. R. Janßen) 2020; Meine Bibel zur Erstkommunion (Illustr. v. L. Glazer-Naudé) 2020.

Übersetzungen: M.-H. Delval, J.-C. Götting, Meine erste Bibel, 2003; M. Joslin, A. Massari, Die Weihnachtsgeschichte, 2014; dies., Die Erzählung von Ostern, 2016.

Herausgaben: Unterrichtsideen Religion. Arbeitshilfen für den evangelischen Religionsunterricht in Hauptschule, Realschule und Gymnasium (mit H. Rupp) 5 Tle. in 10 Tl.bdn. u. 1 Extrabd., 1996–2004; G. Ehrenfeuchter u. a., Sara und Abraham gehen ihren Weg im Vertrauen auf Gott. Angebote für einen offenen Unterricht im Fach Religion (Red. dies., mit E. Marggraf) 2000; G. Ehrenfeuchter u. a., Der Baum. Angebote für einen offenen Unterricht im Fach Religion (Red. dies., mit E. Marggraf) 2000; Wasser. Angebote für einen offenen Unterricht im Fach Religion (mit dems.) 2002 (mit 1 Audio-CD). MM

Popescu, Adriana (Ps. Adriana Jakob, Sarah Fischer, Mia Newman, Carrie Price), * 8.2.1980 München; 1999 Abitur, dann Mitarb. eines Fernsehsenders, Ausbildung zur Cutterin, Mitarb. an Filmen, ab 2002 Autorin von TV-Drehb., 2004/05 Drehb.-Stud., Tätigkeiten als Journalistin u. Red., zusätzl. Stud. der Lit.wiss., zuletzt freie Schriftst., lebt seit 2001 in Stuttgart; publizierte vor allem Jgdb. u. Rom. (darunter Liebes- u. Kriminalromane). – Journalistin, Autorin.

Schriften: Bevor Du gehst (Rom.) 2006; 5 Tage Liebe (Rom.) 2011; Versehentlich verliebt (Rom.) 2012 (überarb. u. erw. Neuausg. 2014); Lieblingsmomente (Rom.) 2013; Bis du gehst (Rom.) 2013; Ein Tag und zwei Leben (Erz.) 6 Tle., 2013/14 (Ausg. in 1 Bd., 2020); Lieblingsgefühle (Rom.) 2014; Ewig und eins (Rom.) 2015; Ein Sommer und vier Tage (Jgdb.) 2015; Gefühlsbeben (Rom.) 2015; Paris, du & ich (Jgdb.) 2016; Sommersturm (Rom.) 2016; Paris, Clara und ich (Jgdb.) 2016; New York Diaries: Sarah (Rom.) 2017; New York Diaries: Zoe (Rom.) 2017; Schöne Grüße vom Mond (Jgdb.) 2018; Mein Sommer auf dem Mond (Jgdb.) 2018; Morgen irgendwo am Meer (Jgdb.) 2019; Tödliches Klassentreffen. Kommissar Rauchs erster Fall (Kriminalrom.) 2019; Goldene Zeiten im Gepäck (Rom.) 2019; Zeilen ans Meer (Rom.) 2019; 07110ve Stories (Erz.) 3 Tle., 2019/20; Ein Tag und zwei Leben (Rom.) 2020; Ein Lächeln sieht man auch im Dunkeln (Jgdb.) 2020; Drüber schreiben. Das Aufwärmbuch für deine Kreativität (Ratgeber) 2020; Schreib drüber. Das Aufwärmbuch für deine Kreativität (Ratgeber) 2020; Das Weihnachtsmärchen des Ben Polar, 2020; Toxische Eifersucht. Kommissar Rauchs zweiter Fall (Kriminalrom.) 2021; Schreib mit! Das Schreibjournal für Schriftsteller*innen, 2021; Wie ein Schatten im Sommer (Jgdb.) 2021. MM

Popin, Doru Eugen (auch Eugen D. Popin, Ps. Maximilian Dengg), * 24.5.1951 Tschakowa (rumän. Ciacova); Schulbesuch in Ciacova, 1972–74 Ausbildung zum Medizin.-Techn. Assistenten, 1974–90 Medizin.-Techn. Assistent an der Univ.klinik in Timișoara u. ab 1991 an einer Klinik in Bad Tölz, war ab 2013 Hg. u. Chefred. von «Alternanțe. Revistă de cultură / Alternanzen. Lit.- u. Kultur-Zs.» (Garmisch-Partenkirchen); lebt in Garmisch-Partenkirchen; publizierte u. a. Lyrik in rumän. u. dt. Sprache sowie dt.-rumän., rumän.-dt. u. rumän.-ital. Übers.; Veröff. u. a. in «Arche Noah» (München) u. «Observator» (München). – Medizin.-Techn. Assistent, Lyriker, Übersetzer.

Schriften: Naviga7ii (Ged., rumän.) Bukarest 1985; Constelația Gemenilor (Ged.) Timișoara 1988 (rumän.); Coiful de ceară (Ged.) ebd. 1992 (rumän.); Living room mit Innentreppe. Living room cu scară interioară (Ged.) ebd. 1996 (dt. u. rumän.);

September auf der Ponte Rialto, 2000; Grammatik der Vergangenheit (Ged.) ebd. 2003; Anonimus Magnus (Ged.) ebd. 2005 (rumän.); Vier Hypostasen der Landschaft (Ged.) ebd. 2005; Deine Hälfte des Wortes (Ged.) 2008; Geometria focului (Ged.) ebd. 2009 (rumän.); Scarabeul imperial (Ged.) ebd. 2010 (rumän.); Moartea vânează astăzi altundeva (Ged., hg. L. Alexiu, G. Benga) ebd. 2011 (rumän.); Papageien mit blauen Schnäbeln (Ged.) 2013; Umbra cântărețului de jazz (Ged.) Brașov 2013 (rumän.); Convergențe (Ged.) Florești 2014 (rumän.); Das Zwielicht überquert den Fluss. Dusk across the river (Ged.) New York 2015 (dt. u. engl.); Viul și aproapele (sau adevărutul nume al faptelor) (Ged.) Cluj-Napoca 2016 (rumän.; dt. u. d. T.: Das Lebendige und der Nächste (oder die genaue Benennung der Fakten), 2019); No way out (Ged.) Timișoara 2017 (rumän. u. engl.); Evanescențe sau Puntrea dintre maluri (Ged.) Florești 2018 (rumänisch).

Übersetzungen: L. Alexiu, Der Jagdpavillon (mit H. Grill) Timișoara 2007; L. da Vinci, Crinul regal, ebd. 2007; H. Grill, Pietre ca și noi, ebd. 2007; B. Setzwein, Păsările, de ce zboară, ebd. 2008; A. Munteanu, Parole sussurate dall'istante, Brașov 2012; Rückgabe der Ewigkeit (mit M. Pop u. a.) Chișinău 2016.

Herausgaben: Cuptorul de Piatră. Antologie de poezie bavareză, Timișoara 2005.

Literatur: Rumän. Schriftst. in Dtl. (hg. R. Barbulescu u. DRSV Bayern) 2006, 186. MM

Popma, Gabriele (geb. Schöbel), * 23.5.1963 Kaufbeuren; war bis 2007 wiss. Bibliothekarin an der UB Augsburg; lebt in Stöttwang. – Bibliothekarin, Romanautorin.

Schriften: Bibliotheksjuristen. In Bibliotheken der Bundesrepublik Deutschland tätige Juristen (Bearb., mit H.-B. Meyer) 1981; Umwege zum Glück (Rom.) 1995 (bearb. Tb.ausg. 2016); Flammender Abgrund (Rom.) 2015; Glücksfaserrisse (Rom.) 2016; Lauf, wenn der Moorwolf heult (Jugendrom.) 2017; Echo des Lebens (Rom.) 2018; Der Fjord schweigt (Rom.) 2019; Die Liebe des Schicksalsschreibers (Rom.) 2021. MM

Popp, Johannes, * 3.2.1966 Oelsnitz/Vogtl.; Sohn eines Pfarrers u. einer Bibliothekarin, 1984 Abitur in Moritzburg (Sachsen), Stud. der Theol. in Berlin u. Leipzig, weitere Ausbildung an der Akad. Verlage u. Buchhandlung in Leipzig, Tätigkeit für Verlage u. a. in Zürich, Stuttgart, Hamburg u. Leipzig; lebt in Leipzig; verfaßte u. a. einen Rom. u. eine Biogr. Felix → Mendelssohn Bartholdys. – Verlagsangestellter, Schriftsteller.

Schriften: Die Veränderung. Bruchstücke einer Hinterlassenschaft, 1994; Die Babel-Intrige (Rom.) 2000; Reisen zu Felix Mendelssohn Bartholdy. Stationen seines Lebens und Wirkens, 2008. MM

Popp, Steffen, * 18.7.1978 Greifswald; wuchs in Dresden auf, studierte nach dem Abitur 1999–2001 am Dt. Lit.institut Leipzig u. 2001–08 Lit.wiss. u. Philos. an der HU zu Berlin, ist seitdem als freier Autor, Doz. u. Übers. tätig; seit 2018 Mitgl. der Dt. Akad. für Sprache u. Dg., Darmstadt; lebt in Berlin. – (Neben weiteren Auszeichnungen) Kranichsteiner Lit.förderpreis (2004), Heimrad-Bäcker-Förderpreis (2006), Rauriser Lit.preis (2007), Förderpreis zum Kunstpreis Berlin (2010), Leonce-u.-Lena-Preis (2011), Preis der Stadt Münster für Internationale Poesie (2011), Kelag-Preis bei den 35. Tagen der dt.sprachigen Lit. in Klagenfurt (2011), Peter-Huchel-Preis (2014), Mondseer Lyrikpreis (2015). – Schriftsteller, Doz., Übersetzer.

Schriften: Wie Alpen (Ged.) 2004; Ohrenberg oder der Weg dorthin (Rom.) 2006; Kolonie Zur Sonne (Ged.) 2008; Helm aus Phlox. Zur Theorie des schlechtesten Werkzeugs (mit A. Cotten, D. Falb, H. Jackson, M. Rinck) 2011; Dickicht mit Reden und Augen (Ged., Illustr. v. A. Töpfer) 2013; Panzere diesen Äquator, Mond. Zur Poesie César Vallejos, 2016; 118 (Ged.) 2017.

Herausgaben: Poesie und Begriff. Positionen zeitgenössischer Dichtung (mit A. Avanessian, A. Hennig) 2014; J. Beuys, Mysterien für alle. Kleinste Aufzeichnungen (Ausw. u. Nachw) 2015; Elke Erb, 2017 (text + kritik; 214); Spitzen. Die besten deutschsprachigen Gedichte nach 2000, 2017; Spitzen. Gedichte. Fanbook. Hall of Fame (mit Vorw. hg.) 2018.

Literatur: M. Braun, Die vernetzte Zunge des Propheten. Eine kleine Strömungslehre zur Lyrik des 21. Jh. (in: Junge Lyrik, hg. H. L. Arnold) 2006, 37–51 (text + kritik; 171); T. Lehmkuhl, Das Wassergedicht. Über ~, Nico Bleutge, Anja Utler (ebd.) 80–88; B. Tröger, Notizen zum Stand der dt. Ggw.lyrik (in: Die Neue Gesellsch./FH 61) 2014, H. 9, 67–70; M. Braun, Im Zeichen der Eule. Der Dichter ~ – Ein Nachfahre der Frühromantik (in: Schreibheft, H. 83) 2014, 164 f.; T. van Hoorn, Zw. Anmerkungslust u. Reflexionszwang. Poetolog. Paratexte in aktuellen Lyrikbänden (in:

Zs. für Germanistik, NF 28) 2018, H. 2, 261–274; Ch. Metz, Poetisch denken. Die Lyrik der Ggw., 2018, 313–198; E. K. Paefgen, «[...] die See macht weiter», u. die «Schweiz liegt am Meer». Lyrische Texte von Ron Winkler u. ~ (in: Seenöte, Schiffbrüche, feindl. Wasserwelten. Ozeanische Schreibweisen der Gefährdung u. des Untergangs, hg. H. R. Brittnacher, A. Küpper) 2018, 201–214; dies., Von Gigabytes, Tanknadeln u. Containern. Neue Elemente in lyr. Texten nach 2000 (in: Lit. im Unterricht. Texte der Ggw.lit. für die Schule 19) 2018, H. 2, 97–110; B. Meyer-Sickendiek, «Schwierige Gedichte»: Über Lyrik im Zeitalter des lit. Bloggens (in: Ggw.lit. Ein germanist. Jb. A German Studies Yearbook 18) 2019, 205–224; E. K. Paefgen, «grauen ist aber auch/ eine farbe». Farbworte in lyr. Texten nach 2000 (in: WB 65) 2019, H. 1, 52–79. BJ

Popp, Steffen Lars, * 23.7.1976 Erlangen; Gymnasialbesuch in Coburg, ab 1998 Stud. der Theaterwiss. in Gießen, 2003 Diplom-Abschluß, Aufbau-Stud. an der Hochschule der Medien in Stuttgart, Assistent von Heiner Goebbels (* 1952), ab 2004 Regie-Assistent u. Regisseur am Theater Trier, ab 2007 freier Autor, Dramaturg u. Regisseur, u. a. Inszenierungen am Rhein. Landestheater in Neuss u. am Staatstheater in Nürnberg, zuletzt u. a. Mitleiter des «MADE.Festivals» (Frankfurt/M.), zudem Mitwirkung an Performances von «red park» u. «Vereinigte Vergangenheiten», 2015–19 Mitgl. im Vorstand der Freien Darstellenden Künste Hessen, lebt in Offenbach am Main; u. a. Stipendium der Prosa-Autorenwerkstatt des Literar. Colloquiums Berlin (2008); verfaßte u. a. Rom., Prosa, Dramen, Hörsp. u. theaterwiss. Arbeiten; Veröff. u. a. in «Berliner Gazette». – Regisseur, Dramaturg, Autor.

Schriften: Die Macht der Möglichkeit (Hörsp.) 1999; Mallpassant (Hörsp.) 2001; Quiet in the Valley of Unrest (Klanginstallation u. Hörsp.) 2002; Arsenal der Minotauren (Hörsp.) 2003; Shakespeare goes gothic. Horror und Phantastik im Drama am Beispiel von ‹King Lear›, 2004; Cordelia kann auch anders. Solo theatralico (Drama) 2006; Superflex. Stück für vier Superhelden der Arbeit (Drama) 2007; Ausnahme Heinrich_8. Ein Glaubenskrieg. Stück in der Krise (Drama) 2008; Heavy Metall Kids 2.0 (Hörsp.) 2010; Ich finde es gut, dass im Theater alle umsonst arbeiten. Da ist man doch gerne dabei (Performance) 2011; Rowland (Rom.) 2012; Haus der Halluzinationen oder Umwelts Heimkehr (Rom.) 2014; Nächstenfiktionen. Anleitung zum Mit(un)möglichsein, 2021. MM

Popp, Wolfgang, * 1970 Wien; Gymnasialbesuch in Wien, studierte Sinologie u. Gesch. in Wien u. Chengdu, 1997 Diplom-Abschluß in Wien, Leiter von Studienreisen, Kurator von Ausstellungen, Dokumentarfilmer u. Schriftst., ab 2005 freier Red. beim ORF u. ab 2008 fester Kulturred. bei Ö1; publizierte Rom. u. Erz.; Veröff. u. a. in «Lichtungen. Zs. für Lit., Kunst u. Zeitkritik» (Graz). – Journalist, Schriftst., Dokumentarfilmer, Kurator, Reiseleiter.

Schriften: Der Philosoph im Topf. Essende Denker, denkende Esser (mit K. Ebenhöh) 2008; Ich müsste lügen (Kriminalrom.) 2013; Die Verschwundenen (Rom.) 2015; Wüste Welt (Rom.) 2016; Die Ahnungslosen (Rom.) 2018.

Literatur: S. Schaber, Fall ohne Ende. ~s Erstling ‹Ich müßte lügen› (in: LuK 48) 2013, H. 473/474, 98–100. MM

Poser, Manfred, * 11.2.1957 München; studierte Journalistik in München, Diplom-Abschluß, danach Journalist, u. a. Red. bei der «dpa» in Hamburg, Mitarb. am «Inst. für Grenzgebiete der Psychologie u. Psychohygiene» (Freiburg/Br.), lebte u. a. in Rom, 2005–09 in St. Gallen, zuletzt in Ballrechten-Dottingen ansässig; verfaßte u. a. Kriminalrom. u. Sachbücher (u. a. über Radsport, Alpinismus u. Esoterik); engl.-dt. u. ital.-dt. Übersetzungen. – Journalist, Schriftst., Übersetzer.

Schriften: K. Berger, Mitglied Nr. 273 (Bearb., mit H. Krämer, hg. Dt. Alpenver.) 1994; Geister sind auch nur Menschen. Was steckt hinter okkulten Erlebnissen? Ein Aufklärungsbuch (mit W. v. Lucadou) 1997; Phantome der Berge. Der Yeti, Feen und viele Geister, 1998; Halluzinationen und Grenzerfahrungen im Alpinismus. Eine medizinisch-psychologische Untersuchung außergewöhnlicher menschlicher Erlebnisse, 1998; R. Jahn, B. Dunne, An den Rändern des Realen. Über die Rolle des Bewußtseins in der physikalischen Welt (Red.) 1999; Außer sich. Extreme Erfahrungen in Sport und Alltag, 2005; radsport: kurios. Von Radprofis, die den Start verschliefen, bei der Tour de France von der Spitze in die falsche Richtung fuhren, und anderen Helden der Landstraße, 2006; Mörderisches Rom (Rom.) 2007;

Zeit und Bewusstsein. Warum Zeit eine Illusion ist, 2013; Tod am Tiber (Kriminalrom.) 2014; Magischer Sport. Körper und Geist, Irrationales und Paranormales bei Sportlern, 2014; Der Placebo-Effekt. Wie die Seele den Körper heilt, 2015; Radsport furios, 2016; Kritische Masse. Radsport-Krimi, 2017; Elektrosmog. Wie unsichtbare Energien unsere Gesundheit bedrohen, 2017; #fomo. Fear of Missing Out. Die Angst, etwas zu verpassen, 2018.

Übersetzungen: L. Pirandello, Una giornata (mit I.-M. MARTENS, zweispr.: ital.-dt.) 2002; Harrison (mit M. BALTES, hg. J. FINE) 2002; M. Ronchi, G. Josti, Der Pirat. Das schnelle Leben des Marco Pantani, 2006.

Herausgaben: Absolute Parapsychologie, 2010.

MM

Posth, Karin, * 11.2.1945 Marienbad (tschech. Mariánské Lázně); Ausbildung zur Versicherungskauffrau in Bochum, zudem bis 1976 Übers.-Stud. an der FH Köln, Tätigkeiten als Übers. u. VHS-Doz., 1984/85 Kunst-Fernstud. in Tübingen, 1994 Abschluß als Versicherungsfachwirtin in Köln, für eine Versicherung tätig, ab 2009 im Ruhestand, danach Veröff. als Lyrikerin, 2010/11 auch Fernstud. lyr. Schreiben, 2015 Mitbegründerin der Lit.gruppe «Schellack», ab 2016 Mitgl. der Gesellsch. für Lit. Nordrh.-Westf., trat auch als Malerin hervor; lebt in Köln. – Versicherungsfachwirtin, Lyrikerin, Übers., Malerin.

Schriften: Der Himmel ist kein Geschenk (Ged.) 2013; Der Code der nächtlichen Träume (Ged.) 2017; An diesem Ort, wo alles rauscht und schäumt (Ged.) 2018; Ein Gefühl, das nicht trägt (Ged.) 2019.

Literatur: Liton.NRW (Internet-Edition).

MM

Potente, Franka, * 22.7.1974 Münster/Westf.; Tochter eines Lehrers, wuchs in Detmold, Greven u. Dülmen auf, als Austauschschülerin in Houston (Texas), 1994 Abitur, dann bis 1996 Schausp.-Ausbildung an der Otto-Falckenberg-Schule in München u. danach am Strasberg-Inst. in New York, Arbeit als Film- u. Fernsehschauspielerin, Durchbruch mit «Lola rennt» (1998), danach Rollen in zahlr. dt. u. internat. Filmen (u. a. «The Bourne Identity», 2002), auch als Regisseurin u. Drehb.autorin tätig; lebt in Los Angeles; publizierte u. a. Rom., Erz. u. Briefe, die P. mit Schauspieler u. Schriftst. Max Urlacher (* 1971) austauschte. – (Neben weiteren Auszeichnungen) u. a. Dt. Filmpreis (1999). – Schauspielerin, Schriftst., Regisseurin, Sängerin.

Schriften: Los Angeles-Berlin – ein Jahr (Briefslg., mit M. URLACHER, Fotos v. F. P.) 2005; kick ass. das alternative workout (Ratgeber, mit K. SCHELLENBERG, Fotos v. J. Rakete) 2009; Zehn (Erz.) 2010; Allmählich wird es Tag (Rom.) 2014.

Literatur: H. BLUM, K. BLUM, Gesichter des neuen dt. Films, 1997, 143; R. KRÄMER, ~ (hg. K. RATHJE) 2001; H. BLUM, Meine zweite Heimat Hollywood. Dt.sprachige Filmkünstler in den USA, 2001, 128–133; C. ZIEGLER, Konstruktion weibl. Identität im populären dt. Kino der 90er Jahre am Beisp. von Katja Riemann, Veronica Ferres u. ~ (in: Mediale Wirklichkeiten. Dokumentation des 15. Film- u. Fernsehwiss. Kolloquiums, Univ. Paderborn, März 2002, hg. A. NOLTE) 2003, 27–36; R. REIMER, C. REIMER, Historical dictionary of German cinema, New York u. a. ²2019, 222 f.

MM

Pouthier, Pierre Georges, * 5.1.1957 Baden-Baden; 1987 Promotion zum Dr. phil. in Freiburg/Br. («Yvan à Claire. Yvan an Claire. Yvan to Claire. Stud. zur Thematik u. Symbolik der ‹Clairelyrik› Yvan Golls»), dann Lehrer in Düsseldorf, jetzt im Ruhestand; lebt in Düsseldorf; verfaßte vor allem Lyrik, Ess. u. kürzere Prosa. – Pädagoge, Schriftst., Herausgeber.

Schriften: Gedichte, 1989; Engelsam (Ged.) 1997 (2., erw. Aufl. 2000); Überall ist Emmaus, 1999; Lichte Spuren (Ged.) 2001; Auf Sonnenwegen (Prosa) 2001; Die Einfachheit Gottes (Ged.) 2002; Ein Beutel voll Nüsse (Ged.) 2005; Die Engel sind die Bienen Gottes. Verse der Sanftmut, 2005; Liebesgedichte 1982–2006, 2006; Ein Büchlein Reime. Sonette und Lieder aus den Jahren 1985–2005, 2006; Schmerzkristalle (Ged.) 2008; Golden grün die Liebe. 21 Gedichte aus 21 Lebensjahren, 2010; Ich danke dem Schnee (Ged.) 2012; Langsam wächst Antwort (Ged.) 2013; Gebete für ein Friedenssonnenreich, 2013; Mein betender Geist umarmt die Erde (Ged.) 2015; Lebensmosaik (Ged.) 2016; Aus einem betendem Leben. Neue Gebete und Betrachtungen, 2018; ‹Programm habe ich nicht. Die Welt hat auch keins.› Studien zu Werk und Persönlichkeit des Dichters Peter Hille, 2019;

Heimatorte (Ged.) 2019; Meine stillen Gedichte, 2021.

Herausgaben: P. Hille, Blätter vom fünfzigjährigen Baum. Ausgewählte Gedichte und Prosagedichte, 1992; ‹Aus allen Taschen muß es fallen …› Ein Peter-Hille-Lesebuch (mit H. BIRKELBACH, M. KIENECKER) 2004. MM

Präkels, Manja, * 21.12.1974 Zehdenick; Tochter einer Lehrerin, Abitur in Gransee (Kr. Oberhavel), ab 1993 Journalistin bei der «Märk. Allg.» (Potsdam), 1998–2004 Stud. der Philos., Soziologie u. osteurop. Gesch. an der FU Berlin, 2001–09 Arbeit als Puppenspielerin an einem Theater in Berlin, zudem 2001 Initiatorin u. danach Mitorganisatorin des «Erich Mühsam Festes», ab 2001 auch musikal. Auftritte mit der Gruppe «Der Singende Tresen», betrieb ab 2009 mit Autor u. Lebenspartner Markus Liske (* 1967) die «Gedankenmanufaktur WORT & TON» (Berlin), lebt in Berlin; verfaßte u. a. Rom., Ess. u. Lieder; auch Hg. von Werken Erich → Mühsams u. Ess. zur dt. Ggw.; häufige lit. Zus.arbeit mit Liske; Veröff. u. a. in «taz» (Berlin), «SPIEGEL» (Hamburg), «Frankfurter Rs.» u. «Jungle World» (Berlin). – u. a. Dt. Jugendlit.preis (2018), Anna Seghers-Preis (2018). – Journalistin, Musikerin, Puppenspielerin, Autorin, Herausgeberin.

Schriften: Tresenlieder (Lyrik, Illustr. v. K. Wulff) 2004; Ein Maulwurf in Berlin (Kindertheater, mit M. LISKE) 2004; Gespensterstunde im Rabenwald (Kindertheater, mit DEMS.) 2005; Der Weihnachtshase (Kindertheater, mit DEMS.) 2006; Der Piratenschatz (Kindertheater, mit DEMS.) 2009; Alles führt zu Nichts. Eine Archäologie der Gegenwart mit Fernando Pessoa (Bühnenskript) 2009; Die Eingeborenen. Eine Zombierevue, 2015; Im Anwohnerpark (Forts.rom.) 2015/16; Als ich mit Hitler Schnapskirschen aß (Rom.) 2017.

Herausgaben: Kaltland. Eine Sammlung (mit M. LISKE, K. KRAMPITZ) 2011; E. Mühsam, Das seid ihr Hunde wert! Ein Lesebuch (mit M. LISKE) 2014; Vorsicht Volk! (mit DEMS.) 2015.

Tonträger (alle mit «Der Singende Tresen»): Hundsgemeines Leben (1 Audio-CD) 2003; Sperrstundenmusik (1 Audio-CD) 2005; Clowns im Regen (1 Audio-CD) 2007; Kein Teil von Etwas (1 Audio-CD) 2009; Ernste Musik (1 Audio-CD) 2012; Mühsamblues (1 Audio-CD) 2014; Der Sechs Tage im April. Erich Mühsams Räterepublik (1 Audio-CD) 2019.

Literatur: E. KAMIŃSKA, Verwandlungen (in) einer ostdt. Prov. in ~' Rom. ‹Als ich mit Hitler Schnapskirschen aß› (2017) (in: Studia niemcoznawcze 62) 2018, 217–231; R. HAMMERTHALER, Laudatio auf ~ (in: Argonautenschiff 27) 2019, 19–22; C. KRAHL, ‹Von nun an lief ich schneller›. ~' Wiederaneignung des Erzähl-Zeit-Raums ‹Wende› (in: Das Argument 61) 2019, H. 2, 270–275; H. NENOFF, ‹Des Donners Grollen wird von nun an mein Begleiter sein›. Polit. Bildung am Beisp. des Jugendrom. ‹Als ich mit Hitler Schnapspralinen aß› von ~ (in: kjl & m 71) 2019, 29–36; F. BOMSKI, Feine Kerls oder rechte Gorillas? Zur Kontroverse über Ostdtl. zw. ~ u. Moritz von Uslar (in: Zs. für Kulturwiss. 2) 2020, 107–126. MM

Prämax → Prem, Markus.

Praetorius, Abdias (auch Godescalcus P., Abdias Godescalcus P.; Gottschalk Schulte, Schulz), * 28.3.1524 Salzwedel, † 9.1.1573 Wittenberg; Sohn des Kaufmanns Matthias Schulte (Schulze) u. dessen Frau Anna Clodes; Besuch der Schulen in Salzwedel u. Magdeburg; Stud. in Frankfurt/Oder (kein Matrikeleintrag) u. Wittenberg (immatrik. im August 1542: «Gotschalcus Schulte Soltbedliensis»), wo er («Godescalcus Schulteti Soltwedelensis») am 18.9.1548 (nicht 1544) den Magistergrad erwarb; 1544, auf Empfehlung seines Lehrers Philipp → Melanchthons, Konrektor u. ab 1548 Rektor des Altstädter Schule in Salzwedel (1552 als Melanchthonanhänger abgesetzt); 1553 Rektor des Altstädtischen Gymnasiums in Magdeburg (Amtseinführung am 10.4.), für das er eine neue Schulordnung verfaßte; ab 1554 Mitgl. (‹scriptor›) im Kollegium der ‹Magdeburger Zenturiatoren›; aus Magdeburg durch die Gnesiolutheraner vertrieben; am 1.5.1557 Rezeption in die Philosoph. Fak. der Univ. Wittenberg; im Winter 1557/58 Prof. für hebr. Sprache an der Univ. Frankfurt/Oder (immatrik. im Sommer 1558: «Abdias Godescalcus Praetorius, magister et professor»), wo er im Winter 1558/59 das Rektorat verwaltete; 1561–63 Gesandter des kurfürstl. Hofes in Berlin (dazu BECKMANN [Lit.], 1707); Ende 1563, nach dem Tod seiner ersten Frau, vor allem aber wegen des Streits mit Andreas → Musculus über die Notwendigkeit guter Werke, Übersiedlung nach Wittenberg, dort private Lehrtätigkeit (im Sommer 1571 Dekan der Philosoph.

Fak.); am 13.7.1565 heiratete P. in Berlin Sabina, eine Tochter Georg → Sabinus' u. Enkelin Melanchthons. – Humanist, Schulrektor, evang. Theologe, Universitätsprofessor.

Schriften: Godescalci Praetorii Oratio de necessitate rei scholasticae recitata in ludo literario Magdeburgensi anno 1553, 1553 (Antrittsrede); Ludi literarii Magdeburgensis ordo, leges ac statuta, autore Godescalco Praetorio. Capita pagina versa commemorat, 1553 (hg. S. Sack, ²1558); Godescalci Praetorij de syntaxi Graeca libri duo, quorum prior regularem normam, posterior figuras complectitur. Adiectae sunt epistolae Ioachimi Camerarij et ipsius Praetorij, 1554; Oratio funebris de Ioachimo Wolterstorpio recitata in schola Magdeburgensi. Anno 1554. Ianuarii 28., 1554; ΕΙΔΥΛΛΙΟΝ ΠΕΡΙ ΓΑΜΩΝ [...] (griech. Epithalamium) (in: Epithalamia quaedam magistro Matthaeo Iudici, et castissimae puellae Annae Glucken, scripta in schola Magdeburgensi. Anno 1554) 1554, A2^r–A4^r; Propositiones de sacramento disputandae in ludo Magdeburgensi, ultimo Augusti, anno 1554, 1554; Compendium dialectices praecipua rudimenta continens, autore Godescalco Praetorio, 1555 (1564); Epithalamium (in: Epithalamia quaedam in nuptias pii ac docti viri Iohannis Willichij et honestae puellae Aemyliae Dinten scripta in schola Magdeburgensi) 1555; Propositiones de ecclesia, de quibus disputabitur in gymnasio Magdeburgensi, autore Godescalco Praetorio, 1555; Oratio de Iohanne Scheiringo Magdeburgensi iuris utriusque doctore, scripta a Godescalco Praetorio, 1555; Epithalamium (in: J. Caselius, Epithalamion carmine elegiaco Graece scriptum clarissimo viro [...] d. Henrico Paxmanno, et [...] virgini Margaridi filiae [...] Hieronymi Krappen consulis Wittembergensis [...]) 1555; De deo propositiones Godescalci Praetorij, de quibus disputatio fiet in schola Magdeburgensi 28. Augusti, o. O. [Magdeburg] 1556; De tribus personis divinitatis propositiones de quibus disputabitur in schola Magdeburgensi xxvij Augusti, 1557; De phrasibus Ebraeis commentariolus. Godescalcus Praetorius, 1557 (1561; 1563; u. d. T.: Liber aureus, de phrasibus Ebraeis, 1583; 1584; 1594; 1614); De angelis Godescalci Praetorii (griech. Elegie) (in: E. Copernicus, De angelis carmen ad inclytum principem [...] Ioachimum Fridericum [...]. Additae sunt elegiae duae Godescalci Praetorij et Joachimi Cyrenij) 1557, B2^{r-v}; Grammatices Ebraeae libri octo. [...] Ordinem librorum versa pagella indicat, Basel 1558; Rhetoricarum quaestionum libri quatuor de primis eius artis elementis, 1558 (1564); In Caesares M. Pauli Praetorii Abdias Godescalus Praetorius. [...] (griech. Epigramm) (in: P. Praetorius, Caesares Romani illustrissimo principi [...] Sigismundo archiepiscopo Magdeburgensi [...] in institutione propositi [...]. Addita sunt epigrammata duo d. Georgij Sabini et Abdiae Godescalci Praetorij) 1559, *8^r; De Invocatione Carmen Abdiae G. Praetorii (griech. Epigramm) (in: A. Musculus, Precationes ex veteribus orthodoxis doctoribus. Ex eclesiae [!] hymnis et canticis. Ex psalmis denique Davidis collectae et in certos locos digestae) 1559, [8]^r–[9]^v (wieder 1562); Epigramma (4 griech. Distichen) (in: E. Copernicus, ΓΑΜΗΛΙΟΝ [...]. Ornatissimo viro Ludolpho Schradero, i. u. doctori, et inclytae academiae Francofordianae rectori, et sponsae eius honestissimae matronae) o. O. 1560, Titelbl.^{r}; Oratio de clarissimo et ornatissimo viro, d. Georgio Sabino recitata ad tumulum eius III. Decembris, anno M. D. LX., 1560 (1561); De poesi Graecorum, libri quatuor: autore Abdia Praetorio, Basel 1561 (erw. u d. T.: De poesi Graecorum libri octo [...]. Quibus accessit et alius de generalissimis poeseos considerationibus libellus, eodem autore, 1571); Widmungsvorr. (dat.: 31.10.1561) (in: M. Haslob, Idyllia quatuor Amyntas Philetas Aeglus Alcon de clarissimis viris Martino Luthero Philippo Melanthone Georgio Sabino P. Lotichio Secundo. [...]. Cum praefatione Abdiae Praetorii) o. J. [1561], A2^r–A4^v; De iustificatione explicatio et confessio Abdiae Praetorii scriptae ex consilio et sententia piorum et prudentum quorundam virorum fratrum et amicorum, 1561; De necessitate novae obedientiae et bonorum operum explicatio summaria continens perpetuam eius sententiam et doctrinam, scripta adolescenti cuidam petenti consilium eius, 1561 (1562; erw. Ausg. u. d. T.: De novae obedientiae et bonorum operum necessitate et aliis quibusdam explicatio summaria [...], 1561); De poenitentiae vocabulo et partibus, explicationes breves et familiares scriptae amicis quibusdam, 1561; Epigramm (in: J. Fidelis, Oratio de lectione sacrae scripturae recitata [...] in academia Francofordiana. 5. Iunij, anno 1561. Additum est epigramma Abdiae Praetorij) 1561; Abdias Praetorius. [...] (griech. Epigramm) (in: P. Praetorius, Institutionum imperialium summaria vel resolutiones [...] propositae in institutione inclytis quibusdam principibus) 1561, *8^v; De discrimine sententiarum. Lutheri, sacramentariorum et pontificiorum in materia dominicae coenae et de sententia sana vel orthodoxa, 1562 (Straßburg 1567);

De iustificatione, nova obedientia, lege divina morali, libertate christiana, confessio Abdiae Praetorij, scripta ad invictissimum et potentiss. principem ac dominum, dominum Maximilianum, Sacri Rom. Imperij et Bohemiae, etc. regem, etc., 1562; Vonn der Rechtfertigung und guten Wercken Bericht und bekendnus Abdiae Praetorij. Und die besten Sprüche des heiligen mans D. Martini Lutheri von denselbigen Artickeln, 1562; Epistola ad Georgium Baumanum typographum Erfurdiensem continens querelam de typographicis quibusdam vel iniurijs vel erratis, o. O. 1562; Vom christlichen Leben/ Handel und Wandel. Kurtzer und einfeltiger bericht/ gestellet von wegen der Disputation von guten Wercken, 1562; Epigramm (in: D. MULBERG, Ephemeris cum historiis sacrarum literarum, conscripta ad annum Christi M. D. LXII.) 1562; De bonorum operum et novae obedientiae necessitate. Testimonia ex sacris literis. Ex Luthero. Ex Melanthone. Ex confessionibus. Ex patribus. Ex scriptoribus recentioribus. Ex alijs quibusdam recentioribus, 1562; Responsio [...] ad scriptum d. Andreae Musculi, cuius titulus est, De bonorum operum et novitatis vitae libertate, 1563; Endlicher Bericht Abdiae Praetorij von seiner Lere in den Artickeln/ darin er von Doctore Andrea Musculo auffs hefftigste angegriffen wird. Sampt anderen stücken/ wie auff der andern seiten des blats zusehen ist, o. O. 1563; In Reverendi Et Doctissimi Viri M. Iohannis Garcaei Pastoris Brandeburgensis librum de Tempore. [...] (griech. Epigramm) (in: J. GARCAEUS, Primus tractatus brevis et utilis de tempore, conscriptus in gratiam studiosorum [...]) 1563, Titelbl.ᵛ; anon., Der Studenten zu Franckfurt an der Oder Bekentnis und ausfürung. Von der Notwendigkeit des newen Gehorsames und der guten Wercke. Vom Gesetz der zehen Gebot. Von der christlichen Freiheit. Wider die alten und newen Antinomer/ Libertiner und Enthusiasten, 1563 (Verfasserschaft durch Adelung [Bibliogr.] zugeschrieben); Von notiger schuldiger Gottseligkeit der Christen und etlichen andern puncten kurtze und einfeltige Bekentnus Abdiae Praetorii sampt angehengter Provocation. Gestellet von wegen D. Andreae Musculi newer lehr und schmahschrifften, 1564; Epigramma Abdiae Praetorii. [...] (7 griech. Distichen) (in: G. MAURICIUS, De universali excidio Hierosolymae libri tres) 1564, Titelbl.ᵛ; Epigramma Abdiae Praetorii. [...] (5 griech. Distichen) (in: G. MAURICIUS, Epithalamii versus, de nuptijs reverendi [...] d. Liborii a Bredow [...] d. Ioachimi Secundi Marchionis Brandeburgici, electoris etc. et d. Sigismundi archiepiscopi Magdeburgensis etc. consiliarij [...] sponsi: et [...] virginis Magdalenae a Iagow, sponsae) 1564, Titelbl.ᵛ; Geleitged. (in: J. COLERUS, ΠΡΟΠΕΜΠΤΙΚΟΝ scriptum in honorem [...] iuvenis [...] praestantis Iohannis a Koettritz cum Francofordia discederet [...]. Cui accesserunt alia quaedam carmina amicorum, in eiusdem abitum conscripta) 1564; Clarissimo Viro Magistro Iohanni Botichero Abdias Praetorius. [...] (6 griech. Distichen) (in: Epithalamia scripta in honorem coniugii ornatissimi viri [...] magistri Iohannis Boticheri, sponsi: et [...] virginis Evae, filiae [...] d. Georgij Maioris, theologiae doctoris, sponsae [...] anno 1565. die 22. Ianuarij) 1565, Titelbl.ᵛ; Epigramma Abdiae Praetorii. [...] (5 griech. Distichen) (in: G. MAURICIUS, Elegia gratulatoria, scripta in honorem [...] d. Petri Cnemiandri Laubanensis, inclytae domus Brandeburgicae astronomi, et physici Cotbusiani, cum conferrentur illi honores et insignia doctoris in arte medica) 1565, Titelbl.ᵛ; Oratoriarum partitionum libellus [...] conscriptus quondam in gratiam reverendi, magnifici, et nobiliß. d. Liborij de Breda etc. nunc vero editus ab utriusque familiari M. Ioachimo Bocatio Pomerano, 1568; De Canticis Ecclesiae puris. Non opus est aliud manuum praestantius ullum [...] (in: Joachim II. Hector, Der alten reinen Kirchen Gesenge verdeutschet) 1568/69, 13ʳ–14ᵛ; Orationum Abdiae Praetorii pars prima, continens praecipuarum politioris literaturae partium expositiones, quarum seriem versa pagina monstrat, 1569; Locorum theologicorum domini Philippi Melanthonis analyses paulo generaliores, propositionum formis accommodatae: conscriptae quondam in gratiam iuventutis dispositionis et summae causa: repetitae et editae nunc cum ijsdem de causis, tum ad aemulationes quorundam adversus eos, dexteritatis ac puritatis commonstratione, vel avertendas vel mitigandas, 1569; De solida historiarum cognitione, 1570; Epithalamium (in: Epithalamii versus de coniugio [...] iuvenis d. Iohannis Blanckefeldii iunioris, sponsi: ac [...] sponsae Catharinae [...] d. Simonis Mellemani etc, filiae. Scripti ab amicis in academia Witebergensi) 1571; Abdias Praetorius V. Cl. [...]. Calend. Februar. 1572 (griech. Epigramm) (ARISTOTELES, Ad filium Nicomachum, de vita et moribus scripti libri X. [...], übers. V. STRIGEL) 1572, Bb1ʳ–Bb2ʳ; Epithalamium (in: Epithalamia pro felici auspicio sacri nuptialis [...] iuvenis Casparis Werneri Halberstadiensis sponsi, et Ursulae virginis [...]

M. Davidis Baldufij, praefecti quaesturae Witebergensis filiae sponsae, scripta ab amicis) 1572; Dem Christlichen Leser. [...] (Vorrede, dat. Wittenberg, 15.5.1572) (in: M. KOLZEBURG, Trostbüchlin/ wie man die Krancken und sterbende Menschen unterrichten/ und aus Gottes Wort trösten sol/ ein kurtze anleitung) 1572, A6^v–B3^r; Clarissimis Viris Iohanni Claio Et Iohanni Mylio Abdias Praetorius. Inspicienda mihi nuper cum forte venirent [...] (Epigramm) (M. LUTHER, Catechesis [...] minor Germanice, Latine, Graece et Ebraice, hg. J. CLAJUS) 1572, 2 (wieder in den folgenden Ausg. bis weit ins 17. Jh.); Commonefactio necessaria de controversiis quibus Flaciani turbant ecclesias recte sentientes proposita in academia Witebergensi a decano collegij philosophici [...] magistro Abdia Praetorio, cum decerneretur gradus magisterij, 34. honestis et doctis viris 6. Septembris [...] 1571 (in: Orationes aliquot recitatae in academia Witebergensi. In quibus continentur commonefactiones piae et utiles ad statum praesentium temporum in ecclesia et repub. accommodatae) 1573, A2^r–C8^v; De Commentariis Mysnicis Petri Albini Epigrammata Abdiae Praetorij V. Cl. scripta Anno M. D. LXXII. [...] (in: P. ALBINUS, Commentarius novus de Mysnia. Oder newe Meysnische Chronica. [...]) 1580, δ1^v–δ2^v (1589); Epithaphium Nobilis Ac Piae Matronae Annae De Bertensleven, Coniugis Nobilis ac pij viri Ioachimi ab Alvensleven, quae obijt Anno Christi 1555. 21. Martij. [...] (in: C. EDINUS, Historica descriptio generosae et antiquae familiae ab Alvensleben [...]) 1581, V2^v–V3^r.

Herausgaben: und Übersetzungen: M. Agricola, Melodiae scholasticae sub horarum intervallis decantandae, in quibus musica Martino Agricolae, hymni suis autoribus, distributio cum alijs nonnullis Godescalco Praetorio debentur. In usum scholae Magdeburgensis. [Tenor. Bassus. Altus. Discantus], 1557 (1575); Armeniorum de trinitate et filio dei Christo Iesu confessio: utilis non tantum ad cognitionem iudiciumque de religione ipsorum, verum etiam ad recentiorum quorundam sectariorum, quales sunt et Antitrinitarij et Eutychiani, redargutionem, consensus causa. Abdia Praetorio interprete. Ex duabus Armeniorum linguis interpretatione facta: una cum explicationibus quibusdam necessarias continentibus commonefactiones, 1570; J. v. Beust, Christiados libellus: ad augustum Saxoniae ducem et electorem, etc. conscriptus [...]: recognitus et auctus, ita ut quatuor iam sit instructus linguis, Latina, videlicet, Graeca, Ebraea et Germanica: una cum d. Camerarii et d. Peuceri epigrammatis (übers. A. LOBWASSER [dt.] u. A. P.), 1572 (zahlr. weitere Ausgaben).

Ausgaben: Clarissimo Viro, Eruditione et virtute praestanti M. Michaeli Neandro Abbati Ilfeldiano, domino, patri et fratri suo charissimo. S. D. [...] (Brief, Frankfurt, undat.) (in: M. NEANDER, Epistolarum familiarium formulae ex omni erudita Latinitate collectae [...] et distributae in tria causarum sive materiarum genera) 1586 (1591); Ludi literarii Magdeburgensis ordo [...], 1553 (in: Institutionis literatae, sive de discendi atque docendi ratione. Tomus secundus, hg. Schola Thoruniensis) Thorn 1587, 504–548; Oratio de Iohanne Scheiringo [...], 1555 (in: P. HAHN, Christliche Leichpredigt/ bey dem Begrebnis/ des [...] Herrn Johan Zyringks/ weiland Kriegsheuptmans/ und nachmals Canonici Senioris, Scholastici und Cellarij der Collegiat Stifftskirchen S. Nicolai zu Magdeburgk/ [...]. Welcher [...] den 8. Iunii [...] entschlaffen/ [...]. Sampt angehoffter lateinischer Oration Gottschalci Praetorij, de Iohanne Scheiringo Patre [...]) 1604, E1^r–G4^r; Oratio de Magdeburga Godescalci Praetorii, recitata in resignatione rectoratus [Abschiedsrede vom 13.4.1558] (in: J. BLOCIUS, Promulsis Magdeburgensis historiae praemetii gratia proditae, 1622, E2^v–G1^v; Einige bißher ungedruckte besondere Nachrichten von dem Streit de necessitate bonorum operum, wie derselbe in der Marck Brandenburg zwischen Andreo Musculo, einem Anhänger Jo. Agricolae, und Abdi. Praetorio, nebst dessen gutem Freunde, Georg Buchholtzern, dem ersten lutherischen Probst in Berlin, ist geführet worden (in: [J. G. REINBECK] Freywilliger HebOpfer/ von allerhand in die Theologie lauffenden Materien, acht und zwantzigster Beytrag) o. J. [um 1721], 605–666 (Briefe u. a.); Continuation einiger bißher ungedruckten besonderen Nachrichten von dem Streit de necessitate bonorum operum [...] (in: ebd., 29) o. J. [um 1721], 667–766; Continuation einiger bißher ungedruckten besonderen Nachrichten von dem Streit de necessitate bonorum operum [...] (in: ebd., 31) o. J. [um 1722], 35–78; Oratio de Iohanne Scheiringo [...], 1555 (in: F. G. KETTNER, Clerus Mauritianus, oder die evangelisch-lutherische Geistlichkeit der Hohen Stiffts-Kirche S. Mauritii [...] in Magdeburg [...]) 1726, 63–79; Oratio funebris de Joachimo Wolterstorpio [...], 1554 (in: F. G. KETTNER, Clerus Jacobeus, oder die Magdeburgische Geistlichkeit der Kirche zu S. Jacob [...]) 1730, 427–441;

Ludi literarii Magdeburgensis ordo [...], 1553 (in: Evangelische Schulordnungen, hg. R. VORMBAUM, Bd. 1) 1860, 412–433; Rede über Johannes II. Scheiring (1505–1555) Magdeburger Bürger, Doktor beider Rechte u. Kanzler, geschrieben v. Abdias Praetorius, in Magdeburg Anno 1555 (übers. H. BODE) (in: Monumenta Guerickiana, Bd. 25/26) 2015, 101–112; De utilitate ecclesiasticae historiae, 1554 (in: BOLLBUCK [Lit.]) 2014, 545–550; Admonitio rectoris, 1556 (in: ebd.) 2014, 596; De novae obedientiae et bonorum operum necessitate [...], 1561 (in: Der antinomistische Streit [Lit.], bearb. H.-O. SCHNEIDER) 2016, 136–155; Vonn der Rechtfertigung und guten Werken Bericht [...], 1562 (in: ebd., bearb. DERS.) 2016, 156–173; Von notiger schuldiger Gottseligkeit der Christen [...], 1564 (in: ebd., bearb. DERS.) 2016, 246–276.

Briefe: Melanchthons Briefwechsel, https://melanchthon.hadw-bw.de/regesten.html; vgl. Melanchthons Briefwechsel, Bd. 14: Personen O–R (bearb. H. SCHEIBLE) 2020, 356.

Nachlaß: [Thesenreihe] De lege, um 1548, 2 Bl.: FB Gotha, Chart. B 493, 316^r–317^r; De utilitate ecclesiasticae historiae, 1.2.1554: HAB Wolfenbüttel, Cod. Guelf. 11.20 Aug. 2°, 128^r–136^r (Abschrift: ebd., 71^r–76^r); Brief (23.12.1554) an Herzog Johann Albrecht I.: Landeshauptarch. Schwerin, (2.12-1/24) 155; Admonitio rectoris, 12.2.1556: HAB Wolfenbüttel, Cod. Guelf. 11.20 Aug. 2°, 27^{r-v}; Briefe (1560–1572) an Paul Eber, Anton König, Johannes Agricola, Lamprecht Distelmeyer: FB Gotha, UB Erlangen, SLUB Dresden (vgl. Kalliope Verbundkatalog).

Bibliographien: VD 16; Adelung [Lit.] 1819, 784 f. – H.-E. TEITGE, Der Buchdruck in Frankfurt an der Oder. Verz. der Drucke, 2000, 66–70, 575 f.; J. KNAPE, Werkeverz. zu den Rhetorikdrucken Deutschlands 1450–1700, 2017, 340, Nr. 1103–1104.

Literatur: Zedler 29 (1741) 140 f.; Jöcher 3 (1751) 1744; Adelung 6 (1819) 783–785; RE ^{3}15 (1904) 612–614 (P. WOLFF); ADB 26 (1888) 513 f. (R. SCHWARZE); Biogr.-Bibliogr. Kirchenlex. 7 (1994) 905 f. (M. KAPPES); M. WIEHLE, Altmark-Persönlichkeiten. Biogr. Lex. der Altmark [...], 1999, 138; J. KNAPE, Autorenlex. dt. Rhetoren 1450–1700, 2017, 318 f.; Melanchthons Briefw., Bd. 14: Personen O–R (bearb. H. SCHEIBLE) 2020, 354–356. – Epicedia. Scripta in obitum clarissimi viri d. Abdiae Praetorij, Witebergae anno M. D. LXXIII. V. Idus Ianuarij pie defuncti:, o. O. o. J. (Einblattdr., Beiträger: H. u. D. LAURENTIUS); J. BISMARCUS, Oratio de vita et rebus gestis Abdiae Praetorii, coram dominis fr. colloquij Alvensleb. recitata [...] 1613. 22. Novembris (in: DERS., Vita, et res gestae praecipuorum theologorum, quorum ministerio deus [...] doctrinam ecclesiae [...] restituit. Liber primus) 1614, Dd3^r–Ee2^v; M. ADAM, Vitae Germanorum theologorum qui superiori seculo ecclesiam Christi voce scriptisque propagarunt et propugnarunt, 1620, 464–466; M. F. SEIDEL, Icones et elogia virorum aliquot praestantium qui multum studiis suis consiliisque Marchiam olim nostram iuverunt ac illustrarunt [...], o. O. o. J. [1671], Nr. 34; J. C. BECKMANN, Notitia universitatis Francofurtanae [...], 1706, 71, 92–106, 275–277; G. LUDOVICI, Historia gymnasiorum scholarumque celebriorum [...], Tl. 4, 1714, 99–105; M. F. SEIDEL, Bilder-Sammlung, in welcher hundert größtentheils in der Mark Brandenburg gebohrne, [...] um dieselbe wohlverdiente Männer vorgestellet werden, mit beygefügter Erläuterung [...] von George Gottfried Küster, 1751, 80–82; J. F. DANNEIL, Gesch. des Gymnasiums zu Salzwedel, 3. Abt. (in: Einladungsschr. zu den Schulfeierlichkeiten des Gymnasiums zu Salzwedel [...], hg. DERS.) o. J. [1830], 6–8, 24; H. HOLSTEIN, Das altstädt. Gymnasium zu Magdeburg von 1524–1631 (in: Neue Jb. für Philol. u. Paedagogik, 2. Abt., 30 Jg., Bd. 130) 1884, 16–25, 65–74, 129–140, hier bes. 68–72; J. KÖSTLIN, Die Baccalaurei u. Magistri der Wittenberger philosoph. Facultät 1548–1560 u. die öffentl. Disputationen derselben Jahre [...], 1891, 7, 28; Das älteste Decanatsbuch der philosoph. Facultät an der Univ. zu Frankfurt a. O. (hg. G. BAUCH) Tl. 2, Breslau 1901, 46 f., 53 f.; F. ROTH, Restlose Auswertungen von Leichenpredigten u. Personalschr. für genealog. Zwecke, Bd. 1, 1959, 293 f., Nr. 536; H. SCHEIBLE, Die Entstehung der Magdeburger Zenturien. Ein Beitr. zur Gesch. der historiograph. Methode, 1966, Reg.; F. HIERONYMUS, Griech. Geist aus Basler Pressen, Basel 1992 (Ausstellungskat.), 75, Nr. 57; O. BEUTTENMÜLLER, Nachfahren Philipp Melanchthons. Eine genealog. Slg. (bearb. P. BAHN) 1997, 13; H. JUNGHANS, Verz. der Rektoren, Prorektoren, Dekane, Professoren u. Schloßkirchenprediger der Leucorea vom Sommersemester 1536 bis zum Wintersemester 1574/75 (in: Georg Major (1502–1574). Ein Theologe der Wittenberger Reformation, hg. I. DINGEL, G. WARTENBERG) 2005, 235–270, hier 253, 261, 269; H.-J.

KRENZKE, Die Autoren der Magdeburger Centurien u. ihre Verbündung mit dem Zeitgeschehen (in: Die Magdeburger Centurien, hg. E. W. PETERS, Bd. 1) 2007, 23–53; V. WELS, Der Begriff der Dg. in der Frühen Neuzeit, 2009, 64, 264, 342; L. NOACK, J. SPLETT, Bio-Bibliographien. Brandenburgische Gelehrte der Frühen Neuzeit. Mark Brandenburg mit Berlin-Cölln 1506–1640, 2009, Reg.; H. BOLLBUCK, Wahrheitszeugnis, Gottes Auftrag u. Zeitkritik. Die Kirchengesch. der Magdeburger Zenturien u. ihre Arbeitstechniken, 2014, Reg.; C. NAHRENDORF, Humanismus in Magdeburg. Das Altstädt. Gymnasium von seiner Gründung bis zur Zerstörung der Stadt (1524–1631) 2015, 93–131 u. Reg.; Der antinomist. Streit (1556–1571) (hg. I. DINGEL) 2016, passim (Register). RBS

Prams-Rauner, Monika, * 17.4.1964 München; Kindheit in Planegg, Gymnasialbesuch in Gräfelfing, Stud. der lat. Philol. des MA in München, Abschluß Magister Artium, mit Ehemann Erwin R. (* 1956) 1995 Gründung des Erwin Rauner Verlags, auch Mitarb. des Projekts «Öst. Bibelübers.» an der Univ. Augsburg u. VHS-Doz.; lebt in Augsburg; verfaßte vor allem Lyrik u. kürzere Prosa; auch Hg. u. Übers. ma. Texte. – Philologin, Verlegerin, Schriftst., Hg., Übersetzerin.

Schriften: Querfeldein. Miniaturen (lyr. Prosa) 2000; Weg (Prosa) 2002; Das Turmhaus. Geschichte in drei Teilen, 2008; Rotes Leben. Tagebuchnotizen, 2011; Im Grund, 2016; Sonnenspur (Ged.) 2020.

Herausgaben: P. J. Crophius, Geschichte des Gymnasii zu St. Anna in Augsburg (mit 1 CD-ROM) 1999; Hymnen an die heilige Afra. Nach den ‹Analecta hymnica medii aevii›, 2004 (lat. u. dt.; 2., erw. u. überarb. Aufl. 2006); R. v. Abrissel, Brief an Ermengarde, Gräfin der Bretagne, 2015 (lat. u. deutsch). MM

Prasch, Susanne Elisabeth (auch Praschin; Susanna Elisabetha P.; geb. Keget[in] [Ceget]; verh. Hamann, verh. Erdinger), * 1.10.1661 Ortenburg/Bayern, † nach 1723 vermutlich Regensburg; Tochter des hochgräf.-ortenburg. Juristen u. Rats Dr. Johann Jakob Keget († 1687) u. der Maria Elisabeth, geb. Wider; erlernte in ihrer Jugend u. a. die frz. Sprache, vielleicht auch Latein, zumindest ließ sie für ihren zweiten Ehemann ein Grabmonument mit lat. Inschrift aufstellen (siehe DACHS [1957] 66); heiratete in erster Ehe den Regensburger Stadtgerichtsassessor Matthäus Wolfgang Hammann († vor 1683), nach dessen frühem Tod heiratete sie am 23.10.1683 den verwitweten Regensburger Ratsherrn u. Dichter Johann Ludwig → P. (1637–1690), dessen erste Ehefrau Anna Elisabeth, geb. Tabor (* 1641), 1682 gestorben war; heiratete am 13.6.1693 in dritter Ehe den Regensburger Ratsherrn Wolfgang Friedrich Erdinger († vor 1723), den sie ebenfalls überlebte, vermutlich blieben die Ehen kinderlos, zumindest erwähnt SEIFERT (1723) Taf. 27 keine Kinder u. bestätigt für die zweite Ehe, daß diese kinderlos geblieben sei, ebd. wird P. als noch nicht gestorben geführt, sondern als lebende Witwe erwähnt; nach dem Regensburger Steuerbuch war P. die wohlhabendste Frau der Stadt. Sie verfaßte Gelegenheitsged. u. eine frz.sprachige Abh. zur Rom.theorie, die lange als verschollen galt. Auf dieser Abh. fußend, verfaßte ihr zweiter Ehemann den kleinen lat. Roman «Psyche Cretica» (1685). P. wurde aufgrund dieser Abh. bereits zu Lebzeiten über die Grenzen Regensburgs bekannt, ihre Schr. fand regen Widerhall in gelehrten Besprechungen; sie wurde u. a. in die Augsburger FS «Bey dem hoch-adelichen Sulzer- u. von Schnurbeinischen Hochzeit-Fest» (1717) in einen fiktionalen Disput zw. Dichterinnen u. Dichtern aufgenommen. – Gelegenheitsdichterin, Verf. einer Romantheorie.

Schriften: Réflexions sur les romans. Das ist: Betrachtungen der römischen Fabuln, 1684 (mit einer Widmung an ihren zweiten Ehemann; nur ein bekanntes erhaltenes Ex. in: UB der LMU München, Sign. 0001/8 H.lit. 19586); Zueignungs-Schrifft [Weihnachtsged.] (in: Johann Ludwig Prasch, Geistlicher Blumenstrauß. Bestehend aus Allerhand neuen/ zu Stärckung und Belustigung des innwendigen Menschen/ vorderst aber zu des Höchsten und des Nächsten Ehr und Liebe dienenden Liedern/ Mit beygefügten Gradenthalerischen Melodeyen) 1685, 9–12; Laß/ o Musa/ hell erklingen/ Deiner Seyten Lieblichkeit (in: J. L. PRASCH, Discurs Von der Natur des Teutschen Reimes) 1685; O allerliebster Schatz! wie kanst du von mir scheiden? Da dein und meine Seel' allzeit nur eine war? (in: Leichenpredigt für Johann Ludwig Prasch) 1690 (s. Kat. der fürstlich Stolberg-Stolberg'schen Leichenpredigten-Sammlung, Bd. 3) 1930, Nr. 18160.

Ausgabe: Texte zur Romantheorie (mit Anm., Nachw. u. Bibliogr. v. E. WEBER, Bd. 1) 1974, 183–228 (Nachdr. von «Réflexions sur les romans»).

Bibliographien: Jöcher 3 (1751) 1753. – C. F. PAULLINI, Hoch- u. Wohl-gelahrtes teutsches Frauenzimmer [...], ²1712, 120 f.; J. M. WOODS, M. FÜRSTENWALD, Schriftst.innen, Künstlerinnen u. gelehrte Frauen des dt. Barock. Ein Lex., 1984, 95.

Literatur: Zedler 29 (1741) 188; ADB 26 (1888) 505–509; DBE ²8 (2007) 56; Killy ²9 (2010) 320 f. – Applausus votivus, auspicatissimo alteri hymenaeo [...] Johannis Ludovici Praschii, in inclita republica patria consularis, et curiae tutelaris praesidis gravissimi, cum [...] Susanna Elisabetha, ex illustri familia Kegetiana nata, viri [...] Matthaei Guolfgangi Hammani, laudatissimi in hac urbe dicasterij assessoris quondam meritissimi, p. m. relicta vidua ipso nuptialis festivitatis die X. calend. Novembr. dicatus a cognatis. amicis, ac clientibus, 1683; Acta Eruditorum, 1684, 433 f. (Rezension der «Réflexions sur les romans» von Friedrich Benedict Carpzov; online: SUB Göttingen); C. C. HAENDEL, De eruditis Germaniae mulieribus, 1688, 18; C. JUNCKER, Schediasma historicum, de ephemeridibus sive diariis eruditorum, in nobilioribus Europae partibus hactenus publicatis. In appendice exhibetur centuria foeminarum eruditione et scriptis illustrium, ab eodem collecta, 1692, 60 f.; Die vernünfftige Liebe/ Bey celebrirten Hochzeitlichen Ehren-Fest/ Deß [...] Wolffgang Friderich Erdingers/ Gemeiner Stadt wolbestellten Consulenten/ Mit der [...] Susanna Elisabetha/ Deß [...] Joh. Ludwig Praschen/ Deß Innern Geheimen Raths/ und E. E. Steuer-Amts hochmeritiert-gewesenen Directoris, wie auch zu fürwährendem Reichs-Convent wolansehnlichen Deputati, &c. Hinterlassenen Frauen Wittib (So geschehen den 13. Junii, 1693). Zu Bezeigung schuldigster Observanz gegen beyderseits hochwertheste Braut-Personen/ entworffen Von einem dero gehorsam-verpflichtet-ergebensten Diener, 1693; C. F. PAULLINI, Das gelahrte Frauen-Zimmer in Teutschland (in: DERS., Zeit-kürtzende Erbauliche Lust/ oder/ Allerhand ausserlesene/ rar- u. curiose, so nütz- als ergetzliche/ Geist- und Weltliche/ Merckwürdigkeiten. Zum vortheilhafftigen Abbruch verdrießlicher Lang-Weil/ u. mehrerm Nachsinnen, Tl. 2) 1695, 1097–1122, hier 1113 (online: HAAB Weimar); DERS., Philos. Feÿerabend, in sich haltende allerhand anmuthige, seltene, curieuse, so nütz als ergetzliche, auch zu allerley nachtrücklichen Discursen anlaßgebende Realien u. merckwürdige Begebenheiten in Leyd u. Freud. Zum lustigen u. erbaulichen Zeitvertreib wohlmeinend mitgetheilet, 1700, 197; Monatlicher Auszug, aus allerhand neu-herausgegebenen, nutzlichen u. artigen Büchern, Januar 1701, 23 (Rezension der «Réflexions sur les romans»); J. C. EBERTI, Eröffnetes Cabinet Deß Gelehrten Frauen-Zimmers. Darinnen Die Berühmtesten dieses Geschlechtes umbständlich vorgestellet werden, 1706, 347; P. DAHLMANN, Schauplatz der masquirten u. demasquirten Gelehrten bey ihren verdeckten u. nunmehro entdeckten Schrifften, 1710, 878 f.; Der Unpartheyische Bibliothecarius, Welcher Die Urtheile derer Gelehrten von Gelehrten u. ihren Schrifften auffrichtig entdecket 3 (1713) 262–265 (Rezension der «Réflexions sur les romans»; online: BSB München); G. S. CORVINUS (AMARANTHES), Nutzbares, galantes u. curiöses Frauenzimmer-Lexicon [...], 1715, 1272 f.; Bey dem hoch-adelichen Sulzer- u. von Schnurbeinischen Hochzeit-Fest, so Anno 1717, den 28. Junii in Augspurg unter Stands gebührenden solennitäten erfreulichst begangen wurde, 1717 (fiktive Disputation unter Dichterinnen u. Dichtern sowie Gelehrten, u. a. mit P.); J. SEIFERT, Stam[m]-Taffeln Gelehrter Leuthe, Bd. 2, 1723, Taf. 27 (online: BSB München); Schwäb. Magazin von gelehrten Sachen auf das Jahr 1780, 742; G. KLEMM, Die Frauen. Culturgeschichtl. Schilderungen des Zustandes u. Einflusses der Frauen in den versch. Zonen u. Zeitaltern, Bd. 6, 1859, 289; M. L. WOLFF, Gesch. der Rom.theorie mit bes. Berücksichtigung der dt. Verhältnisse, 1915, 66; S. B. MARKWARDT, Gesch. der dt. Poetik, Bd. 1, 1937, 213–215; L. TRAEGER, Das Frauenschrifttum in Dtl. von 1500–1650, Diss. Prag, 1943, Anh. 32; K. DACHS, Leben u. Dg. des Johann Ludwig Prasch (in: Verhandlungen des Hist. Ver. für Oberpfalz u. Regensburg 98) 1957, 5–220, hier 39 f., 43 (Testament des zweiten Ehemanns, in dem P. als Haupterbin eingesetzt wurde) u. 66; DERS., Johann Ludwig Prasch, der Barockdichter der evang. Reichsstadt Regensburg (in: Bayer. Lit.gesch. in ausgew. Beispielen, hg. E. DÜNNINGER, D. KIESSELBACH, Bd. 2) 1967, 235–248; W. VOSSKAMP, Rom.theorie in Dtl. Von Martin Opitz bis Friedrich von Blankenburg, 1973, 75; German Baroque literature. A descriptive catalogue of the collection of Harold Jantz and a guide to the collection on microfilm, vol. 2, 1974, 422; V. MEID, Der dt. Barockrom., 1974, 37; H. J. HÖLLER, Bürger als Gelehrte. Das Ehepaar Prasch, Regensburg u. der protestant. Raum (in: Gelehrtes Regensburg, Stadt der Wissenschaft. Stätten der Forsch. im Wandel der Zeit. Begleitbuch zur Ausstellung der Univ. Regensburg [...], hg. Univ. Regensburg) 1995, 142–146; E. DÜNNINGER, Johann Ludwig Prasch u. ~. Ein gelehrtes Dichterpaar im 17. Jr. (in: Berühmte Regensburger. Lbb. aus zwei Jahrtausenden, hg. K. DIETZ, G. WALDHERR) 1997, 171–175; C. HOLM, Die verliebte Psyche u. ihr galanter Bräutigam. Das Rom.-Projekt von S. E. u. Johann Ludwig P. (in: Der galante Diskurs. Kommunikationsideal u. Epochenschwelle, hg. T. BORGSTEDT u. a.) 2001, 53–85; M. BAUER, Rom.theorie u. Erzählforsch. Eine Einf., 2005, 25; J. TUNBERG-MORRISH, Natural Law, Apuleius, and Topoi of Fiction in «Psyche Cretia» (Regensburg 1685), a Neo-Latin Novel by Johannes Ludovicus Praschius (in: Humanistica Lovaniensia. Journal of Neo-Latin Studies 57) 2008, 263–299; J. MORRISH, ~. Neo-Latin Novels, and Female Characters in Psyche Cretia (in: Women and the divine in literature before 1700. Essays in memory of Margot Loui, ed. K. KERBY-FULTON) 2009, 185–202; T. GÄRTNER, Die «Psyche Cretia» des Regensburgers Johann Ludwig Prasch (1685). Eine christl. Apuleius-Adaption (in: Der nlat. Rom. als Medium seiner Zeit, hg. S. TILG, I. WALSER) 2013, 135–144. MMü

Prautzsch, Hans-Ulrich, * 3.5.1955 Halle/Saale; 1973–75 Antiquar-Ausbildung, u. a. Tätigkeiten als Gärtner, Hafen- u. Hilfsarbeiter, ab 1980 auch freier Schriftst., 1981–84 Stud. am Lit.inst. Johannes R. Becher in Leipzig, zudem Ausbildung zum Setzer u. Drucker, ab 1987 Mitarb. eines Verlags u. Mitwirkung an Künstlerbüchern, betrieb ab 1990 die Uräus-Handpresse in Halle; lebt ebd.; publizierte u. a. Lyrik, Erz., Dramen u. als Hg. Almanache zu dt. Schriftst. (u. a. → Goethe → Hölderlin Heinrich → Heine, Theodor → Fontane); Veröff. u. a. in NDL u. «Temperamente. Bl. für junge Lit.» (Berlin). – Verleger, Schriftsteller.

Schriften: Fünf Desperados und eine Rothaarige (Erz.) 1989; Abgesang, 1990; Dialog. 6 visuelle und 6 konkrete Poesien (mit G. DEISLER) 1991; Terra Inkognita. Neun Traumgeschichten (Holzschnitte v. F. Heinze) 1992; Gedichte. Kaffee, Kaffeehaus, Kaffeehausliteraten, Konversation, 2001; Gewolltes Blauauge (Ged., Linolschnitte v. S. C. Rosso) 2002; Unter den Aschen verlorener Feuer (Ged., Holzschnitte v. A. Lange) 2004; Kaffee (Ged., Illustr. v. U. Pfeifer) 2020.

Herausgaben: Almanach Mozart '91, 1991; Almanach Kolumbus '92, 1992; Almanach Hölderlin '93, 1993; Almanach Hans Henny Jahnn 1994, 1994; Almanach 2. Hallesche Buch & Grafiktage 1994, 1994; Almanach Novalis 1995, 1995; Almanach westdeutscher Zyklus 1996, 1996; Almanach Heine 1997, 1997; Almanach Fontane 1998, 1998; Almanach Brecht 1998, 1998; Almanach Goethe 1999, 1999; Almanach Gutenberg 2000 (mit 1 Audio-CD) 2015.

Literatur: W. MAHLOW, Am Anfang. Zu ~, ‹Fünf Desperados u. eine Rothaarige›. Rostock 1989 (in: Temperamente. Bl. für junge Lit. 1990) 1990, H. 4, 148–150; H.-G. SEHRT, Die uräus-Handpresse des ~ (in: Marginalien. Zs. für Buchkunst u. Bibliophilie 145) 1997, 28–42; C. SEELMANN, Die Uräus-Handpresse u. ihr Verleger ~, 2006. MM

Preiwuß, Kerstin, * 21.11.1980 Lübz/Mecklenb.; wuchs in Plau am See u. Rostock auf, studierte Germanistik, Philos. u. Psychologie in Leipzig u. Aix-en-Provence, danach Stud. am Dt. Lit.inst. in Leipzig, an dem sie als Dozentin tätig ist; 2010–12 Hg. der Lit.zs. «Edit»; 2011 Dr. phil. an der Univ. Leipzig; lebt in Leipzig. – 2008 Hermann-Lenz-Stipendium, 2009 Aufenthaltsstipendium des Künstlerhauses Lukas in Reykjavík, 2010 Arbeitsstipendium des Dt. Lit.fonds, 2012 Mondseer Lyrikpreis, 2018 Lyrikpreis Meran u. Eichendorff-Lit.preis, 2020 Anke Bennholdt-Thomsen-Lyrikpreis der Dt. Schillerstiftung. – Lyrikerin, Erz., Journalistin, Übersetzerin.

Schriften: nachricht von neuen sternen (Ged.) 2006; Rede (Ged.) 2012; Ortsnamen in Zeit, Raum und Kultur. Die Städte Allenstein/Olsztyn und Breslau/Wrocław (Diss.) 2012; Restwärme (Rom.) 2014; Gespür für Licht (Ged.) 2016; Nach Onkalo (Rom.) 2017; Das Komma und das Und. Eine Liebeserklärung an die Sprache (Illustr. v. P. Altmann) 2019; Taupunkt (Ged.) 2020.

Herausgaben: «Die eigene Rede des andern». Dichter über Dichter (zus.gest. mit J. Krätzer) 2012 (die horen 246). BJ

Prem, Markus (Ps. Marcus Premius Caesar, Prämax), * 11.6.1970 St. Pölten; Stud. der Mineralogie in Wien, ab 1995 lit. Veröff., 2005 Diplom-Abschluß, u. a. Arbeit als Nachtportier; lebt in Wien; trat vor allem mit Lyrik hervor, verfaßte aber auch Ess. u. dt.-engl. Übers.; Veröff. u. a. in «Wienzeile» (Wien), «Harass» (Dozwil) u. «Freiberger Lesehefte». – Lyriker, Übers., Mineraloge.

Schriften: Gedanken 1992–1995, 1995; Ozean der Gefühle (Ged.) 1999; silbensturm (Ged.) 2004;

Straßenfeger des Jahres 2009. Ausgewählte Gedichte aus zwanzig Jahren, 2009; urknall (Ged., Fotos v. I. Heinz) 2013; In der Bredouille (Ged.) 2015 (2., erw. u. überarb. Ausg. 2021); Auf kaltem Fels (Ged.) 2017 (2., erw. u. überarb. Ausg. 2021); Doppel-Welten (Ged., mit R. PREUSKER) 2017; Flinte ins Korn (Ged.) 2018 (2., erw. u. überarb. Ausg. 2021); Straßenfeger des Jahres 2020. Lattenpendler und andere wankelmütige Steilvorlagen aus der ersten Halbzeit, 2020; Durch's wilde Lyrikstan (Ged.) 2020.

Übersetzungen: J. Fante, Prolog zu Ask the dust, 2003.

Literatur: CLARISSA, Clarissas Krambude. Autoren erzählen von ihren Pseudonymen, 2011, 421 f.

MM

Prenner, Norbert Johannes, * 31.1.1954 Oberwart/Burgenland; 1969–73 Gymnasialbesuch in Güssing, Stud. an der Musikhochschule Wien, danach Musiklehrer, u. a. in Wien u. Klosterneuburg, später zusätzl. Stud. an der Univ. Wien, dort 2001 Diplom-Abschluß u. 2005 Promotion zum Dr. phil. («Das Phänomen des Kalten Krieges. Eine hist. Medienanalyse»), Auftritte als Musiker sowie Tätigkeiten als Dt.trainer u. Prüfer für Sprachkompetenz; lebt in Wien; verfaßte u. a. Rom., Erz. u. Satiren. – Pädagoge, Schriftst., Musiker.

Schriften: Spuren der Erinnerung. Eine phänomenologische Zusammenstellung erfahrbarer geistes-, kultur- und sozialgeschichtlicher Eindrücke zum Thema Erinnerung, 2004; Wir sind Unikate, Mann (Rom.) 2016; Wie im wirklichen Leben (Erz.) 2016; Rembert Mirando. Eine Zeitsatire, 2016; Mauerschau. Versuch über ein Libretto. Eine Politsatire, 2016; Der Besucher (Rom.) 2016; Das ungeteilte Vertrauen (Rom.) 2016; Bei lebendigem Leibe (Erz.) 2016; Der Chronist (Erz.) 2018.

MM

Preuss, Uwe, * 1961 Dresden; Sohn einer Techn. Zeichnerin u. eines Ingenieurs, wuchs in Brasilien u. in der DDR auf, Schulbesuch in Dresden, Ausbildung zum Industriekaufmann, u. a. Tätigkeiten als Kantinenleiter, Heizer, Lagerist u. Finanzbuchhalter, lebte ab 1985 in West-Berlin, Schausp.-Stud. an der dortigen Hochschule der Künste (heute Univ. der Künste), 1989 Abschluß, ab 1992 hauptberufl. Schauspieler, war zunächst am Staatsschausp. in Dresden u. ab 1995 am Berliner Ensemble tätig, ab 2003 freier Schauspieler, u. a. Rollen in TV-Produktionen (etwa «Tatort») u. Hörsp.; lebt in Wandlitz. – Schauspieler, Schriftsteller.

Schriften: Katzensprung (autobiogr. Rom.) 2020.

MM

Preyer, Josef J. (Ps. Paula Wuger, Alexander Koridon), * 4.2.1948 Steyr/Oberöst.; Stud. der Germanistik u. Anglistik in Wien, Arbeit als Lehrer, betrieb ab 1996 den Oerindur Verlag (Steyr); lebt in Steyr; publizierte vor allem Kriminalrom. u. Thriller, daneben auch eine Nov. u. ein Sachb. über Enrica von → Handel-Mazzetti; schrieb ferner Rom. für die Serien «Larry Brent», «Edgar Wallace» u. «Jerry Cotton». – Pädagoge, Verleger, Schriftsteller.

Schriften: Schule, Mensch, Arbeit (Red.) 1987; Datura (Nov.) 1996; A. Holzschuster, Vor Freude stirbt keiner (Illustr. v. J. J. P.) 2003; Die neun Häupter der Hydra. Ein Freimaurer Krimi, 2004; Jene leuchtenden Tage (hg. W. MAXLMOSER, Illustr. v. U. Forsthuber) 2005; Die Chimären des Hieronymus Bosch (Kriminalrom.) 2005; Holmes und die Freimaurer (Kriminalrom.) 2006; God's Eye (Kriminalrom.) 2006; Im Banne der Hydra (Kriminalrom.) 2007; Gralsspur (Kriminalrom.) 2007; Ermittlungen im Falle Mutzenbacher (Kriminalrom.) 2008; Sherlock Holmes und die Shakespeare-Verschwörung (Kriminalrom.) 2009; Das Kennedy-Rätsel (Thriller) 2009; Enrica von Handel-Mazzetti. Ein biografisches Lesebuch, 2009; Fauler Zauber (Kriminalrom.) 2010; Wasserspiele (Kriminalrom.) 2010; Schlangennester (Kriminalrom.) 2010; Geisterfahrer (Kriminalrom.) 2010; Ein Teil von dir gehört mir (Kriminalrom.) 2011; Sherlock Holmes und der Fluch der Titanic (Kriminalrom.) 2011; Ludwigsmord (Kriminalrom.) 2011; Die Davinci-Loge (Thriller) 2011; Der Butler setzt auf Sieg! (Thriller) 2012; Sherlock Holmes und die Moriarty-Lüge (Kriminalrom.) 2012; Sherlock Holmes und der Teufel von St. James (Kriminalrom.) 2013; Der Butler jagt das Rungholt-Ungeheuer (Thriller) 2013; Rosmarie Weichsler und das Lächeln des Teufels (Kriminalrom.) 2013; Rosmarie Weichsler und das Echo von Steyr (Kriminalrom.) 2014; Mörderseele. Wolfs erster Fall (Thriller) 2014; Pater Brown und die Beichte des Grossinquisitors (Kriminalrom.) 2015; Hassmord. Ein Fall für Wolf (Kriminalrom.) 2015; Feuerfall (Kriminalrom.) 2015; Sherlock Holmes und das Phantom von Charing Cross (Kriminalrom.) 2015; Rosmarie Weichsler und die Christkindl-Morde (Kriminalrom.) 2015; Räderwerk. Die Keller-Lüge (Kriminalrom.) 2016; Rankenspiel. Ein Gartenkrimi, 2016; Nahtod. Ein Fall für Wolf (Kriminalrom.) 2016; Pater Brown und das Lied vom Tod (Kriminalrom.) 2016; Rosmarie Weichsler und die Krimischriftsteller (Kriminalrom.) 2016; Pater Brown im Kampf gegen den Moloch (Kriminalrom.) 2017; Giftgarten. Gartenkrimi, 2017; Wiener Blaupausen (Kriminalrom.) 2018; Mordflüstern. Hamburgkrimi, 2018; Die Erbin (Kriminalrom.) 2018; Das Rungholt-Rätsel (Kriminalrom.) 2018; Der Spieler (Kriminalrom.) 2019; Sherlock Holmes und das Geheimnis der Mrs Hudson (Kriminalrom.) 2019. MM

Price, Carrie → Popescu, Adriana.

Prinz, Heinrich J. (Ps. H. J. Tanner), * 22.2.1932 Pfarrkirchen/Kr. Rottal-Inn; Sohn eines Drechslers, wuchs in Tann/Ndb. auf, ab 1952 Polizist bei der bayer. Bereitschaftspolizei, ab 1956 bei der Münchner Stadtpolizei, dann bei der Kripo, dort u. a. Einsatzplaner beim Staatsschutz, Sachbearb. im Stab u. schließl. Kommisariatsleiter, dann Sachgebietsleiter beim Bayer. Landeskriminalamt, zuletzt 1. Kriminalhauptkommissar, war als Penionär zeitweise Red. der Zs. «Die neue Polizei» (Hemmingen); lebt in München; verfaßte vor allem Kriminalrom. u. -erz., zudem Erinn. u. kriminolog. Aufs.; Veröff. u. a. in «Die bayer. Polizei» (Nürnberg) u. «Der Kriminalist» (Berlin). – Kriminalbeamter, Schriftsteller.

Schriften: Heiße Spur am Isarstrand (Kriminalrom.) 1989; Operation Mohnblume (Kriminalrom.) 1998; Bittere Erkenntnis (Kriminalrom.) 2000; Tod im Talayot (Kriminalrom.) 2001; Schattenseiten einer Großstadt. Polizeireport, 2001; Gnadenlose Mörderjagd (Kriminalgesch.) 2004; Die Rache des Dealers. Münchner Polizei-Krimi, 2006; Rosen für die Lady. München-Krimi, 2007; Erinnerungen eines Polizisten. Eine Polizistenlaufbahn im Wandel der Zeit (Erinn.) 2016. MM

Priol, Urban, * 14.5.1961 Aschaffenburg; Sohn eines Grundschullehrers, Kindheit in Obernburg am Main, Gymnasialbesuch in Aschaffenburg, 1980 Abitur, Wehrdienst, dann Zivildienst, Lehramt-Stud. des Engl., Russ. u. der Gesch. in Würzburg (abgebrochen), ab 1982 Auftritte als Kabarettist, 1988 Mitbegründer u. danach künstler. Leiter der Kleinkunstbühne «Kochsmühle» in Obernburg, betrieb ab 1998 das «Kabarett im Hofgarten» in Aschaffenburg u. leitete es bis 2003, danach mehrere TV-Sendungen, u. a. 2004–07 «Alles muss raus» u. 2007–13 «Neues aus der Anstalt», zudem Bühnenprogr. u. Moderationen, ab 2009 auch Genossenschafter der «taz» (Berlin) u. Mitgl. von «attac», lebt in Obernburg; Veröff. satir. Texte u. Aufnahmen (u. a. satir. Jahresrückblick «Tilt!»). – u. a. Passauer Scharfrichterbeil (1986), Dt. Kleinkunstpreis (2000), Dt. Kabarettpreis (2002), Bayer. Kabarettpreis (2003), Dt. Fernsehpreis (2007). – Kabarettist.

Schriften: Hirn ist aus (Satiren, Illustr. v. Greser & Lenz) 2008.

Tonträger: Kwittung, bitte (1 Audio-CD) [1998]; Stimmt so (1 Audio-CD) 2000; Supertilt! Der kabarettistische Jahresrückblick von und mit Urban Priol (2 Audio-CDs) 2001; Alles muss raus (1 Audio-CD) 2001; Täglich frisch (1 Audio-CD) 2004; Tür zu! (1 Audio-CD) 2007; Wie im Film (2 Audio-CDs) 2010; N. Golluch, Stirbt ein Bediensteter während der Dienstreise, so ist damit die Dienstreise beendet. Meisterleistungen der Beamtensprache (gelesen von P., 1 Audio-CD) 2011; F. v. Helsing, Käse ist Käse im Sinne der Käseverordnung. Die kuriosesten juristischen Definitionen (gelesen von P., 1 Audio-CD) 2011; Jetzt (1 Audio-CD) 2014; Die letzte Gardine (mit G. SCHRAMM, J. MALMSHEIMER, 2 Audio-CDs) 2014; Tilt! 2016 (2 Audio-CDs) 2016; Tilt! 2017 (2 Audio-CDs) 2017; Gesternheutemorgen (2 Audio-CDs) 2017; Tilt! 2018 (2 Audio-CDs) 2018; Tilt! 2019 (2 Audio-CDs) 2019; Tilt! 2020 (2 Audio-CDs) 2020.

Literatur: Munzinger-Archiv. – T. BRANDSTETTER, Der Kabarettist ~ (in: 100 Gründe, Mainfranken zu lieben, Red. A. CZYGAN, M. DEPPISCH u. a.) 2007, 84 f.; D. SCHÄFER, ‹Ihr habt alle 'nen Hau!› Im Gespräch mit ~ (in: Der Würzburger 23) 2008, 74 f.; S. NEBL, ‹Mit dem Dicken gemeinsam Kabarett angefangen›. Der ehemalige Würzburger Student u. heutige Kabarettist ~ (in: Max & Julius 19) 2013, 22 f.; ~, Kabarettist (in: Aschaffenburg und drum herum 56) 2015, 28–31. MM

Pritzlaff, Dietmar Wolfgang (Ps. Amadeus Kohn), * 6.5.1963 Altena (Märk. Kr.); Sohn eines Postfacharbeiters, Schulbesuch in Altena, Ausbildung zum Industriekaufmann, u. a. Tätigkeiten als Layouter, Setzer, Computergrafiker, Multimedia- u. Webdesigner, Schauspieler u. Sprecher, auch Ausstellungen als bildender Künstler; lebt in Köln;

verfaßte u. a. autobiogr. Texte, Rom., Erz., Lyrik, Dramen, Hörsp., Drehbücher, Liedtexte u. Essays. – Schauspieler, Medienschaffender, Schriftst., bildender Künstler.

Schriften: Der Stecher von Berlin (erot. Rom.) 2005; Nachtreigen (Ged.) 2016 (erw. Neuaufl. ²2019); Bombenstimmung. Theaterstücke, Hörspiele, Drehbücher, 2016 (2., erw. Aufl. 2019); Spurensuche. Der Künstler Dietmar Wolfgang Pritzlaff, 2017; Die Fahrt ins Blaue (Hörsp.) 2017; Spielwiese. Der Schauspieler Dietmar Wolfgang Pritzlaff, 2017; Lebenssplitter (Erz.) 2017; Sprachkunst. Der Autor Dietmar Wolfgang Pritzlaff, 2018; Meine Jobs. Der Arbeiter Dietmar Wolfgang Pritzlaff, 2018; Herzmord. Der Patient Dietmar Wolfgang Pritzlaff, 2018; Pornomania. Der Pornoautor Dietmar Wolfgang Pritzlaff, 2019; Meine Männer. Der Liebhaber Dietmar Wolfgang Pritzlaff, 2020.

Literatur: Liton.NRW (Internet-Edition).

MM

Prizkau, Anna, * 1986 Moskau; lebt seit 1994 in Dtl., studierte in Hamburg u. Berlin, u. a. Tätigkeiten als Kellnerin u. Kunsthändlerin, ab 2012 freie Autorin u. ab 2016 Red. bei der «Frankfurter Allg. Sonntagsztg.»; lebt in Berlin; publizierte Erz.; Veröff. u. a. in FAZ (Frankfurt/M.). – Journalistin, Erzählerin.

Schriften: Fast ein neues Leben (Erz.) 2020.

MM

Procházková, Iva, * 13.6.1953 Olomouc; Tochter des Schriftst. u. Dissidenten Jan Procházka (1929–1971) u. Schwester der Publizistin Lenka P. (* 1951), Kindheit u. a. in Prag, 1972 Abitur, durfte wegen des polit. Engagements des Vaters kein Stud. aufnehmen, Arbeit als Putzfrau, war ab 1975 literarisch tätig, erhielt Publikationsverbot, 1983 Emigration, lebte zunächst in Wien, ab 1986 als Mitarb. eines Theaters in Konstanz u. ab 1988 in Bremen, betrieb mit ihrer Familie ein Puppentheater, zudem wieder lit. Arbeit, ab 1990 Zus.arbeit mit dem Tschech. Fernsehen (ČT), lebte ab 1995 wieder in Prag, war dort ab 1998 Chefred. u. Produzentin beim ČT, ab 2001 freie Schriftst., Ehefrau des Regisseurs Ivan Pokorný (* 1952), lebt in Prag; Veröff. in tschech. u. dt. Sprache; verfaßte einen Tl. ihrer Werke auch in beiden Sprachen; wurde vor allem als Autorin anspruchsvoller u. realist. Kdb. u. Jgdb. bekannt; schrieb zudem Krimis, Dramen u. Drehb.; auch Bearb. von Texten ihres Vaters. – u. a. Dt. Jugendlit.preis (1989), Tschech. Kdb.preis (1991, 1996), Öst. Kinder- u. Jgdb.preis (1993), Kdb.preis des Landes Nordrhein-Westf. (1994), Evang. Buchpreis (2008). – Autorin, Fernseh- u. Theatermacherin.

Schriften: Der Sommer hat Eselsohren (Kdb., Illustr. v. S. Sörensen) 1984 (Übers.); Die Witwe des Dichters (Drama u. Ged., als Ms. vervielfältigt) 1986 (Übers.); Im Schatten der Rabenflügel (Kinderdrama) 1986; Palo, der Fiedler (Kinderdrama) 1987; Die Zeit der geheimen Wünsche (Kdb., Illustr. v. P. Knorr) 1988 (Übers.); Däumelinchen (Kinderdrama) 1989; Wer spinnt denn da? (Kdb., Illustr. v. R. Vogel) 1990 (Übers.); Auf dem Weg zur Sonneninsel oder Mach auf, Oliver! (Kinderdrama, mit I. POKORNÝ) 1990; Mittwoch schmeckt gut (Kdb., Illustr. v. K. Lechler) 1991; Fünf Minuten vor dem Abendessen (Kdb., Illustr. v. V. Pokorný) 1992; Marco und das Zauberpferd (Kdb., Illustr. v. E. Reuter) 1994; 2 x 9 = Hamster oder Fabian, der Felsenhocker (Kdb., Illustr. v. D. Geisler) 1994; Eulengesang (Rom., unter Mitarb. v. A. POKORNY) 1995; Entführung nach Hause (Jgdb., unter Mitarb. v. V. POKORNY) 1996; J. Procházka, David und der Weihnachtskarpfen (Bearb., Illustr. v. P. Waechter) 1997; J. Procházka, Was für eine verrückte Familie (Bearb., Illustr. v. P. Waechter) 1998; J. Procházka, Sankt Nikolaus geht durch die Stadt (Bearb., Illustr. v. P. Waechter) 1998; Carolina. Ein knapper Lebenslauf (Jgdb., unter Mitarb. v. V. POKORNY) 1999; Vinzenz fährt nach Afrika (Kdb., Illustr. v. E. Tessmer) 2000; Elias und die Oma aus dem Ei (Kdb., unter Mitarb. v. A. POKORNY, Illustr. v. M. Goedelt) 2003; Wir treffen uns, wenn alle weg sind (Rom.) 2007; Die Nackten (Jgdb.) 2008; Auch Mäuse kommen in den Himmel (Kdb., unter Mitarb. v. A. BEIMS, Illustr. v. M. Ludin) 2011; Orangentage (Jgdb.) 2012; Der Mann am Grund. Der erste Fall von Kommissar Holina (Kriminalrom.) 2018 (Übers.); Die Residentur (Thriller) 2020 (Übers.). – Zudem zahlr. Veröff. in tschech. Sprache.

Bibliographie: Kat.-Lex. zur öst. Lit. des 20. Jh. 2: Lieferbare Titel 2 (hg. G. RUISS) 1995, 177.

Literatur: Munzinger-Archiv. – G. KASSENBROCK, ~ erhält den Evang. Buchpreis 2008 (in: Der Evang. Buchberater 62) 2008, H. 1, 2–6; H.-J. GELBERG, Die Welt hat Zähne (in: JuLit. Informationen 34) 2008, H. 1, 40–44; D. FRICKEL, Wo ist der Sinn?

Postmodernes postmodern erzählt in ~s ‹Die Nackten› (in: Praxis Dt. Zs. für den Dt.unterricht 37) 2010, H. 224, 52–58; R. CORNEJO, Heimat im Wort. Zum Sprachwechsel der dt. schreibenden tschech. Autorinnen u. Autoren nach 1968. Eine Bestandsaufnahme, 2010, 108, 145 u. ö. MM

Prochnow, Colmar → Rathke, Peter.

Profijit, Jutta (geb. Schlepütz, Ps. Judith Bergmann), * 4.1.1967 Ratingen; 1986 Abitur in Ratingen, danach berufl. Tätigkeit in Frankreich, Ausbildung zur Exportkauffrau für Maschinen- u. Anlagenbau sowie zur Übers. für Handelsengl. u. -frz., danach Projektmanagerin im Anlagen- u. Maschinenbau, 1996–2006 freie Doz. für Wirtschaftsengl. u. -frz., zudem IHK-Prüferin, ab 2006 freie Schriftst., lebte bis 2011 in Mönchengladbach u. danach in Korschenbroich; verfaßte u. a. Kriminal- u. andere Rom., Kurzkrimis u. Erz.; engl.-dt. Übersetzungen. – Friedrich-Glauser-Preis (2018). – Kauffrau, Doz., Übers., Schriftstellerin.

Schriften: Motiv: Münsterschatz. Ein Krimi um das Mönchengladbacher Münster, 2003; Das Tuch des Schweigens. Niederrhein Krimi, 2004; Delikatessenfriedhof (Kriminalrom.) 2005; Der Tod spielt mit. Kriminalroman vom Niederrhein (mit P. VOHWINKEL, C. HENN) 2006; Qui joue avec le feu (Lernkrimi in frz. Sprache) 2006; Tod im Treber (Kriminalrom.) 2007; Kühlfach 4 (Kriminalrom.) 2009; Im Kühlfach nebenan (Kriminalrom.) 2009; Schmutzengel (Rom.) 2010; Kühlfach zu vermieten (Kriminalrom.) 2010; Tout un fromage (Lernkrimi in französ. Sprache) 2010; Le dernier adieu (Lernkrimi in französ. Sprache) 2010; Blogging Queen (Rom.) 2011; Kühlfach betreten verboten (Kriminalrom.) 2012; L' heure volée (Lernkrimi in frz. Sprache) 2012; Möhrchenprinz. Die Liebe ist kein Biohof! (Rom.) 2013; Knast oder Kühlfach (Kriminalrom.) 2014; Green Blogging. Selbstversorgung zwischen Lust und Frust (Sachb., Illustr. v. S. Bespaluk) 2014; Sous nos yeux (Lernkrimi in frz. Sprache) [2014]; L'or du diable (Lernkrimi in frz. Sprache) [2014]; Allein kann ja jeder (Rom.) 2015; Zusammen ist (k)ein Zuckerschlecken (Rom.) 2016; Tote Tunte (Kriminalrom.) 2016; Unter Fremden (Kriminalrom.) 2017; Alle für einen (Rom.) 2018; Gerecht ist nur der Tod (Kriminalrom.) 2020.

Übersetzungen: Culina Mundi (Red. C. JANY) 2006; Mittelmeerinseln. Mediterrane Köstlichkeiten (Red. E. BONNET) 2006; G. Başan, Türkisch kochen, 2008; M. Medina-Mora, A. Ayala, Mexikanisch kochen, 2008; M. Butterfield, J. Smith, Das geheime Erbe: Inspektor Wuff in geheimer Mission, 2008; dies., Der Piratenschatz: Inspektor Wuff in geheimer Mission, 2008; M. Roux, Ofenfrisch. Süsse & herzhafte Spezialitäten, 2009; J. Price, Fein und festlich. Genussvoll und leicht serviert, 2009; S. Shepherd, Glutenfrei kochen. Über 120 köstliche Rezepte, 2009; K. Gandy, Essen für zwei. Abwechslungsreiche und gesunde Ernährung in der Schwangerschaft, 2011.

Literatur: Liton.NRW (Internet-Edition).
MM

Prückner, Tilo (Ps. August von Unflath), * 26.10.1940 Augsburg, † 2.7.2020 Berlin; Sohn eines Mediziners, Gymnasialbesuch in Nürnberg, als Jugendlicher erste Auftritte als Schauspieler, 1960 Abitur, Stud. der Rechtswiss. in Erlangen ohne Abschluß, Schausp.-Ausbildung in München, spielte dort ab 1962 am Theater der Jugend, ab 1964 am Stadttheater St. Gallen, ab 1966 an den Städt. Bühnen Oberhausen, 1968/69 am Schausp.haus Zürich, dann bis 1973 an der Berliner Schaubühne, danach vor allem Film- u. TV-Auftritte (u. a. als «Tatort»-Kommissar), Gastspiele u. a. am Bayer. Staatsschausp. in München u. an den dortigen Kammerspielen, auch Regie-Arbeiten am Theater; lebte in Berlin; u. a. Dt. Darstellerpreis (1976), Max-Ophüls-Preis (1980); wurde als Schauspieler zunächst durch Rollen in Werken des Neuen Dt. Films bekannt (u. a. «Die Verrohung des Franz Blum», 1974); Profilierung u. zunehmende Popularität durch ein breites schauspieler. Spektrum, das von schrulligen Außenseitern über kom. Rollen bis zu polizeil. Ermittlern reichte; Zus.arbeit mit wichtigen dt. Regisseuren wie Hans W. Geißendörfer, Wolfgang Petersen u. Edgar → Reitz; verfaßte Dramen, Hörsp., Drehb. u. einen Roman. – Schauspieler, Regisseur, Schriftsteller.

Schriften: Gilgamesch und Engidu (Kinderst., mit R. TEUBNER) 2 Tle., 1973, 1975 (gedr. 1981); Abbagamba (Hörsp.) 1987; Meier muss Suppe essen (Drama) 1999; Willi Merkatz wird verlassen (Rom.) 2013.

Nachlaß: StB München (Briefw. im Nachlaß Jörg Hube).

Literatur: Munzinger-Archiv. – H. HUBER, Langen Müller's Schauspielerlex. der Ggw. Dtl. Öst. Schweiz, 1986, 774 f.; Film in der BRD (hg. H.

MÜLLER) 1990, 123; K. WENIGER, Das große Personenlex. des Films 6, 2001, 346 f.; Filmportal.de (hg. Dt. Filminst.) o. J., https://www.filmportal.de/person/tilo-prueckner. MM

Pruschmann, Tina, * 5.4.1974 Schmalkalden; wuchs in Gera auf, ab 1996 ergotherapeut. Ausbildung, 1999–2006 Stud. der Soziologie u. Sozialen Verhaltenswiss. an der Fernuniv. Hagen, 2009–15 Doz. an Schulen in Leipzig, ab 2010 auch freie Texterin u. Ghostwriterin, ab 2016 zudem Doz. für Kreatives Texten an der Vitruvius-Hochschule in Leipzig; lebt in Leipzig; publizierte sozialpsycholog. u. ergotherapeut. Fachtexte; Veröff. u. a. in «Die Horen» (Göttingen). – Texterin, Doz., Soziologin, Ergotherapeutin, Schriftstellerin.

Schriften: Lostage (Rom.) 2017; Gottgewollt. Das Leben der Ordensschwestern von der heiligen Elisabeth (Bildbd., Fotos v. M. Warmuth) 2019. MM

Przybilka, Thomas, * 19.3.1950 Berlin (Ost); Kindheit zunächst in der DDR, lebte ab 1957 in der BRD, war ab 1969 Buchhändler in Bonn, dort 1989 Gründung des «Bonner Krimi Arch. Sekundärlit.» (BoKAS) u. ab 1998 Hg. von dessen Newsletter «Krimi-Tipp», daneben ab 1991 Mitgl des «Syndikats» u. dort bis 2007 Sekretär der Jury des Friedrich-Glauser-Preises, 1998–2015 Niederlassungsleiter einer Buchhandlung, war 2010 mit Alfred Miersch (*1951) Hg. der kurzlebigen Zs. «Die Alligatorpapiere. Magazin zur Kriminallit.» (Wuppertal), auch dt. Vorsitzender u. ab 2004 westeurop. Vizepräs. der «International Association of Crime Writers», zudem Mitgl. in der Jury des Dt. Krimipreises, lebt seit 1960 in Bonn; trat u. a. mit bibliogr. Arbeiten zur Kriminallit. hervor; verfaßte auch Kurzkrimis; zudem Beschäftigung mit dem Werk einzelner Krimi-Autoren, darunter Jacques Berndorf (*1936). – Ehrenglauser (2012). – Buchhändler, Verbandsfunktionär, Krimi-Forscher u. -Autor.

Schriften: Krimi-Frauen, Frauen-Krimi. Eine Auswahlbibliographie der Sekundärliteratur zu weiblichen Autoren und Detektivfiguren der Kriminalliteratur, 1989; Krimis im Fadenkreuz. Kriminalromane, Detektivgeschichten, Thriller, Verbrechens- und Spannungsliteratur der Bundesrepublik und der DDR 1949–1990/92. Eine Auswahlbibliographie der deutschsprachigen Sekundärliteratur, 1998; Siggi Baumeister oder eine Verfolgung quer durch die Eifel. Die ‹Eifel-Krimis› des Jacques Berndorf (mit G. LEHMER-KERKLOH, A. IXFELD) 2001; J. Hindersmann, John Le Carré. Der Spion, der zum Schriftsteller wurde. Portrait und Bibliografie (Mitarb.) 2002; D. P. Rudolph, Die Zeichen der Vier. Astrid Paprotta und ihre Ina-Henkel-Kriminalromane (Bibliogr. von P.) 2007.

Herausgaben: Proceedings of the XVI. AIEP/IACW conference 2003, September 18th–September 22nd Daun/Eifel (Germany), 2004.

Literatur: Lex. der dt.sprachigen Krimiautoren (Red. A. JOCKERS, R. JAHN) 2002, 212. MM

Puchianu, Carmen Elisabeth, * 27.11.1956 Kronstadt (rumän. Brașov); ab 1971 Gymnasialbesuch in Brașov, 1975 Abitur, 1975–79 Stud. der Germanistik u. Anglistik in Bukarest, danach als Lehrerin tätig, u. a. ab 1983 in Brașov, war dann ab 1995 Doz., ab 2007 a.o. Prof. u. ab 2017 o. Prof. an der dortigen Univ., dazw. 2004 Promotion zum Dr. phil. in Bukarest («Der Splitter im Auge oder Lebensform Schriftst. Krit. Auseinandersetzung anhand von Thomas Manns Erzählwerk»), 2016 Habil. («Lit. als Performance. Germanist. Forschung u. Lehre im Spannungsfeld der Performativität oder unterwegs zu einem Konzept angewandter performativer Stud.»), war Vorsitzende des Dt.-Rumän. Kulturver. Brașov, im student. u. Laien-Theater tätig, lebt in Brașov; verfaßte u. a. Rom., Erz., Ged. sowie dt.-rumän. u. ungar.-dt. Übers.; germanist. Arbeiten (u. a. über Thomas → Mann, rumäniendt. Lyrik) u. Hg. wiss. Sammelbde.; Veröff. u. a. in «Euphorion» u. «Passauer Pegasus». – Pädagogin, Germanistin, Schriftstellerin.

Schriften: Das Aufschieben der zwölften Stunde auf die dreizehnte (Ged.) Cluj-Napoca 1991; Amsel – schwarzer Vogel (Erz.) 1995; Das Schulspiel im Deutschunterricht und ausserhalb desselben. Methodisch-didaktische Erwägungen. Ein Handbuch für Deutschlehrer, 1996; Deutsche Literatur des 17. und 18. Jahrhunderts. Tendenzen und Gattungen. Ein Abriß, 2 Bde., Brașov 1996, 1997; Der Ameisenhaufen und andere Geschichten, Brașov 1998; English drama from the middle ages to the seventeenth century, Bukarest 1999; Ein Stückchen Hinterhof. Novellistische Familienchronik, Sibiu 2001; Unvermeidlich Schnee, 2002; Der Splitter im Auge. Überlegungen zur Interpretation einiger Erzählwerke von Thomas Mann, 2006; Der Begräbnisgänger (Erz.) 2007; Verortete Zeiten (Ged.) Brașov 2008; Literatur im Streiflicht. Germanistische Aufsätze, Rezensionen, Würdigungen, ebd.

2009; Patula lacht (Rom.) 2012; Roter Strick und schwarze Folie. Postmoderne Theateradaptionen auf den Leib geschrieben, ebd. 2016; Die Professoressa. Ein Erotikon in gebundener und ungebundener Rede, 2019.

Übersetzungen: G. Szávai, Spaziergang mit Frauen und Böcken (mit K. Ambrus) 1999; R. Wagner, Miss București, Bukarest 2008.

Herausgaben: Tagung Kronstädter Philologie Fachbereich Germanistik zum Theodor-Fontane Gedenkjahr 1898–1998, Kronstadt, 24.–26. April 1998, Brașov 1999; Arbeitstagung Kronstädter Germanistik, 11.–14. März 1999, ebd. 2000; III. Arbeitstagung Kronstädter Germanistik 2001, ebd. 2001; ‹Cercetare și creativitate›. Studii critice de anglistică, germanistică și romanistică (mit L. Alic u. a.) ebd. 2001; IV. Arbeitstagung Kronstädter Germanistik zum 75. Todestag Rainer Maria Rilkes, ebd. 2002; Germanistik im dritten Millennium – ungeahnte Möglichkeiten oder Sackgasse? V. Arbeitstagung Kronstädter Germanistik, 21.–24. März 2002, Kronstadt, ebd. 2003; VI. Arbeitstagung Kronstädter Germanistik 2003, ebd. 2004; VII. Arbeitstagung Kronstädter Germanistik 2004, ebd. 2005; VIII. Arbeitstagung Kronstädter Germanistik 2005, ebd. 2006; Germanistik und Bologna – Strategien, Tendenzen, Ziele. IX. Arbeitstagung Kronstädter Germanistik, ebd. 2007; ‹Der Stoff aus dem unsere Träume sind ...›, ebd. 2008; ‹Erinnern und Vergessen›. Zum identitätsbildenden Beitrag der Deutschsprachigkeit im mittel- und osteuropäischen Raum. Festschrift für Joachim Wittstock zum 70. Geburtstag, ebd. 2009; Lachgeschichte(n). Humor u. seine Spielarten in der deutschen Sprache und Literatur. XII. Internationale Tagung Kronstädter Germanistik, ebd. 2010; Es schlägt 13! Aberglaube, Mythos und Geschichte(n) in der deutschen Sprache und Literatur des mittel- und osteuropäischen Kulturraumes. XIII. Internationale Tagung Kronstädter Germanistik veranstaltet vom Lehrstuhl für Fremdsprachen und Literatur der Transilvania Universität Kronstadt in Zusammenarbeit mit der Gesellschaft der Germanisten Rumäniens, 15.–17.04.2010, ebd. 2011; Vernetzte Welt(en). Germanistik zw. -täten u. -ismen, 2012; Norm und Abnorm in der deutschen Sprache und Literatur, 2013; Authentizität, Varietät oder Verballhornung. Germanistische Streifzüge durch Literatur, Kultur und Sprache im globalisierten Raum, 2014; Einmal von Eros zu Thanatos und zurück, bitte!, ebd. 2016; Konstruktionen von Männlichkeit und Weiblichkeit in der deutschen Kultur, Literatur und Sprache, ebd. 2017; ‹Es ist keine Lehre so närrisch oder schändlich, die nicht auch Schüler und Zuhörer finde›. Luthers Reformation und deren Wirkung auf Kultur, Literatur und Sprache im deutschsprachigen Raum Mittel- und Südosteuropas, ebd. 2018; ‹Die Mühen der Gebirge liegen hinter uns, vor uns liegen die Mühen der Ebenen›. Literatur, Sprache und Politik. Bertolt Brecht zum 120. Geburtstag, ebd. 2019.

Literatur: M.-V. Lăzărescu, ‹Unvermeidlich Schnee› (in: Zs. der Germanisten Rumäniens 13/14) 2004/05, 489–492; dies, ‹Ich kann keine Dialoge schreiben› (in: Germanist. Beitr. 22/23) 2008, 114–122; dies, ‹Schau, das Leben ist so bunt›. Selma Meerbaum-Eisinger, Karin Gündisch u. ~. Drei repräsentative dt. schreibende Autorinnen aus Rumänien, 2009; dies., Frauengestalten im Werk der Kronstädter Autorin ~ (in: Die fiktive Frau. Konstruktionen von Weiblichkeit in der dt.sprachigen Lit., hg. A.-M. Pălimariu, E. Berger) Iași 2009, 209–221; R. Elekes, Der postmoderne ‹Mischling› u. die Lyrik. Rumäniendt. u. rumän. Lyrik der 80er Jahre zw. ‹Aistanesthai› u. Ästhetisierung am Beispiel ~s (in: Begegnungsräume von Sprachen u. Literaturen. Stud. aus dem Bereich der Germanistik. 3. Internat. Germanistentagung, Großwardein, Oradea, Nagyvárad 18.–20. Februar 2009, hg. S. János-Szatmári) Cluj-Napoca 2010, 359–367; E. Berger, ‹Lachen gegen den Tod›. ~s ‹Der Begräbnisgänger› (in: Lachgeschichte(n). Humor u. seine Spielarten in der dt. Sprache u. Lit. XII. Internat. Tagung Kronstädter Germanistik [...], hg. C. E. P.) Brașov 2010, 35–48; D. Cotârlea, In der Freiheit schreiben. Autorintention u. Lesererwartungen nach der Wende 1989 unter Berücksichtigung des Bd. ‹Amsel – schwarzer Vogel› von ~ (in: Meridian critic 17) 2011, H. 1, 261–268; A. Greavu, Todestrieb u. Erotik in einigen Prosatexten von ~ (in: Es schlägt 13! Aberglaube, Mythos u. Gesch.(n) in der dt. Sprache u. Lit. des mittel- u. osteurop. Kulturraumes [...], hg. C. E. P.) Brașov 2011, 161–172; R. Elekes, Körper, Tod u. der mag. Realismus. Zu ~ Kurzprosa (in: Beitr. germanist. Nachwuchskräfte 2) 2012, 128–139; M.-V. Lăzărescu, Lyr. u. epische Ausdrucksmittel in den Texten ~ (in: Dt. Lit.tage in Reschitza 2006–2010. Vorträge, Stud., Ber., hg. E. Țigla) Reșița 2012, 229–237; R. Ekes, Zeitgeist u. Lit. am Beispiel der Lyrik von ~ (in: ebd.) ebd. 2012, 238–245;

M.-V. Lăzărescu, Der lit. Text zw. Fiktionali-‹tät› u. Authentizi-‹tät› am Beispiel der Gesch. ‹Nach-Lese. Eine kleine Karpateske› von ~ (in: Vernetzte Welt(en). Germanistik zw. -täten u. -ismen, hg. C. E. P.) 2012, 39–51; M.-V. Lăzărescu, ‹Nicht alles, was einen beeindruckt oder was einem begegnet, vermag später erinnert zu werden.› Zum Rom. ‹Patula lacht› von ~ (in: Norm u. Abnorm in der dt. Sprache u. Lit., hg. C. E. P.) 2013, 79–89; M. Sass, Erinnerungsdiskurs u. Identitätskonstruktion in ~s Rom. ‹Patula lacht› (in: Germanist. Beitr. 32) 2013, 42–62; C. Chiriac, Der Lit. u. dem Theater verschrieben. Zu Besuch bei Dr. ~ (in: Dt. Jb. für Rumänien 2016) 2016, 172–176; Schreiben zw. Kulturen. FS (hg. D. Cotârlea) Braşov 2017; D. Cotârlea, Fiktion u. Fakten am Beispiel ~s Prosabd. ‹Amsel – schwarzer Vogel› (in: Germanist. Beitr. 40) 2017, 48–62; Kontaktzonen lit. Übers. Literarische Beitr. von Johann Lippet, Liviu Rebreanu u. ~ (hg. F. Kührer-Wielach) 2017; ~ (in: Germanistenverz., Red. F. Dimpel, hg. Dt. Akadem. Austauschdienst, Gesellsch. für Hochschulgermanistik) 2018, www.germanistenverzeichnis.phil.uni-erlangen.de/. MM

Pütz, Claudia (Ps. clapü), * 14.5.1958 Düren; 1976–83 Mitarb. der Dt. Bahn, 1982 Abendabitur, 1985–92 Stud. der Germanistik, Philos. u. Psychologie, 1986–2009 Mithg. von «PIPS. Zs. für UnZeitgeist u. UnKomMerz & Objektlit.» (Bonn), 1989/90 Drehb.-Stud. an der Filmhochschule München, ab 1995 als Autorin von Drehb. tätig, zunächst für dt. TV-Sender (u. a. ARD u. ZDF) u. ab 2001 für das Schweizer Fernsehen; lebt in Bonn; verfaßte u. a. Rom., Erz. u. Lyrik; Veröff. u. a. in «Litfass. Berliner Zs. für Lit.» u. «Am Erker. Zs. für Lit.» (Münster). – (Neben weiteren Auszeichnungen) Lit.preis des Landes Nordrhein-Westf. (1987). – Drehb.autorin, Schriftstellerin.

Schriften: Morphinblaue Engel und andere halbseidene Geschichten, 1988; H-um-M-DI-DUMM-welt. Eine abwässerliche Geschichte, 1989; Im Namen der Dose (Erz.) 1992; Vor die Hunde gehn (Ged.) 1993; Kakapo im Regenwald (Kunstbuch, Illustr. v. A. Girardetti) 1993; Moderne Gladiatoren (Prosa) 1993; Redgruetz (Prosa, Illustr. v. B. Heidtmann) 1997; Lucrezia & Hippolyt. Ein Paradiesroman 1997; Königliche Reime (mit Folienschnitten v. I. Rensch) 1997; Vom andern Stern (Rom.) 1999; Der Stau, der Staufreund, seine Staufreundin. Ihr kleines Staupaket, [1999]; Der singende Trampolinspringer (Erz., Illustr. v. K. Eckart) 2001.

Herausgaben: Liebe, Tod & Teufelin. Eine Lesben-Anthologie (mit L. Wilcke) 1988.
MM

Pullirsch, Ludwig, * 27.7.1936 Steyr; Sohn eines Volksschullehrers, Matura in Steyr, Besuch einer Handelsakad. in Wien, danach Einrichtungsberater, seit 2002 im Ruhestand; lebt in Steyr; verfaßte u. a. Erlebnisber., eine lit. Aufarbeitung der Tagebücher seines Vaters sowie eine Monogr. über Aloys → Blumauer. – Einrichtungsberater, Schriftsteller.

Schriften: Unterwegs mit offener Seele (Erlebnisber.) 2004; Die Engel von Christkindl. Assoziationen und Phantasien, 2004; Aloys Blumauer. Ein vergessener österreichischer Dichter. * Steyr 1755 – † Wien 1798, 2005; Sammelsurium. Texte, Bilder, Fotos (mit L. Pullirsch-Dussourd) 2006; Hineingeboren (biogr. Erz.) 4 Bde., 2008–11. MM

Pump, Jürgen, * 20.5.1939 Berlin; Sohn eines Molkereimeisters, ab 1954 Ausbildung zum Tischler in Hohen Viecheln, war ab 1957 dort u. in Schwerin im erlernten Beruf tätig, 1963/64 Militärdienst, danach Schiffsführer eines Löschboots, daneben 1968–70 Besuch der Abendoberschule Wismar u. 1988 der Fachschule für Brandschutzwesen in Biederitz-Heyrothsberge, Ingenieur für Brandschutzwesen, 1990–2001 Red. von «Das Poeler Inselbl.» (Kirchdorf) u. dort danach weiterhin Beiträger, ab 1990 auch Mitgl. des Bundes Ndt. Autoren, lebt in Kirchdorf (Poel); schuf vor allem ndt. Prosa u. Lyrik sowie hd.-nd. Übers.; zudem Monogr., Aufs. u. Artikel über die Insel Poel, ihre Gesch. u. örtl. Persönlichkeiten; Veröff. u. a. in «Ostsee-Anz.» (Wismar), «Mecklenb.-Magazin» (Schwerin), «Heimatkurier» (Schwerin) u. «Johannes-Gillhoff-Jb.» (Bargeshagen). – Johannes-Gillhoff-Lit.preis (2014). – Tischler, Ingenieur, Journalist, Historiker, Mundartautor.

Schriften: Mien Fäuhl'n in Riemels sett't, 1990; Ut Dörpsmitt Dunner Gläunichs Läben (Illustr. v. H. Krüger) 1990; Wohre Loegen un Peuler Wohrheiten (mit R. Fraederich, Illustr. v. A.-M. Röpcke) 2 Bde., 1993, 1995; Die Insel Poel in alten Ansichten, 10 Bde., Zaltbommel 1993–2006; Peuler Handbauk för Droensnacks un Tünkram (Illustr. v. ders.) 1994; Von der ‹Brandwehr› zur

Freiwilligen Feuerwehr. 70 Jahre Freiwillige Feuerwehr Kirchdorf/Insel Poel (hg. Gemeindeverwaltung Insel Poel) 1995; Vergnäugt tau sien is kein Verbräcken. Droensnacks un Tünkram, 1997; Poeler Fischer-Köpfe. Gesichtslandschaften (Illustr. v. B. Molea) 1997; Von der Fischerei bis zum Bootsbau auf der Insel Poel (Texte von P. u. A.-M. Röpcke, Red. dies., hg. Gemeinde Insel Poel) 2004; Karl Christan Klasen 1911–1945. Ein Maler entdeckt die Insel Poel (Texte v. P. u. A.-M. Röpcke, hg. Förderver. des Heimatmus. der Insel Poel) 2004; Gesichter & ihre Geschichten. Bildnisse Poeler Fischer. Karl Christian Klasen, 1911–1945 (Text v. P., hg. Karl-Christian-Klasen-Gesellsch. Malchow) 2011; Die Insel Poel anno dunnemals. Vergangenes in Wort und Bild. 850 Jahre Insel Poel (hg. Poeler Faschingsclub ‹Fischköpp ahoi›) 2013; Geleitbreif tau dei 850-Johr-Fier up dei Ostseeinsel Peul 2013, 2013.

Übersetzungen: Sagen von der Insel Poel. Von Späukers, Lücht un Bullerjahns. Poeler Sagen auf Hochdeutsch und Plattdeutsch erzählt (plattdt. Übers. v. P., Red. A.-M. Röpcke, hg. Förderver. des Heimatmus. der Insel Poel) 2002.

Herausgaben: Dunner Gläunich un siene wohren Loegen, 2015.

Literatur: B. Sowinski, Lex. dt.sprachiger Mundartautoren, 1997, 465; Th. Honisch, Profile aus Nordwestmecklenb., Wismar, Grevesmühlen u. Ostseeküste. Bürger unserer Zeit, Bd. 2, 2002, 240 f.; W. Mahnke, Grußwort u. Laudatio auf ~ (in: Johannes-Gillhoff-Jb. 12) 2015, 30–35; P. Hansen, ~ (in: ders., Die ndt. Lit.) [o. J.], www.niederdeutsche-literatur.de/autoren/.

MM

Pundsack, Livius, * 29.9.1962 Braunschweig; war 1999–2008 Büroleiter bei einem Anwalt in Berlin; lebt in Bremen; verfaßte vor allem Lyrik, Erz. u. andere Prosa; Veröff. u. a. in «Stint. Zs. für Lit.» (Bremen). – Angestellter, Schriftsteller.

Schriften: Vanina Vanini (Erz.) 1988; Der Schlächter von Bersenbrück. Bürgerliche Geschichten, 1989; Verse, 1992; Margery Lee (Erz.) 1993; Erinnerungen an Mannheim (Erz.) 1994; Paroles, 1994; Die Leute von Tequila, 1996; Dummer, dummer Reitersmann, 1997; Lyrische Blätter, 1998; Marinierte Prosa, 1998.

MM

Puppe, Peter, * 11.12.1943 Kalisch (poln. Kalisz); Militärdienst, Leutnant der Reserve, später Kriegsdienst-Verweigerer, Stud. der Behindertenpädagogik an der Univ. Hamburg, Staatsexamen, Lehrer u. zuletzt Konrektor in Bremen, nach der Pensionierung freier Lektor, auch Sprecher, Amateur-Schauspieler u. Regisseur, Aktivist für Sterbehilfe u. Tätigkeit als Sterbeberater, zudem bis 1995 polit. Engagement bei den Grünen (u. a. 1981/82 Mitgl. des Bundesvorstandes), gehörte zeitweise auch dem Stadtteil-Beirat für Bremen-Mitte an, lebt in Bremen; verfaßte vor allem Ratgeber u. andere Texte zum Thema Sterbehilfe, zudem u. a. Rom., Erz. u. humorist. Texte. – Pädagoge, Sterbeberater, Politiker, Schriftsteller.

Schriften: ‹Hey Du!› Limits exist only in your mind. Eine außergewöhnliche Liebe offenbart sich im Briefwechsel zwischen der 16jährigen Mirjam und dem 45jährigen Peter, 2003; ‹Der Fuchs oder Verständnis für Judas› und andere Begegnungen (Erz.) 2004; Es wird scho glei dumpa. Der etwas andere Adventskalender des Literaturforums ‹gruppe-vier-w› mit 23 Türchen zum Aufblättern (Red.) 2005; Sterbehilfe – die letzten Wochen des Klaus G. Zur Illusion humanen Sterbens in Deutschland, 2006; ‹Ich sterbe mich›. Aus dem Alltag deutscher Sterbehelfer, 2010; Sterbehilfe 4+1. Wege zum selbstbestimmten Sterben, 2014; Mimi Muskaneder und der Todesengel von Augsburg (Krimi) 2014; Das ganz normale Leben der Else Katschmauch (Rom.) 2015; Sterbehilfe oder Leiden. 110 Betroffene haben das Wort, 2016; Sanfte Sterbehilfe ohne Arzt. Der sanfte Tod HEUTE (Ratgeber) 2016; ... auf dem Mantelsaum Gottes, 2016; ... will noch ein wenig quinquilieren (humorist. Texte) 2017; Der sanfte Tod 2017 (Ratgeber) 2017; Der sanfte Tod 2018/2019 (Ratgeber) 2018; Suizidhilfe und Methoden. Der sanfte Tod 2019 (Ratgeber) 2019; Der sanfte Tod 2019/2020 (Ratgeber) 2019; Suizidhilfe Methoden. Der sanfte Tod 2020 (Ratgeber) 2019; Vergiss Jens Spahn: Der sanfte Tod 2020/21 (Ratgeber) 2020; Helium: Der sanfte Tod 2020/21 (Ratgeber) 2020; Ich sterbe mich: Uwe-Christian Arnold (1944–2019) zum Gedenken, 2020; Nein, ich kau nicht meine Nägel ... 1960–2021 im Spiegel persönlicher Briefe. Ein Selbstbildnis der Zeitgeschichte, 2021.

MM

Puvogel, Ehlert (Hans Detlef) (Ps. Detlef Ehlert, Gödeke Michaels), * 19.3.1946 Hamburg; arbeitete als Maurer, Taxifahrer u. Geologe, betrieb zuletzt den Puniao-Verlag in Berlin; lebt in Berlin; illustrierte seine Werke selbst. – Geologe, Handwerker, Verleger, Schriftst., Illustrator.

Schriften: Das Jahr Null. Eine erdachte Geschichte über die Weisen von Bethlehem (Jgdb.) 2000; Himmlische Gefilde. Eine Wanderung durch den chinesischen Garten in Berlin-Marzahn (mit Yú Lìfēn) 2001; Kleine Paradiese. Eine Wanderung durch die Gärten der Welt, durch den balinesischen, koreanischen, japanischen, chinesischen und orientalischen Garten und die Themengärten im Erholungspark Berlin-Marzahn, 2007; Rede zur Einweihung des Lothar-Meyer-Denkmals in Varel, 2020.

Herausgaben: Sprengelfanzine (mit U. Bressem) 2017.

MM

Q

Quaderer, Benjamin, * 1989 Feldkirch/Vorarlberg; wuchs in Eschen-Nendeln/Liechtenstein auf, Auftritte bei Poetry Slams, studierte Germanistik u. Sprachkunst an der Univ. für angewandte Kunst in Wien sowie Kreatives Schreiben u. Kulturjournalismus an der Univ. Hildesheim, Mithg. der Lit.zs. «Bella triste», gehörte 2014 zur künstler. Leitung des Lit.festivals «Prosanova»; Mitgl. des Autorenverbandes «Lit. Vorarlberg»; lebt in Berlin. – Debütpreis des lit.Cologne (2020), Rauriser Lit.preis (2021). – Schriftsteller.

Überlieferung: Für immer die Alpen (Rom.) 2020.

FA

Queiser, Hans Robert (Ps. Robert O. Steiner), * 26.8.1921 Idar-Oberstein; war Soldat u. 1942–44 Kriegsberichterstatter im 2. Weltkrieg, 1945–48 in russ. Gefangenschaft, dann Rückkehr nach Dtl., 1949–87 freier Journalist (u. a. Gerichtsreporter); lebt seit 1949 in Köln; verfaßte u. a. utop. Rom., eine Autobiogr., Anekdotenslg. u. Sachbücher zur Weltgesch.; Veröff. u. a. im «Kölner Stadt-Anzeiger». – Journalist, Schriftsteller.

Schriften: Es geschah am dritten Tag (Zukunftsrom.) 1952; Eron. Ein Zukunftsrom. um die Liebe, 1953; Raumschiff ‹RM 1› fliegt zum Mars (Zukunftsrom.) 1954; Die große Mauer (Zukunftsrom.) 1955; Die Herren der anderen Erde (Zukunftsrom.) [1958]; Friede über der Atomwüste (Zukunftsrom.) 1961; Kostproben. Heiteres und Nachdenkliches aus Kölner Gerichtssälen, 3 Bde., 1980–90; Nachrichten aus der Eiszeit. Kontroverse naturwissenschaftlich Theorien über die Rätsel der Welt, 1988; ‹Du gehörst dem Führer!› Vom Hitlerjungen zum Kriegsberichter. Ein autobiographischer Bericht (hg. R. Schlosser) 1993; Zwischen Urknall und Sternenreise. Mensch und Erde am Anfang des 3. Jahrtausends, 1997; Kurzer Prozess. Anekdoten aus Kölner Gerichtssälen (Illustr. v. H. Schulmeyer) 1998; Schlagworte auf dem Prüfstand. Klima, Außerirdische, Urknall, Gene, Neandertaler, 2009.

Literatur: Kölner Autoren-Lex. 1750–2000. Bd. 2: 1901–2000 (bearb. E. Stahl) 2000, 221.

MM

Queißer, Wolfgang, * 16.5.1936 Pethau (heute zu Zittau); Sohn eines Gutsbesitzers, wuchs in Zittau auf, 1950–57 Gymnasialbesuch in Plön, danach Stud. der Medizin in Berlin, Freiburg/Br. u. Heidelberg, 1963 medizin. Staatsexamen, Medizinalassistent in Ludwigshafen, Rendsburg u. Freiburg/Br., 1965 Promotion zum Dr. phil. in Freiburg/Br. («Über die Wirkung verschiedener Zucker u. Zuckeralkohole auf den anorgan. Phosphatgehalt des Blutserums beim chron. Leberkranken»), dann wiss. Assistent am Patholog. Inst. in Kiel, ab 1967 Mitarb. am Zentrum für Innere Medizin an der Univ. Ulm, dort Qualifikation als Facharzt für Innere Medizin u. 1972 Habil. («Die Anwendung zytophotometr.-autoradiograph. Methoden für die Unters. der Proliferation normaler u. gestörter hämopoet. Zellsysteme»), ab 1971 an der zur Univ. Heidelberg gehörenden Medizin. Fak. an der Univ.klinik Mannheim tätig, dort ab 1975 Prof. für Internist. Onkologie u. 1977 Gründung des Onkolog. Zentrums, ab demselben Jahr leitender Arzt, ab 1989 auch Red. der Zs. «Onkologie» (Basel u. a.), 2001 Emeritierung, 2002–07 Berater für präventive Onkologie in Mannheim; Ausstellungen als Fotograf; lebt in Mannheim; verfaßte neben medizin. Fachveröff. u. a. Rom., Erz. u. eine Autobiographie. – Mediziner, Schriftsteller.

Schriften: Biographische Notizen. Das Leben eines Arztes und internistischen Onkologen, 2001; Menschen & Mitmenschen. Erzählungen, Kurzgeschichten, Reden, 2006; Gescheitertes Erbe (Rom.) 2008; Schicksale & ärztliches Handeln (Erz.) 2009; Dr. med. Albert Frosch (Erz.) 2011; Kathrins Begehren. Eine folgenschwere Reise in die Schweiz (Erz.) 2012; Wer ist schon makellos (Rom.) 2013; Ein Schattendasein (Rom.) 2014; Die Frauen. Der zweite Weg (Erz.) 2015; Im Netz der Heilkunde (Rom.) 2016; Zuffingers Dilemma (Rom.) 2017; Die Mutter. Ein Nachkriegsroman, 2019; Wer glaubt denn so was? (Rom.) 2020; Der Himmel brennt und andere Episoden, 2021. – Zudem zahlr. medizin. Fachpublikationen.

Herausgaben: Die Löwenjäger. 50 Jahre Karneval-Gesellschaft Mannheim-Käfertal (1959–2009), 2009; Chronik der Familie Queißer 2009, 2009; Das Queißer'sche Familienwappen, 2015; Die Queißer. Ein Lausitzer Bauerngeschlecht. 100 Jahre Verband der Familie Queißer e. V. 1919–2019, 2018.

Literatur: H. Huber, P. Drings, On the occasion of the 65th birthday of Prof. ~ (in: Onkologie 24) 2001, H. 3, 212 f.; R. Hehlmann, Laudatio für Prof. Dr. med. ~ (in: ebd.) 2001, Suppl. 5, 2 f.

MM

Quichotte (Ps. für Jonas Klee), * 1983 Köln; wuchs in Lindlar/Nordrhein-Westf. auf, besuchte das Gymnasium in Wipperfürth/ebd., 2003 Abitur, seit der Jugend als Rap-Musiker tätig, Mitbegr. der Band «Querfälltein», Lehramtsstud. in Köln, Gymnasiallehrer, gewann 2010 u. 2011 den Rap-Slam bei der dt.sprachigen Poetry-Slam-Meisterschaft, 2013 Teilnahme an der Einslive-Hörsaal-Comedy-Tour, Rundfunkauftritt im WDR, bildet mit Patrick → Salmen das Rap-Duo «Der Schreiner & Der Dachdecker», leitet Workshops für kreatives Schreiben u. Rap; lebt in Köln. – Talent Award der ARD-Fernsehsendung «Nightwash» (2012), Obernburger Mühlstein, Jury- u. Publikumspreis (2016), 2. Platz des Bielefelder Kabarettpreises (2018), Goldene Weißwurscht, Jury- u. Publikumspreis (2018), Herborner Schlumpeweck, Jurypreis (2018), Kaarster Stern, Publikumspreis (2018), St. Ingberter Pfanne, Publikumspreis (2019). – Komiker, Rapper, Autor.

Schriften: 111 absurde Rätselgeschichten (mit P. Salmen) 5 Bde. (I Du kannst alles schaffen, wovon du träumst. Es sei denn, es ist zu schwierig. Edition 1: Stadt, Land, Fluss – II Die Letzten werden die Ersten sein. Es sei denn, sie sind zu langsam. Kunst und Kultur – III Aufgeben ist keine Lösung. Außer bei Paketen. Edition 3: Filme & Serien – IV Der Holzweg ist das Ziel. Es sei denn, er führt nach Rom. Edition 4: Stadt, Land, Fluss II – V Die Torreichen siegen. Edition 5: Fußball) 2013–18; Es steht alles auf der Kippe, 2015; Klingelstreiche im Niemandsland. Pieces of Knolledge, 2017.

Tonträger (Ausw.): … Der Schöne Und Die Beats … (1 CD) 2009 (Eigenproduktion); Ehrliches Handwerk (mit P. Salmen, 1 CD) 2014; The Last Walz (mit dems., 1 CD) 2015.

Literatur: The Internet Movie Database (Internet-Edition). FA

Quilitzsch, Heinz Otto (Ps. u. a. Sidney King, H. O. Quitz, H. O. Singer, Kibi Williams), * 1919 Wien, † 1983 München; Ausbildung u. berufl. Arbeit als Schriftsetzer, war dann in der Werbung tätig, auch Red. in Wien, Soldat im 2. Weltkrieg, danach Autor von Genre-Rom. (vor allem Western, Krimi u. Abenteuer), betrieb zudem eine Werbe-Firma in Planegg, lebte u. a. in Gauting u. München; verfaßte u. a. Rom. u. Hörspiele. – Autor, Journalist, Werber.

Schriften (alle Titel Rom.) – Im Zeichen des Zweifels, 1948; Aus dem Dunkel kommt das Glück, 1950; Waffen für Morenga, 1950; Dschungelstation K 27, 1950; Kämpfer ohne Gnade, 1951; Die Gesetzlosen, 1951; Das Nachtgesicht, 1951; Die Geier des Llanos, 1951; Die graue Schlucht, 1951; Der Mann mit dem schlechten Ruf, 1951; Verrat in Texas, 1951; Kampf um die Braddock-Ranch, um 1951/52; Wer schneller schießt, um 1951/52; Der blaue Halbmond, 1952; Das Haupt der Vier, 1952; Blutige Erde, 1952; Gebrandmarkt, 1952; Vogelfrei, 1952; Die Gespensterreiter von Eldara, 1952; Der Boss von Henderville, 1952; Der Cowboyschreck, 1952; Der Linkshänder, 1952; Mann ohne Ehre, 1952; Der Blitztöter, 1952; Sheriff Scott trinkt Limonade, 1952; Der Todesreiter von Arkansas, 1952; Die Wölfe von Arizona, 1952; Einer rechnet ab, 1953; Die Peitschen-Lady, 1953; Straße ohne Rückkehr, 1953; Phantome in der Nacht, 1954; Todeswirbel in Nevada, 1954; Der Hinkende, 1954; Männer, die in Stiefeln sterben, 1954; Die Ranch der Geächteten, 1955; Horizont in Flammen, 1955; Der Bastard, 1955; Der Boss bleibt im Dunkeln, 1955; Fegefeuer, 1955; Ein harter Brocken, 1955; Ein Mann spielt Schicksal, 1955; Hurricane, 1955; Die Verlorenen, 1955; Sturm über Texas, 1955; Brennende Prärie, 1956; Warnung vor Sandy Fox, 1956; Nur eine einzelne Kugel, 1957; Der rote Strom, 1957; Staubige Fährte, 1957; Die vergessene Mannschaft, 1957; Liebe am Scheideweg, 1958; Begegnung mit Kitty, 1958; Einmaleins des Todes, 1958; Der Eidbrüchige, 1958; Kampf ohne Gnade, 1958; Gezählte Stunden, 1958; Mann ohne Zukunft, 1958; Ungleiche Freunde, 1958; Ein Sheriff hat keine Freunde, 1958; Die Treiberpeitsche, 1958; Ohne Erbarmen, 1959; Bebende Erde, 1959; Stadt in Angst, 1959; Verspieltes Leben, 1959; Pakt mit dem Teufel, 1960; Mit Pech und Schwefel, 1960; Fünf Kugeln für die Ewigkeit, 1960; Jagd auf Hurricane, 1960; Paß auf, Deruga!, 1960; Des Teufels rechte Hand, 1960; Töte oder stirb, 1960; Verraten und verkauft, 1960; Der gebrochene Pfeil, 1960; Colin Baxters großer Job, 1960; Aus dem Hinterhalt erschossen, 1961; Land des roten Staubes, 1961; Des Teufels rechte Hand, 1961; Sie alle fahren zur Hölle, 1961; In letzter Minute, 1961; Stirb wie ein Mann, 1961; Blei aus der Hölle, 1961; Im Hexenkessel von Nevada, 1962; Ein Mann spielt Schicksal, 1962; Der Boss im Hinterhalt, 1962; Der Bruder des Gehängten, 1962; Die endlose Spur, 1962; Ein Mann hält sein Wort, 1963; Heiße Kastanien, 1963; Die Besessenen, 1964; Der Doppelgänger, 1965; Unerbittliche Rache, 1965; Stampede, 1966; Ein Mann spielt Schicksal, 1966; Panik, o. J.;

Das Recht des Stärkeren, o. J.; Tödliche Freundschaft, o. J.; Ein Teufels-Job für Comber, o. J.; Ein Mann auf der Flucht, o. J.; Der Feigling, o. J.; Rogans letzter Tag, o. J.; Man nennt ihn Lassy, o. J.

Literatur: J. WEIGAND, Träume auf dickem Papier. Das Leihbuch nach 1945 – ein Stück Buchgesch., ²2018, 102 f. — MM

Quitz, H. O. → Quilitzsch, Heinz Otto.

Qunaj, Sabrina (Ps Ella Simon), * Nov. 1986 Bruck an der Mur/Steiermark; Besuch der Handelsakad. in Mürzzuschlag, dort Matura, Arbeit als Betreuerin von Studenten an einem Tourismus-College, zuletzt freie Schriftst.; lebt in Mürzzuschlag; publizierte vor allem Fantasy-, Jugend-, Frauen- u. hist. Rom., zudem Erzählungen. – Studentenbetreuerin, Schriftstellerin.

Schriften: Teufelsherz (Jgdb.) 2012; Elfenmagie (Fantasy-Rom.) 2012; Elfenkrieg (Fantasy-Rom.) 2012; Teufelstod (Jgdb.) 2013; Sternensommer (Jgdb.) 2014; Die Tochter des letzten Königs (hist. Rom.) 2014; Elfenmeer: Der Korallenfürst (Fantasy-Erz.) 2014; Elfenmeer (Fantasy-Rom.) 2014; Das Blut der Rebellin (hist. Rom.) 2015; Ein Gefühl wie warmer Sommerregen (Rom.) 2016; Der Ritter der Könige (hist. Rom.) 2016; Das Leuchten einer Sommernacht (Rom.) 2017; Die fremde Prinzessin (hist. Rom.) 2018; Bis wir wieder fliegen (Rom.) 2019; Der erste König (hist. Rom.) 2020. — MM

R

Raabe, Marc, * 1968 Köln; Kindheit in Erftstadt, Abitur, Stud. der Germanistik, Theater-, Film- u. Fernsehwiss. (ohne Abschluß), ab 1990 Gesellschafter u. Geschäftsführer einer TV- u. Medienproduktionsfirma in Köln; lebt ebd. – Unternehmer, Thriller-Autor.

Schriften: Schnitt (Psychothriller) 2012; Der Schock (Psychothriller) 2013; Heimweh (Psychothriller) 2015; Schlüssel 17 (Thriller) 2018; Zimmer 19 (Thriller) 2019; Die Hornisse (Thriller) 2020.

MM

Rab, Hermann, * vor 1480 (Bamberg), † 1534 Leipzig. – H. R., der sich 1486 in Leipzig immatrikulierte u. 1487 in den Dominikanerorden eintrat, absolvierte dort eine steile Ämterkarriere. 1490 erhielt er die Priesterweihe, 1499 war er Prior des Bamberger Konvents, 1506 Vikar der Ordensprov. Sachsen, 1511 Vikar des Provinzials, 1512 Lizentiat der Theol., 1514 Dr. der Theol., 1515 Provinzial der Ordensprov., 1525 Prior des Leipziger Konvents, wo er 1534 starb. 1519 nahm R. an der Eröffnung der Leipziger Disputation teil. Drei Leipziger Hss. überliefern eine sehr große Zahl seiner Predigten. Die Ablaßpredigten, die R. 1509 in Torgau hielt, wurden vermutlich lat. konzipiert u. dt. gehalten. Sie zeichnen sich durch die Verwendung zahlr. dt. Sprichwörter u. Redewendungen aus. In klarer Disposition u. gut thomist. Argumentation verknüpft R. die Buße konsequent mit dem Ablaß.

R. scheint, wie sein Ordensbruder →Marcus von Weida, zu einem Zirkel im Umkreis der Herzogin Sidonie von Sachsen (gest. 1510) gehört zu haben, der sich um die Popularisierung geistl. Lit. bemühte. In diesem Zus.hang kommt er als Übers. des Ps.-Bonaventurischen «Speculum discipline» in Betracht, das Anfang Februar 1510 (vier Tage nach Sidonies Tod) in Leipzig bei Melchior gedruckt wurde (VD 16, B 6580). Obwohl das «Speculum» zunächst für ein Ordenspublikum verfaßt war, hebt der Übers. auf die Relevanz für die Lebensführung eines jeden guten Christen ab. – Leipziger Dominikaner, Verf. von Predigten, Übersetzer.

Überlieferung: Leipzig, UB, Hs 1511, Hs 1512, Hs 1513.

Literatur: Biogr.-Bibliogr. Kirchenlex. 7 (1994) 1145 f. (K.-B. Springer). – G. Buchwald, Die Ablaßpredigten des Leipziger Dominikaners ~ (1504–1521) (in: ARG 22) 1925, 128–152, 161–191; K.-B. Springer, Die dt. Dominikaner in Widerstand u. Anpassung während der Reformationszeit, 1999; V. Honemann, Sächs. Fürstinnen, Patrizier, Kleriker, Kaufleute u. der Dominikaner Marcus von Weida als Förderer geistl. Lit. um 1500 (in: Bürgers Bücher. Laien als Anreger u. Adressaten in Sachsens Lit. um 1500, hg. Ch. Fasbender, G. Mierke) 2017, 130–159; Th. Dieter, W. Thönissen, Der Ablassstreit. Dokumente, Ökumen. Kommentierung, Beitr., Bd. I/1, 2021, 326–359.

CF

Raba, Peter, * 3.6.1936 Murnau; Stud. der Germanistik, Theatergesch. u. Psychologie in München, ab 1963 Red. u. Regisseur beim Bayer. Rundfunk, ab 1968 als freier Fotograf tätig, ab 1976 Heilpraktiker u. Therapeut, betrieb zudem in Murnau ab 1997 den Andromeda Verlag u. ab 2008 die Edition Lebenswert, auch bildender Künstler (u. a. Malerei u. Skulptur), gründete 2012 die Künstlergruppe «Goldener Reiter»; lebt in Murnau; publizierte u. a. Ratgeber zum Thema Homöopathie, fotograf. Arbeiten, Lyrik, Meditationen u. ein Märchenbuch; Veröff. u. a. in «Allg. homöopath. Ztg.» (Stuttgart). – Verleger, Heilpraktiker, Journalist, Schriftst., Fotograf, bildender Künstler.

Schriften: Eva und er. Eine paradiesische Phantasie (Bildbd.) 1969; Lori und Lurano. Ein Märchen von Fröschen und Menschen für Kinder von 10 bis 110 Jahren und mehr (Kdb.) 1988; Murnau. Impressionen, Skizzen, Erinnerungen, 1989; Homöopathie. Das kosmische Heilgesetz, 1997 (3., erw. u. verb. Aufl. 2005); Eros und sexuelle Energie durch Homöopathie unter besonderer Berücksichtigung der ‹sieben Todsünden›, 1998; Göttliche Homöopathie, 1999; Schlank und suchtfrei durch Homöopathie, 2000; Homöo-Vision (mit Fotos v. B. Raba) 2001; Lauras Vagina-Dialoge (mit L. Lust) 2002; Einhornswies. Eine paradiesische Phantasie, 2002; W. Gawlik, Homöopathie braucht Musen. Homöopathische Einblicke – Therapeutische Durchblicke – Persönliche Rückblicke (Fotos v. R. R. u. B. Raba) 2003; Homöopathie wie noch nie. Lehrwerk, Spiel und Poesie, 2004; Psyche und Homöopathie von A–Z, 2005; Homöopathie und Traumleben, 2007; Das richtige Mittel 2007. Der Homöopathie-Kalender, 2007; Gespräche mit Bruno. Requiem für einen Braunbären (Illustr. v. R. Holzach) 2008; Homöopathie zu Hause und auf Reisen, 2009; Pan-Daimon-Ium. Post-Internet-Art-Unikate (hg. M. Haase)

2015; Light-art. Vintage-Print-Unikate (hg. DIES.) 2015; Pointillisme Photographique. Eros auf den Punkt gebracht (hg. DIES.) 2016; Phantasmagorien. Photographisch-malerischer Symbolismus (hg. DIES.) 2016; Murnau-Kairos. Magische Malerei (hg. DIES.) 2016; Chronos & Kairos. Besuch der Peter-Raba-Lärche in Muhr im Lungau (hg. DIES.) 2016.

Tonträger: Ich bin. Ein-Fälle zum Nach-Denken (Musik: L. Sauer, 1 Audio-CD) 2003; Die Wasser des Hades. Eine Heilmeditation (Musik: ders., 1 Audio-CD) 2003. MM

Rabe, Verena (verh. Naujoks, Ps. Carlotta Franck), * 2.5.1965 Hamburg; Abitur in Hamburg, Stud. der Neueren Gesch., Wirtschafts- u. Sozialgesch. sowie Volkswirtschaftslehre in Göttingen u. München, 1990 Magister-Abschluß in München, dann journalist. Praktikum in London u. Volontariat in Ztg.verlag, Tätigkeit als Journalistin, ab 1999 freie Autorin, daneben u. a. 2003–05 Vorsitzende des «Writers' Room» in Hamburg u. ab 2009 Vorstandsmitgl. der Hamburger Autorenvereinigung; lebt in Hamburg u. Berlin; publizierte Rom., u. a. Liebesromane. – Journalistin, Romanautorin.

Schriften: Thereses Geheimnis (Rom.) 2004; Ein Lied für die Ewigkeit (Rom.) 2006; Charlottes Rückkehr (Rom.) 2007; Der längste Tag in unserem Leben (Rom.) 2011; Das Glück in weißen Nächten (Rom.) 2012; Blau ist die Farbe der Liebe (Rom.) 2014; Die Melodie eines Sommers (Rom.) 2017; Und über uns das Blau des Himmels (Rom.) 2019; Merles Suche (Rom.) 2020. MM

Rabenstein, Dr. Greta → Parise, Claudia Cornelia.

Rabusch, Ralf (eig. Udo Burgschat), * 28.8.1940 Berlin; Diplom-Verwaltungswirt, Tätigkeit in Berliner Senatsverwaltungen. – Verwaltungsbeamter, Romanautor.

Schriften: Maskiertes Leben (Rom.) 2006; Schwarzer Donnerstag (Kriminalrom., mit J. BURGSCHAT) 2007; Abgrundtief (Kriminalrom.) 2008; Alpentrauma (Thriller) 2009. MM

Ráček, Milan, * 29.10.1943 Zlin (tschech, Zlín); Ausbildung an der Lehranstalt für Flugzeugbau in Uherské Hradiště u. an der Fachschule für Museumskunde am Nationalmus. in Prag, Militärdienst in der tschechoslowak. Armee, Tätigkeiten in Serrahn (Carpin), Olomouc u. Šumperk, 1968 Emigration nach Öst., ab 1969 Mitarb. des Niederöst. Landesmus. in Wien u. St. Pölten, leitete 2001–07 die Galerie «Ausstellungsbrücke» in St. Pölten; mit der bildenden Künstlerin u. Autorin Irena R. (*1948) verheiratet; lebt in Sitzendorf an der Schmida; publizierte u. a. Rom., Erz. u. kulturhist. Monogr.; Veröff. u. a. in «Podium» (Wien). – Museologe, Schriftsteller.

Schriften: Biologische Präparation. Arbeitsbuch für Interessierte an Instituten und Schulen (mit H. ECHSEL) 1976 (2., überarb. u. erw. Aufl. 1979); Die nicht zu Erde wurden... Kulturgeschichte der konservierenden Bestattungsformen (mit H. BIEDERMANN, W. PEZWINKLER) 1985; Mumia viva. Kulturgeschichte der Human- und Animalpräparation (mit W. SCHOBERWALTER) 1990; Leo. Ein Postskriptum (Rom.) 1999; Das Jubiläum. Eine herzhaft-kulinarische Geschichte, 2001; Die Rückkehr. Im Schatten des Hamidou (Illustr. v. M. Griebler) 2003; Für ein Leben zu viel (biogr. Rom.) 2005; HochZeiten. Heiratsgeschichten, die man gerne verheimlicht hätte (Erz.) 2009 (dt. u. tschech.); Der helle Weg in die Dunkelheit (Rom.) 2010; Heilige Nächte. Weihnachtsgeschichten, die man gerne verheimlicht hätte (Erz.) 2011 (dt. u. tschech.); Zehn Jahre Ausstellungsbrücke. Zeitgenössische Kunst im Landhaus St. Pölten (Text, mit K. SZLEZAK, I. LOIBL, hg. Amt der Niederöst. Landesregierung, Abt. Kunst u. Kultur) 2011; Spielarten der Wahrheit (biogr. Rom.) 2012; Landauf. Kunst Schaffende im Land. Projekt des Weinviertel Festivals 2013 (mit F. ALTMANN) 2013 (dt. u. tschech.); Freiheit hinter dem Stacheldraht... Lebenssplitter bis 1968 (Rom.) 2015; Aufstand der Verbannten (Rom.) 2016; Die Wiedergänger und Lenins zweite Revolution. Roman aus dem Jenseits, 2017; Russische Reise. Einst und hundert Jahre danach (Rom.) 2019.

Literatur: R. CORNEJO, Heimat im Wort. Zum Sprachwechsel der dt. schreibenden tschech. Autorinnen u. Autoren nach 1968. Eine Bestandsaufnahme, 2010, 73–75, 331–333, 391–395, 401–403 u. ö.; Arch. der Öst. Gesellsch. für Lit., 2020, www.ogl.at/archiv/biografien/bio/R/milan-racek/. MM

Rach, Rudolf, * 11.9.1939 Köln; Stud. der Theaterwiss., Philos. u. Kunstgesch., 1964 Promotion zum Dr. phil. in Köln («Die filmische Adaption lit. Werke»), wiss. Assistent am Theaterwiss. Inst. der Univ. Köln, ab 1970 Chefdramaturg in Münster/

Westf., leitete 1971–76 u. 1981–86 den Suhrkamp-Theaterverlag, dazw. 1978–81 stellv. Generalintendant an den Bühnen in Essen, 1986–2017 Verleger von «L'Arche Editeur» (Paris); Briefw. u. a. mit Thomas → Bernhard; publizierte u. a. Rom. u. Autobiogr. sowie engl.-dt. u. dt.-frz. Übers.; Veröff. u. a. in «Tanz» (Berlin). – Verleger, Dramaturg, Theaterwissenschaftler, Schriftst., Hg., Übersetzer.

Schriften: Literatur und Film. Möglichkeiten und Grenzen der filmischen Adaption, 1964; Eine französische Geschichte (Rom.) 2010; ... und viele Küsse (Rom.) 2016; Alles war möglich. '39 bis '86 (Autobiogr.) 2019; Gleich nebenan. Pariser Jahre '86 bis '20 (Autobiogr.) 2020.

Übersetzungen: J. Noonan, Zwei Frauen. Sitzen rum. Reden (mit J. Schmid) 1981; C. P. Taylor, So gut, so schlecht (mit dems.) 1982; S. Berkoff, Dekadenz (mit K. Ratjen) 1986; B. Brecht, Histoires de Monsieur Keuner (mit C. Stavaux) 2015.

Herausgaben: Theater heute. Stücke von Beckett, Bernhard, Bond, Brasch, Kroetz, Müller, Norén, Strauss, 1985; H. Achternbusch, Theater, 1986.

Literatur: E. Schleef, Tagebuch 3: 1977–1980. Wien – Frankfurt am Main – Westberlin (hg. W. Menninghaus u. a.) 2007, 113–117, 144–146, 160–163 u. ö.; Th. Bernhard, S. Unseld, Der Briefw. (hg. R. Fellinger u. a.) 2010, 357–261, 394–401, 625–628 u. ö. MM

Rachl, Christine → Störr, Christine.

Rackwitz, Thomas, * 16.6.1981 Halle/Saale; 2001 Abitur, 2001/02 Ausbildung zum Bürokaufmann, dann Stud. der Germanistik, Gesch. u. Anglistik in Halle bis 2009 (Abbruch), daneben 2008–10 Lektor, zudem 2008–11 Vorstandsmitgl. der «Landesvereinigung kulturelle Kinder- u. Jugendbildung Sachsen-Anhalt», ab 2011 freier Lektor u. Übers., ab 2013 auch Leiter der Textwerkstatt Blankenburg/Harz; lebt ebd.; publiziert vor allem Lyrik; schuf zudem dt.-engl. u. dt.-armen. Übers.; Veröff. u. a. in «Das Ged. Zs. für Lyrik, Ess. u. Kritik» (Weßling). – (Neben weiteren Auszeichnungen) Jugend-Kultur-Preis des Landes Sachsen-Anhalt (2006), Arbeitsstipendium für Lit. des Landes Sachsen-Anhalt (2009, 2011), Stadtschreiber in Halle (2015). – Lektor, Übers., Schriftsteller.

Schriften: Von wegen / abgedriftet / (Ged.) 2007; Grenzland (Ged.) 2008; in halle schläft der hund beim pinkeln ein (Ged.) 2009; an der schwelle zum harz (Ged.) 2014; Ausgrabungen am offenen Herzen (Ged.) 2015; Im Traum der dich nicht schlafen lässt (Ged.) 2018; Neophyten (Ged.) 2020.

Herausgaben: Das Mädchen aus dem Wald. Mystische und geheimnisvolle Geschichten, 2006.

Literatur: Lit.port Autorenlex. (Internet-Edition). MM

Raczkowski, Sabine, * 1964 Zerbst/Anhalt; Abitur in Magdeburg, Ausbildung zur Tischlerin, Stud. zur Ingenieurin für Holztechnik in Dresden, danach als Ingenieurin tätig; lebt in Magdeburg; schrieb u. a. Lyrik, Krimis, ein Theaterst. u. Reiseber.; Veröff. u. a. in «Ort der Augen. Bl. für Lit. aus Sachsen-Anhalt» (Magdeburg). – Ingenieurin, Schriftstellerin.

Schriften: Das hässliche Entlein (Drama für Kinder) 2010; Die rote Schatulle (Kriminalgesch.) 2010; Für immer mal (Ged., Lieder, Prosa) 2014; Wirklich reisen (Reiseber.) 2 Bde., 2018, 2019.

Literatur: Die Autoren (hg. Förderver. der Schriftst. im Lit.haus Magdeburg) o. J., https://schriftsteller-foerderverein.de/. MM

Rademacher, Cay, * 1965 Flensburg; Stud. der Anglo-Amerikan. Gesch., Alten Gesch. u. Philos. in Köln u. Washington (D.C.), danach als Journalist tätig, 1999–2013 Red. bei «GEO» (Hamburg), zuletzt freier Journalist u. Schriftst., lebte in Hamburg u. ab 2013 bei Salon-de-Provence; publizierte u. a. Sachbücher, Reportagen, Reiseführer, Krimis, Erz. u. Lyrik; Veröff. u. a. in «Hamburger Abendbl.», «ZEIT» (Hamburg), «SZ-Magazin» (München), «Mare» (Hamburg) u. «GEO» (Hamburg). – Journalist, Schriftst., Herausgeber.

Schriften: Rom. Ein unterhaltsamer Reiseführer durch die ewige Stadt, 1990; Provence (Reiseführer) 1991; Frankreich (Reiseführer) 1991; Das Wesen (Erz.) 1992; Köln (Reiseführer, mit S. Völler) 1993; Washington (D.C.) (Reiseführer) 1994; Köln, Bonn und Umgebung (Reiseführer) 1994; Mord im Praetorium (hist. Kriminalrom.) 1996 (überarb. Neuausg. 2015); Die letzte Fahrt der ‹Morro Castle› (hist. Rep.) 1997; Geheimsache Estonia, 1999; Das Luftschiff (Rom.) 2000; Mord im Tal der Könige (hist. Rom.) 2001; Das Geheimnis der Essener. Ein Kriminalroman aus dem antiken Rom, 2003; Queen Mary 2. Das größte Passagierschiff unserer Zeit (Bildbd., mit C. Engel, K. Gielen) 2004; Wer war Jesus? Der Mensch und der Mythos, 2005; Mord im Circus Maximus (hist. Rom.)

2005; In nomine mortis (hist. Kriminalrom.) 2007; Drei Tage im September. Die letzte Fahrt der Athenia 1939, 2009; Der Trümmermörder (Kriminalrom.) 2011; Der Schieber (Kriminalrom.) 2012; Blutige Pilgerfahrt. Der erste Kreuzzug ins Heilige Land (Sachb.) 2012; Jesus und seine Welt. Eine historische Spurensuche (Sachb.) 2013; Der Fälscher (Kriminalrom.) 2013; Mörderischer Mistral. Ein Provence-Krimi mit Capitaine Roger Blanc, 2014; Tödliche Camargue. Ein Provence-Krimi mit Capitaine Roger Blanc, 2015; Brennender Midi. Ein Provence-Krimi mit Capitaine Roger Blanc, 2016; Gefährliche Côte Bleue. Ein Provence-Krimi mit Capitaine Roger Blanc, 2017; Dunkles Arles. Ein Provence-Krimi mit Capitaine Roger Blanc, 2018; Verhängnisvolles Calès. Ein Provence-Krimi mit Capitaine Roger Blanc, 2019; Ein letzter Sommer in Méjean (Kriminalrom.) 2019; Verlorenes Vernègues. Ein Provence-Krimi mit Capitaine Roger Blanc, 2020; Stille Nacht in der Provence (Kriminalrom.) 2020; Schweigendes Les Baux. Ein Provence-Krimi mit Capitaine Roger Blanc, 2021.

Herausgaben: Die Geschichte der Juden in Deutschland (mit A. HERZIG) 2007; Provence. Ein Reiselesebuch, 2009.

Literatur: M. STRALLA, B. SULZBACHER, ‹Alles Lüge!› Zum Diskurs über wölf. Migration in ~s ‹Verlorenes Vernègues› (2020) (in: Tiere u. Migration, hg. J. ULLRICH, F. MIDDELHOFF) 2021, 113–122.

MM

Raderschall, Regina (auch Raderschall-Mallwitz), * 27.6.1956 Berlin; wuchs in Berlin auf, Stud. der Germanistik u. Publizistik an der FU Berlin, 1981 Magister-Abschluß, 1982–84 Doz. für Dt. als Fremdsprache in Athen, 1986–94 pädagog. Mitarb. im dt. Jugenddorfwerk, stellv. Vorsitzende des Friedrich-Bödecker-Kreises in Mecklenb.-Vorpomm.; lebt seit 1996 in Neubrandenburg; publizierte u. a. Rom., Erz. u. Kdb.; war an mehreren Schüler-Schreibprojekten beteiligt (auch als Hg.); Veröff. u. a. in «Signum. Bl. für Lit. u. Kritik» (Dresden). – Pädagogin, Schriftst., Herausgeberin.

Schriften: Die Abenteuer um das geheimnisvolle Tulip (Kdb.) 1992 (2., überarb. Aufl. 1998); Endschnitt. 13 alltägliche Geschichten (Illustr. v. D. Mallwitz) 2001; zweite wahl (Rom., hg. Lit.haus Kuhtor Rostock) 2008; Kudeltiehn. Neubrandenburger Kindermärchenfrühlingsbuch. Kunstbuchprojekt mit Schülern Kl. 2–4 im Brigitte-Reimann-Literaturhaus Neubrandenburg (Schülerprojekt mit Textarbeit von R. R., Chefred. E. BECKER) 2009; Die Zauberwoche (Schülerprojekt mit Textarbeit von R. R., Chefred. L. BOCK) 2010; Caput mortuum und andere Desaster (Erz.) 2012.

Herausgaben: Der goldene Schlüssel. Wie Grimms Märchen zum Sagenhaften Neubrandenburger Märchentag fortgeschrieben wurden, 2012; autorenpatenschaften nr. 21 (mit J. JANKOFSKY) 2016; Dreylande oder die Suche nach dem Grün. Texte schreibender Schüler*innen für den Bundesverband der Friedrich-Bödecker-Kreise e. V. im Rahmen des Programms ‹Kultur macht stark. Bündnisse für Bildung› des Bundesministeriums für Bildung und Forschung, 2019.

MM

Radke, Horst-Dieter (Ps. Atti Rossmann), * 15.10.1953 Bockum-Hövel (heute zu Hamm); Ausbildung zum Industriekaufmann, kaufmänn. Angestellter, Stud. der Betriebspädagogik an der Univ. Koblenz-Landau, Wirtschaftsinformatiker, Geschäftsführer, zuletzt freier Autor, Fachjournalist u. Lektor, ab 2014 Mitgl des Ver. für Kriminallit. «Syndikat»; lebt in Lauda-Königshofen; verfaßte u. a. Rom. (vor allem Krimis), Nov., Erz., Lyrik, Sachbücher, Ratgeber, Sagenslg. u. Märchen (auch Hg.); häufige lit. Zus.arbeit mit Monika Detering (* 1942). – Informatiker, Journalist, Lektor, Schriftst., Herausgeber.

Schriften: Zwei Tage und eine halbe Nacht (Ged.) 1979; Computer-Lexikon. Fachbegriffe verständlich erklärt. Zusammenhänge ausführlich erläutert (mit 1 CD-ROM) 1996; Ende offen... Therapeutische Erzählungen, 2000; Das Lexikon der Computerpioniere. Konrad Zuse, Bill Gates, Steve Jobs, Philipp Kahn, Linus Thorvalds, Niklaus Wirth, Watson sen., Heinz Nixdorf, 2002; Die bösen Tage sind vorbei. Planungshilfen für den beruflichen Erfolg (Ratgeber, mit A. RUWWE) 2005; Indras Irrtum. Indische Novellen, 2010; Der dunkle Pfad (Fantasy) 2012; Wintermärchen, 2012; Normale Verhältnisse. Eine böse Dorfgeschichte, 2012; Blütenreine Weste. Ein historischer Mülheim-Krimi (mit M. DETERING) 2013; Alles fließt in Tauberfranken. Nicht nur für Wasser- und Weinfreunde, 2013; Sagen & Legenden aus Franken, 2014 (5., überarb. Aufl. 2020); J. Westbrook, T. Fuller, Die akustische Gitarre. Das große Nachschlagewerk mit über 800 Bildern und Illustrationen (Red., hg. J. LORENZ) 2014; Endstation Heissen. Ein historischer Mülheim-Krimi (mit M. DETERING) 2014;

Eine Insel für immer. Ein Hiddensee-Roman (mit DERS.) 2014; Das mittelalterliche Franken (Sachb.) 2015; Schwarze Geschäfte. 1950er-Mülheim-Krimi (mit DERS., hg. A. KAMINSKI) 2016; Schlafe in Ruhe. 1950er-Mülheim-Krimi (mit M. DETERING, hg. A. KAMINSKI) 2016; Puff & Poggel. 1950er-Mülheim-Krimi (mit M. DETERING, hg. A. KAMINSKI) 2016; Mülheimer Heißmangel. 1950er-Mülheim-Krimi (mit M. DETERING, hg. A. KAMINSKI) 2016; Die Monroe von Mülheim. 1950er-Mülheim-Krimi (mit M. DETERING, hg. A. KAMINSKI) 2016; Ein Meer zum Verlieben. Rügen-Roman (mit M. DETERING) 2016; Chrom, Koks und feine Leute. 1950er Mülheim-Krimi (mit M. DETERING) 2016; Sagen und Legenden des Mittelalters, 2016; Geheime Orte in Unterfranken (Ausflugsführer) 2016; Das ist Franken. Burgen, Weine, Dunkelwälder (Reiseführer) 2016; Das Einhorn in Paris (fantast. Erz.) 2017; Bittere Liebe an der Ruhr. 1950er Mülheim-Krimi (mit DERS.) 2017; Alte Sünden und Silvaner (Krimi, mit P. DELL) 2017; Geheime Orte in Mittel- und Oberfranken (Ausflugsführer) 2017; Das Beste aus Baden (Reiseführer, mit E. GRAF u. a.) 2018; Strandbegegnung (Erz.) 2018; Fabuloes. Fabeln aus aller Welt, 2018; Burgensagen, 2019; Annegrets Auszeit (Erz.) 2019; Wanderungen für Senioren: Mainfranken. 30 entspannte Touren entlang des Mittelmains, 2020; Räuber und Räuberbanden im deutschsprachigen Raum (Sachb.) 2021; Ein Sommer auf Hiddensee. Ein Ostsee-Roman (mit M. DETERING) 2021; Ein Sommer auf der Sanddorninsel. Ein Ostsee-Roman (mit DERS.) 2021; Erlebnis-Wanderungen: Odenwald. 30 Touren auf historischen Spuren und in wilder Natur, 2021; Dunkle Geschichten aus Würzburg, 2021. (Ferner zahlr. Ratgeber zu IT-Praxis, kaufmänn. Themen u. Gitarrespielen.)

Herausgaben: Von Drachen und anderen Freiheiten. Neue Märchen für Erwachsene, 2000; Frau Eichhorn und Herr Maus. Märchen und Erzählungen (mit A. RUWWE) 2002.

Literatur: Lit.port Autorenlex. (Internet-Edition). MM

Radl, Monika, * 27.6.1976 Sulzbach-Rosenberg; ab 1995 Schausp.-Stud. in Rostock, Diplom-Abschluß, 1999–2008 Schauspielerin an den Uckermärkischen Bühnen in Schwedt/Oder, danach freie Autorin, auch Auftritte als Musikerin («Monily u. die Papierflieger»); lebt in Berlin; verfaßte u. a. Rom., Dramen, Liedtexte u. Bühnen-Bearb.; Veröff. u. a. in «Sprache im techn. Zeitalter» (Köln u. a.), «Poet. Das Magazin des Poetenladens» (Leipzig) u. «Edit. Papier für neue Texte» (Leipzig). – (Neben weiteren Auszeichnungen) Kulturförderpreis der Stadt Sulzbach-Rosenberg (2006), Walter-Serner-Preis (2009), Alfred-Döblin-Stipendium der Akad. der Künste Berlin (2010). – Schauspielerin, Schriftst., Musikerin.

Schriften: Schneewittchen (Märchen-Schausp., Musik: A. van den Brandt) 2007; Kopf oder Herz. Ein literarisch-musikalischer Suizid (Drama) 2007; Aschenputtel (Märchen-Schausp., Musik: K. Eschrich) 2008; Hänsel und Gretel (Märchen-Schausp., Musik: A. van den Brandt) 2009; Dornröschen (Märchen-Schausp., Musik: ders.) 2010; Das tapfere Schneiderlein (Märchen-Schausp.-Bearb.) 2011; Das grüne Jahr (Rom.) 2014.

Tonträger: Monily und die Papierflieger, Verbluten verboten (1 Audio-CD) 2006.

Literatur: N. BLEUTGE, Laudatio auf ~. Walter-Serner-Preis 2009 (in: Sprache im techn. Zeitalter 48) 2010, H. 193, 103–105. MM

Radowitz, Gisela von (geb. Gisela Magercord, auch Kiki v. R.), * 4.7.1941 Hamburg; Tochter eines Kaufmanns, Stud. der Kunstgesch. u. Sprachen, ab 1964 erste Ehe, lebte dann in Johannesburg (Südafrika), war dort als Theater-Schauspielerin u. Regisseurin tätig, lebte ab 1977 in München, seit 1990 in Russell (Neuseeland) ansässig, zweite Ehe mit Autor u. Illustrator Helme →Heine (*1941),. mit diesem häufige künstler. Zus.arbeit; verfaßte u. a. Kdb., Rom. u. Drehb.; zudem engl.-dt. Übers., auch Hg. von Texten für Kinder. – Schriftst., Regisseurin, Schauspielerin.

Schriften: Schuppe Rotfisch (Kdb., mit H. HEINE) 1979; Märchen der Buschmänner (Nacherz., Illustr. v. H. Heine) 1983; Der verflixte Felix (Kdb., Illustr. v. dems.) 1984; Florian 14. Eine Feuerwehr für Xinofrisi (Kdb.) 1985; Flieg Schuppe flieg (Kdb., Illustr. v. dems.) 1985; Die Sieben Weltwunder. Menschen, Bauten, Sensationen (Illustr. v. dems.) 1985; Pfundsachen. 20 tolle Diäten (Illustr. v. dems.) 1986; Der doppelte Weihnachtsmann. Eine halbwahre Geschichte (Kdb., Illustr. v. dems.) 1988; Sauerkraut. Fast eine Idylle (mit DEMS.) 1992; Tabaluga (Rom., mit DEMS.) 1994 (Neuausg. u. d. T.: Tabaluga. Die Suche nach dem Feuer, 2018); Helme Heines Neuseeland. Sieben Tage Sonntag (Bildbd., mit DEMS., Fotos v. F.

Habicht) 1995; Das Muttermal (Rom., mit H. HEINE) 1998; Sternenwege. Träume kann man segeln (mit H. ZEDLER, Illustr. v. H. Heine) 2000; Ein Fall für Freunde. Geschichten aus Mullewapp (Kdb., mit H. HEINE) 2004; Neue Fälle für Freunde. Geschichten aus Mullewapp (Kdb., mit DEMS.) 2005; Fälle für Freunde. Alle Geschichten aus Mullewapp (Kdb., mit DEMS.) 2009; Der verlorene Sohn (Rom., mit DEMS.) 2010; Traum und Wirklichkeit. Helme Heine – ein Porträt, 2012; Freunde. Die Schatzsuche (Kdb., mit DEMS.) 2015.

Übersetzungen: A. Harries, Woher – wohin? Schüler in Südafrika auf der Suche nach ihrer Identität, 1982.

Herausgaben: Ich und du und die ganze Welt. Die schönsten Geschichten, Lieder und Gedichte für Kinder, auch Knierreiter, Fingerspiele, Reime und Rätsel (mit G. MIDDELHAUVE, Illustr. v. H. Heine) 1979.

Literatur: Genealog. Hdb. des Adels 46: Adelige Häuser B IX (Bearb. W. v. HUECK) 1970, 300.

MM

Radtke, Ursula → Bach-Puyplat, Ursula.

Räber-Schneider, Katka, * 19.1.1953 Karviná/ČSSR; wuchs in Brno u. Berlin (Ost) auf, emigrierte 1968 mit ihrer Familie in die Schweiz, Matura in Luzern, Stud. der Slawistik, Germanistik, Lit.kritik u. Theaterwiss. in Zürich, dort 1979 Abschluß als Lic. phil., zudem Psychodrama-Ausbildung bei Zerka Moreno (1917–2016) u. Stud. der system. Psychologie in Zürich, Diplom für Paarberatung, ab 1979 freie Journalistin, auch Ghostwriterin, tschech.-dt. Übers. u. Fotografin, später auch Stud. an der Fachhochschule für Soziale Arbeit beider Basel, ab 1998 Praxis für psycholog. Beratung; lebt in Basel; publizierte u. a. Prosa u. Lyrik; Veröff. u. a. in «Schweizer Monatsh. Zs. für Politik, Wirtschaft, Kultur» (Zürich) u. «Literarischer Monat. Das Schweizer Lit.magazin» (Zürich). – Psychologin, Journalistin, Autorin, Übers., Fotografin.

Schriften: Fotky a říkanky (Ged., mit J. SVOZIL) Brno 1993; Infusion gegen die Traurigkeit, 2002; Die wurmstichige Glühbirne ... und andere Wortspielmärchen (Illustr. v. J. Räber) 2005; Výbor z říkanek (Ged., mit J. SVOZIL) Brno 2011; Rot. Červená (Bildbd.) 2013 (dt. u. tschech.); Blau. Modrá (Bildbd.) 2016; 365 Haikus (Illustr. v. J. Räber) 2019 (dt. u. tschechisch).

Übersetzungen: Rotfellchen auf dem Erlebnisweg. Zrzečka Na cestě zážitků, Brno 2004; Rotfellchen Winter mit dem Bären. Zrzečka Zima s medvědem, ebd. 2006; Bär der Wanderer mit Rotfellchen. Poustev ník medvěd a Zrzečka, ebd. 2008.

Literatur: Schriftst.innen u. Schriftst. der Ggw. Schweiz (hg. Schweiz. Schriftst.innen- u. Schriftst.-Verband, Red. A.-L. DELACRÉTAZ) 2002, 318.

MM

Rädisch, Bärbel, * 15.9.1942 Wuppertal; Ausbildung zur Drogistin, Tätigkeit in medizin. Berufen, u. a. in Arztpraxen, lebte ab 1963 in Berlin u. ab 1966 in Bremen, seit 1999 in Asendorf (Kr. Diepholz) ansässig; verfaßte Rom., Erz. u. Lyrik; Veröff. u. a. im «Syker Kurier». – Angestellte, Schriftstellerin.

Schriften: Wer um alle Rosen wüßte, 1998; Schwimm, Benno! (Rom.) 2008; Mohrenkopf. Kriminalroman im Bremer Kunstmilieu, 2010; Kein Wort. Nie. Die tragischen Folgen einer Familienlüge (Rom.) 2019.

Literatur: Lit. in Nds. Ein Hdb. (hg. Lit.rat Nds.) 2000, 58.

MM

Raffuff, Franciscus → Raphael, Valentin.

Ragaller, Heinrich, * 14.10.1925 Gießen; Stud. der Kunstgesch., Archäologie u. Germanistik in Berlin, Freiburg/Br. u. Würzburg, 1955 Promotion zum Dr. phil. in Würzburg («Die Glasgemälde des 15. u. 16. Jh. in Mainfranken»), ab 1966 Konservator u. dann Oberkonservator am Martin-von-Wagner-Mus. der Univ. Würzburg, ab 1979 Direktor der Städt. Galerie Würzburg; lebt seit 1988 in Seeshaupt/Obb.; verfaßte u. a. Ged., Erz. u. Satiren, zudem zahlr. Monogr., Aufs. u. Kat. zu bildenden Künstlern; Veröff. u. a. in NDB u. «Mainfränk. Jb. für Gesch. u. Kunst» (Würzburg). – Kunsthistoriker, Schriftsteller.

Schriften: Würzburg – ein Glasmalereizentrum in Mainfranken von 1390–1400?, 1959 (Sonderdr.); Ansprache zur Eröffnung der Ausstellung ‹Lili Schultz – Email›. Gehalten am 7.4.1961 im Kunstmuseum der Stadt Düsseldorf, 1961; Otto Dix. Gemälde, Handzeichnungen, Aquarelle (Kat., Bearb.) 1962; Bertolt Brecht, Caspar Neher (Kat., Bearb., mit H. WEITZ) 1963; Gedichte, 1964; Die Sammlung Karl Ströher, Darmstadt (Kat., Bearb.)

2 Bde., 1965, 1966; Lili Schultz: Email. Ausstellung München, Handwerkkammer für Oberbayern 1966, 1966; Positionen (Ged.) 1966; Wolfgang Lenz. Ausstellung Otto-Richter-Halle Würzburg vom 4. bis 26. November 1967 (Kat., Text v. H. R.) 1967; Aurora (Schausp.) 1968; Martin-von-Wagner-Museum der Universität Würzburg, Neuere Abteilung. Verzeichnis der Gemälde und Skulpturen (Bearb.) 1969; Wolfgang Lenz: Entwürfe und Studien für die ‹Laube› des Würzburger Ratskellers. Ausstellung im Galeriestudio des Martin-von-Wagner-Museums der Universität Würzburg vom 22. Juli – 30. Sept. 1973 (Kat.) 1973; Jacques Callot 1592–1635. Radierungen. Martin-von-Wagner-Museum der Universität Würzburg, Galerie-Studio, Ausstellung vom 16.12.1973–31.3.1974, 1973; Tiepolo – Radierungen. Martin-von-Wagner-Museum der Universität Würzburg, Galerie-Studio, Ausstellung vom 28.7.–22.9.1974, 1974; Europäische Landschaftszeichnungen des 17. bis 19. Jahrhunderts. Martin-von-Wagner-Museum der Universität Würzburg, Galerie-Studio, Ausstellung vom 28.4.–14.7.1974 (Kat.) 1974; Karl Streck: Bilder, Zeichnungen, Graphik. Ausstellung vom 6.10.–17.11.1974 (Kat.) 1974; Wenzel Hollar 1607–1677. Radierungen. Martin-von-Wagner-Museum der Universität Würzburg, Galerie-Studio, 8.12.1974–2.3.1975 (Kat.) 1974; Hans Reichel 9.8.1892 Würzburg – 7.12.1958 Paris. Ein Liebhaberdruck aus dem Echterhaus, 1975; Italienische Zeichnungen im Martin-von-Wagner-Museum, 1975; Landschafts-Graphik um 1600. Adam Elsheimer und sein Kreis. Ausstellung vom 14.12.1975–29.2.1976 (Bearb.) 1975; Martin von Wagner 1777–1858. Gemälde, Handzeichnungen. Ausstellung vom 18.9.–20.11.1977 (Bearb.) 1977; Martin von Wagners Erwähnungen seiner Werke im Codex Germanus Monnacensis 6238 in der Staatsbibliothek München, 1978 (Sonderdr.); Konservieren und Restaurieren im Martin von Wagner Museum 26.11.1978–21.1.1979 (mit G. BECKEL, hg. M. MICHEL) 1978; Daniel Chodowiecki (1726–1801). Radierungen. Martin-von-Wagner-Museum der Universität Würzburg, Galerie-Studio, 9.7.–17.9.1978 (Kat.) 1978; Johann Martin von Wagner 1777–1858. Maler, Bildhauer, Kunstagent Ludwigs I. von Bayern, 1979; Johann Wolfgang van der Auwera. Ein Skizzenbuch. Dokumente zur Gartenplastik für den Prinzen Eugen, 1979; Künstler der ‹Brücke›. Graphik des Expressionismus. Holzschnitte, Radierungen, Lithographien. Städtische Galerie Würzburg 8.7.–9.9.1979 (Kat.) 1979; Carl Grossberg (1894–1940). Gemälde, Zeichnungen, Aquarelle. Ausstellung in der Städtischen Galerie Würzburg vom 29. April – 24. Juni 1979 (Bearb.) 1979; Leihgaben der Staatsgalerie Stuttgart, des Nachlasses Erich Heckel in Hemmenhofen am Bodensee und aus Privatbesitz (Kat., Bearb.) 1979; Adolf Hoelzel (1853–1934). Gemälde, Pastelle, Zeichnungen. Ausstellung in der Städtischen Galerie Würzburg 2.12.1979–13.1.1980 (Kat., mit J. THESING) 1979; Kurzer Führer durch die Gemäldegalerie, 1979; Graphik des Expressionismus. Holzschnitte, Radierungen, Lithographien (Kat.) 1979; Heiner Dikreiter (1893–1966). Gemälde, Aquarelle, Zeichnungen, Druckgraphik. Ausstellung in der Städtischen Galerie Würzburg vom 19.10. bis 30.11.1980 (Kat.) 1980; Wilhelm Kohlhoff 1893–1971. Gemälde, Aquarelle, Zeichnungen. Ausstellung in der Städtische Galerie Würzburg 10.8.–5.10.1980 (Kat.) 1980; Hans Reichel, 1892–1958. Gemälde, Aquarelle. Städtische Galerie Würzburg, 13.9.–8.11.1981 (Kat.) 1981; Ausstellung Josef Versl vom 13. Februar bis 22. März 1981, 1982; Max Fritz (Kat., Bearb., hg. Städt. Galerie Würzburg) 1982; Karl Clobes. Gemälde 1972–1982 (Kat., Text v. H. R.) 1982; Der Maler und Grafiker Paul Ritzau, 1982; Karl Burgeff. Zeichnungen, Plaketten, Kleinplastik. 13. November – 11. Dezember 1983, Städtische Galerie, Würzburg (Kat., Text v. H. R.) 1983; Erich Heckel 1883–1970. Aquarelle, Zeichnungen. Ausstellung zum 100. Geburtstag des Malers, 3. Juli – 11. September 1983, Städtische Galerie Würzburg (Kat., Text v. H. R.) 1983; Städtische Galcric Würzburg (Bildbd., Fotos v. K. Gramer) 1984; Otto Grau. Aquarelle aus Nordafrika. 5. April – 10. Juni 1984, Städtische Galerie Würzburg (Bearb., hg. Städt. Galerie Würzburg) 1984; Joachim Schlotterbeck, 1984; Wolfgang Lenz. Zeichnungen, Aquarelle, Tafelbilder. Arbeiten aus dem letzten Jahrzehnt. 31. März – 26. Mai 1985, Städtische Galerie Würzburg (Kat.) 1985; Meister der ‹Hetzfelder Flößerzunft›. 25. August bis 29. September 1985, Städtische Galerie Würzburg (Kat.) 1985; Hans Jürgen Freund: Bilder in Mischtechnik (Text v. H. R., hg. Städt. Galerie Würzburg) 1985; Karl und Emy Schmidt-Rottluff an Emy Roeder. Fotos, Briefe und Karten aus Berlin, Hofheim i. T. und Sierksdorf 1937–1970 (Bearb.) 1985; Hilmar Wehner: Malerei 1985/86 (Text v. H. R., hg. dies.) 1986; Damnitz. Gemälde, Zeichungen (Text v. H. R., hg. dies.) 1986; Christine

Colditz: Skulptur, Zeichnung, Malerei, 1986; Josef Versl. Ausstellung zum 85. Geburtstag des Malers. 23. Februar – 20. April 1986, Städtische Galerie Würzburg (Kat., Text v. H. R.) 1986; Brigitte Bette: Email-Sgraffiti 19.3.–10.5.1987, Städtische Galerie Würzburg, 1987; Joseph Oppenheimer. Kabinett-Ausstellung, 4. Sept. – 11. Nov. 1987, Städtische Galerie Würzburg, 1987; Oskar Martin-Amorbach. Kabinett-Ausstellung, Städtische Galerie Würzburg, 19.2.–15.3.1987, 1987; Alban Wolf: Studien und Skizzen. 15. Mai – 21. Juni 1987, Städtische Galerie Würzburg, 1987; Elmquists Reise in den Süden – der Dame von Die zu Ehren, 1998; Freund Fu. Das Klangholz angeschlagen (Ged.) 2000; Mein kleines Bildarchiv (Ged. u. Illustr.) 2001; Im Schattensieb (Ged.) 2005; Erzählungen, 2007; Dramen, 2007; Traumbaum (Ged.) 2012; Satiren, 2016; Apollodor oder Die Reise. Stück in zehn Szenen, 2017; Kleiner Musen-Altar und Dichterbildnisse, 2020; Neuerwerbungen der Städtischen Galerie Würzburg, o. J.

Herausgaben: Karl Schmidt-Rottluff 1884–1976. Aquarelle und Zeichnungen. Ausstellung zum 100. Geburtstag des Malers. 23. Sept. – 18. Nov. 1984, Städtische Galerie Würzburg, 1984; Joachim Koch: Metallskulpturen, 1985.

Literatur: B. REESE, Die Städt. Slg. im Mus. im Kulturspeicher. Künstler, Themen u. Gesch.(n), 2009, 131 f.   MM

Rager, Wilhelm, * 14.11.1941 Vöcklamarkt/Oberöst.; Gymnasialbesuch in Salzburg u. Vöcklabruck, 1959 Matura in Vöcklabruck, studierte Anglistik u. Germanistik in Wien, Magister-Abschluß, ab 1969 Lehrer in Schärding, ab 2000 pensioniert; lebt in Schärding; Veröff. u. a. in LuK, «Facetten. Literarisches Jb. der Stadt Linz» u. «Die Rampe. Hefte für Lit.» (Linz). – Wilhelm-Szabo-Lyrikpreis (2002). – Pädagoge, Lyriker.

Schriften: Vor der großen Stille (Ged.) 1999; Katzenleben – Leben mit Katzen. Über eine häusliche Beziehung (Ged.) 2004.

Literatur: G. RUISS, Lit. Leben in Öst. Hdb. 1997, 1997, 744; Lit. Netz Oberöst. (hg. Adalbert-Stifter-Inst. des Landes Oberöst.) 2021, https://stifterhaus.at/literaturhaus/literatur-netz-oberoesterreich/.   MM

Ragetti, Vitus → Augetti, Vitus.

Rahn, Helga (geb. Coordt), * 1937 Bergen/Rügen; Diplom-Pädagogin, Lehrerin, 2006–11 Leiterin einer Schreibwerkstatt; lebt seit 1958 in Leipzig; publizierte u. a. Lyrik, Rom., kurze Prosa u. Ess.; auch Hg. von Texten versch. Schreibprojekte. – Pädagogin, Schriftst., Herausgeberin.

Schriften: Weihnachten, manchmal chaotisch. Versuche in Prosa, 2001; E. Porsche, Wandern zwischen Staub und Sternen. Lyrische Reisebilder (Bearb., mit H. KNÖCHEL) 2001; Die Entdeckung der Angst. Über die Liebe, 2002; Windpferde am Darßer Strand (Ged.) 2003; Gratwanderung Gedichte & Notate, 2003; Der Märchenbaum. Texte für Kinder, 2003; Ein Flüstern im Geschichtenbaum. Leipziger Kinder schreiben (Mitarb.) 2003; Der Traum ist ausgeträumt, ich lebe (Rom.) 2 Bde., 2003, 2004; Die Energie der Wolke (Ged.) 2004; Das spröde, unwegsame Jahr (Ged.) 2005; Spieglein, ärgerst mich! (Kurzprosa u. Ess.) 2007; Wortlieder. Texte zu Musik, 2008; Los – gelassen. Frühe Gedichte (1979–1999), 2009; Vogel frei. Lyrik 2000–2012, 2013; Katzenpfötchen (Kurzprosa) 2014; Baum, Stein, Liebe (Ged.) 2016; Die Faszination der Zeit. Erkundungen, 2020.

Herausgaben: Eine Wolke voller Rätsel. Leipziger Kinder schreiben!, 2004; ERINNERN und BEWAHREN. Leseheft der Autorengruppe ‹WortArt›, 2017.   MM

Rai, Edgar (Ps. Moritz Matthies [mit Hans Rath], Bullenbrüder [mit dems.], Leon Morell), * 2.3.1967 Alsfeld/Vogelsbergkr.; Abitur in Marburg, Stud. der Musikwiss. u. Anglistik in Marburg. Berlin, arbeitete u. a. als Chorleiter, Handwerker u. Red., ab 2001 freier Schriftst., lehrte 2003–08 Kreatives Schreiben an der FU Berlin, war ab 2012 Mitbetreiber einer Buchhandlung in Berlin, mit der Übers. Amelie Thoma (*1970) verheiratet; lebt in Berlin; verfaßte u. a. Rom. (u. a. Tierkrimis), Erz., Biogr. u. Drehb., zudem Bearb. u. engl.-dt. Übersetzungen. – Schriftst., Übers., Doz., Red., Buchhändler.

Schriften: Ramazzotti (Rom.) 2001; Looping (Rom.) 2002; Homer für Eilige, 2002; Tor zum Himmel (Rom., mit G. MIHIĆ, V. HELMER) 2003; Die fetten Jahre sind vorbei (Rom.) 2004; Tilla Durieux (Biogr.) 2005; Vaterliebe (Rom.) 2008; Salto rückwärts (Rom.) 2009; Nächsten Sommer (Rom.) 2010; Sonnenwende (Rom.) 2011; 88 Dinge, die Sie mit Ihrem Kind gemacht haben sollten, bevor es auszieht (Ratgeber, mit H. RATH) 2011; Der sixtinische Himmel (hist. Rom.) 2012;

Wenn nicht, dann jetzt (Rom.) 2012; Ausgefressen (Rom.) 2012; Voll Speed (Rom.) 2013; Dumm gelaufen (Rom.) 2014; Sunny war gestern (Rom., mit C. GÜLAY) 2014; Die Gottespartitur (Rom.) 2014; R. Brendel, Nena. Geschichte einer Band (Bearb.) 2014; Dickes Fell (Rom.) 2015; Berlin rund um die Uhr. Weltstadt mit Schnauze, 2015; Letzte Runde (Rom.) [2016]; Etwas bleibt immer (Rom.) [2016]; M.I.A. Das Schneekind (Thriller) 2017; Bullenbrüder (Kriminalrom., mit H. RATH) 2017; Bullenbrüder: Tote haben keine Freunde (Kriminalrom., mit DEMS.) 2018; Bullenbrüder: Tote haben kalte Füße (Kriminalrom., mit DEMS.) 2018; Guten Morgen, Miss Happy, 2018; Halbschwergewicht (Rom.) 2018; Bullenbrüder: Tote haben keine Ferien (Kriminalrom., mit DEMS.) 2019; Im Licht der Zeit (Rom.) 2019; Der Wald ruft (Rom.) 2021; Ascona (Rom.) 2021.

Übersetzungen: D. King, Homecoming, 2006; E. Pattison, Der tibetische Verräter, 2009; L. Cobo, Der Himmel in deinen Augen, 2009.

Tonträger: D. Cross, Die Päpstin (Bearb., mit A. FETZER, 2 Audio-CDs) 2006. MM

Raillard, Georges, * 20.5.1957 Basel; Schulbesuch u. Sprachen-Stud. in Basel, 1973–78 auch Stud. der klass. Gitarre u. Komposition, ab 1983 Sprachlehrer u. Übers. in Madrid; lebt seit 2001 als freier Komponist u. Schriftst. in Basel; trat vor allem mit Kurzgesch. hervor; auch span.-dt. Übers. u. Kompositionen für Gitarre. – Pädagoge, Musiker, Erzähler, Übersetzer.

Schriften: Hirnströme eines Stubenhockers und anderes Erzählgut, 1994; Das Wort und der Schrei (Erz.) 1997; Herr Monza oder Herr Monza (Erz.) 2002; Der Ort gehört mir (Erz.) 2002; Der Lauf des Amazonas (Erz.) 2009; Aus dem Hintergrund Chorgesang und anderes Erzählen, 2013; Nachrichten aus dem Landesinnern. 45 kurze Geschichten und 1 Meer, 2019.

Tonträger: Butterflies in the labyrinth of silence (1 Audio-CD) 2017. MM

Rainer, Angelika, * 1971 Lienz/Osttirol; Stud. in Innsbruck, Sozialarbeiterin, Mitgl. des Musikensembles «Franui»; lebt in Wien; verfaßte Lyrik, Erz. u. andere Prosa. – Großes Lit.stipendium des Landes Tirol (2011), Hilde-Zach-Lit.stipendium der Stadt Innsbruck (2018). – Sozialarbeiterin, Musikerin, Schriftstellerin.

Schriften: Luciferin (Erz.) 2008; Odradek (Erz., Illustr. v. E. Trawöger) 2012; See'len (Ged. u. kleine Prosa) 2018.

Literatur: H. KLAUHS, Heimleuchten. ~s ungewöhnl. Debüt ‹Luciferin› (in: LuK 43) 2008, 85 f. MM

Rajcsányi, Alexander, * 5.2.1952 Wertheim/Main-Tauber-Kr.; 1972 Abitur, ab 1974 Stud. der Germanistik u. kath. Theol. an der PH Heidelberg, ab 1979 Lehrer an Realschulen, wurde 1998 zudem Schulbeauftragter der Erzdiözese Freiburg/Br., war zeitweise auch Schuldekan für das Dekanat Heidelberg; lebt in Sandhausen (Rhein-Neckar-Kr.); verfaßte Lyrik, Prosa sowie didakt. Texte über u. für den Schulunterricht; Veröff. u. a. in der «Rhein-Neckar-Ztg.» (Heidelberg). – Pädagoge, Schriftsteller.

Schriften: Kreativer Umgang mit Gedichten und anderen Texten im Religionsunterricht, 3 Tle., 1994 (auch in 1 Bd., 1997); Was zählt (Lyrik u. Prosa) 1995; Lyrik-Werkstatt. Erfahrungen, Theorie und Praxis (mit R. FISCHER, G. KRAPP) 1998; In allen Zeiten Du. Seitensprünge aus dem Alltag, 2000; Lyrik erfassen – beschreiben. In poetischen Versen den Zauber suchen (Schülerarbeitsh.) 2001; Von dir und von mir (Lyrik u. Prosa) 2004; Textbeschreibung Prosa. Methodische Ansätze. Unterrichtspraxis (mit G. GUTKNECHT) 2005 (überarb. Neuausg. 2018); Festtagsgrüße aus der Verseschmiede. Glückwunschpoesie (Fotos v. D. Nesselhauf, Illustr. v. B. Rafflewski) 2010; In unbewusstem Hoffen (Lyrik u. Erz.) 2015.

Literatur: Autorinnen u. Autoren in Baden-Württ. (hg. Lit. Gesellsch. Karlsruhe) o. J., www.autoren-bw.de/. MM

Rall, Magdalene Amalie Wilhelmine, * 4.4.1768 Karlshafen/Hessen, † 2.12.1839 Oberkaufungen bei Kassel; Tochter des Kommerzienassessors Johann George Rall (um 1698–1758) u. dessen Frau Caroline Stietz (um 1703–1763); verfaßte früh mehrere St., die ihr Vater 1784 an die Red. der «Hess. poet. Blumenlese» schickte, zog 1768 nach Oberkaufungen zu ihrem Bruder Henrich, der Samtamtmann u. Stiftssyndikus im Ritterschaftl. Damenstift Kaufungen war; blieb dort mit ihrer ebenfalls unverh. Schwester bis zu ihrem Tod u. führte mit ihr den Haushalt des Bruders, nahm 1816

Kontakt zu Johann Friedrich →Kind (1768–1843) auf u. sandte ihm lyr. Texte, die er zw. 1816 u. 1827 in «Die Harfe», «Die Muse» u. später in «Beckers Taschenbuch zum geselligen Vergnügen» veröffentlichte. – Lyrikerin.

Schriften: An die Tugend (Ged.) (in: Hess. poet. Blumenlese mit Musik, hg. H. A. F. v. ESCHSTRUTH) 1784, 79; Abendgedanken (Ged.) (ebd.) 101; Rudolph (Ged.) (in: Barden-Almanach der Deutschen, hg. F. D. GRAETER, K. L. A. v. MÜNCHHAUSEN) 1802, 145; Im Stifte Kaufungen. An Werner («Beim Sternenglanz scheint wunderbar dort oben», Ged.) (in: Die Harfe, hg. F. KIND, 4) 1816, 363 (online: BSB München); Mein guter Engel (Ged.) (ebd. 6) 1817, 261–263 (online: ebd.); Charade: «Die ersten sind schon, was wir werden» (in: W. G. Beckers Tb. zum geselligen Vergnügen) 1817, 403 (online: BSB München); Charade: «Wenn ich, die Erste zu genießen» (in: ebd.) 1818, 394 (online: ebd.); Charade (ebd.) 1819; Todesnähe (Ged.)(ebd.) 1820, 265 (online: ebd.); Auf der Klippe bei Carlshaven (Ged.) (ebd.) 278 f. (online: ebd.); Der Zukunft Walten (Ged.) (ebd.) 1821, 309 f. (online: ebd.); Charade: «Als Kind hat schon die Erste dich begleitet» (ebd.) 1822 304 (online: ebd.); Ahnung im Augarten bei C–l (Ged.) (ebd.) 1823, 297 f. (online: ebd.); Die Wünsche. Feenmärchen (ebd.) 1825, 366–369 (online: ebd.); Jean Paul (ebd.) 1827, 311 f. (online: ebd.); Die Schwestern; Der reine Spiegel; Richard an Johanna; Johanna's Antwort (Ged.) (in: Die Muse. Mschr. für Freunde der Poesie u. der mit ihr verschwisterten, hg. F. KIND) 1822.

Ausgabe: K. W. Bindewald, Deutschlands Dichterinnen. Tl. 1: Balladen, Romanzen, Idyllen, Geschichten, Legenden, Sagen und poetische Erzählungen, religiöse Lieder, 1895, 29 f., 97 f.

Bibliographien: Hamberger/Meusel 19 (1823) 234; Goedeke 7 (²1900) 248. – E. FRIEDRICHS, Die dt.sprachigen Schriftst.innen des 18. u. 19. Jh. Ein Lex., 1981, 242.

Literatur: F. RASSMANN, Pantheon dt. jetzt lebender Dichter u. in die Belletristik eingreifender Schriftst., 1823, 417 (unter dem Namen «Roll»); C. W. O. A. v. SCHINDEL, Die dt. Schriftst.innen des neunzehnten Jh., Bd. 2, 1825, 125 f.; K. W. JUSTI, Grundlage zu einer Hess. Gelehrten-, Schriftst.- u. Künstler-Gesch. vom Jahre 1806 bis zum Jahre 1830. Forts. von Strieder's Hess. Gelehrten- u. Schriftst.-Gesch. u. Nachtr. zu diesem Werke, 1831, 522 f.; W. SCHOOF, Die dt. Dg. in Hessen. Stud. zu einer hess. Litteraturgesch., 1901, 75; A. OTTO, Schreibende Frauen des 19. Jh. in Kassel u. Nordhessen. Lebensläufe u. Bibliogr. (1756–1943), 1990, 172 f.; H. RHEINFURTH, Musikverlag Gombart: Basel, Augsburg (1789–1836), 1999, 333, 612.

MMü

Ramadan, Jasmin, * 18.2.1974 Hamburg; Abitur in Hamburg, dort Stud. der Germanistik u. Philos., 2000–17 freie Red. beim NDR, ab 2018 Kolumnistin der «taz» (Hamburg), zudem freie Autorin; lebt in Hamburg; u. a. Förderpreis für Lit. der Stadt Hamburg (2006); trat vor allem mit Rom. u. Erz. hervor; Veröff. u. a. im «Hamburger Abendblatt». – Journalistin, Schriftstellerin.

Schriften: Soul kitchen. Der Geschichte erster Teil – das Buch vor dem Film (Rom.) 2009; Der unhöfliche Selbstmörder (Erz.) 2010; Fehrmanns Spezialitäten (Rom.) 2011; Das Schwein unter den Fischen (Rom.) 2012; Murks (Erz.) 2013; Kapitalismus und Hautkrankheiten (Rom.) 2014; Hotel Jasmin (Rom.) 2016.

MM

Ramadan, Ortwin, * 1962 Aachen; Stud. der Politikwiss. u. Ethnologie, Journalist u. Red., freier Autor; lebt am Ammersee; Hansjörg-Martin-Preis (2018); verfaßte vor allem Kdb., Jgdb., Kriminalrom. u. Drehb. sowie eine Biogr. des Politikers Václav Havel (1936–2011). – Journalist, Schriftsteller.

Schriften: Václav Havel. Ein Portrait, 1991; Die Superpiraten 1: Der Ritter aus dem Hafenbecken (Kdb.) 2008 (überarb. Neuausg. u. d. T.: Die Hafenpiraten und der Ritter aus dem Fluss, 2020); Die Superpiraten 2: Kaperfahrt ins Reich des Drachen (Kdb.) 2008 (überarb. Neuausg. u. d. T.: Die Hafenpiraten auf Kaperfahrt in die Todesschlucht, 2020); Die Superpiraten 3: Alarm auf dem Geisterschiff (Kdb.) 2009 (überarb. Neuausg. u. d. T.: Die Hafenpiraten und das Geisterschiff, 2020); Die Superpiraten 4: Das Schwert der Wikinger (Kdb.) 2009; Die Superpiraten: Die Schatzinsel (Kdb., Illustr. v. G. Schröder) 2009; Der Schrei des Löwen (Jgdb.) 2011; T.R.O.J.A. Komplott (Jgdb.) 2015; Glück ist was für Anfänger (Jgdb.) 2017; Moses und das Schiff der Toten (Kriminalrom.) 2019; Moses und das Mädchen im Koffer (Kriminalrom.) 2019; Moses und der kalte Engel (Kriminalrom.) 2021.

MM

Ramadan, Wolfgang (eig. Wolfgang Ferdinand Windorfer), * 29.1.1960 München; Kindheit in München, kaufmänn. Ausbildung, Arbeit als Werbetexter, lebte ab 1983 in Portugal, dann wieder in München u. zwei Jahre in Indien, war 1990–95 Kulturreferent in Garching bei München, 1998/99 Referent für Öffentlichkeitsarbeit, Schauspieler u. Musiker am Münchner Volkstheater, gründete 2001 das Plattenlabel «mehrcedes», betrieb Kulturevent-Agenturen u. war Kurator für Veranstaltungen, daneben Auftritte als Kabarettist u. Musiker, u. a. mit «Wolf & Gang», auch film. Tätigkeiten als Schauspieler, Herstellungsleiter u. Produzent; lebt in Icking; verfaßte u. a. Ged. (teils in bair. Mundart) u. eine bair. Bearb. der «Widerspenstigen Zähmung» von William Shakespeare. – Schriftst., Bühnenkünstler, Filmschaffender, Unternehmer, Kulturmanager.

Schriften: Peng! I hob di gseng (Ged.) 1990; Einfach so (Bühnenst.) 1998; Bussi Kathi (Bühnenbearb. nach W. SHAKESPEARE) 2009; Leben = Lieben (Postkartenbuch) 2012; Real Bairisch (Ged.) 2012; Gebrauchslyrik, 2012 (3. Aufl. u. d. T.: Einfach so..., 2015); Anlauf für Bergauf (Postkartenbuch) 2012.

Tonträger: Einfach so... Liebe! Jenseits von Hochdeutschland. Die ungeniert bairische Lust am Leben (mit J. SCHMIDT, 1 Audio-CD) 2002; Wolf & Gang (1 Audio-CD) 2002; Mon armi (mit Wolf & Gang, 1 Audio-CD) 2003.

Literatur: W. WEISS, Shakespeare in Bayern – und auf Bair., 2008, 165 f., 194 f. MM

Ramnek, Hugo, * 10.3.1960 Klagenfurt; wuchs in Bleiburg auf, 1978–87 Stud. der Germanistik u. Anglistik in Wien u. Dublin, danach Gymnasiallehrer, ab 1990 in Zürich, 2001–05 Besuch einer Schausp.schule in Zürich mit Diplom-Abschluß, ab 2003 Auftritte als Schauspieler, lehrte 2006–09 zudem Theaterpädagogik an der Univ. Modena, daneben musikal.-lit. Performances; lebt in Zürich; verfaßte Rom., Erz., Lyrik, Dramen u. Essays. – (Neben weiteren Auszeichnungen) Preis des Kärntner SchriftstellerInnenverbands (2008). – Pädagoge, Schriftst., Schauspieler.

Schriften: Der letzte Badegast (Rom.) 2010; Kettenkarussell (Erz., Illustr. v. W. Berg) 2012 (dt. u. slowen.); A. Popotnig, Momentum (Bildbd., Texte von H. R. u. S. AIGNER) 2013 (dt., engl. u. slowen.); Die Tomatensuppenschleuder (Drama) 2016; Meine Ge-Ge-Generation. Eine Jukebox. 45 neue Texte zu alten Blues- und Rockscheiben, 2017; Das Letzte von Leopold. Eine abenteuerliche und amouröse Fabelei über einen Zierkarpfen und eine Bachforelle, samt aquatischen Zwischenspielen, amphibischen Auswüchsen und sprudelnden Reimzuflüssen, aus dem Wasser gezogen und noch feucht aufs Papier gebracht, 2019; Die Schneekugel. Ein Roman in Erzählungen, 2020; Die Fünfte Himmelsrichtung (Drama) 2021.

Literatur: AutorInnen (hg. Lit.haus Wien) 2020, www.literaturhaus.at/. MM

Ranga, Dana, * 1964 Bukarest; Tochter eines Mediziners, Medizin-Stud. in Bukarest, Stud. der Semiotik, Kunstgesch. u. Filmwiss. an der FU Berlin, 1993 Magister-Abschluss, danach freie Autorin u. Übers., auch film. Arbeiten (Regie, Produktion, Drehb., Schnitt); lebt in Berlin; u. a. Adelbert-von-Chamisso-Förderpreis (2014); verfaßte u. a. dt. u. rumän. Lyrik, Erz., Hörsp. u. Radiofeatures, zudem rumän.-dt. u. engl.-dt. Übers.; Veröff. u. a. in SuF, «Akzente. Zs. für Lit.» (München), «Manuskripte. Zs. für Lit., Kunst, Kritik» (Graz) u. «Orte. Eine Schweiz. Lit.zs.» (Zürich). – Schriftst., Übers., Filmemacherin.

Schriften: Das Auge der Supernova (Hörsp.) 2002; Stop (din pauzele lui Sisif) (rumän. Ged.) Cluj-Napoca 2005; Herz, Kopf, Zahl (Hörsp.) 2005; Wasserbuch (Ged.) 2011; Hauthaus (Ged.) 2016; Cosmos (Ged.) 2021.

Übersetzungen: R. Federman, Duell, 1991; I. Chimet, Exil. Lamento für den kleinen Fisch Balthasar, 2000.

Literatur: O. BERWALD, The ethics of listening in ~'s ‹Wasserbuch› and Terézia Mora's ‹Das Ungeheuer› (in: Envisioning social justice in contemporary German culture, hg. J. TWARK, A. HILDEBRANDT) London u. a. 2015, 275–289. MM

Ranisch, Axel, * 30.6.1983 Berlin; Sohn eines Sporttrainers u. einer Physiotherapeutin, 2002–04 Ausbildung in Medien- u. Theaterpädagogik in Flecken-Zechlin (Rheinsberg), daneben 2003 Abitur, versch. Projekte als Medienpädagoge, 2004–11 Regie-Stud. an der Hochschule für Film u. Fernsehen Potsdam-Babelsberg (u. a. bei Rosa von Praunheim), zahlr. Arbeiten als Theater-, Opern- u. TV-Regisseur (u. a. «Tatort») sowie als Schauspieler, Drehb.autor, Produzent u. Editor, 2011 Mitbegründer einer Film-Produktionsfirma; u. a. Grimme-Preis (2019), Preis der Stadt Hof (2020);

verfaßte u. a. Rom., Libr., Hörsp. u. Drehbücher. – Pädagoge, Regisseur, Produzent, Schauspieler, Schriftsteller.

Schriften: Reuber (Drama, mit H. PINKOWSKI) 2013; George (Libr., Musik: E. Kars-Chernin) 2014; Nackt über Berlin (Rom.) 2018; Anton und Pepe (Hörsp., mit P. N. ZACHER) 2018; Klassik drastisch. Lippenbekenntnisse zweier Musik-Nerds (mit D. STRIESOW) 2020.

Literatur: G. LUKAS, ‹Die dt. Förderanstalten sollten dem dt. Film mehr vertrauen›. Gespräch mit ~ (in: Künstler – ein Report. Porträts u. Gespräche zur Kulturpolitik, hg. W. SCHNEIDER) 2013, 225–233; J. HAYNER, Frühlings Erwachen im 24. Stock (in: Theater der Zeit 73) 2018, H. 11, 42 f.; T. IBS, Nerd auf Abwegen (in: Theater heute 59) 2018, H. 12, 54; S. GODDEMEIER, Coming-out. Queere Stars über den wichtigsten Moment in ihrem Leben, 2021, 175–186. MM

Rank, Elisabeth (auch Lisa Rank), * 1984 Berlin; Abitur in Berlin, 2004–10 Stud. der Publizistik, Kommunikationswiss. u. Europ. Ethnologie an der FU Berlin, danach Tätigkeiten als Senior Creative, freie Autorin u. Konzeptionerin, ab 2014 Red. bei der dt. Ausg. von «WIRED» (Berlin), 2016/17 Red. beim «ZEITmagazin» (Hamburg), danach Mitarb. von «Audible» (Berlin) u. dort zuletzt Podcast-Produzentin, lebt in Berlin; verfaßte u. a. Rom. u. Erz.; Veröff. u. a. in «taz» (Berlin) u. «GEO» (Hamburg). – Journalistin, Produzentin, Schriftstellerin.

Schriften: Und im Zweifel für dich selbst (Rom.) 2010; Bist du noch wach? (Rom.) 2013. MM

Rankl, Horst, * 2.1.1940 Hartmanitz (tschech. Hartmanice); Besuch des Gymnasiums in Ansbach, ab 1957 Mitarb. des Bundesgrenzschutzes in Rosenheim, zudem Auftritte als Schauspieler u. Arbeiten als Theater-Regisseur, ab 1970 im Bundesinnenministerium tätig, daneben Fachhochschul-Stud. in Köln, Abschluß als Diplom-Verwaltungswirt, dann Mitarb. des Bundesamtes für Asyl in Zirndorf (Kr. Fürth), leitete ab 1974 das Ausländeramt der Stadt Rosenheim, war dort ab 1980 am städt. Hauptamt tätig, zuletzt Verwaltungs-Oberamtrat, leitete ab 1995 auch Rosenheims hist. Stadtspiele, war ab 1997 1. Vorsitzender des Theaters Rosenheim, Engagement im Verband Bayer. Amateurtheater, u. a. als Landesspielleiter (1977–2003) u. als Verbandspräs. (ab 2003),

ab 2005 im berufl. Ruhestand; lebt in Rosenheim; u. a. Verdienstkreuz am Bande des Verdienstordens der BRD (1999), Bayer. Verdienstorden (2012), Bez.medaille Obb. (2015), Goldene Bürgermedaille Rosenheim (2016); verfaßte u. a. hist. Rom. u. Dramen (meist hist. u. rel. Stoffe). – Verwaltungsbeamter, Regisseur, Schauspieler, Schriftsteller.

Schriften: Im Spiel der Mächte. Roman um Leidenschaft und Krieg, 1999; Der Prozess um den Medicus (hist. Rom.) 2001; Bayerisch-österreichische Schicksalsjahre (hist. Rom.) 3 Tle., 2005; Programmheft für das Freilichttheater Puech: Geschichte und Geschichten über Buch am Buchrain und Umgebung nach historischen Überlieferungen in 13 Szenen [...] anlässlich des 1200-jährigen Jubiläums der Gemeinde Buch am Buchrain im Jahre 2008, 2008; Ein Lausbub namens Ludwig (dramat. Szenen) 2008; Puech (Drama) 2009; Thomas Gillitzer (Drama) 2010; Mutter Teresa – Engel der Armen (Drama) 2010; Sliusheim (Drama) 2010; Die Wallfahrt ins Elend (Drama) 2010; Antonius von Padua (Drama) 2012; Grenzland (Drama) 2013; Edith Stein (Drama) 2014; Martin Papin (Drama) 2016. – Ferner dramat. Arbeiten u. a. für das «Samerberger Spiel».

Tonträger: L. Thomas, Seine schönsten Geschichten (2 Tonkassetten) 2000. MM

Rao-Renner, Ulrike → Renner, Ulrike.

Raphael, Franz (auch Franciscus Raffuff; Franciscus Raphael), * 6.1.1533 Hettstedt (Grafschaft Mansfeld), † 8.6.1604 Ansbach; Sohn des Bürgermeisters Valentin R.; ab 1548 Besuch der Schule in Mansfeld; Stud. an der Univ. Wittenberg (immatrik. am 24.9.1551: «Franciscus Raffuff Hedtstedtensis»), Schüler Philipp → Melanchthons; zw.zeitlich, ab 1554 (1560 nach SIMON [Lit.] 1957, 383), Konrektor in Eisleben; 1556 in Wittenberg durch den Hofpfalzgrafen Jacobus Basilicus zum Dichter gekrönt; dort am 7.3.1560 Erwerb des Magistergrades u. am 18.10. desselben Jahres Rezeption in die Philos. Fak.; 1562 Konrektor im oberpfälz. Nabburg; 1564 Konrektor in Ansbach, dort am 22.1.1565 Heirat mit Susanne († 1571), einer Tochter des Lehrberger Pfarrers Georg Burmann; 1571–82 Dekan u. Stiftsprediger in Feuchtwangen; am 10.2.1572 in Ansbach Heirat mit Maria Wachter († 1616); 1582 erster Rektor der Fürstenschule im fränk. Heilsbronn; 1584–87 Dekan u. Pfarrer in

Lehrberg (bei Ansbach); 1587 Stadtpfarrer u. Generalsuperintendent in Ansbach. – Nlat. Dichter, Schulrektor, Pfarrer, Superintendent.

Schriften: De nuptiis [...] viri Iohannis Stahelij i. u. doctoris, et virginis honestissimae Margaridis, natae patre [...] Iohanne Nicolao Wiaeo medicinae doctore etc. carmen scriptum a Francisco Raphaele Hetstetensi, 1555; Apologus de conspiratione membrorum humani corporis contra cor regem suum, carmine redditus. A Francisco Raphaele Hetstetensi. Epigramma [...], 1556 (griech. Epigramm auf dem Titelbl.; ohne Erwähnung R.s, mit neuer Widmung, wieder in: D. WAGNER, Apologus de conspiratione membrorum humani corporis contra cor regem suum. Item carmen de pictura Georgii, quae est imago boni principis, 1595 [VD16 W 105: Plagiat nicht erkannt; zu prüfen bleibt VD17 23:287533N]); LIII. Caput Esaiae, Versibus Redditum A Francisco Raphaele Poeta Laureato. Ecquis erit, nostris certam sermonibus unquam [...] (in: Scriptorum publice propositorum a gubernatoribus studiorum in academia Witebergensi tomus secundus [...], hg. M. MAIUS) 1556, 182^v–184^r; Franciscus Raphael Hetstetensis Poeta Laureatus. Tempora si numeres, quibus ingeniosa vetustas [...] (11 Distichen) (in: J. HEBENSTREIT, Des Cometen/ so dieses 1556. Jars von dem 5. tag Marcij an/ bis auff den 20. Aprilis zu Wittemberg erschienen/ bedeutung. Darinne auch derer meinung/ so zween Cometen gesatzt/ gründtlich refutirt wird/ [...]) 1556, A1^v; De dicto Christi, Beati puro corde, etc. carmen scriptum in honorem honestissimi et doctissimi sponsi, d. Benedicti Boscholdi, et castissimae virginis Catharinae, filiae Iohannis Rhauu, quaestoris quondam Witebergensis academiae [...], 1556; Heraclidae Iacobo Basilico Equiti aurato, et Comiti palatino, Domino Sami et Marchioni in Paro etc. gratitudinis ergo scripsit Franciscus Raphael Hetstetensis, ab eodem Caroli V. Imperatoris potestate, laurea donatus. Anno 1556 (in: Duo carmina in honorem d. Iacobi Basilici, nobilis Graeci, domini Sami etc. scripta a poetis ab eodem laureatis) 1556, A3^r–A4^r (2. Beitr.: Zacharias Praetorius); Imago coniugii, quae pingitur in heliotropio, in honorem honestissimi adolescentis Andreae Wurtzburgk, et castissimae virginis Barbarae Heblers, carmine reddita a Francisco Raphaele, 1557; De coniugio venerandi viri d. Leonharti Martmer concionatoris Hetstetensis, et castissimae virginis Margaritae Zeulken, carmen. [...], 1557; De cantico angelorum: Gloria in excelsis deo, et in terra pax, hominibus laeticia etc. carmen Francisci Raphaelis Hetstetensis, 1557; Imago coniugii quae proponitur in dicto Christi: Estote simplices sicut columbae etc. in honorem doctissimi et honestissimi viri d. magistri Iohannis Stam, et honestissimae virginis Barbarae Heidelberg, filiae honestissimi viri d. Iacobi Heidelberg senatoris Islebiensis, carmine reddita [...], 1558; Elegia ad magnificum, clarissimum et prudentissimum virum d. Georgium Clefeld iuris utriusque doctorem et consulem Danticanum scripta a Francisco Raphaele Hetstetensi. Addita est Exhortatio musarum ad eundem pro instauranda schola Dantiscana, 1558; Causae Contemtus Medicinae. Epigramma. Cur adeo iacet seclis Epidauria nostris [...] (in: J. PLACOTOMUS, Causae contemtus medicinae [...]) o. O. o. J. [Vorr. dat.: Eisleben, 26.12.1558], A1^r; Iam cadit Aegoceros venturi nuncius anni [...], o. O. 1560 (Neujahrsged.; Einblattdr.); Quaestio proposita a magistro Francisco Raphaele (in: [P. MELANCHTHON] Oratio de ecclesia Christi. Recitata a magistro Mathia Gunderamo Cranachensi, decano collegij philosophici in academia Witebergensi, cum decerneretur gradus magisterij aliquot doctis et honestis viris, Nonis Martij 1560.) 1560, B5^v–B7^v; Philetas ecloga, de morte reverendi et sanctae memoriae viri et praeceptoris nostri d. Philippi Melanthonis. Scripta a Francisco Raphaele Hetstetensi poeta l., 1560 (das Widmungsged.: Philetas Ecloga, De morte D. Philippi Melanthonis, scripta a Francisco Raphaele Hetstetensi Poeta L. ad Senatum Islebiensem. Qua sese levat altius sub Arcton [...] / Ecloga de Morte Philetae. Leucoris. Philyra. Leucoris extinctum flebat formosa Philetam [...] [Dialog] / Epigramma. Stamina cum vellet morituri Parca Philippi [...] / Aliud. Quaeris Philippum cur mori coegerint [...] wieder in: Orationes, epitaphia et scripta, quae edita sunt de morte Philippi Melanthonis omnia [...] edita a professoribus academiae Witebergensis [...], 1561/62, Z3^v–Z4^r, Z4^v–a4^r, a4^{r-b}; teilw. wieder in: A. PERIANDER, Germania [...] in qua doctissimorum virorum elogia, et iudicia continentur [...], 1567, 781 f.); ΠΡΟΠΕΜΤΙΚΟΝ. Ad clarissimum et doctissimum virum d. magistrum Mathiam Gunderamum, vocatum ad gubernationem ecclesiae Creilsheimensis προπέμτικον scriptum: a Francisco Raphaele, 1560; Gelon magistri Iohannis Baptistae Lechelii et [...] sponsae eius Afrae, filiae [...] d. Wilhelmi Tettelbachii [...] descriptus a Francisco Raphaele, o. J.; Hortus coniugii descriptus in honorem clarissimi et doctissimi, viri d. magistri Caspari Crucigeri etc. et honestißimae sponsae eius Elisabethae, filiae venerandi viri M. Sebastiani Froschelij, ministri ecclesiae Witebergensis etc. [...]. M. D. LXI. pridie encaeniorum institutorum et celebratorum primum a Iuda Machabeo anno ante Christum natum 167., o. J.; Iam cadit Aegoceros venturi nuncius anni [...]. Calendis Ianuarij, Anno Christi 1560. [...] Franciscus Raphael (versifiziertes Universitätsprogr.) (in: Scriptorum publice propositorum a gubernatoribus studiorum in academia Witebergensi. Tomus quartus [...], hg. M. MAIUS) 1561, K4^r–K5^r; Insignia civitatis Kitthingensis, celebrata expositione morali et theologica, a M. Francisco Raphaele, o. O. o. J. (Widm. von Paul Eber: [...] Praestanti Viro M. Francisco Raphaeli Poetae Laureato docenti bonas artes in Schola Naburgensi, suo amico [...]. Datae Witebergae die Georgij, Anno M. D. LXIII.); De exilio Christi et ecclesiae sponsae eius, carmen scriptum ad illustrissimum ac potentissimum principem ac dominum, d. Fridericum Palatinum [...] a Francisco Raphaele. Addita est ab eodem explicatio pontis, quem symboli loco in clypeo suo gerit [...], 1563; In Laudem Artis Musicae Ad Iacobum Meilandum. Quem traxisse ferunt Cantus dulcedine Sylvas [...] (Lobged.) (in: J. MEILAND, Cantiones sacrae quinque et sex vocum harmonicis numeris in gratiam musicorum compositae [...]. Discantus) 1564, A3^v–A4^r (auch in den Teilen: Tenor, Bassus, Vagans; wieder 1572); De Adamo dormiente, carmen scriptum in honorem [...] d. Andreae Musmanni, consiliarij illustrissimi principis [...] d. Georgii Friderici, Marchionis Brandeburgensis, etc. et sponsae eius [...] Ursulae Iuniae, filiae [...] d. Andreae Iunii, secretarij eiusdem principis, etc. [...], o. O. 1564; Irene magistri Wolgangi Eulenmaieri Vendingensis. In honorem eiusdem, et sponsae eius [...] Mariae Salomes, relictae viduae [...] domini M. Matthiae Gundrami pastoris Creilsheimensis, et filiae [...] M. Georgij Kargij pastoris Onoltzbacensis, descripta a Francisco Raphaele, 1566; Epitaphium Reverendi Viri Domini Magistri Matthiae Gunderami Cronacensi Franci, Pastoris Creilsheimensis, qui obijt anno Christi 1564. 8. Octobris. Anno aetatis 36. Ne propera Lector si quis sim scire laboras [...]. M. Franciscus Raphael Laureatus Poeta (in: Scriptorum publice propositorum a gubernatoribus studiorum, in academia Witebergensi. Tomus sextus [...], hg. M. MAIUS) 1568, V1^r; De miranda Iesu salvatoris nostri dulcissimi nativitate carmen recitatum in schola Onoldina, ipso die natali [...], 1568; De amore et fide coniugali quam Guelfi ducis Bavariae coniux, et aliae matronae nobiles declararunt erga coniuges suos, decepto in obsidione Winsbergensi imperatore Cunrado Suevo stratagemate pulcherrimo. Narratio historica in honorem [...] d. Cunradi Borussi, et Marthae sponsae eius [...] d. Wilhelmi Tettelbachij, collegij Gumbertini apud Onolzbacenses decani filiae, carmine reddita [...], 1569; Christophorus dux Wirtenbergensis valedicens mundo. Des durchleuchtigen hochgebornen Fürsten und Herren/ Herren Christoff/ Hertzogen zu Wirtenbergk/ etc. Abschiedt auß dieser Welt. [...], 1569 (Einblattdr.; wieder in: J. WALTHER, Ein newes geistliches Liedt/ von dem gottseligen/ [...] Manne/ Doctore Martino Luthero/ deutsches Landes Propheten und Aposteln. [...] Sampt des [...] Fürsten [...] Christoff/ Hertzogen zu Wirtenbergk etc. Abschiedt [...], o. O. 1569); Suitarum origo et mores. [Holzschnitt] Ex cane facta parens effudit scropha Suitas [...]. M. Franciscus Raphael, Poeta laureatus, o. O. o. J. (Einblattdr.; um 1570); Epigramma Ad Lectorem. Mantua Baptistam genuit, Vatemque Maronem [...]. Franciscus Raphael Poeta Laureatus (in: [BAPTISTA MANTUANUS] Anthologia id est: farrago sentensiosa collecta ex operibus Baptistae Mantuani, poetae christiani, [...] qui mortuus est Romae ante annos LV. [...], ad usum scholarum, et memoriae iuvandae causa [...], hg. J. WESEL) 1571, A2^v–A3^r.

Ausgabe: Christophorus dux Wirtenbergensis valedicens mundo. [...], 1569 (in: Die Einblattdrucke der Universitätsbibl. Erlangen-Nürnberg, bearb. C. HOFMANN-RANDALL) 2003, 389.

Bibliographie: VD16 (noch unvollständig).

Literatur: H. WITTE, Diarii biographici tomus secundus [...], 1691, 7; Zedler 30 (1741) 850; Jöcher 3 (1751) 1907; Adelung 6 (1819) 1355; Flood, Poets Laureate, Bd. 3, 2006, 1627–1629. – J. FEURELIUS, Epithalamion in coniugium ornatissimi et doctissimi viri, pietate et virtute praestantis, M. Francisci Raphaelis gubernantis studia iuventutis in schola Onoldina, et poetae laureati: ac pudicißimae virginis, Susannae, venerandi viri, domini Gregorii Burmanni, pastoris ecclesiae Lerbergensis, filiae, scriptum [...], 1565; B. BILOVIUS, Ad potentissimum [...] Romanorum imperatorem, div. Rudolphum II. [...] horti poetarum Germanicorum III. editio I. [...], 1596, E1^r; J. MEELFÜHRER, [Leichenpredigt über Hebr. 13, 8], 1604; J. STÜBNER, Das altberühmte Closter Heilsbronn/ samt dessen edelsten Kleinod und besten Landes-Schatz/ der löblichen Fürsten-Schul/ [...], 1690, 52; G. LUDOVICI,

Historia rectorum et gymnasiorum scholarumque celebriorum, s. Schul-Historie. Pars II, 1709, 217; J. L. Hocker, Hailsbronnischer Antiquitäten-Schatz [...], 1731, 195; J. A. Biering, Clerus Mansfeldicus [...]; benebst den Schul-Rectoribus, Cantoribus und Collegen [...], o. O. 1742, 254; J. A. Vocke, Geburts- u. Todten-Almanach Ansbachischer Gelehrten, Schriftst. u. Künstler [...], Tl. 1, 1796, 16, 396; F. Ellendt, Gesch. des königl. Gymnasiums zu Eisleben [...], 1846, 8; J. Köstlin, Die Baccalaurei u. Magistri der Wittenberger philos. Facultät 1548–1560, 1891, 22, 30; H. Jordan, Reformation u. gelehrte Bildung in der Markgrafschaft Ansbach-Bayreuth. Eine Vorgesch. der Univ. Erlangen, Tl. 2 (hg. C. Bürckstümmer) 1922, 68 f., 150; Kat. der fürstlich Stolberg-Stolberg'schen Leichenpredigten-Slg., Bd. 3 (Vorw. F. Wecken), 1930, 387; M. Simon, Ansbachisches Pfarrerbuch. Die evang.-luth. Geistlichkeit des Fürstentums Brandenburg-Ansbach 1528–1806, 1957, 383 f., 586, 618, 654; Die Leichenpredigten des Stadtarch. Braunschweig (bearb. G. Früh u. a.), Bd. 6, 1982, 3173, Nr. 5106; N.-M. Klug, Das konfessionelle Flugbl. 1563–1580. Eine Studie zur hist. Semiotik u. Textanalyse, 2012, 47, 460; C. Domtera-Schleichardt, Die Wittenberger ‹Scripta publice proposita› (1540–1569). Universitätsbekanntmachungen im Umfeld des späten Melanchthon, 2021, Register. RBS

Rapithwin, Sam (Ps.), * 1962 Iran; engagierte sich in der Protestbewegung, die 1979 zum Sturz des Schahs führte, lebte ab 1982 im Untergrund, floh 1984 nach Berlin (West), lebte u. a. in Aachen u. Magdeburg, studierte Elektrotechnik u. Informatik, übersiedelte nach Kanada, Hochschullehrer u. Unternehmer ebenda. – Erzähler.
Schriften: Mein deutsches Kind. Stories aus dem Herzen der Republik, 2001.
Literatur: C. Palm, Exil u. Identitätskonstruktion in dt.sprachiger Lit. exilierter Autoren. Das Beispiel SAID u. ~, 2017 (zugl. Diss. Namur u. Köln 2015); H. Tafazoli, Narrative kultureller Transformationen. Zu interkulturellen Schreibweisen in der dt.sprachigen Lit., 2019, 142 f., 428. FA

Rappolt, Anna Dorothea → Feller, Anna Dorothea.

Raser, Ernst, * 31.8.1943 Wien; Ausbildungen zum Bäcker u. Setzer, war u. a. in der Gastronomie u. in einer Druckerei tätig, daneben Judo-Sportler u. -Trainer, Matura in Baden (Niederöst.), Stud. der Germanistik u. Romanistik, 1973–91 öst. Judo-Nationaltrainer, ab 1975 Präs. (seit 2007 Ehrenpräs.) u. Cheftrainer eines Wiener Judo-Ver., zudem Vizepräs. u. seit 2011 Präs. des Wiener Judo-Landesverbandes, seit 2019 auch Vizepräs. des öst. Judo-Verbandes «Judo Austria»; lebt in Wien; 8. Dan (2002), 9. Dan (2016); verfaßte Rom., Lyrik u. Ratgeber. – Sportler, Funktionär, Schriftsteller.
Schriften: Herr Johann – Don Juan aus Wien (Rom.) 1999; Strategien zum Erfolg. Judo: der Weg zum Ziel (Ratgeber) 2004; Augustas Geburtstag (Rom.) 2004; Voller Liebe (Ged.) 2006; Meeting Joy (Rom.) 2013. MM

RaSo → Sotscheck, Ralf.

Rathgeb, Eberhard, * 1959 Buenos Aires; lebt seit 1963 in Dtl., Stud. der Germanistik in München u. Frankfurt/M., danach Lektor bei Verlagen, ab 1998 Red. bei der «Frankfurter Allg. Ztg.» u. ab 2007 bei der «Frankfurter Allg. Sonntagsztg.», Ehemann der Journalistin Iris Radisch (* 1959); lebt bei Hitzacker (Elbe); verfaßte u. a. Rom., biogr. u. essayist. Texte; engl.-dt. u. frz.-dt. Übers.; Veröff. u. a. in «Akzente» (München) u. «ZEIT» (Hamburg). – Aspekte-Lit.preis (2013). – Journalist, Schriftst., Übersetzer.
Schriften: Die engagierte Nation. Deutsche Debatten 1945–2005, 2005 (auch u. d. T.: Deutschland kontrovers. Debatten 1945 bis 2005, 2005); Schwieriges Glück. Versuch über die Vaterliebe, 2007; Wir haben es satt! Warum Tiere keine Lebensmittel sind (mit I. Radisch) 2011; Kein Paar wie wir (Rom.) 2013; Das Paradiesghetto (Rom.) 2014; Am Anfang war Heimat. Auf den Spuren eines deutschen Gefühls, 2016; Cooper (Rom.) 2016; Karl oder Der letzte Kommunist (Rom.) 2018; Zwei Hälften des Lebens. Hegel & Hölderlin. Eine Freundschaft (Biogr.) 2019.
Übersetzungen: R. M. Schafer, Klang und Krach. Eine Kulturgeschichte des Hörens (mit K. Simon, hg. H. Boehnke) 1988; E. Mandel, Das Gorbatschow-Experiment. Ziele + Widersprüche (mit H. G. Holl) 1989; R. Monk, Wittgenstein. Das Handwerk des Genies (mit dems.) 1992.
Herausgaben: Inventur. Deutsches Lesebuch 1945–2003 (mit N. Niemann) 2003.

Literatur: S. REINHARDT, Auf dem Weg zum Verfassungspatriotismus. ~s materialreiche Debatten-Slg. (in: Neue Gesellsch./FH 52) 2005, H. 12, 73 f.
MM

Rathke, Peter (Ps. Colmar Prochnow, Tarekh, Karl P. Gaul, Foltergaul), * 26.10.1966 Bad Segeberg; urspr. Bankkaufmann, betrieb den Rathke Verlag in Heikendorf u. später in Kiel, war auch als Maler tätig, lebte in Heikendorf, dann in Kiel ansässig; verfaßte u. a. Rom. u. ein Sportbuch; verlegte u. übersetzte Werke von Edgar Wallace (1875–1932). – Verleger, Schriftst., Übers., Maler.

Schriften: Kielroman, 1995; Vom Mann, der Blumen spuckte, 2003; Kielroman Zwo, 2006; Liebe und Spuk in Sachsen bis zum Abwinken. Ein böses Märchen, 2008; Im Knast mit Kommissar Hjuler und Mama Baer (Rom.) 2011; 0,5294117647. Der Gegentor-Rekord des FC Bayern München in der Saison 2012/2013 im Kontext von 50 Jahren Fußball-Bundesliga (mit R. AHRENSDORF) 2014.

Übersetzungen: E. Wallace, Mein Leben, 2003; ders., Planetoid 127, 2004.
MM

Rau, Micha, * 14.8.1957 Berlin; u. a. Tätigkeiten als Lektor u. Rezensent; lebt in Glienicke/Nordbahn; verfaßte u. a. Fantasy- u. andere Rom., Kdb. u. Ratgeber. – Lektor, Schriftsteller.

Schriften: Tommy Garcia und das Buch der Gaben (Fantasyrom.) 2003 (überarb. Neuausg. u. d. T.: Tommy Garcia: Das Buch der Gaben, 2011); Tommy Garcia und die Mumie von Sakkara (Fantasyrom.) 2004 (auch u. d. T.: Tommy Garcia: Die Maske des Pharao, 2008); Sandy und Gina Down Under. Ein Australienabenteuer (Rom.) 2004 (auch u. d. T.: Down Under. Abenteuer Work & Travel, 2019); Wie man ein wirklich gutes Kinderbuch schreibt (Ratgeber) 2008 (auch u. d. T.: Für Kinder schreiben. Für Verlage denken. Ratgeber für Autoren, 2021); Das Ding im Atlas. Lustige Schulgeschichten (Kdb., Illustr. v. P. Butschkow) 2010; Amelie Anders stellt die Welt auf den Kopf (Kdb., Illustr. v. K. Hoffmann) 2011; Duell der Todgeweihten (Thriller) 2011 (auch u. d. T.: Der zweite Koffer, 2018); Go West. Reise durch die USA (Rom.) 2012; Amelie Anders reist ins kunterbunte Spaßland (Kdb., Illustr. v. ders.) 2014; Shana (Zukunftsrom.) 2016; Seelenkerne (Fantasyrom.) 2016; Marie (Erz.) 2016; Ich hätte sie nie heiraten dürfen. Was Männer niemals verraten, 2016; Ich hätte ihn nie heiraten dürfen. Was Frauen niemals verraten, 2016; Das Tor des Seins (Fantasyrom.) 2016; Die geheimen Gedanken der Männer, 2018; Die geheimen Gedanken der Frauen, 2018; Fifty Dates of Mae (Rom.) 2019; Wüstenglas (Fantasyrom.) 2021.
MM

Rau, Milo, * 25.1.1977 Bern; Sohn eines Mediziners, Stud. der Germanistik, Romanistik u. Soziologie in Zürich, Berlin u. Paris, daneben Arbeit als Journalist, u. a. ab 2000 für die «Neue Zürcher Ztg.», 2002 Lic. phil. in Zürich, Autor u. Regisseur für Theater, Film u. Oper, 2007 Gründer u. danach künstler. Leiter der Produktionsgesellsch. «International Institute of Political Murder» (IIPM), 2017 Doz. für dramat. Poetik an der Univ. des Saarlandes, ab 2018 Intendant des Nationaltheaters in Gent, lebt in Köln; publizierte u. a. Dramen, Hörsp., Drehb., Manifeste u. Ess. (auch als Hg.); R. steht für ein polit.-aktivist. Theater mit dokumentar. Charakter; Gegenstand von R.s Arbeiten sind dabei oft hist. Ereignisse (u. a. Völkermord in Afrika, europ. Kriege), die R. gleichzeitig in größere Zus.hänge einordnet (z. B. europ. Kolonialismus); daneben greift er auch aktuelle Themen wie Migration u. Homophobie auf; öffentl. Aufmerksamkeit erregten u. a. als Gerichtsprozesse inszenierte Performances R.s sowie seine künstler. Verarbeitung kontroverser Inhalte wie der «120 Tage von Sodom» u. einer Rede des Massenmörders Anders Breivik (* 1979); Veröff. u. a. in «Akzente. Zs. für Lit.» (München). – u. a. Berner Lit.preis (2016), Europ. Theaterpreis (2018), Dr. h.c. Univ. Malmö (2019), Dr. h.c. Univ. Gent (2020), Schweizer Filmpreis (2021). – Regisseur, Autor, Hg., Journalist, Dozent.

Schriften: Die Rainer Werner Fassbinder Show (Performance) 2003 (ungedr.); Bei Anruf Avantgarde (Performance) 2005 (ungedr.); Dämonen (Performance) 2005 (ungedr.); Amnesie (Performance) 2005 (ungedr.); Pornografia (Performance) 2006 (ungedr.); Das höchste Glück (Performance) 2006 (ungedr.); Montana (Performance) 2007 (ungedr.); Die letzten Tage der Ceausescus (Performance) 2009 (dazu ersch.: Die letzten Tage der Ceausescus. Materialien, Dokumente, Theorie, Red. J. DIETRICH, 2010); City of Change (Performance) 2010 (ungedr.); Hate Radio (Drama) 2011 (auch als Hörsp., 2013; dazu ersch.: Hate Radio. Materialien, Dokumente, Theorie, Red. K. WENGORZ,

2014); Breivik's Statement (Performance) 2012 (ungedr.); Was tun? Kritik der postmodernen Vernunft (Ess.) 2013; Die Moskauer Prozesse (Performance) 2013; Die Zürcher Prozesse (Performance) 2013 (auch als gleichnam. Buch, Red. DIES., 2014); The Civil Wars (Performance) 2014; Althussers Hände. Essays und Kommentare (hg. R. BOSSART) 2015; The Dark Ages (Drama) 2015 (auch als Hörsp., 2016); Das Kongo Tribunal (Performance) 2015 (auch als gleichnam. Buch, Red. E. BERTSCHY u. a., 2017); Leitfaden für britische Soldaten in Deutschland (Performance) 2015 (ungedr.); Die Geschichte des Maschinengewehrs (Performance) 2016 (ungedr., auch als Hörsp., 2016); Five Easy Pieces (Performance) 2016; Empire (Performance) 2016; Die Europa Trilogie. The Europe trilogy. The Civil Wars, The Dark Ages, Empire (Red. S. BLÄSKE) 2016 (dt. u. engl.); Die 120 Tage von Sodom (Performance) 2017; Lenin (Performance) 2017 (auch als gleichnamiges Buch, Red. S. BLÄSKE, 2017); Die Rückeroberung der Zukunft (Manifest) 2017; Wiederholung und Ekstase. Ästhetisch-politische Grundbegriffe des International Institute of Political Murder, 2017; Weltparlament (Performance) 2017 (auch als Buch u. d. T.: General assembly. Generalversammlung, 2017, dt. u. engl.); Die 120 Tage von Sodom. Five easy pieces (Red. DERS.) 2017; Der Genter Altar (Performance) 2018 (auch als Buch u. d. T.: Lam Gods. The Ghent Altarpiece, hg. NTGent u. International Institute of Political Murder, 2018, niederländ. u. engl.); Globaler Realismus. Global realism (Ess.) 2018 (dt. u. engl.); Die Wiederholung. Histoire(s) du théâtre (I) (Performance) 2018; Orest in Mossul (Performance) 2019 (als Buch: Orestes in Mosul, 2019); Das geschichtliche Gefühl. Wege zu einem globalen Realismus (Vorlesungen) 2019; Familie (Drama) 2020 (ungedr.); Grundsätzlich unvorbereitet. 99 Texte über Kunst und Gesellschaft (Ess., hg. R. BOSSART, K. DE GEEST) 2021.

Herausgaben: City of Change. Demokratie und Kunst im Zeitalter der Interkultur (mit H. ERDOGAN, K. EXNER) 2011; Why theatre? (mit K. DE GEEST, C. HORNBOSTEL) 2020; The European Balcony Project or The Emancipation of the European Citizens (mit R. MENASSE u. a.) 2020 (engl. u. dt.); The Art of Resistance. On Theatre, Activism and Solidarity (mit S. BLÄSKE u. a.) 2020.

Literatur: Munzinger-Archiv. – C. WAHL, Das Agora-Prinzip in ~s Prozess-Theater mit realen Angeklagten, Verteidigern u. Zeugen gewinnen nicht unbedingt die moral. Überlegenen. Gerichtsreportagen aus Moskau und Zürich (in: Theater heute 54) 2013, H. 6, 14–17; O. GALACHOWA, 5:1 für den Humanismus. ~s ‹Moskauer Prozesse› halten auch ein Jahr nach dem Urteil gegen Pussy Riot die Utopie einer Zivilisationsgesellsch. in Russland lebendig (in: Theater der Zeit 68) 2013, H. 9, 102 f.; Die Enthüllung des Realen. ~ u. das International Institute of Political Murder (hg. R. BOSSART) 2013; K. LINDER, Europa auf der Couch. ~ formuliert mit ‹The Civil Wars› die unheilvolle Ggw. eines kränkelnden Kontinents (in: Theater der Zeit 69) 2014, H. 11, 74 f.; A. TOBLER, Im Herzen der Finsternis. ‹Das Kongo Tribunal› von ~ untersucht in Bukavu u. Berlin die Hintergründe des kongoles. Krieges (in: Theater der Zeit 70) 2015, H. 9, 52 f.; R. BOSSART, Buchenwald, Bukova, Bochum. Was ist globaler Realismus? ~ im Gespräch mit Rolf Bossart (in: ebd. 70) 2015, H. 10, 26–31; A. QUICKERT, Die globale Verantwortungsdiffusion. Der zweite Teil von ~s ‹Kongo-Tribunal› sucht nach den Schuldigen der humanitären Katastrophe in der Demokrat. Republik Kongo (in: Theater heute 56) 2015, H. 8/9, 44 f.; R. BOSSART, Was ist zyn. Humanismus? Ein Gespräch über Macht u. Ohnmacht der Zukunft (in: NR 127) 2016, H. 1, 95–108; C. WAHL, Ich ist ein Arschloch. In der Berliner Schaubühne macht ~ sich, dem Theater u. der eurozentr. Betroffenheit den Prozess (in: Theater heute 57) 2016, H. 3, 10 f.; M. MARSZAŁEK, Neuer Realismus im Theater: ~ (in: Seien wir realistisch. Neue Realismen u. Dokumentarismen in Philos. u. Kunst, hg. DIES., D. MERSCH) 2016, 367–373; S. BLÄSKE, Freiheit, die ich meine. Zu ~s Inszenierung ‹Five Easy Pieces› über den Kinderschänder u. Mörder Marc Dutroux – mit Kindern zw. acht u. 13 Jahren (in: Theater als soziale Kunst 2: Partizipation: teilhaben/teilnehmen, hg. C. SCHEURLE u. a.) 2017, 145–170; J. HAYNER, Die erstarrte Revolution. Die Schauspielerin Ursina Lardi u. der Regisseur ~ über ihr Stück ‹Lenin›, das Jahr 1917 u. den Sturm auf den Berliner Reichstag (in: Theater der Zeit 72) 2017, H. 11, 14–17; DERS., Ich revoluzze! Über das schwierige Verhältnis von Kunst u. Revolution anlässlich ~s Sturm auf den Reichstag (in: Theater der Zeit 72) 2017, H. 12, 31; N. THURN, Engagierte Form. ~s Ästhetik des Reenactments (in: Peter-Weiss-Jb. für Lit., Kunst u. Politik im 20. u. 21. Jh. 27) 2018, 173–186; C. EMCKE, Laudatio auf ~ (in: ebd. 27) 2018, 161–166; C. WAHL, Die parlamentar. Theateralternative die ~ als ‹General Assembly› an die Schaubühne trägt, laboriert an ähnl. Problemen wie die Realpolitik (in: Theater heute 59) 2018, H. 1, 16f.; F. WILLE, Die Schauspielerei des 21. Jh. ~ hält eine Pfingstmontagsrede in Berlin u. entgleist (in: Theater heute 59) 2018, H. 7, 63; L. BECK, ‹Weißnasen mit Rückflugticket›? Entwicklungshilfe als Egotrip bei Lukas Bärfuss u. ~ (in: (Off) the Beaten Track? Normierungen u. Kanonisierungen des Reisens, hg. S. NEUHAUS u. a.) 2018, 371–390; J. BIRGFELD, ~s ‹Die Moskauer Prozesse› (2013) oder: Wenn das Theater das Gerichtstheater ersetzt. Überlegungen zu Formen des polit. Theaters im 21. Jh. (in: Das Polit. in der Lit. der Ggw., hg. S. NEUHAUS, I. NOVER) 2019, 273–290; R. WALTER-JOCHUM, (Ent-)Schärfungen: Terrorideologien als Material von Reenactments bei Romuald Karmakar u. ~ (in: ebd.) 2019, 255–272; B. WIHSTUTZ, Zur Dramaturgie von ~s Theatertribunalen (in: Inszenierung von Recht. Funktionen – Modi – Interaktionen, hg. L. MÜNKLER, J. STENZEL) 2019, 164–186; P. BOENISCH, The hopeless courage of confronting contemporary realities. ~'s ‹Globally Conceived Theatre of Humanity› (in: The Routledge companion to theatre and politics, hg. P. ECKERSALL, H. GREHAN) London u. a. 2019, 243–246; J. HAYNER, Flämische Meister. ~ verwirklicht in seiner ersten Spielzeit als Leiter des NTGent seine Idee eines globalen Realismus (in: Theater der Zeit 74) 2019, H. 6, 16–18; D. MARCUS, Warme Erregungswellen. Mit einem Manifest, flexibleren Strukturen u. aktivist. Projekten probiert ~ die Erneuerung des Stadttheaters am NT Gent (in: Theater heute 60) 2019, H. 2, 24–29; DIES., Der Mikrokosmos des Elends. ~ dreht in der europ. Kulturhauptstadt Matera ein neues Matthäus-Evangelium (in: ebd. 60) 2019, H. 12, 36–39; F. WILLE, An den Grenzen der Kultur. ~ erfüllt Paragraf 9 seines Manifests am NTGent u. reist ins Kriegsgebiet (in: ebd. 60) 2019, H. 7, 6–8; M. SCHÄFER, Autorität, Übertitel u. Hautfarbe in ~ ‹Five Easy Pieces› (in: TogetherText. Prozessual erzeugte Texte im Gegenwartstheater, hg. DERS., K. NISSEN-RIZVANI) 2020, 156–178; A. WICKE, ‹Der Ton ist vertraut, der Inhalt grauenhaft›. Politik u. Pop in ~ Hörsp. ‹Hate Radio› (2013) (in: Pophörsp., hg. S. GREIF, N. LEHNERT) 2020, 223–234; S. LANGE, Staging transitory Europe. Precarious re-enactment variations from Le Birgit Ensemble's ‹Memories of Sarajevo› to ~'s ‹The Dark Ages› (in: Forum modernes Theater 31) 2020, 160–174; C. MARTIG, Das Abendmahl nach ~ (in: Bibel heute 56) 2020, H. 2, 30f.; A. GIMBER, Authentizitätsinszenierungen bei ~. Am Beispiel von zwei Stücken (in: Fakten u. Fiktionen im Zwischenraum. Autoästhet. Praktiken im 21. Jh., hg. DERS. u. a.) Salamanca 2020, 77–86; D. EILERS, A. NIODUSCHEWSKI, Gegen rechte Normalisierung. Die Sozialwissenschaftlerin Esra Küçük u. der Regisseur ~ über Theater in Zeiten rechter Gewaltpolitik (in: Theater der Zeit 75) 2020, H. 4, 14–17; B. WIHSTUTZ, Antagonist. Dramaturgie. Ein Gespräch (in: Postdramaturgien, hg. UMATHUM, J. DECK) 2020, 73–83.   MM

Raub, Annelise (geb. Domnick, auch A. Raub Domnick), * 31.8.1933 Labiau (russ. Polessk), † 4.1.2015 Münster/Westf.; Stud. der Germanistik in Kiel, dort 1964 Promotion zum Dr. phil. («Stud. zum Kr. einfacher Seinsformen in Goethes jugendl. Bildungswelt»), Ehefrau des Bibliothekars Wolfhard R. (1936–2020), Mutter des bildenden Künstlers Andreas R. (* 1967); lebt in Münster; trat vor allem mit wiss. Arbeiten über Annette von → Droste-Hülshoff hervor, zudem Aufs. über → Goethe, Friedrich Carl von → Savigny u. Agnes → Miegel; publizierte auch Reiseführer, Kat.texte u. Bearb.; Veröff. u. a. in NDB, «Jb. des Wiener Goethe-Ver.» (Wien), «Imprimatur. Ein Jb. für Bücherfreunde» (München) u. «Jb. Westf.» (Münster). – Germanistin, Autorin, Herausgeberin.

Schriften: Friedrich Carl von Savigny an seine Kinder Bettina und Leo. Zwei Dokumente aus den Jahren 1821 und 1836, 1970 (Sonderdr.); Plattdeutsche Sprichwörter und Redensarten zwischen Ruhr und Lippe (mit WOLFHARD R. Bearb. der 4. u. 7. Aufl., hg. JULIUS R.) ⁴1980, ⁷1988; Rüschhaus-Impressionen. Ein Waliser Kunstfotograf ‹Charles Lewis› sieht Haus Rüschhaus. Ausstellung in der Volksbank Münster vom 21. Oktober – 21. November 1985 (Kat., Text: A. R.) 1985; Burg Hülshoff (Reiseführer) 1989 (zahlr. Neuaufl.); Nahezu wie Schwestern. Agnes Miegel und Annette von Droste-Hülshoff. Grundzüge eines Vergleichs, 1991; Annette von Droste-Hülshoff und ihr Kreis. Aus den Beständen der Universitätsbibliothek Münster, 1991 (2., verb. Aufl. 1992; 3., durchges. Aufl. 1997); Auf Wegen Annette von Droste-Hülshoffs zwischen Haus Rüschhaus und Burg Hülshoff, 1998.

Herausgaben: Merkwürdiges Münsterland (Illustr. v. Andreas R.) 2000; W. Rolevinck, Ein Buch zum Lobe Westfalens (Illustr. v. Andreas R.) 2002.

  MM

Raub Domnick, Anneliese → Raub, Anneliese.

Rauca, Reglindis, * 5.4.1967 Plauen/Vogtlandkr.; 1985 Abitur in Plauen, Ausbildung zur Krankenpflegerin in Dresden, ab 1989 Schausp.stud. an der Hochschule für Schauspielkunst Ernst Busch in Berlin, zudem gesangl. Ausbildung in Berlin u. Düsseldorf, 1993 Abschluß Staatl. Bühnenreife, als Schauspielerin u. a. Engagements am Schausp.haus Düsseldorf u. an den Westfäl. Kammerspielen in Paderborn, 2001–03 auch Werbetexterin, ab 2008 freie Autorin u. Doz., Auftritte als Sängerin, unterrichtete ab 2018 an der Europ. Sportakad. Potsdam, ab demselben Jahr Vorstandsmitgl. im Verband Dt. Schriftst. Brandenburg, Ehefrau des Regisseurs Götz Langer († 2016); lebte ab 1992 in Düsseldorf, seit 2011 in Potsdam ansässig; verfaßte u. a. Erz. u. (teils autobiogr. gefärbte) Romane. – (Neben weiteren Auszeichnungen) Förderpreis für Lit. der Landeshauptstadt Düsseldorf (2008). – Schauspielerin, Sängerin, Doz., Schriftstellerin.

Schriften: Vuchelbeerbaamland (Rom.) 2008; Gedankensplitter, 2008; Fatzvogel (Rom.) 2014.

Literatur: A. ŠVEDAS, I. VEISAITĖ, Life should be transparent. Conversations about Lithuania and Europe in the twentieth century and today, Budapest/New York 2020, 337 f.; Lit.port Autorenlex. (Internet-Edition). MM

Rauh, Horst Dieter, * 16.9.1940 Rostock, † 23.10.2018 Aachen; studierte Gesch., Germanistik u. Philos. an der Univ. Erlangen-Nürnberg, dort 1969 Promotion zum Dr. phil. («Das Bild des Antichrist im MA. Von Tyconius zum dt. Symbolismus»), 1971–2005 Doz., zuletzt auch Fachbereichsleiter an der Bischöfl. Akad. in Aachen; lebt in Aachen; verfaßte u. a. Rom., Lyrik, Ess. sowie philos., kunsthist., lit.- u. kulturwiss. Arbeiten, etwa über Friedrich → Hölderlin u. Adalbert → Stifter; Veröff. u. a. in SdZ, «Akzente» (München) u. «Merkur» (Berlin). – Dozent, Schriftsteller.

Schriften: Im Labyrinth der Geschichte. Die Sinnfrage von der Aufklärung zu Nietzsche, 1990; Simcha Nornberg. Malen um zu leben (mit H. HENRIX, B. KASTIES) 1997; Heilige Wildnis. Naturästhetik von Hölderlin bis Beuys, 1998; Epiphanien. Das Heilige und die Kunst, 2004; Pandoras Plan (Rom., Fotos v. S. Rauh) 2006; Nächtliche Muse. Über die Träume bei Proust, 2010; Wittgensteins Mystik der Grenze, 2014; Bürgerliche Trauer. Eros und Tod im 19. Jahrhundert (Fotos v. G. Neuefeind) 2014; Fundorte (Ged.) 2018; Vögel des Himmels. Gleichnis und Metamorphose, 2018.

Herausgaben: Der Christ und die Geschichte seiner Kirche. Beiträge aus Erwachsenenbildung und rheinischer Kirchengeschichte (mit H. HENRIX) 1978; Ludwig Schaffrath. Bilder + Zeichnungen (Kat.) 1995. MM

Rauh, Ulrike, * 19.9.1941 Nürnberg; Stud. der Germanistik, Anglistik u. Theaterwiss. in Erlangen, Freiburg/Br. u. Hamburg, pädagog. Staatsexamen, danach Lehrerin in München, Nürnberg u. Feuchtwangen, ab 1993 auch Ausstellungen als Malerin, u. a. Mitgl. der Dante-Alighieri-Gesellsch. Nürnberg, war zeitweise stellv. Vorsitzende des AutorenVerbandes Franken; lebt in Nürnberg; verfaßte Erz. u. Reiseber., teils von ihr selbst illustriert. – Pädagogin, Schriftst., Malerin.

Schriften: Tage zu zweit (Erz.) 1999; Fremde Stimmen (Erz.) 2002; Zwölf Spaziergänge durch Venedig (Reiseber.) 2003; Kleine Galerie (Erz.) 2005; Fünfzehn Spaziergänge durch Florenz (Reiseber.) 2006; Spaziergänge in Neapel und auf Ischia (Reiseber.) 2008; Faszination Chile (Reiseber.) 2010; Spaziergänge durch Rom (Reiseber.) 2011; Unterwegs in Sizilien (Reiseber.) 2013; Mailand – Gesichter einer Stadt (Reiseber.) 2014; Spaziergänge in Verona (Reiseber.) 2016; Triest – Entdeckung einer Stadt (Reiseber.) 2017; Spaziergänge in Bologna (Reiseber.) 2020; Von Venedig nach Syrakus. Ich zeige dir mein Land (Erz.) 2021. MM

Rausch, Jochen (Ps. Jora), * 7.4.1956 Wuppertal; Fachabitur auf einer Höheren Handelsschule, Verwaltungs-Ausbildung bei einer Krankenkasse, Zivildienst, ab 1974 freier Journalist, u. a. für die Wuppertal-Red. der «Neuen Ruhr Ztg.», Mitgl. der Bands «Die Helden» u. «Stahlnetz», ab 1982 auch Arbeit für ARD u. WDR, daneben Stud. der Betriebs- u. Volkswirtschaft an der Univ. Wuppertal, 1986 Diplom-Abschluß, war beim WDR ab 1992 Referent, ab 1995 Musikchef, ab 2000 Programmchef von «1Live», ab 2005 stellv. Hörfunkdirektor u. ab 2015 auch Bereichsleiter für das Breitenprogr., daneben als Musiker bei «LEBENdIGITAL» tätig; lebt in Wuppertal; trat als Autor vor allem mit Rom. u. Erz. zur dt. Ggw. hervor; vertonte auch Texte von Jörg → Fauser u. Udo Lindenberg. – Grimme-Preis (2015). – Journalist, Medienmanager, Musiker, Schriftsteller.

Schriften: Restlicht (Rom.) 2008; Dann sind wir Helden (Hörsp.) 2011; Trieb (Erz.) 2011; Krieg (Rom.) 2013; Rache (Erz.) 2015; Haie. Eine Story, 2015; Im Taxi. Eine Deutschlandreise, 2017; Porno (Erz.) 2020.

Tonträger: Fausertracks (als LEBENdIGITAL, 1 Audio-CD) 2005; Lindenberg Tracks (als LEBENdIGITAL, mit U. Lindenberg, 1 Audio-CD) 2008.

Literatur: Munzinger-Archiv. – M. Wolting, Krieg in Afghanistan. Trauma-Erfahrung u. ihre künstler. Darst. in ~s ‹Krieg› (2013) (in: Trauma-Erfahrungen u. Störungen des ‹Selbst›. Mediale u. lit. Konfigurationen lebensweltl. Krisen, hg. C. Gansel) 2020, 385–402. MM

Rausch, Roman (Ps. Jo Kilian), * 1961 Gerolzhofen/Bayern; wuchs in Reupelsdorf (seit 1972 zu Wiesentheid) auf, Stud. der Betriebswirtschaftslehre, war in der Medienbranche u. als Journalist tätig, später Schriftst., als Bühnenautor häufige Zus.arbeit mit dem Kleinen Stadttheater in Gerolzhofen, gründete 2002 mit der Übers. u. Autorin Blanka Stipetić die Schreibwerkstatt «storials.com»; 2004 Mitgl. des «Autorenkr. Würzburg»; lebt in Berlin. – BoD-Autoren Award (2002), Fränk. Weintourismuspreis (2011), Bronzener Homer (2015). – Journalist, Betriebswirt, Schriftsteller.

Schriften: Tiepolos Fehler (Rom.) 1999 (Books on Demand; Neuausg. mit dem Untert.: Kommissar Kilian ermittelt, 2003; Sonderausg. 2004); Wolfsbrut (Rom.) 2000 (Books on Demand; Neuausg. u. d. T.: Wolfs Brut. Ein Fall für Kommissar Kilian, 2004); No surrender. Aufzeichnungen aus dem kollektiven Freizeitpark (Rom.) 2000 (Books on Demand); Kilian. In Sachen Mord, 2001 (Neuausg. u. d. T.: Die Zeit ist nahe. Kommissar Kilians dritter Fall, 2004); Der Gesang der Hölle. Kommissar Kilians vierter Fall, 2005; Und ewig seid ihr mein. Thriller, 2006; Code freebird. Thriller, 2006; Weiß wie der Tod. Thriller, 2007; Der Bastard. Kommissar Kilian bekommt Konkurrenz (m. B. Stipetić) 2007; Meet the Monster. Krimi, 2008; Das Mordkreuz. Kommissar Kilians sechster Fall, 2008; Das Caffeehaus. Historischer Roman, 2009; Die Seilschaft. Kommissar Kilians siebter Fall, 2010; Die Kinderhexe. Historischer Roman, 2011; Die Kinder des Teufels. Historischer Roman, 2012;

Die letzte Jüdin von Würzburg. Historischer Roman, 2014; Fräulein Schmitt und der Aufstand der Frauen, Urauff. Gerolzhofen 2015; Bombennacht. Ein Roman über die letzten 24 Stunden des alten Würzburg, 2016; Der falsche Prophet. Historischer Roman, 2016; Die Brücke über den Main. Historischer Roman, 2017; «Du musst dran glauben». Luther, Echter und Gerolzhofen, Urauff. Gerolzhofen 2017; Tiepolos Geheimnis. Ein historischer Residenz-Krimi, 2018 (engl. Übers. 2018); «Herr, öffne meine Lippen», Urauff. Zell/Main 2019; Die Hexenriecher. Der Fall Maria Renata Singer. Eine Spurensuche, 2019; Die Schwarzkünstlerin. Ein Faust-Roman, 2019; Gallo Rosso. Kilian und Heinlein sind zurück (Kriminalrom.) 2020.

Literatur: C. Pitz, Das Würzburger Jahrtausend. Die Zeit des MA in Gesch. u. Geschichten, 2018, 349 f.; Histo-Couch.de (Internet-Edition); Lit.port Autorenlex. (Internet-Edition). FA

Rauschenbach, Bernd, * 30.7.1952 Berlin; 1972 Abitur, danach Stud. der Germanistik u. Bibliothekswiss. an der TU Berlin, 1979 Erwerb des Magistergrades, ab 1980 Verlagslektor in Köln, war ab 1982 Sekretär u. ab 2001 Vorstandsmitgl. der Arno Schmidt Stiftung (Eldingen), 1990–2000 mit Jörg W. Gronius (* 1952) Hg. der «Edition Huflattich, Stümper & ff», auch Bühnenarbeiten, u. a. als Regieassistent, ab 2018 im Ruhestand, lebt in Eldingen; trat vor allem mit biogr. u. lit.wiss. Arbeiten über Arno → Schmidt hervor; Hg. bzw. Red. zahlr. Texte, Übers. u. Briefe Schmidts (u. a. der «Bargfelder Ausg.» von Schmidts Werken); zudem Hg. der Ged. Peter → Rühmkorfs; verfaßte selbst u. a. Dramen (in Zus.arbeit mit Gronius), Erz. u. Hörsp.(-Bearb.); nahm zahlr. Lesungen auf (vor allem Texte Schmidts) u. absolvierte als Rezitator Auftritte mit dem «Leslie Meier Trio»; engl.-dt. Übers.; Veröff. u. a. in NDB, NDL, «Protokolle. Zs. für Lit. u. Kunst» (Wien), «Manuskripte. Zs. für Lit., Kunst, Kritik» (Graz), «Juni. Magazin für Lit. u. Kultur» (Bielefeld) u. «Litfass. Berliner Zs. für Literatur». – Germanist, Autor, Hg., Red., Rezitator, Übersetzer.

Schriften: Probst Grüber und anderes (mit J. W. Gronius) 1978; Die Reise nach Redizier oder Im Schein der Innenlampe (Hörsp., mit dems.) 1979; Landschaft & Zeichen. Arno Schmidt zum 65. Geburtstag (Illustr. v. E. Schlotter) 1979; Deutsche Trilogie. Ein kunterbunter Sumpf in schwarzen

Szenen (mit J. W. GRONIUS) 1990; Acht Schauspiele (mit DEMS.) 1990; Die Würde des Insekts oder Ruft das Theater ins Leben! (Überfluß in den Entscheidung mit einigen Akten) (mit DEMS.) 1990; Alles andere waren nur Vorstudien oder es ist alles erfunden oder der Herr und die Jungfrau. Ein Spiel, wie es geschrieben steht (mit DEMS.) 1990; Gleisdreieck, der schreckliche Ozwan oder ‹Leinen los› (mit DEMS.) 1991; Über das Hören von Liedern oder Der Erfolgestreit zu Helsinki oder O schweigsam Elchgeschoss! (mit DEMS.) 1991; Heidelinde – ich weiß oder Mit dem Exodus von Osten aus Hamburg nach Celle. Ein Schauspiel mit den besten Frauenrollen der deutschen Dramatik (mit DEMS.) 1991; Ich bin allein gegen zweitausend Tiger oder die allgemeinen Sachen der Menschheit oder ‹Meine Herren, erheben Sie sich von den Plätzen!› Eine Unterstzuoberstkehrung unser aller Mutter in noch nicht abzusehenden Wälzungen (mit DEMS., Illustr. v. K. Münchschwander) 1991; Jürgen Meister: Der Name spricht Pfirsich (mit J. W. GRONIUS) 1992; Sein Leben und sein Werk: Ströhrer (In memoriam Jack ‹Big T.› Teagarden) (mit DEMS.) [1992]; Der Erzpfaffe Paulus. Ein Kirchspiel (mit DEMS.) [1992]; Probst Grüber oder Zwischen Möckernbrücke und Kottbusser Tor (mit DEMS.) [1992]; Stücke (mit DEMS.) 5 Bde., 1993–2008; Unsere vergessene Frau von Bargfeld oder Susanne in Baden-Baden oder Klärt den Bodensee (mit DEMS.) 1994; Mit dem Rücken zur Wand oder Der reorchestrierte Polsterergeselle zwischen den Stühlen 1–13 oder Mit taktischem Geschick den Stuhlwinkel zersägt! Ein Stuhl für Marion Gülzow in 13 Gängen (mit DEMS.) 1995; Der Rentenglaube (mit DEMS.) 1997; Die Rentnerlüge oder Palmen, Panzer, Paare oder Keiner will ins Paradies. Ein Pflichtdrama um Renten, Rentner und Renditen (mit DEMS.) 1997; Weh! Er spricht oder Chagalls Onkel. Ein... na, auch egal (mit DEMS.) 1998; Hexalogie der Richter oder Die sieben Bücher Ruths. Ein Cross-Over-Salat in einer Schüssel voll Stücken (mit DEMS.) 1998; Stellen aus der Welt. Eine dramatische Historiographie in einem Vorspiel und 2000 Akten (mit DEMS.) 2000; Das dreckige Dutzend. Mehr oder weniger 12 Stückchen (mit DEMS.) [2000]; The best western oder: Schwer ist der Beruf (mit DEMS.) [2000]; Ja, wenn die Bukolik nicht wär! oder Samson, knall den Segen rein oder Weltrekord wider Willen oder die Hermannshofschlacht. Ein Pfingstspiel nach dem Frühstück mit Prozessionszwang (mit DEMS.) 2001; Countdown mit Arno Schmidt. Assoziatives Gedränge. Mit drei Spurensuchen von Bernd Rauschenbach (mit E. PETZ) 2001; A. Schmidt, Lilienthal 1801 oder Die Astronomen. Fragmente eines nicht geschriebenen Romans (Hörsp.-Bearb., mit J. P. REEMTSMA) 2001; ‹Mamma, da steht ein Mann!› Eine kurze Auferstehungssymphonie in alle Ewigkeit (mit J. W. GRONIUS) 2001; Aposiopese oder Wo ist das Problem? Ein Problemstück (mit DEMS.) 2001; Arno Schmidt: Nachbarin, Tod und Solidus (Interpretation) 2009; Applausordnung. 15 Auftritte (Erz.) 2014; Totengrundgespräch. Eine Unterhaltung zwischen Frank Zappa und Arno Schmidt, 2018; Skizzen von den Äußeren Skurrilen, 2019; Besser wohnen. Studien zu Leben und Werk Arno Schmidts, 2021.

Übersetzungen: A. Garner, Rotverschiebung, 1980; T. H. White, Der Herrscher im Fels (mit R. ROCHOLL) 1983.

Herausgaben: Für die v. der Arno Schmidt Stiftung ab 1986 hg. «Bargfelder Ausg.» betreute R. als Red. folg. Bde.: Werkgruppe 1: Romane, Erzählungen, Gedichte, Juvenilia 4: Kleinere Erzählungen, Gedichte, Juvenilia (mit J. P. REEMTSMA, W. SCHLÜTER) 1988; Werkgruppe 4: Das Spätwerk 4: Julia, oder die Gemälde, 1992; Werkgruppe 4: Das Spätwerk 3: Abend mit Goldrand, 1993; Werkgruppe 3: Essays und Biografisches 1: Fouqué und einige seiner Zeitgenossen (mit W. SCHLÜTER) 1993; Werkgruppe 4: Das Spätwerk 2: Die Schule der Atheisten, 1994; Werkgruppe 3: Essays und Biografisches 3: Essays und Aufsätze 1, 1995; Werkgruppe 3: Essays und Biografisches 4: Essays und Aufsätze 2, 1995.

A. Schmidt, Deutsches Elend. 13 Erklärungen zur Lage der Nationen, 1984; ders., Briefe 1: Der Briefwechsel mit Alfred Andersch, mit einigen Briefen von und an Gisela Andersch, Hans Magnus Enzensberger, Helmut Heissenbüttel und Alice Schmidt (mit der Arno Schmidt Stiftung) 1985; A. Schaeffer, Traumdeutung. 2 Erzählungen und eine Theorie zur Psychoanalyse, 1985; ‹Wu hi?› Arno Schmidt in Görlitz, Lauban, Greiffenberg (mit J. PH. REEMTSMA) 1986; A. Schmidt, Briefe 2: Der Briefwechsel mit Wilhelm Michels, mit einigen Briefen von und an Elfriede Bokelmann, Erika Michels und Alice Schmidt (mit der Arno-Schmidt-Stiftung) 1987; ders., Das Leptothe-Herz. 16 Erklärungen zur Lage der Literaturen, 1987; ders., Arno Schmidt's Wundertüte. Eine Sammlung fiktiver Briefe aus den Jahren 1948/49, 1989; ders., Griechisches Feuer. 13 historische Skizzen,

1989; ders., Stürenburg- und andere Geschichten, 1990; Arno Schmidt & Design. Wenn sich eine Briefklammer derart sperrt, daß soll man achten, 1990; ders., Nebenmond und rosa Augen. 16 Geschichten, 1991; ders., Briefe 3: Der Briefwechsel mit Eberhard Schlotter mit einigen Briefen von und an Alice Schmidt und Dorothea Schlotter (mit der Arno-Schmidt-Stiftung) 1991; ders., Der Platz, an dem ich schreibe. 17 Erklärungen zum Handwerk des Schriftstellers, 1993; ders., Arno Schmidts Lilienthal 1801, oder die Astronomen. Fragmente eines nicht geschriebenen Romans (Mitarb. v. S. FISCHER) 1997; P. Rühmkorf, Werke 1: Gedichte, 2000; A. Schmidt, Arno Schmidt für Boshafte, 2007; ders., Traumflausn, 2008; ders., ‹Und nun auf, zum Postauto!› Briefe von Arno Schmidt (mit S. FISCHER) 2013; ders., Das große Lesebuch, 2013; E. Bulwer-Lytton, Was wird er damit machen? Nachrichten aus dem Leben eines Lords (Übers. v. A. SCHMIDT) 6 Bde., 2015; P. Rühmkorf, Sämtliche Gedichte 1956–2008, mit einer Auswahl der Gedichte von 1947–1955, 2016; W. Faulkner, New Orleans. Skizzen und Erzählungen (Übers. v. A. SCHMIDT) 2017; S. Ellin, Sanfter Schrecken. 10 ruchlose Geschichten (Übers. v. A. SCHMIDT) 2019; Arno Schmidts Zettel's Traum. Ein Lesebuch, 2020.

Briefe: DLA Marbach; BSB München; UB München; Lit.arch. Sulzbach-Rosenberg; ÖNB Wien.

Tonträger: A. Schmidt, Zettels Traum. Eine Simultanlesung (mit J. KERSTEN, J. PH. REEMTSMA, 1 Tonkassette) 1994 (auch auf 1 Audio-CD, 2010); A. Schmidt, Die Schule der Atheisten (mit DENS., 1 Tonkassette) 1995; A. Schmidt, Seelandschaft mit Pocahontas (mit J. KERSTEN, 1 Tonkassette) 1996; A. Schmidt, Kaff auch Mare Crisium (mit J. KERSTEN, J. PH. REEMTSMA, 1 Tonkassette) 1997; A. Schmidt, Tina oder über die Unsterblichkeit (1 Tonkassette) 1998; Die Galle der Ostpreußen. Ein Fettstück ohne Wenn und Oder als Nachschlag (mit J. W. GRONIUS u. a.) 1998; ‹Lesen ist schrecklich!› Ausgewählte Texte aus dem Werk Arno Schmidts (mit J. KERSTEN, J. PH. REEMTSMA, 1 Audio-CD) 1998; A. Schmidt, Goethe und Einer seiner Bewunderer (mit DENS., 1 Audio-CD) 1999; E. Coen, Falltür ins Paradies (2 Audio-CDs) 1999; Tonstörungen aus Philadelphia oder Heidelinde, ich weiß. Kurze Stücke mit Gebrüll (mit J. W. GRONIUS, 1 Audio-CD) 2000; A. Schmidt, Lilienthal 1801 (mit J. KERSTEN, J. PH. REEMTSMA, 2 Audio-CDs) 2001; A. Schmidt, Verschobene Kontinente (mit DENS., 4 Audio-CDs) 2002; Das Lumpengesindel. Absurde Märchen der Brüder Grimm (1 Audio-CD) 2002; W. Shakespeare, Shakespeare's Geschichten: Komödien & Romanzen 1 (3 Audio-CDs) 2002; K. Schwitters, Von der Gurgel bis zur Zehe (2 Audio-CDs) 2003; Sein Wunder, sein Maß: Erhard. Die Heinz-Ludwig-Erhardt-Revue (mit T. QUASTHOFF, J. W. GRONIUS, 2 Audio-CDs) 2003; A. Schmidt, Zettel's Traum (mit J. KERSTEN, J. PH. REEMTSMA, 1 Audio-CD) 2008; A. Schmidt, Kühe in Halbtrauer (mit DENS., 10 Audio-CDs) 2009; A. Schmidt, Arno Schmidt in Hamburg (mit DENS., 1 Audio-CD) 2011; A. Schmidt, Mond, Nebel & Regen erste Qualität (mit S. FISCHER u. a., 2 Audio-CDs) 2013; A. Schmidt u. B. H. Brockes, Irdisches Vergnügen (mit J. KERSTEN, J. PH. REEMTSMA, 2 Audio-CDs) 2015; P. Rühmkorf, Allein ist nicht genug (als LESLIE MEIER TRIO mit U. JOKIEL, P. MISSLER, 1 Audio-CD) 2016.

Literatur: Hörsp. in der ARD 2001. Eine Dokumentation (hg. Dt. Rundfunkarch.) 2003, 170; PEN. Das Autorenlex. 2015/16 (Red. R. SCHWEIKERT) ²2015.   MM

Rautenberg, Eire (geb. Inge R.), * 4.4.1956 Dortmund; 1972–74 Ausbildung u. danach bis 1980 Tätigkeit in der Stadtverwaltung Dortmund, 1980/81 Weltreise, besuchte danach die Fachschule für Sozialpädagogik in Schwerte, betrieb eine Buchhandlung in Dortmund (1984–1991), zudem Arbeit als Verlagsvertreterin, VHS-Doz. u. freie Journalistin; lebt in Schwerte; verfaßte u. a. Rom., Ged. u. Esoterik-Sachbücher; Veröff. u. a. im «Sphinx-Magazin» (Basel). – Verwaltungsangestellte, Buchhändlerin, Journalistin, Schriftst., Dozentin.

Schriften: Dona da casa. Eine Liebe in Portugal (Rom.) 1994; Traumgeboren (Ged.) 2002 (2., überarb. u. erg. Aufl. 2012); Kein Blatt vor dem Mund. Gesammelte Gedichte aus 30 Jahren, 2013; Grenzlandbewohner. Eine Reise durch die wilden Jahre des New Age (autobiogr. Rom.) 2014; Der Deutsche Lebensbaum. Auf den Spuren alteuropäischer und asiatischer Ahnen (Sachb.) 2017 (auch als gestraffte Teilausg. in 2 Bdn.: Volk des Lichts. Die Herkunft der Teuta & der deutsche Ahnengott, 2017; Die Deltagöttin-Kultur. Atlantis und die Vorfahren der Deutschen, 2017); Die Virtuellen (utop. Rom.) 2020.

Literatur: Liton.NRW (Internet-Edition).   MM

Rautenberg, Inge → Rautenberg, Eire.

Rautenberg-Garczynski, Paul (Karl Gottfried) von (Ps. Hans Huckebein), * 16.6.1857 Naumburg/Saale, † 24.4.1938 Berlin; gehörte dem preuß. Militär an, als Rittmeister u. a. 1900 Teilnahme an einer Ostasien-Expedition, zuletzt kgl.-preuß. Major, um 1909 Ende des Militärdienstes, danach zahlr. Reisen; lebte in Berlin; publizierte Reiseber. u. Erinnerungen. – Militär, Reiseschriftsteller.
Schriften: Holländisch-Indien (Reiseber.) 1907; Japan nach dem Kriege. Weltrundreise-Erinnerungen, 1907; Rund um Süd-Amerika. Briefe an Tante Lottchen, [1908]; Rund um Afrika und Madagaskar. Briefe an Vetter Michel, [1909]; Weltrundreise-Erinnerungen. Biskra-Tuggurt – Kandy – Birma – Siam – Manila – Yap – Neu-Guinea – Bismarck-Archipel – Australien – Neu-Caledonien – Tasmania – Neu-Seeland – Tahiti – Fiji – Samoa – Tonga – Torres-Strape – Indo-China – Jünnan-Fu – Shanghai – Formosa – Korea – Japan – Honolulu – U.S.A., 1912.
Nachlaß: SB Berlin (Briefwechsel).
Literatur: T. Pekar, Der Japan-Diskurs im westl. Kulturkontext (1860–1920). Reiseber. – Lit. – Kunst, 2003, 225 f. u. ö. MM

Raven → Barthel, Maila.

Ray, Regina (geb. Münchinger), * 15.12.1955 Bretten/Kr. Karlsruhe; Stud. der Pädagogik, Indologie u. Ethnologie in Heidelberg, 1. u. 2. pädagog. Staatsexamen, auch Ausbildung zur Atem-, Sprech- und Stimmlehrerin, war als Lehrerin tätig, zuletzt Atem-, Sprech- u. Stimmlehrerin in der Erwachsenenbildung, 1995–98 Mithg. der Zs. «Maultrommel» (Düsseldorf), 2009–12 Vorsitzende des Verbandes Dt. Schriftst. in der Region Düsseldorf; lebt seit 1988 in Düsseldorf; verfaßte u. a. Lyrik, Rom., kurze Prosa, Ess. u. Radio-Features; Veröff. u. a. in NDL. – (Neben weiteren Auszeichnungen) Reisestipendium des Auswärtigen Amtes (2003). – Pädagogin, Schriftstellerin.
Schriften: Wolkenlandschaften. Gedichte, Jan. 1980 – Aug. 1981, 1982; Der Berg und ich (Ged. u. Prosa) 1985; Die Braut (kurze Prosa) 1989; Körpertexte (Ged. u. kurze Prosa, Illustr. v. S. Niehaus) 1998; Lyrik, 2007; Unter Ventilatorenwind (Ged.) [2011]; Vor Ort (Ged.) 2012; Das Mottenprinzip (Rom.) 2015.
Literatur: Liton.NRW (Internet-Edition). MM

Raz, Balz, * 11.9.1943 Basel; Hochbauzeichner, Beleuchter am Stadttheater Basel, 1966–70 Stud. an der Dt. Film- u. Fernsehakad. in Berlin, danach u. a. Post-Mitarb., Journalist, Filmregisseur, bildender Künstler u. Autor, Mitbegründer der Edition 350 im Verlag der Kooperative Dürnau; lebt in Basel; schrieb u. a. Erz., Aphorismen, Drehb. u. Artikel über bildende Kunst; Veröff. u. a. in «Basler Magazin», «Poesie. Zs. für Lit.» (Karlsruhe), «Einspruch. Zs. der Autoren» u. «Drehpunkt. Die Schweizer Lit.zs.» (Basel). – Journalist, bildender Künstler, Schriftsteller.
Schriften: Der Luftballon und andere Geschichten (Illustr. v. W. Steffen) 1991; Himmelsmechanik und andere Geschichten, 1992; Höhenunterschiede. Treppen in Basel (Bildbd., Fotos v. J. Buess) 1997; Der Märchenerzähler und andere Geschichten, 2001.
Literatur: Dt. Film- u. Fernsehakad. Berlin (dffb). Eine Retrospektive 1966–1986 (Red. F. Arnold, hg. Westdt. Kurzfilmtage Oberhausen) 1989, 79; Schriftst.innen u. Schriftst. der Ggw. Schweiz (hg. Schweiz. Schriftst.innen- u. Schriftst.-Verband, Red. A.-L. Delacrétaz) 2002, 321. MM

Reategui, Petra, * 17.12.1948 Karlsruhe; Dolmetscher-Stud. für Ital. u. Frz., studierte dann Soziologie an der FU Berlin, dort 1976 Diplom, danach Dolmetscherin u. Übers. in Berlin, ab 1977 Journalistin, ab 1981 Red. bei der «Dt. Welle», ab 2004 freie Autorin u. Übers.; lebt seit 1980 in Köln; publizierte u. a. hist. Kriminalrom., Kurzkrimis u. andere Erz. sowie Radiofeatures; zudem span.-dt., engl.-dt. u. ital.-dt. Übersetzungen. – Journalistin, Schriftst., Übersetzerin.
Schriften: Berlin. Ein Reisebuch in den Alltag, 1985; Falkenlust (hist. Kriminalrom.) 2006; G. Almeida, Brudermord (Hörsp.bearb. u. -übers.) 2008; Filzengraben (hist. Kriminalrom.) 2009; Moselhochzeit (hist. Kriminalrom.) 2013; Weinbrenners Schatten (hist. Kriminalrom.) 2014; Der gestohlene Duft (hist. Kriminalrom.) 2015; Der erste Mord im Gässchen. Neun Geschichten mit und ohne Happy End (Erz.) 2015; An einem Freitag in Colombo. Sieben Geschichten vom Leben und Sterben (Erz.) 2015; Hofmaler. Das gestohlene Leben des Feodor Ivannoff genannt Kalmück (hist. Rom.) 2017; Der Grenadier und der stille Tod (hist. Kriminalrom.) 2020.
Übersetzungen: L. Bremner, Johannesburg. One city. Colliding worlds (dreispr.: engl.-frz.-dt.) Johannesburg 2004; Mallorca, Insel des Weins, 2007;

Die Schornsteinfeger – Viva gli spazzacamini, Santa Maria Maggiore 2008; A. des Isusi, Deseo y otras realidades. Sehnsucht und andere Wirklichkeiten (zweispr.: span.-dt., auch Hg.) 2011.

Literatur: PEN. Das Autorenlex. 2015/16 (Red. R. SCHWEIKERT) ²2015; Liton.NRW (Internet-Edition). MM

Rebhandl, Manfred, * 1966 Windischgarsten/Oberöst.; Bruder des Journalisten Bert R. (* 1964), 1985 Handelsakad.-Matura in Liezen, Zivildienst, Stud. der Soziologie u. Komparatistik (ohne Abschluß), u. a. Tätigkeiten als Taxifahrer u. Bühnenarbeiter, dann freier Journalist u. Drehb.autor (u. a. «Polizeiruf 110»); lebt in Wien; verfaßte u. a. Kriminalrom. u. -erz., Dramen u. Drehb.; Veröff. u. a. in «Wiener Ztg.», «WELT» (Berlin) u. «ZEIT» (Hamburg). – Leo-Peretz-Preis (2012). – Journalist, Schriftsteller.

Schriften: Lebensabende und Blutbäder (Kriminalrom.) 2005; Löcher, noch und nöcher (Kriminalrom.) 2006; Scheiss dich nicht an – lebe! (Kriminalrom.) 2007; 56,3° im Schatten (Kriminalrom.) 2008; Dürre Beweise (Kriminalrom.) 2012; Das Schwert des Ostens (Kriminalrom.) 2012; In der Hölle ist für alle Platz (Kriminalrom.) 2013; Töpfern auf Kreta (Kriminalrom.) 2015; Der König der Schweine (Kriminalrom.) 2016; Heiß ist die Liebe, kalt ist der Tod (Kriminalrom.) 2017; Trautes Heim, Glück allein. Eine Biermösel-Geschichte, 2019; Sommer ohne Horst. Rockenschaub löst auf alle Fälle alle Fälle (Kriminalrom.) 2020. MM

Rechberger, Rainer, * 10.8.1963 Gmunden/Oberöst.; war u. a. Mitarb. einer Bezirkshauptmannschaft u. Sozialarbeiter, betrieb ab 1996 eine Tauschbücherei in Altmünster am Traunsee; lebt ebd.; verfaßte Ged. (teils in Mundart) u. Prosa. – Buchhändler, Schriftsteller.

Schriften: Junker vom Traunsee. Ein systemkritisch-literarisch-satirischer Schriftverkehr mit den Behörden (hg. W. SCHWARZLMÜLLER) 1992; Es brennt, es brennt!! – Na und?! – Der Schreiber hat ein Lösch-blatt zur Hand, 1993; ‹But still in none of the rooms is there a mirror›. Traum – Schizophrenie – Vampirismus (mit D. AIGNER u. a.) 1997; Ver-inner-licht-mensch. Looking inward – reflecting outward (Ged.) 2002 (dt. u. engl.); Gwurlat. Dem Seelenfreund Friedrich Hölderlin gewidmet (Ged.bearb. in Mundart) 2003 (dt. u. engl.); Zeit dazwischen. Time passes by (Ged.) 2013 (dt. u. engl.); Peras City. An die Bewohner und Bewohnerinnen der Grenzstadt, 2015; Auf-ge-lesen. Eine Lese-Lock-Schrift anläßlich 10 Jahre Tauschbücherei Rechberger, o. J. MM

Rechsteiner, Jürg, * 26.5.1956 St. Gallen; Jura-Stud. in Bern, danach als Richter am Kreisgericht St. Gallen tätig, auch Ausbildung zum Mediator, 1993–2004 Mithg. der Zs. «Noisma» (St. Gallen); lebt in St. Gallen; verfaßte u. a. Rom., Erz. u. Hörsp.; Veröff. u. a. in «Entwürfe. Zs. für Lit.» (Zürich) u. «Einspruch. Zs. der Autoren» (Zürich). – (Neben weiteren Auszeichnungen) Förderpreis des Kt. St. Gallen (1988). – Jurist, Schriftsteller.

Schriften: Halbland (Rom.) 1994; Der Sammler zwischen den Dingen (Hörsp.) 1995; Curry und Schokolade (Hörsp.) 1997; Little dreams – kleine Träume (Hörsp.) 2000; Jonas (Hörsp.) 2000.

Literatur: Schriftst.innen u. Schriftst. der Ggw. Schweiz (hg. Schweiz. Schriftst.innen- u. Schriftst.-Verband, Red. A.-L. DELACRÉTAZ) 2002, 322; Lit.netz Ostschweiz (Red. Gesellsch. für dt. Sprache u. Lit.) o. J., www.gdsl.ch/literaturnetz-ostschweiz/. MM

Recker, Sven, * 1973 Bühl/Baden; absolvierte 1999–2001 ein Volontariat bei der Tagesztg. «Ztg. zum Sonntag» u. der Fußball-Zs. «Hattrick» in Freiburg/Br., 2001/02 Red. bei der «Abendztg.» in München, 2002–07 als Projektmanager für Caritas international u. a. in Sri Lanka u. Pakistan tätig, war 2009–19 Chefred. der gemeinnützigen Organisation «Media in Cooperation and Transition», 2009–11 Textchef der Zs. «Vanity Fair» in Berlin, ist seit 2020 selbständiger Medienberater; lebt in Berlin. – Journalist, Romanautor.

Schriften: Krume Knock Out (Rom.) 2015; Fake Metal Jacket (Rom.) 2018. FA

Redenius, Hans Tönjes, * 28.10.1939 Hamburg; Sohn des Mundartautors Johann Ubbo Heinrich R. (1893–1971), war u. a. als Matrose u. Bauarbeiter tätig, dann Stud. der evang. Theol. in Hermannsburg (Südheide), Hamburg u. Göttingen, war 1968–98 Pfarrer u. Lehrer, danach freier Autor; lebt in Bingen am Rhein; publizierte u. a. Rom., Erz. (teils in Mundart), Lyrik, Ess. u. Sachtexte (vor allem zur Gesch. Bingens); auch Hg. von Werken seines Vaters u. des Theologen Josef Krasenbrink (1933–2008); Veröff. u. a. in «Schaumburg-

Lippische Mitt.» (Bückeburg). – Evang. Theologe, Schriftst., Herausgeber.

Schriften: Die Dinge des Lebens. Weihnachtsgeschichten aus der christlichen Seefahrt ... für weniger zarte Gemüter, 1995; ... und weiße Hände berühren schwarze Haut (Rom.) 1996; Rochusberger Verse, 2 Bde., 2001, 2002; Anmerkungen eines mittelmäßigen Christen, 2001; Zwischen Syrakus und Bingen. Baccus greift ein, 2003; Maximus Rhenus. Wie der Hesselen zum Rochusberg wurde, 2003; Jakobs Leiter (Rom.) 2003; J. Krasenbrink, Wege zum Rochusberg. Von Menschen und Heiligen (Red., hg. Rochusbruderschaft Bingen) 2003; Demokratie, Individualismus und Solidarität in der Krise des Denkens, 2004; Facetten im Kirchenkampf. Die Evangelisch-Lutherische Kirche Schaumburg-Lippe im Dritten Reich, 2004; Goethe auf dem Rochusberg, 2005; Zeitsignatur oder doch Kollektivschuld. Politisches Traktat des Professors Konstantin Bleibtreu, 2007; Vom Geheimnis des Wortes (Ess.) 2007; Goethes Reisen an den Mittelrhein (mit J. Krasenbrink, hg. Rochusbruderschaft Bingen) 2007; Hamburger Tünkram. Bidde nich erns nehm. Zwei Geschichten zum Schmunzeln, im Mottenburger Jargon erzählt, 2007; Legenden und Märchen vom Mittelrhein. Geschichten um Bingen, Rüdesheim und Ingelheim, 2008; Kubatraum '57. Vom Schiffsjungen zum Freiheitskämpfer (Rom.) 2008; Hiobs vierte Tochter (Rom.) 2010; Freundschaft. Einsicht und Näherung. Wolfgang Albers zum 70. Tag seiner Wiege (Ess.) 2010; Satans Geige (Rom.) 2012; Eine deutsche Portraitgalerie 1: Von den Anfängen unserer Geschichte bis zum Ende des Dreißigjährigen Krieges (Illustr. v. H. Manthe) 2014.

Herausgaben: Gemischtes Doppel in Thlabane, 1982; J. Redenius, Uns Freesendag. Gedichte und Geschichten aus Ostfriesland (Erg. v. R. Polander) 2001; J. Krasenbrink, Versuche über Hildegard, 2007.   MM

Redlair, Ramona → Nitzsche, Rainer O. M.

Redmann, Kathrina, * 8.1.1946 Horgen/Kt. Zürich; Ausbildung zur Lehrerin, unterrichtete dann an Primarschulen, später an der Neuen Kunstschule in Zürich, ab 1986 Arabisch-Stud. in Zürich u. ab 1993 in Kairo, war ab 1995 Arabisch-Lehrerin in Zürich, betrieb ab 2000 eine Arabisch-Schule in Zürich; Ausstellungen als Malerin; lebt in Hausen am Albis; publizierte u. a. Rom, Erz. u. Lyrik. – Pädagogin, Schriftst., Malerin.

Schriften: Brennpunkt (Ged.) 1990; Der Alltag im Kaffeesatz (Erz.) 1993; Sindbadas erste Reise. Geschichten aus Kairo (Erz.) 1998; Zwei Schuhe – ein Schritt. Unterwegs zwischen Orient und Okzident (Illustr. v. R. Nussbaumer u. C. Grünenfelder) 2011; Die Windredli der Madame Surprise (Illustr. v. ders. u. J.-P. Noth) 2013; Mord in Gordes. Kein Kriminalroman, 2017.   MM

Regelein, Ursel → Scheffler, Ursel.

Regenbrecht, Klaus-Dieter (Ps. kloy), * 29.4.1950 Bassum; Kindheit in Koblenz, dort 1971 Abitur, studierte ab 1973 Pädagogik, Anglistik, Geographie u. Sportwiss. in Tübingen u. ab 1975 in Bonn, freier Schriftst., betrieb ab 1985 den Verlag «Tabu Litu» in Koblenz, ab 1992 Doz. für Kreatives Schreiben u. Engl.; lebt in Koblenz; verfaßte u. a. Rom., Erz., Lyrik, Dramen u. Ess.; dt.-engl. Übersetzungen. – Pädagoge, Verleger, Schriftst., Übersetzer.

Schriften: Tabu Litu. Ein documentum fragmentum in neun Büchern. I: Gedichte aus den Jahren 1974–1985, 1985 – II: Antikörper (Erz.) 1986 – III: Worauf warten Sie noch?, 1987 – IV: Stories. Erzählungen aus den Jahren 1975–1989, 1989 – V: Die Grenze, der Strom und das Drama (Rom.) 1990 (erw. Neuaufl. u. d. T.: Transit Wirklichkeit, 2009) – VI: Stellas Promotion (Rom.) 1993 – VII: Tod eines Doppelgängers (Erz.) 1994 – VIII: Sum mor tym. Gedichte übers Jahr und eine Vorlesung, 1996 – IX: Die Rheinland-Papiere oder die Tricks der Bücher (Rom.) 1999; Rheingold. Von Vorzeiten und Vorzeichen, 1998; Continuity. Hitchcocks, Pocahontas, 2003; Das Camp (Erz.) 2004; Die Reisen des Johannes (Erz.) 2008; AmoRLauf. Ein Bildungsroman, 2010; Im Goldpfad 10. Ein Schlüsselroman, 2013; Jonas von Dohms zu Brügge (Rom.) 2014 (2., überarb. Aufl. 2014); Luhmen & Balder: Minimal-invasive Eingriffe (Erz.) 2015; Die Durchschlag-Strategie (Rom.) 2016; Den Widerspruch zwischen Gelesenem und Gelebtem mit Geschriebenem lösen. Ausgewählte Aufsätze, [2016]; Paradise with black spots and bruises. Stories, pictures, and thoughts of a lifetime (Autobiogr. in engl. Sprache) 2017; Ein Mythos wird vermessen. Topographie der Rheinlande im Licht der Romantik. Ein panoptisch-panoramischer Esssay, 2018 (2., überarb. Aufl. 2019); Verhüllte Männer in weißen Häusern. Ein zystopisches Selbstgespräch, 2018; Die selige Verzückung absehbarer Enttäuschung (Rom.) 2019; Göttern und Menschen zum Troz. Ein Roman mit zahlreichen freien Adaptionen und Modificirungen diverser Quellen, 2020; Die Definition von Wahnsinn. Mein Seuchenjournal, 2021; Absent*Presence Present*Absence. Ein Theaterstück in 8 Memen, 2021.

Übersetzungen: Fotografia nell'arte tedesca contemporanea: Bernd & Hilla Becher (Red. S. CORTESE) 1996; P. Stauss, Kartoffelesser (hg. A. SCHEIBLER) 1999; C. Schwarzwald, Geisterbahn, 2000.

Literatur: J. ZIERDEN, Lit.lex. Rhld.-Pfalz, 1998, 249; Rhld.-Pfälz. Personendatenbank (Red. Rhein. LB Koblenz) 2010, www.rppd-rlp.de/pk00210. MM

Rehfeld, Frank (Ps. Jessica Atkins, Frank Garrett, Frank Thys), * 14.11.1962 Viersen; 1984 Abitur, Zivildienst in Nettetal-Hinsbeck, danach freier Schriftst., lebt in Viersen; publizierte vor allem Rom. (auch Heftrom.) u. Erz. aus den Genres Fantasy, Science Fiction, Krimi u. Horror; auch engl.-dt. Übers.; u. a. lit. Zus.arbeit mit Wolfgang → Hohlbein (*1953). – Schriftsteller.

Schriften: Knight Rider: Gewagtes Spiel (Rom.) 1988; Knight Rider: Tödliches Vertrauen (Rom.) 1988; Knight Rider: Ein mörderisches Geschäft (Rom.) 1988; Knight Rider: Ein hochkarätiger Killer (Rom.) 1988; Die Saga von Garth und Torian (Fantasyrom., mit W. HOHLBEIN) Bde. 4–6, 1988; Knight Rider: David gegen Goliath (Rom.) 1989; Knight Rider: Teuflische Rache (Rom.) 1990; Arcana 1: Das Tal der schwarzen Bestien (Fantasyrom.) 1990; Arcana 2: Die Zitadelle am Rande der Welt (Fantasyrom.) 1991; Knight Rider: Flucht nach vorn (Rom.) 1991; Knight Rider: Jagd auf Michael Knight (Rom.) 1991; Knight Rider: Zwischen allen Fronten (Rom.) 1991; Knight Rider: Geschäfte mit dem Tod (Rom.) 1991; Knight Rider: Tödliche Erbschaft (Rom.) 1992; Knight Rider: Narben der Vergangenheit (Rom.) 1992; Giganten (fantast. Rom., mit DEMS.) 1993; Hercules in der Unterwelt (Rom.) 1996; Hercules: Die Rache der Göttin (Rom.) 1996; SK-Babies: Maskerade (Rom.) 1997; Dino-Land: Duell in den Lüften (Rom.) 1997; Dino-Land: Hetzjagd durch die Zeit (Rom.) 1997; Dino-Land: Land der fallenden Sterne (Rom.) 1997; Dino-Land: Die Pilger der Zeit (Rom.) 1997; Dino-Land: Aufbruch ins Ungewisse (Rom.) 1997; Dino-Land: Auf der Spur des Vernichters (Rom.) 1997; Die Legende von Arcana: Die Dämmer-Schmiede (Fantasyrom.) 1999; Die Legende von Arcana: Die Drachen-Priester (Fantasyrom.) 2000; Fürsten der Finsternis (Rom.) 2000; Star-Gate: Botschafter von den Sternen (Science-Fiction-Rom., mit W. GIESA) 2000; Star-Gate: Das Transmitter-Experiment (Science-Fiction-Rom., mit DEMS.) 2000; Stargate Episodenguide (mit W. HOHLBEIN) 2 Bde., 2000, 2001; Stargate: Das Bündnis (Science-Fiction-Rom.) 2002; Nestors Rache (Rom.) 2002; Andromeda: Gefangen im schwarzen Loch (Science-Fiction-Rom.) 2002; Der Hexer 24: Das Haus der bösen Träume (fantast. Rom., mit W. HOHLBEIN) 2006; Blue moon (Rom.) 2006; Blutrote Gefahr. Dein Schicksal ist besiegelt, Miriam Stanton! (Rom.) 2007; Der Blutstern (Spielbuch) 2008; Mission Mars: Artefakte (Rom.) 2009; Zwergenfluch (Fantasyrom.) 2009; Zwergenbann (Fantasyrom.) 2009; Zwergenblut (Fantasyrom.) 2010; Die Nacht der Mönche. Horrorgestalten lauern Vivian auf (Rom.) 2010; Wenn fremde Stimmen nach dir rufen. Als Detektivin lebt es sich gefährlich (Rom.) 2011; Lass dich nicht ins Moorschloss locken …denn dort bist du verloren, Sandra! (Rom.) 2011; Flucht in die Grotte des Grauens. Eine unsichtbare Bedrohung lässt Jennifer Cunningham erzittern (Rom.) 2011; Elbengift (Fantasyrom.) 2011; Elbensturm (Fantasyrom.) 2012; Elbentod (Fantasyrom.) 2013; Der Weg des Inquisitors (Fantasyrom.) 2016; Der Verrat des Inquisitors (Fantasyrom.) 2017; Das Zauberschwert von Dunsinbar (Fantasyrom.) 2017; Angriff aus der Dämmerwelt (Rom.) 2017; Wenn die Todesglocke läutet (Rom.) 2018; Wenn der Todeswalzer erklingt (Rom.) 2018; Stimmen des Wahnsinns (Rom.) 2018; Jagd auf den Jenseitsmörder (Rom.) 2018; Im Bann der Angst (Rom.) 2018; Gefangen in der Albtraumwelt (Rom.) 2018; Eine Botschaft aus dem Jenseits (Rom.) 2018; Die unheimliche Gruft (Rom.) 2018; Die Tote aus dem Geistermoor (Rom.) 2018; Der Turm der tausend Schrecken (Rom.) 2018; Der Tod als Hochzeitsgast (Rom.) 2018; Der Hass eines Toten (Rom.) 2018; Das Schloss der bösen Träume (Rom.) 2018; Das Hotel des Schreckens (Rom.) 2018; Das Geheimnis um Cranston Manor (Rom.) 2018; Das Erbe der Hexe (Rom.) 2018; Das Amulett aus der Hölle (Rom.) 2018; Albtraum in alten Mauern (Rom.) 2018; Sieben Monate Pech (Rom.) 2019; Party des Schreckens (Rom.) 2019; Moor der

Angst (Rom.) 2019; Katastrophe am Mount Liberty (Rom.) 2019; Jim räumt den Weg frei (Rom.) 2019; Jäger in der finsteren Nacht (Rom.) 2019; Inferno im Silicon Valley (Rom.) 2019; Eine lange Nacht (Rom.) 2019; Die Reporterin (Rom.) 2019; Die Jackpot-Lady (Rom.) 2019; Die Fahrt nach Miami (Rom.) 2019; Der Zeitkristall (Rom.) 2019; Der Stoff, aus dem der Tod ist (Rom.) 2019; Der Fluch des Druiden (Rom.) 2019; Der 300 Jahre alte Fluch (Rom.) 2019; Das unheimliche Glasauge (Rom.) 2019; Ausgeburten der Hölle (Rom.) 2019; Mytha (Fantasyrom.) 2019; Die Diebin (Erz.) 2019; Sturm über Dakota (Rom.) 2020; Bombendrohung und Autodiebe (Rom.) 2020; Bombentod und Mörderspiele (Rom.) 2020. – *Übersetzungen:* D. McCandless, Trekmaster. Das Trekker-Quizbuch mit 2000 knallharten Fragen, 1996. MM

Rehlein, Susann, * 1971 Leipzig; Stud. der Germanistik u. Slawistik, freie Journalistin in Berlin, ab 1997 Red. bei «Das Magazin» (Berlin), später Lektorin in Berlin u. München; lebt in München; publizierte u. a. Rom. u. engl.-dt. Übers.; Veröff. u. a. in «taz» (Berlin) u. «Der Freitag» (Berlin). – Journalistin, Lektorin, Schriftst., Hg., Übersetzerin.

Schriften: Auch die Liebe hat drei Seiten (Rom.) 2013; Die erstaunliche Wirkung von Glück (Rom.) 2015; Lucy Schröders gesammelte Wahrheiten (Rom.) 2016. – *Übersetzungen:* P. Quentin, Mord im Irrenhaus (mit A. Dunkel) 2020. – *Herausgaben:* Bitte streicheln Sie hier! (Anthol.) 2000; Alles Lametta. Autoren feiern das Fest der Liebe, 2002; 17 Frauen ziehen einen Mann aus (Anthol., mit R. Kammerer) 2005. MM

Reiber, Hartmut, * 1950 Arnstadt/Thür.; arbeitete als Dramaturg u. a. am Theater der Freundschaft in Berlin (Ost), zudem Theater- u. Rundfunkautor; lebt in Berlin. – Publizist, Dramaturg, Reiseschriftsteller.

Schriften: Ansichten von Finnland (Reiseber.) 1988; Grüß den Brecht. Das Leben der Margarete Steffin (Biogr.) 2008. – *Literatur:* F. T. Grub, Rückblicke mit Fallstricken? Schriftst. aus der DDR über ihre Reisen in den Westen. Eine erste Betrachtung nach der ‹Wende› erschienener autobiogr. Texte (in: Triangulum. Germanist. Jb. für Estland, Lettland u. Litauen) 2015, 379–389, hier 381. FA

Reich, Anja, * 22.9.1967 Berlin; Stud. der Journalistik in Leipzig, war ab 1992 bei der «WELT» (Berlin) tätig, zuletzt als Lokalred., ab 1996 bei der «Berliner Ztg.», war dort u. a. Reporterin, Chefreporterin, Magazinleiterin, Korrespondentin in New York (1999–2006) u. Tel Aviv (2018–20) u. ab 2020 Teamchefin, Ehefrau des Journalisten Alexander Osang (* 1962); lebt in Berlin; schrieb u. a. Erlebnisber. u. Reportagen. – Dt. Reporterpreis (2012), Theodor-Wolff-Preis (2017). – Journalistin, Schriftstellerin.

Schriften: Wo warst du? Ein Septembertag in New York (Erlebnisber., mit A. Osang) 2011; Der Fall Scholl. Das tödliche Ende einer Ehe (Rep.) 2014; Getauschte Heimat. Ein Jahr zwischen Berlin und Tel Aviv (mit Y. N. Levin) 2019. MM

Reich, Richard, * 5.12.1961 Erlenbach im Simmental/Kt. Bern; Sohn des Journalisten u. Politikers Richard R. (1927–1991), Schulbesuch in Zürich, ab 1982 Stud. der Gesch., Nordistik u. des Schausp. in Wien u. Zürich (ohne Abschluß), danach journalist. Volontariat bei der «Neuen Zürcher Ztg.» (NZZ), ab 1984 Red. bei der NZZ u. 1997–99 bei «Facts» (Zürich), 1999–2002 Geschäftsführer des Lit.hauses Zürich, danach freier Journalist u. Schriftst., ab 2005 Mitbetreiber des auf Schreibprojekte spezialisierten Unternehmens «Die Provinz» (Zürich); lebt in Zürich; publizierte u. a. Rom. u. Erz.; Veröff. u. a. in NZZ, «Berner Ztg.» u. «Schweizer Monatsh. Zs. für Politik, Wirtschaft, Kultur» (Zürich). – (Neben weiteren Auszeichnungen) Zürcher Journalistenpreis (2000), Kulturpreis des Kt. Zürich (2000). – Unternehmer, Journalist, Schriftsteller.

Schriften: Ovoland. Nachrichten aus einer untergehenden Schweiz, 2001; Das Gartencenter (Erz.) 2003; Das Leben ist eine Turnhalle (Erz.) 2004; Codewort Laudinella. Ein Hotelroman, 2007; Der 15. Kilchberger Schwinget 2008 (mit A. Bissig, P. Hoff) 2008; Landwirtschaft Schweiz (mit B. Lehmann, P. Moser, hg. Schweizer Bauernverband, Fotos v. M. Bühler-Rasom) 2014; Landgeschichten (Illustr. v. M. Roost) 2019.

R. betreute als Schreibcoach mehrere Schreibprojekte von Jugendlichen: Fausto & Phista oder Das Rätsel von Winterstadt, 2006; Rüti-Roman, 2006; Troja lebt! oder: das neue Rüti, 2007; Ghetto island. Sri Sanbar, 2007; Love & crime in Zustanbul, 2008; Pickville, 2008; Aus Hass wird Liebe, 2008; Verliebt in Wallisellen, 2009; Tanz im Vulkan (mit J. LIER) 2009; Pop-up Märchen. Acht sagenhafte Geschichten (mit G. M. CAVELTY, R. GANZONI) 2015; Little Chub (mit K. HÜRLIMANN, N. HESSE) 2015; Tausendundeine Bärengeschichte (mit A. SIEGFRIED) 2016; Wieder am Leben, sozusagen. Zwei Dutzend untote Geschichten, 2018; Das Herz des Reformators. Der Leihsohn, 2019.

Herausgaben: Meiers grüne Lesebücher (mit A. HONEGGER, G. WURZENBERGER, Fotos v. M. Bühler-Rasom) 2 Bde., 2005, 2008.

Literatur: CH. WAMISTER, Erstaunlich altmodisch (in: Schweizer Monatsh. Zs. für Politik, Wirtschaft, Kultur 87) 2007, H. 6, 60 f.   MM

Reich von Reichenstein, Roland → Reichen, Roland.

Reichardt, Ellen Felicitas, * 24.7.1938 Berlin; Kindheit u. a. in Berlin, Dippoldiswalde u. Dresden, 1956 Abitur in Dresden, Sprachen-Stud. in Leipzig, 1960 Emigration nach Frankfurt/M., danach Dolmetscherin, Pädagogik-Stud. in Gießen, Lehrerin, war auch als freie Journalistin, Schauspielerin (mehrmals Zus.arbeit mit Rosa von Praunheim) u. zuletzt als Astrologin tätig; lebt in Berlin; verfaßte u. a. Rom. u. Erz.; Veröff. u. a. in «Fuldaer Ztg.» u. «Die Kribbe» (Bonn). – Pädagogin, Astrologin, Schauspielerin, Journalistin, Schriftstellerin.

Schriften: Schwesterngroll (Erz.) 2003; Falsches Gleis! 17 (fast) wahre Geschichten, in denen sich immer jemand irrt, 2004; Falsches Gleis! (Erz.) 2006; Kollusion oder wie man davonkommt (Rom.) 2008; I didn't want to lose you! An American CIA-Captain in Germany 1963. A Documentary Novel, 2011 (dt. Ausg. u. d. T.: Ich wollte Dich nicht verlieren! Ein amerikanischer CIA-Captain in Deutschland 1963. Eine dramatische Dokumentation, 2012); Reiseglut (Erz.) 2013; Ohne Gott und ohne Konto (Rom.) [2016]; Beim Absturz war sie nicht dabei (Rom.) 2018.

Literatur: Lit.port Autorenlex. (Internet-Edition).   MM

Reichelt, Bettine (geb. Seidel, Ps. mesalina), * 17.6.1967 Plauen; 1986 Abitur, anschließend Stud. der evang. Theol. in Leipzig, 1992 1. u. 1996 2. Examen, ab 1997 evang.-luth. Pfarrerin in Regis-Breitingen, ab 2001 Gemeindepädagogin, ab 2003 freie Autorin u. Lektorin, zudem ab 2014 Schulpfarrerin im Kirchenbez. Leipziger Land u. ab 2021 Pfarrerin für die Kirchengemeinden Pomßen-Großsteinberg, Belgershain-Rohrbach, Threna u. Köhra; lebt in Leipzig; publizierte u. a. theol.-erbaul. Bücher, Biogr., Rom. u. Erz. (u. a. Krimis); auch Hg., Red. u. Bearb. von Texten anderer Autoren, u. a. von Papst Benedikt XVI.; Veröff. u. a. in «Kippe. Das Leipziger Straßenmagazin» u. «Glaube + Heimat» (Weimar). – Evang. Theologin, Pädagogin, Schriftst., Hg., Lektorin.

Schriften: Jegliches hat seine Zeit (Fotos v. J. Richter) 1998 (5., bearb. Aufl. 2011); E. Ander-Donath, Ein Leben für die Musik. Erinnerungen an Hanns Ander-Donath, den letzten Organisten der Dresdner Frauenkirche (Bearb.) 2002; Und möge dir nichts mangeln. Wünsche für unterwegs (Fotos v. dems.) 2003; Liebe (Fotos v. R. Geppert) 2003; Hoffnung (Fotos v. Behnelux-Gestaltung) 2003; Unter Bäumen. Freundliche Botschaften, 2005; Max Reger (biogr. Rom.) 2005; In deiner Liebe geborgen. Gedanken auf dem Weg zu zweit (Fotos v. P. Friebe) 2005; Offen gesagt. Christen laden ein zum Gespräch; das Buch zur Aktion neu anfangen in der Region um Borna (Ess., Red. H. FRANKE) 2005; F. Fischer, Papst Benedikt XVI. Eine Reise zu den Orten seines Lebens (Red., mit A. FAUSEL) 2006; Weihnachts-Quiz. 129 Fragen und Antworten zu Advent und Weihnachten in aller Welt (Illustr. v. S. Hess) 2007; ... und die Hölle nebenan. Zehn biblische Kriminalgeschichten, 2007; Das Konfirmanden-Taschenlexikon. Von Abendmahl bis Zebaoth, 2008; Willkommen. Ein Gruß zu Geburt und Taufe, 2009; Der Kirchen-Knigge. Ein unterhaltsamer Ratgeber, 2009; Das Konfirmanden-Taschengebetbuch, 2009; Wenn wir das Leben teilen. Ein Dutzend Worte für das neue Lebensjahr, 2010; Philipp Melanchthon. Weggefährte Luthers und Lehrer Deutschlands. Eine biographische Skizze mit Aussprüchen und Bildern, 2010; Gottes Klang in der Welt. Ein spirituelles Lesebuch, 2011; Botschaften von Benedikt XVI. 2012, 2011; Im Labyrinth des Lebens. Mitten im Alltag. Wege zur Gelassenheit. Meditationen & Gebete, 2011; Botschaften von Benedikt XVI. 2013, 2012; Botschaften von Benedikt XVI. 2014, 2013; Suche dich selbst – finde Gott. Ermutigungen für den Lebensweg, 2013; Ein Jahr voller Segen. Hoffnungsvolle Gedanken, 2013; Botschaften von Franziskus 2015, 2014; Rabengeschichten (Fotos v. F. Haas) 2015; Botschaften von Franziskus 2016, 2015; Tendenz steigend. Ein Chemnitz-Krimi, 2015; Das Wort

Gottes für jeden Tag 2016. Die Lesungen des Tages und Impulse zum gelebten Glauben (Red.) 2015; Botschaften von Franziskus 2017, 2016; Im Himmel ist die Hölle los. Krimis aus der Bibel, 2016; Gottes Klang in der Welt. Gedanken zur Melodie des Glaubens, 2016; Gib der Stille in dir Raum : Wege zu mir selbst (Fotos v. F. Haas) 2016; Botschaften von Franziskus 2019, 2018; Botschaften von Franziskus 2020, 2019; Botschaften von Franziskus 2021, 2020; Näher, mein Gott, zu dir. Biblische Gebete, 2020; Das Geschenk der guten Nacht. Spirituelle Impulse & praktische Tipps für einen erholsamen Schlaf, 2021.

Herausgaben: Familienzeit. Das Hausbuch für's ganze Jahr, 2004; Quiz-Spiel Konfirmation. 100 Fragen & Antworten, 7 Schwierigkeitsstufen, 2007; Gebete und Sprüche Martin Luthers (Illustr. v. G. Zielinski) 2008; Alles Gute zu deiner Konfirmation (Fotos v. M. Pawlitzki) 2008; Quiz-Spiel Ostern. 100 Fragen & Antworten, 7 Schwierigkeitsstufen, 2008; Bibel-Quiz Konfirmation. 100 Fragen & Antworten, 7 Schwierigkeitsstufen, 2008; Bibel-Quiz Erstkommunion. 100 Fragen & Antworten, 7 Schwierigkeitsstufen, 2008; Dein Glaube. Ein Minikatechismus (mit P. GERLACH) 2009; Wenn der Himmel die Erde heute küsst... Geschichten zur Weihnachtszeit, 2016; Denn sie sollen getröstet werden. Worte für Trauernde, 2016; Auf dem Weg zum Licht 2021. Gedanken und Impulse für die Advents- und Weihnachtszeit, 2021.

Literatur: Lit.port Autorenlex. (Internet-Edition). MM

Reichelt, Heiderose, * 21.1.1942 Brandenburg/Havel; Ingenieur-Stud. in Leipzig, Abschluß als Diplom-Ingenieurin, war danach u. a. beim DDR-Rundfunk tätig; lebt in Berlin. – Ingenieurin, Erzählerin.

Schriften: Programmproduktion des Hörrundfunks, 1978; Zeit (Erz.) 2000; Abgeliefert (Erz.) 2008; Kleine Berliner Geschichten (Erz.) 2010; Klippen (Erz.) 2013; Lichtblicke (Erz.) 2014; Glück Auf (Erz.) 2015. MM

Reichen, Roland (Ps. Roland Reich von Reichenstein), * 22.3.1974 Spiez/Kt. Bern; Sohn eines Arbeiters, Stud. der Germanistik, Schweiz. Gesch. u. Dt. Sprachwiss. in Bern, 2003 Abschluß als Lic.phil., war 2004–11 wiss. Assistent an der Univ. Bern, dort ab 2010 Mitarb. der hist.-krit. Gesamtausg. von Jeremias → Gotthelfs Werken, 2011 Promotion zum Dr. phil. in Bern («Der Antisemitismus u. seine Heilung? Zur Judenfeindschaft in Heinrich Manns Rom.»); verfaßte u. a. (teils mundartl.) Rom., Erz. u. wiss. Arbeiten über Heinrich → Mann u. Gotthelf; Veröff. u. a. in «Manuskripte. Zs. für Lit., Kunst, Kritik» (Graz), «Berner Zs. für Gesch.» u. «Neophilologus» (Dordrecht u. a.). – (Neben weiteren Auszeichnungen) Lit.preis des Kt. Bern (2015). – Germanist, Schriftst., Herausgeber.

Schriften: Aufgrochsen (Rom.) 2006; Hybrido Unreim (Kartenset, mit H. ABENDSCHEIN, C. DE SIMONI) 2013; Sundergrund (Rom.) 2014; The making of Schmürzu (mit M. KÄMPF) 2018; Druffä. Aus dem Leben eines Berner Drogensüchtigen (mit P. REICHEN, Fotos v. J. Liechti) 2019; Auf der Strecki (Rom.) 2020.

Herausgaben: J. Gotthelf, Historisch-kritische Gesamtausgabe, Abt. E, Bd. 1.3: Predigten 1827–1830. Textband (Red. CH. V. ZIMMERMANN) 2015; ders., Historisch-kritische Gesamtausgabe, Abt. F, Bd. 2.1: Schulpolitische Publizistik 1824–1849. Textband (mit M. HOFER u. a.) 2016.

Literatur: literapedia bern. Das Lex. der Berner Schriftst.innen u. Schriftst. (hg. UB Bern) 2015, www.literapedia-bern.ch/.; A*dS Lex. (Red. N. FETZ u. a., hg. Verband Autorinnen u. Autoren der Schweiz) o. J., https://lexikon.a-d-s.ch/. MM

Reichert, Fritz, * 18.10.1929 Bernburg/Saale; 1951–59 Stud. der Physik, Pädagogik, Politologie u. Philos. in Frankfurt/M., danach Lehrer, gründete 1960 eine Privatschule in Frankfurt, leitete ab 1970 die VHS des Landkr. Hanau u. ab 1977 die VHS der Stadt Hanau, ab 1994 im Ruhestand; lebt in Langenselbold; verfaßte Science-Fiction-Rom., -Dramen u. -Hörspiele. – Pädagoge, Science-Fiction-Autor.

Schriften: Alpha Centauri (Science-Fiction-Rom.) 3 Bde., 2002–05; Tilly auf Mars und Venus. Traumgeschichten einer kessen 15-jährigen, 2009. MM

Reichl, Eva, * 15.12.1970 Kirchdorf/Krems; kaufmänn. Ausbildung, dann als Controllerin tätig; Ausstellungen als Malerin; lebt in Ried in der Riedmark; verfaßte u. a. Thriller, Krimis, Kdb., Erz. u. Romane. – Controllerin, Schriftst., Malerin.

Schriften: Hitlers Sohn (Thriller) 2007; Rattenmörder (Thriller) 2009; Kasparows Züge. Ein himmlischer Linz-Krimi, 2012; Cyberworld. Thomas und Online in der verbotenen Zone (Jgdb.) 2012; Zorina hinterm Regenbogen. Die Rettung der Fabelwesen (Kdb., Illustr. v. M. Diwold) 2013; Teufelspoker. Ein himmlischer Linz-Krimi, 2013; Herr Fröhlich und das Geheimnis in seinem Keller (Kdb., Illustr. v. M. Diwold) 2013; Der Lottospieler. Oder von der Glückseligkeit des Geldes (Rom.) 2014; Clara & Tom. Der teuflische Nachbar. Eine himmlische Schutzengelgeschichte (Kdb., Illustr. v. M. Diwold) 2015; Ein Ausflug mit Loomi (Kdb., Illustr. v. H. Bansch) 2015; Loomis erster Schnee (Kdb., Illustr. v. H. Bansch) 2016; Clara & Tom. Der Haberkorn-Fall. Ein himmlischer Kinderkrimi (Kdb., Illustr. v. ders.) 2016; Tödliches Handicap (Kriminalrom.) 2017; Mühlviertler Blut (Kriminalrom.) 2018; Eine ‹digitolle› Familie (Kdb., Illustr. v. H. Bansch) 2018; Mühlviertler Rache (Kriminalrom.) 2019; Mühlviertler Grab (Kriminalrom.) 2020; Mühlviertler Kreuz (Kriminalrom.) 2021. MM

Reider, Katja (Ps. Lia Norden), * 22.11.1960 Goslar; 1981–87 Stud. der Germanistik, Publizistik u. Kommunikationswiss. in Göttingen, danach Mitarb. einer PR-Agentur in Bonn, Pressesprecherin von «Jugend forscht» in Hamburg, auch als Texterin tätig, zuletzt freie Autorin; lebt in Hamburg; verfaßte vor allem Kdb., Jgdb., aber u. a. auch Rom., Erz., humorist. Texte u. Geschenkbücher; engl.-dt. Übers.; Veröff. teils unter dem Sammelps. Lia Norden in Zus.arbeit mit Cornelia Franz (*1956) u. Sylvia Heinlein (*1962). – Pressesprecherin, Texterin, Schriftstellerin.

Schriften: Wahre Wolkenwunder (Kdb., Illustr. v. A. v. Roehl) 1997; Vom Glück ein dickes Schwein zu sein (Kdb., Illustr. v. ders.) 1997; Pinguin Pudelmütze macht alles anders (Kdb., Illustr. v. ders.) 1997; Tommi geht zum Zahnarzt (Kdb., Illustr. v. B. Rieger) 1997; Ben und Bastian feiern Geburtstag (Kdb., Illustr. v. ders.) 1997; Das kleine Schaf will was erleben (Kdb., Illustr. v. J. Lavarello) 1997; Schlaf schön, kleines Schaf (Kdb., Illustr. v. C. Ronnefeldt) 1997; Neue Nachbarn? …staunt der Bär (Kdb., Illustr. v. H. Stellmacher) 1997; Der Hase mit der goldenen Nase und andere Ostergeschichten (Kdb., Illustr. v. A. de Bode) 1997; Der doofe Dieter (Kdb., Illustr. v. H. Schulmeyer) 1997; Was ist bloß mit Lilli los? Die Geschichte vom kleinen Trotzschäfchen (Kdb., Illustr. v. A. I. Le Touzé) 1998; Hannibal, das Schlossgespenst (Kdb., Illustr. v. S. Voigt) 1998; Flip und die Fußballfüchse (Kdb., Illustr. v. S. Neuendorf) 1998; Die Mäuseprinzessin (Kdb., Illustr. v. E. Schindler) 1998; Nicks kleine Nixe. Ein Badewannen-Abenteuer (Kdb., Illustr. v. A. v. Roehl) 1998; Das Schaf mit dem Zitronenohr (Kdb., Illustr. v. ders.) 1999; Ein Auto für Pit (Kdb., Illustr. v. A. Weinhold) 1999; Zwei wie Butz & Krümel. Eine Freundschaftsgeschichte (Kdb., Illustr. v. T. Röhner) 2000; Weihnachtsgeschichten (Kdb., Illustr. v. S. Mais) 2000; Max, der Meisterkicker und andere Fußballgeschichten (Kdb., mit K. Schliehe, B. Mark) 2000; Maja ahnt was (Jgdb.) 2000 (überarb. Neuausg. 2006); Kleine Geschichten aus dem Kindergarten (Kdb., Illustr. v. J. Ginsbach) 2000; Gutenacht-Geschichten (Kdb., Illustr. v. R. Hufen) 2000; Geschichten vom kleinen Löwen (Kdb., Illustr. v. K. Wieker) 2000 (veränd. Neuausg. 2006); Die Feder (Kdb., Illustr. v. G. Hafermaas) 2000; Tom in der Tinte (Jgdb.) 2001; Kleine Lesetiger Indianergeschichten (Kdb., Illustr. v. J. Ginsbach) 2001; Kleine Lesetiger Feuerwehrgeschichten (Kdb., Illustr. v. D. Tust) 2001; Joko und Flo im Zauberzoo (Kdb., Illustr. v. A. de Wolf) 2001; Bist du krank, kleiner Bär? (Kdb., Illustr. v. W. Slawski) 2001 (Neuausg. u. d. T.: Bist du krank, Berni Bär?, 2002); Schulgeschichten (Kdb., Illustr. v. A. Ebert) 2002; Pia Propella und der rattenscharfe Mausklick (Kdb., Illustr. v. C. Pieper) 2002; Lesepiraten Schulklassengeschichten (Kdb., Illustr. v. I. Paule) 2002; Kleine Lesetiger Ponygeschichten (Kdb., Illustr. v. I. Rarisch) 2002; Hurra, der Osterhase kommt. Lustige Ostergeschichten (Kdb., mit H. Brosche, Illustr. v. A. de Bode, P. Eisenbarth) 2002; Eine Klasse für Kira (Kdb.) 2002; Drei Schweinchen werden schlau (Kdb., Illustr. v. T. Röhner) 2002; Die Windelflitzer (Kdb., Illustr. v. A. Vrtal) 2002; Columbus Bär entdeckt das Meer (Kdb., Illustr. v. E. Muszynski) 2002; Bildermaus Kindergartengeschichten (Kdb., Illustr. v. J. Ginsbach) 2002; Bildermaus Geschichten vom kleinen Elefanten (Kdb., Illustr. v. S. Kraushaar) 2002; Bildermaus Geschichten vom kleinen Eisbären (Kdb., Illustr. v. S. Voigt) 2002; Besuch in der Weihnachtswerkstatt (Kdb., Illustr. v. S. Scholbeck) 2002; Bauernhof-Geschichten (Kdb., Illustr. v. I. Guhe) 2002; Weil ich dich lieb hab (Kdb., Red. R. Schmalz, Illustr. v. S. Kraushaar) 2003; Vertragen wir uns wieder? Versöhnungsgeschichten, die Kindern helfen (Kdb., Illustr. v. K. Völker) 2003; Schnüffler & Schnauze (Kdb., Illustr. v. A.

de Wolf) 2003; Schau mal, hör mal, mach mal mit! Geschichten, Lieder und Spiele für deine Verkehrssicherheit (Kdb., mit B. LAMBERT u. a., Illustr. v. B. Gotzen-Beek) 2003; Rate mal, was Betti spielt! (Kdb., Illustr. v. T. Röhner) 2003; Post für Paulchen Hase. Eine Geschichte über wahre Freundschaft mit echten Briefen (Kdb., Illustr. v. K. Senner) 2003; Opageschichten (Kdb., Illustr. v. U. Fischer) 2003; Mein allererstes Geschichtenbuch (Kdb., Illustr. v. L. Leiber) 2003; Bildermaus Geschichten von der Ritterburg (Kdb., Illustr. v. ders.) 2003; LesePiraten Krimigeschichten (Kdb., Illustr. v. W. Gebhard) 2003; Kleine Lesetiger Feriengeschichten (Kdb., Illustr. v. K. Schliehe, B. Mark) 2003; Julchen Trödelprinzessin (Kdb., Illustr. v. J. Rieckhoff) 2003; Miranda will heiraten (Kdb., Illustr. v. S. Neuendorf) 2003; Weil ich immer bei dir bin (Kdb., Illustr. v. F. Scheinberger) 2004; Wald-Detektiv Dario Dachs (Kdb., Illustr. v. dems.) 2004; Unterwegs in die Ferien (Kdb., Red. S. FIMPEL, Illustr. v. M. Kreimeyer-Visse) 2004; Rosalie und Trüffel. Eine Geschichte von der Liebe (Geschenkbuch, Illustr. v. J. Bücker) 2004; Pünktchen und der Schnullertrick (Kdb., Illustr. v. B. Gotzen-Beek) 2004 (überarb. Neuausg. 2010); Pünktchen ist kein bisschen müde (Kdb., Illustr. v. ders.) 2004 (überarb. Neuausg. 2011); Kleine Lesetiger Adventsgeschichten (Kdb., Illustr. v. ders.) 2004; Pia Propella knackt die goldene Nuss (Kdb., Illustr. v. C. Pieper) 2004; Mein erstes Zahnputzbuch (Kdb., Illustr. v. S. Scholbeck) 2004; Leselöwen Schwimmbadgeschichten (Kdb., Illustr. v. E. Czerwenka) 2004; Komm zurück, kleine Meerjungfrau! (Kdb., Illustr. v. B. Brandt) 2004; Komm nach Hause, kleines Kätzchen (Kdb., Illustr. v. I. Rarisch) 2004; Kleine Rittergeschichten (Kdb., mit W. FÄRBER, Illustr. v. L. Leiber, Leopé) 2004; Kleine Ponygeschichten (Kdb., Illustr. v. I. Rarisch, A. Flad) 2004; Die Feuerwehr (Kdb., Illustr. v. W. Metzger) 2004; Der Wunsch des Weihnachtsmanns (Kdb., Red. K. AMANN, Illustr. v. K. Senner) 2004; Der Bauernhof (Kdb., Illustr. v. A. Ebert) 2004; Darf ich mitfahren, Papa? (Kdb., Illustr. v. M. Kohl) 2004; 10 kleine Enten (Kdb., Illustr. v. J. Brandstetter) 2004; Das erste Mal lieben (Jgdb., mit C. KILLIAN) 2004; Hoch lebe Maximilian der Allererste (Kdb., Illustr. v. A. Weller) 2004; Maximilian der Allererste und der Piratenschatz (Kdb., Illustr. v. ders.) 2005; Weil wir dich lieb haben. Unser Baby-Album (Gestaltung v. S. Kraushaar) 2005; Viele kleine Kuschelgeschichten (Kdb., Illustr. v. A. Flad) 2005; Richtig Weihnachten (Kdb., Illustr. v. W. Slawski) 2005; Pünktchen braucht keine Windeln mehr (Kdb., Illustr. v. B. Gotzen-Beek) 2005 (überarb. Neuausg. 2010); König Krümel und die wilden Kerle (Kdb., Illustr. v. ders.) 2005 (überarb. Neuausg. u. d. T.: König Krümel und die Monsterbande, 2009); Paula und Nele halten zusammen (Kdb., Illustr. v. K. Schliehe, B. Mark) 2005; LesePiraten Baumhausgeschichten (Kdb., Illustr. v. R. Abe) 2005; LesePiraten Ballettgeschichten (Kdb., Illustr. v. ders.) 2005; Ich hab dich lieb, kleines Kätzchen (Kdb., Illustr. v. I. Rarisch) 2005; Hexengeschichten (Kdb., Red. S. SCHULER, Illustr. v. S. Kraushaar) 2005; Herr Jasper sucht das Glück (Kdb., Illustr. v. J. Bücker) 2005; Glücklich bis zur Nasenspitze (Kdb., Red. R. SCHMALZ, Illustr. v. S. Kraushaar) 2005; Frau trifft Mann. Vom Partner-Traum zum Traum-Partner. 44 (un)vermeidbare Stationen (Illustr. v. G. v. Emmerich) 2005; Finchen, die Zaubermaus (Kdb., Red. S. SCHULER), Illustr. v. B. Gotzen-Beek) 2005; Dich mag ich besonders gern! (Kdb., Red. A. LEWE, Illustr. v. E. Skibbe) 2005; Das wünsch ich dir so sehr (Kdb., Illustr. v. E. Muszynski) 2005; Das erste Mal lieben – das erste Mal streiten (Jgdb., mit C. KILLIAN) 2005; Bildermaus Geschichten von der kleinen Fee (Kdb., Illustr. v. J. Ginsbach) 2005; Bildermaus Geschichten vom kleinen Bären (Kdb., Illustr. v. D. Ackroyd) 2005; Zum Glück 9 Monate. Das Keep-Cool-Buch für sie (Illustr. v. K. Kehr) 2006; Wenn ich dich nicht hätte (Kdb., Illustr. v. H. Löhlein) 2006; Wahnsinnsliebe (Jgdb.) 2006; Viele kleine Mutgeschichten (Kdb., Illustr. v. K. Schuld) 2006; Prinzessin Pippa ist da! (Kdb., Illustr. v. D. Geisler) 2006; Max, pass auf! Zum ersten Mal allein zur Schule (Kdb., Illustr. v. S. Schulte) 2006; Lilli und die Löwenbande (Kdb., Red. S. SCHULER, Illustr. v. B. Antoni) 2006; Lesetiger Ostergeschichten (Kdb., Illustr. v. M. Cordes) 2006; Lesetiger Dinosauriergeschichten (Kdb., Illustr. v. Leopé) 2006; Falsches Spiel im Klassenzimmer (Jgdb.) 2006 (überarb. Neuausg. 2011); Detektivgeschichten zum Mitraten (Kdb., Red. M. DIWYAK, Illustr. v. M. ten Cate) 2006; Allerbeste Freunde Kdb., Illustr. v. S. Morgenstern) 2006; Trüffel liebt Rosalie (Illustr. v. J. Bücker) 2007; Rosalie liebt Trüffel (Illustr. v. ders.) 2007; Rosalie und Trüffel Kalender 2008 (Illustr. v. ders.) 2007; Pünktchen vertreibt seine Gewitterlaune (Kdb.,

Illustr. v. B. Gotzen-Beek) 2007 (überarb. Neuausg. 2011); Psst! Ein Engel... (Kdb., Illustr. v. A. Kunert) 2007; Prinzessin Pippa macht Zirkus (Kdb., Illustr. v. D. Geisler) 2007; Prinzessin Pippa feiert Geburtstag (Kdb., Illustr. v. ders.) 2007; Pippalabim! Prinzessin Pippa kann zaubern (Kdb., Illustr. v. ders.) 2007; Paula und Nele gehen zum Frisör (Kdb., Illustr. v. K. Schliehe, B. Mark) 2007; Melinda entdeckt die Liebe (Kdb., Red. A. MARQUART, Illustr. v. S. Neuendorf) 2007; Mädchengeschichten (Kdb., Illustr. v. A. v. Sperber) 2007; Lesetiger Vampirgeschichten (Kdb., Illustr. v. Leopé) 2007; LesePiraten Fohlengeschichten (Kdb., Illustr. v. H. Wiechmann) 2007 (veränd. Neuausg. 2015, überarb. Neuausg. 2020); Geheimsache Mädchenklub (Kdb., Illustr. v. J. Ginsbach) 2007; Bühne frei für die Zwillinge (Kdb., Illustr. v. ders.) 2007; Fang dein Tuch, Bienchen Bär! (Kdb., Red. R. KOEHLER, Illustr. v. R. Altegoer) 2007; Eine klitzekleine Hexengeschichte (Kdb., Illustr. v. S. Kraushaar) 2007; Amelie und die Liebe (Illustr. v. F. Harvey) 2007; Wer hat mich zum Fressen gern? (Kdb., Illustr. v. S. Kraushaar) 2008; Tausend Dank! (Illustr. v. K. Wehner) 2008; Pünktchen geht in den Kindergarten (Kdb., Illustr. v. B. Gotzen-Beek) 2008 (überarb. Neuausg. 2010); Prinzessinnengeschichten (Kdb., Illustr. v. B. Gotzen-Beek) 2008; Marie und Ambrosius. Eine Geschichte von Liebe, Treue und Glück (Illustr. v. F. Harvey) 2008; Lesetiger Seeräubergeschichten (Kdb., Illustr. v. Leopé) 2008; Einsatz für die Löwenbande (Kdb., Red. S. Schuler, Illustr. v. B. Antoni) 2008; Das Weihnachtskrokodil (Kdb., Illustr. v. H. Wilson) 2008; Bildermaus Geschichten von der Drachenburg (Kdb., Illustr. v. I. Paul) 2008; Der Prinzessinnenclub (Kdb., Illustr. v. D. Henze) 2008 (Neuausg. u. d. T.: Emma. Ende gut, alles gut, 2011); Eine für alle (Kdb., Illustr. v. ders.) 2009; Lesetiger Polizeigeschichten (Kdb., Illustr. v. C. Zimmer) 2009; Leselöwen Castinggeschichten (Kdb., Illustr. v. A. Bley) 2009; Lass uns tanzen, kleine Fee! (Kdb., Illustr. v. S. Voigt) 2009; Hasematz: Das gehört aber mir! (Kdb., Illustr. v. H. Vogel) 2009; Frau Hase & Herr Hamster. Zwei wie wir (Illustr. v. F. Harvey) 2009; Ein Pony namens Pepper (Kdb., Illustr. v. B. Gotzen-Beek) 2009; Rosalies schönstes Geschenk (Illustr. v. J. Bücker) 2009; Rosalie und Trüffel Kalender 2010 (Illustr. v. ders.) 2009; Zauberfrei für Hermeline (Kdb., Illustr. v. G. Jakobs) 2010; Rosalie und Trüffel Kalender 2011 (Illustr. v. J. Bücker) 2010; Mausebär, ich mag dich sehr! (Kdb., Illustr. v. S. Kraushaar) 2010; Lesetiger Katzengeschichten (Kdb., Illustr. v. L. Althaus) 2010; Für meine Mutter (Geschenkbuch, Illustr. v. U. Krause) 2010; Dein kleiner Kummerkiller (Illustr. v. H. Löhlein) 2010; Darf ich mitspielen? Warum es mit vielen Freunden noch mehr Spaß macht (Kdb., Illustr. v. A. Hebrock) 2010; Bildermaus Geschichten von der Schatzinsel (Kdb., Illustr. v. S. Voigt) 2010; Bei der Polizei (Kdb., Illustr. v. A. Wöstheinrich) 2010; Glück hoch drei (Kdb., Illustr. v. D. Henze) 2010; Vier Wahrheiten und ein Todesfall (Rom.) 2011; Wohin fließt das Badewasser? (Kdb., Illustr. v. M. Rieper-Bastian) 2011; Warum ich dich liebe (Illustr. v. H. Löhlein) 2011; Sissi. Pannen, Pech und große Pläne (Kdb., Illustr. v. D. Henze) 2011; Rosalie und Trüffel im Glück (Illustr. v. J. Bücker) 2011; Nixengeschichten (Kdb., Red. S. SCHULER, Illustr. v. B. Gotzen-Beek) 2011; Lilli wird Baby-Expertin (Kdb., Illustr. v. M. ten Cate) 2011; Liebeswahn (Jgdb.) 2011; Keine ist wie du. Für die beste Freundin der Welt, 2011; Rosalie und Trüffel Kalender 2012 (Illustr. v. J. Bücker) 2011; Joschi, der Mäuseheld (Kdb., Illustr. v. H. Wilson) 2011; Herr Lichtlein. Wenn Du denkst, es geht nicht mehr... (Geschenkbuch, Illustr. v. U. Krause) 2011; Der mutigste Ritter der Welt (Kdb., Red. E. HUGGINS, Illustr. v. B. Antoni) 2011; Bildermaus Geschichten von der Ballettprinzessin (Kdb., Illustr. v. E. Czerwenka) 2011; Bildermaus Geschichten vom Rennfahrer Mick (Kdb., Illustr. v. I. Paule) 2011; Zwei Freunde auf heißer Spur (Kdb., Illustr. v. S. Pricken) 2012; Wie reist ein Paket von Haus zu Haus? (Kdb., Illustr. v. K. Trapp) 2012; Wie kommt ein Baby auf die Welt? (Kdb., Illustr. v. I. Paule) 2012; Paulas erster Schultag (Kdb., Illustr. v. F. Harvey) 2012; Paula lernt Ballett (Kdb., Illustr. v. ders.) 2012 (überarb. Neuausg. 2019); Die Neue in der Klasse (Kdb., Illustr. v. ders.) 2012; Paula und Nele finden einen Hund (Kdb., Illustr. v. K. Schliehe, B. Mark) 2012; Mirabelle, die kleine Meerjungfrau (Kdb., Illustr. v. B. Gotzen-Beek) 2012; Mein Zahnputzbuch (Kdb., Illustr. v. S. Scholbeck) 2012; Rosalie und Trüffel Kalender 2013 (Illustr. v. J. Bücker) 2012; Für meinen Vater (Geschenkbuch, Illustr. v. U. Krause) 2012; Brummbär & Motte (Kdb., Illustr. v. T. Saleina) 2012; Brummbär & Motte finden einen Schatz (Kdb., Illustr. v. dems.) 2012; Bezaubernde Nixengeschichten für Erstleser (Kdb., mit U. LUHN, Illustr. v. B. Gotzen-Beek) 2012; Die Schatten eines Sommers (Rom.) 2013; Wie fängt die Polizei den Dieb? (Kdb., Illustr. v. C. Zimmer) 2013;

Was wird aus der Milch gemacht? (Kdb., Illustr. v. dems.) 2013; Rosalie & Trüffel: Vom Glück zu zweit (Geschenkbuch, Illustr. v. J. Brückner) 2013; Rosalie & Trüffel: Vom Glück des Schenkens (Geschenkbuch, Illustr. v. ders.) 2013; Rosalie & Trüffel: Vom Glück der Erwartung (Geschenkbuch, Illustr. v. ders.) 2013; Rosalie & Trüffel Taschenkalender 2014 (Illustr. v. ders.) 2013; Paulas erste Reitstunde (Kdb., Illustr. v. F. Harvey) 2013; Paula rettet ein Kätzchen (Kdb., Illustr. v. ders.) 2013 (überarb. Neuausg. 2018); Julchen Trödelprinzessin (Kdb., Illustr. v. J. Rieckhoff) 2013; Hermeline auf Hexenreise (Kdb., Illustr. v. G. Jakobs) 2013; Das kleine Glück klopft an (Geschenkbuch, Illustr. v. dems.) 2013; Für meinen Bruder (Geschenkbuch, Illustr. v. U. Krause) 2013; Für meine Schwester (Geschenkbuch, Illustr. v. ders.) 2013; Benny Bärentatze und die kleine Weltreise (Kdb., Illustr. v. T. Warnes) 2013; Adventsgeschichten (Kdb., Illustr. v. B. Gotzen-Beek) 2013; Sprüchedose: Nimm eins! Sauschöne Momente für jeden Tag (Spruchkärtchen, Illustr. v. J. Bücker) 2014; Spiegel-Botschaften: Spieglein, Spieglein an der Wand... (Geschenkbuch, Illustr. v. ders.) 2014; Rosalie & Trüffel: Liebes-Paarometer (Geschenkbuch, Illustr. v. ders.) 2014; Rosalie & Trüffel: Vom Zauber der Weihnacht (Geschenkbuch, Illustr. v. ders.) 2014; Rosalie & Trüffel: Ich hab dich lieb! (Geschenkbuch, Illustr. v. ders.) 2014; Rosalie & Trüffel: Alles dreht sich nur um dich (Geschenkbuch, Illustr. v. ders.) 2014; Rosalie & Trüffel: 365 liebevolle Momente (Geschenkbuch, Illustr. v. ders.) 2014; Rosalie & Trüffel Kalender 2015 (Illustr. v. ders.) 2014; NoteBook Glückstagebuch (Geschenkbuch, Illustr. v. ders.) 2014; Kleine Botschaften zum Falten & Freuen (Geschenkbuch, Illustr. v. ders.) 2014; Weihnachten bei den Tieren (Kdb., Illustr. v. F. Weldin) 2014; Schöne Bescherung mit Tasso von Welfen (Geschenkbuch, Illustr. v. K. Pannen) 2014; Paula feiert Geburtstag (Kdb., Illustr. v. F. Harvey) 2014 (veränd. Neuausg. 2019); Mein Freund, der Baggerführer (Kdb., Illustr. v. C. Zimmer) 2014; Klara Fall, der Lakritzräuber und ich (Kdb., Illustr. v. S. Reich) 2014; Kindergarten ist toll! (Kdb., Illustr. v. K. Trapp) 2014; Ganz geheim! (Kdb., Illustr. v. S. Brix) 3 Bde., 2014–16; Fritzi Furchtlos. Von einer, die auszog, das Fürchten zu lernen (Kdb., Illustr. v. T. Saleina) 2014; Einsatz für Libelle 3 (Kdb., Illustr. v. I. Paule) 2014; Ein Fall für die Kichererbsen (Kdb., Illustr. v. I. Metzen) 2014; Das Weihnachtslied der Tiere und 6 weitere Weihnachtsgeschichten (Kdb., mit A. Peters, Illustr. v. L. Oser) 2014; Das kleine Glück kommt nicht allein (Geschenkbuch, Illustr. v. G. Jakobs) 2014; Die kleine Auszeit tut einfach gut (Geschenkbuch, Illustr. v. dems.) 2015; Das kleine Lächeln ist wie ein Geschenk (Geschenkbuch, Illustr. v. G. Jakobs) 2015; Wenn kleine Hasen schlafen gehen (Kdb., Illustr. v. F. Harvey) 2015; Paula lernt schwimmen (Kdb., Illustr. v. ders.) 2015; Paula kann Fahrrad fahren (Kdb., Illustr. v. ders.) 2015 (veränd. Neuausg. 2019); Von albernen Affen und zaubernden Zebras. Das tierisch lustige ABC (Kdb., Illustr. v. W. Hasselmann) 2015; Rosalie & Trüffel Postkartenkalender 2016 (Illustr. v. J. Bücker) 2015; Rosalie & Trüffel Lesezeichen Kalender 2016 (Illustr. v. ders.) 2015; Rosalie & Trüffel Kalender 2016 (Illustr. v. ders.) 2015; Lesetiger Ponygeschichten (Kdb., Illustr. v. L. Althaus) 2015; Leserabe Polizeigeschichten (Kdb., Illustr. v. G. Schröder) 2015; Mini-Geschenkkarten. Das kleine Glück für dich (Illustr. v. G. Jakobs) 2015; Meine Mama ist die beste der Welt! (Kdb., Illustr. v. R. Harry) 2015; Mein Papa ist der größte Held! (Kdb., Illustr. v. ders.) 2015; Lesen, Schreiben, Rätseln mit der Bildermaus: Feen (Kdb., mit W. Färber, Illustr. v. J. Ginsbach) 2015; Ich will das haben! Teilen macht Freu(n)de (Kdb., Illustr. v. M. Schober) 2015; Ich – voll peinlich! oder Der Tag, an dem das Kushi kam (Kdb., Illustr. v. A. Kuhl) 2015; Frohe Ostern mit Hajo Hoppelstedt. Eine erstaunliche Hasengeschichte (Humor, Illustr. v. K. Pannen) 2015; Eine Spürnase auf vier Pfoten (Kdb., Illustr. v. A. Bux) 2015; Benny Bärentatze und das kleine Quak (Kdb., Illustr. v. T. Warnes) 2015; Paula ist krank (Kdb., Illustr. v. F. Harvey) 2016; Paula auf Klassenfahrt (Kdb., Illustr. v. ders.) 2016 (veränd. Neuausg. 2018); Wenn kleine Hasen Picknick machen (Kdb., Illustr. v. ders.) 2016; Jo-Jo. Das kleine Glück kommt immer wieder (Geschenkbuch, Illustr. v. G. Jakobs) 2016; Das kleine Glück kommt zum Geburtstag (Geschenkbuch, Illustr. v. dems.) [2016]; Der kleine Beschützer passt auf dich auf (Geschenkbuch, Illustr. v. dems.) 2016; In Schnüfeln eine 1 (Kdb., Illustr. v. E. Skibbe) 2016; Hör mal Wissen: Erlebe die Ritter (Kdb., Illustr. v. C. Zimmer) 2016; Hör mal Wissen: Erlebe die Piraten (Kdb., Illustr. v. M. Zöller) 2016; Hör mal: Meine liebsten Märchen (Kdb., Illustr. v. M. Leykamm) 2016; Rosalie & Trüffel Postkartenkalender 2017 (Illustr. v. J. Bücker) 2016; Rosalie & Trüffel Lesezeichen Kalender 2017 (Illustr. v. ders.) 2016;

Rosalie & Trüffel Kalender 2017 (Illustr. v. ders.) 2016; Rosalie & Trüffel: Kamasautra. Süße Spielarten der Liebe (Geschenkbuch, Illustr. v. ders.) 2016; Rosalie & Trüffel: 77 Gründe, warum ich dich so liebe (Geschenkbuch, Illustr. v. ders.) 2016; Wieder beste Freunde (Kdb., Illustr. v. H. Wilson) [2016]; Himmel hilf! Wenn der Weihnachtsmann durchdreht (Geschenkbuch, Illustr. v. K. Pannen) 2016; Hier kommt Doktor Do! (Kdb., Illustr. v. G. Kiss) 2016; Ein Schäfchen macht muh (Kdb., Illustr. v. S. Wöhner) 2016; Schulklassengeschichten (Kdb., Illustr. v. S. Becker) 2017; Rosalie & Trüffel Kalender 2018 (Illustr. v. ders.) 2017; Wenn kleine Hasen Hunger haben (Kdb., Illustr. v. F. Harvey) 2017; Paula und die Pyjama-Party (Kdb., Illustr. v. ders.) 2017 (überarb. Neuausg. 2019); In Schnüffeln eine 1: Eiskalt erwischt! (Kdb., Illustr. v. E. Skibbe) 2017; Hör mal: Peter und der Wolf. Ein musikalisches Märchen (Kdb., Illustr. v. M. Zöller) 2017; Hör mal: Komm, wir feiern Weihnachten! (Kdb., Illustr. v. A. Henn) 2017; Geschichten vom kleinen Eisbären. Little polar bear stories (Kdb., Illustr. v. D. Ingram) 2017 (dt. u. engl.); Dr. Do und die Schafe in Not (Kdb., Illustr. v. G. Kiss) 2017; BabyBär: Willkommen, kleines Wunder! Unser Babyalbum (Illustr. v. H. Wilson) 2017; Zu deiner Geburt viele liebe Wünsche (Geschenkbuch, Illustr. v. ders.) 2017; Die kleinen Zeitfresser sind überall. Mach dir keinen Stress! (Geschenkbuch, Illustr. v. T. Saleina) 2017; Polizeihund Bolle im Einsatz (Kdb., Illustr. v. D. Sohr) 2017; Lene wird große Schwester (Kdb., Illustr. v. M. Cordes) 2017; Hurra, ich gehe in den Kindergarten (Kdb., Illustr. v. B. Korthues) 2017; Hast DU einen Vogel? (Geschenkbuch, Illustr. v. K. Pannen) 2017; Duden Fröhlich, traurig, kribbelig, all das und noch mehr bin ich! (Kdb., Illustr. v. C. Westphal) 2017; Das kleine ICH ist auch mal dran (Geschenkbuch, Illustr. v. G. Jakobs) 2017; Das kleine Glück und die große Liebe (Geschenkbuch, Illustr. v. dems.) 2017; BabyBär: Dein erstes Jahr. Wickeltischkalender (Illustr. v. H. Wilson) 2018; Paula geht schlafen (Kdb., Illustr. v. F. Harvey) 2018; Paula braucht keinen Schnuller mehr (Kdb., Illustr. v. ders.) 2018; Das Ravioli-Chaos oder Wie ich plötzlich Held wurde (Kdb., Illustr. v. D. Rupp) 2018; Wer hat mich zum Fressen gern? (Kdb., Illustr. v. S. Kraushaar) 2018; Zicklein sucht Maaaama! (Kdb., Illustr. v. A. Henn) 2018; Ich hab dich lieb, kleine Maus (Kdb., Illustr. v. S. Braun) 2018; Hallo schöner Ruhestand! (Geschenkbuch, Illustr. v. M. Grolik) 2018; Der kleine Wunsch für dich (Geschenkbuch, Illustr. v. G. Jakobs) 2018; Das kleine Glück Lesezeichen & Kalender 2019 (Illustr. v. dems.) 2018; Wenn am Himmel Sterne stehen (Kdb., Illustr. v. A. Flad) 2019; Fröhliche Eisbären-Weihnacht (Wandkalender, Illustr. v. H. Wilson) 2019; Saumüde! (Kdb., Illustr. v. ders.) 2019; Wie kommt ein Baby auf die Welt? (Kdb., Illustr. v. I. Paule) 2019; Wenn kleine Hasen Aua haben (Kdb., Illustr. v. F. Harvey) 2019; Paula kommt in den Kindergarten (Kdb., Illustr. v. ders.) 2019; Leselöwen Mutgeschichten (Kdb., Illustr. v. C. Hochmann) 2019; Die große Ballett-Aufführung (Kdb., Illustr. v. F. Prechtel) 2019; Freundinnengeschichten (Kdb., Illustr. v. D. Henze) 2019; Cool in 10 Tagen (Kdb., Illustr. v. A. Kuhl) 2019; Was ich dir sagen möchte: Brieftagebuch für mein Kind (Illustr. v. H. Wilson) 2019; Mein 3 Minuten Tagebuch. Das kleine Glück für jeden Tag (Geschenkbuch, Illustr. v. G. Jakobs) 2019; Das kleine Glück Lesezeichen & Kalender Kalender 2020 (Illustr. v. dems.) 2019; Gönn dir mal die kleine Sünde (Geschenkbuch, Illustr. v. dems.) 2019; Der kleine Sonnenschein für dich (Geschenkbuch, Illustr. v. dems.) 2019; Mission Schulstart (Kdb., Illustr. v. N. Renger) 2019; Komm, hilf dem Weihnachtsmann (Kdb., Illustr. v. H. Wilson) 2019; Die Osterüberraschung (Kdb., Illustr. v. ders.) 2019; Du bekommst ein Geschwisterchen, kleiner Spatz (Kdb., Illustr. v. S. Braun) 2019; Der coolste Cowboy der Welt (Kdb., Illustr. v. D. Rupp) 2019; Das Feen-Casting (Kdb., Illustr. v. E. Smietanka) 2019; Das Dino-Ei (Kdb., Illustr. v. Leopé) 2019; Hör mal: Wir warten auf Weihnachten (Kdb., Illustr. v. A. Henn) 2019; Flunker-Freunde! Eine Geschichte über Freundschaft und das Ehrlichsein (Kdb., Illustr. v. ders.) 2019; Hops & Holly: Die Schule geht los! (Kdb., Illustr. v. S. Straub) 2019; Hops & Holly: Ein möhrenstarkes Schuljahr (Kdb., Illustr. v. ders.) 2020; Wenn kleine Kinder müde sind (Kdb., Illustr. v. K. Senner) 2020; Schlaf gut, kleiner Hase (Kdb., Illustr. v. S. Braun) 2020; Bist du wütend, kleines Eichhörnchen? (Kdb., Illustr. v. dems.) 2020; Kommissar Pfote: Immer der Schnauze nach (Kdb., Illustr. v. D. Hennig) 2020; Ich packe in meinen Beutel... ein Boot, ein Butterbrot, ein Buch (Kdb., Illustr. v. H. Wilson) 2020; Gute Nacht, Hamburg (Kdb., Illustr. v. J. Krause) 2020; Heute bin ich anders! (Kdb., Illustr. v. G. Jakobs) 2020; Die kleine Pause tut immer gut (Geschenkbuch, Illustr. v.

dems.) 2020; Das kleine Glück und seine Freunde (Geschenkbuch, Illustr. v. dems.) 2020; Du bist einfach wundervoll. Dein Babyalbum (Illustr. v. M. Rachner) 2020; Hallo, kleine Schnullerfee! (Kdb., Illustr. v. F. Harvey) 2020; Fantastische Meermädchengeschichten (Kdb., Illustr. v. L. Brenner) 2020; Ein Geschenk vom Weihnachtsmann (Kdb., Illustr. v. K. Schuld) 2020; Dialoggeschichten zum Lachen und Schmunzeln. Vorlesen mit verteilten Rollen in der 1. und 2. Klasse (Illustr. v. W. Wagner) 2020; Dialoggeschichten zum Lachen und Schmunzeln. Vorlesen mit verteilten Rollen in der 3. und 4. Klasse (Illustr. v. ders.) 2020; Das kleine Nickerchen (Kdb., Illustr. v. S. Straub) 2020; Willi Wutz braucht keine Windel mehr (Kdb., Illustr. v. F. Annika) 2021; Wann gehts rund beim Hund? Wann macht die Katz Rabatz? Ein Wendebuch (Kdb., Illustr. v. K. Wessel) 2021; Trudi traut sich! (Kdb., Illustr. v. H. Wilson) 2021; Ab in die Wanne, Ferkel! (Kdb., Illustr. v. ders.) 2021; So toll ist meine Mama! (Kdb., Illustr. v. A. Jatkowska) 2021; So toll ist mein Papa! (Kdb., Illustr. v. ders.) 2021; Schau, wie niedlich Tiere schlafen gehen (Kdb., Illustr. v. F. Weldin) 2021; Kommissar Pfote 2: Auf der Spur der Diamanten-Diebin (Kdb., Illustr. v. D. Hennig) 2021; Kommissar Pfote 3: Schnüffel-Einsatz auf dem Schulhof (Kdb., Illustr. v. dems.) 2021; Leselöwen Geschichten aus der Tierarztpraxis (Kdb., Illustr. v. C. Hochmann) 2021; Die Osterhennen kommen! (Kdb., Illustr. v. D. Rupp) 2021; Rosalie & Trüffelchen. Zusammensein ist schön! (Kdb., Illustr. v. J. Bücker) 2021; Bestimmer sein. Wie Elvis die Demokratie erfand (Kdb., Illustr. v. C. Haas) 2021; Die gute Laune macht das Leben bunt (Kdb., Illustr. v. G. Jakobs) 2021; SAMi: Neue Freunde im Dschungel-Kindergarten (Kdb., Illustr. v. B. Whitehouse) 2021; Ekki Eichhorns Krims und Kram: Auch Muffelhörnchen brauchen Freunde (Kdb., Illustr. v. A. Ringli) 2021; Lumi Schneefuchs sucht das Wunderlicht (Kdb., Illustr. v. H. Wilson) 2021.

Übersetzungen: P. Hanáčková, Schau, das ist mein Zuhause! Tiere im Wald (Illustr. v. I. Gough) 2019; dies., Schau, das ist mein Zuhause! Tiere im Garten (Illustr. v. ders.) 2019. MM

Reifenberg, Frank (Maria) (Ps. R. T. Acron [mit Christian Tielmann]), * 1962 Freudenberg/Siegerland; Kindheit in Friesenhagen, 1982 Abitur in Waldbröl, Buchhändler-Ausbildung in Meckenheim (Rhld.), dann Wechsel in die Öffentlichkeitsarbeit, war Referent für Presse u. Öffentlichkeit bei der Aids-Hilfe in Bonn, dann Mitarb. von Werbe- u. PR-Agenturen, ab 1989 Betreiber einer PR-Agentur, ab 1999 als Autor tätig, auch Aufnahmen als Sprecher, zudem 2000/01 Drehb.-Stud. an der Internat. Filmschule in Köln, daneben ab 2008 Doz. für Leseförderung, ab 2013 auch Lehrbeauftragter an der Univ. Köln, zudem Initiator u. küstler. Leiter der Initiative «kicken & lesen köln», lebt ab 1993 in Köln; u. a. Leipziger Lesekompass (2014, 2018); verfaßte vor allem Kdb. u. Jgdb., aber auch Thriller, Drehb., Hörsp., Libr. u. ein Sachbuch. – Autor, Dozent, Unternehmer, Werber, Sprecher.

Schriften: Immer schön locker bleiben! (Jgdb., Illustr. v. J. Rieckhoff) 2003; Immer schön am Ball bleiben! (Jgdb., Illustr. v. dems.) 2004; T. Springer, Mein Bruder ist ein Hund (Bearb., Illustr. v. I. Dinter) 2004; Albertine und das Haus der tausend Wunder (Kdb., mit J. STRATHMANN, Illustr. v. E. Möhle) 2004; It's Showtime, Nelli! (Jgdb., mit S. BOTH, Illustr. v. B. Schössow) 2005; It's Showtime, Mick! (Jgdb., mit S. BOTH) 2005; Albertine und die Hüter der Träume (Kdb., Illustr. v. A. Holzmann) 2005; Albertine und der Sternendieb (Kdb., Illustr. v. dems.) 2006; Heißkalt erwischt! (Jgdb., Illustr. v. J. Rieckhoff) 2006; liebe.nur liebe (Libr., Musik: M. Borboudakis) 2007; Mit dem Herz einer Piratin (Jgdb., Illustr. v. B. Scholz) 2007; Liebeslied (Jgdb., mit S. BOTH) 2007; Landeplatz der Engel (Jgdb.) 2008; Wettlauf im ewigen Eis (Kdb., Illustr. v. R. Emme) 2009; Kampf im ewigen Eis (Kdb., Illustr. v. ders.) 2009; Mister Lugosi und der unheimliche Adventskalender (Kdb., Illustr. v. K. Gehrmann) 2009 (Neuausg. u. d. T.: Mister Lugosi und die verschwundenen Kinder, [2016]); Verschollen im ewigen Eis (Kdb., Illustr. v. R. Emme) 2009; Speedkidzz: Hart am Limit (Jgdb.) 2010; Speedkidzz: Auf heißer Spur (Jgdb.) 2010; Florus und das mörderische Wagenrennen (Kdb., Illustr. v. S. Wechdorn) 2010; Achtung, Feueralarm! (Kdb., Illustr. v. E. Gerhaher) 2010; Speedkidzz: In letzter Sekunde (Jgdb.) 2011; Florus und die Verschwörer von Rom (Kdb., Illustr. v. S. Wechdorn) 2011; Unsichtbare Blicke (Thriller) 2012; Schwesternlüge (Jgdb.) 2013; Die absolut unglaublichen und zu 113% wahren Abenteuer des Cornelius Delano Tuckerman (Kdb.) 2013; Die Schattenbande legt los! (Kdb., mit G. MAYER, Illustr. v. G. Raidt) 2014; Die Schattenbande jagt den Entführer (Kdb., mit G. MAYER, Illustr. v. G. Raidt) 2014; Die Schattenbande in Gefahr (Kdb., mit G. MAYER, Illustr. v. G. Raidt) 2014; 60 Sekunden entscheiden über dein Leben:

Der Schrecken der Tiefsee (Jgdb., Illustr. v. D. Ernle) 2014; 60 Sekunden entscheiden über dein Leben: Das Geheimnis der Teufelsschlucht (Jgdb., Illustr. v. dems.) 2014; 60 Sekunden entscheiden über dein Leben: Im Tunnel des Todes (Jgdb., Illustr. v. dems.) 2015; Kicken & lesen. Denn Jungs lesen ander(e)s! Leseförderung mit Ball und Buch in Schule und offener Jugendarbeit (didakt. Handreichung, mit A. BARNIESKE) 2015; Die Schattenbande und die große Verschwörung (Kdb., mit G. MAYER, Illustr. v. G. Raidt) 2015; Die Schattenbande hebt ab (Kdb., mit G. MAYER, Illustr. v. G. Raidt) 2015; 60 Sekunden entscheiden über dein Leben: Gefahr in der Arktis (Jgdb., Illustr. v. D. Ernle) 2015; Nie wieder Weihnachten? (Kdb., Illustr. v. M. Bohn) 2015; Die Schattenbande jagt den Entführer (Kdb., mit G. MAYER, Illustr. v. G. Raidt) 2016; House of Ghosts: Der aus der Kälte kam (Kdb., Illustr. v. F. Bertrand) 2017; House of Ghosts: Das verflixte Vermächtnis (Kdb., Illustr. v. dems.) 2017; House of Ghosts: Pension des Grauens (Kdb., Illustr. v. dems.) 2018; Lenny unter Geistern (Kdb., Illustr. v. T. Krap) 2018; Ocean City: Jede Sekunde zählt (Jgdb., mit C. TIELMANN) 2018; Ocean City: Im Versteck des Rebellen (Jgdb., mit DEMS.) 2018; Ocean City: Stunde der Wahrheit (Jgdb., mit DEMS.) 2019; Wo die Freiheit wächst. Briefroman zum Widerstand der Edelweißpiraten (Jgdb., Illustr. v. F. Horstschäfer) 2019; Zimmer frei in der Knispelstraße 10 (Kdb., Illustr. v. K. Jäger) 2019; Kronox: Vom Feind gesteuert (Jgdb., mit C. TIELMANN) 2020; Herr K macht Wiau! (Kdb., Illustr. v. S. Kurzbach) 2021; Projekt Lazarus. In den Fängen der KI (Jgdb.) 2021. MM

Reimer, Doris, * 22.6.1958 Bern; studierte Germanistik in Heidelberg, 1999 Promotion zum Dr. phil. in Stuttgart («Passion & Kalkül. Der Verleger Georg Andreas Reimer 1776–1842»), Gymnasiallehrerin in Waiblingen (Rems-Murr-Kr.), Studienrätin; lebt in Marbach am Neckar; publizierte u. a. germanist. u. verlagsgeschichtl. Arbeiten, Ged., Hörsp., Radioess. u. Rezensionen; Veröff. u. a. in «Orte. Eine Schweizer Lit.zs.» (Zürich), «Leipziger Jb. zur Buchgesch.» u. «Passauer Pegasus. Zs. für Lit.» (Passau). – Pädagogin, Germanistin, Schriftstellerin.

Schriften: Mitten im Winter, der einem Sommer gleicht. Bettine von Arnim zum 200. Geburtstag (Radioess.) 1985; ‹Der Schatten Traum, sind Menschen›. Anno 1804. Eine Begegnung, die es nie gab zwischen Bettine Brentano & Friedrich Hölderlin (Hörsp.) 1987 (gesendet 1990); Die literarische Schildkröte (Radioess.) 1987; Der Affe (Radioess.) 1988; Was wissen wir vom Streben unserer Knie? Paula Ludwig und Iwan Goll (Radioess.) 1989; Esel-Lese. Ausgesuchte literarische Eseleien (Radioess.) 1989; ‹Er sagt: was er schreibt, sei Magie ...› Gustav Meyrink; Bohemien und Esoteriker (Radioess.) 1990; Große mythische Tiere. Vom Gott zum Zirkus: Der Elefant (Radioess.) 1990; Frankreich. Persönlich und privat (Hörsp., mit A. METZGER) 1990; ‹Ich bin immer in euren Kleidern gegangen›. Ferdinand Grimm und seine Brüder (Radioess.) 2001; Blut im Schuh. Gedichte aus dem letzten Jahrhundert (Illustr. v. H. Hussel) 2001. MM

Reimer, Lore (verh. Schmidt), * 4.11.1947 Leninpol (heute Bakaiata/Kirgisistan); studierte Germanistik an der PH Nowosibirsk, war Red. bei «Neues Leben. Zentralztg. der Russlanddeutschen» (Moskau), emigrierte 1974 in die BRD, Stud. der Pädagogik, Germanistik u. evang. Theol., dann Lehrerin, Mutter der Fantasy-Autorin Lena Klassen (* 1971); lebt in Espelkamp; verfaßte Lyrik u. Erz., teils in Plautdietsch. – Pädagogin, Schriftstellerin.

Schriften: Israel (Ged., Illustr. v. S. Waldmann-Brun) 1995; Lichte Räume (Ged.) 1997; Wort, wunder, wortwunder, wunderwort, wort, wund, wo (Ged., mit M. ROBOLD) 1998; Senfkorn (Ged. u. Erz.) 2000; Du kaunst miene Sproak vestohne. Jedichta opp Plautdietsch en Hochdietsch (Ged.) 2009 (plautdietsch u. deutsch).

Literatur: J. WARKENTIN, Gesch. der russlanddt. Lit. aus persönl. Sicht, 1999, 339–343; A. MORITZ, Lex. der russlanddt. Lit., 2004, 203; Interkulturelle Lit. in Dtl. Ein Hdb. (hg. C. CHIELLINO) 2007, 477; Liton.NRW (Internet-Edition). MM

Rein, Gisela (geb. Müller, verh. Rein-Irmscher, Ps. Regine Donnersberg), * 19.1.1938 Nordhausen/Thür.; Ausbildung zur Schneiderin, Fernstud. der Pädagogik, Erzieherin im Schuldienst, betrieb mit ihrem Ehemann, dem Schriftst. Claus Irmscher (* 1939), den Espero-Verlag in Ziegenrück; lebt ebd.; publizierte u. a. Rom., Erz., Reiseber., Kdb., Lyrik u. autobiogr. Texte. – Schneiderin, Pädagogin, Verlegerin, Schriftstellerin.

Schriften: Falkenflug. Eine verlorene Jugend in der DDR. Tatsachenroman, 1998 (2., bearb. Aufl.

2008); Streifzüge durch Süd-Ungarn. Reisereportage durch die Baranya im Jahre 2001 (mit C. IRMSCHER) 2002; Franz und die Fee. Eine Geschichte für jüngere Schulkinder (Illustr. v. M. Böttcher) 2004; Der steinerne Mann. Ein Märchen für große Kinder, 2004; ‹Hinter dem Horizont geht's weiter ...› Geschichten und Gedichte 1989 bis 1998, 2005; Abenteuer Erfurt. Zwischen Lebenskampf und Glückssuche nach der friedlichen Revolution (mit C. IRMSCHER) 2011; Hinter dem Horizont. Reales und Fantastisches aus zwei Jahrzehnten, 2012; Ritter Harro. Fantastischer Mittelalterroman, 2 Bde., 2014, 2015; Meine Ziegenrücker Geschichten oder: Fünfzehn Jahre in Ziegenrück, 2 Bde., 2016, 2018; Spitzels Tochter. Tatsachenroman, 2017; Moselfahrt als DDR-Zeitzeugen (mit C. IRMSCHER) 2018; Die Schwanenfrau. Vier fantastische Geschichten, 2019; Mein ‹Wende›-Tagebuch 1989, 2019; Letzte Briefe der Soldatenfrau, 2020.

Herausgaben: Hundert alte Lieder. Alte Liedertexte die es wert sind, bewahrt zu werden, 2012.

Literatur: Autorenlex. Thüringer Lit.rat (hg. Thüringer Lit.rat) o. J., www.thueringer-literaturrat.de/. MM

Rein-Irmscher, Gisela → Rein, Gisela.

Reinartz, Philipp, * 5.10.1985 Freiburg/Br.; 2005 Abitur in Freiburg, ab 2006 Stud. der Germanistik, Gesch., Theater-, Film- u. Fernsehwiss. in Köln, 2012 Master-Abschluß, daneben 2008/09 Journalismus-Stud. in Saragossa u. 2011 Stud. des Design Thinking am Hasso-Plattner-Inst. in Potsdam, u. a. Tätigkeiten als freier Journalist u. Red, Moderator, Sprecher u. Doz.; Mitbegründer, ab 2013 Kreativdirektor u. ab 2018 Geschäftsführer einer Agentur für Spiele-Entwicklung in Berlin; lebt ebd.; publizierte u. a. Kriminalrom. u. Spielbücher; Veröff. u. a. in «Südd. Ztg.» (München) u. «ZEIT» (Hamburg). – Unternehmer, Journalist, Schriftsteller.

Schriften: Katerstimmung (Rom.) 2013; Die letzte Farbe des Todes. Jerusalem Schmitt ermittelt (Kriminalrom.) 2017; Fremdland (Kriminalrom.) 2019; Sherlock Holmes. Das geheime Tagebuch (Spielbuch) 2020; Gebrüder Grimm. Verloren im Märchenwald (Spielbuch) 2020.

Literatur: Kressköpfe (Red. M. BARTL) o. J., https://kress.de/koepfe/. MM

Reinbold, Michael, * 27.6.1956 Lüchow/Wendland; Stud. der Gesch. u. Archäologie in Göttingen, dort 1986 Promotion zum Dr. phil. («Die Lüneburger Sate. Ein Beitr. zur Verfassungsgesch. Nds. im späten MA»), dann Mitarb. des Landesmus. Oldenburg, zuletzt als Kurator für Kultur- u. Landesgesch.: lebt in Oldenburg; Red. bzw. Hg. von Ausstellungskat. u. Jb. des Landesmus. Oldenburg; Autor wiss. Arbeiten zur nds. Gesch. sowie von Kriminalrom. u. Biogr.; Veröff. u. a. in «Nds. Jb. für Landesgesch.» (Göttingen), «Jb. des Landesmus. Oldenburg» u. «Hannoversches Wendland» (Lüchow). – Historiker, Schriftsteller.

Schriften: Die Friedrich-Schiller-Universität Jena 1945 bis 1953. Eine unvollständige Chronologie (mit M. HEINEMANN) 1991; Robert Louis Stevenson (Biogr.) 1995; ‹Der Unterthanen liebster Vater›. Herrscherpropaganda und Selbstdarstellung in den Bildnissen des Grafen Anton Günther von Oldenburg (1583–1667), 1997; ‹Arkadien ist überall!› Das antike Ideal in der angewandten Kunst seit 1500. Katalog zur Ausstellung im Marmorsaal des Oldenburger Schlosses, 26. März bis 30. April 1999 (Texte, mit S. KILLISCH) 1999; Kleider machen Politik. Zur Repräsentation von Nationalstaat und Politik durch Kleidung in Europa vom 18. bis zum 20. Jahrhundert (Kat., Red., mit S. MÜLLER) 2002; Jahrbuch des Landesmuseums Oldenburg 2002 (Red., mit B. KÜSTER) 2003; Jahrbuch des Landesmuseums Oldenburg 2003 (Red., mit DEMS.) 2004; Jahrbuch des Landesmuseums Oldenburg 2004 (Red., mit DEMS.) 2005; Jahrbuch des Landesmuseums Oldenburg 2005 (Red., mit DEMS.) 2006; Jahrbuch des Landesmuseums Oldenburg 2006 (Red., mit DEMS.) 2007; Jahrbuch des Landesmuseums Oldenburg 2007 (Red., mit DEMS.) 2008; Party, Perlon, Petticoats. Kultur der Fünfziger Jahre in Westdeutschland. Aspekte einer kulturgeschichtlichen Epoche (Kat., mit S. MÜLLER) 2008; 100 Jahre, 100 Objekte. Das 20. Jahrhundert in der deutschen Kulturgeschichte (Kat., mit DEMS.) 2009; Bachs Todeskantate (Kriminalrom., hg. S. MISCHKE) 2009; Jahrbuch des Landesmuseums Oldenburg 2008 (Red., mit B. KÜSTER) 2009; Willkommen und Abschied. Zimmerbilder und Veduten von Theodor Presuhn d.Ä. (1810–1877), 2010; Kinderzeit. Kindheit von der Renaissance bis zur Moderne (Kat., hg. A. A. KLAASSEN mit Konzeption v. M. R.) 2013; Das Oldenburger Schloss. Ein Wegweiser zur Baugeschichte und durch die historischen Räume, 2016; Tod im Heidekloster (Kriminalrom.) 2020.

Herausgaben: Mini, Mofa, Maobibel. Die sechziger Jahre in der Bundesrepublik (Kat., mit S. Müller) 2013; Demo, Derrick, Discofieber. Die siebziger Jahre in der Bundesrepublik (Kat., mit dems.) 2015; Madonna Manta Mauerfall. Die achtziger Jahre in der Bundesrepublik (Kat.) 2018. MM

Reinecke, Bertram, * 30.4.1974 Güstrow; Stud. der Germanistik, Philos. u. Psychologie in Greifswald, Besuch des Dt. Lit.inst. in Leipzig, dort 2006 Diplom-Abschluß, u. a. Tätigkeiten als Veranstalter u. freier Lektor, zeitweise auch Gastprof. am Dt. Lit.inst., 2009 Mitbegründer u. dann Verleger des Verlags «Reinecke & Voß» in Leipzig; lebt seit 2000 ebd.; verfaßte u. a. Lyrik, Libr., Hörsp. u. Ess.; Veröff. u. a. in «Ostragehege» (Dresden), «Bella triste. Zs. für junge Lit.» (Hildesheim), «Gegenstr. Bl. zur Lyrik» (Hannover) u. «Zw. den Zeilen. Eine Zs. für Ged. u. ihre Poetik» (Basel). – (Neben weiteren Auszeichnungen) Arbeitsstipendium der Kulturstiftung des Freistaates Sachsen (2014). – Verleger, Doz., Schriftsteller.

Schriften: An langen Brotleinen (Ged., hg. Lit.ver. Wiecker Bote, Illustr. v. U. Mundt) 2000; Chlebnikov am Meer. Gedichte und Gedichtgedichte, 2003; Ulrike Mundt: Objekte & Maschinen (Text v. Ph. R., Fotos v. P. Baum u. a.) 2004; Warten ein Drama (Hörst.) 2005; Pomp and Circumstances (Hörsp.) 2006; Pauluskantate (Libr., Musik: J. Schachtner) 2011; Walkman (Libr., Musik: M. Møller) 2011; Schock-Edition 2012, Januar: Engel oder Pixel (Ged.) 2012; Sleutel voor de hoogduitsche Spraakkunst (Ged., hg. U. Stolterfoht) 2012; Gruppendynamik. Literaturprozesse am Beispiel von Lyrikwerkstätten (Ess., hg. A. Trautsch) 2013; Gleitsichtwochen (Ged.) 2014; Nur gries getupfte Reste von Gesängen (Ged., Illustr. v. M. Rinck) 2017.

Herausgaben: G. Hoprich, Bäuchlings legt sich der Himmel, 2011; Mara Genschel Material, 2015.

Literatur: Da fängt die metr. Praxis an, sich selbst zu fressen... ~ u. Sandra Troja (in: Bella triste 20) 2008, 114–128; J. Kuhlbrodt, ~ im Gespräch. Etüden (in: Poetin 24) 2018, 165–175; Lit.port Autorenlex. (Internet-Edition). MM

Reineke, Ulrike → Stegemann, Ulrike.

Reinhardt, Heinrich, * 14.3.1947 Freising; ab 1958 Gymnasialbesuch in Freising, ab 1967 Stud. der Philos., kath. Theol. u. Italianistik in Freising, München, Würzburg u. Florenz, in München 1972 Promotion zum Dr. phil. («Die Sprachebenen Denken u. Glauben erörtert am Beisp. der Heiligen»), 1972–74 wiss. Mitarb. des «Hdb. der Dogmengesch.», ab 1974 weitere theolog. u. gräzist. Stud. in München, 1977–92 Mitarb. am «Lexicon Recentis Latinitatis», 1978 theolog. Diplom in München, 1978–80 in einem Priesterkolleg in Rom, 1986 Habil. in Regensburg («Freiheit zu Gott. Der Grundgedanke des Systematikers Giovanni Pico della Mirandola, 1463–1494»), war 1989–91 Prof. für Philos. am Priesterseminar in Wigratzbad, 1991–96 Studienleiter am theolog. Konvikt in Zizers, 1992 Priesterweihe, war an der Theolog. Hochschule in Chur ab 1993 Doz., ab 1995 a. o. Prof. u. 1998–2017 o. Prof. für Philos. u. Philos.gesch.; lebt in Zizers; publizierte (auch als Hg.) u. a. philos. u. theolog. Arbeiten (u. a. zur Sprachphilos.), dt. u. lat. Haiku-Lyrik sowie eine dt.-ital. Übers.; Veröff. u. a. in «Arch. für Rel.psychologie» (Göttingen), «Zs. für philos. Forsch.» (Meisenheim) u. «Sammelbl. des Hist. Ver. Freising». – Philosoph, kath. Theologe, Lyriker, Herausgeber.

Schriften: Integrale Sprachtheorie. Zur Aktualität der Sprachphilosophie von Novalis und Friedrich Schlegel, 1976; Parsifal. Studie zur Erfassung des Problemhorizonts von Richard Wagners letztem Drama, 1979; Sprachtheorie als Ethos. Praktische Aspekte der integralen Sprachtheorie, 1981; Tituli Frisingenses octo seriebus sive manibus distincti, 1984; Das Heilige retten. Überlegungen zur Aktualität des heiligen Norbert von Xanten, 1984; Vollständiges Verzeichnis meiner Schriften (1971–1987), 1987; Maria – die Mutter der Kirche (Vortrag) 1988; Der Begriff Sprache. Dialoge zur Metaphysik der Sprache, 1988; Centuria haicuum, Das ist: eine Sammlung von gut hundert Gedichten in japanischer Manier und lateinischer Sprache (hg. R. Chlada) 1991 (lat. u. dt.); Verwandlung der Sinne. Fünf Wege zu Gott, 1992; Mit der Zeit. 115 deutsche Haiku, 1992; In Gottes Dienst. Eine Annäherung an den heiligen Wolfgang von Regensburg, 1994; Zwischen Reden. 121 neue Haiku-Gedichte in deutscher Sprache, 1996; Angulus haicuum. Neue Dreizeiler in japanischer Art und lateinischer Sprache (hg. R. Chlada) 1996 (lat. u.

dt.); Der Personalstaat. Profil einer neuen Staatsform, 1999; Der Emmausweg. Eine Gebetsform, 2000; Herz und Auge. Eine christliche Wahrnehmung der Frau in der Kirche, 2000; Nachklänge. 69 deutsche Dreizeiler in der Art des Haiku, 2000; Die Wahrheit in der Dichtung. Philosophische Grundlinien der Poetologie. Mit einem Anhang ‹Le Baccanti›. Eigene Neuübersetzung von Euripides letztem Drama ins Italienische, 2003; Johannes. Die Rede von Gott, 2004; Gaudete. 49 Haiku im Takt des Kirchenjahres und 8 Fünfzeiler (Renga und Tanka), 2007; Der Gott Heraklits, 2015; Dem Wort dienen. Zugänge zur Wortphilosophie, 2020.

Herausgaben: Philosophisches zu Wahrheit, Freiheit, Liebe, 2006.

Bibliographien: REINHARDT 1987 (s. Schr.); FRICK/WOLFSCHMITT 1998 (s. Lit.); PYTLIK 2009 (s. Lit.).

Literatur: Esse in verbo. FS (hg. B. DISSELL) 1993; Begegnungen mit ~. FS (hg. M. FRICK, F. Wolfschmitt) 1998; REINHARDT 2006, 211 (s. Hg.schaften); Ad verbum. FS (hg. A. PYTLIK) 2009; Emeritierung von Prof. Dr. ~ (in: Grüße aus St. Luzi 2017. Ber. u. Mitt. aus dem Priesterseminar St. Luzi u. der Theolog. Hochschule Chur, Dez. 2017, hg. Priesterseminar St. Luzi) 2017, 32.

MM

Reinlein, Erich Andreas, * 4.4.1932 Lichtenfels/Oberfranken, † 10.5.2014 ebd.; Sohn eines Lehrers, Schulbesuche in Gleusdorf (heute zu Untermerzbach) u. Lichtenfels, Abitur in Bamberg, Stud. der Pädagogik, war 1956–67 Lehrer in Altenkunstadt, dort zuletzt stellv. Rektor, 1960/61 auch Mitgl. des Gemeinderats, danach Lehrer in Lichtenfels u. ab 1970 auch Rektor, war in Lichtenfels zudem 1966–78 Mitgl. des Stadtrat u. dort Vorsitzender der CSU-Fraktion, daneben bis 1968 Pfadfinder-Gaufeldmeister für den Gau Obermain, 1990 pensioniert; lebt in Lichtenfels; Ehrenmedaille der Stadt Lichtenfels (1981); publizierte u. a. Biogr. hist. Persönlichkeiten, autobiogr. Texte, eine schulgeschichtl. Monogr. u. ein Schuldrama. – Pädagoge, Politiker, Schriftsteller.

Schriften: Der Viertakt-Explosionsmotor im Kraftfahrzeug (Lehrbuch) 3 Bde., 1971; Die Stadterhebung von Lichtenfels 1231. Ein Ritterspiel der Hauptschule an der Friedenslinde in 4 Szenen, aufgeführt anläßlich der 750jahrfeier der Stadt, 1981; Gott mit uns. Ökumenisches Liederheft der Herzog-Otto-Hauptschule (Red., hg. Schulleitung der Herzog-Otto-Hauptschule) 1983; Herzog Otto I. von Meranien. Ein Leben für den Reichsfrieden (Biogr.) 1983; Der letzte der Meranier, Herzog Otto II. 1248. Ende einer Hoffnung (Biogr.) 1983; 20 Jahre Hauptschule Lichtenfels (mit G. HEROLD u. a.) 1988; Die zwanzig Jahre nach dem Krieg. Beiträge zur Schulgeschichte von Altenkunstadt 1945–1965, 1992; Page, Prinz & Prügelknabe. Eine Paedographie. 75 Geschichten aus Kindheit und Jugend 1932–1952, 1998; Die große Fahrt 1953 (Erlebnisber.) 2007.

MM

Reins, Olaf (Ps. Thomas Sollhof), * 2.6.1964 Kassel; u. a. Tätigkeiten als Journalist, Werbetexter, Lektor, Ghostwriter, Drehb.autor u. Doz. für kreatives Schreiben; lebte in Kassel, seit 2007 in Osnabrück ansässig; verfaßte u. a. Rom., Erz., Ess. u. Reportagen; Veröff. u. a. in «Einspruch. Zs. der Autoren» (Zürich). – Journalist, Autor, Texter, Dozent.

Schriften: Das zweite Leben des Herrn Trill. Szenen aus dem bürgerlichen Alptraum. Kurze und längere Geschichten, 1994; Waterhouse (Erz.) 1997; Eiskalte Falle (Rom.) 2006; Wahre Freundschaft endet nie (Rom.) 2006; Kolustros Traum. Eine phantastische Erzählung, 2009. – Zudem Heftrom. für die Reihe «Notärztin Andrea Bergen».

Literatur: Autorenverz. (hg. Hess. Lit.rat) 2021, www.hessischer-literaturrat.de/.

MM

Reinsch, Angelika, * 11.8.1957 Dresden; Abitur in Dresden, Landwirtschafts-Stud. in Leipzig, 1982 Abschluß als Diplom-Agraringenieurin, danach bis 1991 im Beruf tätig, Stadtführerin u. ab 2009 Mitarb. eines Pflegeheims; lebt in Jessen (Elster); schrieb u. a. Erz., Erinn. u. Reportagen; Veröff. u. a. in «Heimatkalender für das Jessener Land» (Jessen). – Angestellte, Schriftstellerin.

Schriften: Hilfe – du hast eine Ossi-Mama! (Erinn.) 2003; Gefangen im blühenden Leben (Erz.) 2004; 15 Jahre Probezeit (Erz.) 2004; Jessen. Charisma einer ländlichen Großstadt (Bildbd., Fotos v. I. Mann) 2006.

MM

Reintsch-Tetzner, Ingeborg (geb. Tetzner), * 4.4.1930 Hamburg; studierte Sozialpädagogik, war als Bibliothekarin tätig, lebte in Stuttgart; verfaßte

Kdb., Jgdb. u. pädagog. Texte. – Sozialpädagogin, Bibliothekarin, Schriftstellerin.

Schriften: Die Abenteuer des Taomin (Kdb., in Zus.arbeit mit vietnames. Kindern, hg. Caritasverband Württ., Illustr. v. U. Elsässer-Feist) 1983; Ania und die goldene Hängematte (Kdb.) 1985; Herbstlicht (Erz.) 2003.

Literatur: Autoren in Baden-Württ. (Red. I. Török) 1991, 405. MM

Reitz, Edgar, * 1.11.1932 Morbach (Kr. Bernkastel-Wittlich); Sohn einer Modistin u. eines Uhrmachers, 1952 Abitur in Simmern, Stud. der Theaterwiss., Germanistik, Kunstgesch. u. Publizistik in München, dort auch lit. Arbeiten sowie Mitbegründer u. Mithg. der Zs. «Spuren», nahm zudem Schausp.unterricht, 1953 Gründung des «Studentischen Zimmertheaters» (Vorläufer der «Studiobühne an der Univ. München») u. Theaterregie, dann Assistent beim Film, ab 1957 dramaturg. Mitarb. der «Münchner Gesellsch. für bildende Filme», Beginn der Tätigkeit als Filmregisseur, war 1962 am «Oberhausener Manifest» beteiligt u. im selben Jahr mit Alexander → Kluge Mitbegründer der Film-Abt. an der Ulmer Hochschule für Gestaltung, dort bis 1968 auch Doz., 1962–65 zudem Abt.leiter bei einer Münchner Filmfirma, gründete dann die «Edgar Reitz Filmproduktions GmbH» (später «Reitz & Reitz Medien»), 1971 Mitbegründer der Filmwerkstatt «Studio U.L.M.» (München), ab 1994 Prof. u. 1995–98 Leiter des «Europ. Inst. des Kinofilms» an der Staatl. Hochschule für Gestaltung in Karlsruhe, Mitgl. der Akad. der Künste Berlin (ab 1993), der Bayer. Akad. der Schönen Künste u. der Europ. Film-Akad.; lebt in München; als Regisseur u. Drehb.autor bedeutender Vertreter des dt. Autorenfilms; wichtige Werke waren u. a. «Stunde Null» (1976), «Heimat. Eine deutsche Chronik» (1984), «Die zweite Heimat. Chronik einer Jugend» (1992), «Heimat 3. Chronik einer Zeitenwende» (2004), «Die andere Heimat. Chronik einer Sehnsucht» (2013); R.' «Heimat»-Reihe gilt als einer der wichtigsten Beitr. zum modernen dt. Heimatfilm; R. publizierte u. a. Ess. zum Thema Film sowie Drehb., Bildbde. u. Notizen zur den «Heimat»-Filmen, daneben auch Erz. u. Lyrik; künstler. Zus.arbeit u. a. mit Alexander Kluge. – (Neben weiteren Auszeichnungen) Bundesfilmpreis (1963, 1967, 1970, 1975, 1977, 1978, 1987), Grimme-Preis (1978, 1985, 1986, 1994), Verdienstorden des Landes Rhld.-Pfalz (1985), Verdienstkreuz 1. Kl. des Verdienstordens der BRD (1993), Ehrenlöwe von Venedig (1992), Carl-Zuckmayer-Medaille des Landes Rhld.-Pfalz (2004), Dr. h.c. Univ. Mainz u. Univ. Perugia (2006), Großes Verdienstkreuz des Verdienstordens der BRD (2005), Bayer. Filmpreis (2013), Ödön-von-Horváth-Preis (2016), Ehrenpreis der Dt. Filmakad. (2020). – Regisseur, Produzent, Kameramann, Autor.

Schriften: Bestandsaufnahme: Utopie Film (mit A. Kluge) 1983; Liebe zum Kino. Utopien und Gedanken zum Autorenfilm 1962–1983, 1984; Heimat. Eine deutsche Chronik (Buch zur Serie, mit P. Steinbach) 1985; Heimat. Eine Chronik in Bildern (Bildbd., Fotos v. C. Reitz u. a.) 1985; Die zweite Heimat. Chronik einer Jugend in 13 Büchern (Drehb.) 1993; Drehort Heimat. Arbeitsnotizen und Zukunftsentwürfe (hg. M. Töteberg) 1993 (erw. Neuausg. 2004); Bilder in Bewegung. Essays. Gespräche zum Kino, 1995; Der zweite Atem des Kinos (mit T. Elsaesser, J.-F. Lyotard, hg. A. Rost) 1996; Heimat 3. Chronik einer Zeitenwende, 2004; Die Heimat-Trilogie (Bildbd., Red. P. Kiener) 2004; Die andere Heimat. Chronik einer Sehnsucht (Bildbd., mit M. Krüger) 2013; Die andere Heimat. Chronik einer Sehnsucht (Buch zur TV-Serie) 2013; Zeitkino (Ess. u. Interviews, hg. C. Schulte) 2015; Heimat. Eine deutsche Chronik. Das Jahrhundert-Epos in Texten und Bildern, 2015; Der magische Raum. Gespräche zur Philosophie des Kinos (mit H. M. Emrich, Mitarb. D. Brückel u. a.) 2016; Die große Werkschau. Ein Handbuch, 2018.

Literatur: Munzinger-Archiv. – R. McCormick, I. Schreib-Rothbart, ~. Liberating humanity and film (in: New German filmmakers from Oberhausen through the 1970s, hg. K. Phillips) New York 1984, 247–265; B. Murray, National Socialism, docudramas, and the development of public opinion. A contrastive analysis of ‹Holocaust› and ‹Heimat› (in: Germanist. Medienwiss. 1) 1989, 89–109; J. Schmitt-Sasse, ‹Ich hoffe, daß ich so bin wie die Leute›. ~ im Gespräch über das Politische an seinen Filmen u. über das Fernsehen (in: Medium 19) 1989, H. 1, 12–15; E. L. Santner, On the difficulty of saying ‹we› and ~'s ‹Heimat› (in: History & Memory 2) 1990, H. 2, 76–96; G. Schäffner, ~' ‹Heimat› als Sozialgesch. der Neuen Medien (in: 2. Film- u. Fernsehwiss. Kolloquium, hg. H. Wulff) 1990, 315–323; C. J. Wickham, Representation and mediation in ~'s ‹Heimat› (in: GQ 64) 1991, 35–45; M. Wachtel, W. Gast, Filmrezeption empirisch. Eine Stud.

zur Exposition der Ser. ‹Heimat› von ~ (in: Sprache u. Lit. 22) 1991, H. 67, 66–82; R. Rauh, ~. Film als Heimat, 1993; Die Zukunft des langen Atems. Gespräch über Erzählen u. Gesellsch. (hg. Kulturbehörde Hamburg) 1993; E. Netenjakob, ~ u. das neue Genre. Versuch über ‹Die zweite Heimat›, 1993; K. Visarius, Die Unvollendeten. ~, die zweite Heimat (in: epd Film 10) 1993, H. 1, 16–21; M. Gottardi, ~, Venedig 1994; ~, Kino. Ein Gespräch mit Heinrich Klotz u. Lothar Spree (Red. A. Stephan) 1994; K. Schulz, Der Drang nach der Weite der Welt. Eine Analyse des Motivs individueller Entgrenzung in der Fernsehser. ‹Heimat› von ~ (in: Text & Kontext. Jb. für germanist. Lit.forsch. in Skandinavien 19) 1994/95, 81–111; W. Barg, Erzählkino u. Autorenfilm. Zur Theorie u. Praxis film. Erzählens bei Alexander Kluge u. ~, 1996; A. Confino, ~'s ‹Heimat› and German nationhood. Film, memory, and understandings of the past (in: German History 16) 1998, 185–208; R. Zschachlitz, Bilder der ‹Heimat›. Dt. Gesch. u. Erinn. in Uwe Johnsons Rom. ‹Jahrestage› u. in ~' Film ‹Heimat› (in: Internat. Uwe-Johnson-Forum 7) 1998, 155–174; M. Sobhani, ‹Utopie Kino›. ~' Beitr. zur Zukunft der Medien (in: Europ. Kinokunst im Zeitalter des Fernsehens, hg. V. Roloff u. a.) 1998, 79–92; R. Meldt, ‹Es gibt kein dt. Glück› – aber das Glück des Filmemachens. Regine Meldt sprach mit dem Regisseur über den dritten Teil der Heimat-Trilogie ‹Heimat 2000› (in: Rhld.-pfälz. Jb. für Lit. 6) 1999, 182–193; N. Hülbusch, ~ (in: Filmregisseure, hg. T. Koebner) 1999, 558–561; R. Palfreyman, ~'s ‹Heimat›. Histories, traditions, fictions, Oxford u. a. 2000; H. Christians, ~' ‹Die zweite Heimat› (1993) oder Epos u. Avantgarde (in: WB 47) 2001, 374–386; G. Hartlieb, In diesem Ozean von Erinnerung. ~' Filmrom. ‹Heimat› – ein Fernsehereignis u. seine Kontexte, 2004; M. Keppler u. a., ‹Unsere Arbeit war eine Ausnahme›. Interview mit ~. Die Synchronregie von ‹Eyes Wide Shut› (in: Stanley Kubrick, Red., B. Eichhorn, H.-P. Reichmann) 2004, 244–249; M. Feldvoss, Die ganze Heimat. Überlegungen zur Heimat-Trilogie von ~ (in: Lex. des internat. Films, Filmjahr 2004, hg. Zs. ‹filmdienst› u. Kath. Filmkommission für Dtl.) 2005, 43–47; M. Dollner, Sehnsucht nach Selbstentbindung. Die unendl. Odyssee des mobilgemachten Helden Paul im Film ‹Heimat›. Mit einem Interview mit ~, 2005; ~. Eine Würdigung (hg. Ministerpräs. des Landes Rhld.-Pfalz) 2005; S. Marschall, Schabbach. Die Heimat des ~ (in: Heimat. Suchbild u. Suchbewegung, hg. dies. u. a.) 2005, 43–61; G. Mijic, Evolution der Kommunikationsmedien/Technik u. kultureller Wandel in ~' ‹Heimat› mit bes. Berücksichtigung technologie- u. ideologiekrit. Strategien, 2006; A. Confino, Germany as a culture of remembrance. Promises and limits of writing history, Chapel Hill 2006, 57–80; E. Uhl, ‹Heimat ist keine heile Welt›. Ein Interview mit ~ (in: Der Blaue Reiter 23) 2007, H. 1, 65–71; K. Wick, Der Jh.filmer. Zum 75. Geburtstag v. ~ (in: epd-Medien 87) 2007, 3–6; ~ erzählt (hg. T. Koebner, M. Koch) 2008; M. Galli, Doppelte Buchführung ? ~' ‹Cardillac› (1969) (in: Lit.verfilmung. Perspektiven u. Analysen, hg. E. Spedicato, S. Hanuschek) 2008, 137–147; K.-E. Linz, Karoline von Günderrode u. das Oberweseler Günderrode-Haus im Film ‹Heimat 3› von ~, 2010; A. King, No place like Heimat. Mediaspaces and moving landscapes in ~'s ‹Heimat 3› (2004) (in: New directions in German cinema, hg. P. Cooke, C. Homewood) London u. a. 2011, 257–278; E. Fuhr, Heimatgesch. ist Weltgesch. ~ zum 80. Geburtstag (in: Die Neue Gesellsch./FH 59) 2012, H. 11, 70–72; B. Wild, Kollektive Identitätssuche im Mikrokosmos Dorf. Berthold Auerbachs ‹Schwarzwälder Dorfgesch.› u. die ‹Heimat› von ~ (in: Berthold Auerbach 1812–1882. Werk u. Wirkung, hg. J. Reiling) 2012, 263–284; H. Lies, Unermüdl. Prophet der neuen Musik. Filmemacher ~ über seine Zus.arbeit mit Josef Anton Riedl (in: Klang in Aktion. Josef Anton Riedl, Red. A. Kolb u. a.) 2012, 46–57; ~ (hg. T. Koebner) 2012; ders., ~. Chronist dt. Sehnsucht. Eine Biogr., 2015; T. Combrink, Zeitfäden durch die Gesch. Über ~ u. Alexander Kluge (in: Formenwelt des Dialogs, hg. C. Schulte u. a.) 2016, 79–88; J. P. Hiekel, Filmkunst u. Musik. ~ im Gespräch mit Jörn Peter Hiekel (in: Überblendungen. Neue Musik mit Film/Video, hg. ders.) 2016, 50–63; D. Gräf, ‹Es gibt keine Aufgabe, die außerhalb dieser Arbeit liegt›. Schnittstellen von Film, Lit. u. bildender Kunst in ~' ‹Cardillac› (1969) im Kontext des Autorenfilms der 1960er Jahre (in: Kodikas 41) 2018, H. 1/2, 107–124; J. Gröber, Erinn. eines Regisseurs. ~, Morbach u. das Kino (in: Kr.jb. Bernkastel-Wittlich 2021) 2021, 68–71.   MM

Reitz, Franziska Barbara (auch Reitzin(n), Reiz, Reizin(n); unterzeichnete das Jubelged. für ihren

Vater aus dem Jahr 1752 mit «Francisca Barbara Reizin»), * 7.6.1715 Marktbreit/Bayern, † 1785 Sommerhausen bei Ochsenfurt/Bayern; Tochter des Marktbreiter Stadtpfarrers, Konsistorialrats u. Kirchenlieddichters Johann Adam Leonhard R. (1680–1753) u. dessen Frau Anna Barbara, geb. Lenz (1682–1753, Tochter des Marktbreiter Bürgermeisters Johann Leonhart Lenz); wurde mit ihren Geschwistern (sechs Schwestern, fünf Brüder) früh in Rel., Lesen u. Schreiben unterrichtet, lernte gemeinsam mit Privatschülern ihres Vaters Althebräisch lesen, beherrschte ebenfalls aktiv Neuhebräisch, nutzte diese Fähigkeit, um jüd. Frauen zu sich einzuladen oder in Gottesdienste mitzunehmen, um ihnen das Christentum näher zu bringen; starb unverheiratet; verfaßte sowohl Gelegenheitsged. als auch Kirchenliedtexte u. Gebete. Während einige ihrer Liedtexte in mehreren evang.-luth. Gesangbüchern im dt.sprachigen Raum Aufnahme fanden, sind die meisten anderen Texte wohl ungedruckt geblieben. – Verf. geistl. Texte.

Schriften: Nun kommt das Jubel-Fest mit angenehmen Schritten (in: Reizische Amtsjubelfreude oder Sammlung alles dessen was die öffentliche Feyer veranlasset hat) 1752, 205–208 (Ged. zum Amtsjubiläum ihres Vaters; online: Mecklenburg-Vorpommern: Digitale Bibliothek); Passionsheil, oder der mit seinem Leiden und Sterben heilbringende Messias (Auslegung zu Jes 53) o. J. – Ein Verz. der zahlr., damals noch ungedruckten Kirchenlieder gibt WETZEL (1756) 741–744.

Ausgaben: Christliches Gedenkbuch. Worte göttlicher Wahrheit und Bekenntnisse heiliger Liebe auf jeden Tag des Jahres zusammengestellt von W. F. Besser, 1879, zum 9. Januar (Schaffet, daß ihr selig werdet); K. W. BINDEWALD, Deutschlands Dichterinnen, Tl. 1: Balladen, Romanzen, Idyllen, Geschichten, Legenden, Sagen und poetische Erzählungen, religiöse Lieder, 1895, 389 (Schaffet, daß ihr selig werdet).

Bibliographien: J. C. WETZEL, Analecta Hymnica, Das ist: Merckwürdige Nachlesen zur Lieder-Historie, Bd. 2, St. 6, 1756, 736–744; E. FRIEDRICHS, Die dt.sprachigen Schriftst.innen des 18. u. 19. Jh. Ein Lex., 1981, 248.

Literatur: Jöcher 6 (1819) 1764 f. – O. F. HÖRNER, Nachr. von Liederdichtern des Augspurgischen Gesangbuchs, 1775, 209–211; J. F. JOHANNSEN, Hist.-Biogr. Nachr. von ältern u. neuern geistl. Liederdichtern, 1802, 215 f.; G. L. RICHTER, Allg. Biogr. Lex. alter u. neuer geistl. Liederdichter, 1804, 301; A. VOSS, Deutschlands Dichterinnen von 1500 bis 1846. In chronolog. Folge, 1847, 57 f.; K. SCHÜTZE, Deutschlands Dichter u. Schriftst. von den ältesten Zeiten bis auf die Ggw. Für Freunde der Lit. u. zum Gebrauch beim Unterricht in höheren Lehranstalten nach den besten Hülfsmitteln in alphabet. Folge sorgfältig zus.gest., 1862, 303; Germania sacra. Ein topograph. Führer durch die Kirchen- u. Schulgesch. dt. Lande (hg. C. J. BÖTTCHER) 1874, 1016; C. RYMATZKI, Hallischer Pietismus u. Judenmission. Johann Heinrich Callenbergs Institutum Judaicum u. dessen Freundeskreis (1728–1736), 2004, 193, 372, 449 f., 452.

MMü

Renner, Horst Lothar, * 3.3.1936 Wien; war 1962 Mitbegründer der avantgardist. Gruppe «Werkstatt» (Wien), u. a. mit Peter Schweiger (* 1939), 1964–72 Mithg. der Zs. «Werkstatt Aspekt» (Wien), Autor u. Regisseur von Kurzfilmen, auch Arbeiten als Video-Künstler; lebt in Wien; verfaßte u. a. Prosa, Ged., Hörsp. u. Dramen; Veröff. u. a. in «Ansichten. Zs. für Lit.» (Innsbruck). – (Neben weiteren Auszeichnungen) 1. Preis der öst. Jugendkulturwoche Tirol (1967). – Schriftst., Filmemacher, bildender Künstler.

Schriften: Veränderungen (Hörsp.) 1968; Annäherungsversuch (Lyrik u. Prosa) 2001; falsche töne (Hörsp.) 2005; zeile um zeile. weinland kulturland (Ged.) 2015; wortspende (dramat. Ged.) 2015; dahingesagt. ein wortwechsel (Erz.) 2015; schönreden oder totschweigen. gedichte 2001–2015, 2016; kurz und gründig (Ged.) 2016; Dahinter und davor. Wolkengedankenspiele (Bildbd., Fotos v. P. Hassmann) 2016; Venezia (Bildbd., Fotos v. dems.) 2017; für sprachlose sprechen (Ged.) 2017; asche nicht erde. sprechquartett für die bühne, 2017 (urspr. 2002 verfaßt); 3 hörspiele. 35a. hafelekar. noch nicht. noch, 2017; gegebenheiten (Texte) 2018; Feuersprache (Bildbd., Fotos v. P. Hassmann) 2018.

MM

Renner, Ulrike (auch U. Rao-Renner), * 6.4. 1958 Wiener Neustadt; Stud. der Veterinärmedizin bzw. ab 1979 der Theaterwiss. u. Kunstgesch. in Wien, dort 1988 Promotion zum Dr. phil. («Das Inszenierte im Werk des Konrad Bayer: Des Avantgardekasperls ergötzl. Reise aus dem 3. Wiener Gemeindebez. in die Herzen der Damen mit gar schröcklichem End u. zur Auflösung der Kunst gedacht. Echter u. einziger Infant zur imaginierten Durchmessung des Himmelsraumes»), ab 1981 Video- u. Film-Inszenierungen u. Performances (u. a. «der kopf des vitus bering», 1982) sowie weitere Tätigkeiten im Kulturbereich, u. a. für den ORF, ab 1996 Mitarb. im öst. Bundesministerium für Arbeit, Soziales u. Konsumentenschutz, war für das Ministerium u. a. ab 2008 Mitgl. des Aufsichtsrats der «Austrian Development Agency», Hofrätin; lebt in Wien; verfaßte u. a. Erz. u. kürzere Prosa; auch Mitarb. an gesch.wiss. Projekten. – (Neben weiteren Auszeichnungen) Kulturpreis der Stadt Wiener Neustadt (1989). – Verwaltungsbeamtin, Schriftst., Medienkünstlerin.

Schriften: L'apocalisse del mestiere 1: Initium 1985–88, 1988; ‹Mach er mir tüchtige Officirs und rechtschaffene Männer darauss›. Die Theresianische Militärakademie von der Gründung bis zur Gegenwart (Kat., Textred. mit E. GRIMM, hg. Stadt Wiener Neustadt) 1994; Das Buch von Ganapatipule (poet. Texte) 2000; Das Buch von den Nachtwanderern (Prosa) 2002; Das Buch von Venedig (Erz.) 2006 (Neuausg. 2016); Das Buch von Wien-Venedig (Erz.) 2015.

Literatur: Avantgardefilm: Öst. 1950 bis heute (hg. A. HORWATH u. a.) 1995, 402 f.; AutorInnen (hg. Lit.haus Wien) o. J., www.literaturhaus.at/.

MM

Rensmann, Nicole (geb. Fischer), * 26.4.1970 Remscheid; kaufmänn. Angestellte, ab 1994 selbständige Versandantiquarin, 2003–10 freie Journalistin, zudem Doz. für kreatives Schreiben u. Mentorin, 2007–17 auch unternehmer. Tätigkeiten, 2016–18 Mitarb. einer Weinhandlung, zuletzt freie Autorin; lebt in Remscheid; publizierte u. a. fantast. Rom., Erz., Kdb. u. Jgdb. sowie Ess. u. Rezensionen. – Unternehmerin, kaufmänn. Angestellte, Journalistin, Schriftstellerin.

Schriften: Philipp und Melanie (Rom.) 2001; Ariane, Bastian, Luzifee und Co. (Kdb.) 2001; Die Staubfee (Rom.) 2002; Anam Cara. Seelenfreund (Rom.) 2003; Azaretes Weg (Rom.) 2005; Ciara (Rom.) 2005 (2., überarb. Aufl. 2018); Firnis. Eine geheimnisvolle Reise (Rom.) 2007; Mister Zed (Rom.) 2008; Regenbogenläufer. 15 Geschichten für Groß und Klein, 2009; Die Hobbijahns (Kdb.) 2010; Oma liest vor. Sieben Weihnachtsgeschichten und ein Gedicht (Kdb.) 2013; Im Dutzend vielfältiger (Erz.) 2013; Im Dutzend phantastischer (Erz.) 2013; Firnis, 2013; Ein traumhaft schöner Tag (Erz.) 2013; Niemand (Märchen) [2016] (2., überarb. Aufl. 2016); Niemand mehr (Märchen) 2016; Gewebewelten (Jgdb.) 2020.

Herausgaben: Gedanken im Sturm. 11. September 2001 (mit A. WAGNER u. a.) 2002.

Literatur: E. SCHWETTMANN, Fast alles über Perry Rhodan. Das Buch für Fans. Anekdoten u. Wissenswertes zum Jubiläum der größten SF-Ser. des Universums, 2009, 86–88; Lit.port Autorenlex. (Internet-Edition); Liton.NRW (Internet-Edition).

MM

Renz, Sylvia (geb. Mornings), * Schweinfurt; Tochter eines Pastors, ab 1968 Ehe mit einem Pastor, Gemeindearbeit bei den Siebenten-Tags-Adventisten, Mitarb. des «Internat. Bibelstud.-Inst.» u. bei «HopeMedia», Tätigkeiten als Autorin u. Übers.; publizierte u. a. Rom., Erz., Kdb., Hörsp., rel. Texte sowie engl.-dt. u. dt.-engl. Übers.; Veröff. u. a. in «Jugendleitstern» (Hamburg) u. «Adventecho» (Lüneburg). – Autorin, Übersetzerin.

Schriften: Reden in den Wind?, 1990 (2., bearb. Aufl. 1993); Unterwegs zur Traumwiese (Hörsp.) 1993; Tini und Taps (Hörsp.) 2 Tle., 1994, 1995; Die Geschichte einer Liebe, 4 Bde., 1994/95; Der Traummann. Für morgen kann ich dir noch nichts versprechen (Rom.) 1996; Der König von Babylon. Nebukadnezars Aufstieg (hist. Rom., mit F. PELSER) 1996; Das Nachtauge. Bei mir müßte es schon der Paradiesgarten sein (Rom.) 1996; Der Paradiesgarten. Was kommt nach dem ‹Happyend›?, 1997; Das Seidenband. Schwierigkeiten auf dem Weg ins große Glück, 1997; Babylon die Große. Nebukadnezars Glanzzeit und Ende (hist. Rom., mit DEMS.) 1997; Babylons Erben. Kyros – der starke Mann aus dem Osten (hist. Rom., mit DEMS.) 1997; ... und wollte die Wolken umarmen (Rom.) 1999; Immer Zoff mit Kiki (Kdb.) 1999 (2., überarb. u. erw. Aufl. 2020); ... einmal nur die Sonne küssen (Rom.) 2000; Alles wegen Kiki (Kdb.) 2001 (2., überarb. u. erw. Aufl. 2020); Menschen in Gottes Hand, Bde. 4–8 (mit S. WIESCHOLLEK, Illustr. v. T. Dähne) 2001/02; Das verlorene Herz (Rom.) 2002; Ich nehm dich mit in meinen Tag. 366 Geschichten für die ganze Familie, 2003; Jakobs Sohn (Rom.) 2005; Maria, die Frau aus Magdala (Rom.) 2008; Angel talk. Wie denken himmlische Wesen über das Kind in der Krippe? Ein fiktives Gespräch belauscht (Hörsp.) 2008; Auftanken & Durchstarten. 366 Andachten für Jugendliche (mit L. SCHNEEWEISS) 2016; Fremde Freundin. Erzählung aus biblischer Zeit, 2017; Let go ... Tränen, Trost und Hoffnung – mein Trauerweg, 2017; Das Messer mit dem Perlmuttgriff. Erzählung aus der Waldenserzeit, 2017; Briefe, die nie geschrieben wurden. Szenen aus uralter Zeit, 2019; Rut (Kdb., Illustr. v. T. Eissner) 2020; Hasengeschichten, 2021.

Übersetzungen: J. Robertson, Einige Klarstellungen über Ellen G. White und ihr Werk (Bearb. G. TOBLER) 1982; L. Walton, ‹Eisberg voraus!› Gedanken zu 2 Glaubenskrisen in der Adventgemeinde (Bearb. H. HOPF, G. TOBLER) 1983; M. Maxwell, The message of Daniel for you and your family, 1986; E. Robinson, Großmutter macht Geschichte(n). Ellen G. Whites Enkelin erzählt, 1989; L. Yeagley, Trauer durchschreiten – zum Leben zurückfinden, 1993; R. Coon, Ellen White und der Vegetarismus. ‹Hat Ellen White praktiziert was sie verkündete?›, 1993; K. Müller, Die Beziehung der STA zu anderen Gemeinschaften und Kirchen, wie sie in den Schriften von Ellen G. White dargestellt wird. Eine Zitatensammlung, 1994; H. LaRondelle, Die gute Nachricht über Harmagedon. Gott verspricht, alle Menschen zu retten, die ihm vertrauen, 1994; E. White, Ein Tempel des Heiligen Geistes. Glaube und Lebensstil, 1996; D. Habicht, Auf dem Weg zum Glauben. Wie man Kindern geistliche Werte vermitteln kann, 1999; F. Zeževi?, Warum gerade ich? Gott mitten im Bosnienkrieg, 2000; M. Littleton, Lieber Gott, hast du mal Zeit für mich? 365 Andachten für Kids, 2000; B. Beach, J. Graz, 101 Fragen und Antworten. Was Adventisten von ihrer Kirchenleitung wissen wollen, 2000; M. Moore, Siegreich leben. Rechtfertigung und Heiligung im täglichen Leben, 2001; Hilfe geben – Hilfe erleben. Adventistische Hilfsorganisationen berichten (mit S. NICKEL, Red. S. WIESCHOLLEK) 2001; D. Chancellor, Die Kinder-Bibel. In 365 Geschichten erzählt, 2002; E. White, Christus ist Sieger. Andachten für jeden Tag, 2003; dies., Wie führe ich mein Kind? (mit C. DEDIO, C. HEUCK) 2006; W. Duewel, Die Erde. Theater des Universums (mit 1 CD) 2013; D. Chancellor, 365 Bibelgeschichten zum Vorlesen (Red. M. GLÖDE) 2013; P. Damsteegt, Die Grundlagen der adventistischen Botschaft und Mission. Historische Entstehung und Entwicklung (mit O. BREMER, D. KAISER) 2016; E. Degering, David, der Jüngste, 2020; dies., Als Jesus noch klein war, 2020.

Tonträger: Omegatrends. Signale biblischer Prophetie (mit WERNER R., 4 Audio-Kassetten) 1993.

MM

Repplinger, Roger, * 13.3.1958 Stuttgart; Stud. der Soziologie in Tübingen, dort 1997 Promotion zum Dr. rer soc. («La grande crise finale. Zu Auguste Comtes Krisendiagnosen»), schrieb dann als freier Journalist u. a. für «taz» (Berlin), «ZEIT» (Hamburg) u. «SPIEGEL» (Hamburg), war zudem Doz. an der Hochschule für Medien u. Kommunikation in Hamburg sowie am Inst. für Sportwiss. der Univ. Tübingen; lebt in Hamburg; verfaßte Biogr. u. andere Sachbücher (vor allem über Fußball) sowie geschichtswiss. Aufs.; Veröff. u. a. in NDB u. «Zs. für Gesch.wiss.» (Berlin). – (Neben weiteren Auszeichnungen) Großer VDS-Preis (1997, 2000, 2002). – Journalist, Sachbuchautor.

Schriften: Die Söhne Sachnins (Sachb., Fotos v. D. Krüll) 2005; Leg dich, Zigeuner. Die Geschichte von Johann Trollmann und Tull Harder (Biogr.) 2008; Das Höchste. Was Menschen am Everest suchen, finden und verlieren (Sachb.) 2011; Jürgen Klopp. Echte Liebe (Biogr., mit E. NEVELING u. a.) 2011 (2., erw. Aufl. 2012; 3., durchges. Aufl. 2013).

Herausgaben: Wenn Männer weinen. 11 Dramen über den Abstieg aus der Bundesliga, 2019.

MM

Reski, Petra (auch P. Reski-Lando), * 9.7.1958 Unna; 1978 Abitur in Kamen, Stud. der Romanistik u. Soziologie in Trier, Münster/Westf. u. Paris, 1986–88 Ausbildung an der Henri-Nannen-Schule in Hamburg, danach Arbeit als Journalistin, u. a. als Red. beim «STERN» (Hamburg), zuletzt freie Autorin; lebt seit 1991 in Venedig; u. a. Emma-Journalistinnenpreis (2010), Ricarda-Huch-Preis (2021); verfaßte u. a. Rom., Sachbücher, Reportagen, Erinn., Erlebnisber., humorist. Texte u. Drehb.; wurde vor allem durch ihre Recherchen zur ital. Mafia bekannt; Veröff. u. a. in «Neue Zürcher Ztg.», «Südd. Ztg.» (München), «Art» (Hamburg), «Ermlandbuch» (Münster) u. «Der Kriminalist» (Berlin). – Journalistin, Schriftstellerin.

Schriften: Rita Atria – eine Frau gegen die Mafia, 1994; Eine Prinzessin zahlt nie selbst. 32 Schmähreden an den Mann, 1995; Kein Tiger weit und breit.

32 neue Schmähreden an den Mann, 1998; Palazzo Dario (Rom.) 1999; Ein Land so weit (Erinn.) 2000; Meine Mutter und ich (Erinn.) 2003; Der Italiener an meiner Seite, 2006; Alles über Venedig (Sachb., mit J. Thiele) 2007; Mafia. Von Paten, Pizzerien und falschen Priestern (Sachb.) 2008; Von Kamen nach Corleone. Die Mafia in Deutschland (Sachb.) 2010; Mein Leben als Blondine, 2011; Palermo Connection. Serena Vitale ermittelt (Kriminalrom.) 2014; Nostalgia. Orte einer verlorenen Zeit (Bildbd., Fotos v. S. Fennema) [2015]; Die Gesichter der Toten. Serena Vitales zweiter Fall (Kriminalrom.) 2017; Bei aller Liebe. Serena Vitales dritter Fall (Kriminalrom.) 2017; mafia (Sachb.) 2018; Melancholia. Zauber vergessener Welten (Bildbd., Fotos v. S. Fennema) 2019; Als ich einmal in den Canal Grande fiel. Vom Leben in Venedig, 2021.

Literatur: K. Grzywka-Kolago, ‹Meine-Mutter-kommt-aus-Schlesien-aus-der-Nähe-von-Breslau ...› Zum Schlesienbild der Schriftst. ~ (in: Silesia nova 7) 2010, H. 2, 89–98; I. Drozdowska, Gesch. u. Gedächtnis in dem Rom. von ~ ‹Ein Land so weit› (in: Kleine Literaturen. Ein poln.-dt.-nord. Symposium, hg. B. Neumann, A. Talarczyk) 2010, 38–47.   MM

Rest, Franco (Hans Otto), * 20.8.1942 Ferrara; Sohn des Philos. u. Pädagogen Walter R. (1909–1992), 1963 Abitur, Stud. der kath. Theol., Pädagogik, Philos., Kunstgesch. u. Archäologie in Münster/Westf., Würzburg u. Freiburg/Br., 1970 2. pädagog. Staatsexamen, war zunächst als Lehrer u. Doz. tätig, ab 1972 Prof. für Erziehungswiss., Sozialphilos., Sozialethik u. Pflegewiss. an der FH Dortmund, Mitbegründer der dt. Hospizbewegung, 1980 Promotion zum Dr. päd. in Münster, 1988–99 Berater der Landesregierung Nordrhein-Westf. für den Auf- u. Ausbau von Hospizeinrichtungen, ab 1992 Mithg. der «Stud. zur interdisziplinären Thanatologie», 1994–98 Sprecher der Landesarbeitsgemeinschaft Hospiz, 1998–2002 Dekan u. 2002–05 Prorektor an der FH Dortmund, ab 1999 Hg. der Reihe «Forum Hospiz», zudem 2003–10 wiss. Direktor der Dietrich Oppenberg Akad. für hospizl. Bildung u. Kultur (Essen u. Wuppertal), 2017 Gründer des GISELANUM-Zentrums für angewandte u. prakt. Poetik (Dortmund); lebt in Dortmund; Verdienstorden des Landes Nordrhein-Westf. (2006), Forschungspreis der FH Dortmund (2006); zahlr. wiss. Arbeiten (auch als Hg.) zu Sterbebegleitung u. -beistand, zu verwandten lebenseth. Themen sowie zur Pädagogik u. Theol.; publizierte zudem u. a. Rom., Erz., Lyrik u. Ess.; lit. Zus.arbeit mit seiner Ehefrau, der Autorin Gisela → R.-Hartjes (1942–2017); Veröff. u. a. in LuK, «Die neue Ordnung» (Bonn), «Katechet. Bl.» (Ostfildern) u. «Kath. Bildung» (Essen). – Erziehungs- u. Pflegewissenschaftler, Sterbebeistands- u. Ethikforscher, Philosoph, kath. Theologe, Schriftsteller.

Schriften: Praktische Orthothanasie (Sterbebeistand) im Arbeitsfeld sozialer Praxis, 2 Tle., 1977, 1978; Den Sterbenden beistehen. Ein Wegweiser für die Lebenden, 1981 (4., durchges. u. erw. Aufl. 1998); Jenseits von Waldorf und Wassermann. Beiträge zur praktischen Anthropologie, 1987; Waldorfpädagogik und christliches Menschenbild, 1987; Sterbebeistand, Sterbebegleitung, Sterbegeleit. Studienbuch für Krankenpflege, Altenpflege und andere, 1989 (5., überarb. u. erw. Aufl. 2006); Kehrtwendung im Menschenleben. Damaskus-Erlebnisse in Gegenwart und Geschichte, 1990; Waldorfpädagogik. Anthroposophische Erziehung als Herausforderung für öffentliche und christliche Pädagogik, 1992; Das kontrollierte Töten. Lebensethik gegen Euthanasie und Eugenik, 1992; Die alte Euthanasie und die neue Wachsamkeit (Rede, hg. Westfäl. Klinik für Psychiatrie) 1994; Leben und Sterben in Begleitung. Vier Hospize in Nordrhein-Westfalen. Konzepte und Praxis. Gutachten im Anschluß an eine wissenschaftliche Begleitung, 1995; Sterben und Tod in der Moderne. Eine annotierte Bibliographie zu den Bereichen der Pflegewissenschaft und zu den Erziehungswissenschaften ergänzt um einige annotierte Hinweise zum ‹Leben nach dem Tode› (mit J. Breuer u. a.) 1995; Sterbebegleitung und Hospizbewegung in Nordrhein-Westfalen (Vortrag, hg. Diakon. Werk der Evang. Kirche von Westf.) 1996; Sterbebegleitung statt Sterbehilfe. Damit das Leben auch im Sterben lebenswert bleibt, 1997; Wer seid ihr eigentlich, Christen? Briefwechsel über zwei Jahrtausende mit DIOGNET – zugleich eine Neuerschließung des Glaubensbekenntnisses (mit W. Rest) 2000; Zweig und Stock. Geschichte eines religionsdialogischen Nachtgesprächs, 2008; Trotzdemgesänge. Leidgeprüfte Lieder, 2010; Der Gynäkologe des Vatikans und andere römische Geschichten (mit G. Rest-Hartjes) 2010; Dennochgesänge. Leidgeprüfte Lieder (mit ders.) 2011; End-liches Erleben. Leidgeprüfte Gedichte und

Geschichten (Illustr. v. A. Schneevoigt van Dyck) 2011; Lebenslust und Lebensangst. Erzählungen aus einem Leben mit Sterben und Tod, 2012; Gottes Plan mit den Menschen. Ein historischer Roman zum Leipziger Religionsgespräch aus dem Jahr 1913 zur Debatte zwischen Franz Rosenzweig und Eugen Rosenstock – und ihren Wirkungen bis in die Gegenwart, 2013; Schwere-Stunden-Poesie. Gedichte und Poetik im Angesicht des Todes und anderer Krisen (mit G. REST-HARTJES) 2014; Sagenhafte Deutschlandreise. Mit Legenden und Sagen von Nord nach Süd nach West nach Ost, 2014; Für das Davor und das Danach. Reflektieren, beraten, vertrauen. Anleitung zur spirituellen Verfügung, 2014; Engel trifft man überall. Geschichten und Gedichte von einer anderen Weihnacht (mit DERS.) 2016; Der Säulenversteher. Vertrauliche Botschaften von immer (Erz.) 2016; Geliebt – Beweint – Erlöst. Vermischte Brosamen zur Zeit, 2017; ... und in schlechten Tagen. Letzte Brosamen vom Tisch eines ehelichen Lebens, 2017; Das letzte Fest Gottes: Menschwerdung und Tod. Eine andere Sicht auf Menschlichkeit, Sterben und Tod, 2018; Worten – Antworten – Verantworten. Brosamen zur Zeit (Ess.) 2019; Christsein in christusferner Welt. Abschließende Gedanken eines Theologen ohne Amt, 2020.

Herausgaben: Waffenlos zwischen den Fronten. Die Friedenserziehung auf dem Weg zur Verwirklichung, 1971; Humane Begleitung (mit M. SCHMIDT-DEGENHARD) 1996; Leben bis zuletzt – Finalversorgung von Tumorkranken (mit H. Reiners, E. KLASCHIK 2001; Soziale Arbeit im Blick auf die Menschenrechte. Beiträge zur Ringvorlesung des Fachbereichs Sozialarbeit der Fachhochschule Dortmund, 2001; G. Rest-Hartjes, Der Friede wächst langsam – wie ein Nussbaum. Eine Kindheit in der Nachkriegszeit (Illustr. v. A. Schneevoigt-van Dyck) 2012.

Literatur: Liton.NRW (Internet-Edition).

MM

Reuß-Ebersdorf, Benigna Marie Gräfin, * 15.12. 1695 Schloß Ebersdorf (Thür.), † 31.7. oder 1.8.1751 Pottiga (heute zu Rosenthal am Rennsteig/Thür.); älteste Tochter des Grafen Heinrich X. Reuß-Ebersdorf (1662–1711) aus der jüngeren Linie des Grafenhauses Reuß und der Gräfin Erdmuthe Benigna zu Solms-Laubach (1670–1732); wuchs auf Schloß Ebersdorf auf, genoß dort eine pietist. Erziehung, u. a. erwarb sie durch den Hofmeister ihres Vaters, Ulrich Bogislaus von → Bonin (1682–1752), Kenntnisse in lat., griech. u. hebr. Sprache; ihr jüngerer Bruder Graf Heinrich XXIX. Reuß-Ebersdorf (1699–1747) freundete sich während seines Stud. in Halle an der Saale mit Nikolaus Ludwig von → Zinzendorf (1700–1760) an u. wurde von diesem angeregt, eine Herrnhuter Brüdergemeine in Ebersdorf zu gründen; Graf Heinrich XXIX. heiratete 1721 eine Verwandte Zinzendorfs u. die gemeinsame Schwester von B. u. Heinrich, Gräfin Erdmuthe Dorothea (1700–1756), nahm 1722 Zinzendorf selbst zum Ehemann; B. soll nach dem Tod des Vaters – sie war zu diesem Zeitpunkt 16 Jahre alt – einem Vetter herzlich zugeneigt gewesen sein, jedoch ergab sich aus dieser Beziehung u. auch aus künftigen keine ehel. Bindung; wohl auf eigenen Wunsch zog B. sich 1745 auf den kleinen reuß. Gutshof in Pottiga zurück u. verbrachte dort ihren Lebensabend, war zuletzt schwer erkrankt; die Bildung der Herrnhuter Brüdergemeinen lehnte sie aufgrund der angerichteten Zerrüttung der evang. Kirche ab, mit Zinzendorf selbst verkehrte sie in den letzten zwei Lebensjahrzehnten nicht mehr, «da die eigne Aufblähung ihn zur Wasserblase mache» (zit. nach Koch, Bd. 2, 1852, 98); war eine Freundin des Staatsrechtlers Johann Jacob → Moser (1701–1785), den sie 1740 auf Schloß Ebersdorf kennengelernt hatte u. mit dem sie seitdem korrespondierte, wurde 1747 Taufpatin von dessen jüngstem Sohn; dichtete Kirchenlieder, die in den Gesangbüchern von Wernigerode (1735), Ebersdorf (1742) u. der «Evang. Brüder-Gemeinen» (1735 u. 1778) enthalten sind. Es sind weitere geistl. Texte von ihr überliefert. – Kirchenlieddichterin.

Schriften: Predigtbuch, 1706/1707 (1 bekanntes Ex. in: Hirzenhain, Fürst zu Stolberg-Wernigerodsche Bibl.); Spruchbüchlein, 1734 (1 bekanntes Ex. in: Hirzenhain, Fürst zu Stolberg-Wernigerodsche Bibl.); Kirchenlied «Komm, Segen aus der Höh'» (in: Wernigerödisches Gesang-Buch. Begreiffend 852 Geistreiche so wol Alte als Neue Auserlesene Lieder, nebst Nöthigem Register, Gewöhnlichen Collecten und Kleinem Gebet-Buch, Sammt einer Vorrede Auf Gnädigste Anordnung versehen, Und zur Ermunterung [...] ausgefertiget) 1735, Nr. 516 (online: ULB Halle); Trauerged. (in: J. M. ALBERTI, Jesus, der Gläubigen Auferstehung und Leben, Insonderheit aber Der weyland Hochgebohrnen Graefin und Frauen,

Frauen Augusten Dorotheen, vermählt-gewesenen Reußin, Gräfin und Frauen von Plauen, gebohrnen von Hohenlohe und Gleichen [...] Des weyland Hochgebohrnen Grafen und Herrn, Hrn. Heinrichs des Eilfften, Jüngerer Linie und des gantzen Stammes Aeltesten Reussen [...] Hochseligen Andenckens, nachgelassenen Frauen Wittben, Unserer [...] Gräfin und Landes-Mutter [...] den 9. Maji 1740 [...] verschieden [...]) 1740 (online: SB Berlin); Der wahren Liebe Erfahrungen, o. J. (1 bekanntes Ex. in: Hirzenhain, Fürst zu Stolberg-Wernigerodsche Bibliothek).

Ausgaben: Deutschlands Dichterinnen. In chronologischer Folge (hg. A. Voss) 1847, 47 f. (Freue dich! das läßt Jesus sagen dir); Geistliche Lieder evangelischer Frauen der 16., 17. und 18. Jahrhunderts (hg. C. W. Stromberger) 1854, 183; K. W. Bindewald, Deutschlands Dichterinnen, Tl. 1: Balladen, Romanzen, Idyllen, Geschichten, Legenden, Sagen und poetische Erzählungen, religiöse Lieder, 1895, 323 (Freue dich! das läßt Jesus sagen dir), 348 (Komm, Segen aus der Höh'), 366 (So ruht mein Muth in Jesu Blut und Wunden); G. Zimmermann, Krone und Lorbeer. Fürstliche Dichter von der Zeit der Minnesänger bis zur Gegenwart, 1897, 131; ders., Deutsche Fürsten als Dichter. Als Beitrag zur deutschen Literaturgeschichte, 1906, 87 f.; J. Scherf, Junger Tag. Geistliche Morgenlieder aus 5 Jahrhunderten, 2019, 237 f. (Komm, Segen aus der Höh').

Briefe: Teile des Briefw. mit Moser (in: Monathliche Beyträge zu Förderung des wahren Christenthums, hg. J. J. Moser) 1752, 1.–3. St.; 1753, 5. Stück.

Bibliographien: Goedeke 3 (²1887) 330. – E. Friedrichs, Die dt.sprachigen Schriftst.innen des 18. u. 19. Jh. Ein Lex., 1981, 249; J. M. Woods, M. Fürstenwald, Schriftst.innen, Künstlerinnen u. gelehrte Frauen des dt. Barock. Ein Lex., 1984, 100.

Literatur: Zedler 31 (1742) 983; ADB 6 (1877) 193 f. (Art. Erdmuthe Dorothea von Reuß-Ebersdorf), hier 194; Biogr.-Bibliogr. Kirchenlex. 1 (1975, ²1990) 499 f. – E. E. Koch, Gesch. des Kirchenlieds u. Kirchengesangs der christl., insbes. der dt. evang. Kirche, 1. Hauptt., Bd. 2 (²1852) 96–99; 2. Hauptt., Bd. 4 (²1852) 582 f., Nr. 516; Talvj [T. A. L. Robinson], Dtl.s Schriftst.innen bis vor hundert Jahren, 1861, 95; K. Schütze, Dtl.s Dichter u. Schriftst. Von den ältesten Zeiten bis auf die Ggw., für Freunde der Lit. u. zum Gebrauch beim Unterricht in höheren Lehranstalten nach den besten Hülfsmitteln in alphabet. Folge sorgfältig zus.gest., 1862, 305; A. F. W. Fischer, Kirchenlieder-Lexicon. Zweite Hälfte: Die Lieder aus den Buchstaben K–Z u. das alphabet. Verzeichniß der Dichter umfassend, 1879, 429; A. v. Hanstein, Die Frauen in der Gesch. des Dt. Geisteslebens des 18. u. 19. Jh., 1899 (Nachdr. 2011) 242; P. Gabriel, Das Frauenlied der Kirche, 1936, 27; E. Geiger, Erdmuth Dorothea Gräfin von Zinzendorf. Die «Hausmutter» der Herrnhuter Brüdergemeine, 2001, 24; D. Findeisen, Ebersdorfer Geschichten, 2017 (Beitrag: «Die Verlobungsbank»); A. Blöthner, Wie es damals bei uns war. Eine Gesch. der Landwirtschaft u. des Dorflebens, der Sitten u. Gebräuche, der Bauernhöfe u. der Rittergüter im Land zw. Saale u. Orla, 2019, 191.

MMü

Rhode, Max → Fitzek, Sebastian.

Riccamati, Giacopo → Acontius, Jacopo.

Richter, Noah → Wilhelm, Uwe.

Rinck, Monika, * 29.4.1969 Zweibrücken; studierte Rel.wiss., Gesch. u. Vergleichende Lit.wiss. in Bochum, Berlin u. an der Yale Univ.; Veröff. u. a. in den Lit.zs. «BELLA triste», «Edit» u. «Poetenladen», schrieb Liedtexte für den Liedermacher Bruno Franceschini u. die Komponisten Franz Tröger u. Bo Wiget; arbeitete 1999–2017 beim rbb-Inforadio, trat 2008–16 gemeinsam mit Ann → Cotten u. Sabine → Scho als «Rotten Kinck Show» auf, lehrte u. a. am Dt. Lit.inst. Leipzig u. an der Univ. für angewandte Kunst in Wien, kuratierte 2017 die «POETICA III» in Köln; hielt 2015 die Poetikvorlesungen in Münster, 2019 die Lichtenberg-Poetikvorlesung in Göttingen. – Mitgl. des PEN-Zentrums Dtl., der Dt. Akad. für Sprache u. Dg. u. der Akad. der Künste Berlin. – Lit.preis Prenzlauer Berg (2001), Georg-K.-Glaser-Förderpreis (2003), Förderpreis zum Hans-Erich-Nossack-Preis (2006), Fördergabe für Lit. des Bezirksverbands Pfalz (2006, 2007), Förderpreis zum Heimrad-Bäcker-Preis (2008), Alfred-Gruber-Preis (2008), Ernst-Meister-Preis für Lyrik (2008), Arno-Reinfrank-Lit.preis (2009), Georg-K.-Glaser-Preis (2010), Berliner Kunstpreis Lit. (2012), Peter-Huchel-Preis (2013), Kleist-Preis

(2015), Heimrad-Bäcker-Preis (2015), Pfalzpreis für Lit. (2016), Ernst-Jandl-Preis (2017), Roswitha-Preis der Stadt Bad Gandersheim (2019), Preis der Stadt Münster für Internationale Poesie (2019, zus. mit Eugene Ostashevsky u. Uljana Wolf), Folker Skulima Preis (2020), Berliner Lit.preis der Stiftung Preuß. Seehandlung (2021). – Schriftst., Essayistin, Übersetzerin.

Schriften: Neues von der Phasenfront. Gegenstand: unproduktive Phasen, ein Theorie-Comic, 1998; Begriffsstudio 1996–2001, 2001; Verzückte Distanzen (Ged.) 2004; fumbling with matches. Herumfingern an Gleichgesinnten, 2005; Ah, das Love-Ding! Ein Essay, 2006; zum fernbleiben der umarmung (Ged.) 2007; pass auf, pony! (mit Audio-CD, Illustr. v. P. Akkordeon) 2008; Helle Verwirrung. Rincks Ding- und Tierleben. Gedichte (mit Zeichn. v. M. R.) 2009; Elf kleine Dressuren (Illustr. v. M. Marek) 2009; PARA-Riding. [Riding & PARA-Riding, das Reiten und PARA-Reiten hebt an! Auf zum Parforce-Ritt mit Laura (Riding) Jackson] (Ged., Ess.; mit L. (Riding) Jackson, Ch. Filips) 2011; Helm aus Phlox. Zur Theorie des schlechtesten Werkzeugs (mit A. Cotten, D. Falb, H. Jackson, S. Popp) 2011; Ich bin der Wind. Geschwinde Lieder für Kinder (Lieder: W. Taubert, Komposition: K. Tchemberdji, Texte: M. R.; mit Audio-CD, Illustr. v. A. Töpfer), 2011; Honigprotokolle. Sieben Skizzen zu Gedichten, welche sehr gut sind. Mit vier Liedern von Bo Wiget und einem Poster von Andreas Töpfer, 2012; Hasenhass. Eine Fibel in 47 Bildern, 2013; Monika Rinck (Ausw. K. Siblewski, Grafik v. S. Rinck) 2014 (Poesiealbum 314); I am the zoo [Candy – Geschichten vom inneren Biest] (mit N. Brönner, Illustr) 2014; Risiko und Idiotie. Streitschriften, 2015; Letzte Runde (1 CD, Text: M. R., Komposition: F. Tröger, Gesang: Ch. Filips) 2015; Wir. Phänomene im Plural (Ess.) 2015; Die verlorene Welt. The lost world. Entstanden im Rahmen des Modellprojektes KunstNatur. Künstlerische Interventionen im Museum für Naturkunde Berlin. Erscheint zur Ausstellung vom 25. April bis 23. Juli 2017 (engl. Übers.: N. Grindell) 2017; Kritik der Motorkraft. Auto-Moto-Fiction in 13 Episoden, 2017; Champagner für die Pferde. Ein Lesebuch, 2019; Alle Türen (Ged.) 2019; Wirksame Fiktionen. Poetikvorlesung, 2019; Heida! Heida! He! Sadismus von irgend etwas Modernem und ich und Lärm! Fernando Pessoas sensationistischer Ingenieur Álvaro de Campos, 2019; Monika Rinck (hg. 0x0a) 2020 (Poetisch denken; 1); Begriffsstudio 1996–2021, 2021.

Übersetzungen: I. Kemény, nützliche ruinen. célszerü romok (Ged., mit O. Kalász, G. Falkner, S. Popp, Ausw. u. Nachw. O. Kalász u. M. R.) 2007 (ungar. u. dt.); J. Térey, KaltWasserKult (Ged., mit O. Kalász, G. Falkner) 2007; B. Harcos, Naive Pflanze (Rom., mit O. Kalász) 2008; L. G. István, Sandfuge (Ged., mit O. Kalász) 2009 (ungar. u. dt.); T. Šalamun, Rudert! Rudert! (Ged., mit G. Podlogar, Nachbem. v. M. R.) 2012; A. Gerevich, Teiresias' Geständnisse (Ged., mit O. Kalász, T. Tankó, Nachw. G. Schein) 2013 (ungar. u. dt.); K. Tóth, Allmaschine (Ged., mit O. Kalász) 2014 (ungar. u. dt.); I. Kemény, ein guter traum mit tieren (Ged., mit O. Kalász, Nachw.) 2015; M. Z. Nemes, Puschkins Brüste (Ged., mit O. Kalász, M. Kniep, hg. J.-B. Joly) 2016 (ungar. u. dt.); M. William-Olsson, Homullus absconditus. [Hypno-Homullus]. Unter Hypnose aus dem Schwedischen ins Deutsche übersetzt und herausgegeben (Ged.) 2016; E. Ostashevsky, Der Pirat, der von Pi den Wert nicht kennt (Ged., mit U. Wolf) 2017; I. Kemény, Ich übergebe das Zeitalter (Ged., mit O. Kalász) 2019.

Herausgaben: Die Seele und ihre Sprachen (mit G. Blamberger, H. Detering, S. Goth) 2017.

Literatur: Munzinger-Archiv; KLG. – M. Braun, Drehung im rhythm. Zeremoniell. Zu den Ged. von ~ (in: Sprache im techn. Zeitalter 42, H. 169) 2004, 4–7; ders., Die vernetzte Zunge des Propheten. Eine kleine Strömungslehre zur Lyrik des 21. Jh. (in: TuK 171) 2006, 37–51; H. J. Wimmer, Zu ~s ‹Helle Verwirrung. ~s Ding & Tierleben› (in: Kolik. Zs. für Lit., H. 46) 2009, 130–141; A. Meissner, ‹also wenn ich jetzt'n normales gedicht lesen würde …› Lyrik des 21. Jh. als Gegenstand des Dt.unterrichts (in: Mitt. des dt. Germanistenverbandes 58) 2011 (zu ‹pfingstrosen›), I. Isermann, ~: Honigprotokolle (in: Lit. & Kunst 25) 2013, H. 3; I. Wilke, More than honey, honey! Laudatio auf ~ u. ihren Ged.bd. ‹Honigprotokolle› (in: Edit: Papier für neue Texte 62) 2013, 107–111; L. Ruprecht, «Ich als Text», Ich als Tanz. Überlegungen zu Anne Juren, Martina Hefter, ~ u. Philipp Gehmacher (in: Sprache im techn. Zeitalter 53, H. 216) 2015, 405–416; Ph. Enders, TEXTRÄUMEN – choreograph. Aneignen von lit. Texten. Eine Rahmung (in: ebd.) 480–483; H. Detering, Die Honigprotokollanten. Rede zum Kleist-Preis für ~ (in: Kleist-Jb.) 2016, 7–10; E. K. Paefgen, Was macht das Ich in lyr. Texten der Ggw.? Ged. von ~ u. Barbara Köhler (in: Lit. in Wiss. u. Unterricht 49) 2016, Nr. 4., 287–301; P. v. Matt, Der stehende Blitz. Die Paradoxien des Ged. (in: SuF 69) 2017, H. 4, 496–502; M. R., M. Braun, Geführte Seelenwanderung. Ein Gespräch über Poesie, Animismus, Erfahrungsseelenkunde u. den Trost der Form (in: NR 128) 2017, H. 2, 187–195; L. Ruprecht, ‹Je textuel›, Je dansé. Un essai sur le lien entre la danse et la poésie contemporaines vu à travers l'exemple d'Anne Juren, de Martina Hefter, de ~ et de Philipp Gehmacher (in: Allemagne d'aujourd hui, H. 220) 2017, 131–140; J. Engler, Vetternwortschaft. Anagrammat. u. andere VerLautbarungen (in: Die Horen 63, H. 271) 2018, 124–141; H. Hart, Words in edgewise: ~'s experimental translation of Magnus William-Olsson's «Homullus absconditus» (in: OL 73) 2018, H. 6, 536–545; Ch. Metz, Diffraktive Poetologie: ~s Poetik des Sprungs. Eine Lektüre (in: Zs. für Germanistik, N. F. 28) 2018, H. 2, 247–260; ders., Poetisch denken. Die Lyrik der Ggw., 2018, 73–156; E. K. Paefgen, «grauen ist aber auch/ eine farbe». Farbworte in lyr. Texten nach 2000 (in: WB 65) 2019, H. 1, 52–79. BJ

Ringe, Lucie → Flebbe, Lucie.

Robakidse, Grigol, * 28.10.1880 Swiri (Georgien), † 19.11.1962 Genf; studierte Rechtswiss. u. philos. Fächer in Tartu, Leipzig u. Paris, er verfaßte auf Georg., Dt. u. Russ. zahlr. Ged., Ess., Dramen, Nov. u. Rom.; R. gilt in der georg. Lit. als einer der Begründer der Moderne u. Inspirator der symbolist. Dichtergruppe «Die Blauen Hörner»; betrachtete seine Dg. als eine «Art myth. Realismus», seine polit. Aktivitäten gegen die Sowjetherrschaft waren der Anlaß für die Emigration nach Dtl. 1931, für seine geschichtsmytholog. Werke war die dt. Exilzeit ausschlaggebend, 1945 ging er wegen der letzten zwei Schr. in die Schweiz. Seine Werke blieben bis zum Untergang der Sowjetunion in Georgien verboten. Erst danach als Schriftst. in Georgien rehabilitiert, wurden R.s Werke von Dt. ins Georgische rückübersetzt. – Schriftsteller.

Schriften: Das Schlangenhemd. Ein Roman des georgischen Volkes (Vorw. S. Zweig) 1928 (zuerst georg. 1926); Kaukasische Novellen, 1932; Megi: Ein georgisches Mädchen, 1932; Die gemordete Seele (Rom.) 1933; Der Ruf der Göttin (Rom.) 1934; Dämon und Mythos (Ess.) 1935; Die Hüter des Grals (Rom.) 1937; Adolf Hitler, von einem fremden Dichter gesehen (1939); Mussolini, der Sonnengezeichnete (1941).

Literatur: N. Gagnidse, M. Schuchard, ~ (1880–1962). Ein georg. Dichter zw. zwei Sprachen und Kulturen, 2011; T. Kirschke, ~ u. sein lit. Schaffen, 2014; S. Hofschulte, Mythos u. Gesch. im Werk von ~, 2019. SH

Robert, Friederike (geb. Braun, gesch. Primavesi), * 29.4.1795 Böblingen, † 10.8.1832 Baden-Baden; Tochter des Präzeptors Gottfried Braun (1756–1817) u. dessen zweiter Frau Johanna Luise (Johanna Christina?), geb. Leppichler (neuntes von insgesamt 18 Kindern aus den beiden Ehen des Vaters); 1796 Umzug nach Knittlingen bei Pforzheim, wurde an der Seite ihrer Brüder privat unterrichtet, heiratete 17-jährig in Schwäbisch Hall den reisenden ital. Schmuckhändler Giambattista Primavesi, ging anschließend mit diesem nach Karlsruhe, ab 1816/17 soll Primavesi R. wegen finanzieller Schwierigkeiten zur Prostitution gezwungen haben, mehrere Fluchtversuche zu ihrem Bruder u. Verleger Gottlieb Braun (1783–1835) in Karlsruhe blieben ohne Erfolg: Primavesi holte sie immer wieder zurück, wenig später lernte sie den Dichter Ernst Friedrich Ludwig → Robert (1778–1832), Bruder von Rahel → Varnhagen von Ense (1771–1833), kennen, dem es gemeinsam mit G. Braun u. seiner Schwester Rahel gelang, durch die Zahlung einer hohen Summe die Scheidung R.s von ihrem ersten Mann zu erwirken, R. heiratete am 18.7.1822 in Baden-Baden Ludwig Robert in zweiter Ehe, nachdem dieser sich hatte taufen lassen, anschließend Reise nach Dresden, u. a. um Ludwig → Tieck zu treffen; lebte mit ihrem Mann 1824 in Berlin, anschließend in Paris, Karlsruhe u. Baden-Baden, 1827–31 wieder in Berlin, wurde dort im Salon ihrer Schwägerin Rahel zu einem beliebten u. umworbenen Gast, trug dort Ged. u. a. von Friedrich → Hebbel u. auch eigene vor, 1831 Flucht vor der in Berlin grassierenden Cholera nach Baden-Baden, dort starb zuerst ihr Mann an Typhus, dann sie selbst. Mehrere Dichter u. bildende Künstler, darunter Karl von → Holtei (1798–1880) u. Heinrich → Heine (1797–1856), die R. persönlich kannten, verehrten sie (R.s herausragendes Aussehen wird immer wieder stark betont) u. setzten in ihren Werken R. ein bleibendes Denkmal. Mit Heine korrespondierte sie mehre Jahre, u. a. aufgrund ihrer Redaktionsarbeit beim Journal «Rheinblüthen», in dem Heine mehrfach publizierte (nach Bauer [1876] 285 u. Kohut [1888]

131 f. war R. «die eigentliche Redactrice» des Journals «Rheinblüthen», das im Verlag ihres Bruders Gottlieb von 1819 bis 1825 erschien). R. verfaßte Ged., darunter viele in schwäb. Mundart, einige Ged. wurden von ihrer Freundin Fanny Hensel (1805–1847), der älteren Schwester des Komponisten Felix → Mendelssohn Bartholdy (1809–1847), u. der Komponistin Emilie Zumsteeg (1796–1857) vertont. Das bewegte Leben von F. u. Ludwig R. wurde von Ludwig → Rellstab (1799–1860) u. Jutta Rebmann (* 1943) erzählerisch bearbeitet. R.s rege Korrespondenz mit namhaften Persönlichkeiten ihrer Zeit ist bruchstückhaft überliefert. – Mundartdichterin, Lyrikerin.

Schriften: Zwei Lieder in niederschwäbischer Mundart: 1. «Mer welle naus ins Haie gschwenn!», 2. «Verwiche gehei s' Gäßle nah» (in: Rheinblüthen 2) 1822, 192–194 (publiziert unter dem Kürzel «R.»; online: BSB München); Schifflein (in: ebd. 3) 1824, 117–120 (unter dem Kürzel «R.»; online: ebd.); Ein Schwank in niederschwäbischer Mundart: «I bin a lustigs Büable» (in: ebd.) 121–124 (unter dem Kürzel «R.»; online: ebd.); Frühlingslied: «Jez kommt der Frühling! der Himmel isch blau» (in: ebd. 4) 1825, 344 (unter dem Kürzel «R.», online: ebd.); Der vierblätterige Klee: «I sin ebe gar zu gern vierblätt'riga Klee» (in: ebd.) 344 f. (unter dem Kürzel «R.», online: ebd.); Trennung: «O möchtet ihr Sprößlein der grünenden Flur» (in: ebd.) 345 (unter dem Kürzel «R.», online: ebd.); Der Schäfer (in: Brieftasche des Obernigker Boten. Zum Besten der durch Hagelschlag verarmten Obernigker, hg. K. v. HOLTEI) 1824, 23; Grabblümchen (in: Blumen auf das Grab der Schauspielerin Luise von Holtei, geborne Rogée, hg. K. v. HOLTEI) 1825, 101 f.; Friederike. Erinnerung (in: Berlinische Bl. für dt. Frauen 2) 1829, H. 1; Friederike. Nacht (in: ebd.); Lied: «Was treibt beim ersten Frührothscheine», Carslruhe 12. März 1826 (in: Der Gesellschafter oder Bl. für Geist u. Herz. Ein Volksbl. 17) 1833, Nr. 113. – Die von F. Hensel u. E. Zumsteeg vertonten Ged. sind: Das Heimweh, 1824; Glosse, ca. 1825; Lieblingsplätzchen: «Wißt ihr, wo ich gerne weil'?», 1830. – Weitere vertonte Ged. enstanden zw. 1820 u. 1827: «Die Äolsharfe auf dem Schlosse zu Baden», «Frühlingsnähe», «Wanderlied» u. «Die Schwalbe».

Ausgaben: «Das Heimweh», gedruckt 1826 als Nr. 2 der Zwölf Gesänge op. 8, 2 von Felix Mendelssohn Bartholdy (erneuter Druck in: Und wüssten's die Blumen. Ausgew. Lieder für Singstimme u. Gitarre [von] Fanny Hensel, bearb. G. BÖGER, Einrichtung der Gesangspartie Margaret Ellen Fitzgerald, 2007); Emilie Zumsteeg. Lieder u. Duette für unterschiedl. Stimmlagen mit Begleitung des Klaviers, 1998 («Lieblingsplätzchen»); Fanny Hensel, geb. Mendelssohn. Lieder ohne Namen (1820–1844). Ausgew. Lieder für Singstimme u. Klavier (hg. C. BARTSCH, C. HEYMANN-WENTZEL, Bd. 1) 2003 («Die Äolsharfe auf dem Schlosse zu Baden», «Das Heimweh», «Frühlingsnähe», «Wanderlied», «Die Schwalbe»); Bd. 2, 2003 («Nacht»); Felix Mendelssohn Bartholdy. Lieder u. Gesänge – neu entdeckt. 44 ungedruckte oder entlegen veröffentliche Kompositionen, für Singstimme u. Klavier (hg. C. M. SCHMIDT) 2007 («Glosse»); Nachgelassene Lieder (hg. C. M. SCHMIDT) 2009 («Lieblingsplätzchen», «Glosse»).

Briefe: SB Berlin (zwei hs. Briefe an Raumer (?) u. Rebecka Lejeune Dirichlet); FDH/Frankfurter Goethe-Mus. (ein hs. Brief an Ludwig Tieck). – Nach W. FREIS, Dt. Dichterhss. von 1400 bis 1900. Gesamtkat. der eigenhändigen Hss. dt. Dichter in den Bibl. u. Arch. Deutschlands, Österreichs, der Schweiz u. der ČSR, 1934, 241 befinden sich in der SB Berlin noch weitere Briefe: ein Brief an Teichmann von 1830, die Nachschrift von R. eines Briefes von Ludwig Robert an L. Tieck von 1822, eine Slg. von Erz. u. Kinderspielen von 1828, Ged. u. Verse an Rahel Varnhagen von Ense von 1829/30, gemeinsame Briefe mit ihrem Mann aus den Jahren 1795–1832, drei Briefe an R. M. Assing u. ihre Töchter von 1829/30 mit einem Ged., zwei Briefe an das Fürstenpaar Pückler von 1830/31, ein Brief an L. Tieck von 1823 sowie zwei nicht adressierte Briefe aus den Jahren 1818 u. 1825. – Gedruckte Briefe: Briefe von Rahel Varnhagen von Ense an R. (in: Rahel. Ein Buch des Andenkens für ihre Freunde, Tl. 3) 1834, 319 f., 335 f., 341, 486 f.; Briefe an L. Tieck (in: Briefe an Ludwig Tieck, ausgew. u. hg. K. VON HOLTEI, Bd. 3) 1864, 156, 165 f., 170 f.; Briefe H. Heines an R. (in: Aus dem Nachlaß Varnhagen's von Ense. Briefe von Stägemann, Metternich, Heine u. Bettina von Arnim, nebst Briefen, Anm. u. Notizen von Varnhagen von Ense, hg. L. ASSING) 1865, 138–140 (Nr. 6), 145–156 (Nr. 9–11, hier auch der R. gewidmete Sonettenkranz «Verlaß Berlin, mit seinem dicken Sande», 149–151, 186 f. (Nr. 23), 188–194 (Nr. 25–29), 198 f. (Nr. 31); Briefe H. Heines an R. in: KOHUT (1888) 133–140; Briefe H. Heines an R. in: (Heinrich Heine. Ges. Werke, hg. G. KARPELES,

Bd. 8) ²1893, 562–565, Nr. 172–175; Briefe von Georg Wilhelm Friedrich → Hegel an R. (in: Georg Wilhelm Friedrich Hegel. Sämtl. Werke, Bd. 29: Briefe von u. an Hegel, Tl. 3: 1823–1831) 1954 (³1981), 361 f. (Nr. 694); Briefe H. Heines an R. (in: Heinrich Heine. Säkularausg. Werke, Briefw., Lebenszeugnisse, hg. Stiftung Weimarer Klassik, Centre National de la Recherche Scientifique in Paris) ²1976, 351 f. (Nr. 291), 355–360 (Nr. 302 f., 306 f.). – Ergänzend zu Heines Briefen siehe GOEDEKE (1966) 879. Vgl. zudem: F. SCHLAWE, Die Briefsammlungen des 19. Jh. Bibliogr. der Briefausgaben u. Gesamtreg. der Briefschreiber u. Briefempfänger 1815–1915, 1969, 462, 779.

Nachlaß: Die von Fanny Hensel vertonten Ged. R.s befinden sich als Nachlaß in der SB Berlin u. stehen z. T. als frei zugängl. Digitalisate im Internet zur Verfügung.

Bibliographien: Goedeke, Bd. 8, 8. Buch, Abt. 1, (²1905) 519 (Nachdr. 2011); Bd. 15, 2. Lfg., 8. Abt., 1966, 879 f. (Nachdr. 1978); Die Varnhagen von Ensesche Slg. in der Königl. Bibl. zu Berlin, geordnet u. verzeichnet von L. Stern, 1911, 669 u. 671; E. FRIEDRICHS, Die dt.sprachigen Schriftst.innen des 18. u. 19. Jh. Ein Lex., 1981, 254.

Literatur: Siehe auch die Literaturverz. unter Ernst Friedrich Ludwig → Robert u. Rahel → Varnhagen von Ense. – C. W. O. A. VON SCHINDEL, Die dt. Schriftst.innen des neunzehnten Jh., Bd. 3, 1825, 233; L. RELLSTAB, Vergeltung. Nov. in drei Abtheilungen (in: Roswitha. Almanach der Schönheit u. Tugend geweiht von Chlodwig 2) 1843, 1–135; J. E. BRAUN, Das Grab eines Dichters [Beschreibung der Grabstelle von Ludwig u. F. R. in Baden-Baden] (in: Europa, Chron. der gebildeten Welt, hg. A. LEWALD, Bd. 1) 1844, 41–43; K. HOLTEI, Vierzig Jahre, Tl. 5, 1845, 4; Réminiscences par J. J. Coulmann, ancien maitre de requêtes en service ordinaire, au conseil d'état, ancien député etc., Tl. 3, 1869, 153–159; Aus meinem Bühnenleben. Erinn. von Karoline Bauer (hg. A. WELLMER, Tl. 1) ²1876, 281–289; A. KOHUT, Heinrich Heine u. die Frauen, 1888, 127–142; W. HAAPE, Ludwig u. F. R. Eine Baden-Badener Erinn. Nach einem Vortrag, gehalten im Konversationshaus zu Baden-Baden, 1896 (mit Zitaten aus Briefen R.s); A. KOHUT, Berühmte israelit. Männer u. Frauen in der Kulturgesch. der Menschheit. Lebens- u. Charakterbilder aus Vergangenheit u. Ggw. Ein Hdb. für Haus u. Familie mit zahlr. Porträts u. sonstigen Illustr., Bd. 2, 1901, 67; M. COHEN, Ludwig Robert, sein Leben u. seine Werke (in: Jb. der Philos. Fak. der Georg August-Univ. zu Göttingen) 1923, 59 f., 62; W. E. OEFTERING, Gesch. der Lit. in Baden, Bd. 2: Von Hebel bis Scheffel, mit 30 Abb., 1937, 47 f.; K. FERVERS, Berliner Salons. Die Gesch. einer großen Verschwörung, 1940, 114 (Nachdr. 1989); G. RICHTER, ~ (in: Werke u. Wege. Eine FS für Dr. Eberhard Knittel zum 60. Geburtstag. Dargebracht von Freunden u. Mitarb.) 1959, 91–94; J. REBMANN, Die schöne Friederike. Eine Schwäbin im Biedermeier, 1989 (Rom.); DIES., ~ (1795–1832). «Madame! Sie sind die schönste aller Frauen!» Neue biogr. Züge aus Friederikes Tgb. von 1824 (in: Vom Salon zur Barrikade. Frauen der Heinezeit, hg. I. HUNDT) 2002, 143–156; J. A. KRUSE, Heinrich Heine in Potsdam 1829, 2004; C. BARTSCH, Fanny Hensel geb. Mendelssohn Bartholdy. Musik als Korrespondenz, 2007, 221–234; C. LIEDTKE, Falsches Papier, echte Poesie. Zur Erwerbung der Hs. von Heines «Sonettenkranz an Friederike Robert, geb. Braun» (in: Heine-Jb. 56) 2017, 197–217; The Songs of Fanny Hensel (ed. S. RODGERS) 2021.

MMü

Roche, Charlotte (Elisabeth Grace), * 18.3.1978 High Wycombe/England; Tochter einer Künstlerin u. eines Ingenieurs, wuchs zunächst in London auf, 1983 Scheidung der Eltern, ging mit ihrer Mutter nach Dtl., besuchte Schulen in Niederkrüchten/Nordrhein-Westf., Schwalmtal/ebd. u. Mönchengladbach (ohne Abschluß), verließ im Alter von 15 Jahren das Elternhaus, 1998–2004 Fernsehmoderatorin der Sendung «Fast Forward» bei dem Musiksender Viva Zwei, moderierte weitere Sendungen u. a. bei Pro Sieben, Arte u. dem ZDF, vereinzelte Arbeiten als Film- u. Fernsehschauspielerin, seit 2019 Mitgl. der Partei Bündnis 90/Die Grünen, veröff. 2019/20 mit ihrem Ehemann Martin Keß-R. den Podcast «Paardiologie»; ihre Rom. wurden in zahlr. Sprachen übersetzt. – Bayer. Fernsehpreis (2002), Grimme-Preis (2004), Journalist des Jahres mit Jan Böhmermann (2012), Dt. Podcastpreis mit Martin Keß-R. (2020). – Journalistin, Buchautorin, Fernsehmoderatorin.

Schriften: Feuchtgebiete (Rom.) 2008 (als Hörb. auf 5 CDs, gelesen v. C. R.; 2013 verfilmt, Regie D. F. Wnendt); Schoßgebete (Rom.) 2011 (als Hörb. auf 8 CDs, gelesen v. C. R.; 2014 verfilmt, Regie S. Wortmann); Mädchen für alles (Rom.) 2015 (als

Hörb. auf 6 CDs); Paardiologie. Das Beziehungs-Buch (mit M. KESS) 2020.
Literatur: Munzinger-Archiv. – T. HEIMERL, Der Skandal des Körpers. Woran der Rom. ‹Feuchtgebiete› die Theol. erinnern sollte (in: Herder Korrespondenz. Monatsh. für Gesellsch. u. Rel. 62, H. 11) 2008, 562–566; U. SIMON, Gehört mein Arsch mir? Eine essayist. Lektüre des Erfolgsrom. ‹Feuchtgebiete›, die von ~ nichts weiß (in: Dt. Bücher. Forum für Lit. 38, H. 3) 2008, 179–196; B. UEBERDICK, Was haben eigentlich selbst gebastelte Tampons mit Emanzipation zu tun? (in: Mauerschau 2) 2008, 60 f.; S. BÜHLER, Von den Feuchtgebieten zum Dschungelcamp. Ein krit. Streifzug durch die Niederungen der Ggw.kultur (in: Polit. Stud. Zweimschr. für Politik u. Zeitgeschehen 60, H. 426) 2009, 81–88; A. GASCH, Jenseits von Sein u. Subjekt. Dekonstruktiver Feminismus im Text u. auf der Bühne (in: Mauerschau 3) 2009, 17–26; H. LUTTERBACH, ‹Feuchtgebiete› durch Gesinnungsethik trockenlegen (in: Lebendige Seelsorge. Zs. für prakt.-theolog. Handeln 60, H. 2) 2009, 91–93; A. MEIER, Immer sehr unmädchenhaft. ~ u. ihre ‹Feuchtgebiete› (in: Lit.skandale, hg. H.-E. FRIEDRICH) 2009, 231–241; A. SENNER, Ein Debütrom. als interdiskursives Ereignis. ~s ‹Feuchtgebiete›, 2009; DERS., Ein ganz normaler Blumenkohl? Zur interdiskursiven Struktur von ~s Skandalrom. ‹Feuchtgebiete› (in: Kulturrevolution. Zs. für angewandte Diskurstheorie 57) 2009, 65–70; Ullrich, ‹Feuchtgebiete› u. neue dt. Mädchen (in: Das Argument. Zs. für Philos. u. Sozialwiss. 51, H. 3) 2009, 447–458; L. WIRAG, Rülps u. radikal. ~s lit. ‹Feuchtgebiete› im Spiegel der Unsinnswiss., 2009; F. BAHMER, ‹Feuchtgebiete›. Charles Bukowski u. ~ über Hämorrhoiden (in: Der Hautarzt. Zs. für Dermatologie, Venerologie u. verwandte Gebiete 61, H. 8) 2010, 719–722; T. DÖRFELT-MATHEY, Spiel nicht mit den Schmuddelmädchen! Über lit. Grenzgänger u. ihre Ausgrenzung am Beispiel von Else Buschheuers «Ruf! Mich! An!» u. ~s ‹Feuchtgebiete› (in: Aussiger Beitr. Acta Universitatis Purkynianae Facultatis Philosophicae. Studia germanica 4) 2010, 39–52; D. HERZOG, Post coitum triste est ... ? Sexual Politics and Cultures in Postunification Germany (in: German Politics and Society 28, H. 1) New York 2010, 111–140, hier 124; A. PEITZ, Chick lit. Genrekonstituierende Unters. unter anglo-amerikan. Einfluss, 2010; K. H. SCHLAFFNER, Die Göre. Karriere einer lit. Figur (in: Merkur 65, H. 3) 2011, 274–280; T. ETTL, Körpermodifikation, Körpermanipulation, Objektmanipulation. Der Fall Helen Memel (in: Psychoanalyse im Widerspruch 45) 2011, 39–62; C. LIEBRAND, Pornograf. Pathografie. ~s ‹Feuchtgebiete› (in: Lit. für Leser 34, H. 1) 2011, 13–23; C. SMITH-PREI, «Knaller Sex für Alle». Popfeminist Body Politics in Lady Bitch Ray, ~, and Sarah Kuttner (in: Studies in Twentieth & Twenty-First Century Literature (in: Studies in Twentieth & Twenty-First Century. Literature 35, H. 1) Manhattan/KS 2011, 18–39; M. MCCARTHY, Feminism and Generational Conflicts in Alexa Hennig von Lange's «Relax», Elke Naters's «Lügen», and ~'s ‹Feuchtgebiete› (ebd.) 56–73; M. STEHLE, Pop, Porn, and Rebellious Speech. Feminist Politics and the Multi-Media Performances of Elfriede Jelinek, ~, and Lady Bitch Ray (in: Feminist Media Studies 12, H. 2) London 2011, 229–247; H. BAER, Sex, Death, and Motherhood in the Eurozone. Contemporary Women's Writing in German (in: World Literature Today 86, H. 3) Norman/OK 2012, 59–65; C. BINSWANGER, K. DAVIS, Sexy Stories and Postfeminist Empowerment. From «Häutungen» to ‹Wetlands› (in: Feminist Theory 13, H. 3) London 2012, 245–265; U. KELLNER, Der Tod als Garant des Absurden. Eine Gegenüberstellung von Albert Camus' philos. Reflexionen u. dem Rom. ‹Schoßgebete› von ~ (in: Transitkunst. Stud. zur Lit. 1890–2010, hg. A. BARTEL, A. KLINGE) 2012, 597–618; S. NEUHAUS, Das hybride Kritikersubjekt. Veränderungen in der Lit.kritik seit 1990 (in: ZfdPh 131) 2012, 39–55; M. PENZOLD, «Statt Brot zum Leben – täuschende Attrappe aus Papiermaché». Heinrich Wolgasts didakt. Erregung über lit. Schund aus heutiger Sicht (in: Lit. im Unterricht 13, H. 2) 2012, 115–137; H. BARTEL, Porn or PorNO. Approaches to Pornography in Elfriede Jelinek's «Lust» and ~'s ‹Feuchtgebiete› (in: German Monitor 77) Leiden 2013, 99–124; J. ECKERT, ‹Schoßgebete› u. Bauchschmerzen. Spezifika eines Rom. als Gegenentwurf zum feminist. Diskurs (in: Gegenbilder – lit., film., fotograf., hg. C. ERK, C. NAUMANN) 2013, 43–64; H. HESTER, Rethinking Transgression. Disgust, Affect, and Sexuality in ~'s ‹Wetlands› (in: Journal of Lesbian Studies 17, H. 3/4) Philadelphia/PA 2013, 240–252; K. JONES, Representing Repulsion. The Aesthetics of Disgust in Contemporary Women's Writing in French and German, Oxford 2013; T. MOSER, Lektüren eines Psychoanalytikers. Rom. als Krankengeschn., 2013; F. SCHWABEL, Fräuleinwunder? Zur journalist. Rezeption

der Werke dt. Ggw.autorinnen von Judith Hermann bis ~ in den USA (in: Komparatistik Online. Weltentwürfe des Fantastischen. Erzählen – Schreiben – Spielen) 2013; C. SMITH-PREI, M. STEHLE, Awkwardness als Provokation. Gedankenspiele zu Popfeminismus, Körperpolitik u. der Vermarktung lit. Frauen (in: Fiktionen u. Realitäten. Schriftst.innen im dt.sprachigen Lit.betrieb, hg. B. E. JIRKU, M. SCHULZ) 2013, 301–316; R. ATZENHOFFER, Du roman sentimental à la littérature féminine érotique contemporaire. Le renouvellement d'un genre (in: La prose allemande contemporaine. Voix et voies de la géneration postmoderne, hg. B. BACH) Lille 2014, 211–227; M. BECK, Frametheoret. Realitätseffekte in ~ ‹Feuchtgebiete› u. ‹Schoßgebete› (in: Realitätseffekte in der dt.sprachigen Ggw.lit. Schreibweisen nach der Postmoderne?, hg. B. KRUMREY, I. VOGLER, K. DERLIN, unter Mitarb. v. T.-F. GOSLAR) 2014, 235–247; T. DÖRFELT-MATHEY, Die unzuverlässige Autorin. Inszenierungspraxis im Interview u. ihre problemat. Auswirkungen für die Rezeption der Rom. von ~ (in: Echt inszeniert. Interviews in Lit. u. Lit.betrieb, hg. T. HOFFMANN, G. KAISER) 2014, 275–297; B. KRUMREY, Autorschaft in der fiktionalen Autobiogr. der Ggw. Ein Sp. mit der Leserschaft. ~s ‹Feuchtgebiete› u. Klaus Modicks «Bestseller» (in: Theorien u. Praktiken der Autorschaft, hg. M. SCHAFFRICK, M. WILLAND) 2014, 541–564; C. PETERSEN, «Ich war eine gute Hure.» Zur skandalösen Authentifizierung des Körpers in weibl. Bekenntnislit. der 2000er Jahre (in: Skandalautoren. Zu repräsentativen Mustern lit. Provokation u. Aufsehen erregender Autorinszenierung. Bd. 2, hg. A. BARTL, M. KRAUS, unter Mitarb. v. K. WIMMER) 2014, 355–393; T. PROKIC, Skandal oder trivial? Helene Hegemann, ~ u. das Erbe der écriture féminine (ebd.) 2014, 395–415; U. KELLER, «Ich bin die beste Nutte, die es gibt.» Die Demaskierung medialer Skandalisierung am Beispiel der Autorin ~ (ebd.) 417–430; J. REICHENPFADER, Verletzte Hüllen, fehlende Häute. Frauenkörper in der dt. Ggw.lit. (in: Haut u. Hülle. Umschlag u. Verpackung. Techniken des Umschließens u. Verkleidens, hg. U. SEIDERER, M. FISCH) 2014, 333–352; K. SIDOWSKA, Schamlose Körper in der Ggw.lit. (in: Leibesvisitationen. Der Körper als mediales Politikum in den [post]sozialist. Kulturen u. Lit., hg. T. ERDBRÜGGER, S. KRAUSE) 2014, 241–255; E. SPIERS, The Long March Through the Institutions. From Alice Schwarzer to Pop Feminism and the New German Girls (in: Oxford German Studies 43, H. 1) Leeds 2014, 69–88; Y. ZHANG, Kann man noch von Liebe reden? Zur Problematik der Liebesdarst. in der dt. Ggw.lit. der Frauen (in: Lit.straße. Chines.-dt. Jb. für Sprache, Lit. u. Kultur 15) 2014, 121–128; H. BAER, Precarious Sexualities? Neoliberalism, and the Pop-Feminist Novel. ~s ‹Feuchtgebiete› and Helene Hegemann's «Axolotl Roadkill» as Transnational Texts (in: Transnationalism in Contemporary German-Language Literature, hg. E. HERRMANN, C. SMITH-PREI, S. TABERNER) Rochester/NY 2015, 162–186; Y. ER, In Search of Self. The Dysfunctional Feminism of ~s ‹Wetlands› (in: Women. A Cultural Review 26, H. 4) London 2015, 443–361; M. S. LÖHLEIN, «Alle Mädchen. Alle nervenschwach, gestört u. unglücklich.» Sozialpsychologische Überlegungen zu dem Rom. ‹Feuchtgebiete› u. dem Phänomen des «Neuen Feminismus» (in: Psychologie u. Gesellsch.kritik 39, H. 2/3) 2015, 101–127; C. SMITH-PREI, M. STEHLE, The Awkward Politics of Popfeminist Literary Events. Helene Hegemann, ~, and Lady Bitch Ray (in: German Women's Writing in the Twenty-First Century, hg. H. BAER, A. M. HILL) Rochester/NY 2015, 132–153; E. SPIERS, «There 's no Lobby for Girls in Pop». Writing the Performative Popfeminist Subject (in: German Pop Literature, hg. M. MCCARTHY) 2015, 143–165; G. HABERLAH, Zw. Autobiogr. u. Fiktion. Neue lit. Schreibweisen bei Felicitas Hoppe, ~, Stephan Wackwitz u. David Wagner (Diss. Nottingham) 2016; I. IRSIGLER, «In Porno veritas. Amen». Zu Formen u. Funktionen des Pornographischen bei ~ u. Thor Kunkel (in: Pornographie in der dt. Lit. Texte, Themen, Institutionen, hg. H.-E. FRIEDRICH, S. HANUSCHEK, C. RAUEN) 2016, 167–183; U. KELLNER, Die conditio absurda in der dt.sprachigen Ggw.lit. Eine Konkretisierung von Albert Camus' philos. Reflexionen am Beispiel der Rom. von Uwe Timm, Wolfgang Hilbig u. ~, 2016 (zugl. Diss. Bamberg 2015); M. MCCARTHY, «Fractured Legacies» and Dialogical Selfhood in ~'s ‹Feuchtgebiete› (2008) and ‹Schoßgebete› (2011) (in: Oxford German Studies 45, H. 1) Abingdon 2016, 83–99; A. PÖLZBAUER, ~s ‹Feuchtgebiete›. Ekelhafte Nähe u. humorvolle Drastik (in: Drastik. Ästhetik – Genealogien – Ggw.kultur, hg. D. GIURIATO, E. SCHUMACHER) 2016, 229–241; K. KAUER, «We make Love and it doesn't feel good». Die «Alten» Aporien eines «Neuen» weibl. Sexpositivismus (ebd.) 100–120; C. ROHDE-DACHSER, Dem Ungesagten eine Gestalt verleihen. Repräsentationen des Weiblichen in den Kulturproduktionen der Postmoderne (in: Zs. für Sexualforsch. 29, H. 3) 2016, 270–284; T. EMMRICH, Von Simulacrum zur Septoästhetik. Sexualität u. Weiblichkeit bei Ovid, Cixous u. ~ (in: Narrative der Entgrenzung u. Angst. Das globalisierte Subjekt im Spiegel der Medien, hg. C. SCHLICHT, C. STELTZ) 2017, 211–229; S. KETTERL, Die Liebe zur Zeit des «Ekelfeminismus». Überlegungen zur Prosa ~s u. Stefanie Sarnagels (in: Der Liebesrom. im 21. Jh., hg. R. POKRYWKA) 2017, 157–174; P. VOLKHAUSEN, Female Madness in the Age of Neo-Liberalism in ~'s Novels ‹Wetlands› and ‹Wrecked› (in: Seminar. A Journal of Germanic Studies 53, H. 1) Toronto 2017, 68–84; I. MEINEN, Entgrenzte Körper. Zur Darst. von Körperausscheidungen in der Neuen Dt. Poplit. (in: Zagreber Germanist. Beitr. 27) Zagreb 2018, 187–203; N. SCHMIDT, The Wounded Self. Writing Illness in Twenty-First-Century German Literature, Rochester/NY 2018, 41–66; J. M. PERRY, From Books and Plays to Slogans and hashtags. An Exploration of German Pop-Cultural Feminist Identities from 2008–2016 (Diss. Perth) 2018; A. PONTZEN, ~, ‹Feuchtgebiete› (in: Hdb. Lit. & Pop, hg. M. BASSLER, E. SCHUMACHER) 2019, 607–622; C. WECH, Literature as Intervention. Challenging Normativity in the Writing of Elisabeth Reichert, ~ and Elfriede Jelinek, London 2020; E. LYONS, ‹She's a Fine Girl›. Early Experiences of Sexuality and Selfhood in Eimear McBride's ‹A Girl Is a Half-Formed Thing› and ~s ‹Wetlands› (in: Women Writers and Experimental Narratives. Early Modern to Contemporary, hg. K. AUGHTERSON, D. PHILIPS) 2021, 227–243; The Internet Movie Database (online).

FA

Rodde, Dorothea Freifrau von → Schlözer, Dorothea von.

Romanow, Roman → Niethammer, Gert Romanow.

Rossmann, Atti → Radke, Horst-Dieter.

Roth, Anatol → Pflüger, Andreas.

Roth, Carl G. → Skudlik, Sabine.

Rotmar, Valentin (auch Rotmair, Rotmarus), * Salzburg, † 9.3.1581 (nicht 1580) Ingolstadt; nach dem Freiburger Matrikeleintrag stammte R., in seinen Publ. zumeist als «Salisburgensis» bezeichnet, aus dem oberbayer. Grassau (am Chiemsee); Stud. in Freiburg/Br. (immatrik. am 15.10.1557: «Valentinus Rotmeir Bavarus ex Grasau cler. Chiemen.»), dort am 10.1.1559 zum Baccalaureus u. am 30.7.1560 zum Magister artium promoviert; nach eigener Auskunft mit Ehefrau († 1565), einer geb. Khempter aus Konstanz, u. Kindern aus Salzburg kommend, seit 1565 Lehrtätigkeit an der Univ. Ingolstadt (dazu SEIFERT [Lit.] 1973, 251: «dann er ettlich vil jar die professores artium, so zuzeiten verraiset oder sonnst verhindert gewest, vertretten» [1571]) u. gleichzeitig Forts. des Stud. (immatrik. am 3.5.1565: «Magister Valentinus Rotmarus Salisburgensis medicinae studiosus»); heiratete noch im selben Jahr die aus Ingolstadt stammende Anna («Die 28. Augusti secundas celebravi nuptias [...] cum Virgine Ingolstadiensi Anna Hofpeurin», vgl. ‹Annales›, 1580, 137ʳ); dort 1569, für kurze Zeit, Prof. für lat. Lit. (lectio Ciceroniana), von Februar 1571 bis Mai 1572 fakultätseigene Poetiklektur; danach Rektor an der Schule bei St. Martin in Augsburg (s. VEITH [Lit.], Alph. XI, 155); Mai 1574–1580 Prof. der Beredsamkeit (lectio oratoria) in Ingolstadt; 1575 durch den Ingolstädter Theologen u. Hofpfalzgrafen Martin → Eisengrein zum Dichter gekrönt (R. führte den Titel «P. L.» bereits 1575, obwohl er selbst schrieb: «anno scilicet 76. Annalium autorem [...] poetica dignitate decoravit»); ist vor allem als Univ.historiograph bekannt geworden (die ‹Annales Ingolstadiensis academiae›, 1580, enthalten etl. autobiogr. Mitt.; einschlägige Stellenangaben im Reg.-Bd. der Ingolstädter Matrikel). – Schulrektor, Univ.prof., nlat. Dichter.

Schriften: Valentini Rotmair Salisburgensis. [...] (1 griech., 1 lat. Epigramm) (in: J. HARTUNG, Decuria locorum quorundam memorabilium, ex optimis quibusque authoribus cum Graecis tum Latinis excerptorum, Basel o. J. [Widmungsbrief dat.: 1559], 55 f. (wieder in: DERS., Locorum quorundam memorabilium [...] decuriae II. [...], Basel 1563, 73 f. [Decuria I.]); Epithalamion: item tetradecastichon ad Vitum Jacobaeum exaratum per Valentinum Rotmarum Salisburgensem [...] (in: V. JACOBAEUS, Chorus musarum [...]) o. O. o. J. [ca. 1560] (Ex. 12: Verlust); V. R., P. MENZEL, J. W. FREYMANN, G. MAIRUVISER, Congratulatoria carmina. Ad excellentem virtutis ac doctrinae ornamentis iuvenem Christophorum Schutpacherum e

Rauris, cum gradum doctoratus philosophici in celeberrima Ingolstadiensi academia publice consequeretur. Authoribus Valentino Rotmaro Salisburgensi. Philippo Menzelio Sandsehensi. Ioanne Wolfgango Freymanno. Gabriele Mairuvisero Anrasatensi, 1565; Epaenesis, scripta per ornatissimum virum, dominum M. Valentinum Rotmarum, in honorem praestantissimorum virtute ac eruditione iuvenum, Ioachimi Fabri, Ioannis Clostermair, Ioannis Ramspeckh, Ioannis Lang, Wolphgangi Prugberger, Martini Zenckel, Christophori Streitel, Georgij Pogner, cum summam in Philosophia laurem consequerentur Ingolstadij. [...]. Mense Ianuar., 1566 (Einblattdr.); V. R., J. Widmer, Carmina epaenetica. In honorem ornatissimi doctissimique viri domini Andreae Bulei Bloviceni, Bohemi, cum in florentissima Ingolstadiensi academia supremam et doctoream philosophiae lauream publice consequeretur. Scripta authoribus M. Valentino Rotmaro, et M. Ioanne Widmero Salisburgensibus, 1566; Epithalamium (in: Epithalamia. In honorem nuptiarum [...] d. M. Wolffgangi Zettelij, professoris etc. ac honestissimae matronae Margarethae Heresszellerin viduae etc. congratulationis ergo conscripta. Ingolstadii anno M. D. LXVI. XXV. Iunij) 1566; In Theses Rhetoricas Reverendi et doctissimi Viri ac Domini Wilhelmi Wispeckij, Octostichon [...] Rotmari (in: Theses rhetoricae in [...] academia Ingolstadiana publice disputandae, W. Wisbeck [Präs.], J. Wascher, B. Wagner, T. Michael [Respp.]) 1567, B6^v; V. R., M. Hoffmann, L. Pyrchinger, Carmina propemptica, in abitum virtute eruditioneque praestantis iuvenis Leonhardi Poereisenij Oetingensis, cum studiorum gratia Ingolstadio in Italiam discederet, amicitiae ergo scripta, per Valentinum Rotmarum Salisburgensem, Martinum Hoffmannum Brichsenstadensem. Leonhardum Pyrchingerum Wasburgensem, 1567; In Doctissimas Lucubrationes De Materia Possessorii, Clarissimi atque doctissimi viri D. Bartholomaei Romulei Florentini I. U. D. etc. Carmen [...] (griech. Lobged. mit lat. Übers.) (in: B. Romoli, Compendium seu tractatus constituti possessorij [...]) 1567, b2^v–b3^r; V. R., J. Widmer, Carmina epaenetica. Ad vere nobilem, virtute ac eruditione virum praestantissimum, ac variis animi dotibus ornatissimum Gercislaum a Citzwitz in Quackhenburch, et Muttrin Pomeranum, cum in celeberrima Ingolstadiensium schola summam in utroque iure lauream, et doctoratus gradum magna cum laude, et in frequenti virorum clarissimorum consessu publice consequeretur, congratulationis ergo conscripta, 1568; V. R., A. Mader, J. Rheuss, J. Widmer, ΑΥΤΟΣΧΕΔΙΑΣΜΑΤΑ. In honorem morum gravitate, virtute ac eruditione praestantissimum [!] Ioannem Wascherium Tegernseensem [!], cum supremam in philosophia lauream, et magisterij gradum publice in schola Ingolstadiana, in frequenti virorum ornatissimorum consessu, consequeretur. Scripta authoribus, M. Valentino Rotmaro Salisburgensi. M. Andrea Madero Austriaco. M. Ioanne Rheuss Turco Liechthenfelsensi. M. Ioanne Widmero Salisburgensi, 1568; Epigramma In Domini Iohannis Ertlini primum sacrum Valentini Rotmari. O Mundi rabies, o festinantia lucem [...] (in: J. Widmer, Acclamatio heroica. Scripta in honorem [...] d. Ioannis Ertlini Sultzdorffii, artium et philosophiae doctoris, ss. theologiae candidati, et catholici in oppido Yettingensi concionatoris [...] cum is prima ibidem tremendorum mysteriorum sacra peragret) 1568, C3^r–C4^r; P. Menzel, V. R., T. Stanger, H. Han, Carmina gratulatoria: conscripta, in honorem ornatissimi atque doctissimi viri, Esaiae Han Uberlingani: quum s. medicinae doctor renunciaretur, in florentissimo Ingolstadiensi gymnasio: authoribus, Philippo Menzelio poeseos p. M. Valentino Rotmaro. M. Thoma Stangero, Frisio. Hieronymo Han, Uberlingensi, 1568; Carmen epaeneticon, ad doctissimum ornatissimumque iuvenem Carolum Vasolt Tyrolensem, cum supremam in philosophia lauream, et magisterij gradum publice in schola Ingolstadiana consequeretur [...], o. J. [1569, nach Chronogramm] (Einblattdr.); V. R., C. Landau, Epithalamia conscripta in honorem clarissimi et doctissimi viri ac domini Friderici Landaui iuris utriusque doctoris, et reverendissimi in Christo patris ac principis etc. abbatis Fuldensis consiliarij, cum nuptias celebraret cum nobili et honestissima virgine Anna Urmillerin Landishutana, authoribus Valentino Rotmaro poesios professore, et Christophoro Landauo sponsi agnato, 1571; V. R., J. Engerd, Congratulatio inscripta nobili et animi corporis fortunaeque ornamentis praeclaro viro, d. Ioanni Wolfgango Freymonio, nobilis magnifici atque clarissimi iureconsulti, domini Rochij Freymonij, cancellarij Berchtesgadensis etc. filio, cum in alma Ingolstadiensi academia iuris utriusque doctor inauguraretur, autoribus Valentino Rotmaro professore poetices. Ioanne Engerdo Neapolitano Turingo, 1571; J. Richard, V. R., J. Engerd, A. Frank, Carmina propemptica, inscripta ornatissimo et doctissimo viro, domino Philippo Menzelio Sandsehensi, poetae laureato, medicinae candidato, et hactenus poetices in celeberrima Ingolstadiensi academia professori ordinario, quum studiorum gratia in Italiam proficisceretur, authoribus Ioanne Richardo Ossanaeo i. u. d. et LL. professore. M. Valentino Rotmaro professore poeseos. Ioanne Engerdo Neapolitano Turingo. Anastasio Franco Ioachimo Misnensi, 1571; Musica lugens. In obitum reverendi et doctissimi viri ac domini Homeri Herpoldi, sacelli apud Constantienses magistri, ac musices praefecti, musicorum suae aetatis facile principis, pietatis ergo scripta per Valentinum Rotmarum ludirectorem Augustanum catholicum, o. J. [Widmungsvorr. dat.: Augsburg, Dez. 1573]; Poesios tomus primus, sectio prima, quae continet historiam de sacello b. Mariae virginis in veteri Oetinga illustrissimorum ducum Bavariae, autore Valentino Rotmaro, ludirectore Augustano, catholico, 1574; Ad Eosdem Fuggaros Fratres germanos, et generis splendore et eruditione illustres, Dominos in Weissenhorn et Kirchberg, etc. in commendationem Ioannis Glopseri, carmen anatheticum Valentini Rotmari oratoriae in Schola Ingolstadiana Professoris. [...] (Empfehlungsged.) (in: Assertiones naturalis acroasis de causis rerum [...] in alma Ingolstadiensi academia [...] die Decembris, F. MARTINI [Präs.], J. GLOPSCHER [Resp.]) 1574, C1^{r-v}; Apostrophe funebris Authore Valentino Rotmaro Oratoriae Professore Ordinario (in: Luctus academiae Ingolstadiensis in obitum nobilis [...] viri Simonis Taddaei Eckii consiliarij imperatorij [...] ipsis Calend: Febr: anno [...] M. D. LXXIII. ex hac vita erepti, Widm. W. ZETTEL) 1575, E2^v–E6^r; Assertiones rhetoricae, in florentissima Ingolstadiensi academia publice disputatae, [...] die XIX. Aprilis, V. R. (Präs.), W. COLLICOLA ([Pihelmair] Resp.), 1575; Hexametrum Ad Reverendum In Christo Patrem [...] Benedictum Abbatem Schirensem etc. in commendationem Thesium Logicarum, quas Doctissimus Vir M. Thomas Klaiberius publice discutiendas proposuit. [...] (Empfehlungsged.) (in: Assertiones logicae. Ex primo libro priorum de propositione, termino, et syllogismo desumptae, et in catholico Ingolstadiensi gymnasio ad publicam disputationem propositae [...] die Maij, T. KLAIBER [Präs.], G. VOGEL [Resp.]) 1575, B3^{r-v}; Ad Eosdem Fuggaros Dominos in Kirchberg Et Weissenhorn etc.: in commendationem Caspari Finckelij [...]. Si, quae tractatis, graviora negotia paucas [...] (Empfehlungsged.) (in: Ad prooemium librorum Aristotelis de anima disputatio, in alma Ingolstadiensi academia publice proposita [...] die XXII. Iunij, A. HUNGER [Präs.], C. FINCKEL [Resp.]) 1575, B4^r; V. R., J. ENGERD, G. THEIN, Carmina gratulatoria. Inscripta iuveni multa pietate, multa virtute, multaque doctrina ornatißimo, Michaeli Wilando Geilendorfensi Franconi, quum in [...] Ingolstadiensi academia liberalium artium magister et philosophiae doctor XIII. Cal. Sextilis [...] inauguraretur. Autoribus M. Valentino Rotmaro [...]. M. Ioanne Engerdo [...]. D. Georgio Theinio Heldmanensi Francone, 1575; Carmen syncharisticum [...] Rudolpho, archiduci Austriae, imperatoris Maximiliani II. filio, cum in Romanorum regem [...] eligeretur, dicatum, 1575 (Ex. 12: Verlust); Carmen funebre in obitum reverendissimi in Christo patris ac domini d. Ioannis Aegolphi a Knöringen, episcopi Augustani [...] memoriae ergo scriptum [...], 1575; Gratulationsged. (in: Carmina gratulatoria tam Graeca quam Latina a diversis autoribus inscripta [...] d. Ioanni Baptistae Ridnero Heidingsfeldensi Franconi, cathedralis ecclesiae Herbipolensis vicario etc. cum in celeberrima Ingolstadiensi academia artium liberalium magister ac philosophiae doctor VII. Calend.: Februar: publice et solenniter crearetur) 1575; V. R., J. ENGERD, B. HUBER, H. WENGER, P. KOCH, D. CLOSTERMAIR, Congratulatoria carmina inscripta erudito et praeclaro iuveni, Valentino Ferhero ex Matrio Sclavonico, cum primam multo et artium liberalium et philosophiae studio partam lauream, testimonium et quasi praemium eruditionis suae, in alma Ingolstadiensi academia Id. Decemb. sub finem anni iubilaei acciperet. Autoribus M. Valentino Rotmaro P. L. et oratoriae profess. ordinario. M. Ioanne Engerdo P. L. et poet. professore ordinario. M. Bartholomaeo Hubero ss. theologiae studioso. Hadriano Wengero philosophiae baccalaureo. Paulo Koch philosophiae baccalaureo. Davide Clostermairio philosophiae studioso, 1575; V. R., J. DOMINICUS, Congratulatio inscripta praeclaris ac eruditis philosophiae candidatis, Wolfgango Collicolae Ratisbonensi, et Georgio Fasoldo Ingolstadiano, cum in florentissima Ingolstadiensi academia baccalaureatus philosophici honore publice ac solenniter condecorarentur. Autoribus Valentino Rotmaro, oratoriae profess. ordinario. Et f[ratre]. Ioanne Dominico Hessio, Cronweissenburgensi, Franciscano, 1575; V. R., J. ENGERD, Congratulatio reverendo atque doctissimo viro, d. Thomae Klaiberio, liberalium artium et philosophiae magistro, et ss. theologiae baccalaureo formato etc. cum Ingolstadij, in academico d. virginis templo, primum tremendorum mysteriorum sacrificium faceret, inscripta, autoribus M. Friderico Martini philosophiae naturalis profeßore. M. Valentino Rotmaro oratoriae profeßore ordinario. M. Ioanne Engerdo, P. L. ac poet. profeßore ordinario, 1575; Epaenesis Ad Reverendissimum In Christo Patrem, Ac Principem [...] Dominum Martinum Episcopum Aichstadianum [...] etc. in Thesium de Sacramento Eucharistiae Reverendi [...] viri, Domini Ioannis Ertlini SS. Theologiae Licentiati, et Aichstadiani Ecclesiastae primarij commendationem [...] (Empfehlungsged.) (in: De sacramento eucharistiae disputatio theologica [...], J. ERTLIN [Resp.]) 1575, H2^r–H3^r; V. R., J. ENGERD, A. FRANK, Congratulatio in honorem admodum reverendi, amplissimi et doctißimi viri, domini Antonii Fabritii, s. s. theologiae licentiati, praepositi Mospurgensis, et illustrißimo Bavariae duci Alberto a consilijs, etc. cum in celeberrima et catholica Boiorum academia s.s.theologiae doctor publice ac solenniter crearetur, scripta autoribus M. Valentino Rotmaro P. L. et oratoriae professore ordinario. M. Ioanne Engerdo P. L. et poetices professore ordinario. M. Anastasio Franco I. S., 1576; Autoschediasma Ad Eundem Reverendum Virum Ac Dominum Benedictum Prumerum Abbatem in Monasterio Scheuren [...]. Vere novo pulchros, Praesul dignißime, flores [...] (in: U. HACKER, Hexametrum in gloriosissimam resurrectionem et triumphum domini ac salvatoris nostri Iesu Christi, ad reverendum [...] dominum Benedictum Prumerum, abbatem in Scheuren, etc. [...]) 1576, B3^{r-v}; Aliud Epithalamium In Honorem Nuptiarum D. Philippi Menzelii, etc. observantiae et amicitiae ergo scriptum [...]. Dii superi: quoniam pietas est maxima coelo [...] (in: Epithalamia in honorem [...] d. Philippi Menzelii medicinae doctoris et ordinarii professoris in academia Ingolatadiensi, ac poetae laureati etc. sponsi: et [...] virginis Elisabethae Peisserin Ingolstadiensis sponsae, cum 13. Cal. Septemb. Ingolstadij nuptias celebrarent. Scripta a doctissimis [...] viris ac iuvenibus) 1576, C1^r–C4^v; Gratulationsged. (in: Carmina gratulatoria in honorem [...] Hadriani Wengeri, Neapolitani Franconis, cum in [...] Ingolstadiensi academia, promotore Friderico Martini [...] liberalium artium magister et philosophiae doctor inauguraretur, scripta [...]) 1576 (Ex. 12: Verlust); V. R., J. ENGERD, M. HAIMBURG, Carmina gratulatoria in honorem egregiorum atque eruditorum iuvenum, Ioannis Conradi Renneri Constantiensis Acroniani, et Ioannis Kuderle Engensis Suevi, cum in celeberrima Ingolstadiensi academia XV. Calend. Sextil. bonarum artium magisterium ac philosophiae doctoratum publice solenniterque consequerentur, scripta autoribus M. Valentino Rotmaro P. L. [...]. M. Ioanne Engerdo P. L. [...]. M. Martino Haimburgio Syndelshaimensi Odonoci, ss. theologiae studioso, 1576; Ad Haeredes Eccianos Carmen Valentini Rotmari [...]. Et famam dubitamus adhuc extendere factis? [...] (in: J. ENGERD, Parentalia anniversaria nobili [...] viro, d. Simoni Thaddaeo Eccio iurisconsulto [...]) 1576, B4^{r-v}; wieder in: DERS., Poematum [...] pars prima [...]) 1582, 176; Congratulatio M. Valentini Rotmari P. L. Et Oratoriae Professoris Ordinarii. Sic super immensos moliri laude labores [...] (in: Carmina gratulatoria in honorem [...] docti viri, d. Pauli Koch Rattembergensis ex comitatu Tyrolensi, sacerdotis, Ingolstadij ad s. Mariam virginem cooperatoris, etc. Cum in [...] Ingolstadiensi academia liberalium artium magister et philosophiae doctor, 10. Cal. Febr. [...] inauguraretur, scripta a variis autoribus) 1577, A2^{r-v}; Congratulatio M. Valentini Rotmari P. L. [...]. En Musae! sunt hic etiam sua praemia laudi [...] (in: Carmina gratulatoria inscripta [...] philosophiae candidatis, Wolfgango Collicolae et Andreae Helepyro Bavaris etc. cum in [...] Ingolstadiensi academia liberalium artium magistri philosophiaeque doctores Cal. 10. Feb. [...] inaugurarentur: autoribus variis) 1577, A2^{r-v}; Epicedion in obitum honestissimae optimaeque matronae, Felicitatis Schmeisserin, ornatissimi viri, d. Leonhardi Daseri, ducalis rei granariae apud Halas ditiores praefecti, coniugis, piae memoriae, quae 5. Non. Quintil. anno M. D. LXXVI. pie in Christo obijt, scriptum amicitiae ergo: cui adiunctum est Epithalamion inscriptum nuptiis eiusdem d. Leonhardi Daseri, sponsi, ac matronae honestißimae, Ursulae Prantstetterin, sponsae, 4. Id. Febr. anno 1577. celebratis: [...], 1577; Adagiorum seu proverbialium versuum ex Aeneide, Georgicis et Bucolicis P. Vergilii Maronis collectorum, centuriae quinque et decuriae tres: una cum oratione de argumento Aeneidos: [...], 1577; Epithalamium Inscriptum Nuptiis D. Ioannis Iacobi Anckum Et Sabinae Weissenhorniae: [...]. Non est vana fides, nec habet sanctißima patrum [...] (in: Epithalamia in honorem nuptiarum [...] domini Ioannis Iacobi Anckum Coloniensis, sponsi: et [...] virginis, Sabinae Weissenhorniae Ingolstadiensis, sponsae; cum 12. Cal.

Martias Ingolstadii [...] celebrarentur: scripta, autoribus doctissimis viris ac iuvenibus) 1577, A2^r–A3^r; Epithalamium In Honorem Clarissimi Iuris Utriusque Doctoris, D. Henrici Gurtneri etc. [...]. Si qua est certa, sibi qui primus iunxit [...] (in: Epithalamia inscripta nuptiis [...] d. Henrici Gurtneri Forchemii iuris utriusque doctoris etc. sponsi; et [...] matronae, Margarethae Hereszellerin [...] d. Wolphgangi Zettelii [...] relictae viduae sponsae, Ingolstadii 15. Cal. Quintil. celebratis; autoribus doctissimis viris ac juvenibus) 1577, A2^r–A3^r; V. R., J. ENGERD, B. HUBER, Congratulatio inscripta reverendo atque doctissimo patri d. Leonardo Laureto Swiningensi Suevo, celeberrimi monasterij Caesariensis, ordinis Cystertiensis professo ac presbytero, cum in florentissima Ingolstadiensi academia 6. Id. Oct. liberalium artium et philosophiae licentiatus crearetur: nec non et religiosis perdoctisque iuvenibus f. Dominico Steichelio Ginzburgensi Suevo, et f. Gallo Stromair Bruggensi Bavaro, eiusdem monasterij profeßis et subdiaconis, cum 7. Id. Oct. primam in philosophia lauream ibidem acciperent: autoribus III. poetis laureatis M. Valentino Rotmaro [...]. M. Ioanne Engerdo [...]. M. Bartholomaeo Hubero theol. s., 1577; Ad Eundem Illustrissimum Principem, Philippum Marchionem Badensem, etc. Epigramma [...]. Dii quibus est pietas, et relligionis avitae [...] (in: L. HOFMANN, Oratio de augustissimo incarnati verbi mysterio, in sacra d. virginis aede apud Ingolstadienses IX. Cal. Ianuarij, in vigilia natalis domini solenniter habita) 1578, A7^{r-v}; Oratio prima in funere reverendi, magnifici, nobilis et amplissimi viri, ac domini Martini Eisengrein, ss. theologiae doctoris, ecclesiarum Pataviensis cathedralis, et collegiatae apud veterem Oetingam praepositi: illustriss: ducis Bavariae Alberti consiliarij, et academiae Ingolstad: superintendentis et procancellarij etc. recitata a Valentino Rotmaro P. L. [...] (in: Orationes funebres quatuor. In obitum [...] Martini Eisengreinii, hg. V. R.) 1578, B1^r–C8^r; Epithalamium in nuptiis illustrissimi et generosi domini, d. Antonii Fuggeri, baronis in Kirchberg et Weissenhorn, etc. et illustris ac generosae virginis Barbarae, comitissae ab Helffenstein, et baronissae in Gundelfingen, etc. tertia Nonarum Februarij anno M. D. LXXVIII. Augustae Vindelicorum celebratis, sponso sponsaeque ac utriusque familiae dicatum et consecratum [...], o. J.; Congratulatio Inscripta Clarissimo Ac Doctissimo Viro, Ac Domino Ioanni Ratzero, Reverendissimi Prinicipis Et Praepositi Elvacensis Consiliario etc. [...] Scilicet, haec finis nostros Ratzere labores [...] / Congratulatio Eruditione Et Virtute Praestanti Viro Ac Domino M. Sebastiano Knabio Eccio [...] Collegae suo honorando [...]. Et quid inaccessum labor, et pulcherrima virtus [...] (2 Gratulationsged.) (in: Carmina gratulatoria inscripta [...] philosophiae doctoribus, d. Ioanni Ratzero Ingolstadiensi Boio, [...] principis, d. Christophori praepositi ac domini Elvacensis etc. consiliario: et d. Sebastiano Knabio Eccio, ethices in [...] Ingolstadiensi academia professori ordinario; cum pridie Id. Maij in eadem iuris utriusque doctores [...] inaugurarentur: autoribus clarissimis et doctissimis viris ac iuvenibus) 1578, 1^r–3^v, 13^r–14^r; V. R., J. ENGERD, B. HUBER, Epaeneses reverendo, religione, pietate, eruditione et omni virtutum genere praestantissimo viro ac domino Leonhardo Laureto, Schwiningensi Suevo, monasterij Caesariensis, ordinis Cystertiensis professo, presbytero, et philosophiae licentiato, cum doctoratus seu magisterii gradu ac titulo in eodem sapientiae studio pridie Iduum Iulij insigniretur, inscriptae, autoribus Valentino Rotmaro P. L. [...]. M. Ioanne Engerdo P. L. [...]. M. Bartholomaeo Huebero Landishutano P. L. et iuniorum Caesariensium praeceptore, 1578; Carmina funebria in obitum reverendi, pietate, vitae integritate, omnique virtutum, honestissimarumque disciplinarum genere ornatissimi, et clarissimi viri, ac domini, Friderici Sandholtzeri, ss. theologiae doctoris, canonici, parochi, et ecclesiastae, collegiatae ecclesiae apud d. Stephanum Constantiae, vigilantissimi, disertissimi, omnibusque omnium ordinum hominibus gratissimi etc. scriptum in summo animi dolore et luctu, piae recordationis et gratitudinis testificandae ergo, a Valentino Rotmaro poeta laureato, et oratoriae in academia Ingolstadiana ordinario, alijsque profeßoribus et PP. LL., 1578 (mit Epicedien v. P. Menzel u. J. Engerd); Epaenesis nuptialis honoribus, et festo nuptiali, viri gravitate, eruditione, et rerum experientia praestantis, domini Simonis Schwartz, archigrammatei Straubingensis, sponsi, etc. et honestissimae virginis Mariae Siglin Straubingensis: sponsae etc. foelicis ominis ergo dicata et consecrata [...], 1578; V. R., J. ENGERD, Epithalamia nuptiis ornatissimi, industrii, et solertis viri, d. Wolfgangi Ederi typographi Ingolstadiensis, sponsi; et honestissimae pudicissimaeque virginis, Elisabethae, prudentis viri, d. Erhardi Widmanni senatoris Ingolstadiani filiae, sponsae. 13. Cal. Sept. celebratis, inscripta autoribus M. Valentino Rotmaro, P. L. [...]: et M. Joanne Engerdo P. L. [...], 1578; Tempus adest (Deus ecce, Deus, procul esto prophani) [...] (in: Carmina gratulatoria inscripta [...] d. Ioanni Engerdo Neapolitano Orilano Turingo [...], pontificio caesareoque poetae laureato, ac poesios [...] professori ordinario, etc. cum VI. Id. Sept. [...] prima tremendorum mysteriorum sacra faceret: autoribus reverendis, [...] atque doctissimis viris et iuvenibus) 1578, A2^{r-v}; Epaenesis reverendo admodum, vereque nobili, et omni virtutum genere, eruditione, rerum experientia prudentiaque, vitae integritate ac pietate viro amplissimo, ac domino, d. Georgio a Khienburg, canonico Salisburgensi, et eiusdem ecclesiae reverendissimi et illustrissimi principis et archiepiscopi consiliario secretiori, etc. cum in praepositum veteris Oetingae creatus et confirmatus esset, felicis ominis, et debitae observantiae ergo inscripta et consecrata [...], 1578; In Theses De Physicis Rerum Mutationibus. Epigramma [...]. Quaerimus occasus subitos, et quaerimus ortus [...] / Ad Reverendos, Pios Ac Religiosos Fratres Dominicum Steichelium, Et Gallum Stromair [...], cum in arenam Philosophici certaminis descenderent [...]. Macte igitur iuvenes; sic efflorescet agendo [...] (in: De physicis rerum mutationibus, disputatio philosophica. In [...] academia Ingolstadiensi, anno cIɔ. Iɔ. LXXIX. die Ianua., J. PELECYUS [Präs.], D. STEICHELE, G. STROMIR [Respp.]) 1579, A1^v, D4^r; Ad Eundem Dominum Robinum Heisterum, ΑΥΤΟΣΧΕΔΙΑΣΜΑ [...]. Haec via virtutis: Sic gloria quaeritur alma [...] (in: De obligationibus earumque effectibus assertiones iuridicae LXXIX. [...] mensis Aprilis die XXVII., J. GAILKIRCHER [Präs.], R. HEISTER [Resp.]) 1579, 22 f.; V. R., J. ENGERD, Congratulatio inscripta nobilibus, clarissimis atque doctissimis viris, d. Friderico Staphylo, magni illius viri, d. Friderici Staphyli, etc. filio, serenissimi Boiorum principis Alberti, etc. consiliario aulico: et d. Ioanni Eisengrein, magni illius theologi, d. Martini Eisengrein, etc. fratri, cum in hac alma Ingolstadiensi academia 3. Iduum Maiar. iuris utriusque doctores publice ac solenniter inaugurarentur: autoribus M. Valentino Rotmaro [...]. M. Ioanne Engerdo [...], 1579 (wieder in: F. STAPHYLUS, In causa religionis sparsim editi libri, in unum volumen digesti [...], hg. F. STAPHYLUS [filius], 1613, 1533–1548); ΑΥΤΟΣΧΕΔΙΑΣΜΑ In Disputationem De Elementis Ad Ornatissimum Iuvenem M. Andream Helepyrum Monachiensem, Medicinae Studiosum, [...] Rotmari. Macte animo iuvenis: sic itur ad aurea factis [...] (in: Concordiae inter medicos ac physicos de natura et usu elementorum theses [...] 4. Calend. Iunij anno M. D. LXXIX. propositae, J. BOSCIUS [Bosch; Präs.], A. HELEPYRUS [Resp.]) 1579, A4^v; Ad Ornatissimum Virum Ac Dominum M. Leonem Hofmannum S. Theologiae Baccalaureum Biblicum, etc. Epigramma [...] Rotmari, etc. Nec dum sit cuiquam Romana potentia tanti [...] (in: De autoritate ecclesiae et eiusdem ministrorum legitima vocatione brevis disputatio [...] in [...] academia Ingolstadiana ad diem XV. Iunij, A. HUNGER [Präs.], J. ERTLIN, L. HOFMANN [Respp.]) 1579, B4^r; Ad eundem D. Henricum Dominatium S. Theologiae Baccalaureum Formatum [...]. Scilicet ingratum frustra traxisse laborem [...] (in: Pro conferendis theologici doctoratus insignibus [...] d. Bartholomaeo Vischero [...] disputabuntur sequentes duae quaestiones de sanctissimo eucharistiae sacramento, XVII. Cal. Iulij [...], A. HUNGER [Präs.], H. DOMINATIUS, V. PISNITZ, B. VISCHER [Respp.]) 1579, C2^r; J. KNORR, V. R., J. ENGERD, Carmina gratulatoria reverendo eruditione, pietate ac omni virtutum genere praestantissimo viro ac domino Ioanni Ertlino ss. theologiae licentiato, canonico et concionatori Forchemio dignissimo, cum in alma Ingolstadiensium academia doctorali in theologia laurea 16. die Iunij, anno M. D. LXXIX. insigniretur, inscripta, autoribus Ioanne Knorrio cive et senatore Forchemio. Valentino Rotmaro P. L. [...] etc. Ioanne Engerdo P. L. [...] etc., o.J.; Ad Reverendum Et Ornatissimum Virum, Ac Dominum Ioannem Vogelium, Serenissimi Boiorum Ducis Alumnum, etc. Epigramma [...]: Sic tandem Bavarae florescet gloria terrae [...] (in: De anima, et prima philosophia disputatio [...] [in fine:] Disputabuntur 10. die mensis Iulij, anno M. D. LXXIX., J. VOGEL [Resp.]) o.J., Titelbl.^{v}; Congratulatio Valentini Rotmari [...]. Sic reor, et Musis non infelicibus olim [...] (in: Congratulatio inscripta [...] d. Nicolao Romano Pruteno, cum in [...] academia Ingolstadiensi liberalium artium magister ac philosophiae doctor Nonis Octobris [...] inauguraretur: autoribus reverend. [...] et doctiß. viris ac iuvenibus) 1579, A2^{r-v}; V. R., J. ENGERD, Justa serenissimo et illustrissimo principi ac domino, domino Alberto, comiti palatino Rheni, et utriusque Bavariae duci, vero patriae patri, et invicto ecclesiae religionsque catholicae defensori et propugnatori, etc. exhibita: autoribus M. Valentino Rotmaro [...]: et M. Ioanne Engerdo [...]. Grabschrifft deß durchleuchtigen/ hochgebornen/ thewren catholischen

Fürsten und Herrn/ Herrn Albrechten/ Pfalzgrafen bey Rhein/ Hertzogen in Obern und Nidern Bayrn/ etc. hochlöblicher Gedechtnuß, 1579; V. R., J. ENGERD, Epithalamia inscripta clarissimo atque doctissimo viro, d. Friderico Martini, iuris utriusque doctori, et institutionum imperialium in celeberrima Ingolstadiensi academia professori ordinario, etc. sponso: et honestissimae pudicissimaeque virgini, Annae Mariae, excellentissimi omnique doctrinarum genere politissimi medici, D. Iacobi Oethaei, qui reverendi, nobilis et amplissimi capituli cathedralis ecclesiae Eichstadiensis physicum agit, filiae, sponsae, cum Eichstadiis 15. Calen. Decembr. nuptias celebrarent: autoribus M. Valentino Rotmaro [...] et M. Joanne Engerdo [...], 1579; Annales Ingolstadiensis academiae, in amplissima Boiorum ducum provincia iam inde a centum annis in hunc usque diem praeclare florentis, in duas divisi partes; quarum I. acclamationes ad illustrißimos principes, et scholae tum patronos, tum professores, una cum prolegomenis: II. rectorum seriem, celebriores personas, et acta memorabilia complectitur [...], 1580; V. R., J. ENGERD, Poemata serenissimo illustrissimoque principi ac domino, d. Gulielmo, comiti palatino Rheni, et utriusque Bavariae duci, etc. principi suo clementissimo, cum Ingolstadium mense Iunio ingrederetur, nomine academiae Ingolstadiensis inscripta et dedicata, 1580 (Druckvariante: mense Augusto); Epaenesis illustri, magnifico, vereque nobili domino, domino Ferdinando Khuen, a Belasi, in Liechtenberg et Gartenau, baroni in novo Lempach, camerario archiepiscopatus Salisburgensis haereditario, etc. cum omnibus omnium senatorum academicorum votis in academiae Ingolstadianae rectorem eligeretur, honoris et debitae observantiae ergo inscripta et dedicata [...], 1580; Oratio sexta in collegio Georgiano habita III. Non. Decembr. cum ibidem serenis. et christianiß. principi Alberto, utriusque Bavariae duci, etc. exequiae celebrarentur / Justa seu carmen funebre [...]. (in: Orationes funebres in exequiis, [...] principi [...] Alberto V. [...], qui IX. Cal. Novembris anno CIƆ. IƆ LXXIX. ex hac vita [...] migravit [...] celebratis ab alma Ingolstadiensi academia solenniter habitae: quibus accesserunt quorundam threnodiae, iusta et epicedia, hg. W. EDER) 1580, 111–135, 156–167; V. R., J. ENGERD, Propemptica in honorem nobilium, multarumque virtutum ornamentis praestantium iuvenum Viti Udalrici, et Sigismundi Marschalkhiorum ab Ebnet, fratrum Germanorum, et canonicorum in ecclesia cathedrali Bambergensi et Herbipolensi, cum Ingolstadio mense Februario discederent, foelicis ominis ergo scripta a Valentino Rotmaro P. L. [...]: et Joanne Engerdo [...], 1581; Ad Eosdem Generosos, Et Optimae Indolis Adolescentes, etc. [...] (in: C. SELLA [Sessel] Oratio de incarnati verbi mysterio, apud [...] Ingolstadiensium academiam [...] habita) 1581, unpag. (in fine).

Herausgaben und Übersetzungen: Tomus primus orationum Ingolstadiensium, in quo gravissimae et utilissimae, omnium facultatum materiae, suis quaeque distinctae partibus, continentur, a clarissimis et doctissimis eiusdem academiae professoribus, alijsque eruditis viris partim scriptae, partim ab ipsis vel alijs recitatae, omnibus omnium facultatum studiosis lectu apprime et iucundae et utiles: nunc demum collectae et in lucem aeditae; opera Valentini Rotmari poesios professoris, 1571; ΑΠΟΛΛΩΝΙΟΥ ΤΟΥ ΡΟΔΙΟΥ ΑΡΓΟΝΑΥΤΙΚΩΝ ΒΙΒΛΟΙ [...]. Item, Apollonii Rhodii Argonauticorum, carmine heroico translati per Valentinum Rotmarum Salisburgensem, libri IIII. Adiectae sunt eiusdem authoris annotatiunculae non aspernandae: earum rerum quae tum in ipso authore, tum in commentarijs notatu dignae visae sunt, inque certas classes seu locos communes distributae, Basel 1572; Orationes funebres quatuor. In obitum reverendi admodum, nobilitate, eruditione, omnique virtutum genere viri amplissimi et incomparabilis, domini Martini Eisengreinii, ss. theologiae doctoris, protonotarij atque comitis palatini apostolici et caesarei, ecclesiarum cathedralis Passauiensis et collegiatae apud veterem Oetingam praepositi: serenissimo Boiorum duci Alberto a consiliis, academiae Ingolstadianae superintendentis et procancellarij dignissimi, invicti religionis catholicae propugnatoris, et singularis bonarum literarum mecoenatis, verique pauperum parentis etc. recitatae diversis temporibus et exequiis, a reverendis, clarissimis et doctissimis viris ac professoribus, quorum nomina singula singulis sunt praefixa orationibus: his accesserunt quorundam carmina funebria (Widmungsvorr. V. R.), 1578.

Ausgaben: Almae Ingolstadiensis academiae tomus primus, in septem divisus partes: quarum I. acclamationes poeticas: II. cancellarios et procancellarios [...]: III. principes [...]: IV. comites [...]: V. barones [...]: VI. archiepiscopos et episcopos [...]: VII. professores ss. theologiae [...] complectitur: inchoatus primum a M. Valentino Rotmaro [...]: iam vero post immaturum ipsius obitum accurate fideliterque absolutus: a M. Ioanne Engerdo [...], 1581; Epitaphium Eiusdem Reverendissimi

[...] Principis, Domini D. Ioannis Egolphi A Knoeringen, Episcopi Augustani, etc. [...]. Hic iacet exili Princeps Knoeringus in urna [...] (in: Parentalia anniversaria [...] dn. Ioanni Egolpho a Knoeringen, episcopo Augustano [...], bibliothecae academicae apud Ingolstadienses fundatori [...] gratitudinis ergo facta [...], prid. no. Ian. anno [...] M. D. XC.) o. J., 16; (wieder in: Parentalia anniversaria [...] dn. Ioanni Egolpho a Knoeringen [...] Idib. Decemb. anno [...] M. D. XCI., o. J., Titelbl.ᵛ); Carolidum libri tres, de vita et rebus gestis divi Caroli V. maximi, Austriaci, pii, felicis, iusti, augusti, caesaris, etc. scripti a Valentino Rotmaro, P. L. et eloquentiae in alma Ingolstadiensi academia professore ordinario: iam vero post immaturum illius obitum, divo Rodolpho II. Austriaco, Romanorum imperatori semper augusto, etc. Augustae Vindelicorum celeberrima principum comitia celebranti, humilime consecrati: ab Ioan. Engerdo, P. L. et in eadem academia professore ordinario, inceptum opus, si benignitas dei opt. max. aspiraverit, contexturo. Praefixa epitome ortus et initiorum inclytae Austriadum gentis, etc. ad s. caesaream maiestatem, 1582; Ad Consultissimum Et Excellentissimum Virum, Ac Dominum, Georgium Everhardum, Iuris Utriusque Doctorem, Et Professorem Academiae Ingolstadianae. [...] Tu quoque, virtutis species et imago paternae [...] (in: G. EVERHARDI, Consiliorum [...] volumen primum [...], hg. N. EVERHARDI) 1618,):(4ᵛ; Annales Ingolstadiensis academiae. Pars I [–IV]. [...] Inchoarunt Valentinus Rotmarus [...] et Ioannes Engerdus [...]. Emendavit, auxit, continuavit et codicem diplomaticum adiecit Ioannes Nepomucenus Mederer [...], 1782.

Nachlaß: Brevis et succincta explicatio Librorum M. T. Ciceronis ad C. Herennium a perdocto M. Valentino Rotmaro tradita praeceptore meo [...] [Mitschrift von Georg Prunner], 1569, 24 Bl.: BSB München, Clm 27724 (online zugänglich); 2 Briefe (Ingolstadt 1580): BSB München, 4 Bavar. 1565 u. 4 Bavar. 1566a.

Bibliographien: VD16 (noch unvollst.); VD18. – G. STALLA, Bibliogr. der Ingolstädter Drucker des 16. Jh., ²1977, Reg.; vgl. P. O. KRISTELLER, Iter Italicum [...], Bd. 3, 1983–87, Register.

Literatur: Zedler 32 (1742) 1230; Jöcher 3 (1775) 2254; A. M. KOBOLT, Baierisches Gelehrten-Lex. [...], 1795, 567 f., DERS., Ergänzungen u. Berichtigungen [...], 1824, 400; W. PÖKEL, Philolog. Schriftst.-Lex., 1882, 231; ADB 29 (1889) 380 (G. WESTERMAYER); W. KOSCH, Das kath. Dtl. Biogr.-bibliogr. Lex., Bd. 3, o. J. [1938], 4075 f.; Bosls bayer. Biogr. 8000 Persönlichkeiten aus 15 Jh. (hg. K. BOSL) 1983, 647; Biogr. Lex. der Ludwig-Maximilians-Univ. München (hg. L. BOEHM u. a.), Bd. 1, 1998, 353 f. (L. BOEHM) u. Reg.; Große Bayer. Biogr. Enzyklopädie (hg. H.-M. KÖRNER, B. JAHN, Bd. 3) 2005, 1654; Flood, Poets Laureate, Bd. 3, 2006, 1754–1757 (sehr fehlerhaft); J. KNAPE, Autorenlex. dt. Rhetoren 1450–1700, 2017, 351 f. (fehlerhaft). – Epithalamia, in nuptias ornatissimi doctissimique viri Valentini Rotmari Salisburgensis, et [...] virginis Annae Hofpeurin Ingolstadianae [...], 1565; J. ENGERD, Epicedium, in obitum clarissimi atque doctissimi viri, d. Valentini Rotmari philosophiae doctoris [...]; qui VII. Id. Martij anno 1581 pie in Christo obdormivit (in: DERS., Poematum [...] pars prima [...]) 1582, 265 f.; F. A. VEITH, Bibliotheca Augustana, complectens notitias varias de vita et scriptis eruditorum, quos Augusta Vindelica orbi litterato vel dedit vel aluit, Alphabetum XI, 1795, 152–162; Alph. XII, 1796, 190 f.; C. PRANTL, Gesch. der Ludwig-Maximilians-Univ. in Ingolstadt, Landshut, München [...], 1872, Bd. 1, Reg.; Bd. 2, 496; A. SEIFERT, Die Univ. Ingolstadt im 15. u. 16. Jh. Texte u. Regesten, 1973, Reg.; H. HRADIL, Der Humanismus an der Univ. Ingolstadt (1477–1585) (in: Die Ludwig-Maximilians-Univ. in ihren Fakultäten, hg. L. BOEHM, J. SPÖRL, Bd. 2) 1980, 37–63, hier 57 f.; A. SEIFERT, Der Humanismus an den Artistenfakultäten des kath. Dtl. (in: Humanismus im Bildungswesen des 15. u. 16. Jh., hg. W. REINHARD) 1984, 135–154; F. HIERONYMUS, Griech. Geist aus Basler Pressen, Basel 1992 (Kat.), 276, Nr. 189 (als elektr. Ressource: https://ub.unibas.ch/cmsdata/spezialkataloge/gg/); J. HEM, Protestant and catholic medicine in the sixteenth century? The case of Ingolstadt anatomy (in: Medical history 45) 2001, 83–96.

RBS

Rottenstein, Josef → Armin, Josef.

Rubel, Nomi (geb. Laura Senta Petzon, verh. Lubranschik, verh. Rubel, verh. Grosvogel), * 31.1. 1910 Magdeburg, † 11.9.1996 New York; Tochter eines jüd. Kaufmanns, Schulbesuche in Magdeburg u. ab 1924 in Hannover, ab 1927 Ausbildung an einer höheren Handelsschule in Berlin (ohne Abschluß), daneben Mitgl. einer Theatergruppe der Sozialist. Arbeiterjugend, Mitarb. im

«Centralver. dt. Staatsbürger jüd. Glaubens» in Berlin, schrieb dann als Journalistin u. a. für den «Vorwärts» (Berlin), 1927 Rückkehr nach Magdeburg, 1928–34 Ehe mit dem Kaufmann Herbert Lubranschik, lebte mit diesem zunächst in Berlin, 1934 Emigration nach Palästina, danach in Haifa zweite Ehe mit Meir Rubel, Arbeit als Autorin u. Leiterin von Kindergärten, lebte ab 1948 in New York, dort Regie-Stud. u. Gründung einer Theatertruppe, ab 1970 Ehe mit Samuel Grosvogel; verfaßte u. a. Rom., Nov., Erz., Lyrik u. Dramen in dt. u. engl. Sprache; Veröff. u. a. in «Aufbau» (New York) u. «Volksstimme» (Magdeburg); Briefw. mit Günter → Kunert. – Journalistin, Theaterregisseurin, Schriftstellerin.

Schriften: 1. In dt. Sprache: Odette. Ein Spiel für den Frieden (Drama) 1932; Die Töchter (Drama) 1935; Der Streik (Drama) 1938; Schwarz-braun ist die Haselnuss (die erste Zeile eines alten deutschen Volksliedes – lange vor 1933). Eine Geschichte von heute und gestern (Rom.) 1993; Jardena. Die Geschichte eines neuen Lebens in einem alten Land (Rom.) 1996.

2. Verfaßte in engl. Sprache vor allem Dramen, von denen u. a. folgende Stücke aufgeführt wurden: The Fight for the Forest, 1949; The Lost Voice, 1961; My Brother Cain, 1965; The Hoot of the Owl, 1966; Rabbi Hiram Crosses the River, 1967; Squirrel Island, 1969; The Emergency Brake, 1969; The Broken Swing, 1972; What's the Difference, 1973; The Eternal Circle, 1975; Benjie, Where Are You Going?, 1976; Remember Me, 1976; A Jewish Comedy (Very Serious), 1984; As I Returned, 1986.

Nachlaß: Univ. Albany (N. Y.); Dt. Exilarch. der DNB Frankfurt/M.; DLA Marbach. – Spalek/Hawrylchak 2 (1992) 585 f.

Literatur: Spalek 2/2 (1989) 1169 f.; 4/3 (1994) 1562–1566; 3/3 (2002) 114–143; DBE ^{2}8 (2007) 586. – K. KÄRGLING, ~ (in: Magdeburger biogr. Lex., hg. G. HEINRICH, G. SCHANDERA) 2002, 603 f.; Die dt.sprachige Presse. Ein biogr.-bibliogr. Hdb., bearb. B. JAHN, Bd. 2) 2005, 893; L. BORNHOLDT, Lit.hausbesuch, 2007, 63–67; B. HERKULA, S. TRIEDER, Verboten, verschwiegen, verschwunden. Schriftst.innen u. Schriftst. im Gebiet des heutigen Sachsen-Anhalt zur NS-Zeit, 2008, 112–127; D. ENDE, Krieg u. Nachkrieg in den Familiengesch. zweier Autorinnen aus Magdeburg. ~s ‹Schwarz-braun ist die Haselnuß› (1992) u. Inge Meyers ‹Stachel des Skorpions› (1997) (in: Lit. Erinn. an den Ersten Weltkrieg in Regionen Mitteleuropas, hg. M. GIERLAK u. a.) 2017, 103–130; D. ENDE, Rubel, Nomi, d. i. Grosvogel-Rubel, Senta Nomi, geb. Petzon, Laura Senta, geschiedene Lubranschik (Lubranschick), geschiedene Rubel, (geschiedene?) Grosvogel (Großvogel) (in: Frauen in Sachsen-Anhalt 2. Ein biogr.-bibliogr. Lex. vom 19. Jh. bis 1945, hg. E. LABOUVIE) 2019, 386–389.

MM

Rymarzik, Julia Christine → Köhler, Julia Christine.

S

Saemann, Werner (Eduard), * 30.12.1935 Nürnberg, † 5.1.2021 Bad Rodach; Kindheit in Nürnberg u. Insingen, ab 1950 Ausbildung zum Dekorateur u. Grafiker in Nürnberg u. Stuttgart, ab 1958 Stud. der evang. Theol. in Neuendettelsau u. Erlangen, 1966 1. theol. Examen, Vikariat u. Ordination in Tirschenreuth, ab 1967 evang.-luth. Pfarrer in Brasilien, 1969 2. theol. Examen in São Leopoldo, ab 1972 Pfarrer in Dtl., ab 1994 im Ruhestand; zeitweise Schatzmeister im Autorenverband Franken, ab 2010 Mitgl. des Pegnes. Blumenordens; lebte in Bad Rodach; publizierte vor allem Lyrik u. Erinnerungen. – Evang.-luth. Theologe, Schriftsteller.

Schriften: Das bunte Leben (Ged.) 2001; Der Erde entrissen (Ged.) 2005; Spiegellieder (Ged.) 2010; Das Leben ist kein Honigtöpfchen (Erinn.) 2015; Angeweht (Ged. u. Erinn.) 2018; Wilders Immergrün (autobiogr. Rom.) 2019. MM

Safier, David, * 13.12.1966 Bremen; Sohn eines Zahlmeisters u. Nachtclub-Betreibers, Abitur, Stud. der Geografie (ohne Abschluß), Ausbildung zum Journalisten, ab 1989 bei Radio Bremen tätig, 1990 Praktikum bei der «taz» in Bremen, danach Arbeit als Red., Radio-Moderator u. ab 1996 als Verf. von Drehb., ab 2007 auch Veröff. als Rom.autor, gründete 2010 die «Gutes Karma Stiftung»; lebte in Bremen; wurde vor allem durch humorist. Rom. bekannt, verarbeitete in einem hist. Rom. den Aufstand im Warschauer Ghetto, schrieb zudem Hörsp. u. Drehb. (etwa für die populäre TV-Ser. «Berlin, Berlin», 2002–04). – (Neben weiteren Auszeichnungen) Dt. Fernsehpreis (2002), Grimme-Preis (2003), Emmy (2004). – Journalist, Autor.

Schriften: Kastendiek & Bischoff 235: Wiedervereinigung (Hörsp.) 1995; Kastendiek & Bischoff 234: Der Casanova (Hörsp.) 1996; Berlin Berlin 1: Froschkönige (Comic, Red. A. GERMANN, S. MARKUS, Illustr. v. U. Heinelt) 2004; Mieses Karma (Rom.) 2007; Jesus liebt mich (Rom.) 2008; Plötzlich Shakespeare (Rom.) 2010; Happy Family (Rom.) 2011; Muh! (Rom.) 2012; 28 Tage lang (hist. Rom.) 2014; Mieses Karma hoch 2 (Rom.) 2015; Traumprinz (Rom., Illustr. v. O. Kurth) 2016; J. Jurandot, Die Liebe sucht ein Zimmer (Kom., Bearb. v. ~) 2017 (auch als Hörsp., 2017); Die Ballade von Max und Amelie (Rom.) 2018; Aufgetaut (Rom.) 2020; Miss Merkel. Mord in der Uckermark (Rom.) 2021.

Herausgaben: J. Jurandot, Die Liebe sucht eine Wohnung. Eine Komödie aus dem Warschauer Getto (mit M. ROTH) 2017.

Literatur: Munzinger-Archiv. – M. BRUMLIK, Postmemory u. transgenerationales Trauma (in: Nachkommen von Verfolgten des Nationalsozialismus. Herausforderungen u. Perspektiven, hg. J. REBENTISCH) 2016, 103–122. MM

Sagorski, Natascha, * 7.11.1984 Karlsruhe; Tochter eines Finanzbeamten u. einer Reiseberaterin, Abitur, zunächst Jura-Stud. in Augsburg, 2007 Mitarb. eines SPD-Landtagsabgeordneten, studierte dann Politik- u. Kommunikationswiss. in München, war ab 2009 Autorin u. ab 2010 Kolumnistin (Print u. TV), 2011–14 auch TV-Moderatorin, zudem ab 2013 PR-Managerin u. ab 2016 PR-Direktorin sowie Mitgl. der Geschäftsleitung einer PR-Agentur in München; lebt ebd.; publizierte u. a. Rom., Kurzgesch. u. Ratgeber. – Managerin, Journalistin, Autorin.

Schriften: Krasse Abstürze. 33 fabelhafte Berichte über heftige Filmrisse, verrückte Totalausfälle und peinliche sexuelle Ausrutscher, 2009; Schuhe, Taschen, Männer. 33 Frauen erzählen von ihrem liebsten Accessoire und wie es ihr Herz erobert hat, 2010; Don't call it pussy! 33 Dinge, die Männer endlich über Frauen lernen sollten (Ratgeber) 2012; Männerschlussverkauf (Rom.) 2013; In 80 Tagen zu dir (Rom.) 2015. MM

Sahler, Martina (Ps. Lena Beckmann, Enie van Aanthuis), * 1963 Leverkusen; ab 1981 Arbeit als Journalistin für die «Kölnische Rs.», 1982 Abitur, ab 1983 Verlagsvolontariat, ab 1985 Verlagslektorin, 1989–92 Stud. der Germanistik, Anglistik u. Skandinavistik in Köln, daneben ab 1990 freie Lektorin u. Schriftst.; lebt in Kürten; publizierte vor allem Rom. (darunter zahlr. hist. Rom.) u. Jgdb.; als Ghostwriterin Mitarb. an Büchern anderer Autorinnen; zudem engl.-dt. Übers.; unter dem Ps. Enie van Aanthuis lit. Zus.arbeit mit Hendrik Gruner (* 1958). – Autorin, Lektorin, Ghostwriterin, Journalistin, Übersetzerin.

Schriften: Nimm meine Hand, Angelo. Ein Roman für Kelly-Family-Fans, 1996; Kellys, wir bleiben euch treu! Der neue Roman für Kelly-Family-Fans, 1996; Kellys forever. Der neue Roman für Kelly-Family-Fans, 1996; I love you, Paddy! Der

Roman für Kelly-Family-Fans, 1996; Mein geheimes Kelly Family Buch, 1996; Traumtypen (Rom.) 1997; Leonardo, mein Herz schlägt für dich. Der Roman für alle Leonardo-DiCaprio-Fans, 1998; Frech und funky. Der Roman für alle Fans von Tic Tac Toe, 1998; K. Werker, Wo keine Worte sind, da ist Musik. Eine junge Sängerin bewältigt ihre Vergangenheit (Mitarb.) 2002; S. Bachstein, Du hättest leben können (Mitarb.) 2002; A. Tillmann, Verspieltes Glück. Mein Mann ist spielsüchtig (Mitarb.) 2003; S. Rosenfeld, Ich hätte dich so gern gekannt. Für meine Tochter Regine, die starb, bevor sie auf die Welt kam (Mitarb.) 2003; U. Dierkes, Schwestermutter. Ich bin ein Inzestkind (Mitarb.) 2004; Das 1x1 zum großen Glück. Der Roman zur ZDF-Serie GIRLfriends (mit C. Pfannenschmidt) 2006; Cyberschokolade (Jgdb.) 2006 (bearb. Neuausg. u. d. T.: Cyberliebe, 2014); Die Tulpenkönigin (hist. Rom., mit H. Gruner) 2007; Franzosen küssen besser (Jgdb.) 2007; Einfach fliegen (Jgdb.) 2007 (bearb. Neuausg. u. d. T.: Schreibfieber, 2014); Konfettiküsse (Jgdb.) 2008; Ein Engländer zum Küssen (Jgdb.) 2008; China-Blues & Grüner Tee (Jgdb.) 2008 (bearb. Neuausg. u. d. T.: Chinaträume, 2014); Sternenhimmel inklusive (Jgdb.) 2009 (bearb. Neuausg. u. d. T.: Sommerküsse, 2014); Der küssende Holländer (Jgdb.) 2009; Kerzen, Kuss & Kandiszucker (Erz., mit H. Ullrich, I. Zimmermann) 2009; Knusper, knusper, Küsschen (Erz., mit H. Ullrich, J. Friedrich) 2010; Apfel, Kuss & Weihnachtsstern (Erz., mit H. Ullrich, C. Schreiber) 2010; Wie ein Kuss von Rosenblüten (Jgdb.) 2010 (bearb. Neuausg. u. d. T.: Rebellentochter, 2014); Italiener sind zum Küssen da (Jgdb.) 2010; Schnäppchen-Kuss & Weihnachtsmarkt (Jgdb., mit T. Brinx, A. Kömmerling) 2010; Weihnachtsküsse aus aller Welt (Jgdb., Illustr. v. B. Schössow) 2011; Schwedenküsse sind die besten (Jgdb., Illustr. v. ders.) 2011; Der Duft von Lavendel (Jgdb.) 2011 (bearb. Neuausg. u. d. T.: Schmugglermädchen, 2014); Traumküsse aus Amerika (Jgdb.) 2012; Weiße Nächte, weites Land (Rom.) 2012; Headline mit Herz (Jgdb.) 2013; Frida Superstar (Jgdb., mit H. Wolz) 2013; Frida Superstar on Stage (Jgdb., mit dems.) 2013; Frida Superstar im Rampenlicht (Jgdb., mit dems.) 2014; Frida Superstar auf Sendung (Jgdb., mit dems.) 2014; Interview mit Herzklopfen (Jgdb.) 2014; Dunkle Wälder, ferne Sehnsucht (Rom.) 2014; Das Hurenschiff (hist. Rom.) 2014; Frida Superstar im Tonstudio (Jgdb., mit dems.) 2015; Die Hureninsel (hist. Rom.) 2015; Weiter Himmel, wilder Fluss (Rom.) 2016; Matilda und die Sommersonneninsel (Jgdb., mit dems.) 2016; Hitzewallung (Rom.) 2016; Der Zorn der Tulpenkönigin (hist. Rom., mit H. Gruner) 2017; Emmy und die perfekte Welle (Jgdb., mit H. Wolz) 2017; Die Stadt des Zaren. Der große Sankt-Petersbuch-Roman, 2017; Das Leben ist wie eine Pralinenschachtel, 2017; Merit und das Glück im Sommerwind (Jgdb., mit dems.) 2018; Die Macht der Tulpenkönigin (hist. Rom., mit H. Gruner) 2018; Vom Nordwind verweht (Rom.) 2019; Die Zarin und der Philosoph (hist. Rom.) 2019 (auch u. d. T.: Die Zarin und der Spion, 2021); Die englische Gärtnerin: Blaue Astern (Rom.) 2020; Die englische Gärtnerin: Rote Dahlien (Rom.) 2020; Die englische Gärtnerin: Weißer Jasmin (Rom.) 2020.

Übersetzungen: J. Quin-Harkin, Ein Junge zum Lachen und Weinen, 1987; M. Riskin, Das Popelbuch, 1988. MM

Sailer, Michael, * 7.7.1963 München; Gitarrist, Sänger, Bassist u. Schlagzeuger bei versch. Bands, u. a. «Tollwut» (1978–82), «Marionetz» (1982–84) u. «The Comics» (ca. 1988–94), Darsteller in der Fernsehserie «Blam!» (ARD, 1985), freier Autor, studierte nach zwei Semestern Kunstgesch. u. Psychologie Neuere dt. Lit. an der Univ. München, war als Red. der Musikzs. «WOM Journal» (1993–2000) u. «Musikexpress» (2002–10) tätig, schrieb 1997 seine Magisterarbeit bei Herbert → Rosendorfer, Kolumnist des Münchner Stadtmagazins «In München», der «Frankfurter Allg. Sonntagstg.» u. der «Tageszg.», verfaßte zudem Beitr. für Zs. u. Ztg. wie «Konkret» u. «Süddt. Ztg.», seit 2007 Mitgl. der Lesebühne «Schwabinger Schaumschläger Show», Auftritte beim Kleinkunstabend «Blickpunkt Spot», Librettist des Musicals «Die bair. Horrorschau» (Urauff. Haimhausen/Obb. 2009), Mitgl. versch. Münchner Theatergruppen, seit 2012 Mitgl. der Karl-Valentin-Gesellsch.; lebt in München u. am Lerchenauer See. – (Neben weiteren Auszeichnungen) Lit.stipendium der Stadt München (1998), Schwabinger Kunstpreis (2001), Johann-Gottlob-Heynig-Preis (2005). – Journalist, Autor, Schauspieler, Musiker.

Schriften (Ausw.): Eure Armut kotzt mich an. Belästigungen 1–30, 2000; In Wahns Welt. Belästigungen 31–60, 2002; Einladung zur Enthirnung.

Belästigungen 61–100 nebst Briefen an (einige) Leser, 2003; Der Untergang des Laberlandes. Belästigungen 101–166, 2005; Deep Purple. Die Geschichte einer Band (m. J. ROTH) 2005; Schwabinger Krawall, 3 Bde., 2007–11 (als Hörb., 1 CD, 2015); Die Verrückten stehen in der Sonne (Rom.) 2010; Wegerichs Heft (Rom.) 2012; Verlorene Gegenwart. Horváth, Kafka, Valentin, 2019 (Selbstverlag).

Übersetzungen: A. Bati, Das große Buch der Zigarre, 2004 (Fotos G. Dann); L. Sante, No Smoking, 2005; S. Wells, Die Rolling Stones. Tag für Tag, 2006; M. Cooper, H. Chalfant, Subway Art, 2009.

Vorlaß: Briefe u. Ms. in der Münchner StB, Monacensia (Vorlaß Rosendorfer). FA

Sailer, Till, * 21.4.1942 Weimar; wuchs in Weimar auf, studierte 1956–65 Musik u. Querflöte ebd., 1965–68 Orchestermitgl. in Cottbus, ab 1968 als Musikred. beim Sender «Radio DDR II» tätig, besuchte 1979/80 einen Sonderkurs am Inst. für Lit. «Johannes R. Becher» in Leipzig, ab 1981 (1980?) freier Autor, verfaßte Beitr. für NDL u. versch. Anthologien, befaßte sich in seinen Veröff. regelmäßig mit dem Leben von Komponisten wie Johann Sebastian → Bach, Georg Friedrich Händel u. Wolfgang Amadeus → Mozart; gehörte 1991–94 zur Gesch.kommission des Verbandes dt. Schriftst. (VS), 1997–2001 stellvertretender Bundesvorsitzender des VS, Mitgl. des Friedrich-Bödecker-Kreises u. des Lit.kollegiums Brandenburg; lebt in Bad Saarow/Brandenburg. – Prix musicale de Radio Brno (1979), Hörsp.preis der DDR (1984, gem. mit Hans Bräunlich), Stadtschreiber von Ottendorf/Nds. (2003), Arbeitsstipendium Schloß Wiepersdorf/Brandenburg (2004). – Musikjournalist, Musiker, Schriftsteller.

Schriften: Ohne das. Ist keine Kunst (Hörsp.) Rundfunk der DDR 1975; Die Schwester (Hörsp.) Rundfunk der DDR 1977; Ein Bild machen (Hörsp.) Rundfunk der DDR 1978; Winterreise (Hörsp.) Rundfunk der DDR 1978; Nachspiel eines Verhörs (Drehb.) 1981; Windstille oder Triumph von Zeit und Wahrheit (Hörsp., mit H. BRÄUNLICH) Rundfunk der DDR 1983; Er singt für uns mit Herz und Mund. Geschichten aus dem Leben von Johann Sebastian Bach (Illustr. v. B. Nast) 1985; Meine Musik ist für die Welt. Geschichten aus dem Leben von Georg Friedrich Händel (Illustr. v. K.-E. Müller) 1985; Der Kuckuck im Orchester. Geschichten aus dem Leben von Joseph Haydn, Leopold Mozart, Carl Maria von Weber und Felix Mendelssohn Bartholdy, 1989; Ankunft im Supermarkt. Zur sozialen Situation der Autoren im Land Brandenburg. Studie, 1993; Kultur in einem wenig gekannten Winkel. Kulturentwicklungsplan für die Kreisstadt Beeskow, Landkreis Oder-Spree/Land Brandenburg (erarb. im Rahmen des Projekts Kulturentwicklungsplanung im Land Brandenburg) 1999; Wie Bach Thomaskantor wurde und andere Geschichten aus dem Leben von Johann Sebastian Bach, 2000 (überarb. Neuausg. u. d. T.: Johann Sebastian Bach. Vom Sängerknaben zum Thomaskantor, 2010); Konzert für kleine Hände. Geschichten über Kindheit und Jugend großer Komponisten (Illustr. v. A. Hänsel) 2001; Die Wende in Beeskow. Regionalgeschichtlicher Rückblick auf die gesellschaftlichen Veränderungen von 1989/90, 2001; Wie Händels Messias entstand und andere Geschichten aus dem Leben von Georg Friedrich Händel (Illustr. v. K. Knebel) 2002 (Lizenzausg. u. d. T.: Georg Friedrich Händel. Wie «Der Messias» entstand und andere Geschichten aus seinem Leben, 2009); König Midas und sein Barbier. Ein Märchen (frei nach antiker Überlieferung erzählt, Illustr. v. G. Zucker) 2002; Johannes Brahms, Feldeinsamkeit. Faksimile der Urschrift des Liedes, op. 86,2, auf Verse von Hermann Allmers (Komm., hg. A. BEHNE) 2004; In Liebe. Ihr Johannes Brahms (Rom.) 2005; Ein unsichtbares Feuer. Vermischte Texte 1963–2006, 2007; Hugo Distler in Strausberg. Die letzten Jahre des Komponisten der «Weihnachtgeschichte». Texte, Gespräche, Briefe, 2008; Bleibe gut Deinem Felix Mendelssohn Bartholdy, 2009; Chopin in Polen. Ein Reisebuch, 2010; Musik im Spiel. Sechs Radiotexte (hg. W. WEIST) 2013; So groß die Last. Zwölf Kapitel Paul Gerhardt, 2016; Die Zauberflöte. Märchen nach der gleichnamigen Oper von Emanuel Schikaneder und Wolfgang Amadeus Mozart (Illustr. v. G. Zucker, Nachw. E. LANG) 2018.

Herausgaben: Stimmen aus Brandenburg. Kurzgeschichten. Die besten Beiträge des Literaturwettbewerbs «Geschichte erleben – Geschichten erzählen», 1994; Grenzfälle. Texte aus Brandenburg und Schleswig-Holstein, 2017.

Literatur: S. MACHT, Die Einflussnahme des DDR-Staatssicherheitsdienstes auf den Studienalltag am Inst. für Lit. «Johannes R. Becher» (in: Zs. für Germanistik, NF 26, H. 3) 2016,

583–601, hier 596; I. Lehn, S. Macht, K. Stopka, Schreiben lernen im Sozialismus. Das Inst. für Lit. «Johannes R. Becher», 2018, 73, 76 f.; ARD Hörsp.datenbank (Internet-Edition); Hörsp.datenbank. Hördat (Internet-Edition); Hörsp.datenbank HspDatto (Internet-Edition); Lit.port Autorenlex. (Internet-Edition); The Internet Movie Database (Internet-Edition). FA

Saladin, Barbara, * 13.8.1976 Liestal/Kt. Basel Landschaft; wuchs in Gelterkinden/ebd. auf, besuchte eine Handelsschule, arbeitete als Büroangestellte, 2007–14 Red. der Regionalztg. «Volksstimme» in Sissach, nachfolgend freie Journalistin, auch Texterin, Lektorin, Ghostwriterin u. Photographin, moderiert versch. Veranstaltungen, veröff. Kurzkrimis u. Erzn. in zahlr. Anthologien, beteiligt an der Entwicklung der Gesellsch.spiele «Wer kennt Basel?» (2004) u. «Das Schweiz-Quiz» (2018); Mitgl. der Interessenvertretung «Autorinnen u. Autoren der Schweiz», des Ver. für Kriminallit. «Syndikat» u. des Netzwerks «Mörderische Schwestern», 2012 Jurymitgl. des Friedrich-Glauser-Preises, seit 2020 Vizepräs. des Ver. für Schweiz. Kriminallit. «Krimi Schweiz»; lebt in Hemmiken/Kt. Basel-Landschaft. – Gewinnerin des Lit.wettbewerbs Gstaad «Zeitzeichen aus Gstaad» (2005), Siegfried-Grundmann-Ehrenpreis (2006), Krimistipendium «Tatort Töwerland» (2008), Kantonalbankpreis der Basellandschaftl. Kantonalbank in der Sparte Kultur (2017). – Journalistin, (Kriminal-)Autorin.

Schriften: «Meerschweinchen» oder Wer hat Frau von Arb umgebracht? – «Bachpfattli» oder Ein etwas anderer Sommer. Zwei etwas andere Romane aus dem Oberbaselbiet, 2004 («Bachpfattli» 2008 verfilmt [B. S. auch Drehb.autorin], Regie U. Ackermann); Der Falsche (Rom.) 2005; Baltrum, Gesichter einer kleinen Nordsee-Prinzessin. 14 Insel-Persönlichkeiten im Portrait und viele Urlaubs-Tipps, 2010; Sieben Inseln, sieben Krimis. Mit Kurzportraits der sieben ostfriesischen Inseln, 2010 (Neuausg. mit dem Untert.: Eine mörderische Reise durch die ostfriesische Inselwelt, 2011); Brennende Fragen in Basel (Kriminalrom.) 2011; Ein Hauch von Meer und Mord. Juist-Krimi, 2012; Die Möwenhochzeit und andere tierische Inselgeschichten (Illustr. v. K. Pannen) 2013; Schönverberei GmbH, Urauff. Basel 2013; Vom Sennereibad zum Gesundheitshotel. Das Bad Ramsach im Wandel der Zeit (hg. D. Mohler-Schmid) 2016; Wer mordet schon am Rhein? 11 Krimis und 125 Freizeittipps (mit N. Buranaseda, A. Griesser) 2016 (Neuausg. u. d. T.: Mörderisches vom Rhein. 11 Krimis und 125 Freizeittipps, 2019); 111 Orte in Baselland, die man gesehen haben muss, 2017; Mörderisches Baselbiet. 11 Krimis und 125 Freizeittipps, 2018; Vo Ärdwybli und Rägemännl (Kdb., Illustr. v. K. Horn) 2018; Für Dich! Gute Unterhaltung fürs Krankenbett, 2018; 111 Orte im Kanton Solothurn, die man gesehen haben muss (mit C. Gasser) 2020; Bianca und Pico. Eine Geschichte aus der Storchenstation Möhlin (Kdb., Illustr. v. T. Hahn-Altermatt) 2020; 52 kleine & große Eskapaden in und um Basel. Ab nach draußen!, 2020; Ab uff e Notfall, Urauff. Basel 2021. FA

Saladin-Haas, Barbara, * 10.6.1942 Leverkusen (?); wuchs in Leverkusen-Schlebusch auf, besuchte das Mädchengymnasium in Aachen, war nachfolgend auf einer Handelsschule, ab 1964 in Gossau/Kt. St. Gallen wohnhaft, 1985–93 freie Mitarb. der Ztg. «St. Galler Tagbl.» u. «Die Ostschweiz», gehörte zu den Veranstaltern des «Nachtcafés» in Flawil/Kt. St. Gallen. – Journalistin, Autorin.

Schriften: Weihnachten – heute 2, 1992; Miteinander geht's besser. 15 Fabeln, 1993; Sie hatte alles, 1994; Die Farbe des Himmels, 1996; Weihnachten – heute 3, 1998; Tage gibts ... 25 Versuche über den Tag, 2004; Babo auf dem Weg. 77 Wohlfühl-Geschichten, 2016.

Tonträger: Weihnachten – heute. 7 Weihnachtsgeschichten (1 CD) 2001. FA

Salcher, Hans, * 9.9.1956 Bannberg/Osttirol; Sohn eines Bergbauern, war ab 1992 als Mautner tätig, Bekanntschaft mit Reiner → Kunze, stand in Briefkontakt mit dems., Veröff. von Beitr. in Anthol. u. Kulturzs.; lebt in Lienz. – (Neben weiteren Auszeichnungen) Berufstitel Professor (2019). – Maler, Schriftsteller.

Schriften: Gedichte (Vorw. C. Zanon) 1994; Begegnungen auf bloßer Erde, 1995; Aus den Briefen des Mautners H. S. (ausgew. u. hg. R. Kunze) 1997; Dorftrommler (Ged., Fotos v. K. Dapra) 1997; «Wo die Kuh Gras frisst» (Ged.) 1999; Weißgekalkt, 2001 (NA 2003); Himmelschauen (Ged.) 2002; Bergwasser (Bildbd., mit S. Weger) 2003; Worte haben ein Bild gemalt. Bilder und Texte (Illustr. v. H. S.) 2006; Vater (Erz.) 2007 (NA 2015); Himmelblau (Theaterst.) Urauff. Dölsach/

Tirol 2009; Der Selbstmörder, Urauff. Innsbruck 2009; Steinwurf (Zeichn. v. H. S.) 2009 (NA 2013); Sonne wird man (Erz.) 2014.

Vorlaß: Briefw. u. Mss. im DLA Marbach.

Literatur: S. UNTERWEGER, Lit. nach 1945 in Osttirol. (in: Kulturber. aus Tirol. 439/440) 2004, 51–53, hier 53; B. HOISS, «Auf die Berge ihr Zwerge!». ~ (in: Schattenkämpfe. Lit. in Osttirol, hg. J. HOLZNER, S. UNTERWEGER) 2006, 289–301; W. STRAUB, Lit. Führer Öst., 2007, 132; Lit.haus Wien (Internet-Edition); TirLit (Internet-Edition).

FA

Salmen, Patrick, * 22.9.1985 Wuppertal; Lehramtsstud. der Germanistik u. Gesch. in Wuppertal, 2007 Teilnahme bei einem Poetry Slam in Düsseldorf, gewann 2010 die dt.sprachige Poetry-Slam-Meisterschaft in Bochum, 2011 Auftritte mit seinem ersten Soloprogramm «Euphorie! Euphorie!», bildet mit → Quichotte das Rap-Duo «Der Schreiner & Der Dachdecker», gründete 2018 die jährlich stattfindende «Gutmenschen-Gala»; lebt in Dortmund. – Autor, Satiriker.

Schriften: Distanzen, 2011; Tabakblätter und Fallschirmspringer, 2012; Das bisschen Schönheit werden wir nicht mehr los. Gedichte und Kurzgeschichten, 2013; 111 absurde Rätselgeschichten (mit QUICHOTTE) 5 Bde. (I Du kannst alles schaffen, wovon du träumst. Es sei denn, es ist zu schwierig. Edition 1: Stadt, Land, Fluss – II Die Letzten werden die Ersten sein. Es sei denn, sie sind zu langsam. Kunst und Kultur – III Aufgeben ist keine Lösung. Außer bei Paketen. Edition 3: Filme & Serien – IV – Der Holzweg ist das Ziel. Es sei denn, er führt nach Rom. Edition 4: Stadt, Land, Fluss – V Die Torreichen siegen. Edition 5: Fußball) 2013–18; Ich habe eine Axt. Urlaub in den Misantropen, 2014 (als Autorenlesung, 3 CDs, 2014); Genauer betrachtet sind Menschen auch nur Leute. Geschichten, 2016; Zwei weitere Winter, 2017; Treffen sich zwei Träume. Beide platzen (Illustr. v. N. Honeck) 2018; Ekstase, ist doch auch mal ganz schön, 2019; Und draußen die Welt. Kurzgeschichten & Miniaturen 2008–2013, 2020; Der gelbe Kranich (Illustr. v. S. Höfer) 2021.

Tonträger: Ehrliches Handwerk (mit QUICHOTTE, 1 CD) 2014; The Last Walz (mit DEMS., 1 CD) 2015.

FA

Salzmann, Sasha Marianna, * 21.8.1985 Wolgograd/Sowjetunion; stammt aus einer jüd. Ärztefamilie, wuchs bis 1995 in Moskau auf, floh mit ihrer Familie nach Dtl., nach dem Aufenthalt in versch. Flüchtlingsunterkünften nahe Hannover wohnhaft, 2002–13 Mithg. der Zs. «Freitext. Kultur- u. Gesellsch.magazin», studierte ab 2005 Lit.gesch., Theaterwiss. u. Medien an der Univ. Hildesheim sowie 2008 Szen. Schreiben an der Univ. der Künste Berlin, Assistentin der Regie bzw. Dramaturgie in Jena, ab 2009 auch Theaterregisseurin, erste Auff. in Hannover, seit 2013 Hausautorin am Maxim Gorki Theater Berlin, 2013–15 Leiterin der Studiobühne «Studio я» ebd., 2015 Mitbegr. des Neuen Inst. für Dramat. Schreiben, 2017 Künstlerischer Leiterin der «Radikalen Jüd. Kulturtage» am Maxim Gorki Theater, zudem Leiterin versch. Schreibwerkstätten; verh. mit dem Schauspieler u. Autoren Tucké Royale (* 1984); lebt in Berlin. – (Neben weiteren Auszeichnungen) Kleist-Förderpreis (2012), Publikumspreis der Mülheimer Theatertage (2013), Lit.förderpreis der Jürgen Ponto Stiftung (2017), Mara-Cassens-Preis (2018), Stipendium des Dt. Literaturfonds (2020). – Theaterregisseurin, Bühnen- u. Romanautorin.

Schriften: Weißbrotmusik. Satt (Theaterst.) 2011; Muttersprache Mameloschn. Schwimmen lernen (Theaterst.) 2013; Meteoriten. Drei Stücke, 2016; Aristokraten. Drei Stücke, 2017; Außer sich (Rom.) 2017 (in zahlr. Sprachen übersetzt); Im Menschen muss alles herrlich sein (Rom.) 2021.

Theaterstücke: Geistern folgen, Urauff. Hannover 2009; Weißbrotmusik, Urauff. Berlin 2010; Tod eines Superhelden (mit D. UTLU) Urauff. Berlin 2011; Massensterben der Möglichkeiten, Urauff. Berlin 2011; SATT, Urauff. München 2011; Weltrettungsauftrag, Urauff. Hannover 2011; Beg Your Pardon, Urauff. Berlin 2012; Muttermale Fenster Blau, Urauff. Karlsruhe 2012; Rot werden, Berlin 2012; Muttersprache Mameloschn, Urauff. Berlin 2012; Fahrräder könnten eine Rolle spielen (mit D. UTLU) Urauff. Berlin 2012; Schwimmen lernen, Urauff. Heidelberg 2013; Kasimir und Karoline (nach Motiven von Ödön von Horváth) Urauff. Düsseldorf 2013; Hurenkinder Schusterjungen (mein Kopf ist ein offener Koffer aus dem Gott Vater Staat herausfällt aber nicht zerbricht weil er so zäh ist wie Gummi) Urauff. Mannheim 2014; Wir Zöpfe, Urauff. Berlin 2015; Meteoriten, Urauff. Berlin 2016; Die Aristokraten, Urauff. Hannover 2016.

Herausgaben: Desintegration. Ein Kongress zeitgenössischer jüdischer Positionen (mit M. Czollek) 2017.

Literatur: Theater-Lex., Nachtr.bd. 5 (2017) 376; Munzinger-Archiv. – F. Smerilli, Versöhnung mit der «Krankheit, die Familie heißt». ~ Debütrom. ‹Außer sich› (in: Undercurrents. Forum für Linke Lit.wiss. 11) 2018 (Internet-Edition); F. Vogel, «Wenn die Realitäten einem diktieren, wie die Fiktion auszusehen hat». Ein Gespräch mit den Preisträgerinnen u. Preisträgern des Kleist-Förderpreises Rebekka Kricheldorf, ~, Oliver Kluck u. Wolfram Lotz, Berlin, im Juli 2014 (in: Gedankenstriche. Ein Journal des Kleist-Mus. 3) 2013/14, 111–118; O. Landry, Jewish Joke Telling in ‹Muttersprache Mameloschn›. Performing Queer Intervention on the German Stage (in: Women & Performance. A Journal of Feminist Theory 26, H. 1) New York 2016, 36–54; F. Smerilli, Kommunikation zw. Scheitern u. Gelingen. Sprachl. Selbstreflexion hybrider Identitäten in Dramen ~s (in: German as a Foreign Language 17, H. 1) Cambridge 2016, 48–78 (Internet-Edition); A. Rutka, Klassifikationen u. Desidentifikationen. Zu prekären Identitätsentwürfen in postmigrant. Lit. junger Generation. Olgra Grjasnowas «Der Russe ist einer, der Birken liebt» u. ~s ‹Außer sich› (in: Studia niemcoznawcze. Stud. zur Dt.kunde 61) Warschau 2018, 443–454; B. Stone, Refugees Past and Present. Olga Grjasnowa's «Gott ist nicht schüchtern» u. ~s ‹Außer sich» (in: Colloquia Germanica 51, H. 1) 2020, 57–73; A. Bühler-Dietrich, Relational Subjectivity. ~s novel ‹Außer sich› (in: Modern Languages Open 7, H. 1) Liverpool 2020 (Internet-Edition); M. Roca Lizarazu, Ec-static Existences. The Poetics and Politics of Non-Belonging in ~s «Außer sich» (2017) (ebd.) 2020, 1–19 (Internet-Edition); dies., «Integration ist definitiv nicht unser Anliegen, eher schon Desintegration». Postmigrant Renegotiations of Identity and Belonging in Contemporary Germany (in: Humanities 9, H. 2, 42) 2020 (Internet-Edition); E. El, Vom Ankommen erzählen. Lit. jüd. Einwanderer aus der ehemaligen Sowjetunion (in: Neue Gesellsch./FH 67, H. 11) 2020, 75–79; O. Landry, Theatre of Anger. Radical Transnational Performance in Contemporary Berlin, Toronto 2020. FA

Sanden, Wolfgang, * 13.10.1946 Hildesheim; Sohn eines Beamten im Dt. Wetterdienst, wuchs in Bockenem/Nds., Frankfurt/M. u. Offenbach/M. auf, 1966 Abitur in Offenbach, Stud. der Mathematik u. Informatik an der Univ. Frankfurt/M., arbeitete nachfolgend u. a. als Programmierer, Qualitätsmanager u. Berater, frühpensioniert, seitdem schriftstellerisch tätig; lebt in Offenbach. – Mathematiker, Romanautor.

Schriften: Aulenstein (Rom.) 2005; Mordsbeginn (Rom.) 2006; Daktylysator oder Wichardts schöne neue Welt, 2007; Falsch kalkuliert (Rom.) 2008; Letztes Klassentreffen (Erz.) 2009 (Nachdr. 2015); Und wissen ihr Ende doch (Rom.) 2010; Der Filmfälscher (Rom.) 2012; Zerrieben (Rom.) 2014; Phytomania. Ein Bericht, 2015; Das zweite Band, 2017 (Selbstverlag); Die Quote, 2019 (Selbstverlag); Tödliches Theater, 2021 (Selbstverlag).

Herausgaben: 100 Jahre Friedenskirche zu Offenbach am Main, 1912–2012 (mit G. F. Metzger) 2012. FA

Sander, Gregor, * 24.4.1968 Schwerin; Sohn eines Arztes u. einer Bürokauffrau, wuchs in Schwerin auf, 1984–87 Berufsausbildung mit Abitur zum Instandhaltungsmechaniker, 1987–90 Ausbildung zum Krankenpfleger, studierte 1990–92 Medizin an der Univ. Rostock (ohne Abschluß) sowie 1992–96 Germanistik u. Gesch. an der FU Berlin, besuchte 1996/97 die Journalistenschule in Berlin, arbeitet seit 1997 u. a. für «Die Zeit», «Der Spiegel» u. DLF, war Mitgl. der Autoren-Nationalmannschaft; lebt in Berlin. – (Neben weiteren Auszeichnungen) Aufenthaltsstipendium Akad. Schloß Solitude Stuttgart (2000/01), Förderpreis des Friedrich-Hölderlin-Preises (2004), Stipendium der Dt. Akad. Villa Massimo in Rom (2006), Stipendium Künstlerhof Schreyahn (2008), 3sat-Preis beim Ingeborg-Bachmann-Wettbewerb (2009), Künstlerstipendium im Dt. Stud.zentrum in Venedig (2009), Stipendium des Dt. Lit.fonds (2009), Preis der LiteraTour Nord (2012), Dt. Erzählerpreis (2013), Annalise-Wagner-Preis (2014), Arbeitsstipendium des Berliner Senats (2016). – Schriftsteller.

Schriften: Ich aber bin hier geboren (Erzn.) 2002; Abwesend (Rom.) 2007; Winterfisch (Erzn.) 2011; Tagebuch eines Jahres (mit 1 CD) 2014; Was gewesen wäre (Rom.) 2014 (2018/19 verfilmt, Regie F. Koerner von Gustorf); Alles richtig gemacht (Rom.) 2019.

Literatur: A. Mingels, Das Fräuleinwunder ist tot – es lebe das Fräuleinwunder. Das Phänomen «Fräuleinwunder-Lit.» im lit.geschichtl. Kontext (in: Zw. Inszenierung u. Botschaft: zur Lit.

dt.sprachiger Autorinnen ab Ende des 20. Jh., hg. I. Nagelschmidt, L. Müller-Dannhausen, S. Feldbacher) 2006, 13–38, hier 22; A. Joosten, ~, Abwesend (in: Der Rom.führer […] 48, hg. H.-C. Plesske) 2010, 85 f.; W. Gabler, Diskurs der Unbegreiflichkeit. Zur Gesch. der Wenderom. (in: Diskurse der dt. Einheit, hg. R. Kollmorgen, F. T. Koch, H.-L. Dienel) 2011, 167–192, hier 183, Anm. 11; A. Schulenburg, «… ich kenne mich hier nicht mehr aus». Heimatverluste der Wendegeneration in Rom. ostdt. Autoren (Diss. Hamburg) 2013, inbes. 230–264; R. Gillett, A. Köhler, Ein kanon. Autor? Johnson in der dt. Ggw.lit. (in: Johnson-Jb. 22) 2015, 235–252; K. Norkowska, Ostdt. Liebesrom.? Ingo Schulzes «Adam u. Evelyn» u. ~s «Was gewesen wäre» (in: Der Liebesrom. im 21. Jh., hg. R. Pokrywka) 2017, 269–281; A. Joosten, ~, Was gewesen wäre (in: Der Rom.führer […] 54, hg. H.-C. Plesske) 2016, 99 f.; Filmportal.de (Internet-Edition); The Internet Movie Database (Internet-Edition); Lex. des Internationalen Films (Internet-Edition). FA

Sandig, Ulrike Almut, * 15.5.1979 Großenhain/Sachsen; Tochter des Pfarrers u. CDU-Politikers Heiner S. (* 1945), wuchs in Nauwalde (später zu Görlitz) auf, studierte bis 2005 Religionswiss. u. Moderne Indologie an der Univ. Leipzig, Studienaufenthalt in Indien, Vertonung ihrer Ged. durch die Musikerin Marlen Pelny, realisierte mit ders. die Lit.projekte «Augenpost» u. «Ohrenpost», 2007–09 Mithg. der Lit.zs. «Edit», erhielt 2010 ein Diplom am Dt. Lit.inst. Leipzig, 2017 Mithg. des «Jb. der Lyrik», für diverse Auftritte u. Aufnahmen Zus.arbeit mit weiteren Musiker*innen u. Filmemachern; mehrere Werke S.s wurden in zahlr. Sprachen übersetzt; lebt in Leipzig u. Berlin. – (Neben weiteren Auszeichnungen) Lyrikpreis Meran (2006), Hertha Koenig-Förderpreis (2006), Aufenthaltsstipendium im Künstlerhaus Lukas, Ahrenshoop (2007), Stadtschreiberin von Sydney (2007), Aufenthaltsstipendium im Künstlerhaus Edenkoben (2008), Förderpreis des Ernst-Meister-Preises für Lyrik (2008), Förderpreis des Lessing-Preises des Freistaates Sachsen (2009), Leonce-und-Lena-Preis (2009), Silberschweinpreis der Lit.Cologne (2010), Stipendium des Bodman-Hauses Gottlieben (2010), Stadtschreiberin v. Helsinki (2010), Märk. Stipendium für Lit. (2012), Förderpreis des Droste-Preises der Stadt Meersburg (2012), Arbeitsstipendium des Berliner Senats (2014), Lit.preis des Kulturkr. der dt. Wirtschaft (2017), Aufenthaltsstipendium der Villa Concordia Bamberg (2017), Wilhelm-Lehmann-Preis (2018), Horst Bingel-Preis für Lit. (2018), Roswitha-Preis (2020), Erich-Loest-Preis (2021), Thomas-Kling-Poetikdozentur (2021). – Schriftstellerin.

Schriften (Hörsp. in Ausw.): Zunder (Ged., Buchgestaltung v. A. Göhlich) 2005; Streumen (Ged.) 2007; Hush Little Baby (Hörsp.) SWR 2008; Flamingos (Geschn.) 2010; Unter Wasser (Hörsp.) SWR 2010; Vatertod. Eine Geschichte, 2011; Dickicht (Ged.) 2011; Grimm (Ged., nach den Kinder- u. Hausmärchen von Jacob u. Wilhelm Grimm) 2015; Buch gegen das Verschwinden (Geschn.) 2015; Vom Süden (Kurzhörsp.) RBB 2015; Ich bin ein Feld voller Raps, verstecke die Rehe und leuchte wie dreizehn Ölgemälde übereinandergelegt (Ged.) 2016; Monster wie wir (Rom.) 2020.

Ausgabe: U. A. S. (Ausw. A. Helbig, Grafik v. C. Olmer) 2016.

Tonträger (Ausw.): Der Tag, an dem Alma Kamillen kaufte (m. M. Pelny, 1 CD) 2006; Märzwald. Dichtung für die Freunde der Popmusik (m. ders., 1 CD) 2011.

Literatur: K. Bendixen, Das Korsett der Genrezuordnung sprengen. Ein Interview mit ~ (in: Poet. Das Magazin des Poetenladens 2) 2006, 163–167; H. Rost, Ich höre mir zu. Zu drei Ged. von ~ (in: Bella triste. Zs. für junge Lit. 17) 2007, 81 f.; U. Draesner, Laudatio auf ~ (in: Ostragehege. Zs. für Lit. u. Kunst 16, H. 1) 2009, 24–26; M. Braun, Beten, murmeln, streumen. Der poet. Gegenzauber der ~ (in: Sprache im techn. Zeitalter 47, H. 189) 2009, 110–113; H. Brunner, Alles, was du u. ich kennen. Anstelle einer Analyse von ~s Ged. (Ostragehege. Zs. für Lit. u. Kunst 16, H. 2) 2009, 24–26; M. Braun, Das streumende Ged. (in: Poet. Das Magazin des Poetenladens 11) 2011, 126 f.; A. Maurin, Venustransit. Ein VERSschmuggel. Mail-Interview (in: Venustransfer oder: Dichter u. Stoff, zus.gest. J. Krätzer) 2012, 108–113; C. Melin, Kaschnitz, Enzensberger, and ~. The Ecopoetics of Water Pollution (in: Studies in Twentieth & Twenty-First Century Literature 40, H. 1) Manhattan/KS 2016 (Internet-Edition); F. M. Hertsch u. a., Identitäts- u. Türkeiperspektiven. Ein lit.analyt. Ansatz von Identität u. Türkeiwahrnehmung in ~s Erz. «Die Blauen

Augen Deiner Mutter» (in: Diyalog. Interkulturelle Zs. für Germanistik) 2016, 1–12; H. BARTEL, N. THOMAS, Introduction: ~s Universe (in: Oxford German Studies 47, H. 3) Philadelphia/PA 2018, 256–260; R. M. JOHNSON, ~s Urban Interventions. From ‹Augenpost› in Leipzig to Posthuman Epic of Berlin (ebd.) 278–297; N. THOMAS, «Auf keiner gültigen Karte verzeichnet». Situating ~s Poetry (ebd.) 298–312; T. SMITH, A Postcritical Poetics? Transtemporal Encounters in Defunct Soviet Barracks in Works by ~ and Clemens Meyer (ebd.) 313–328; K. LEEDER, «I am a Double Voiced (…) Bird». Identity and Voice in ~s Poetry (ebd.) 329–350; H. BARTEL, Challenging Perspectives. Narrative Approaches in ~s «Flamingos. Geschn.» (ebd.) 351–365; E. BOA, Time and Space in ~ «Buch gegen das Verschwinden». An Ecological Reading (ebd.) 2018, 366–379; Lit.port Autorenlex. (Internet-Edition); Poetenladen. Poeten (Internet-Edition). FA

Sanjosé, Àxel (auch Sanjosé Messing), ★ 17.6.1960 Barcelona; Sohn eines Betriebswirtes, besuchte die Dt. Schule in Barcelona, ging 1978 nach dem Abitur nach München, studierte 1979–83 Neuere Dt. Lit., Germanist. Linguistik u. Soziologie an der Univ. München (LMU), 1987 Promotion zum Dr. phil. ebd., erhielt einen Lehrauftrag am Inst. für Allg. u. Vergleichende Lit.wiss. an der LMU, 1997/98 Chefred. der Münchner Kulturzs. «Applaus», ab 1999 Mitarb. der Designagentur KMS TEAM, Jurymitgl. des Lyrikpreises München, Veröff. von Beitr. u. a. im Satiremagazin «Titanic» u. im «DLF Lyrikkalender»; lebt in München. – Autorenförderung der Stiftung Nds. (2006), Arbeitsstipendium des Freistaats Bayern für Schriftstellerinnen u. Schriftst. (2010), Arbeitsstipendium des dt. Übers.fonds (2017), Arbeitsstipendium des Freistaats Bayern für lit. Übersetzerinnen u. Übersetzer. – Lyriker, Übersetzer, Literaturwissenschaftler.

Schriften: Untersuchungen zum Werk Ernst Wiecherts (Diss.) 1987; Literatur der Reformationszeit in Ost- und Westpreußen, 1993; Gelegentlich Krähen (Ged.) 2004 (NA 2015); Anaptyxis (Ged., hg. B. ALBERS) 2013; Das fünfte Nichts (Ged., Illustr. v. R. Liebe) 2021.

Übersetzungen: Phantastische Alphabete, 1997 (dt. u. frz.); Die Ziffern, 1997 (dt. u. frz.); C. L. Morgan, KMS. Zwölf Kapitel über ein Designbüro, 2002; E. Casasses u. a., Vier nach. Katalanische Lyrik nach der Avantgarde, 2007; P. Gimferrer, Els Miralls. L'espai desert. / Die Spiegel. Der öde Raum. Gedichte, 2007; C. Rebassa: Gedichte, 2010; M. Torres, Poesies / Gedichte (ausgew. u. übertr. A. S., Vorw. M. PRATS RIPOLL) 2019 (dt. u. katalanisch).

Herausgaben: J. Dziuk, Was bleibt ist Ferne (mit R. DOVE) 2007.

Literatur: Lit.port Autorenlex. (Internet-Edition); Lit.portal Bayern (Internet-Edition); Poetenladen. Poeten (Internet-Edition). FA

Sansone, Adele (auch A. C. Sansone), ★ 15.1.1953 Wien; wuchs in Breitenfurt bei Wien auf, seit 1995 schriftstellerisch tätig, trug Illustr. für versch. Veröff. bei, Leiterin von Schreibwerkstätten; lebt in Axams/Tirol. – (Neben weiteren Auszeichnungen) Kinder- u. Jugendlit.preis des Landes Steiermark (2004). – Kinder- u. Jugendbuchautorin, Illustratorin.

Schriften: Der kleine Luchs kehrt heim (Kdb.) 1995; Auf Wiedersehen, kleines Murmeltier. Die Geschichte eines Almsommers, 1998; Das grüne Küken (Illustr. v. A. Marks) 1999 (in zahlr. Sprachen übers.); Tina Valentina (Kdb., mit I. SCHERR) 1999; Florian lässt sich Zeit. Eine Geschichte zum Down-Syndrom (Bilderb.) 2002; Hassan. To Dream the Impossible Dream …, 2004; Amelie, Knödel und Co (Kdb.) 2007; Amelie & die Stachelritter (Kdb.) 2008; Erster Kuss & Regenguss (Jgdb.) 2008; Diese eine Reise (Jgdb.) 2009; Coole Tipps 4 coole Girls (Jgdb.) 2012.

Literatur: Lit.port Autorenlex. (Internet-Edition). FA

Santer, Hellmut, ★ 7.1.1932 Fresach/Kärnten, † 27.3.2021; studierte evang. Theol. an der Univ. Wien, 1956 Examen pro candidatura, absolvierte 1956/57 das Lehrvikariat in Neunkirchen/Niederöst., 1958 Examen pro ministerio, im selben Jahr Ordination in Gloggnitz/ebd., wirkte anschließend als Pfarrer ebd., ab 1960 Mitarb. im Rundfunk, 1977 zum Superintendenten der Diözese Niederöst. gewählt, leitete dies. bis 1998, ab 1978 als Vorsitzender der Hörfunkkommission u. des Hörfunkausschusses der Evang. Kirche tätig, ab 1979 Vorstandsmitgl. des Evang. Ver. für Innere Mission für Wien, Niederöst. u. das Burgenland, 1983 zum Präs. der Öst. Bibelgesellsch. ernannt, trat 1998 in den Ruhestand; nicht zu verwechseln mit Dr. Hellmut Santer (★ 1963). – Großes Goldenes Ehrenzeichen für Verdienste um die Republik Öst. (1990),

Bronzestatuette des Heiligen Leopold (1998). – Evang. Theologe, Superintendent.

Schriften: O Heiland, reiß die Himmel auf. Ein Meditationsbuch (Bildbd., Fotos v. W. Ligges) 1983; Über allem die Liebe. Ein Meditationsbuch (Bildbd., Fotos v. dems.) 1984 (Neuausg. mit dem Untert.: Meditationen, 2001); Vater unser (Bilder v. dems.) 1987; Die Zehn Gebote. Ein Meditationsbuch, 1989; Damit der Himmel offen bleibt. Gedanken über das Beten, 1991; Keinem von uns ist Gott fern, 1991; Auferstehung – Sieg der Liebe. Bildmeditationsband, 1992; Sehnsucht nach Geborgenheit. Gedanken zum 23. Psalm, 1992; Darum nehmt einander an, 1993; Du hältst deine Hand über mir. Segenswünsche zum Geburtstag, 1995; Aus dem Alter eine Jugend machen, 2000; Licht der Zuversicht, 2002.

Literatur: Evang. Mus. Öst. Persönlichkeiten (Internet-Edition). FA

Santor, Ingeborg (eig. Ingeborg Höch, geb. Acquistapace), * 7.11.1941 Koblenz; wuchs in Bonn auf, ab 1968 in Stuttgart ansässig, besuchte nach der Mittleren Reife die Frauenfachschule u. die Höhere Handelsschule, ab 1960 in der Werbebranche tätig, veröff. Ged. u. Erzn. in Ztg. wie «General-Anz.», «Hannoversche Allg.» u. «Westdt. Rs.», Mitarb. des Wilhelm Goldmann Verlags München, arbeitete in einer Stuttgarter Verlagsbuchhandlung, Lektorin u. Übers., ab 1985 freie Red. u. Texterin; 2000–03 Jurymitgl. des Förderkr. dt. Schriftst. in Baden-Württ., Mitgl. der Autorinnenverein. GEDOK; lebt in Stuttgart. – Arbeitsstipendium des Förderkr. dt. Schriftst. in Baden-Württ. (2004). – Übersetzerin, Red., Autorin, Lyrikerin.

Schriften (Ausw.): Amsellied und Krähenschrei (Ged.) 1993; Schlafmohntage (Erzn.) 1998; Im Schneelicht (Ged.) 2003; Between Languages = Zwischen Sprachen (mit J. Rety, Übers. v. R. Ingram u. I. S.) 2007; Lichtfänger (Ged.) 2014 (Selbstverlag); Frühe Zimmer, kleine Jahre. Kindheit in einer anderen Zeit, 2016 (Selbstverlag); Selected Poems. Ausgewählte Gedichte (Übers. v. R. Ingram) 2017 (dt. u. engl.; Selbstverlag).

Übersetzungen: U. M. Williams, Das goldene Pony (Illustr. v. Verf.) 1974; H. Kent, Mit Yoga gesund durch den Alltag, 1976; J. Gahagan, Tours around the soul of Ludwig = Eine Reise durch Ludwigs Seele, 2009 (dt. u. englisch).

Herausgaben: O Tannenbaum, o Tannenbaum. Geschichten und Gedichte zum Lesen und Vorlesen. Weihnachtslieder mit Noten (Holzstiche v. E. von Dombrowski, Zeichn. v. I. Billig) 1967; Ihr Kinderlein kommet. Ein Weihnachtsbuch. Geschichten, Gedichte und Lieder mit Noten (Holzschnitte v. E. v. Dombrowski) 1968.

Literatur: Lit.szene Stuttgart-Region, StB Stuttgart (Internet-Edition). FA

Sanyal, Mithu (Melanie), * 1971 Düsseldorf; wuchs in Düsseldorf auf, studierte Germanistik u. Anglistik an der Univ. ebd., 2009 Promotion zur Dr. phil. in Düsseldorf, war Red. der Zs. «Wir Frauen. Das feminist. Bl.», schreibt Radiofeatures u. Hörsp. u. a. für den WDR, Lehraufträge an den Univ. Bochum u. Lüneburg, bis 2019 Kolumnistin bei der «tageszeitg.», hält Vortr. zu den Themen Feminismus, Gender, Rassismus u. Sexismus, verfaßte Beitr. für Ztg. u. Zs. wie «Frankfurter Rs.», «Die Zeit», «Missy Magazine» u. «Vice»; lebt in Düsseldorf. – Dietrich-Oppenberg-Medienpreis, Sonderpreis (2001, 2008) u. 1. Preis (2004). – Kulturwissenschaftlerin, Journalistin, Schriftstellerin.

Schriften: Vulva. Die Enthüllung des unsichtbaren Geschlechts (Diss.) 2009 (aktualisierte u. mit neuen Nachw. vers. Neuausg. 2018); Vergewaltigung. Aspekte eines Verbrechens, 2016 (3., neu durchges. u. v. der Autorin mit Nachw. vers. Aufl. 2020); Identitti (Rom.) 2021.

Radiofeatures und Hörspiele (Ausw.): Sternenkinder sterben schöner, WDR 2009; LoveArtLab Rules, WDR 2010; Heimatfront (mit C. Ahlborn) WDR 2012; Post Porn Panik, WDR 2012; Gott ist tot. Wirklich, WDR 2015; Gute Liebhaber werden keine Attentäter. Willkommen im Bootcamp Sexueller Aktivismus, SWR 2016; Mannsein für Anfänger. Abenteuer mit Männerrechtlern, SWR 2020.

Literatur: C. Callies, Gebären ist ein Synonym für alle Formen des Schaffens. ~ im Gespräch (in: Poetin. Lit.magazin 25) 2018, 244–251; ARD Hörsp.datenbank (online); Hörsp.datenbank HörDat (online); HspDat.to (online); Lit.stadt Düsseldorf – Autoren (online). FA

Sarbach, Hugo, * 22.8.1946 St. Niklaus/Kt. Wallis; wuchs u. a. im Wallis, in Biel u. Bern auf, studierte Philos., Philol. u. Germanistik, Lehrer an einer Mittelschule, zudem Journalist u. Lektor, war ab 1994 Wiss. Mitarb. des Schweiz. Lit.arch. Bern, betreute die Arch. von Schriftst. wie Walter Matthias → Diggelmann, Hans → Morgenthaler u.

Paul → Nizon, an der Hg. von zwei Briefbdn. Rainer Maria → Rilkes beteiligt, u. a. 2004 Mitarb. der Lit.zs. «Text + Kritik» sowie 2006 der Anthol. «Talwind»; Mitgl. der Interessenvertretung «Autorinnen u. Autoren der Schweiz»; seit 1987 Mitgl. des Walliser Pressevereins u. 1995 Mitgl. der Autorenvereinigung «Gruppe Olten»; lebt in Spiegel/Kt. Bern. – Ehrengabe des Kt. Zürich (1988), 2. Preis des Rilke Festivals in Sierre (2007). – Lehrer, Lektor, Archivar.

Schriften: Im Stehkader steht die Zeit still. Bilder und Collagen, 1983; Ein Jahr Collagen, 1988; Der merk-würdige Sommer 87. Notate, 1994; Gorner-Grat. Eine Reise (mit A. Karlen, Fotos v. T. Andenmatten) 1998; Der Maulwurf. Poesien 1997–2003, 2004; Miniaturen für die Katz, 2007; Das aufgeschlagene Buch. Von 1988 bis 2007, 2010; Notate & Poesien, 2011.

Übersetzungen: P.-A. Oggier, Die Fauna (mit E. Witzig) 1995.

Herausgaben: L. Hohl, Von den hereinbrechenden Rändern. Nachnotizen, 2 Bde. (mit J. Beringer) 1986; ders., Jugendtagebuch (Nachw. P. Reinacher) 1998; ders., «Alles ist Werk» (mit P. Erismann, R. Probst) 2004; Hans Morgenthaler. Nachlassverzeichnis, 2008; Nachlass Walter M. Diggelmann (mit A. Müller-Rüegg, A. Loeliger) 2008.

Literatur: Autorinnen u. Autoren der Schweiz. Lex. (Internet-Edition); Literapedia Bern (Internet-Edition); Mediathek Wallis. Liste der dt.sprachigen Autoren (Internet-Edition). FA

Sarecka, Ilse (geb. Hilbering), * 22.2.1941 Langendorf bei Cammin (Buk/Polen); nach 1945 in Kosenaow bei Anklam ansässig, unterrichtete Musik u. Dt. in Neustadt-Glewe/Mecklenb.-Vorpomm., 1969 Heirat mit dem poln. Arzt Lech Sarecki, übersiedelte nach Stettin, studierte Philol. an der Univ. Posen, 1990 Promotion zur Dr. phil. an der PH Leipzig, Oberassistentin an der Univ. Stettin, bis 2004 Gymnasiallehrerin in Uckermünde/Mecklenb.-Vorpomm., Mitarb. des «Anklamer Heimatkalenders»; lebt in Cham/Oberpfalz. – Gymnasial- u. Hochschullehrerin, Autorin.

Schriften: Die Bedeutung der Musik in der Literatur, untersucht an ausgewählten Werken von Wilhelm Heinrich Wackenroder und E. T. A. Hoffmann, 1990; Die Uecker hält den Atem an ... Gereimtes nicht nur über die Uecker, 2001; Ich bin ein Teil von dir (Zeichn. v. H. Lüder) 2002;

... und doch wunderbar zu leben. Gedichte, Märchen, Erzählungen, 2004; Verdrängtes. Geschichte über: Jo(h)anna, Jan und Anna, 2006; Gedichte. Die Stille sehen und ihr lauschen = Wiersze (hg. E. Hendryk) 2012 (dt. u. poln.); Mit Bedacht zur Weihnachtszeit in Reim gebracht, 2017; Keine Königskinder (Rom.) 2018; Unter dem Erinnerungsbaum. Geschichten und Gedichte (Illustr. v. R. Wltschek) 2018. (Ferner nicht nachweisbare Schriften).

Literatur: E. Kaminska, ~. Porträt einer pommerschen Autorin (in: Colloquia Germanica Stetinensia H. 22) 2013, 181–200; E. D. Lesner, Zur Übers. der Meeresgeräusche am Beispiel des Ged. ‹Schummerstunde am Haff› von ~ u. seiner poln. Übertr. (in: Sprache u. Meer/u. mehr. Linguist. Stud. u. Anwendungsfelder, hg. R. Lipczuk, M. Lisiecka-Czop, K. Nerlicki) 2015, 71–84; E. Kaminska-Ossowska, Im Getriebe der Weltgesch. oder zur Schilderung der Menschenschicksale im südl. Ostseeraum im Rom. ‹Keine Königskinder› von ~ (in: Literarisierung der Gesellsch. im Wandel. Koordinaten der Ggw.prosa, hg. J. Ławnikowska-Koper, A. Majkiewicz) 2020, 15–33; Lit.depot. Autorenvorstellung (Internet-Edition). FA

Sarek, Stephan, * 18.9.1957 Berlin; Sohn eines Schlossers u. einer Näherin, wuchs in Berlin auf, besuchte eine Gesamtschule ebd., 1974 Realschulabschluß, absolvierte eine Ausbildung zum Fotokaufmann in Berlin-Charlottenburg, im Beruf tätig, arbeitete später sechs Jahre als Feuerwehrmann, anschließend Umschulung zum Landschaftsgärtner, Gelegenheitsarbeiten u. a. als Komparse. – Dritter Preis des Holzhäuser Heckethalers (2011). – Erzähler, Romanautor, Verkäufer, Gärtner, Feuerwehrmann.

Schriften: Können Pinguine fliegen? 13 episodische Geschichten (Illustr. v. E. Kürmann, S. Kirsch) 1996; Das Truthuhnparadies (Rom.) 1997 (Neuausg. 2001; vollst. überarb. Neuausg. 2011); Der Mumiengarten (Rom.) 1998 (NA 2002; vollst. überarb. Neuausg. 2010); Das Hanfkraftwerk (Rom.) 1999 (NA 2002); Seemannsgarn (Erzn.) 2000; African Tango, 2001; Das Hanfkraftwerk (Rom.) 2002; Der Mumiengarten (Rom.) 2002; Selmas Schweigen. Paradoxe Erzählungen, 2003; Aldikalypse Now (Erzn.) 2004; Was versteht Horst schon von Lyrik, 2010; Der Mumiengarten, 2010; African Tango. Truthuhnparadies Vol. 2, 2012.

Literatur: Lit.port Autorenlex. (Internet-Edition). FA

Saremba, Meinhard, * 17.9.1960 Delbrück/ Nordrhein-Westf.; ausgebildeter Übers. u. Kulturmanager, als Musikdoz. tätig, ist Geschäftsführender Vorsitzender der Dt. Sullivan-Gesellsch., Hg. der Zs. «Elgar Society Journal» u. «Sullivan-Journal», Mitarb. der Musiklex. «Metzlers Komponistenlex.» u. MGG sowie des Rundfunksenders SWR, veröffentlichte zahlr. Beitr. in Fachzs. wie «Chor u. Konzert» u. «Opernwelt»; zu seinen Forsch.schwerpunkten gehört das Werk des brit. Komponisten Arthur Sullivan (1842–1900); lebt in Mannheim. – Schriftst., Musikwissenschaftler, Übersetzer.

Schriften: Arthur Sullivan. Ein Komponistenleben im viktorianischen England, 1993; Elgar, Britten & Co. Eine Geschichte der britischen Musik in zwölf Portraits, 1994; Leoš Janáček. Zeit – Leben – Werk – Wirkung, 2001; Fortunas Narren (Rom.) 2007; Oper. Einführung, 2011; Giuseppe Verdi. Einführung, 2013; Die Tugenden des Bösen (Erzn., Illustr. v. U. Grimm) 2013 (Selbstverlag); Britannia in Bamberg. Tage der britischen Musik (mit M. BRENDL) 2015; Luzifers Akolythen (hg. M. IMBSWEILER) 2020; «... es ist ein zu starker Contrast mit meinem Inneren!» Clara Schumann, Johannes Brahms und das moderne Musikleben, 2021.

Übersetzungen: B. Pandolfini, Kasparows Schachzüge. 144 analysierte Schachkombinationen, 1988; S. Taulbut, S. Sones, Der richtige Abtausch. Theorie und Anwendung im Schachspiel, 1989; R. D. Keene, Die Entwicklung der Schacheröffnungen. Von Philidor bis Kasparow, 1990; J. Samson, Reclams Musikführer Frédéric Chopin, 1991; I. Holst, Das ABC der Musik. Grundbegriffe, Harmonik, Formen, Instrumente (Vorw. B. BRITTEN) 1992 (NA mit dem Untert.: Grundbegriffe, Harmonik, Formen, Instrumente. Mit 164 Notenbeispielen, 2009; bibliogr. veränd. Nachdr. 2012); N. Pennick, Spiele der Götter. Ursprünge der Weissagung, 1992 (NA u. d. T.: Ursprünge der Weissagung. Von Orakeln, heiligen Zahlen und magischen Quadraten, 2003); M. Tippett, Essays zur Musik, 1998; N. Pennick, Ursprünge der Weissagung. Von Orakeln, heiligen Zahlen und magischen Quadraten, 2003.

Herausgaben: The Cambridge companion to Gilbert and Sullivan (mit D. EDEN) Cambridge 2009; SullivanPerspektiven (mit A. GIER, B. TAYLOR) 3 Bde. (I Arthur Sullivans Opern, Kantaten, Orchester- und Sakralmusik – II Arthur Sullivans Bühnenwerke, Oratorien, Schauspielmusik und Lieder – III Arthur Sulivans Musiktheater, Kammermusik, Chor- und Orchesterwerke) 2012–17. FA

Sartorius, Joachim, * 19.3.1946 Fürth; Sohn eines Diplomaten, Schulbesuch in Tunesien, im Kongo u. in Kamerun, 1963 Baccalauréat in Bordeaux, 1964–71 Stud. der Rechte u. Politikwiss. an Univ. in München, London, Straßburg u. Paris, 1973 zweites jurist. Staatsexamen, im selben Jahr Promotion zum Dr. iur. in München, 1974–86 u. a. als Pressereferent u. Gesandter in New York, Ankara u. Nikosia, war 1986–94 für das Berliner Künstlerprogr. des Dt. Akadem. Austauschdienstes verantwortlich, 1990–92 Vorsitzender des Kulturbeirats der EU-Kommission, leitete 1994–96 in der Berliner Senatsverwaltung die Abt. für kulturelle Angelegenheiten, 1996–2000 Generalsekretär des Goethe-Inst., wirkte 2001–11 als Intendant der Berliner Festsp., Honorarprof. an der Univ. der Künste Berlin, Mithg. der Lit.zs. «Sprache im techn. Zeitalter», verh. mit der Übers. u. Lit.agentin Karin Graf (* 1952); Juror des Friedrich-Gundolf-Preises, Stiftungsratsmitgl. des Friedenspreises des Dt. Buchhandels; lebt in Berlin. – (Neben weiteren Auszeichnungen) Stipendium der Rockefeller Foundation (1992), Paul-Scheerbart-Preis (1999), Chevalier des Arts et des Lettres (2011). – Jurist, Diplomat, Hg., Übers., Lyriker, Publizist, Intendant.

Schriften (Ausw.): Staat und Kirchen im francophonen Schwarzafrika und auf Madagaskar (Diss.) 1973; Sage ich zu wem (Ged.) 1988; J. L. Byars, The Golden Tower, 1992; Der Tisch wird kalt (Ged.) 1992; N. Goldin, Vakat (Bildbd., Ged. J. S.) 1993; Was im Turm begann. Ein Zyklus von siebzehn Gedichten (Bilder v. L. Lakner) 1995; James Lee Byars im Gespräch mit J. S., 1996; Keiner gefriert anders (Ged.) 1996; J. Roubaud, Edenkoben (Nachdg., Holzschn. v. K. Raasch) 1998; In den ägyptischen Filmen (Ged., Nachw. C. NOOTEBOOM) 2001; M. Neumann, Capucelle. 11 Zeichnungen, 52 Strophen (Künstlerb.) 2003; Ich habe die Nacht (Ged.) 2003; Das Innere der Schiffe. Zwischen Wort und Bild, 2006; A Tunis les palmiers sont menteurs, Saint-Pierre-la-Vieille 2007 (dt. u. frz.); Die Prinzeninseln; Hôtel des étrangers (Ged.) 2008; Die Prinzeninseln, 2009 (NA 2019); Mein Zypern oder die Geckos von Bellapais, 2013; Städte des Ostens (Illustr. v. R. Schalinski) 2015; Umarmung der Vögel (Ged.) 2015; Für nichts und wieder alles (Ged.) 2016; Der Mensch fürchtet die

Zeit – die Zeit fürchtet das Gedicht (hg. F. v. Ammon, H. Pils) 2017; Eidechsen. Ein Portrait (hg. J. Schalansky, Illustr. v. F. Nordmann) 2019; Der Schwan lässt sich in die Geliebte los. Wie Gedichte die Liebe erforschen, 2019; Wohin mit den Augen (Ged.) 2021.

Übersetzungen: J. Ashbery, Selbstporträt im konvexen Spiegel. Gedichte 1956–1977 (mit C. Cooper) 1977; P. Drieu La Rochelle, Geheimer Bericht und andere biographische Aufzeichnungen (auch Hg.) 1986; L. Dudek, For you, you = Für dich, dir. Ausgewählte Gedichte (mit C. Filips, mit Nachw. hg. B. Beutler) 2006 (dt. u. engl.); R. Gray, Schwindendes Licht. Gedichte (Kaltnadelradierungen v. C. Berg) 2007 (dt. u. englisch).

Herausgaben: M. Lowry, Gesamtwerk in Einzelausgaben 9 Bde. (I Hör uns, o Herr, der du im Himmel wohnst – II Oktoberfähre nach Gabriola – III Ultramarin – IV Fünfunddreißig Mescals in Cuautla – V Unter dem Vulkan – VI Spinette der Finsternis – VII Dunkel wie die Gruft, in der mein Freund begraben liegt – VIII Briefe. 1928–1957 – IX Die letzte Adresse und Erzählungen aus dem Nachlaß) 1979–85; W. C. Williams, Ausgewählte Werke in Einzelausgaben (I White mule. Erste Schritte in Amerika. Roman – II Kore in der Hölle. Frühe Schriften – III Die Messer der Zeit. Erzählungen – IV Gut im Rennen. Roman – V Der harte Kern der Schönheit. Ausgewählte Gedichte – VI Die Autobiographie – VII Paterson) 1987–98; Atlas der neuen Poesie, 1995; In dieser Armut, welche Fülle! Reflexionen über 25 Jahre auswärtige Kulturarbeit des Goethe-Instituts, 1996; Minima poetica. Für eine Poetik des zeitgenössischen Gedichts, 1999 (durchges. u. erw. Neuausg. 2003); Alexandria. Fata Morgana, 2001; J. Ashbery, Mädchen auf der Flucht. Ausgewählte Gedichte (Übers. E. Einziger u. a.) 2002; A. al Ǧubūrī, So viel Euphrat zwischen uns, 2003; Zwischen Berlin und Beirut. West-östliche Geschichten (Vorw. N. Kermani) 2007; Für die mit der Sehnsucht nach dem Meer. Gedichte, 2008; Niemals eine Atempause. Handbuch der politischen Poesie im 20. Jahrhundert, 2014.

Tonträger: Nachrichten von der Poesie. Lyrik, Inszenierung (hg. J. S., 1 CD) 2005.

Vorlaß: Briefe bzw. Briefw. u. a. im DLA Marbach, Schweiz. Lit.arch. Bern u. der UB Regensburg.

Literatur: LGL 2 (2003) 1081 f.; De Boor/Newald 12 (2006) 1051 f., 1054. – ‹Atlas der neuen Poesie›. Andreas Wang im Gespräch mit ~ (NDR) 1995; R. Birkholz, Reise um die Lyrikwelt auf 380 Seiten (in: Am Erker. Zs. für Lit. 19, H. 31) 1996, 83 (zu ‹Atlas der neuen Poesie›); N. H. Donahue, The Intimacy of Internationalism in the Poetry of ~ (in: Studies in Twentieth Century Literature 21, H. 1) Manhattan/KS 1997, 245–265; J. Stephan, Lyr. Visite. 3. Bei Friederike Mayröcker, ~ u. den Dichtern (in: NR 108, H. 1) 1997, 164–168; C. Jentzsch, ‹Minima Poetica›. ~ lädt zu einer Bestandsaufnahme der zeitgenöss. Poesie ein (in: Edit. Papier für neue Texte 19) 1999, 64–66; Das geschenkte Haus. Ein Gespräch mit ~, Intendant der Berliner Festspiele, über sein neues Festspielhaus, das Theatertreffen u. andere Pläne (in: Theater heute 42, H. 5) 2001, 1–4; D. Zurek, Kultur braucht Variabilität. Im Gespräch mit ~ über die Berliner Festwochen u. «Märzmusik» (in: Neue Zs. für Musik 163, H. 1) 2002, 52–54; F. Ph. Ingold, «Daß sich alles verändert hat, jedes, alles». Zu neuen Ged. von ~ (in: Sprache im techn. Zeitalter 41, H. 165) 2003, 124–126; A. Hoffmann, Die nahe Fremde. Istanbul im Spiegel der europ. Ggw.lit., 2012, 57–70 u. ö.; S. Krones, Späte Debütanten. Von schriftsteller. Anf. in fortgeschrittenem Alter (in: Zs. für Germanistik NF 22, H. 2) 2012, 259–273, hier 262; Im Land der Dichtung. Serena Jung u. Claudia Mäder treffen ~ (in: Lit. Monat. Das Schweizer Lit.magazin 14) 2013, 10–13; L. Rega, Senso della vista e didattica della traduzione (in: La brevitas dall'Illuminismo al XXI secolo. Scritti in onore di Giulia Cantarutti, hg. G. Cantarutti, S. Ferrari, P. M. Filippi) 2016, 313–321; Stefan Parrisius im Gespräch mit ~. Lyriker (BR) 2021; Internationales Lit.festival Berlin. Autor*innen (Internet-Edition); Lit.port Autorenlex. (Internet-Edition). FA

Saß, Rüdiger, * 1966 Elmshorn/Schleswig-Holst.; studierte Soziologie, Germanistik, Gesch. u. Politikwiss. an der Univ. Hamburg, verfaßte Beiträge u. a. für die Ztg. «Hamburger Abendbl.» u. die Zs. «Freibeuter»; lebt in Hamburg. – Soziologe, Autor.

Schriften: Hypochondrium. Montagmorgengeschichtetes, 2002; Goldgräber (Rom.) 2005; Nachtstühle (Erzn.) 2006; Das nervöse Zeitalter oder Literatur zum Kilopreis, 2012; Neues von der Heimatfront (Rom.) ²2013; Wenn das der Führer wüsste, 2019; Sein letztes Lächeln (Geschn.) 2020.

FA

Saturn, Vanessa → Busse, Vanessa.

Satyananda, Swami → Elten, Jörg Andrees.

Sauer, Beate (Ps. Bea Rauenthal), * 1966 Aschaffenburg; studierte Philos. u. Kath. Theol. an den Univ. Würzburg u. Frankfurt/M., derweil Mitarb. versch. Ztg., absolvierte nach dem Studienabschluß eine journalist. Ausbildung, ab 1997 in Köln wohnhaft; Mitgl. des Ver. für Kriminallit. «Syndikat» u. des Netzwerkes «Mörderische Schwestern»; lebt in Bonn. – 1. Preis des Nordrhein-Westfäl. Autorentreffens in der Kategorie Kriminalrom. (1997), Silberner Homer in der Kategorie Beziehung & Gesellschaft. – Romanautorin.

Schriften: Der Heilige in deiner Mitte (Kriminalrom.) 1999; Die Buchmalerin (hist. Kriminalrom.) 2005 (Sonderausg. 2006, 2008; Neuausg. 2016); Der Geschmack der Tollkirsche (hist. Kriminalroman) 2007; Der Stern der Theophanu (Rom.) 2009; Die Schwertkämpferin (hist. Rom.) 2010; Am Hofe der Löwin (Rom.) 2011; Die Rache der Heilerin (Rom.) 2013; Dreikönigsmord (Kriminalrom.) 2013; Fronleichnamsmord (Kriminalrom.) 2014; Karfreitagsmord (Kriminalrom.) 2014; Die Wächterin der Krone (Rom.) 2014; Echo der Toten. Ein Fall für Friederike Matthée (Kriminalrom.) 2018; Der Hunger der Lebenden. Ein Fall für Friederike Matthée (Kriminalrom.) 2019; Goldjunge (Kriminalrom.) 2020.

Literatur: Kölner Autoren-Lex. 1750–2000. (bearb. E. STAHL) Bd. 2: 1901–2000, 2000, 241; Histo-Couch.de (Internet-Edition); Krimi-Couch. Krimi-Autoren A-Z (Internet-Edition); Kriminetz (Internet-Edition); Das Syndikat. Ver. zur Förderung dt.-sprachiger Kriminallit. (Internet-Edition). FA

Sauermilch, Manfred → Haertel, Manfred.

Saul, Horst, * 18.1.1931 Hennef (Sieg); Sohn eines Zahnarztes, besuchte ab 1941 die Oberschule für Jungen in Siegburg, 1951 Abitur ebd., studierte 1951–57 Medizin, kath. Theol. u. Kunstgesch. an den Univ. Bonn u. Freiburg/Br., 1957 Promotion zum Dr. med. in Bonn, zunächst Assistenzarzt, arbeitete ab 1966 als Facharzt für Innere Medizin in Ahrweiler, Red.mitgl. der Lit.zs. «Dichtungsring», Veröff. von Beitr. in zahlr. Anthol. und Zs.; lebt in Bad Neuenahr-Ahrweiler. – Lyriker, Erzähler, Arzt.

Schriften: Die Bedeutung degenerativer Erkrankungen der Wirbelsäule für die Ätiologie der peripheren Arthrosen (Diss.) 1957; Verletzliches Dasein (Ged.) 1991; In deren Feuer du verbrennst. Gedichte und Prosatexte 1991 bis 1993, 1993; Herzzeitlose. Gedichte 1993/1994, 1995; Die Venus von Akakus. Erzählungen, Essays, Kurzgeschichten und biographische Skizzen (Fotos v. S. H.) 1998; Bemalte Einsamkeit. Gedichte 1995–1999, 1999; Wenn die Stunden Schatten schreiben. Ausgewählte Gedichte, 2002; In die Fänge der hungrigen See, 2004 (dt. u. rumän.); Als sei ein Anderes da (Ged.) 2005; Wurzelherz, du. Texte zu Liebe, Nähe und Abschied, 2010.

Literatur: J. ZIERDEN, Lit.Lex. Rhld.-Pfalz, 1998, 276; Lit.netz Mittelrhein (Internet-Edition); Rhld.-Pfälz. Personendatenbank (Internet-Edition). FA

Sauter, Andreas, * 19.8.1974 Zürich; erwarb 1995 das Grundschullehrerdiplom, besuchte 1997 kurzzeitig die Schausp.-Akad. Zürich, studierte 1998–2002 Szen. Schreiben an der Univ. der Künste Berlin (UdK), anschließend als Autor u. Theaterregisseur tätig, 2009–2011 Gastdoz. für Szen. Schreiben an der UdK, leitete Schreibwerkstätten an Theatern in Berlin, Paderborn u. Gelsenkirchen, entwickelte Schreibprojekte mit Schulklassen, seit 2015 gem. mit Ann-Marie Arioli (* 1969) u. Manuel Bürgin (* 1975) Leitung der Plattform «Dramenprozessor» am Theater Winkelwiese in Zürich; lebt in Berlin. – (Neben weiteren Auszeichnungen) Kleist-Förderpreis für junge Dramatik (2000, zus. mit Bernhard Studlar), Hörsp. des Jahres der Stiftung Radio Basel (2004, mit demselben). – Theater- u. Hörsp.autor, Regisseur.

Schriften: Lugano Paradiso oder So schön wie dieses Jahr hat der Flieder lange nicht geblüht. Die Schweiz im Kalten Krieg – eine Annäherung, 2018.

Theaterstücke (Ausw.): A. ist eine Andere (mit B. STUDLAR) Urauff. Chemnitz 2001 (Hörsp.bearb. DRS, Regie R. Ott, 2004); Unscheinbare Veränderung (mit DEMS.) Urauff. Zürich 2002; Liza – am letzten Abend bauchfrei, Urauff. Nürnberg 2002 (Hörsp.bearb. SRF, Regie M. Nonhoff, 2007); All about Mary Long (m. B. STUDLAR, Musik: G. Handler) Urauff. Stuttgart 2003; Fiege. Ein Stück ohne Geilheit (mit DEMS.) Urauff. Bielefeld 2004; Die Sekunde dazwischen. Monolog, Urauff. Osnabrück 2005 (Hörsp.bearb. SRF, Regie R. Ott, 2006); Rote Kometen (mit B. STUDLAR) Urauff. Bern 2005; Das Rote Schaf oder Die Prinzessin, die nicht lachen konnte. Kinderstück (mit DEMS.) Urauff. Neuss 2008; Der Mann im Turm oder Das Geheimnis der Zeit. Monolog, Urauff. Gießen 2008; Geld – her damit (mit B. STUDLAR) Urauff. Oldenburg 2009; Alles in Ordnung (mit DEMS.) Urauff. Stuttgart 2010; Das weiße Zimmer, Urauff. Qingdao/China 2011; Parat oder Nienedmeh isch nüd, Urauff. St. Gallen, 2016; Lugano Paradiso oder So schön wie dieses Jahr hat der Flieder lange nicht geblüht, Urauff. St. Gallen 2018; Warten auf Tränengas (mit B. STUDLAR) Urauff. Bregenz 2020.

Hörspiele: Liza, DRS 2007; Härzbluet, SRF 2008; Die wundersame Reise des Roman Horn (mit B. STUDLAR) SRF 2012; Grossvater und die Wölfe (nach dem gleichnamigem Kdb. v. P. O. ENQUISTS) SRF 2013; Läublis Traum, SRF 2014; Nennt mich nicht Ismael! (nach dem gleichnamigen Rom. v. M. G. BAUER) 3 Tle. (I Nennt mich nicht Ismael! – II Ismael und der Auftritt der Seekühe – III Ismael – Bereit sein ist alles) SWR 2015; Operation Data Saugus Rex, interaktives Hörspiel-Game (mit B. STUDLAR) SRF 2015/2016; Der Mann im Turm oder das Geheimnis der Zeit, SRF 2020.

Tonträger: Dr Grossvatter und d'Wölf (Bearb., 1 CD) 2019.

Literatur: Theater-Lex., Nachtr.bd. 5 (2017) 389. – A. DÜRRSCHMIDT, D. L. EILERS, Mehr als das fünfte Rad am Theaterkarren. Rolf Kemnitzer, ~ u. Katharina Schlender im Gespräch (in: Theater der Zeit. Zs. für Politik u. Theater 62, H. 10) 2007, 24–29; ARD Hörsp.datenbank (Internet-Edition); Hörsp.datenbank. Hördat (Internet-Edition); Hörsp.datenbank HspDatto (Internet-Edition). FA

Sautner, Thomas, * 24.4.1970 Gmünd/Niederöst.; studierte u. a. Politikwiss. an der Univ. Wien, 1997 Promotion zum Dr. phil. ebd., Mitarb. der Zs. «Profil» u. «Wirtschaftswoche» sowie der Ztg. «Wirtschaftsbl.», Ressortleiter für Außenpolitik bei letztgen. Ztg., veröff. Ess. u. Erzn. in den Ztg. «Der Standard», «Die Presse» u. «Wiener Ztg.»; lebt im Waldviertel u. in Wien. – Journalist, Schriftsteller.

Schriften: Die Europäische Union vor der Währungsunion (Diss.) 1997; Fuchserde (Rom.) 2006; Milchblume (Rom.) 2007; Fremdes Land (Rom.) 2010; Der Glücksmacher (Rom.) 2012; Waldviertel steinweich. Ein literarischer Reise- und Heimatbegleiter, 2013; Die Älteste (Rom.) 2015; Rabenduft (Bilderb., Illustr. v. T. Kriebaum) 2016; Das Mädchen an der Grenze (Rom.) 2017; Großmutters Haus (Rom.) 2019; Das Mädchen an der Grenze (Rom.) 2019; Die Erfindung der Welt (Rom.) 2021.

Literatur: S. HUBER, «Aber privat sein war so gar nicht sein Fall». Räume des Privaten in den Überwachungsrom. «Corpus Delicti» von Juli Zeh u. «Fremdes Land» von ~ (in: Workshop privates Erzählen. Formen u. Funktionen von Privatheit in der Lit. des 18. bis 21. Jh., hg. S. BURK, T. KLEPIKOVA, M. PIEGSA) 2018, 195–218; DIES., Der überwachende Erzähler – Blick u. Stimme im gegenwärtigen Überwachungsrom. Erzählperspektive u. System-Diskurs in den Dystopien «Corpus Delicti» u. «Fremdes Land» (in: Orwells Enkel. Überwachungsnarrative, hg. W. JUNG, L. SCHÜLLER) 2019, 71–97; Austria-Forum (Internet-Edition). FA

Sawatzki, Andrea, * 23.2.1963 Schlehdorf/Obb.; Tochter einer Krankenschwester u. eines Journalisten, wuchs in Vaihingen an der Enz auf, frühe Alzheimer- u. Krebs-Erkrankung des Vaters, bis 1987 Stud. an der Neuen Münchner Schauspielschule, 1988–92 Engagements am Schauspielhaus Stuttgart, der Landesbühne Wilhelmshaven u. den Kammerspielen München, 1988 erste Filmrolle in der → Goethe-Adaption «Faust. Vom Himmel durch die Welt zur Hölle» (Regie D. Dorn), erlangte Bekanntheit durch ihre Mitw. an dem mehrteiligen Fernsehfilm «Der König von St. Pauli» (1998, Regie D. Wedel) u. dem Kinofilm «Die Apothekerin» (1997, Regie R. Kaufmann), spielte 2002–10 die Kommissarin Charlotte Sänger in der Kriminalserie «Tatort» (ARD), Sprecherin von zahlr. Hörbüchern u. Synchronsprecherin für Filme wie «Der fantast. Mr. Fox» (2009, Regie W. Anderson) u. «Der gestiefelte Kater» (2011, Regie C. Miller), ihr Debütrom. «Ein allzu braves Mädchen» (2013) erlangte Bestsellerstatus, S. übernahm mehrmals die Rolle der Gisela Bundschuh in Verfilmungen ihrer Rom. durch das ZDF; lebt in Berlin. – (Neben weiteren Auszeichnungen) Adolf-Grimme-Preis (2005), Hess. Fernsehpreis (2006), Dt. Vorlesepreis (2009), Bayer. Fernsehpreis (2011), Dt. Trickfilmpreis (2012). – Schauspielerin, Romanautorin.

Schriften: Ein allzu braves Mädchen (Rom.) 2013; Tief durchatmen, die Familie kommt (Rom.) 2013 (2015 verfilmt, Regie V. Naefe); Von Erholung war nie die Rede (Rom.) 2014 (2017 verfilmt, Regie V. Naefe); Der Blick fremder Augen (Kriminalrom.) 2015 (Überarb. Taschenbuchausg. mit dem Untert.: Psychothriller, 2016); Ihr seid natürlich eingeladen

(Rom.) 2016 (2018 verfilmt, Regie T. Nennstiel); Andere machen das beruflich (Rom.) 2019 (Hörb., 6 CDs, 2019); Woanders ist es auch nicht ruhiger (Rom.) 2021.

Literatur: Munzinger-Archiv. – Filmportal.de (Internet-Edition); The Internet Movie Database (Internet-Edition); Lex. des Internationalen Films (Internet-Edition). FA

Sayer, Walle, * 13.9.1960 Bierlingen/Kr. Tübingen; besuchte das Gymnasium in Rottenburg/Neckar, absolvierte 1977–80 eine Ausbildung zum Bankkaufmann in Tübingen, Gelegenheitsarbeiten, gab Dt.unterricht für Asylsuchende in Horb/Neckar, arbeitete 1985–91 in einer Kulturgaststätte ebd., veröff. Ged. in Anthol. u. Jb., auch Beitr. in Lit.zs. wie «Akzente», «Manuskripte» u. NDL; lebt in Horb. – (Neben weiteren Auszeichnungen) Vera-Piller-Poesiepreis (1989), Thaddäus-Troll-Preis (1994), Stipendium der Kunststiftung Baden-Württ. (1995), Förderpreis des Friedrich-Hölderlin-Preises (1997), Hermann-Lenz-Stipendium (1999), Sonderpreis beim Irseer Pegasus (2003), Staufer-Medaille des Landes Baden-Württ. (2005), Aufenthaltsstipendium im Kloster Cismar (2007), Förderpreis des Ludwig-Uhland-Preises (2009), Basler Lyrikpreis (2017), Spreewald Lit.stipendium (2017), Gerlinger Lyrikpreis (2018), Jahresstipendium des Dt. Literaturfonds (2020/21). – Schriftsteller.

Schriften: Die übriggebliebenen Farben (Ged.) 1984; Briefe aus Bierlingen. Gedichte und kurze Prosa, 1986; Fußabdrücke geflohener Engel, 1990; Glockenschläge. Kurze Prosa, 1990; Zeitverwehung (Ged.) 1994; Kohlrabenweißes. Menschenbilder, Ortsbestimmungen, Prosazyklen, 1995; Fundus. Notizbuchseiten, 1997; Ausgangspunkt (Ged., Ausw. H. G. Bulla, bebildert v. E. van der Wal) 1998; Irrläufer (Ged.) 2000; Kohlrabenweißes. Menschenbilder, Ortsbestimmungen, Prosazyklen, 2001; Kleine Studie, 2001; Von der Beschaffenheit des Staunens. Miniaturen, Notate und ein Panoptikum, 2002; Den Tag zu den Tagen (Ged.) 2006; Kerngehäuse. Eine Innenansicht des Wesentlichen. Aufzeichnungen, Prosagedichte, 2009; Zusammenkunft. Ein Erzählgeflecht, 2011; Strohhalm, Stützbalken (Ged.) 2013; Was in die Streichholzschachtel paßte. Feinarbeiten, 2016; Mitbringsel (Ged.) 2019; Nichts, nur. Gedichte und Miniaturen, 2021.

Vorlaß: Briefw. im DLA Marbach; Typoskript im Schweiz. Lit.arch. Bern.

Literatur: W. Bucher, ~ – oder Wenn Wurzeln zu Fesseln werden, muss man gehn ... (in: Orte. Eine Schweizer Lit.zs. 14, H. 70) 1989/90, 23; J. Stelling, Wir können nicht hierbleiben u. wir können auch nicht fortgehen. Für ~ (ebd.) 1989/90, 46 f.; H. Bausinger, Laudatio für ~. Anläßlich der Verleihung des Thaddäus-Troll-Preises am 21. September 1994 (in: Allmende. Zs. für Lit. 14, H. 42/43) 1994, 248–254; V. Masciadri, Ortsgabe (in: Orte. Eine Schweizer Lit.zs. 14, H. 96) 1995/96, 60 f. (zu ‹Zeitverwehung›); H. Bausinger, Dorfkultur u. Dorfkulturen (in: Pro regio 3, H. 8) 1991, 9–15, hier 15; J. Egyptien, Der Epiker des Augenblicks. Zu ~ staunenswerter ‹Beschaffenheit des Staunens› (in: Die Horen 48, H. 211) 2003, 167–169; D. Göttsche, Zeitpoetik in Kleiner Prosa der Ggw. (in: Critical Time in Modern German Literature and Culture, hg. ders.) 2016, 249–270; T. Breuer, Aus dem Hinterland. Lyrik nach 2000, 2005, 67, 75, 124 f. u. ö.; H. Englisch, Wortseliger Wirklichkeitsträumer. Dem Hausmann, Aushilfskellner u. Dichter ~ zum Fünfzigsten (in: Lit.bl. für Baden-Württ. 17, H. 5) 2010, 14 f.; A. Ranft-Rehfeldt, Die Naht zw. Nacht u. Frühe. Gespräch mit ~ (in: Orte. Eine Schweizer Lit.zs. 38, H. 189) 2016, 65–71; Autorinnen u. Autoren in Baden-Württ. (Internet-Edition); Lit.szene Stuttgart-Region, StB Stuttgart (Internet-Edition); Poetenladen. Poeten (Internet-Edition). FA

Schaaf, Michael, * 4.2.1964 Hamburg; studierte Pädagogik in Hamburg, leitete nach dem Diplom Kindertagesstätten ebd. u. in Schleswig-Holst., absolvierte eine Ausbildung zum Qualitätsmanager für soziale Dienstleistungsunternehmen, war Referent für Qualitätsmanagement beim Verband Evang. Kindertageseinrichtungen in Schleswig-Holst., arbeitete als Projektleiter für das Diakon. Werk Hamburg, als Berater von Kindertagesstätten tätig, veröff. Beitr. in der Fachzs. «TPS. Theorie u. Praxis der Sozialpädagogik»; lebt in Hamburg. – Pädagoge, Kinder- u. Jugendbuchautor.

Schriften: Das größte Abenteuer aller Zeiten (Illustr. v. I. Lux-Lemke) ²2002; Askartus und Erde, 2003; Capitano, 2005; Max im HSV-Internat. Für alle kleinen und großen HSV-Fans, 2006 (Selbstverlag); Max und die Fußball- Weltmeisterschaft,

2007 (Selbstverlag); Max in Südafrika, 2010 (Selbstverlag); Das Todesriff der Tigerhaie, 2011 (Selbstverlag); Halldor im Bücherparadies, 2012 (Selbstverlag).
Literatur: Autoren u. Autorinnen an Hamburger Schulen (Internet-Edition). FA

Schablewski, Frank, * 20.3.1965 Hannover; wuchs in Hannover auf, studierte ab 1985 bildende Kunst u. Lit. an der staatl. Akad. der bildenden Künste Düsseldorf, ab 1987 zudem Tanzstud. an versch. Einrichtungen in Dtl., Frankreich u. der Schweiz, Aufenthalte in Amsterdam, Istanbul u. Israel, gefördert durch Hans → Bender, Tuvia → Rübner u. Paul → Wühr, Vertonung seiner Ged. durch die Komponisten Peter Gahn (* 1970) u. Gerhard Stäbler (* 1949), erhielt Einladungen für Poesiefestivals in Basel, Berlin u. Istanbul; lebt in Düsseldorf. – (Neben weiteren Auszeichnungen) Stipendium der Hermann-Haake-Stiftung (1999), Stipendium der Stiftung Kunst u. Kultur NRW (1999, 2001), Arbeitsstipendium der Stadt Düsseldorf (2001), Aufenthaltsstipendium des Künstlerdorfes Schöppingen (2002), Reisestipendium Türkei des Landes Nordrhein-Westf. (2003), Förderpreis für Lit. der Landeshauptstadt Düsseldorf (2003), Reisestipendium für Israel der Stadt Düsseldorf (2004), Übersetzerstipendium Hebräisch in Straelen (2015), Istanbul-Stipendium der Kunststiftung NRW (2016). – Kunsttheoretiker, Schriftst., Übersetzer.
Schriften (ohne Ausstellungskat.): Süßholzköpfe. Ausgewählte Texte, 1998; Lauffeuerpausen (Ged.) 1999; Wasserfelle. Gedichte 1984–2000, 2001; Mauersegler (Ged.) 2002; Eros-Ionen (Ged.) 2003; Nebengeräusche (Ged.) 2005; Havarie (P.) 2015; Engelkadaver, 2018; Ein Paar aus vier Menschenhälften (Rom.) 2020. (Ferner ungedr. Bühnenstücke.)
Übersetzungen: W. Whitman, Liebesgedichte (Ausw. F. S., Vorw. J. Urzidil, Nachw. J. Brôcan) 2010 (dt. u. engl.); R. Someck, Nägel (mit L. Böhmer) 2012.
Tonträger: Spielraum (1 CD) 2006.
Literatur: B. Albers, Wir Außenseiter. 33 Jahre Rimbaud-Verlag 1981–2014, 2015; Lit.radio Vorarlberg (Internet-Edition); Lit.stadt Düsseldorf. Autoren (Internet-Edition); NRW-Lit.-OnlineDatenbank (Internet-Edition). FA

Schache, Rüdiger (Ps. Richard Wilder), * 3.10.1963 Starnberg; Stud. der Wirtschaftswiss. u. Psychologie in München, als Manager in einem Industrieunternehmen tätig, Aufenthalte in Asien u. Mittelamerika, ab 2008 Autor von Sachb. u. esoter. Ratgebern, zudem Seminarleiter u. Betreiber eines Zentrums für Naturheilkunde; lebt in Tutzing/Oberbayern. – Lebensberater, Manager.
Schriften (ohne Ratgeber u. Sachbücher): Das Sydney-System (Rom.) 1994; Der Präsident und sein Engel (Rom., Illustr. v. T. Georg) 2005; Der Traumwanderer. Eddie Kramer und die Suche nach dem Buch der Träume (Rom.) 2005; Meine wilden Jahre. Memoiren des Engels 002 (Rom.) 2006; Spätestens in Sweetwater (Rom.) 2012; Der Weg des sanften Löwen. Warum es sich lohnt, anders zu sein (Rom.) 2016; Winston Flash und der Sinn des Lebens (Rom.) 2016. FA

Schachinger, Marlen, * 12.12.1970 Braunau/Inn; studierte 1989–96 Vergleichende Lit.wiss., Germanistik u. Romanistik an der Univ. Wien, 2012 Promotion zur Dr. phil., ab 2012 Co-Leiterin des Inst. für Narrative Kunst in Wien, Lehrauftrag am Inst. für Vergleichende Lit.wiss. der Univ. ebd., schrieb Beitr. u. a. für das Jb. «Facetten», die Vjs. «Die Rampe» sowie für die Wochenendbeilage «Spectrum» der Tageszeitg. «Die Presse»; 2005 Mitgl. des Netzwerkes «Mörderische Schwestern»; lebt in Wien u. in Gaubitsch/Niederösterreich. – (Neben weiteren Auszeichnungen) Ernst-u.-Rosa-v.-Dombrowski-Stiftungspreis für Lit. (2002), Mira-Lobe-Stipendien für Jugend- u. Kinderlit. (2004), Lise-Meitner-Lit.preis (2007), Wiss.- u. Forsch.stipendium der Stadt Wien (2010), Arbeitsstipendium für Lit. Wien (2011), Leistungsstipendium der Univ. ebd. (2012), Arbeitsstipendium der Mörder. Schwestern (2015), Anerkennungspreis des Niederöst. Kulturpreises (2016), Writer in Residence in Pristina/Kosovo (2018), Stadtschreiberin von Wels (2019), Johann-Gottfried-Seume-Lit.preis (2019), Stadtschreiberin von Magdeburg (2021). – Literaturwissenschaftlerin, Hochschullehrerin, Schriftstellerin.
Schriften: Morgen, vielleicht, 2000; Störung (Kurzgeschn.) 2004; Wien. Stadt der Frauen. Eine Reiseführerin, 2006; Der Unschuld Verlust (Kriminalrom.) 2005; Ich, Carmen (Erz.) 2006; Nur du, allein, 2008; Hertha Firnberg. Eine Biographie, 2009; Denn ihre Werke folgen ihnen nach, 2013; ¡Leben! Faction-Roman, 2013; Werdegang.

AutorInnen zwischen autodidaktischer und institutioneller Ausbildung (Diss.) 2012 (Buchausg. u. d. T.: Werdegang. Varianten der Aus- und Weiterbildung von Autor/innen, 2013); Albors Asche (Rom.) 2015; Martiniloben (Rom.) 2016; Unzeit (Erzn.) 2016; Requiem. Fortwährende Wandlung (mit M. ORTHS, M. STAVARIČ) 2017; Kosovarische Korrekturen. Versuch über die Wahrheit eines Landes (Reiseber.) 2019.

Herausgaben: schreibSPUREN 2010. Junge Literatur. Eine Anthologie, 2010; Identitäten. Spuren schreiben – Spuren lesen, 2011; Brüchige Welten. Spuren suchen, Spuren schreiben. Anthologie (mit D. FLEISCHMANN) 2012; Übergrenzen (mit J. MILCHRAM, R. SÖREGI) 2015; Fragmente. Die Zeit danach, 2020.

Literatur: Kriminetz.de (Internet-Edition); Lit.haus Wien (Internet-Edition); Lit.netz.at (Internet-Edition); Lit.port Autorenlex. (Internet-Edition). FA

Schade, Waltraud, * 13.5.1946 Stuttgart; Schulbesuch in Stuttgart, Gelegenheitsarbeiten u. a. bei einer Versicherung, einem Kdb.verlag u. einer Fabrik, studierte 1974–84 Neuere Dt. Philol., Politik u. Soziologie an der Univ. Frankfurt/M. u. an der FU Berlin, nachfolgend Korrektorat bei den Berliner Verkehrsbetrieben, 1998/99 wiss. Mitarb. der Magnus-Hirschfeld-Gesellsch., betreute das Arch. u. die Bibl. eines Gymnasiums in Berlin, 2007/08 Recherche- u. Lektoratsarbeiten für den Forsch.verbund SED-Staat, Mitarb. der Frauenfothek Berlin, an der Veröff. von Ausstellungskatalogen zu kulturpolit. Themen beteiligt; ihr Buch «Tango mit Alice» (2015) (erw. Fass. «Schwarzer Tango» [2016]) schildert ihre mutmaßl. Liebesbeziehung mit Alice → Schwarzer in den 1970er Jahren, 2015/16 wurde der Verkauf der beiden Titel gerichtlich untersagt; Mitgl. des Netzwerks «Mörderische Schwestern»; lebt in Berlin. – Germanistin, Autorin.

Schriften: Tod am Rhein. Ein Schauspiel frei nach Originalzitaten aus der Korrespondenz der Karoline von Günderrode, 2006 (Selbstverlag); Bettine Brentano und Karoline von Günderrode. Ein Gespräch, 2006; Tango mit Alice. Erinnerungen an Alice Schwarzer in Dur und Moll, 2015 (erw. Fass. u. d. T.: Schwarzer Tango. Erinnerungen an Alice Schwarzer, 2016); Schicksalsfragmente Eins (Erzn.) 2016 (Selbstverlag); Schicksalsfragmente Zwei (Erzn.) 2016 (Selbstverlag).

Literatur: Verband dt. Schriftst. (VS) in der ver.di. Autoren (Internet-Edition). FA

Schädlich, Susanne, * 29.11.1965 Jena; Tochter einer Lektorin u. des Schriftst. Hans Joachim → Schädlich, wuchs in Jena u. Berlin auf, 1977 mit der Familie Ausreise aus der DDR, in Hamburg u. Berlin-West wohnhaft, ging 1987 nach Los Angeles, studierte Neuere Dt. Philol. an der Univ. of Southern California (USC) ebd., als lit. Übers. tätig, wiss. Mitarb. am «Max Kade Institute for Austrian-German-Swiss Studies» an der USC, 1999 Rückkehr nach Dtl., freie Mitarb. u. a. beim «Rhein. Merkur»; lebt in Berlin. – Max Kade Center Writers-In-Residence, Dickinson College/PA (2010), Max Kade Writer in Residence Program, Oberlin College and Conservatory/OH (2011), Lit.stipendium der Stiftung Preuß. Seehandlung (2011/12), Lit.stipendium des Berliner Senats (2012), Johann-Gottfried-Seume-Lit.preis (2015). – Schriftst., Journalistin, Übersetzerin.

Schriften: Karen Horney. Die Rivalin Freuds (Biogr.) 2006; Familienstücke. Eine Spurensuche (mit D. HOPE) 2007; Nirgendwoher, irgendwohin (Rom.) 2007; Immer wieder Dezember. Der Westen, die Stasi, der Onkel und ich, 2009; Wieder emol drham! Geschichten und Verschle in vogtländischer Mundart, 2009; Westwärts, so weit es nur geht. Eine Landsuche, 2011; Herr Hübner und die sibirische Nachtigall (Rom.) 2014; Hightech Hack. Moderne Technik – Erklärt und Illustriert (Illustr. v. J. Block) 2016; Briefe ohne Unterschrift. Wie eine BBC-Sendung die DDR herausforderte, 2017.

Übersetzungen: C. K. Cambray, Mordsmäßig fit. Krimi, 1994; N. da Obradović, Die Suche nach dem Regengott. Afrikanische Geschichten, 1994; R. Hellenga, Das verbotene Buch der Lüste. Roman, 1996; M. L. Latt, Mörderische Affäre. Roman, 1996; S. Marini, Das letzte Indiz. Thriller, 1996; A. F. Loewenstein, Das Sorgenmädchen. Eine Kindheit im Hause Freud, 1997; N. Evans, Die wir am meisten lieben. Roman, 2011; A. Ralston, 127 hours, im Canyon. Fünf Tage und Nächte bis zur schwierigsten Entscheidung meines Lebens, 2005 (Sonderausg. u. d. T.: 127 Hours, im Canyon. Fünf Tage und Nächte bis zur schwierigsten Entscheidung meines Lebens, 2011); H. OBER (d. i. S. DUBLANICA), «Die Rechnung bitte!» Bekenntnisse eines Kellners, 2010; N. Evans, Die wir am meisten lieben. Roman, 2011; S. Bugler, Nebelspiel. Thriller, 2016; dies., Schattenfänger. Thriller, 2017; dies., Kälteherz. Thriller, 2019.

Herausgaben: Ein Spaziergang war es nicht. Kindheiten zwischen Ost und West (mit Anna S.) 2012.

Vorlaß: Briefe u. Typoskript im Schweiz. Lit.arch. Bern.

Literatur: S. Kyora, «Die Revolution war über ihr Leben gekommen wie ein plötzliches Unwetter …». Neuere Lit. zur Wende 2010 (in: Grenzenlos. Mauerfall u. Wende in [Kinder- u. Jugend-]Lit. u. Medien, hg. U. Dettmar, M. Oetken) 2010, 207–223; N. Nowroth, Von Sachen, Spitzeln u. Schafspelzen. Eine intertextuelle Analyse der Werke «Die Sache mit B.» u. «Immer wieder Dezember» von ~ (in: Focus on German Studies 19) Cincinnati/OH 2012, 149–167; B. Mabee, R. Weiss, Erinnerungsarbeit u. Identität in ~s Texten (in: «Es ist seit Rahel uns erlaubt, Gedanken zu haben». Essays in Honor of Heidi Thomann Tewarson, hg. S. R. Huff) 2012, 277–292; E. Jilovsky, A. Lewis, The 1.5 generation's money of the GDR. Child Victims Testify to the Experience of Forced Exile (in: GLL 68, H. 1) 2015, 106–124; dies., Witnessing, Intergenerational Memory, and the Stasi Archive. ~s «Immer wieder Dezember» (in: Ggw.lit. 14) 2015, 315–335; M. Naumann, Arch., Stasi-Akten u. Geschlechterwissen in ~s «Immer wieder Dezember. Der Westen, die Stasi, der Onkel u. ich». Selbstnarration als Sichtbarwerden (in: Sichtbar unsichtbar. Geschlechterwissen in [auto-]biogr. Texten, hg. M. Heidegger u. a.) 2015, 119–132; M. González de León, El recuerdo de la expatriación de Wolf Biermann en Marion Brasch, André Kubiczek, Maxim Leo, Eugen Ruge y ~ (in: Historia, memoria y recuerdo. Escrituras y reescrituras del pasado en la narrativa en lengua alemana desde 1945, hg. L. Domínguez u. a.) Madrid 2018, 59–70; Lit.port Autorenlex. (Internet-Edition); Zeitzeugenbüro (Internet-Edition). FA

Schäfer, Andreas, * 20.5.1969 Hamburg; Sohn dt.-griech. Eltern, wuchs in Frankfurt/M. auf, studierte Germanistik, Kunst- u. Rel.wiss. an den Univ. ebd., in Kassel u. Berlin, 1997–2003 als Kulturreporter u. Theaterkritiker der «Berliner Ztg.» tätig, verfaßt seit 2006 Beitr. für den «Tagesspiegel» u. Lit.zs. wie «Edit», NDL u. «Sprache im techn. Zeitalter», 2009 Teilnahme am Ingeborg-Bachmann-Wettbewerb, war Doz. am Schweiz. Lit.inst. in Biel, leitet Schreibwerkstätten auf der griech. Insel Ägina; lebt in Berlin. – Förderpreis des Bremer Lit.preises (2003), Lit.preis der Lichtburg-Stiftung (2003), Anna-Seghers-Preis (2010, gem. mit Félix Bruzzone), Villa Aurora Aufenthaltsstipendium, Los Angeles (2017). – Kulturjournalist, Schriftsteller.

Schriften: Auf dem Weg nach Messara (Rom.) 2002; Wir vier (Rom.) 2010; Gesichter (Rom.) 2013; Das Gartenzimmer (Rom.) 2020.

Literatur: Munzinger-Archiv. – B. Schwitzgebel, ~, Auf dem Weg nach Messara (in: Der Rom.führer […] 48, hg. H.-C. Plesske) 2010, 79 f.; M. Fessmann, Laudatio auf ~ (in: Argonautenschiff 20) 2011, 33–37; M. Weitz, Geistesfreiheit in Zeiten der Flüchtlingskrise. Top. Ggw. bei ~, Jenny Erpenbeck u. Terézia Mora (in: Geistesfreiheit. Dt. Lit. zw. Autonomie u. Fremdbestimmung. Internationale Tagung des German. Inst. der Univ. Pécs vom 9. u. 10. Mai 2019, hg. R. Hillenbrand, Z. Szendi) 2020, 351–363; Hess. Lit.rat, Autorenverz. (Internet-Edition); Lit.port Autorenlex. (Internet-Edition). FA

Schäfer, Frank (Ps. Fritz Pfäfflin), * 22.9.1966 Wolfsburg; wuchs in der Lüneburger Heide auf, spielte Gitarre in der Heavy Metal Band «Salem's Law», studierte Germanistik u. Gesch. in Braunschweig, war 1995–2000 Mithg. von «Griffel. Magazin für Lit. u. Kritik», 1996 Promotion zum Dr. phil. in Braunschweig, veröff. Beitr. in Ztg. u. Zs., u. a. in «Junge Welt», «Neue Zürcher Ztg.», «Rolling Stone» u. «Konkret»; lebt in Braunschweig. – Musik- u. Literaturkritiker, Schriftsteller.

Schriften: Lichtenberg und das Judentum (Diss.) 1996 (als Buchausg. 1998); Die Goldenen Siebziger. Ein notwendiges Wörterbuch (mit G. Fricke, R. Wartusch) 1997; Das Campus-Wörterbuch. Der obligatorische Führer von Abitur bis Zwangsexmatrikulation (mit G. Fricke, D. Schwanitz) 1998; Lichtenberg-ABC, 1998; Petting statt Pershing. Das Wörterbuch der Achtziger (mit G. Fricke) 1998; Lichtenberg – Schmidt – Rühmkorf. Eine kleine Analogie- und Ableitungskunde, 1999; Lexikon der Rockgitarristen. Von Ritchie Blackmore bis Frank Zappa (mit M. Rudolf) 1999; Für alles gibt's ein erstes Mal. Das Buch der Bahnbrecher, Vordenker und Neutöner (G. Fricke) 1999; Die Entdeckung des Mangelhaften. Lichtenberg und Goethe, 2000; Kultbücher. Von «Schatzinsel» bis «Pooh's corner». Eine Auswahl (mit Gastbeitr. v.

H. EL KURDI u. a.) 2000 (verb. u. stark erw. Aufl. u. d. T.: Kultbücher, was man wirklich kennen sollte, 2005); Die Welt ist eine Scheibe. Rockroman, 2001 (Sonderausg. 2016); Sommer der Hiebe. Rock-'n'-Roll-Haiku, 2001; Heavy Metal. Geschichten, Bands und Platten (Zeichn. v. E. Egner) 2001; Ich bin dann mal weg. Streifzüge durch die Pop-Kultur, 2002; Harte Kerle, 2003; Pop! Alltag! Wahnsinn! Ein unsachliches Lexikon, 2003; Verdreht, 2003; Pünschel gibt Stoff. Stories, 2004; Was soll der Lärm? Rock-Kritiken, 2005; Kleinstadtblues. 10 Stories, 2007; Zensierte Bücher. Verbotene Literatur von Fanny Hill bis American Psycho, 2007; Generation Rock. Konzeptalbum (mit Audio-CD) 2008; Homestories. Zehn Visiten bei Schriftstellern, 2008; Woodstock '69. Die Legende, 2009; 111 Gründe, Heavy Metal zu lieben. Ein Kniefall vor der härtesten Musik der Welt, 2010 (erw. Neuausg. mit dem Untert.: Die erweiterte Neuausgabe des Standardwerks mit 33 brandheißen Bonusgründen, 2011); Der rasante Rezensent, 2 Bde. (I Alte Autos und Rock'n'Roll – II Rumba mit dem Rumsäufern) 2010/11; Talking Metal. Headbanger und Wackengänger, die Szene packt aus!, 2011; Being Jimi Hendrix. Ein Essay, 2012; Der kleine Provinzberater oder Vom schönen Leben auf dem Lande (Illustr. v. J. Moskito) 2012; Metal Störies. Der heißeste Scheiß auf Gottes großer Festplatte, 2013; BLAM! BLAM! BLAM! Ein Comic(ver)führer, 2014; Metal Anthology. Ansichten und Meinungen eines Schwermetallsüchtigen, 2014; Der Couchrebell. Streifzüge durchs wahre Leben, 2015; 1966. Das Jahr, in dem die Welt ihr Bewusstsein erweiterte, 2016; Hühnergötter (Rom.) 2017; Henry David Thoreau. Waldgänger und Rebell. Eine Biographie mit zahlreichen Abbildungen, 2017; Burg Herzberg Festival since 1968 (Nachw. U. HOLBEIN) 2018; Jagdszenen in Niedersachsen (Fotos v. Oscar S.) 2019; Rebellion, 2020; Die Neuerfindung des Rock'n'Roll. Essays, 2020; Notes on a Dirty Old Man. Charles Bukowski von A bis Z, 2020; Das andere Amerika. Literarische Porträts, 2021; Krachgeschichten, 2021.

Herausgaben: C. Meiners, Ueber die Natur der afrikanischen Neger und die davon abhangende Befreyung, oder Einschränkung der Schwarzen (mit Nachw. hg.) 1997; The Boys are Back in Town. Mein erstes Rockkonzert. Ein Lesebuch, 2000; A Tribute to Jimi Hendrix, 2002; Soundtrack eines Sommers. Wie Popsongs unser Leben retteten, 2005; H. Salzinger, Best of Jonas Überohr. Popkritik 1966–1982, 2010; Hear 'em All. Heavy Metal für die eiserne Insel, 2018.

Vorlaß: Briefe u. Ms. im DLA Marbach.
Literatur: Lit.datenbank Nds. (Internet-Edition).
FA

Schäfer, Marcella → Berger, Marcella.

Schäfer, Ulrike, * 24.10.1965 München; wuchs in Schweinfurt auf, ab 1985 in Würzburg wohnhaft, studierte Germanistik, Philos. u. Informatik an der Univ. Würzburg, lehrte 1992–94 dt. Sprachwiss. u. Dt. für Ausländer ebd., war als selbständige Softwareentwicklerin u. -beraterin tätig, ab 2007 Veröff. von Beitr. in Lit.zs. u. Anthol., ab 2010 freie Webdesignerin, engagiert sich im Kulturbeirat der Stadt Würzburg, Sprecherin des Ver. «Autorenkreis Würzburg», neben Hanns Peter → Zwißler u. Martin Heberlin Mitgl. der Autorengruppe «liTrio», bearb. Leonhard → Franks Rom. «Die Jünger Jesu» für die Bühne (Urauff. Würzburg 2015), ab 2016 Leiterin von Schreibwerkstätten bzw. Schreibberaterin; lebt in Würzburg. – (Neben weiteren Auszeichnungen) Würth-Lit.preis (2010), erostepost-Lit.preis (2013), Frauen-Lit.preis des Kulturver. Lisa (2014), Leonhard-Frank-Preis (2014), Jurypreis beim Irseer Pegasus (2014), Stipendium im Stuttgarter Schriftst.haus (2015), Kulturförderpreis der Stadt Würzburg (2017). – Dozentin, Germanistin, Informatikerin, Schriftstellerin.

Schriften: Nachts, weit von hier (Erzn.) 2015. (Ferner ungedr. Bühnenstücke.)
Literatur: Autorenwelt (Internet-Edition); Lit.port Autorenlex. (Internet-Edition); Lit.portal Bayern (Internet-Edition).
FA

Schäfer-Syben, Ethy (geb. Kloebe), * 11.8.1922 Athen, † 30.1.2013 Bremen (?); Vorstandsmitgl. u. Pressereferentin der Starkenburg Sternenwarte Heppenheim, lebte zuletzt in Bremen. – Lyrikerin.

Schriften: Science-fiction. Astronomie und Phantasie, 1983; Sternengesänge. Gedichte zu Astrofotografien (Geleitw. H. HABER) 1989; Metamorphose. Bildwerke von M. C. Escher in Gedichten nachgezeichnet, 1993.
FA

Schärf, Christian, * 24.12.1960 Ludwigshafen/Rhein; Schulbesuch in Ludwigshafen, 1980 Abitur ebd., studierte Dt. u. Roman. Philol. sowie Philos. an Univ. in Mainz u. Paris, 1989–98 wiss. Mitarb. bzw. Assistent am Dt. Inst. der Univ. Mainz,

1989–2006 mitverantwortlich für die Betreuung der Poetik-Dozentur der Akad. der Wiss. u. der Lit. zu Mainz, 1993 Promotion zum Dr. phil. in Mainz, Gastdoz. in Valencia, Dijon u. Bologna, 1998 Habil., ab 1998 Doz. in Mainz, 2004 zum apl. Prof. ernannt, lehrte 2007–09 lit. Schreiben u. Kulturjournalismus an der Univ. Hildesheim, ab 2009 Lehrkraft für bes. Aufgaben ebd., im Vorstand des Inst. für Lit. Schreiben u. Lit.wiss., veröffentliche Beitr. im Feuill. der «Frankfurter Allg. Zeitung». – Lit.wissenschaftler, Hochschullehrer.

Schriften: Goethes Ästhetik. Eine Genealogie der Schrift, 1994; Geschichte des Essays. Von Montaigne bis Adorno, 1999; Werkbau und Weltspiel. Die Idee der Kunst in der modernen Prosa, 1999; Franz Kafka. Poetischer Text und heilige Schrift, 2000; Alfred Döblins «Berlin Alexanderplatz». Roman und Film. Zu einer intermedialen Poetik der modernen Literatur, 2001; Literatur in der Wissensgesellschaft, 2001; Der Roman im 20. Jahrhundert, 2001; Der Unberührbare. Gottfried Benn – Dichter im 20. Jahrhundert, 2006; Charisma. Zur Geschichte und Theorie sozialer Spiritualität (Rundfunkess.) SWR 2011; Duden. Schreiben Tag für Tag. Journal und Tagebuch, 2011; Rätsel, Angst und Schaudern. Die Lust an der Spannung (Rundfunkess.) SWR 2012; Duden. Spannend schreiben. Krimi, Mord- und Schauergeschichten, 2013; Die unverfügbaren Momente des Kennenlernens. Zur Rhetorik des Flirts (Rundfunkess.) SWR 2013; Ein Winter in Nizza (Rom.) 2014; Der Wunsch zu schreiben, 2014; Der Flug der Fledermaus. Essays zu einer allgemeinen Poetik, 2015; Geschichte des Essays. Von Montaigne bis Adorno, 2016; Die Reise des Zeichners, 2016; Die Idee des Romans, 2021.

Herausgaben: Schreiben. Szenen einer Sinngeschichte (Mitarb. P. GROPP) 2002; Schriftsteller-Inszenierungen (mit G. E. GRIMM) 2008; Frankreich. Eine literarische Entdeckungsreise (in Zus.-arbeit mit M. NIERADKA) 2009; Ich weiß nicht, was soll es bedeuten. Die schönsten Gedichte der Romantik, 2010; Paris. Ein literarischer Streifzug (mit M. NIERADKA) 2011; G. Simmel, Das Abenteuer und andere Essays, 2010; F. Hebbel, «Poesie der Idee». Tagebuchaufzeichnungen, 2013. FA

Schaffernicht, Christian, * 5.6.1948 Hannover; besuchte Schulen u. a. in Göttingen, Hamburg u. Ulm, absolvierte eine Ausbildung zum Schriftsetzer, in der Agentur des Vaters tätig, weitere Ausbildung zum Photographen, freischaffender Grafiker in Münster, Seminarleiter, verfaßte Beitr. für den Rundfunk, ab 1986 in Schwäb.-Gmünd wohnhaft, Antiquar ebenda. – Preis der Friedrich-Ebert-Stiftung für das Polit. Buch des Jahres (1983), Stipendium der Kunststiftung Baden-Württ. (1989). – Autor, Grafiker, Lyriker, Lektor, Herausgeber.

Schriften: Vaterlandshiebe. Fotomontagen, Bild-Wort-Montagen (Montagen in Zus.arb. mit H. BÖSEKE, Ess. A. JÜRGEN-KIRCHHOFF) 1978; Die Fahrnis (Ged.) 1987; Rind (Ged.) 1989; Gereiztes Land, 1994; Ritornell (Ged.) 2000; Küste und Schrift, 2003; Moment von acht Gedichten. Mit einer Replik, 2017.

Herausgaben: Zu Hause in der Fremde. Ein bundesdeutsches Ausländer-Lesebuch, 1981; Friedens-Erklärung. Ein Lesebuch (mit W. BEUTIN) 1982; Dieser Tag voller Vulkane. Ein Dritte-Welt-Lesebuch, 1983.

Vorlaß: Briefe im Inst. für Buchwiss. Mainz (Arch. Rotbuch-Verlag). FA

Schaffrath, Reinhold, * 1946 Meppen/Nds.; besuchte die Schule in Meppen, war anschließend an der Pädagog. Akad., der Musikhochschule u. dem Konservatorium, ließ sich zum Schauspieler, Opernsänger u. Gesangspädagogen ausbilden, studierte Theaterwiss. an der Univ. Wien, 1987 Promotion zum Dr. phil. ebd., arbeitete als Musiklehrer an einem Gymnasium, zw. 1995 u. 2019 Doz. am Franz-Schubert-Inst. in Baden bei Wien. – Schauspieler, Musik- u. Gesangslehrer, Theaterwissenschaftler, Lyriker, Verf. von humorist. Schriften.

Schriften: Beachtenswertes und Unbeschwertes (Ged.) 1979; Singen und sprechen. Anatomische Grundlagen, Untersuchungsmethoden, Entwicklung, Ausbildung, Erkrankungen und Gesunderhaltung der menschlichen Stimme, 1981; Die Geschichte des Badener Stadttheaters im 19. Jahrhundert. Unter besonderer Berücksichtigung der Direktoren und Stückgattungen (Diss.) 1987; Schule – ein Theater? Ein Schauspieler als Lehrer, 2004; Ich bitte um Lieferung von sechs Kilo Sitzfleisch. Absurde Geschäftsbriefe, 2005; Wenn der Kalauer lauert (Ged.) 2013.

Herausgaben: Ein Ochse ist nicht sehr für Züchtungen geeignet. Lehrer-Stilblüten (Illustr. v. K. Piriwe) 2004; Eine Kuh ohne Euter ist ein Stier. Heiteres aus Kindermund (Illustr. v. K. Piriwe) 2008. FA

Schaflinger, Knut, * 22.5.1951 Graz; wuchs in Bruck an der Mur auf, studierte Wirtschaftswiss. u. Soziologie an der Univ. Wien, 1975 Hospitant am Wiener Café-Theater, bis 1995 freier Mitarb. des BR, drehte Beitr. u. a. für die ARD-Nachrichtensendungen «Tagesschau» u. «Tagesthemen», 1995–2016 Planungs-Red. bzw. Chef vom Dienst bei den «Tagesthemen», dort für die Auslandsbeitr. verantwortlich, Lehraufträge an der Henri-Nannen-Journalistenschule in Hamburg u. an der Bayer. Akad. für Fernsehen in München, veröffentlichte Ged. in versch. Anthol. u. Lit.zs., u. a. in «Das Ged.», «Lichtungen» u. «Ostragehege»; lebt in Augsburg. – Dulzinea Lyrikpreis (2000), Feldkircher Lyrikpreis (2005). – Fernsehjournalist, Lyriker, Dozent.

Schriften: Drei Teile vom Licht (Ged.) 1995; Der geplünderte Mund (Ged.) 1998; Das Versprechen der Steine (Ged.) 2001; Scherben und Mosaike (Ged., Nachw. R. WOCHELE) 2005; Abhanden (Ged.) 2007; Flüchtige Substanzen (Ged.) 2009; Schneebrand (Ged.) 2011; Beim Verlassen des Hauses, 2014; Die Ungeduld der Kompassnadel, 2015; Die Ungewissheit der Quadrate, 2017; Die Unentbehrlichkeit der Farben. 8 Übermalungen (Ged.) 2018; Die Unrast der Atome (Ged.) 2020.

Literatur: T. BREUER, Aus dem Hinterland. Lyrik nach 2000, 2005, 60, 68, 145 u. ö.; Poetenladen. Poeten (Internet-Edition). FA

Schafranek, Dorothea, * 1.2.1938 Wien; arbeitete ab 1964 als selbständige Dekorateurin bzw. Werbegestalterin in Wien, alleinerziehende Mutter, veröffentlichte zahlr. Beitr. in Anthol., Lit.zs. u. im Rundfunk; Mitgl. der Interessengemeinschaft öst. Autorinnen u. Autoren, 1980–2005 Mitgl. der Arbeitsgemeinschaft Autorinnen, Wien; lebt in Wien. – Lyrikerin, Erzählerin.

Schriften: Liebster, meine Sinne wechseln das Sprungtuch, 1991; Lichtnarben (Erzn.) 1992; Lichtflutsog (Ged.) 2002; Hautlichtpartikel (Ged.) 2008; Drei Spiegel drei Frauen (Erzn.) 2015; Black Affaire (Rom.) 2017; Amorphos (Rom.) 2021. FA

Schaider, Renate (geb. Nemecek), * 16.7.1943 Graz; studierte Germanistik u. Anglistik an der Univ. Graz, wurde 1969 ebd. zum Dr. promoviert, unterrichtete sechs Jahre am Goethe-Inst. sowie an Gymnasien u. Sprachschulen in Istanbul, 1992 Gastdoz. in Riga, mehr als 20 Jahre Lehrbeauftragte für Dt. an der Univ. Graz, verfaßte Beitr. für Anthol., Lit.zs. u. den Rundfunk; lebt in Graz. – Autorin, Journalistin, Übersetzerin, Dozentin.

Schriften: Die Erzählungen Joseph Schreyvogels (Diss.) 1969; Deutsch lernen und verstehen. Lehr- und Übungsbuch für Ausländer, 2 Bde., 1989; Wort in der Zeit. Ein Lesebuch, 1991 (Nachdr. 2001); Sprache in der Zeit. Deutsch und Kommunikation für Berufsschulen, 1994; Asi, der Geschichtenerzähler (Erzn.) 1995; Lebenssaiten. Elf Erzählungen, 2010; Abenteuer in Istanbul (Jgdb., Vorw. u. Übers. Ö. AYDOGAR) 2014 (türk. u. dt.); Geschichte und Gesellschaftslehre im 19. Jahrhundert. Ein Überblick, 2015.

Übersetzungen: G. Heyer, Skandal im Ballsaal. Roman, 1970. FA

Schalk, Eva Maria (geb. Schmid), * 6.7.1941 Schwarzach im Pongau; absolvierte eine Ausbildung zur Journalistin in München, 1989–96 Hg. des «Salzburger Kulturkalenders», bis 2005 Red. bei der Zs. des Kulturver. «Tauriska», freie Mitarb. der «Salzburger Nachr.», verfaßte Kindertheaterst. u. leitet Theaterwerkstätten für Kinder u. Jugendliche; lebt in Camaiore/Italien. – Umweltschutzpreis des Landes Salzburg (1998). – Journalistin, Red., Herausgeberin.

Schriften (Ausw.): Die Mühlen im Land Salzburg, 1986; Die Rettung der Erde. Alternative Energie aus Sonne, Wind und Wasser (mit G. WITZANY) 1990; Wege in die Natur (Bildbd., Fotos v. G. Bluhm) 1990; Lebenslänglich, eingesperrt und zur Schau gestellt. Zooberichte, ein Jugendbuch, 2001; Mama! Wo bist du? (Bilderb., Illustr. v. U. Ringerthaler) 2002; Hintersee. Das Kleinod im Salzburger Land, 2003; Strahlende Tieraugen (Bilderb., Illustr. v. G. Scheibenbauer) 2003; Vorsorge und Heilung für Körper, Seele und Umwelt, 2013; Gezeiten der Liebe. Spuren nach Hintersee, 2018. (Ferner ungedr. Bühnenstücke.) FA

Schaller, Anton (Ps. Tony Shell), * 25.2.1955 Innsbruck; studierte Pädagogik, nach dem Diplom als Lehrer, Autor u. Verleger tätig; lebt in Innsbruck. – Kinder- u. Jugendbuchautor.

Schriften (Ausw.): Die Mutprobe ... und 25 weitere spannende Geschichten, die zu Herzen gehen, für jung und alt (Illustr. v. K. Kröß) 1994 (Selbstverlag; 2., überarb. Aufl. 1996); Die Totenkopfbande, 1995 (Selbstverlag); Staub des Lebens. Ein packender Roman über vietnamesische

Straßenkinder (Illustr. v. K. Kröß) 1997; Brennpunkt, 1998 (Neuausg. mit dem Untert.: Jugendliche im Alltag und Problemlösungen, 2007); Stürmt die Burg! ... und viele weitere spannende Geschichten aus der Ritterzeit. Für junge und alte Ritterfreunde, 1998; Du, 1999 (Schr. nicht nachweisbar); Wörter sind wie Träume, 2006 (Schr. nicht nachweisbar); Soll ich helfen oder nicht? 15 außergewöhnliche Geschichten aus dem Alltag für Ethik, Religion und soziales Lernen (Schulb.) 2011; Fairplay in der Schule. Die wichtigsten Regeln für ein erfolgreiches Miteinander. Lebendige Geschichten und Aufgaben zu sozialen Schwerpunktthemen, 2012; Insel des Todes, 2013 (Selbstverlag); Ein unheimlicher Mann (Kdb.) 2014 (Selbstverlag); Eine verrückte Familie. Krimikomödie, 2014 (Selbstverlag); Geheimnis um Schloss Seefried (Kdb.) 2020 (Schulb.ausg. u. d. T.: Geheimnis um Schloss Seefried. Literaturseiten. Textverständnis und Lesekompetenz, Rechtschreib- und Konzentrationsübungen, 2020). (Weitere nicht nachweisbare Schriften.) FA

Schaller, Heidrun, * 31.7.1943 Eckernförde/Schleswig-Holst.; wuchs 1946–53 in der Sowjetunion bzw. DDR auf, kam 1954 nach Westdtl., studierte Sozialpädagogik, arbeitete als Erzieherin u. leitete ein Kinderheim in Neumünster, war Sonderschullehrerin in Braunschweig u. Fortbildungsreferentin in Hamburg, Lehrbeauftragte an einer Fachschule für Sozialpädagogik, veranstaltet Schreibwerkstätten für Kinder u. Erwachsene, veröffentlichte Beitr. in zahlr. Anthologien, verfaßte Ged. für die Ausstellungen versch. Malerinnen, 1999–2005 Erste Vorsitzende des Landesverbandes Hamburg des Freien Dt. Autorenverbandes (FDA), 2000/01 Vizepräsidentin im FDA-Bundesverband; Mitgl. der Hamburger Autorenvereinigung, Hamburger Repräsentantin der Gesellsch. der Lyrikfreunde; lebt in Glückstadt/Schleswig-Holstein. – Förderpreis für Lit. der Interessengemeinschaft dt.sprachiger Autoren (2007). – Lyrikerin, Sozialpädagogin, Heimleiterin, Dozentin.

Schriften: Wachstum geht nicht ohne Schmerzen (Ged.) 1990; Ablagerungen des Regenbogens, 1992 (Schr. nicht nachweisbar); Birkengrüner Wind (Ged.) 1992; Pantha rei, 1994 (Schr. nicht nachweisbar); Chaos huscht durch die Perfektion (Ged.) 1995; Kinder stark machen gegen die Sucht. Der praktische Ratgeber für Eltern und Erziehende (mit H. Schaller) 1997; ... und immer wieder der Mensch ... Bilder und Gedichte, 2018; Ein unbeugsames Blatt im Wind der Zeit. Miniaturen in Prosa, 2018; Solostimme auf gebrauchtem Papier (Ged.) 2019; Die alten Drachenflügel schütteln. Reisegedichte einer Pilgerin, 2020. FA

Schaller, Katharina, * 1989 Innsbuck; Stud. der Sprachwiss. sowie Dt. als Fremd- u. Zweitsprache in Innsbruck, als Verlagsleiterin u. Textagentin des Löwenzahn Verlags ebd. tätig. – Lit.preis der Univ. Innsbruck (2020). – Romanautorin.

Schriften: Unterwasserflimmern (Rom.) 2021.

Literatur: Öst. Gesellsch. für Lit.: Biografien (online). FA

Schaller, Wolfgang, * 20.4.1940 Breslau (poln. Wrocław); studierte am Lehrerinst. in Löbau/Bezirk Dresden u. am Lit.inst. «Johannes R. Becher» in Leipzig, derweil Kabarettist an versch. Amateurbühnen, unterrichtete Dt. u. Musik in Görlitz, leitete das Jugendkabarett «Die Schrittlacher» ebd. u. das Betriebskabarett «Die Lachkarte» in Dresden, auch Lieddichter, wirkte ab 1970 als Dramaturg u. Hausautor am Dresdner Kabarett-Theater «Herkuleskeule», 1986–2017 Künstlerischer Leiter bzw. Intendant ebd., enge Zus.arb. mit Peter → Ensikat, schrieb auch Kabaretttexte für das Kabarett-Theater «Distel» in Leipzig, Kolumnist der «Sächs. Ztg.» u. bei Radio Sachsen, in zweiter Ehe verh. mit der Schauspielerin, Sängerin u. Kabarettistin Birgit Schaller (* 1961), Vater der Schauspielerin u. Kabarettistin Ellen Schaller (* 1965); lebt in Dresden. – Im Kollektiv Kunstpreis des Freien Dt. Gewerkschaftsbundes (1976, 1981), im Kollektiv Nationalpreis der DDR für Kunst u. Kultur (1988), gem. mit Ensikat Stern der Satire des Dt. Kabarettarchivs (2009), Dresdner des Jahres (2018). – Kabarettautor, Satiriker, Theaterleiter.

Schriften: Bürger, schützt eure Anlagen oder wem die Mütze passt. Satirische Sätze aus dem Nachlass vom Roten Paul (mit P. Ensikat) 1983 (auf Schallplatte 1987); Der finale Stuß, 1998; Der Letzte macht das Licht an. Satiren, 2004; Morgen war's schöner. Satiren, 2010; Eh ichs vergesse. Satirische Zeitensprünge, 2020.

Herausgaben: Herkuleskeulereien. Kabarett-Texte (mit W. Zobel) 1976.

Tonträger: Lach nach! Treff mit O. F. (1 Schallplatte, Conférence O. F. Weidling) 1981; Alles bleibt anders. 30 Jahre Schaller und Schulze. Eine

Aufzeichnung aus dem Dresdner Kabarett Herkuleskeule (1 CD) 2013.
Vorlaß: Briefw. im DLA (Arch. Suhrkamp Verlag)
Literatur: Munzinger-Archiv. – H. FENSCH, Kabarett als realist. Theatersp. ‹Über-Lebenszeit› von Ensikat / ~ (in: Theater der Zeit. Zs. für Theater u. Politik 44, H. 3) 1989, 6 f.; Metzler-Kabarett-Lex. (hg. K. BUDZINSKI, R. HIPPEN) 1996, 349; Wer war wer in der DDR? Ein Lex. ostdt. Biogr. (hg. H. MÜLLER-ENBERGS u. a.) Bd. 2, ⁵2010, 1124; S. GÖRITZ, Untergrundkämpfer mit staatl. Auszeichnungen. Der Kabarettautor ~ wird 70 (DLF) 2010.
FA

Schamp, Matthias, * 5.3.1964 Bochum; wuchs in Krefeld auf, studierte 1982–90 Kunstgesch. u. Philos. an der Univ. Bochum, ab 1989 Autor, Aktions- u. Objektkünstler, 1991–96 Hg. der Zs. «NON(+)ULTRA, Zs. für syntakt. Konfusion», ab 1996 Hg. des «Dogmatic Dog Magazine», Installationen u. Performances u. a. in Bochum, Münster u. Heilbronn, Einzelausstellungen auch in Großbritannien u. den Niederlanden, Mitinitiator von Kunstaktionen wie «Situatives Brachland Mus.» oder «Hegel-Hooliganismus», zahlr. Lehraufträge, so 2003 bzw. 2006/07 Lehrbeauftragter an der Bauhaus-Univ. Weimar, 2009 am Inst. für Architektur der TU Berlin u. 2017 an der Univ. Köln, veröffentlichte Beitr. in Lit.- u. Satire-Zs. wie «Am Erker», «Konzepte» u. «Titanic»; lebt in Bochum u. Essen. – (Neben weiteren Auszeichnungen) Aufenthaltsstipendium im Künstlerdorf Schöppingen (1998, 2019), Artist in Residence, Northern Gallery for Contemporary Art, Sunderland/England (2000), Kunstkäfig-Stipendium der Sutter-Gruppe, Essen (2001–03), Arbeitsstipendium der Filmstiftung NRW (2009/10), Transfer-Stipendium des Landes NRW (2009), Artist in Residence im Kunstpavillon Burgbrohl (2020/2021). – Künstler, Herausgeber, Erzähler, Lyriker, Hochschullehrer, Satiriker.
Schriften (Ausstellungskat. in Ausw.): Kämm dir den Lorbeer aus dem fettigen Haar (Ged.) 1991; Den Berg hineinfressen (Ged., Zeichn. v. M. Lersch) 1994; 26 Verlierer von A–Z. Garstige Grotesken, 1996; Der Mythos-Grill. Eine imaginäre Pommesbude (eingerichtet v. M. S.) 1998; Zärtliche Massaker. Neue Geschichten aus dem Ruhrgebiet, 2003; Hirntreiben. EEG. Ein Western-Roman, 2000; Der Schamp (hg. Sutter-Gruppe, Vorw. C. SUTTER, Red. C. HEINRICH, B. SCHNEIDER) 2001; Der Aufstand in den Sinnscheiße-Bergwerken (Hörsp.) WDR 2007; Realitätsstützende Maßnahmen. ~. Wassermühle Trittau, Ausstellung vom 10. Feb. – 18. März 2007 (Red. J. SPALLEK, O. MESCH) 2007; David Nthubu Koloane (hg. S. MANN, mit DEMS., Übers. R. BARRETT) 2008 (dt. u. engl.); Der Gulp (Comic, Illustr. v. G. Geister) 2008; Von guten und schlechten Verstecken, 2010; Die Invasion der Inversen (Hörsp.) WDR 2015.
Literatur: AKL Online. – Essener Künstler-Hdb. (hg. R. WESTERMANN) 1994, 226; In medias res. ~, Kunstkäfig-Stipendium 2001–2003 (hg. Sutter-Gruppe, Texte F. WAPPLER, C. SUTTER) 2003 (dt. u. engl.); Alltagsarchäolog. Analogobjekte. ~ (hg. C. JACOB, Red. C. JACOB) 2013; ARD Hörsp.datenbank (Internet-Edition); Hörsp.datenbank. Hördat (Internet-Edition); Hörsp.datenbank HspDatto (Internet-Edition).
FA

Schampel, Ingrid, * vor 1944 Bad Godesberg (heute zu Bonn); Arzttochter, wuchs in Bad Godesberg auf, besuchte das Gymnasium ebd., war als Arztsekretärin tätig, veröffentlichte Beitr. u. a. im Bonner «General-Anz.» u. in den «Godesberger Heimatblättern»; lebt in Bonn. – Kriminalautorin, Erzählerin, Verf. von Erinnerungen.
Schriften: Masken, Mord und Schneeblockade. Ein Kriminalroman aus dem Westerwald, 1988; Bonner Serenade. Träumerei im Jugendstil, 1992; Berliner Intermezzo. Die stürmischen Zwanziger, 1994; Bad Godesberg und ich, 1995; Der Kniesbüggel. Rheinische Geschichten aus Bad Godesberg und Bonn, 1997; Die Frau in Lang (Rom.) 1998; Feindliche Brüder. Ein Bonner Krimi im Villenviertel, 2000 (Neuausg. u. d. T.: Feindliche Brüder. Krimi, 2004); Gute Besserung, Herr Doktor! Humorvolle Episoden aus Bonn und Bad Godesberg für Gesunde und Kranke, 2000; (L)ach was! Rheinische Glossen und andere Katastrophen, 2002; Rodenkirchener Quartett. Krimi, 2003; Der Wachtberg-Wächter. Krimi, 2003.
FA

Schardt, Friederike Sophie Eleonore von (geb. von Bernstorff), * 23.11.1755 Hannover, † 30.7.1819 Weimar; Tochter des Vizedirektors der Justizkanzlei in Celle, Andreas von Bernstorff († 1757), u. der Charlotte von Holle († 1763); wuchs nach dem frühen Tod der Eltern im Haus ihres Vetters, des dän. Staatsministers Johann Hartwig Ernst von Bernstorff (1712–1772), auf, wurde dort maßgeblich durch dessen Frau Charitas Emilie, geb. von Buchwald (1733–1820), erzogen u. gebildet; mit ihr zog S. nach dem Tod des Vetters nach Weimar, heiratete dort am 28.4.1778 den Weimarer Geheimen Regierungsrat Ernst Karl Konstantin von Schardt (1743–1833), den ältesten Bruder von Charlotte von → Stein (1742–1827); Graf Friedrich Leopold zu → Stolberg-Stolberg (1750–1819), mit dem S. seit 1812 korrespondierte, unterstützte ihren Übertritt zur kath. Kirche zu Ostern 1816; war befreundet mit den Dichtern Karl Ludwig von → Knebel (1744–1834) u. Zacharias → Werner (1768–1823); Johann Gottfried → Herder (1744–1803), der S. stürm. Ged. u. Briefe widmete, war ihr Griechischlehrer, S.s Ziehmutter Charitas Emilie war Patin von Herders Kindern Adelbert (1779–1857) u. Emil (1783–1855); sie verkehrte mit Christoph Martin → Wieland (1733–1813), Johann Wolfgang von → Goethe (1749–1832) u. a.; verfaßte Ged. u. übersetzte aus dem Ital., Engl., Frz., Griech. u. Span. ins Dt. – nur wenig davon soll in den Druck gekommen sein. Zum «Journal von Tiefurt» des Weimarer Kreises soll sie Übers. von «Amor u. Psyche» sowie Ged. Lord Byrons (1788–1824) u. William Shakespeares (1564–1616) beigetragen haben. S.s Nachwirken beruht vor allem auf ihrer Beziehung zu Herder sowie auf ihrer Korrespondenz; diese ist nur in Teilen veröffentlicht. Eine Vielzahl von Briefen befindet sich noch in diversen Archiven (insbes. in Weimar) u. zeigt einen großen nationalen u. internat. Kreis von Korrespondenzpartnerinnen u. -partnern auf. – Lyrikerin, Übersetzerin.

Schriften: Gedichte: «An die Erinnerung» u. «An den Winter» (in: Journal von Tiefurt, 39. u. 44. St.) (Ausg.: Das Journal von Tiefurt [hg. E. von der Hellen] 1892, 304 u. 321) (online: Internet Archiv); «Es ward als ein Wochenblatt zum Scherze angefangen» (in: Das Journal von Tiefurt, hg. J. Heinz, J. Golz, 2011).

Briefe (zu den Archiv- u. Bibliotheksnachweisen von S.s Korrespondenz siehe die Anm. zum Nachlaß): Johann Gottfried Herder. Sämtliche Werke, Bd. 29 (Poetische Werke, Tl. 5) (hg. B. Suphan) 1889 (Nachdr. 1968) 675–681; K. T. Gaedertz, Ungedruckte Briefe von u. an Karl Ludwig von Knebel aus den Jahren 1772–1832 (in: Dt. Rev. über das gesamte nationale Leben der Ggw. 15) 1890, Bd. 4, 219–235, hier 227–233 (mit dem Abdruck von zwei Ged. von S.; online: SLUB Dresden); Efterladte Papirer fra den Reventlow'ske Familiekreds i Tidsr. 1770–1827, Bd. 3 (hg. L. T. A. Bobé) 1896, XLV, 380 f.; Bernstorffske papirer. Udvalgte breve og optegnelser verdrørende familien Bernstorff i tiden fra 1732 til 1835, Bd. 1 (hg. A. Friis) 1904, 346, 485, 642, 644 u. Anm. S. 20 f. zu Nr. 328; Briefe der Frau S. v. S. an den Freiherrn Christoph Albrecht von Seckendorff (hg. K. Obser, in: Goethe-Jb. 25) 1904, 68–81 (online: SUB Göttingen); Briefe an Fritz von Stein (hg. u. eingel. von L. Rohmann) 1907, 31 f., 37, 43, 59, 61, 67 f., 85, 102, 112, 127, 131, 140 f., 152, 165, 183, 199, 204, 213, 235, 237 u. 241; Brief der S. v. S., geb. von Bernstorff, an Karl Ludwig von Knebel. Den Teilnehmern beim Stiftungsfeste des Berliner Bibliophilen-Abend am 22. Januar 1909 zugeeignet (hg. F. Frh. von Biedermann) 1909 (Faks., 2 Bl.); Unbekannte Briefe von Zacharias Werner (hg. O. Floeck, in: Hochland. Mschr. für alle Gebiete des Wissens, der Lit. u. Kunst 27) 1929/30, Bd. 1, 329–353 (hier 339), 446–462, 550–557; G. Koziełek, Briefe Zacharias Werners an S. v. S. (in: Germanica Wratislaviensia 15) 1971, 99–140; Johann Wolfgang von Goethe. Geliebte, Freundin. Goethes Briefe an Charlotte von Stein nach Großkochberg, nebst 17 unveröffentlichten Briefen der Amélie von Stein, geb. Seebach (hg., eingel. u. komm. von L. Papendorf) (²1981) 124, 132, 168; H. Fleischer, Vertraul. Mitt. aus Mecklenburg-Schwerin u. Sachsen-Weimar, 1999 (Korrespondenz mit Karl von Stein); Brief an Amelie von Stein vom 26.7.1807 (in: Napoleon oder Das Welttheater kommt nach Thür., hg. u. bearb. H. Fleischer) 2002, 146.

Nachlaß: Frankfurt/M., Goethe-Mus. (Korrespondenz mit Knebel sowie mit Friedrich Constantin, Fritz u. Carl von Stein); Düsseldorf, Goethe-Mus., Anton-u.-Katharina-Kippenberg-Stiftung, Bibl. (Korrespondenz mit Charlotte u. Friedrich Constantin von Stein, Auguste Duvau u. Knebel); Weimar, Goethe- u. Schiller-Arch. der Klassik Stiftung Weimar (Korrespondenz mit Goethe, Charlotte von Schiller, Karoline u. Johann Gottfried von Herder, Timothy Hopkins, Magdalena Henriette von Knebel, Harriet Owen, Wilhelmine u. Edouard von Mounier, Charlotte, Gottlob Karl Wilhelm Friedrich u. Amalie von Stein, Henriette von Pogwisch, Friedrich Theodor Adam Heinrich von Müller, Luise Gräfin u. Friedrich

Leopold Graf zu Stolberg-Stolberg, Zacharias Werner, Camille de Jordan, Benjamin Constant de Rebecque, Luise von Göchhausen, Roxandra Gräfin u. Albert Kajetan Graf von Edling, Charitas Emilie von Bernstorff, Thomas S. Champneys, Morton Eden, Elisabeth Maria Gore, Charlotte von Kalb, Karl August Herzog von Sachsen-Weimar, Friedrich Johann Christoph Heinrich von Seebach, Ferdinand Gotthelf Hand, Friedrich Hildebrand von Einsiedel u. Friedrich Justin Bertuch); Dresden, SLUB (Korrespondenz mit Carl August Böttiger, Philipp Christoph Weyland u. Luise von Imhoff); Rudolstadt, Thüringisches Staatsarch., Arch. Großkochberg F 839, fol. 104 (1 Brief an Charlotte von Stein). – Mss. von S. im Nachlaß von Paul Kühn (1866–1912), in: UB Leipzig, NL 113/41. Die HAAB Weimar bewahrt ein Ex. von S. Johnsons «A Journey To The Western Islands Of Scotland» von 1775 auf, dort ist hsl. S. als Vorbesitzerin vermerkt (Sign. N 1697).

Bibliographie: E. FRIEDRICHS, Die dt.sprachigen Schriftst.innen des 18. u. 19. Jh. Ein Lex., 1981, 265.

Literatur: ADB 53 (1907) 733–735. – H. DÜNTZER, Zwei Bekehrte. Zacharias Werner u. ~, 1873; R. HAYM, Herder nach seinem Leben u. seinen Werken dargestellt, Bd. 2, 1885, 43–50 (mit zahlr. Zitaten); C. BLENNERHASSET, Frau von Staël, ihre Freunde u. ihre Bedeutung in Politik u. Lit., Bd. 3, 1889, 155, 247 f.; K. T. GAEDERTZ, Bei Goethe zu Gaste. Neues von Goethe, aus seinem Freundes- u. Gesellschaftskreise. Ein Schwänchen zum 150jährigen Geburtstage des Dichters, 1900, 109–126; DERS., Gräfin Maria von Schaumburg-Lippe u. ~. Zwei Freundinnen Johann Gottfried von Herders. Ein Nachw. zur hundertsten Wiederkehr seines Todestages (in: In: Hamburgischer Correspondent. Ztg. für Lit., Kunst u. Wiss. des hamburgischen Correspondenten) 1904, 10. u. 24. Januar, Beil. 1, 2; F. JANSEN, Bekenntnisse der Frau von S., 1904 (Sonderdr. aus: Kölnische Volksztg. vom 10.10.1904); E. WISMER, Der Einfluss des dt. Romantikers Zacharias Werner in Frankreich. Die Beziehungen des Dichters zu Madame de Staël, 1928 (Nachdr. 1968) 3 f., 14; W. VULPIUS, «Edle Frauen» als Hörerinnen Goethes. Das Kollegheft der ~. Mitt. über Mittwochs-Vorlesungen aus vergessen gewesenen Niederschr. (in: Thüringer Landesztg.) 25.8.1951; Wolfenbütteler Beitr. Aus den Schätzen der Herzog-August-Bibl., Bd. 9, 1994, 177; Sophie & Co. Bedeutende Frauen Hannovers – biogr. Portraits (hg. H. SCHROEDER) (²1996) 254; Women Writers of the Age of Goethe (ed. M. IVES) 1997; G. BUSCH-SALMEN, W. SALMEN, CH. MICHEL, Der Weimarer Musenhof. Dg., Musik u. Tanz, Gartenkunst, Gesellligkeit, Malerei, 1998, 124, 173, 200; E. OPITZ, Die Bernstorffs. Eine europ. Familie, 2001; N. GROCHOWINA, ~, geb. von Bernstorff (1755–1819) (in: FrauenGestalten Weimar-Jena um 1800. Ein bio-bibliogr. Lex., hg. S. FREYER u. a.) (²2009) 293–296; F. PESTEL, Kosmopoliten wider Willen. Die «monarchiens» als Revolutionsemigranten. 2015, 353 f.; E. GIBBELS, Lex. der dt. Übersetzerinnen 1200–1850, 2018, 133.

MMü

Scharlau, Felix, * 1976 Stuttgart; seit 2001 Hörsp.produzent, 2010 Mitbegr. des Satire-Fanzines «Schinken Omi» (2015 mit Linus Volkmann u. Benny Walter Moderation der gleichnamigen Kultursendung auf ByteFM), bis 2014 Red., Textchef u. Chef vom Dienst bei der Musik- u. Popkulturzs. «Intro», Autor im Bereich Social Media der ZDF-Comedysendung «heute show», verfaßte Beitr. u. a. für «Titanic», «Frankfurter Rs.» u. «Musikexpress»; lebt in Köln. – Autor, Red., Kulturjournalist.

Schriften: Die drei ??? und ihre Nichte (Fanhörsp., mit L. VOLKMANN) YouTube 2009; Fünfhunderteins. Ein DJ auf Autopilot (Rom.) 2013; Feuerball. Ein Minibuch über Fußball, 2013; Da kannste Gift drauf nehmen, Julia! Dein Romeo. Die besten Handy-Chats, die es nie gab, 2016; Du bist es vielleicht, 2019.

FA

Scharlowki, Katharina, * 31.5.1965 Tübingen; Enkelin des Bildhauers Ugge Bärtle (1907–1990), studierte Lit.- u. Sprachwiss. an den Univ. Sorbonne u. Jussieu, Archivmitarb. in Paris u. Emmendingen/Baden-Württ., war in versch. Verlagen tätig, ab 1996 in Freiburg/Br. ansässig. – Preis der Bibl. dt.sprachiger Gedichte (2014). – Lyrikerin, Literaturwissenschaftlerin.

Schriften: Der Himmel färbt sich in uns ab (Ged., Bilder v. V. Törmänen) 2004; Traumland unverloren, 2004 (Schr. nicht nachweisbar); Und Sommer überstürzt die Wiese. Gedichte und Bilder, 2005; Gedichte unterm Turm, 2006; Jene Weite die in mir atmet (Ged.) 2010 (alle mit Bildern v. V. Törmänen); Ich mach mich jetzt ans Werk. Erinnerungen an den Bildhauer Ugge Bärtle (Beitr. v. B. LIPPS-KANT) 2010.

FA

Scharnigg, Max, * 1980 München; wuchs in München-Laim auf, absolvierte eine Ausbildung zum Journalisten, ab 2014 Red. der «Süddt. Ztg.», im Ressort «Gesellsch. u. Stil», schrieb Beitr. für Zs. wie «Architectural Digest», «Cosmopolitan» u. «Nido»; lebt in München. – Nachwuchspreis für Reisejournalisten des schweizer. Kt. Graubünden (2006), Lit.stipendium der Landeshauptstadt München (2009), Bayer. Kunstförderpreis für Lit. (2011), Mara-Cassens-Preis (2011). – Journalist, Sachbuch- u. Romanautor.

Schriften: Das habe ich jetzt akustisch nicht verstanden und 99 andere Sätze, mit denen man durchs Leben kommt, 2010; Die Besteigung der Eiger-Nordwand unter einer Treppe (Rom.) 2011; Feldversuch. Unser Stück Land vor den Toren der Stadt, 2012; Vorläufige Chronik des Himmels über Pildau (Rom.) 2013; Auswärts schlafen. Reisen mit Risiken und Nebenwirkungen, 2014; Die Stille vor dem Biss. Angeln, eine rätselhafte Passion, 2015; Herrn Knigge gefällt das! Das Handbuch für gute Manieren im Netz, 2016; Der restliche Sommer (Rom.) 2018.

Literatur: Lit.portal Bayern (Internet-Edition).

FA

Schatte, Hartmut, * 4.7.1945 Leipzig; Sohn eines Schauspielers u. Theaterintendanten, wuchs in Guben/Brandenb. auf, besuchte die Erw. Oberschule ebd., 1965 Abitur, absolvierte eine Lehre zum Elektromaschinenbauer, studierte bis 1975 pädagog. Psychologie an der Karl-Marx-Univ. Leipzig, wurde 1981 an der Hochschule der Dt. Volkspolizei. zum Dr. rer. pol. promoviert, Pädagoge für pädagog. Psychologie, leitete 1990–96 die Fachschule für Sozialwesen in Cottbus, verfaßte Beitr. für den «Gubener Heimatkalender», den «Gubener Heimatbrief» u. den «Cottbuser Heimatkalender»; lebt in Cottbus. – Lokalhistoriker, Pädagoge, Erzähler, Kinderbuchautor.

Schriften: Die Entwicklungsphasen im Prozeß der Herausbildung von Führungskadern der DVP und Probleme ihrer Rationalisierung und Intensivierung (Diss.) 1980; Groß Drewitz. Geschichte und Geschichten eines Dorfes in der Niederlausitz, 1999; Der Hase von Branitz. Kleinkariertes aus der Lausitz, Geschichten und Aphorismen (Zeichn. v. K. Janck) 2001; Das Taubenpaar vom Neißetal. Buntkariertes aus der Lausitz, Geschichten und Aphorismen (Zeichn. v. dems.) 2002; Die Dackel vom Westring. Kunterbuntes aus der Lausitz, Geschichten und Aphorismen (Zeichn. v. dems.) 2003; Die Familie Schulz und ihre Güter in Brandenburg-Preußen mit Sembten, Groß Drewitz und Grano in der Niederlausitz, 2003; Das Gubener Stadttheater 1945–1950. Historie und Histörchen, 2003; Adlige Räuber. Historische Erzählungen (Zeichn. v. K. Janck) 2004; Der Hahn von Hänchen. Gestreiftes aus der Lausitz. Geschichten und Aphorismen, 2004; Ein Herz für andere. Das Leben der Annelotte Wolf, 2005 (2., erw. u. veränd. Aufl. 2010); Krayne. Teichperle der Niederlausitz, 2005; Spuren im märkischen Sand, 2005; Der Kater von Kahren. Feingestricktes aus der Lausitz. Geschichten und Aphorismen, 2006; Das Lausitzer Dorf Grano und sein Mundartdichter Paul Noack, 2006; Brustwarzen. 31 Gute-Nacht-Geschichten (Zeichn. v. K. Janck) 2006; Affe'rismen. Die Lausitz ist nicht auf den Mund gefallen, 2007; Zuckersüß und gallebitter. Brandenburgische Geschichte und Gegenwart, 2007; Historische Splitter aus Sembten, 2007; Auf der Achse. Angenehme Reise-Geschichten, 2008; Elefanten in der Spree. Grobmaschiges aus der Lausitz. Geschichten und Aphorismen, 2008; Die Gemeinde Schenkendöbern. Wappen, Fakten, Ansichten, 2008; Tuchfühlung. Niederlausitzer Geschichte und Gegenwart, 2008; Branitz. Geschichte und Geschichten (Red.) 2009; Gestorbenes Land. Ein Ostpreußenroman, 2009; Lübbinchen und seine Dorfpoetin, 2009; Mopsfidel. Lausitzer Tiergeschichten, 2009; Küss die Hand, bevor sie schlägt. Aphorismen (Illustr. v. S. Hanschke) 2010; Mutterwitz im Vaterland. Sagenhaftes und Kurioses aus der Niederlausitz, 2010; Kuno von Liebenstein. Rittergeschichten (Illustr. v. K. Janck) 2010; Die Gubener Badewanne. Geschichte und Gegenwart des Naherholungsgebietes Deulowitzer See, 2011; Lauschütz im Wandel der Zeit. Am scheensten is Heimat heeme in'ne warme Stube (Zeichn. v. K. Janck) 2011; Naherholung. Deutsch-polnische Reise-Geschichten, 2011; Spaßgurken. Knackige Spreewaldgeschichten, 2011; Kerkwitz. Zur Geschichte, Gegenwart und Zukunft (mit anderen) 2012; Rund ums Töpfchen. Kindermund, 2012; Affenschande. Tier- und andere Geschichten, 2012; Unter Schock und über Stein. Abenteuerliche Reise-Geschichten, 2013; Lachfalten und Tränensäcke. Heiteres und Kurioses aus der Niederlausitz, 2013; Zwei Liter Regenbogen. Im Dialog mit meinem Enkel, 2014; Wir sehn die kleine, dann die große Welt. Gubener Theatergeschichte, 2015; Rex von Sielow. Heiter bis bissig, 2015; Die Realität ist noch schlimmer als die Wirklichkeit. Aphorismen (Zeichn. v. M. Bärmich) 2016; Schlesischer Himmel und Lausitzer Erde, 2016; Alles im Griff. Zur Geschichte des Gubener Turnsports, 2017; Die Kathlower Mühle erzählt, 2017; Lyrelei. Sprüche, Reime und Gedichte (Zeichn. v. M. Bärmich) 2018; Zeitfenster. Blicke in die Gubener Geschichte, 2018; Die Knuddeltruppe (Kdb.) 2019; Szenenapplaus. Guben schreibt Geschichte, 2019; Karl Hübners Gubener Heimatgeschichten (auch Hg.) 2020; Greis am Stiel. Poesie vom Alten (Zeichn. v. M. Bärmich) 2020.

Herausgaben: Gubener Mundart vom ahlden Fichtner (zus.gest. u. bearb.) 2006 (2., erw. u. veränd. Aufl. 2010).

Literatur: Bibliogr. der geheimen DDR-Diss. Bd. 1 (mit Einl. hg. W. BLEEK, L. MERTENS) 1994, 117; Histo-Couch.de (Internet-Edition). FA

Schaub, Anita C(hrista), * 1959 Bermudas; wuchs in Kärnten auf, studierte Dt. Philol., Psychologie u. Pädagogik an der Univ. Klagenfurt, weitere Stud. an der Pädagog. Akad., wurde 2002 an der Univ. Wien zur Dr. phil. promoviert, als Beraterin tätig, leitet Lehrgänge zu Kreativem Schreiben, veranstaltete zahlr. Lesungen im Ersten Wiener Lesetheater u. Zweiten Stegreiftheater, begründete 2014 den Ver. zur Förderung von Frauenkunst «kulturELLE»; Mitgl. der Grazer Autorinnen Autorenversammlung u. des Öst. Schriftsteller*innenverbandes; lebt in Wien. – Pädagogin, Dozentin.

Schriften: Frauen in Führungspositionen. Weiterbildung am Beispiel eines Mentoringprojektes (Diss.) 2002; FrauenSchreiben. Abenteuer, Privileg oder Existenzkampf? Gespräche mit 17 österreichischen Autorinnen, 2004; Tanzende Rose (Erz., Vorw. E. HAMMERL) 2008; Fremdenzimmer. Eine Erzählung, 2009; Krause Haare (Rom.) 2011; Schuldbeulen (Rom.) 2012; Luftwurzeln (Rom.) 2015; Sommer der Poetinnen (Kurzgeschn., mit H. KOKARNIG) 2017; Leben mit Em (Erz.) 2018.

Literatur: Grazer Autorinnen Autorenversammlung Mitgl. (Internet-Edition); Öst. Gesellsch. für Lit. Biogr. (Internet-Edition). FA

Schaub, Margareta → Petermann, Margareta.

Schaufelberger, Hildegard (auch Schaufelberger-Bachmann), * 14.8.1929 Berlin; Tochter eines Red. u. einer Sozialpädagogin, wuchs in Freiburg/Br. auf, Abitur im Internat Kloster Wald bei Meßkirch/Kr. Sigmaringen, absolvierte eine Buchhandelslehre bei Herder in Freiburg, studierte bis 1982 Germanistik u. Volksk. an der Univ. ebd., arbeitete als Buchhändlerin in Basel, war 1974–97 Fachlehrerin für Kinder- u. Jugendlit. an der Fachschule für Sozialpädagogik in Freiburg, verfaßte Beitr. für die Senioren-Zs. «Eule» u. die Tageszg. «Bad. Ztg.», zudem Veröff. bei «Radio Rostfrei»; 1995 Mitgl. der Freiburger Märcheninitiative u. 1998 der Europ. Märchengesellsch., Mitgl. des Arbeitskr. für Jugendlit., des Schweizer. Bundes für Jugendlit. Cham u. der GEDOK Freiburg; lebt in Freiburg/Breisgau. – Journalist. Förderpreis der Märchenstiftung Walter Kahn (1988), «Das wachsame Hähnchen», Preis der Stadt Essen (1993). – Publizistin, Lyrikerin, Dozentin, Lehrerin.

Schriften: Willkommen, Uli (Illustr. v. E. Klemm) 1968; Märchenkunde für Erzieher. Grundwissen für den Umgang mit Märchen, 1987; Märchenkunde für Erzieher. Grundwissen für den Umgang mit Märchen, 1989; Mein Zug fährt ab auf Bahnsteig zwei (Ged.) 1989; Kinder- und Jugendliteratur heute. Themen, Trends und Perspektiven, 1990; Alte und neue Bräuche im Kinderalltag. Grundwissen und Anregungen für Erzieherinnen (Illustr. v. Benedikt S.) 1993; Das Wolkenbuch und ich (Ged.) 1999; Mein Kleid so rot. Ein Leben in Geschichten und Gedichten, 2006 (Selbstverlag); Einfach so, 2016 (Selbstverlag); Eine wie Hardy Harding, 2020.

Literatur: Autorinnen u. Autoren in Baden-Württ. (Internet-Edition). FA

Schawerda, Elisabeth (geb. Sovik), * 20.4.1940 Bad Vöslau/Niederöst.; stammt aus einer Winzerfamilie, wuchs in Sooß/Niederöst. auf, Matura in Baden/ebd., Stud. der Germanistik u. Kunstgesch. an der Univ. Wien, 1965 Promotion zum Dr. phil., ab 1981 Veröff. von Ess. in «Die Furche», «Morgen» u. «Wiener Journal»; Mitgl. des Lit.kr. Podium; Vorstandsmitgl. des Öst. PEN-Clubs, Mitgl. des Öst. Schriftst.verbandes; lebt in Wien. – Anerkennungspreis des Landes Niederöst. (1995), Franz-Karl-Ginzkey-Ring (2005), Kinder- u. Jugendbuchpreis der Stadt Wien (2011). – Lyrikerin, Germanistin, Journalistin, Kunsthistorikerin.

Schriften: Die Luft ist voller Gedanken (Ged., Zeichn. v. P. Montecuccoli-Leisching) 1989;

Schlemihls Tochter (Ged., Zeichn. v. ders.) 1991; Die Einladung der Wände (Ged.) 1997; Nomade in meinem Haus (Ged., Fotos v. J. Ziegler) 2000; Penelope webt nicht mehr (Ged., Farboffsetlithographien v. H. Cmelka) 2000; Morgenrot an der Wand (Ged.) 2004 (dt. u. ital.); Hora felix. Zeiten des Glücks (Künstlerb., Grafiken v. G. Koenigstein) 2005; Echo (Ged., Zeichn. v. R. Hadraba) 2006; Engel der Lagune. Neue Gedichte aus Venedig (Offsetfarblithographien v. I. Brandstetter) 2009; Persephones Spuren. Der Garten als Spiegel des Lebens (Grafiken v. G. Koenigstein) 2009; E. S. Ausgewählte Gedichte, 2010 (Podium Porträt 51); Jean de la Fontaine, ausgewählte Fabeln neu erzählt (Grafiken v. G. Koenigstein) 2011; Das Geheimnis ist blau (Bilderb., Illustr. v. H. Bansch) 2011; In zwanzig Jahren um die Welt. Fernweh ist das Heimweh des Nomaden. Reisen in Text und Bild (Bilder v. J. Ziegler) 2012; Dolce malinconia (Offsetfarblithographien v. I. Brandstetter) 2013; P. Verlaine, Ausgewählte Gedichte (Nachdg., Nachw. E. SCHIRHUBER) 2015; Verflechtungen (Illustr. v. P. Schuster, L. Wilmes) 2015; Eine graue Maus hat ein lila Haus (Bilderb., Illustr. v. K. Neubauer) 2016; Diese leichte Trance. Neue Gedichte aus Venedig (Offsetfarblithographien v. I. Brandstetter) 2017; Gefährliche kleine Wörter (mit S. ZWETTLER-OTTE) 2019; Am Ufer einer Jahreszeit. Vierundzwanzig Gedichte (Offsetfarblithographien v. I. Brandstetter) 2020.

Übersetzungen: P. Verlaine, Ausgewählte Gedichte (Grafiken u. Radierungen v. G. Koenigstein) 2010.

Herausgaben: Wenn die Erinnerung atmet. Österreichische Autorinnen und Autoren. Gedichte über die Kindheit (mit F. MADRITSCH MARIN) 2003.

Literatur: Lit.edition Niederöst. (Internet-Edition); Lit.kr. Schloß Neulengbach Podium (Internet-Edition). FA

Schedel, Susanne, * 1973 Werneck/Unterfranken; studierte Violine an der Musikhochschule Stuttgart, zudem 1992–98 Stud. der Germanistik, Gesch., Kommunikations- u. Theaterwiss. an den Univ. Antwerpen u. Bamberg, 2003 Promotion zur Dr. phil. in Bamberg, Mitarb. der Presseagentur dpa, Doz. für Neuere Dt. Lit.wiss. an der Univ. des Saarlandes, Mitarb. der Hans-Böckler-Stiftung; lebt in Düsseldorf. – (Neben weiteren Auszeichnungen) Förderpreis der Stadt Ulm (1998), Promotionsstipendium der Stud.stiftung des dt. Volkes (2000–03), Bayer. Staatsförderpreis für Lit. (2000), Gustav-Regler-Förderpreis des Saarländ. Rundfunks (2008). – Germanistin, Hochschullehrerin.

Schriften: Schattenräume (Erzn.) 2000; «Wer weiß, wie es vor Zeiten wirklich gewesen ist?» Textbeziehungen als Mittel der Geschichtsdarstellung bei W. G. Sebald (Diss.) 2003 (Buchausg. 2004); Wer soll denn das anziehen, bitteschön (Erzn.) 2013.

Literatur: Lit.port Autorenlex. (Internet-Edition). FA

Scheer, Regina, * 1950 Berlin (Ost); wuchs in Berlin auf, 1968 Abitur ebd., 1968–73 Stud. der Theater- u. Kulturwiss. an der HU Berlin, war Liedtexterin beim Singleklub «Oktoberklub», 1972–76 Red. der FDJ-Wochenschr. «Forum», 1980–90 freie Mitarb. der DDR-Lit.zs. «Temperamente», nach dem Mauerfall als Publizistin u. Hg. tätig, veröffentlichte Beitr. in Anthol. sowie mehrere Schr. zur dt.-jüd. Gesch.; Mitgl. der Chamisso-Gesellsch.; lebt in Berlin. – Stadtschreiber zu Rheinsberg (2011), Mara-Cassens-Preis (2014), Ver.di-Lit.preis Berlin-Brandenburg (2017). – Redakteurin, Autorin.

Schriften: AHAWAH, das vergessene Haus. Spurensuche in der Berliner Augustusstraße, 1992 (2., erw. Aufl. 1997; vollst. erw. Tb.ausg. 2020); Es gingen Wasser wild über unsere Seele. Ein Frauenleben 2002; Der Umgang mit den Denkmälern. Eine Recherche in Brandenburg, 2003; Im Schatten der Sterne. Eine jüdische Widerstandsgruppe, 2004; «Wir sind die Liebermanns». Die Geschichte einer Familie, 2006; Mausche mi-Dessau Moses Mendelssohn. Sein Weg nach Berlin, 2006; Den Schwächeren helfen, stark zu sein. Die Schrippenkirche im Berliner Wedding 1882–2007, anläßlich des 125. Jubiläums, 2007; Kurt Tucholsky. «Es war ein bisschen laut», 2008; Max Liebermann erzählt aus seinem Leben (Sendung des Deutschlandsenders vom 13. April 1932 auf 1 CD) 2010; Zerbrochene Bilder, 2011; Zerstörte Kindheit und Jugend. Mein Leben und Überleben in Berlin (mit R. STEINITZ, hg. L. MARTIN, U. NEUMÄRKER) 2014; Machandel (Rom.) 2014; Gott wohnt im Wedding (Rom.) 2019.

Herausgaben: Liedersprüche. Gespräche, Texte, Protokolle, 1979.

Literatur: Munzinger-Archiv. FA

Scheerer, Jana (Sibylle), * 11.1.1978 Bochum; wuchs in Oldenburg u. Bielefeld auf, studierte bis 2007 Germanistik, Amerikanistik u. Medienwiss. an der Univ. Postdam, war wiss. Mitarb. am Inst. für Germanistik ebd., zudem beteiligt am Forsch.projekt «Languages of Emotion» der FU Berlin, veröffentlichte Beitr. in «Du. Zs. für Kultur» u. «Sprache im techn. Zeitalter»; Mitgl. der Autorengruppe «Leichterhand»; lebt in Berlin. – Stipendium der Autorenwerkstatt Prosa des Lit. Colloquiums Berlin (2002), Lit.preis Prenzlauer Berg (2004), Luchs-Preis für Kinder- u. Jugendliteratur (2010), Arbeitsstipendium für Lit. des Berliner Senats (2012), Aufenthaltsstipendium des Landes Brandenb. im Künstlerhaus Schloß Wiepersdorf (2013), Glauser Krimipreis in der Kategorie Kinderkrimi (2021). – Schriftstellerin.

Schriften: Mein Vater, sein Schwein und ich (Rom.) 2004 (in zahlr. Sprachen übers.); Zu meinem dreizehnten Geburtstag ..., 2010; Mein innerer Elvis (Rom.) 2010 (in zahlr. Sprachen übers.; als Bühnenfassung: Urauff. Göttingen 2011); Dinner Club (Jgdb.) 2013; Als meine Unterhose vom Himmel fiel (Kdb.) 2017; Elefanten bitte klingeln! (Hörgesch.) RBB 2019; Gefahr ist unser Geschäft. Aus den Akten der Detektei Donnerschlag (Kdb., Illustr. v. U. Heidschötter) 2019; Geister sind unser Geschäft. Aus den Akten der Detektei Donnerschlag (Kdb., Illustr. v. dems.) 2020; Das Meer in meinem Zimmer (Rom.) 2020; Gauner sind unser Geschäft. Aus den Akten der Detektei Donnerschlag (Kdb., Illustr. v. S. Diederichsen) 2021.

Literatur: Kriminetz (Internet-Edition); Lit.portal Autorenlex. (Internet-Edition). FA

Scheffel, Annika, * 9.3.1983 Hannover; Stud. der Angewandten Theaterwiss. an der Justus-Liebig-Univ. Gießen, derweil Bühnenauftritte, nahm 2008/09 teil am Textwerk-Seminar des Lit.hauses München, Stipendiatin der Drehb.werkstatt München (2009/10), wirkte mit an Drehb. der Fernsehserie «Herzflimmern. Die Klinik am See» (ZDF), leitet Schreibwerkstätten für Kinder u. Erwachsene; lebt in Berlin. – Stipendium des Jungen Lit.forums Hessen-Thür. (2007), Grimmelshausen-Förderpreis (2011), Arbeitsstipendium des Berliner Senats (2011), Nds. Jahresstipendium (2012), Phantastik-Preis der Stadt Wetzlar (2013), Robert-Gernhardt-Preis (2015). – Schriftstellerin.

Schriften: Ben (Rom.) 2010; Bevor alles verschwindet (Rom.) 2013 (Neuausg. 2016); Nelli und der Nebelort (Kdb., Illustr. v. J. Tourlonais) 2016; Baskerville. Sherlock Holmes allererster Fall (Theaterst.) Urauff. Kiel 2017; Huck und Jim im Weltall (Theaterst.) Urauff. ebd. 2018; Hier ist es schön (Rom.) 2018; Alle hinterher! (Bilderb., Illustr. v. J. Zickelbein) 2020; Sommer auf Solupp (Kdb., Illustr. v. E. Klever) 2021.

Literatur: H. VOLLMER, Sprünge durch den Spiegel, blaue Füchse u. vernebelte Menschen. Realitätsentgrenzende Phantastik in den Rom. von ~ (in: WirkWort 67, H. 1) 2017, 69–85; I. UHLIG, Energien erzählen. Zum Aufeinandertreffen von Kunst, Lit. u. Energiewende (in: Über Land. Aktuelle lit.- u. kulturwiss. Perspektiven auf Dorf u. Ländlichkeit, hg. M. MARSZAŁEK, W. NELL, M. WEILAND) 2018, 141–157; «Es geht mir nicht darum, Idyllen zu erzählen». ~ im Gespräch mit Julia Rössel u. Marc Weiland (ebd.) 2018, 175–185; Lit.port. Autorenlex. (Internet-Edition). FA

Scheffler, Andreas, * 28.10.1966 Gütersloh; besuchte das Gymnasium in Gütersloh, 1985–87 Mitgl. des Jugendkulturrats ebd., Referent für Öffentlichkeitsarbeit u. Finanzen der Bezirksschülervertretung, Mitgl. der Jusos, 1987 Abitur, studierte 1987–91 Germanistik, Neuere Gesch. u. Publizistik an der FU Berlin (ohne Abschluß), derweil Ensemblemitgl. des Studentenkabaretts «Punk, Koma, Stich», gründete 1989 u. a. mit Bov → Bjerg u. Horst → Evers die Lit.zs. «Salbader» u. 1990 die Lesebühne «Dr. Seltsams Frühschoppen» mit dens., 1993–97 Kolumnist der Tageszg. «Junge Welt» u. ab 2003 der «Berliner Ztg.», freier Mitarb. der Satirezs. «Eulenspiegel» u. des BR, 1993–95 Autor des Kabaretts «Zwei Drittel», ab 1995 als Liedtexter für versch. Musiker tätig, 2005 gem. mit Michael Sens Kabarettauftritte mit dem Progr. «Filmriss. Zwei Männer spannen ab», Vorträge satir. Texte deutschlandweit; lebt seit 2008 in Groß Köris/Brandenburg. – Satiriker, Kabarettist, Autor, Herausgeber.

Schriften: Und, sonst geht's gut? 40 Geschichten über den Irrwitz des Alltags, 1998; Ausdruckstanz ist keine Lösung (Geschn.) 2011; Alle spinnen. Ich stricke (Geschn.) 2017; Lippisches Panoptikum. Bilder und Geschichten aus dem Land des Hermanns (Illustr. P. Menne) 2018.

Herausgaben: Mit euch möchten wir alt werden. 30 Jahre Berliner Lesebühne (mit S. BOSETTI, V. SURMANN) 2018. FA

Scheffler, Ursel (geb. Regelein), * 29.7.1938 Nürnberg; wuchs in Nürnberg auf, früher Tod des Vaters, studierte Romanistik, Anglistik u. Volksk. an der Univ. Erlangen-Nürnberg u. der Univ. München, heiratete 1960 Eberhard S., erwarb ein Übers.diplom, zeitweise in Frankfurt/M. wohnhaft, ab 1975 schriftstellerisch tätig, ging 1977 nach Hamburg, Lesebotschafterin der Stiftung Lesen, begründete 2011 das internationale Leseförderprojekt «Büchertürme»; S.s Kinderbücher wurden in mehr als 30 Sprachen übersetzt; Mitgl. des Ver. für Kriminallit. «Syndikat»; lebt in Hamburg. – (Neben weiteren Auszeichnungen) Critici in erba, Bologna (1981), Senator-Biermann-Ratjen-Medaille (2018). – Kinderbuchautorin.

Schriften (Ausw.): Kennwort Tomate (Bilder v. F. Kohlsaat) 1975 (Neuausg. u. d. T.: Alle nannten ihn Tomate [Bilder v. J. Timm] 1994); Auf dem Markt (gemalt v. I. Eberhard) 1980; Leselöwen-Zirkusgeschichten, 1980 (Bilder v. R. Rettich); Nr. 13 London Street Kommissar, 3 Bde. (I Schatten in Rockfort Castle – II Die sprechende Wand – III Ein heißer Fall, Miss Robinson!) 1980–90; Kommissar Kugelblitz. Blaue Reihe (Ratekrimi, Illustr. v. H. Gerber, M. Walther u. W. Schröder) 31 Bde. (I Die rote Socke – II Die orangefarbene Maske – III Der gelbe Koffer – IV Der grüne Papagei – V Der lila Leierkasten – VI Das blaue Zimmer – VII Der schwarze Geist – VIII Das rosa Nilpferd – IX Die schneeweiße Katze – X Der goldene Drache – XI Der Jade-Elefant – XII Der Fall Koralle – XIII Kürbisgeist und Silberspray – XIV Der Fall Kobra – XV Rauchsignale – XVI Nashornjägern auf der Spur – XVII Kommissar Kugelblitz fischt im Internet – XVIII Der Fall Giftnudel – XIX Der Fall Kiwi – XX Die Akte 2013 – XXI Die Moskito-Bande – XXII Vermisst am Mississippi – XXIII Das Geheimnis von Spooky Hill – XXIV Der Fall Wüstenkönig – XV Das Geheimnis der gefiederten Schlange – XVI Schnee auf Mallorca – XVII Tote trinken keine Cola – XVIII Der Fall Shanghai – XXIX Der Fall Rhinozeros – XXX Piraten der Wüste – XXXI Alarm in Windhuk) 1982–2012 (zudem versch. Schulausg.); Der Hasenfranz. Eine Ostergeschichte (Bilder v. M. Schlossmacher) 1983; Leselöwen-Weihnachtsgeschichten (Illustr. v. M. Wissmann) 1984; Mord im Zirkus Scharivari. Ein Zirkuskrimi zum Raten, Mitmachen und Aufführen, 2 Bde. (Unterrichtsanregungen v. H. Bartnitzky) 1984; Selim, der Neue. Eine Geschichte über Selim und die Klasse 3b, 1984; Der rote Drache Fu (Bilder v. J. Timm) 1985; Der Taxi-Opa, 4 Bde. (I […] gibt Gas – II […] hebt ab – III […] ist nicht zu bremsen – IV […] schwer in Fahrt) 1985–87; Ätze das Tintenmonster 10 Bde. (I [dass.] – II Ätze das Hosentaschenmonster – III Atze das Rucksackmonster – IV Ätze das Zirkusmonster – V Ätze das Piratenmonster – VI Ätze das Geistermonster – VII Ätze das Rittermonster – VIII Ätze das Weltraummonster – IX Ätze das Computermonster – X Ätze das Fußballmonster) 1986–2006; Krähverbot für Kasimir (Illustr. v. S. Brix) 1986; Leselöwen-Ostergeschichten (Illustr. v. S. Brix-Henker) 1986; F. X. Mücke, Privatdetektiv (mit vielen Bildern v. E. Hölle) 4 Bde. (I Das Geheimnis des kleinen Pharao – II Das Geheimnis der roten Eule – III Das Geheimnis des flüsternden Turmes – IV Das Geheimnis der Mühle im Moor) 1987/88; Piratenlissy, 1987; Üxe der Fischstäbchentroll, 1989; Adventskalendergeschichten, 1991; Lucy und die Vampire (Zeichn. v. A. Weinhold) 1991 (Sonderausg. 1994); Oma Paloma (Zeichn. v. J. Timm) 1992 (überarb. Neuausg. 2013); Der schlaue Fuchs Rinaldo, 1992; Geschichten von der Maus für die Katz, 1992; Die bärenstarke Anna (Illustr. v. J. Gerber) 1993; Der Geisterpirat (Illustr. v. E. Czerwenka) 1994 (Schulausg. 2005); Karlotta und die sieben Räuberväter (Zeichn. v. M. Wissmann) 1994 (Schulausg. in 2 Bdn. 2007); Die bärenstarke Anna und der Schulausflug (Illustr. v. H. Gerber) 1995; Die bärenstarke Anna zieht um (Illustr. v. dems.) 1995; Harry und Fox, die Super-Spürnasen (Bilder v. M. Wissmann) 1995; Die bärenstarke Anna und das Feuerwehrfest (Illustr. v. H. Gerber) 1996; Oskar der kleine Schlampir (Illustr. v. J. Timm) 1996; Der Raubritter Ratzfatz (Zeichn. v. A. Stubner) 1996 (Schulausg. 2004); Der Schatz des Geisterpiraten (Illustr. v. E. Czerwenka) 1996; Der Spion unterm Dach, 1996; Paula will eine Brille (Bilder v. L. Baeten) 1996; Der Raubritter Ratzfatz (Zeichn. v. A. Stubner) 1996 (Schulausg. in 2 Bdn. 2004); Harry & Fox und die Enten-Agenten (Bilder v. M. Wissmann) 1997; Die kluge Malwine, 1997; Opas Computer-Geheimnis (Illustr. v. R. Scholte van Mast) 1997; Paula sieht Gespenster (Bilder v. L. Baeten) 1997; Piratenpost von der Pefferinsel (Bilder v. J. Gerber) 1997; Das glückliche Schaf (Illustr. v. E. Cools, O. Streich) 1998; Harry & Fox und der Schurke mit der Gurke (Bilder v. M. Wissmann) 1998; Paula geht zur Schule (Bilder v. L. Baeten) 1998; Ringo Ratz Superstar (Bilder v. J. Gerber) 1998;

Der Mann mit dem schwarzen Handschuh. Ein Kinderkrimi (Illustr. v. C. Unzner) 1999 (Schulausg. 2005); Paula und das Räuberfest (Bilder v. L. Baeten) 1999 (überarb. Neuausg. 2011); Die Hafenkrokodile (mit Krimi-Rätsel, Illustr. v. A. Fienieg) 8 Bde. (I Ein Krokodil zu viel – II Geheimaktion Kolibri – III Das Rätsel der Katzenvilla – IV Blinder Passagier in Not – V Dem Feuerteufel auf der Spur – VI Die Autoknackerbande – VII Kidnapping an der Elbe – VIII Abenteuer im Geisterschloss) 2000; Herders Kinderbibel, 2001; Paulas sieben Haustiere (Bilder v. L. Baeten) 2001 (überarb. Neuausg. 2011); Piratenkater, ahoi! (Bilder v. S. Voigt) 2001 (Schulausg. 2016); Der Friedensreiter. Eine Geschichte von der Versöhnung und vom Frieden auf Erden (Illustr. v. P. Kunstreich) 2002; Kugelblitz jagt Dr. Fong. Eine neue Geschichte (Illustr. v. H. Gerber) 2003; Der Schutzbengel (Illustr. v. J. Timm) 2003 (Sonderausg. 2006 u. 2009); Der wilde Korsar (Bilder v. H. Gerber) 2003; Emma und der halbe Hund (Red. K. Amann, Bilder v. J. Timm) 2004; Kommissar Kugelblitz. Städtebände (Ratekrimi, Illustr. v. H. Gerber u. a.) 12 Bde. (I Kugelblitz in London – II Kugelblitz in Istanbul – III Kugelblitz in Venedig – IV Kugelblitz in Paris – V Kugelblitz in New York – VI Kugelblitz in Sydney – VII Kugelblitz in Amsterdam – VIII Kugelblitz in Spanien – IX Kugelblitz in Wien – X Kugelblitz in Berlin – XI Kugelblitz in Barcelona – XII Kugelblitz in Hamburg) 2004–18 (zudem versch. Schulausg.); Paula auf dem Ponyhof, 2004 (überarb. Neuausg. 2010 u. 2014); Paula macht Piratenferien (Bilder v. D. Henze) 2004; Upps benimm dich! Das vergnügte Benimmbuch für Kinder (Red. K. Amann, Illustr. v. J. Timm) 2004; Lanzelotta Rittertochter. Das große Turnier (Bilder v. B. Scholz) 2005 (überarb. Neuausg. 2011 u. 2014); Paula macht das Seepferdchen (Bilder v. D. Henze) 2005; Die schönsten Geschichten vom Hasenfranz (Red. A. Lewe, Bilder v. I. Gider, H. Stellmacher) 2005; Upps, komm Zähne putzen! Eine Geschichte (Illustr. v. J. Timm) 2005; Zum Taufen nimmt man Wasser ohne Seife (Illustr. v. ders.) 2005 (Sonderausg. 2011); Paula mag Fußball (Bilder v. D. Henze) 2006; Upps regelt das! Familienregeln für den Planeten Maxnix. Eine Geschichte (Illustr. v. J. Timm) 2006; Einsatz für Detektivin Paula (Bilder v. D. Henze) 2007; Rufus hilft den Weihnachtsmännern. Ein Weihnachtsabenteuer in 24 Geschichten (Bilder v. J. Timm) 2007; Upps, beweg dich! Das vergnügte Fitness- und Ernährungsbuch für Kinder (Illustr. v. ders.) 2007; Der coole Anton. Eine Geschichte aus dem Kindergarten (Illustr. v. ders.) 2008; Paula und der Sonntagshund (Bilder v. D. Henze) 2008 (überarb. Neuausg. 2011); Paula macht Ferien am Meer (Bilder v. D. Henze) 2010 (überarb. Neuausg. 2013); Paula und der Schulbasar, 2010; Paula auf dem Weihnachtsmarkt, 2010 (überarb. Neuausg. 2014; alle Bilder v. D. Henze); Tikitonga (Bilder v. B. Gotzen-Beek) 2010; Paula. Prinzessin für einen Tag (Bilder v. D. Henze) 2012 (überarb. Neuausg. 2013); Der Geschichtenkater erzählt seine Lieblingsmärchen (Bilder v. B. Gotzen Beek) 2013; Das Märchenschloss. Die schönsten Kindermärchen (Illustr. v. ders.) 2014; Paula und der Schultüten-Drache (Bilder v. D. Henze) 2014; Paula auf dem Ponyhof. Keine Angst, kleines Pony! (mit 16 Seiten Leserätseln & Lesespielen, Illustr. v. J. Gerigk) 2015; Paula auf dem Ponyhof. Pony-Fasching, 2015; Paula auf dem Ponyhof. Rettung in letzter Minute, 2015; Paula auf dem Ponyhof. Das kleine Weihnachtspony, 2016; Paula auf dem Ponyhof. Die Weihnachtskrone, 2018; Paula auf dem Ponyhof. Das Ponyturnier, 2018 (alle Illustr. v. J. Gerigk).

Literatur: Lex. der dt.sprachigen Krimi-Autoren. Unter Mitarb. der aufgenommenen Autorinnen u. Autoren (hg. A. Jockers, unter Mitarb. v. R. Jahn) ²2005, 235 f.; Krimi-Forum.de (Internet-Edition); Das Syndikat. Ver. zur Förderung dt.-sprachiger Kriminallit. (Internet-Edition). FA

Scheibner, Nikolaus, * 26.3.1976 Wien; ab 2000 Obmann des ZZOO-Ver. u. Mithg. der dazugehörigen Lit.zs. «Zeitzoo», Inhaber des Hörbuchlabels «Audiobeans», ab 2010 Leiter der Evolutionsbibl. im alternativen Kulturzentrum WUK; seit 2003 Mitgl. der Grazer Autorinnen Autorenversammlung, 2006–09 Juror derselben, seit 2016 Vorstandsmitgl. des Kulturzentrums Spittelberg im Armelinghaus; lebt in Wien. – Autor, Lektor, Herausgeber.

Schriften: Intakte Mütter (mit P. Lehmkuhl, P. Scheiner) 1999; Auch eine Metamorphose? Basisdialoge, 2000; Jakühl. Das Drama vom verrückten Lama, 2000; Auf der Hand (Ged.) 2006; So viel Luft wie ich (Bilder v. I. Kilic, F. Widhalm) 2012; Die Badewanne als Kriegsgerät, 2017.

Herausgaben: Mörder, Planeten, Säuger. Das Buch zum ersten Buch (mit C. Stippinger) 2002;

Opfer, Tomaten, Schlüpfer, 2003; Zöpfe, Granaten, Tupfer, 2006; Aroma, Romane, Amore, 2010.

Literatur: H. SCHÖNAUER, Tagebuch eines Bibliothekars. Bd. 2: 1999–2003 (Vorw. E. POLT-HEINZL) 2015, 419 f.; Grazer Autorinnen Autorenversammlung Mitgl. (Internet-Edition); Lit.haus Wien (Internet-Edition); Öst. Gesellsch. für Lit. Biogr. (Internet-Edition). FA

Scheidgen, Ilka (Maria) (geb. Atanassoff), ⋆ 7.1. 1945 Seilershof (heute zu Gransee/Brandenb.); Tochter eines Zahnarztehepaars, wuchs in Berlin auf, kam 1960 nach Düsseldorf, besuchte ein kath. Mädchengymnasium ebd., 1963 Abitur, studierte Medizin in Münster, hörte Vorlesungen in Philos. u. Psychologie, 1969 Promotion zum Doktor der Zahnmedizin in Düsseldorf, 1971–82 in Wiehl/Nordrhein-Westf. wohnhaft, anschließend in Kall-Urft, veröffentlichte Beitr. in den Lit.zs. «Die Horen» u. «Der Literat», Mitarb. der «Tagespost», schrieb zahlr. Autorenporträts; Mitgl. des Westfäl. Lit.büros (ab 1988), der GEDOK Köln (1990–2003) u. der Lit.frauen Berlin (ab 1999); lebt in Halle/Saale. – Kulturpreis des Kr. Euskirchen (2002). – Zahnärztin, Autorin.

Schriften (Schr. im Selbstverlag in Ausw.): Die Speicheldrüsentumoren im Kindesalter (Diss.) 1969; Wenn ein immerwährender Regen auf das Land fällt (Ged.) 1981; Wenn unsere Schritte nicht stockten, 1991; Zuoberst das Blau (Ged., Zeichn. v. H. E. Scheidgen) 1992; Die grüne Frau (Erzn., Zeichn. v. dems.) 1993; Aufbruch ins Unbekannte (Erz.) 1997; Nicht dein Haus, nicht meins (Ged.) 1996; Aufbruch ins Unbekannte (Erz.) 1997; Nah der Erde (Ged.) 2000; Anna und Alena (Rom.) 2001; Verrückt genug, an das Paradies zu glauben. Autorenporträts, 2002; Meine Freundin Johanna. Ein Leben zwischen Manie und Depression (Rom.) 2003; Hilde Domin. Dichterin des Dennoch (Biogr.) 2006; Fünfuhrgespräche. Zu Gast bei Günter Grass, Peter Härtling, Herta Müller, Peter Rühmkorf, Dorothee Sölle, Arnold Stadler, Carola Stern, Martin Walser, Gabriele Wohmann, Eva Zeller, 2008; Gabriele Wohmann. Ich muss neugierig bleiben. Die Biografie, 2012 (Neuausg. u. d. T.: Gabriele Wohmann. Meisterin der Kurzgeschichte. Die einzige autorisierte Biografie, 2017 [E-Book]); Dem Unendlichen etwas entleihen. Bildgedichte, 2014; Der blaue Mann. Geschichten zwischen Traum und Wirklichkeit (Illustr. v. H. E. Scheidgen) 2016; Der Hoffnung Wege bauen Gedichte und Fotos, 2016 (Selbstverlag); Meine Freundin Johanna. Ein Leben mit Manie und Depression, 2016 (Selbstverlag); Zu Besuch bei Günter Grass und Herta Müller. Zwei Nobelpreisträger für Literatur, 2016 (Selbstverlag); Zu wissen dort drüben ist Land (Ged., Zeichn. v. H. E. Scheidgen) 2016 (Selbstverlag); Martin Walser. Der weise Mann vom Bodensee, 2017; Zu Besuch bei Hans Bender und Arnold Stadler, 2017 (Selbstverlag); Schloss Altgolßen. Porträt eines privaten Herrenhauses, 2017 (Selbstverlag); Hildegard Risch. Pionierin der Schmuckkunst von der Burg Giebichenstein, 2017 (Selbstverlag); Von Rimbaud zu Camus. Fünf Autoren des Existentialismus Arthur Rimbaud, Rainer Maria Rilke, Lion Feuchtwanger, François Mauriac, Albert Camus, 2017 (Selbstverlag).

Vorlaß: Briefe bzw. Briefw. in der Münchner StB, Monacensia sowie im DLA Marbach.

Literatur: J. U. KELLER, ∼ – Kreiskulturpreis 2002 (in: Kr. Euskirchen. Jb.) 2003, 103–106; Lit.netz Mittelrhein. Eine Informationsplattform zum lit. Leben in der Region Mittelrhein (Internet-Edition); Liton.NRW (Internet-Edition). FA

Scheier, Hans Peter, ⋆ 5.7.1950 Zürich; 1969 Matura, absolvierte eine Ausbildung zum Primarschullehrer, 1972 im Beruf tätig, 1973–77 Stud. der Spielfilmregie an der Hochschule für Fernsehen u. Film München, als freier Autor u. Regisseur in München tätig, drehte Dokumentar- u. Spielfilme für das dt. u. Schweizer Fernsehen, begann 1990 mit dem Aufbau der Theaterpädagogik beim Schul- u. Sportdepartement der Stadt Zürich, die er bis 2007 leitete; entwickelte versch. Theaterprojekte mit Kindern, Jugendlichen u. Erwachsenen, nach 2007 erneut freischaffend, auch als Photograph aktiv; lebt in Schaffhausen. – Stipendium des Bundesinnenministeriums, Bonn (1986). – Autor, Regisseur.

Schriften (Drehb. in Ausw.): Mergoscia (Drehb.) 1977; Maximilian und seine Reise ans Ende der Welt (Illustr. v. C. Louis) 1989; Wang und seine Kreise (Illustr. v. R. N. Li) 2000; Ein Feuer nachts (Rom.) 2006; Die Freiheit des Menschen. Eine Wegskizze (Drehb.) 2011; Sing Feng (Erz., Fotos H. P. S.) 2014; Pestilenz! (Rom., Nachw. v. M. MÜLLER-WIELAND) 2019.

Literatur: Filmportal.de (Internet-Edition); Lex. des Internationalen Films (Internet-Edition); Swiss

Films (Internet-Edition); The Internet Movie Database (Internet-Edition). FA

Schellenberger, (Hermann) Alfred, * 14.11.1928 Chemnitz; Sohn eines Oberstudiendirektors, besuchte die Oberrealschule in Chemnitz, war 1944 Flakhelfer, 1947 Abitur, studierte 1947–52 Chemie an den Univ. Dresden u. Rostock, anschließend Assistent am Chem. Inst. an der Univ. Halle/Saale, 1956 Promotion zum Dr. rer. nat. ebd., habilitierte sich 1962, 1964 Doz. für Organ. Chemie, erhielt 1967 Lehrauftrag für Biochemie, im selben Jahr Direktor des neugeschaffenen Inst. für Biochemie, entwarf mit Horst Reinbothe (1931–1983) den ersten Biochemie-Studiengang in Dtl., 1969–93 (emeritiert) o. Prof. für Biochemie in Halle, leitete ab 1972 den Fachbereich Biochemie, 1991–94 Dekan der Mathemat.-Naturwiss. Fak.; ab 1970 Mitgl. der Dt. Akad. der Naturforscher Leopoldina – Nationale Akad. der Wiss., 1990–2000 Vizepräs. derselben; lebt in Potsdam. – Verdienst-Medaille der Leopoldina (1988). – Biochemiker, Hochschullehrer, Lyriker, Erzähler.

Schriften (Fachschr. in Ausw.): Untersuchungen zum Wirkungsmechanismus von Carboxylasemodellen in wässriger Lösung (Diss.) 1955; Beiträge zur Chemie und Biochemie der Brenztraubensäure (Habil.-Schr.) 1962; ... nicht mehr zu schweigen. Evolution?, 2003; Forschung unter Verdacht. Erfahrungen aus dem Wissenschaftsalltag der DDR, 2008; Streit der Engel (Erz.) 2015; Spiegelungen. Lyrische Experimente, 2016.

Literatur: W. R. Pötsch, Lex. bedeutender Chemiker, 1988, 380; G.-J. Kraus, R. Ulbrich-Hofmann, Zur Gründung des Inst. für Biochemie in Halle vor 50 Jahren (in: Biospektrum. Das Magazin für Biowiss. 23, H. 6) 2017, 721–723; Leopoldina. Mitgl. (Internet-Edition). FA

Schemm, Martin, * 11.9.1964 Duisburg; studierte bis 1991 Ma. Gesch. u. Latein. Philol. des MA an der Univ. Heidelberg, war Mitarb. der Informations- u. Dokumentationsstelle der Dresdner Bank in Frankfurt/M., als Pressesprecher des Hamburgischen Beauftragten für Datenschutz u. Informationsfreiheit tätig, veröffentlichte Kurzgeschn. in versch. Zs., u. a. in «c't», «Exodus» u. «Nova»; lebt in Hamburg. – AC-Award (2000), 1. Platz beim Lit.wettbewerb «Textzeichen» (2004), Dt. Phantastik Preis (2007). – Historiker, Romanautor.

Schriften: Das Heidenloch. Ein fantastisch-mythologischer Roman, 1999 (als Mundarthörsp. SWR 2009); Tod aus dem Nichts, 2003; Todeskontakt. Thriller, 2005; Der Goldschatz der Elbberge. Ein historisch-fantastischer Roman, 2010; Das Geheimnis des goldenen Reifs. Ein historisch-fantastischer Roman, 2013; Karwendelgold. Ein tödliches Geheimnis, 2014; Die Letzten Erdentage. Historischer Roman aus der Zeit Kaiser Otto III., 2016; Tod im Mariendom (Rom.) 2018.

Literatur: Werkführer durch die utop.-fantast. Lit. (hg. M. Koseler, F. Rottensteiner) (Losebl.slg.; zu ‹Das Heidenloch›, ‹Todeskontakt›); The Internet Speculative Fiction Database (Internet-Edition). FA

Schenck, Naomi, * 15.7.1970 Santa Monica/CA; Enkelin des Chemikers Günther Otto S. (1913–2003), wuchs in Mülheim an der Ruhr auf, nach dem Abitur Aufenthalte in den USA u. in Mexiko, studierte 1991–95 Malerei u. Bühnenbild an der Kunstakad. Düsseldorf, anschließend als freie Szenenbildnerin für Film- u. Fernsehproduktionen tätig, beteiligt an den Kriminalfilmreihen «Nachtschicht» (ZDF) u. «Tatort» (ARD/ORF/SRF), Zus.arbeit mit Regisseuren wie Lars Becker (* 1954) u. Jonas Åkerlund (* 1965), besuchte 2000/01 den Kurs «Dramatic Writing» an der Univ. of California, Los Angeles; lebt in Berlin. – ARD/Dtl.radio Hörsp.preis «Premiere im Netz» (2006), Ruhrpreis für Kunst u. Wiss. (2015). – Szenenbildnerin, Autorin.

Schriften: Das Rätsel des Schafs (Hörsp.) 2006 (Eigenproduktion); Hummelflug (Hörsp.) SWR 2007; Archiv verworfener Möglichkeiten. Bilder und Texte (hg. U. Rüdenauer) 2010; Hawaii. Szenen aus einer hellen Nacht (Hörsp.) SWR 2010; Kann ich mal Ihre Wohnung sehen? Homestorys, 2013; Mein Großvater stand vorm Fenster und trank Tee Nr. 12, 2016.

Literatur: Filmportal.de (Internet-Edition); ARD Hörsp.datenbank (Internet-Edition); Autor*innenlex. der Univ. Duisburg-Essen (Internet-Edition); Hörsp.datenbank. Hördat (Internet-Edition); Hörsp.datenbank HspDatto (Internet-Edition); The Internet Movie Database (Internet-Edition). FA

Schenck zu Schweinsberg, Marian(n)e Louise Eleonore Freiin von → Münchhausen, Marian(n)e Louise Eleonore Freiin von.

Schendel, Andreas, * 9.6.1971 Kleve/Kr. Kleve; besuchte die Realschule, absolvierte eine Lehre bei der Ruhrkohle AG, 1992 Abitur, studierte bis 1998 Philos., Psychologie u. Germanistik in Freiburg/Br. (ohne Abschluß), begründete 2003 die Initiative «SammlungJungeKunst» zur Förderung junger Künstler aus Dtl. u. Ungarn; lebt in Dresden u. Budapest. – (Neben weiteren Auszeichnungen) Peter-Klein-Lit.preis (2003), Stadtschreiber in Dresden (2003), Stipendium der Kunststiftung Baden-Württ. (2003), Residenzstipendium des Lit. Colloquiums Berlin (2005), Oberhausener Lit.preis (2008), Stipendium der Kulturstiftung Sachsen (2008). – Schriftsteller.

Schriften: Die Geschichte von Gina und Herrn Seeger (Illustr. v. L. Renn) 1998; Leuchtspur (Rom.) 2001; Fluchtpunkt. Geschichte einer Liebe, 2002; Lotte und die Wüstenfreundschaft (Illustr. v. L. Renn) 2002; Nimm Anlauf und spring (Jgdb.) 2003; Freundschaftsgeschichten (mit A. Maar, Illustr. v. V. Ballhaus, L. Renn) 2006; Dann tu's doch (Jgdb.) 2007; Dann tu's doch (Jgdb.) 2008; Nimm Anlauf und spring (Jgdb.) 2008; Virág oder Wenn die Welt verrutscht (Polaroids v. A.-T. Wittmann) 2010; Mit Licht nach Schatten werfen. Leuchtspur revisited (Rom.) 2012.

Literatur: H. Vollmer, ‹Nimm Anlauf und spring.› Über den Jgdb.autor ~ (in: Lit. im Unterricht. Texte der Ggw.lit. für die Schule 13, H. 2) 2012, 93–113; Lit.port Autorenlex. (Internet-Edition). FA

Schenk, Christian W. (auch Wilhelm S.), * 11.11.1951 Kronstadt (Brașov/Rumänien); Sohn eines Betriebswirts u. einer Schneiderin, wuchs dreisprachig auf, 1961 erste Veröff. eines Ged. in einer rumän. Kinderzs., durch Tudor Arghezi (1880–1967) gefördert, besuchte 1966–73 das Gymnasium in Zeiden (Codlea/Rumänien), absolvierte 1972–74 eine Ausbildung zum Filmvorführer, holte 1974 das Abitur nach, 1974–76 Angestellter in Zeiden, ging 1976 nach Dtl., machte 1978 das dt. Abitur in Wiehl/Nordrhein-Westf., 1978–80 Zahntechniker-Ausbildung in Koblenz, studierte 1980–86 Zahnmedizin an der Univ. Mainz, 1985 Promotion zum Doktor der Zahnmedizin, 1986–88 Assistenzarzt, führte ab 1988 eine eigene Arztpraxis in Kastellaun/Rhld.-Pfalz, begr. 1993 den Dionysos Lit.- u. Theaterverlag ebd., anschließend in Boppard wohnhaft; u. a. Mitgl. in der Weltunion der Schriftst.ärzte, in der American Romanian Academy of Arts and Sciences sowie in der Südosteuropa-Gesellschaft. – (Neben weiteren Auszeichnungen) Ehrenbürger von Cluj-Napoca (2000), «Ritter des Danub. Ordens» (2006). – Lyriker, Verleger, Übers., Arzt.

Schriften (ohne rumänischsprachige Schr.): Zur Situation der Schwerbehinderten nach dem Schwerbehindertengesetz in der Fassung und der Bekanntmachung vom 8. Oktober 1979 (BGBl. I. S. 1649) unter spezieller Berücksichtigung des Schwerbehinderten im Erwerbsleben (Diss.) 1985; Blinder Spiegel (Ged.) 1994; Lichtebbe (Ged.) 1994; Mandala. Poeme, 1996; Wortwunde (Ged., Zeichn. v. K. Grabowicz) 2018. (Ferner nicht nachweisbare Schriften.)

Übersetzungen (Ausw.): Streiflicht. Eine Auswahl zeitgenössischer rumänischer Lyrik (hg. S. Reicherts-S.) 1994; L. Vasiliu, Tanz der Monaden. Gedichte (mit S. Reicherts-S.) 1996; S. A. Doinaș, Geboren in Utopia. Gedichte, 1996; G. Vulturescu, Augenlieder. Gedichte, 1996; E. Manu, Traumstunde. Gedichte, 1997; M. Sorescu, Die Leere der Glocke. Gedichte, 1997 (2., überarb. Aufl. 2002); V. Stancu, Wortwunde. Gedichte, 1998; G. Dorian, Niemandsinsel. Gedichte, 1998; A. Blandiana, Sternenherbst. Gedichte, 1999 (2., erw. Aufl. 2002); C. M. Spiridon, Über den Wald. Gedichte, 2002; C. Aura, Geflüster. Gedichte, 2002; I. Caraion, Ein Garten ist in mir. Gedichte, 2002; M. Mincu, Drehung. Gedichte, 2002 (alle mit S. Reicherts-S.).

Herausgaben (ohne rumänischsprachige Schr.): M. Eminescu, Gedichte (Nachdg. aus dem Rumän. K. Richter, hg., überarb. u. tw. neu nachgedichtet mit S. Reicherts-S.) 2000; G. Bacovia, Poezii. Gedichte. Blei und andere Gedichte, 2018 (Selbstverlag); E. M. Croitoru, Die Träne der Zeit – Lacrima Timpului. Zweisprachig – Bilingv, 2021 (Selbstverlag; dt. u. rumänisch). FA

Schenk, Daniel Peter, * 16.4.1984 Kirchheimbolanden/Rhld.-Pfalz; absolvierte 2007–10 den Stud.gang für Digital Film & Animation an einer Privathochschule in Köln, 2010/11 weitere Stud. an der Middlesex University in London, Inhaber des

Unternehmens «FALLENDREAM media», engagiert sich seit 2013 im rheinland-pfälz. Landesprogr. «Jedem Kind seine Kunst», entwickelt versch. Filmprojekte mit Jugendlichen; lebt in Köln. – Filmemacher, Autor.

Schriften: Underworld (Kurzgeschn.) 2001; Vault. Für eine bessere Welt (Rom.) 2003; Unreality (Kurzgeschn.) 2005; Messias Vol. II. Eine Erzählung aus den Dystopian Tales, 2015 (Selbstverlag).

Literatur: Filmportal.de (Internet-Edition); The Internet Movie Database (Internet-Edition); Kulturland Rhld.-Pfalz. Künstlerinnen u. Künstler (Internet-Edition). FA

Schenk, Michael H., * 7.6.1955 Bonn; besuchte die Realschule, absolvierte eine Lehre zum Augenoptiker, arbeitete ab 1981 beim Bundesamt für Bevölkerungsschutz u. Katastrophenhilfe, Ausbilder u. Doz. ebd., seit 2014 wegen Krankheit u. Schwerbehinderung frühpensioniert; Mitgl. des Phantastik-Autoren-Netzwerks; lebt in Wachtberg/Nordrhein-Westfalen. – Romanautor.

Schriften (Schr. im Selbstverlag in Ausw.): Die Pferdelords (Fantasy-Rom.) 12 Bde. (I [...] und der Sturm der Orks – II [...] und die Kristallstadt der Zwerge – III [...] und die Barbaren des Dünenlandes – IV [...] und das verborgene Haus der Elfen – V [...] und die Korsaren von Um'briel – VI [...] und die Paladine der toten Stadt – VII [...] und das vergangene Reich von Jalanne – VIII [...] und das Volk der Lederschwingen – IX [...] und die Nachtläufer des Todes – X [...] und die Bruderschaft des Kreuzes – XI [...] und die Schmieden von Rumak – XII [...] und der Ritt zu den goldenen Wolken) 2006–16; Für den Notfall vorgesorgt. Vorsorge und Eigenhilfe in Notsituationen (Text u. Red.) ^{9}2007; Velasquita (hist. Rom.) 2007 (überarb. Neuausg. 2016 [Selbstverlag]); Die Zwerge der Meere (Fantasy-Rom.) 2010; Das Blut des Wolfes, 2011; Eolanee. Vom Klang des Waldes und dem Gesang der Schwerter (Fantasy-Rom.) 2014 (Selbstverlag); Sky-Troopers (Science-Fiction-Rom.) 5 Bde. (I [dass.] – II Die Beutewelt – III Piraten – IV Das Sandschiff – V Die Wirbelwelt) 2015–20; Terrorziel Berlin. Thriller, 2015 (E-Book); Sky-Navy (Science-Fiction-Rom.) 19 Bde., 2016–21 (Selbstverlag); Velara und das Reich der sieben Inseln (Fantasy-Rom.) 2018 (= Die Zwerge der Meere 2).

Literatur: Fantasyguide.de (Internet-Edition); Fictionfantasy.de (Internet-Edition); PAN. Phantastik-Autoren-Netzwerk (Internet-Edition); Phantasik-Couch.de (Internet-Edition); Phantast. Lesen (Internet-Edition). FA

Schenk, Sylvie (geb. Gonsolin, auch S.-Gonsolin), * 22.2.1944 Chambéry/Frankreich; wuchs auf in Gap (Hautes-Alpes), studierte Latein, Griech. u. Frz. an der PH in Lyon, ging 1966 nach Dtl., unterrichtete als Lehrerin an versch. Schulen, ab 1976 Verf. von Schulbüchern, begründete 2001 den Euregio-Schüler-Lit.preis, veröff. Beitr. in der Lit.zs. «Akzente» sowie in mehreren Anthol.; lebt in Stolberg (Rhld.) u. La Roche-de-Rame/Frankreich. – Förderpreis des Walter-Hasenclever-Lit.preises (1998), Würth-Lit.preis (1999), Zweiter Preis beim Irseer Pegasus (2002). – Lehrerin, Autorin.

Schriften (ohne Schulb.): Gedichte. Itinéraire – Wege (aus dem Frz. H. Kals, Fotos v. C. Jansen) 1982 (dt. u. frz.); Hin und her (Rom.) 1995; Das letzte Wort (Erzn.) 1999; Heute ist auch noch ein Tag (Rom.) 2004; Die Tochter des Buchhändlers (Rom.) 2008; Parksünder (Rom.) 2009; Der Gesang der Haut (Rom.) 2011; Der Aufbruch des Erik Jansen (Rom.) 2012; Bodin lacht (Rom.) 2013; Schnell, dein Leben (Rom.) 2018; Eine gewöhnliche Familie (Rom.) 2020; Roman d'amour (Rom.) 2021.

Übersetzungen: Das dreißigste Foto (Kurzkrimi, hg. D. Löcker, A. Potyka) 2014 (E-Book).

Literatur: Walter-Hasenclever-Lit.preis 1998. Verleihung an George Tabori (in: Walter-Hasenclever-Gesellsch. Jb.) 1998/99, 59–62. FA

Schenk, Veronika, * 9.3.1959 Kassel; Stud. der Germanistik, Politikwiss., Kunstgesch. u. Philos. an der Univ. Marburg/Lahn, arbeitet als Texterin für Werbe- u. PR-Agenturen, Mitarb. an Ausstellungskatalogen; lebt in Köln. – Romanautorin.

Schriften: Die Wandlung (Rom.) 2012. (Ferner ungedr. Radiofeatures.) FA

Schenkel, Andrea Maria, * 21.3.1962 Regensburg; absolvierte nach der Realschule eine Ausbildung zur Postbeamtin, im Beruf tätig, heiratete einen Arzt, Mutter von drei Kindern, ihr Debütrom. «Tannöd» (2006) erlangte Bestsellerstatus, die vom Sachb.autor Peter Leuschner (* 1947) erhobenen Plagiatsvorwürfe bezügl. «Tannöd» wurden 2009 durch das Oberlandesgericht München in zweiter Instanz zurückgewiesen; lebt in Nittendorf/Oberpfalz. – Dt. Krimi Preis (2007, 2008), Friedrich-Glauser-Preis (2007), Corine Weltbild Leserpreis

(2007), Martin Beck Award, Schweden (2008). – Schriftstellerin.

Schriften: Tannöd (Kriminalrom.) 2006 (2007 Hörsp.fass., NDR; 2008 als Theaterst., Urauff. Innsbruck; 2009 verfilmt, Regie B. Oberli); Kalteis, 2007; Bunker, 2009; Finsterau, 2012; Täuscher, 2013 (alles Kriminalrom.); Treibgut (Erz.) 2013; Als die Liebe endlich war (Rom.) 2016; Lippenrot (Theaterst.) Urauff. München 2020.

Literatur: Killy ²10 (2011) 303 f.; Munzinger-Archiv. – Lex. der Kriminallit. Autoren, Werke, Themen/Aspekte (hg. K.-P. WALTER) (Losebl.-Slg.; zu ‹Bunker›, ‹Finsterau›, ‹Kalteis›, ‹Tannöd› u. ‹Täuscher›); W. P. SCHNETZ, Mord(s)geschichten aus Bayern. Rom. von Mord u. Totschlag aus den Horrorkabinetten von Ernst Augustin, Eva Demski, ~ u. Barbara Krohn (in: Lit. in Bayern 21, H. 84) 2006, 12–15; B. STEINBAUER-GRÖTSCH, Kinder – Küche – Kirche – Mord! Die zwei Welten der ~ (in: Frauen schreiben. G'schichten vom Land. Schriftst. u. das ländl. Milieu, hg. R. JAKOB) 2008, 223–231; K. P. WALTER, ~, Tannöd (in: Der Rom.führer […] 46, hg. H.-C. PLESSKE) 2008, 87–89; P. NUSSER, Der Kriminalrom., ⁴2009, 109; M. ZEMAN, Der Fall ~. Auf den Spuren einer (Krimi-)Autorin (in: Transitträume. Beitr. zur dt.sprachigen Ggw.lit. Interviews mit Raoul Schrott, Albert Ostermaier, Hanns-Josef Ortheil, ~, Kerstin Specht, Nora-Eugenie Gomringer, Olaf neopan Schwanke u. Franzobel, hg. A. BARTL) 2009, 491–499; K. MATSUOKA, Ein Lichtstrahl in den finsteren Wald. ‹Tannöd› von ~ (in: Doitsugoken ni okeru gendai suiri shosetsu, hg. S. BUCHENBERGER u. a.) Tokio 2009, 65–75 (japan., mit dt. Zus.fass. 76); E. BOA, Warring Pleasures and their Price. Sex in the City in Irmgard Keun's «Das kunstseidene Mädchen» and ~s ‹Kalteis› (in: GLL 62, H. 3) 2009, 343–358; R. WEISWEILER, ~, Kalteis (in: Der Rom.führer […] 48, hg. H.-C. PLESSKE) 2010, 88; S. HORSTKOTTE, O. SCHMIDT, Heilige Maria, bitte für sie! Die narrative Funktion der Litanei zum Troste der armen Seelen in ~s ‹Tannöd› (in: Poetische Welt[en]. Ludwig Stockinger zum 65. Geburtstag zugeeignet, hg. M. BLAWID u. a.) 2011, 237–254; R. MUNZ, Banalität des Bösen? Rel. in der Kriminallit. von Frauen (in: Unerlöste Fälle. Rel. u. zeitgenöss. Kriminallit., hg. A. MAUZ, A. PORTMANN) 2012, 149–166; T. W. KNIESCHE, Weimar and Nazi Germany in Contemporary German Historical Crime Fiction (in: CollGerm 46, H. 2) 2013, 116–130; M. HENNING, Das «Morddorf» als Modell. Die Dekonstruktion ländl. Gemeinschaft u. die Sehnsucht nach Ordnung – Bayernbilder im Werk ~s (in: Skandal u. Tabubruch. Heile Welt u. Heimat, hg. J.-O. DECKER) 2014, 109–128; A. MAUZ, De Profundis. Zur Klage im Kriminalrom. (~, Friedrich Ani) (in: Klagen, Bitten, Loben. Formen rel. Rede in der Ggw.lit., hg. A. BODENHEIMER, J.-H. TÜCK) 2014, 182–210; K. WEGNER, Das Plagiat im Lichte des Urheberrechts (in: Kodex. Jb. der Internationalen Buchwiss. Gesellsch. 4) 2014, 127–141; M. DAVIS, A German Triple Play. Sascha Arango, ~, and Nina George (in: World Literature Today 90, H. 2) Norman/OK 2016, 14–16; Hdb. Kriminallit. Theorien – Gesch. – Medien (hg. S. DÜWELL u. a.) 2018, 241, 256, 342–346; ARD Hörsp.datenbank (Internet-Edition); Filmportal.de (Internet-Edition); Hörsp.datenbank. Hördat (Internet-Edition); Hörsp.datenbank HspDatto (Internet-Edition); The Internet Movie Database (Internet-Edition); Lex. des Internationalen Films (Internet-Edition). FA

Scherer, Claudia, * 16.6.1954 Wangen/Allgäu; als Buchhändlerin in Ravensburg, Stuttgart u. Lyon tätig, studierte Dt. u. Kunst an der PH Reutlingen u. der FU Berlin, ab 1983 Bildred. bei der «taz», 1993 Rückkehr nach Wangen, Photographin u. Malerin, Ausstellungen im Allgäu, zahlr. Beitr. in Anthologien u. Zeitschriften. – Stipendium des Förderkr. dt. Schriftst. in Baden-Württ. (2007, 2011), 3. Preis beim Feldkircher Lyrikpreis (2011), Stipendium der Geschwister-Mohr-Stiftung (2013, 2015). – Lyrikerin, Künstlerin, Red., Buchhändlerin, Mundartdichterin.

Schriften (ohne Privatdrucke): Seitescheche (Ged.) 2002; viel-liebchen-spiel (Ged.) 2003; Streiobscht (Ged.) 2004; Zuchtperle (Erzn.) 2004; Die Kürze. Eine Mitschrift (Rom.) 2007; Zungenfüßler (Ged.) 2009; Jeder Lidschlag. Die Fiktion der Erinnerung (Erzn.) 2014; Ungestüm (Ged.) 2015; Geheimnis der Normalität (Erzn.) 2016; Der Gruß. Erzählung im Kammerton, 2018; Das Tor zum nie (Erzn.) 2020.

Herausgaben: HEIMAT – Poetisches Wunder. Das Eigene im Fremden und Das Fremde im Eigenen. Hommagen, 2019.

Vorlaß: Franz-Michael-Felder-Arch., Bregenz.

Literatur: Lit. in Oberschwaben seit 1945 (hg. E. E. WEBER) 2017, 38 f., 231 u. ö.; Autorinnen u. Autoren in Baden-Württ. (Internet-Edition). FA

Scherer, Marie-Luise, * 1938 Saarbrücken; Tochter eines Unternehmers, früher Tod der Mutter, zunächst Reporterin bei versch. Kölner Ztg., schrieb später für die «Berliner Morgenpost» u. «Die Zeit», 1974–98 beim Nachrichtenmagazin «Der Spiegel», zudem Veröff. in der Lit.zs. «SuF»; trat durch ihre lit. Rep. hervor, die u. a. von der dt.-dt. Grenze, einem Pariser Frauenmörder u. dem Wahlverteidiger der RAF Otto Schily (* 1932) handeln; 2015 Mitgl. der Akad. der Künste, Sektion Lit.; lebt in Damnatz/Nds.; nicht zu verwechseln mit der gleichnamigen Illustratorin (1903–80). – Theodor-Wolff-Preis (1970), Egon-Erwin-Kisch-Preis (1977, 1979), Siebenpfeiffer-Preis (1989), Ludwig-Börne-Preis (1994), Italo-Svevo-Preis (2008), Heinrich-Mann-Preis (2011), Kunstpreis des Saarlandes in der Kategorie Lit. (2012), Samuel-Bogumil-Linde-Preis zus. mit Stefan Chwin (2015). – Journalistin.

Schriften: Ungeheurer Alltag. Geschichten und Reportagen, 1988; Der Akkordeonspieler. Wahre Geschichten aus vier Jahrzehnten, 2004 (= Die Andere Bibl. 230); Die Bestie von Paris und andere Geschichten, 2012; Die Hundegrenze (Vorw. P. Nizon, Fotos v. O. Hermann) 2013; Unter jeder Lampe gab es Tanz, 2014.

Literatur: Munzinger-Archiv. – A. Overath, Das halbe Brot der Vögel. Zur Sprache der Journalistin ~ (in: Merkur 47, H. 2) 1993, 160–166 (erneut in: dies. Das halbe Brot der Vögel. Portraits u. Passagen, 2004, 46–57); G. Graf, Silbenarbeit. Über die Reporterin u. Erzählerin ~ (in: Non Fiktion. Arsenal der anderen Gattungen – Reportage 4, H. 1) 2009, 63–71; Akad. der Künste, Berlin. Mitgl. (Internet-Edition); Lit.land Saar. Personen (Internet-Edition).   FA

Scherfo, Olli → Fischer, Lolo.

Scheuring, Christoph, * 1957; Red. bei versch. Zs., u. a. bei «Der Spiegel», «Stern» u. «Transatlantik», schrieb auch Texte für das «SZ-Magazin» u. das «Zeitmagazin» sowie für «Geo», ab 1998 Mitarb. der «Bild», 2001 vorübergehend Autor der «Welt am Sonntag», 2004 Mitbegründer des Redaktionsbüros «strich2», auch Geschäftsführer desselben; lebt in Hamburg. – Egon-Erwin-Kisch-Preis (1989, 1990), Zürcher Journalistenpreis (2006). – Red., Journalist, Romanautor.

Schriften: Tod eines Engels (Rom., mit U. Röbel) 2002; Echt (Rom.) 2014; Zeichen der Zeit (Rom.) 2016; Echt (Jgdb.) 2017; Absolute Gewinner (Jgdb.) 2018; Sturm (Jgdb.) 2020.

Literatur: P. Zahrt, Geschlechtsspezifisches Schreiben im Journalismus. Wie Reporterinnen u. Reporter Wirklichkeit wahrnehmen u. darstellen, aufgezeigt am Geschlechterbild in ausgezeichneten Rep. aus der Zeit von 1977 bis 1999 (Diss. Köln) 2001, 34 f., 155, 159 f. u. ö.; A. Plowman, Defending Germany in the Hindukush. The «Out-of-Area» Deployments of the Bundeswehr in Somalia, Kosovo and Afghanistan in Literature and Film (in: GLL 63, H. 2) 2010, 212–228.   FA

Schicktanz, Helga (verh. Hintaye), * 12.7.1941 Wien; Tochter eines Buchbinders u. einer Stickerin, absolvierte nach dem Besuch des Gymnasiums eine Ausbildung zur Großhandelskauffrau, bis 1994 im Beruf tätig, heiratete 1997 in zweiter Ehe den Künstler Peter Stöger, der im selben Jahr starb; an versch. lit.-musikal. Projekten beteiligt; 2000 Mitgl. der Interessengemeinschaft öst. Autorinnen u. Autoren; lebt in Wien. – Angestellte, Autorin.

Schriften: Tierarium. Tierische und andere Unwahrheiten, 1981; Alls (Ged.) 1983 (Selbstverlag); 4 Stücke + 1. Hörspiele, Bühnenstücke, Prosastück, 2004; Gespaneste-6-linge, 2004; Der Frosch im Mond. Aphorismen, 2008; Zeitgerinnsel. Lyrik, 2008; Der Buchblätterbaum. Geschichten für Lesehungrige, 2009; Absurdes Duett (mit A. Okopenko) 2010; Gspassettln, 2011; Zeilenhaufen. Kurz- und Langtexte, 2012; Vitamorsetten (Ged.) 2021.

Herausgaben: P. Stöger, Peregrinus. Eine Introduktion (Künstlerb.) 1998; P. Stöger, Das Monokel des Polyphem. Notizen (Künstlerb.) 2007.

Literatur: S. Blumesberger, Hdb. der öst. Kinder- u. Jgdb.autorinnen, Bd. 2, 2014, 1010 f.
                                                                                 FA

Schiefele, Hans, * 20.7.1924 Vöhringen/Iller; Sohn eines Lehrers, besuchte Schulen in Vöhringen u. Lauingen (beide Schwaben), 1942–45 Soldat im 2. Weltkrieg, erlitt eine schwere Kriegsverletzung, absolvierte eine Ausbildung zum Volksschullehrer, 1947–59 im Beruf tätig, studierte derweil Psychologie, Pädagogik u. Anthropologie an der Univ. München (LMU), hörte zudem Vorlesungen in Lit.gesch., Philos. u. Psychopathologie, 1957 Promotion zum Dr. phil., Lehrauftrag an der PH München-Pasing, ab 1959 wiss. Assistent ebd., 1962 Habil., anschließend auch Prof.

an der PH Augsburg, 1967 o. Prof. für Psychologie, 1968 zum Prof. für Pädagogik an der LMU ernannt, begründete das Inst. Empir. Pädagogik u. Pädagog. Psychologie ebd., war 1974–77 Dekan der Fak. für Psychologie u. Pädagogik, 1978 Mitbegründer der Akad. für Bildungsreform u. pädagog. Entwicklung; 1989 emeritiert; 1969–83 Vorsitzender des Inst. für Medienpädagogik, später Ehrenvorsitzender desselben; lebt in Icking/Obb.; nicht zu verwechseln mit dem gleichnamigen Sportjournalisten (1919–2005). – (Neben weiteren Auszeichnungen) Dr. h. c. der Univ. der Bundeswehr München (1991), Wilhelm-Ebert-Preis des Bayer. Lehrer- u. Lehrerinnen-Verbandes (1992). – Erziehungswissenschaftler, Lehrer, Hochschullehrer, Romanautor.

Schriften (Fachschr. in Ausw.): Erlebte Vergangenheit und ihre Dauer. Ein Beitrag zur Psychologie menschlicher Zeitlichkeit, kasuistisch entwickelt an James Joyce's «Ulysses» und Marcel Prousts «A la recherche du temps perdu» (Diss.) 1956; Programmierte Unterweisung. Ergebnisse und Probleme aus Theorie und Praxis, 1964; Schule von heute, Schule für morgen? Die Herausforderung der Schule durch die Lerngesellschaft, 1969; Lernmotivation und Motivlernen. Grundzüge einer erziehungswissenschaftlichen Motivationslehre, 1974 (2., durchges. Aufl. 1978); Literatur-Interesse. Ansatzpunkte einer Literaturdidaktik (mit K. STOCKER) 1990; Aus Interesse lernen, mit Interessen leben. Zwei Essays (mit A. KRAPP) 1990; Der Aktenbote. Innenansichten eines Ministeriums. Eine Satire, 1991; Totenvogel Goldfasan (Rom.) 1991; Am Russenweiher und andere Kindheitsgeschichten, 1992; Mancherlei Leben im einzigen Dasein (Rom.) 2000.

Herausgaben (Ausw.): Lehrprogramme in der Schule. Grundlagen, Versuche, Erfahrungen, 1966; Handlexikon zur pädagogischen Psychologie (m. A. KRAPP) 1981.

Vorlaß: Briefe in der Münchner StB, Monacensia (Nachl. Ludwig Englert).

Literatur: B. KOPP, H. MANDL, München. Zur Gesch. des Psycholog. Inst. an der Ludwig-Maximilians-Univ. München seit dem späten 19. Jh. (in: Die ersten Inst. für Psychologie im dt.sprachigen Raum, hg. A. STOCK, W. SCHNEIDER) 2020, 304–354, hier 338 f. FA

Schiefer, Bernadette (Maria), * 22.8.1979 Wien; besuchte Schulen in Mank u. Melk (beide Niederöst.), 1997–2004 Stud. der Philos., Theol., Romanistik u. Höheren Lateinamerika-Stud. an den Univ. Wien u. Maynooth/Irland, längere Aufenthalte u. a. in Mexiko, Kuba u. den USA, in der Behindertenbetreuung u. Leseförderung tätig, begründete 2011 den Lyrikverlag Edition Yara; Mitgl. des Lit.kr. «Podium»; lebt in Wien. – (Neben weiteren Auszeichnungen) Hans-Weigl-Lit.stipendium (2003), Mira-Lobe-Stipendium (2004), Lit.preis der Akad. Graz (2008). – Verlegerin, Autorin.

Schriften: Reise mit Engel. Nirgendwohin (Erz.) 2002; Kleine Erzählungen am Rande, 2003; Nichts wird dir fehlen, 2005; Oaxaca. Ein Sprechstück, Urauff. Graz 2007; Licht sprechen, Urauff. Feldbach 2008; Vale-Abschied (Libr., Musik: S. Banihashemi) Urauff. Graz 2015. (Weitere ungedr. Bühnenstücke.)

Herausgaben: Mut, Kraft, Weiblichkeit. Eine Anthologie, 2011; bher(δ). Gedichte (Illustr. v. C. Chavez) 2012.

Literatur: Lit.haus Wien (Internet-Edition); Lit.port Autorenlex. (Internet-Edition). FA

Schieke, Jörg, * 28.12.1965 Rostock; wuchs in Stralsund auf, studierte 1995–99 am Dt. Lit.inst. in Leipzig, war 1997/98 Red. der Lit.zs. «Edit» u. 1998–2003 Lektor beim Gustav Kiepenheuer Verlag, 2000 Doz. für Lyrik am Dt. Lit.inst. in Leipzig, ab 2004 Kulturred. beim MDR, Veröff. von Beitr. in versch. Anthol., u. a. in «Der wilde Osten» (2002), «Lyrik von jetzt» (2003) u. «Zonenfußball» (2011), übersetzte tschech. Lyrik ins Dt.; Mitgl. der Autorennationalmannschaft; lebt in Leipzig. – (Neben weiteren Auszeichnungen) Clemens-Brentano-Preis (1996), Leipziger Lit.stipendium (1998), Stipendium der Kulturstiftung Sachsen (2005). – Journalist, Redakteur, Autor.

Schriften: Die Rosen zitieren die Adern (Ged., Zeichn. v. T. L. Feininger) 1995; Seemanns Gesten (hg. S. ANDERSON, B. PAPENFUSS) 1997; Morgens in Mitteldeutschland. Eine Gemeinschaftsproduktion des MDR Figaro, das Kultur-Radio des Mitteldeutschen Rundfunks (mit 1 CD) 2006; Count down. Ein Reisegedicht, 2007; Antiphonia (Ged., hg. J. KUHLBRODT, J.-A. IGEL) 2018.

Herausgaben: Doppelte Lebensführung. Neue Prosa. Eine Anthologie aus Sachsen (mit K. JIRA) 2020.

Literatur: T. KUNST, Die Seltenheit der Dagewesenen. Gedanken zu den Ged. von ~ (in: Edit. Papier für neue Texte 4) 1994, 35; L. SEILER, «Du willst dich weit aus dieser Gegend beugen.» Über ~s ‹Auf Wunsch einer einzelnen Dame› (in: Die Horen 57, H. 2) 2012, 48–52; Florian Werner im Gespräch mit ~. Musik für Deserteure (in: Poet. Litmagazin 12) 2012, 264–269; Einzig hilfreich ist der Schreibraus. Falko Henning im Gespräch mit ~ (ebd. 16) 2014, 222–227; Die Reise macht empfänglich für den Zufall. ~ im Gespräch mit Jan Kuhlbrodt (in: Poetin. Lit.magazin 26) 2019, 178–185; Poetenladen. Poeten (Internet-Edition). FA

Schiestl, Helmut, * 1.6.1954 Hall/Tirol; arbeitete 1984–2006 als Bibliothekar am Inst. für Erziehungswiss. der Univ. Innsbruck, ab 2006 Mitarb. des Innsbrucker Ztg.arch., veröffentlichte Beitr. auf der Kultur-Plattform «provinnsbruck.at» sowie in versch. Lokalblättern; Mitgl. der Grazer Autorinnen Autorenversammlung. – Autor, Bibliothekar.
Schriften: Hirnkrebs. Dramatischer Essay, 1990; Der Lotusblütenesser, 1992; Portrait des Schriftstellers als armes Wurstel (Erz.) 2001.
Literatur: T. STANGL, In der Arschlochjacke. Ein Prosabd. von ~ (in: LuK 37, H. 365/366) 2002, 82 f.; Grazer Autorinnen Autorenversammlung Mitgl. (Internet-Edition); Lit.haus Wien (Internet-Edition). FA

Schiewe, Ulf, * 4.10.1947 Stadtoldendorf/Nds.; besuchte die Schule in Münster, studierte Informatik u. arbeitete als Software-Entwickler im In- u. Ausland, war ab 1982 Marketingmanager für Softwareprodukte in Brüssel, ab 1986 dass. in Dtl.; Mitgl. des «Autorenkreises Hist. Rom. Quo Vadis»; lebt in Tutzing/Oberbayern. – Silberner Homer (2014). – Informatiker, Romanautor.
Schriften: Der Bastard von Tolosa (Rom.) 2009; Die Comtessa, 2011; Die Hure Babylon, 2012; Das Erbe der Comtessa, 2012; Das Schwert des Normannen, 2013; Die Rache des Normannen, 2014; Der Schwur des Normannen, 2015; Bucht der Schmuggler, 2016; Der Sturm der Normannen, 2016; Odins Blutraben. Herrscher des Nordens, 2017; Thors Hammer. Herrscher des Nordens, 2017; Land im Sturm (Illustr. v. J. Reuter) 2018; Die letzte Schlacht. Herrscher des Nordens, 2018 (alles [hist.] Rom.); Der Attentäter. Historischer Thriller, 2019; Die Kinder von Nebra (hist. Rom.) 2020.
Literatur: Autorenwelt (Internet-Edition); Histo-Couch.de (Internet-Edition). FA

Schiff, Julia (auch J. Büchl), * 2.3.1940 Detta/Rumänien; 1951 Zwangsumsiedlung der Familie S.s in die Bărăgansteppe, S. verarbeitete die damit verbundenen Erfahrungen in ‹Steppensalz› (2000), 1956 Rückkehr ins Banat, Fabrikarbeiterin, besuchte 1956–58 die Lehrerbildungsanstalt in Temeswar/Rumänien, zunächst Grundschullehrerin, unterrichtete nach dem Stud. der Roman. Philol. (1969–74) ebd. an einem Gymnasium, kam 1981 nach Dtl., ab 1983 als Lehrstuhlsekretärin am Inst. für Roman. Philol. der Univ. München tätig, übersetzte rumän. u. ungar. Lyrik ins Dt., verfaßte u. a. Ess., Erzn. u. Rezensionen für Ztg. u. Zs., u. a. für «Südd. Ztg.», «Neue Zürcher Ztg.» u. «Der Literat»; lebt in München. – (Neben weiteren Auszeichnungen) Lyrikpreis der Edition Loßburg (1989), Erzählerpreis der Stiftung Ostdt. Kulturrat (1999), Donauschwäb. Kulturpreis des Landes Baden-Württ. (2001). – Übers., Lehrerin, Universitätsangestellte, Autorin.
Schriften: Steppensalz. Aufzeichnungen eines Deportierten, 2000 (Neuausg. 2012); Nachtfalterzeit (Ged.) 2008; Reihertanz (Rom.) 2011; Verschiebungen (Rom.) 2013; Katzengold (Rom.) 2016.
Übersetzungen: M. Kalász, Dezimierungszettel (mit ROBERT S.) 2002; ders., Dunkle Wunde. Hölderlin-Gedichte (mit DEMS.) 2002; L. Bertók, Ameisen ziehen. Gedichte, 2010; J. Marno, Licht machen, nur um Schatten zu werfen, 2010; C. Böjte, Mein Leben. Auf den Wegen der Barmherzigkeit, 2015; G. Mandics, Z. M. Veress, Aus den Aufzeichnungen von János Bolyai (überarb. P. GEHRISCH) 2018; A. Győrffy, Schneefall in Amiens. Gedichte, 2020; A. Nemes Nagy, Sonnenwenden. Napfordulók. Ausgewählte Gedichte (mit P. GEHRISCH, Geleitw. G. FERENCZ) 2021.
Herausgaben: Streiflichter. Eine Anthologie ungarischer Gedichte (Ausw. u. Übers., Nachw. O. KALÁSZ, A. HUDY) 2018 (ungar.-deutsch).
Vorlaß: Briefw. im DLA Marbach (Verlagsarch. Suhrkamp); Konvolut mit Ged. u. Übers. in der Bibl. der Stiftung Lyrik Kabinett, München. FA

Schiffner, Sabine, * 24.9.1965 Bremen; studierte 1985–91 u. a. Theater-, Film- u. Fernsehwiss., Germanistik u. Pädagogik an der Univ. Köln, war Regieassistentin u. Regisseurin am Schauspiel Köln, wurde 1995 Mutter, arbeitete anschließend als Fernsehregisseurin u. Doz. für Kreatives Schreiben, veranstaltete szen. Lesungen u. Lesereihen in Köln, arbeitete bis 2007 als Lektorin bei versch. Sachb.verlagen, 2007–11 in Deià auf Mallorca wohnhaft, nach ihrer Rückkehr Vertretungslehrerin in versch. Fächern, auch Übers. von engl., frz. u. span. Schr., Nachdg. georg. Lyrik, veröff. Ged. in zahlr. Anthol. sowie Theater- u. Lit.kritiken in Tageszg. u. im Rundfunk; lebt in Köln. – (Neben weiteren Auszeichnungen) Bremer Lit.kontor Autor*innenstipendium (2002), Arbeitsaufenthalt auf der Raketenstation Hombroich (2004), Martha-Saalfeld-Förderpreis (2004), Lit.preis der Jürgen Ponto-Stiftung (2005), Aufenthaltsstipendium in der Villa Aurora, Los Angeles (2006), Ehrengabe der Schillerstiftung Weimar (2014), Künstlerstipendium NRW (2020), Künstlerstipendium für das Atelier Galata, Istanbul (2021). – Schriftst., Übersetzerin.

Schriften: Seenebel (Hörsp.) Dtl.radio 1999; Besteck im Kopf (Ged.) 1994; Kindbettfieber (Rom.) 2005; Male (Ged.) 2006; Dschinn (Ged.) 2007; fremd gedanken, 2013; B, Kharanauli u. a., Die Kartoffelernte (Nachdg., mit N. Hummelt, Zeichn. v. D. Goltzsche) 2017; Georgiens Herz ist ... mit Poesie infiziert. 33 Gegenwartslyriker*Innen (Nachdg., Übers. N. Tchigladze, hg. G. Lobzhanidze) 2018; N. Jorjaneli, Roter Schein (Nachdg., hg. T. Pop, U. Rothfuss) 2018; Z. Ratiani, Requiem für die Lebenden. Gedichte (Nachdg., mit U. Kolbe) 2018; super ach (Ged., hg. M. Serrer, C. Wenzel) 2018; R. Amaglobeli, Kains Ernte oder Tod der Logik (Nachdg., mit M. Pschera, Übers. I. Widmer, N. Tchigladze) 2018; Z. Rtveliashvili, Diktatur der Poesie. Gedichte (Nachdg., Übers. N. Tchigladze) 2018; I. Shiolashvili, Kopfüber (Nachdg., hg. T. Pop) 2018 (zweisprachige Ausg. [dt. u. georg.] 2018).

Übersetzungen (Sachb. in Ausw.): P. de Montaner, M. Oliver, Patios de Palma (Fotos v. J. R. Bonet) 2007; D. Hall, Gutenachtgeschichten für Jungen (Illustr. v. J. Bays) 2007; Reise ins Weltall, 2008; R. Draghinescu, Du bist ich. Töte mich. Gedichtzyklus, 2018.

Herausgaben: Frühling, ja du bists! Geschichten und Gedichte, 2009.

Vorlaß: Briefw. im DLA Marbach (Verlagsarch. Suhrkamp).

Literatur: Kölner Autoren-Lex. 1750–2000. (bearb. E. Stahl) Bd. 2: 1901–2000, 2000, 251; B. Jahn, Familienkonstruktionen 2005. Zum Problem des Zus.hangs der Generationen im aktuellen Familienrom. (in: Zs. für Germanistik NF 16, H. 3) 2006, 581–596; R. Weisweiler, ~ Kindbettfieber (in: Der Rom.führer [...] 44, hg. H.-C. Plesske) 2007, 71; M. Neuschäfer, Das bedingte Selbst. Familie, Identität u. Gesch. Im zeitgenöss. Generationenrom. (Diss. Göttingen) 2013, 124–127, 130 f., 177 f. u. ö.; E. Engelhardt, Zu ~s ‹eisvogel› (in: Moderne dt. Naturlyrik, hg. H. Gnüg) 2016, 176–179; Lit.port Autorenlex. (Internet-Edition).

FA

Schikore, Klaus, * 7.6.1929 Stralsund; Sohn eines Offiziers der Waffen-SS, Mitgl. des «Dt. Jungvolks» in der Hitlerjugend, besuchte 1942–45 die nationalsozialist. Internatsoberschule NPEA-Rügen in Putbus, nach Kriegsende 1945 im sowjet. Gefängnis in Stralsund inhaftiert, 1948 wegen einer als «systemkrit.» gewerteten Flugblattaktion in der Schule erneut verhaftet, in Gefängnissen in Greifswald u. Bautzen, in der Bautzener Haftanstalt ab 1953 Mitarb. der Schneiderei, 1954 entlassen, im selben Jahr Flucht in die BRD, studierte 1955–61 Germanistik, Gesch. u. Philos. an der Univ. Göttingen, 1963 Zweites Staatsexamen, 1963–91 Gymnasiallehrer (als Studiendirektor pensioniert) in Osterholz-Scharmbeck; lebt ebenda. – Lyriker, Lehrer, Verf. von Erinnerungen.

Schriften: Kennungen. Landmarken einer Wandlung 1993; Trennungen. Zwischen Verbannung und Heimkehr (Autobiogr.) 2000; Zeit der Kormorane. Lyrik, 2000; Wir müssen ihre Last wohl tragen! Rückblicke eines Grenzgängers zwischen West und Ost, 2006; Aus bewegter Zeit. Gesammelte Gedichte 1949–1999, 2009; Bin ein Stück doch von euch. Abschiedsgruß an die Heimat, 2020 (Selbstverlag); Zurück gefragt – nach vorne geschaut. Der historisch-politische Nachlass eines Neunzigjährigen, 2020 (Selbstverlag); Gegen das Vergessen. Stimmen hinter Mauern und Stacheldraht, 2021 (Selbstverlag).

FA

Schiler, Friedrich Alfred (Ps. Joseph Hasenbühler, Traugott Haberschlacht), * 14.6.1925 Calw, † 15.2.2019 Tübingen; arbeitete ab 1945 zunächst als Buchhändler, war 1958–85 Red. beim SWF, auch Hörsp.autor, -dramaturg u. -regisseur ebd.; lebte zuletzt in Tübingen. – Lit.preis des Landes Württ.-Hohenzollern (1952?). – Rundfunkredakteur, Hörspielautor, Erzähler.

Schriften (ohne Wanderführer): Jüdische Gemeinden in Oberschwaben, 1971 (Sonderdr.);

Kleine Geschichte(n) von Baden-Württemberg. Verbürgtes, Überliefertes und Erfundenes von der Früh- bis zur Spätzeit, 1985; Kleine Geschichten aus alter Zeit. Verbürgtes, Überliefertes und Erfundenes von der Stein- bis zur Backsteinzeit (Zeichn. v. U. Weitz) 1991. (Ferner ungedr. Bühnenstücke.)

Hörspiele und Rundfunkfeatures: (Ausw.): Der Wurzacher Moormaler. Sepp Mahler, SWF 1970; Was ist los mit Karin?, 1973; Hans im Glück. Ein Märchen, 1990; Der Falschmünzer von Rißtissen, 1992; Das Käppele oder Die drei Wunder im Ratzenmoos, 1993; K.K.S. oder Der 50. Geburtstag, 1994; Wo man singt, 1994; Scheidung auf schwäbisch. Hörspielszenen in schwäbischer Mundart, 1995; Wo man singt, 1996; I woiß vo nix, 1997; Der Rote Hopf oder Vom Schwimmen gegen den Strom. Bilder aus dem Leben eines Achtundvierzigers, 1998 (alle SWF); Der 75. Geburtstag oder Die Reise nach Schwetzingen, SWR 1998; Eine alltägliche Geschichte, 2000; Der Fall Lazar, 2001; Die Wette oder Das Ende steht nahe bevor, 2003; Beierle oder Das zweite Leben, 2003; Peter und Paul oder Die Wir-AG, 2004; Anna, 2006; Der Konkurrent, 2007 (alle SWR).

Herausgaben: Das entführte Kamel und andere Geschichten aus Baden und Württemberg, 1996.

Nachlaß: DLA Marbach.

Literatur: ARD Hörsp.datenbank (Internet-Edition); Autorinnen u. Autoren in Baden-Württ. (Internet-Edition); Hörsp.datenbank HörDat (Internet-Edition); Hörsp.datenbank HspDat.to (Internet-Edition). FA

Schilke, Kristina, * 1986 Tscheljabinsk/Sowjetunion; ging mit ihrer Familie 1994 nach Dtl., in Grafenau/Ndb. wohnhaft, studierte am Dt. Lit.inst. Leipzig, arbeitete zeitweise in der Drehb. entwicklung der Fernsehserie «Verbotene Liebe» (ARD), Mitarb. bei versch. Zs., u. a. bei «Edit», «Spex» u. «Sprache im techn. Zeitalter»; lebt in Leipzig. – Erzählerin.

Schriften: Elefanten treffen (Erzn.) 2016.

Literatur: Elefanten treffen. Klaus Hübner im Gespräch mit ~ (in: Lit. in Bayern. Kulturzs. 31, H. 124) 2016, 32 f. FA

Schiller, Fabian → Borlik, Michael.

Schimmelpfennig, Roland, * 19.9.1967 Göttingen; nach dem Abitur als freier Journalist in Istanbul tätig, studierte 1990–92 Regie an der Otto-Falckenberg-Schule in München, war bis 1995 Regieassistent an den Kammerspielen München, gehörte 1995–99 zur künstler. Leitung ebd., arbeitete 1998 als Übers. in den USA, wirkte 1999–2001 als Dramaturg u. Hausautor an der Schaubühne am Lehniner Platz in Berlin, ab 2000 folgten mehrere Einladungen zu den Mülheimer Theatertagen, 2001–06 Prof. für Dramaturgie an der Kunsthochschule Berlin-Weißensee, 2008 Gastdoz. am Dt. Lit.inst. Leipzig, 2012/13 Poetikdozentur für Dramatik an der Univ. des Saarlandes, auch Hörsp.autor; lebt in Berlin. – Else-Lasker-Schüler-Dramatikerpreis (1997, 2010), Fördergabe des Schiller-Gedächtnispreises (1998), Nestroy-Theaterpreis (2002, 2009), Hörsp. des Jahres, ARD (2004), Stipendium der Heinz und Heide Dürr Stiftung (2006), Dramatiker des Jahres der Mülheimer Theatertage (2010). – Dramatiker, Hochschullehrer, Autor.

Schriften: Die Aufzeichnung (Hörsp.) SWF 1998; Die Taxiterroristin. Drei Filme für den Preis von einem (Hörsp.) SWR 1999; Krieg der Wellen (Hörsp.) HR 2000; Die Frau von früher. Stücke 1994–2004 (Vorw. P. MICHALZIK) 2004; Trilogie der Tiere. Stücke, 2007; Krim-Krieg in Wiesbaden (Hörsp.) HR 2008 (= ARD Radio Tatort 9); Ja und Nein. Vorlesungen über Dramatik, 2014; An einem klaren, eiskalten Januarmorgen zu Beginn des 21. Jahrhunderts (Rom.) 2016; Diese Nacht wird alles anders. Discoteca Paraiso (Hörsp.bearb.) SWF 2016; Die Sprache des Regens (Rom.) 2017; Die Linie zwischen Tag und Nacht (Rom.) 2021.

Theaterstücke: Die ewige Maria, Urauff. Oberhausen 1996; Keine Arbeit für die junge Frau im Frühlingskleid, Urauff. München 1996; Die Zwiefachen, Urauff. ebd. 1997; Aus den Städten in die Wälder, aus den Wäldern in die Städte, Urauff. Mainz 1998; Fisch um Fisch, Urauff. Mainz 1999; Vor langer Zeit im Mai. Einundachtzig kurze Bilder für die Bühne, Urauff. Berlin 2000; M.E.Z. Monolog für eine Frau, Urauff. ebd. 2000; Die arabische Nacht, Urauff. Stuttgart 2001 (als Hörsp.bearb., HR/WDR 2001; Opernfass. [Musik: C. Jost] Urauff. Essen 2008); Push Up 1–3, Urauff. Berlin 2001; Vorher/Nachher, Urauff. Hamburg 2002; Alice im Wunderland. Musical (nach dem Kdb. v. L. CARROLL, Musik: Mousse

T.) Urauff. Hannover 2003; Das Gesicht im Spiegel. Oper (Musik: J. Widmann) Urauff. München 2003; Für eine bessere Welt, Urauff. Zürich 2003 (als Hörsp.bearb., HR 2004); Canto minor, Urauff. Santiago de Chile 2004; Die Frau von früher, Urauff. Wien 2004; Ambrosia. Satyrspiel, Urauff. Essen 2005; Angebot und Nachfrage, Urauff. Bochum 2005 (als Hörsp.bearb., HR/WDR 2003); Auf der Greifswalder Straße, Urauff. Berlin 2006; Ende und Anfang. Dramatisches Gedicht, Urauff. Wien 2006 (= Trilogie der Tiere 3); Körperzeit (nach dem Rom. «The Body Artist» von D. DeLillo) Urauff. Zürich 2007; Besuch bei dem Vater. Szenen und Skizzen, Urauff. Bochum 2007 (= Trilogie der Tiere 1); Das Reich der Tiere Urauff. Berlin 2007 (= Trilogie der Tiere II); Start Up, Urauff. New York 2007 (dt.sprachige Erstauff. Mannheim 2007); Calypso, Urauff. Hamburg 2008; Hier und Jetzt, Urauff. Zürich 2008; Idomeneus, Urauff. München 2008; Der goldene Drache, Urauff. Wien 2009 (als Hörsp.bearb, SWF 2012; Opernfass. [Musik: P. Eötvös] Urauff. Frankfurt/M. 2014); Das weiße Album (Bearb. des Musik-Albums der Beatles) Frankfurt/M. 2010; Der elfte Gesang. Odyssee Europa, Urauff. Bochum 2010; Peggy Pickit sieht das Gesicht Gottes. Teil der Africa Trilogy, Urauff. Toronto 2010 (dt.sprachige Erstauff. Berlin 2010); Wenn, dann: Was wir tun, wie und warum, Urauff. Frankfurt/M. 2011; Die vier Himmelsrichtungen, Urauff. Salzburg 2011 (als Hörsp.bearb., MDR 2014); Das fliegende Kind, Urauff. Wien 2012; An und Aus, Urauff. Tokio 2013 (dt.sprachige Erstauff. Mannheim 2016); Hier bin ich, Urauff. Kopenhagen 2013 (dt.sprachige Erstauff. Frankfurt/M. 2014); SPAM – Fünfzig Tage, Urauff. Hamburg 2014; Die Straße der Ameisen, Urauff. Havanna 2014 (dt.sprachige Erstauff. Kiel 2018); Das schwarze Wasser, Urauff. Mannheim 2015; Wintersonnenwende, Urauff. Stockholm 2015 (dt.sprachige Erstauff. Berlin 2015); Euripides, Die Bacchen (Bearb.) Urauff. Basel 2016; Die Biene im Kopf, Urauff. Gelsenkirchen 2016; Das große Feuer, Urauff. Mannheim 2017; 100 Songs, Urauff. Örebrö 2018 (als Hörsp.bearb., SWR 2018; dt.sprachige Erstauff. Stuttgart 2019); Der Tag, als ich nicht ich mehr war, Urauff. Berlin 2018; Odyssee (Bearb.) Urauff. Dresden 2018; Idomeneus (Bearb.) Urauff. Linz 2019; Der Riss durch die Welt. 170 Fragmente einer gescheiterten Unterhaltung, Urauff. München 2019; Siebzehn Skizzen aus der Dunkelheit (nach dem Drama v. A. Schnitzler) Urauff. Stuttgart 2021.

Literatur: Nachschlagewerke, Überblicksdarstellungen und Internetquellen: KLG; LGL 2 (2003) 1097–1099; De Boor/Newald 12 (2006) 1081 f., 1118 f.; Theater-Lex., Nachtr.bd. 6 (2018) 64–67; Munzinger-Archiv. – ARD Hörsp.datenbank (Internet-Edition); Hörsp.datenbank HörDat (Internet-Edition); Lit.datenbank Nds. (Internet-Edition); Nachtkritik – Lex. (Internet-Edition).

Selbstständig Erschienenes: N. Frei, Die Rückkehr der Helden. Dt. Drama der Jh.wende (1994–2001) 2006; Dramat. Transformationen. Zu gegenwärtigen Schreib- u. Aufführungsstrategien im dt.sprachigen Theater (hg. S. Tigges) 2008; Das Drama nach dem Drama. Verwandlungen dramat. Formen in Dtl. seit 1945 (hg. A. Pelka, S. Tigges) 2011; Kontinuitäten, Brüche, Kontroversen. Dt. Lit. nach dem Mauerfall (hg. E. Białek, M. Wolting) 2012; Posuto dorama engeki ni okeru gendai gikyoku no kanosei (hg. S. Takahashi) Tokio 2013; Realitätseffekte in der dt.sprachigen Ggw.lit. Schreibweisen nach der Postmoderne? (hg. B. Krumrey, I. Vogler, K. Derlin) 2014; Lit., Utopie u. Lebenskunst (hg. E. Kapral, K. Sidowska) 2014; Tendenzen der zeitgenöss. Dramatik (hg. P. M. Langner, A. Mirecka) 2015; Dt.-poln. Beziehungen in Kultur u. Lit., Bd. 7 (hg. L. Kolago u. a.) Warschau 2015; Globalisierung – Natur – Zukunft erzählen. Aktuelle dt.sprachige Lit. für die internationale Germanistik u. das Fach Dt. als Fremdsprache (hg. dies., A. Hille, S. Jambon) 2015; Erzählen zw. geschichtl. Spurensuche u. Zeitgenossenschaft. Aufs. zur neueren dt. Lit. (hg. E. Białek, M. Wolting) 2015; Texte aus der Wiener Theater-, Film- u. Medienwiss., hg. K. Gruber u. a.) 2015; Nukleare Narrationen. Erkundungen der Endzeit fünf Jahre nach Fukushima. Rezensionen u. Essays […], hg. L. Gebhardt) 2016; Narrative der Entgrenzung u. Angst. Das globalisierte Subjekt im Spiegel der Medien (hg. C. Schlicht, C. Steltz) 2017; Die Flucht vor der Vernunft u. die Suche nach ihr. Beitr. chines. Germanisten zur internationalen Germanistik (hg. M. Wei) 2017; Dt.-poln. Beziehungen in Kultur u. Lit., Bd. 9 (hg. L. Kolago u. a.) Warschau 2017; Identitätskonstruktionen in der dt. Ggw.lit. (hg. M. Wolting) 2017; Textgerede. Interferenzen von Mündlichkeit u. Schriftlichkeit in der Ggw.lit. (hg. D.-C. Assmann, N. Menzel) 2018; Recycling Brecht. Materialwert, Nachleben, Überleben (hg. G. Heeg, Mitarb. C.

Krämer, H. Wölfl) 2018; Fakten, Fiktionen u. Fact-Fictions (hg. T. Tholen, P. Cifre Wibrow, A. Gimber) 2018; Grenzen u. Migration. Afrika u. Europa (hg. C. v. Maltzan, A. Ahouli, M. Zappen-Thomson) 2019.

Unselbstständig Erschienenes: M. Krumbholz, Holz in die Hütte! ~s ‹Aus den Städten in die Wälder, aus den Wäldern in die Städte›, uraufgeführt in Mainz (in: Theater heute 39, H. 6) 1998, 47 f.; W. S. Vogler, Angeln im vereisten See. ~ inszeniert sein St. ‹Fisch um Fisch› (ebd. 40, H. 6) 1999, 43 f.; F. Wille, In Gottes Hand. Martin Baucks «Hasenfratz» u. ~s ‹Vor langer Zeit im Mai› in Berlin (ebd. 41, H. 5) 2000, 50 f.; B. Burckhardt, K.O.-Prinzip im Wohlstandsdrama. ~s ‹Push Up 1–3› in Berlin u. Hamburg (ebd. 43, H. 1) 2002, 46–50; E. Behrendt, Zieht euch warm an! «Das kalte Kind» von Marius von Mayenburg an der Berliner Schaubühne u. ~s ‹Vorher/Nachher› am Hamburger Schauspielhaus (ebd. 44, H. 1) 2003, 48–52; D. Hammerstein, Zw. Grand Lit u. Munitionsfabrik. Pariser Sommertheater mit Ibsen, ~, Goya-Miniaturen u. Inszenierungen von Julie Brochen u. Ariane Mnouchkine (ebd., H. 7) 2003, 32–38; F. Wille, Global denken, lokal kämpfen. Über Falk Richter, seine Zürcher Inszenierung von ~s ‹Für eine bessere Welt› u. sein St. «Electronic City» in Bochum (ebd., H. 11) 2003, 54–58; M. Bönnighausen, Theatertext, Texttheater. Betrachtungen zu einer Poetik zeitgenöss. Dramen von Gesine Danckwart u. ~ (in: Forum modernes Theater 20, H. 1) 2005, 65–76; S. Stammen, Crashtests mit Handbremse. Münchner Nachspiele. Elias Perrig zeigt ~s ‹Die Frau von früher› am Residenztheater, Boris von Poser Händls «Wilde» an den Kammerspielen (in: Theater heute 46, H. 5) 2005, 14–18; H. Thill, Ein Schluck Mutter. Für ~ (in: Schreibh. Zs. für Lit. u. kulturelle Initiativen) 2005, 129–132; N. Frei, Die Rückkehr der Helden. Dt. Drama der Jh.wende (1994–2001) 2006, 163–176 u. ö.; F. Wille, Mus. der Ggw.kunst. Jürgen Gosch inszeniert ~s ‹Auf der Greifswalder Straße› am Dt. Theater Berlin, Sebastian Nübling Händl Klaus' ‹Dunkel lockende Welt› in den Münchner Kammerspielen (in: Theater heute 47, H. 3) 2006, 4–8; F. Wille, Denken u. schreiben, schreiben u. denken. Dramat. Einsichten u. andere Welt-Ausblicke von ~, Thomas Jonigk, Fritz Kater, Reto Finger, Christoph Nußbaumeder, René Pollesch u. Elfriede Jelinek (ebd., H. 12) 2006, 12–19; E. Wojno-Owczarska, Frauengestalten in ~s Drama ‹Die Frau von früher› (in: Studia niemcoznawcze 32) Warschau 2006, 351–360; P. Michalzik, Dramen für ein Theater ohne Drama. Traditionelle neue Dramatik bei Rinke, von Mayenburg, ~ u. Bärfuss (in: Dramat. Transformationen. Zu gegenwärtigen Schreib- u. Aufführungsstrategien im dt.sprachigen Theater, hg. S. Tigges) 2008, 31–42; K. Hausbei, ~s ‹Vorher/Nachher› (ebd.) 2008, 43–52; F. Wille, Die Gesch. geht weiter. Die Wonnen der Kulturpolitik. Neue St. von Tankred Dorst, ~, Ewald Palmetshofer, Jan Neumann u. Theresia Walser (in: Theater heute 49, H. 4) 2008, 40–46; K. Todorova, Eine Hochzeit voller Emotionen. ‹Hier u. Jetzt› von ~ (in: Mauerschau 2) 2009, 161–163 (Internet-Edition); dies., H. Blum, Enthüllungsperspektiven – ~ ‹Hier u. Jetzt› (ebd.) 2009, 164–170 (Internet-Edition); T. Briegleb, Variationen der Verzweiflung. ~ ‹Peggy Pickit sieht das Gesicht Gottes› in Berlin, Hamburg u. am Wiener Burgtheater (in: Theater heute 52, H. 2) 2011, 16–20; S. Tigges, Freiheit durch Verwandlung(en). Eine künstler. Vision im Rückblick. ~s ‹Das Reich der Tiere› in der Inszenierung von Jürgen Gosch (in: Forum modernes Theater 26, H. 1/2) 2011, 99–120; S. Tigges, «Der Sprung in der Scheibe, mit dem alles begann». Wort-Regie-Theater. ~s ‹Hier u. Jetzt› als polyphone Zeit-Raum-Variation (in: Das Drama nach dem Drama. Verwandlungen dramat. Formen in Dtl. seit 1945, hg. A. Pelka, S. Tigges) 2011, 221–244; J. Canaris, «Es war eine komplette Katastrophe». Das Afrikabild als Spiegel u. Spiel in ~ St. ‹Peggy Pickit sieht das Gesicht Gottes› (in: Acta Germanica 40) 2012, 26–41; Z. Feliszewski, Erinn. als Souvenir. Gedächtniskonstrukte in ~s ‹Die Frau von früher› (in: Kontinuitäten, Brüche, Kontroversen. Dt. Lit. nach dem Mauerfall, hg. E. Białek, M. Wolting) 2012, 271–281; S. Otsuka, «Alles ist spielbar, solange es im Text vorkommt». Zur Theater-Ästhetik von Jürgen Gosch u. ~ (in: Posuto dorama engeki ni okeru gendai gikyoku no kanosei, hg. S. Takahashi) Tokio 2013, 23–44; ders., Unsichtbar, unerreichbar, unzurückholbar. Zum Fukushima-Problem im Spiegel des Theaterst. ‹An u. aus› von ~ (Doitsu Bungaku. Neue Beitr. zur Germanistik 12, H. 2) 2013, 88–104; A. Weber, Nach der Postdramatik. ~s ‹Der goldene Drache› als paradigmat. Drama einer Neodramatik (in: Realitätseffekte in der dt.sprachigen Ggw.lit. Schreibweisen nach der Postmoderne?, hg. B. Krumrey,

I. Vogler, K. Derlin) 2014, 179–200; F. M. Schuster, Die Utopie der Wa(h)ren-Welt u. des gerechten Krieges als dystop. endzeitl. myth., dynam. endloses Kopfkino. Leonhard Koppelmanns Hörsp.fass. von ~s ‹Für eine bessere Welt› (in: Lit., Utopie u. Lebenskunst, hg. E. Kapral, K. Sidowska) 2014, 119–149; S. Tigges, «Die leere Bühne. Sieben Stühle. Vielleicht eine Sitzbank. Später ein Tisch». Ausschnitte aus dem Theaterkosmos von ~ (in: Tendenzen der zeitgenöss. Dramatik, hg. P. M. Langner, A. Mirecka) 2015, 43–61; N. Oborska, Der zurzeit meistgespielte Ggw.dramatiker Deutschlands immer noch kaum entdeckt in Polen. Inszenierungen von ~s Texten auf poln. Bühnen (in: Dt.-poln. Beziehungen in Kultur u. Lit., Bd. 7, hg. L. Kolago u. a.) Warschau 2015, 175–180; M. Meyer, Verdichtungs- u. Verfremdungstechniken im Globalisierungsdrama ‹Der goldene Drache› von ~ (in: Globalisierung – Natur – Zukunft erzählen. Aktuelle dt.sprachige Lit. für die internationale Germanistik u. das Fach Dt. als Fremdsprache, hg. dies., A. Hille, S. Jambon) 2015, 74–90; A. Kodzis-Sofińska, Luftballons u. Luftschlösser. ~s St. ‹Vier Himmelsrichtungen› (in: Erzählen zw. geschichtl. Spurensuche u. Zeitgenossenschaft. Aufs. zur neueren dt. Lit., hg. E. Białek, M. Wolting) 2015, 227–237; M. Ehmann, «Wenn ich mir etwas wünschen könnte». Identifikation durch antiillusionist. Verfahrensweisen in ~s ‹Der Goldene Drache› (in: Texte aus der Wiener Theater-, Film- u. Medienwiss., hg. K. Gruber u. a.) 2015, 21–28; L. Mundt, Eine dt. Perspektive auf die Katastrophe. ~s Fukushima-St. ‹An u. Aus› (in: Nukleare Narrationen. Erkundungen der Endzeit fünf Jahre nach Fukushima. Rezensionen u. Essays […], hg. L. Gebhardt) 2016, 168–173; Z. Feliszewski, Dialogowość formy. ~ na polskich scenach (in: Zrozumieć obcość, hg. M. u. S. Wolting) Krakau 2016, 191–209; C. Gruber, The Performance and Pedagogy of Migration in the Foreign Language Classroom. Staging Roland ~s ‹Der goldene Drache› (in: Die Unterrichtspraxis/Teaching German 50, H. 2) Hoboken/NJ 2017, 171–183; K. Hausbei, Sur le seuil? Hypothèses sur la spatialité dans la dramaturgie narrative de Roland Schimmelpfennig (in: Cahiers de Narratologie. Analyse et Théorie Narratives. Numéro spécial) Nizza 2017, 1–24; C. Steltz, «Ein Boot voll mit Leuten, siehst du es nicht?» Verdrängung als Überlebensstrategie des globalisierten Subjekts in ~s ‹Der goldene Drache› (2009) u. Aki Kaurismäkis ‹Le Havre› (2011) (in: Narrative der Entgrenzung u. Angst. Das globalisierte Subjekt im Spiegel der Medien, hg. C. Schlicht, C. Steltz) 2017, 111–129; K. Qi, Zw. Dramatik u. Postdramatik. ~s Theaterästhetik am Beispiel von ‹Der goldene Drache› (in: Die Flucht vor der Vernunft u. die Suche nach ihr. Beitr. chines. Germanisten zur internationalen Germanistik, hg. M. Wei) 2017, 369–387; N. Oborska, Wie kommt die dt. Theatralität auf die poln. Bühnen? ~ u. sein Schaffen in Polen (in: Dt.-poln. Beziehungen in Kultur u. Lit., Bd. 9, hg. L. Kolago u. a.) Warschau 2017, 35–42; Z. Feliszewski, Identität im Liminalen in den Dramen ~s (in: Identitätskonstruktionen in der dt. Ggw.lit., hg. M. Wolting) 2017, 107–118; K. Bremer, Wir reden u. wissen nichts. Zur Renaissance des Kammerspiels im Ggw.theater (in: Textgerede. Interferenzen von Mündlichkeit u. Schriftlichkeit in der Ggw.lit., hg. D.-C. Assmann, N. Menzel) 2018, 213–225; E.-S. Jang, Upcycling Brecht. ~ ‹Der goldene Drache› (in: Recycling Brecht. Materialwert, Nachleben, Überleben, hg. G. Heeg, Mitarb. C. Krämer, H. Wölfl) 2018, 177–185; K. Latawiec, Dramaty ~ na scenach krakowskich w latach 2005–2013 (in: Orbis linguarum 48) 2018, 45–54; A. Mirecka, Artystyczna kreacja obrazów dzieciństwa w dramacie ~ ‹Die Biene im Kopf› (in: Studia niemcoznawcze 62) Warschau 2018, 181–188; J. Roselt, Erzählen im Theater (in: Fakten, Fiktionen u. Fact-Fictions, hg. T. Tholen, P. Cifre Wibrow, A. Gimber) 2018, 263–280 (zu ‹Der goldene Drache›); A. Ahouli, Grenzüberschreitung als dramaturg. Prinzip. Zu ~s Drama ‹Der goldene Drache› (in: Grenzen u. Migration. Afrika u. Europa, hg. C. v. Maltzan, A. Ahouli, M. Zappen-Thomson) 2019, 169–185; C. Seiler, Körper-Spiel für Karriere-Körper. Körperarbeit auf dem Weg zu einer Umsetzung von ~s ‹Push Up 1–3› (in: Schultheater. Wahrnehmung, Gestaltung, Spiel 10, H. 37) 2019, 22–26; M. Blum, Was Möbelpacker zu sagen haben. ~s ‹Die Frau von früher› (ebd.) 2019, 28–32. FA

Schimunek, Uwe, * 1969 Erfurt; veröffentlichte Kriminal- u. Science-Fiction-Erzn. in versch. Anthol.; Mitgl. des Ver. für dt.sprachige Kriminallit. «Syndikat»; lebt in Leipzig. – Journalist, Schriftsteller.

Schriften: 13 kleine Thriller plus drei (Illustr. v. L. Pollakowski) 2009; Das Thüringen-Projekt. Eine Liebesnovelle, 2010; Katzmann und die Dämonen des Krieges. Der zweite Fall (Kriminalrom.)

2011; Tod im Hainich. Carola Henning ermittelt im Unstrut-Hainich-Kreis (mit K. Ulbrich, M. Fiegle) 2011; Attentat unter den Linden. Von Gontards dritter Fall. Criminalroman (mit J. Eik) 2012; Mord auf der Messe. Ein Katzmann-Krimi, 2012; Die Leiche im Landwehrkanal. Von Gontards sechster Fall. Criminalroman, 2013; Der ermordete Gärtner. Ein Katzmann-Krimi (Kriminalrom.) 2013; Tragödie im Courierzug. Von Gontards achter Fall. Criminalroman, 2014; Geisterstätten Leipzig. Vergessene Orte (Bildbd., mit A. Specht, Fotos v. B. Köhler) 2014; Leipzig mit Kindern. Der Stadtführer zum Mitmachen, Raten, Selbst-Entdecken (mit I. Dippmann) 2015; Balduin und das Geheimnis des weißen Goldes (Kdb., Illustr. v. T. Leibe) 2015; Mörderisches Spiel in Leipzig. Ein historischer Krimi, 2016; Balduin und das goldene Mikroskop (Kdb., Illustr. v. T. Leibe) 2016; Geisterstätten Thüringen (Bildbd., mit A. Specht, Fotos v. M. Barth-Specht u. a.) 2017; Tödliche Zeilen. Historischer Leipzig-Krimi, 2017; Geisterstätten Sachsen (mit A. Specht, Fotos v. B. Köhler u. a.) 2018; Balduin und der Oldtimer (Kdb., Illustr. v. T. Leibe) 2018; Rotlicht (Kriminalrom., mit H. Bosetzky) 2018; Balduin und die Krümel im Kaffee (Kdb., Illustr. v. T. Leibe) 2019; Geisterstätten Sachsen-Anhalt (Bildbd., mit A. Specht, Fotos v. P. Männig) 2019; Schlösser in Thüringen. Die 30 schönsten Schlösser, Burgen und Klöster, 2020; Rebellen. Ein Kappe-Krimi, 2021.

Herausgaben: Leipzig morbid. Eine Reise durch das dunkle Leipzig in 21 Geschichten (mit U. Voehl) 2017; Wien morbid. Eine Reise durch das dunkle Wien in 21 Geschichten (mit dems., G. Zäuner) 2021.

Literatur: Histo-Couch (Internet-Edition); Kriminetz (Internet-Edition); Syndikat. Ver. für dt.sprachige Kriminallit. (Internet-Edition).

FA

Schindhelm, Michael, * 1.10.1960 Eisenach; absolvierte die Spezialklassen für Chemie an der Techn. Hochschule Leuna-Merseburg, 1979 Abitur, Stud. der Quantenchemie in Woronesch/Sowjetunion, 1984–86 als wiss. Assistent im Bereich Theoret. Chemie am Zentralinst. für physikal. Chemie in Berlin (Ost) tätig, zeitweise Kollege von Angela Merkel ebd., arbeitete 1986–90 als freier Autor, übersetzte Werke von Gogol u. Tschechow aus dem Russ., ab 1990 Direktor des Theaters Nordhausen, 1992 zum Intendanten des Theaters Gera ernannt, 1994–96 Generalintendant des Theaters-Altenburg Gera, leitete 1996–2006 das Theater Basel, gab 2001 bekannt, ab 1984 Inoffizieller Mitarb. des Ministeriums für Staatssicherheit gewesen zu sein, sah sich dadurch anhaltender Kritik ausgesetzt, moderierte 2003–06 die Talkshow «Der Salon» (SF), 2005–07 Generaldirektor der Stiftung Oper in Berlin, 2008/09 Kulturdirektor der Dubai Culture and Arts Authority, ab 2013 Veranstalter der Vorlesungsreihe «Lectures on Global Culture» an der Zürcher Hochschule der Künste, erhielt Aufträge als Kulturberater von Organisationen in Berlin, Hongkong, Moskau u. Zürich, wirkte als Kurator mit an der Bewerbung Dresdens als Kulturhauptstadt Europas 2025, drehte Dokumentarfilme über die Architekten Jacques Herzog u. Pierre de Meuron sowie über den Kunstsammler Uli Sigg, verf. Beitr. für Kulturzs. wie «Kulturaustausch», «Theater heute» u. «Theater der Zeit»; lebt im Tessin u. in London. – Theaterintendant, Kulturmanager, Autor.

Schriften: Die Stadt (Theaterst.) Urauff. Nordhausen 1991; Roberts Reise (Rom.) 2000; Zauber des Westens. Eine Erfahrung, 2001; Das Kamel auf der Startbahn (Bilder v. J. Jeshel, Musik aus der Mongolei [1 CD]) 2004; Die Herausforderung (Rom.) 2005; Mein Abenteuer Schweiz (Erlebnisber.) 2007; Dubai-Speed. Eine Erfahrung (Fotos v. A. Belkin) 2009; Lavapolis, 2014; Letzter Vorhang (Rom.) 2017; Walter Spies. Ein exotisches Leben, 2018.

Literatur: H. J. Funke, ~, Roberts Reise (in: Der Rom.führer […] 39, hg. H.-C. Plesske) 2003, 298 f.; Theaterlex. der Schweiz (hg. A. Kotte) Bd. 3, 2005, 1606 f. (auch Internet-Edition); U. Friedrich, Ich werde auch weiterhin ein Ermöglicher sein. Ein Gespräch mit dem Generaldirektor der Berliner Opernstiftung ~ (in: Theater der Zeit. Zs. für Politik u. Theater 60, H. 2) 2005, 34–36; P. M. Lützeler, Ethik u. Ästhetik. Die Forderung realist. Erzähltraditionen u. Alltagsinvolviertheit im Rom. an der Schwelle zum 21. Jh. (in: Die Mühen der Ebenen. Aufs. zur dt. Lit. nach 1989, hg. M. Wolting) Posen 2013, 411–425; A. Keck, Relevanter Realismus oder: Was soll der Rom.? Dean, Hettche, Politycki, ~ in DIE ZEIT 2005 (in: Manifeste. Speerspitzen zw. Kunst u. Wiss., hg. R. J. Poole, Y. K. Kaisinger) 2014, 93–100; The Internet Movie Database (Internet-Edition); Thüringer Lit.rat Autorenlex. (Internet-Edition).

FA

Schindlecker, Fritz, * 15.7.1953 Tulln/Niederöst.; Stud. der Sozial- u. Wirtschaftsgesch. sowie der Germanistik an den Univ. Wien u. München, ab 1977 Mitgl. der Rockband «Auflauf», Sänger u. Liedtexter, Mitbegr. des Verlags für Gesellsch.kritik, als Autor Zus.arbeit mit Kabarettisten wie Lukas →Resetarits, Dolores Schmidinger u. Kurt Weinzierl, verfaßte Drehb. für versch. öst. Fernsehsendungen, u. a. «Der Sonne entgegen», «Die Lottokönige», u. «Novotny und Maroudi» (alle ORF), auch als Bühnenautor tätig; lebt in Langenlebarn/Niederöst. u. Lasberg/Oberösterreich. – Dramatiker, Autor.

Schriften: Roland Düringer. «Monsieur 100.000 PS». Ein biographisches Porträt, 1997; Jakob Mustafa. Das Vermächtnis des Chronisten (hist. Rom.) 2014; Heinz Fischer und die Zweite Republik. Eine Graphic Novel (Illustr. v. R. Trinkler) 2016; Sissi, Stones und Sonnenkönig. Geschichten unserer Jugend (mit E. STEINHAUER) 2016; Wir sind super! Die österreichische Psycherl-Analyse (mit DEMS.) 2016 (aktual. Neuaufl. 2018); Fröhliche Weihnachterl Eine schöne Bescherung (mit DEMS.) 2017; Türme, die zum Himmel ragen (Bildbd., Fotos v. R. Dorner) 2018; Urlaubsg'schichten und Reisesachen (mit J. PROKOPETZ) 2018; Aufgedeckt! Kulinarischen Geheimnissen auf der Spur (mit E. STEINHAUER) 2019. (Ferner ungedr. Bühnenstücke.)

Literatur: Histo-Couch (Internet-Edition); Öst. Kabarettarch. (Internet-Edition). FA

Schinkel, André, * 27.4.1972 Eilenburg/Sachsen; absolvierte eine Lehre in der Landwirtschaft, studierte Umwelttechnik in Wernigerode (ohne Abschluß), 1992–2001 Stud. der Germanistik, Kunstgesch. u. Archäologie in Halle/Saale, 2005–18 Chefred. der Lit.zs. «Oda. Ort der Augen», ab 2016 Hg. der Schr.reihe «Edition Muschelkalk», ab 2017 Red. der Lit.zs. «Marginalien», veröffentlichte Beitr. auf «Lit.kritik.de», in «Palmbaum» u. SuF, nahm an Poesiefestivals in Bosnien-Herzegowina, Bulgarien u. Italien teil, engagierte sich als Autorenpate an versch. Grundschulen in Sachsen-Anhalt, leitet Schreibwerkstätten; Gründungsmitgl. der Akad. der Künste Sachsen-Anhalt, 1994 Mitgl. des Förderkr. der Schriftst. in Sachsen-Anhalt, 2018 Mitgl. der Sächs. Akademie der Künste; lebt in Halle. – (Neben weiteren Auszeichnungen) Arbeitsstipendium des Landes Sachsen-Anhalt (1995, 2002), Georg-Kaiser-Förderpreis (1998), Stadtschreiber von Halle/Saale (1998), Arbeitsstipendium der Stiftung Kulturfonds der neuen Bundesländer (2002), Arbeitsstipendium der Kunststiftung des Landes Sachsen-Anhalt (2005/06, 2016), Nachwuchspreis des Joachim-Ringelnatz-Preises der Stadt Cuxhaven (2006), Stadtschreiber von Ranis (2006/07), Aufenthaltsstipendium für das Künstlerhaus Schloss Wiepersdorf (2009), Walter-Bauer-Preis der Städte Leuna u. Merseburg (2012), Stadtschreiber von Jena (2014), Thüringer Lit.stipendium «Harald Gerlach» (2016), Dr. Manfred Jahrmarkt-Ehrengabe der Dt. Schillerstiftung Weimar (2021). – Schriftsteller.

Schriften (Künstlerbücher in Ausw.): Durch Ödland nachts (Ged.) 1994; Tage in Wirrschraffur (Ged.) 1996; Verwolfung der Herzen (Illustr. v. G. Titius, hg. M. BARCK) 1997; Sog. 22 Texte, 1997; Karawane des Schlafs (Ged., Serigraphien v. P. Carle) 1998; Herzmondlegenden. Spuren und Artefakte (Illustr. v. U. Tarlatt) 1999; Abgesteckte Paradiese (hg. H. KORALL) 2000; Die Spur der Vogelmenschen. 46 Gedichte, 1998; Sommerserife. Ein Gedicht und ein Nachsatz, 2000; Selbstung (Ess., Grafiken v. Ergon) 2001; Nachricht vom Fleisch der Götter. Bekenntnisse und Geschichten, 2003; Geschichte und Gedichte. Gedenkorte nationalsozialistischen Unrechts in Leipzig (mit C.-C. ELZE, U. A. SANDIG, Grafiken v. W. Schieweck) 2006; Löwenpanneau. Neue Gedichte, 2007; Unwetterwarnung. Raniser Texte, 2007; Gedächtnisschutt. Präludien und Gedichte, 2008; Gespensterstunde. Fünf Briefkarten (Künstlerb., Holzstiche v. K.-G. Hirsch) 2008; Apfel und Szepter (Ged.) 2010; In Sina Gumpert war ich jung verliebt! Übermütige Texte (Illustr. v. J. Koch) 2012; Parlando. Vierundvierzig Texte (Grafiken v. K.-G. Hirsch, hg., gestaltet u. mit Nachw. vers. J.-F. DWARS) 2012; Das Licht auf der Mauer (Erzn.) 2015; Über dem Fluss (Ged., Radierungen v. A. Ackermann) 2015; Sapperment! 350 Jahre Christian Reuter. Festschrift (mit C. KREIS, S. TRIEDER, hg. LETZTGEN.) 2016; Bodenkunde (Ged.) 2017; An der Hafenbahn (Kaltnadelradierungen v. S. Theumer) 2018; Im Park (Ged., Kaltnadelradierungen v. A. Ackermann) 2019; Raj i demon. Das Paradies und der Dämon (aus dem Dt. übers. S. Tontić 2019 (dt. u. serbisch).

Herausgaben: Das Meerschweinchen im Kartoffelsalat. Geschichten aus der Schulschreiberei, 2010; Autorenpatenschaften. Nr. 6 (mit J. JANKOFSKY) 2014; So wie ich hier stehe. Achtundzwanzig Schriftsteller aus Plovdiv (hg. D. ATANASOV) 2014; Die Anna-Hood-Gang erobert das Geiseltal, 2018;

Anna Hood und das Mammut von Pfännerhall, 2019; B. Klässner, Die Musik zu einer solchen Flut. Partituren und Essays, 2020; Anna Hood und das Wunder vom Crostigall, 2021.

Literatur: Kunststiftung Sachsen-Anhalt (Internet-Edition); Lit.port Autorenlex. (Internet-Edition); Poetenladen. Poeten (Internet-Edition); Sächs. Akad. der Künste (Internet-Edition); Schriftst. in Sachsen-Anhalt. Halle (Saale) (Internet-Edition). FA

Schirach, Ariadne von, * 24.7.1978 München; Tochter des Schriftst. Richard von → S. u. Enkelin des NS-Reichsjugendführers Baldur von → S. u. der Schriftst. Henriette von 2#S., Schwester des Schriftst. Benedict → Wells u. Cousine des Strafverteidigers u. Schriftst. Ferdinand von → S.; studierte Philos., Psychologie u. Soziologie an der Univ. München, ab 2000 an der FU Berlin u. an der HU zu Berlin; Doz. im Studium Generale der Univ. der Künste Berlin, an der Hochschule für Bildende Künste Hamburg u. an der Donau-Univ. Krems; ist als freie Autorin u. Kritikerin tätig, u. a. für das Magazin «The European». – Philosophin, Autorin.

Schriften: Der Tanz um die Lust, 2007; Du sollst nicht funktionieren. Für eine neue Lebenskunst, 2014; Ich und du und Müllers Kuh. Kleine Charakterkunde für alle, die sich selbst und andere besser verstehen wollen, 2016; Die psychotische Gesellschaft. Wie wir Angst und Ohnmacht überwinden, 2019; Lob der Schöpfung. In Verteidigung des irdischen Glücks, 2019. BJ

Schirach, Ferdinand von, * 12.5.1964 München; Sohn des Kaufmanns Robert von S. u. dessen Frau Elke (geb. Fähndrich), Enkel des NS-Reichsjugendführers Baldur von → S.; verbrachte seine ersten vier Lebensjahre in München, dann Umzug der Familie in die Nähe von Stuttgart, besuchte 1974–84 das Jesuiten-Kolleg St. Blasien im Schwarzwald, 1984 Abitur, studierte 1987–91 Rechtswiss. in Bonn, 1992–94 Referendariat am Oberlandesgericht Köln u. am Kammergericht Berlin, ließ sich nach dem Assessorexamen 1994 als Rechtsanwalt in Berlin nieder, spezialisierte sich auf Strafrecht. – (Neben weiteren Auszeichnungen) Stern des Jahres für Lit. der Münchner Abendzeitung (2010), Kleist-Preis (2010), Berliner Bär (B.Z.-Kulturpreis für Lit.) (2011), Honya Taisho, «Großer Preis der Japan. Buchhandlungen» in der Kategorie Internationale Lit. (2012; 2014, 2. Platz zus. mit Stephen King u. Rachel Joyce), Ricarda-Huch-Preis (2018). – Jurist, Schriftsteller.

Schriften: Verbrechen. Stories, 2009; Schuld. Stories, 2010; Der Fall Collini (Rom.) 2011; Carl Tohrbergs Weihnachten. Stories, 2012; Tabu (Rom.) 2013; Die Würde ist antastbar (Ess.) 2014; Terror (Drama) Urauff. Frankfurt/M. 2015; Die Herzlichkeit der Vernunft (mit A. KLUGE) 2017; Strafe, 2018; Kaffee und Zigaretten, 2019; Trotzdem (mit A. KLUGE) 2020; Gott. Ein Theaterstück, 2020 (Urauff. Düsseldorf 2020); Jeder Mensch (Ess., Reden) 2021.

Literatur: Munzinger-Arch.; KLG. – B. EILERT, Rede auf ~ zur Verleihung des Kleist-Preises 2010 (in: Kleist-Jb.) 2011, 22–29; M. BAUER, Der geschundene Mensch: ~ oder Der Anwalt als Erz. (in: Dichterjuristen. Stud. zur Poesie des Rechts vom 16. bis 21. Jh., hg. Y. NILGES) 2014, 281–296; H. R. BRITTNACHER, Das Recht vor Gericht. ~s ‹Der Fall Collini› u. die Tradition des Justizrom. (in: Zagreber Germanist. Beitr. 23) 2014, 1–17; A. KOŠENINA, Rechtl. u. moral. Paradoxa oder Dilemmata. Kleists ‹Sonderbarer Rechtsfall›, Klingemanns ‹Selbstgefühl› u. ~s ‹Volksfest› (in: Recht u. Moral. Zur gesellschaftl. Selbstverständigung über «Verbrechen» vom 17. bis zum 21. Jh., hg. H.-E. FRIEDRICH, C.-M. ORT) 2015, 269–284; J.-M. WERK. «Die Wahrheit u. nichts als die Wahrheit». Die Kurzgeschn. von ~ (in: Facetten des Kriminalrom. Ein Genre zw. Tradition u. Innovation, hg. E. PARRA-MEMBRIVES, W. BRYLLA) 2015, 219–228; S. WOLTING, «Jemanden verteidigen heißt, dessen Gesch. zu erzählen». Zum Zus.hang von jurist. Verteidigen u. Erzählen im Frühwerk des Erfolgsautors ~ (in: Erzählen zw. geschichtl. Spurensuche u. Zeitgenossenschaft. Aufs. zur neueren dt. Lit., hg. E. BIAŁEK, M. WOLTING) 2015, 287–308; H. BOURSICAUT, Crimes et Coupables de ~ ou les histoires extraordinaires de criminels ordinaires (in: Germanica. Études germaniques 58) 2016, 133–145; P. KNAUER, «Der gute Zweck heiligt nicht das schlechte Mittel». Zum Dilemma in dem Theaterst. ‹Terror› von ~ (in: SdZ 234 [141]) 2016, H. 5, 306–314; W. SCHILD, Verwirrende Rechtsbelehrung. Zu ~s ‹Terror›, 2016; G. LÜBBE-WOLFF, Rechtskolumne. ‹Terror› im Fernsehen, Populismus vor den Toren der Justiz? (in: Merkur 71, H. 815) 2017, 61–69; M. JAHN, S. BASCHUNG, Terror. Ein Interview mit Fußnoten (in: FS Ottmar Breidling, hg. J. BOCKEMÜHL u. a.)

2017, 167–176; W. Asholt, Die Herzlichkeit der Vernunft oder «was den Menschen im eigentl. Sinne menschlich macht» (in: Alexander Kluge-Jb. 5) 2018, 287–299; W. Dannecker, Z. Grobenski, «Jeder kann zum Mörder werden.» ~s ‹Der Fall Collini› als Gegenstand einer wissenspoetologisch orientierten Lit.didaktik (in: Kriminographien. Formenspiele u. Medialität kriminallit. Schreibweisen, hg. M. Genç, Ch. Hamann) 2018, 205–221; W. Strank, Dt. «Quality-TV». Ein unterrepräsentiertes Phänomen der jüngeren dt. Fernsehgesch. (in: DU 70) 2018, H. 6, 46–55; J. Canaris, Mit der Politik ins Gericht gehen. Die polit. Dimension des Gerichtsdramas am Beispiel von ~s ‹Terror› (2015) u. Elfriede Jelineks ‹Das schweigende Mädchen› (2014) (in: Das Polit. in der Lit. der Ggw., hg. S. Neuhaus, I. Nover) 2019, 291–307; K. Mertes, Unveräußerlich. ~s Fernsehspiel ‹Gott› (in: SdZ. 239 [146]) 2021, 37 f. BJ

Schirhuber, Erich, * 22.8.1955 Bad Vöslau/Niederöst.; wuchs in Berndorf/ebd. auf, Stud. der Germanistik u. Theaterwiss. an der Univ. Wien, 1983 Promotion zum Dr. phil. ebd., ab 1983 Mitarb. der Städt. Büchereien Wien, ab 1999 Lektoratsleiter ebd., Hg. der Schr.reihe «Transcript» im Verlag Edition Roesner, auch als Journalist u. Lit.kritiker tätig, Lehrbeauftragter an der Fachhochschule für Medienberufe in Eisenstadt u. an der Univ. Wien, veröffentlichte zahlr. Beitr. in Ztg., Zs., Anthol. u. im Rundfunk; Vorstandsmitgl. des Öst. Dialekt Arch. sowie des Literaturkr. Podium; lebt in Wien. – (Neben weiteren Auszeichnungen) Förderpreis des Wiener Kunstfonds (1976), Förderstipendium des Landes Niederöst. (1976, 1978), Lit.stipendium der Stadt Wien (1979). – Lyriker, Lit.wissenschaftler, Bibliotheksmitarbeiter.

Schriften: Verfremdete Authentizität. Studien zum Werk Thomas Bernhards (Diss.) 1983; Die Pfeife geputzt, 1995; De anterln fan diaknschanzbark. Gedichte im Wiener Dialekt, 1996; Versuche zu heimaten (Ged.) 2000; Zum Beispiel im Süden. Lyrische Texte aus Europa, 2010; Im Herbst fast weiß. Lyrische Texte, 2011; In alten Legenden und bei Zeiten. Lyrische Texte über Götter und die Welt, 2012; VAK! Am Voralpenkreuz. Lyrische Ortungen, 2013; Geliebte. Dichtung – durch die Jahreszeit, 2014; Dürnstein ... kann sehr kalt sein. Kriminalnovelle, 2019.

Herausgaben: Menschen und Bibliotheken. Kosmos einer Institution. Interdisziplinäres und Kontemplatives aus Literatur, Wissenschaft und Kunst (mit E. Waclavicek) 2007; Johannes Twarochs LobhudelHeft. Keine Festschrift! (mit N. Rösner-Krisch) 2012; S. Zweig, «Nur die Lebendigen schaffen die Welt.» Politische, kulturelle, soziohistorische Betrachtungen und Essays 1911–1940. Vergessene Texte (mit K. Gräbner) 2016; ders., «Erst wenn die Nacht fällt». Politische Essays und Reden 1932–1942. Unbekannte Texte (mit dems.) 2016; ders., Zeitlose. Sammlung verschollener Essays über fremdsprachige Klassiker. Von Aischylos über William Shakespeare bis Verlaine (mit dems.) 2017; ders., Sternbilder. Sammlung verschollener Essays über deutschsprachige Klassiker. Von Bettina von Arnim über Friedrich Schiller bis Karl Marx (mit dems.) 2017.

Literatur: Lit.edition Niederöst. (Internet-Edition); Öst. Gesellsch. für Lit. (Internet-Edition). FA

Schirrmacher, Ingeburg (Ps. Elsholz), * 4.3.1929 Berlin, † 18.1.2020 Woltersdorf; absolvierte eine Ausbildung zur Buchhändlerin u. Antiquarin in Leipzig, veröff. Ged. in «Die Fähre», NDL u. SuF; Ehrenmitgl. des Freien Dt. Autorenverbandes, Jurymitgl. der Beeskower Burgschreiber; lebte zuletzt in Woltersdorf. – Lyrikerin.

Schriften: Wo der Maulesel wartet (Ged.) 1998; Die Last der Flügel (Ged.) 2001; I. S. Leseproben. Eine Auswahl neuer Gedichte (Grafik u. Buchkunst v. G. Achterberg) 2003 (= Mitlesebuch 63); Kein Schlaf unterm Stein. Unangepasste Gedanken und Gedichte aus Tage- und Nachtbüchern (Zeichn. v. I. Janaček, hg. H. Schmidt-Hoffmann) 2015.

Nachlaß: Slg. in SLUB Dresden; Mss. in UB Frankfurt/Oder. FA

Schischkin, Michail (auch Mikhail Chichkine), * 18.1.1961 Moskau; Sohn eines Seemanns u. einer Schulleiterin, studierte Germanistik u. Anglistik in Moskau, 1982–85 Mitarb. der Jugendzs. «Rowesnik», 1985–95 als Lehrer für Dt. u. Engl. an einer Moskauer Schule tätig, 1993 lit. Debüt mit der Erz. ‹Urok Kalligrafii› in der russ. Lit.zs. «Snamija», emigrierte 1995 in die Schweiz, arbeitete als Dolmetscher bei der Schweizer Asylbehörde in Kreuzlingen/Kt. Thurgau u. Zürich, Russ.lehrer u. Übers., schrieb Beitr. für «Le Monde», «New

York Times» u. «Neue Zürcher Ztg.»; Mitgl. der Interessenvertretung «Autorinnen u. Autoren der Schweiz»; lebt in Kleinlützel/Kt. Solothurn. − (Neben weiteren Auszeichnungen) Werkbeitr. Kt. Zürich (2000, 2005), Russ. Booker-Preis (2000), Werkjahr der Stadt Zürich (2002), Werkbeitrag Pro Helvetia (2006), Premio Grinzane Cavour Mosca (2007), Internationaler Lit.preis Haus der Kulturen der Welt, Berlin (2011), Spycher: Lit.preis Leuk (2011). − Schriftsteller.

Schriften (russ.sprachige Schr. in Ausw.): Montreux, Missolunghi, Astapowo. Auf den Spuren von Byron und Tolstoj. Eine literarische Wanderung vom Genfersee ins Berner Oberland (Übers. F. STÖCKLIN) 2002; Venushaar (Rom., Übers. A. TRETNER) 2011; Auf den Spuren von Byron und Tolstoi. Eine literarische Wanderung von Montreux nach Meiringen (Mitarb. F. STÖCKLIN) 2012; Briefsteller (Rom., Übers. A. TRETNER) 2012 (zahlr. Bühnenbearb.); Nabokovs Tintenklecks (Theaterst.) Urauff. Zürich 2013; Tote Seelen, lebende Nasen. Eine Einführung in die russische Kulturgeschichte, 2018; Frieden oder Krieg. Russland und der Westen. Eine Annäherung, 2019; Mörder unter uns (nach Motiven des Films «M» von F. LANG) Urauff. Bern 2019.

Literatur: Munzinger-Archiv. − S. FILLIPETTI, ~ (in: Le magazine littéraire 440) Paris 2005, 63 f.; K. KASPER, ‹Das Venushaar›. ~s «intellektualer Rom.» (in: Osteuropa. Zs. für Ggw.fragen des Ostens. Dt. Gesellsch. für Osteuropakunde 56, H. 5) 2006, 123–145; C. BAUMBERGER, Autoren-Übers. Poetik der Mehrsprachigkeit u. Übers. seit 2000 (in: Ggw. schreiben. Zur dt.sprachigen Lit. 2000–2015, hg. C. CADUFF, U. VEDDER) 2016, 199–208, hier 206 f. (zu ‹Venushaar›); D. WISSEN, Demokratie, Imperium, Welteinstellung. Auf einen Espresso mit den russ. Literaten ~ zur «Atmosphäre von Bibl.» (in: BuB. Forum Bibl. u. Information 71, H. 8/9) 2019, 458–461; Autorinnen u. Autoren der Schweiz (Internet-Edition). FA

Schlager, Stefan (geb. S.-Weidinger), * 2.4.1966 Gmunden/Oberöst.; studierte bis 1992 Fachtheol. u. Religionspädagogik in Linz u. Salzburg, anschließend Doktoratsstud. der Systemat. Theol. in Budweis, 2003 Promotion zum Dr. theol. ebd., erwarb das «Zertifikat Erwachsenenpädagogik» in München, ab 1999 Leiter der Theol. Erwachsenenbildung der Diözese Linz, Mitarb. am Inst. für Konkrete Ethik u. Eth. Bildung, ab 2011 Doz. für Ethik in Linz; Mitgl. der «Kommission Weltreligionen» der öst. Bischofskonferenz; lebt in Pichl bei Wels. − Trainer-Award für Erwachsenenbildung des Landes Oberöst. (2004). − Kath. Theologe, Lyriker, Autor.

Schriften: Gott auf der Spur. Theologische Meditationen und Gedichte, 2001; Florian. Christ und Märtyrer (mit R. HARREITHER, K. REHBERGER) 2004; Dem Glauben die Tür öffnen. Theologische Grundlagen und praktische Anregungen für die Einführung Erwachsener in den Glauben, 2004; Lust auf Glauben. 36 Meditationen, 2006; Spurensuche. Feiern, leben, vollenden. Inhalte und Stundenmodelle (mit A. S. TELSER, mit CD-ROM) 2007; Die Weltreligionen. Ein Crash-Kurs, 2012; Mit Jesus auf dem Weg nach Ostern. Der Fastenzeitbegleiter, 2015; Getauft in Gottes Liebe. Der Leitfaden zur Vorbereitung der Tauffeier, 2016; Lust auf Glauben. 36 Impulse − lebensnah und alltagstauglich, 2017; Zwoa san bessa ois oana. Lyrik, 2018; A woarms Goid. Übas Sterbm und übas Lebm. Lyrik, 2019; Dem Glauben auf der Spur (mit W. KRIEGER, pers. Übers. N. A. M. JALALIFAR) 2019 (dt. u. pers.); Entkrümmt. Glaube poetisch verdichtet. Lyrik und Meditationen, 2019; Gegenwärtig. Lyrik und Meditationen, 2021.

Herausgaben: Religiöser Sauerteig und säkulares Mehl. 40 Jahre Theologische Erwachsenenbildung der Diözese Linz. Festschrift, 2016. FA

Schlatter, Ralf, * 1.11.1971 Schaffhausen; Stud. der Gesch. u. Germanistik in Zürich u. Spanien, 1999/2000 als Kulturred. beim DRS tätig, nachfolgend freier Autor u. Kabarettist, gründete 2000 mit Anna-Katharina Rickert (* 1973) das Kabarettduo «schön&gut», seitdem zahlr. Auftritte in der Schweiz, 1993–03 Kolumnist der Wochenztg. «Schaffhauser AZ» u. ab 2012 des Reisemagazins «Transhelvetica», verfaßte Liedtexte für die Mundart-Sängerin Sina (* 1966), veröffentlichte Beitr. in der Lit.zs. «Entwürfe»; lebt in Zürich. − (Neben weiteren Auszeichnungen) Förderpreis der Kulturstiftung Kt. Thurgau (1997), 2. Preis beim Lit.preis der Stadt Steyr (2001), Förderpreis der Dienemann-Stiftung Luzern (2002), Halbes Werkjahr der Stadt Zürich (2003), Ehrengabe des Kt. Zürich (2003), Salzburger Stier gem. mit Anna-Katharina Rickert (2004), 1. Preis des Innsbrucker Dramenwettbewerbs «Urwerk» (2004), Prix Suisse in der Kategorie Hörsp. (2006), Förderpreis Schaffhausen (2009), Schweizer Kabarettpreis Cornichon

gem. mit Anna-Katharina Rickert (2014). – Kabarettist, Schriftsteller.
Schriften: Federseel (Rom.) 2002; Maliaño stelle ich mir auf einem Hügel vor (Erz.) 2003 (überarb. Neuaufl. 2015); Verzettelt. Verlorene Worte und ihre Geschichten (mit Gastgeschn. von R. Schweikert, F. Hohler, C. Simon) 2008; Kultbuch Schweiz. Alles was wir lieben. Vom Alphorn bis zum Rütlischwur (mit A.-K. Rickert) 2009; König der Welt (Ged.) 2012; Sagte Liesegang (Rom.) 2013; Steingrubers Jahr (Rom.) 2017; Fräulein Schwarz und das Meer, 2018; Margarethe geht (Bilderb.) 2019; Muttertag (Rom.) 2020.
Hörspiele: Mord auf Tonband, SRF 2005; Rumantsch Grischun, 2006; Christophorus, 2008; Das letzte Wort, 2009; Schreibstau, 2011; Nudelsonntag, 2012; Beim Friseur, 2015 (alle SRF).
Tonträger: Treten Sie in meinen Verein ein. Slam Poetry (1 CD, mit DJ Piotr) 2002.
Vorlaß: Korrespondenz u. Typoskripte im Schweiz. Lit.arch. Bern.
Literatur: Hörsp.datenbank HörDat (Internet-Edition); Hörsp.datenbank HspDat.to (Internet-Edition); Lit.port Autorenlex. (Internet-Edition).
FA

Schlepütz, Jutta → Profijit, Jutta.

Schleyer, Erich (Hermann), * 1.3.1940 Dresden, † 6.7.2021 Wien; Ausbildung an der Theaterschule in Leipzig, danach Schauspieler (Kino u. TV) u. Sprecher, zunächst am Maxim-Gorki-Theater in Berlin, 1968 Flucht in die BRD, wirkte als Schauspieler an zahlr. dt. Bühnen (etwa Schausp.haus Düsseldorf u. Hamburger Thalia-Theater) u. später vor allem in Wien (u. a. Burgtheater, Volkstheater, Theater an der Wien, Theater in der Josefstadt), u. a. Arbeit mit George → Tabori, auch Stud. des Gesangs, eigene TV-Sendungen, darunter «Der schiefe Turm» (2005–08, ORF), daneben Ausstellungen als Fotograf, ab 2011 Prof.; lebte in Wien u. München; verfaßte Kdb. u. Drehb.; zudem Aufnahmen als Erzähler. – Öst. Ehrenkreuz für Wiss. u. Kunst (2002), Goldenes Verdienstzeichen des Landes Wien (2005), Goldenes Ehrenzeichen für Verdienste um das Land Wien (2011). – Schauspieler, Autor, Fotograf.
Schriften: Aber die Geschichte ist leider nicht von hier (Kdb., Illustr. v. G. Menia) 1985; Die Katze Nora und andere Geschichten (Kdb., Illustr. v. dems.) 1986; Die Olympiade der Tänze und Tiere (Kdb., Illustr. v. H. Gruber) 1988; Neue Freunde (Kdb., Illustr. v. I. Raček) 1989; Verschleyerte Geschichten (Kdb., Illustr. v. J. Hellgrewe) 1994; Spirello (Kdb., Illustr. v. R. Fehsl) 2 Bde., 2003; Dann lüge ich halt weniger, 2009; Ringelrote Regenwürmer und 11 weitere Erzählungen (Kdb., Illustr. v. M. Szyszkowitz) 2010; Der Geschichtenerzähler (Kdb., Illustr. v. G. Menia) 2017.
Tonträger: Erich Schleyer erzählt seine... Lieblingsmärchen der Brüder Grimm (2 Audio-CDs) 2012; Erich Schleyer erzählt seine... Lieblingsmärchen von H. C. Andersen (2 Audio-CDs) 2013.
MM

Schlez, Friederike Dorothee → Geyersbach, Friederike Dorothee.

Schlözer, Dorothea von (verh. Freifrau von Rodde), * 10.8.1770 Göttingen, † 12.7.1825 Avignon; die Tochter des Historikers u. Staatswissenschaftlers August Ludwig von → Sch. (1735–1809) u. der Malerin u. Kunststickerin Caroline Friederike von Sch., geb. Roederer (1753–1808); lebte bis zu ihrer Hochzeit bei ihren Eltern in Göttingen u. lernte ab dem vierten Lebensjahr schreiben, führte seitdem Reisetagebücher (der erste Ber. über eine Reise nach Franken wurde durch den Vater 1774 publiziert), wenig später kamen Mathematik, Französisch u. Latein hinzu, mit 16 Jahren beherrschte sie zehn Fremdsprachen (neben Latein u. Französisch auch Niederdt., Englisch, Holländisch, Schwedisch, Italienisch, Spanisch, Hebräisch u. Griechisch), zudem erhielt sie eine umfassende Ausbildung in Geologie (begleitet von einem fünfwöchigen Besuch von Bergbauhütten u. -gruben 1786 im Harz), Gesch., Physik, Botanik u. Chemie sowie im Zeichnen, in der Malerei, in Gesang u. Klavierspiel (bereits mit acht Jahren spielte sie Klavier in einem Konzert), Tanz, Sticken u. Nähen – vor allem der Vater vollzog an S. ein bes. ehrgeiziges Erziehungs- u. Ausbildungsprogramm; 1781/82 Romreise mit ihrem Vater, traf dort u. a. den Dichter Wilhelm → Heinse (1746–1803) u. nahm an einer päpstl. Audienz teil, 1783 erstes Treffen mit Johann Wolfgang von → Goethe (1749–1832) in Göttingen; wurde am 17.9.1787 in Göttingen als erste Frau im dt.sprachigen Raum zur Dr. phil. promoviert, anschließend geehrt mit der Univ.matrikel in Straßburg u. der Mitgliedschaft in der Lat. Gesellsch. Jena; unterstützte anschließend ihren umtriebigen Vater bei seinen Studien, u. a.

bei dessen Schrift «Münz-, Geld- und Bergwerks-Gesch. des Russ. Kaiserthums von 1700–1789» (ersch. 1791); 1790 Reise nach Frankfurt/M. zur Wahl u. Krönung Kaiser Leopolds II. (1747–1792); 1791 Reise nach Hamburg, Kiel u. Lübeck, lernte dabei ihren Ehemann kennen: S. heiratete 1792 in Göttingen den Lübecker Kaufmann u. späteren Bürgermeister Mattheus Rodde (1754–1828) u. zog zu ihm nach Lübeck, aus dieser Ehe gingen drei Kinder hervor: Augusta (1794–1820), Dorothea (* 1796) u. August Ludwig (1798–1821); im Haus Rodde lebte 1797–1811 der frz. Philosoph u. Schriftsteller Charles de Villers (1765–1815), den S. 1794 in Göttingen kennen gelernt u. Exil angeboten hatte, dieser setzte sich bei der Eroberung Lübecks im November 1806 durch napoleon. Truppen für Lübeck u. die Familie Rodde ein; in Lübeck unterhielt S. einen aufgeklärten Salon u. verkehrte auch mit Gelehrten aus der benachbarten Residenzstadt Eutin, z. B. mit Johann Heinrich → Voß (1751–1826), Friedrich Heinrich → Jacobi (1743–1819) u. Friedrich Leopold Graf zu → Stolberg-Stolberg (1750–1819); 1801 u. 1803–05 Reisen nach Paris, wurde dort zur Sitzung der ersten Kl. des frz. Nationalinstituts zugelassen, ebd. Treffen mit Kaiserin Joséphine (1763–1814) u. Germaine de Staël (1766–1817); 1803 wurde S.s Gemahl von Kaiser Franz in den Freiherrenstand erhoben, 1810 Bankrott von S.s Ehemann, Villers konnte einen großen Teil von S.s Vermögen sichern, 1811 Umzug der Familie mit Villers nach Göttingen, der dort zum Prof. für frz. Lit. ernannt wurde, S. führte dort ihren Salon in kleinerem Rahmen weiter; 1816 Reise nach Jena: traf dort Karl Ludwig von → Knebel (1744–1834); 1820 Reise zur Kur nach Dresden; 1824/25 Reise zur Kur nach Marseille, starb auf der Rückreise in Avignon u. wurde dort beigesetzt. S. gilt aufgrund ihrer vielseitigen frühen Begabungen als Wunderkind; von ihr sind wenige Reiseberichte bekannt, zudem soll sie als Übers. gewirkt haben. – Reiseschriftst., Übers., Gelehrte.

Schriften: Dortgens Reise von Göttingen nach Franken und wieder zurück (hg. A. L. VON SCHLÖZER) 1774 (SUB Göttingen); Ein Brief über Rom vom 29. Januar 1782 (in: Neues Magazin für Frauenzimmer, Bd. 1) 1783, 103–114; Schreiben aus Neuschatell den 31.3.1782, betreffend eine Reise von Turin nach Genf über den Mont Cenis (in: ebd., Bd. 3) 1787, 97–114; Nachrichten von dem Andreasberg und den Vergnügungen auf dem Harz überhaupt. Aus dem Tagebuch einer jungen Hannoveranerin (in: ebd., Bd. 4) 1787, 5–17; Münz-, Geld- und Bergwerks-Geschichte des russischen Kaiserthums vom Jahre 1700 bis 1789. Meist aus Urkunden beschrieben, 1791 (gemeinsam mit A. L. von Schlözer; Nachdr. 1974; online: SLUB Dresden). – H. DÖRING (1925) 821 berichtet, daß S. zudem mehrere Beitr. in frz. Journalen publizieren ließ.

Übersetzungen: Nach H. DÖRING (1925) 821 übersetzte S. eine Abhandlung S. Oedmanns zum «Vogel Cathari» aus dem Schwedischen ins Deutsche.

Ausgaben: L. VON SCHLÖZER, Dorothea von Schlözer, der Philosophie Doctor. Ein deutsches Frauenleben um die Jahrhundertwende 1770–1825, 1923 (Nachdr. 1925 u. 1937) 84–99 (Schreiben aus Neufchatell den 31.3.1782), 121–132 (Ber. über das Examen), 334–340 (Akten zur Promotion); L. J. EBERHARD, Von der berühmten, gelehrten, schönen und trefflichen Dorothea Schlözer, Doctor der Philosophie, verehelichte von Rodde in Lübeck. Eine Sammlung von Bildern und historischen Texten, 1995; Das Universitätsmamsellen-Lesebuch. Fünf gelehrte Frauenzimmer, vorgestellt in eigenen Werken (hg. R. FINCKH) 2015, 296–313 (Schreiben aus Neufchatell den 31.3.1782, Nachr. von dem Andreasberg).

Briefe: Insgesamt sind 19 Briefe von S. erhalten. – W. FALCKENHEINER, Ein Brief von D. S. an die Malerin Louise Seidler. Zu Dorotheas 100. Todestage, 12. Juli 1925 (in: Nachr. von der Graetzel-Gesellsch. zu Göttingen, H. 1) 1925; L. VON SCHLÖZER, Dorothea von Schlözer, der Philosophie Doctor. Ein deutsches Frauenleben um die Jahrhundertwende 1770–1825, 1923 (Nachdr. 1925 u. 1937) 58, 60–69, 107–110, 232–236, 272–275, 297–299, 302–320, 325–333, 341–344; Das Universitätsmamsellen-Lesebuch. Fünf gelehrte Frauenzimmer, vorgestellt in eigenen Werken (hg. R. FINCKH) 2015, 285–295.

Nachlaß: SUB Göttingen, Nachl. Schlözer.

Bibliographie: E. FRIEDRICHS, Die dt.sprachigen Schriftst.innen des 18. u. 19. Jh. Ein Lex., 1981, 255.

Literatur: ADB 29 (1889) 1 f. (Rodde, Dorothea Freifrau von). – J. C. VON LODER, Hannchens Frage u. ihres Vaters Antwort als Mademoiselle D. S. in Göttingen der Philos. Doctor ward, 1787 (online: SUB Göttingen); J. D. MICHAELIS, Quod sperare non sustinuissem, auditores, fore ut sacris semisaecularibus academiae interessem, id non modo accidit, sed et hic mihi locus iussu ordinis philosophici conscendendus est [...], 1787 (zur Verleihung der Doktorwürde; online: HAB Wolfenbüttel); Auctoritate Caesarea Augustissimis auspiciis [...] Georgii III. Magnae Britanniae [...] prorectore magnifico Augusto Gottlieb Richter medicinae et philosophiae doctore [...] ego ordinis philosophici decanus m. Joannes David Michaelis philosophiae professor [...] virgini praenobilissimae et doctissimae Dorotheae Schlözer post probatam in examine eruditionem summos in philosophia honores festo nostrae academiae semisaeculari die xvii. sept. MDCCLXXXVII contuli [...], 1787 (online: SUB Göttingen); Anon., D. S., gebohren den 10ten August 1770 (in: Annalen der Braunschweig-Lüneburgischen Churlande 2) 1788, 1. St., 119–130; C. VON SCHLÖZER, L. VON SCHLÖZER, C. VON SCHLÖZER, An unsre liebe theure Schwester, Heute noch, den 28 Mai 1792, Demlle Dorothea Schlözer, der Philosophie Doctor in Göttingen, der Jenaischen lateinischen Soc. EhrenMitglied, Morgen Hochgeehrte Frau, Frau Dorothea Rodde-Schlözer, Senatorin in Lübeck, 1792 (online: SUB Göttingen); Christian Schlözer immatriculirter Student zu Göttingen, Ludwig Schlözer Cadet beim KurHannöverschen 8ten Cavallerie-Regiment Dragoner von Estorff, Carl Schlözer noch zur Zeit Nichts, an ihre ältere Schwester Dorothea Schlözer (geb. den 10. Aug. 1770), 1792 (online: SUB Göttingen); J. M. u. M. RODDE, Als unser lieber Vater Matthaeus Rodde in der D. S. uns eine neue Mutter wieder gab, 1792 (online: SUB Göttingen); H. DÖRING, Dorothea von Rodde, geb. von Schlözer (in: Nekrolog der Deutschen 3) 1825, Heft 1, Nr. XLVIII, 809–821; Verzeichniß der Rodde-Schlözerschen Bibl., welche nebst einem Anhange von Büchern versch. Wiss., Kupferstichen, einem Herbario u. s. w. den 19. Februar 1838 im rothen Collegio zu Leipzig [...] öffentlich versteigert wird [...], 1838 (online: SB Berlin); E. BÉGIN, Villers, Madame de Rodde et Madame de Staël, 1839; T. MUNDT, Friedrich von Heyden's Leben (in: Friedrich von Heyden. Gedichte. Mit einer Biogr. des Dichters) 1852, VII–XLVII, hier XII–XVI (zum Göttinger Salon S.s); A. REUTER, ~. Eine biogr. Skizze, 1887; L. WITTMER, Charles de Villers, 1765–1815. Étude de littérature comparée. Un intermédiaire entre la France et l'Allemagne et un précurseur de Mme de Staël, 1908; L. VON SCHLÖZER, ~, der Philos. Doctor. Ein dt. Frauenleben um die Jahrhundertwende 1770–1825, 1923 (Nachdr. 1925 u. 1937); C. VON SCHLÖZER, August Ludwig von Schlözers öffentl. u. Privatleben aus Originalurkunden u., mit wörtl. Beifügungen mehrerer dieser letzteren, vollst. beschrieben von dessen ältestem Sohn, 2 Bde., 1828; E. EBSTEIN, Vergessene zeitgenöss. Urteile über ~ (in: Nds. Jb. N. F. 1) 1924, 146–155; Niedersachsens Frauen, Bd. 4 (hg. E. ROSENDAHL) 1929; M. HARTMANN, Im Wandel des Glücks. Der Lebensrom. der ~, 1946; M. KÜSSNER, ~. Ein Göttinger Gedenken, 1976; R. FEYL, Der lautlose Aufbruch. Frauen in der Wiss., 1983; M. BLUNK, Lübeck in der Franzosenzeit 1806–1813, 1986; B. BECKER-CANTARINO, Der lange Weg zur Mündigkeit. Frauen u. Lit. (1500–1800), 1987; K. HARPPRECHT, G. DANE, Die Univ.-Mamsellen, 1988; B. u. H. KERN, Madame Doctorin Schlözer. Ein Frauenleben in den Widersprüchen der Aufklärung, 1988 (²1990); U. SEIDLER, Zw. Aufbruch u. Konvention. ~ (in: Göttingen ohne Gänseliesel. Texte u. Bilder zur Stadtgesch., hg. K. DUWE u. a.) 1988 (²1989) 176–184; U. SEIDLER, Dorothea Rodde, geborene Schlözer (1770–1825) (in: «Des Kennenlernens werth». Bedeutende Frauen Göttingens, hg. T. WEBER-REICH) 1993 (⁴2002) 103–118; S. WAGNER, Als ~ vor dem Univ.gericht [Göttingen] verklagt wurde (in: Göttinger Jb. 41) 1993, 121–132; F. HASSENSTEIN, Rodde-Schlözer, Dorothea (in: Lübecker Lebensläufe aus neun Jahrhunderten, hg. A. BRUNS) 1993, 327–331 (Wiederabdr. in: Biogr. Lex. für Schleswig-Holst. u. Lübeck, Bd. 10, 1994); Dt. Kinder. Siebzehn biogr. Porträts (hg. C. SCHMÖLDERS) 1997; M. PETERS, Altes Reich u. Europa. Der Historiker, Statistiker u. Publizist August Ludwig (v.) Schlözer (1735–1809) 2005; E. PILZ, ~. Doktorin der Philos. (in: Bedeutende Frauen des 18. Jh. Elf biogr. Ess., hg. DIES.) 2007, 139–156; E. KLESSMANN, Univ.mamsellen. Fünf aufgeklärte Frauen zw. Rokoko, Revolution u. Romantik, 2008 (²2017); J. ZIMMER, August Ludwig Schlözers «Anti-Basedow». Textkonstellationen eines Erziehungsexperiments (in: Experiment u. Lit., Bd. 1: «Es ist nun einmal zum Versuch gekommen», 1580–1790, hg. M. GAMPER u. a.) 2009, 331–358; H. KERN, Ein paternalist. Experiment: ~ (in: Der Weg an die Universität. Höhere Frauenstud. vom MA bis zum 20. Jh., hg. T. MAURER) 2010, 70–81; H.-B. SPIES, Die Begegnungen August Ludwig Schlözers u. seiner Tochter Dorothea mit Wilhelm Heinse in Rom (1782) (in: Mitt. aus dem Stadt- u. Stiftsarch. Aschaffenburg 10) 2011–2013, 173–181; G. STEGUWEIT, Weiber sind nicht in der Welt, blos um Männer zu amüsiren. Doctorin ~, vermählte Rodde (1770–1825) (in: «Weibsbilder» in Gotha um 1800. Zw. Anpassung u. Aufbegehren, hg. Ver. für Stadtgesch. Gotha e. V.) 2015, 110–135; M. BERNARD, Charles de Villers. De Boulay à Göttingen. Itinéraire d'un médiateur franco-allemand, 2016; A. BENTKAMP, La Doctoresse. Rom. über ~, 2020 (fiktionale Darst.); C. BELLERSEN QUIRINI, 77 Frauenspuren in Nds., 2020, 76–78. MMÜ

Schmid, Barbara E. S. → Thöner, Barbara E. S.

Schmid, Eva Maria → Schalk, Eva Maria.

Schmidt, Jochen, * 9.11.1970 Berlin (Ost); Sohn zweier Sprachwissenschaftler, besuchte eine POS in Berlin-Buch, ab 1985 die EOS «Heinrich Hertz», 1989 Abitur ebd., studierte zunächst Informatik, dann Germanistik u. Romanistik an der Humboldt-Univ. zu Berlin (ohne Abschluß), während der Studienzeit Aufenthalte in Brest, Valencia, Rom, New York u. Moskau, arbeitete daneben als Übers. aus dem Französ.; 1999 Mitbegr. der Berliner Lesebühne «Chaussee der Enthusiasten»; verfaßte Kolumnen für versch. Ztg. sowie Reiseführer u. Blogtexte u. ist als Übers. tätig; Mitgl. der dt. «Autorennationalmannschaft»; lebt in Berlin. – 1999 Open-Mike-Lit.preis der Lit.werkstatt Berlin, 2002 Publikumspreis des Steir. Herbstes, 2004 Kasseler Lit.preis Förderpreis Kom. Literatur. – Schriftst., Kolumnist, Übersetzer.
Schriften: Triumphgemüse. Geschichten, 2000; Plattenbauten. Berliner Betonerzeugnisse. Ein Quartettspiel (hg. C. Mangold, Illustr. v. S. W. Lucks) 2001; Müller haut uns raus (Rom.) 2002; Seine großen Erfolge (Kurzgesch.) 2003; Gebrauchsanweisung für die Bretagne, 2004 (überarb. u. erw. Neuausg. 2009); Chaussee der Enthusiasten (Kurzgeschn.) 2005; Meine wichtigsten Körperfunktionen (Kurzgeschn.) 2007; Schmidt liest Proust, 2008 (m. 1 CD); Weltall. Erde. Mensch (Kurzgeschn.) 2010; Dudenbrooks (Illustr. v. L. Hoven) 2011 (Nachdr. der gleichnamigen FAZ-Serie); Schneckenmühle (Rom.) 2013; Gebrauchsanweisung für Rumänien, 2013; Schmythologie (Illustr. v. L. Hoven) 2013 (Nachdr. der gleichnamigen FAZ-Serie); Drüben und drüben. Zwei deutsche Kindheiten (m. D. Wagner) 2014; Der Wächter von Pankow, 2015; Gebrauchsanweisung für Ostdeutschland; 2015; Ballverliebt. Texte zum Fußball von Jochen Schmidt zu historischen Amateuraufnahmen aus der Sammlung Jochen Raiß, 2016; Zuckersand (Rom., Vignetten v. L. Hoven) 2017; Ein Auftrag für Otto Kwant (Rom.) 2019; Gebrauchsanweisung fürs Laufen, 2019.
Übersetzungen: G. Delisle, Shenzhen (Graphic Novel) 2005; ders., Pjöngjang (Graphic Novel) 2007.
Literatur: LGL; Killy ²10 (2011) 454. – S. LEDANFF, Hauptstadtphantasien. Berliner Stadtlektüren in der Ggw.lit. 1989–2008, 2009; J. FERNÁNDEZ PÉREZ, Die DDR als Darst.gegenstand in neuester (Jugend-)Literatur. Möglichkeiten u. Grenzen im Dt.unterricht (in: DU 67, H. 2, S. 86–89) 2015.
BJ

Schmidt, Lore → Reimer, Lore.

Schnarr, Claudia → Noth, Claudia.

Schneider, Daniel → Büchel, Simak.

Schneider, Nadine, * 1990 Nürnberg; Stud. der Musikwiss. u. Germanistik in Regensburg, Cremona u. Berlin, war u. a. Mitarb. der Kom. Oper Berlin, der Vaganten-Bühne in Berlin u. zuletzt Assistentin in der Geschäftsstelle des «Bundeswettbewerbs Gesang Berlin»; lebt in Berlin; verfaßte Rom. u. Kurzgesch.; Veröff. u. a. in «Entwürfe. Zs. für Lit.» (Zürich). – (Neben weiteren Auszeichnungen) Hermann-Hesse-Lit.preis (2020), Lit.preis der Stadt Fulda (2020). – Angestellte, Schriftstellerin.
Schriften: Drei Kilometer (Rom.) 2019; Wohin ich immer gehe (Rom.) 2021.
Literatur: J. NEUMANN, ~, Drei Kilometer (in: Chamisso Preis Hellerau 2019: Jaroslav Rudiš – über Grenzen. Bücher u. Migration, hg. W. SCHMITZ) 2020, 269–274; Lit.port Autorenlex. (Internet-Edition). MM

Schoch, Leopoldine Friederike Luise von → Matthisson, Leopoldine Friederike Luise von.

Schöbel, Gabriele → Popma, Gabriele.

Schönthaler, Philipp, * 13.10.1976 Stuttgart; studierte 1999–2003 Anglistik u. Kunstwiss. an der Trinity Western Univ. in Vancouver, 2004 Master im Bereich «Moderne europ. Lit.» an der Univ. of Sussex, 2010 Dr. phil. an der Univ. Konstanz, lehrte 2008/09 u. 2010/11 ebd. im Fachbereich Germanistik, nahm 2013 am Ingeborg-Bachmann-Wettbewerb in Klagenfurt teil; lebt in Konstanz. – LCB-Aufenthaltsstipendum für junge dt.sprachige Autorinnen u. Autoren (2012), Stipendium der Kunststiftung Baden-Württ. u. Stipendium des Berliner Senats (2012), Clemens-Brentano-Preis (2013). – Schriftsteller.

Schriften: Negative Poetik: Die Figur des Erzählers bei Thomas Bernhard, W. G. Sebald und Imre Kertész, 2011 (Diss. u. d. T.: Negationen des Erzählers); Nach oben ist das Leben offen (Erzn.) 2012; Das Schiff das singend zieht auf seiner Bahn, 2013; Survival in den 80er Jahren. Der dünne Pelz der Zivilisation, 2015; Portrait des Managers als junger Autor. Zum Verhältnis von Wirtschaft und Literatur, 2016; Vor Anbruch der Morgenröte. Leben und Dienste I (Erzn.) 2017; Der Weg aller Wellen (Rom.) 2019.

Literatur: W. WILLMS, Entindividualisierung u. Ich-Fixierung. Zur Auseinandersetzung mit der Leistungsgesellsch. in der aktuellen Lit. (in: Kultur-Poetik. Zs. für kulturgeschichtl. Lit.wiss. 14) 2014, H. 2, 224–243; E. SCHONFIELD, Business Rhetoric in German Novels. From Buddenbrooks to the Global Corporation, Rochester, NY 2018. BJ

Schomann, Stefan, * 1962 München; Stud. der Germanistik in München u. Berlin, ab 1988 als freier Autor u. Journalist tätig; lebt in Berlin u. Peking; verfaßte u. a. Reportagen, Ess., Hörsp., Biogr., Drehb. u. Reiseber.; auch Hg., u. a. der 1. Weltkriegs-Erinn. von Carl-August Graf von Drechsel (1874–1963); Veröff. u. a. in «Frankfurter Rs.», «ZEIT» (Hamburg), «Stern» (Hamburg), «Dt. Allg. Sonntagsbl.» (Hamburg) u. «GEO» (Hamburg). – Journalist, Autor, Herausgeber.

Schriften: Tiger liebt Schlange. Das chinesische Liebeshoroskop für alle Tierzeichen, 1987; Lava (Hörsp.) 1989; Andro, Männer lernen lieben (Ratgeber, Texte vvon S.) 1989 (auch u. d. T.: Lass dir Zeit für deine Lust... oder anderes als das Gewöhnliche wagen, 1992, Mehr Spaß am Sex. Wie Männer bessere Liebhaber werden, 1999); Genesis. Naturwunder des amerikanischen Südwestens (Bildbd., Fotos v. H. Lorenz) 2004 (dt. u. engl.; auch u. d. T.: USA Südwesten. Naturwunder aus Stein und Sand, 2013); Letzte Zuflucht Schanghai. Die Liebesgeschichte von Robert Reuven Sokal und Julie Chenchu Yang (Biogr.) 2008 (auch u. d. T.: Der große gelbe Fisch. Julie und Robert – eine Liebesgeschichte aus China, 2009); Im Zeichen der Menschlichkeit. Geschichte und Gegenwart des Deutschen Roten Kreuzes, 2013; Lesereise China (Rep.) 2017; Das Glück auf Erden. Reisen zu Pferd (Reiseber.) 2018; Auf der Suche nach den wilden Pferden (Rep.) 2021.

Herausgaben: Das Universum des Menschen (mit P.-M. GAEDE, R. EICHHORN) 2001; Jenseits von Schanghai. Eugen Flegler: Chinabilder 1936–1938. Eine Ausstellung des Konfuzius-Instituts Düsseldorf (mit N. HAKE, C. EBERSPÄCHER) 2010; ‹So geht das Morden täglich weiter›. Erinnerungen des Rotkreuzdelegierten Carl-August Graf von Drechsel 1914–1919, 2014. MM

Schopper, Brita → Steinwendtner, Brita.

Schrader, Christoph d. Ä. (auch Christophorus Schraderus), * 29.9.1601 Rethmar (heute zu Sehnde, bei Hannover), † 24.4.1680 Helmstedt; Sohn des Rethmarer Pfarrers Johannes S. (1558–1638) u. der aus Peine stammenden Pfarrerstochter Helene Rölich († 1607); Schulbesuch in Celle (1610) u. Hannover (1618); Stud. in Helmstedt (zus. mit seinem älteren Bruder Heinrich immatrik. am 6.4.1616: «Christophorus Schraderus, Rhetmariensis»; Studienbeginn, nach FRÖLING [Lit.] 1681, 39, erst im Winter 1621) u. Leiden (23.10.1625: «Christophorus Schrader Brunsvicensis»); Tätigkeit als Privaterzieher des württemberg. Prinzen Roderich; Oktober 1635 Prof. der Eloquenz an der Univ. Helmstedt; dort am 4.2.1636 zum Magister artium promoviert u. am 23.4. desselben Jahres in die Philos. Fak. rezipiert; 25.4.1637 Heirat mit Margarethe (1621–1685), der Tochter des späteren Helmstedter Hebraisten Ernst Stisser (zahlr., teils früh verstorbene Kinder); 1640 Bibliothekar der Universitätsbibl. Helmstedt; September 1648 Generalschulinspektor des Herzogtums Wolfenbüttel (ab 1655 zudem der Schulen des Fürstentums Dannenberg u. der Grafschaft Blanckenburg); Februar 1653 Probst des Klosters Marienberg; bekannt geworden ist S. vor allem als Aristoteles-Hg. u. -Kommentator sowie wegen seines sehr erfolgreichen universalhist. Tabellenwerkes (‹Tabulae chronologicae›); er ist nicht mit seinem Sohn

(1642–1713) sowie dem aus Halle stammenden Theologen (1642–1709) gleichen Namens zu verwechseln (u. a. VD17 14:700864L nicht v. S.). – Philologe, Universitätsprof., Bibliothekar, Generalschulinspektor.

Schriften (Universitätsprogr. u. Beitr. zu Sammelschr. u. Werken anderer in Ausw.): Disputatio philosophica de analogia et conceptu entis [...], G. JACCHAEUS (Präs.), C. S. (Resp.), Leiden 1627; Disputatio philosophica pro metaphysica [...] publice [...] Calendis Juniis, F. BURGERSDIJCK (Präs.), C. S. (Resp.), Leiden 1630; Dum se in majores armas Germania motus [...]. Christoph. Schrader (Epicedium) (in: Epicedia beatae memoriae viri clariβimi [...] Ioannis Luderi, [...] civilisque doctrinae et iuris publici in academia Iulia professoris ordinarij, V. Kal. Ian. anni cIɔ Iɔ CXXXIII. [...] mortui, doloris testandi ergo a collegis et amicis consecrata) 1634, (a)4^r; Eximio juveni Iohanni Lüening Amico carissimo. Quam mihi vix sumtam primaeva puertia solvit [...]. Christoph. Schrader (Lobged.) (in: Disputatio iuridica de concursu et cumulatione actionum [...] in novi Iulei auditorio maiori [...] ad diem 24. Maji, H. SCHMERHEM [Präs.], J. LÜENING [Resp.]) 1634, D4^r; Disputatio theologica de gratuita per fidem justificatione [...] publice in academia Iulia [...] proprid. Id. Maias, G. CALIXT (Präs.), C. S. (Resp.), 1635 (zwei Drucke; ^{2}1646; [...] Iterum vulgata cum animadversione in nuperam d. Iohan. Hulsemanni calumniam, ^{3}1654); Quaestionum Hebraicarum disputatio prima de lingua sancta [...] publice [...] in magno Iuleo proprid. Non. Majas, C. S. (Präs.), J. KROHNE (Resp.), 1638; Pro-rector acad. Iuliae Christophorus Schrader eloquentiae professor publ. civibus academicis S. P. D. [...], 1640 (Einblattdr.); Prorector Academiae Iuliae, Christophorus Schrader Eloquentiae Prof. public. Civibus S. D. [...] (Einladungsprogr.) (in: F. BECKER, Oratio de insigni historiae fructu [...] in illustri acad. Iulia XXIII. Septemb. cIɔ Iɔc XL. publice [...]) 1641, A2^{r-v}; Christophorus Schrader eloquentiae professor, iuventuti academicae s. d. (in: J. HIERONYMI, Christus patiens, in magno Iuleo proprid. Non. Apriles anno cIɔ Iɔc XLII. carmine epico celebratus) 1642, A2^v–A3^r; (anon.) Tabulae chronologicae a prima rerum origine ad C. Iulii Caesaris monarchiam, 1642 (Leservorr. dat.: Nonis Maji CIɔ IɔC XLIII.; wieder 1643; 1652; o. O. o. J. [1658?]; [...] ad natum Christum, 1666; 1673; Christophori Schraderi Tabulae [...] ad natum Christum, 1680; erw., [...] et inde ad annum M DC LXXXVI., 1686; erw., [...] et inde ad annum M DC LXXXIX. Cum indice [...], 1689; u. weitere, ergänzte Ausg. bis weit ins 18. Jh.); In excessum serenissimi ac celsissimi principis et domini dn. Georgii ducis Brunsvicensis et Luneburgensis, etc. oratio Christophori Schraderi [...]. Ex decreto senatus academici habita proprid. Eid. Maii. CIƆ IƆC XLIII., 1643; (anon.) Tabulae chronologicae a nato Christo ad annum CIƆ Iɔ C., 1645 (1652; erw., [...] ad annum cIɔ Iɔ c LVIII., o. O. o. J.; erw., [...] ad annum CIƆ IƆ C LXVI, 1666; erw., [...] ad annum CIƆ IƆ C LXXIII, 1673; erw., Christophori Schraderi Tabulae [...] ad annum CIƆ IƆ C LXXX, 1680; u. weitere Ausg.); Christophorus Schrader Eloquentiae Professor Civibus Academiae S. D. [...] (Einladungsprogr.) (in: J. O. v. MANDELSLO, De studiis homine nobili dignis oratio [...] in academia Iulia IV Mart. CIƆ IƆ C XLVII publice [...]) 1647, A2^{r-v}; In obitum serenissimi et reverendissimi principis ac domini, Friderici ducis Brunsvicensis et Luneburgensis, postulati coadjutoris Raceburgensis, electi praepositi Bremensis, oratio funebris publico nomine dicta in academia Iulia ipso exsequiarum die XXX Januarii CIƆ IƆ C XLIX. a Christophoro Schradero eloquentiae professore, o. J. [1649]; Ad serenissimorum celsissimorumque Brunsvicensium et Luneburgensium ducum illustres legatos et inclytorum Guelpherbytanae provinciae ordinum delectos proceres visendae ordinandaeque academiae missos oratio Christophori Schraderi habita in Iuleo Kal. Novembr. CIƆ IƆ C L, o. J. [1650]; Hoc Helena Sarcophago reposta procumbo [...]. Christoph. Schrader, In Acad. Iulia Prof. P. Velthemianorum Alumnorum Inspector (Epicedium) (in: In obitum generosae [...] matronae Helenae ab Asseburg [...] domini Burchardi a Veltheim haereditario [!] in Harbke et Ostrow relictae viduae anno cIɔ Iɔ LI. [!] Eidib. Mart. placide defunctae ΘPHNOI) 1652, a4^v; Oratio in solenni studiorum academiae Iuliae instauratione habita CIƆ IƆ C LII. VI Id. Sextil., o. J. [1652]; Oratio habita cum acad. Iuliae magistratum iniret proprid. Id. Ianuar. CIƆ IƆ C LIII., o. J. [1653]; Ad serenissimorumque ducum Brunsvicensium et Luneburgensium legatos visendae ordinandaeque academiae Iuliae tertium missos oratio Christophori Schraderi habita XXI Decembr. cIɔ Iɔ c LIV., o. J. [1654]; Ad serenissimum et celsissimum principem ac dominum dn. Ferdinandum Albertum ducem Brunsvicensem et Luneburgensem, Christophori Schraderi epistola, interpres nummi iudaici, 1654; Dispositiones epistolicae eloquentiae studiosis in academia Julia traditae, 1654 (^{2}1661; ^{3}1674; ^{3}1675; «Editio emendata», 1684; ^{3}1703); Christophorus Schrader eloquentiae professor academiae studiosis civibus. S. D. (in: A. MILAG, Oratio de lege Solonis quae ignominia notat eos, qui in seditione alterius utrius partis non fuissent habita in academia Julia prid. Non. Febr. CIƆ IƆC LV.) 1655, A3^r–A4^v; In obitum summi viri Conradi Hornei oratio [...] habita postrid. exsequias IV. Non. Octobr. cIɔ Iɔ c XLIX., 1656; Christophorus Schrader eloquentiae professor academiae Juliae civibus s. d., 1658 (Einladungsprogr.; Einblattdr.); Memoriae viri et theologi summi Georgii Calixti, oratio [...], habita in academia Julia XXIV. Sept. CIƆ IƆC LVI., 1658; Programma festo Paschae ad studiosam juventutem in academia Iulia p. p. anno CIƆ IƆ C LIX, o. J. [1659]; Programma festo Pentecostes p. p. in academia Iulia anno cIɔ Iɔ c LIX., o. J. [1659]; Programma [...] disquisitionibus rhetoricis publice institutis praemissum, 1659; Theses de convenientia et discrimine oratoriae ac poeseos [...] postridie Idus Martias in magno Juleo, C. S. (Präs.), J. E. SCHRADER (Resp. [filius]), 1661; Programma orationi de voto Iephthis a Johanne Enckhusio singulari studio elaboratae et a. d. VII. Id. April. in acad. Iuliae Iuleo publice recitandae praemissum, 1661; Tellus, quam lato passim moderamine magnus [...]. (Gratulationsged.) (in: Lilium convallium, diversorum foliorum candore, [...] in viridario illustri Guelphico, [...] in gratiam [...] domini Augusti, ducis Brunovicensium et Lunaeburgensium [...], post absolutum senii placidissimi octogesimum secundum annum, oriente denuo serenitatis eius natali [...] die X. Aprilis, anni [...] cIɔ Iɔc LXI. [...]) o. J. [1661], D1^v–D2^v; Christophorus Schrader eloquentiae professor academiae Iuliae civibus s. d. Inter eos qui arduo Iurisprudentiae studio [...], o. O. 1661 (Einladungsprogr.; Einblattdr.); Christophorus Schrader eloquentiae professor studiosis civibus academiae Juliae s. d. Iterum Vos in Juleum invitari poscit [...], o. O. 1662 (Einladungsprogr.; Einblattdr.); Excelse Princeps, grande lumen Europae [...]. Christoph. Schrader, Praepositus Bergensis et Acad. Juliae Professor (Lobged.) (in: Soteria incolumitatem et robur germanae gloriae, serenissimi principis [...] Augusti, ducis Brunovicensium ac Lunaeburgensium [...] profunda vigilantia rempublicam [...] strenue administrantis, sub ortum Calendarum Januariarum anni [...] CIƆ IƆCLXIII.

fervidis suspiriis prosequentia) 1663, B1^v–B2^v; Programma orationi de ingenii et judicii differentia a Justo von Dransfelt a. d. XVII Mart. in Iuleo publice habendae praemissum, 1663 (Einladungsprogr.); Fortunata dies oritur, fulgensque coruscos [...] (Gratulationsged.) (in: Tuba augustaea genuine et per intervalla sonans [...] dum [...] dominus Augustus, dux Brunovicensis ac Lunaeburgensis, [...] anni cIɔ Iɔc LXIII. decima Aprilis luce [...] natalem suum [...] quinta et octogesima vice [...] celebraret), o. J. [1663], E2^v–E3^r; Hypotheses oratoriae ad Johannis Sleidani de statu religionis et reip. historiam in Germanicae eloquentiae usum contextae, 1669 [nach dem Dat. der Widmungsvorr. corr. ex: CIƆ DC C LXIX] (1679); Dispositiones oratoriae ad ductum rhetoricae Aristotelis concinnatae, 1663 (^{3}1674; «Editio aucta, et emendata», 1684; ^{3}1700); Christophori Schraderi eloq. prof. in academia Julia Programmata selectiora, 1667 (enthält Progr. «publico nomine» u. «proprio nomine edita» der Jahre 1635–1666); Christophorus Schrader eloquentiae professor academiae civibus studiosis s. d. [...] (Einladungsprogr.) (in: J. EISENHART, De conjungendis jurisprudentiae et historiarum studiis oratio in novi Julei auditorio majori publice habita cIɔ Iɔ CLXVII. X. Junij) 1667 (wieder in: DERS., De fide historica commentarius [...] acceßit oratio de conjungendis jurisprudentiae et historiarum studiis, 1679; ^{2}1702); Programma quo ad orationem ab eximio et eruditißimo iuvene Hermanno Wetken j. u. c. ad XXVI^{tum} Maji diem hora decima antemeridiana in magno Iuleo publice habendam academiae Juliae cives hospitesque humaniter invitat Christophorus Schraderus eloq. professor, 1668; Ad serenissimorum ducum Brunsvicensium et Luneburgensium legatos academiae Juliae visitatione strenue et feliciter perfunctos oratio Christophori Schraderi, praepositi Bergensis et eloquentiae professoris habita in magno Iuleo XXIIX Novembr. CIƆ IƆ C LXIIX. o. J. [1668]; De natura et constitutione ethices [...] in acad. Julia [...] ad diem V. April. anno 1669. publice [...], C. S. (Präs.), J. F. HEKEL (Resp.), o. J.; Programma in orationem de passione domini nostri Jesu Christi a Justo Zacharia Tollenio Helmstadiensi juvene pio et erudito elaboratam et ad XXXI Martii diem hora post meridiem tertia in Julei magno auditorio publice habendam anno CIƆ IƆC LXX., o. J. [1670]; De rhetoricorum Aristotelis sententia et usu commentarius, 1674; Christophorus Schrader Eloquentiae Professor, Academiae Juliae Civibus S. D. [...]

(Einladungsprogr.) (in: A. A. IMHOFF, Oratio divae memoriæ serenissimi [...] domini Augusti Friderici, ducis Brunsvicensis et Luneburgensis s. caesareae majestatis praefecti legionis ad Philippiburgum anno CIƆ IƆC LXXVI. IX. mensis Augusti die lethaliter vulnerati et Spirae Nemetum [...] defuncti [...]) o. O. 1676, b1^{r-v}; Oratio secularis habita Idibus Octobris anno CIƆ IƆ C LXXVI. cum seculum suum primum finiret, academia Julia et alterum, dei numine praevio, feliciter auspicaretur, 1676 (wieder in: Historia festi secularis [...] ducum Brunsvicensium et Luneburgensium clementissima voluntate et auspicio solenniter celebrati Idibus Octobris anno CIƆ IƆ C LXXVI. quo die seculum suum primum gratulabunda finiebat et secundum feliciter auspicabatur academia Julia quae est Helmestadii Saxonum, 1678, 97–141); Livianarum orationum duodeviginti analysis rhetorica. Adiectis imitationum materiis, 1676 (1700); Christophorus Schrader Eloquentiae Professor Academiae Juliae Studiosis Civibus S. D. Significavit mihi non ita pridem Daniel Conradus a Campen [...]. VI. Aprilis CIƆ IƆ C LXXX. (Einladungsprogr.) (in: D. C. v. CAMPEN, Oratio panegyrica de Brunsvicensium et Lyneburgensium ducum serenissima familia eiusque variis divisionibus [...] in illustris academiae Juliae magno Julaeo anno M DC LXXX. die VII Aprilis [...]) o. J. [1680], 11^{r-v}.

Herausgaben und Übersetzungen: Aristoteles, De arte rhetorica libri tres Graece et Latine editi cura Christophori Schraderi, 1648 (^{2}1661; ^{3}1672); H. MEIBOM, Chronicon Marienthalense. Opus posthumum (Widmungsvorr. u. hg. C. S.), 1651 (wieder in: DERS., Rerum Germanicarum tomi III. [...], 1688, Bd. 3, 245–286); Maximilian I., Imp. Maximiliani I. De bello Turcico ad principes et ordines Sacri Rom. Imperii in comitiis habita oratio, Augustae Vindelicorum, anno M. D. XIIX. (Vorr. u. hg. C. S.) 1664; [H. Conring] Der fürstl. Julius Universität zu Helmstedt Schutzrede wider dero höchstunbillige Verleumbdere/ insonderheit D. Aegidium Strauchen Professorem zu Wittenberg (übers. [C. S.]) 1668.

Ausgaben: Epistolographia, seu ratio epistolas Latinas accurate scribendi a clarissimis viris Erasmo Roterodamo, Justo Lipsio et Christophoro Schradero diversis operibus olim descripta. Item rhetorica Aristotelis ad epistolographiam accommodata studio et cura Justi a Dransfeld, 1692; Dispositiones epistolicae, cum elaborationibus Jo. Burchardi Maji. Accesserunt de arte epistolica praeceptiones, 1705; J. F. BERTRAM, Discours von der Klugheit zu Excerpiren [...], auch mit einigen Passagen, aus dem noch nie gedruckten Methodo Excerpendi des berühmten ehemahligen Helmstättischen Oratoris, Christophori Schraderi erläutert, 1727; Herzogs Augusti Schul-Ordnung wy es mit Institution der Jugend in S. Fürstl. G. Fürstentümeren Graf-Herrschaften und Landen unveränderlich zu halten (24.2.1651) (in: Braunschweigische Schulordnungen [...], hg. F. KOLDEWEY, Bd. 2) 1890, 144–168, Nr. 16.

Nachlaß: Briefe von u. an S.: Nieders. LB Hannover, FB Gotha, Zentral- u. LB Berlin, SB Berlin, Stadtarch. Braunschweig, SB München; Vorlesungsmitschrift: SUB Hamburg (vgl. Kalliope-Verbund); Visitationsprotokolle (Relationen, 1650–1666, 1669): NLA Staatsarch. Wolfenbüttel; Eintrag (Helmstedt, 27.7.1634) in das Stammbuch (1629–1662) Christian Pehrisch: HAAB Weimar, Stb 455, Bl. 18; Eintrag (Helmstedt, Dez. 1646) in das Stammbuch (1646–1659) Johannes Merckel: HAAB Weimar, Stb 211, Bl. 15; Eintrag (Helmstedt, 1.5.1652) in das Stammbuch (1650–1654) Dietrich Butte: HAAB Weimar, Stb 403, Bl. 82; Eintrag (Helmstedt, 30.9.1657) in das Stammbuch (1653–1664) Leonhard Trummer: HAAB Weimar, Stb 433, Bl. 87; Das von E. E. [...] Rath der alten Statt Braunschweig [...], dat.: Helmstedt 26.10.1668: Album von Portraits, Hss. u. Nachr. der Professoren an der Univ. Helmstedt, UB Braunschweig, 4000–2000; Eintrag (Wolfenbüttel, 31.5.1671) in das Stammbuch (1652–1693) Johannes Jakob Bentz: HAAB Weimar, Stb 404, Bl. 300.

Bibliographien: VD17; VD18; vgl. auch die Datenbank: www.uni-helmstedt.hab.de (online zugängliche serielle Quellen: Lektionskataloge, Hochschulschriften, Rechenschaftsberichte etc.). – SCHMIDT (Lit.) 1680, D2^{r-v}; M. HUECK, Gelegenheitsgedichte auf Herzog August von Braunschweig-Lüneburg u. seine Familie (1579–1666). Ein bibliogr. Verz. der Drucke u. Hss. in der Herzog August Bibl. Wolfenbüttel, 1982, Reg.; J. KNAPE, Werkeverz. zu den Rhetorikdrucken Deutschlands 1450–1700, 2017, 391 f., Nr. 1279–1286 (Nr. 1285 Fehlzuschreibung).

Literatur: Zedler 35 (1743) 1066–1069; Jöcher 4 (1751) 342 f.; ADB 32 (1891) 422–425 (P. ZIMMERMANN); Braunschweigisches Biogr. Lex. 8. bis 18. Jh. (hg. H.-R. JARCK u. a.) 2006, 631 f. (H.-J. DERDA); J. KNAPE, Autorenlex. dt. Rhetoren 1450–1700, 2017, 385 f. – [J. WOLF] Clarissimo viro dn. Christophoro Schradero phil. m. et eloquentiae professori in inclyta Iulia, domum ducenti lectissimam virginem Margaretam rev.^{di} et cl.^{mi} viri dn. Ernesti Stisseri, s. theol. l. et Hebraeae linguae in eadem academia profeßoris p. m. filiam. Hildesheimii VII Kl. Majas cIɔ Iɔ C XXXVII., o. J.; O. SONNEMANN, Magnifico clarißimo et excellentißimo viro Christophoro Schradero eloquentiae professori et hodie pro-rectori academ. Iuliae. Eiusque lectißimae uxori Margaretae Stisseriae natam recens filiolam gratulatur, 1640; Prorector academiae Iuliae Jacobus Tappius med. d. et prof. publicus civibus academicis s. p. d., o. O. 1642 (Einblattdr.; Einladungprogr. zum Begräbnis von S.s. Tochter Helena Margareta, 1639–1642); Reverendo, clarißimo et excellentißimo viro dn. Christophoro Schradero acad. Iuliae eloquentiae professori celeberrimo, et hodie pro-rectori magnifico. Scholarum classicarum per Guelferbytanum ducatum inspectori generali, Bergensem praeposituram XIX. Febr. cIɔ Iɔ CLIII. sacro et solenni ritu collatam gratulantur collegae et amici, o. J. [1653]; Programma in funere praematuro eximii viri dn. M. Henrici C[hristophori]. F[ilii]. Schraderi ingenio doctrina et virtute dum vixit, conspicui anno CIɔ Iɔ CLXXII. d. XXI. m. Jan. in academia Julia pie et placide defuncti, 1672; J. LÜDERS, Sceptra academica viro magnifico, maxime reverendo atque excellentissimo dn. Christophoro Schradero, eloquentiae in acad. Julia prof. publ. et ord. celeberrimo, praeposito coenobii Bergensis venerabili, scholarumque in ducatu Guelphico inspectori ac visitatori generali, dn. patrono et promotori suo pie colendo d. XIX. Julii anno MDCLXXVII. auspicato delata [...] ex animo gratulator [...], o. J. [1677]; Schuldigstes Frolocken/ welches dem hoch-ehrwürdigen/ vest und hochgelahrten Hn. Christophoro Schrader Praeposito Bergensi und weitberühmten Professori Eloquentiae als selbigen den 19. Julii des 1677sten Jahrs bey hiesiger weitberühmten Julius Universität das Vice-Rectorat mit gewöhnlichen ceremonien auffgetragen wurd in einer Nacht-Musick gehorsamst eröffnen sollen ihrer Magnificentz sämtliche Tisch-Gesellschafft, o. J. [1677]; Programma in funere perquam reverendi et excellentissimi viri dn. Christophori Schraderi praepositi Bergensis et eloquentiae in academia Julia professoris ordinarii celeberrimi, nec non scholarum per ducatum Guelphicum inspectoris generalis optime meriti anno CIɔ Iɔ C LXXX. d. XXIV. m. Aprilis in academia Julia pie et placide defuncti, 1680 (auch an: FRÖLING, 1681); M. SCHMIDT, In obitum perquam reverendi amplißimi et clarißimi viri Christophori Schraderi praepositi Bergensis et eloquentiae in academia Julia professoris ordinarii celeberrimi et scholarum per ducatum Guelphicum inspectoris generalis anno CIɔ Iɔ C LXXX. d. XXIV. Aprilis pie beateque defuncti oratio habita d. XXI. Maji in Iuleo, 1680; Neniae quibus viri maxime reverendi, amplissimi atque excellentissimi dn. Christophori Schraderi, praepositi Bergensis dignissimi et in acad. Julia eloquentiae profess. ord. celeberrimi, nec non ducatum Guelphicum scholarum inspectoris generalis, avi dum viveret, optimi ac venerandi XXIV. April. anno M DC LXXX placide defuncti deplorant nepotuli, 1680 (Einblattdr.); Lessus funebris quo obitum viri plurimum reverendi amplissimi atque excellentissimi dni. M. Christophori Schraderi, coenobii Mariae-Bergensis prope Helmestadium praepositi meritissimi, eloquentiae in illustri Julia professoris celeberrimi, et inspectoris scholarum in ducatu Brunsvic. Guelpherbytano generalis, vigilantissimi lugent Eisenhardiani commensales, 1680 (Einblattdr.); Justa funebria viro plurimum reverendo nobilissimo atque excellentissimo dn. M. Christophoro Schradero, eloquentiae in illustri Julia ultra quadraginta annos professori celeberrimo coenobii Mariaebergensis prope Helmstadium praeposito meritissimo inspectorique scholarum in ducatu Brunsvicensi Guelpherbytano vigilantissimo cum die 9. Maji anni supra millesimum sexcentesimum octogesimi octogenarium corpus venerandi senis terrae mandaretur soluta a beate defuncti viri maestissimis convictoribus, 1680 (Einblattdr.); Pietas quam cineribus viri plurimum reverendi, amplissimi atque excellentissimi, in illustri Julia eloquent. profess. publ. celeberrimi, et ampliss. facult. philosoph. senioris quondam gravissimi ipso exequiarum die IX Maij. Anni M DC LXXX. praestare debuerunt duo Schraderi nominis cultores, o. J. (Beitr.: J. G. Richter, H. J. Kinderling); Epicedium quo defuncto et de literato orbe quam optime merito plurimum reverendo atque clarissimo dn. Christophoro Schradero, eloquentiae in academia Julia per plures annos professori celeberrimo [...] ipso sepulturae emortui corporis ipsius die IX. Maji. M DC LXXX. ultimum humanitatis officium præstiterunt viri clarissimi Melchioris Smidii, Graecae linguae profess. ord. commenales, 1680; A. C. ENGELBRECHT, Schmertzliches Hertzens-Weh/ welches über den hochbetrübten/ jedoch seeligsten Abschied seines hertzgeliebten Herren Groß-Vaters/ des hochehrwürdigen/ woledelen und hochgelahrten Herren Christoph Schrader/ des Jungfr. Marienberg-Klosters hoch-wolverordneten Probsten [...] bey dessen Beerdigung am 9ten Maji An. 1680. bezeugete [...], 1680 (Einblattdr.); B. BETKE, Piae lachrymae quibus placidum atque beatum obitum viri plurimum reverendi, amplissimi atque excellentissimi dn. M. Christophori Schraderi, Mariae-Bergensis coenobii praepositi [...] cum ejus exsangue corpus solenni et christiano ritu VII. Id. Maji anno M DC LXXX. terrae mandaretur prosequitur [...] scholae Helmst. conrector, 1680 (Einblattdr.); J. HUMMEL, Ultimum vale viro supra omnem laudem posito plurimum reverendo, atque excellentissimo dn. Christophoro Schradero, eloquentiae in alma Julia ultra quadraginta annos professori celeberrimo [...] ipso exsequiarum die qui erat 7. Id. Maji. 1680 dictum [...], 1680 (Einblattdr.); Luctus communis in funere viri maxime reverendi amplissimi atque excellentissimi dni. M. Christophori Schraderi, coenobii Mariae-Bergensis prope Helmestadium praepositi dignissimi, eloquentiae in illustri Julia professori longe celeberrimi, et inspectoris scholarum [...] expressus a dni. d. Böttgeri convictoribus, 1680 (Einblattdr.); A. FRÖLING, Unsers Heylandes inbrünstiges Verlangen umb die Gläubigen in seiner Herrligkeit bey sich zu haben/ aus Joh. XVII, 24. Bey volckreicher ansehnlicher Leichbestattung des weyland hoch-ehrwürdigen/ wol-edlen und hochgelahrten Herrn Christophori Schraderi, bey der fürstl. Julius-Universität 44. Jahr gewesenen wolverdienten Eloquentiae Professoris Publ. Ordin. des jungfräulichen Marienbergischen Klosters vor Helmstädt wolgewürdigten Probsten/ und der Schulen im Wolffenbüttelschem Furstenthum Inspectoris Generalis: als derselbe nach außgestandener langwierigen Kranckheit den 24. Aprilis 1680. selig verschieden/ und darauf Dom. Cantate, war der 9. Maji, [...] zu seiner Ruhe-stätte gebracht worden. Denen Anwesenden zu betrachten vorgestellet [...], 1681 (mit Personalia, 38–50); Epicedia in beatissimum obitum perquam reverendi, et excellentissimi viri domini Christophori Schraderi, praepositi Bergensis et eloq. in acad. Julia professoris ordinarii celeberrimi, nec non scholarum per ducatum Guelphicum inspectoris generalis optime meriti, memor. et honor. ergo ded. a fautoribus ac amicis, o. O. 1681 (an: FRÖLING, 1681); B. OLDEKOP, Lacryme in beatissimum obitum magnorum virorum et professorum Helmestadiensium, excellentissimorum dnn. D. Gerhardi Titii D. Hermanni Conringii et M. Christophori Schraderi in schola Mindensi effusae ejusdem rectore Auspice [...], 1682; [H. MEIBOM] Programma in funere optimae matronae Margarethae Stisseriae generis splendore, et omni virtute eminentissimae, viri perquam reverendi clarissimique dn. Christophori Schraderi eloquentiae, in hac academia Julia, per XLIV annos professoris celeberrimi, coenobii Bergensis praepositi, et scholarum, per ducatum Wolfenbüttelensem, inspectoris generalis viduae d. XIII. m. Februarii anno M DC LXXXV. pie defunctae p. p., 1685; Catalogus insignium librorum nitidorum, atque immaculatorum, qui illustris academiae Juliae concessione auctione constituta publice distrahentur. Initium deo volente fiet die XXXI. Augusti. Anno 1685. [...], o. J.; J. D. GÜLICH, Analysis chronologico-pragmatologica, sive illustratio tabularum chronologicarum Christophori Schraderi: exhibens succinctam pragmatologiam illarum rerum et personarum, quae tanquam per indicem in istis tabulis commemorantur. [...], 1692; J. A. GEBHARDI, Historia civilis, juris Romani, und Ecclesiastica. In kurtze Fragen nach Anleitung der Tabularum Chronologicarum Christophori Schraderi der Schul-Jugend zum besten gebracht. Cum Memoriali Historico, 1715; S. ARTOPOEUS, Commentarius in Christophori Schraderi, professoris quondam Helmstadiensis celeberrimi, tabulas chronologicas, quantum illae a prima rerum origine usque ad annum Christi M D CC. perductae atque continuatae sunt [...] (hg. J. C. BARTENSTEIN) Straßburg 1715; J. C. BÖHMER, Memoriae professorum eloquentiae, quos habuit academia Helmstadiensis [...], 1733, 2, 10–14; S. B. DEDEKIND, Flores ad tabulas C. Schraderi chronologicas sparsi, 1770; F. KOLDEWEY, Gesch. der klass. Philol. auf der Univ. Helmstedt, 1895, 69–80 u. Reg.; Album Academiae Helmstadiensis (bearb. P. ZIMMERMANN), Bd. 1, 1926, 441 f., Nr. 44 (Vita); F. ROTH, Restlose Auswertungen von Leichenpredigten u. Personalschr. für genealog. u. kulturhist. Zwecke, Bd. 9, 1976, 157 f., Nr. 8275; K. H. SCHRADER, Zur Gesch. der Familie Schrader, von Schrader, auch Freiherren von Schrader aus Wahmbeck (in: Lauenburgische Heimat 106) 1983, 60–99; J.-L. LE CAM, Politique, contrôle et réalité scolaire en Allemagne au sortir de la guerre de Trente Ans, Tl. 1: La politique scolaire d'August le Jeune de Brunswick-Wolfenbüttel et l'inspecteur ~ 1635–1666/80, 2 Bde., 1996; J. Tütken, Höhere u. mittlere Schulen des Herzogtums Braunschweig-Wolfenbüttel, der Herrschaft Dannenberg u. der Grafschaft Blankenburg im Spiegel der Visitationsprotokolle des Generalschulinspektors ~ (1650–1666), 1997; S. Ahrens, Die Lehrkräfte der Univ. Helmstedt (1576–1810), 2004, 212 f.; Die Inschriften der Stadt Helmstedt bis 1800 (ges. u. bearb. I. Henze) 2005, 323 f., Nr. 269 (Grabinschrift v. C. S.), 344f., Nr. 293 (Grabinschrift v. S.s Frau Margarethe Stisser u. zweier Söhne); B. Steiner, Die Ordnung der Gesch. Historische Tabellenwerke in der Frühen Neuzeit, 2008, Reg.; J. Bruning, Innovation in Forsch. u. Lehre. Die Philos. Fak. der Univ. Helmstedt in der Frühaufklärung 1680–1740, 2012, Reg.; M. Bollmeyer, Lat. Welfenland. Eine lit.geschichtl. Kartographie zur lat. Gelegenheitsdg. im Herzogtum Braunschweig-Lüneburg im 16. u. 17. Jh., 2014, Reg.; J.-L. Le Cam, Vorlesungszettel u. akadem. Programme. Zur Rekonstruktion des akadem. Betriebs u. Lebens jenseits der Lektionskataloge: das Beispiel des Helmstedter Rhetorikprof. ~ (Professur 1635–1680) (in: Zw. Konflikt u. Kooperation. Praktiken der europ. Gelehrtenkultur (12.–17. Jh.), hg. J.-H. de Boer u. a.) 2016, 89–137; Rhetorik, Poetik u. Ästhetik im Bildungssystem des Alten Reiches. Wissenschaftshist. Erschließung ausgewählter Dissertationen von Universitäten u. Gymnasien 1500–1800 (hg. H. Marti, R. B. Sdzuj, R. Seidel), 2017, 142–149 u. Register. RBS

Schreck, Valentin, * 1527 Altenburg, beerdigt 22.9.1602 Danzig; Stud. in Königsberg (immatrik. am 14.4.1558: «Valentinus Schreck ab Altenburg, pauper»); dort am 3.10.1566 Disputation zum Erwerb des Magistergrades; 1567 Professor für Poesie in Königsberg; 1570 Rektor der Pfarrschule S. Marien in Danzig (Berufung 1569); spätestens 1586 zum Dichter gekrönt; S. war zwei Mal verheiratet, in erster Ehe 1567 mit Christina, der Witwe des Königsberger Hebraisten Johannes Sciurus (Eichhorn, † 1564), in zweiter am 24.8.1595 mit Dorothea, einer Tochter des Danziger Schulrektors Dionysius Sterenberg; S. ist nicht mit seinem gleichnamigen Sohn («Dantiscanus») zu verwechseln, der zus. mit seinem Bruder Friedrich am 27.7.1588 in Königsberg immatrikuliert wurde (u. a. VD17 125:020108E u. VD17 14:643983V nicht von S.). – Nlat. Dichter, Universitätsprof., Schulrektor.

Schriften: Triumphus Christi ascendentis in coelum, carmine conscriptus ad illustrissimum principem et dominum dominum Nicolaum Radzivilum Palatinum Vilnensem, etc. Authore Valentino Schreckio Aldenburgensi, Königsberg 1559; Epicedion in obitum piae nobilis ac honestae matronae Annae a Guntterrot, reverendi viri d. M. Iohannis Sciuri, Hebreae linguae professoris in academia Regiomontana, coniugis, quae objit 8. Februarij, anno 1560., [...], Königsberg o. J. [1560]; Epithalamium in nuptiis Ioannis Stegeri et castae virginis Potentiae, venerendi domini Petri Gross veteris oppidi Regiomontis diaconi filiae. Authore Valentino Schreckio Aldenburgensi. In nasutos indoctos. [...], o. O. 1560; ΓΕΝΕΘΛΙΑΚΟΝ de die natalicio filiae clarissimi viri d. Ioannis Hofmanni iuris doctoris, et academiae Regiomontanae rectoris. Scriptum a Valentino Schreckio Aldenburgense, o. O. 1560; D. Voit, V. S., Oratio de laudibus coniugii scripta in honorem nuptiarum clarissimi viri M. Petri Sickii academiae Regiomontanae professoris, et pudicissimae virginis Katharinae Westermeierin sponsae eius. A Davide Voito theologiae doctore. Epithalamium scriptum a Valentino Schreckio Aldenburgense, Königsberg 1560; Doctrina de angelorum natura et officio fere integra carmine compraehensa ac descripta, continens etiam παραίνεσυν ad Borußos de tuendis et conservandis excubijs angelorum adversus barbaricas incursiones Moscovitarum [...], o. O. [Königsberg] 1560; Epithalamion in nuptiis clarissimi viri M. Nicolai Neodomi Erphurdensis in academia Regiomontana mathematum publici professoris et honestissimae virginis Barbarae Ungermans sponsae. Authore Valentino Schreckio, Königsberg 1562; Psalmi vigesimi secundi, Deus deus meus quare me dereliquisti. Paraphrastica interpraetatio, ad passionem Christi accomodata. Scripta ad illustrissimum principem et dominum, dominum Albertum seniorem, ducem Borussiae. etc. Autore Valentino Schreckio, Königsberg 1562; De discrimine veteris et novae pentecostes. Elegia scripta ad illustrissimum principem et dominum dominum Nicolaum Radzivillum ducem in Olika et Nisvisz, Palatinum Vilnensem. Item hymnus de spiritu sancto ad eundem authore Valentino Schreckio, Königsberg 1562 (nach Estreicher [Bibliogr.]); Elegia res gestas nativitatis Christi, et praecipua eiusdem beneficia complectens. Scripta ad illustrissimum principem ac dominum dominum Albertum Fridenricum illustrissimi ac laudatissimi principis domini atque herois domini Alberti senioris, Marchionis Brandenburg: etc. primi Bor. du[cis]. christiani etc. maximae expectationis speique filium. Eidyllion de lapsu et restitutione generis humani. Scriptum ad nobilem et generosum virtute et eruditione praestantem virum dominum Iacobum a Sverin [...], Königsberg 1563; Carmen gratulatorium in felicem e castris anno 1563. reditum illustrissimi principis et domini dn. Alberti senioris, Marchionis Brandeburgensis, Prussiae, Stetinensium, Pomeraniae, Cassubiorum, ac Vandalorum ducis, burggravij Norinbergensis, Rugiaeque principis [...], Königsberg 1563; Pro felici incipientis anni auspicio elegia scripta a Valentino Schreckio. Adiecta est in natalia Christi elegia eiusdem, Königsberg 1565 (nach Estreicher [Bibliogr.]); Ad illustrissimum principem ac dominum, dominum Christophorum Marchionem Badensem etc. Regiomontem Prussiae ingredientem elegia Valentini Schreckii Kalend: Maij anno 1565, Königsberg o. J. [1565]; De origine poeticae carmen elegiacum. Autore Valentino Schreckio, Königsberg 1566; Epithalamion in honorem nuptiarum solennium illustris omnique laude digni principis et domini, d. Gothardi Churlandiae et Semegalliae ducis. Sereniss: R. M. Poloniae supra Livoniam constituti praefecti et gubernatoris: et illustrissimae principis ac dominae, d. Annae illustrissimi sapientissimique principis ac domini, d. Alberti inclytae recordationis, Megalopyrgensium ducis, principis Vandalorum, comitis Suuerinei, Rhostochiorum ac Stargardiorum domini filiae. Scriptum a Valentino Schreckio, Königsberg 1566; De gloriosa domini nostri Iesu Christi resurrectione et salutari eius usu. Carmen [...] 4. Calend. Aprilis. Anno 1567., o. O. 1567 (Einblattdr.); Carmen in festo pentecostes. De flumine vivo spiritus sancti effuso in corda credentium. [...], Königsberg 1567; Oda dicolos distrophos complectens votum pro felici Prussiae statu. Item. Tumulus nobiliss. foeminae Annae, dominae a Falckenhain etc. magnifici ac generosi domini d. Friderici etc. S. R. Imp.: dapiferi haereditarij etc. domini in Waltpurgk etc. viduae. Autore M. Valentino Schreckio. Tempore pestis [...], o. O. 1567; In feriis nataliciis Christi carmen p. p. in academia Regiomontis sub finem anni MDLXVIII. Authore M. Valentino Schreckio, Königsberg 1568 (nach Estreicher [Bibliogr.]); Elegia in obitum illustrissimorum principum Alberti senioris Marchionis Brandenburgensis etc. primi ducis Prußiae etc. qui obijt 13 Calend: Aprilis. hora 6. matutina. Et Annae Mariae ex laudatissima familia ducum Brunsvicensium natae etc. quae post horas 16. mortem coniugis secuta est. In maximo Prußiae luctu obiter scripta a M. Valentino Schreckio, Königsberg 1568; Parentalia. Illustrissimis pientissimisque principibus et dominis, domino Alberto seniori Marchioni Brandeburgensi etc. primo duci Prussiae etc. qui obijt in Tapijs 20 Martij anno 1568. Et Annae Mariae ex laudatissima ducum Brunsvicensium familia natae, uxori ipsius, quae mortem coniugis post 16 horas subsecuta est. In maximo Prussiae et omnium bonorum luctu ordinarie facta in academia Regijmontis. A M. Valentino Schreckio, Königsberg 1568; Elegia ad Ioannem Placotomum, clarissimi viri domini Ioannis Placotomi artis medicae doctoris optimae spei filium. Scripta a M. Valentino Schreckio Aldenburgense, Königsberg 1568; Charites seu carmen nuptiale in honorem Joh. Georgii, baronis ab Heidecken [...], Königsberg 1569 (nach Estreicher [Bibliogr.]); Parentalia anniversaria [...] principi [...] Alberto secundo facta [...], Königsberg 1569; Carmen in natali Christi dei opt. max. scriptum a Valentino Schreckio, Königsberg 1570 (Ex. 32: Verlust); Crater nuptialis in honorem conjugii Joan. Connerti Dantiscani et Elisabethae, Gr. Brucmanni Stetin. filiae carmine descr. [...], Königsberg 1570 (nach Estreicher [Bibliogr.]); Amicicia exulans. Carmen Valentini Schreckij Aldenburgensis, 1570; De celebratione paschatis elegia [...] publice proposita in academia Regiomontana, anno 1570, Königsberg 1570 (Einblattdr.); Parentalia anniversaria illustrissimis principibus, Alberto seniori Marchioni Brandenburgensi primo duci Prussiae, etc. et Annae Mariae ex laudatißima ducum Brunsvicensium familia natae, etc. coniugi ipsius tertio facta in academia Regijmontis 20. die Martij, anno M. D. LXX. authore M. Valentino Schreckio, Danzig o. J. (Widmungsged. dat.: 4. Non. Maij. Anno 1570); Respublica sive gratulatio in felicem e Polonia reditum, strennuis [!], ac spectabilibus viris, dominis Ioanni Proit, Georgio Clefeldo, iuris utriusque doctori, Constantino Ferber, proconsulibus, Alberto Gisio, consuli, regiae civitatis Gedanensis, dominis et patronis colendiß: dedicata a M. Valentino Schreckio, Danzig 1571; Proteus hoc est carmen nuptiale. In Honorem coniugii, ornatissimi viri, pietate et virtute praestantis domini Melchioris Schacmanni, et honestae virginis Clarae, honesti Georgij Schultesij civis Dantiscani relictae filiae. Scriptum a M. Valentino Schreckio, Danzig 1572; Votum scholae Marianae. Quod complectitur praecipuas horum temporum historias. Publice habitum sub initium anni 1573., Danzig o. J. [1573]; Carmen de nuptiis illustriss: principis d. d. Alberti Friderici Marchionis Brandeburg: etc. secundi Prußiae ducis. Et Mariae Leonorae, illustriß: principis Guilelmi, ducis Clivensis, Iuliacensis, Montensis, Marchiae comitis, et in Ravenspurgo etc. filiae, Prussiam ingredientis. Scriptum a M. Valentino Schreckio Aldenburgense, Danzig 1573 (mit einem hs. Widmungsged. S.s im Ex. der Biblioteka Narodowa, Warszawa, Sign.: SD XVI. Qu. 6445 adl.); In Gratiam Matthaei Waisselii Elegia. Artibus ut reliquis suus est favor, atque voluptas [...] (In: M. WAISSEL, Tabulatura continens insignes [...] cantiones, quatuor, quinque, et sex vocum, testudini aptatas [...]) 1573, A3ʳ; In funere suavissimae puellae Euphemiae, M. Valentini Schreckii primogenitae, moesti parentis et amicorum exequiae, Danzig 1573; Ad Sponsum Epigramma [...] (in: Carmina nuptialia. In honorem coniugii ornatissimi domini Georgii Coii Elbigensis, iuvenis [...] et [...] honestae Potentiae [...] Heinrici Nimsgarij [...] viduae [...] ab amicis) Danzig o. J. [1574]; Epithalamion in nuptiis generosi et spectabilis domini Adriani a Linden, et honestae virginis Cordulae, spectabilis et honorati domini Heinrici Schwartzwaldij, iudicij civilis in primaria Gedanensium civitate quondam scabini relictae filiae scriptum a M. Valentino Schreckio, Danzig 1575; Speculum bonae matrisfamilias. In honorem nuptialem ornatissimi iuvenis, pietate et morum integritate praestantis, Casparis Schachmanni, et pudicae virginis Hedwigis, spectabilis et honorati viri domini Georgij Roggij, in inclyta Gedanensium repub: fori iudiciarij scabini relictae filiae descriptum versibus M. Valentini Schreckii Aldenburgensis, Danzig 1575; V. S., L. FABRICIUS, Carmina nuptialia in honorem coniugii honesti et eruditi iuvenis Dionysii Sternbergij, scholae Marianae Dantisci collegae: et pudicae virginis Dorotheae honesti viri Gregorii Mechelburgii civis Dantiscanj filiae scripta a M. Valentino Schreckio et Laurentio Fabricio, Danzig 1576; Carmina in nuptiis reverendi et docti viri, domini Michaelis Coleti, et honestae virginis Catharinae, viri pietate et doctrina praestantis domini Francisci Burchardi etc. filiae scripta a M. Valentino Schreckio, Danzig 1576; Elegia sub initium anni 1577. ad excitandas pubis scholasticae preces in ludo Mariano Dantiscj scripta a M. Valentino Schreckio, o. O. o. J. [Danzig 1577]; Hexastichorum et hymnorum praecipuas lectionum evangelicarum in ecclesia usitatarum doctrinas et usum complectentium libri tres. Cum annotatis in fine duobus supra viginti carminum generibus. Autore M. Valentino Schreckio Aldenburgensi, Danzig 1578; Argumenta comoediarum quae Latine et Germanice a scholasticis ludi Mariani sunt exhibitae in hilarijs huius anni 1578. Scripta et edita a M. Valentino Schreckio. Inhalt der Comedien welche Lateinisch und Deudsch von der jugent auß der Pfarrschulen zu S. Marien sind agiret worden in Faßnacht dieses Jares 1578. Beschrieben und in Druck verfertiget durch M. Valentinum Schreckium, Danzig 1578; Epithalamion in nuptiis nobilitate generis eruditione et virtute praestantis domini Constantini iunioris, strenui, nobilis: et spectabilis domini Constantini Ferberi regiae civitatis Gedanensis praeconsulis filij: et honestae virginis Elisabethae, spectabilis Hermanni Hackii aedis sacrae ad d. virginem matrem Dantisci curatoris fideliβimi filiae. Scriptum a M. Valentino Schreckio, o. O. [Danzig] 1579; Epithalamium (in: Epithalamia in honorem sacri nuptialis docti [...] domini Christophori Preuß, cantoris et futuri ludimoderatoris ad divum Petrum et Paulum, et honestiβimae [...] sponsae eius Susannae, reverendi [...] d. M. Petri Weidneri ibidem quondam diaconi, piae memoriae, relictae viduae, scripta a diversis authoribus et amicis) Danzig 1580; Epithalamion in solenni nuptiarum celebratione honesti et eruditi iuvenis Ioannis Borchmanni, et pudicae virginis Catharinae Schutziae. Scriptum a M. Valentino Schreckio, Danzig 1581; Elegia nuptialis ornatissimi viro, pietate et eruditione praestanti domino Martino Wintero, liberalium artium magistro et professori in inclyta academia Regijmontis Prussiae [...] celebranti ritus nuptiarum cum [...] pudica virgine Barbara [...] Christophori Crameri civis Kneiphofiani piae memoriae relicta filia: scripta a M. Valentino Schreckio scholae Marianae Dantisci rectore, Danzig 1581; Charites sive gratiarum actio pro liberali instauratione aedificij scholae Marianae Dantisci, deo opt: max: et amplissimis, spectabilibus et honoratis, senatui, scabinis, et curatoribus templi Mariani: publice habita in eadem schola viij Idus Ianuarij sub initium annj M. D. LXXXII. a M. Valentino Schreckio, Danzig 1582; M. Valentini Schreckii Aldenburgensis Festorum carminum libri III., Danzig 1583; Istula sive gratulatio ad illustrem magnificum et generosum dominum Ioannem Samoisciüm de Zamoisczie: inclyti regni Poloniae capitaneum generalem et cancellarium etc. Scripta et edita a M. Valentino Schreckio scholae Marianae in regia civitate Gedanensi rectore, Danzig o. J. [1583]; M. Valentini Schreckij, Aldenburgensis, P. L. Periocharum et hymnorum evangelicorum libri tres. Cum annotatis in fine duobus supra viginti carminum generibus: nunc postremo recogniti et editi, Herborn 1586; Epicedium (in: A. SELTZLIN, Leichpredigt bey dem Begräbnis des achtbarn [...] Herren Iacob Schade, der Artzney Doctorn/ und der [...] Stadt Dantzig bestelleten [...] Medici Physici/ welcher den 7 Junij [...] entschlaffen/ und [...] in der grossen Pfarrkirche [...] bestattet/ im jar 88: [...]) 1588; Epithalamium (in: In nuptiis [...] iuvenis, eruditione et virtute conspicui, Balthasaris Andreae, et [...] Barbarae Salomonis Giesseri, civis et bibliopolae Dantiscani relictae viduae. Carmina quaedam ab amicis scripta) Danzig 1589; Epicedion cum epitaphio memoriae ornatiss: viri M. Laurentii Panteni professoris nuper in illustri academia Regijmontis Prussiae lectissimi. Ad magnificum dn: rectorem M. Martinum Winterum et spectabilem dn. decanum M. Andream Iriden, viros clariss: eruditione, virtute et dignitate praestantes, in eadem academia professores ordinarios etc. dominos et amicos plurimum colendos et charissimos scriptum a M. Valentino Schreckio P. L., Danzig 1589; Erato sive elegidion ad generosum et praestantem eruditione et virtute clarissimum d. Gerhardum ampliß: et spectabilis d. Iohannis Brandes senioris, primariae civitatis Dantisci praecos: pie defuncti filium pro felici nuptiarum auspicio cum honesta virgine Catharina [...] d. Ioannis Cremeri senatoris eiusdem reipub. relicta filia. Scriptum a M. Valentino Schreckio scholae Marianas ibidem rectore, Danzig 1589; In Elenchum Professorum Academiae Marpurgensis Schediasma M. Valentini Schreckii, Poetae Laureati, et Scholae Marianae apud Gedanenses in Prussio Rectoris. Quae tibi potest tribui, praeclare Nigidi [...] (Lobged.) (in: P. NIGIDIUS, Elenchus professorum academiae Marpurgensis vita defunctorum, qui a prima ejus fundatione, nimirum ab anno Christi M. D. XXVII. usque ad annum M. D. LXXXIII. ibidem [...] docuerunt: [...] Cui nomina reliquorum omnium, qui adhuc vivunt [...] adjecta sunt. [...]) 1591, 7 f.; ΠΡΟΤΡΕΠΤΙΚΟΝ. Nobilitate generis et indole virtutum conspicuo adolescenti Iohanni ampliß: dn. Iohannis Lindani, civitatis Gedan: praecos: etc. magnae expectationis filio e patria discedenti VII. Kalend: Augusti. Anno M. D. XCII., o. O. o. J. [Danzig 1592]; Leges officia docentium ac discentium in schola Mariana Dantisci complectentes. Statuta und Satzung vom Ampt der Lehrer unnd Schüler in der Dantzker Pfarrschulen zu Sanct Marien. ΣΧΙΑΓΡΑΦΙΑ sive typus classium et exercitiorum puerilium, ibidem. Kurtzer Bericht von den Claßibus doselbst. Sententiae quaedam eruditorum, de institutione puerili et officio scholastico. Cum alijs quibusdam necessarijs commonefactionibus, quarum ordinem versa pagella indicabit (Widmungsvorr. V. S.), Danzig 1592; Honorarium musarum M. Valentini Schreckij P. L. in festivitate nuptiarum honesti ac literati iuvenis Simonis Berlini et lectissimae virginis Barbarae. Magnifici et ampliss. dn. Iacobi Schellii p. m. regiae civitatis Gedan: senatoris et burggravij opt: meriti relictae filiae, Danzig 1593; Pro felici ingredientis anni cIↃ. IↃ. IIC. auspicio votum pro animo conceptum, et pub: propositum in schola Mariana cum paraphrasi christiana carminis secularis Q. Horatij Flacci. Et alijs pijs carminibus. Ein deutsch Gebetlein umb ein glückliches Newes Jahr, Danzig o. J. [1598] (nach WIERZBOWSKI [Bibliogr.]); Ad Auctorem Epigramma M. Valentini Schreckii. Magna fuit magni semper Ciceronis in orbe [...] (in: CICERO, M. T. Ciceronis Libri tres de officiis [...], hg. J. MARTINI) 1599 (²1610; 1658); Biblische Sprüche deutsch und lateinisch, auff die Sontage und Fest Evangelia [...]. Aphorismi biblici Germanice et Latine, dominicalibus et festorum evangeliis accomodati, durch M. Valentinum Schreckium Aldenburgensem, Danzig ⁴1600; [Gebet in Sterbensläuften für die Jugend der Pfarrkirche, Danzig 1601] (vgl. SCHMIDT [Lit.] 1927, 36; nicht ermittelt); Praecatio ad deum opt: max: pro felici regiae gubernationis successore, in solenni ordinum regni Polonici conventu eligendo [...], o. O. o. J. (Einblattdr.; Ex. 32: Verlust).

Bearbeitungen: Locutiones quaedam Germanici et Latini sermonis, expositae aliquando a Ioachimo Camerario in domestica disciplina. Nunc retextae et ad usum puerorum in schola Mariana accommodatae. Quibus accessit sylvula quaedam appellationum, partium, instrumentorum, et locutionum rei nauticae et nauticarum mercium, recens collecta et edita a M. Valentino Schreckio, Danzig 1580; Colloquiorum et rebus et verbis puerilium libelli duo. Prior ex Jo. Joviani Pontani Quinquennio, et Martini Lutheri Epistola quadam puerili, a Nathane Chytraeo. Posterior ex Joach. Camerarij quotidiani sermonus [!] formulis, a Valentino Schreckio concinnatus. In usum eorum, qui pueruloos primum garrire incipientes iam tum Latinae linguae principijs imbuendos censent, 1588 (erw. u. d. T.: Colloquiorum et rebus et verbis puerilium libelli tres [...], 1590).

Ausgaben: M. Valentini Schreckii Aldenburburgensis [!], P. L. Periocharum evangelicarum libellus: ex postrema ipsius autoris recognitione distractis jam superiorum editionum exemplaribus, seorsim editus, Elbing 1609 [nach Chronogramm]; Carmen gratulatorium in felicem e castris anno 1563. reditum illustrissimi principis et domini dn. Alberti senioris [...], (1563) (in: In honorem divorum principum Borussiae Brandenburgensium pars I. academicorum scriptorum, hg. S. Fuchs) Königsberg 1628, 04^r–q2^r; Biblische Sprüche, auff die ordentliche Sontage und Fest Evangelia gerichtet, deutsch und lateinisch. Aphorismi biblici, dominicalibus et festorum evangeliis accomodati, Germanice et Latine durch M. Valentinum Schreckium Aldenburgensem, Danzig 1667.

Nachlaß: Einladungen an den Rat der Stadt Danzig zu Aufführungen von Schuldramen: Archiwum Państwowe, Gdańsk, 300 Abt. 42, Nr. 193 (vgl. Stekelenburg [Lit.] 1987, 148).

Bibliographien: VD 16 (noch sehr unvollst.); VD 17. – Goedeke 2 (^{2}1886) 106. – T. Wierzbowski, Bibliographia Polonica XV ac XVI ss., Bd. 2, Warszawa 1891, Reg.; Bd. 3, Warszawa 1894, Reg.; K. Estreicher, Bibliografia Polska. Polnische Bibliographie, Bd. 27, Kraków 1929, 261–265; F. Claes, Bibliogr. Verz. der dt. Vokabulare u. Wörterbücher, gedruckt bis 1600, 1977, 164, Nr. 628; Polnische Drucke u. Polonica 1501–1700. Kat. der Herzog-August-Bibl. Wolfenbüttel (bearb. M. Gołuszka, M. Malicki) Bd. 1, Tl. 1 u. 2, 1992, Reg; Hdb. des personalen Gelegenheitsschrifttums in europ. Bibliotheken u. Archiven, Bd. 3–6: Thorn (hg. S. Anders u. a.) 2002, Reg.; Bd. 16: Königsberg (hg. S. Beckmann u. a.) 2005, Reg.; Bd. 21–22: Elbing (hg. F. Freise) 2008, Reg.; Bd. 23–26: Danzig (hg. S. Anders u. a.) 2009, Register.

Literatur: Zedler 35 (1743) 1111; Jöcher 4 (1751) 348; ADB 32 (1891) 466 (R. Hoche); Polski słownik biograficzny, Kraków u. a., Bd. 35, 1994; Altpreuß. Biogr., Bd. 2, Lfg. 5, 1963, 634 (A. Poschmann); Flood, Poets laureate, Bd. 4, 2006, 1893 f.

(unzulänglich). – L. Fabricius, B. Lembrock, Ecloga in nuptias ornatissimi viri domini M. Valentini Schreckii poeseos professoris in academia Regii Montis, et pudicae matronae Christinae doctißimi viri domini M. Iohannis Sciuri piae memoriae viduae, scripta a Laurentio Fabricio R. Votum nuptiale in nuptiis iisdem, autore Balthasare Lembrock Livonio. Königsberg 1567; ΓΑΜΗΛΙΟΝ in nuptiis doctissimi et ornatissimi M. Valentini Schreckii poeseos professoris in academia Regiimontis [...] et [...] matronae Christinae [...] M. Iohannis Sciuri [...] viduae [...], Königsberg 1567; H. Bryoniger, Gratulatio doctissimo et ornatissimo domino magistro Valentino Schreckio Aldenburgensi professori poetices in academia Regiomontana nuptias celebranti cum honestißima matrona Christina vidua M. Iohannis Sciuri [...] facta [...], o. O. o. J. (griech. Epithalamium; Einblattdr.); Oda in nuptias M. Valentini Schreckii poetae, scripta A. M. S. R., o. O. o. J.; J. Peinius, Carmen in honorem doctissimi clarissimique viri, dn. M. Valentini Schreckii, scholae Marianae liberaliter nunc restaurata Dantisci, rectoris fidelißimi, praeceptoris sui plurimum colendi, gratitudinis erga scriptum a [...] discipulo, 1582 (Vorr. dat.: Rostock, X. Cal. April. 1582); D. Weite, Problema nuptiale viro clarissimo M. Valentino Schreckio P. L. sponso, cum adiungeret sibi uxorem lectissimam virginem Dorotheam integerrimi viri dn: Dionisii Sterenbergii, scholae Catharinianae apud Gedanenses ludimoderatoris filiam. IX. Calend. VIIbris. Cum dos ingenii, cum mens divinior, atque os [...], Danzig 1595 (Einblattdr.); Carmina honori nuptiali ornatissimi virtute et doctrina praestantis domini M. Valentini Schreckii rectoris scholae Marianae apud Gedanenses et poetae l. secundas nuptias celebrantis cum lectissima virgine Dorothea Sternbergia. Scripta ab amicis [...] die nuptiarum 24. Augusti, Danzig 1595; E. Praetorius, Athenae Gedanenses [...], 1713, 173 f.; D. H. Arnoldt, Ausführliche, u. mit Urkunden versehene Historie der Königsbergischen Univ., Tl. 2, Königsberg 1746, 400; G. C. Pisanski, Entwurf der preuß. Litterärgesch. [...] (Vorr., hg. L. E. Borowski), Königsberg 1791, 306, 311, 368; E. Schnaase, Die Schule in Danzig u. ihr Verhältniß zur Kirche. Ein Beitr. zur Gesch. der Schule, Danzig 1859, 17–31, 53 (mit ausführl. Wiedergabe der ›Leges officia docentium ac discentium in schola Mariana‹ von 1592); J. Bolte, Das Danziger Theater im 16. u. 17. Jh., 1895, Reg.; A. Schmidt, Das Volksbuch vom Ewigen Juden. Ein Beitr. zur Entstehungsgesch. des Buches, Danzig 1927, 26, 36, 38–40; G. ELLINGER, Gesch. der nlat. Lit. Deutschlands im sechzehnten Jh., Bd. 2, 1929, 165–169; P. HESSMANN, Valentin Schreckius' Rostocker Schulbüchlein (1588) (in: Jb. des Vereins für nd. Sprachforsch. [Nd. Jb.] 92) 1969, 69–80; D. A. VAN STEKELENBURG, Michael Albinus ‹Dantiscanus› (1610–1653). Eine Fallstudie zum Danziger Lit.barock, Amsterdam 1987, Reg.; P. O. MÜLLER, Dt. Lexikographie des 16. Jh. Konzeptionen u. Funktionen frühneuzeitl. Wörterbücher, 2001, 479 f. u. Reg.; R. GSTACH, ‹Die Liebes Verzweifflung› des Laurentius von Schnüffis. Eine bisher unbekannte Tragikomödie der frühen Wanderbühne. Mit einem Verz. der erhaltenen Spieltexte, 2017, 490; I. BOGUMIŁ, Pomysły nowołacińskich poetów na genethliacon, czyli o tym, jak Walenty Schreck i Melchior Laubanus witali na świecie dziecko (in: O poetach i poezji od antyku po współczesność. Studia i szkice dedykowane pani profesor Zofii Głombiowskiej, hg. DIES., J. POKRZYWNICKI) Gdańsk 2019, 126–139.

RBS

Schreiber, Constantin, * 14.6.1979 Cuxhaven; Sohn des Oberstadtdirektors Arno S. (* 1938), Abitur in Wilhelmshaven, Praktikum in Port Said, ab 1998 Jura-Stud. in Passau u. Oxford, 2002 1. Staatsexamen, dann Controller bei einer dt. Landesbank-Niederlassung in London, ab 2004 Volontär bei der Dt. Welle, ab 2006 Reporter des «Daily Star Lebanon» in Beirut, ab 2007 Korrespondent der Dt. Welle in Dubai, 2009–11 Medienreferent im Auswärtigen Amt (Berlin), dann Moderator bei ONTV in Ägypten, ab 2012 TV-Moderator u. Chef vom Dienst bei n-tv, 2015/16 Berlin-Korrespondent für n-tv u. RTL, ab 2017 für die ARD tätig, u. a. als Moderator der «Tagesschau», gründete 2019 die «Dt. Toleranzstiftung»; lebt in Hamburg; verfaßte u. a. Sachbücher u. Rom.; beschäftigte sich häufig mit dem Nahen Osten sowie dem Islam u. dessen Präsenz in Dtl.; Hg. von Texten anderer Autoren über den Nahen Osten; Veröff. u. a. in «Frankfurter Allg. Zeitung». – Grimme-Preis (2016). – Journalist, Autor, Herausgeber.

Schriften: Ausverkauf Deutschland. Wie ausländische Investoren unser Land übernehmen (Sachb.) 2010; Marhaba, Flüchtling! Im Dialog mit arabischen Flüchtlingen (Sachb.) 2016 (dt. u. arab.); Inside Islam. Was in Deutschlands Moscheen gepredigt wird (Sachb., Mitarb. H. JARJANAZI) 2017; Kinder des Koran. Was muslimische Schüler lernen (Sachb.) 2019; Die Kandidatin (Rom.) 2021.

Herausgaben: R. Badawi, 1000 Peitschenhiebe weil ich sage, was ich denke, 2015; B. al-Maktari, Was hast Du hinter Dir gelassen? Stimmen aus dem vergessenen Krieg im Jemen, 2020.

Literatur: K. HUHN, Herr Schreiber, sind Sie ein Islam-Hasser? (in: IDEA-Spektrum. Nachr. u. Meinungen aus der evang. Welt 19) 2019, 16–18.

MM

Schreiber, Zora → Coelen, Ina.

Schröder, Alena (Ps. Benni-Mama), * 16.1.1979; studierte Gesch., Politologie u. Lateinamerikanistik in Berlin u. San Diego, zudem Journalismus an der Henri-Nannen-Schule in Hamburg, Red. bei «Brigitte» (Hamburg), zuletzt freie Schriftst. u. Journalistin, u. a. für die «ZEIT» (Hamburg), «taz» (Berlin) u. «SZ-Magazin» (München), lebt in Berlin; verfaßte u. a. Sachbücher u. humorist. Texte. – Journalistin, Schriftstellerin.

Schriften: Die Vollstrecker. Rausschmeißen, überwachen, manipulieren. Wer für Unternehmen die Probleme löst (mit C. ESSER) 2011; Große Ärsche auf kleinen Stühlen. Eine Kindergartenmutter packt aus!, 2013; Kleine Scheißer in großen Gärten. Eine Vorstadtmutter schlägt sich durch, 2015; Große Ärsche im Klassenzimmer. Eine Grundschulmutter schlägt zurück, 2016; Herzenssache. Organspende: Wenn der Tod Leben rettet (mit N. BLEUEL, C. ESSER) 2017; Junge Frau, am Fenster stehend, Abendlicht, blaues Kleid (Rom.) 2021.

Herausgaben: Wir sind bedient. 26 Frauen über harte Jobs und irre Kunden, 2010.

MM

Schuberth, Richard (Alexander), * 12.3.1968 Ybbs/Donau; wuchs in Emmersdorf/Donau auf, besuchte das Stiftsgymnasiums Melk, studierte in Wien Ethnologie, war 1990–92 als Kabarettist tätig, verfaßt seit 1995 Art., Ess., wiss. Texte, Rezensionen, Ged., Aphorismen, Radiokolumnen, Prosa, Drehb. u. Dramen, trat auch als Schauspieler auf, schrieb für die Musikerin Jelena Popržan Songs, war als Musikjournalist, Autor von Promotiontexten für Musiker der öst. World-Music- u. Jazzszene, Gestalter von Radiofeatures u. DJ tätig, gründete 2004 das Musikfestival «Balkan Fever», war bis zu dessen Einstellung 2012 dessen künstler. Leiter; lebt in Wien. – Erster Preis des Kurzgeschichtenwettbewerbs des Forums Land Niederöst. (2003), Hauptpreis der Diagonale im Rahmen des Carl-Mayer-Drehb.wettbewerbs für das Filmtreatment «Nicht einmal auf dem Mond» (2003), Förderpreis der Kunstsektion des Bundeskanzleramtes für das Filmtreatment «Die wundersamen Abenteuer des Kemal Kürtler» (2003), Hauptpreis der Diagonale im Rahmen des Carl-Mayer-Drehb.wettbewerbs für das Filmtreatment «Handygeschichten» (2004), Förderpreis des Theodor-Körner-Fonds für (2005), Dramatikerstipendium des öst. Bundeskanzleramtes (2005), Hans-Weigel-Stipendium des Landes Niederöst. (2008), Hauptpreis der Diagonale im Rahmen des Carl-Mayer-Drehb.wettbewerbs (2009), Werkstipendium aus dem Jubiläumsfonds der Literar-Mechana (2011), Öst. Staatsstipendium für Lit. (2012), Niederöst. Kulturpreis – Anerkennungspreis in der Kategorie Lit. (2017), Theodor-Kramer-Preis (2021). – Schriftsteller.

Schriften: CrossRoots. Lexikon der irischen, schottischen, englischen und bretonischen World, Folk und traditionellen Musik, 2002; Freitag in Sarajevo (Drama) 2003; Wartet nur, bis Captain Flint kommt (Drama) 2007; 30 Anstiftungen zum Wiederentdecken von Karl Kraus (Ess.) 2008; Wie Branka sich nach oben putzte (Drama) 2012; Trommeln vom anderen Ufer des großen Flusses (Drama) 2013; Rost und Säure. Essays, Polemiken, Reden und Satiren. 1994–2014, 3 Bde., 2013; Das neue Wörterbuch des Teufels. Ein aphoristisches Lexikon mit zwei Essays zu Ambrose Bierce und Karl Kraus sowie aphoristischen Reflexionen zum Aphorismus selbst, 2014; Frontex – Keiner kommt hier lebend rein (Drama) 2014; Chronik einer fröhlichen Verschwörung (Rom.) 2015; Bevor die Völker wussten, dass sie welche sind. Ethnizität, Nation, Kultur. Eine (antiessenzialistische) Einführung, 2015 (zugl. Dimplomarbeit); Karl Kraus – 30 und drei Anstiftungen (Ess., Nachw. Th. Rothschild) 2016; Unruhe vor dem Sturm. Essays, Predigten, Polemiken, Satiren 2013–2017, 2 Bde., 2017; Narzissmus und Konformität. Selbstliebe als Illusion und Befreiung (Ess.) 2018; Bus nach Bingöl (Rom.) 2020. BJ

Schüler, (Johanne) Henriette (Rosine) (ist in der neueren einschlägigen Fachlit. unter dem Namen H. Hendel-Schütz bekannt: ein Kompositum aus den Nachnamen ihres dritten u. vierten Ehemannes; ihr Geburtsname lautet «Schüler»), * 13.2.1772 Döbeln/Sachsen, † 4.3.1849 Köslin/Pomm. (poln. Koszalin); zweite Tochter des Schauspielerehepaars Carl Julius Christian (1746–1820) u. Johanna Christine S. (1753–nach 1820, geb. Schindel); S.s einziger Bruder Carl Philipp Augustin (1775–1809) wählte wie seine Eltern u. seine Schwester auch das Schauspiel zum Beruf; S. lebte mit ihren Eltern seit 1775 in Gotha u. erhielt dort Unterricht in Tanz bei Charles Hubert Mereau (1727–1797) u. Musik bei Georg Benda (1722–1795), 1779 debütierte sie mit einer Kinderrolle am Hoftheater Gotha (nachdem sie bereits seit ihrem zweiten Lebensjahr zumindest auf der Bühne zu sehen war), 1779–81 Aufenthalt in Breslau, 1781–85 Aufenthalt in Berlin: dort Besuch einer frz. Schule, Schauspielunterricht bei dem späteren Direktor des Berliner Nationaltheaters Johann Jakob → Engel (1741–1802) u. mehrere Auftritte in Kinderrollen beim Ballett sowie ein Gastauftritt in Hamburg, 1785–88 Aufenthalt in Schwedt/Oder, auch dort spielte sie mehrfach am Hoftheater u. zum ersten Mal trat sie auch als Soubrette in einer Oper auf, 1788 Hochzeit in Schwedt mit dem Sänger u. Schauspieler Friedrich Eunike (1764–1844): aus der Ehe gingen drei Kinder hervor (Friedrich, Philippine u. Karl), S. nahm ab 1789 mit ihrem Mann unterschiedl. Engagements an, so in Mainz, Bonn, Amsterdam u. Frankfurt/M., in Frankfurt wurde sie auf Emma Hamiltons (1765–1815) Attitüden aufmerksam, die sie in der Folge zu studieren begann u. weiterentwickelte; 1796 von August Wilhelm → Iffland (1759–1814) an das Berliner Nationaltheater berufen, 1797 Scheidung von Eunike, 1802 Hochzeit in Berlin mit dem Arzt Johann Karl Heinrich Meyer: aus der Ehe gingen zwei Söhne hervor (Heinrich u. Emil); Johann Gottfried → Schadow (1764–1850) schuf ca. 1802 eine Büste der Schauspielerin als Galatea im Pygmalion im Augenblick des Erwachens; 1805 Scheidung von Meyer, 1806 Hochzeit in Stettin mit dem Stadtarzt Dr. Hendel († 1806) u. damit verbunden der temporäre Rückzug vom Schauspiel, aus der Ehe ging ein Kind hervor; nach dem baldigen Tod des dritten Ehemanns (die Ehe währte sieben Monate) ging S. über Berlin nach Halle/Saale, um sich dort mit Antikestudien u. Malerei zu beschäftigen, 1807–10 Gastspielreisen nach Bamberg, Nürnberg, Würzburg, Regensburg, Augsburg, München, Hildburghausen, Mannheim, Frankfurt/M., Wien, Karlsruhe, Darmstadt, Gotha, Weimar, Hamburg u. Mecklenb., 1811 Hochzeit in Halle mit ihrem zeitweiligen Lehrer u. Philos.prof. Karl Julius → Schütz

(1779–1844), aus der Ehe gingen zwei Kinder hervor (Sappho u. Axel); S. leitete 1811 mit ihrem Mann vorübergehend das Theater in Halle u. gab Gastauftritte in Gotha u. Berlin (Schadow fertigte in dieser Zeit mehrere Zeichn. von S. an), 1811 vorübergehend Direktorin des Theaters in Königsberg/Pr., 1812/13 Gastspielreise u. a. nach Riga, Petersburg, Stockholm u. Kopenhagen, 1813 Aufenthalt in Halle u. Auftritte in Leipzig, anschließend Reise ins Rheinland (in Köln starb ihre Stieftochter Thekla Schütz), 1814/15 Engagement am Theater Breslau, S.s Ehemann stellte dort die «Blumenlese aus dem Stammbuche der ... Frauen Henriette Hendel-Schütz ...» (1815) zus., 1815–17 Auftritte u. a. in Halle, Dresden, Ballenstedt, Lübeck, Erfurt, Frankfurt/M., Trier, Holland u. Paris; S. lebte von 1818 bis ca. 1827 wieder in Halle, seitdem schrittweiser Rückzug vom Bühnenleben (letzte Auftritte 1836 in Stargard u. Köslin), 1824 Trennung von Schütz (1830 gerichtl. Bestätigung der Scheidung), zog nach 1827 zu ihrer Tochter Philippine nach Stargard u. zuletzt nach Köslin zu ihrer Tochter Sappho, unterrichtete dort Deklamation für junge Mädchen. S. wurde als wichtigste dt. Schauspielerin in der pantomim. Kunst gefeiert: ihre Arrangements (Kostüme, Bühnenbilder, Beleuchtung etc.) konzipierte sie selbst; ihre Vorbilder suchte sie in Antike u. Mythologie. Über pantomim. Darst. verfaßte sie zwei Beitr.; sie war ebenfalls Verf. eines Kinder- u. Jugendbuchs, von Charaden u. Gedichten. – Schauspielerin, Schriftstellerin.

Schriften: Über die Steiermark (in Phöbus. Ein Journal für die Kunst) 1808, 4 (nach SCHINDLER 1825); J. H. S. Hendel-Schütz, geb. Schüler, Über die mimischen Darstellungen und Declamationen derselben zu Leipzig. Nebst einem Gedicht: Die neue Pythia, 1810; Lydiens Kindheit, 1818 (nur 1 Ex. bekannt: HAAB Weimar, Aa 7 : 269); An Müllner, nach Lesung der Albaneserin (Sonett) (in: Morgenbl. auf das Jahr 1820) Nr. 77; ebd. an dens., Nr. 102 (nach SCHINDLER 1825); Rätsel (in: Zs. für die elegante Welt auf das Jahr 1822) Nr. 6 (nach SCHINDLER 1825); Beitrag über die Art der Darstellung der Antigone bei den Griechen und die Möglichkeit ihrer Darstellung in der modernen Zeit, 1842 (bei KÜRSCHNER 1880 erwähnt).
Ausgaben: Pantomimische Stellungen Von Henriette Hendel. Nach Der Natur Gezeichnet Und In 26 Blättern Herausgegeben Von J. N. Peroux, In Kupfer Gestochen Durch H. Ritter. Nebst Einer Historischen Erläuterung Von Dem Herrn Geheimen Legationsrathe [N.] Vogt, 1809 (ein in der HAAB Weimar, Ku 2° III S – 685, befindliches Ex. befand sich im Besitz Goethes, der im Buch selbst Notizen zu S. vermerkte); Blumenlese aus dem Stammbuche der deutschen mimischen Künstlerin, Frauen Henriette Hendel-Schütz geborenen Schüler (hg. F. C. J. SCHÜTZE) 1815 (online: UB Erlangen-Nürnberg); Erinnerungen an Henriette Hendel-Schütz. Nach ihren hinterlassenen Aufzeichnungen und Mittheilungen von Zeitgenossen herausgegeben, 1870 (online: Google Books).
Briefe: S.s Korrespondenz ist verstreut überliefert in: UB Basel (3 Briefe); FU Berlin, Inst. für Theaterwiss. (2 Briefe); SB Berlin (1 Brief); ULB Bonn (4 Briefe); Coburg, Kunstsammlungen der Veste Coburg (4 Briefe); SLUB Dresden (80 Briefe u. 3 Ged. von K. Grübel, J. von Kyrning u. A. von Kotzebue für H.); SUB Hamburg (1 Brief); ThULB Jena (1 Brief); Univ. Köln, Theaterwiss. Slg. des Inst. für Medienkultur u. Theater (3 Briefe); UB Leipzig (6 Briefe); DLA Marbach (1 Brief); ULB Münster (1 Brief); GNM Nürnberg, Hist. Arch. (4 Briefe). – 1 Brief von Johann Peter Hebel (1760–1849) an S. vom 8.11.1809 online zugänglich über den Kat. der BLB Karlsruhe. Siehe auch: F. SCHLAWE, Die Briefsammlungen des 19. Jh., Bd. 1/2, 1969, 1056.
Nachlaß: Siehe auch die Nachweise zum Briefwechsel. – UB Leipzig, Nachlaß Henriette Hendel-Schütz; UB Leipzig, Autographenslg. Kestner (die Beschreibung eines Abends mit S., Beschreibung von Theaterstilen in unterschiedl. Kulturen, biogr. Notizen, zwei Progr. von S.s Aufführungen); FB Gotha, Autographa Gothana. Paul von Ebart, Chart. A 1911, Bl. 34^r–35^v (ein undatiertes «Gothaer Scherzgedicht» von S.).
Bibliographien: H. GROSS, Deutschlands Dichterinnen u. Schriftst.innen. Eine lit. Skizze, ²1882, 56; E. OELSNER, Die Leistungen der dt. Frau in den letzten vierhundert Jahren. Auf wiss. Gebiete, 1894, 215; C. W. O. A. VON SCHINDEL, Die dt. Schriftst.innen des neunzehnten Jh., Bd. 2, 1825, 297–305; Bd. 3, 237; E. FRIEDRICHS, Die dt.sprachigen Schriftst.innen des 18. u. 19. Jh. Ein Lex., 1981, 281.
Literatur: J. KÜRSCHNER, Art. H.-S., J. H. R. (in: ADB 11) 1880, 734–736; G. HANSEN, Art. H.-S., H. (in: NDB 8) 1969, 520 f.; Theater-Lex. 3 (1992) 2111 (Schütz). – C. F. B. AUGUSTIN, Madame Henriette Hendel (in: Gemeinnützige Unterhaltungen.

Eine Ws. zum Besten der Armen, hg. Lit. Gesellsch. zu Halberstadt 1) 1810, 12. H. vom 24.3., 180–192; DERS., Noch Etwas über die mim. Darst. der Madame Henriette Hendel (in: ebd. 1) 1810, 25. H. vom 23.6., 385–398; J. D. F. KRIEGER, Begrüßung der Frau Doctorin Hendel. Halberstadt, den 11. März 1810 (in: ebd. 1) 1810, 25. H. vom 23.6., 399 f.; anon., Über pantomim. Vorstellungen […] mit bes. Rücksicht auf Madame H. H.-S. (in: Thalia. Tb. für das Jahr 1812) Nr. 17–20; anon., H. H.-S. Geschest. Benevens eenige Bijzonderheden het Leven van deze beroemde Kunstenares betreffende. Uit het hoogduitsch vertaald, 1816 (Übers. von Ber. aus dt. Journalen ins Niederländ.; online: Google Books); Biogr. des dt. Schauspielers Schüler, Vaters der Hendel-Schütz, 1820; A. LEWALD, Pythia-H. (in: Allg. Theater-Rev. 2) 1836, 312–316; Nekrolog auf H. H.-S. (in: Almanach für Freunde der Schauspielkunst 14) 1850, 60–63; E. A. HAGEN, Gesch. des Theaters in Pr., vornämlich der Bühnen in Königsberg u. Danzig. Von ihren ersten Anfängen bis zu den Gastspielen J. Fischer's u. L. Devrient's, 1854 (Nachdr. 1976) 780–789; E. ZERNIN, Erinn. an H. H.-S. Nach ihren hinterlassenen Aufz. u. Mitt. von Zeitgenossen, 1870; Denkwürdigkeiten des Schauspielers, Schauspieldichters u. Schauspieldirektors Friedrich Ludwig Schmidt (1772–1841). Nach hinterlassenen Entwürfen zus.gest. u. hg. von H. UHDE, Bd. 1, 1875 (²1878) 310–313; L. EISENBERG, Großes biogr. Lex. der Dt. Bühne im XIX. Jh., 1903, 415 f.; R. JONAS, H. H.-S. Eine einstmalige berühmte Köslinerin. Vortrag, gehalten im wiss. Ver. zu Köslin am 3. Dezember 1907, 1908; E. NEUSS, Frauengestalten der hall. Gesch.: die Hendel-Schütz (in: Hall. Nachr.) Nr. 10 vom 13.1.1936, 4; H. ZEECK, H. H.-S. – geb. 13. Februar 1772 zu Döbeln (Sachsen), gest. 4. März 1849 zu Köslin (Ostpom.). Eine Lebensskizze, 1939; K. G. HOLMSTRÖM, Monodrama, Attitudes, Tableaux Vivants. Studies on some Trends of theatrical Fashion 1770–1815, 1967; E. ZÜST, Johann Peter Hebel, Matthias Claudius u. die Schauspielerin H. H.-S. (in: Appenzeller Kalender auf das Jahr 1987, 266. Jg.) o. Seitenzählung; M. SCHWARTZE, «Bewundert viel u. viel gescholten». Ein Beitr. aus Münsters Theatergesch. zur gesellschaftl. Situation der Schauspielerin (in: Frauenleben in Münster. Ein hist. Lesebuch, hg. Arbeitskr. Frauengesch.) 1991, 278–299; H. F. WEISS, Heinrich von Kleists «Penthesilea» als Pantomime der H. H.-S. in den Jahren 1811 u. 1814 (in: WirkWort 44) 1994, 207–220; G. VON WILPERT, Goethe-Lex., 1998; H. KIESER, H. H.-S. – 4. März 1849 – 150. Todestag. ★ 13. Februar 1772 in Döbeln/Sachsen, † 4. März 1849 in Köslin/Pomm. (in: Mitteldt. Jb. für Kultur u. Gesch. 6) 1999, 193 f.; B. JOOSS, Charaktere statt Handlung. Gerhard von Kügelgens Affinität zu theatralen Aufführungspraktiken (in: Gerhard von Kügelgen [1772–1820]. Malerfreund u. Kunstgefährte von Caspar David Friedrich in Dresden, hg. B. SALMEN) 2002, 41–50; N. BOYLE, The Composition of ‹Die Wahlverwandtschaften› (in: PEGS 84) 2015, H. 2, 93–137; G. BERSIER, «Hamiltonian-Hendelian». Mimoplastics and Tableau of the Underworld. The Visual Aesthetics of Goethe's 1815 Proserpina Production (in: Goethe Yearbook. Publ. of the Goethe Society of North America 23) 2016, 171–194; Carl-Maria-von-Weber-Gesamtausg. Digitale Edition (Version 4.3.0 vom 1.2.2021).

MMü

Schütter, Henrietta Friederica (von) (geb. Stockmann), ★ 4.9.1701 Gera, † 1787 vermutlich in Edersleben bei Sangerhausen; Tochter des Geraer Hofbeamten Gottfried Stockmann (1664–1716) u. der Margaretha Elisabeth → Stockmann, geb. Kuntsch (1672–1735); über S.s Erziehung ist nichts bekannt, allerdings kam sie sowohl mütterlicherseits als auch väterlicherseits aus Familien, die ihren Töchtern eine angemessene Ausbildung in Lesen, Schreiben u. Rel. ermöglichten, vielleicht nahm sie an der privaten Ausbildung ihres älteren Bruders Christoph Gottlieb (1698–nach 1733) Anteil; heiratete 1718 Karl Friedrich (von) Schütter (1718: Hauptmann im Unruheschen Regiment zu Ross der kursächs. Armee bei Sangerhausen, er wurde nach 1740 zum Oberst befördert u. starb vor 1754) u. zog zu diesem nach Edersleben, das Paar hatte mindestens eine Tochter u. sieben Söhne. Von S. ist ein Trauerged. auf den Tod ihrer Großmutter Margaretha Susanna von → Kuntsch, geb. Förster (1651–1717), bekannt. – Gelegenheitsdichterin.

Schriften: O Wunder/ daß das Blut nicht aus den Augen quillt! (in: J. T. Rauschelbach, Die Freundinn des Lammes [...]) 1717, 103 f.

Ausgabe: CARRDUS (Lit.) 238.

Nachlaß: Siehe CARRDUS (Lit.) 412.

Bibliographie: J. M. WOODS, M. FÜRSTENWALD, Schriftst.innen, Künstlerinnen u. gelehrte Frauen des dt. Barock. Ein Lex., 1984, 123.

Literatur: F. SCHMIDT, Gesch. der Stadt Sangerhausen, im Auftrage des Magistrats bearbeitet,

Tl. 2, 1906, 254 f.; Das «weiblich Werk» in der Residenzstadt Altenburg 1672–1720. Gedichte u. Briefe von Margaretha Susanna von Kuntsch u. Frauen in ihrem Umkreis. Mit einer Einl., Dokumenten, Biographien u. Komm. (hg. A. CARRDUS) 2004, 15, 21, 23 f., 51, 264, 318, 320, 368, 384, 390, 410–412.   MMü

Schulte, Gottschalk → Praetorius, Abdias.

Schulz, Gottschalk → Praetorius, Abdias.

Schumann, Dorothee → Colditz, Dorothee.

Schwarza, D. → Nowack, Jörg F.

Schweighäuser, Cosmo → Öztanil, Guido Erol.

Schwerin, Sophie Amalie Gräfin von (geb. Gräfin Dönhoff), * 16.7.1785 Berlin, † 27.1.1863 ebd.; älteste Tochter von Graf Bogislav von Dönhoff auf Dönhoffstädt († 1809) u. Sophie, geb. Gräfin von Schwerin-Wolfshagen († 1825), verbrachte ihre Kindheit u. Jugend in Berlin sowie auf den Schlössern Dönhoffstädt (bei Königsberg/Pr.), Wolfshagen (Uckermark/Brandenburg) u. Tamsel (bei Küstrin); S. hatte vier Schwestern u. zwei Brüder, wobei der jüngere Bruder früh starb u. die jüngste Schwester Amalie (verh. von Romberg) S.s Biografin wurde; S. erhielt eine standesgemäße Ausbildung in frz. Sprache, Rel., Gesch., Mathematik, Botanik, Physik, Malerei u. Musik (S. spielte Harfe); S. heiratete am 8.6.1805 in Berlin Graf Wilhelm Werner Otto von Schwerin (den jüngeren Bruder ihrer Mutter u. Offizier im Regiment der Gardes du Corps Berlin-Charlottenburg, 1773–1815), lebte seitdem im Haus des Mannes in Berlin-Charlottenburg, aber auch zeitweilig bei ihren Eltern, da Wilhelm während der napoleon. Besatzungs- u. Kriegszeit oft im Feld lag u. die Einquartierung der frz. Armee auf dem Haushalt der Familie lastete, 1808 Rückzug des Ehemanns aus dem aktiven Militärdienst u. Umzug nach Wolfshagen, ab 1813 lag ihr Mann wieder im Feld u. fiel 1815 in Lasne (Schlacht von Waterloo), nach dessen Tod lebte S. im Dönhoffschen Palais in Berlin u. unterhielt dort einen lit. Salon, der u. a. von Theodor → Fontane (1819–1898), Wilhelm → Grimm (1796–1859) u. Henriette → Paalzow (1792–1847) besucht wurde. S. verfaßte eine erbaul. Schr. sowie Dramen u. Rom., die anon. bzw. posthum erschienen oder ungedruckt blieben. – Schriftstellerin.

Schriften: Wege zum inneren Frieden. Von Gr. S. S., 1852 (²1863 mit einem Vorw. von J. Müllensiefen, Prediger an der St. Marienkirche, online: BSB München); Damaris, 1864; auch ein Rom. über Ferdinand von Schill soll im Druck erschienen sein.

Briefe: Zahlreiche Briefe gibt in Auszügen in A. von Rombergs Biogr. zu ihrer Schwester S. (1. Aufl. 1863). Ein undatierter Brief S.s an Gaspare Weiss in: UB Leipzig, Sammlung Liebeskind/V/153.

Literatur: A. VON ROMBERG, Sophie Schwerin. Ein Lb., aus ihren eigenen hinterlassenen Papieren, 1863 (²1868; ³1911 in 2 Bdn., hg. E. KOENIG [Bd. 1] u. P. SCHRECKENBACH [Bd. 2]; eine weitere Ausg. 1909 u. d. T.: Vor hundert Jahren. Erinnerungen der Gräfin Sophie Schwerin geb. Gräfin von Dönhoff. Mit Anmerkungen und Register); Biogr. Nachr. über das Geschlecht von Schwerin (hg. L. GOLLMERT, L. GRAF VON SCHWERIN) 1878, 337 f.; O. SCHWEBEL, Die Herren u. Grafen von Schwerin. Bl. aus der preuß. Gesch., 1885, 404–416; Altpreuß. Biogr. (hg. C. KROLLMANN, fortges. K. FORSTREUTER, F. GAUSE, Bd. 2) 1967, 658; E. FRIEDRICHS, Die dt.sprachigen Schriftst.innen des 18. u. 19. Jh. Ein Lex., 1981, 285; H. SCHULZE, Berlins Rolle in den Kriegen gegen Napoleon (in: Berlin im Europa der Neuzeit. Ein Tagungsber. (hg. W. RIBBE, J. SCHMÄDEKE) 1990, 75–83; C. DIEMEL, Adelige Frauen im bürgerl. Jh. Hofdamen, Stiftsdamen, Salondamen 1800–1870, 1998 (Nachdr. 2014); K. GRÄFIN VON SCHWERIN, Wilhelmstrasse 63. Schicksalsjahre einer preuß. Familie, 2008.
   MMü

Schwiethal, Anne → Vaszary, Anne von.

Seeberg, Katja von → Basener, Anna.

Sehusen, Nikolaus, aus Tangermünde, † 1440. – Die Biographie des «rector scolarium ecclesie beate Marie virginis Erffurdensis» N. S. gündet bisher weitgehend auf Indizien. Er könnte bereits 1392 als N. Breczk «dictus de Sehusen» in der Erfurter Gründungsmatrikel verzeichnet sein. Ist mit «Sehusen» das Dorf in der Altmark gemeint, könnte er identisch sein mit einem 1413 zum Magister promovierten Nikolaus de Stendal. Gesichert ist nur das Todesdatum 1440, das ein Schüler an St. Marien in einer Marginalnotiz überliefert.

N. S. ist der Forsch. vor allem als Verf. des «Speculum disculorum» bekannt. In diesem satir. Versged. führt S. seinen Schülern durch die grammat. Entstellung von Phrasen vor Augen, wohin mangelhaftes Latein u. Halbwissen führen können. Übersehen wurde bisher, daß S. ausweislich der Subskription unter einer in Göttingen 1445 entstandenen Schulhs. auch als Verf. des sog. «Huwilogus» in Frage kommt: eines grammatisch-lexikal. Ged. im Umfang von 1246 Versen mit lat. u. dt. Glossierung. Der «Huwilogus» ist nur schmal überliefert, doch bezeugen Erfurter Bibliothekskataloge des 15. Jh. verschollene Exemplare. – Rektor der Schule an St. Marien in Erfurt, Verf. von Schulschriften.

Überlieferung: Speculum disculorum: Lübeck, StB, Ms. theol. lat. 4° 152, 249^{r-v}; Trier, StB, Hs 1100/33, 240^{r-v}; Weimar, HAAB, Q 108, 332^{v}–333^{v}. – *Huwilogus:* vgl. POWITZ (Lit.).

Literatur: G. POWITZ, Huwilogus (in: VL ^{2}11) 2004, 700–702; CH. FASBENDER, Huwilogus (in: DLL MA 7) 2015, 451. – G. POWITZ Hubrilogus u. Huwilogus (in: ZfdA 93) 1964, 226–238; U. KÜHNE, Engelhus-Studien. Zur Göttinger Schullit. in der ersten Hälfte des 15. Jh., 1999, 167–170; M. EIFLER, Die lat. Hss. bis 1600. Bd. 2: Quarthss., 2012, 520–539; F.-J. STEWING, Zum Verf. des «Speculum disculorum», der Spottverse über eingebildete bzw. hochfahrende Schüler (in: Jb. für mitteldt. Kirchen- u. Ordensgesch. 12) 2016, 245–266.

CF

Seidel, Bettine → Reichelt, Bettine.

Seiler, Lutz, * 8.6.1963 Gera; wuchs in Ostthür. auf, besuchte in Gera die Polytechn. Oberschule «Bruno Kühn», schloß eine Berufsausbildung mit Abitur als Baufacharbeiter ab, arbeitete als Zimmermann u. Maurer, studierte bis 1990 Gesch. u. Germanistik in Halle/Saale, ging dann nach Berlin, arbeitete als Kellner, war 1993–98 Mithg. der Lit.zs. «moosbrand» (1993–95 als originalgraph. Hefte im Selbstverlag – mit Klaus Michael, ab 1996 bei Gerhard Wolf Janus press Berlin, ab H. 5 mit Birgit Dahlke u. Peter Walther), leitet seit 1997 das lit. Progr. im Peter-Huchel-Haus in Wilhelmshorst bei Potsdam, war 2004/05 Gastprof. am Dt. Lit.inst. in Leipzig; seit 2009 mit einer schwed, Germanistin verheiratet; lebt in Wilhelmshorst u. Stockholm; seit 2005 Mitgl. des PEN-Zentrums Dtl., seit 2007 der Akad. der Wiss. u. der Lit. Mainz, seit 2010 der Bayer. Akad. der Schönen Künste, der Sächs. Akad. der Künste u. der Akad. der Künste Berlin, seit 2011 der Dt. Akad. für Sprache u. Dg.; übernahm 2014 die Mainzer u. 2015 die Heidelberger Poetikdozentur. – Kranichsteiner Lit.preis (1999), Lyrikpreis Meran (2000), Dresdner Lyrikpreis (2000), Anna-Seghers-Preis (2002), Ernst-Meister-Preis (2003), Stipendium der Villa Aurora in Los Angeles (2003), Bremer Lit.preis (2004), Preis der SWR-Bestenliste (2005), Ingeborg-Bachmann-Preis (2007), Harald-Gerlach-Lit.stipendium des Landes Thür. (2009), Dt. Erzählerpreis (2010), Fontane-Preis der Stadt Neuruppin (2010), Stipendium der Dt. Akad. Rom Villa Massimo (2011), Christian-Wagner-Preis (2012), Rainer-Malkowski-Preis (2012, zus. mit Christoph → Meckel), Uwe-Johnson-Preis (2014), Dt. Buchpreis (2014), Marie Luise Kaschnitz-Preis (2015), Thüringer Lit.preis (2017), Preis der Leipziger Buchmesse in der Kategorie «Belletristik» (2020), Kakehashi-Lit.preis (2020). – Lyriker, Erzähler.

Schriften: berührt / geführt (Ged.) 1995; pech & blende (Ged.) 2000; Heimaten (mit A. DUDEN, F. SHOWGHI) 2001; Hubertusweg. Drei Gedichte, 2001; vierzig kilometer nacht (Ged.) 2003; Sonntags dachte ich an Gott (Aufs.) 2004; Die Anrufung (Ess.) 2005; Turksib. Zwei Erzählungen, 2008; Die Zeitwaage (Erzn.) 2009; Aranka. Gedicht und Kommentar, 2010; In die Mark (Ged., Originalholzschnitte v. S. Knechtel, hg. B. HALLER) 2011; im felderlatein (Ged.) 2010; Im Kieferngewölbe. Peter Huchel und die Geschichte seines Hauses (mit P. WALTHER, H. RÖDER) 2012; Im Kinobunker (Erz.) 2012; Kruso (Rom.) 2014 (in zahlr. Sprachen übers., mehrfach für das Theater adaptiert, von der UFA verfilmt, Regie Th. Stuber); Die römische Saison. Zwei Essays (Zeichn. v. M. P. Häring) 2016; Am Kap der guten Abends. Acht Bildgeschichten, 2018; Stern 111 (Rom.) 2020; Laubsäge und Scheinbrücke. Aus der Vorgeschichte des Schreibens. Heidelberger Poetikvorlesungen (hg. F. REENTS 2020; schrift für blinde riesen (Ged.) 2021.

Herausgaben: Jahrbuch der Lyrik 2003 (mit CH. BUCHWALD) 2002; Peter Huchel (mit P. WALTHER) 2003; Ch. Meckel, Ungefähr ohne Tod im Schatten der Bäume. Ausgewählte Gedichte (zus.gest. u. mit einem Nachw.) 2003.

Literatur: KLG; Munzinger-Arch.; LGL; Killy ^{2}10 (2011) 745. – P. GEIST, ‹überdunkeltes atmen durch die umzäunung›. Über die Lyrik ~s u. ihre Wahrnehmung in der Lit.kritik (in: die horen 46) 2001, H. 203, 163–180; S. ULRICH, ~. Tra linguaggio e assenza di parole (in: «Le storie sono finite e io sono libero». Sviluppi recenti nella poesia di lingua tedesca, hg. M. PIRRO u. a.) Napoli 2003, 215–227; L. MÜLLER, Der Knochenträumer. Laudatio auf ~ zur Verleihung des Bremer Lit.preises 2004 (in: Sprache im techn. Zeitalter 42, H. 170) 2004, 153–159; B. DAHLKE, «Die Heimat als Gangart, auch im Vers». Zur Lyrik von Barbara Köhler u. ~ (in: Weiterschreiben. Zur DDR-Lit. nach dem Ende der DDR, hg. H. HELBIG, Mitarb. K. FELSNER u. a.) 2007, 133–146; K. LEEDER, Heimat in der neuen dt. Lyrik (in: Gedächtnis u. Identität. Die dt. Lit. nach der Vereinigung, hg. F. CAMBI) 2008, 135–153; B. BANOUN, «Das Eingeweckte schmeckt nach Zeit». Le moi lyrique, le temps et l'histoire dans ‹Sonntags dachte ich an Gott› (2004) de ~ (in: EG 66) 2011, H. 2, 529–543; A. GEISENHANSLÜKE, Heimat im All. Gagarins Umlaufbahnen bei Barbara Köhler u. ~ (in: AION 23) 2013, H. 2, 195–202; S. KRAUSE, «ich sitz bloß hier wie / selbst geschrieben, bleistift auf / papier». Zur Subjektivität in Texten von ~ (in: Konturen der Subjektivität in den Literaturen Ostmitteleuropas im 20. u. 21. Jh., hg. V. LENGYEL) 2013, 137–156; A. MIYAZAKI, DDR-Erinn. anhand des Topos Sibirien im Zw.raum der Geschichtsdiskurse. Halb-bewusste Erinn.erz. bei ~ (in: Ostdt. Erinn.diskurse nach 1989. Narrative kultureller Identität, hg. E. GOUDIN-STEINMANN, C. HÄHNEL-MESNARD) 2013, 335–347; J. ANDRES, Kontrafaktur. Zu ~s Ged. ‹das neue reich› (in: George-Jb. 10, 2014–2015) 2014, 131–142; U. RENNER-HENKE, «Ihrrweiss niehrrt, wahs sohlbe deute...» ~s schwarzromant. Erz. ‹Turksib› (in: Dt. Romantik. Transformationen u. Transgressionen, hg. K. KARAKASSI u. a.) 2014, 193–205; CH. BAUMANN, «Hidden» oder Robinsonaden des Denkens. Eine Annäherung an den mit dem Dt. Buchpreis 2014 ausgezeichneten Rom. ‹Kruso› von ~ (in: Studia Niemcoznawcze. Stud. zur Dt.kunde 55) 2015, 429–462; D. ROSE, Im Niemandsland der Sprache. Ostdt. Naturlyrik nach 1989 (in: Im Osten geht die Sonne auf? Tendenzen neuerer ostdt. Lit., hg. V. CHILESE, M. GALLI) 2015, 47–65; A. CHIARLONI, Rückkehr der Kindheit. Zu einem Ged. von ~ (ebd.) 175–186; M. OPITZ, Mit dem Geigerzähler im Abraum der Gesch. – hörbar gemachte Vergangenheit in den Texten ~s (ebd.) 187–200; M. OSTHEIMER, Chronotopos Wismut. Der ostdt. Uranbergbau im Forschungsfeld der DDR- bzw. Post-DDR-Lit. (ebd.) 203–223; S. EGGER, ‹The East› as a transit space in the new Europe? Transnational train journeys in prose poems by Kurt Drawert, ~ and Ilma Rakusa (in: GLL 68) 2015, H. 2, 245–267; S. VLASTA, Nahrung u. Gesellsch. – gemeinsames Essen in lit. Darstellungen der DDR von Birk Meinhardt, Jochen Schmidt u. ~ (in: Germanica. Études germaniques 57) 2015, 99–114; V. WEHDEKING, Uwe Tellkamps Dresdenporträt ‹Der Turm› u. Eugen Ruges Nomenklatura-Abgesang ‹In Zeiten des abnehmenden Lichts› im Kontrast zu ~s mag. Hiddensee-Rom. ‹Kruso› am Ende der DDR (in: EG 70) 2015, H. 2, 235–257; O. BACH, «Er spürte die unvergleichl. Wärme des Erzählens». Ästhetisches Probehandeln, progressive u. krit. Intertextualität in ~s ‹Kruso› (in: ZfdPh 135) 2016, H. 4, 581–606; M. GEBAUER, Rhythmus u. Resonanz. Zeiterfahrung u. Umwelt in ~s Rom. ‹Kruso› (in: Umwelt – sozial, kulturell, ökologisch. Zur Darst. von Zeitgesch. in dt.sprachiger Ggw.lit. IX, hg. M. HELLSTRÖM u. a.) 2016, 174–188; MU GU, Kruso u. die sieben Samurai – Das Übertragen von kulturspezif. Elementen. Eine Illusion? (in: Jb. für Internationale Germanistik 48) 2016, H. 2, 67–78; M. OSTHEIMER, Zw. Idylle u. Anti-Idylle. Hiddensee als Paradigma für die Insel-Lit. der DDR (in: Inseln u. Insularitäten. Ästhetisierungen von Heterochronie u. Chronotopie seit 1960, hg. DERS., S. ZUBARIK) 2016, 181–210; V. DI ROSA, «zu gast in der rinde». ~s Gratwanderungen zw. Natur- u. Dingged. (in: Sprache im techn. Zeitalter 55, H. 223) 2017, 269–283; A. FUCHS, Life as Robinsonade: Reflections on the Chronopoetics of ~'s ‹Kruso› (in: Oxford German Studies 46) 2017, H. 4, 416–427; S. WENNERSCHEID, Von dem Trauma des anderen u. der Sehnsucht nach Behausung in ~s Rom. ‹Kruso› (2014) (in: Arcadia. International Journal of Literary Culture. Internationale Zs. für lit. Kultur 52) 2017, H. 2, 320–345); S. ZUBARIK, «Schiffbrüchige» auf Hiddensee. Gestrandete Körper vor u. nach der Flucht in ~s Rom. ‹Kruso› (in: Niemandsbuchten u. Schutzbefohlene. Flucht-Räume u. Flüchtlingsfiguren in der dt.sprachigen Ggw.lit., hg. TH. HARDTKE u. a.) 2017, 125–137; S. EGGER, «Eastern European Turns». Zur Dynamisierung von Räumen u. Identitäten in Texten ~s u. Ilma Rakusas (in: Akten des XIII. Internationalen Germanistenkongresses Shanghai 2015. Germanistik zw.

Tradition u. Innovation, hg. J. Zhu u. a., Bd. 10) 2018, 273–280; A. Fuchs, Das Leben als Robinsonade. Überlegungen zur Chronopoetik von ~s ‹Kruso› (in: Gesch. – Latenz – Zukunft. Zur narrativen Modellierung von Zeit in der Ggw.lit., hg. A.-K. Gisbertz, M. Ostheimer) 2017, 29–45; S. Kleinschmidt, Im Osten der Länder. Laudatio zum Uwe-Johnson-Preis auf ~ (in: ders., Spiegelungen) 2018, 162–173; A. Leskovec, Sprechen vom Anderen her: Aspekte eth. Schreibens im Roman ‹Kruso› von ~ (in: Text & Kontext. Jb. für germanist. Lit.forsch. in Skandinavien, H. 40) København 2018, 49–71; L. Stockinger, Die ‹Wende› als generationelle Verlusterfahrung? Das Jahr 1989 in ~s ‹Kruso› (in: Verbindungen. Frauen – DDR – Lit. FS Ilse Nagelschmidt, hg. T. Erdbrügger, I. Probst) 2018, 249–266; A. Wistoff, Dt. Gesellsch.politik in vitro – die Insel als Flucht- u. Zielort in Christian Krachts ‹Imperium› u. ~ ‹Kruso› (in: Lit.straße. Chines.-dt. Jb. für Sprache, Lit. u. Kultur 19) 2018, H. 2, 51–63; B. Banoun, Poésie et roman du poète: ‹Kruso› (2014) de ~ (in: Germanica. Études germaniques, H. 64) 2019, 167–182; W. Bonner, Zu Schiffbrüchigen gewordene Utopien... Auflösungsprozesse der DDR in der Ambiguität ihrer Bilder: ~s Inselrom. ‹Kruso› (in: Transformationen Europas im 20. u. 21. Jh. Zur Ästhetik u. Wissensgesch. der interkulturellen Moderne, hg. W. Johann u. a.) 2019, 315–329; H. Matthies, Widerständige Zeichen in ~s ‹Kruso› u. Margaret Atwoods ‹The Handmaid's Tale›. Zum subversiven Potenzial von Schreiben u. Schrift innerhalb totalitärer Staatsstrukturen (in: Schrift u. Graphisches im Vergleich, hg. M. Schmitz-Emans u. a.) 2019, 117–129; S. Arlaud, ~: Schreiben von Un-/ Zu-/ Fallen (in: EG 75, Nr. 2) 2020, 287–302; S. Kleinschmidt, Orte horen. ~s poet. Geografie des Ged. (ebd.) 303–310; C. Hahnel-Mesnard, Zeitwahrnehmung u. Benjamin-Reminiszenzen in ~s Erz. ‹Gavroche› (ebd.) 311–323; B. Banoun, Leben u. schreiben: zu ~s Rom. ‹Kruso› (ebd.) 325–341; L. Taieb, ~ u. das «Territorium der Müdigkeit» (ebd.) 343–352; G. Brusche, Narrative der Männlichkeit(en) in ~s Rom. ‹Kruso› (ebd.) 353–369.

BJ

Senkel, Matthias (Ps. GLM-3), * 1977 Greiz; Gymnasialbesuch in Greiz, Abitur, 1998–2002 Stud. am Dt. Lit.inst. in Leipzig mit Diplom-Abschluß, 2003–05 Studiengang «Interkulturelle Europa- u. Amerikastud.» in Halle mit Bachelor-Abschluß, freier Schriftst. u. Musiker; lebt in Leipzig; verfaßte u. a. Rom., Erz. u. Lyrik; Veröff. u. a. in «Bella triste. Zs. für junge Lit.» (Hildesheim). – (Neben weiteren Auszeichnungen) taz-Publikumspreis (2009), Uwe-Johnson-Förderpreis (2013). – Schriftst., Musiker.

Schriften: Frühe Vögel (Rom., mit Comic v. M. Zhdanko) 2012; Dunkle Zahlen (Rom.) 2018; Winkel der Welt (Erz.) 2021.

Literatur: Munzinger-Archiv. – J. Süselbeck, Kamera im Krawattenknoten. Laudatio auf ~ (in: Salz 38) 2013, H. 151, 6–8; J. Lippert, Dunkle Zahlen (in: Risse 21) 2018, H. 41, 59–62.

MM

Setz, Clemens J(ohann), * 15.11.1982 Graz; 2001–2009 Lehramtsstud. der Mathematik u. Germanistik an der Univ. Graz (ohne Abschluß), arbeitete dann als Übers. u. veröffentlichte Ged. u. Erz. in Zs. u. Anthol.; Gründungsmitgl. der «Literaturgruppe Plattform»; verfaßt seit 2011 für die Lit.zs. «VOLLTEXT» die Serie «Nicht mehr lieferbar» über vergriffene Werke von Schriftst.; lebt in Graz. – Aspekte-Literaturpreis, Shortlist (2007), Autorenprämie des Öst. Bundesministeriums für Unterricht, Kunst u. Kultur (2007), Öst. Staatsstipendium (2008), Lit.förderungspreis der Stadt Graz (2008), Ernst-Willner-Preis (2008), Dt. Buchpreis, Shortlist (2009), Lit.preis der Stadt Bremen (2010), outstanding artist award des Öst. Bundesministeriums für Unterricht, Kunst u. Kultur (2010), Preis der Leipziger Buchmesse (2011), Lit.preis des Kulturkreises der Dt. Wirtschaft (2013), Wilhelm-Raabe-Preis (2015), Lit.preis des Landes Steiermark (2017), Berliner Lit.preis (2019), Georg-Büchner-Presis (2021). – Schriftst., Übersetzer.

Schriften: Söhne und Planeten (Rom.) 2007; Die Frequenzen (Rom.) 2009; Die Liebe zur Zeit des Mahlstädter Kindes (Erz.) 2011; Zeitfrauen (Illustr. v. K. Salentin) 2012; Indigo (Rom.) 2012; Die Vogelstraußtrompete (Ged.) 2014; Till Eulenspiegel. Dreißig Streiche und Narreteien (Nacherz., mit Illustr. von Ph. Waechter) 2015; Glücklich wie Blei im Getreide (Nacherz.; Zeichn. v. K. Pfeiffer) 2015; Die Stunde zwischen Frau und Gitarre (Rom.) 2015; Verweilen unter schwebender Last. Tübinger Poetik-Dozentur 2015 (mit K. Passig; hg. D. Kimmich u. a.); 2016; Bot. Gespräch ohne Autor (hg. A. Klammer) 2018; William Auld, der Meister der alten Weltsprache (hg. H. Pils, U. Haeusgen)

2018 (Rede im Lyrik-Kabinett München); Kayfabe und Literatur. Klagenfurter Rede zur Literatur 2019, 2019; Der Trost runder Dinge (Erz.) 2019.

Übersetzungen: J. Leake, Der Mann aus dem Fegefeuer. Das Doppelleben des Jack Unterweger, 2008; J. Frey, Das letzte Testament der heiligen Schrift (mit A. Hennig von Lange u.a.) 2012; E. Gorey, Der andere Zoo. Ein Alphabet, 2015; ders., Das unglückselige Kind, 2018; ders., Der Osbick-Vogel, 2020; S. McClanahan, Sarah, 2020.

Literatur: R. Kämmerlings, Das kurze Glück der Ggw. Dt.sprachige Lit. seit '89, 2011, 160–163, 203 ff. (zu ‹Die Frequenzen›); U. Rüdenauer, ‹Lit. ist eine Sache der Ehrlichkeit› (in: Buchjournal) 2011, H. 2, 18–20 (zum Preis der Leipziger Buchmesse); F. Haas, Du sollst nicht Kinder und Tiere quälen (in: LuK, H. 469/470) 2012, 90–93 (zu ‹Indigo›); J. Reidy, Mehr als ein ‹unendlicher Spaß›. Figurationen von David Foster Wallace in ~' Erz. ‹Kleine braune Tiere›: von Interauktorialität, Intertextualität u. Selbstmorden (in: Glossen. Eine internat. Zs. zu Lit., Film u. Kunst nach 1945, H. 34) 2012; M. Jędrzejewski, ~: Indigo (in: Studia niemcoznawcze 51) Warszawa 2013, 602–604; J. Reidy, Rekonstruktion u. Entheroisierung. Paradigmen des «Generationenrom.» in der dt.sprachigen Ggw.lit., 2013; M. Wimmer, Spielarten männl. Interaktion. Zum Rom.werk von ~ (in: Neue Stimmen aus Öst. 11 Einblicke in die Lit. der Jahrtausendwende, hg. J. Drynda, M. Wimmer) 2013, 102–110; M. Jędrzejewski, Zw. Gesellsch.kritik, Provokation u. Pornographie. Die Erotik im lit. Werk von ~ (in: OL 40) 2014, 39–61 (auch in: Erzählen zw. geschichtl. Spurensuche u. Zeitgenossenschaft. Aufs. zur neueren dt. Lit., hg. E. Białek, M. Wolting, 2015, 341–367); B. Talamo, Dalla ragazza alata alla madre simil-prostituta. Per non riuscire a vivere ‹Al tempo del bambino d'argilla› di ~ (in: Felix Austria? Nuove tendenze nella letteratura austriaca, hg. A. Schininà) Rom 2014, 207–219; H. Gollner, Die Nacherz. des Irrsinns (in: LuK, H. 497/498) 2015, 100 f. (zu ‹Glücklich wie Blei›); A.-S. Michalski, Die heile Familie. Gesch. vom Mythos in Recht u. Lit., 2015; C. Callies, ~ im Gespräch (in: Poet. Lit.magazin 20) 2016, 180–185; K. Kastberger, Being ~. Laudatio (in: ~ trifft Wilhelm Raabe. Der Wilhelm Raabe-Lit.preis 2015, hg. H. Winkels) 2016, 14–24; M. Strässner, Handschuh u. Brief oder Trojaner im Erwartungsraum. Anm. zu ‹Die Stunde zw. Frau u. Gitarre› von ~ (in: ebd.) 82–95; K. Hillgruber, Auf der Schwelle: Jugendl. Phantasiewelten bei ~ u. Paul Raabe (in: ebd.) 96–115; K. Kupczyńska, «Ich bin halt kein wirkl. Stilist». Gespräch mit ~ (in: Poetik des Ggw.rom., hg. N. J. Schmidt, K. Kupczyńska) 2016 13–17; A. Pontzen, Autofiktion als intermediale Kommunikation: Frz. u. dt.sprachige Ich-Narrationen der Ggw. im Vergleich (M. Houellebecq, T. Glavinic, G. Grass, F. Hoppe, M. Kohlmeier, D. Leupold u. ~) (in: Vom Ich erzählen. Identitätsnarrative in der Lit. des 20. Jh., hg. H. Tommek, Ch. Steltz) 2016, 275–302; J. Döring, J. Passmann, Lyrik auf YouTube. ~ liest «Die Nordsee» (2014) (in: Zs. für Germanistik, NF 27) 2017, H. 2, 329–347; Generation Post-Jelinek? Gespräch mit Olga Flor, Ferdinand Schmatz, ~, moderiert von Teresa Kovacs (in: Jelinek[Jahr]Buch 2016–2017) 2017, 257–266; A. Goggio, Eine Überwindung der Postmoderne? Neue Tendenzen der öst. Lit. am Beispiel von ~ u. Wolf Haas (in: Dt. Gegenwarten in Lit. u. Film. Tendenzen nach 1989 in exemplar. Analysen, hg. O. C. Díaz Pérez u. a.) 2017, 29–45; K. Kupczyńska, ‹Einfluss› u. seine Frequenzen in der Postmoderne – zur Prosa von ~ (in: Zw. Einflussangst u. Einflusslust. Zur Auseinandersetzung mit der Tradition in der öst. Ggw.lit., hg. J. Drynda u. a.) 2017, 23–33; J. Nowotny, J. Reidy, «Hölle der Narrenfreiheit». Zum Altersmotiv im Generationenrom. der Ggw.lit. (in: OL 72) 2017, H. 2, 116–146; Ch. Dinger, Die Ausweitung der Fiktion. Autofiktionales Erzählen u. (digitale) Paratexte bei ~ u. Aléa Torik (in: Sich selbst erzählen. Autobiogr. – Autofiktion – Autorschaft, hg. S. Arnold u. a.) 2018, 361–377; M. Jędrzejewski, Anormalität als Normalität. Sexualästhetik in ‹Die Stunde zw. Frau u. Gitarre› von ~ (in: Eros u. Logos. Lit. Formen des sinnl. Begehrens in der (dt.sprachigen) Lit. vom MA bis zur Ggw., hg. A. Classen) 2018, 308–322; M. Wimmer, Textsex. Lit.wiss. ‹Stellensuche› im Werk von ~ (in: Lit. als Erotik. Jahrestagung der Franz Werfel-StipendiatInnen, 2017 Wien) 2018, 134–145; J. Nørregaard, Bezugi zw. Christus u. Computer: ~' Rom. ‹Die Stunde zw. Frau u. Gitarre› (in: Text & Kontext 41) 2019, 95–113; D. Strigl, Morbus Setz. Laudatio in acht Symptomen. Zum Berliner Lit.preis 2019 (in: Manuskripte, Nr. 224) 2019, 152–158; K. Teller, ‹Auch ein Wir kann allein sein›. Gattungskonventionen des hist. Rom. neu gedacht bei Elena Messner, ~ u. Lydia Haider (in: Journal of Austrian Studies) 2019,

H. 1–2, 63–80; Intermedialität u. Phänomenologie der Wahrnehmung im Werk von ~ (hg. I. Hermann) 2019. BJ

Shell, Tony → Schaller, Anton.

Sickel, Henriette → Hagemann, Henriette.

Siebold, Henrik → Bielenstein, Daniel.

Sila, Tijan (eig. Tvrtko Zuljevic), * 1981 Sarajevo; lebt seit 1994 in Dtl., Stud. der Germanistik u. Anglistik in Heidelberg, 2006 Staatsexamen, ab 2013 Lehrer in Kaiserslautern, Auftritte als Musiker u. Veröff. als Journalist; lebt in Kaiserslautern; verfaßte u. a. Rom. u. Kurzgesch.; Veröff. u. a. in «Frankfurter Rs.» u. «ZEIT» (Hamburg). – Pädagoge, Journalist, Schriftsteller.
Schriften: Together forever (Erz.) 2017; Tierchen unlimited (Rom.) 2017; Die Fahne der Wünsche (Rom.) 2018; Krach (Rom.) 2021. MM

Simon, Ella → Qunaj, Sabrina.

Simonis, Dorothea → Bolner, Dorothea.

Simonius, Johannes (auch Simon, Simonis), * 27.8.1565 Burg (bei Magdeburg), † 29.5.1627 (nicht 1629) Uppsala; Sohn des Joachim Simonis (um 1534–1615), 1559 Diakon u. 1570 Oberpfarrer in Burg, ab 1584 Oberpfarrer in Neuhaldensleben, u. der Anna, einer Tochter des Burger Ratsherrn Johann Willemann; Schulbesuch in Burg; Stud. in Helmstedt (deponiert am 1.9.1575: «Johannes Simon, Burgensis»; Studienbeginn nach Loccenius [Lit.] 1627, A3^r, mit 14 Jahren), Wittenberg (August 1578: «Iohannes Simonius Burgensis»), Rostock (so Loccenius; kein Matrikeleintrag) u. Königsberg (1.2.1583: «Joannes Simonis, Burgensis Saxo»); dann vier Jahre Informator des kurländ. Herzogs Wilhelm (1574–1640), mit dem er nach Rostock kam (Immatrikulation beider im November 1590: «Iohannes Simonius von Burck»); 1592 Ehe mit Margarete (1562–1603), einer Tochter des Rostocker Bürgers Brand Smedes (Schmidt), sechs, teils früh verstorbene Kinder; am 23.8.1593 in Rostock zum Magister artium promoviert u. im Oktober desselben Jahres in die Philos. Fak. rezipiert; 1594 herzogl. Prof. für Poesie in Rostock als Nachfolger von Nathan → Chytraeus (Antrittsrede: De laudibus poeticae), am 17.8. dieses Jahres Aufnahme in das Konzil; 1595–1625 herzogl. Prof. für Rhetorik; 1604 Ehe mit Dorothea († 1631), einer Tochter des Rostocker Kaufmanns Heinrich (o. Hans) Everdts, zwei Kinder; acht Jahre Protonotar beim mecklenburg. Land- u. Hofgericht (wohl bis ca. 1622); 1625 Prof. der Beredsamkeit in Uppsala («Professor Skyttianus», nach dem Stifter dieser Eloquenzprofessur, Reichsrat Johan Skytte d. Ä.), Antrittsrede am 4.10.; S. ist nicht mit gleichnamigen Zeitgenossen, u. a. dem «Herdensis», zu verwechseln (im VD16 haben beide dieselbe PND; u. a. ist S. nicht Beiträger in VD16 A 75 u. VD17 547:671998R). – Universitätsprof., nlat. Dichter.

Schriften (Beitr. zu Sammelschriften u. Werken anderer in Ausw.): Oratio de principe recte instituendo, conscripta a Johanne Simonio, 1591; Adonyma. Ecloga in obitum illustrißimi atque optimi principis ac domini, d. Christophori, ducis Megapolitani, 1592 (wieder in: J. S., Stemma Megapolitanum et Vandalia [...], 1605); Imperatoris Manuelis palaeologi aug. princeps. Oratio, qua filium Joannem ad eloquentiae studium pater caes. Manuel hortatur: deque virtute ac bono principe disserit; carmine heroico versa a M. Ioanne Simonio, 1593; Illustrissimo ac optimo Principi et Domino Wilelmo, In Livonia, Curlandiae et Semigalliae Duci, Domino suo clementissimo. [...] (Zuschrift) / Natalis Illustrissimi Principis Ac Domini Wilelmi in Livonia Curlandiae et Semigalliae Ducis, Honori [...]. Recensui Ioannes Simonius: die 20. Iulij anno Christi 1591 (in: Illustrißimi principis [...] Wilelmi in Livonia [...] edicta officij ratione [...] [s. Herausgaben]) 1593, A2^{r-v}, E7^r–F2^r; Illustrissimo principi et domino [...] Augusto, duci Brunsvicensium et Lunaeburgensium, ex academia Rhodopolitana Tubingam, ad mercaturam bonarum artium cogitanti [...], 1594 (Einblattdr.); Johannis Simonii Rosae laurus, 1594; Epithalamium (in: Domino M. Ioanni Bacmeistero, medicinae candidato, et professore in academia Rostochiana: et [...] Christianae Sassiae: sponsis lectißimis gratulantur amici. [...]) 1594; Strophe. Progenies Olympi [...]. Joannes Simonius Poeseos professor F. / Eidem Martino Braschio Poeta Laureato et Sponso [...] (2 Epithalamia) (in: Epithalamia honori nuptiarum [...] dni M. Martini Braschii, P. L. et logices in acad. Rosarum professoris: et lectißimae virginis Annae, filiae [...] Valentini Schachtii [...] in Rhodopolitana professoris [...]: scripta ab amicis) 1595, A1^v–A2^v, A4^v; Oratio de illustrissimo principe ac domino, dn. Gothardo in Livonia, Curlandiae et Semigalliae duce scripta, et publice recitata a Joanne Simonio; adjuncta sunt quaedam cl. et doctissimorum virorum ejusdem argumenti scripta, 1595; Epithalamium illustrißimis sponsis: illustrissimo principi ac domino, dno. Adamo Wenzeslao, duci in Silesia Teschinensi etc. et illustrißimae principi ac dominae, dnae. Elisabethae natae in Livonia Curlandiae et Semigalliae principi etc scriptum a Joanne Simonio poeseos in acad. Rhodopolitana professore, 1595; Parentatio Lutheri. Oratio de beneficijs, quae deus per electissimum spiritus sancti organum Martinum Lutherum generi humano exhibuit. Scripta, et publice, die concordiae et constantiae, recitata a Joanne Simonio, rhetorices in acad. Rhodopol. professore publico, 1596; Epithalamium (in: Nuptijs doctissimi [...] viri, dn. M. Pauli Tarnovij, scholae Rostochianae rectoris, sponsi et [...] virginis Annae Scultetae, sponsae carmina amicorum) 1596; De iure naturae, omnium humanarum honestarum legum fonte. Oratio publice [...] pronunciata, 1596; Carmina si genium et rosos victura requirunt [...]. Idem in Momum. [...] M. Johannes Simonius Professor Rhetorices (4 Distichen) (in: J. MELINUS, Anagrammata principis Megapolitani, regis Daniae, et ducum quorundam, doctorum, magistrorumque academiae Rosarum descriptionem continentia. [...]) 1596, A8^r; Aliud [epigramma] M. Iohannis Simonii Oratoriae Professoris. Nepenthes quisquis curas depellere; morbos [...] (in: M. HASSAEUS, Psalmorum Davidis libri; secundus et tertius. [...] ad citharam regij vatis, in sapphicum carmen conversi [...]) 1596, A4^{r-v}; Ad Serenissimum Et Potentißimum Daniae et Norvegiae Regem, Christianum Quartum, [...] a nobilißimo viro Christophoro Sturcio, [...] Panegyrico decoratum. [...] (Widmungsged.) (in: C. STURTZ, Panegyricus. Serenissimo [...] principi et domino, dn. Christiano IV. Daniae [...] regi [...] etc. dictus [...]. Pridie coronationis, qui fuit dies 28. Augusti anno cIↄ Iↄ XCVI.) 1596, G1^{r-v}; In Anacreontem Eilhardi Lubini. Euterpe ut Latio vidit pede currere Suadam [...] (2 Distichen) (in: ANACREON, Anacreontis lyricorum poetarum festivissimi quae restant carmina cum interpretatione Eilhardi Lubini) 1597, A3^v; Dum tibi Dorotheam divino munere jungis [...]. Iohannes Simonius Decanus Collegij Philosophici (Epithalamium) (in: Nuptiis [...] M. Martini Braschii logices in inclita academia Rostoch. professoris, et Dorotheae Baden virginis [...]: carmina collegarum et amicorum) 1597, A1^v; Bambami decus Eusebies, Pietatis ocelle [...] (Gratulationsged.) (in: Novis honoribus [...] dn. Petri Bambamii Malchoviensis, quum illi laurea poetica, et magisterii philosophici gradus conferrentur: illa [...] ab [...] Paulo Melisso, die 22. Febr. hic vero Rostochii a [...] M. Joanne Posselio, Graecae linguae professore, et pro tempore decano [...] die 31. Mart. anno cIↄ Iↄ IIIC: ipsius Melißi aliorumque [...] carmina gratulatoria) o. J. [1597], A5^r–A6^r; Umbra viatori medio gratissima Sole est: [...] (Epithalamium) (in: Sponsis [...] juveni Bernhardo Hanen dni. Joachimi Hanen, reipublicae Rostochianae olim senatoris, filio, et [...] virgini [...] Elisabethae [...] dni. Bartholomaei Clingii, [...] in academia Rostochiana [...] professoris [...], filiae [...]. Matrimonium 10 Calend. Decemb. anni 1597. [...] ineuntibus scripta ab amicis [...] carmina) o. J., B1^r; Henrico Meibomio, poetae Caesario, professori Iuliae. Quem Pegasus curru Poetam laureo [...] (Lobged.) (in: Virgilio-Centones auctorum notae optimae [...] Probae Falconiae Hortinae: D. Magni Ausonii, Burdigal: Laelii Capilupi Mantuani: Iulii Capilupi Mantuani: [...], hg., komm. H. MEIBOM) 1597, A5^v–A6^r; Oratio de Pribislav II, rege Obotriatarum ultimo, tributa in duas recitationes: quarum haec est prior de Vandalia [...], 1598 (‹Vandalia› wieder in: J. S., Stemma Megapolitanum et Vandalia [...], 1605); Ioannis Simonii De diligentia oratio: in qua, praeter caetera, librorum Ciceronis historia, et praecipuorum argumenta continentur. Quam ille pronunciavit mensis Ianuarij die 28. cum secundo partitionum oratoriarum praelectionem publice ordiretur, 1598; Vix bene finierant lacrimae: vix uvida fletu [...] (Epicedium) (in: Epicedia piis manibus [...] adolescentis Ioachimi Clingii, 27. die Februarij anno 98. pie defuncti. Clarißimi [...] dn. Bartholomaei Clingii [...] professoris, ac [...] principis Udalrici Megapolitani consiliarij [...] filij [...] ab amicis conscripta et in funere publicata) o. J. [1598], B1^{r-v}; Fabula de diis legentibus sibi singulas arbores: continens regulam vitae et studiorum utilißimam: exercitij gratia publice in academia Rostochiensi recitata ab Ottone a Grothusen Livono, 1599; Panegyricus: illustrissimo atque celsissimo principi ac domino, dn. Udalrico, duci Megapolitano, principi vetustate gentis Henetae, comiti Sverinensi, terrarum Rostochij et Stargardiae domino: XIX. Martii urbem suam Rostochium invisendi academiam gratia ingredienti: domino suo clementißimo: accedente magnifici acad. rectoris consensu: scriptus a Ioanne Simonio, M. oratoriae professore publico, 1599;

Ismarij vatis curvo Lyra pollice tacta [...] (Epithalamium) (in: Honori nuptiali [...] dn. M. Antonii Aulaei, scholae Rostochiensis collegae [...], sponsi, et Elyssae Dethleviae, [...] civis Johannis Dethlevii filiae, virginis [...] sponsae [...], gratulantur amici) 1599, A2^r; Oratio de persona et beneficijs domini nostri Iesu Christi. 28. Decemb. publice pronunciata [...], 1599; Doctissimo viro, pietate atque virtute praestanti Dn. M. Statio Olthofio, Scholae Rostochiensis Prorectori, Dn. et amico meo colendo. [...] (Epistel) (in: J. BURMEISTER, Hypomnematum musicae poeticae [...] ad chorum gubernandum, cantumque componendum conscripta, synopsis) 1599, A3^v–A4^r; Ad Nobilissimum et Consultißimum virum, Dn. Christophorum Sturcium. I. U. D. et historiarum Professorem P. amicum et collegam. Et Sapere atque Pati, humanae duo numina vitae [...] (Lobged.) (in: C. STURTZ, Oratio de vitae decore per prudentiam et patientiam comparando et conservando. in qua [...] dn. Sigismundi III. regis Poloniae ac Svetiae etc. [...] consilium de ordinanda rep. Livoniae [...] commendatur habita [...] die XXIII. mensis Octobris anno 99.) 1600, E1^v–E2^r; Oratio adversus eos qui eloquentiam contemnunt. In collegio oratorio publico clariβimi viri M. Joannis Simonij [...] in academia Rostochiana [...] recitata ab Ottone a Grothusen Livono, pridie Nonas Febr., 1600 (mit Einladungsprogr. u. Epigrammatia v. S.); Cristo Duce Auspice Tres adolescentes, probi et eruditi [...] (Einladungsprogr.) (in: E. MESICOVIUS, S. SPIER, J. HOLSTEIN, Exercitium eloquentiae de summo hominis ΨΥΧΙΚΟΥ bono: tractatum tribus orationibus: [...] in oratorio collegio publico [...] M. Ioannis Simonij, [...] 15. Kal. Martij. 1600.) o. J., A1^v; An in repub. omnes cives viros bonos esse oporteat: oratio Theodori Dreieri Marchiaci: recitata ab ipso in collegio oratorio publico clariß. viri dn. M. Ioannis Simonii [...] CIƆ IƆC. postridie Non. Martii, 1600 (mit Einladungsprogr. v. S.); Oratio de eloquentia legitime comparanda, in oratorio collegio publico, clarissimi, doctissimi, atque humanissimi viri, dn. M. Iohannis Simonii [...] dicta a Winholdo Heidemanno, Dantiscano Borusso, 1600 (mit Einladungsprogr. v. S.); Ad tumbam lugere suam, clariβime Sturzi [...] (in: C. STURTZ, Oratio memoriae [...] dn. Davidis Chytraei theologi et professoris primarij: [...] 25. die Iunij defuncti [...] gratitudinis ergo habita, [...] die 5. Iulij) 1600, F4^{r-v} (wieder in: Vita Davidis Chytraei, theologi summi, historici eximij [...], memoriae posteritatis, orationibus et carminibus amicorum, justisque encomiis consecrata, Widmungsvorr. U. CHYTRAEUS, 1601); ΕΠΑΥΛΙΑ Conrado Tacito Livono. Viro consultiβimo, [...] et Dorotheae Garzaeae, nobilis Werneri, senatoris quondam Soltquellensis; filiae; lectissimae [...] novellis maritis concordibus, [...] missa Joanne Simonio [...], 1600; Si linguam Pueri moresque Poeta figurat [...] (Lobged.) (in: A. WICHGREVE, Cornelius relegatus, sive comoedia nova, festiviβime depingens vitam pseudostudiosorum [...]; acta Rostochii in foro Latino, anno jubilaeo) 1600,):(6^{r-v}; Amico suo singulari gratulatur M. Ioan. Simonius. Sturzi, mellifluo non inficiande lepori [...] (Epigramm) (in: C. STURTZ, Liber de imperio Germanorum. In quo vitae impp. consilia varia consiliorumque eventus et rationes politice explicantur) 1600, A7^r; Memoria illustrissimi principis ac domini, dn. Sigismundi Augusti, ducis Megapolitani, principis vetustae gentis Henetae, comitis Sverinensis, terrarum Rostochij et Stargardiae domini, in academia Rostochiana, in doctiβima et ornatiβima hominum corona, eodem die, hoc est, 10. Octobris, quo b. m. celsitudo ipsius in monumentum ducum Megapolitanorum, quod est Sverini, avitum, inferretur, publice in auditorio magno celebrata [...], 1600; Carmina, Rutingi, tua, docta, canora, polita [...] (Lobged.) (P. RUTING, Amorum coniugalium [...] liber, qui est gratulatoriorum primus) 1600, A3^v; An gloria sit appetenda, oratio Valentinii Schachtii Rostochiensis; recitata ab ipso in collegio oratorio publico clariß. viri Dn. M. Ioannis Simonii [...], 1600; Epicedium (in: Manibus Sophiae Creiteniae, dni Burchardi Boerii [...] Oldenburgensium comitis [...] d. Iohannis etc. consiliarii [...] filiae: et domini Heinrici Creitenii, syndici Oldenburgii [...] coniugis, [...] mense Augusto immature extinctae, pacem et requiem precantur amici ex academia Rostochiana. [...]) 1600; Oratio de simulacris virtutum, apibus a natura impressis: habita in collegio oratorio clarissimi viri dn. M. Ioannis Simonii oratoriae in alma Rosarum academia professoris pub. a Francisco Praetorio Dannenbergensi. III. Nonarum Decembris, 1600; Elegia in obitum dn. Henrici Camerarii viri clarissimi et excellentiβimi: jurisconsulti celeberrimi: ducum Pomeraniae et Lunaeburgensium et Saxoniae inferioris consiliarii fideliβimi: academiae Rostochianae antecessoris digniβimi [...], 1601; De gratitudine oratio, conscripta et habita in collegio oratorio clarissimi, doctissimi, humanissimique viri dn. M. Ioannis Simonii, eloquentiae in incluta Rostochiensium academia professoris laudatissimi: a Friderico Ecklevio Eyderosted. H. 17. Cal. Iunij, anno 1601, o. J. [1601]; Christophori baronis a Teuffenbach, Mairhoviae et Durnholtzij: equitis aurati: trium invictißimorum imppp. divi Ferdinandi, divi Maximiliani, et Rudolphi II. triumque item sereniß¬imorum Austriae archiducum, Caroli, Ferdinandi, Matthiae, consiliarij bellici: generalis superiorum Ungariae partium capitanei; vita: ducis prudentissimi, herois doctissimi, militis cordatissimi: consiliarij solertissimi: civis patriae amantissimi: politici veri: viri optimi exemplum continens; oratione exposita, et publice recitata [...], 1602; Ad Doctißimum ac Humanißimum Virum Dn. Petrum Sassium, Logices Professorem Acad. Rost. digniss. Summum in Philosophia gradum assumentem. Vellus ut aureolum raperet, perpessus Iason [...] (3 Distichen), o. O. o. J. [1602] (Einblattdr.; 2. Beitr. von P. Ruting); Exercitium eloquentiae de bono principis tractatum octo orationibus: quas in illustri academia Rostochiensi publice recitabant nobilißimi aliquot et ornatißimi juvenes. Ex informatione Ioannis Simonij rhetorices prof. p., 1602; De bono academiae, oratio Joannis Simonii [...] quam habuit in actu solemni: cum prorectoratus munus deponeret, et academiae secundum rectorem magnificentissimum, [!] illustrissimum principem ac dominum, dn. Uldaricum, Stetinensium, Pomeranorum Cassubiorum et Vandalorum ducem: principem Rugiae: Caicorum comitem: dynastam in Lovenburg et Butou; submisse declararet. 29. Octob. 1602, 1603; De vita et morte illustrißimi et celsißimi principis ac domini, domini Uldarici, ducis Megalopolitani, principis vetustae gentis Henetae, administratoris et comitis Sverinensis, Rostochij et Stargardij domini, domini clementissimi, pie et placide defuncti Gustrovij, anni 1603, die Martij 14. parentatio, oratione expressa, et sequente 28. Aprilis, publice in academia Rostochiensi, in solemni promotionis actu; cum reverendissimi et iluustrissimi principis ac domini, domini Uldarici, heredis Norvegiae, propraesulis Sverinensis, ducis Schlesvicen. Holsatiae, Stormariae, et Ditmarsiae; comitis in Altenburg et Delmenhorst, inclutae acad. Rostochiensis cancellarij magnificentissimi, et clementissimi, jussu et auctoritate, 10. viris honestis et doctis licentiam et potestatem permitteret accipiendi insignia et supremos in facultate philosophica honores: recitata [...], 1603; Orationum, quae in academia Rostochiensi, exercitij gratia, scriptae et in publico oratorio collegio habitae fuerunt a nobilibus et ornatißimis adolescentibus, ex informatione Ioannis Simonii rhetorices ibidem professoris p. liber, 1603 (1. Slg.); Orationum, quae in academia Rostochiensi exercitij gratia scriptae, et in publico oratorio collegio habitae fuerunt, ab ornatißimis adolescentibus, ex informatione Ioannis Simonii, rhetorices ibidem professoris p. liber continens quaestiones politicas, 1603 (2. Slg.); In Obitum Excellentissimi Theologi Dn. D. Davidis Lobechii: Epicedium I. Ecclesia. [...] Epicedium II. Academia Rostochiensis. [...] Epicedium III. Defunctus: Defuncti Socer, Uxor, Proles. [...] Iohannis [!] Simonius Collega moestiß. f. (in: L. BACMEISTER, Oratio memoriae [...] dn: Davidis Lobechii, s. s. theologiae doctoris et professoris in academia Rostochiensi [...] die 14. Septembris anno 1603. [...] defuncti [...]) 1603, F2^r–G1^r; Godislai Rotermundi, magnifici quondam et nobilissimi viri, ducum celsissimorum Pomeraniae consiliarij, capitanei Franceburgensis, in Engelßwach et Vogelsang heredis, elogia duo: alterum a Joanne Simonio: alterum ab Eilhardo Lubino concinnatum, 1603; Orator seu politicus Ioannis Simonii. Oratio, qua natura et caussae oratoris seu politici explicantur, publice recitata, in florentissimo acad. Rostochiensis Lyceo 24. Martij 1603, o. J.; Parentalia anniversaria prima, d. Uldalrico, celsissimo quondam atque illustrissimo duci Megapolitano, principi vetustae gentis Henetae, administratori et comiti Sverinensi, Rostochij et Stargardij domino, Germaniae nestori, patri patriae, ecclesiae et literarum euergetae, orthodoxe catholicae religionis nutritio, omnium virtutum regiarum paradiso: publice facta, ex reverendi concilij decreto in academia Rostochiensi, in frequentissima clarissimorum et doctissimorum hominum corona [...] 14. Martij 1604, o. J.; Heros Megapolitanus. Divi Uldarici, ducis Megapolitani, principis vetustae gentis Henetae, administratoris et comitis Sverinensis, Rostochij et Stargardiae dni., res illustres, vita et mors: quatuor orationibus: panegyrico: natali: parentatione: parentalibus anniversarijs primis: diversis temporibus ab auctore scriptis, et in acadamia Rostochiensi publice recitatis: expressae. Qui est Heroicorum Megapolitanorum fasciculus. I., 1605; Stemma Megapolitanum, et Vandalia. Quibus addita sunt ecloga de obitu d. Christophori: et oratio de vita et morte d. Sigismundi Augusti, illustrissimorum quondam ducum Megapolitanorum. Qui est Heroicorum Megapolitanorum fasciculus II., 1605; Megapolitanorum fasciculus III., 1605; Parentalia, Friderico Heinio, j. u. d. inclutae reip. Rostochiensis quondam syndico et consuli meritissimo; viro magnifico, cl. et consultißimo, virtute atque auctoritate praestanti: qui anno C. 1604. 19. Martij, in Christo placide obdormivit: a Ioanne Simonio [...] nobili et clariß. hominum doctorum consessu 23. Martij, anni 1605. publice facta, 1605; Joachimi Vagetii De labore et diligentia. Oratio recitata in collegio oratorio pub. cl. v. Iohannis Simonii eloquent. p. p., 1605; Lutherus theosdotos. Oratio, mendacijs papisto-turcici cujusdam Iesuitae, originem doctrinae coelestis, cujus ὑποφήτης interpres et doctor divinitus excitatus fuit Martinus Lutherus, diabolo blaspheme ascribentis, opposita a Joanne Simonio [...], 1606 (1608); Regulae vitae vere aureae: quibus in Germanica lingua est alphabeti aurei appellatio: carmine conversae [...], 1606 (Einblattdr.); M. Paulo Rutingo, Poetae C. Qui docta celebrat Musa Magnosque Bonosque [...] (in: P. RUTING, Anagrammatum [...] centuria hodoeporica prima. Cum schediasmatum libelli quinque) 1606, vor 49^r; Progymnasmata Aphthonii, praeceptis et exemplis illustrata, studio et opera Joannis Simonii, rhetoricis in academ. Rostochiensi p. p., 1607; Votum, pro illustrissimorum ducum Megalopolitanorum, totiusque reipublicae salute et felicitate, deo opt. maximo persolutum, a Ioanne Simonio [...] cum, 22. Octob. an: 1607. in solemni atque illustri academiae Rhodopolitanae panegyri, quatuor et decem reverendis, pijs, honestis, doctrina atque eruditione eximijs viris et juvenibus gradum in philosophia summum decanus conferret. Adjunctum est Stemma Megapolitanum ejusdem auctoris, o. J.; Joannis Simonij Apologeticus, in quo Nicolai Serarii S. I. presbyteri tum theosdoto remisso, tum orationi de disputatione diaboli cum Luthero, respondetur, 1608; Ah iterum rosei praeclara columna Lycei [...] (Epicedium) (in: P. TARNOW, Oratio de reverendi [...] viri, dn. Lucae Bacmeisteri senioris, ss. theologiae doctoris et professoris in academia Rostochiana [...] vita, studijs, praeclaris actionibus et obitu beato) 1608, G3^{r-v}; De studiis literarum recte feliciterque instituendis [...], o. J. [1609; Rede, gehalten am 22.9.1608]; Oratio de pravo sodalitio vitando. In illustri Rosarum academia exercitij gratia in collegio privato excellentissimi et clarißimi viri, dn. M. Johannis Simonii collegij praesidis, et eloquentiae profeßoris publici habita a Petro Lobechio Rostochiensi, 1609; Epithalamium (in: Nuptijs auspicatissimis [...] dn. M. Johannis Cnopii, s. s. theol. candidat. et [...] virginis Catharinae Schlepcoviae Rostochi ad 5. Febr. celebrandis consecrata [...]) o. J. [1609]; Megapolitanorum fasciculus IV. ejusque pars I., 1609; Megapolitanorum fasciculus IV. ejusque pars II., 1609; Bonus princeps. Panegyricus, divo Uldarico, duci Megapolitano, XIV. Martij, anni 1609. in academia Megapolitana, quae est Rostochij [...] publice dictus. Ad illustrissimos celsissimosque principes et dominos, dn. Adolphum Fridericum, et dn. Joannem Albertum, fratres germanos, duces Megapolitanos, principes vetustae gentis Henetae, comites Sverini, Rostochij et Stargardij dynastas: cum recipiendi homagij caussa, urbem suam Rostochium, mense Iulio incipiente, ingrederentur, 1609; Lutherus theosdotos triumfans. Addita est Joannis Schollij, professoris quondam Marpurgensis, De laudibus Jesuitarum, oratio, 1610; Illustrissimi principis ac domini, dn. Caroli ducis Megapolitani etc. elogium, 27. Augusti anno 1610. publice in acad. Megapolitana recitatum, [...]. Additum est stemma Megapolitanum, o. J.; Deliberatio Rehabeami, quae extat. 2 Regum c. 12. Exercitium oratorium, decem orationibus comprehensum; et a nobilibus aliquot, ornatißimisque viris juvenibus et adolescentibus in collegio oratorio 22 Jan. 1611. recitatum, ex informatione Ioannis Simonii [...], 1611; Michael Coletus [...] Tu Mi Lac Es Coelo. [...] (Anagramm u. Lobged.) (in: M. COLETUS, Trewhertzige Warnungs und VermanungsSchrifft/ an alle [...] der wahren reinen Augsburgischen Confession verwandte Christen zu Dantzig/ sich für den [...] Calvinischen Lügen und Lester Schartecken/ [...] fürzusehen [...]) 1611, b4^r; anon., Relation was sich mit Ioannis Christophori Castritij/ allen löblichen Academien und Studijs generalibus zu gönstigen ehren/ den 24. Octobris Stylo novo, zu Rostock geschehener erhöhung zugetragen, 1611 (wieder in: Responsum iuris in criminali casu Castritiano [...], o. O. 1618); De remediis adversus malevolentiae morsus dissertatiuncula Joannis Simonii oratoriae in acad. Megap. p. p., 1611 (A2^r in marg.: Pronunciata est 24. Octob. 1611); De studio sapientiae oratio scripta et in collegio oratorio clarissimi viri Ioannis Simonii publice recitata ab Erico Erici Tranevardio 19. Decem. 1610., 1611; Oratio de divitiis quod sint bonum. In collegio oratorio clarissimi et doctissimi viri, dn. M. Iohannis Simonii [...], concinnata et recitata ab Henrico Schelen Rostoch. 10. Calend. Januar. anno 1612, 1612; Oratio de laudibus literarum, conscripta et recitata in privato collegio oratorio clariss.

doctiss. et humaniss. dn. M. Iohannis Simonii [...] in illustri Rosarum academia, a Petro Willebrando, R. 6. Idus Octob. anno 1612, 1612; In calumniatores oratio, Johannis Rhulenii Wismariensis Megalopyrgici, habita ab ipso in collegio oratorio clarissimi et humaniss. viri, dn. M. Iohannis Simonii [...] Nonis Decembris anno sIs o ChrIste DeVs MeVs, 1612; ΜΕΛΕΤΗ oratoria de quaestione, an inter populares sit colenda amicitia. Concinnata et recitata in collegio oratorio clariss. doctiss. et humaniss. viri, dn. M. Iohannis Simonii [...] a Sebastiano Meiero Lubecensi Saxone. Idibus Decemb. anno 1612, o. J.; De liberalitate regum erga doctos, oratio: habita et recitata in collegio oratorio, clarissimi, humanissimi, doctissimique viri, dn. M. Ioannis Simonii [...]: a Johanne Rhulenio Vismariensi Megalburgico. Quarto Nonarum Februarij anno qVIs nesCIt DaeMonIs astVs, o. J. [1613]; Oratio de gratitudine. Quam in clariβimi viri, dn. Iohannis Simonii [...] collegio oratorio exercitij causa recitabat Henricus Schele, Rostoch. Mechelb. ad diem 4. Id. Februar. [...], 1613; Tyrocinium rhetoricum de adagio nihil cum amaricino sui. Exercitij gratia adornatum, et in collegio oratorio clarissimi viri, dn. M. Iohannis Simonii [...] recitatum a Magno Kanngiessero A. P. Quarto Non. Martij 1613, o. J.; In avaritiam oratio: in collegio oratorio clarissimi, doctissimi et humanissimi viri, dn. M. Johannis Simonii [...], habita a Conrado Brandio Rostochiensi, 1613; Pro frugalitate oratio habita in collegio oratorio clarissimi [...] dn. M. Iohannis Simonii [...] a Iohanne Olthoff, Rostoch., 1613; Oratio de eloquentia [...] [rezitiert v. Johan Adler Salvius], 1613 (Ex.: UB Uppsala, Kat.-Eintrag); De contexendarum epistolarum ratione. Libellus: ex Melchioris Junij; celeberrimi quondam in incluta Argentinensium academia eloquentiae professoris. Scholis rhetoricis excerptus, studio et opera Joannis Simonii, rhetorices in alma ad Varnum Balthicum academia p. p., o. J. [Vorr. dat.: 15.3.1614]; Oratio de artium liberalium utilitate in collegio oratorio, clarissimi, praestantissimi doctissimi viri, dn. M. Johannis Simonii [...] exercitij gratia a. d. 16. Julij publice pronunciata a Joanne Olai Podalino Gotho Egbyensi, 1614; De optimo reipublicae statu dissertatiuncula, ex triplici divi Augustini voto concinnata et 14. Maij anni 1612. in solemni aliquot magistrorum renunciatione publice pronunciata a Joanne Simonio [...] nunc primum excusa, 1615; De bono peregrinationis oratio scripta et approbante cl: viro Ioanne Simonio [...] a Fabiano ab Ostaw equite Prus.

publice in auditorio majore a. a. 10 Junij habita, 1615; Encomium urbis Rigae Livoniae emporii celeberrimi approbante humaniβimo clariβimo nec non doctissimo viro dn. M. Iohanne Simonio in alma Rhodopolitana academia professore eloquentiae publico. Exercitij gratia. Scriptum, et publice recitatum ab Henrico ab Ulenbrock Riga-Livono. Calend. Iul. anno 1615, 1615; Oratio de quaestione, cur bonis in hac vita male sit; malis vero bene; publice habita et in collegio majore recitata a Conrado Brandt Rostoch: scholae patriae collega et ad d: Petrum cantore, o. J. [1616] (mit Einladungsprogr. v. S.); De quaestione num liceat filio interficere parentem, nefaria in patriam molientem, orationes tres, scriptae et in alma universitate ad Varnum Balthicum publice recitatae a nobiliβimis et doctiβimis ornatiβimique viris juvenibus, Winando a Petersdorf, equite Marchico, Nicolao Wasmundt et Friderico Munderich, Neobrandenburgensibus Megapolitanis, 1616 (mit Einladungsprogr. v. S.); Oratio in funus divae principis Margarethae Elisabethae Megapolitanae, scripta, et in academia ad Varnum publice recitata. IX. Ianuarii, anno M. DC. XVII. [...], 1617; Tabulae isagogicae ad oratoriam studio Ioannis Simonii collectae, 1617; Oratio de praestantia et utilitate eloquentiae, quam pro introitu collegij oratorij, a M. Joanne Simonio [...] instituti: in clarissimorum dnn. pofessorum [!] consessu, in auditorio magno 11. die Decemb. pronunciavit Elias Gangius Suecus, 1617 (mit Einladungsprogr. v. S.); Joannis Simonii Programma, quo magnificus dn. rector, clarissimi academiae patres, et spectatissimi omnium hujus almae universitatis ordinum cives, ad benevole et benigne audiendum orationes de venatione contrarias: quas cras h. 9. in archeo majori nobilissimi et generosi juvenes-viri Winandus a Petersdorff Marchicus, et Ioannes a Sacken Livonus, equites, recitabunt, officiose et amanter invitantur, 1618; Orationes duae contrariae, altera qua voluptas summum esse bonum asseritur: altera qua eidem felicitas detrahitur, et virtutis actioni ascribitur, exercitij ergo recitatae sub praesidio viri clarissimi ac doctissimi dn. M. Johannis Simonii eloquentiae professoris celeberrimi, a Daniele Rohrmanno, Curono Livono, 1618; Triumphus secularis. Oratio: qua; ob divinitus, per ministerium d. Martini Lutheri, liberatam acerbissima pontificia servitute, romanisque idolomanijs ecclesiam; a. d. V. Novembris anno 1617, in illustris academiae Rostochiensis panegyri, in communi gaudio populi christiani, et huic gratulatus est, et deo opt.

max. gratias egit [...], 1618; Volumen exercitiorum oratoriorum, ex informatione Joannis Simonii M. professoris publici in alma Rostochiensi academia, a juvenibus quibusdam nobilissimis, ornatißimis et doctißimis celebratorum. Additus est duplex index, alter orationum, alter rerum, 1618 (die meisten dieser Reden sind auch in Separatdrucken erschienen; ^{2}1619); Oratio, in funere illustrissimi principis, dn. Caroli Henrici ducis Megalopitani, publice habita in academiae Rostoch. auditorio majori frequentissimo doctissimorum hominum consessu, 2. Dec. pomer. h. 2. anno 1618 [...], o. J.; Lectori Benevolo S. D. Ex eo, quo Megalander Lutherus, Spiritu Sancto excitatus [...], o. O. o. J. [1619?] (Einladungsprogr.; Einblattdr.); Hagnen Hagniaden, lectam lautamque puellam [...] (Epithalamium) (in: Sertum roseum in heliconio Obotritarum roseto compactum et thalamo viri clarissimi Justi Zinzerlingi j. u. d. et lectissimae virginis Agnetae Haniae recens-nuptorum appensum a fautoribus et amicis) 1619, A10^v–A11^r; Lectori Benevolo S. D. Plato auctor est; Athenienses, navis ejus, quam [...], o. O. 1619 (Einladungsprogr. v. 18.11.1619; Einblattdr.; wieder in: Jubilaea panegyris [...], 1620); Jubilaea panegyris, ex informatione Joannis Simonii, in alma universitate Rostochiensi rhetorices p. p. ab ornatißimis aliquot juvenibus adornata, et hebdomade sabbataria, centenarium ejusdem academiae tertium incoante, in illustri et spectatißimo magnificorum nobilißimorum praestantißimorum lectißimorumque virorum, et juvenum consessu a. d. 18. Novembris anno 1619. celebrata, 1620 (auch in: Jubilaeum academiae Rostochiensis festum, hebdomade sabbataria, centenarium ejusdem tertium incoante [...], mense Novembri anni 1619. celebratum, 1620, 447–479); Oratio de ira quam consentiente et approbante viro clarissimo atque experientissimo dn. M. Ioanne Simonio [...] publice d. 23. Septembris habuit Christophorus Martinius Soltquellensis Marchicus, 1620; Pro eloquentia, contra Ciceronimastygas, et Phormiones, oratio [...], 1621; Descriptio monstri, in Tiberi anno 1496 reperti, oratione delineata, et in collegio oratorio cl. viri m. Ioannis Simonii, rhetorices in acad. Rostoch. p. p. die 29. Augusti, anno 1621, in archeo unicornis recitata a Gotfrido von der Linden, o. J. [1621]; Oratio de vero historiarum usu; et num historiae sint legendae; deo ter optimo maximo disponente; clarissimo viro M. Johanne Simonio [...] informante; memoriter in auditorio boreali recitata ab Israele Hoppio Elbingensi Borusso, 1621; In sophisticen oratio [...], 1622; De Caussis, cur renunciationes rectorum in academiis solemniter quotannis fiant, dissertatiuncula [...], 1622; Oculus videns. Mens regia. Duo panegyrici, piis manibus divi Udalrici ducis Megapolitani, die ipsius emortuali 14. Martij, diversis temporibus, alter a. C. 1613. alter a. C. 1622. in alma Rostochiensi universitate dicti [...], 1622; Programma, quo, ad praestantißimum et ornatißimum juvenem, Joannem Stalmeisterum, crastina die hora 1. pom. in archeo majori, divo Friderico II. potentissimo quondam Daniae regi, heroi incomparabili, panegyrin dicturum, benigne audiendum, omnes omnium almae hujus academiae ordinum cives efficiose invitat Joannes Simonius M. rhetor. p. p. p. p. Rostochij a. d. 16. Julij 1622, o. J.; De vita, et rebus feliciter gestis serenissimi, piissimi ac potentissimi Danorum, Norwegorum, Vandalorum Gothorumque regis felicissimi pluriumque ducatuum comitatuumque principis ac domini, dn. Frederici II. beatissimae memoriae, oratio a Joanne Stalmeistero scripta, dicta et publice recitata, in incluta academia Rostochiensi ad diem XVII. Julij in auditorio magno anni aerae christianae M. DC. XXII., o. J. [1622]; In barbariem linguarum oratio approbante clarissimo viro dn. Iohanne Simonio [...] habita a Iohanne Wolphio, Lubecense, 1622; Epistola ducatus Megapolitani, ad principes et dominos suos clementissimos: hoc est, gratiarum actio pro beneficiis, quae deus per celsitudines ipsorum ducatui huic Megapolitano praestitit, tum alijs, tum pro stabilito judicio provinciali: cum pio et ardenti voto: scripta a Joanne Simonio [...]. Adjecta sunt ejusdem materiae alia quoque gratulatoria, suis quaque inscripta patronis, 1623; Theoremata politica, de subjecto politices: de fine in subjectum introducendo: et de medijs, per quae finis est tum in subjectum introducendus; tum introductus conservandus augendusque; tum etiam labefactatus restituendus; deque id genus alijs materijs: de quibus, praeside et auctore Ioanne Simonio, rhetorices in alma universitate Rostochiensi p. p. praestantissimi et ornatissimi juvenes, quorum nomina singulis disputationibus praefixa sunt, disputarunt. Additus est index rerum et verborum: et quaestionum praemissus, 1623 (Slg v. 11 Disputationen); daraus als Separatdr. überliefert: Disputationum politicarum tertia, de altero domesticae societatis fundamento, quae est res familiaris [...] in alma ad Balthicum Varnum universitate [...] a. d. 16. Aprilis, J. S. (Präs.), A. CLÜPPEL (Resp.),

1623; Disputationum politicarum septima, de reipublicae divisione: ubi et [...] de majestate, hujusque juribus [...] in alma ad Balticum Varnum universitate [...] a. d. 28. Junij, J. S. (Präs.), A. HECHT (Resp.), 1623; Disputationum politicarum nona, de aristocratia et politia, et de utriusque exerratione [...] in alma ad Balthicum Varnum universitate [...] a. d. 16. Julij, J. S. (Präs.), A. CLÜPPEL (Resp.), 1623; Sacrum anniversarium, divo Udalrico, duci Megapolitano, ex decreto reverendi concilij almae universitatis Rostochiensis, die 16. Martij anno 1624. in frequentißima auditorum corona peractum [...], o. J.; Oratio panegyrica in recordationem magnificam magnifici, amplissimi, clarißimi et consultißimi viri dn. Ernesti Cothmanni jcti, Germaniae celeberrimi, reverendissimi, praecelsissimi, atque praelustrissimi principis ac domini, dn. Joannis Alberti, coadjutoris episcopae Razeburgensis, ducis Megapolensium etc. cancellarii et consiliarii gravissimi, ut et academiae Rostochiensis professoris primarij ac facultatis juridicae senioris maxime emeriti. approbante excellentißimo [...] viro Joanne Simonio M. [...] habita Rostochij in auditorio majori a Ioanne Drepper/ Lemgovia-Westphalo, 1624 (mit Einladungsprogr. v. S.); Justa funebria, reverendissimo, praelustrissimo, praecelsissimoque principi ac domino, dno, Uldarico, heredi Norvegiae, episcopo Swerinensi, duci Sleswicensi, Holsatiae, Stormariae et Dithmarsiae, comiti in Oldenborg et Delmenhorst, academiae Rostochiensis cancellario magnificentissimo, musarum euergetae, scitu jussuque reverendi senatus ejusdem almae universitatis Rostochiensis, a. d. XXIV. Maij solenniter facta [...], 1624; Oratio encomiastica de temperantia in celeberrima Rostochiensi academia publice recitata a Johanne Heinrici Wiburgo-Carelio. In collegio unicornis hora 2. pomerid., 1625 (mit Einladungsprogr. v. S.); In Cantiones Pias Veterum Episcoporum et Pastorum in Inclyto Regno Sveciae. Nobile psallendi genus est bona Musica simplex: [...] (Lobged.) (in: Cantiones piae et antiquae, veterum episcoporum et pastorum in inclyto regno Sveciae, praesertim in magno ducatu Finlandiae ursupatae, et primum opera [...] Theodorici Petri Rwtha/ anno 1582. typis commissae. Nunc [...] sumptibus [...] Johannis et Bartholdi Petri Rwtha [...] cum quibusdam marginalibus [...] illustratae prodeunt [...], Dedikationsschreiben H. M. FATTABWR [FATTBUUR], M. JACOBAEUS [TOLIA]) 1625, A4^{r-v}; Oratio in qua indoles virtutis heroicae describitur, in illustri ad Varnum academia publice recitata a Samuele Kroelio Wiburgo-Carelio, in auditorio magno horis matutinis die 21. Maij anno M. DC. XXV., o. J. (mit Einladungsprogr. v. S.); Ornatißimo doctißimoque Juveni Viro, Dn. Henrico Starcken, Hervordia-Westphalo. Phoebi delicium, Musarum gloria Starcki [...] (Epigramm) (in: Disputatio medicophysica de somno, ΝΥΚΤΕΓΕΡΣΙΑ, ecstasi et ephialte [...] ad d. 20. August., J. STOCKMANN [Präs.], H. STARCKE [Resp.]) 1625, C4^{r-v}; Praestantißimo doctißimoque Viro Juveni, D. Henrico Schradero Gedanensi. Hoc juris vere est studiosi, ut relligiosus [...] (4 Distichen) (in: Discursus academicus de una religione [...] in incluta Rosarum academia [...] die Novembr., A. STURTZ [Präs.], H. SCHRADER [Resp.]) 1625,)(4^{r}; Praestantißimo et Literatißimo Viro, Dn. M. Jacobo Durfeldio, S. D. Gratum, Durfeldi, vir Praestantißime, Jovae [...]. Joannes Simonius Rhet. in Acad. Rostoch. P. P. et Facultatis Philosophicae h. t. Senior (Lobged.) (in: J. DUERRFELD, Perseverantia sanctorum christiana: qua doctrina de stabilitate sanctorum in fide; item de aeterna dei praedestinatione et reprobatione, deque foederali gratia, conversione, et libero arbitrio sobrie enucleatur [...]) 1625, a7^{r}; Oratio de praestantia eloquentiae etiam in bello, habita cum professionem Skyttianam primum adgrederetur, Uppsala 1625; De auctoritate regia, et de regni Svetici dignitate atque felicitate oratio, in illustri generosissimo et spectatissimo praeclarissimorum nobilissimorum et ornatiss. virorum, studiosaeque juventutis maximo consessu, in regia Sveciae Salana a. d. 12. Aprilis anni 1626 publice recitata a Iohanne Simonio, Skyttiano oratoriae p. p. et ordinario, Uppsala 1626; Dissertatiunculae sex, in quarum tribus primis, num femina legati offico [!] fungi possit: tribus postremis, num in administratione reipubl. interdum a justitia ad utilitatem deflectere liceat, disputatur; ab illustris et generosi dn. Iohannis Skytte, liberi baronis in Duderof etc. filiis, generosis nobilissimisque adolescentibus, Johanne Benedicto et Jacobo, Skytte, Johannis Simonii, Skyttiani in regia Ubsaliensi academia oratoriae p. p. et ordinarij, informatione scriptae; publice, illae, postridie Kal. Sept. in veteri collegio; hae, ultimo Septemb., in novo collegio Skyttiano, ex memoria recitatae, Uppsala 1626 (mit Einladungsprogr. v. S.); De locorum topicorum usu. Libellus, tum monstrans locos topicos et naturali et artificiali dicendi facultati servire: tum I.

praecepta dicendi: II. progymnasmata: III. conscribendi epistolas rationem: IV. orationes juxta quatuor caussarum genera disponendi artificium, continens: collectus et concinnatus studio et opera Johannis Simonii [...], Uppsala 1627; Epicedium (dat. Stockholm, 30.1.1627) (in: Justa exequialia cum filiolo Johanni, ad 29. Januarij anni 1627. praemature [...] defuncto in honorem [...] dn. M. Johanni Rotlöben, aulae regiae Svedicae concionatori; et coetus Holmiae Germanici pastori [...] nec non [...] ejusdem [...] conjugi, Benedictae Danckwardts. Parentibus relictis [...] in consolationem. Deposita, a fautoribus et amicis condolentibus) Stockholm 1627; Iohanni Loccenio IC. Regio in Academia Ubsaliensi Historiarum P. P. et ordinario: [...] f. Johannes Simonius, Skyttianus in Regia Ubsaliensi Academia Oratoriae P. P. et Ordinarius (Zuschrift) (in: J. LOCCENIUS, Oratio de historiarum praestantia et usus) Uppsala 1627, D4^r.

Herausgaben: Illustrißimi principis et domini, dn. Wilelmi in Livonia, Curlandiae et Semigalliae ducis, etc. cum academiae Rostochiensis rector esset: edicta officij ratione, primo semestri, a Calendis Maij usque ad diem Lucae evangelistae anno 1591. proposita (Zuschrift, hg. J. S.), 1593; Demetrius, Demetrii Phalerei ΠΕΡΙ ΕΡΜΗΝΕΙΑΣ liber utilis et vere aureus, quaestionibus explicatus, studio et opera Ioannis Simonii, rhetorices in academia Rostochiensis professoris publici, 1601; D. Erasmus, Querela pacis undique gentium ejectae profligataeque (Vorr., hg. J. S.), 1622 (1624).

Ausgaben: Stemma Megapolitanum, 1605 (in: M. CORDES, Chronicon Parchimense oder historische Beschreibung der Stadt Parchim im Hertzogthum Mecklenburg [...] mit angefügten Stammbaum der Hertzogen von Mecklenburg [...]) 1670, 74–83; Vandalia a. 1598. scripta (in: Monumenta inedita rerum Germanicarum praecipue Cimbricarum, et Megapolensium [...], hg. E. J. v. WESTPHALEN, Bd. 1) 1739, 1539–1552; Auszug der Rede Jo. Simonii auf die gottseel. meckl. Fürstin Margarethe Elisabeth (1617) (in: Etwas von gelehrten Rostockschen Sachen [...], drittes Jahr) 1739, 597 f.; Auszug der Rede Jo. Simonii auf den meckl. Printzen Carolum Hinricum (1618) (in: ebd.) 628 f.

Nachlaß: Eintrag (Köln, 29.12.1600) in das Stammbuch (1596–1647) Paul Röber: HAAB Weimar, Stb 289, Bl. 46^v; Autograph (Rostock, 3.11.1612): NLB Hannover, Ms XLII, 1989, 2, Bl. 95.

Bibliographien: VD16 u. VD17 (beide noch unvollständig). – Etwas von gelehrten Rostockschen Sachen (Lit.) 1739, 509–518, 541–550, 572–581; J. KNAPE, Werkeverz. zu den Rhetorikdrucken Deutschlands 1450–1700, 2017, 403–405, Nr. 1328–1335.

Literatur: H. WITTE, Diarium biographicum [...], Danzig 1688, Z1^v–Z2^r; Zedler 37 (1743) 1492; Jöcher 4 (1751) 611; Allg. Schriftst.- u. Gelehrten-Lex. der Provinzen Livland, Esthland u. Kurland (bearb. J. F. v. RECKE, K. E. NAPIERSKY), Bd. 4, Mitau 1832, 197; Nachträge u. Fortsetzungen, Bd. 2, Mitau 1861, 193; S. SEHLKE, Pädagogen, Pastoren, Patrioten. Biogr. Hdb. zum Druckgut für Kinder u. Jugendliche von Autoren u. Illustratoren aus Mecklenb.-Vorpomm. von den Anfängen bis einschließlich 1945, 2009, 359 f.; G. GREWOLLS, Wer war wer in Mecklenb. u. Vorpommern. Das Personenlex., 2011 (DVD); J. KNAPE, Autorenlex. dt. Rhetoren 1450–1700, 2017, 401 f. – Παρηγορικοι ad clarissimum et doctissimum virum Ioannem Simonium, eloquentiae in floridissima Rosarum academia professorem p. carissimae suae coniugis, honestissimae et omnium matronalium virtutum ornatissimae feminae Margaritae Smedes, obitum praematurum acerbissimo luctu prosequentem: scripti et missi a collegiis et amicis, quibus praefixa est intimatio [v. L. Bacmeister] in funere proposita, 1604 (längerer Ausz. aus Bacmeisters Leichenprogr. in: Etwas von gelehrten Rostockschen Sachen [Lit.], 1739, 507–509); [J. SLEKER] Rector academiae Rostochiensis, Johannes Slekerus phys. p. p. ad jubilaei evangelici recolendam memoriam orationesque clariβimi et excellentiβimi viri, M. Johannis Simonii professoris celeberrimi, nec non humaniβimi et praestantiβimi viri, dn. M. Iacobi Breigeri, audiendas. Omnes omnium ordinum academiae cives ad crastinam IX. et I. officiose et peramanter invitat, 1617; [T. LINDEMANN] Programma quo [...] ad panegyrim jubilaeam a clarissimo viro dn. M. Johanne Simonio, eloquentiae professore, adornatam, fundationem academiae Rostochiensis primam representantem, illustrissimorum principum et amplissimi senatus, ad jubilaeam solemnitatem augustiorem reddendam ablegati omnesque omnium ordinum litterario ordini faventes cives crastino die, hora media prima, instituendam invitantur, rectore Thoma Lindemanno jc. et professore, 1619; Inauguralis actus celebratus in regia et incluta academia Ubsaliensi cum illustris et generosus dominus, dominus Johannes Skytte, senior [...] in celeberrimo et frequentissimo illustrium, generosorum, magnificorum, admodum reverendorum, nobilissimorum [...] doctissimorum hominum consessu, professionem a se fundatam, Johanni Simonio, ad d. 5. Decembr. anno 1625. solemniter commendaret. Accesserunt ejusdem [...] trium filiorum, dn. Johannis, dn. Benedicti, dn. Jacobi, Skytte [...] de persona Iesu Christi orationes [...] a. d. 6 Febr. anno 1626 ex memoria ab ipsis recitatae, Uppsala o. J. [1626] (Nachdr. Uppsala 1916); J. LOCCENIUS, Oratio funebris: habita in exequiis clarißimi ac eximij viri, Joannis Simonii Skyttiani oratoriae professoris in regia Upsal. acad. ad diem XXIX. Maij. cIↃ IↃc XXVII. Accedent amicorum epicedia, Uppsala 1627; [P. WASMUNDT] Rector academiae Rostochiensis Petrus Wasmundt [...] ad exsequias quas [...] Dorotheae Everdts [...] Johannis Simoni p. m. relictae viduae mater superstes et propinqui parant, hodie hora media prima cohonestandas, omnes omnium ordinum cives academicos amanter et officiose invitat, 1631 (Leichenprogr. für S.' zweite Frau Dorothea); [N. SCHÜTZ] Programma quo rector universitatis Rostochiensis Nicolaus Schütze [...] ad exequias quas [...] Annae Simoniae maritus moestissimus hodie hora media prima paratas cupit, omnes omnium ordinum cives academicos sedulo invitat, 1640 (Leichenprogr. für Anna, S.' Tochter aus der zweiten Ehe); J. SCHEFFER, Suecia literata seu de scriptis et scriptoribus gentis Sueciae. Opus postumum, Holmiae initio anno MDCLXXX. excusum, nunc autem denuo emendatius editum, et Hypomnematis historicis illustratum a Johanne Mollero, 1698, 47 f., 280, 445 f.; Mecklenburgischer Scribenten Bibliotheque [...] Erste Ordnung, als der Miscellaneorum Mecklenburgicorum Fünfftes Stück, 1731, 34 f.; Etwas von Ioann. Simonii, erstlich Profess. Poes. hernach Rhetor. zu Rostock, endlich Prof. Eloqu. und Polit. zu Upsal, Leben und Schrifften (in: Etwas von gelehrten Rostockschen Sachen, für gute Freunde; drittes Jahr) 1739, 503–518 (u. Reg.); Zusatz von Jo. Simonio (in: ebd., vierdtes Jahr) 1740, 260–263 (Brief der Univ. Rostock vom 28.6.1625 an Johan Skytte d. Ä., den Stifter der Professur in Uppsala, auf die S. berufen wurde); J. B. KREY, Andenken an die Rostockschen Gelehrten aus den drei letzten Jh., 7. St., 1816, 19; O. KRABBE, Die Univ. Rostock im fünfzehnten u. sechzehnten Jh., 2 Tle., 1854, 738–740; C. ANNERSTEDT, Upsala universitets historia, Tl. 1: 1477–1654, Uppsala 1877, 209 f.; C. SCHRÖDER, Mecklenb. u. die Mecklenburger in der schönen Lit., 1909, 26; Geschlechter der Hansestadt Rostock im 13.–18. Jh. (bearb. G. MÖHLMANN) 1975, 147; F. BOHLIN, Die Slg. ‹Piae Cantiones› u. Norddtl. (in: Weltl. u. Geistl. Lied des Barock. Stud. zur Liedkultur in Dtl. u. Skandinavien, hg. D. LOHMEIER) Stockholm, Amsterdam 1979, 109–120, hier 119; W. KÜHLMANN, Gelehrtenrepublik u. Fürstenstaat. Entwicklung u. Kritik des dt. Späthumanismus in der Lit. des Barockzeitalters, 1982, 202 f.; Hdb. der hist. Buchbestände in Dtl., Bd. 16 (hg. F. KRAUSE) 1996, 121; V. SCHORLER, Rostocker Chron. 1584–1625 (hg. I. EHLERS) 2000, 49, Nr. 176 (vgl. Nr. 168); M. ASCHE, Von der reichen hansischen Bürgeruniv. zur armen mecklenburg. Landeshochschule. Das regionale u. soziale Besucherprofil der Universitäten Rostock u. Bützow in der Frühen Neuzeit (1500–1800), ²2010, 130, 616. RBS

Singer, Claire → Paxmann, Christine.

Singer, H. O. → Quilitzsch, Heinz Otto.

Skudlik, Sabine (Ps. Benedikt von Hagen, Carl G. Roth), * 20.10.1959 Tegernsee/Obb.; Stud. der Sprach- u. Lit.wiss. sowie der Psychologie in München, Magister-Abschluß, Promotion zum Dr. phil. in München («Sprachen in den Wiss. Dt. u. Engl. in der internat. Kommunikation»), bis 1991 Doz. an der Univ. München, danach Mitveranstalterin von Konzerten, freie Autorin u. Ghostwriterin, ab 2003 auch Kolumnistin des «Kreisboten» (Landsberg): lebt in Landsberg am Lech; publizierte u. a. Kdb., Biogr., Ratgeber, Ess. u. Kirchenlied-Texte; auch Hg. von Erz. u. Volksliedern. – Autorin, Doz., Hg., Veranstalterin.

Schriften: Gerechtfertigte Vielfalt. Zur Sprache in den Geisteswissenschaften (Ess., mit E. OKSAAR u. a.) 1988; Der Apostel Petrus (Biogr.) 1992; Johannes der Täufer (Biogr.) 1992; Martin von Tours (Biogr.) 1992; Der heilige Nikolaus, Bischof von Myra (Biogr.) 1992; Die schönsten Gute-Nacht-Geschichten (Kdb., Illustr. v. K. Straßmann) 1998; Ich mag Fatma. Meine beste Freundin ist aus Istanbul (Kdb., Illustr. v. ders.) 1999; Neue Gute-Nacht-Geschichten (Kdb., Illustr. v. ders.) 2000; Das große Quizbuch für schlaue Kids. Kreuzworträtsel, Rätselkrimis, kunterbunter Ratespaß, 2007; Trau dem Engel in dir. Das Engelbuch für Frauen, 2008; O. Walterspiel, Ein offenes Haus. Meine

Kindheit im Hotel Vier Jahreszeiten (Mitarb.) 2012; Alte Bergstraße 417 1/2 (Biogr.) 2012. – Zudem mehrere medizin. Ratgeber.

Herausgaben: Das Wunderhorn. Eine Volksliedanthologie (mit 1 Tonkassette) 1991; Gutenacht Geschichten für viele süße Träume (Illustr. v. K. Straßmann) 2009. MM

Sky → Bionda, Alisha.

Slade, Jack → Basener, Anna.

Smith, Pete, * 21.8.1960 Soest; ab 1980 Stud. der Germanistik, Philos., Publizistik u. Kunstgesch. in Münster/Westf., 1987 Magister-Abschluß, danach Journalist, war u. a. für den «Westfäl. Anz.» (Hamm) u. 1989–2007 als Red. für die «Ärzteztg.» (Neu-Isenburg) tätig, dann freier Autor, war ab 2019 Referent für Unternehmenskommunikation bei der Messe Frankfurt, ab 2021 bei einer Hotelkette für interne Kommunikation zuständig; lebt in Frankfurt/M.; publizierte u. a. Rom., Erz., Kdb. u. Jgdb.; Veröff. u. a. in der «WELT» (Berlin). – (Neben weiteren Auszeichnungen) Robert-Gernhardt-Preis (2012). – Journalist, Referent, Autor.

Schriften: Der Junge mit dem Allerweltsgesicht (Kdb., Illustr. v. K. Gerz) 1998; Wer unterscheidet den Tänzer vom Tanz? (Rom.) 1998; Mr. Miramar (Erz.) 1999; David und Frederik (Erz.) 1999; Das Geheimnis von Schloss Gramsee (Jgdb.) 2002; ‹Denn kein größeres Verbrechen gibt es, als nicht kämpfen zu wollen›. Vor 50 Jahren starb der Arzt und Dramatiker Friedrich Wolf. Sein Engagement gegen den Paragraphen 218 löste Massenproteste aus (Sonderdr.) 2003; Tausche Giraffe gegen Freund (Kdb., Illustr. v. R. Bayer) 2004; Mein Freund Jeremias (Kdb., Illustr. v. H.-J. Feldhaus) 2004; 1227. Verschollen im Mittelalter (Jgdb.) 2004; 168. Verschollen in der Römerzeit (Jgdb.) 2006; 2033. Verschollen in der Zukunft (Jgdb.) 2008; So voller Wut (Jgdb.) 2009 (auch u. d. T.: Amok. Der Weg des Kriegers, 2018); Arm sind die anderen (Jgdb.) 2011; Endspiel. Ein Frankfurt-Roman, 2015; Das Mädchen vom Bethmannpark (Rom.) 2016; Fliegen lernen (Rom.) 2019.

Literatur: Lit.port Autorenlex. (Internet-Edition); Liton.NRW (Internet-Edition). MM

Smitmans-Vajda, Barbara (auch B. Brand-Smitmans), * 10.8.1943 Coesfeld; Stud. der Germanistik, Philos., Theol., Kulturwiss. u. Bildenden Kunst in Münster/Westf., Freiburg/Br., Tübingen u. Esslingen, 1969 1. pädagog. Staatsexamen, 1973 2. pädagog. Staatsexamen, Tätigkeit als Gymnasiallehrerin, 1994 Promotion zum Dr. phil. in Tübingen («Die Bedeutung der Bildenden Kunst in der Philos. Georg Simmels»), zuletzt freie Schriftst., Ehefrau des Kunsthistorikers Adolf Smitmans (1933–2017) u. später des ungar. Philosophen Mihály Vajda (* 1935); in Tübingen u. Budapest anässig; verfaßte u. a. Lyrik sowie theolog., philos. u. pädagog. Fachtexte; Arbeiten über Friedrich → Nietzsche u. Ernst → Bloch; Veröff. u. a. im «Schwäb. Tagbl.» (Tübingen). – Pädagogin, Autorin, Herausgeberin.

Schriften: Zum Thema Eid und Repression (mit W. Birkenmaier u. a.) 1970; Wege der Existenz in der Kirche heute. Ein konfessionell-kooperativer Unterrichtsversuch in einem 13. Schuljahr, 1974 (als Ms. gedr.); Dionysos Philosophos. Nietzsche, Narr und Künstler (Aufs.) 1997; Aschewunder? Lyrische Nach-Gedanken nach Auschwitz, 1997; Melancholie, Eros, Muße. Das Frauenbild in Nietzsches Philosophie, 1999; Abitur-Wissen Ethik: Religion und Weltanschauungen, 2000; Überflüssiges? Wahn-witzige Sprach- und Denk-Spiele in einer alten Stadt mit Platon, 2002; Adonien. Ein lyrischer Tanz mit Inanna, Sappho, Schahrasad, Sulamith, Shiva, Laotse, Oedipus, Orpheus, Hölderlin u.a., 2006; Poema mundi. Die Welt ist... lyrisch (Ged.) 2013; ‹Die Zeit›. Aktuelle Gedichte zu Bildern aus Paul Klees Spätwerk (1933–1940), 2019.

Herausgaben: Kirche für morgen. Anstöße und Modelle (mit M. Pirol) 1972.

Literatur: Autorinnen u. Autoren in Baden-Württ. (hg. Lit. Gesellsch. Karlsruhe) o. J., www.autoren-bw.de/. MM

Snela, Jan, * 1980 München; Zivildienst in Frankreich, Stud. der Komparatistik, Slawistik u. Rhetorik in München u. Tübingen; lebt in Tübingen; verfaßte Erz., Ged., (Radio-)Ess. (u. a. über H. C. → Artmann) u. Radio-Features; Veröff. u. a. in NR u. «Edit. Papier für neue Texte» (Leipzig). – (Neben weiteren Auszeichnungen) Clemens-Brentano-Preis (2017). – Schriftsteller.

Schriften: Das Wolper-Ding. Wie sich der Mensch sein Tier denkt (Radio-Ess., mit D. v.

WESTPHALEN) 2014; Gebt mir Möglichkeit oder ich ersticke! Ein ‹Denkmal› für Gilles Deleuze (Radio-Ess.) 2015; Was die Maus zur Monade macht oder: Appetit (Radio-Ess.) 2016; Milchgesicht. Ein Bestiarium der Liebe (Erz.) 2016; Wie aber Liebes? Hölderlin und der Klimawandel (Radio-Feature) 2020.

Literatur: Lit.port Autorenlex. (Internet-Edition). MM

Sobik, Helge, * 28.5.1967 Lübeck; Arbeit als Reisejournalist, zudem Doz. für Reisejournalismus, Berater u. Coach, lebte in Pansdorf (Ratekau); u. a. Reisejournalist des Jahres (2018, 2019, 2021); publizierte vor allem Reisereportagen u. -führer, zudem Bildbde. u. Rom.; Veröff. u. a. in «Frankfurter Allg. Ztg.», «ZEIT» (Hamburg), «Der Standard» (Wien), «Südd. Ztg.» (München) u. «Spiegel» (Hamburg). – Journalist, Berater, Schriftsteller.

Schriften: Barbados (Karibik) (Führer) 1989 (2., überarb. Aufl. 1991); Tunesien. Spezielle Tips für Ihre Tunesien-Reise. Wissenswertes über alltägliche Situationen und arabische Lebensweise, 1990; Finnland (Bildbd., Fotos v. A. Gerth) 1993; Tunesien entdecken & erleben (Führer) 1995 (2., überarb. Aufl. u. d. T.: Tunesien, 2002); Finnland (Führer) 1996 (überarb. Neuausg. als Merian-Bd. 2007); Der Mann hinter dem Regenbogen. Kanadische Eigenheiten, 2001 (überarb. Neuausg. 2019); Die Flecken im Fell des Leoparden. Tunesische Arabesken, 2002; Das letzte Postamt diesseits des Polarsterns. Finnische Fundstücke, 2002; Irgendwo im Nirgendwo. Unterwegs an den Enden der Welt, 2003; Tamil Nadu. Das aufstrebende Tourismusziel Indiens (Red. A. KADEN) 2004; Wo bitte geht es hier zum Grizzly? Rauchzeichen aus Kanadas Westen, 2005; Tausendundeine Nacht im Übermorgenland. Luftschlösser in Dubai, 2006; Urlaubslandsleute …jede Menge Vorurteile für die Reise, 2 Bde., 2006, 2007; Der Mann, der mit den Gambas zaubert. Funkelnde Costa Blanca, 2008; The Dubai Story (Bildbd.) 2009 (dt., engl. u. frz.); Reportage Persischer Golf. Sand zu Gold, Wüste zu Geld, 2009 (überarb. Neuausg. u. d. T.: Persischer Golf. Tausend Meter über der Wüste, 2020); Picassos Häuser (Bildbd., Red. S. MENDACK) 2009 (dt., engl. u. frz.; 2., überarb. Aufl. 2009); Picasso an der Riviera (Bildbd.) 2010; Päpste seit Anbeginn der Fotografie (Bildbd.) 2010; Mythos Saint-Tropez (Bildbd.) 2011; Mythos Marrakesch (Bildbd.) 2011; Mallorca. Miró und der Mann mit der Mandarinenkiste, 2012; Abu Dhabi. Mona Lisa im Meer aus Sand (mit F. v. POSER) 2012; Kanadas Norden. Der Mann, der mit den Stürmen spricht, 2013; Côte d'Azur. Der Duft des Lavendels und der Millionen, 2014; James, die Tür bitte! Der Butler im Schrank und andere Merkwürdigkeiten aus der Welt des Reisens (mit S. BISPING) 2014; Vier Pfoten und ein Tintenfisch. Ein Hunderoman, 2015; Dubai. Dreitausend Stufen in den Himmel, 2016; Kanadas Westen. Wo bitte geht es hier zum Grizzly?, 2017; Vier Pfoten und drei Koffer. Ein Hunderoman von unterwegs, 2018; Portugal. Die Fischer, die die Zeit anhalten, 2018.

Literatur: H. KLEINSTEUBER, T. THIMM, Reisejournalismus: Eine Einf., ²2008, 238–255 (Interview mit ~); C. VAIH-BAUR, ‹Storytelling für die tägl. Praxis neu definieren›. Reiselust beflügeln: Interview mit ~, Journalist u. Berater für Storytelling (in: Ökonom. u. soziolog. Tourismustrends. Strategien u. Konzepte im globalen Destinationsmarketing, hg. DIES., D. PIETZCKER) 2020, 319–328. MM

Söhngen, Peter Alexander, * 6.6.1942 Stuttgart; Arbeit als Elektrotechniker, danach freier Autor, betrieb ab 2001 den Jupiter-Verlag in Leonberg (Kr. Böblingen); lebt ebd.; verfaßte u. a. Erz. u. rel. Texte. – Elektrotechniker, Autor, Verleger.

Schriften: Stadt ohne Väter (Erz.) 2001 (rev. Ausg. 2012); Gespräche mit Lucy. Eine spannende Reise zu den Quellen unserer Religion, 3 Bde., 2002 (rev. Ausg. 2012); Der Märchenerzähler. Orientalische Liebesmärchen, 2007 (rev. Ausg. 2012); Die Fälschung der Evangelien. Die unverzagte Suche nach dem Ursprung von Christus, 2012. MM

Sofronieva, Tzveta, * 20.9.1963 Sofia; Stud. der Physik in Sofia, 1986 Diplom, 1991 Promotion, 1992 Besuch einer Meisterkl. bei Joseph Brodsky (1940–1996), war u. a. als Journalistin (1993–2000 Korrespondentin in Berlin), Doz. u. freie Autorin tätig; lebt seit 1992 in Berlin; trat vor allem mit Lyrik in dt., bulgar. u. engl. Sprache hervor; publizierte zudem Erz., Theatertexte, Ess. u. engl.-dt. Übers.; Veröff. u. a. in «Akzente. Zs. für Lit.» (München), «Manuskripte. Zs. für Lit.» (Graz), «Lichtungen. Zs. für Lit., Kunst u. Zeitkritik» (Graz) u. «Das Ged. Zs. für Lyrik, Ess. u. Kritik» (Weßling). – (Neben weiteren Auszeichnungen) Preis der Bulgar. Akad. der Wiss. für Poesie (1988),

Adelbert-von-Chamisso-Preis (2009). – Journalistin, Autorin, Dozentin.

Schriften: Chikago Blues, Sofia 1992 (bulgar. u. engl.); Za čevašča pamet (Ged.) ebd. 1994 (bulgar.); Gefangen im Licht (Ged.) 1999 (bulgar. u. engl.); Raz-poznavaniia. Stikhove (Ged.) Plovdiv 2006 (bulgar.); Zavrŭshtaneto na beliia bik. Stikhotvoreniia (Ged.) ebd. 2007 (bulgar.); Eine Hand voll Wasser (Ged.) 2008; Drei Frauen (Ged., mit O. VÄÄRISKOSKI, I. KLEINERT) 2009 (dt., finn. u. bulgar.); Via Dukte (Ged., Illustr. v. J. Häfner) 2010; Diese Stadt kann auch weiß sein (Erz.) 2010; Landschaften, Ufer (Ged.) 2013; La solitude de l'abeille. Die Einsamkeit der Biene (Ged.) Paris 2013 (dt. u. frz.); Selected affordable studio apartments (Ged., hg. V. KURLENINA) 2015 (dt., bulgar., engl. u. frz.); Anthroposzene (Ged.) 2017; Pregŭrnati v mŭglata, Sofia 2018; Reflections in a Well (mit R. EBERT, Illustr. v. A. Andreasová) Walthamstow 2018 (engl.); Multiverse. New and selected poems (Ged., hg. J. DOBBS) Buffalo 2020 (englisch).

Übersetzungen: D. Maloney, Eine leere Tasse, 2017.

Herausgaben: Verbotene Worte. Eine Anthologie, 2005; 11 9 / Web Streaming Poetry, Zemun/Belgrad 2010.

Literatur: B. TRABER, Das Sagbare u. das Nichtsagbare: ~ (in: Orte. Eine Schweizer Lit.zs. 33) 2009, H. 159, 39–42; M. SPEIER, Wortfängerin. Die Dichterin ~ (in: Chamisso 1) 2009, 10–13; C. WRIGHT, The Water under the bridge: ~'s ‹Der alte Mann, das Meer, die Frau› (in: Shoreless bridges. South East European writing in diaspora, hg. E. AGOSTON-NIKOLOVA) Amsterdam u. a. 2010, 97–116; ~ (Bulgarien, Dtl.) (in: Autor*innen, Internat. Lit.festival Berlin) 2013, www.literaturfestival.com/; C. WRIGHT, ~'s ‹Über das Glück nach der Lektüre von Schopenhauer, in Kalifornien› (2007) (in: Sophie discovers Amerika. German-speaking women write the New World, hg. R. MCFARLAND, M. JAMES) Rochester/NY 2014, 261–274; K. HÜBNER, ‹Wir wandern in der Sprache›. Mit der in Sofia geb. u. in Berlin lebenden Schriftst. ~ tauschte sich Klaus Hübner über Facetten der Mehrsprachigkeit, gefährl. Grenzen, Zw.räume u. die Vermittlungskraft von Lit. aus (in: Spiegelungen 13) 2018, H. 2, 189–196. MM

Sokoloff, Stephen (Allen), * 12.1.1943 Detroit/MI; ab 1964 Stud. der Biologie in Detroit u. ab 1967 in Tübingen, dort Diplom-Abschluß u. 1977 Promotion («Replication of polytene chromosomes in the dipteran Phryne»), war ab 1985 Univ.lektor für Genetik in Linz, lehrte zudem Kulturwiss. u. Mediengesch. an der FH in Hagenberg (Mühlkr.), 1999 Konsulent des Landes Oberöst. für Umweltfragen, auch Arbeit als Journalist; lebt seit 1979 in Linz; publizierte u. a. Texte über naturwiss. Themen u. Umweltrecht, Sachbücher, Reiseführer, Satiren, Erz., Ged. u. Übers. ins bzw. aus dem Engl., Frz., Span., Ital. u. Russ.; Veröff. u. a. in «Salzburger Nachr.», «Facetten. Lit. Jb. der Stadt Linz» u. «Die Rampe. Hefte für Lit.» (Linz). – (Neben weiteren Auszeichnungen) Umweltpreis der Stadt Linz (1998), Landespreis für Umwelt u. Natur des Landes Oberöst. (2008). – Biologe, Journalist, Autor, Übersetzer.

Schriften: W. Voss-Gerling, Peru, Bolivien, Ecuador (Reiseführer, Bearb. der 8. Aufl.) ^{8}1983; H. J. Becker, Südspanien (Reiseführer, Bearb. der 15. Aufl.) ^{15}1984; H. Lajta, Costa del Sol, Granada (Reiseführer, Bearb. der 7. Aufl.) ^{7}1984; Plädoyer für eine mehrdimensionale Psychiatrie. Kombination psychotherapeutischer, sozialpsychiatrischer und psychopharmakotherapeutischer Ansätze (mit G. BENGESSER) 1989; Ist es wirklich Vollkornbrot. Das Getreide-Aufklärungsbuch. Von den Anbaumethoden bis zu Müslis und Backwaren (Sachb., mit K. PLATTNER) 1991; Naturparadiese in und um Oberösterreich, 1997; Der Megabyte-Christus (Satiren) 1999; Goldene Wege. Kultur- und Naturschätze vom Traunsee bis Bad Ischl, 2005; Naturwanderungen in Linz. Elf naturkundliche Wanderungen (mit F. SCHWARZ) 2007; Stephen's Nightmares (Satiren) 2009; Sanft und messerscharf (Satiren) 2011; Wir essen für die Armen (Dramolett) 2013; Oberösterreich. Gemütliche Touren zum Schauen und Verweilen, 2014; Böhmerwald. Bayerischer Wald. Gemütliche Touren zum Schauen und Verweilen (mit W. LANZ) 2015; 33 Wanderungen im Herzen Oberösterreichs (mit DEMS.) 2017; Guute [sic] Wege. Wanderungen und Ausflugsziele nördlich von Linz (mit DEMS.) 2019; Warum die Menschen sterblich sind. Von Brucknersymphonie bis Schnarchkonzert, dazwischen Kannibalen und Dschihadisten (Satiren, mit DEMS.) 2021. – Zudem wiss. Veröff. über Genetik u. Umweltrecht.

Übersetzungen: W. Harder, Anatomy of Fishes, 2 Bde., 1975; J. Steininger, Hoamatland (Texte v. B. KATSTALLER) 2014); J. Steininger, Linz – Weitenrausch (Texte v. B. KATSTALLER) 2020.

Literatur: G. Ruiss u. a., Lit. Leben in Öst. Hdb. 1997, 773; Lit. Netz Oberöst. (hg. Adalbert-Stifter-Inst. des Landes Oberöst.) o. J., https://stifterhaus.at. MM

Sollhof, Thomas → Reins, Olaf.

Sommer, Tobias, * 6.7.1978 Bad Segeberg; Realschulbesuch in Wahlstedt, war ab 1995 am Finanzamt Bad Segeberg tätig, später Finanzhauptsekretär; lebt in Bad Segeberg; publizierte u. a. Rom., Erz. u. Ged.; Veröff. u. a. in «Entwürfe. Zs. für Lit.» (Zürich), «Wienzeile» (Wien) u. «Federwelt» (Inning). – (Neben weiteren Auszeichnungen) Preis des Züricher Lit.hauses (2006), Förderpreis für Lit. der Hansestadt Hamburg (2013). – Finanzbeamter, Schriftsteller.
Schriften: Meer über uns (Erz.) 2005; Zu viele Tragflächen (Ged.) 2007; Dritte Haut (Rom.) 2011; Edens Garten (Rom.) 2012; Jagen 135 (Rom.) 2015.
Literatur: R. Birkholz, Wenn ich Arabisch könnte (in: Am Erker 30) 2007, H. 54, 147. MM

Sonntag, Anne → Freytag, Anne.

Sonntag, Gerd, * 23.6.1962 Geilenkirchen; Sohn eines Finanzbeamten, Stud. des Bibl.wesens in Köln, dort 1988 Diplom-Abschluß, leitete ab 1990 die StB Heinsberg (Kr. Heinsberg), betrieb zudem den Verlag «Reson Edition» (Geilenkirchen), war 1994–99 Hg. von «Janus. Zs. für Lit. u. Bild» (Geilenkirchen); lebt in Geilenkirchen; trat vor allem mit Lyrik hervor, verfaßte aber auch Rom., Aphorismen u. Hörsp.; Veröff. u. a. in «Versnetze» (Weilerswist) u. «Federwelt» (Inning). – Bibliothekar, Verleger, Autor, Herausgeber.
Schriften: Begebnisse (Ged., mit O. A. Derichs, P. Rütten) 1994; Der Dichter und sein Leser (Hörsp.) 1998; Cerise (Ged., Illustr. v. B. Bündgen) 1999; Brecht und die Frauen (Hörsp.) 2000; Aus der Sammlung der Gespenster (Ged.) 2003; teils-teils (Aphorismen, mit M. Zander) 2004; Schattenseiten (Ged., Fotos v. U. Brunbauer) 2006; Giovanni Santi malt eine Fliege (Ged.) 2011; Also bin ich (Rom., mit J. Kremers) 2011.
Herausgaben: E. P. Rütten, Randwärts gerichtet, 1995; J. Kremers, Humana Comedia, 1998.
Literatur: Lit.port Autorenlex. (Internet-Edition); Liton.NRW (Internet-Edition). MM

Sonntag, Hans (eig. Hans-Ulrich S,), * 14.9.1944 Meißen; war 1968–76 Leiter der StB Radebeul-West, Stud. der Kultur- u. Kunstwiss. in Leipzig, Diplom-Abschluß, ab 1982 wiss. Mitarb. der Albrechtsburg in Meißen, 1986 Promotion zum Dr. phil. in Leipzig («Proletar. Lebensweise in der Wertung der ‹Arbeiter-Illustr. Ztg.› Eine Unters. anhand der Veröff. von 1921 bis 1933»), danach Abt.leiter u. 1991–2005 Leiter des Porzellanmus. in Meißen; lebt in Weinböhla; verfaßte zahlr. gesch.wiss. u. biogr. Arbeiten über Meissener Porzellan u. mit diesem in Zus.hang stehende Personen (etwa Porzellanplastiker u. Kunstmaler); publizierte zudem u. a. Erz. u. Lyrik; auch Hg. hist. Witze; Veröff. u. a. in «Beitr. zur Gesch. der Arbeiterbewegung» (Berlin) u. «Keramos» (Deggendorf). – Kulturwissenschaftler, Museumsleiter, Autor, Herausgeber.
Schriften: Meissen & Meissen. Älteste Porzellan-Manufaktur Europas (mit B. Schuster) 1990; Schauhalle Staatliche Porzellan-Manufaktur Meissen, 1991; Meissener Porzellan. Schönheit im Detail (Fotos v. J. Karpinski) 1991; Porzellan. Krönung des Töpferhandwerks (Red., mit G. Illgen) 1992 (2., veränd. Aufl. 1994); Die Botschaft des Drachen. Ostasiatische Glückssymbole auf Meissener Porzellan (Fotos v. J. Karpinski) 1993; Eine Brücke aus Glas (Ged.) 1993; Meissener Porzellan. Bibliographie der deutschsprachigen Literatur, 1994; Die Sprache der Blumen (Fotos v. J. Karpinski) 1995; Meissener Porzellan. Eine kleine Galerie (Fotos v. dems.) 1996; Erlebte Kunst. Meissener Figurenporzellan aus drei Jahrhunderten (Fotos v. J. Karpinski) 1997; Meissen porcelain dogs, 1875–1925. Meissener Porzellanhunde, 1875–1925 (mit H. Davies) London 1997 (dt. u. engl.); Scrafiret und gemuschelt. Reliefverzierungen auf Meissener Porzellan (mit U. Beyer) 1998; Verwandlungen. Literarische Figuren in Meissener Porzellan (Fotos v. J. Karpinski) 1999; Meissen in Meißen, 1999 (3., aktual. Aufl. 2008); Geländer an der Zeit (Ged.) 2001; Räume verlassener Häuser (Ged.) 2005; In kälter werdender Zeit (Ged.) 2007; Schönheit vergeht im Regenbogen (Ged.) 2008; Helena Wolfsohn & Co. Chronik einer jüdischen Händlerfamilie in Dresden, 2016; Als die Eisenbahnstraße noch Ernst-Thälmann-Straße hieß. Ein Leipziger Stadtteil in den 80er Jahren (Bildbd., Fotos v. H. Kirschner) 2019.
Herausgaben: Rote Witze aus der AIZ. AIZ 1926 bis 1933, 1985; Rote Rätsel aus der Arbeiter-

Illustrierten-Zeitung von 1925–1932, 1985; Rotes Lachen 1919–1933, 1988; Die Affenkapelle aus Meissener Porzellan, 1993; Witze unterm Hakenkreuz, 2006. MM

Sophia Eleonore, Landgräfin von Hessen-Darmstadt (geb. Herzogin von Sachsen, auch Sophie gen.), * 23.11.1609 Dresden, † 2.6.1671 Darmstadt; Tochter von Kurfürst Johann Georg I. von Sachsen (1585–1656) u. Herzogin Magdalena Sibylle von Preußen (1586–1659), heiratete am 1.4.1627 – während der Wirren des Dreißigjährigen Krieges – Landgraf Georg II. von Hessen-Darmstadt (1605–1661) auf Schloß Hartenfels in Torgau, anläßlich dieses Tages wurde die erste dt. Oper («Dafne», Libr. von Martin → Opitz, komponiert von Heinrich Schütz) uraufgeführt; diese Hochzeit, die sich in zahl. gedruckten Glückwünschen niederschlug, wurde in ihrer festl. Ausstattung Vorbild für nachfolgende Fürstenhochzeiten. Aus S.s Ehe gingen 11 Töchter u. 3 Söhne hervor. Sie bereicherte die Darmstädter Hofbibl. mit zahl. Werken (in einem Bücherverz. mit einem Teil ihrer Bibl. werden 382 oft mehrbändige Werke aufgeführt), die sich heute z. T. in der ULB Darmstadt befinden. Zum Tod ihrer Eltern ließ S. je eine umfangreiche u. illustr, Trauerschrift drucken mit eigenen Beitr. u. Beitr. anderer; zudem lieferte sie weitere Trauerschriften sowie Gebete u. Mediationen, deren Titel nur aus einer sekundären Quelle bekannt sind: «Andächtige Hertzens-Seufftzer», «Der Freudenspiegel des ewigen Lebens», «Sterbensgedancken» u. anonym publizierte «Summarien über die Bibel» (nach M. H. Purgold, Evang. Trost-Zeitungen = hs. Leichenpredigt, beschrieben in: Kat. der fürstlich Stolberg-Stolberg'schen Leichenpredigten-Slg., Bd. 2, 1928, Nr. 13137). – Verf. rel. Schr. u. von Gelegenheitsschriften.

Schriften: Kurtzer Entwurff Der Mascarade, Welche bey Anwesenheit deß [...] Herrn Friederichen [...] Landgrafen zu Hessen [...] Von der [...] Frauen Sophien Eleonoren, Landgräfin zu Hessen angeordnet Und in der Fürstl. Residenz Darmstadt [...] getantzt worden Im Jahr MDCLVIII, 1658 (online: HAB Wolfenbüttel); Ehren-Gedächtnüß Des Durchläuchtigsten Fürsten und Herrn, Herrn Johann Georgen, Des Ersten Groß-Mühtig- und Beständigen Hertzogen zu Sachsen [...] Welches [...] als Dero [...] Herrn Vattern [...] Andenckens Die [...] Frau Sophia Eleonora, Gebohrne Hertzogin auß Churfürstlichem Stamm zu Sachsen [...]

Zu Bezeugung dero [...] Andencken Auffsetzen und in Druck verfertigen lassen, 1658 (online: SUB Göttingen); Ehren-Gedächtnüß Der [...] Frauen Magdalenen Sibyllen, Churfürstin und Hertzogin zu Sachsen [...] Gebohrner Marggräfin und Hertzogin in Preussen [...] Wittiben, Welches Höchstgedachter Ihrer Churfürstl. Durchl. als Deren [...] Frau Mutter hochseeligem Andenckens Die [...] Frau Sophia Eleonora, Gebohrne Hertzogin [...] zu Sachsen [...] auffsetzen und in Truck verfertigen lassen, 1659 (online: SLUB Dresden); Klag- und Trost-Schrifft Einer Hertzbetrübten Wehemühtigen Mutter (auf den Tod der Landgräfin Maria Elisabeth von Hessen-Darmstadt, 1634–1665), in: Fürstliches Hessen-Holsteinisches Ehren-Gedächtnüß, 1665, S. 77 f. (online: HAB Wolfenbüttel); Mediation «Ob ich wol mit klagenden wehmütigen Hertzen» und Gedicht «Der Turtel-Tauben Arth ist, daß sie bleibt allein» (in: J. Olearius, Refectio consummata: Die völlige Erquickung Der Kinder Gottes, So in dem denckwürdigen Wörtlein Kommen reichlich enthalten, Welches das unfehlbare Ankommen das freudenreiche Einkommen und seelige Zusammenkommen Gottes und aller heiligen Engel und Außerwehlten im ewigen Leben begreifft. Auß der Epistel an die Hebreer Cap. XII, 22, 23, 24. Zu Christlichen Andencken Der [...] Fr. Sophien Eleonoren [...] Am XI. Iulii, Anno MDCLXXI [...] In der Fürstlichen M. Dom-Kirchen zu Hall betrachtet) 1671, fol. 4^r (online: ULB Halle).

Briefe: Briefe von S. befinden sich in: Kunstsammlungen der Veste Coburg, In.-Nr. I,91,1; I,91,2; I,98; ULB Darmstadt, Sign. Br./Sophie El. 1; Forschungsbibl. Gotha, Sign. Chart. A 600, Bl. 416$^{r/v}$, 423$^{r/v}$; UB Leipzig, Sign. Slg. Kestner/II/A/I/649/Nr. 2, Mappe 649, Blatt Nr. 1 u. 2; Bibl. der Hansestadt Lübeck, Sign. Nachlaß Hanneken I.

Nachlaß: Der hs. Nachlaß S.s befindet sich in: Hess. Staatsarch. Darmstadt, D 4 Großherzoglich-Hess. Hausarch.: Großherzogl. Haus.

Die gedruckten Hochzeitsschriften auf S., inkl. der zum Hochzeitstag aufgeführten musikal. Stücke: Anon., Außlegung Des Churf. Sachß. Fewerwercks, Welches auff dem Fürstlichen Hessischen Beylager zu Torgaw im Monat Aprilis diß 1627. Jahrs præsentiret worden, 1627 (online: HAB Wolfenbüttel); Anon., Fürstlich Brautlied Cant. 7. v. 1. Auff das Hochansehenliche Fürstliche Beylager Des [...] Herrn Georgen Landgrafen zu Hessen [...] Und [...] Sophien Eleonoren Hertzogin zu Sachsen [...], 1627 (GWLB Hannover,

Sign. Bu 5810:19; Ratsschulbibl. Zwickau, Sign. 14.5.9.(11)); Anon., Intrada Der Trommeter, Welche nach jüngstgehaltenen wolvollbrachten Fürstlichen Beylager Des [...] Herrn Georgen Landgraffen zu Hessen [...] Und der [...] Fräwlein Sophien Eleonoren, Hertzogin zu Sachsen [...] Bey der Fürstlichen Heimführung von Torgaw abgeblasen worden, 1627 (online: HAB Wolfenbüttel); C. Bachmann, Carmen gratulatorium, in felicissimum reditum e Saxonia illustrissimi ac celsissimi principis ac domini, dn. Georgii, Landgravii Hassiae [...] adducentis secum illustrissimam et celsissimam principem ac dominam, dn. Sophiam Eleonoram [...] dn. Johannis Georgii, Saxoniae [...] filiam primogenitam, uxorem suam suavissimam [...] offert Academia Marpurgensis, 1627 (online: SLUB Dresden); C. Bavarus, Votivum carmen super laetissimo splendidissimoque in urbem Lipsicam adventu pro auspicatissimis nuptiis [...] dn. Georgii Landgrafii Hassiae [...] cum [...] Sophia-Eleonora [...] dn. Johannis Georgii [...] filia [...] Torgae ipsis kal. Aprilis anni 1627 solennissime celebrandis, 1627 (online: SLUB Dresden); DERS., Glückwüntschung zur frölichen Heimführung des Durchlauchtigsten Hochgebornen Fürsten und Herrn Herr Georgen Langrafens zu Hessen [...] Frewlein Frewlein Sophia Eleonora Gebornen Herzogen zu Sachsen [...] Als newen Fürstlichen Ehleuten, Den 18. Aprilis Anni 1627, 1627 (UB Leipzig, Sign. 01E-2020–1,143); B. Hahn, Nuptiis illustrissimis illustrissimi ac celsissimi principis ac dn., dn. Georgii, Landgravii Hassiae [...] et illustriss. [...] dn. Sophiae-Elconorae [...] dn. Johannis-Georgii, Ducis Saxoniae [...] filiae feliciter primogenitae, cal. Aprilis a. MDCXXVII faustiß. et solennißime Torgae peractis sacrum, 1627 (online: SLUB Dresden); M. Hoë von Hoënegg, Zween Christliche Sermonen, bey der Fürstlichen Trawung und Einsegnung Des [...] Fürsten und Herrn, Herrn Georgens, Landgrafens in Hessen [...] Und der [...] Fürstin und Frewlein, Frewlein Sophien Eleonoren, Geborner aus Churfürstlichem Stamm zu Sachsen, Hertzogin zu Sachsen, Gülich, Cleve und Berg [...] In [...] Drey und zwantzig Chur und Fürstlicher Personen [...] Gegenwart gehalten auff dem Churfürstlichen Sächsischen Schloß zu Torgau, den 1. und 2. Aprilis, Anno 1627 [...], 1627 (online: ULB Halle); P. Isselburg, Emblematische Glückwüntschung Dem [...] Fürsten und Herrn, Herrn Georgen, Landgrafen zu Hessen [...] Und dann: Der [...] Fürstin und Fräwlein, Fräwlein Sophia Eleonoren, Hertzogin zu Sachsen [...] Als Deroselbigen HochFürstliches Beylager zu Torgaw im Jahr Christi 1627 Des Monats Aprilis gehalten wurde, 1627 (online: ebd.); C. Krautstengel, Lycidas et Amyntas Venatores, De nuptiis auspicatissimis [...] dn. Georgii, Landgravii Hassiae [...] cum [...] domini Johannis Georgii, Ducis Saxoniae [...] filia primogenita dn. Sophia Eleonora, Torgae die 2. Aprilis anno Christiano 1627 celebrandis, inter se colloquentes et illustrissimis dn. dn. sponsis bona quaeq[ue] precantes introducti, 1627 (online: SLUB Dresden); M. Opitz, H. Schütz, Dafne: Auff deß Durchlauchtigen Hochgebornen Fürsten und Herrn, Herrn Georgen, Landtgrafen zu Hessen [...] Und Der Durchlauchtigen [...] Sophien Eleonoren, Hertzogin zu Sachsen [...] Beylager [...], 1627 (online: SB Berlin); E. Rudel, Quod felix sit et faustum iubila nuptialia illustria, heroica Torgae mysorum feliciter celebrata 1627, 1. April die [...] Georgii, Landgravi[i] Hassiae [...] cum ... Sophia Eleonora, Saxon. [...] Johannis-Georgii, Ducis Saxon. [...] filia primogenita [...], 1627 (online: SLUB Dresden); M. Schön, Votum nuptiale serenissimo et potentissimo [...] Johanni Georgio, Duci Saxoniae [...] filiam feliciter [...] Sophiam-Eleonoram, in coniugium illustrissimi et celsissimi principis ac domini, dn. Georgii, Landgravii Hassiae [...] fovente et favente Christo, et toto Christianorum orbe vovente, Torgae cal. April feliciβime et solenniβime elocanti, 1627 (SLUB Dresden, Sign. Hist.Sax.C.81,184); J. Seusse, Erotopaegnion, coniugiale de auspicatiβimis nuptiis [...] dn. Georgii, Landgravii Hassiae [...] sponsi [...] dn. Sophiae Leonorae, Ducis Saxoniae [...] dn. Johannis Georgii Ducis Saxon [...] filiae primogenitae sponsae, pulchritudine animi et corporis excellentiβimae, Torgae in arce electorali calend. April anno MDCXXVII celebratis, 1627 (online: SLUB Dresden); DERS., Siparium eteostichium pro illustriβima infante Sophia Leonora [...] Johannis Georgii, Ducis Saxoniae [...] filia primogenita XXIII. Novembris anni Christi MDCIX [...], 1627 (SLUB Dresden, Sign. Hist.Hass.19.m; Ratsschulbibl. Zwickau, Sig. 49.7.1.(182)); D. Türckis, Ein Christlicher Rosen- und Ehren-Bräutgams Krantz, Welche eine Durchläuchtigste Hochgeborne [...] sehr wol geschmückte Braut ihrem Hertzallerliebsten [...] Bräutigam aus rechter Lieb und Trew [...] mit ihren schneeweissen Händen gantz zierlichen auffsetzet und windet [...] den 1. Aprilis in diesem 1627. Jahr in grosser Solennitet, auff dem Churfürstlichen Hauß und Schloß Hartenfels in der berühmten Stadt Torgaw [...] volzogen worden, 1627 (online: SB Berlin); C. WILLIUS, Uhralter, heiliger und seliger Eheorden Auff das Churfürstliche und Christliche Beylager Des [...] Herrn Georgen, Landgrafen zu Hessen [...] Und der auch Durchleuchtigen [...] Sophien Leonoren, gebornen Hertzogin zu Sachssen [...], Zu unterthenigsten Ehren auffgesetzt, 1627 (online: SLUB Dresden).

Die gedruckten Leichenpredigten auf S. befinden sind in: ULB Darmstadt, Sign. 43 A 394; gr. Fol. 5/293(41–43); Gü 467(8–9) (weitere Exemplare); Hess. Staatsarch. Darmstadt, Sign. D 4 Nr. 195/1; D 4 Nr. 195/2; D 4 Nr. 195/3; SLUB Dresden, Sign. Hist.Sax.C.987,14.0 (auch online: Abkündigung der Trauer, 1671); Forschungsbibl. Gotha, Sign. Poes 4° 02160–2163 (046) (auch online: E. MÜLLER, Poet- und Musikalische Traur-Handlung Der [...] Fürstin [...] Fr. Sophien Eleonoren Aus Churfürstlichem Stamm (ao. 1609) gebornen Herzogin zu Sachsen [...] vermählten Landgräfin zu Hessen [...] Mutter und Großmutter Zu Höchst-verdienten Ehren. Aus unterthänigster Pflicht-Schuldigkeit [...] auffgesetzet Von Hier-nach-benamtem Und einer ansehnlichen [...] Traur-Gesellschafft vorgetragen auff vier Sing-Chören in der Burg-Kirchen zu Giessen, 1671); Theol 2° 00347/01 (11); ULB Halle, Sign. Pon Vc 2708, FK (auch online: J. OLEARIUS, Refectio consummata: Die völlige Erquickung Der Kinder Gottes, So in dem denckwürdigen Wörtlein Kommen reichlich enthalten, Welches das unfehlbare Ankommen das freudenreiche Einkommen und seelige Zusammenkommen Gottes und aller heiligen Engel und Außerwehlten im ewigen Leben begreifft. Auß der Epistel an die Hebreer Cap. XII, 22, 23, 24. Zu Christlichen Andencken Der [...] Fr. Sophien Eleonoren [...] Am XI. Iulii, Anno MDCLXXI [...] In der Fürstlichen M. Dom-Kirchen zu Hall betrachtet, 1671); UB Leipzig, Sign. Hist.Rhen.10; Univ.37-0/29 (online: Ad justa parentalia serenissimae ac celsissimae principis dnae. Sophiae Eleonorae, ex electorali domo Saxon. Landgraviae in Hassia [...] beatissimis manibus d. XI. Jul. post. auditam [...], 1671); Luth. Theolog. Hochschule Oberursel, Sign. 2042 (8–9); HAAB Weimar, Sign. 40,1 : 19; HAB Wolfenbüttel, Sign. 2458; 13136; 13137 (1) (auch online: J. OLEARIUS, Refectio consummata, 1671); 13137 (2) (auch online: Ad iusta parentalia serenissimae ac celsissimae principis d[omi]nae Sophiae Eleonorae ex electorali domo Saxon. Landgraviae in Hassia, Comitissae [...] beatissimis manibus d. XI. Jul. post auditam); 24009.

Literatur: C. KNETSCH, Das Haus Brabant. Genealogie der Herzoge von Brabant u. der Landgrafen von Hessen, 1917, Taf. XIV; Kat. der fürstlich Stolberg-Stolberg'schen Leichenpredigten-Slg., Bd. 4/1, 1932; J. M. WOODS, M. FÜRSTENWALD, Schriftst.innen, Künstlerinnen u. gelehrte Frauen des dt. Barock. Ein Lex., 1984, 50 f.; Kat. der Leichenpredigten u. sonstiger Trauerschr. in der Hess. Landes- u. Hochschulbibl. Darmstadt, 2 Bde., 1990; Kat. der Leichenpredigten u. sonstiger Trauerschr. im Hess. Staatsarch. Darmstadt, 1991; Kat. der Leichenpredigten u. sonstiger Trauerschr. in Bibliotheken u. Archiven der Odenwaldregion, 1999; Hdb. der hist. Buchbestände in Dtl. (digitalisiert von G. KÜKENSHÖNER, hg. B. FABIAN) 2003 (Kap. 1.3); P. PUPPEL, Die Regintin. Vormundschaftl. Herrschaft un Hessen 1500–1700, 2004; Kat. der Leichenpredigten u. sonstiger Trauerschr. in der Universitätsbibl. Leipzig, 5 Bde., 2010; Haus Hessen. Biogr. Lex. (hg. E. G. FRANZ) 2012.   MMü

Sorge, Frank, * 1977 Berlin; Kindheit in Berlin, Stud. der Germanistik, Philos. u. Archäologie, war u. a. als Dachdecker u. Messebauer tätig, ab 2001 freier Schriftst. u. Rezitator, 2003 Mitbegründer u. seitdem Mitgl. der Weddinger Lesebühne «Brauseboys» (u. a. mit Volker → Surmann), leitete Workshops u. Schreibwerkstätten; lebt in Berlin; verfaßte u. a. Erz. u. Ged.; Veröff. u. a. in «taz» (Berlin) u. «Neues Dtl.» (Berlin). – Autor, Rezitator.

Schriften: Provinz Berlin (Erz., mit V. SURMANN u. a.) 2005; Berlin mit Alles! (Erz., mit DEMS.) 2008; Sex – von Spass war nie die Rede. Geschichten (Illustr. v. S., hg. DERS.) 2 Bde., 2008, 2009; Brunnenstraße 3, Berlin (Erz.) 2011; Das ist kein Berlin-Buch (Erz., mit DEMS. u. a.) 2011; Ein Jahr wird abgeschirmt. Auf Nimmerwiedersehen 2011 (mit DEMS. u. a.) 2011; Ein Jahr fliegt raus! Auf Nimmerwiedersehen 2012 (mit DEMS. u. a.) 2012; Geschichten aus der Müllerstraße (Erz., mit DEMS. u. a.) 2013; Degeneration Internet. Surf- & Klickgeschichten, 2014; Berlin mit scharf. Geschichten aus einer unvollendeten Stadt (mit DEMS. u. a.) 2017; Auf Nim-

merwiedersehen 2020. Ein Jahr auf Distanz (mit DEMS. u. a.) 2020.
Tonträger: Wortmusik (Ged. u. Erz., 1 Audio-CD) 2010. MM

Sorgenreich, Egon → Pelzmacher, Joseph.

Sotscheck, Ralf (Ps. RaSo), * 5.4.1954 Berlin; Sohn eines Postbeamten, 1976/77 Lehrer in Belfast, Rückkehr nach Dtl., Stud. der Wirtschaftspädagogik an der FU Berlin, 1984 Diplom-Abschluß, lebte ab 1985 in Dublin, dort Korrespondent der «taz» (Berlin); lebt in Fanore; publizierte u. a. humorist. Texte, Rep., Kolumnen u. Reiseführer, meist über Irland; zudem Biogr. Harry → Rowohlts; Veröff. u. a. in «Neue Gesellsch./FH» (Bonn). – Journalist, Schriftsteller.
Schriften: Irland. Eine Bibliographie selbständiger deutschsprachiger Publikationen. 16. Jahrhundert bis 1989 (mit J. SCHNEIDER) 1989; Der lange Krieg. Macht und Menschen in Nordirland (mit D. SCHULZE-MARMELING) 1989 (2., aktual. Aufl. 1991); Dublin preiswert (Reiseführer, mit J. SCHNEIDER) 1991; Schottland (Reiseführer) 1992; Dublin. Stadt und Kultur (Reiseführer, mit H.-C. OESER, J. SCHNEIDER) 1992; Ungekürzte Wahrheiten über Irland (Erlebnisber., hg. J. SCHNEIDER) 1996; Gebrauchsanweisung für Irland (Führer) 1996 (aktual. Neuausg. 2018); Paddy's andere Insel. Ungekürzte Wahrheiten über England (Erlebnisber., Illustr. v. TOM) 1997; Irland (Bildbd., mit E. WRBA, H.-C. OESER) 1998 (2., aktual. Aufl. 2002); Dublin (Reiseführer) 1998 (zahlr. Neuaufl.); Whisky, Seetang und karierte Röcke. Schottische Geheimnisse (Ber.) 1999 (überarb. u. erw. Neuausg. 2011); Saint Patrick in der Bingohalle. Irische Einblicke (Ber.) 1999 (überarb. Neuausg. u. d. T.: Lesereise Irland: Grüner Fels in wilden Zeiten, 2016); Irish Toffee (humorist. Texte, Illustr. v. TOM) 1999; Christstollen mit Guinness. Eine deutsch-irische Bescherung (mit C. RÖNNEBURG) 1999; Der keltische Tiger (humorist. Texte, Illustr. v. TOM) 2000; Das Auge des keltischen Tigers. Dubliner Stories, 2001 (überarb. Neuausg. u. d. T.: Lesereise Dublin: Die blaue Tür mit der Nummer sieben, 2009); In Schlucken-zwei-Spechte. Harry Rowohlt erzählt Ralf Sotscheck sein Leben von der Wiege bis zur Biege, 2002 (4., erw. u. verb. Aufl. 2009); Dublin Blues (humorist. Texte, Illustr. v. TOM) 2003; Der gläserne Trinker. Irische Geheimnisse (humorist. Texte, Illustr. v. TOM) 2006; Wetten, Whisky, Algenbäder. Britische Inselwelten (Ber.) 2008; Nichts gegen Engländer. Psychogramm eines merkwürdigen Volkes (humorist. Texte, Illustr. v. TOM) 2008; Nichts gegen Iren. Psychogramm eines komischen Volkes (humorist. Texte, Illustr. v. dems.) 2009; Irland – die tückische Insel (humorist. Texte, Illustr. v. dems.) 2011; Irland. Grüne Insel im Atlantik (mit H. LEUE u. a.) 2013; Dublin. Eine Stadt in Biographien (hg. N. LEWANDOWSKI) 2013; Türzwerge schlägt man nicht. Von englischer Löffeldiät und irischer Unzucht (humorist. Texte, Illustr. v. dems.) 2014; Mein Irland (Ber.) 2016; Zocken mit Jesus. Irische Zeichen und Wunder (humorist. Texte, Illustr. v. dems.) 2017; Der kleine Irland Verführer. Impressionen von der Insel der Pubs und grünen Landschaften (mit H. LEUE u. a.) 2018.
Literatur: PEN. Das Autorenlex. 2015/16 (Red. R. SCHWEIKERT) ²2015. MM

Souchay, (Carolina Louisa) Emilie → Fallenstein, (Carolina Louisa) Emilie.

Sovik, Elisabeth → Schawerda, Elisabeth.

Soyener, Johannes K. (eig. Johannes Klaus Loohs), * 13.9.1945 Altötting, † 18.12.2018 Bremen; Mittlere Reife, Ausbildung zum Chemotechniker, Chemie-Stud. mit Abschluß als Dipl.-Ing. (FH), danach in der Pharma Industrie tätig (u. a. als Regionalleiter), ab 2002 freier Autor; lebt in Bremen; publizierte hist. Rom, Krimis u. Thriller, zudem Texte über hist. Schiffe; Veröff. u. a. in der «ZEIT» (Hamburg). – Chemiker, Schriftsteller.
Schriften: Santa María, Niña, Pinta. Die Schiffe des Christoforo Colombo 1492 (Mappe mit Plänen, mit W. ZU MONDFELD, P. HOLZ) 1991; Die Schiffe des Christoforo Colombo 1492. Santa María, Niña, Pinta (Sachb., mit DENS.) 1991; Der Meister des siebten Siegels (hist. Rom., mit W. ZU MONDFELD) 1994; Teeclipper (hist. Rom.) 1998; Die Venus des Velázquez (hist. Rom., mit B. BOSSI) 2001; Der Schatten des Kaisers (hist. Rom.) 2004; Der Chirurg Napoleons (hist. Rom.) 2006; Das Pharma-Komplott (Thriller) 2006; Sturmlegende. Die letzte Fahrt der Pamir, 2007; Toteissee (Kriminalrom.) 2016. MM

Spaniel, Thomas, * 21.7.1963 Nordhausen/Kr. Nordhausen; Besuch einer Polytechn. Oberschule, Ausbildung zum Elektromonteur bei der Reichsbahn in Erfurt, Abitur, Militärdienst, 1987–91 Stud. der Rechts- u. Staatswiss. in Jena, Diplom-Abschluß, 1991–94 Referendariat in Kassel, 2. Staatsexamen in Wiesbaden, ab 1994 Tätigkeit als Rechtsanwalt in Nordhausen, Vorstandsmitgl. u. zeitweise Vorsitzender der Lit. Gesellsch. Thür. sowie Vorstandsmitgl. des Thüringer Lit.rats; lebt in Ilfeld (Harztor); publizierte vor allem Lyrik; Veröff. u. a. in NDL u. «Temperamente. Bl. für junge Lit.» (Berlin). – Jurist, Lyriker.

Schriften: Spiegelgärten (Ged.) 1988; deutsche vexierbilder (Ged.) 1997; vis absoluta (Ged.) 2002; harte kinder (Ged.) 2006; ortsbeschreibung (Ged.) 2008; die irren kurse einer sterbenden fliege (Ged.) 2011; Ausgewählte Gedichte, 2013; Salza (Ged., Illustr. v. G. Mackensen) 2015; das nichts im ball (Ged.) 2016.

Literatur: K. DRAWERT, Herkunft, Anwesenheit u. Kontakt (in: Temperamente. Bl. für junge Lit. 1989) 1989, H.1, 150–152; H. WEISSFLOG, Reste einer Spur zu mir (in: Signum. Bl. für Lit. u. Kritik 13) 2012, H. 2, 149 f.; Autorenlex. Thüringer Lit.rat (hg. Thüringer Lit.rat) o. J., www.thueringer-literaturrat.de/. MM

Spaude, Edelgard (auch E. Spaude-Schulze), * 16.9.1949 Freiburg/Br., † 14.4.2011; Stud. der Germanistik, Soziologie u. Pädagogik, 1989 Promotion zum Dr. phil. in Freiburg («Macht das Maul auf! Kinder- u. Jugendlit. gegen den Krieg in der Weimarer Republik»), Arbeit als Doz. u. Verlagslektorin; lebt in Perchtoldsdorf (Bez. Mödling); verfaßte u. a. Biogr., Kriminalrom. sowie germanist. (etwa über Peter → Rosegger, Peter → Weiss) u. musikwiss. Arbeiten; Veröff. u. a. in «Öst. Musikzs.» (Wien), «Jb. des Arch. der Dt. Jugendbewegung» (Schwalbach) u. «Oberschles. Jb.» (Ratingen). – Lektorin, Autorin, Herausgeberin.

Schriften: Impressionen Schwarzwald (Bildbd., Texte v. S., Fotos v. H. Karger) 1996; Eigenwillige Frauen in Baden (Biogr.) 1999; Die Freiburger Bächle, 2000; Tod im Tarnzelt (Rom.) 2005; Paula Rombachs Lebensweg (Biogr.) 2006; Mord im Kurpark. Ein Schwarzwald-Krimi, 2007; Spießgesellen. Ein Schwarzwald-Krimi, 2008; Der Tod macht die Musik (Kriminalrom.) 2009; Glühwein mit Schuss (Kriminalrom.) 2010.

Herausgaben: Große Themen Martin Heideggers. Eine Einführung in sein Denken, 1990; Welttheater. Die Künste im 19. Jahrhundert (mit P. ANDRASCHKE) 1992; Intermedialität. Studien zur Wechselwirkung zwischen den Künsten (mit G. SCHNITZLER, mit 1 Audio-CD) 2004. MM

Speckin, (Horst-)Germar, * 6.6.1954 Schwerin; lebte ab 1960 in Essen, dort 1974 Abitur, 1974–81 Stud. der Kunstpädagogik, Germanistik u. Visuellen Kommunikation in Essen, 1977 Mitbegründer der Kulturwerkstatt «ARKA» ebd., ab 1981 Mitarb. der Pressestelle der Univ. Essen, 1983 schul. Referendariat in Paderborn, Lehrer, zudem als bildender Künstler tätig (u. a. Gemälde, Grafik, Zeichn., Fotos); lebt in Hattingen (Ennepe-Ruhr-Kr.); verfaßte u. a. Erz. u. Lyrik. – Pädagoge, bildender Künstler, Schriftsteller.

Schriften: Gemälde und Zeichnungen 1991–1998 (hg. R. DUSCHA) 1998; C. Giese, Lulu in einer anderen Welt. Geschichten und Fabeln zu ethischer Erziehung und Religionsunterricht (Illustr. v. S.) 2000; Das Maß der Liebe. Erotische Geschichten und Photographien (Fotos v. L. Segebrecht) 2002; Bunkerkohle (Krimi) 2007; Nur Fliegen sind schöner (Zeichn.) 2010; Wind im Ohr (Ged. u. Zeichn.) o. J. MM

Sperling, Maria (geb. Feldmann), * 29.12.1934 Körbecke (heute zu Möhnesee); war als Lehrerin tätig, zudem Lyrik-Stud. bei H. C. → Artmann in Wien; lebt in Soest; publizierte Erz. u. Ged.; Veröff. u. a. in «Sprachgitter» (Köln), «Podium» (Wien) u. «Soester Zeitschrift». – Pädagogin, Schriftstellerin.

Schriften: Herzpendel (Prosa u. Lyrik) 1998; Versuche gegen die Fliehkraft (Erz. u. Lyrik) 2000; Arkadien ist fern (Ged., Illustr. v. I. Porsch) 2000; Abzweig nach Gwandalan. Australisches Mosaik (Erz. u. Lyrik) 2003; Taubenauge und Holunder. Dorfgeschichten (Erz. u. Lyrik) 2014; Botschaften des Augenblicks (Erz. u. Lyrik) 2016.

Literatur: Westfäl. Autorenlex. Online. – H.-D. GILL, Autorenporträt ~ (in: LitForm 59) 2000, 16 f.; H. HALBFAS, Und fassen es nicht: ~s Erz. u. Ged. (in: Sauerland 42) 2009, H. 3, 153–155; J. MATTENKLOTZ, Auf dass es nie vergessen werde! Die Psychiatrie im Nationalsozialismus unter Berücksichtigung der Pflege am Beisp. der Heilanstalt Eickelborn, ²2010, 190 f.; B. BORONOWSKY, Die krit. Heimatdichterin. ~ veröffentlicht ‹Taubenauge u. Holunder›, Lyrik u. Prosa aus der Region (in: Heimatkalender Kr. Soest 2015) 2015, 118 f.; Liton.NRW (Internet-Edition). MM

Sperr, Franziska (auch F. Sperr-Strasser), * 1.3. 1949 München; studierte Politologie, Philos. u. Amerikanistik in München, Magister-Abschluß, 1980–88 Red. von «L'80. Demokratie u. Sozialismus. Zs. für Lit. u. Politik» (Köln), 1998–2001 Pressesprecherin des städt. Kulturreferenten in München, danach freie Journalistin u. Autorin, 2013–19 Vizepräs. von PEN Dtl., Ehe mit Johano → Strasser; lebt in Berg (Starnberger See); Verdienstkreuz am Bande des Verdienstordens der BRD (2020); publizierte u. a. Rom., Erz., Biogr. sowie frz.-dt. u. engl.-dt. Übers.; Veröff. u. a. in «Die Horen» (Göttingen) u. «Signum. Bl. für Lit. u. Kritik» (Dresden). – Journalistin, Pressesprecherin, Autorin, Übers., Herausgeberin.

Schriften: Die kleinste Fessel drückt mich unerträglich. Das Leben der Franziska zu Reventlow, 1995 (überarb. Neuausg. 2003); Stumm vor Glück (Erz.) 2005; Das Revier der Amsel (Rom.) 2008; München. Eine Stadt in Biographien (hg. N. Lewandowski) 2013.

Übersetzungen: G. Wijnen, Pariser Bistros für jeden Tag, 1992; E. Bumiller, Hundert Söhne sollst du haben... Frauenleben in Indien, 1992.

Herausgaben: Klasse Geschichten. Schüler und Autoren entwickeln gemeinsam eine Geschichte, 2012; ‹Ich bin so jung und die Welt ist so alt›. Autoren schreiben mit Schülern. Acht Experimente, 2014; Zuflucht in Deutschland. Texte verfolgter Autoren (mit J. Haslinger) 2017; S. Arınlı, T. Mora, Zwei Autorinnen im Transit. Ein Dialog, 2019.

Vorlaß: Inst. für Buchwiss. Mainz; StB München.
Literatur: R. Czapla, Die kleinste Fessel drückt mich unerträglich (in: Dt. Bücher 31) 2001, H. 1, 71–75; PEN. Das Autorenlex. 2015/16 (Red. R. Schweikert) ²2015.   MM

Spet, Antonius → Niger, Antonius.

Spieß, Thomas, aus Weida (auch Th. Pentzelt). – T. S., der gelegentlich als T. Pentzelt erscheint, stammte aus Weida im Vogtl., besuchte die Ratsschule in Zwickau u. danach die Leipziger Univ., wo er sich im humanist. Umfeld bewegte. In den Jahren 1509–13 leitete er die renommierte Görlitzer Lateinschule. Über Leipzig, wo er Theol. studierte, kehrte S. ins Vogtl. zurück u. wurde in der rel. Umbruchzeit Prediger der Nonnen in Cronschwitz (1527) u. Superintendent in Schleiz (1533). Der Pädagoge schrieb sich in das Annalenwerk des Görlitzers Johannes Hass ein, als er im Rathaus vorstellig wurde, um einen Beschluß des Rats gegen den verbotenen Ausschank von Bier an die Schüler zu Fastnacht zu kippen.

S.' Unterrichtswerke für den Elementarunterricht fallen offenbar in die erste Leipziger Periode: sein «Modus scribendi per litteras alphabeti distinctus», von dem Leipziger Drucke bei Jakob Thanner (u.a. 1508) bezeugt sind (GW M 30652), u. sein «Modus studendi discipulis studiosis accomodatus», der sich erstmals 1504 nachweisen läßt (VD 16, P 1323) u. der noch zehn Jahre später im Leipziger Studium genutzt wurde.

Der Leipziger Humanist Georg Breitkopf (gest. 1529) widmete S. zwei Klassiker-Editionen: 1504 seine Ausg. der Satiren des Horaz (VD 16, H 4955), in der er S. seinen Gönner nannte, u. 1510 seine Ausg. von Sallusts Verschwörung des Catilina (VD 16, S 1412), auf deren Titelblatt Breitkopf S. als hervorragenden Pädagogen würdigt. – Rektor in Görlitz, Verf. u. Hg. von Schulschriften.

Literatur: F. J. Worstbrock, Breitkopf, Georg (in: VL Dt. Hum. 1) 2006, 294; ders., Honorius, Johannes (ebd.) 1139. – H. Thurm, Das Dominikaner-Nonnenkloster Cronschwitz bei Weida, 1942, 94; R. Metzler, Stephan Roth 1492–1546. Stadtschreiber in Zwickau u. Bildungsbürger der Reformationszeit, 2008, 54; Ch. Speer, Frömmigkeit u. Politik. Städtische Eliten in Görlitz zw. 1300 u. 1550, 2011, 360.   CF

Spitzel, Christiana Rosina (auch Spitzlin, Christina Rosina S., geb. Corvinus), * 23.3.1710 Augsburg, † August 1740 (beigesetzt am 16.8.1740) Köthen; einzige Tochter des Kupferstechers Johann August Corvinus (1683–1738), erlernte von ihm dessen Kunsthandwerk, zeichnete, malte u. arbeitete in Kupfer; ca. zweijährige Verlobung mit dem etwa gleichaltrigen Kupferstecher Georg Christoph Kilian aus Augsburg, heiratete am 26.7.1729 den verwitweten Augsburger Porträtmaler u. Kunstverleger Gabriel Spitzel (1697–1760), aus dessen erster Ehe stammt eine Tochter, die nun S. aufzog; nach dem Verkauf des Verlags des Mannes zog die Familie 1739 für kurze Zeiträume nach Gera, Halle/ Saale u. Köthen. Neben zwei in den Jahren 1731 u. 1738 publizierten Gedichtbänden u. Gelegenheitsdichtungen soll S. nach Schmidt (1932) eine anon. erschien. polem. Satire u. d. T. «Die von der Tugend gezüchtigte Faunen» (1740; Mikrofiche-Ausg. HAAB Weimar 2000) verfaßt haben. Dabei handelt es sich um eine Gegensatire auf Sidonia Hedwig → Zäunemanns Schr. «Die von denen Faunen gepeitschte Laster» (1739). Diese Zuweisung ist inzwischen mehrfach angezweifelt worden: nach Guss (2011, 118) ist die Gegenschr. auf die Erfurter Dichterin Amalia Magdalena Wilhelmina Silber (1712–1770) zurückzuführen. Mit Christiane Mariane von → Ziegler stand S. im Briefkontakt. – Lyrikerin.

Schriften: Poetische Ergötzungs-Stunden, 2 Tle., 1731/38 (Bd. 1 online: BSB München); Die unter dem Schnee grünende Myrthen Welche die Gnaden-Sonne des Höchsten entdecket, Wolte Als der Ehren-veste Herr Johann Jacob Gutermann, Fürnehmer Handels-Mann allhier, Und die Viel Ehr- und Tugend-reiche Frau Anna Maria Gutermännin, gebohrne Attingerin, Bey ruhig- und vergnügtem Alter Ihre funffzig-jährige Jubel-Hochzeit Anno 1732, den 8. Septembr. in Augspurg feyerlichst und erfreulichst celebrirten [...] in nachstehendem Carmine vorstellen, und zugleich ihre schuldige Gratulation abstatten Christiana Rosina Spitzlin, gebohrne Corvinin, 1732 (online: BSB München); Das weibliche Geschlecht ist mehrentheils geneigt, in: Sammlung der Schriften und Gedichte welche auf die Poetische Krönung Der Hochwohlgebohrnen Frauen, Frauen Christianen Marianen von Ziegler gebohrnen Romanus, verfertiget worden. Mit einer Vorrede zum Druck befördert von Jacob Friedrich Lamprecht, 1734, 40–42 (online: SLUB Dresden); Als der Hoch-Edelgebohrne und Hochweise Herr, Herr Johann von Stetten, der Jüngere [...] Und die [...] Fraeulen Sabina Barbara von Hößlin, Des [...] Philipp Albrecht von Hößlin [...] Fräulen Ehren-Tochter, in Augspurg den 2. Decembr. An. 1737 Ihr hohes Hochzeit-Festin Standes-mäßig celebrirten, Als wolte ihre gebührende Pflicht [...] durch ein Carmen an den Tag legen [...] Christiana Rosina Spitzlin, gebohrne Corvinin, 1737 (online: BSB München).

Ausgabe: K. W. Bindewald, Deutschlands Dichterinnen, Tl. 1: Balladen, Romanzen, Idyllen, Geschichten, Legenden, Sagen und poetische Erzählungen, religiöse Lieder, 1895, 331 («Lobe Gott, mein Hertz, mit Freuden»).

Briefe: Christianen Marianen von Ziegler, gebohrenen Romanus, Vermischete Schriften in gebundener und ungebundener Rede, 1739, 208 f., XII. Brief (Dankesbrief an S. für den 1. Bd. der «Poetischen Ergötzungs-Stunden»; online: BSB München).

Nachlaß: Zu den wenigen archival. Hinweisen s. Schmidt (1932) 128.

Bibliographien: T. Georgi, Allg. europ. Bücher-Lex., Suppl.bd. 1, 1750 (Nachdr. 1966) 349 (online: ULB Halle); Kat. der Büchersclg. der Dt. Gesellsch. in Leipzig. Bibliotheca Societatis Teutonicae saeculi XVI–XVIII, nach dem von E. Kroker bearb. hs. Bestandsverz. der Univ.bibl. Leipzig (hg. Zentralantiquariat der DDR in Leipzig, Bd. 2) 1971, 653; E. Friedrichs, Die dt.sprachigen Schriftst.innen des 18. u. 19. Jh. Ein Lex., 1981, 294; J. M. Woods, M. Fürstenwald, Schriftst.innen, Künstlerinnen u. gelehrte Frauen des dt. Barock. Ein Lex., 1984, 121.

Literatur: Zedler 39 (1744) 293; Allg. Lex. der bildenden Künstler 7 (1912) 500; 31 (1937) 391 f.; Flood, Poets Laureate, Bd. 5 (2019) 517. – P. J. Croph, Das schmertzliche verlohrne u. glücklich wieder gefundene Cabinet-Stück der Tugend Wurde, als der [...] Herr Gabriel Spizel, Wittiber allhier, Mit der [...] Jungfer Christiana Rosina Corvinusin, Deß [...] Johann August Corvinus allhier Ehren-Tochter, Anno 1729, den 26. Julii in Augspurg seine Hochzeitl. Ehren-Festivität erfreulichst celebrierte [...] in nachstehendem Carmine vorgestellet, 1729 (online: BSB München); Bey der Spitzel- u. Corvinischen Verbindung So den 26. Julii Anno 1729 in Augspurg höchstvergnügt vollzogen ward, wolte Seine schuldige Mit-Freude glückwünschend bezeigen Gottlieb Siegmund Corvinus, 1729 (online: ebd.); B. B. Brockes, Auf Christianen Rosinen Spitzlin Poetische Ergötzungs-Stunden (in: Hrn. Hof-Rath Weichmanns Poesie der Nieder-Sachsen, durch den Vierten Theil fortgesetzet, u. nebst einigen vorgedruckten, zur Teutschen Sprache u. Philologie gehörigen Anmerckungen, Ihro Hochweisheit des Herrn Rahts-Herrn Brockes u. Herrn Prof. Richeys, so aus den Actis Mss. der ehemals in Hamburg blühenden Teutsch-übenden Gesellschaft genommen (hg. J. P. Kohl) 1732, 357 (Nachdr. 1980; online: Mecklenburg-Vorpommern. Digitale Bibliothek); Neuer Zeitungen von Gelehrten Sachen auf das Jahr 1738, Theil 24, 726 f.; D. W. Thriller, Frauen Magdalenen Sibyllen Riegerin, gebohrner Weissenseein, Versuch Einiger Geistlichen u. Moralischen Gedichte, 1743, X 8^r (online: ebd.); G. Klemm, Die Frauen. Culturgeschichtl. Schilderungen des Zustandes u. Einflusses der Frauen in den versch. Zonen u. Zeitaltern, Bd. 6, 1859, 296–298; H. Gross, Deutschlands Dichterinen u. Schriftst.innen. Eine lit. Skizze, ^{2}1882, 20; A. v. Hanstein, Die Frauen in der

Gesch. des Dt. Geisteslebens des 18. u. 19. Jh., 1899 (Nachdr. 2011) 99, 165; F. SCHMIDT, Ch. R. Spitzlin. Eine vergessene Augsburger Dichterin (1710–40) (in: Zs. des Hist. Ver. für Schwaben u. Neuburg 50) 1932, 127–140 (mit Textausz. aus dem 1. Bd. der «Poetischen Ergötzungs-Stunden» u. der Satire); M. HEUSER, Das Musenchor mit neuer Ehre zieren. Schriftst.innen zur Zeit der Frühaufklärung (in: Dt. Lit. von Frauen, hg. G. BRINKER-GABLER, Bd. 1) 1988, 293–313, hier 311; K. R. GOODMAN, Amazons and apprentices. Women and the German Parnassus in the early Enlightenment, 1999, 191 f.; J. R. TRAGNITZ, Sidonia Hedwig Zäunemann. The Satirist and Her Struggle für Recognition, Diss. Urbana-Champaign/IL 1999, hier 23, 207–232; I. KEIL, Augustanus Opticus. Johann Wiesel (1583–1662) u. 200 Jahre opt. Handwerk in Augsburg, 2000, 174 (mit dem Hinweis auf einen Eintrag von S. im Stammbuch des Optikers Cosmus Conrad Cuno, 1652–1745); J. SCHMIDT-LIEBICH, Lex. der Künstlerinnen 1700–1900. Dtl., Öst., Schweiz, 2005, 85; Augsburger Frauenlexikon (hg. E. FINDEL, I. LÖFFLER, A. SCHMUCKER) 2006, 148; G. GUISEZ, ~. Hausmalerin der Westheimer Langenmantel (in: DERS., Neusäßer Erzn.) 2007, 155–160; H. JESSE, U. KIRSTEIN, A. SCHMUCKER, Spitzel (in: Stadtlex. Augsburg Online, hg. G. GRÜNSTEUDEL, G. HÄGELE, R. FRANKENBERGER) (Beitr. vom 26.8.2009); M. GUSS, «Darf auch ein Priester jetzt nach einer Witwe fragen, so darf ich auf dem Pferd wohl ein Manns-Kleid tragen». Sidonia Hedwig Zäunemann zum 300. Geburtstag (in: Aus der Vergangenheit von Arnstadt u. Umgebung. Ein heimatkundl. Lesebuch 20) 2011, 111–125. MMü

Spoerri, Bettina, * 29.10.1968 Zürich; ab 1987 Stud. der Germanistik, Philos. u. Musikwiss. in Zürich, Berlin u. Paris, 1994 Lizentiat in Zürich, zudem Ausbildung zur Sängerin, 1996–2000 Wiss. Assistentin am Dt. Seminar der Univ. Zürich, besuchte 1996/97 die Hebr. Univ. Jerusalem, war 1998–2005 Red. von «Entwürfe. Zs. für Lit.» (Zürich), 1999 Promotion zum Dr. phil. in Zürich («Der Tod als Text u. Signum. Der lit. Todesdiskurs in geistl.-didakt. Texten des MA»), Arbeit als freie Journalistin, 2001–03 Red. des «St. Galler Tagbl.», 2001–04 Mitgl. u. 2004 Präs. der Progr.kommission der Solothurner Lit.tage, gehörte 2001–12 zudem der Kulturkommission der Israelit. Cultusgemeinde Zürich an, 2004–08 Progr.leitung des Gesprächforums «Züri Littéraire», 2005–12 Mitgl. der Lit.kommission der Stadt Zürich, ab 2006 auch Lehraufträge, etwa an den Univ. in Zürich, Basel u. Luzern, 2007–09 Red. bei der «Neuen Zürcher Ztg.», 2007–11 Mitgl. des Kulturrats des Kt. Aargau u. 2008–13 des Verwaltungsrats des Lit.hauses Zürich, 2010–12 Mitarb. des «Buchmedia-Magazins» (Wien), leitete anschließend die Solothurner Lit.tage u. ab 2013 das Aargauer Lit.haus, 2013–19 Vorstandsmitgl. des «JULI»-Magazins (Baden), Red. u. ab 2017 Vorstandsmitgl. des «Cinema»-Filmjb. (Zürich), ab 2020 Mitgl. des Fachausschusses Lit. Basel-Stadt u. -Land, auch Präs. der Internat. Kurzfilmtage Winterthur, weitere Tätigkeiten als freie Autorin, Kuratorin, Lektorin u. Moderatorin, zuletzt auch Mitbetreiberin einer Medienagentur in Zürich, ab 2013 Ehe mit dem Filmemacher Matthias von Gunten (* 1953); lebt in Zürich; lit.wiss. Arbeiten u. a. über Heinrich → Seuse, Alfred → Döblin, transnationale schweizer. Lit. sowie dt.-türk. u. dt.-jüd. Lit.; publizierte zudem Rom., Dramen, Jgdb., Stadtführer, Ess. u. Rezensionen; auch Hg., u. a. einer Anthol. über die COVID-19-Pandemie; Veröff. u. a. in «Entwürfe. Zs. für Lit.» (Zürich), «Orte. Eine Schweizer Lit.zs.» (Zürich), «Die Horen» (Göttingen) u. «Variations» (Bern u. a.). – (Neben weiteren Auszeichnungen) Baarer Rabe (2015). – Journalistin, Kulturmanagerin, Autorin, Moderatorin, Literaturwissenschaftlerin.

Schriften: Bleichen, wenn nötig (Drama) 2004 (ungedr.); Diskurse in die Weite. Kosmopolitische Räume in den Literaturen der Schweiz (mit M. KAMM u. a.) 2010; Konzert für die Unerschrockenen (Rom.) 2013; Herzvirus (Rom.) 2016; Schneller als Licht (Jgdb.) 2016; Zürich abseits der Pfade (Stadtführer, mit M. K. RÓZSA) 2019; Budapest abseits der Pfade (Stadtführer, mit DEMS.) 2020.

Herausgaben: FilmSprache (mit T. HUNKELER, J. KELLER) 2000; Schwellenzeit. 44 Autorinnen und Autoren schreiben zur Corona-Zeit (mit A. WIESER) 2020.

Literatur: H. FREYTAG, Der Tod als Text u. Signum (in: Arbitrium 18) 2000, H. 3, 258–260; M. DUBROWSKA, Literarisierung weibl. Schicksale in ~s Rom. ‹Herzvirus› (in: Literarisierung der Gesellsch. im Wandel. Koordinaten der Ggw.prosa, hg. J. ŁAWNIKOWSKA-KOPER, A. MAJKIEWICZ) 2020, 87–98; A✶dS Lex. (hg. Verband Autorinnen u. Autoren der Schweiz) o. J., https://lexikon.a-d-s.ch/. MM

Springer, Christian, * 31.12.1964 München; Sohn eines Gemüsehändlers, Mitgl. des Kinderchors der Bayer. Staatsoper, 1983–97 kabarettist. Auftritte mit Helmut Schleich (* 1967), etwa als «Heinzi u. Kurti», Abitur, Stud. der Semitistik, Philol. des christl. Orients u. der Bayer. Lit.gesch. in München (1992 abgebrochen), ab 1995 zunehmend Solo-Progr., populär wurde bes. S.s Bühnenfigur «Fonsi» (ab 1999), war im Fernsehen u. a. mit der Sendung «Nix für ungut» (BR) präsent, auch Moderator (u. a. ab 2013 «Schlachthof» im BR) u. Rollen als TV-Schauspieler (u. a. im «Tatort»), wirkte bis 2010 zudem mehrmals als Schauspieler oder Co-Autor am Starkbieranstich auf dem Münchner Nockherberg mit, gründete 2012 den humanitären Ver. «Orienthelfer»; publizierte u. a. humorist. u. satir. Texte sowie Aufnahmen seiner Kabarett-Programme. – (Neben weiteren Auszeichnungen) Bayer. Kabarettpreis (2013), Rupert-Mayer-Medaille in Gold (2015), Toleranzpreis der Evang. Akad. Tutzing (2016), Bayer. Verfassungsmedaille in Silber (2019). – Kabarettist, Schauspieler, Moderator, Autor.

Schriften: Wer mag denn schon… d Wiesn? Fonsi …grantlt übers Oktoberfest (Fotos v. A. Britz) 2002; Wer mag denn schon… d Promis? Fonsi …grantlt über die Wichtigen (Fotos v. F. Schreiber) 2002; Fonsi grantelt: Mir glaubt ja keiner, 2005; Fonsis boarisches Fußboi-Lexikon, 2006; Wo geht's hier nach Arabien? (humorist. Reiseber.) 2011; Nazi, komm raus! Wie ich dem Massenmörder Alois Brunner in Syrien auf der Spur war (Erlebnisber.) 2012; Landesvater, cool down. Kabarettist an Seehofer. Eilt!, 2015; Wir müssen Freiheit aushalten. Die 50. Münchner Kanzelrede, 2017; Die Antwort auf Söders Kreuz …ist 240 Jahre alt, 2018; Bitte sagen Sie die Klimakatastrophe morgen ab! Ich habe wichtige Termine, 2019; Der unglückliche Prinz und sein Ende. Ein Märchen für böse Kinder und Erwachsene, 2021.

Tonträger: Was Weiß Ferdl. Karriere einer ‹Witz-Figur› (1 Audio-CD) 1999; Türschlosspanik (1 Audio-CD) 2002; Der Fonsi, die Welt und die Wiesn (1 Audio-CD) 2005.

Literatur: Munzinger-Archiv. – G. Holzheimer, Dass man nix machen kann, ist eine Ausrede. ~ im Jüd. Gemeindezentrum (in: Lit. in Bayern 34) 2019, H. 138, 12 f.; C. Waldherr, Der Kabarettist ~. Mit Eiern gegen Franz Josef Strauß u. ein Kamel zum Geburtstag (in: Bair. Sprache 59) 2019, 1–3; C. Bleher, F. Schäffer, Der Kabarettist u. Orienthelfer ~ über Werte-Rhetorik u. echte Werte (in: Bayer. Schule 73) 2020, H. 6, 34–37. MM

Stadlin, Judith, * 1965 Zug (Stadt); Schulbesuch in Zug, Matura, Schausp.- u. Tanz-Ausbildung (u. a. in Zürich), Stud. der Germanistik u. Musikwiss. in Zürich mit Abschluß Lizentiat, war ab 1982 als Schauspielerin, Tänzerin, Regisseurin u. Dramaturgin tätig, u. a. am Theater Namenlos in Zürich, auch kabarettist. u. Radio-Auftritte, Leiterin von Workshops, Gründerin u. Leiterin der Gruppe «Les Serwös Nerwös» u. anderer Theaterprojekte, ab 2005 mit Ehemann Michael van → Orsouw Auftritte als lit. Duo «Satz&Pfeffer» u. 2007 Gründung einer gleichnamigen Lesebühne in Zug; lebt ebd.; verfaßte u. a. Biogr., Rom., Erz., Dramen, Drehb., Ged. u. Hörsp.; auch Texte in Schweizerdt.; Veröff. u. a. in «Neue Zürcher Zeitung». – (Neben weiteren Auszeichnungen) 1. Preis der Zentralschweizer Lit.förderung (2010). – Schauspielerin, Regisseurin, Dramaturgin, Schriftstellerin.

Schriften: Josephine Zehnder-Stadlin (Drama, mit M. van Orsouw) 1998; Adelheid. Frau ohne Grenzen. Das reiche Leben der Adelheid Page-Schwerzmann (Biogr., mit dems., M. Imboden) 2003; Page&Page (Drama, mit M. van Orsouw) 2005; George Page, der Milchpionier. Die Anglo-Swiss Condensed Milk Company bis zur Fusion mit Nestlé (mit dems., M. Imboden) 2005; Der alte Mann und das Feuer (Drama, mit M. van Orsouw) 2005; Platz da… 100 Jahre reformierte Kirche Zug. Wo Wege sich kreuzen (mit dems., M. van Audenhove) 2006; Die Städte-Rallye. Minimal-Geschichten, die die Landkarte schrieb. Erstaunlich, unverblümt und poetisch (mit M. van Orsouw) 2006; Hammer Hardt Rachau Inn Buus (Drama, mit dems.) 2007; Oberkrimml (Drama, mit dems.) 2007; LACHEN (Drama, mit dems.) 2009; Vill Lachen Ohnewitz (Hörsp., mit dems.) 5 Tle., 2010 (auch als Buch: Vill Lachen, Ohnewitz. Geschichten aus Ortsnamen, 2010); Buus Halt Waterloo (Hörsp., mit dems.) 2012; Spiel uns das Lied von Zug (Erz., mit dems.) 2012; Die Schweiz ist eine Kuhgell (Prosa) 2014; Rötelsterben. Gorans erster Fall (Kriminalrom., mit dems.) 2015; Stärnehagel (Libr., mit dems.) 2015; Für Menschen da. Die Geschichte des Spitals und des Pflegezentrums Baar aus Anlass des 50-Jahr-Jubiläums der Stiftung Pflegezentrum Baar (mit M. Weiss) 2015; Neuss Helden Vonz Welte Oder: Jedes Wort ein Ort

(Hörsp., mit M. VAN ORSOUW) 2017; Der Kirschtote. Gorans zweiter Fall (Kriminalrom., mit DEMS.) 2017; Alle Echte Orth. Geschichten aus Ortsnamen (mit DEMS.) 2018; Häschtääg zunderobsi (Mundarttexte) 2020. MM

Stangl, Thomas, * 4.1.1966 Wien; studierte Philos. u. Hispanistik an der Univ. Wien, schloß das Stud. 1991 mit einer Arbeit über dekonstruktive Lit.theorie ab; schrieb seit Beginn der 1990er Jahre Ess., Buchbesprechungen u. kleinere Prosaarbeiten für Ztg. u. lit. Zs.; lebt in Wien. – 2002 Förderpeis der Stadt Wien, 2004 aspekte-Lit.preis u. Hermann-Lenz-Stipendium. 2005 Lit.förderpreis des Öst. Bundeskanzleramtes, 2007 Telekom-Austria-Preis beim Ingeborg-Bachmann-Wettbewerb u. Lit.preis des Kulturkreises der Dt. Wirtschaft, 2009 Stipendium des Heinrich-Heine-Hauses der Stadt Lüneburg u. manuskripte-Preis des Landes Steiermark, 2010 Lit.preis alpha, 2011 Erich-Fried-Preis, 2014 George-Saiko-Reisestipendium, 2014–17 Robert-Musil-Stipendium des Öst. Bundeskanzleramtes, 2019 Wortmeldungen-Lit.preis der Crespo Foundation u. Ehrengabe der Dt. Schiller-Stiftung Weimar, 2020 Johann-Friedrich-von-Cotta-Lit.- u. Übers.preis der Landeshauptstadt Stuttgart. – Schriftsteller.

Schriften: Der einzige Ort (Rom.) 2004; Ihre Musik (Rom.) 2006; Was kommt (Rom.) 2009; Reisen und Gespenster (Ess., Erz.) 2012; Regeln des Tanzes (Rom.) 2013; Freiheit und Langweile (Ess.) 2016; Fremde Verwandtschaften (Rom.) 2018; Die Geschichte des Körpers (Erz.) 2019.

Literatur: P. LANGER, Eine philos. Exkursion. Poststrukturalistische (Denk-)Muster in ~s ‹Der einzige Ort›, 2008; H. BAY, Going native? Mimikry u. Maskerade in kolonialen Entdeckungsreisen der Ggw.lit. (~; Trojanow) (in: Ins Fremde schreiben. Ggw.lit. auf den Spuren hist. u. fantast. Entdeckungsreisen, hg. CH. HAMANN, A. HONOLD) 2009, 117–142; S. WERKMEISTER, Der Widerstand des Realen. Reisen u. Schreiben in ~s Rom. ‹Der einzige Ort› (in: ebd.) 273–285; A. DUNKER, Postkoloniale Ästhetik? Einige Überlegungen im Anschluss an ~s Rom. ‹Der einzige Ort› (in: Postkolonialismus u. Kanon, hg. H. UERLINGS, I.-K. PATRUT) 2012, 315–325; K. SCHMIDT, «[D]ie Gesch. zur Wahrheit [...] verfälschen». Historiograf. Metafiktion bei Ilija Trojanow u. ~ (in: AG 40) 2012, 123–133; DIES., Die ‹Magie der Namen›. Zu Reisetexten von Annemarie Schwarzenbach, ~ u. Ilija Trojanow (in: Magie u. Sprache, hg. C. VON MALTZAN) 2012, 119–130; H. SCHMIDERER, Lit. Archäologien der Kolonialzeit. Zu Ilija Trojanow u. ~ (in: Sprachen u. Kulturen in (Inter)Aktion. Tl. 1. Lit.- u. Kulturwiss., hg. E. STURM-TRIGONAKIS, S. DELIANIDOU) 2013, 211–222; S. STEINMANN, Symbolische Kompetenz u. (Re-)Konstruktion von Ritualen in narrativen Kontexten (in: Zw. Ritual u. Tabu. Interaktionsschemata interkultureller Kommunikation in Sprache u. Lit., hg. E. W. B. HESS-LÜTTICH u. a.) 2013, 43–61; M. ARANY; Grenzerfahrungen im postmodernen öst. Reiserom. (in: Reisen über Grenzen in Zentraleuropa, hg. A. F. BALOGH, CH. LEITGEB) 2014, 241–256; E. KIRÁLY, Auf Spuren reisen. ~s afrikan. Textlandschaften (in: Reise u. Raum. Ortsbestimmungen der öst. Literatur. Beitr. zur Jahrestagung der Franz-Werfel-StipendiatInnen am 26. und 27. April 2013 in Wien, hg. A. KNAFL) 2014, 148–159; C. VON MALTZAN, Schreiben über Afrika u. die Frage nach kultureller Identität. Eine südafrikan. Perspektive (in: Dt. Sprache u. Kultur im afrikan. Kontext. Beitr. der DAAD-Germanistentagung 2012 mit Partnerländern in der Region Subsahara-Afrika., hg. Dt. Akadem. Austauschdienst, Red.: M. DALMAS u. a.) 2014, 59–73; B. VEDDER, ~s Ästhetik der verwischten Grenzen (in: Öst. Ggw.lit., hg. H. KORTE [TuK, Sonderbd.]) 2015, 175–181; D. HEIMBÖCKEL, Bewegung u./als Inversion. Yoko Tawada, ~ u. Hans Christoph Buch (in: Gesellschaften in Bewegung. Lit. u. Sprache in Krisen- u. Umbruchzeiten, hg. E. W. B. HESS-LÜTTICH u. a.) 2016, 283–294; M. HOLDENRIED, Inszenierungsformen des status viatoris als Nichtwissenskunde. ~s Timbuktu-Roman ‹Der einzige Ort› (in: Versteckt – Verirrt – Verschollen. Reisen u. Nicht-Wissen, hg. I. GRADINARI u. a.) 2016, 199–211; P. CLAR, Der einzige Ort. Zur (De-)Konstruktion des Anderen in ~s Rom. (in: Postkolonialität denken. Spektren germanist. Forsch. in Togo, hg. A. O. ASSEMBONI u. a.) 2017, 133–140; L. BECK, Zw. Expeditionsber. u. Koran. Zur Ambivalenz von Schr. in ~s ‹Der einzige Ort› (in: ebd.) 155–164; S. RITZ, «Eine versuchte Annäherung, die nie gelingt...» Reisen u. Erzählen als Auflösung von Grenzen in ~s ‹Der einzige Ort› (in: DIES., Die wachsenden Ringe des Lebens. Identitätskonstruktionen in der öst. Lit.) 2017, 141–155.
BJ

Stangl-Taller, Claudia → Taller, Claudia.

Stanišić, Saša, * 7.3.1978 Višegrad (Jugoslawien); wuchs in Višegrad auf, flüchtete im August 1992 mit seiner Mutter über Serbien, Ungarn u. Kroatien nach Dtl., der Vater kam ein halbes Jahr später nach; besuchte die Internationale Gesamtschule in Heidelberg, studierte nach dem Abitur (1997) an der dortigen Univ. Dt. als Fremdsprache u. Slawistik, Magister-Abschluß 2004; 1998 wanderten die Eltern nach Florida/USA aus, leben heute in Kroatien; S. arbeitete 2000/2001 als Assistant Teacher an der Bucknell Univ. (USA), nahm 2004 ein Zweitstudium am Dt. Lit.institut Leipzig auf; Mitgl. der Dt. Akad. für Sprache u. Dg., Darmstadt, seit der Freien Akad. der Künste in Hamburg; hatte 2020 an der Hochschule RheinMain in Wiesbaden die Poetikdozentur inne; lebt in Hamburg. – Jürgen Fritzenschaft-Preis (2004), Kelag-Preis zum Bachmann-Wettbewerb (2005), Stipendienaufenthalt in der Villa Waldberta/München (2005/06), Stipendienaufenthalt im Künstlerhaus Lukas/Ahrenshoop (2006), Grenzgänger-Stipendium der Robert Bosch Stiftung (2006), Stadtschreiber in Graz (2006/07), Lit.preis der Stadt Bremen (2007), Max-Kade-Stipendium am International Writing Programm der Univ. of Iowa (2007), Preisträger des Heinrich Vetter-Wettbewerbs (2006), Förderpreis zum Heimito-von-Doderer-Preis (2008), Adelbert-von-Chamisso-Preis (2008), Hohenemser Lit.preis für dt.sprachige Autoren nichtdt. Muttersprache (2013), Alfred-Döblin-Preis des Lit. Colloquiums Berlin (2013), Feuergriffel-Stadtschreiber-Stipendium für Kinder- u. Jugendlit. in Mannheim (2013), Preis der Leipziger Buchmesse (2014), Rheingau-Lit.preis (2016), Schubart-Lit.preis der Stadt Aalen (2019), Eichendorff-Lit.preis (2019), Dt. Buchpreis (2019), Usedomer Lit.preis (2020), Hans-Fallada-Preis (2020), Eichendorff-Lit.preis (2020). – Schriftsteller.

Schriften: Aus den Quellen des Harotrud. Der Reigen der fünf Schwestern (mit S. von Ribbeck) 2002; Wie der Soldat das Grammofon repariert (Rom.) 2006; Vor dem Fest (Rom.) 2014; Fallensteller (Erzn.) 2016; Herkunft, 2019; Hey, hey, hey, Taxi! (Kdb., Illustr. v. K. Spitzer) 2021.

Hörspiele: Träum! Traum, Traumata (2005) HR 2005; Wie der Soldat das Grammofon repariert, BR 2006; Vor dem Fest, RBB 2015; Georg Horvath ist verstimmt, NDR 2017.

Literatur: Munziner-Arch.; KLG; Killy ²11 (2011) 177 f. – A. Schütte, Ballistik. Grenzverhältnisse in ~s ‹Wie der Soldat das Grammofon repariert› (in: ZfdP 119) 2000, 221–235; G. Rocco, ~. Dissoluzione di un paese come punto di partenza (in: Colori sotto la mia lingua. Scritture transculturali in tedesco, hg. E.-M. Thüne, S. Leonardi) 2009, 81–93; B. Haines, Sport, identity and war in ~'s ‹Wie der Soldat das Grammofon repariert› (in: Aesthetics and politics in modern German culture. FS Rhys W. Williams, ed. B Haines et al..) 2010, 153–164; B. Previšić, Reisen in Erinnerung. Versuch einer narratolog. Raumtheorie angesichts des jugoslaw. Zerfalls (in: Zagreber germanist. Beitr. Jb. für Lit.- u. Sprachwiss. 19) 2010, 101–120; B. Haines, ~, Wie der Soldat das Grammofon repariert: Reinscribing Bosnia, or: Sad things, positively (in: Emerging German-language novelists of the twenty-first century, ed. L. Marven, S. Taberner) 2011, 105–118; E. Messner, «Lit. Interventionen» dt.sprachiger Autoren u. Autorinnen im Kontext der Jugoslawienkriege der 1990er (in: Kriegsdiskurse in Lit. u. Medien nach 1989, hg. C. Gansel, H. Kaulen) 2011, 107–118; A. Schütte, Krieg u. Slapstick. Kontrolle u. Kontrollverlust in der lit. Darst. des Bosnienkrieges (in: Repräsentationen des Krieges. Emotionalisierungsstrategien in der Lit. u. in den audiovisuellen Medien vom 18. bis zum 21. Jh., hg. S. R. Fauth u. a.) 2012, 275–293; N. Wichard, Mitteleurop. Blickrichtungen. Gesch.darst. bei ~ u. Jan Faktor (in: Aussiger Beitr. 6) 2012, 159–175; Ch. Payne, How the Exiled Writer Makes Refugee Stories Legible: ~'s ‹Wie der Soldat das Grammofon repariert› (in: Ggw.lit. Ein germanist. Jr. A German Studies Yearbook 13) 2104, 321–339; S. Arnaudova, Formen u. Funktionen von Mehrsprachigkeit u. Sprachwechsel in lit. Texten der Ggw. (in: Germanistik in Bulgarien. Bd. 1, hg. M. Grozeva u. a.) 2015, 209–216; D. Hitzke, Ch. Payne, Verbalizing Silence and Sorting Garbage: Archiving Experiences of Displacement in Recent Post-Yugoslav Fictions of Migration by ~ and Adriana Altaras (in: Edinburgh German Yearbook 9) 2015, 195–212; A. Ludewig, Es darf, nein, es muss weiter geträumt werden. Europ. Utopien u. Dystopien in der dt. Ggw. (in: Germanica. Études germaniques 56) 2015, 57–72; R. Mare, «Ich bin Jugoslawe – ich zerfalle also». Chronotopoi der Angst – Kriegstraumata in der dt.sprachigen Ggw.lit., 2015; S. Michel, Identitätskonstruktionen u. Essensdarst. in der Migrationslit. am Beispiel von Aglaja Veteranyis Rom. ‹Warum das Kind in der Polenta kocht› u. ~s ‹Wie der Soldat das Grammofon repariert› (in: Germanica. Études germaniques 57) 2015, 139–157; W. DANNECKER, E. MAUS, Jenseits von Disparitäten. ~s ‹Wie der Soldat das Grammofon repariert› als Gegenstand für einen inklusiven Lit.unterricht (in: Lit. im Unterricht. Texte der Ggw.lit. für die Schule 17) 2016, H. 1, 45–59; S. PEREYRA, Ante los restos del multiculturalismo (o la literatura transnacional en alemán hoy) (in: Moderna språk. Journal of English, French, German and Spanish Languages, Literatures and Cultures 110) 2016, H. 1, 83–100; S. SIMOSKA, Bosnien vor u. nach 1914: Lit. Meilensteine zur wechselvollen Dolmetschkultur zw. Krieg u. Frieden (in: Studia Germanistica. Acta Facultatis Philosophicae Universitatis Ostraviensis 19) 2016, 107–114; S. ARNAUDOVA, Versprachlichung von Flucht u. Ausgrenzung im Rom. ‹Wie der Soldat das Grammofon repariert› von ~ (in: Niemandsbuchten u. Schutzbefohlene. Flucht-Räume u. Flüchtlingsfiguren in der dt.sprachigen Ggw.lit., hg. TH. HARDTKE u. a.) 2017, 157–175; J. BOOG, «Chefgenosse des Unfertigen». Gewitzte Brüche in ~s ‹Wie der Soldat das Grammofon repariert› (in: Akten des XIII. Internationalen Germanistenkongresses Shanghai 2015. Germanistik zw. Tradition u. Innovation, hg. J. ZHU) 2017, 209–213; M.-O. CARL, Bedingungen u. Ertrag der Erkenntnis kultureller Hybridität in ~s Rom. ‹Wie der Soldat das Grammofon repariert› (in: Zs. für Interkulturellen Fremdsprachenunterricht 22) 2017, H. 1, 36–43; W. DANNECKER, E. MAUS, Jenseits von Disparitäten. ~s ‹Wie der Soldat das Grammofon repariert› als Gegenstand für einen inklusiven Lit.unterricht (in: Ggw.lit. im inklusiven Dt.unterricht, hg. J. STANDKE) 2017, 235–248; M. OSTHEIMER, Latenzen in ~s ‹Vor dem Fest› (in: Gesch. – Latenz – Zukunft. Zur narrativen Modellierung von Zeit in der Ggw.lit., hg. A.-K. GISBERTZ, M. OSTHEIMER) 2017, 127–137; S. STANIŠIĆ, A.-K. GISBERTZ, «Der Sprache ist nicht zu entkommen – das will ich auch nicht.» Gespräch über Zeit u. Lit. (ebd.) 139–146; A. SCHNEIDER, Sprache als Ausnahmezustand im Werk von ~ (in: Ausnahmezustände in der Ggw.lit.: nach 9/11, hg. C. FOSSALUZZA, A. KRAUME) 2017, 129–147; D. ZINK, Interkulturelles Gedächtnis. Ost-westl. Transfers bei ~, Nino Haratischwili, Julya Rabinowich, Richard Wagner, Aglaja Veteranyi u. Herta Müller, 2017; K. MAURER, Das Spiel mit der Fiktion in ~s Rom. ‹Wie der Soldat das Grammofon repariert› (2006) (in: Akten des XIII. Internationalen Germanistenkongresses Shanghai 2015. Germanistik zw. Tradition u. Innovation, hg. J. ZHU u. a.) 2018, 89–92; L. WETENKAMP, Kinder als Kriegsberichterstatter. Kriegserleben bei ~ (in: Literarisierungen von Gewalt. Beitr. zur dt.sprachigen Lit., hg. D. VON HOFF u. a.) 2018, 249–266; D. OSBORNE, ‹Irgendwie wird es gehen›: Trauma, Survival, and Creativity in ~'s ‹Vor dem Fest› (in: GLL 72) 2019, 469–483; U. ABRAHAM, D. MATZ, Entwürfe durch Kritik verbessern. Lit. Schreiben u. Überarbeiten als gemeinsame Aufgabe (in: Praxis Dt. Zs. für den Dt.unterricht 47, H. 279) 2020, 21–27; PH. BÖTTCHER, Fürstenfelde erzählt. Dörflichkeit u. narrative Verfahren in ~s ‹Vor dem Fest› (in: Zs. für Germanistik, NF 30) 2020, H. 2, 306–325; E. BLOME, Rückkehr zur Herkunft. Autosoziobiografien erzählen von der Klassengesellsch. (in DVjs 94) 2020, H. 4, 541–571; CH. BRÄUER, «Jeder hat seinen eigenen Wolf». Leserperspektiven, Erzählerperspektive u. Figurenperspektiven ins Gespräch bringen (in: Praxis Dt. Zs. für den Dt.unterricht 47, H. 280) 2020, 31–37; M.-O. CARL, Wie man die DDR als Teil einer langen Dorfgesch. erzählen kann. Ein Vergleich von Juli Zehs ‹Unterleuten› (2016) u. ~s ‹Vor dem Fest› (2014) aus didakt. Perspektive (in: Lit. im Unterricht. Texte der Ggw.lit. für die Schule 21) 2020, H., 65–82; M. HUBER, Die Erinn.-Kartografie der Prov. samt «Es war einmal... » ~s Rom. ‹Vor dem Fest› als Versuch einer intersubjektiven Ggw.findung (in: Raum – Gefühl – Heimat. Lit. Repräsentationen nach 1945, hg. G. IZTUETA u. a.) 2017, 157–173. BJ

Staubach, Reinhard, * 1947 Starnice/Polen; lebt seit 1958 in der BRD, Ausbildung zum Elektrotechniker in Elmshorn, Fachschulreife in Hagen, Abitur in Oberhausen, Stud. der Germanistik u. Pädagogik in Mannheim, u. a. Tätigkeiten als Manager u. Red. (bis 2018); lebt in Ebersbach-Musbach; verfaßte u. a. Rom., Erz. u. Lyrik. – Manager, Journalist, Schriftsteller.

Schriften: Der Stein von Bermuda (Erz.) 1998; Ein Kiesel zum Verlieben (Ged.) 2001; Es muss nicht immer Prosa sein (Ged.) 2001; Starnitz (Reiseber.) 2002; Wiedersehen in Lissabon (Erz., hg. R. STIRN) 2003; Das Fledermaus-Sportfest (Erz.) 2010; Possierliche Verse. 63 Staubericks, 2016; Ermunterung ist steuerfrei und andere Geschichten, 2017; Schlummernde Leben (Rom.) 2018; Ein Jahr und zehn Tage (Rom.) 2019;

Mönch, Melinda und Moneten (Rom.) 2020; Der richtige Tag (Erz.) o. J.; Omelett für Jürgen (Erz.) o. J.

Herausgaben: Dem Licht entgegen. Spirituelle Erlebnisse, 1984. MM

Stavarič, Michael, * 7.1.1972 Brünn (tschech. Brno); S.s Familie emigrierte 1979 u. ließ sich in Laa an der Thaya/Niederöst. nieder, nach dem Umzug nach Wien studierte S. Bohemistik u. Publizistik an der dortigen Univ., 1998 Abschluß des Stud. mit einer Diplomarbeit über die Schlagzeilen der tschech. Ztg. «Mladá fronta Dnes» u. «Blesk», dann als Rezensent für die öst. Tagesztg. «Die Presse» u. das Wiener Stadtmagazin «Falter» sowie als Gutachter für tschech. Lit. für versch. Verlage tätig; Executive Coordinator des Präs. des Internationalen PEN-Clubs, Sekretär des tschech. Botschafters a. D. Jirí Gruša, Lehrbeauftragter für Inline-Skating an der Sportuniv. Wien, Übers. aus dem Tschechischen; lebt in Wien. – International Poetry Competition Award (2002), Lit.preis der Akad. Graz (2003), Publikumspreis des Lit.festivals Wortspiele (2006), Öst. Staatspreis für Kinder- u. Jugendlit. (2007), Buch.Preis (2007), Adelbert-von-Chamisso-Förderpreis (2008), Förderungspreis der Stadt Wien (2008), Projektstipendium für Lit. des öst. Bundesministeriums für Unterricht, Kunst u. Kultur (2008, 2011), Arbeitsstipendium der Robert Bosch Stiftung (2008), Kinderbuchpreis der Stadt Wien (2009, 2010), Mira Lobe Stipendium des öst. Bundesministeriums für Unterricht, Kunst u. Kultur (2009), Lit.preis Wartholz (2009), Hohenemser Lit.preis (2009, mit Agnieszka Piwowarska), Öst. Staatspreis für Kinder- u. Jugendlit. (2009), Stipendium der Max Kade Foundation New York (2009), Wiener Autorenstipendium (2010), Adelbert-von-Chamisso-Preis (2012), Lit.preis «Luchs» (2013), German Design Award (2017), LeseLenz-Preis für Junge Lit. der Gerhard-Thumm-Stiftung (2020). – Schriftst., Übersetzer.

Schriften: Flügellos (Ged.) 2000; tagwerk. landnahme. ungelenk, 2002; Europa. Eine Litanei, 2005; stillborn (Rom.) 2006; Gaggalagu. Kinderbuch (mit R. Habinger) 2006; Terminifera (Rom.) 2007; BieBu (Kdb., mit ders.) 2008; Nkaah – Experimente am lebenden Objekt. Prosaminiaturen, 2008; Magma (Rom.) 2008; Böse Spiele (Rom.) 2009; Die kleine Sensenfrau (Kdb., mit D. Schwab) 2010; Déjà-vu mit Pocahontas. Raritan River, 2010; Hier gibt es Löwen (Kdb., mit R. Habinger) 2011; Nadelstreif & Tintenzisch. Ein Bestiarium (mit D. Sengl) 2011; Brenntage (Rom.) 2011; Gloria nach Adam Riese (Illustr. v. D. Schwab) 2013; Königreich der Schatten (Rom.) 2013; Mathilda will zu den Sternen (Illustr. v. Ch. Ebenthal) 2015; Milli Hasenfuss (Bilder v. U. Möltgen) 2016; Der Autor als Sprachwanderer. Stefan Zweig Poetikvorlesungen, 2016; in an schwoazzn kittl gwicklt (Ged.) 2017; Als der Elsternkönig sein Weiß verlor (Illustr. v. L. Wolfsgruber) 2017; Gotland (Rom.) 2017; Fremdes Licht (Rom.) 2020.

Übersetzungen: P. Ourednik, Europeana. Eine kurze Geschichte Europas im zwanzigsten Jahrhundert, 2003; ders., Das Jahr 24. Progymnasma 1965–89, 2003; J. Gruša, Als ich ein Feuilleton versprach. Handbuch des Dissens und Präsens – Essays, Gedanken und Interviews aus den Jahren 1964 bis 2004, 2004; P. Ourednik, Die Gunst der Stunde, 1855, 2007; P. Hulová, Manches wird geschehen, 2009; M. Pilatova, Wir müssen uns irgendwie ähnlich sein, 2010; P. Ourednik, Haus des Barfüßigen, 2010; P. Hulová, Endstation Taiga, 2010; M. Hvorecký, Tod auf der Donau, 2012.

Literatur: KLG; Killy ²11 (2011) 187 f. – R. Cornejo, Das Fremde u. das Eigene. Entwürfe der kulturellen Identität in den Rom. von ~ (in: Interkulturelles Lernen. Mit Beitr. zum Dt.- u. DaF-Unterricht, zu ‹Migranten›-Bildern in den Medien u. zu Texten von Özdamar, Trojanow u. Zaimoglu, hg. P. Meurer u. a.) 2009, 49–60; dies., Zum Sprachwechsel der dt. schreibenden Autoren tschech. Herkunft. Kommentierte Interviews mit Ota Filip, Jan Faktor u. ~ (in: Bastard. Figurationen des Hybriden zw. Ausgrenzung u. Entgrenzung, hg. A. Bartl, S. Catani) 2010, 175–189; dies., Heimat im Wort. Zum Sprachwechsel der dt. schreibenden tschech. Autorinnen u. Autoren nach 1968. Eine Bestandsaufnahme, 2010; D. Pfeiferová, Suche nach der (Mutter-)Sprache als Versuch, den Untergang aufzuhalten:~s Rom. ‹Brenntage› (in: Aussiger Beitr. 6) 2012, 193–204; R. Cornejo, «Die Heimat heißt Babylon». Zum kreativen Umgang der tschech. dt. schreibenden Autoren mit der Sprache (in: Studia Germanistica. Acta Facultatis Philosophicae Universitatis Ostraviensis, H. 10) 2012, 95–103; B. Schwens-Harrant, Chili-Schoten u. Geschlechter-Kämpfe: Beziehungskisten bei Robert Menasse u. ~ (in: Figurationen der Liebe in Gesch. u. Ggw., Kultur u. Gesellsch., hg. S. Neuhaus) 2012, 293–306; A. Bartl, Androgyne Ästhetik. Das Motiv des Hermaphroditismus in der dt.sprachigen Ggw.lit. am Beispiel von Ulrike Draesners ‹Mitgift›, ~s ‹Terminifera› u. Sibylle Bergs ‹Vielen Dank für das Leben› (in: Die Textualität der Kultur, hg. Ch. Baier u. a.) 2014, 279–301; E. Tropper, Hybride u. Monster im ‹Dritten Raum›. ~s ‹Terminifera› aus der interkulturellen Perspektive (in: Aussiger Beitr.) 2014, H. 8, 33–48; B. Schwens-Harrant, Ankommen. Gespräche mit Dimitré Dinev, Anna Kim, Radek Knapp, Julya Rabinowich, ~, 2014; C. Ulbrich, Das Mosaik des Schreibens. Migrationserfahrungen in ausgew. Werken des Schriftst. ~, 2015; S. Fasthuber, ‹Vergangenheit ist keine Option›. Gespräch (in: morgen) 2017. H. 2, 19–21 (zu ‹Gotland›, ‹in an schwoazzn kittl›, ‹Elsternkönig›); B. Sandbichler, In Gotland gibt es Gott (in: LuK 52, H. 515/516) 2017, 92–94; R. Cornejo, Bastardfiguren als hybride Identitätsmodelle im Werk von ~ (in: Identitätskonstruktionen in der dt. Ggw.lit., hg. M. Wolting) 2017, 217–226; Ästhet. Grenzüberschreitungen. Eine lit.wiss. u. lit.didakt. Erschließung des Werks von ~, hg. A. Bartl, I. Brendel-Perpina) 2018; W. Kriegleder, Die (christl.-kath.) Rel. u. die öst. Literatur. Glaube u. Vernunft bei Aloys Blumauer, Arthur Schnitzler u. ~ (in: Öst., Gesch., Lit., Geographie 62) 2018, H. 1, 29–41; D. Pfeiferová, Ein Kartenhaus, ein Schlachthof, u. ein Atlas der bedrohten Lebensarten. Skept. Europa-Konzepte bei Libuše Moníková, ~ u. Christoph Ransmayr (in: Journal of Austrian Studies 52) 2019, H. 1/2, 21–41. BJ

Steckel-Morsh, Margret, * 26.4.1934 Ehmkendorf (Stubbendorf); 1955 Abitur u. Umzug in die BRD, Dolmetscher- u. Übers.stud. in Berlin, Diplom-Abschluß, Arbeit als Dramaturgin u. Übers., lebte ab 1964 in Irland u. später in England, daneben Fernstud. der Germanistik, freie Autorin u. Kulturjournalistin; lebt seit 1983 in Luxemburg; verfaßte u. a. Rom., Nov., Erz., Ess. u. engl.-dt. Übers.; Veröff. u. a. in «Westermanns Monatsh.» (München) u. «Der Literat. Fachzs. für Lit. u. Kunst» (Berlin). – (Neben weiteren Auszeichnungen) Concours littéraire national (1992), Prix Servais (1997). – Journalistin, Autorin, Übersetzerin.

Schriften: Aus-Weg-Los (Erz.) 1989; Nie wieder nirgendwo (Rom.) 1993; Nachttage (Rom.) 1993; Der Letzte vom Bayrischen Platz (Erz.) Echternach 1996; Rosen, Rosen (Nov.) ebd. 2000; Die Träne aus der Wand (Rom.) 2000; Die Schauspielerin und ich (Rom.) Esch/Alzette 2003; Das letzte Konzept (Erz.) ebd. 2007; Auf Rufweite (Erz., hg. R. Steffen) Esch/Sauer 2007; Servais. Roman einer Familie, Luxemburg 2010; Drei Worte hin und her (Rom.) ebd. 2014; Ins Licht sehen (Erz.) ebd. 2016; Jette, Jakob und die andern (Nov.) ebd. 2017; Daisy Fiedler (Erz.) Mersch 2021; Meine Sprache, mein Farbkasten (Ess.) ebd. 2021.

Vorlaß: Centre national de littérature Mersch; DLA Marbach (Briefwechsel).

Literatur: L. Jacoby, ‹Immer am Rande des Traums›. Zu: Der letzte vom Bayr. Platz von ~ (in: Les cahiers luxembourgeois 4) 1996, 85 f.; Remise du Prix Servais 1997 à Mme ~. 30 mai 1997, Centre National de Littérature, Mersch (hg. Fondation Servais pour la littérature luxembourgeoise) Luxemburg 1997; PEN Autorenlex. (Red.: S. Hanuschek, hg. P.E.N.-Zentrum Dtl.) 2000, 405 f.; H. Holzberger, ~, Servais. Rom. einer Familie (in: Neues Trierisches Jb. 51) 2011, 293–295; C. Meder, Drei Worte, hin u. her (in: Galerie 32) 2014, H. 2, 276–280; S. Thiltges, ~, ‹Servais. Rom. einer Familie› (2010) (in: Übergänge, Brüche, Annäherungen. Beitr. zur Gesch. der Lit. im Saarland, in Lothringen, im Elsass, in Luxemburg u. Belgien, hg. H. Gätje, S. Singh) 2015, 513–528; N. Jacoby, ~, Die Schauspielerin u. ich, Mersch 2018; dies., C. Conter, ~ (in: Luxemburger Autorenlex., hg. Centre national de littérature) 2021, www.autorenlexikon.lu/. MM

Steckling, Karsten (Ps. De Plattdütsche), * 24.4. 1950 Greifswald; Sohn einer Erzieherin u. eines Schmiedemeisters, Schulbesuch in Züssow, 1966–69 pädagog. Ausbildung in Putbus, anschließend bis 1995 Lehrer in Lühmannsdorf (heute zu Karlsburg) u. danach bis 2008 in Karlsburg, war auch stellv. Vorsitzender des Freien Dt. Autorenverbandes in Mecklenb.-Vorpomm.; lebt in Züssow; verfaßte hoch- u. plattdt. Erz., Ged., Erlebnisber. u. humorist. Texte. – Pädagoge, Mundartautor.

Schriften: ‹Wenn ick mi nich vertellt heww...› Plattdütsch Vertellers un ‹klaug› Redensorden von gistern un hüt ut Meckelborg-Vörpommern, 1996; ‹Nu ierst recht!› 'n por Malligkeiten ut Meckelborg-Vörpommern (Illustr. v. H. Maletzke) 1996; Uns Platt is ok hüt noch wat!, 1997; F. R. – dat war mein Opa. Dorf- und Schulgeschichten auf Hoch und Platt, 1997; Sonnenblumen verlängern den Sommer. Alltagsgeschichten, 1999; Freundschaft – Fründschaft – Druschba ut de Russentiet. Geschichten ‹unverbrüchlicher deutsch-sowjetischer Freundschaft› aus dem Leben in der DDR und danach, 2001; Wenn die Seele Sonne braucht. Alltagsgeschichten, 2004; Sing man tau. Die schönsten und bekanntesten plattdeutschen Lieder von gestern und heute, 2004; Mien Pierd hett Kolik. Riemels un Vertellers, 2008; Von Appeldwatsch bis Zippeltrine. Döntjes, Sech- un Schimpwür, 2010; Das Geschenk (Illustr. v. H. W. Seifert) 2010; Das Geschenk II (Illustr. v. dems.) 2011; Ich freue mir. Lustige Dorf-, Alltags- und Schulgeschichten, 2011; Kindermund. Mein Papa ist Tischler und Schrankler und Bettler, 2013; Akewa. Zu Besuch im Albert-Schweitzer-Hospital in Lambarene/Gabun, 2015.

Literatur: Mecklenb. Heimatzs. für Landsleute u. Freunde Mecklenb. 42 (2000) H. 6, 17.   MM

Steegers, Robert, * 16.12.1968 Krefeld; studierte 1990–96 Germanistik, Theol., Philos. u. Pädagogik in Bonn, war ab 1997 Mitarb. am Germanist. Seminar der Univ. Bonn, ab 1999 Referent bei der Thomas-Morus-Akad. Bensberg, 2006 Promotion zum Dr. phil. in Bonn («Heinrich Heines ‹Vitzliputzli›. Sensualismus, Heilsgesch., Intertextualität»), ab 2006 wiss. Referent bei der Wiss.gemeinschaft Gottfried Wilhelm Leibniz, zuletzt Geschäftsführer des «Bonner Zentrums für Lehrerbildung» der Univ. Bonn; publizierte u. a. Ged. u. lit.wiss. Arbeiten, vor allem über Heinrich → Heine u. das Weimar der Goethe-Zeit; Veröff. u. a. in ZfdPh, SdZ u. «Heine-Jb.» (Stuttgart). – Niederrhein. Lit.preis (1997). – Germanist, Geschäftsführer, Lyriker.

Schriften: Das Ende vom Lied (Ged.) 1996; Treffpunkt Weimar. Literatur und Leben zur Zeit Goethes (mit N. OELLERS) 1999 (2., verb. Aufl. u. d. T.: Weimar, 2009); G. Braun u. a., Kinder lösen Konflikte selbst! Mediation in der Grundschule (Red. der 3. u. 5. Aufl., mit A. WÜRBEL, hg. W. ISENBERG) ³2002, ⁵2005; Mitglieder, Aufgaben, Ziele. Wissenschaftsgemeinschaft Gottfried Wilhelm Leibniz (Red., mit M. THOMÉ) 2006.

Literatur: T. PELSTER, Laudatio anläßlich der Verleihung des Niederrhein. Lit.preises an ~ am 23. November 1997 (in: Die Heimat 69) 1998, 23 f.; Dr. ~ (in: Leibniz-Nachr. 26) 2006, 6.   MM

Steerforth, James → Beilharz, Johannes.

Stegemann, Ulrike (verh. Reineke, Ps. Emilia Jones), * 12.6.1978 Gronau/Leine; Tochter eines Ingenieurs, Ausbildung zur Rechtsanwaltsu. Notarfachangestellten, ab 2000 Mitarb. eines Ztg.verlags, daneben 2004–14 Hg. der Zs. «Elfenschriften. Das kleine phantast. Lit.heftchen» (Gronau); lebt in Gronau; verfaßte u. a. Rom., Nov., Erz. u. Kinderbücher. – Angestellte, Autorin.

Schriften: Club Noir. Erotischer Vampir-Roman, 2006; Blutnächte. Erotischer Vampirroman, 2007 (auch u. d. T.: Nächte der Lust, 2010); Flop (Kdb., Illustr. v. M. Stegemann) 3 Bde., 2007/08; Weihnachten mit der Elfenschrift, 2008; The Black Club, London. Erotischer Vampirroman, 2010; Geschmeidig. Erotische Tanz-Geschichten, 2011; Weihnachtsmann auf Diät. Heiteres zur Weihnachtszeit (Illustr. v. dems.) 2012; Teufelskuss & Engelszunge. Erotischer Fantasyroman, 2012; Liebesbee auf Abwegen (Erotikrom.) 2012; Liebesfee im Weihnachtsrausch (Erotikrom.) 2012; Liebesfee rauscht ins neue Jahr (Erotikrom.) 2012; Liebesfee feiert Karneval (Erotikrom.) 2013; Liebesfee schießt quer (Erotikrom.) 2013; Osterhase auf Diät. Heiteres zur Osterzeit (Illustr. v. dems.) 2013; Die Schöne und das Biest (Rom.) 2013; Sinnesrauschen (Vampirgesch.) 2014; Privaträume, 2014; Hasenparty, 2014; Zuckersüße Verführung (erot. Erz.) 2015; Ein Engel auf Bestellung (erot. Erz.) 2015; Amor auf hoher See (erot. Erz.) 2015; Michelles Verführung (erot. Nov.) 2015; Die drei Spinnerinnen (Fantasy-Nov.) 2017; Dunkelzone Berlin 2: Auf der Spur der Rebellen (Rom.) 2018; Dämonenfriedhof und andere Gruselgeschichten, 2018; Arik der Schwertkämpfer (Fantasy-Rom., mit A. WALLON u. a.) 2019; Alonsos Reise und andere Katzengeschichten, 2019.

Herausgaben: ROSA ELFEN & andere skurrile Gestalten. Ein Elfenschrift-Buch, 2010.   MM

Stegmüller, Achim, * 11.7.1977 Heidelberg; Stud. am Dt. Lit.inst. in Leipzig, Diplom-Abschluß, studierte zudem Japanologie in Tübingen, Kyoto u. Osaka, Tätigkeiten als Schauspieler, Lehrer u. Übers. in Japan, u. a. Lektor an der Univ. Kyoto, war in Dtl. 2009/10 Stadtschreiber in Ranis, u. a. in Berlin, Duisburg, Dortmund u. Osaka ansässig; publizierte u. a. Erz., Dramen, ein Sachb. u. japan.-dt. Übers.; Veröff. u. a. in NDL, «Am Erker. Zs. für Lit.» (Münster/Westf.) u. «Edit. Papier für neue Texte» (Leipzig). – (Neben weiteren Auszeichnungen) Stückepreis des Else-Lasker-Schüler-Dramatikerpreises (2010). – Lektor, Schriftst., Übersetzer.

Schriften: Die schönsten Liebesszenen im Film (Sachb.) 2002; Nagaoka (Erz.) 2007; Nox. Eine Kriminalgeschichte aus Ranis (hg. Lese-Zeichen e. V.) 2010; Als wir uns in Shanghai begegnet sind (Drama) 2010; Wolkenkratzer bauen (Drama) 2013; Drei Finger für das Glück (Drama) 2014; Zerstreuung (Erz.) 2018; Unterm Dach (Drama) 2018.

Übersetzungen: M. Kusumi, J. Taniguchi, Der geheime Garten vom Nakano Broadway (mit SACHIKO) 2012; Y. Tatsumi, Geliebter Affe und andere Offenbarungen (mit SACHIKO) 2013.

Literatur: M. GAY, Komische Typen (in: Am Erker 30) 2007, H. 54, 121 f.; Kopfkohle. Lit. von der Ruhr (hg. O. RUF) 2011, 148.   MM

Stehle, Katrin, * 8.2.1972 Kaufbeuren; 1992–97 Stud. der Sozialpädagogik in München, Diplom-Abschluß, 1996 Ausbildung zur Leiterin für kreativen Tanz, auch Schausp.-Ausbildung, ab 1998 Arbeit als Theater- u. Zirkusschauspielerin sowie Clownin, leitete 2000–03 einen Kinderzirkus, 2004/05 Drehb.-Ausbildung in Hamburg, 2005–07 Doz. am Sozialpädagog. Inst. Berlin, ab 2009 wieder Theaterarbeit, 2016 Gründerin u. danach Leiterin des Schulzirkus «Simsala»; lebte u. a. in München, Augsburg, Berlin, Weiler-Simmerberg u. Kupferberg (Kr. Kulmbach); verfaßte u. a. Jgdb., Kdb., Bühnenstücke u. Krimis. – (Neben weiteren Auszeichnungen) Bayer. Kunstförderpreis für Lit. (2001). – Sozialpädagogin, Theatermacherin, Schauspielerin, Doz., Autorin.

Schriften: Jule Windsbraut (Jgdb.) 1999; Tims Briefe (Jgdb.) 2000; Erbsensommer (Jgdb., Illustr. v. S. Opel-Götz) 2001; Südwärts (Jgdb.) 2002; Kühe im Dschungel (Musical, mit O. BRZOSKA) 2005; Zwischen Traum und morgen (Rom.) 2007; Die Stille danach (Jgdb.) 2009; Zu jung für dich? (Jgdb.) 2010; Kalte Augen (Krimi) 2010; Die verbotene Zeit (Jgdb.) 2010; Das Gegenteil von fröhlich (Jgdb.) 2011; Spenderkind (Jgdb.) 2012; Papa auf der Spur (Kdb., Illustr. v. R. Janßen) 2012; Robin Hood, Olivia und ich (Kdb., Illustr. v. ders.) 2013; Passwort in dein Leben (Thriller) 2013; Nur ein Teil von mir (Jgdb.) 2013; Zu jung für dich? (Jgdb.) 2014.

Literatur: Lit.port Autorenlex. (Internet-Edition); Lit.portal Bayern (hg. BSB München) o. J., www.literaturportal-bayern.de/.   MM

Steimle, Uwe, * 20.6.1963 Dresden; Sohn eines Offiziers, in der Jugend als Leistungssportler tätig, Ausbildung zum Industrieschmied im sächs. Freital, 1985–89 Schausp.-Stud. in Leipzig, daneben als Schauspieler tätig, gehörte ab 1989 dem Kabarett «Herkuleskeule» (Dresden) an, war dann Schauspieler an versch. Theatern, so 1991–94 am Staatstheater in Dresden, aber auch am Stadttheater Erfurt u. am Stadttheater Halle/Saale, zudem Auftritte als Kabarettist (u. a. mit Helmut → Schleich) u. Aufnahmen als Sprecher, wurde auch als Film- u. TV-Schauspieler bekannt, u. a. in der Serie «Polizeiruf 110» (1993–2009) u. in «Heimat 3» (2004) von Edgar → Reitz, 2013–19 eigene TV-Sendung «Steimles Welt» (MDR), zuletzt eigene Web-Serie «Steimles Aktuelle Kamera»; lebt in Dresden; publizierte u. a. autobiogr., satir. u. humorist. Texte sowie Aufnahmen seiner Kabarett-Progr.; auch Autor für andere Kabarettisten; gilt als Erfinder des zeitweise populären Begriffs «Ostalgie». – (Neben weiteren Auszeichnungen) Salzburger Stier (2003), Grimme-Preis (2005). – Kabarettist, Schauspieler, Autor.

Schriften: Uns fragt ja keener. Ostalgie. Texte für Ilse Bähnert und Günter Zieschong, 1997; Mich fragt ja eener, und zwar Hans-Dieter Schütt (mit H.-D. SCHÜTT) 2001; Zauberer von Ost. Mit Uwe Steimle durch das Grüne Gewölbe (1 Audio-CD) 2006; Hören Sie es riechen? Die Geschichte unseres Stollens (1 Audio-CD) 2007; Meine Oma, Marx & Jesus Christus. Aus dem Leben eines Ostalgikers (Autobiogr., mit 1 Audio-CD) 2012; Heimatstunde. Neues vom Zauberer von Ost, 2013; Steimles Welt, 2015; Warum der Esel Martin heißt. Neues von Martin Luther (unter Mitarb. v. M. SEIDEL) 2016; Wir sind nicht nachtragend... Neues und Altes vom Zauberer von Ost, 2020.

Tonträger: Ostalgie (mit T. PAULS, 1 Audio-CD) 1993; Weihnachten mit Erich (1 Audio-CD) 1996; E. H. – ‹Die grossen Erfolge›. Erich währt am längsten! (1 CD-ROM) 1997; Günther allein zu Haus ...sächsisch, griddisch, un-boliddisch (1 Audio-CD) 1999; ‹Fourschbar›. 25 Jahre Kehre – eine Heimatstunde (1 Audio-CD) 2014; Steimles Welt: In Dresden bin ich... weltberühmt! mit Äh... moschen (1 Audio-CD) 2015; Mir san mir... und mir ooch! Bayrisch-sächsischer Freundschaftsabend (mit H. SCHLEICH, 1 Audio-CD) 2016; ‹Fludschen muss es›. Feinstes Dresdner Sächsisch (2 Audio-CDs) 2017; Steimles Weltmusik (1 Audio-CD) 2018; Zeit heilt alle Wunder (2 Audio-CDs) 2020.

Literatur: Munzinger-Archiv. – A. Drechsler, Der Fackelträger. Der Dresdner Kabarettist ~, seine Mission u. sein Publikum (in: Unter Sachsen. Zw. Wut u. Willkommen, hg. H. Kleffner, M. Meisner) 2017, 101–113; A. Kissler, Merkel, hörst du das? Der Schauspieler, Autor u. Kabarettist ~ gibt dem Trotz der Sachsen eine Stimme (in: Cicero 2018) 2018, H. 2, 106 f.; Born in the GDR – angekommen in Dtl. 30 Lebensber. nach Tonbandprotokollen aus Sachsen, Sachsen-Anhalt u. Thür. (hg. U. Heyder) 2019, 309–323. MM

Steinacker, Hans, * 17.2.1932 Gronau/Westf., † 15.8.2021 Witten; Kindheit in Gronau u. Gelsenkirchen, Ausbildung zum Industriekaufmann, danach in der Industrie tätig, 1962 Mitbegründer u. dann Vorsitzender des Jugendzentrums Bodenseehof, 1964–69 Geschäftsführer des CVJM Westbund in Wuppertal, leitete dann den Aussaat-Verlag (Wuppertal) u. 1981–94 den Brendow-Verlag (Moers), war 1984–2007 Vorsitzender der Ernst-Meyer-Maack Stiftung, zudem Mitgl. des Vorstandes der «Inklings-Gesellsch. für Lit. u. Ästhetik», zuletzt freier Publizist; lebte ab 1964 in Witten; publizierte u. a. christl. Sachbücher, autobiogr. u. biogr. Texte, Bildbde., Ess. u. Schr. zum Verlagswesen; war Hg. vor allem von rel. Texten sowie Werken Reinhold →Ruthes; dt. Verleger des populären «Narnia»-Zyklus von C. S. Lewis (1898–1963); Veröff. u. a. in SdZ, «Die Zeichen der Zeit. Luth. Monatsh.» (Hannover), «IDEA-Spektrum» (Wetzlar) u. «Börsenbl. für den Dt. Buchhandel» (Frankfurt/Main). – (Neben weiteren Auszeichnungen) Alfred-Müller-Felsenburg-Preis (1997). – Verleger, Geschäftsführer, Kaufmann, Publizist.

Schriften: Bücher bringen Botschaft. Aspekte christlicher Literaturarbeit, 1981; Wieder im Aufwind. Die evangelikalen Verlage nach einer Dekade offensiver Buchstrategie, 1982; Rose und Dynamit. Über die Bedeutung und Verbreitung christlicher Literatur, 1993 (auch u. d. T.: Es macht Löcher in mein Herz. Bedeutung und Verbreitung christlicher Literatur, 2000); Preiset Jerusalem. 3000 Jahre Davidsstadt (Bildbd.) 1996; Johann Hinrich Wichern. Ein Menschenfischer aus Passion (Biogr.) 1998; C.S. Lewis. Leben und Werk, 1999; Meine Bibel. Eine Liebesgeschichte. Mein Leben mit dem Buch der Bücher, 2002; Athos. Weisheit aus der Stille (Bildbd., Fotos v. H. Löw) 2002; Möge der Weg sich vor dir öffnen. Irische Pilgerziele und Segensworte (Fotos v. dems.) 2004; Vom Glück des Lesens. Mit 50 Buchempfehlungen, 2006; Assisi, Glaubenswege – dem Mysterium begegnen (Fotos v. dems.) 2008.

Herausgaben: Wendepunkte. Zeugnisse von Zeitgenossen, 1984; Gott, wenn es dich gibt… 16 Wendepunkte von Zeugen des Jahrhunderts, 1987 (erw. Neuaufl. u. d. T.: Gott ist mir auf den Fersen. 18 Wendepunkte von Zeugen dieses Jahrhunderts, 1996); Apostroph-Almanach, 1990; Die Hintertür von Bethlehem. Das andere Weihnachtsbuch zu Advent, Weihnachten und Epiphanias, 1991; Bibel, 1991; Europa, 1992; Lesen, 1993; Wenn Gott im Leben Weichen stellt. 26 Bekehrungen, 1994; Bücher (mit S. Volke) 1994; M. Buber, Jerusalem Schalom. Psalmen-Übertragungen, 1995; T. Schober, Unterwegs Gott begegnen. Reisebegegnungen im Ruhestand – erinnert und erzählt (mit O. Schnetter) 1998; Fundsachen. Ein kleines Sammelsurium aus dem Reich Gottes, 1998; J. Wittig, Der gestohlene Christbaum und andere Weihnachtserzählungen, 1999; Meine Geschichte mit Gott. 30 Erlebnisse, 2000; R. Ruthe, Ein klasse Vater, 2000; Das geleimte Jesuskind. Ein Joseph-Wittig-Lesebuch, 2000; Aus dem Himmel ohne Grenzen. Weihnachten in aller Welt, 2000; Noch mehr Geschichten mit Gott. 12 Erlebnisse, 2001; G. von LeFort, Die Frau des Pilatus, 2001; R. Ruhte, Glück. Wege zu einem erfüllten Leben, 2001; ders., Gefühle. Wie gehen wir mit unseren Empfindungen um?, 2003; Denn eine neue Zeit beginnt. Das Lesebuch für Advent, Weihnachten und Neujahr, 2003; Licht bricht sich in vielen Farben. Geistliche Erfahrungen aus zwei Jahrtausenden von Augustin bis Mutter Teresa, 2003; Funkenflug. 100 anzündende Texte, 2013.

Literatur: A. Müller-Felsenburg, ~. Ein Leben im Dienste des Buches (in: Heimatbuch Hagen u. Mark 39) 1997, 109 f.; P. Schütze, ~ 70 (in: ebd. 43) 2002, 13–16. MM

Steinaecker, Thomas von, * 6.2.1977 Traunstein; wuchs auf in Oberviechtach/Oberpfalz, Stud. der Germanistik in München u. Cincinnati, früh erste lit. Beitr. in Zs. u. Anthol., erhielt 2003 eine Einladung zum Open Mike in Berlin, 2006 Promotion zum Dr. phil. in München, im selben Jahr Teilnahme am 10. Klagenfurter Lit.kurs, drehte u. a. einen Dokumentarfilm über Richard →Strauss («Richard Strauss und seine Heldinnen», 3sat 2014),

2013/14 Inhaber der Poetikdozentur an der Hochschule RheinMain in Wiesbaden, startete 2015 im Online-Magazin «Hundertvierzehn» den Mosaik-Rom. ‹Zwei Mädchen im Krieg›, an dem sich u. a. Jörg → Albrecht, Jan → Brandt u. Lucy → Fricke beteiligten, schrieb Rezensionen zu Comics bzw. Graphic Novels für die «Süddt. Ztg.», «taz» u. «Welt»; 2014–18 Jurymitgl. des Comicbuchpreises der Berthold Leibinger Stiftung, 2018 Mitgl. der Akad. der Wiss. u. der Lit.; lebt in Augsburg. – (Neben weiteren Auszeichnungen) Hattinger Förderpreis für junge Lit. (1996), Aufenthaltsstipendium des Lit. Colloquiums Berlin (2007), Aspekte-Literaturpreis (2007), Bayer. Kunstförderpreis (2007), Stipendium des Dt. Lit.fonds (2007), Lit.preis des Kulturkr. der dt. Wirtschaft (2008), New-York-Stipendium des Dt. Lit.fonds (2009), Preis der Autoren der Autorenstiftung Frankfurt/M. (2010), Kunstförderpreis der Stadt Augsburg in der Kategorie Lit. (2011), Lit.preis der Stahlstiftung Eisenhüttenstadt (2011), Kulturpreis Bayern (2015), Carl-Amery-Lit.preis (2017), Phantastik-Preis der Stadt Wetzlar (2018), Stipendium der Dt. Akad. Villa Massimo in Rom (2018/19), Rudolph-Dirks-Award (2018). – Schriftst., Filmemacher, Journalist.

Schriften: Götz. Eine Travestie, 2004; Wallner beginnt zu fliegen (Rom.) 2007; Literarische Foto-Texte. Zur Funktion der Fotografien in den Texten Rolf Dieter Brinkmanns, Alexander Kluges und W. G. Sebalds, 2007 (zugl. Diss. München 2006); Geister (Rom., Comics v. D. Kohl) 2008; Klang. Welt. Über Parallelwelten, frei Formeln, aus denen sieben Opern entstehen, und eine Fliege, die im Scheinwerferlicht tanzt. Die Stockhausen-Kurse in Kürten 2006, 2008; Schutzgebiet (Rom.) 2009; Wallner beginnt zu fliegen (Rom.) 2009; Das Jahr, in dem ich aufhörte, mir Sorgen zu machen, und anfing zu träumen (Rom.) 2012; Juvenila (Vorw. F. Schley) 2014; Das Jahr, in dem ich aufhörte, mir Sorgen zu machen, und anfing zu träumen (Rom.) 2014; Die Verteidigung des Paradieses (Rom.) 2016; Der Sommer ihres Lebens (Illustr. v. B. Yelin) 2017.

Hörspiele und Rundfunkfeatures (Ausw.): Meine Tonbänder sind mein Widerstand, BR 2007; Herzrhythmusgeräusche, BR 2009; Der Mann, der vom Sirius kam, DLR 2011; Die Entstehung des Hörspiels «Umbach muss weg», BR 2012; I have nothing to say and I'm saying it, BR 2012; Ein Zettelkasten für Arno Schmidt. Annäherung aus Neugier, BR 2014; Orson Welles. Ein Puzzle, DLF 2015; Von Superpapageien, Geheimagenten und Schreckgespenstern, DLF 2016; Being Günter Brus. Versuch einer radikalen Aktion, DLF 2017; Heinrich Böll. Das Gewissen der Literatur, WDR 2017; Die Astronautin, BR/WDR 2018; Leonard Bernstein. Auf der Suche nach der amerikanischen Oper, WDR 2018; Beethoven Voyager. Mit Ludwig van quer durch die Zeitgeschichte, WDR 2019; Die Zuneigung ist etwas Rätselvolles. Theodor Fontane und die Frauen, WDR 2019; Todesfugen und Sprachgitter. Der Celan-Effekt, RBB/WDR 2020; Der Verein, 4 Tle. (I Amateure – II Spielmacher – III Herbstmeister – IV Aus der Tiefe des Raumes) WDR 2021.

Literatur: KLG; Munzinger-Archiv. – W. Reichmann, Dans la zone protégée de l'histoire (de la littérature). À propos des mondes littéraires alternatifs de ~ (Allemagne aujourd'hui 200) Villeneuve d'Ascq 2012, 110–120; A. Avenassian, A. Henning, Der altmoderne Rom. Ggw. u. Gesch. u. «contemporaneity» von Vergangenheit (in: Poetiken der Ggw. Dt.sprachige Rom. nach 2000, hg. S. Horstkotte) 2013, 245–265; J. Drees, Fiktion – Gesellsch. – Differenzen am Beispiel film. Raumkonstruktionen in dt.sprachiger Ggw.lit. der 2000er Jahre (in: Littérature et cinéma dans l'espace germanophone contemporain, hg. E. Kargl, M. Lacheny) ebd. 2013, 45–60; U. Friedrich, «Räuml. Präsenz bei zeitl. Vergangenheit». Zu den Fotografien von ~ u. Roman Ehrlich (in: Krit. Ausg. 17, H. 25) 2013, 28–32; C. Hildebrandt, Entgrenzung, Marginalisierung, Kompensation. Verhandlungen der sozialen Geltung von Kunst in der ggw. Lit. der Arbeit (in: KulturPoetik 14, H. 1) 2014, 94–112; C. v. Maltzan, Schreiben über Afrika u. die Frage nach kultureller Identität. Eine südafrikan. Perspektive (in: Dt. Sprache u. Kultur im afrikan. Kontext. Beiträge der DAAD-Germanistentagung 2012 mit Partnerländern in der Region Subsahara-Afrika, hg. M. Dalmas, L. M. Eichinger, M. Steinle) 2014, 59–73; A. Dunker, Recent German Novels on Colonialism in International Perspective (in: [Post-]Colonialism across Europe. Transcultural History and National Memory, hg. ders., D. Göttsche) 2014, 231–247; C. Rok, «Wir spüren nämlich nichts mehr, werte Dame». (Selbst-)Entfremdung bei Melle, Genazino u. ~ (in: La prose allemande contemporaine. Voix et voies de la génération postmoderne, hg. B. Bach) Lille 2014, 111–126; S. Buchenberger, ~s Rom. ‹Geister›. Eine Weiterentwicklung der ‹graphic novel›? (in: Bildlichkeit u. Schriftlichkeit in der dt. Kultur zw. Barock u. Ggw. Mit aktuellen Ansätzen aus der Kulturwiss. u. der Lit., hg. Y. Nawata) Tokio 2015, 57–65; C. Klein, Effizienz u. Existenz. Tendenzen des Angestelltenrom. in der dt. Ggw.lit. (in: Zs. für Germanistik 25, H. 2) 2015, 327–344; J. Osthues, «Dt. Wald in Afrika». Postkoloniale Lektüren u. Strategien der Dekonstruktion des kolonialen Imaginären in ~ Rom. ‹Schutzgebiet› (in: Zs. für interkulturelle Germanistik 6, H. 1) 2015, 101–116; S. Richter, Bildtext-Vertextung. Comics u. Techniken des Comicerzählens in ~ Rom. ‹Schutzgebiet› (2009) (in: Comics. Übers. u. Adaptionen, hg. N. Mälzer) 2015, 161–175; K. Gerstenberger, «On the Plane to Bishkek or in the Airport of Tashkent». Transnationalism and Notions of Home in Recent German Literature (in: Transnationalism in Contemporary German-Language Literature, hg. E. Herrmann, C. Smith-Prei, S. Taberner) Rochester 2015, 89–105; A. Rutka, Lit. Imaginationen des Endes im Umfeld der globalen Finanzkrise 2008 (in: Imaginationen des Endes, hg. A. Jachimowicz, A. Kuzborska, D. Steinhoff) 2015, 447–465; B. v. Dam, Gesch. erzählen. Repräsentation von Vergangenheit in dt. u. niederländ. Texten der Ggw., 2016, 171; P. Gropp, Lit. als Nachtsichtgerät. Zur Poetik des Ggw.rom. bei ~ (in: Poetik des Ggw.rom., hg. N. J. Schmidt u. K. Kupczyńska) 2016, 173–182; G. Kaiser, «Ich möchte herausfinden, was für mich eigentlich Sprache ist». Ein Gespräch mit ~ über die Aufgabe des Schriftst., das «dt. Erbe» in der Welt u. seinen Rom. ‹Die Verteidigung des Paradieses› (in: Lit.kritik.de 18, H. 5) 2016, 92–98; J. Pause, Der Sohn ist aus den Fugen. Posthist. Zeiterfahrungen bei David Wagner u. ~ (in: Gesch. – Latenz – Zukunft. Zur narrativen Modellierung von Zeit in der Ggw.lit-, hg. A.-K. Gisbertz, M. Ostheimer) 2017, 107–126; U. Klingenböck, «Glück im Blick». Konfigurationen von Glück im zeitgenöss. Comic-Strip (in: Lit. im Unterricht. Texte der Ggw.lit. für die Schule 19, H. 1) 2018, 19–30; S. Richter, Comics u. Kolonialismus. Zu einer Wahlverwandtschaft in der dt.sprachigen Ggw.lit. bei Christian Kracht u. ~ (in: Überschreiten, transformieren, mischen. Lit. an medialen Grenzen, hg. R. Stauf, S. Richter, C. Wiebe) 2018, 55–74; K. Gerstenberger, Nach der Postapokalypse. ~s dystop. Rom. ‹Die Verteidigung des Paradieses› (in: Zs. für Germanistik 29, H. 3)

2019, 587–601; ARD Hörsp.datenbank (Internet-Edition); Hörsp.datenbank HörDat (Internet-Edition); Hörsp.datenbank HspDatto (Internet-Edition); Lit.portal Bayern (Internet-Edition); The Internet Movie Database (Internet-Edition).

FA

Steinberger, Kathrin, * 9.5.1982 Judenburg/Steiermark; wuchs in Niklasdorf (Bez. Leoben) auf, studierte 2000–05 Komparatistik u. Germanistik sowie 2002–07 Theater-, Film- u. Medienwiss. in Wien, jeweils Diplom-Abschluß, ab 2007 freie Autorin u. Lit.wiss.; lebt in Wien; verfaßte u. a. Jgdb., Erz. u. ein Sachb.; Veröff. u. a. in «Die Rampe. Hefte für Lit.» (Linz). – (Neben weiteren Auszeichnungen) Kinder- u. Jgdb.preis der Stadt Wien (2011), Öst. Kinder- u. Jgdb.preis (2011, 2016). – Schriftstellerin.

Schriften: Die Brüder von Solferino (Jgdb.) 2010; So leben wir mit Endometriose. Der Alltag mit der chronischen Unterleibserkrankung. Begleitbuch für betroffene Frauen, ihre Familien und medizinische Ansprechpartner (Sachb.) 2013; Manchmal dreht das Leben einfach um (Jgdb.) 2015; Jugendliteratur (Unterrichtsmaterial, hg. H. Lexe, K. Wexberg) 2015.

Literatur: M. Schmitt, Leben erkunden. In Leipzig haben der Dt. Lit.fonds u. der Arbeitskr. für Jugendlit. zum siebten Mal die Kranichsteiner Jugendlit.-Stipendien vergeben. Laudatio auf die Preisträgerinnen Elisabeth Etz u. ~ (in: JuLit 42) 2016, H. 2, 49–52.

MM

Steinbrück, Lutz, * 13.3.1972 Bremen; wuchs in Bremen u. Delmenhorst auf, Abitur, 1993–2004 Stud. der Pädagogik, Germanistik u. Anglistik, 1. Staatsexamen, Magister-Abschluß, ab 2004 Arbeit als freier Journalist, PR-Autor u. Red., ab 2011 Red. u. Lektor bei «pressetext» (Berlin), auch Auftritte als Musiker; lebt in Berlin; verfaßte u. a. Lyrik, Ess. u. Rezensionen; Veröff. u. a. in «Tagesspiegel» (Berlin), «Neues Dtl.» (Berlin), «Frankfurter Rs.», «taz» (Berlin), «Freitag» (Berlin), «Versnetze» (Weilerswist) u. «Poet. Das Magazin des Poetenladens» (Leipzig). – Journalist, Schriftst., Musiker.

Schriften: Fremde Heimat. Vechta in der Lyrik Rolf Dieter Brinkmanns, 2007; Fluchtpunkt Perspektiven (Ged., Illustr. v. K. Berndt) 2008; Blickdicht (Ged., Illustr. v. S. Möhring) 2011; Raus aus dem Tod. Szenen einer Suche: Leben und Sterben

des Rolf Dieter Brinkmann (Drama) 2014 (ungedr.); Haltlose Zustände (Ged.) 2020.
Literatur: Lit.port Autorenlex. (Internet-Edition). MM

Steiner, Jens, * 1975 Zürich; Stud. der Germanistik, Philos. u. Komparatistik in Zürich u. Genf, 2005 Lizentiat in Zürich, Tätigkeiten als Lehrer u. Lektor, zuletzt freier Autor u. Journalist, lebte in Zürich, in Flensburg ansässig; verfaßte u. a. Rom., Erz., Kdb. u. Hörspiele. – (Neben weiteren Auszeichnungen) u. a. Lit.preis der Stadt Zürich (2013), Schweizer Buchpreis (2013). – Schriftst., Journalist, Lektor, Pädagoge.
Schriften: Hasenleben (Rom.) 2011; Carambole. Ein Roman in zwölf Runden, 2013; Supermänner (Hörsp.) 2014; Junger Mann mit unauffälliger Vergangenheit (Rom.) 2015; Trommeln in der Toskana (Radioerz.) 2017; Mein Leben als Hoffnungsträger (Rom.) 2017; Dunkler Süden (Radioerz.) 2018; Weihnachten könnte so schön sein (Erz.) 2018; Die Bratwurstzipfel-Detektive und das Geheimnis des Rollkoffers (Kdb., Illustr. v. M. Karipidou) 2018; Ameisen unterm Brennglas (Rom.) 2020; Lotta Barfuß und das meschuggene Haus (Kdb., Illustr. v. M. Garanin) 2020.
Literatur: Munzinger-Archiv. – S. Hess, Kalt serviert (in: Lit. Monat 2) 2011, 14 f. MM

Steiner, Robert O. → Queiser, Hans Robert.

Steiner, Therese → Angeloff, Therese.

Steinert, Hajo, * 14.2.1952 Goslar; ab 1974 Stud. der Germanistik, Komparatistik u. Pädagogik in Siegen u. Houston (Texas), Master-Abschluß, ab 1982 wiss. Mitarb. der Univ. Siegen, daneben Arbeit als Journalist, 1983 Promotion zum Dr. phil. in Siegen («Das Schreiben über den Tod. Von Thomas Bernhards ‹Verstörung› zur Erzählprosa der siebziger Jahre»), ab 1986 Mitarb. des DLF in Köln, war dort zunächst Lit.red. u. ab 1999 Abt.leiter, lehrte zudem an Univ., u. a. in Zürich u. Göttingen, ab 2016 im Ruhestand; lebt in Köln; verfaßte lit.wiss. u. -krit. Arbeiten (u. a. über Martin → Walser u. Wolfgang → Hilbig) sowie Rom., Erz. u. Texte über Fußball; Hg. von Anthol.; Veröff. u. a. in «Frankfurter Allg. Ztg.», «Spiegel» (Hamburg), «ZEIT» (Hamburg) u. «Du» (Zürich). – Journalist, Germanist, Schiftst., Herausgeber.
Schriften: Schnellkurs Fußball, 2002; Unser Stadion. Geschichte(n), Legenden, Schicksale, 2004;

100 Jahre KTHC Stadion Rot-Weiss 1906–2006 (Bildbd., mit G. Langen, hg. G. Küpper) 2005; Podolskis Ahnen. Erinnerungen an den Fußball, 2006; Chargesheimer im Zoo. Fotografien aus den fünfziger Jahren (Bildbd.) 2010; Rückpässe. Fibel für Fußball-Romantiker, 2015; Der Liebesidiot (Rom.) 2015; Blumenspiel (Rom.) 2019.
Herausgaben: Schöne Aussichten. Neue Prosa aus der DDR (mit C. Döring) 1990; Erste Einsichten. Neueste Prosa aus der Bundesrepublik (mit dems.) 1990; DichterStimmen 1. 60er Jahre (3 Audio-CDs) 2004; DichterStimmen 2. 70er Jahre (3 Audio-CDs) 2005; stadt land fluss, 111 Dichterinnen und Dichter aus Nordrhein-Westfalen. Eine Lyrikanthologie (mit J. Nendza) 2014.
Tonträger: Ich, Lukas Podolski! Die besten Szenen! Die stärksten Sprüche! Alle WM-Tore, alles live! (Collage, 1 Audio-CD) 2006.
Literatur: PEN. Das Autorenlex. 2015/16 (Red. R. Schweikert) [2]2015. MM

Steinfeld, Tobias, * 1983 Osnabrück; Ausbildung zum Schilder- u. Lichtreklamehersteller, Abitur, Stud. der Germanistik u. Kommunikationswiss. in Mannheim u. Duisburg-Essen, Master-Abschluß, Tätigkeiten als Journalist u. Inklusionshelfer an einer Förderschule, Leiter von Schreibwerkstätten; lebt seit 2013 in Düsseldorf; verfaßte u. a. Rom., Erz., Ess. u. Dramen; Hg. von Schülertexten; Veröff. u. a. in «Richtungsding. Zs. für Ggw.lit.» (Düsseldorf). – (Neben weiteren Auszeichnungen) Osnabrücker Dramatikerpreis (2013), Förderpreis für Lit. der Landeshauptstadt Düsseldorf (2018). – Pädagoge, Autor, Journalist.
Schriften: 27 Monate (Drama) 2014; Hagen sagt (szen. Lesung) 2017; Scheiße bauen: sehr gut (Jgdb.) 2018; Kein Plan (Jgdb.) 2019.
Herausgaben: Eine Straße, zwölf Geheimnisse. Texte schreibender Schüler*innen für den Bundesverband der Friedrich-Bödecker-Kreise e. V. im Rahmen des Projektes ‹Kultur macht stark, Bündnisse für Bildung II› des Bundesministeriums für Bildung und Forschung, 2018; Dreistromland. Ein Emscher-Untergrund-Roman (mit A. Kiel u. a.) 2018.
Literatur: I. Heiser, Komik inklusiv(e). ~s Förderschulrom. ‹Scheiße bauen: sehr gut› (2018) als komikgestützte Anleitung zu einer inklusiven Haltung (in: Lit. im Unterricht. Texte der Ggw.lit. für die Schule, hg. J. Standke) 2021, 39–51. MM

Steinkellner, Elisabeth, * 1981 Bez. Neunkirchen/Niederöst.; Matura, Ausbildung zur Sozialpädagogin in Wien, studierte dort auch Kultur- u. Sozialanthropologie, 2009 Diplom, danach als Autorin tätig, betrieb ab 2014 mit ihrem Lebenspartner Michael Roher (* 1980) die «motte. Werkstatt für Bild u. Text»; lebt in Baden (Niederöst.); verfaßte u. a. Kdb., Jgdb., Rom., Kurzgesch. u. Lyrik; dabei häufige künstler. Zus.arbeit mit Roher; Veröff. u. a. in «Wortwerk» (Wiener Neustadt) u. «Driesch» (Drösing). – (Neben weiteren Auszeichnungen) Feldkircher Lyrikpreis (2012), Kinder- u. Jgdb.preis der Stadt Wien (2016, 2017, 2019), Öst. Kinder- u. Jgdb.preis (2017). – Sozialpädagogin, Autorin.

Schriften: An Herrn Günther mit bestem Gruß! (Kdb., Illustr. v. M. Roher) 2010; Die neue Omi (Kdb., Illustr. v. dems.) 2011; Sand unter den Füßen statt Schnee (Ged., Illustr. v. dems.) 2012; Ein Rucksack voller Sand (Kdb., Illustr. v. dems.) 2012; Wer fürchtet sich vorm lila Lachs? (Kdb., Illustr. v. dems.) 2013; Papilios Welt (Kdb., Illustr. v. dems.) 2013; Zwischen türkisen Tapeten (Kdb., Illustr. v. dems.) 2013; Text | Körper (Ged.) 2013; Pepe und Lolo (Kdb., Illustr. v. dems.) 2014; Rabensommer (Rom.) 2015; Die Nacht, der Falter und ich (Lyrik-Kdb., Illustr. v. M. Weiss) 2016; Die Kürbiskatze kocht Kirschkompott (Kdb., Illustr. v. M. Roher) 2016; Dieser wilde Ozean, den wir Leben nennen (Rom.) 2018; Vom Flanieren und Weltspaziern (Lyrik-Kdb., Illustr. v. dems.) 2019; Papierklavier (Jgdb., Illustr. v. A. Gusella) 2020; Esther und Salomon (Jgdb., Illustr. v. M. Roher) 2021. MM

Steinmann, Carl-Peter, * 24.4.1946 Lerbeck (heute zu Porta Westfalica); wuchs in Berlin auf, Stud. der Elektrotechnik, betrieb eine Firma für Tee-Import u. einen Verlag, trat ab 1987 vor allem als Berliner Stadthistoriker hervor, mit zahlr. Veröff. im «Tagesspiegel», bot hist. Stadtführungen an; lebt in Berlin. – Historiker, Unternehmer.

Schriften: Tatort Berlin. Erlesene Kriminalfälle, 1997 (erw. u. veränd. Neuausg. 2009); Von wegen letzte Ruhe! Berliner Ausgrabungen, 2001; Radpartien im Berliner Umland (Führer, mit C.-D. STEYER, C. STOLLOWSKY, Fotos v. T. Rückeis) 2 Bde., 2004; Von Karl May zu Helmut Newton. Spurensuche in Berlin, 2006; Im Fluss der Zeit. Geheimnisse links und rechts der Spree, 2008 (erw. u. bearb. Neuausg. 2020); Sonntagsspaziergänge (Führer) 2 Bde., 2011, 2013; 100 Jahre Cumberland. Feines Wohnen am Kurfürstendamm, 2014.

Tonträger: Zur Schaltzentrale der Macht. Vom Brandenburger Tor in das neue Regierungsviertel (Texte v. S, 1 Audio-CD) 2003; Auf den Spuren der Berliner Mauer (Texte v. S., mit Hörsp. v. S. LACAZE, 1 Audio-CD) 2003; Audiotour Berlin. Zeitreise Berlin-Mitte (Texte v. S., 1 Audio-CD) 2005; Mit der BVG auf Tour. Der Audio Guide zur Tagesspiegel-Serie! Kreuzberg – Stralau, Prenzlauer Berg – Lichtenberg, Schöneberg – Zehlendorf – Kladow, Gesundbrunnen – Pankow – Alt-Tegel (mit P. SONDEREGGER, C. STOLLOWSKY, 1 Audio-CD) 2009.

Literatur: S. SITZLER, Ganovenführer: Er hat eine Schwäche für Berliner Ganoven der Jh.wende. Mit Touren u. Lesungen hat ~ das Interesse am hist. Tatort Berlin begründet (in: Tip 27) 1998, H. 16, 14 f.
MM

Steinwendtner, Brita (geb. Schopper), * 1942 Wels/Oberöst.; Tochter eines Landwirts, Kindheit in Hinterstoder, Gymnasialbesuch in Steyr, studierte Gesch., Germanistik u. Philos. in Wien u. Paris, 1967 Promotion zum Dr. phil. in Wien («Der Renaissancebegriff bei Turgot u. Condorcet»), Tätigkeiten als Autorin, Journalistin, Red. u. Regisseurin von Radio-Sendungen (auch Hörsp.) sowie Drehb. u. Regie bei TV-Sendungen (u. a. ORF), war 1990–2012 Intendantin der Rauriser Lit.tage, hatte Lehraufträge an Univ. in Salzburg, Klagenfurt, Vilnius u. St. Louis (Missouri) inne; lebt seit 1972 in Salzburg; verfaßte u. a. Rom., Erz., Ged., Drehb., Rezensionen u. lit.wiss. Arbeiten (u. a. über Stefan → George, Christoph → Ransmayr, Wolfgang → Hildesheimer); Veröff. u. a. in LuK, NDH, «Neue Zürcher Ztg.» u. «Die Rampe. Hefte für Lit.» (Linz). – (Neben weiteren Auszeichnungen) Preis des Kulturfonds der Stadt Salzburg (2005), Ehrenring in Gold der Univ. Salzburg (2010), Öst. Ehrenkreuz für Wiss. u. Kunst (2012). – Intendantin, Regisseurin, Journalistin, Schriftst., Herausgeberin.

Schriften: 20 Jahre Rauriser Literaturtage. Die Preisträger (mit H. HOLL) 1990; Hiobs Klage heute. Die biblische Gestalt in der Literatur des 20. Jahrhunderts, 1990; 25 Jahre Rauriser Literaturtage. Die Preisträger (mit H. HOLL) 1995; Rote Lackn (Rom.) 1999; 30 Jahre Rauriser Literaturtage (mit DEMS., hg. Kulturver. Forum Rauris) 2000; Salzburger Literatouren. Literarische Wege durch Stadt und Land Salzburg (hg. T. FRIEDMANN u. a.) 2001; Die Steine des Pfirsichs (Prosa, Illustr. v. C. Thanhäuser) 2003; Im Bernstein (Rom.) 2005; Rauriser Literaturtage 2000–2005 (mit H. HOLL, hg. Kulturver. Forum Rauris) 2005; Jeder Ort hat seinen Traum. Dichterlandschaften, 2007; Du Engel du Teufel. Emmy Haesele und Alfred Kubin – eine Liebesgeschichte, 2009; 40 Jahre Rauriser Literaturtage (mit H. HOLL, hg. Kulturver. Forum Rauris) 2010; Mittagsvorsatz. Noon resolution (Ged., Illustr. v. C. Thanhäuser) 2011 (dt. u. engl.); An diesem einen Punkt der Welt (Rom.) 2014; Der Welt entlang. Vom Zauber der Dichterlandschaften (Fotos v. W. Steinwendtner) 2016; Gesicht im blinden Spiegel (Rom.) 2020.

Herausgaben: E. Landgrebe, Landgrebe. Gedichte und Bilder, 1989; R. Bayr, Ich habe nichts als mich. Auswahl aus dem Werk (mit F. HARRER) 1999; Der Berg, der Hof, das Bleiben, 2015.

Tonträger: P. Handke, Lucie im Wald mit den Dingsda (Red., 2 Audio-CDs) 2004; I. Aichinger, Knöpfe (Red., 2 Audio-CDs) 2007.

Literatur: G. RUISS u. a., Lit. Leben in Öst. Hdb. 1991, 1991, 673 f.; O. P. ZIER, Lit. Biogr. eines Landstrichs. ~s ‹Rote Lackn› (in: LuK 34) 1999, H. 335/336, 73 f.; L. FEDERMAIR, Lyrismus u. Dokument (in: LuK 44) 2009, H. 435/436, 100–102; A. KLUY, Sind wir auf dieser Welt oder in der Hölle? (ebd.) 102–104; W. SRÉTER, Einige Anm. zu ~s Reiseber. aus Jordanien (H. 455/56) (in: LuK 46) 2011, H. 459/460, 100. MM

Stemmle, Rolf, * 19.10.1962 Regensburg; Schulbesuch in Regensburg, 1982–86 Stud. der Betriebswirtschaft an der FH Regensburg, 1984 Mitbegründer u. dann Leiter einer freien Theatergruppe («Der Würfel»), betrieb einen Verlag in Regensburg, war zudem Doz. an der VHS Regensburg, auch Auftritte als Filmschauspieler; lebt in Regensburg; verfaßte u. a. Rom., Erz., Dramen, Lyrik, Theaterführer (vor allem zu Werken Richard → Wagners) u. musikal. Kompositionen; Hg. von Wagner-Libretti. – Theatermacher, Verleger, Doz., Musiker, Autor, Herausgeber.

Schriften: Das Christkind aus der Plastiktüte (Drama) 1984; Der Knecht (Drama) 1985; Der Bettler an Weihnachten (Drama) 1986 (auch u. d. T.: De Bettler an Wiehnachten, plattdt. Übers. von I. SCHRUBKA, 2003); Wenn drei sich morden... Eine Kriminalkomödie in drei Aufzügen, 1991; Ein Abend mit Julius (Kom.) 1995 (als Ms. gedr.); Zeitgenossen (Monolog) 1996; Hotline (Drama) 2001; Die traurige Dichterin (Drama) 2001; Winterwärme (Kom.) 2001; Eine zufällige Begegnung (Drama) 2001; Ein Film mit Niveau (Drama) 2001; Der Augenblick des Fotografen (Drama) 2001; Der Anti-Alkoholiker (Drama) 2001; Luzifers Nöte mit der Demokratie und der Autobahn (Tragikom.) 2003; Der Mensch im Tier (Ged., Illustr. v. M. Bernhard) 2004; Stromausfall. Erben und Sterben. Eine böse Groteske mit gutem Ende, 2004; Der Ring des Nibelungen. Richard Wagners vielschichtige Tetralogie eingängig erzählt, 2005; Tristan und Isolde. Die Meistersinger. Parsifal. Richard Wagners vielschichtige Musikdramen eingängig erzählt, 2006; Der fliegende Holländer. Tannhäuser. Lohengrin. Richard Wagners vielschichtige Opern eingängig erzählt, 2007; Feen. Liebesverbot. Rienzi. Richard Wagners vielschichtige Opern eingängig erzählt, 2009; Rigoletto. La Traviata. Aida. Giuseppe Verdis große Opern eingängig erzählt, 2010; Drüberflieger (Kom.) 2010; Kleinviehmist (Erz. u. Satiren) 2010; Siegfried und das klügere Geschlecht (Kom.) 2010; Herzenslandschaften (Red., mit M. PANZER) 2011; Frau, Mann – passend (Sketch) 2011; Tristan und sei Oide (Parodie) 2011; Kommodige Wiehnachten (Sketch, nd. Übertr. v. J. HARRJES) 2012; Gurrletta Steinhöfl. Geschichten aus dem abenteuerlichen Alltag einer Regensburger Stadttaube, 2012; Der Troubadour. Ein Maskenball. Die Macht des Schicksals. Giuseppe Verdis große Opern eingängig erzählt, 2012; Eine Schönheit für den König (Kom.) 2013; Don Carlos. Othello. Falstaff. Giuseppe Verdis große Opern eingängig erzählt, 2013; Richard Wagner. Tristan und Isolde (Führer) 2014; Richard Wagner. Tannhäuser (Führer) 2014; Richard Wagner. Siegfried (Führer) 2014; Richard Wagner. Parsifal (Führer) 2014; Richard Wagner. Lohengrin (Führer) 2014; Richard Wagner. Götterdämmerung (Führer) 2014; Richard Wagner. Die Walküre (Führer) 2014; Richard Wagner. Die Meistersinger (Führer) 2014; Richard Wagner. Der fliegende Holländer (Führer) 2014; Richard Wagner. Das Rheingold (Führer) 2014; Frau mit Fernbedienung (Kom.) 2014; De Knecht. Heiteres weihnachtliches Kurzspiel (plattdt. von J. HARRJES) 2014; Gurrlettas Höhenflüge. Die Regensburger Stadttaube in weiteren gefährlichen Abenteuern und heiklen Situationen, 2014; Nabucco. Macbeth. Simone Boccanegra. Giuseppe Verdis große Opern eingängig erzählt, 2015; Geld verdienst damit keins

(Rom.) 2016; Der Teufel von Stockenfels (Erz.) 2017; USB-Stick verschwunden! (Erz.) 2018; Das empathische Einser-Bit (Erz.) 2018; Gurrletta und der Schmetterling (Erz.) 2018; Zauberflöte. Fidelio. Freischütz. Frühe deutsche Opern eingängig erzählt, 2018; Ritter Online (Erz.) 2019; Das Rennplatz-Geheimnis (Rom.) 2019; Fro mit Tastatur (Kom., plattdt. Übers. von H. Buerhoop) 2019; Im Versteck. Eine Erzählung in vier Lebenslandschaften, 2019; Gurrletta und der Domspatz Benjamin (Erz.) 2020; Attilas Grab in Adelheids Gemüsebeet oder Die Erfindung der Bajuwaren (Kom.) 2020; Drei Weihnachtssketche, o. J.; Krawatten, Küchenschürzen – alles für den Mann (Kom.) o. J.; Die neuen Nachbarn, eine Katastrophe (Kom.) o. J.; Frischluft (Szene) o. J.; Wo ist Gitti Gelb? (Kinderdrama) o. J.; Der Wohltätige (Tragikom.) o. J.; Irrlichter (Kom.) o. J.; Megatop Spinat (Tragikom.) o. J.; Macbeth – Gwiss is nur, dass nix gwiss is (Kom., mit R. Beier) o. J.; Der bayerische Gral (Kom.) o. J.

Herausgaben: R. Wagner, Die Feen. Romantische Oper in drei Akten, 2013; ders., Das Liebesverbot. Große komische Oper in zwei Akten, 2013; Biographie und Literatur in Ostbayern. Marita A. Panzer zum 70. Geburtstag (mit J. Knoll, B. Lübbers) 2019.

Literatur: J. Sandmaier, ‹Winterwärme› hoch über den Dächern von Regensburg. Der Regensburger Theaterautor ~ (in: Lichtung. Ostbayer. Magazin 18) 2005, H. 1, 22–24; Kulturdatenbank (hg. Stadt Regensburg) o. J., www.regensburg.de/kultur/kulturdatenbank/. MM

Stephan, Angelika, * 16.2.1956 Essen; 1975–81 Stud. der Kunst u. Germanistik auf Lehramt in Essen, Staatsexamen, 1981–83 Ausbildung zur Industriekauffrau, danach in diesem Beruf tätig, war 2002–09 Mitgl. u. 2006–09 Vorsitzende der Künstlergruppe «atelier» (Oberhausen), ab 2011 freie Autorin, bildende Künstlerin u. Fotografin; lebt in Bocholt; verfaßte Erz., Ged. u. kürzere Prosa; Publizierte zudem küstler. Arbeiten wie Kalender u. Wandbilder. – Industriekauffrau, Schriftst., bildende Künstlerin, Fotografin.

Schriften: Entflammtes Herz (Prosa u. Lyrik) 2011; Tote reisen nicht (Prosa u. Lyrik) 2014. MM

Stephan, Carmen, * 1.8.1974 Berching/Oberpfalz; Tätigkeit als Journalistin, Red. des Magazins der «Süddt. Ztg.» (München), Ressortleiterin Kultur der Online-Ausg. des «Spiegel», 2002–04 freie Korrespondentin in Brasilien, zuletzt freie Autorin, Mitgl. der «Beschreiber», lebte u. a. in Madrid, Dublin, München, Rio de Janeiro u. Genf; publizierte u. a. Rom. u. Erz.; Veröff. u. a. in NR, «Frankfurter Allg. Ztg.» u. «WELT» (Hamburg). – (Neben weiteren Auszeichnungen) Lit.preis der Jürgen-Ponto-Stiftung (2012), Rom-Preis der Dt. Akad. Rom (2013). – Journalistin, Schriftstellerin.

Schriften: Brasília Stories. Leben in einer neuen Stadt (Erz., Fotos v. G. Mere) 2005; Mal Aria (Rom.) 2012; It's all true (Rom.) 2017.

Literatur: Lit.portal Bayern (hg. BSB München) o. J., www.literaturportal-bayern.de/. MM

Stephan, Susanne, * 11.1.1963 Aachen; Nichte der Kdb.autorin Margret → Rettich (1926–2013), wuchs in Haßmersheim auf, studierte Germanistik, Gesch. u. Romanistik in Tübingen, Konstanz, Hamburg u. Paris, 1. Staatsexamen in Tübingen, 1990–94 Lektoratsassistentin in einem Stuttgarter Verlag, ab 1995 freie Lektorin, Übers. u. Autorin; Vorstandsmitgl. im Schriftst.haus Stuttgart; lebt in Stuttgart; publizierte u. a. Prosa, Lyrik, Ess. u. Rezensionen, zudem frz.-dt. u. engl.-dt. Übers.; Veröff. u. a. in NDL, SuF, «Frankfurter Allg. Ztg.», «Stuttgarter Ztg.», «Akzente. Zs. für Lit.» (München) u. «Manuskripte. Zs. für Lit.» (Graz). – (Neben weiteren Auszeichnungen) Thaddäus-Troll-Preis (2007). – Lektorin, Schriftst., Übersetzerin.

Schriften: Schriftlings (kurze Prosa) 1997; Tankstellengedichte, 2003; Von Blumenmalern und Rosentauchern (Ged., Fotos v. F.-J. Kretz) 2007; Gegenzauber (Ged.) 2008; Drei Zeilen (Ged., Fotos v. F.-J. Kretz) 2013; Haydns Papagei (Ged.) 2015; Nelken. Ein Portrait, 2018.

Übersetzungen: B. u. C. Alexander, Eskimo. Jäger des hohen Nordens, 1993.

Literatur: M. Zöhrer, Gegenzauber (in: Das Ged. Zs. für Lyrik, Ess. u. Kritik 16) 2008, 141 f.; M. Buselmeier, Lederstrumpf (in: Poet. Das Magazin des Poetenladens 19) 2015, 162 f.; GegenWorte – GegenSpiele. Zu einer neuen Widerstandsästhetik in Lit. u. Theater der Ggw. (hg. E. Béhague u. a.) 2018, 279; Autorinnen u. Autoren in Baden-Württ. (hg. Lit. Gesellsch. Karlsruhe) o. J., www.autoren-bw.de/. MM

Stern, Anna (eig. Anna Bischofberger), * 1990 Rorschach/Kt. St. Gallen; wuchs in Rorschach auf, studierte Umweltnaturwiss. an der ETH Zürich. – 3sat-Preis (2018), Schweizer Buchpreis (2020). – Schriftstellerin.
Schriften: Schneestill, 2014; Der Gutachter (Rom.) 2016; Beim Auftauchen der Himmel (Erzn.) 2017; Wild wie die Wellen des Meeres (Rom.) 2019; das alles hier, jetzt, 2020. BJ

Stichling, Louise Charlotte Theodore Amalie (auch Luise Ch. Th. A. S., geb. von Herder, Ps. Theodore [geb. H.]), * 23.4.1781 Weimar, † 12.3.1860 ebd.; einzige Tochter von Johann Gottfried → Herder (1744–1803) u. Caroline → Herder (1750–1809; ErgBd. IV); soll eine gute Erziehung u. Ausbildung erhalten haben, darunter auch Unterricht in der Malerei – im Erwachsenenalter nahm sie weiteren Unterricht bei Diedrich Preller d. Ä. (1804–1878); heiratete am 9.10.1809 in Lauter (Erzgeb.) den großherzoglich-sächs. Kammerdirektor u. Präs. des Kammer-Kollegiums Carl Wilhelm Constantin Stichling (1766–1836), aus dieser Ehe gingen zwei Töchter u. ein Sohn hervor. Von S. sind kleinere Texte, meist in gereimter Form bekannt. Allerdings liegen keine zuverlässigen Nachr. über ihr Gesamtwerk vor. – Schriftstellerin.
Schriften: Nach SCHINDEL (1825) soll L. Texte zu den «Legenden» ihres Vaters beigetragen haben, publiziert in: Johann Gottfried von Herder's Sämmtliche Werke. Zur schönen Literatur und Kunst, Tl. 3, 1805; Ged. in: J. W. von Goethe, Völkerwanderung. Poesieen gesammelt bey einem Maskenzug. Aufgeführt den sechzehnten Februar, 1810 (online: HAAB Weimar); Die Mutter und ihre Töchter. Nach einer Legende (in: Urania. Taschenbuch auf das Jahr 1821) 247–254 (online: HAAB Weimar); Räthsel «Es ist ein Bild auf grauem Grunde» (in: Morgenblatt für gebildete Stände vom 5.10.1822) 956, Nr. 239 (online: BSB München). – Im Ms. liegt vor: «Ein neues ABC nach altdeutscher Art» (ULB Bonn, Nachlaß Schopenhauer, Adele u. Johanna).
Briefe: Briefwechsel mit Johann Gottfried Herder und Caroline v. Herder geb. Flachsland, 1782–1808 (hg. J. VON MÜLLER) 1951 (darin der Briefw. L.s mit ihrem Vater). – Umfangreiche ungedruckte Briefw. befinden sich in: Klassik Stiftung Weimar, GSA, Bestand Herder sowie in: FDH, Frankfurter Goethe-Mus., Bibliothek. – 1 Brief an Friedrich Nicolai vom 8.11.1809, in: SB Berlin, Nachl. Friedrich Nicolai/I/73/Mappe 15/Bl. 50 (auch online); 1 Brief in: UB Leipzig, Autographenslg. Römer; 1 Brief in: UB Erlangen-Nürnberg, Ms. 2640; 7 Briefe in: Marbach, DLA, Cotta-Archiv; 1 Brief in: UB Tübingen, Md 755 250; 4 Briefe in: Düsseldorf, Heinrich-Heine-Inst., Nachlaß Wieland.
Bibliographien: C. W. O. A. VON SCHINDEL, Die dt. Schriftst.innen des neunzehnten Jh., Bd. 2, 1825, 343 f.; E. FRIEDRICHS, Die dt.sprachigen Schriftst.innen des 18. u. 19. Jh. Ein Lex., 1981, 299.
Literatur: H. GROSS, Deutschlands Dichterinnen u. Schriftst.innen. Eine lit. Skizze, ²1882, 82; K. W. BINDEWALD, Deutschlands Dichterinnen, Tl. 1: Ball., Romanzen, Idyllen, Geschichten, Legenden, Sagen u. poet. Erz., rel. Lieder, 1895, 187 f.; J. GENSEL, Friedrich Preller d. Ä., 1904, 127. MMü

Stichmann, Andreas, * 5.11.1983 Bonn; Besuch der Gesamtschule Beuel, Abitur, ab 2005 Stud. am Dt. Lit.inst. in Leipzig, Aufenthalte in Südafrika; lebt in Berlin; verfaßte vor allem Rom. u. Erz.; Veröff. u. a. in NR, «Akzente. Zs. für Lit.» (München) u. «Bella triste. Zs. für junge Lit.» (Hildesheim). – (Neben weiteren Auszeichnungen) Clemens-Brentano-Preis (2009), Hamburger Förderpreis für Lit. (2010). – Schriftsteller.
Schriften: Jackie in Silber (Erz.) 2008; Das große Leuchten (Rom.) 2012; Die Entführung des Optimisten Sydney Seapunk (Rom.) 2017.
Literatur: O. USCHMANN, Das Leben der Ebene (in: Am Erker 31) 2008, H. 56, 117 f.; J.-M. BERG, Im Rücken der Erz. ∼s Debütbd. ‹Jackie in Silber› handelt von den leisen Ausklängen des Scheiterns (in: Edit. Papier für neue Texte 48/49) 2009, 110 f.; J. GUSE, M. KAMES, Vom Pferd erzählen (in: Bella triste 33) 2012, 76–81; B. HAYER, Das große Leuchten (in: Allmende 33) 2013, H. 91, 83 f.; Lit.port Autorenlex. (Internet-Edition). MM

Stipsits, Thomas, * 2.8.1982 Leoben/Steiermark; besuchte 1997–2002 das Oberstufenrealgymnasium Eisenerz, 1999 erstes Progr.: «nachgedacht» (mit Heiko Ernstreiter u. Christian Keimel), trat im Leobener Jugendclub «Spektrum» auf, arbeitete mit Georg Danzer, Martin Kosch u. Alexander Kropsch zus., 2001 erstes Soloprogr. («tiefkalt») im Theatercafé in Graz, moderierte 2002 erstmals das internationale Komikfestival «comicodeon» in Kapfenberg, wirkte seit 2002 regelmäßig bei der

«Langen Nacht des Kabaretts» im Kabarett Niedermair mit; 2004 zweites Soloprogr. («ERBARMUNGSLOS») im Kabarett Niedermair in Wien, trat damit auch in Italien u. Dtl. auf, war 2005 in drei Folgen der Comedy-Improvisationsshow «Die Frischlinge» (ORF) u. 2010 in der im ORF ausgestrahlten Sketch-Comedyserie «Burgenland ist überall» von Leo Bauer zu sehen; weitere Programme waren: «Griechenland – oder die Legende des heiligen Trinkers» (2006), «Cosa Nostra – Unsere Sache» (2008), «Bauernschach – ein Winterthriller» (2010), «Triest mit Manuel Rubey» (2012), «Gott & Söhne mit Manuel Rubey» (2015), «Stinatzer Delikatessen» (2018); übernahm im öst. «Tatort» die Rolle des Manfred «Fredo» Schimpf (2012–20); lebt in Wien, in Niederöst. u. auf der griech. Insel Karpathos. – Kärntner Kleinkunstpreis (2000), Goldener Kleinkunstnagel (2003), Öst. Kabarettförderpreis (Lange Nacht des Kabaretts) (2004), Hallertauer Kleinkunstpreis (2008), Öst. Kabarettpreis (2012), Ybbser Spaßvogel (gemeinsam mit Manuel Rubey) (2016), Romy in der Kategorie Beliebtester Schauspieler Kino/TV-Film (2019), Salzburger Stier (2021). – Kabarettist, Schauspieler, Schriftsteller.

Schriften: Das Glück hat einen Vogel, 2017; Kopftuchmafia. Ein Stinatz-Krimi, 2019; Uhudler-Verschwörung. Ein Stinatz-Krimi, 2020. BJ

Stock, Wolfgang, ⁎ 21.12.1928 Mainz; Sohn einer Ladenbesitzerin, besuchte die Handelsschule in Mainz, war Flakhelfer im 2. Weltkrieg, Ausbildung zum Einzelhandelskaufmann, selbständiger Kaufmann, dann im Statist. Bundesamt in Wiesbaden tätig, 1980 Mitbegründer des Amateur-Theaters «FAT» in Flörsheim am Main, dort als Regisseur, Dramaturg u. Schauspieler tätig: lebt in Flörsheim am Main; verfaßte u. a. Schwänke, Sketche, Kom. u. Dramen-Bearb. (u. a. nach Friedrich → Schiller). – (Neben weiteren Auszeichnungen) Lit.preis des Bistums Trier (1996). – Verwaltungsangestellter, Kaufmann, Dramatiker, Theatermacher.

Schriften: Marengo war kein Zufall (Sketch) 1981; Der Fuchs (Einakter) 1981; Ein Typ wie dieser (Einakter) 1981; Bethlehem zahlt sich aus (Schausp.) 1982; Der Kondensator (Einakter) 1982; Vier Schirme (Schausp.) 1985; Wie mit Menschen leben (Einakter) 1985; So alt, so jung ist Oma Elli (Schwank) 1985; Immer Herr der Lage oder: die Kunst, einen Nagel einzuschlagen (Sketch) 1985; Dom Perignon oder: Mathematik ist nicht alles (Sketch) 1985; Eigentlich schade (Einakter) 1988; Lasst uns Rosen brechen (Einakter) 1988; Ophelia (Einakter) 1988; Herr der Lage (Einakter) 1989; Ein Typ wie dieser (Einakter) 1989; Lohengrin – oder 5 cm Toleranz (Sketch) 1989; Der Besuch (Schausp.) 1989; Das Kaninchen (Schausp.) 1990; Karl-Heinz Hamlet oder: der Ü-Effekt (Schausp.) 1991; Der Überfall des Santa Klaus. Eine heitere Szene, 1992; Gestört. Über die Tücke der Technik (Sketch) 1994; Carpe diem oder heut' singt die Nachtigall (Romanze) 1994; Rhapsodie in blau oder die Leiden des 1. Vorsitzenden (Sketch) 1995; Das Neue Spiel vom Verlobten Tag, 1996; Immer und ewig auf Achse (Sketch) 1996; Das Handycap. Spiel in einem Akt, 1996; Der Wasserkopf (satir. Schausp.) 1997; Extrascharf (Sketch) 1997; Heiter bis wolkig. Fünf satirische Blackouts, 1997; Der Ruf des Uhus oder mein lieber Herr Gesangverein. Einakter in zwei Folgen, 1998; Weder Mühe noch Kosten gescheut! Fünf Sketche zum Geburtstag, 1998; Wenn nicht so, dann so! Lustspiel in neun Bildern nach Friedrich Schillers ‹Parasit›, der seinerseits eine Vorlage aus dem Französischen von Louis-Benoit Picard bearbeitet hat, 1998; Liebe und andere Termingeschäfte. Lustspiel in zwei Akten, sehr frei nach ‹Die Heirat› von Nikolaj Gogol, 2000; Oma allein im Haus. Schwank in einem Akt, 2001; Die Reichen werden nicht alle oder Zustand mit fünf Buchstaben. Heiteres Spiel in einem Akt, 2001; Maria, die mit dem schönen Kragen, 2001; Auftritt des Boten, 2001; Das Gewand, 2001; Leslie mit der leichten Hand, 2001; War's Tartuffe, dann kommt er wieder. Lustspiel in fünf Akten nach der Komödie ‹Der Tartuffe oder der Heuchler› von Molière, 2002; Feier, de Moo brennt (Kom.) 2003; Der glückliche Hans (Einakter) 2003; Hier ist Eden (Einakter) 2003; Vorsicht Tango (Einakter) 2003; Was denn nun: Schein oder Sein (Einakter) 2003; Der Hansibub (Kom.) 2003; Vernagelt und verbohrt (Sketch) 2003; Mein lieber Schwan (Kom.) 2003; Wenn erst einmal die schönen Blüten blühen (Kom.) 2005; Die Welt isse Goldgrub' (Schausp.) 2008; Pfingsten kann sehr lang sein (Einakter) o. J.; Der Frosch-König oder ‹Wenn's Handy in den Brunnen fällt› (Märchen) o. J.; Ein superbes Mahl (Kom.) o. J. MM

Stock(h)amer von Diepoltsdorf, Maria Magdalena → Pömer (von Diepoltsdorf), Maria Magdalena.

Stockmann, Margaretha Dorothea → Kästner, Margaretha Dorothea.

Stockmann, Margaretha Elisabeth (geb. Kuntsch), * 8.10.1672 Altenburg/Thür., † 1735; Tochter des herzoglich-sächs. Hofbeamten Christoph Kuntsch (1640–1724) u. dessen Frau Margaretha Susanna von → Kuntsch, geb. Förster (1651–1717); wuchs im Umkreis der Altenburger Hofgesellsch. auf u. war die einzige von 14 Geschwistern, die das Erwachsenalter erreichte; wurde früh von ihren Eltern (die selbst schriftstellerisch tätig waren) zum eigenständigen Schreiben angehalten, besuchte zu diesem Zweck u. a. zwei Monate lang die befreundete Familie Geyer, um dort mit der jüngeren Tochter Sophia Christina (1676–1689) gemeinsam zu üben; heiratete 1692 den promovierten Juristen Gottfried S. (1664–1716), anschließend Umzug nach Gera, dort hatte S.s Ehemann eine Hofbeamtenstelle als Kommissionsrat inne; das Paar hatte fünf Töchter, darunter Margaretha Isabella → Strauss (1692–nach 1742) u. Henrietta Friederica → Schütter (1701–nach 1742), u. sieben Söhne; 1724 hatte S. das Altenburger Haus ihres Vaters geerbt u. veräußerte es, ihr Ehemann war zu diesem Zeitpunkt bereits gestorben. S. nahm regen Anteil an der Ausbildung ihrer Töchter u. von Töchtern aus dem Familienkreis; von ihr sind mehrere Gelegenheitsdichtungen bekannt. – Gelegenheitsdichterin.

Schriften: Wie will denn wiederum ein neues Wetter stürmen [Trauerged. auf den Tod von S.s Schwester Dorothea Friederica Kuntsch], 1690; Was dort des Höchsten Huld im Paradieß versprochen [Weihnachtsandacht] (in: CH. F. HUNOLD, Auserlesene und noch nie gedruckte Gedichte unterschiedener berühmten und geschickten Männer, T. 2, 1719/20) 442–446 (online: ULB Halle); Hoch seeligster/ wo soll ich so viel Worte finden [Trauerged. auf den Tod von Johann Christoph Tieroff] (in: CH. G. STOCKMANN, Auserlesene Teutsche Gedichte verschiedener geschickter Poeten und Poetinnen. Nebst seinen eigenen, Tl. 1, 1723) 147–151 (online: ULB Halle).

Ausgabe: Carrdus (Lit.) 229–231 («Wie will denn wiederum ein neues Wetter stürmen»).

Nachlaß: Siehe CARRDUS (Lit.) 410.

Bibliographie: J. M. WOODS, M. FÜRSTENWALD, Schriftst.innen, Künstlerinnen u. gelehrte Frauen des dt. Barock. Ein Lex., 1984, 123.

Literatur: Das «weiblich Werk» in der Residenzstadt Altenburg 1672–1720. Gedichte u. Briefe von Margaretha Susanna von Kuntsch u. Frauen in ihrem Umkreis. Mit einer Einl., Dokumenten, Biographien u. Komm. (hg. A. CARRDUS) 2004, 9 f., 16, 18 f., 21, 23 f., 27, 36–38, 41, 44, 49, 79, 127, 139, 173, 176, 181, 184, 186, 264, 266, 314–321, 335, 347, 369, 370 f., 382–384, 390, 408–411, 413, 418, 420 f., 423.

MMü

Stockmann, Regina Elisabeth → Geutebrück, Regina Elisabeth.

Stockmann, Sophia Dorothea (geb. Pfeiffer), * 2.6.1698 Altenburg/Thür., † 4.4.1728 Gera/Thür.; Tochter des Hofbeamten u. Syndikus des Magdalenenstifts in Altenburg, Johann Abraham Pfeiffer (nach 1653–1721), u. seiner zweiten Frau Catharina Sophia, geb. Förster († nach 1728), ihre Halbschwester aus der ersten Ehe des Vaters war Johanna Margaretha → Pfeiffer (1698–1752); S., ihre Halbschwester, ihre zwei Schwestern (darunter Susanna Elisabeth → Pfeiffer, 1702–nach 1730) u. vier Brüder erhielten privaten Unterricht; heiratete 1718 den herzogl. Landkommissar Friedrich Ernst S. (1693–nach 1742), mit diesem zog sie nach Gera, dort erhielt ihr Mann eine Hofbeamtenstelle als fürstl. Regierungssekretär, das Paar hatte vier Töchter u. einen Sohn; S. starb an den Folgen einer Totgeburt. Von ihr ist ein Trauerged. auf den Tod ihres Vaters bekannt, für sie selbst liegt eine gedruckte Leichenpredigt vor. – Gelegenheitsdichterin.

Schriften: Kein Unglück kommt allein, 1721.

Ausgabe: CARRDUS (Lit.) 268.

Nachlaß: Siehe CARRDUS (Lit.) 421.

Literatur: J. AVENARIUS, Die Angst einer Gebährerin, 1728 (HAB Wolfenbüttel), 27–34, 62, 69–71; A. STOCKMANN, Die Stockmann-Sippe aus Rochlitz in Sachsen. Eine [...] Slg. von Dokumenten, Ahnentafeln u. Bildern aus ihrer 500jährigen Gesch., Tl. 2, 1970, 48 f.; Das «weiblich Werk» in der Residenzstadt Altenburg 1672–1720. Gedichte u. Briefe von Margaretha Susanna von Kuntsch u. Frauen in ihrem Umkreis. Mit einer Einl., Dokumenten, Biographien u. Komm. (hg. A. CARRDUS) 2004, 18 f., 22, 25, 27, 36 f., 236, 262, 265 f., 330–334, 368, 384, 390 f., 405 f., 410, 418–422.

MMü

Stöckel, Reinhard, * 22.12.1956 Allstedt; studierte Bibl.wesen mit Abschluß als Diplom-Bibliothekar (FH), zudem Stud. am Lit.inst. Leipzig, u. a. Tätigkeiten als Soldat, Gießer, Bibliothekar u. Journalist, seit 2020 im Ruhestand; lebt in Teichland; verfaßte u. a. Rom., Erz., Dramen, Kdb. u. Lyrik. – Bibliothekar, Journalist, Schriftsteller.

Schriften: Unten am Fluss. Geschichten vom späten Ende der Kindheit, 2002 (erw. Neuausg. u. d. T.: Unweit vom Fluss, 2017); Der Lavagänger (Rom.) 2009; Salamander im Schnee (Drama) 2009 (gedr. 2017); Heimkehr ins Labyrinth. Drei Monologe und ein christliches Satyrspiel, 2017; Ein wildes Schwein mit Namen Wilfried (Kdb., Illustr. v. M. Knabe) 2018; Der Mongole (Rom.) 2018; Kupfersonne (Rom.) 2020; Westöstliche Couch. Ein literarisches Alphabet (mit K. GROSS-STRIFFLER) 2020.

Literatur: Lit.port Autorenlex. (Internet-Edition). MM

Störr, Christine (geb. Rachl), * 24.12.1969 Bad Tölz; Tochter eines Masseurs u. einer Krankenschwester, wuchs in Bad Tölz u. in Hofstetten (Baden) auf, Ausbildung zur Bürokauffrau, ab 1999 freie Journalistin; lebt in Hofstetten. – Journalistin, Schriftstellerin.

Schriften: Das Geheimnis der alten Mühle (Erz.) 2006; Hüter des Lebens (Rom.) 2009; Hademar im Wichtelwald (Kdb., Illustr. v. S. Kempf) 2012; Hofstetten – es war einmal. Höfe – Handwerk – Federvieh (Bildbd.) 2018.

Herausgaben: M. Roderich, Verbrechen und Strafe, 2020. MM

Stolberg-Stolberg, Henriette Katharina Gräfin zu, * 5.12.1751 Bramstedt/Holstein, † 22.2.1832 Peterswaldau/Schles. (poln. Pieszyce); Tochter von Christian Günther zu Stolberg-Stolberg (1714–1765) u. dessen Ehefrau Christiane, geb. Gräfin zu Castell-Remlingen (1722–1773); ihre älteren Brüder waren der Lyriker u. Übers. Christian zu → S.-S. (1748–1821) u. der Schriftst. Friedrich Leopold zu → S.-S. (1750–1819); verbrachte ihre Kindheit u. Jugend in Kopenhagen u. auf dem Familien-Landsitz Rungsted auf Seeland, wurde pietistisch erzogen, erlernte u. a. Griech., Lat. u. Ital., stand im Briefverkehr mit dem Ehepaar Ernestine (1756–1834) u. Johann Heinrich → Voß (1751–1826), Johann Wilhelm Ludwig → Gleim (1719–1803), Matthias → Claudius (1740–1815) u. a. m., → Klopstock gehörte zu den Freunden des Hauses; 1770 Umzug mit ihrer Mutter nach Hamburg, lebte seit 1771 als Stiftsdame im dän. Damenstift Vallø, 1783/84 Reise über den Rhein in die Schweiz bis nach Italien, zog 1788 zeitweise zu ihrem Bruder Friedrich Leopold, dessen erste Frau in diesem Jahr gestorben war, um ihn im Haushalt u. bei der Erziehung seiner Kinder zu unterstützen, 1802 Konversion zum kath. Glauben, machte diesen Schritt nach wenigen Wochen rückgängig; zog 1806 zu dem Diplomaten u. Schriftst. Gottlob Friedrich Ernst → Schönborn (1737–1817) auf das Gut Emkendorf (Schleswig-Holst.) u. lebte mit ihm in einer festen Lebens- u. Gütergemeinschaft, zog – schwer erkrankt – nach dessen Tod nach Peterswaldau zu ihrer Nichte; Verf. von Erz., didakt. Schr. u. meist ungedruckten Gelegenheitsged.; publizierte ihre Texte anonym. – Schriftstellerin.

Schriften: Rosalia. Eine Erzählung (in: Dt. Mus. auf das Jahr 1779) H. 2, 1–13; Emma. Eine Erzählung der Verfasserin der Rosalia (ebd.) 193–198; Moses. Ein kleines Drama (ebd.) 1788, H. 1, 481–517; Fernando und Miranda (in: Tb. von J. G. Jacobi u. seinen Freunden für 1795) 91–114 (online: UB Freiburg/Br.); Die Blumen (in: Iris. Ein Tb. für 1803, hg. J. G. JACOBI) 32–40 (online: UB Freiburg/Br.); Ein Gespräch durch die Thesen des Herrn Pastor Harms veranlaßt, zwischen einer Mutter, ihren Töchtern Anna und Hannchen und ihrer Freundinn, 1817.

Briefe: Ausführlich zum älteren gedruckten Briefwechsel s. K. GOEDEKE 4,1 (1916) 1039, Nr. 19. – Ich war wohl klug, dass ich dich fand. Heinrich Christian Boies Briefwechsel mit Luise Mejer 1777–85 (hg. I. SCHREIBER) 1961 (²1963, mehrere Nachdr.). – Briefe in Bibl. u. Archiven: GWLB Hannover (1 Brief), UB Leipzig (2 Briefe), Eutiner LB (9 Briefe), UB Kassel (1 Brief), UB Freiburg/Br. (1 Brief), LB Kiel (10 Briefe), UB Münster (2 Briefe), FDH – Frankfurter Goethe-Mus. (1 Brief), Goethe-Mus. Düsseldorf (1 Brief) u. FB Gotha (1 Brief).

Nachlaß: LB Kiel; LB Eutin (zwei undatierte hs. Ged.); UB Leipzig, Autographenslg. Clodius (hs. Ged., Incipit: «Schön und lieblich»). – Hs. Einträge im Stammbuch des Heinrich Voß (1779–1822; LB Kiel) u. des Jens Baggesen (1764–1826; UB Kiel, gedruckt in: Bl. aus dem Stammbuch Jens Baggesens 1787–1797, hg. T. VON BAGGESEN, 1893). – Mommsen 1971, 507. – W. FREIS, Dt. Dichterhss.

von 1400 bis 1900. Gesamtkat. der eigenhändigen Hss. dt. Dichter in den Bibl. u. Archiv. Deutschlands, Österreichs, der Schweiz u. der ČSR, 1934 (Neudr. 1970) 289; Die Nachlässe in den Bibl. der Bundesrepublik Dtl. (bearb. L. DENECKE) 1969, 190.

Bibliographien: Goedeke 4,1 (1916) 1039, Nr. 19. – Efterladte Papirer fra den Reventlow'ske Familiekreds i Tidsr. 1770–1827, Bd. 7 (hg. L. T. A. BOBÉ) 1906, 115–131, 393–395; E. FRIEDRICHS, Die dt.sprachigen Schriftst.innen des 18. u. 19. Jh. Ein Lex, 1981, 301.

Literatur: ADB 36 (1893) 367–370; Killy ²11 (2011) 295 f. – B. KORDES, Lex. Der Jetztlebenden Schleswig-Holsteinischen U. Eutin. Schriftst., 1797, 319; Sophronizon oder unpartheyisch-freymüthige Beyträge zur neueren Gesch., Gesetzgebung u. Statistik der Staaten u. Kirchen (hg. H. E. G. PAULUS) 1819, Tl. 3, 79; C. W. O. A. VON SCHINDEL, Die dt. Schriftst.innen des neunzehnten Jh., Bd. 2, 1825, 344 f.; Lex. der Schleswig-Holst.-Lauenburg. u. Eutin. Schriftst. von 1796 bis 1828 (zus.getragen von D. L. LÜBKER u. H. SCHRÖDER) 2 Bde. u. Nachtragsbd., 1829/30, hier Bd. 2, 593; Schönborn u. seine Zeitgenossen. Drei Briefe an ihn nebst einigen Zugaben aus seinem Nachlaß u. einer biogr. Skizze als Einl. (hg. J. RIST) 1836, 32 f.; A. NICOLOVIUS, Denkschr. auf Georg Heinrich Ludwig Nicolovius, 1841, 290; DERS., Friedrich Leopold Graf zu Stolberg, 1846; W. HERBST, Matthias Claudius der Wandsbecker Bote, 1857 (¹878) 266 f., 383 f.; DERS., Johann Heinrich Voss, 2 Bde., 1872–76; G. F. E. Schoenborns Aufzeichnungen über Erlebtes, mit Einl. u. Beigaben (hg. K. WEINHOLD) ca. 1870, 31 f.; G. JANSEN, Aus vergangenen Tagen. Oldenburg's lit. u. gesellschaftl. Zustände während des Zeitraums von 1773 bis 1811, 1877, 98, 105; Lex. der Schleswig-Holst.-Lauenburg. u. Eutin. Schriftst. von 1866–1882. Im Anschluss an des Verf. Lex. von 1829–1866 (ges. u. hg. E. ALBERTI) Bd. 2, 1886, 426; Efterladte Papirer fra den Reventlow'ske Familiekreds i Tidsr. 1770–1827 (hg. L. T. A. BOBÉ) Bd. 1, 1895, 121, 235; Bd. 3, 1896, 236; Bd. 4, 1900, 231; A. LANGGUTH, Christian Hieronymus Esmarch u. der Göttinger Dichterbund. Nach neuen Quellen aus Esmarchs hs. Nachlass, mit 60 Schattenrissen aus Esmarchs Slg. u. seinem Bilde, 1903, 143; E. ROSENDAHL, Niedersachsens Frauen, 1929, 232 f.; C. JENSSEN, Licht der Liebe. Lebenswege dt. Frauen, 1938, 9–29; E. KRULL, Das Wirken der Frau im frühen dt. Zs.wesen, 1939,

147 f.; Schleswig-holstein. biogr. Lex. (hg. O. KLOSE) Bd. 1, 1970, 264; Lit. Führer durch die Bundesrepublik Dtl. (hg. F. u. G. OBERHAUSER) 1974, 532; W. GRÄFIN VON WERTHERN-BEICHLINGEN, ~ (in: Familienrundbriefe der Stolberger Häuser. Familie Stolberg 64) 1989, 5–10; D. HOFF, Dramen des Weiblichen. Dt. Dramatikerinnen um 1800, 1989, 16 f., 56, 155; S. KORD, Ein Blick hinter die Kulissen. Dt.sprachige Dramatikerinnen, 1992, 431; W. STRICKHAUSEN, Im Schatten berühmter Brüder. ~ (1751–1832) (in: Jahresschr. der Claudius-Gesellsch. 6) 1997, 18–39; A. FLEIG, Handlungs-Spiel-Räume. Dramen von Autorinnen im Theater des ausgehenden 18. Jh., 1999, 94 f.; S. DONOVAN, Der christl. Publizist u. sein Glaubensphilosoph. Zur Freundschaft zw. Matthias Claudius u. Friedrich Heinrich Jacobi, 2004, 28, 132, 193. MMü

Stolberg-Wernigerode, Sophie Charlotte Gräfin zu (geb. Gräfin zu Leiningen-Westerburg), * 22.2.1695 Wetzlar/Hessen, † 10.12.1762 Wernigerode; Tochter des Präs. des Reichskammergerichts in Wetzlar, Graf Johann Anton zu Leiningen-Westerburg (1655–1698), u. der Christiane Luise, geb. zu Sayn-Wittgenstein-Vallendar (1673–1745); nach dem frühen Tod ihres Gemahls heiratete die Mutter den Hofprediger Jakob Bierbrauer (1673–1749), es folgt ein Umzug nach Emmerich am Rhein, dort wurde S. C. nach pietist. Vorbild erzogen, erhielt u. a. Unterricht in Mathematik u. Chemie durch ihren Ziehvater; wurde 1706 auf Veranlassung ihres Vormundes Graf Ludwig Christian zu Stolberg-Gedern (1652–1710) nach Frankfurt/M. zur Erziehung geschickt (aufgrund der nicht standesgemäßen Ehe ihrer Mutter mit dem Hofprediger Bierbrauer), 1708 Umzug an den Hof des Vormundes in Gedern nördlich von Frankfurt; heiratete am 31.3.1712 den Sohn ihres Vormundes, Graf Christian Ernst zu Stolberg-Wernigerode (1691–1771), u. zog mit ihm in die neu ausgebaute Residenz Wernigerode; aus der Ehe gingen zw. 1713 u. 1728 zwölf Kinder hervor, von denen vier das Erwachsenalter erreichten: Luise Christiane (1713–1796), Heinrich Ernst (1716–1778), Ferdinande Adriane (1718–1787) u. Christiane Eleonore (1723–1786); lernte 1727 den aus Wernigerode kommenden u. in Jena wirkenden Pietisten Johann Liborius → Zimmermann (1702–1734) kennen, der sie fortan stark beeinflußte; weitere Bekanntschaften mit Vertretern des Pietismus folgten, darunter Johann Siegmund → Ulitsch (1702–1762),

Johann August →Seydlitz (1704–1751), Anton Heinrich →Wallbaum (1696–1753) u. Gotthilf August →Francke (1696–1769) – mit diesen u. anderen Korrespondenzpartnern tauschte sie eigene hs. verfaßte Stücke aus; 10.9.1728 pietist. Erweckungserlebnis im Sophienhof in Ilsenburg im Harz; gemeinsam mit ihrem Mann regierte sie die Herrschaft Stolberg-Wernigerode, beide stifteten 1733 in Wernigerode ein Armen- u. Waisenhaus sowie 1752 ein Theolog. Seminar; feierte kurz vor ihrem Tod mit ihrem Mann das 50. Hochzeitsjubiläum, das sowohl in der unmittelbaren Amtsträgerschaft als auch im weitläufigen Untertanenkreis ihrer Herrschaft zu einem ungewöhnlich hohen publizist. Widerhall in Form von gedruckten Glückwünschen führte, die in der ULB Halle überliefert sind; zahlr. Bekundungen im Druck zum Tod von S. C. (siehe Literatur). – Verf. von Memoiren u. eines Tagebuchs.

Schriften: O Herr, wie unerforschlich sind deine Wege [Gedanken zum Erweckungserlebnis der S. C.] (in: W. N. ZIEGLER, Denckmaal der Gnade Gottes, welche sich an der weiland Hochgebornen Gräfin und Frau, Frau Sophie Charlotte, Vermählten Gräfin zu Stolberg, Königstein, Rochefort, Wernigerode und Hohnstein, [...] Gebornen Gräfin zu Leiningen, Herrin zu Westerburg und Corbach, [...] in Dero gottseligem Leben und seligem Ende herrlich erwiesen hat, 1763, 321 f. (online: ULB Halle); O, daß ich dich nicht eher erkant [Fragment aus dem Tagebuch der S. C.] (ebd.) 338–350.

Briefe: Hirzenhain, Fürst zu Stolberg-Wernigerodesche Bibl. (Briefe u. a. von S. C., zus.gest. von Botho Graf zu Stolberg-Wernigerode, Handschriften meiner Vorfahren und ihrer Angehörigen ab 1500 [bis 1912]). – Weitere Briefw. in: Franckesche Stiftungen, Studienzentrum August Hermann Francke, Arch. u. Bibl. (15 Briefe); SB Berlin (3 Briefe) u. UB Leipzig (1 Brief).

Nachlaß: Franckesche Stiftungen, Studienzentrum August Hermann Francke, Arch. u. Bibl. (Verzeichnisse von Kollekten u. Spendengeldern der S. C.).

Bibliographie: J. M. WOODS, M. FÜRSTENWALD, Schriftst.innen, Künstlerinnen u. gelehrte Frauen des dt. Barock. Ein Lex., 1984, 124.

Literatur: Zum Tod der S. C. (1762): Bey der Leiche der Hochseligen Frau Gräfin klagten die Hochgräflichen Leib-Medici, 1762 (online: ULB Halle); Durch das zu hoffende Wiedersehen der Hochgebornen Gräfin u. Frau, Frau Sophie Charlotte, Gräfin zu Stolberg [...] Gebornen Gräfin zu Leiningen [...] suchten bey Hoch-Dero den 10ten December 1762 erfolgten Auflösung, die Hohen Leidtragenden u. alle über diesem Todesfall Klagende [...] zu trösten Die sämtl. Stadtprediger u. Collegen der Oberschule in Wernigerode, 1762 (online: ebd.); Mit dem Zeugniß der Wahrheit von der Hochgebornen Gräfin u. Frauen, Frauen Sophie Charlotten, des h. R. R. Gräfin zu Stolberg [...] Gebornen Gräfin zu Leiningen [...], wolten den Hohen Leidtragenden insgesamt unterthänigst condoliren sämtl. Membra der Gräfl. Stolbergischen Regierung u. Consistorii in Wernigerode, 1762 (online: ebd.); Als die Hochgeborne Reichsgräfin u. Frau, Frau Sophie Charlotte, Gräfin zu Stolberg [...] als des Hochgebornen Grafen u. Herrn, Herrn Christian Ernst, des h. R. R. Grafen zu Stolberg [...] ihres regierenden gnädigsten Grafen u. Herrn, Theuergeschätzte Frau Gemahlin, am 10ten December des 1762. Jahres im Herrn Hochselig entschliefen, beklagten, diesen unschätzbaren Verlust durch nachfolgende Trauer-Ode die Advocati ordinarii bey Hochgräflicher Regierung u. Consistorio hieselbst, 1762 (online: ebd.); Den am 10ten December 1762 erfolgten Hochseligen Abschied der Hochgebornen Reichs-Gräfin u. Frau, Frau Sophie Charlotte, Gebornen Reichs-Gräfin zu Leiningen [...] beweinten Die Vorsteher der St. Sylvestr Kirche in Wernigerode J. M. Heinecke, J. E. Streithorst, J. A. Schmid u. J. T. Schreiber, 1762 (online: ebd.); Den schmerzhaften u. unschätzbaren Verlust der Hochgebornen Reichsgräfin u. Frauen, Frauen Sophie Charlotte, [...] als des Hochgebornen Grafen u. Herrn, Herrn Christian Ernst, des h. R. R. Grafen zu Stolberg [...] Gemahlin, [...] beklagten hierdurch die beyden Apotheker hieselbst J. A. Weinschenck u. L. W. F. Kniep, 1762 (online: ebd.); Thränen bey dem Hochseligen Hintritt der Hochgebornen Reichs-Gräfin u. Frauen, Frauen Sophie Charlotte, [...] geweinet von J. G. Struck, Hof-Buchdrucker (online: ebd.); Die letzte Pflicht der Ehrfurcht u. Treue wollten ihrer unvergeßl. Landesmutter, der weiland Hochgebohrnen Gräfin u. Frauen, Frauen Sophien Charlotten, regierenden Gräfin zu Stollberg, [...] welche den 10. des Christmonats 1762 in einem gesegneten Alter von 68 Jahren die Hülle der Sterblichkeit ablegte, in nachfolgenden Zeilen wehmüthigst abstatten des Hochgräflich Stollbergischen Hauses unterthänigste Diener J. H. Petri, Pastor,

u. G. L. Scharfenberg, Collaborator zu Schwartzau, 1762 (online: ebd.); Denckmaal der innigsten Wehmuth über den unschätzbaren Verlust der Hochgebornen Reichsgräfin u. Frauen, Frauen Sophie Charlotte, […] gewidmet von J. M. Rosenthal, Amtsverwalter in Veckenstedt, 1762 (online: ebd.); Empfindungen über dem tödtl. Hintritt der Hochgebornen Gräfin u. Frau, Frau Sophie Charlotte, […] welcher den 10ten December 1762 zur Bestürzung des gantzen Landes erfolgte, unterthänigst dargeleget von Dem Magistrats-Collegio u. Bürger Vorstehern beyder Städte Wernigerode, 1762 (online: ebd.); Den Verlust der Hochgebornen Reichs-Gräfin u. Frauen, Frauen Sophie Charlotte, […] beweinete die Vorstadt Röschenrode, 1762 (online: ebd.); Ein Zeugniß des ehrerbietigsten Angedenckens zum Lobe Gottes, bey dem seeligen Abscheiden der weiland Hochgebohrnen Gräffin u. Frau, Frau Sophien Charlotten, […] von einem dem Hochgräflich Leidtragenden Hause unterthänig-verbundensten Diener, 1762 (online: ebd.); Der getroste Muth der Glaubigen im Sterben wurde, da der mit dem Hochgebornen Grafen und Herrn, Herrn Christian Ernst, Des h. R. R. Grafen zu Stolberg […] gewesenen Hochgebornen Gräfin und Frau, Frau Sophie Charlotte, […] welche am 10ten December 1762 zur tiefsten Beugung des ganzen Landes, in dem 68sten Jahr Ihres ruhmvollen Alters in Christo selig entschlafen, und am 15. desselben zu Ihrer Ruhe bestättiget worden am 2ten heiligen Weihnachts Feyertage über Psalm 17, 15 die solenne Gedächtniß-Predigt gehalten wurde, in der Schloßkirche zu Wernigerode […] in einer Trauermusik vorgestellet von G. C. Stoecker, Cant., 1762 (online: ebd.); Thränen der Ehrfurcht und Liebe Der verehrungswürdigsten Asche der Hochgebornen Gräfin und Frau, Frau Sophie Charlotte, […] mit unterthänigster Wehmuth gewidmet von C. E. Bornemann, Oberamtmann, 1762 (online: ebd.); Der grosse Verlust für die Grafschaft Wernigerode und übrige Stolberg-Wernigerödische Lande wurde, als die Hochgeborne Gräfin und Frau, Frau Sophie Charlotte, […] am 10. Dec. 1762 im 68ten Jahr Ihres Alters […] entschliefen, und den andern Christtag drauf, als den 26ten Dec. die Gedächtnißpredigt […] gehalten wurde mit innigster Betrübniß erwogen von J. G. Schroeder, Gräfl. Stolb. Secretar. Fiscal u. Justitiar, Chur-Braunschw. Ob. App. Ger. u. Wernig. Reg. Adv., 1762 (online: ebd.); Bey dem schmertzlichen Hintritt der Hochseligen Hochgebornen Reichsgräfin und Frau, Frau Sophie Charlotte, Gräfin zu Stolberg […] wolten mit tiefster Unterthänigkeit ihr Beyleid bezeugen die Kirchväter in der Neustadt Wernigerode, 1762 (online: ebd.); Den seltnen und seeligen Schmuck des nunmehro herrlich vollendeten Braut des Lammes, Der Hochgebornen Gräfin und Frauen, Frauen Sophien Charlotten, […] besangen bey den feierlich gehaltenen Gedächtniß-Predigten Die Landprediger und Catecheten, 1762 (online: ebd.); Ehren-Gedächtniß-Maal der weiland Hochgebornen Gräfin und Frauen, Frauen Sophien Charlotten, […] wolte […] zu Bezeugung inningsten devotesten Beyleids setzen ein dem Hochgräflichen Hause unterthänigst verpflichteter Diener zu Schwarzau, 1762 (online: ebd.); Trauer- und Klage-Lied, welches bey dem Hochseligen Absterben der weiland Hochgebornen Gräfin und Frau, Frau Sophie Charlotte, […] welches im Jahre 1762 den 10ten December frühmorgens erfolgte, hören liessen Hoch-Deroselben Berg- und Hütten-Bediente, 1762 (online: ebd.); Bei dem beklagenswürdigen Verlust einer verehrungswerthen Landesmutter, der Hochgebornen Gräfin und Frauen, Frauen Sophie Charlotte, […] wollten aus unterthänigster Ehrfurcht ihre wehmütigen Empfindungen bezeigen G. S. Böttcher aus Werningerode u. a., 1762; W. N. Ziegler, Denckmaal der Gnade Gottes, welche sich an der weiland Hochgebornen Gräfin und Frau, Frau Sophie Charlotte, […] in Dero gottseligem Leben und seligem Ende herrlich erwiesen hat, 1763 (online: ULB Halle); Das gottselige Leben und Ende der Hochgebornen Gräfin […] Sophie Charlotte, […], 1764 (online: SLUB Dresden; Nachdr. unter dem Titel: Das gottselige Leben und Ende Frau Sophie Charlotte, Gräfin zu Stolberg-Wernigerode, 1833).

F. W. BARTHOLD, Die Erweckten im protestant. Dtl. während des Ausgangs des 17. u. der ersten Hälfte des 18. Jh. (in: Hist. Tb., hg. F. VON RAUMER, 3. F., 4. Jg.) 1853, 183–186; Anon., ~, 1868; E. W. FÖRSTEMANN, Graf Christian Ernst zu Stolberg-Wernigerode, 1868; A. RITSCHL, Gesch. des Pietismus, Bd. 2, 1886, 517–519; E. JACOBS, Johann Liborius Zimmermann u. die Blütezeit des Pietismus in Wernigerode (in: Zs. des Harz-Ver. für Gesch. u. Altertumskunde 31) 1898, 121–226; DERS., Die Grafschaft Wernigerode. Ein kirchengeschichtl. Überblick, 1904; W. K. VON ARNSWALDT, Kat. der fürstlich Stolberg-Stolberg'schen

Leichenpredigten-Slg., Bd. 2, 1928, 639; I. DENEKE, Die Beziehungen des Grafen Christian Ernst zu Stolberg-Wernigerode zu den beiden Preussenkönigen Friedrich Wilhelm I. u. Friedrich II. Nach unveröff. Korrespondenzen im Fürst-zu-Stolberg-Wernigerodeschen Hauptarch., 1929; R. FALKE, Lbb. aus dem Hause Stolberg-Wernigerode in den letzten fünfhundert Jahren 1429–1929, 1929; O. ZU STOLBERG-WERNIGERODE, Christian Ernst Graf zu Stolberg-Wernigerode als Politiker (1691–1771) (in: Jb. für die Gesch. Mittel- u. Ostdeutschlands. Zs. für vergleichende u. preuß. Landesgesch. 13/14) 1965, 88–109; L. VON SCHÖNBERG, Aus dem Leben der Gräfin Christiana Luise Leiningen, geborenen Gräfin von Wittgenstein u. deren Tochter ~ (in: Familienrundbriefe der Stolberger Häuser – Stolberg 58) 1987, 2–6; H. WUNDER, Er ist die Sonn', sie ist der Mond. Frauen in der Frühen Neuzeit, 1992; I. SYLVESTER, Das Stammbuch des Erbgrafen Heinrich-Ernst zu Stolberg-Wernigerode von 1728 bis 1733. Lit. u. frömmigkeitsgeschichtl. Einordnung, 2000; U. GLEIXNER, Pietismus u. Bürgertum. Eine hist. Anthropologie der Frömmigkeit. Württemb. 17.–19. Jh., 2005; DIES., Gendering Tradition. Erinnerungskultur u. Geschlecht im Pietismus, 2007; Adel in Sachsen-Anhalt. Höfische Kultur zw. Repräsentation, Unternehmertum u. Familie (hg. E. LABOUVIE) 2007; E. QUAST, Christian Ernst Graf zu Stolberg-Wernigerode (1691–1771) u. der Pietismus (in: Stolberg 1210–2010. Zur achthundertjährigen Gesch. des Geschlechts, hg. P. ZU STOLBERG-WERNIGERODE, J.-C. ZU STOLBERG-STOLBERG) 2010, 152–171; M. FINGERHUT-SÄCK, Christian Ernst u. S. Ch. zu S.-W. als Begründer eines herrschaftl. Pietismus in ihrer Grafschaft (in: Mit Göttl. Güte geadelt. Adel u. hallescher Pietismus im Spiegel der fürstl. Sammlungen Stolberg-Wernigerode, Ausstellungskatalog, hg. C. VELTMANN u. a.) 2014, 39–49; DIES., ~ (in: Frauen in Sachsen-Anhalt. Ein biogr.-bibliogr. Lex. vom MA bis zum 18. Jh., hg. E. LABOUVIE) 2016, 352–356; DIES., «... dass die Glückseligkeit vieler andern Menschen zu befördern die besondere Bestimmung u. Absicht ihres Standes ist». S. Ch. u. Christian Ernst zu S.-W. als Begründer des Pietismus in ihrer Grafschaft (in: Wie pietistisch kann Adel sein? Hallescher Pietismus u. Reichsadel im 18. Jh., hg. A. PEČAR, H. ZAUNSTÖCK, T. MÜLLER-BAHLKE) 2016, 29–47; DIES., Pietismus in weibl. Generationenfolge. Christine zu Stolberg-Gedern u. ~ als Gestalterinnen des Pietismus in ihrer Grafschaft (in: Glaube u. Geschlecht. Gender Reformation, hg. E. LABOUVIE) 2019, 235–253; DIES., Das Gottesreich auf Erden erweitern. Einf. u. Festigung des Pietismus durch das Grafenpaar S. Ch. u. Christian Ernst in seiner Grafschaft (1710–1771), 2019. MMü

Stoll, Andrea, ★ 1.9.1960 Rüsselsheim; studierte Germanistik, Philos. u. Publizistik in Wien u. Mainz, 1990 Promotion zum Dr. phil. in Mainz («Erinn. als ästhet. Kategorie des Widerstandes im Werk Ingeborg Bachmanns»), lehrte 1992–2007 als Doz. Lit. u. Drehb.entwicklung an der Univ. Salzburg, schrieb Drehb. für Kino- u. TV-Filme (etwa «Aufbruch in die Freiheit», 2018); lebt in Bad Kreuznach; trat u. a. mit Rom., Biogr., Drehb. u. lit.wiss. Arbeiten (u. a. über Ingeborg →Bachmann, Jurek →Becker) hervor; Veröff. u. a. in «Jb. der Grillparzer-Gesellsch.» (Wien). – (Neben weiteren Auszeichnungen) Dt. Fernsehpreis (2017, 2019), Goldene Kamera (2019). – Germanistin, Schriftst., Herausgeberin.

Schriften: R. Mohn, Von der Welt lernen. Erfolg durch Menschlichkeit und Freiheit (Mitarb.) 2008; Ihrer Zeit voraus. Frauen verändern die Welt (mit P. GERSTER, Mitarb. C. SCHATTAUER) 2009; Der kalte Himmel (Rom.) 2011; Ingeborg Bachmann. Der dunkle Glanz der Freiheit (Biogr.) 2013; R. Ziegler, Geht nicht gibt's nicht. Mein filmreiches Leben (Mitarb.) 2017.

Herausgaben: Ingeborg Bachmanns ‹Malina›, 1992; Sakkorausch und Rollentausch. Männliche Leitbilder als Freiheitsentwürfe von Frauen (mit V. WODTKE-WERNER) 1997; Himmel & Hölle. Erinnerungen an Kindheit und Jugend, 2005; I. Bachmann, P. Celan, Herzzeit. Briefwechsel (mit B. WIEDEMANN u. a.) 2008; R. Gernhardt, Der kleine Gernhardt. Was war, was bleibt von A bis Z, 2017.

Literatur: J. WALLMANN, Zwei Einzelgänger (in: Am Erker 31) 2008, H. 56, 151 f.; L. WEBER, Im vollen Galopp duch das Leben: Dr. ~ (in: Medien u. Medienmacher am Standort Mainz, hg. A. BEYER) 2011, 156 f.; Rhld.-Pfälz. Personendatenbank (hg. Rhein. LB) 2019, www.rppd-rlp.de/. MM

Stolz, Rainer, ★ 22.1.1966 Hamburg; Ausbildung zum Verlagskaufmann, studierte dann Soziologie, Psychologie, Philos. u. Pädagogik, Tätigkeiten in Verlagen u. Buchhandel, 1997 Mitbegründer u. bis 2004 Mitgl. der Lyrikwerkstatt «Die Freuden des jungen Konverters» (Berlin) mit Stephan Gürtler

(* 1969) u. Lars-Avid Brischke (* 1972), ab 2003 freier Autor, war zudem Moderator sowie Leiter von Workshops u. Kursen in der Erwachsenenbildung, auch Auftritte als Performance-Künstler; lebt seit 1995 in Berlin; Veröff. u. a. in NDL, «tip» (Berlin), «Manuskripte. Zs. für Lit.» (Graz), «Orte. Eine Schweizer Lit.zs.» (Zürich), «Lichtungen. Zs. für Lit., Kunst u. Zeitkritik» (Graz), «Signum. Bl. für Lit. u. Kritik» (Dresden) u. «Das Ged. Zs. für Lyrik, Ess. u. Kritik» (Weßling). – (Neben weiteren Auszeichnungen) Alfred-Döblin-Stipendium der Berliner Akad. der Künste (2005). – Schriftst., Pädagoge, Performance-Künstler.

Schriften: Stuckbrüche (Ged., Notizen, Aphorismen) 2006; Während mich die Stadt erfindet (Ged.) 2007; Spötter und Schwärmer. Haiku-Vogelporträts (hg. B. KARTHEUSER, Illustr. v. A. Staud) 2012; Selbstporträt mit Chefkalender (Ged.) 2014; Mitlesebuch 137: Rainer Stolz (Ged., Illustr. v. M. Wember) 2016.
Herausgaben: Feuer, bitte! Berliner Gedichte über die Liebe (mit S. GÜRTLER) 2003; Haiku hier und heute (mit U. WENZEL, Illustr. v. M. Wember) 2012.
Tonträger: Störungsbetrieb (1 Audio-CD) 2013; flügelzeug. Laut-, Listen- und Raubgedichte (mit L.-A. BRISCHKE, 1 Audio-CD) 2015.
Literatur: Lit.port Autorenlex. (Internet-Edition). MM

Strauss, Margaretha Isabella (geb. Stockmann), * 1692 vermutlich Gera/Thür., † nach 1742; Tochter des Geraer Hofbeamten Gottfried Stockmann (1664–1716) u. der Margaretha Elisabeth → Stockmann, geb. Kuntsch (1672–1735); über S.s Erziehung ist nichts bekannt, allerdings kam sie sowohl mütterlicherseits als auch väterlicherseits aus Familien, die ihren Töchtern eine angemessene Ausbildung in Lesen, Schreiben u. Rel. ermöglichten; heiratete vor 1718 Dr. Johann Christoph Strauss, bei dem es sich vermutlich um einen promovierten Juristen aus Freiberg in Sachsen handelte, der in Wittenberg, Leipzig u. Utrecht studiert hatte; das Paar lebte mit seinen fünf bekannten Kindern vermutlich in Jena oder Merseburg. Von S. ist ein Trauerged. auf den Tod ihrer Großmutter Margaretha Susanna von Kuntsch, geb. Förster (1651–1717), bekannt. – Gelegenheitsdichterin.

Schriften: Mein Jesus stirbt/ und auch zu gleicher Zeit (in: J. T. RAUSCHELBACH, Die Freundinn des Lammes […]) 1717, 102.
Ausgabe: CARRDUS (Lit.) 237.
Nachlaß: Siehe CARRDUS (Lit.) 411.
Bibliographie: J. M. WOODS, M. FÜRSTENWALD, Schriftst.innen, Künstlerinnen u. gelehrte Frauen des dt. Barock. Ein Lex., 1984, 123.
Literatur: Das «weiblich Werk» in der Residenzstadt Altenburg 1672–1720. Gedichte u. Briefe von Margaretha Susanna von Kuntsch u. Frauen in ihrem Umkreis. Mit einer Einl., Dokumenten, Biographien u. Komm. (hg. A. CARRDUS) 2004, 15, 21, 23 f., 51, 264, 318, 320, 368, 384, 390, 410 f.
MMü

Stressenreuter, Jan, * 12.12.1961 Kassel, † 17.12.2018 Köln; Stud. der Gesch. u. Anglistik in Köln, 1989 Magister-Abschluß, war danach im Pflegereich tätig, u. a. in einem Hospiz; lebte in Köln; gilt als wichtiger Vertreter der schwulen Lit. in Dtl.; verfaßte u. a. Rom., Erz., Hörsp. u. engl. Übersetzungen. – Pfleger, Schriftst., Übersetzer.

Schriften: Love to Love You, Baby (Rom.) 2002; Ihn halten, wenn er fällt (Rom.) 2004; Und dann der Himmel (Rom.) 2006; Mit seinen Augen (Rom.) 2008; Aus Rache (Kriminalrom.) 2009; Aus Angst (Kriminalrom.) 2010; Aus Wut (Kriminalrom.) 2011; Wie Jakob die Zeit verlor (Rom.) 2013; Haus voller Wolken (Rom.) 2015; ‹Figgn, Alida!› und andere Geschichten, 2016; Aus Hass (Kriminalrom.) 2017; Weil wir hier sind (Rom.) 2019.
MM

Strobel, Bernhard, * 14.3.1982 Wien; studierte Germanistik u. Skandinavistik an der Univ. Wien, Veröff. u. a. in der Lit.zs. «kolik»; Übers. der norweg. Schriftst. Tor Ulven, Jan Kjærstad u. Bjarte Breiteig; lebt in Neusiedl am See/Burgenland. – Lit.preis des Landes Burgenland (2003), Burgenländischer Buchpreis (2009), Hotlist-Preis (2012), Förderpreis der Stadt Wien (2014), Theodor-Kery-Preis (2016), Energie-Burgenland-Lit.preis (2017), Lit.preis des Landes Burgenland (2017), Floriana-Lit.preis (3. Platz, 2018), Outstanding Artist Award für Lit. (2019). – Schriftst., Übesetzer.

Schriften: Sackgasse (Erzn.) 2007; Nichts, nichts (Erzn.) 2010; Ein dünner Faden (Erzn.) 2015; Im Vorgarten der Palme (Rom.) 2018; Nach den Gespenstern (Erzn.) 2021. BJ

Strungk, Christine Dorothea → Lachs, Christine Dorothea.

Süß, Christoph, * 17.12.1967 München; Sohn eines Berufskraftfahrers, Schulbesuch in München, 1988 Abitur, Zivildienst, ab 1990 Stud. der Philos. in München (ohne Abschluß), ab 1995 Auftritte mit kabarettist. Soloprogr., ab 1998 Moderator der polit.-satir. TV-Sendung «quer» (BR), 2006–10 Moderator der Show «Süßstoff» (BR), auch Tätigkeiten als Radio-Kolumnist, Musiker, Schauspieler u. Sprecher; publizierte humorist. Texte sowie kabarettist. u. musikal. Aufnahmen. – (Neben weiteren Auszeichnungen) Bayer. Fernsehpreis (2009), Ernst-Hoferichter-Preis (2015). – Kabarettist, Moderator, Musiker, Autor, Schauspieler.

Schriften: Ich denke, also bin ich verwirrt. Meine liebsten Welterklärungen (humorist. Texte) 2009; Morgen letzter Tag! Ich und Du und der Weltuntergang (humorist. Texte) 2012.

Tonträger: Quer durch die fünf Jahreszeiten (mit H. WIEDEMANN, 1 Audio-CD) 2004; Süßstoff (Red. G. KAUTZMANN, S. MAIER, 1 Audio-CD) 2010; Letzte Bestellung (1 Audio-CD) 2010.

Literatur: Munzinger-Archiv. MM

Suffrin, Dana von (auch Dana Brüller), * 1985 München; studierte 2004–12 Politologie, jüd. Gesch. u. Kultur sowie Allg. u. Vgl. Lit.wiss. in München, Jerusalem u. Neapel, Magister-Abschluß, daneben Museums- u. Stadtführerin in München, 2012/13 Wiss. Mitarb. an der Univ. München, 2013/14 Fellow der Studienstiftung des dt. Volkes, ab 2014 DFG-Projektmitarb., 2015 Studienaufenthalt an der Univ. of California in Berkeley, 2017 Promotion zum Dr. phil. in München («Pflanzen für Palästina! Naturwiss. im Jischuw, 1900–1930»), dann Wiss. Mitarb. an der Univ. München, zudem 2019 Fellow am Cold Spring Harbor Arch. (N. Y.); trat als Rom.autorin hervor, Forsch. zur Gesch. des Zionismus in der Botanik; Veröff. u. a. in «Süddt. Ztg.» (München) u. «Münchner Beitr. zur Jüd. Gesch. u. Kultur». – (Neben weiteren Auszeichnungen) Bayer. Kunstförderpreis (2020). – Historikerin, Schriftstellerin.

Schriften: Otto (Rom.) 2019; Pflanzen für Palästina. Otto Warburg und die Naturwissenschaften im Jischuw, 2019. MM

Sukare, Hanna, * 1957 Freiburg/Br.; wuchs u. a. in Heidelberg auf, Stud. der Germanistik, Ethnologie u. Rechtswiss., 1991/92 Forschungsaufenthalt in Lissabon, Tätigkeiten als Lektorin u. Journalistin, war u. a. Red. beim «Falter» (Wien), ab 2001 freie Autorin; lebt in Wien; publizierte u. a. Rom., Erz. u. Lyrik; Veröff. u. a. in LuK. – (Neben weiteren Auszeichnungen) Rauriser Lit.preis (2016). – Journalistin, Lektorin, Schriftstellerin.

Schriften: Essigtaub (Prosa) 2006; Staubzunge (Rom.) 2015; Schwedenreiter (Rom.) 2018.

Literatur: L. STUDER, Der gelungene Versuch, Gesch. zu erzählen. Laudatio auf ~, Rauriser Lit.preis 2016 (in: Salz 41) 2016, H. 163, 6 f.; A. THUSWALDNER, ~, Schwedenreiter (in: Kolik 77) 2018, 111–113; AutorInnen (hg. Lit.haus Wien) o. J., www.literaturhaus.at/. MM

Surmann, Volker, * 20.9.1972 Halle/Westf.; Sohn eines Landwirts, Gymnasialbesuch in Halle, Stud. der Germanistik u. Philos. in Bielefeld, ab 1993 Auftritte als Kabarettist u. Komiker, ab 1999 auch Soloprogr., 1999 Abschluß des Stud., 2000–02 Arbeit als wiss. Hilfskraft, 2003 Mitbegründer u. danach Mitgl. der Weddinger Lesebühne «Brauseboys» (u. a. mit Frank → Sorge), 2004 Promotion in Bielefeld («Anfallsbilder. Metaphorische Konzepte im Sprechen anfallskranker Menschen»), danach Autor für TV-Sendungen, Kabarett («Stachelschweine»), Zs. (u. a. «Titanic») u. Ztg. (u. a. «taz»), ab 2010 Lektor im Satyr Verlag (Berlin) u. ab 2011 dessen Verleger; lebt seit 2002 in Berlin; verfaßte u. a. Rom., Erz., Lyrik, Kolumnen u. humorist. Texte; Hg. zahlr. Anthol.; Veröff. in u. a. «Neues Dtl.» (Berlin) u. «Siegessäule» (Berlin). – Verleger, Kabarettist, Schriftst., Herausgeber.

Schriften: Provinz Berlin (Erz., mit F. SORGE u. a.) 2005; Berlin mit Alles! (Erz., mit F. SORGE u. a.) 2008; Die Schwerelosigkeit der Flusspferde (Rom.) 2010; Das ist kein Berlin-Buch (Erz., mit DEMS. u. a.) 2011; Ein Jahr wird abgeschirmt. Auf Nimmerwiedersehen 2011 (mit DEMS. u. a.) 2011; Ein Jahr fliegt raus! Auf Nimmerwiedersehen 2012 (mit DEMS. u. a.) 2012; Lieber Bauernsohn als Lehrerkind. Ein Heimatbuch (Autobiogr.) 2012 (erw. Neuausg. u. d. T.: Ein Bauernsohn macht sich vom Acker. Meine Jugend in Freilandhaltung, 2013); Geschichten aus der Müllerstraße (Erz., mit DEMS. u. a.) 2013; Extremely cold water (Rom.) 2014; Mami, warum sind hier nur Männer? (Rom.) 2015; Bloßmenschen. Schöner schämen für alle (Erz.) 2017; Berlin mit scharf. Geschichten aus einer unvollendeten Stadt (mit DEMS. u. a.) 2017; Auf Nimmerwiedersehen 2020. Ein Jahr auf Distanz (mit DEMS. u. a.) 2020.

Herausgaben: Sex – von Spass war nie die Rede. Geschichten (Illustr. v. F. Sorge) 2 Bde., 2008,

2009; Das war ich nicht, das waren die Hormone! Geschichten aus der Pubertät, 2010; Fruchtfleisch ist auch keine Lösung (mit H. Werning) 2011; Macht Sex Spaß?, 2012; Lost in gentrification. Großstadtgeschichten (mit S. Lehmann) 2012; Niemand hat die Absicht einen Tannenbaum zu errichten. Weihnachtsgeschichten aus Berlin (mit M.-A. Werner) 2013; Ist das jetzt Satire oder was? Beiträge zur humoristischen Lage der Nation (mit H. Werning) 2015; Mit euch möchten wir alt werden. 30 Jahre Berliner Lesebühne (mit S. Bosetti, A. Scheffler) 2018. MM

Szalay, Christoph, * 10.2.1987 Graz; besuchte 2001–06 das Skigymnasium in Stams (Tirol), war bis 2007 ÖSV-Sportler, studierte dann Germanistik in Graz u. ab 2013 Kunst an der Univ. der Künste in Berlin, war ab 2017 Lit.beauftragter des «Forum Stadtpark» in Graz, auch Auftritte als Performance-Künstler; in Graz u. Haus (Steiermark) ansässig; verfaßte u. a. Lyrik, Kdb. u. Ess.; Veröff. u. a. in «Lichtungen. Zs. für Lit., Kunst u. Zeitkritik» (Graz), «Akzente. Zs. für Lit.» (München) u. «Bella triste. Zs. für junge Lit.» (Hildesheim). – (Neben weiteren Auszeichnungen) Lit.förderpreis der Stadt Graz (2009), Feldkircher Lyrikpreis (2015). – Sportler, Schriftsteller.

Schriften: stadt land fluss (Ged.) 2009; flimmern (Ged.) 2012; Asbury Park, NJ (Elegie) 2013; Re-Considering Trieste or OH, HOW I WANTED TO BE YOUR BABY (but you wouldn't let me) (Red. F. Lazzarini) Triest 2016; Alex und der Mond (Kdb., Illustr. v. L. Wagner) 2016; When we turned off the light (we didn't see nothing) (Manifest) 2017; SPACE=WOW (BUT I STILL MISS YOU, EARTH) (Drama) Calgary 2017; RÆNDERN (Ged.) 2021.

Herausgaben: wo warn wir? ach ja: Junge österreichische Gegenwartslyrik (mit R. Prosser) 2019.

Literatur: AutorInnen (hg. Lit.haus Wien) o. J., www.literaturhaus.at/. MM

Szwaczka, Niels Peter → Peter, Niels.

T

Taferner, Evamarie (geb. Leitl), * 5.11.1929 Linz/Oberöst., † 25.10.2015 Eferding/Oberöst.; lebte in Eferding; verfaßte Rom., Erz. u. Lyrik. – Schriftstellerin.
Schriften: Schatten der Vergangenheit (Rom.) 2002; Im Dunkel der Donauauen (Erz.) 2003; 12 botanische Märchen (mit L. GEISSELBRECHT) 2003; Neben dem Krieg (Erz.) 2005; Elisabeth. Die Mutter von Goethes Suleika (Rom.) 2006; Auf der Suche (Rom.) 2009; Begegnungen (Erz.) 2011; Tödliche Fracht (Krimi) 2012; Hochwasser (Erz.) 2014.
MM

Taika → Papazi, Nagip Naxhije.

Taller, Claudia (auch C. Stangl-Taller), * 16.4.1950 Linz/Oberöst.; Matura in Freistadt/Oberöst., Schausp.-Stud. am Mozarteum in Salzburg, Stud. der Psychologie u. Pädagogik in Wien, dort 1977 Promotion zum Dr. phil., war 1978–2011 psycholog. Mitarb. der Abt. für Jugendwohlfahrt im Amt der oberöst. Landesregierung, 1995–2002 auch Doz. an der Akad. für Sozialarbeit des Landes Oberöst., leitete 1998–2000 die Kinder- u. Jugendanwaltschaft beim Amt der oberöst. Landesregierung, daneben u. a. psycholog. Beraterin u. Gastdoz. an der Univ. Linz, ab 2012 freie Autorin, zudem lit. Radio-Sendungen; Vizepräs. des PEN Oberöst.; lebt in Linz; Veröff. u. a. in «Die Rampe. Hefte für Lit.» (Linz), «Signum. Bl. für Lit. u. Kritik» (Dresden) u. «Facetten. Literar. Jb. der Stadt Linz». – Psychologin, Schriftstellerin.
Schriften (K)ein Sicherer Ort. Sexuelle Gewalt an Kindern. Vorbeugen, Erkennen, Helfen. 12.11.1999–7.6.2000, Gallspach, Braunau, Schärding (Red., hg. Kinder- u. Jugendanwaltschaft beim Amt der Oberöst. Landesregierung) 2000; Innensichten (Prosa) 2007; MännerSichten (Prosa) 2009; Ich wollte dich anders (Prosa) 2011; Die nicht verzeihen (Rom.) 2016; PianoMorte (Kriminalrom., mit M. BUZAS) 2016; Der Tod sitzt auf Platz 31 (Kriminalrom.) 2016; Im goldenen Geäst (Rom.) 2018; Ich habe gesehen (Erz.) 2019; Der Tod streift durch die Hallen. Ein Linz-Krimi, 2020; Liebe. Ein Trauma geht seinen Weg (Rom.) 2021.
Literatur: Salzburger Lit. Netz (Red. S. KRAUSHAAR, B. JUDEX) o. J., www.literaturnetz.at/salzburg/.
MM

Talmar, Robert M. → Buchholz, Michael H.

Tamm, Philip → Bielenstein, Daniel.

Tan, Joël (Ps. Bianca Elliott, Mara Erlbach), * 27.4.1982 Bremen; Stud. der Medien u. Information an der Hochschule für Angewandte Wiss. in Hamburg, Tätigkeiten im Verlags- u. Medienbereich; lebt in Hamburg; verfaßte Rom. u. Kinderbücher. – Schriftstellerin.
Schriften: Die Frau des Ratsherrn (hist. Rom.) 2011; Die Tochter des Ratsherrn (hist. Rom.) 2012; Das Vermächtnis des Ratsherrn (hist. Rom.) 2013; Im Schatten der Purpurbuche (Rom.) 2015; Die Blütentöchter (hist. Rom.) 2017; Die Gabe des Winters (Fantasyrom.) 2019; Emilies Erbe. Gestüt Sommerrath (Rom.) 2020; Moonsoon: Wind in der Mähne (Kdb.) 2020; Moonsoon: Herzen im Galopp (Kdb.) 2020; Emilies Weg. Gestüt Sommerrath (Rom.) 2021.
MM

Tanner, H. J. → Prinz, Heinrich J.

Tarekh → Rathke, Peter.

Taubenheim → Hesberg.

Taylor, Ally → Freytag, Anne.

Teichmann, Christine, * 1964 Wien; u. a. Tätigkeiten als Kellnerin, Tischlerin u. Bauleiterin, Ingenieurin für Innenausbau, Auftritte als Kabarettistin u. Poetry Slammerin, auch Leiterin von Schreibwerkstätten u. anderen Workshops; Mitgl. des künstler. Kollektivs «Peace Babies», 2013 Mitbegründerin u. zeitweise Vorsitzende der Lesebühne «Gewalt ist keine Lesung» in Graz; lebt seit 1998 in Graz; Veröff. u. a. in «Lichtungen. Zs. für Lit., Kunst u. Zeitkritik» (Graz). – (Neben weiteren Auszeichnungen) Minna Kautsky Lit.preis (2008). – Ingenieurin, Schriftst., Bühnenkünstlerin.
Schriften: Drei-eck (Erz. u. Lyrik, mit S. DREMEL, U. TOTH) 2006; Raubtiere (Rom.) 2009; Gaukler (Rom.) 2017; Charlottendorf (Drama) 2017; Schattengewächse (Drama) 2018; Kinderbomber Moorsoldat (Drama) 2018; Zu ebener Erde (Rom.) 2019; Herr Ritzel und das System (Drama, mit A. WAGNER) 2019; Kinderbomber Moorsoldat (Rom.) 2020; Queen Lear (Drama) 2020; Manoli (Rom.) 2021.
Literatur: AutorInnen (hg. Lit.haus Wien) o. J., www.literaturhaus.at/.
MM

Tellkamp, Uwe, * 28.10.1968 Dresden; verpflichtete sich freiwillig zum dreijährigen Wehrdienst in der Nationalen Volksarmee der DDR, mußte ihn wegen «polit. Unzuverlässigkeit» abbrechen, setzte 1989 seine ärztl. Berufsausbildung in Leipzig, dann in New York u. Dresden fort, arbeitete bis 2004 als Arzt in einer unfallchirurg. Klinik in Dresden, dann literarisch tätig; lebt in Dresden. – 2. Förderpreis zum Meraner Lyrikpreis (2002), Förderpreis zum Christine-Lavant-Lyrikpreis (2003), Dresdner Lyrikpreis (2004), Ingeborg-Bachmann-Preis (2004), Uwe-Johnson-Preis (2008), Dt. Buchpreis (2008), Lit.preis der Konrad-Adenauer-Stiftung (2009), Dt. Nationalpreis (2009), Kulturpreis der Großloge der Alten Freien u. Angenommenen Maurer von Dtld. (2017). – Mediziner, Schriftsteller.

Schriften: Der Hecht, die Träume und das Portugiesische Café (Rom.) 2009; Der Eisvogel (Rom.) 2005; Der Turm. Geschichte aus einem versunkenen Land, 2008; Die Sandwirtschaft. Leipziger Poetikvorlesung, 2009; Reise zur blauen Stadt, 2009; Die Uhr. 24 Betrachtungen (Illustr. v. A. Töpfer) 2010; Die Schwebebahn. Dresdner Erkundungen (Fotogr. v. W. Lieberknecht) 2010; Carus-Sachen (Erz., Illust. v. A. Töpfer) 2017; Das Atelier (Erz.) 2020.

Literatur: KLG; Killy ²11 (2011) 452–454. – U. Krekeler, ~ im Porträt (in: Die Besten 2004. Klagenfurter Texte, hg. I. Radisch) 2004. 47–54; G. Nickel, (in: Schweizer Monatsh. 10) 2005, 53–55 (zu ‹Der Eisvogel›); D. Clarke, Space, time and power. The chronotopes of ~'s ‹Der Turm› (in: GLL) 2010, H. 4, 490–503; L. Schneider, Volkskrankheit gestern (in: Theater der Zeit) 2011, H. 2, 30 f. (zu ‹Der Turm›); C. Breger, On a twenty-first-century quest for authoritative narration. The drama of voice in ~'s ‹Der Turm› (in: GR) 2011, H. 3, 185–200; K. Sina, Das Haus an der Havel gegen den Schmutz der Moderne. Kulturkritik bei ~ (in: Kulturen der Kritik. Mediale Ggw.beschreibungen zw. Pop u. Protest, hg. O. Petras u.a.) 2011, 33–50; C. Frank, Peut-on lire le temps dans l'espace? Topographie et fictionnalisation de l'histoire dans le roman ‹La Tour› d'~ (in: Allemagne d'aujourd'hui, H. 200) 2012, 155–166; A. Fuchs, Psychotopography and ethnopoetic realism in ~'s ‹Der Turm› (in: New German Critique, H. 116) 2012, 119–132; A. Geisenhanslüke, Nach Dresden. Trauma u. Erinn. im Diskurs der Ggw. Durs Grünbein – Marcel Beyer – ~ (in: Transformationen des lit. Feldes in der Ggw. Sozialstruktur – Medien-Ökonomien – Autorpositionen, hg. H. Tommek, K.-M. Bogdal) 2012, 285–301; H. Tommek, Zur Entwicklung nobilitierter Autorpositionen (am Beispiel von Raoul Schrott, Durs Grünbein u. ~) (ebd.) 303–327; J. Loescher, Kognitive Karten lesen. Spatial turn in der Lit.gesch.schreibung der Wende (~, Hanns-Josef Ortheil, Wolfgang Hilbig) (in: LiLi, H. 170) 2013, 123–134; J. Hell, Demolition artists. Iconography, tanks, and scenarios of (post-)communist subjectivity in works by Neo Rauch, Heiner Müller, Durs Grünbein, and ~ (in: GR) 2014, H. 2, 131–170; Ch. Althoff, ~, ‹Der Turm›. Gesch. aus einem versunkenen Land (hg. J. Diekhans) 2014; H. Dzingel, S. Hansen, ‹Wofür alle ihn halten, das wird er›. Ein Gespräch mit ~ (in: Spiel, Satz u. Sieg. 10 Jahre Dt. Buchpreis, hg. I. Irsigler u. a.) 2014, 105–118; A. Thorhauer, N. Lemke, H. Dzingel, Wer schreibt da eigentlich? Selbst- u. Fremdinszenierungen auf der Bühne des Dt. Buchpreises (Ursula Krechel, Julia Franck, ~) (ebd.) 119–142; J. Gross, ‹Der Turm› von ~ auf der Bühne. Rom.bearb. als Lit.vermittlung (in: Zw. Materialität u. Ereignis. Lit.vermittlung in Ausstellungen, Museen u. Archiven, hg. B. Hochkirchen, E. Kollar) 2015, 189–198; V. Wehdeking, ~s Dresdenporträt ‹Der Turm› u. Eugen Ruges Nomenklatura-Abgesang ‹In Zeiten des abnehmenden Lichts› im Kontrast zu Lutz Seilers mag. Hiddensee-Rom. ‹Kruso› am Ende der DDR (in: EG 70) 2015, H. 2, 235–257; S. Schiedermair, ~s ‹Der Turm› als Bildungsrom. im lit. Feld der Ggw.lit. Zur Rezeption des Rom. im dt.sprachigen u. skandinav. Kontext (in: Der Bildungsrom. im lit. Feld. Neue Perspektiven auf eine Gattung, hg. E. Böhm, K. Dennerlein) 2016, 265–282; F. Lartillot, Relectures du tournant. Ingo Schulze, ~ et Julia Schoch (in: EG 70) 2015, H. 2, 315–335; S. Wagner, Aufklärer der Ggw. Polit. Autorschaft zu Beginn des 21. Jh. – Juli Zeh, Ilija Trojanow, ~, 2015; E. Agazzi, Realismo, fantasia e ironia nel ‹Lit.betrieb›. ~, Ingo Schulze, Daniel Kehlmann e Sibylle Lewitscharoff (in: Narrative europee. 2000–2015, hg. S. Verdino, L. Villa) Novara 2016, 85–98; S. Bach, Wende-Generationen / Generationen-Wende. Lit. Lebenswelten vor dem Horizont der Wiedervereinigung, 2016; M. Barwinska, Dt.-poln. postsozialist. Erinn. Aufstieg u. Niedergang in postsozialist. Raumentwürfen in den Rom. ‹Sandberg›

u. ‹Der Turm› (in: Die andere dt. Erinn. Tendenzen lit. u. kulturellen Lernens, hg. C. Führer) 2016, 139–157; M. Braun, Die Panik vor dem Punkt. Opusphantasien in der Ggw.lit. (in: Poetik des Ggw.rom., hg. N. J. Schmidt, K. Kupczynska) 2016, 54–64; C. Frank, Raum u. Erzählen. Narratolog. Analysemodell u. ~s ‹Der Turm›, 2017; A.-K. Gisbertz, Die andere Ggw. Zeitl. Interventionen in neueren Generationserz., 2018; M. R. Martí Marco, Análisis meta-lingüístico de los Premios de Narrativa Alemana: In ‹Zeiten des abnehmenden Lichts› y ‹Der Turm› (in: Krise u. Kreation in der dt.sprachigen Lit. u. Filmkunst / Crisis y creación en la literatura y el cine en lengua alemana, hg. V. M. Borrero Zapata u. a.) 2018, 79–106.
BJ

Tenckhoff, Albert, * 6.5.1830 Münster/Westf., † 2.6.1912 Paderborn; Sohn eines Bäckers u. Bierbrauers, Gymnasialbesuch in Münster, dort 1850 Abitur, studierte Philol. u. Gesch. in Münster u. Bonn, 1855 in Münster Promotion zum Dr. phil. («De S. Norberto Ordinis Praemonstratensium conditore et archiepiscopo Magdeburgensi»), 1856 pädagog. Staatsexamen u. Referendariat in Münster, ab 1857 Realschullehrer in Düsseldorf, ab 1858 Gymnasiallehrer in Paderborn, daneben ab 1874 Vorstandsmitgl. der Zoolog. Sektion Münster des Westfäl. Provinzialver. für Wiss. u. Kunst, ab 1881 Oberlehrer, ab 1889 Prof., ab 1895 im Ruhestand; Vater des Kirchenhistorikers Franz T. (1865–1921); verfaßte Erz. u. eine didakt. Schr.; betrieb naturwiss. Forsch. mit entsprechenden wiss. Publikationen, u. a. zur Entomologie; Veröff. u. a. im «Westfäl. Merkur» (Münster). – Pädagoge, Schriftst., Naturforscher.
Schriften: Der heilige Norbert, Erzbischof von Magdeburg und Stifter des Prämonstratenser-Ordens. Ein Lebensbild aus dem 12. Jahrhundert für die reifere Jugend nach den Quellen erzählt, 1865; Westfälische Geschichten, 2 Bde., 1867, 1869; Zum zoologischen Unterrichte, 1889; Die Heideschenke. Eine westfälische Geschichte, 1906.
Herausgaben: K. A. Nieberding, Leitfaden bei dem Unterrichte in der Erdkunde (Hg. der 16.–18. Aufl.) [16]1876, [17]1879, [18]1882.
Bibliographie: Schmidt, Quellenlex. 31 (1994) 67.
Literatur: Westfäl. Autorenlex. online. – [Nachruf] (in: 41. Jber. des Westfäl. Provinzial-Ver. für Wiss. u. Kunst für 1912/13) 1913, 7 f.; L. Gebhardt, Die Ornithologen Mitteleuropas. Ein Nachschlagewerk, 1964, 358; Lit. Lokalgrößen 1700–1900. Verz. der in regionalen Lex. u. Sammelwerken aufgeführten Schriftst. (hg. E. Friedrichs) 1967, 324; J. Peitzmeier, ~, ein Paderborner Biologielehrer, Sammler u. Faunist des vorigen Jh. (in: Natur u. Heimat 33) 1973, H. 3, 65–72; M. Berger, Die Insektenslg. im Westfäl. Mus. für Naturkunde Münster u. ihre Sammler, 2001, 119 f. u. ö.
MM

Tetzlaff, Günther, * 19.3.1926 Treuburg (poln. Olecko), † 27.10.2012 Bardowick; 1944 Abitur, Soldat im 2. Weltkrieg, bis 1946 Kriegsgefangener, danach Stud. der Pädagogik, dann als Lehrer tätig, daneben Kantor u. Organist, ab 1984 im Ruhestand, lebte in Bleckede; publizierte Heftrom., eine Nov. u. Erinn. an seine Geburtsregion Masuren; Veröff. u. a. in der «Bleckeder Zeitung». – Pädagoge, Erzähler.
Schriften: Mondlicht über Masuren (Nov.) 2012.
Literatur: E. Damps, ‹Dormiunt aliquando leges, numquam moriuntur›. Das Phänomen des gerichtl. u. moral. Urteils am Beisp. der Nov. ‹Mondlicht über Masuren› von ~ (in: Das (Un-)Menschliche im Menschen. Stud. zu einer anthropolog. Thematik in der Lit. v. der Frühen Neuzeit bis zur Ggw., hg. A. K. Haas) Gdańsk 2019, 157–171.
MM

Tetzner, Ingeborg → Reintsch-Tetzner, Ingeborg.

Theißen, Isolde → Ahr, Isolde.

Theler, Hubert, * 24.4.1959 Raron/Kt. Wallis; Sohn eines Unternehmers, Matura in Brig/Kt. Wallis, ab 1981 Stud. der Wirtschaftswiss., Journalistik u. Pädagogik in St. Gallen u. Fribourg, 1984 Diplom-Abschluß in Fribourg, zudem 1988–90 Stud. der Philos. in London sowie ab 1993 des Kulturmanagements u. der Wirtschaftsethik in Wien, 1993 auch Lyrik-Stud. bei H. C. → Artmann in Wien, war stellv. Kulturbeauftragter des Kt. Fribourg, Lehrer, daneben Doz. an der Hochschule der Künste in Zürich, freier Autor u. selbständiger Kulturberater; lebt in Naters/Kt. Wallis; publizierte u. a. Erz. u. Lyrik (teils in Walliserdt.), Ess., Dramen, walliserdt. Übertragungen bibl. Texte sowie frz.-dt. Übers.; Veröff. u. a. in «Walliser Jb.»

(Visp). – Pädagoge, Kulturberater, Schriftst., Übersetzer.

Schriften: Dem fahrenden Wald. Sehge(dichte) aus dem Burgenland, 1994; Weisser die Schatten. Gedichte von und um Salzburg (Illustr. v. J. Weyringer) 1995; Wäglätä. Fusswege. Sechsundsechzig Haikus im walliserdeutschen Dialekt mit hochdeutscher Transliteration, 1995; Feberatmen: Toskana (Ged.) 1996; Rebeccas Himmelssplitter (Ged., Illustr. v. Rebecca T.) 1999; Trommelreisen (Ged., Illustr. v. U. Wirz) 2001; Die Felsenkirche St. Michael von Raron, 2001; Walliser Symphonie. Der Gmeitschuggu von Jeizinen (Prosaged.) 2003; Bo jekkos. Viel Heiteres, wenig Besinnliches (Mundartged.) 2003; Kurzland (Ged.) 2004; Bo gsich (Mundartged.) 2004; Momo (Schausp.) 2005; Wägu deschi (Mundartged.) 2005; Anne (Drama) 2006; Bo wentär sägä. 64 Gschichtjini, 2007; Ds Wasu Oori (Mundartdrama) 2008; Äs anners mal (Mundartged.) 2009; Hohflüä (Chorstück, Musik v. E. Meier) Saint-Maurice 2009; Die Bedeutung der Kultur- und Kreativwirtschaft für den Standort Zürich (mit C. Weckerle) 2010; Tenebrae (Drama) 2013; Dannuva (Mundartged.) 2013; Kleiner Oberwalliser Fluchsack, 2017; Kosenamen aus dem Oberwallis, [2019]; wolkenGenau (Ged.) 2019; Magdalena M. (Drama) 2020; Judith (Drama) o. J. (unveröffentlicht).

Übersetzungen: Där Psalter uf Wallisertitsch, 2007; Ds Niww Teschtamänt uf Wallisertitsch, 2011; A. Longchamp, Anne de Xainctogne. Eine starke Frau. Gründerin der Gesellschaft von Sankt Ursula (mit P. Marzetta) 2012.

Literatur: Schriftst.innen u. Schriftst. der Ggw. Schweiz. (hg. Schweiz. Schriftst.innen- u. Schriftst.-Verband, Red. A.-L. Delacrétaz) 2002, 395; Mediathek Wallis, o. J., www.mediathek.ch/; Lit.port Autorenlex. (Internet-Edition). MM

Theophilus Pomeranus → Bonin, Ulrich Bogislav von.

Thöner, Barbara E. S. (geb. Schmid), * 31.3.1969 Deggendorf; Tochter des bildenden Künstlers Rudolf Schmid (* 1938), als selbständige Glasmalerin, Schmuckdesignerin, Verlegerin u. Schriftst. tätig; lebt in Viechtach; publizierte u. a. Rom., Lyrik, Kdb., Biogr. u. Reiseberichte. – Bildende Künstlerin, Schriftst., Verlegerin.

Schriften: ‹Alles okay?!› (Rom.) 2006; Der König von Rauhbühl. Werdegang eines Künstlers (Biogr.) 2007; Rosa Diamanten (Rom.) 2008; Stürmische Nacht im Facetten-Reich (Rom.) 2009; B. E. S. Ter Zeitvertreib. Kanada, Süd-Ost-Ontario & Montréal (Reiseber.) 2010; Mühlhiasl. Prophet des Bayerischen Waldes. Faszinierende Bilder einer Legende (hg. Heimatver. d'Ohetaler Riedlhütte, Illustr. v. R. Schmid) 2011; Die schönsten Ausflugsziele. Von Straubing bis Furth im Wald, 2011; Michelangelo & Angelina (Rom.) 2012; Mein Leben mit dem Künstler (Erinn., mit M. Schmid) 2017; Eigentlich – zu schön (Rom.) o. J.; Tanz in den Frühling (Kdb., Illustr. v. B. Bews) o. J.; Sommerspaß beim Zelten (Kdb., Illustr. v. ders.) o. J.; Herbstlich bunte Blätter (Kdb., Illustr. v. ders.) o. J.; Weihnachten mit Freunden (Kdb., Illustr. v. ders.) o. J.; Heimatliebe (Ged. u. Fotos) o. J.; Gedichte & Gedanken (Ged. u. Fotos) o. J.; Gedichte & Gedanken auf Reisen (Ged. u. Fotos) o. J.; Trauminseln Seychellen (Ged., Fotos v. C. Kölbl u. A. Thöner) o. J. MM

Tiefenbacher, Rainer, * 8.7.1952 Schönberg am Kamp/Niederöst.; wuchs in Schönberg am Kamp auf, 1971–76 Kunst-Stud. in Wien u. Warschau, Magister-Abschluß, Arbeit als freier Maler u. Grafiker, zunächst in Wien u. ab 1985 in Schönberg, auch Kabarettist; lebt seit 1999 in Langenlois; verfaßte u. a. Erz., Dramen u. Satiren. – (Neben weiteren Auszeichnungen) Anerkennungspreis für Lit. des Landes Niederöst. (2006). – Bildender Künstler, Schriftst., Kabarettist.

Schriften: R. Stoiber, Das Geheimnis des schwimmenden Hotels (Illustr.) 1977; ders., Das Geheimnis auf Kanal 6 (Illustr.) 1977; Das Verschwinden der Rattenseelen (Drama) 1994; Das Wirkliche ist seltsam genug (Erz.) 2006; Deprimos, Freaks und Traveller (Erz.) 2009.

Tonträger: Weine(h)rliches (mit J. Diewald, A. Nastl) 1998. MM

Tielenberger, Johannes → Artopoeus, Johannes.

Tielmann, Christian (Ps. R. T. Acron (mit Frank → Reifenberg)), * 26.2.1971 Wuppertal; Stud. der Philos. u. Germanistik in Freiburg/Br. u. Hamburg, begann daneben seine Tätigkeit als freier Autor, 2005 Promotion zum Dr. phil. in Hamburg («Sprachregeln u. Idiolekte. Plädoyer für einen normativistischen Individualismus»); lebt in Detmold; verfaßte u. a. Rom., Erz., Sachbücher sowie zahlr. Kdb. u. Jugendbücher. – (Neben weiteren Auszeichnungen) Leipziger Lesekompass (2018, 2019). – Schriftsteller.

Schriften: Wir bauen ein Haus! (Kdb., Illustr. v. W. Gebhard) 2000; Wie Gutenberg die Welt bewegt. Von der Kunst Bücher zu machen (Kdb., Illustr. v. J. Knappe) 2000; Voll auf Sendung. Alles übers Radio (Kdb., Illustr. v. D. Sohr) 2001; Bauer Beck fährt weg (Kdb., Illustr. v. D. Napp) 2001; Mit dem Flugzeug unterwegs (Kdb., Illustr. v. I. Kreutz) 2002; Herz ist Prinz (Jgdb.) 2002; Ertappt! Jede Menge Rätselkrimis (Kdb., Illustr. v. H. Schulmeyer) 2002; Verflixt und zugeschneit! Eine total verrückte Weihnachtsgeschichte (Kdb., Illustr. v. R. Kehn) 2003; Millionär für Minuten (Kdb.) 2003; Erwischt! 30 neue Fälle für Kommissar Schlotterteich (Kdb., Illustr. v. H. Schulmeyer) 2003; Max wünscht sich ein Kaninchen (Kdb., Illustr. v. S. Kraushaar) 2003; Max geht zur Tagesmutter (Kdb., Illustr. v. ders.) 2004; Max und der Wackelzahn (Kdb., Illustr. v. ders.) 2004; Ehrlich lügt am längsten. Lügengeschichten zum Mitraten (Kdb., Illustr. v. H. Schulmeyer) 2004; Drei Detektive und der unsichtbare Einbrecher (Kdb., Illustr. v. E. Holzhausen) 2004; Anpfiff für die Superkicker (Kdb., Illustr. v. H.-J. Feldhaus) 2004; Andi & Laura oder wie man seinen Lehrer vergrault (Kdb., Illustr. v. A. Kuhl) 2004; Wir bekommen ein Baby! (Kdb., Illustr. v. J. Lieffering) 2005; Was unser Körper alles kann (Kdb., Illustr. v. A. Möller) 2005; Hundemüde Hunde (Kdb., Illustr. v. C. Haas) 2005; Kommissar Niklas und die Schlittenschieberbande. Ein Weihnachtskrimi (Kdb., Illustr. v. R. Kehn) 2005; Machen Nudeln groß und stark? (Kdb., Illustr. v. J. Lieffering) 2005; Max baut ein Piratenschiff (Kdb., Illustr. v. S. Kraushaar) 2005; Geschnappt! 30 harte Nüsse für Kommissar Schlotterteich (Kdb., Illustr. v. H. Schulmeyer) 2005; Marie geht zur Kinderärztin (Kdb., Illustr. v. H. Döring) 2006; Hotte Hüh wird weltberühmt (Kdb., Illustr. v. K. Schuld) 2006; Fussballgeschichten (Kdb., mit F. NAHRGANG, Illustr. v. P. Waechter, H.-J. Feldhaus) 2006; Max wird Weltmeister (Kdb., Illustr. v. S. Kraushaar) 2006; Die Rivalen: Total verschossen! (Kdb., Illustr. v. dems.) 2006; Die Rivalen: Ein Torwart auf dem Reiterhof (Kdb., Illustr. v. dems.) 2006; Die Rivalen: Ein Zwilling kickt selten allein (Kdb., Illustr. v. P. Wirbeleit) 2006; Die Rivalen: Verraten und verspielt (Kdb., Illustr. v. dems.) 2006; Die Rivalen: Runter vom Rasen, Jungs! (Kdb., Illustr. v. dems.) 2006; Die Rivalen: Eine Schwalbe macht noch keinen Meister (Kdb., Illustr. v. dems.) 2006; Das Spitzenspiel (Kdb., Illustr. v. J. Rieckhoff) 2006; Achtung: Vampiralarm! (Kdb., Illustr. v. M. Bayer) 2006; Andi & Laura oder Lehrerinnen küsst man nicht (Kdb., Illustr. v. A. Kuhl) 2006; Max geht nicht mit Fremden mit (Kdb., Illustr. v. S. Kraushaar) 2007; Kommissar Schlotterteich lässt nicht locker (Kdb., Illustr. v. H. Schulmeyer) 2007; Der schlechteste Ritter der Welt (Kdb., Illustr. v. dems.) 2007; Autoverrückt (Kdb., Illustr. v. S. Dinkel) 2007; Ein Fall für die Kripo (Kdb., Illustr. v. J. Hartmann) 2007; Die Zeitenläufer: Mit Volldampf ins Mittelalter (Kdb., Illustr. v. M. Bayer) 2007; Die Zeitenläufer: Verrat am Nil (Kdb., Illustr. v. dems.) 2007; Die Zeitenläufer: Verschwörung im alten Rom (Kdb., Illustr. v. dems.) 2007; Die Zeitenläufer: Der Rächer von Athen (Kdb., Illustr. v. dems.) 2008; Schatzjäger in der Karibik. Ein Abenteuer auf hoher See (Kdb., Illustr. v. V. Friedrich) 2008; Oskar, Chili und die Tonka-Bande. Der Krimi mit Geheimstift (Kdb., Illustr. v. D. Tust) 2008; Monster (Kdb., Illustr. v. J. Lauströer) 2008; Max lernt schwimmen (Kdb., Illustr. v. S. Kraushaar) 2008; Max ist ein Vampir (Kdb., Illustr. v. ders.) 2008; Marie küsst einen Frosch (Kdb., Illustr. v. K. Schuld) 2008; Gruselgeschichten (Kdb., mit C. WIMMER) 2008; Die Inselschüler: Gefahr im Watt (Kdb., Illustr. v. H. Schulmeyer) 2008; Die Inselschüler: Der Fall Hampe (Kdb., Illustr. v. dems.) 2009; Mein Tag im Cockpit (Kdb., Illustr. v. H.-G. Döring) 2009; Mein Tag beim Bäcker (Kdb., Illustr. v. A. Steffensmeier) 2009; Meilensteine der Philosophie. Die großen Denker und ihre Ideen (Sachb.) 2009; Max kommt in die Schule (Kdb., Illustr. v. S. Kraushaar) 2009; Geheime Nachrichten für Henrike (Kdb., Illustr. v. D. Tust) 2009; Lulatsch und Haudrauf: Auf Piratenjagd (Kdb., Illustr. v. J. Rieckhoff) 2009; Lulatsch und Haudrauf: Auf der Ritterburg (Kdb., Illustr. v. dems.) 2010; Spürst du die Angst? (Jgdb.) 2010; Max übernachtet bei Pauline (Kdb., Illustr. v. S. Kraushaar) 2010; Kommissar Schlotterteich. Seine besten Rätselfälle (Kdb., Illustr. v. H. Schulmeyer) 2010; Hier ist was Foul! (Kdb., Illustr. v. dems.) 2010; Die Inselschüler: Hampe muss bleiben (Kdb., Illustr. v. dems.) 2010; Die Piraten vom Dach (Kdb., Illustr. v. D. Ernle) 2010; Der Wettkampf der Tiere (Kdb., Illustr. v. D. Hennig) 2010; Bernstein-Akte: Der Fall Piranha (Krimi) 2010; Bernstein-Akte: Der Fall Picasso (Krimi) 2010; Bernstein-Akte: Der Fall Tabasco (Krimi) 2011; Bernstein-Akte: Der Fall Einstein (Krimi) 2011; Lulatsch und Haudrauf: Im Wilden Westen (Kdb., Illustr. v. J. Rieckhoff) 2011; Max lernt Rad fahren (Kdb., Illustr. v. S. Kaushaar) 2011; Marie ist keine Brillenschlange (Kdb., Illustr. v. K. Schuld) 2011; Köpfchen gesucht! (Kdb., Illustr. v. M. Badstuber) 2011; R.O.M.: Daemonicus (Kdb., Illustr. v. B. Korthues) 2012; Notlandung in der Milchstraße 17a (Kdb., Illustr. v. M. Spang) 2012; Monsterschreck. Nichts wie weg (Kdb., Illustr. v. S. Pricken) 2012; Marie hat einen grünen Daumen (Kdb., Illustr. v. K. Schuld) 2012; Typisch Max: Max und der voll fies gemeine Klau (Kdb., Illustr. v. S. Kraushaar) 2012; Typisch Max: Max und die klasse Klassenfahrt (Kdb., Illustr. v. ders.) 2012; Typisch Max: Max und der Geisterspuk (Kdb., Illustr. v. ders.) 2012; Max freut sich auf Weihnachten (Kdb., Illustr. v. ders.) 2012; Max fährt zu Oma und Opa (Kdb., Illustr. v. ders.) 2012; Typisch Max: Max und die Nacht ohne Zelt (Kdb., Illustr. v. ders.) 2013; Typisch Max: Max und die überirdischen Kicker (Kdb., Illustr. v. ders.) 2013; Max im Winter (Kdb., Illustr. v. ders.) 2013; Max geht zum Kinderarzt (Kdb., Illustr. v. ders.) 2013; Max geht in den Kindergarten (Kdb., Illustr. v. ders.) 2013; R.O.M.: Das geheime Signum (Kdb., Illustr. v. B. Korthues) 2013; R.O.M.: Im Tempel des Bösen (Kdb., Illustr. v. ders.) 2013; Watch out! In London auf Verbrecherjagd (Kdb., Illustr. v. H. Schulmeyer) 2013; Verflixt und zugeschneit (Kdb., Illustr. v. R. Kehn) 2013; Schnappt die Schlittendiebe! Ein Weihnachtskrimi in 24 Kapiteln (Kdb., Illustr. v. ders.) 2013; Und plötzlich bist du jemand anders (Jgdb.) 2013; Tiergeschichten (Kdb., Illustr. v. S. Voigt) 2013; Stressfrei argumentieren. Ruhig bleiben und recht behalten (Sachb.) 2013; Meilensteine der Philosophie. Die großen Denker und ihre Ideen (Sachb.) 2013; Typisch Max: Max und das gelungene Weihnachten (Kdb., Illustr. v. S. Kraushaar) 2014; Typisch Max: Max und der faire Wettkampf (Kdb., Illustr. v. ders.) 2014; Max kocht Spaghetti (Kdb., Illustr. v. ders.) 2014; Max im Krankenhaus (Kdb., Illustr. v. ders.) 2014; Wir drei aus Nummer 4 (Kdb., Illustr. v. S. Scharnberg) 2014; Meine Jahreszeiten (Kdb., Illustr. v. F. Rave) 2014; S. Ladwig, A. Ebert, Mein Bauernhof (Kdb., Text von T.) 2014; Himmelhochhoppla. Zehn ziemlich weihnachtliche Geschichten (Kdb., Illustr. v. C. Haas) 2014; Der Astronaut mit der goldenen Unterhose und weitere Weltraumgeschichten (Kdb., Illustr. v. S. Pricken) 2014; Das Werkzeugbuch (Kdb., Illustr. v. S. Kraushaar, D. Tust) 2014; Wer sagt mir endlich Gute Nacht? (Kdb., Illustr. v. A. Henn) 2015; Tigerjagd um Mitternacht (Kdb., Illustr. v. C. Sieverding) 2015; Mein Lieblings-Gruselbuch (Kdb., Illustr. v. J. Radermacher) 2015; Max und der Läusealarm (Kdb., Illustr. v. S. Kraushaar) 2015; Max sagt Stopp! (Kdb., Illustr. v. ders.) 2015; Kurz & klein. Wo klemmts? (Kdb., Illustr. v. M. Spang) 2015; Haltet den Troll! 24 verrückte Weihnachtsrätsel (Kdb., Illustr. v. L. Hänsch) 2015; Endlich in der Schule! Geschichten zum gemeinsamen Lesen (Kdb., mit L Holthausen, Illustr. v. S. Reckers, D. Kunkel) 2015; Die fliegenden 4. Eine Lebensretterbande im Einsatz (Kdb., Illustr. v. K. Wehner) 2015; Waschmaschine, Föhn und Kühlschrank (Kdb., Illustr. v. U. Weller) 2016; Sommer, Sonne, Sonnenschwein. 10 coole Geschichten für heiße Tage (Kdb., Illustr. v. A. Henn) 2016; Mein Fußballsommer oder wie wir Mats Muskel das Fürchten lehrten (Kdb., Illustr. v. H. Schulmeyer) 2016; Die Weihnachtsmann-Verschwörung. Ein Weihnachtskrimi in 24 Kapiteln (Kdb., Illustr. v. V. Schmidt) 2016; Max macht Ferien (Kdb., Illustr. v. S. Kraushaar) 2016; Max hat keine Angst im Dunkeln (Kdb., Illustr. v. ders.) 2016; Mein Leben mit Zombies und Kürbisbomben (Kdb., Illustr. v. Zapf) 2016; Mein Leben mit verknallten Hirnlosen und knallenden Klos (Kdb., Illustr. v. dems.) 2016; Mein Leben mit Kampfrobotern und Nervensägen (Kdb., Illustr. v. dems.) 2017; Wilma Wackelzahn (Kdb., Illustr. v. T. Schulz) 2017; Max auf der Baustelle (Kdb., Illustr. v. S. Kraushaar) 2017; Leons Bagger (Kdb., Illustr. v. D. Hennig) 2017; Kleiner Kater – großer Freund (Kdb., Illustr. v. M. Elitez) 2017; Kleine Tiere – große Abenteuer (Kdb., Illustr. v. ders.) 2017; Der Tag, als wir Papa umprogrammierten (Kdb., Illustr. v. M. Spang) 2017; Ein spannender Fall für die ABC-Detektive (Kdb., Illustr. v. D. Tust) 2017; Ocean City: Jede Sekunde zählt (Jgdb., mit F. Reifenberg) 2018; Ocean City: Im Versteck des Rebellen (Jgdb., mit dems.) 2018; Mein Leben mit Moorleichen und Schokopudding (Kdb., Illustr. v. Zapf) 2018; Max im Frühling (Kdb., Illustr. v. S. Kraushaar) 2018; Max feiert Geburtstag (Kdb., Illustr. v. ders.) 2018; Für Jungs. Pubertät, Körper und Gefühle (Sachb., Illustr. v. H. Hellmeier) 2018; Dr. Tielmanns streng geheimes Schimpfwörterbuch. Von Affenpups bis Zahnlückenzombie (Kdb., Illustr. v. S. Jeschke) 2018; BMX und sonst nix! (Kdb., Illustr. v. M. Spang) 2018; Die Kakerlakenbande. Applaus für die Laus (Kdb., Illustr. v. N. Renger) 2018; Die Baustellenfahrzeuge (Kdb., Illustr. v. N. Böwer) 2018; Die Autos (Kdb., Illustr. v. dems.) 2018; Der Bauernhof (Kdb., Illustr. v. S. Richter) 2018; Unsterblichkeit ist auch keine Lösung. Ein Goethe-Schiller-Desaster (Rom.) 2019; Die Förde-Detektive. Gift im Nord-Ostsee-Kanal (Kdb., Illustr. v. E. Gerhaher) 2019; Max und die Feuerwehr (Kdb., Illustr. v. S. Kraushaar) 2019; Max im Herbst (Kdb., Illustr. v. ders.) 2019; Ocean City: Stunde der Wahrheit (Jgdb., mit F. REIFENBERG) 2019; Mein Leben mit Pixelkröten und Gruselgraffiti (Kdb., Illustr. v. Zapf) 2019; Die Kakerlakenbande. In der Mauer auf der Lauer (Kdb., Illustr. v. N. Renger) 2019; Die Kakerlakenbande. Ratzfatz zum Schatz (Kdb., Illustr. v. dems.) 2019; Ein Kaugummi für die Mumie (Kdb., Illustr. v. A. v. Knorre) 2019; Die tollste Schultüte der Welt (Kdb., Illustr. v. D. Kunkel) 2019; Die Rettungsfahrzeuge (Kdb., Illustr. v. N. Böwer) 2019; Bauer Beck im Versteck (Kdb., Illustr. v. D. Napp) 2019; Max räumt auf (Kdb., Illustr. v. S. Kraushaar) 2020; Familie Streuner sucht einen Menschen (Kdb., Illustr. v. M. Töpperwien) 2020; LKW-Giganten und Riesenlaster (Kdb., Illustr. v. N. Böwer) 2020; Kronox: Vom Feind gesteuert (Jgdb., mit F. REIFENBERG) 2020; Männer die die Welt verändert haben (Kdb., Illustr. v. H. Hellmeier) 2020; Freaky Fahrstuhl: Goldrausch, Digga! (Kdb., Illustr. v. Zapf) 2020; Eine Mumie geht zur Schule (Kdb., Illustr. v. A. v. Knorre) 2020; Die Monsterkicker (Kdb., Illustr. v. L. Brenner) 2020; Das Abenteuer-Forscher-Camp (Kdb., Illustr. v. M. Parciak) 2020; Die wunderbaren Abenteuer des Barons Münchhausen (Kdb., Illustr. v. Lesprenger) 2020; Freaky Fahrstuhl: Woah, Weltraum! (Kdb., Illustr. v. Zapf) 2021; Wartemal wird Osterschwein (Kdb., Illustr. v. N. Hammerle) 2021; Fußballstar und Dribbelkönig (Kdb., Illustr. v. H. Förster) 2021; Escape Challenge: Gefangen im Gruselschloss (Kdb., Illustr. v. B. Bock) 2021; Max ist wütend (Kdb., Illustr. v. S. Kraushaar) 2021; Umwelt. Lesen, Wissen, Verstehen (Sachb.) 2021; Ich kann das! Geschichten, die stark machen (Kdb., Illustr. v. ders.) 2021; Die Fahrzeuge auf dem Bauernhof (Kdb., Illustr. v. N. Böwer) 2021; Max und die Polizei (Kdb., Illustr. v. ders.) 2021; Haben Raben Rabeneltern? Die wirklich wahre Wahrheit über Tiere (Kdb., Illustr. v. S. Wilharm) 2021.

Literatur: Liton.NRW (Internet-Edition). MM

Tilnberger, Johannes → Artopoeus, Johannes.

Timper, Anne → Pertim, Enna.

Tobler, Henri → Bänziger, Hans Ulrich.

Trinckler, Gabriele, * 23.6.1966 Berlin; Stud. der Geologie, Verlagsassistentin u. Lektorin im Anton G. Leitner Verlag (Weßling) u. Red. von dessen Zs. «Das Ged. Zs. für Lyrik, Ess. u. Kritik»; lebt seit 1999 in München; Veröff. u. a. in «Das Ged.», «Orte. Eine Schweizer Lit.zs.» (Zürich) u. «Versnetze» (Weilerswist). – Lektorin, Lyrikerin, Herausgeberin.

Schriften: Lunas kleine Weltrunde. Das Mondkarussell der Poesie (Mitarb., hg. A. KUTSCH) 2003; Bauchkitzel mit Forelle (Ged.) 2006.

Herausgaben: Halb gebissen, halb gehaucht. Eine Auswahl der schönsten erotischen Gedichte (mit A. G. LEITNER) 2001; Der Garten der Poesie (mit DEMS.) 2006; Ein Teddy aus alten Tagen. Kind- & Kegel-Gedichte, 2007; Gedichte für Nachtmenschen (mit DEMS.) 2008; Zurück zu den Flossen. Wasser. Gedichte, 2008; Drei Sandkörner wandern. Luft & Erde Gedichte, 2009; Ein Nilpferd schlummerte im Sand. Gedichte für Tierfreunde (mit DEMS.) 2009; Sommer regnet aufs Banjo. Hören & Sehen Gedichte, 2010; Weihnachtsgedichte (mit DEMS.) 2012; wie das zergeht auf der zunge. Schlemmen & Schmecken Gedichte, 2012; Aal Beet Zeh. Lesen & Schreiben Gedichte, 2013; Gedichte für Reisende (mit DEMS.) 2015; Adams Rippe hieß Eva. Frauen & Männer Gedichte, 2016.

Literatur: W. BUCHER, Saftige, von Sinnlichkeit kündende Ged. (in: Orte. Eine Schweizer Lit.zs. 30) 2006/07, H. 148, 57. MM

Trochus, Balthasar; B. T., der Geistlicher war, läßt sich zw. 1512 u. 1517 als Schulmeister in Aschersleben nachweisen, wo Thomas → Müntzer Hilfslehrer war. Vielleicht hielt sich T. 1523 vorübergehend in dessen Umfeld in Allstedt auf. Sein weiterer Lebensgang ist unklar.

Zum Ende seiner Ascherslebener Dienstzeit (1517) gab T. bei Melchior Lotter in Leipzig ein «Vocabulorum rerum promptuarium» heraus, ein ausführl. systemat. Wb. mit enzyklopäd. Charakter (VD 16, T 2015), das häufig keine abgehobene Artikelstrukturierung aufweist, sondern den Inhalt fortlaufend bietet. T., der es dem Generalvikar des Bistums Brandenburg, Jakob Groper

(1514–17), widmete, versichert auf dem Titelbl., er habe das Werk, das sich werbend an den studierwilligen Knaben richtet («Ad studiosum puerum»), aus den lat. Klassikern gespeist: «Inspice et credes. Omnia ex classicis et sine superstitione!» Das Deutsche ist nur sehr unregelmäßig als Interpretiersprache verwendet. Das Wb. wurde u.a. in Sebald → Heydens «Nomenclatura» (1530) herangezogen. Es war schon den Brüdern → Grimm bekannt. Seine Lemmata wurden seither verschiedentlich ausgewertet. Eine gründl. Unters. fehlt. – Schulmeister in Aschersleben, Verf. eines Vokabulars (1517).

Literatur: P. O. Müller, Dt. Lexikographie des 16. Jh., 2001, 392–394; Thomas Müntzers Briefw. (hg. H. Junghans) 2004, 234–239; F. J. Worstbrock, Zum ersten Kap. einer Begriffsgesch. des Klassischen (in: Geistiger Handelsverkehr, hg. A. Bohnenkamp, M. Martinez) 2008, 431–452; W. Kettler, Unters. zur frühnhd. Lexikographie in der Schweiz u. im Elsass, 2008, 327, 418 f., 424 f.; S. Bräuer, G. Vogler, Thomas Müntzer. Neu Ordnung machen in der Welt, 2016, 40. CF

Tschammer, Johanna von → Loß, Johanna von.

Tschautscher, Johanna (Ps. Elisa Minth), * 15.11. 1968 Wels/Oberöst.; ab 1988 Schausp.-Ausbildung in Wien, 1992 Abschluß, Stud. der Philos. u. Theaterwiss. in Wien, danach als Theater-Regisseurin u. -Schauspielerin sowie als Autorin tätig, 2002 Ausbildung zur Dokumentarfilmerin, Arbeit als Filmemacherin (u. a. Dokumentarfilme u. Künstlerporträts), Sprecherin der Grünen-Gemeindegruppe in Lichtenberg (Oberöst.); lebt in Lichtenberg; verfaßte u. a. Rom., Erz., Dramen u. Drehb.; Veröff. u. a. in «Die Rampe. Hefte für Lit.» (Linz). – Regisseurin, Schriftst., Schauspielerin.

Schriften: Hölle in der Krise (Drama) 1993; Wald (Drama) 1998 (als Ms. gedr.); Imago (Drama) 1999; Die Mutter die es nicht gab (Drama) 2001; Der Garten der Wüste (Rom.) 2002; Identität (Texte) 2005; Shareholder Value (Drama) 2005; Die sieben Raben (Rom.) 2007 (auch als Hörsp., 2011); J. Reiterer, Die Wassergöttin (Mitarb.) 2008; Vergebt uns Ihr Herren (Erz.) 2010; Jeanne d'Arc beendet den Heiligen Krieg (Rom.) 2010; Zu nahe (Hörsp.) 2015.

Literatur: Lit. Netz Oberöst. (hg. Adalbert-Stifter-Inst. des Landes Oberöst.) o. J., https://stifterhaus.at. MM

Tschurlovits, H. M. Magdalena, * 31.10.1949 Waidhofen/Thaya; wuchs in Wien auf, Ausbildung zur Buchhändlerin u. 1969 Diplom-Abschluß, u. a. Arbeit als Lektorin, Übers. u. Moderatorin, lebte 1970–80 in Johannesburg, danach in Wien anässig; veröffentlichte Lyrik, Prosa u. engl.-dt. Übersetzungen. – Buchhändlerin, Lektorin, Schriftst., Übersetzerin.

Schriften: haasz & cold (Ged., Fotos v. Manfred T.) 2012; feia & ice (Ged. u. Prosa) 2016.

Übersetzungen: Bettina [= B. Ehrlich], Francesco und Francesca, 2004; Liu Tao, Straßenzauberer. Volkstümliche Erzählungen, 2015; He Xiangyang, Wie weit ist die Ewigkeit? Erzählungen von Frauen (mit H. A. Niederle, J. Strasser) 2018.

Literatur: AutorInnen (hg. Lit.haus Wien) o. J., www.literaturhaus.at/. MM

Tuchscherer, Steffen, * 20.5.1969 Stollberg/Erzgeb.; wuchs in Dresden auf, Gymnasium, Arbeit als Journalist u. Stadtführer, war u. a. Red. der «Märk. Oderztg.» in Angermünde, wo er seit 1990 lebt; Veröff. u. a. in «Angermünder Heimatkalender». – Journalist, Schriftsteller.

Schriften: Im Osten nichts Neues? Ironische Betrachtungen einer neuen Zeit, 2005; Geht mich nichts an! (Ged.) 2007; Wenn die Flut kommt. Eine uckermärkische Kleinstadt in Gefahr (Rom.) 2009; Haltepunkte. Eine Zeitreise durch die Angermünder Geschichte (Erz.) 2015; Na toll! Ich lebe noch (Erlebnisber.) 2016. MM

Tukur, Ulrich (Gerhard) (geb. Scheurlen), * 20.7. 1957 Viernheim/Hessen; Sohn einer Landwirtschaftslehrerin u. eines Ingenieurs, besuchte das Gymnasium in Burgwedel/Nds. u. eine High School in Boston/MA, erwarb ein High School Diploma in Boston u. 1977 das Abitur in Burgwedel, 1978–80 Stud. der Anglistik, Germanistik u. Gesch. an der Univ. Tübingen, daneben Akkordeonspieler, Pianist u. Sänger, 1980–83 Schauspielausbildung an der Staatl. Hochschule für Musik u. Darstellende Kunst in Stuttgart, 1982 Debüt als Filmschauspieler, 1983/84 an den Städt. Bühnen Heidelberg engagiert, gehörte 1985–95 zum Ensemble des Dt. Schauspielhauses in Hamburg, Gastauftritte an Bühnen in Wien, Salzburg u. München, übernahm ab 1986 auch Rollen im Fernsehen, veröff. seit 1989 eigene Musikalben, begründete 1995 die Musikgruppe «U. T. & die Rhythmus Boys», gab Konzerte mit ders. im In- u. Ausland,

1995–2003 gem. mit Ulrich → Waller Intendant der Hamburger Kammerspiele, Sprecher von zahlr. Hörbüchern; seit 1997 Mitgl. der Freien Akad. der Künste Hamburg u. seit 2015 der Dt. Akad. der Darstellenden Künste Bensheim; lebt in Berlin. – (Neben weiteren Auszeichnungen) O. E. Hasse-Preis (1985), Boy-Gobert-Preis (1985), Schauspieler des Jahres (1986), Goldene Kamera (1996, 2011), Insel-Kunstpreis Hamburg (1996), Adolf-Grimme-Preis (2000, 2015), Dt. Filmpreis (2006, 2009), Bayer. Filmpreis (2009), Nds. Staatspreis (2010, mit Wilhelm Krull), Bambi (2012), Jacob-Grimm-Preis (2013), Helmut-Käutner-Preis (2015), Ehrenpreis des Hess. Filmpreises (2017), Dt. Fernsehkrimipreis (2019). – Musiker, Schauspieler.

Schriften: Die Seerose im Speisesaal. Venezianische Geschichten (Photographien v. K. John) 2007 (als Hörb. auf 4 CDs 2007, gelesen v. U. T.); Die Spieluhr. Eine Novelle. Nach einer wahren Begebenheit, 2013; Der Ursprung der Welt (Rom.) 2019.

Herausgaben: Nichts als Theater. Die Geschichte der Hamburger Kammerspiele (mit U. Waller, Mitarb. S. Fritzinger, S. Valentin) 2003; Wehe, wirre, wunderliche Worte. Deutsche Liebesgedichte (Photographien v. K. John) 2011.

Vorlaß: Brief in Münchner StB Monacensia; Ztg.ausschnittslg. im HFF Arch., München.

Literatur: Munzinger-Arch.; Theater-Lex. 4 (1998) 2676; Nachtr.bd. 7 (2019) 306; – R. Rischbieter, Beckmann im Zirkus. ~ eröffnet die Hamburger Kammerspiele neu mit Borcherts «Draußen vor der Tür» (in: Theater heute 36) 1995, H. 11, 25 f.; J. C. Trilse-Finkelstein, K. Hammer, Lex. Theater international, 1995, 933; «Peer Gynt» am Residenztheater. Interview mit ~ (in: Applaus. Münchner Kultur-Magazin 20, H. 1) 1996, 12–14; K. Weniger, Das große Personenlex. des Films, Bd. 8, 2001, 76 f.; S. Grund, Erfolgsrezept aus der Lücke. Die Hamburger Kammerspiele unter Ulrich Waller u. ~ (in: Theater der Zeit. Zs. für Politik u. Theater 57) 2002, H. 3, 34–36; B. Landes, Kein Weg zurück u. immer weiter. Ein Porträt über den Schauspieler u. Musiker ~ (in: Beruf. Schauspieler. Vom Leben auf u. hinter der Bühne, hg. U. Khuon) 2005, 192–205; Henschel-Theaterlex. (hg. C. B. Sucher) 2010, 881 f.; M. Biller, Hundert Zeilen Hass, 2017, 57–60; The Internet Movie Database (online); Filmportal.de (online); Lex. des Internationalen Films (online). FA

Tunnat, Frederik David, * 3.8.1953 Göttingen; Kindheit u. a. in Stuttgart, dort Ausbildung zum Buchhändler, Stud. der Betriebswirtschaftslehre in Berlin u. London, war danach als Buchhändler u. im Verlagsbereich tätig; Stiefsohn von Robert Knoll († 1985, Unternehmer u. Neffe von Karl Gustav → Vollmoeller); publizierte u. a. Rom., Erz., Biogr. u. hist. Forschungen. – Buchhändler, Verlagsangestellter, Schriftst., Herausgeber.

Schriften: Karl Vollmoeller. Ein kosmopolitisches Leben im Zeichen des Mirakels. Sein Leben in Selbstzeugnissen und Bildern, 2008; Karl Vollmoeller. Dichter und Kulturmanager (Biogr.) 2008; Der Fluß aller Dinge (Erz.) 2008; Marlene Dietrich. Vollmoellers blauer Engel (Biogr.) 2011; Maja. Aus dem Leben eines Maine-Coon-Kätzchens (Erz.) 2011; Der Fehltritt und andere Erzählungen, 2011; Das Biedermeier-Sofa (Rom.) 2012; Harrisson (Erz.) 2013; Toledo. Ein Tagebuch, 2014; Onda. Aus dem Leben eines Irish-Setter, 2014; Die edlen Herren von Rosdorf und ihre Seitenzweige. Miszellen zu ihrer Geschichte, 2014; Die Deutsche Gesellschaft 1914 und ihr Gründer. Ein Beitrag zur Geschichte des Ersten Weltkriegs, 2014; Begegnungen auf Sylt und anderswo, 2014; Begegnungen auf dem Zauberberg und anderswo, 2015; Maria Carmi. Europas erste Film- und Theaterdiva (Biogr.) 2016; Ansichten. Aufsätze zu gesellschaftlichen literarischen und politischen Themen, 2021.

Herausgaben: Karl Vollmoeller. Aufsätze zu Leben und Werk, 2017; Geschichte der edlen Herren von Rosdorf. Band II: Urkunden, 781–1528, 2021.

MM

Twardowski, Daniel (eig. Christoph Becker), * 1.11.1962 Oeventrop (heute zu Arnsberg); Stud. der Germanistik u. Medienwiss. in Marburg, dort 2002 Promotion zum Dr. phil. («Giordano Bruno – die Spuren des Ketzers. Ein Beitr. zur Lit.-, Wiss.- u. Gelehrtengesch. um 1600»), u. a. Tätigkeiten als Doz., Fotograf u. Mitarb. des Fachdienstes Kultur der Stadt Marburg, wo er seit 1983 lebt. – (Neben weiteren Auszeichnungen) Oberhausener Lit.preis (2006). – Verwaltungsmitarbeiter, Schriftst., Fotograf.

Schriften: Annäherung an die Poeten (Ged.) 1982; Der zweyweybige Landgraf (Kom.) 2001; Ewig Gelsenkirchen (Rom.) 2002; Die ewige Ruhr. Über Geister mit einem Immobilienproblem. Roman aus dem Ruhrgebiet, 2008; Tod auf der Northumberland. Ein Fall für John Gowers (Rom.)

2009; Das blaue Siegel. Ein Fall für John Gowers (Rom.) 2010; Fluch des Südens. Ein Fall für John Gowers (Rom.) 2012; Die von Marpurg und die Welt Martin Luthers (Aufs.slg.) 2016; Dark Planet. 200 Variationen zu Courbets Ursprung der Welt (Bildbd.) 2016; '68. Stichworte Marburg A–Z, 2018; Nachtzug (Kurzkrimi) Kopenhagen 2019.

MM

U

UBX → Bach-Puyplat, Ursula.

Üngör, Nazan → Eckes, Nazan.

Uhrmann, Erwin, * 9.2.1978 Amstetten/Niederöst.; Stud. der Kommunikations- u. Politikwiss. in Wien, 2001–07 Generalsekretär der Öst.-Estn. Gesellsch., 2002 Diplom-Abschluß, war danach in der Öffentlichkeitsarbeit tätig (u. a. 2006–09 bei «basis wien»), 2003 Mitbegründer des Ver. «Kunstwerft», 2011–16 Leiter des Lit.progr. im Essl Mus. in Klosterneuburg, danach Hg. der Lyrikreihe im Limbus-Verlag, lehrte zeitweise an der Univ. Klagenfurt; lebt in Wien; verfaßte u. a. Rom., Erz., Ged. u. Ess.; mit der Grafikerin Johanna U. (* 1983) verheiratet. – Annerkennungspreis der Stadt Steyr (2005). – Schriftst., Herausgeber.

Schriften: Ostseeatem (Erz., mit A. PEER) 2004 (2., überarb. Aufl. 2008); Der lange Nachkrieg (Rom.) 2010; Glauber Rocha (Erz.) 2011; Schönheit und Vergänglichkeit. Ein Kunst-Lesebuch (Red., mit A. HOFFER, hg. Essl Mus.) 2011; Nocturnes (Ged., Illustr. v. M. Kone) 2012; Ich bin die Zukunft (Rom.) 2014; Points of passage. Kunst, Literatur, Tanz und Film im Stift Melk (mit M. KONE, hg. Stift Melk) 2014; Wieselburger Stadtgeschichten. Orte und Menschen zum Entdecken (mit J. UHRMANN) 2016; Abglanz Rakete Nebel (Ged., Illustr. v. J. Tapprich) 2016; 17 Jahre Essl Museum. 17 years of the Essl Museum (Kat., Red., mit B. ROYC, A. HOFFER) 2016 (dt. u. engl.); 111 Orte im Waldviertel, die man gesehen haben muss (mit J. UHRMANN) 2018; Toko (Rom.) 2019; Sehnsuchtsräume. Berührte Natur und besetzte Landschaften (Kat., mit G. OBERHOLLENZER, hg. DERS., C. BAUER) 2019; 111 Orte in der Wachau, die man gesehen haben muss (mit J. UHRMANN) 2019; Von der Moldau zur Thaya. Südböhmen & Südmähren erleben (mit DERS.) 2020.

Herausgaben: Kulturelle Vielfalt im Ostseeraum. Cultural Diversity in the Balic Sea Region. Internationale Fachtagung im Rahmen der Schwedischen EU-Ratspräsidentschaft, 26.04.–29.04.2001, Universität Wien (mit I. SOOMAN) 2003 (dt. u. engl.); H. Heisl, Wir haben leider Diebe im Haus, 2018; E. Baringer, Kinderstube der Fische, 2018; D. Chana, Sagt die Dame, 2018; S. Erzberg, breaking poems, 2018; M. Jeschke, Ich bin der Wal deiner Träume, 2019; G. Mendel, Die Windhose vom 13. Oktober 1870, 2020; H. Niklas, Wetter, 2020;

I. Krainer, Vom Kaputtgehen, 2020; L. Meschik, Planeten, 2020.

Literatur: AutorInnen (hg. Lit.haus Wien) o. J., www.literaturhaus.at/. MM

Der Uhu:Die Aha → Parise, Claudia Cornelia.

Ulbrich, Mario, * 11.7.1964 Zwickau; Besuch der Polytechn. Oberschule, Ausbildung zum Instandhaltungsmechaniker, Arbeit als Schlosser, journalist. Volontariat in Beierfeld, ab 1988 bei der Betriebsztg. des VEB Elektromotorenwerks Grünhain tätig, ab 1991 Mitarb. der «Freien Presse» (Chemnitz), dort zuletzt Reporter u. Red.; lebt in Grünhain-Beierfeld. – (Neben weiteren Auszeichnungen) Journalistenpreis der dt. Bundesstiftung Umwelt (1997). – Journalist, Schlosser, Schriftsteller.

Schriften: Die Männer vom Revier Tief-Ost (Kriminalrom.) 2004; Der Drachentöter. Ein Michael-Clopper-Roman, 2006; Die Pyramiden von Tief-Ost (Kriminalrom.) 2007; Rätselhafter Poppenwald. Eine Expedition auf den Spuren des verschollenen Bernsteinzimmers, 2011.

Herausgaben: Mords-Sachsen 4. Die Sachsen lassen das Morden nicht (mit C. PUHLFÜRST) 2010; Mords-Sachsen 5. Der Sachse liebt das Meucheln sehr (mit K. ULBRICH) 2012.

Tonträger: Klosett Room Story. Der blutigste Fall aus dem Revier Tief-Ost (1 Audio-CD) 2008.

MM

Ulrich; (ca. 1385–1400). – Aus Hss. des 14./15. Jh. tritt uns ein «bruder vlrich carthüser» entgegen. In seiner Übertragung des «Speculum animae» → Heinrichs von Langenstein (UB Heidelberg, Cpg 107) gibt er an, er habe das Werk «zu dütsche gemachet von wort zu wort alß er künde». Wahrscheinlich geht auch die Übertragung der Marienhomilie Heinrichs von Langenstein (StB Mainz, Hs. I 128) auf ihn zurück, deren Überschrift eine Fürbitte formuliert für «myn armen brudir Vlriches der es zu dusche hat gemachet». Die ältere Forsch. hat Bruder Ulrich lange mit dem Kartäuser Ulrich aus Mauerbach bei Wien identifiziert u. ihm eine Nähe zur Übersetzungstradition der Wiener Schule bescheinigt. Größere Wahrscheinlichkeit hat indes für sich, daß der Übers. der Mainzer «frater» Ulrich von Werda war, der 1379–81 als Prokurator der Kartause, 1381–85 u. dann noch einmal 1402 als Prior amtierte. Das lat. «Speculum» entstand 1384 in Eberbach (Rheingau) u. kursierte rasch in mehreren Abschriften in der Mainzer Kartause. Zudem spricht die Überl. (Mainz, Heidelberg) klar gegen Wien. U. korrespondierte auch mit dem bekannten Kölner Kartäuser Heinrich → Egher von Kalkar, aus dessen umfangreichem Werk allein der Brief an den Mainzer Ordensbruder ins Deutsche übertragen wurde (StB Nürnberg, Cod. Cent. VII. 20). Zu seinen letzten Abschriften könnten Auszüge in einer Sammelhs. zählen (BL Oxford, Laud. Misc. 324), die f. 74^v unterschrieben wurden: «orate pro Vlrico fratre». – Kartäusermönch, Übersetzer.

Überlieferung: Speculum animae: Heidelberg, UB, Cpg 107, 108^r–152^v. – Marienhomilie: Mainz, StB, Hs I 128, 170^r–186^r.

Literatur: J. ASCHBACH, Gesch. der Wiener Univ. im ersten Jh. ihres Bestehens, 1865, 394; H. RÜTHING, Der Kartäuser Heinrich Egher von Kalkar. 1328–1408, 1967, 126–128, 170–172; R. HANTSCHK, Die Gesch. der Kartause Mauerbach, 1972, 59; TH. HOHMANN, Dt. Texte unter dem Namen ‹Heinrich von Langenstein›. Eine Übersicht (in: Würzburger Prosastud. II, hg. P. KESTING) 1975, 219–236; DERS., Initienreg. der Werke Heinrichs von Langenstein (in: Traditio 32) 1976, 399–426; DERS., Heinrichs von Langenstein ‹Unterscheidung der Geister› lat. u. dt., 1977, 274; G. LIST, G. POWITZ, Die Hss. der Stadtbibl. Mainz. Hss. I 1 – I 150, 1990, 230 f.; CH. FASBENDER, Das ‹Speculum animae› in kartäus. Tradition (in: Die Kartause als Text-Raum, hg. B. NEMES u. a.) Leuven 2022. CF

Ulrich, Stefan (Michael Christoph), * 19.10.1963 Starnberg; Gymnasialbesuch in Tutzing, 1983 Abitur, 1983/84 Wehrdienst, anschließend Stud. der Rechtswiss. in München u. ab 1987 in Freiburg/Br. mit Stud.aufenthalten in Rom u. London, 1990 1. Staatsexamen, Referendariat in München, 1993 2. Staatsexamen, 1994 Promotion zum Dr. jur. in München («Das Recht auf Identität im zivilrechtl. Persönlichkeitsschutz dargestellt unter besonderer Berücksichtigung des Pressebereichs»), danach Mitarb. der «Südd. Ztg.» (SZ, München) u. dort ab 1996 Red., war ab 2005 SZ-Korrespondent in Rom u. ab 2009 in Paris, ab 2013 stellv. SZ-Ressortleiter in München u. ab 2019 Ressortleiter, 2021 vorübergehend leitender SZ-Red., ab demselben Jahr freier Journalist u. Autor; lebt in München; verfaßte u. a. Kriminalrom., Erlebnisber. u. Ortsführer. – (Neben weiteren Auszeichnungen) Theodor-Wolff-Preis (2003). – Journalist, Schriftsteller.

Schriften: Quattro stagioni. Ein Jahr in Rom (Erlebnisber.) 2008; Arrivederci, Roma! Ein Jahr in Italien (Erlebnisber.) 2010; Bonjour la France! Ein Jahr in Paris (Erlebnisber.) 2013; Rom (Führer) 2016; Die Morde von Morcone. Toskana-Krimi, 2017; In Schönheit sterben. Ein Italien-Krimi, 2018; Paris (Führer) 2018; München (Führer, mit F. ULRICH) 2019. MM

Ulrich, Ulrike, * 6.10.1968 Düsseldorf; Stud. der Germanistik, Kunstgesch. u. Publizistik an der Univ. Münster, war nachfolgend als Lektorin u. wiss. Mitarb. im Computerlinguistik-Bereich in Bochum tätig, lebte ab 1999 in Wien, Mitarb. der Schule für Dg. ebd., ging 2002 in die Schweiz, veröff. zahlr. Beitr. in Anthol.; Mitgl. der «Interessenvertretung Autorinnen u. Autoren der Schweiz», der «IG Autorinnen Autoren», des Autorenkollektivs «Index – Wort u. Wirkung» u. des «Dt.schweizer PEN-Zentrums»; lebt seit 2004 in Zürich. – (Neben weiteren Auszeichnungen) Lydia-Eymann-Stipendium (2010), Walter-Serner-Preis (2010), Lilly Ronchetti-Preis (2011), London-Stipendium der Landis & Gyr Stiftung (2014), Werkjahr der Stadt Zürich (2016), Werkbeitr. der Schweizer Stiftung Pro Helvetica (2018). – Hg., Schriftstellerin.

Schriften: Alpensagen (Red.) 2002; Märchen aus Österreich (Red., Übers. L. POWELL) 2002 (dt. u. engl.; Sonderausg. 2005); Moderne Kunst und neue Literatur. Judith Trepp, Ulrike Ulrich, 2004; Donausagen (Red.) 2006; Sagen aus geheimnisvollen Welten (Red., Illustr. v. H. Pezolt-Hostnig) 2008; Fern bleiben (Rom.) 2010; Loop (Bildbd., mit L. CLEMENT, Nachw. M. SCHUHMACHER) 2013; Hinter den Augen. Eine Untersuchung (Rom.) 2013; Draußen um diese Zeit (Erzn.) 2015; Ein Alphabet vom Schreiben und Unterwegssein (mit A. CABDULLAHI) 2018; Während wir feiern (Rom.) 2020.

Herausgaben: 60 Jahre Menschenrechte. 30 literarische Texte (mit S. HERRMANN) 2008; Das habe ich mir grösser vorgestellt (mit L. GOTTHEIL, U. BLAS) 2011; Menschenrechte weiterschreiben. 30 literarische Texte zur Allgemeinen Erklärung der Menschenrechte (mit S. HERRMANN) 2018.

Literatur: Autorinnen u. Autoren der Schweiz (Internet-Edition); Lit.port Autorenlex. (Internet-Edition); Poetenladen (Internet-Edition). FA

Unflath, August von → Prückner, Tilo.

Unger, Maximilian, * 24.5.1951 Maria Lankowitz/Steiermark; Ausbildung zum Elektrotechniker, dann Mitarb. der Öst. Post- u. Telegraphenverwaltung bzw. Telekom Austria AG, war dort u. a. als Bauaufsicht u. Dienststellenleiter tätig, lebte in Köflach; verfaßte u. a. (teils mundartl.) Ged., Satiren, Erz., Krimis u. Texte für Kinder. – Elektrotechniker, Schriftsteller.
Schriften: Zum O'haun (Mundartged. u. Satiren) 2004; Saat der Gedanken (Ged.) 2007; Zum Zerkugeln (Mundartged.) 2008; Laut und deutlich schrieb ich's nieder (Satiren) 2011; Geschichten für Laura und Daniel (Kdb.) 2011; Das Mädchen auf der Teedose (Kurzrom.) 2011; Stadtluft macht frei (Krimi) 2011; Das Gottesurteil (Krimi) 2013; Wortwerk (Ged. u. Satiren) 2013; Von Gott zu Wakan Tanka. Von Jesus zu Buddha (Ess.) 2013; Zum Wiehern (Mundartged.) 2017; Ganz schön laut die stille Zeit (Ged.) 2018; Nimm dir einen Moment (Ged.) 2020; Maxi (Autobiogr.) 2021. MM

Unterholzner, Birgit, * 1.5.1971 Bozen; studierte Germanistik, Geografie, Gesch. u. Medienkunde in Innsbruck, 1995 Diplom-Abschluß, dann als Lehrerin tätig, Ausbildung zur Fachberaterin für Theaterpädagogik u. Stud. an einer Yoga-Akad. in Luzern, zuletzt Arbeit als Yoga-Lehrerin u. Autorin; lebt in Bozen; publizierte u. a. Rom., Erz., Kdb. u. Bilderbücher. – Pädagogin, Yoga-Lehrerin, Schriftstellerin.
Schriften: Die Blechbüchse (Erz.) 2006; Flora Beriot (Rom.) 2010; Einen Sommer lang (Erz.) 2010; Lilo im Park (Kdb., Illustr. v. R. Göschl) 2013; Für euch, die ihr träumt (Rom.) 2013; Auf meinem Rücken wächst ein Garten (Bilderbuch, Illustr. v. L. Leitl) 2016; Vielleicht warst du ein Flügelschlag (Kdb., Illustr. v. C. Frühwirth) 2018; Weißt du, wo es Katzen und Hunde regnet? (Bilderbuch, Illustr. v. ders.) 2019.
Literatur: H. Heiss, ~: Flora Beriot (in: Mitt. aus dem Brenner-Arch. 29) 2010, 217–222; E. Polt-Heinzl, Der unerreichbare Vater. ~s Rom. ‹Flora Beriot› (in: LuK 46) 2011, H. 453/ 454, 100; AutorInnen (hg. Lit.haus Wien) o.J., www.literaturhaus.at/. MM

Unterstöger, Hermann, * 1943 Kirchweidach/ Obb.; 1963 Abitur in Landshut, Stud. der Altphilol. (ohne Abschluß), dann Journalist, war zunächst bei der «Passauer Neuen Presse» tätig, ab 1978 Mitarb. der «Süddt. Ztg.» (München), dort u. a. Red., zuletzt freier Mitarb.; lebt in München; wurde vor allem durch seine «Streiflicht»-Texte in der «Süddt. Ztg.» bekannt. – (Neben weiteren Auszeichnungen) Ernst-Hoferichter-Preis (2010). – Journalist.
Schriften: Von der ersten bis zur letzten Seite (Red., hg. Süddt. Verlag) 1988; Da bleiben, und zwar sofort! Bayerische Anstiche (Aufs.) 2003; Da platzt dir die Hutschnur! Vergnügliches aus dem Sprachlabor (Glossen) 2012; Männer, die auf Diven liegen. Vergnügliches aus dem Sprachlabor (Glossen) 2016.
Herausgaben: Das Streiflichtbuch. Handreichungen und Fingerzeige aus der Süddeutschen Zeitung (mit A. Hacke u. a.) 1994; Das neue Streiflichtbuch. Kopfnüsse und Musenküsse aus der Süddeutschen Zeitung (mit dems. u. a.) 2000; Kleines Deutschland. Photographien 1954–1999 (mit dems. u. a.) 2001; Das Streiflicht. Verdeckte Ermittlungen zwischen Himmel und Hölle, 2000–2004 (mit W. Roth, G. Sittner) 2004. MM

Urbahn de Jauregui, Heidi, * 5.3.1940 Remscheid; ab 1960 Stud. der Germanistik u. Gesch. an der FU Berlin u. ab 1962 an der Pariser Sorbonne, dort 1969 Abschluß, 1972 Promotion in Lyon («Le théâtre de Peter Hacks. En quête d'une dramaturgie post-révolutionnaire»), war bis 2000 Prof. für dt. Lit. des 20. Jh. an der Univ. Saint-Étienne; lebt in Montpellier; trat vor allem mit lit.wiss. u. essayist. Arbeiten hervor, meist über Peter → Hacks (auch als Hg.), aber u. a. auch über → Goethe, → Heine, Thomas → Mann, Hermann → Kant u. Wolfgang → Hildesheimer; publizierte zudem einen biogr. Rom. u. frz.-dt. Übers.; Veröff. u. a. in NDL, SuF, «junge Welt» (Berlin) u. «Theater der Zeit» (Berlin). – Heinrich-Mann-Preis (1986). – Germanistin, Autorin, Übersetzerin.
Schriften: Zwischen den Stühlen. Der Dichter Peter Hacks (Aufs.slg.) 2006; Dichterliebe. Leben und Werk von Heinrich Heines letzter Geliebter, der ‹Mouche› (biogr. Rom.) 2009; Der Liebe Maß (Ess.) 2012.
Herausgaben: P. Hacks, Das Jahrmarktsfest zu Plundersweilern, 2013.
Literatur: B. Leistner, Laudatio für ~ u. Helga Schubert (in: Mitt. der Akad. der Künste der DDR

24) 1986, H. 6, 14–17; R. Heitz, ~: Zw. den Stühlen (in: EG 62) 2007, H. 4, 978–988. MM

Urban, Petra, * 7.10.1957 Dohna; Kindheit in Düsseldorf, dort Stud. der Germanistik u. Philos., 1990 Promotion zum Dr. phil. in Düsseldorf («Liebesdämmerung. Ein psychoanalyt. Versuch über Richard Wagners ‹Tristan u. Isolde›»), war danach als Journalistin u. Red. tätig, auch Doz. an der Akad. des Bistums Mainz u. an der Volkshochschule Bingen, zudem Veranstalterin von Seminaren (u. a. Kreatives Schreiben); lebt in Bingen; verfaßte u. a. Rom., Erz., Ratgeber u. Erlebnisber.; Veröff. u. a. in der «Westdt. Ztg.» (Wuppertal). – Verdienstmedaille des Landes Rhld.-Pfalz (2021). – Journalistin, Schriftst., Dozentrin.

Schriften: Die Maulwürfin (Rom.) 1997; Septemberlicht (Rom.) 2003; Kassenkampf und Musenkuss. 24 Alltagsabenteuer (mit S. Schrahe) 2005; Von Reben umgeben. Warum ich mir in Bingen ein Haus gekauft habe, 2007; Die Flaneurin (Rom.) 2009; Das Leben ist ein Abenteuer oder gar nichts. Spirituelle Frauengeschichten, 2011; Mein Herz tanzt in den Himmel. Vom Loslassen und Neuanfangen (Ratgeber) 2012; Sprudelndes Leben – strömende Zeit. Frauengeschichten vom Älterwerden, 2014; Welch unerhörte Lust zu leben. Von großen Wunden und noch größeren Flügeln (Ratgeber) 2017; Der Duft von Glück. Selbstbegegnung im Spiegel der Jahreszeiten (Ratgeber) 2020.

Herausgaben: Herzkater und andere Geschichten. Ein Schreib-Kurs-Buch, 2005; An den Wassern. Kurzgeschichten, 2009. MM

Uslar, Moritz von (eig. Hans Moritz Walther Freiherr von Uslar-Gleichen), * 25.7.1970 Köln; Sohn eines Kulturdezernenten der Stadt Bonn, wuchs in Berlin auf, besuchte das Internat Birklehof in Hinterzarten, arbeitete nach einem Volontariat beim Magazin «Tempo» (Hamburg) von 1992 bis 2004 als Red. beim Magazin der «Südt. Ztg.» (München), begann dort seine Interviewserie «100 Fragen an ….», gehörte 2001 zur wöchentl., von Volker Panzer geleiteteten Gesprächsrunde «nachtstudio» im ZDF, arbeitete 2006–08 als Red. für den «Spiegel» (Hamburg), wechselte dann zur «Zeit» (Hamburg); lebt in Berlin. – Fontane-Preis für Lit. (2012). – Journalist, Schriftsteller.

Schriften: Wie sehen Sie denn aus? Über Geschmack läßt sich nicht streiten. Warum eigentlich nicht? Eine Stilkritik (mit R. Casati) 1999; 100 Fragen an …, 2004; Waldstein oder Der Tod des Walter Gieseking am 6. Juni 2005, 2006; Deutschboden. Eine teilnehmende Beobachtung, 2010; 99 Fragen an: Mehr braucht kein Mensch. Jetzt mit einer Frage weniger, 2014; Auf ein Frühstücksei mit …, 2017; Nochmal Deutschboden. Meine Rückkehr in die brandenburgische Provinz, 2020.

Literatur: W. Emmerich, Liebe als Passion? Nein danke. Vom Schwinden des Begehrens im Spiegel der Poplit. (in: Alltag als Genre, hg. H.-P. Preusser, A. Visser) 2009, 133–148; G. Bond, ‹Willkommen in jenem unbekannten Land, das Deutschland heißt›. ~, ‹Deutschboden. Eine teilnehmende Beobachtung› (in: Re-forming the nation in literature and film – Entwürfe zur Nation in Lit. u. Film. The patriotic idea in contemporary German-language culture – Die patriot. Idee in der dt.sprachigen Kultur der Ggw., hg. J. Preece) 2014, 11–20; L. Brückner, «Ein Fremder im eigenen Land?» Fremderfahrungen in Dtl.reiseber. der Ggw. (in: Lit. Dtl.reisen nach 1989, hg. L. Brückner u. a.) 2014, 68–84; A. Knoblich, Neue Länder braucht der Mann. Nationale Identität u. Geschlecht in dt.sprachigen Reiseber. nach 1989 (ebd.) 85–101; M. Skalska, «Dorthin, wo kaum ein Mensch je vor uns war». Das Porträt von Dtl. zwanzig Jahre nach der Wiedervereinigung in ~s ‹Deutschboden. Eine teilnehmende Beobachtung› (2010) (in: Neuer Ernst in der Lit.? Schreibpraktiken in dt.sprachigen Rom. der Ggw., hg. K. Eichhorn) 2014, 129–137; S. Pabst, Interview-Lit.: Tom Kummers Fake-Interviews u. die Folgen (in: GR 91) 2016, H. 1, 41–60; T. Hoffmann, Wahrheitsspiele: Zu den Interviewformaten André Müllers u. ~s (ebd.) 61–77. BJ

Utenhove, Johanna von (auch Anna von Utenhove, Anna Utenhovia), * vor 1560 Gent (Belgien) (?), † nach 1602; Enkelin des Humanisten u. Genter Bürgermeisters Karl von U. d. Ä. († 1580); ihre Eltern waren entweder Antonius von U. († nach 1596) u. dessen zweite Ehefrau Euphemia Harmsen von Blessershause oder Jan von Utenhove d. J. († vor 1595) u. dessen Frau Helena de Rovere († nach 1595); wurde von ihrem Onkel, dem an den Niederrhein geflüchteten fläm. Humanisten Karl von U. (1536–1600), adoptiert u. wie ihre Verwandte Johanna von → Palant († nach 1602) in griech. u. lat. Sprache unterrichtet, sprach zudem Frz. u. Niederdt.;

kam bei ihrem Onkel mit einem Kreis protestant. Humanisten in Kontakt, nachweislich mit Johannes → Posthius (1537–1597), Jakob Monau (1546–1603), Jan → Gruter (1560–1627), Marquard Freher (1565–1614) u. dem Pfarrer Nicolas Klopfer – an diese Männer richtete sie ihre überlieferten lat. Ged. bzw. übersetzte Ged. von ihnen aus dem Griech. ins Lat.; hielt sich 1592 u. 1595 im Haushalt ihres Onkels Karl in Köln auf, der zu diesem Zeitpunkt bereits erblindet war; unterstützte ihn bei der Publ. seiner Schr. u. nahm Diktate von ihm auf; veröffentlichte mit Johanna von Palant ein Akrostichon an Jan Gruter; schlug ein Angebot (1591), zwei Töchter der Herzogin Marie Eleonore von Preußen (1550–1608) in frz. Sprache zu unterrichten, aus; weitere zuverlässige Hinweise zum Leben U.s fehlen. – Nlat. Lyrikerin, Übersetzerin.

Schriften: Hanc vitam nihil esse, monet vox aurea pagi (in: Sebastian Artomedes, Epithalamiam conscripta in honorem pii et eruditi viri d. Nicolai Klopferi, pastoris Utenhovi, et pudicissimae virginis Elisabethae Heslerinnae, a viris probatis et amicis, amphiaras vatis laude dignissimis) 1573; Qui dixit, fiat lux, factaque protinus est lux (in: Symbolum Iacobi Monawi ipse faciet variis variorum auctorum carminibus expressum et decoratum, cum nonnullis appendicibus) 1595, 222 (online: HAAB Wolfenbüttel); Ergon Posthiadae medicam profiterier artem est (in: Johannes Posthius, Parergorum poeticorum libri duo) 1595, 339 f. (online: UB Mannheim); Iane novem Musas et amans, et amatus ab iisdem (in: ebd.) 340; Iane pater cedat cui matutinus (in: Jan Gruter et al., Inscriptiones antiquae totius orbis Romani) 1602 (Akrostichon mit Johanna von Palant).

Überlieferung: Anna Utenhovia Marquardo Frehero, in: Legionum epistolarum Utenhovii hecatontas aut centuria prima, pag. 52–53 (hs. Briefslg. von 1598; Paris, Bibl. nationale de France, MS fonds latin 18592; ebd. ein im Internet frei verfügbares Digitalisat); ebd., pag. 65 ein aus dem Griech. ins Lat. übersetztes Ged. des J. Posthius; Briefe an Galenus Weyer, in: München, BSB, Collectio Camerariana Bd. 19, Clm 10369, Bl. 161 u. 169.

Übersetzungen: Siehe *Überlieferung.*

Literatur: G. C. Lehms, Teutschlands galante Poetinnen, mit ihren sinnreichen u. netten Proben, nebst einem Anh. ausländ. Dames, so sich gleichfalls durch schöne Poesien bey der curieusen Welt bekannt gemacht, 1715, 319 (online: BSB München); L. W. Forster, Charles Utenhove and Germany (in: ders., Kleine Schr. zur dt. Lit. im 17. Jh.)

1977, 60–80, hier 66 f.; E. Gössmann, Eva. Gottes Meisterwerk, 1985, 127; J. Stevenson, Johann Otho (Othonia) and Woman's Latin Poetry in Reformed Europe (in: Early Modern Women Writing Latin, hg. L. J. Churchill u. a.) 2002, 189–215, hier 206 f., 214; dies., Women Latin poets. Language, Gender, and Authority, from Antiquity to the Eighteenth Century, 2005, 244, 565; L. De Coene, A. De Coster, Vrouwencatalogi onder de loep. Geleerde vrouwen in de Zuidelijke Nederlanden (1500–1800) (in: Van Dhuoda tot Aletta. Het eeuwenoude spanningsveld tussen vrouwelijkheid en geleerdheid, hg A. De Coster u. a.) 2008, 75–107, hier 83 f. MMü

Utlu, Deniz, * 19.5.1983 Hannover; 2002 Abitur, Tätigkeit als Reiseleiter, Zivildienst in Hannover, 2003–14 Hg. von «Freitext. Kultur- u. Gesellsch.magazin» (Berlin), ab 2003 Stud. der Nationalökonomie in Paris u. an der FU Berlin, 2008 Diplom, Arbeit als Kurator (u. a. Lit.reihen am Berliner Maxim Gorki Theater), ab 2013 Mitarb. des Dt. Inst. für Menschenrechte (Berlin); publizierte neben Ggw.rom., Erz., Dramen, Ess., Kolumnen u. Lyrik auch wiss. Arbeiten zum Thema Menschenrechte; Veröff. u. a. in «Allemende. Zs. für Lit.» (Halle/Saale), «Frankfurter Allg. Ztg.», «Südd. Ztg.» (München), «Freitag» (Berlin) u. «Tagesspiegel» (Berlin). – u. a. Lit.preis der Stadt Hannover (2019), Alfred-Döblin-Preis (2021). – Nationalökonom, Schriftsteller.

Schriften: Durch die Augen, die gefremdeten (Lyrik) 2001; Tod eines Superhelden (Drama, mit S. Salzmann) 2011; Fahrräder könnten eine Rolle spielen (Drama, mit ders.) 2012; Für Trauer und Zorn. Plädoyer gegen eine Ökonomie des Gedenkens, 2013; Die Ungehaltenen (Rom.) 2014; Transnational cooperation in business and human rights. A model for analysing and managing NHRI networks (mit C. Schuller) 2014; Menschenrechtliche Risikostandards im System der Außenwirtschaftsförderung (Red., mit I. Scheffer, I. Müller) 2014; Schutzlücken schließen. Transnationale Zusammenarbeit zu Menschenrechten am Beispiel Kohleabbau in Kolumbien (mit J.-C. Niebank) 2017; Das kalkulierte Risiko. Ökonomische versus menschenrechtliche Anforderungen an eine unternehmerische Risikoanalyse (mit dems.) 2017; Closing protection gaps in the human rights and business context. What transnational cooperation between the national human rights institutions of

Germany and Colombia has achieved (mit DEMS., G. KAYA) 2017; Gegen Morgen (Rom.) 2019; Menschenrechte im Palmölsektor. Die Verantwortung von einkaufenden Unternhemen. Grenzen und Potenziale der Zertifizierung (mit S. PHUNG) 2020.

Literatur: Der Kuckuck aus dem Uhrwerk. FS anlässlich der Verleihung des Ulrich-Beer-Förderpreises an ~ (hg. Eisenbacher Autorenstiftung) 2011; D. SCHREINER, Ungehaltene neue dt. Lit. Ein Interview mit ~ (in: Transit [Berkeley] 11) 2017, H. 1 (nur online: https://transit.berkeley.edu/2017/schreiner-2/); D. MASIAKOWSKA, ‹Wer an die Zukunft denkt, muss sich erinnern können›. ~s Rom. ‹Die Ungehaltenen› zum Gedenken an die Vätergeneration (in: Quellen – Details – Argumente, hg. I. BARTOSZEWICZ u. a.) Wrocław 2018, 89–102; Lit.port Autorenlex. (Internet-Edition).

MM

V

Varatharajah, Senthuran, * 29.6.1984 Jaffna (Sri Lanka); V.s Familie floh 1984 vor dem Bürgerkrieg in Sri Lanka nach Dtl., wuchs in Burgkunstadt/Bayern auf, Stud. der Philos., evang. Theol. u. Kulturwiss. an den Univ. Marburg u. Berlin, Stud.- u. Forsch.aufenthalt am King's College London, Doktorand am Inst. für Philos. an der HU Berlin, veröff. Beitr. in Anthol. u. Ess. in Ztg. wie «SZ», «die tagesztg.» u. «Die Zeit»; lebt in Berlin. – (Neben weiteren Auszeichnungen) Alfred-Döblin-Stipendium (2014), 3Sat-Preis beim Ingeborg-Bachmann-Wettbewerb (2014), Arbeitsstipendium des Berliner Senats (2015, 2018), Kranichsteiner Lit.förderpreis (2016), Werkstipendium des Dt. Lit.fonds (2016/17, 2020), Adelbert-von-Chamisso-Förderpreis (2017), Rauriser Lit.preis (2017), Poetikdozentur am Internat. Forsch.zentrum Chamisso (2018). – Schriftsteller.

Schriften: Vor der Zunahme der Zeichen (Rom.) 2016.

Übersetzungen: A. Emezi, Süßwasser (mit A. Assaf) 2018.

Literatur: G. Schneider, «Nichts ist in diesen Zeichen aufgehoben». Laudatio für ~. Rauriser Lit.preis 2017 (in: Salz. Zs. für Lit. 42, H. 167) 2017, 6–8; D. Knipphals, Dramatisierung der Fremdheit. ~ lässt seine Figuren in einem Chat erzählen (in: Chassimo 16) 2017, 14–17; A. Bidmon, Sex, Drugs, Abschiebung. «Arab. Jungs» in der dt.sprachigen Ggw.lit. (in: Parallel- u. Alternativgesellsch. In den Ggw.lit., hg. T. Hiergeist) 2017, 51–79; H. Rösch, S. Bauer, Migrantisch(es) Lesen. Der Chat-Rom. ‹Vor der Zunahme der Zeichen› von ~ (in: DU 70) 2018, H. 1, 48–57; K. v. Hagen, Fluchtlinien. Neue lit. Texte aus Dtl. u. Frankreich (in: Zeithist. Forsch. – Studies in Contemporary History 15) 2018, H. 3, 539–558; A. Hampel, Das Polit. be-sprechen. Zur polit. Ggw.lit. am Beispiel von ~ ‹Vor der Zunahme der Zeichen› (in: Polit. Literatur. Begriffe, Debatten, Aktualität, hg. dies., Ch. Lubkoll, M. Illi) 2018, 441–458; J. Teupert, Sharing Fugitive Lives. Digital Encounters in ~s ‹Vor der Zunahme der Zeichen› (in: Transit 11) 2018, H. 2, 3–20; A. Rutka, Zur Kontingenz der (Sprach) Zeichen als Folge von Flucht u. Exil in ~s ‹Vor der Zunahme der Zeichen› (in: Kwartalnik neofilologiczny 66) Warschau 2016, H. 4, 597–609; C. Goer, «Beide Begriffe, Ggw.lit. u. Weltlit., können das, was sie zu sein vorgeben, nicht einlösen.» Ein schriftl. Interview mit ~ über akzentfreies Dt., horizontale u. vertikale Sprachen u. produktive Brüche (in: Ggw.lit. Weltlit., hg. G. Radaelli, N. Thurn) 2019, 275–286; T. A. Schickhaus, Theatrale Kommunikation in interkulturellen Schreibweisen (in: Zs. für interkulturelle Germanistik 10) 2019, H. 1, 97–112; S. Steidl, Fluchtmigration. Begegnungsszenarien in dt.sprachigen Ggw.rom. (2014–2018) (Diss. Hamburg) 2019, 124–143; K. Zimmermann, Von Kraken u. Lentoren (in: Schreiben im Zwiegespräch. Praktiken des Mentorats u. Lektorats in der zeitgenöss. Lit., hg. J. Mohs, K. Zimmermann, M. Caffari) 2019, 161–189; E. Terrones, «Zeitgenossenschaft als Pluralität. Wenn sich Flüchtlinge einmischen» (in: Germanistik in Ireland. Yearbook of the German Studies Association of Ireland 15) 2020, 199–208; J. Klueppel, Emotionale Landschaften der Migration. Von unsichtbaren Grenzen, Nicht-Ankommen u. dem Tod in Stanišić̕s «Herkunft» u. ~s ‹Vor der Zunahme der Zeichen› (in: Transit 12) 2020, H. 2, 1–22; A. Hampel, Lit. Reflexionsräume des Politischen. Neuausrichtungen in Erzähltexten der Ggw., 2021; Lit.port Autorenlex. (Internet-Edition). FA

Vásárhelyi, Henriette (geb. Langer, Ps. dimasz), * 1977 Berlin (Ost); wuchs in Mecklenb. auf, absolvierte eine Ausbildung zur IT-Systemkauffrau in Rostock, Red.-Mitarb. bei der Tageszg. «Norddt. Neueste Nachr.» ebd., im Rechnungswesen u. als Arztgehilfin tätig, studierte bis 2010 Lit. Schreiben am Dt. Lit.inst. in Leipzig u. 2012–14 Contemporary Art Practice an der Hochschule der Künste Bern (ohne Abschluß), ab 2019 Stud. der Sozialen Arbeit an der Berner Fachhochschule; lebt nahe Biel/Bienne. – Studer/Ganz-Preis (2012), Lit.preis des Kt. Bern (2014), Berner Schreibstipendium (2019). – Schriftstellerin.

Schriften: immeer (Rom.) 2013; Seit ich fort bin (Rom.) 2017.

Literatur: Literapedia Bern. Das Lex. der Berner. Schriftst.innen u. Schriftst. (Internet-Edition); Lit.port Autorenlex. (Internet-Edition). FA

Vaszary, Anne von (geb. Schwiethal), * 21.3.1975 Großenhain/ Kr. Meißen; Ausbildung zur Sportlehrerin u. -trainerin, Stud. der Komparatistik in Stuttgart sowie der Film- u. Fernsehdramaturgie an der Hochschule für Film u. Fernsehen Potsdam-Babelsberg, 2005 Diplom-Abschluß, danach freie Autorin, Doz. u. Dramaturgin, u. a. Mitarb. an

Computerspielen u. TV-Serien; lebt in Berlin; verfasste u. a. Krimis, Jgdb. u. Hörsp.; Veröff. u. a. in «Zitty» (Berlin). – Dramaturgin, Schriftstellerin.

Schriften: Rock mich! (Jgdb.) 2007; Die Schnüfflerin (Kriminalrom.) 2020; Elli Holder: Vergessen (Hörsp.) 2020; Schattenjagd. Ein neuer Fall für Nina Buck (Kriminalrom.) 2021.   MM

Vaucher, Thomas, * 29.7.1980 Freiburg im Üechtland; Primarlehrer in Heitenried, daneben Auftritte als Musiker (vor allem mit der Band «Emerald») u. Schauspieler; lebt in Giffers; schrieb u. a. Fantasy- u. hist. Rom., Thriller, Erz., Schausp. u. Drehb.; Veröff. u. a. im «Freiburger Volkskalender». – Pädagoge, Schriftst., Musiker, Schauspieler.

Schriften: Der letzte Herrscher von Heitenried. Die wahre Geschichte! (Schausp., mit U. Mühlematter) 2009; Der Löwe von Burgund. Ein historischer Roman zur Zeit Karls des Kühnen, 2010; Lokis Fluch: Drei Welten – Ein Feind. Aegis Flotte 1 (Fantasy, hg. G. Meyer) 2010; Hutätä (Rom.) 2012; Winterhelden (hist. Rom.) 2013; Die Entstehung des Schiffenensees (Musical) 2013; Die Akte Harlekin (Thriller) 2016; Der Engadiner Krieg. Eine Reise in die Renaissance (mit F. Messner u. a.) 2016; Tell. Mann, Held, Legende (hist. Rom.) 2017; Blutmond. Winters zweiter Fall (Thriller) 2018; Der General (hist. Rom.) 2019; Der Incubus. Winters dritter Fall (Thriller) 2020; Die Rückkehr der Wirker (Fantasyrom.) 2021.

Literatur: N. Wernicke, Gesch. u. ihre (un)polit. Dimension in der Lit. u. Erinnerungskultur der Schweiz des 21. Jh. (in: Romanhaftes Erzählen von Gesch. Vergegenwärtigte Vergangenheiten im beginnenden 21. Jh., hg. D. Fulda, S. Jaeger, mit E. Agazzi) 2019, 461–481.   MM

Vennemann, Kevin, * 1977 Dorsten; besuchte das St. Ursula Gymnasium in Dorsten, studierte Germanistik, Anglistik, Judaistik u. Gesch. in Köln, Innsbruck, Berlin u. Wien, wurde 2015 an der New York Univ. mit einer lit.wiss. Arbeit über die Müdigkeit promoviert, ist seit 2016 Assistant Prof. am Department of German Studies des Scripps College in Claremont/CA. – Preis für muttersprachlich dt.sprachige Autoren des Integrationsfonds der Stadt Wien u. des Vereins Exil (2003), Klagenfurter Lit.kurs (2004), Aufenthaltsstipendium der Stiftung Insel Hombroich (2006), Aufenthaltsstipendium Sloweniens der Stiftung Brandenburger Tor (2006), GWK Förderpreis Lit. (2006), Förderpreis zum Heimrad-Bäcker-Preis (2007), Bayern 2-Wortspiele-Preis (2007), Aufenthaltsstipendium in der Villa Aurora in Los Angeles (2008), Margarete-Schrader-Preis (2009), Aufenthaltsstipendium Künstlerhof Schreyahn (2009), Aufenthaltsstipendium des Goethe-Inst. in der Villa Kamogawa in Kyoto (2015). – Prosautor, Übers., Hochschullehrer.

Schriften: Wolfskinderringe (Erzn.) 2002; Nahe Jedenew (Rom.) 2005; Mara Kogoj (Rom.) 2007; Sunset Boulevard. Vom Filmen, Bauen und Sterben in Los Angeles, 2012.

Radioarbeiten: Beiderseits (Hörsp.) BR 2007; Peter O. Chotjewitz, WDR 2007; The Voice of the Poor, Sami Berdugo (Radioess.) BR 2007; Eva Hesse und die Romantik (Radioess.) BR 2007; Sunset Boulevard – wie der Architekturfotograf Julius Shulman eine ganze Moderne zerstörte (Radioess.) BR 2008.

Übersetzungen: Ein Schritt weiter. Die n+1-Anthologie (hg. B. Kunkel, K. Gessen) 2008; M. Greif, Bluescreen. Essays, 2011; F. Berardi, Der Aufstand. Über Poesie und Finanzwirtschaft, 2015; ders., Helden. Über Massenmord und Suizid, 2016; Ch. Kraus, I Love Dick, 2017; F. Berardi, Die Seele bei der Arbeit. Von der Entfremdung zur Autonomie, 2019.

Herausgaben: E. Lasker-Schüler, IchundIch (mit K. J. Skrodzki) 2009.

Literatur: KLG; Killy ²11 (2011) 752 f. – F. Huber, Strenges Komponieren? (in: Wespennest, H. 148) 2007, 98 f. (zu ‹Mara Kogoj›); G. Ecker, Laudatio auf ~. Preisträger des Margarethe-Schrader-Preises der Univ. Paderborn (in: Lit. in Westf. Beitr. zur Forsch.10, hg. W. Gödden) 2009, 265–270; J. Süselbeck, ‹Walser light›? Ist das ‹junge Erzählen› vom Nationalsozialismus innovativ, verharmlosend oder einfach nur harmlos? (in: Konkurrenzen, Konflikte, Kontinuitäten. Generationenfragen in der Lit. seit 1990, hg. A. Geier, J. Süselbeck) 2009. 53–68 (zu ‹Nahe Jedenew›); E. Paefgen, Wieviel sich verändern kann in nur wenigen Augenblicken. ~s ‹Nahe Jedenew› als Erz. über das Nichterzählbare (in: Lit. im Unterricht) 2011, H. 1, 1–16; A. Boulanger, Passé contemporain. L'histoire comme hypothèse chez Daniel Kehlmann (‹Les arpenteurs du monde›), Robert Menasse (‹Chassés de l'enfer› et ~ (‹Prés des Jedenew›) (in: Allemagne d'aujourd'hui) 2012, H. 200, 121–130 (zu ‹Nahe Jedenew›); K. Frieden, Neuverhandlungen des Holocaust. Mediale Transformationen des Gedächtnisparadigmas, 2014, 73–106 (zu ‹Nahe Jedenew› u. ‹Mara Kogoj›); D. GORTYCH, Das postmoderne Shoah-Erzählen? Zu ~s ‹Nahe Jedenew› (2005) (in: Neuer Ernst in der Lit.? Schreibpraktiken in dt.sprachigen Rom. der Ggw., hg. K. EICHHORN) 2014, 87–98; C. HÄHNEL-MESNARD, Die Inszenierung von Zeugenschaft im Rom. ‹Nahe Jedenew› (2005) von ~ (in: Der Nationalsozialismus u. die Shoah in der dt.sprachigen Ggw.lit., hg. T. FISCHER u. a.) 2014, 167–186; B. PREVIŠIC, Engagierte Lit. heute. Konflikt als hist. Diskurs, musikal. Metaphorik u. Performanz in ~s ‹Mara Kogoj› (in: Zs. für interkulturelle Germanistik) 2014, H. 1, 107–123. BJ

Versen, Lothar von, * 7.4.1938 Berlin, † 26.9.2014 ebd.; Sohn eines Mediziners, wuchs in Berlin auf, Abitur ebd., studierte bis 1969 Gesch., Frz. u. Ital. an den Univ. Berlin, Göttingen, Caen/Frankreich u. Coimbra/Portugal, anschließend Studienassessor in Berlin, als Journalist, Lektor u. Übers. tätig, Hörsp.autor, Liedermacher, veröff. ab 1970 eigene Musikalben, gab 1972 erste Konzerte in Berliner Lokalen, trat zudem mit Kabarettprogrammen auf. – Sänger, Liedermacher, Journalist, Kabarettist, Übersetzer.

Schriften: Florians fliehende Feuilletons, 1980; Berliner Weiße, 1983; Nichts aus der Lindenstraße. Humoresken und Kapriolen (Vorw. U. ROSKI, Zeichn. v. F. Jeromin) 1993; Harlekin im Herbst. Eine fiebrige Erzählung, 2005.

Übersetzungen: A. P. Duchateau, Mord in der blauen Stunde, 1975; J. Joffo, Ein Sack voll Murmeln (Rom.) 1975; P. Boileau, T. Narcejac, Das Geheimnis von Eunerville (Krimialrom.) 1975; dies., Arsène Lupin, die Affäre Mareuse (Krimialrom.) 1976; J. Joffo, Anna und ihr Orchester (Rom.) 1977; Geschichte des Sozialismus (hg. J. DROZ) 1978; V. Lestienne, Der Taschenprinz (Rom.) 1978; C. de Rivoyre, Reise nach rückwärts (Rom.) 1978; Juliette, Warum ich? Berichte einer jungen Frau von heute, 1988.

Tonträger (Ausw.): Lassen Wir Die Phrasen (1 Schallplatte) 1970; Der Barde (1 Schallplatte) 1974; Der Entertainer (1 Schallplatte) 1976; Die Mitternachts-Barbarella (1 Schallplatte) 1977; O Mitmensch, willst du sicher sein (1 Schallplatte) 1981; Hilfe, ich bin normal. L. v. V. als Lebensberater Don Lobo (2 CDs) 2010.

Nachlaß: Briefw. im DLA; Brief im Lit.arch. Sulzbach-Rosenberg.
Literatur: K. BUDZINSKI, R. HIPPEN, Metzler Kabarett Lex., 1996, 412; The Internet Movie Database (online). FA

Vilke, Darja → Wilke, Daria.

Vinera, Elisabeth → Patsch, Elisabeth.

Vischer, Manfred, * 17.5.1933 Basel; Ausbildung zum Buchhändler in Bern u. New York mit Praktikum in Tübingen, 1965–74 Verlagsleiter in Frauenfeld, 1975–98 Mitarb. der ZB Zürich; Mitgl. der Partei der Arbeit der Schweiz, dort zeitweise im Zentralkomitee u. später in der Kontrollkommission tätig; lebt in Winterthur. – Bibliothekar, Verleger, Schriftst., Parteifunktionär.

Schriften: Katalog der Primärliteratur mit druckgraphischen topographischen Ansichten aus dem Kanton Zürich. Einführung und Arbeitsbericht, 1978; Alltag in Zürich zur Reformationszeit. Zentralbibliothek Zürich, 18. September – 10. November 1984 (Kat.red.) 1984; Bibliographie der Zürcher Druckschriften des 15. und 16. Jahrhunderts, 1991; Zürcher Einblattdrucke des 16. Jahrhunderts (Bibliogr.) 2001; 60 Jahre Partei der Arbeit der Schweiz. Keine Zukunft ohne Vergangenheit (Red.) 2004 (dt., ital. u. frz.); Die Sanduhr (Kriminalrom.) 2005; Dr. Sartorius (Kriminalrom.) 2007; Inferno (Kriminalrom.) 2008; Ave Helvetia (Rom.) 2011; Il passato vive (Erz.) 2014; Val Sinestra. Eine Erzählung aus dem Unterengadin, 2016; Winterreise. Eine Wanderung zu sich selbst, 2018.

Herausgaben: Thurgau gestern, heute, morgen, 1966. MM

Vögler, Johannes → Avianius, Johannes.

Völker, Renate (verh. Seibold-Völker), * 1953 Schorndorf; als freie Journalistin tätig, Mitarb. bei versch. Verlagen, Pressestellen u. Nachr.agenturen, Red. bei dem Autohersteller Daimler, verfaßte Beitr. für lokale Bl. in Baden-Württ., war mit dem SPD-Kommunalpolitiker Karl-Otto V. (1946–2020) verheiratet. – Red., Journalistin, Buchautorin.

Schriften: Fußstapfen. Lebensbilder aus Schorndorf (Fotos v. R. Bauer) ²1991; Schwäbische Wirtschafts-Wunder im Kreis Esslingen (mit A. SCHLUPP-MELCHINGER, G. NETHING, Vorw. M.

Rommel, Fotos v. G. Stoppel) 2004; Fellbacher Weinbuch (mit A. Krohberger, mit Beitr. v. N. Lump u. F. Huby, Fotos v. P. Hartung) 2007; Gottlieb Daimler. Ein bewegtes Leben (mit Karl Otto V.) 2013; Lieblingsplätze. Fellbacher stellen ihre Stadt vor (mit A. Krohberger, Fotos v. P. D. Hartung) 2014.

Herausgaben: «Wir brauchten jeden Apfelschnitz». Alltag zwischen Kriegsende und Währungsreform, 1995.

FA

Vogelsang, Ilse → Pauls, Ilse.

Vogler, Johannes → Avianius, Johannes.

Vogler, Thomas → Aucuparius, Thomas.

Vopel, Sophie Ferdinande Maria Philippine → Göckingk, Sophie Ferdinande Maria Philippine.

Vortmannus, Johannes → Fortmann, Johannes.

W

Wäser, Michael, * 3.11.1964 Saarlouis; wuchs im Saarland auf, studierte Schausp. an der Essener Folkwangschule, arbeitete bis 1999 an versch. dt. Theatern, widmete sich dann der Entwicklung u. Ausarbeitung von Drehb.; lebt in Berlin. – Drehb.förderung des Kuratoriums für den jungen dt. Film (2001), Stipendium des Dt. Lit.fonds. – Schauspieler, Schriftsteller.

Schriften: Die sieben Leben des Francis Béboux (mit K. RODENSTOCK), 2006; Familie Fisch macht Urlaub [oder: niemand hat die Absicht, eine Mauer zu errichten] (Rom.), 2011; Warum der stille Salvatore eine Rede hielt, 2015; In uns ist Licht (Rom.) 2018; Am Neuen See. Eine Begegnung (mit I. BACH) 2020.

Literatur: Lit.port Autorenlex. (Internet-Edition). BJ

Wagner, Anja (Ps. Holy Watson), * 1971 Steinfurt/Westf.; Sozialpädagogin, war als Erzieherin tätig; lebt in Steinfurt. – Leipziger Lesekompass (2012). – Kinder- u. Jugendbuchautorin.

Schriften: Caro, Lina und der Buchgeist (Bilder v. A. Swoboda) 2010; Die kleine Räuberlilli (Bilder v. I. Wewer) 2011; Der Robin-Hood-Klub. 4 Bde. (I 4 Freundinnen für immer – II 4 Freundinnen für 1 Kaninchen – III 4 Freundinnen und 1 Herz für Bäume – IV 4 Freundinnen für 1 Hundeglück [Illustr. v. H. Vogel]) 2011–13; Die Sherlock-Holmes-Academy (Illustr. F. Harvey) 3 Bde. (I Karos, Chaos & knifflige Fälle – II Geheimcode Katzenpfote – III Mission Meisterdetektiv) 2014; Als Madame Minetta aus der Wanduhr fiel … Ein Märchenroman mit Gedichten der Autorin (Illustr. v. S. Pricken) 2014; Millie Millberry & das Teestübchen-Komplott (Illustr. v. C. Sturm) 2014; Elin und das Schwert der Träume (Illustr. v. P. Kolitsch) 2015; Marisa Meermädchen (Illustr. v. N. Ishida) 2 Bde. (I Der Traum vom Reiten – II Das große Ponyglück) 2019; Iim Meer wartet die Freiheit, 2019 (= Dolphin Dreams 4).

Literatur: A. WICKE, «Ich mochte Sherlock Holmes lange nicht so gern wie Miss Marple». Intertextuelle Spuren in Andreas Steinhöfels *Rico, Oskar …*-Krimis (in: Volkacher Bote. Zs. der Dt. Akad. für Kinder- u. Jugendlit. 98) 2013, H. 7, 19–30, hier 22. FA

Wanda, Miriam → Keilhauer, Magdalena.

Wandl, Rosemarie → Poiarkov, Rosemarie.

Warneke, Lothar, * 15.9.1936 Leipzig, † 5.6.2005 Potsdam; Sohn eines kaufmänn. Angestellten, studierte nach dem Abitur 1954–59 Theol. an der Karl-Marx-Univ. Leipzig, war Vikar, trat aus der Kirche aus, 1959/60 in einer Textilfabrik tätig, Eintritt in die SED, studierte 1960–64 Regie an der Dt. Hochschule für Filmkunst in Potsdam-Babelsberg, 1964–67 Regieassistent bei Filmemachern wie Kurt Maetzig (1911–2012) u. Egon Günther (1927–2017), 1969 erste Regiearbeit «Mit mir nicht, Madam!» mit Roland Oehme (* 1935), gelegentlich Filmdarsteller, 1980–90 Vizepräs. des Verbandes der Film- u. Fernsehschaffenden der DDR, drehte nach dem Mauerfall nur noch vereinzelt Filme, lehrte an der Hochschule für Film u. Fernsehen Potsdam-Babelsberg. – (Neben weiteren Auszeichnungen) Heinrich-Greif-Preis 1. Klasse (1971), Kunstpreis der DDR (1974), Nationalpreis der DDR 3. Kl. (1977), Spezialpreis des sowjet. Verbandes bildender Künste beim Internat. Filmfestival Moskau (1981), Regie- u. Publikumspreis «Großer Steiger» beim 2. Nationalen Spielfilmfestival der DDR für «Die Beunruhigung» (1982), Heinrich-Greif-Preis 1. Kl. für «Die Beunruhigung», Großer Preis u. Findlingspreis beim 4. Nationalen Spielfilmfestival der DDR für «Blonder Tango» (1986), Publikumspreis «Großer Steiger» u. Findlingspreis für «Einer trage des anderen Last» (1988). – Drehb.autor, Doz., Filmregisseur.

Schriften (Drehb. in Ausw.): Dr. med. Sommer II (Drehb., mit H. HÜTTNER) 1970; Es ist eine alte Geschichte (Drehb., mit DEMS.) 1972; Leben mit Uwe (Drehb., mit S. PITSCHMANN) 1974; Die unverbesserliche Barbara (Drehb.) 1977; Addio, piccola mia (Drehb.) 1979; Unser kurzes Leben (Drehb., m. R. KÜHN) 1981; Die Beunruhigung (Drehb., mit E. RICHTER, H. SCHUBERT) 1982; Film ist eine Art zu leben. Eine Dokumentation (Zus.stellung H. HERLINGHAUS) 1982; Eine sonderbare Liebe (Drehb., mit E. RICHTER, W. WITT) 1984; Blonder Tango (Drehb., mit O. SAAVEDRA SANTIS) 1986; Einer trage des anderen Last (Drehb., mit W. HELD) 1988; Die Schönheit dieser Welt. Erinnerungen eines Filmregisseurs (aufgezeichnet v. E. RICHTER) 2005.

Herausgaben: Transzendenz im populären Film. Forschungsprojekt der Hochschule für Film und Fernsehen, Potsdam-Babelsberg und der Hanns-Lilje-Stiftung, Hannover (mit M. LOCATELLI) 2001.

Literatur: A. RINKE, Lotte in Weimar and Unser kurzes Leben. Two cinematic adaptations of literature in the ex-GDR (in: Text into Image. Image into Text, hg. J. MORRISON, F. KROBB) 1997, 297–305;

W. Walker, GDR Film in Cultural Context (in: Die Unterrichtspraxis / Teaching German 15) Oxford 1982, H. 2, 194–206; Film A–Z. Regisseure, Kameraleute, Autoren, Komponisten, Szenographen, Sachbegriffe (hg. W. Klaue, C. Mückenberger, Mitarb. v. J. Reichow) 1984, 331 f.; H. Holba, G. Knorr, P. Spiegel, Reclams dt. Filmlex., 1984, 396 f.; L. Bisky, ‹Eine sonderbare Liebe› von ~ (in: WB 31) 1985, H. 2, 309–328; H. Kersten, Von den Schwierigkeiten des Lebens zu zweit. ~s neuer DEFA-Film ‹Eine sonderbare Liebe› (in: Dtl. Arch. Zs. für das vereinigte Dtl. 18) 1985, H. 3, 236 f.; Biogr. Hdb. der SBZ/DDR 1945–1990 (hg. G. Baumgartner, D. Hebig) Bd. 2, 1996, 979; J. Feinstein, Constructing the Mythic Present in the East German Cinema. Frank Beyer's «Spur der Steine» and the 11th Plenum of 1965 (in: Central European History 32) Cambridge 1999, H. 2, 203–220, hier 218; K. Weniger, Das große Personenlex. des Films, Bd. 8, 2001, 266; L. G. McGee, Revolution in the Studio? The DEFA's Fourth Generation of Film Directors and Their Reform Efforts in the Last Decade of the GDR (in: Film History 15) Bloomington/IN 2003, H. 4, 444–464; E. Görner, Ein undogmat. Moralist. Hommage an ~ (1936–2005) (in: Dtl. Arch. Zs. für das vereinigte Dtl. 38) 2005, H. 4, 586–589; W. Mühl-Benninghaus, Wenn das Komische keiner mehr versteht. Das Komische in den späten DEFA-Filmen am Beispiel von ‹Einer trage des anderen Last› (in: Maske u. Kothurn 51) 2005, H. 4, 504–508; R. Schenk, ~ (in: Film-Dienst. Das Film-Magazin 58) 2005, H. 13, 25; R. Harhausen, Alltagsfilm in der DDR. Die «Nouvelle Vague» der DEFA, 2007, 59–68 u. ö.; F.-B. Habel, Lex. Schauspieler in der DDR (Mitarb. V. Wachter) 2009, 452 f.; J. H. Trnka, Choreographing Exile. ~s and Omar Saavedra Santis's ‹Blonder Tango› (in: GQ 84) 2011, H. 3, 309–327; K. Max, Fiebrige Leidenschaft. Die gesteigerte Libido der Tuberkulösen als epochenübergreifende Metapher in der Lit. des 19. u. 20. Jh. (in: Epoche u. Metapher. Systematik u. Gesch. kultureller Bildlichkeit, hg. B. Specht) 2014, 255–279, hier 273–277 (zu ‹Einer trage des anderen Last›); S. A. Klocke, The «Gentle Lie». Women and the GDR Medical System in Film and Literature (in: Imaginations Journal 8) Edmonton 2017, H. 1, 100–113; F. Stewart, «Nicht so schnell!» Female Sexuality and Socialism in DEFA Youth Films (in: CollGerm 50) 2017, H. 1, 35–54, hier 51; M. Cormican, Ambivalent Sexism. Gender, Space, Nation, and Renunciation in ‹Unser kurzes Leben› (in: Gender and Sexuality in East German Film. Intimacy and Alienation, hg. K. Frackmann, F. Stewart) Rochester/NY 2018, 166–184; S. A. Klocke, Dealing with Cancer, Dealing with Love. Gender, Relationships, and the GDR Medical System in ~'s ‹Die Beunruhigung› (ebd.) 185–203; H. Wrage, Neue Männer braucht das Land. «Solo Sunny» (1980) u. die Frauenfilme der DEFA (in: Mauerschau. Die DDR als Film. Beitr. zur Historisierung eines verschwunden Staates, hg. D. Orth, H.-P. Preusser) 2020, 134; Biogr. Datenbanken. Bundesstiftung zur Aufarbeitung der SED-Diktatur (online); Biogr. von KünstlerInnen der DEFA (online); Dokumentarfilmgesch. Forsch.plattform zum dokumentar. Film in Dtl. (online); The Internet Movie Database (online); Filmportal.de (online); Lex. des Internat. Films (online). FA

Watzke, Ed, * 1951 Öst.; studierte Soziologie u. Pädagogik an der Univ. Wien, als Sozialarbeiter u. Psychotherapeut tätig, ab 1991 Mediator im Außergerichtl. Tatausgleich in Wien, Doz. an der Fernuniv. Hagen, arbeitete auch als Supervisor u. Berater, Mitbegr. eines Playback-Theaters in Wien; lebt ebenda. – Buchautor, Doz., Sozialarbeiter, Psychotherapeut.

Schriften: Sucht mich nicht, ich bin im Hotel Siller. Schlüsselszenen aus dem Leben eines Einbrechers, 1991; Äquilibristischer Tanz zwischen Welten. Neue Methoden professioneller Konfliktmediation, 1997 (3., erw. Aufl. 2004); «Wahrscheinlich hat diese Geschichte gar nichts mit Ihnen zu tun ...». Gesch., Metaphern, Sprüche u. Aphorismen in der Mediation, 2008. FA

Watzke, Michael, * 12.4.1973 Remscheid; wuchs in Remscheid auf u. besuchte das Gymnasium ebd., Mitarb. der Schülerztg., 1992 Abitur, verfaßte als freier Journalist Beitr. für die Tageszg. «Rhein. Post» u. das Studio Wuppertal des WDR, ab 1993 Schüler an der Dt. Journalistenschule (DJS) in München, studierte bis 1999 Politik- u. Kommunikationswiss. an der Univ. München sowie an der American University in Washington DC, 1993–95 freier Reporter der «Südd. Ztg.», 1996–99 Hörfunkjournalist beim BR (Szenemagazin «Zündfunk») u. bei «Antenne Bayern», ab 1999 Red. u. ab 2002 Chefreporter bei «Antenne Bayern», ab

2003 Lehrauftrag für Hörfunk-Journalismus an der DJS, absolvierte die Drehb.werkstatt München, seit 2010 DLF-Landeskorrespondent für Bayern; lebt in München. – (Neben weiteren Auszeichnungen) Walter-Hofmiller-Stipendiat der DJS (1994), Axel-Springer-Preis für junge Journalisten (2003), Robert Geisendörfer Preis für ‹Das letzte Stück Himmel› (2008), Preis der dt. Filmkritik (2008) u. Publikumspreis der Bamberger Kurzfilmtage (2009) für ‹Das Heimliche Geräusch› (2009), Medienpreis der Dt. Gesellsch. für Geographie (2013). – Journalist, Filmregisseur, Drehbuchautor.

Schriften: Spürst du was (Drehb.) 2005 (auch Regie); Das letzte Stück Himmel (Drehb., mit J. BAIER) 2007 (Regie: Jo Baier); Das heimliche Geräusch (Drehb.) 2008 (auch Regie).

Literatur: Filmportal.de (online); The Internet Movie Database (online); Lex. des internat. Films (online).   FA

Weber, Julia, * 1983 Moshi (Tansania); Tochter von Farmern, lebt seit 1985 in Zürich, Ausbildung zur Fotofachangestellten, Matura, 2009–12 Stud. des lit. Schreibens in Biel, betreibt seit 2012 den lit. Schreibservice «Lit.dienst», 2019 Mitbegründerin des feminist. Kollektivs «RAUF», ab 2020 Kolumnistin des «Tages-Anz.» (Zürich); lebt in Zürich; Veröff. u. a. in «Neue Zürcher Ztg.», «Orte. Eine Schweizer Lit.zs.» (Zürich) u. «Lit. Monat. Das Schweizer Lit.magazin» (Zürich). – (Neben weiteren Auszeichnungen) Franz-Tumler-Lit.preis (2017), Alfred Döblin-Medaille (2018). – Schriftstellerin.

Schriften: Lebenswert AG (Drama) 2009; Der Zwischenraum (Drama) 2009; Aber die Plastikmenschen (Illustr. v. S. Baldauf) 2015; Menschen, die Bücher tragen, Menschen, die Bücher haben, Menschen, die das Wort mögen, die Sprache, die Möglichkeit der Buchstaben (Bildbd., Fotos v. K. Deér) 2015; Immer ist alles schön (Rom.) 2017.   MM

Wedekind, Joachim, * 26.2.1925 Berlin, † 7.4. 1963 München (Freitod); absolvierte eine Schauspielausbildung an der Ausbildungsanstalt für dt. Bühnennachwuchs in Berlin, 1943 Debüt als Filmdarsteller in «Paracelsus» (Regie: G. W. Pabst), war nach 1945 vor allem als Hörsp.- u. Drehb.autor tätig, lebte 1956 in Rottach/Egern. – Drehb.autor, Schauspieler.

Schriften: Professor Nachtfalter (Drehb., mit P. SCHWENZEN, K. E. WALTER) 1951; Die Försterchristl (Drehb., mit F. BÖTTGER) 1952; Die Wirtin von Maria Wörth (Drehb., mit DEMS., E. v. BORSODY) 1952; Die Junggesellenfalle (Drehb., mit F. BÖTTGER) 1953; Maske in Blau (Drehb., mit DEMS., W. FORSTER) 1953; Die geschiedene Frau (Drehb., mit W. FORSTER) 1953; Die Rose von Stambul (Drehb., mit DEMS.) 1953; Heimlich, still und leise (Drehb., mit DEMS.) 1953; Ingrid, die Geschichte eines Fotomodells (Drehb., mit G. CORBETT) 1954; An jedem Finger zehn (Drehb., mit P. SCHWENZEN) 1954; Gitarren der Liebe (Drehb., mit DEMS., U. BLOY) 1954; Gestatten, mein Name ist Cox (Drehb., mit G. JACOBY, R. BECKER) 1954; Drei Mädels vom Rhein, 1955; Ich denke oft an Piroschka (Drehb., mit P. SCHWENZEN) 1955; Solang' es hübsche Mädchen gibt (Drehb., mit DEMS., A. ARTINGER) 1955; Mädchen ohne Grenzen (Drehb., mit J. GEIS) 1955; Kleines Zelt und große Liebe (Drehb.) 1956; Gruß und Kuß vom Tegernsee (Drehb.) 1957; Das Mädchen ohne Pyjama (Drehb.) 1957; Liebe kann wie Gift sein (Drehb., mit W. v. HOLLANDER) 1958; Wenn die Conny mit dem Peter (Drehb., mit A. v. PINELLI) 1958; Die ideale Frau (Drehb., mit W. FORSTER, H. BRÜCHER) 1959; Liebe verboten. Heiraten erlaubt (Drehb., mit G. v. CETTO) 1959; Tausend Sterne leuchten (Drehb., mit H. PHILIPP) 1959; Ein Tag, der nie zu Ende geht (Drehb., mit W. FORSTER) 1959; Immer die Mädchen (Drehb., mit F. M. SCHILDER, W. NEUMEISTER) 1959; Pension Schöller (Drehb., mit G. JACOBY, G. KAMPENDONK) 1960; Mit 17 weint man nicht (Drehb., mit J. FURCH) 1960; Die Brücke des Schicksals (Drehb., mit F. BÖTTGER) 1960. (Ferner Hörspiele.)

Literatur: K. WENIGER, Das große Personenlex. des Films, Bd. 8, 2001, 295; Filmportal.de (online); The Internet Movie Database (online); Lex. des internat. Films (online).   FA

Wehlim, Thomas Josef (eig. Robert Müller), * 26.4.1966 Witten; 1987–94 Stud. der Mathematik in Mainz, Diplom-Abschluß, danach an der Univ.klinik Mainz tätig, war ab 1996 wiss. Mitarb. an der Univ. Leipzig, dort 2002 Promotion zum Dr.-Ing. («Event-oriented dynamic adaption of workflows. Model, architecture, and implementation»), Prof. an der Fak. Informatik u. Medien der Hochschule für Technik, Wirtschaft u. Kultur Leipzig; lebt in Leipzig; Veröff. u. a. in «Passauer Pegasus». – Informatiker, Schriftsteller.

Schriften: Kapitulationen (Erz.) 2011; Die Tage des Kalifats (Thriller) 2011; Dreierlei Seelen (Drama) 2011; Legende von Schatten (Rom.) 2013; Cauchy. Eine Chirurgengeschichte aus der Zeit der Völkerschlacht (Erz.) 2013; Eisenbahnzüge (Rom.) 2015; Zweierlei Krieg (Rom.) 2017; Der längste Weg (Rom.) 2020; Willst du das Böse erheitern? (Drama) o. J.; Krokodil (Drama) o. J.; Press Conference (Drama) o. J. MM

Wehrli, Ursus (geb. Urs W.), * 1969 Aarau/Kt. Aargau; absolvierte eine Ausbildung zum Typographen, begr. 1987 mit Nadja Sieger (* 1968) das Komiker-Duo «Ursus & Nadeschkin», gem. Auftritte im In- u. Ausland, war auch Fernsehmoderator bei Fernsehaufzeichnungen des Arosa Humor-Festivals, versch. Projekte als Aktionskünstler, entwickelte eine gleichnamige Bühnenfass. seiner erfolgreichen Veröff. «Kunst aufräumen», spielte mehrmals in der Kurzfilmreihe «Herr Wehrli räumt auf» im Progr. der Kinderfernsehsendung «Sendung mit der Maus» (WDR) mit. – (Neben weiteren Auszeichnungen; gem. mit Nadja Sieger) Prix Walo (1997 u. 2000), Schweizer KleinKunstPreis (1999), Salzburger Stier (2001), Dt. Kleinkunstpreis (2002), Leipziger Löwenzahn (2004). – Kabarettist, Aktionskünstler, Buchautor.

Schriften: Kunst aufräumen (Bildbd., Vorw. A. GÖTZ V. OLENHUSEN) 2002 (in zahlr. Sprachen übers.); Noch mehr Kunst aufräumen (Bildbd., Vorw. DERS.) 2004; Die Kunst, aufzuräumen, 2011 (in zahlr. Sprachen übers.); Heute habe ich beinahe was erlebt. Ein Tagebuch, 2020. FA

Weigel, Ernst Kurt, * 1970 Wien; stammt aus einer Kaufmannsfamilie, absolvierte eine Schauspielausbildung in Wien, Engagements am Theater in der Josefstadt u. am Serapionstheater ebd., war auch in der freien Performance-Szene ebd. tätig, 1997 mit Grischka Voss (* 1969) Begr. des Wiener Schauspieler-Ensembles «Bernhard Ensemble», Regisseur u. Autor ebd., gründete 2006 «Das Off Theater» in Wien, seit 2006 mit Grischka Voss verheiratet. – Nestroy-Theaterpreis (2001). – Schauspieler, Theaterregisseur u. -autor.

Schriften (Ausw.): Megatoll oder Die andere Seite des Bildschirms, Urauff. Wien 2002; Eis oder die Überwindung des Wegseins, Urauff. Wien 2005; Angst oder Die Liebe zu Serienmördern, Urauff. Wien 2005; Bartleby oder Warum Nichts mehr ist als Etwas (nach H. Melville) Urauff. Wien 2008; Unsinn oder Weihnachten ist jeden Tag, Urauff. Wien 2009; Bird. Shit. Island. Eine extemporierte Oper (mit G. VOSS) Urauff. Wien 2013;

KZ.imaginaire (nach Molière) Urauff. Wien 2015; Kein Groschen, Brecht! Urauff. Wien 2018.

Literatur: Theater-Lex., Nachtr.bd. 8 (2020) 154 f. FA

Wein, Margarete (geb. Buchholtz), * 29.7.1947 Bergen auf Rügen; lebt seit 1951 in Halle/Saale, dort Gymnasialbesuch u. 1966 Abitur, Chemiearbeiterin, ab 1969 Stud. der Germanistik u. Gesch. in Halle, 1973 Diplom-Abschluß, 1977 Promotion zum Dr. phil. («Stud. zum dramat. Schaffen Helmut Baierls»), arbeitete danach an der Univ. Halle-Wittenberg: zunächst wiss. Mitarb. im Bereich Dt. als Fremdsprache (u. a. Dt.-Lektorin in Mosambik), 1991–2009 in der Pressestelle der Univ. tätig (zuletzt Chefred. der Zs. «scientia halensis»); verfaßte u. a. Erz., Lyrik, biogr. u. historiogr. Artikel u. Aufs.; Veröff. u. a. in «Palmbaum» (Bucha) u. «Mitteldt. Jb. für Kultur u. Gesch.» (Bonn). – Germanistin, Schriftstellerin.

Schriften: ZeitDruck für Mußestunden (Ged., Kupferstiche v. R.-T. Speler) 2009; Das Felseneiland. Großvater Buchholtz und sein Märchenbuch (Illustr. v. U. Bewersdorff) 2010; Neu Begierde. Gedichte über Liebe, 2012; Mein liebstes Spielzeug. Gedichte und Geschichten aus Traum oder Wirklichkeit, 2012; Abland. Traumernte aus sieben Jahren (Erz., Illustr. v. K. Messerschmidt) 2013; Ob eine Federboa beisst? Lesebuch für Eilige. 7 Geschichten und 40 Miniromane mit 48 PS, 2016; Bitte einmal gemischten Sprachsalat. Von 2006 bis 2016 eine spezielle Rubrik im hallischen Universitätsmagazin ‹scientia halensis›, 2017; Das kleine Schwarze – ein rotes Tuch. Ein Spaziergang durch die Welt der Farben, 2020.

Literatur: S. KRZIWANIE, Es war einmal... ‹Das Felseneiland› von ~ ist ein Märchenbuch für (H)alle (in: Zachow 1) 2011, 34; R. BERNHARDT, Vom Schreiben auf dem Bitterfelder Weg. Die Bewegung schreibender Arbeiter – Betrachtungen u. Erfahrungen, 2016, 108, 128 u. ö.; ...unterwegs ins Grenzenlose (hg. Verband dt. Schriftst.innen u. Schriftst. in Bayern) 2020, 174. MM

Weinberger, Hermann → Berg, Armin.

Weis, Petrus → Albinus, Petrus.

Weiss, David G(ustav) L(eopold), * 4.2.1978 Wien; Gymnasialbesuch in Wien, 1996 Matura, zunächst Stud. der Handelswiss. an der Wirtschaftsuniv. Wien, ab 1998 der Kultur- u. Sozialanthropologie, Theaterwiss. u. evang. Fachtheol. in Wien, 2009 Magister-Abschluß, freier Mitarb. des ORF, regelmäßige Beitr. zur Radio-Sendung «Einfach zum Nachdenken»; lebt in Wien; verfaßte u. a. Thriller, Drama, Sachb. u. Drehb.; mehrmals lit. Zus.arbeit mit Gerd Schilddorfer (* 1953). – Journalist, Schriftsteller.

Schriften: Miasma oder der steinerne Gast (mit R. STEURER) 2008; Ewig (Thriller, mit G. SCHILDDORFER) 2009; Narr (Thriller, mit DEMS.) 2010; Einfach zum Nachdenken (Buch zur Radio-Sendung, mit A. STUDENMAYER, C. STUHLPFARRER) 2010; Die Novara. Österreichs Traum von der Weltmacht (Sachb., mit G. SCHILDDORFER) 2010; Teufel (Thriller, mit DEMS.) 2011; Die sieben Gesichter des Doktor Faust. Theaterstück in sieben Bildern, 2011; Macht (Thriller) 2013; Recht (Thriller) 2015.

MM

Weiß, Manfred, * 16.8.1958 Kassel; studierte Theater- u. Kommunikationswiss. in München, war dann Regieassistent in Essen, Freiburg/Br. (1985–87) u. Mannheim (1988–91), ab 1992 freier Schauspieler, Autor sowie Theater- u. Opern-Regisseur, u. a. Stationen in Mannheim, Dortmund, Bochum, Hannover, Gelsenkirchen u. Augsburg, war 2002–06 Geschäftsführer u. künstler. Leiter der «Jungen Oper» an der Staatsoper in Stuttgart, 2007 Mitbegründer u. dann Vorsitzender sowie künstler. Leiter des Ver. «indieOper!», ab 2010 Leiter der «Jungen Szene» an der Semperoper in Dresden u. ab 2016 auch künstler. Leiter von «Semper Zwei», daneben Lehraufträge, etwa an der Hochschule für Musik u. Darstellende Kunst in Stuttgart u. am Salzburger Mozarteum; lebt in Stuttgart; verfaßte Dramen (auch Bearb.), Libr. u. Ess. sowie engl.-dt. Dramen-Übersetzungen. – Regisseur, Autor, Doz., Übersetzer.

Schriften: Halbes Leben oder Eins ist Noth (Drama) 1998; P.A.G.S.! (Libr., Musik: A. Breitscheid) 1999; Deine Chance! (Drama) 2000; Tristan und Isolde (Bearb.) 2001; Absolutely free (Drama) 2002; Zur Sonne, zur Freiheit (Drama) 2003; D. Schostakowitsch, Moskau, Tscherjomuschki (Libr.) 2003; Alias – Mozart is Rossini (Libr., Musik: M. Svoboda) 2004; Clara, Robert und Johannes (Libr., Musik: M. Svoboda) 2004; Erwin, das Naturtalent (Libr., Musik: ders.) 2005; Die reisende Ceres (Drama) 2005; Figaro, kurz vor der Hochzeit (Kom., Musik: ders.) 2006; Spielen wie die Kinder (Tanzst.) 2006; Der unglaubliche Spotz (Libr., Musik: ders.) 2007; Emil und die Detektive. 6 Songs (Liedtexte, Musik: ders.) 2007; Die Schule der Gottlosigkeit (Drama, mit A. TIŠMA) 2008; Prinzessin Ulla und die schöne Lau (Libr., Musik: T. Stiegler) 2009; Prinz Bussel (Libr., Musik: J. Wulff-Woesten) 2012; Die Konferenz der Tiere (Libr., Musik: ders.) 2012; Robin Hood. Zu gut, um wahr zu sein (Libr., Musik: M. Svoboda) 2013; Durch die Blumen (Libr., Musik: H. Cheng) 2014; Hanswurst (Libr., Musik: Z. Moultaka) 2015; Es liegt in der Luft (Libr., mit M. SCHIFFER, Musik: M. Spoliansky) 2015; Once around the world (Libr., Musik: M. Svoboda) 2017; Das Rätsel der gestohlenen Stimmen (Libr., Musik: J. Wulff-Woesten) 2018; Drei miese fiese Kerle (Libr., Musik: Z. Moultaka) o. J.

Übersetzungen: D. Potter, Brennwerte, 1992; E. Bond, September, 1994; A. D. Smith, Twilight – Los Angeles 1992, 1998; S. Oliver, Mario und der Zauberer, 2004; W. Shakespeare, Was ihr wollt, 2008; N. Wallace, Slaughter City, o. J.

Literatur: Theater-Lex. 6 (2008) 3157. MM

Weiße, Petrus → Albinus, Petrus.

Wells, Benedict, * 29.2.1984 München; Sohn des Sinologen Richard von Schirach, Bruder von Ariadne von → Schirach, Cousin von Ferdinand von → Schirach, besuchte versch. Internate in Bayern, 2003 Namensänderung zu W. nach dem Abitur wegen seines Großvaters, den NSDAP-Reichsjugendführer Baldur von Schirach; zog nach Berlin, ging Gelegenheitsarbeiten nach, war Fernsehred. bei der Talkshow «Menschen bei Maischberger» (ARD), längere Zeit in Barcelona wohnhaft; mehrere Rom. W.s erlangten Bestsellerstatus u. wurden in zahlr. Sprachen übersetzt; Mitgl. der Autorennationalmannschaft, ab 2019 Pate des bundesweiten Netzwerks «Schule ohne Rassismus – Schule mit Courage»; lebt in Zürich. – Bayer. Kunstförderpreis in der Kategorie Lit. (2009), European Union Prize for Literature (2016), Buchpreis der Stiftung Ravensburger Verlag (2016), Lieblingsbuch des unabhängigen Buchhandels (2016), Euregio-Schüler-Lit.preis (2018), Lieblingsbuch des Dt.schweizer Buchhandels (2021). – Schriftsteller.

Schriften: Becks letzter Sommer (Rom.) 2008 (2015 verfilmt, Regie F. Wittich); Spinner (Rom.) 2009 (durchges. u. überarb. Neuausg. 2016); Fast genial (Rom.) 2011; Vom Ende der Einsamkeit (Rom.) 2016; Die Wahrheit über das Lügen. Zehn Geschichten aus zehn Jahren, 2018; Hard Land (Rom.) 2021.

Literatur: KLG; Munzinger-Archiv. – I. SCHÄFER, Essstörungen männl. Protagonisten in der dt.sprachigen Lit. (in: Narrative Delikatessen. Kulturelle Dimensionen von Ernährung, hg. E. HOLLERWEGER, A. STEMMANN) 2015, 91–105; H. VOLLMER, ~s' Rom. ‹Vom Ende der Einsamkeit›. Analyse eines lit. Erfolgs (in: WirkWort 69, H. 3) 2019, 425–442.   FA

Welser, Margarete → Peutinger, Margarete.

Wemme, Eva Ruth, * 1973 Paderborn; studierte Rumänistik, Germanistik, Philos. u. Musikwiss. an Univ. in Köln, Berlin u. Bukarest, Dolmetscherin in der Justizvollzugsanstalt Berlin-Moabit, dramaturg. Assistenz in Cottbus sowie Dramaturgin in Chemnitz, nachfolgend als Kultur- u. Sprachmittlerin für rumän. Migranten tätig; lebt in Berlin. – Stipendium der Autorenwerkstatt des Lit. Colloquiums Berlin (2010), Alfred-Döblin-Stipendium (2011), Preis der Leipziger Buchmesse in der Kategorie Übersetzung (2019). – Schriftst., Übersetzerin.

Schriften: Meine 7000 Nachbarn, 2015; Amalinca (Rom., mit S. C. STAN) 2018.

Übersetzungen: N. Iuga, Die Sechzigjährige und der junge Mann (Rom.) 2010; D. Ruști, Das Phantom in der Mühle (Rom.) 2017; G. Adameșteanu, Verlorener Morgen (Rom.) 2018; I. L. Caragiale, Humbug und Variationen (Nachw. D. GRIGORCEA) 2018; S. Agopian, Handbuch der Zeiten, 2018; I. Nicolaie, Der Himmel im Bauch (Rom.) 2018; F. Ardelean, Der Heilige mit der roten Schnur (Rom., Illustr. v. E. Gabriela) 2020; N. Esinencu, Die Abschaffung der Familie, 2020; G. Adameșteanu, Das Provisorium der Liebe (Rom.) 2021; dies., Verlorener Morgen (Rom.) 2021.   FA

Wendt, Kurto, * 4.1.1965 Neufelden/Oberöst.; 1988–2004 Mitgl. der Kommunist. Partei Öst., studierte 1993–97 Germanistik u. Philos. an der Univ. Wien (ohne Abschluß), gehörte ab 2000 zu den Organisatoren der wöchentl. Donnerstagsdemonstrationen gegen die damals neugewählte ÖVP-FPÖ-Regierung, als Lektor bei der Austria Presseagentur APA tätig, Mitarb. der Wiener Straßenztg. «Augustin», verfaßte Gastkomm. für «Die Zeit», ab 2020 Mitgl. der Partei «Links»; lebt in Wien. – Schriftst., Journalist.

Schriften: Sie sprechen mit Jean Améry, was kann ich für Sie tun? (Rom.) 2011; Ich rannte aus Zitronen (Rom.) 2013; Der Juli geht aufs Haus (Rom.) 2014; Das Ende der Jagd (Rom.) 2016.   FA

Wenzel, Anna → Korn-Wimmer, Brigitte.

Wenzel, Olivia, * 1985 Weimar; studierte Kulturwiss. u. Ästhetik in Hildesheim, Auftritte als Performerin u. Musikerin, u. a. in der Gruppe «Otis Foulie», zudem Leiterin von Schreibwerkstätten, lebt in Berlin; verfaßte Ggw.dramen u. einen autobiogr. gefärbten Rom., darin u. a. Auseinandersetzung mit Rassismus im dt. Alltag; Veröff. u. a. in «Bella triste. Zs. für junge Lit.» (Hildesheim). – u. a. Lit.preis der Stadt Fulda (2020), Mörike-Förderpreis (2021). – Dramatikerin, Schriftst., Musikerin, Performerin.

Schriften: Goodbye, Gudrun (Drama) 2009; wir – in scharen (Drama) 2010; Bei Drücken Senden (Libr., Musik: E. Bauer) 2011; For ever and ever. And forever! (Drama) [2011]; Passagen, 2011; Jiggy Porsche taucht ab (Drama) 2012; Weißes Mäuschen, Warme Pistole (Drama) 2013; Vom Sitzen auf angestammten Plätzen (Drama) 2014; Exzess, mein Liebling (Drama) [2014]; mais in deutschland & andere galaxien (Drama) 2015; Hellelfenbein (Drama) 2015; Das endlose Zersplittern der Dinge (Drama) [2015]; Die Erfindung der Gertraud Stock (Drama, mit G. HOHMANN u. a.) 2017; 1 Yottabyte Leben (Drama) 2018; 1000 Serpentinen Angst (Rom.) 2020.

Literatur: P. LAYNE, Space in the place. Afrofuturism in ~'s ‹Mais in Dtl. u. anderen Galaxien› (2015) (in: GLL 71) 2018, H. 4, 511–528; N. ÖZIRI, Erzählen jenseits von Zuschreibungen. ~s ‹100 Serpentinen Angst› ermöglicht eine wirkl. Begegnung (in: Theater heute 61) 2020, H. 8/9, 54 f.; R. SAUPPE, Gefangen im Netz (in: Theater der Zeit 75) 2020, H. 3, 56 f.   MM

Wenzl, Franz Adrian → Austrofred.

Werhand, Martin (Peter), * 13.5.1968 Neuwied; Sohn eines Kunstschmieds, besuchte das Gymnasium in Neuwied, 1988 Abitur ebd., 1992–97 Stud. der Germanistik, Anglistik u. Theater-, Film- u. Fernsehwiss. an der Univ. Köln, begründete 1997 den M. W. Verlag, Veröff. von Ged.bdn. versch. Autoren in demselben; lebt in Melsbach/Rhld.-Pfalz. – Lyriker, Verleger.
Schriften: Grauzonen. 50 Gedichte (mit Geleitw. hg.) 2016 (2., überarb. Aufl. 2017).
Herausgaben: R. Freund, Abendfrieden. 100 Gedichte, 2017.
Literatur: Rhld.-Pfälz. Personendatenbank (Internet-Edition). FA

Werner, Mark, * 1969; wuchs in Lindlar/Oberbergischer Kr. auf, besuchte das Gymnasium in Wipperfürth, studierte Germanistik u. Gesch., freier Mitarb. der «Bergischen Landesztg.», 1993 Casting-Red., Red.leiter der Spielshow «Wilde Ehen» (VOX, 1997/98), später leitender Autor u. Produzent bei Brainpool TV GmbH u. Warner Bros., verfaßte Drehb. zu RTL-Comedyserien wie «Alles Atze» (1999–2006), «Mein Leben & Ich» (1999–2003) u. «Ritas Welt» (2001–09); Mitgl. des Verbandes Dt. Drehb.autoren; lebt bei Köln. – (Neben weiteren Auszeichnungen) Kinderfilmpreis des MDR-Rundfunkrates für das beste Drehb. gem. mit David Safier (2003). – Rom.- u. Drehb.autor, Fernsehproduzent.
Schriften (Drehb. in Ausw.): Die Konzeption des Genies in Robert Schneiders «Schlafes Bruder». Interpretation, 2003; Hölle, all inclusive (Rom.) 2009; Das große Comeback (Drehb.) 2011; Knautschzone (Rom.) 2011; Unser schönes Deutschland. Das Land, die Menschen, die Lieder. Präsentiert von Anke Engelke & Bastian Pastewka (mit C. Geletneky) 2011; Wir haben gar kein' Trauschein (Drehb.) 2013; Die Kuhflüsterin (Drehb.) 8 Folgen (I Der Milchmann – II Das Piano – III Die Zeitbombe – IV Die Laus – V Der Marathonmann – VI Der schwarze Fleck – VII Die Pizza – VIII Die Gattin) 2015.
Literatur: G. Wagner, Er schreibt, was Nikola denkt (in: Köln. Rs. 58, 21.03.) 2003 (Internet-Edition); The Internet Movie Database (Internet-Edition); Lex. des Internationalen Films (Internet-Edition). FA

Werrelmann, Lioba (Ps. Lilly Bernstein), * 1970 Jülich/Nordrhein-Westf.; studierte Politikwiss., Staatsrecht u. Germanistik, Mitarb. einer Lokalztg., absolvierte ein Rundfunkvolontariat beim WDR, war Red. ebd., als Radio-Korrespondentin in Berlin tätig, litt Mitte 30 wegen eines angeborenen Herzfehlers an schweren Herzrhythmusstörungen, ihre Erfahrungen mit dem dt. Gesundheitssystem während dieser Zeit verarbeitete sie in dem autobiogr. Sachb. ‹Stellen Sie sich nicht so an!› (2014); Mitgl. des Ver. für dt.sprachige Kriminallit. «Syndikat»; lebt in Köln. – Friedrich-Glauser-Preis (2020). – Romanautorin.
Schriften: Stellen Sie sich nicht so an! Meine Odyssee durch das deutsche Gesundheitssystem, 2014; Erzähl mir was Schönes (Rom.) 2019; Hinterhaus (Kriminalrom.) 2019; Trümmermädchen. Annas Traum vom Glück (Rom.) 2020.
Literatur: Syndikat. Ver. für dt.sprachige Kriminallit. (Internet-Edition). FA

Westerbeck, Jens, * 2.7.1977 Bünde/Nordrhein-Westf.; Gymnasialbesuch in Bünde (ohne Abschluß), absolvierte eine Ausbildung zum Industriekaufmann, ab 1999 selbständiger Unternehmer, 2005–10 als Yachtmakler tätig, Rundfunk- u. Fernsehautor, Mitarb. der Boulevardztg. «Bild», schrieb für Fernsehformate wie «Gottschalk Live» (ARD) u. «Promi Big Brother» (Sat. 1), auch an versch. Bühnenprogrammen der Komiker Matthias Knop u. Atze Schröder beteiligt. – Autor.
Schriften: Boatpeople (Rom.) 2010; Lassen Sie mich durch, mein Mann ist Arzt! Die Gattin und andere schöne Berufe (mit G. Decker) 2013; Herr W. und seine Belege. Ein Mann heftet ab, 2014; Aftershowparty (Rom.) 2015. FA

Westermann, Levin, * 8.3.1980 Meerbusch; Stud. der Philos. u. Soziologie an der Univ. Frankfurt/M., 2009–12 Ausbildung am Schweiz. Lit.inst. Biel, veröffentlichte Beitr. in «Manuskripte»; Mitgl. der Interessenvertretung «Autorinnen u. Autoren der Schweiz»; lebt in Biel. – (Neben weiteren Auszeichnungen) Lyrikpreis des 18. Open Mike (2010), Aufenthaltsstipendium des Lit. Colloquiums Berlin (2013), Orphil-Debütpreis, Wiesbaden (2014), Paris-Stipendium des Kt. Bern (2016), Werkbeitr. der Kulturstiftung Pro Helvetia (2018), Clemens-Brentano-Preis (2020), Stadtschreiber v. Tübingen (2020), Schweizer Lit.preis (2021). – Schriftsteller.
Schriften: Unbekannt verzogen (Ged., hg. A. Kühn, C. Lux) 2012; 3511 Zwetajewa (Ged.) 2015;

Bezüglich der Schatten, 2020; Ovibos moschatus (Ess.) 2020; farbe komma dunkel, 2021.

Literatur: Autorinnen u. Autoren der Schweiz (Internet-Edition); Lit.port Autorenlex. (Internet-Edition); Poetenladen. Poeten (Internet-Edition).
FA

Weyden, Florian → Borlik, Michael.

Wicher, Inge → Oehmichen, Inge.

Widmann, Andreas Martin, * 1979 Mainz; studierte Germanistik, Anglistik u. Theaterwiss. an der Univ. Mainz, 2008 Promotion zum Dr. phil. ebd., 2012–16 Tätigkeit als Doz. für Dt. Sprache u. Lit. am Univ. College London, anschließend Lehrauftrag am Bard College Berlin, 2018 Max Kade Gastprof. an der Univ. of Illinois at Urbana-Champaign, veröffentlichte Ess. u. Rezensionen in Zs. wie «Dt. Bücher», «Edit» u. «Merkur»; Mithg. des Kulturblogs «Elephant»; lebt in Berlin. – (Neben weiteren Auszeichnungen) Stipendium der Autorenwerkstatt des Lit. Colloquiums Berlin (2009), Robert-Gernhardt-Preis (2010), Stadtschreiber v. Rottweil (2010), Martha-Saalfeld-Förderpreis (2012), Mara-Cassens-Preis (2013), Alfred-Döblin-Stipendium (2017), Lit. Arbeitsstipendium des Landes Rheinland-Pfalz (2018). – Lit.wissenschaftler, Schriftsteller.

Schriften: Kontrafaktische Geschichtsdarstellung. Untersuchungen an Romanen von Günter Grass, Thomas Pynchon, Thomas Brussig, Michael Kleeberg, Philip Roth und Christoph Ransmayr, 2009 (zugl. Diss. Mainz 2008); Die Glücksparade (Rom.) 2012; Messias (Rom.) 2018. (Ferner Rundfunkbeiträge.)

Herausgaben: Odysseus, Passagiere. Über Selbstbestimmung und Determination in Literatur, Medien und Alltag (hg. S. Schröder, U. Weymann) 2011; «Die vergangene Zeit bleibt die erlittene Zeit». Untersuchungen zum Werk von Hans Keilson (mit dens.) 2013.

Literatur: Hess. Lit.rat (Internet-Edition); Lit.port Autorenlex. (Internet-Edition).
FA

Wieck, Susanne → Freese, Susanne.

Wieder, Elisabeth → Pollstätter, Lisl.

Wieland, Kai, * 18.6.1989 Backnang; Abitur, 2010–12 Ausbildung zum Medienkaufmann, 2012–16 Stud. der Buchwiss. in München, anschließend Verlagsred. in Stuttgart, daneben freier Autor u. Übers. (engl.-dt.); lebt in Backnang. – (Neben weiteren Auszeichnungen) Thaddäus-Troll-Preis (2018). – Red., Schriftst., Übersetzer.

Schriften: Amerika (Rom.) 2018; Zeit der Wildschweine (Rom.) 2020.
MM

Wiesenhaus, Dr. Freya Gräfin v. → Parseghian, R. Albrecht.

Wieser, Hilda → Außerlechner, Hilda.

Wieser, Klaus, * 1958 Waidhofen/Ybbs; Schulbesuch in Waidhofen an der Ybbs u. St. Pölten, 1977 Matura, Ausbildung zum Hauptschullehrer an der Pädagog. Akad. in Linz, seit 1980 in Bad Hall/Oberöst., organisiert seit 2017 die Konzertreihe «Nachhall» ebd., Gemeinderatsmitglied. – Lyriker.

Schriften (ohne Schr. im Selbstverlag): Dialog mit der Kälte (Ged.) 2013; Halbes Gelingen (Ged., Illustr. v. E. Fröschl) 2017; Ein wenig noch tanzen (Monotypien v. dems.) 2021.

Literatur: Lit. Netz Oberösterreich (Internet-Edition).
FA

Wietersheim, Johanna Friederike Juliane Freiin von (geb. von Nostitz-Drzewiecki), * 7.3.1767 Jever in Friesland, † 15.11.1831 Mensdorf, nördlich von Eilenburg (Sachsen); unterzeichnete das von ihr verfaßte Ged. «Charade» mit den Initialen «F. v. W. geb. v. N.», die Schindler (1825) als «Frau von Wietersheim geborene Nostitz» auflöst. In dieser Namenskombination ist die oben genannte J. F. J. von Wietersheim greifbar; Tochter von Karl Gottlob von Nostitz-Drzewiecki u. Friederike von Linsingen, am 24.6.1786 Hochzeit mit dem Major August Christian Ludwig von Wietersheim (1750–1832), folgte um 1787/88 mit dem ersten, in Zerbst geborenen Sohn ihrem Ehemann nach Luxemburg, der dort ein Militärkontingent kommandierte, 1794 quittierte W.s Mann den Dienst u. die Familie zog auf das zuvor erworbene Gut Mensorf; aus der Ehe gingen mehrere Kinder hervor, von ihnen sind bekannt: der spätere Historiker u. sächsische Kultusminister Eduard Karl August Wilhelm → W. (1787–1865), Gustav Alfred (1795–1848) u. Karoline Rosalie. Außer dem genannten Ged. ist von W. namentlich kein weiterer Titel bekannt, jedoch erwähnt SCHINDEL (1825), daß W. zudem «Aufsätze» in Zs. publiziert habe. – Lyrikerin, Schriftstellerin.

Schriften: Charade (in: Ztg. für die elegante Welt: Mode, Unterhaltung, Kunst, Theater, hg. K. SPAZIER) Erfurt 1804, Nr. 20, 160 (online: BSB München).

Literatur: C. W. O. A. VON SCHINDEL, Die dt. Schriftst.innen des neunzehnten Jh., Bd. 2, 1825, 393.
MMü

Wiggershaus, Renate, * 1945 Wuppertal; Aufenthalte in Hamburg u. Paris, studierte in Frankfurt/M., als Übers. tätig, verfaßte Beitr. für «Auf. Eine Frauenzs.» u. «Neue Gesellsch./FH.», auch Rundfunk-Portraits über Schriftst. wie Ilse → Aichinger, Else → Lasker-Schüler u. Primo Levi, verh. mit dem Publizisten Rolf W. (* 1944); Mitgl. des P.E.N.-Zentrums Dtl.; lebt in Kronberg im Taunus. – Autorin, Literaturkritikerin.

Schriften: Geschichte der Frauen und der Frauenbewegung. In der Bundesrepublik Deutschland und in der Deutschen Demokratischen Republik nach 1945, 1979; Die Frau auf der Flucht. Erzählungen und Prosatexte, 1982; George Sand. In Selbstzeugnissen und Bilddokumenten, 1982; Frauen unterm Nationalsozialismus, 1984; Virginia Woolf. Leben und Werk in Texten und Bildern, 1987; Joseph Conrad. Leben und Werk in Texten und Bildern, 1990 (durchges. u. korr. Neuausg. 2007); George Sand. Mit Selbstzeugnissen und Bilddokumenten dargestellt, 1991 (zahlr. NA); Marcel Proust. Leben und Werk in Texten und Bildern, 1992; Die deutschen Weintäler. Ein Führer durch Landschaften mit ihren Weinen und Kulturen, 1997; Joseph Conrad (Biogr.) 2000; Virginia Woolf (Biogr.) 2006.

Übersetzungen: B. Bradbury, Geheimnisse um die Wright-Farm, 1970; P. Moss, Die Schlangenbande, 1970; B. F. Beebe, Silberblau, Freund der Apachen, 1970; E. Arnold, Der gebrochene Pfeil, 1971; T. Hayden, Der Prozess von Chicago (mit ROLF W.) 1971; L. Garfield, Der Fremde im Nebel, 1973; ders., Der feuerspeiende Wald oder Wie der Trommlerjunge Charlie seinen General durch falsches Zeugnis retten sollte, 1976; M. Rodman, Die Irrfahrten des Cabeza de Vaca. Aus dem abenteuerlichen Leben des Mannes, der als Erster Nordamerika durchquerte (Zeichn. v. U. Hoffmann) 1977.

Herausgaben: G. Sand, Geschichte meines Lebens (aus ihrem autobiogr. Werk ausgew. u. mit Einl. vers.) 1978 (zahlr. NA); M. von Meysenbug, Memoiren einer Idealistin (mit Einl. u. Komm. hg.) 1985 (Neuausg. 1998).

Literatur: Lit. in Frankfurt. Ein Lex. zum Lesen (hg. P. HAHN, Fotos v. A. Pohlmann) 1987, 574–577.
FA

Wilbert, Polle → Bicker, Björn.

Wilhelm, Uwe (Ps. Lucas Grimm, Lutz Wilhelm Kellerhoff, Noah Richter), * 28.3.1957 Hanau; besuchte 1968–76 das Gymnasium in Landau, 1976 Abitur ebd., 1975–78 Gelegenheitsarbeiten als Bauarbeiter u. Lastwagenfahrer, Gitarrist, Saxophonist u. Sänger in versch. Bands, studierte 1978–81 Germanistik u. Philos. an der Univ. Frankfurt/M. (ohne Abschluß) sowie 1981–84 Schauspiel an der Folkwang-Schule Essen, 1984–88 an Bühnen in Essen u. Hannover engagiert, übernahm versch. Filmrollen, ab 1986 als Bühnen- u. Drehb.autor tätig, schrieb u. a. für die Fernsehserien «Auf Achse» (ARD), «Hinter Gittern» (RTL) u. «Polizeiruf 110» (ARD), Zus.arbeit mit Bernd Eichinger, Katja Riemann u. Til Schweiger, auch an Kinoproduktionen beteiligt, 1998 Mitbegr. der Firma «Die Hölle» für Drehb.entwicklung u. Filmproduktionen, Geschäftsführer der Produktionsfirma «CineMedia Film», gelegentl. Regiearbeiten fürs Fernsehen; 2012/13 Mitgl. der Piratenpartei Dtl., 2013 Jurymitgl. des Dt. Drehb.preises, Mitgl. der Dt. Fernsehakad., der Dt. Filmakad. u. des Verbandes Dt. Drehb.autoren; lebt in Berlin. – Drehb.- u. Romanautor, Filmproduzent.

Schriften: Begierde (Rom.) 2011 (Schr. nicht nachweisbar); Piraten. Auslaufen zum Kentern! Wie man eine Partei erfolgreich versenkt, 2013; Ich! Lob des Egoismus, 2014; Voll verregelt! Wahnwitzige Geschichten aus der Tugendrepublik, 2015; Nach dem Schmerz. Thriller, 2017; Die sieben Farben des Blutes. Thriller, 2017; In den Tod. Thriller, 2018; Die sieben Kreise der Hölle. Thriller, 2018; Die Tote im Wannsee (Kriminalrom.) 2018; Die sieben Gründe zu töten (Rom.) 2019; Die Frau mit den zwei Gesichtern (Rom.) 2020; 2,5°. Morgen stirbt die Welt (Rom.) 2021; Die Morgenröte. Sie nehmen dir dein Leben (Rom.) 2021; Teufelsberg (Kriminalrom.) 2021. (Ferner ungedr. Bühnenst. u. Drehbücher.)

Literatur: Filmportal.de (Internet-Edition); Lex. des Internationalen Films (Internet-Edition); The Internet Movie Database (Internet-Edition).
FA

Wilke, Daria (auch Darja Vilke), * 1976 Moskau; Tochter von Theaterschauspielern, studierte Psychologie, Pädagogik u. Gesch. in Moskau, Arbeit als Lehrerin u. Journalistin, ab 2000 Mitarb. der Univ. Wien; trat vor allem mit Rom. u. Jgdb. in russ. u. dt. Sprache hervor; verfaßte zudem dt.-russ. Übers., wiss. Aufs. u. Ess.; Veröff. u. a. in «Die Horen» (Göttingen). – Pädagogin, Journalistin, Schriftst., Übersetzerin.

Schriften: Gribnoj dožd' dlja geroja (Jgdb. in russ. Sprache, Illustr. v. D. Gorelyševa) Moskau 2011; Šutovskoj kolpak (Jgdb. in russ. Sprache) Moskau 2013; Musorščik (Jgdb. in russ. Sprache, Illustr. v. A. Nikolaenko) Moskau 2015; Na drugom beregu utra. Bestiarij svjatogo fomy (Allegorie in russ. Sprache, Illustr. v. A. Leonova) [Moskau] 2016; Meždu angelom i volkom (Jgdb. in russ. Sprache, Illustr. v. A. Ivojlova) [Moskau 2016]; Die Hyazinthenstimme (Rom.) [2019].

Übersetzungen: J. Scheerer, Moj wnutrennij Elwis, Moskau 2013. MM

Williams, Kibi → Quilitzsch, Heinz Otto.

Windorfer, Wolfgang Ferdinand → Ramadan, Wolfgang.

Winkler, Philipp, * 1986 Neustadt am Rübenberge; wuchs in Hagenburg/Nds. auf, studierte Kreatives Schreiben, Kulturjournalismus u. Lit. Schreiben an der Univ. Hildesheim, veröffentlichte Kurzgesch. in der Zs. «Bella triste»; lebt in Leipzig. – Joseph-Heinrich-Colbin-Preis (2008), Stipendiat der «Werkstatt für junge Lit.» in Graz (2015), Retzhof-Preis für junge Lit. (2015), Stipendium für das Künstlerdorf Schöppingen (2016), Aspekte-Literaturpreis (2016). – Schriftsteller.

Schriften: Hool (Rom.) 2016 (gekürzte Schulausg. u. d. T.: Grenzerfahrungen in der Provinz, 2017); Carnival, 2020.

Literatur: Lit.datenbank Nds. (Internet-Edition); Lit.port Autorenlex. (Internet-Edition). FA

Winterstein, Klara → Bick, Martina.

Wirlinger, Hannes, * 10.11.1970 Linz/Donau; wuchs in St. Valentin (Niederöst.) auf, studierte Publizistik, Politologie u. Kommunikationswiss. in Wien, daneben Arbeit als Journalist, 1996 Diplom-Abschluß, 1996/97 Ausbildung zum Drehb.autor an der 1. Wiener Filmschule, war ab 2003 als freier Schriftst. u. Drehb.autor (vor allem TV-Krimis) tätig, trat auch als Jgdb.autor hervor, 2006–08 Weiterbildung in Digital-Film u. Animation, Mitgl. des «Drehb.verbandes Austria» (Wien), lebt in Wien. – Mira-Lobe-Stipendium (2017), Öst. Kinder- u. Jgdb.preis (2020). – Drehb.- u. Jgdb.autor, Journalist.

Schriften: Der Vogelschorsch (Jgdb., Illustr. v. U. Möltgen) [2019].

Tonträger: Hexe Lilli, das geheime Zimmer (mit E. Wehrum) 2014 (1 Audio-CD).

Literatur: ~ (in: Drehb.forum Wien) o. J., www.drehbuchforum.at/. MM

Wöhrmann, Bettina → Eberspächer, Bettina.

Woitzuck, Magda, * 11.9.1983 Wien; dt.-poln. Herkunft, wuchs zweisprachig auf, bis 2010 Stud. der Allg. u. Vergleichenden Lit.wiss. an der Univ. Wien, Gelegenheitsjobs als Kellnerin u. Callcenter-Mitarb., veröffentlichte Erz. in Anthol., etwa in «Mein Mostviertel» (2015) u. «Unter fremden Himmeln» (2018); lebt in Neulengbach/Niederösterreich. – (Neben weiteren Auszeichnungen) Aufenthalts- u. Arbeitsstipendium des Landes Niederöst. (2005), Hans-Weigel-Lit.stipendium (2008/09), Startstipendium des BMUKK (2012), Prämie der Stadt Wien (2015), Projektstipendium des BMUKK (2017/18), Anerkennungspreis des Landes Niederöst. (2018). – Schriftstellerin.

Schriften: Ellis. Trilogie, 2012; Über allem war Licht (Rom.) 2015 (als Hörsp.bearb., SWR/SRF 2020).

Hörspiele: DogGod, ORF 2009; Das Glashaus, 2012; Vom Fehlen des Meeres auf dem Lande, 2013; Sieben Leben. Eine Fabel mit vier Katzen, zwei Menschen und einem weißen Klavier, 2015; Die Schuhe der Braut, 2017; Im Winter, 2019 (alle ORF); Die Abkürzung, SWR 2020; Shit Happens. Erinnerungen einer Großdealerin, 13 Folgen (I Das Pupperl – II Dessen Brot ich fresse, dessen Lied ich singe – III Is ja ned schwer – IV Ein Leben im jetzt – V Geld war scheißegal – VI Der Erwin – VII Der Rucksack – VIII Ein Pferd plus allem, was dazugehört – IX Was willst du noch?! – X Die Flucht – XI Wer sich mit Hunden niederlegt – XII Wenn das Schiff sinkt – XIII Meine Seele bekommen sie nicht) SWR 2021; Xerxes und die Stimmen aus der Finsternis, ORF 2021.

Literatur: ARD Hörsp.datenbank (Internet-Edition); Hörsp.datenbank HörDat (Internet-Edition);

Hörsp.datenbank HspDat.to (Internet-Edition); Hörsp. oe1.orf.at (Internet-Edition); Lit.haus Wien (Internet-Edition). FA

Wolf, Anabella → Basener, Anna.

Wolf, Jonas → Plischke, Thomas.

Wolf, Julia Christina, * 1980 Groß-Gerau/Hessen; studierte Nordamerikastud., Lateinamerikanistik u. Germanistik an der FU Berlin; lebt in Berlin. – (Neben weiteren Auszeichnungen) Kunstpreis der Lotto Brandenburg GmbH in der Kategorie Lit. (2015), 3sat-Preis beim Ingeborg-Bachmann-Wettbewerb (2016), Stipendium des Künstlerhauses Edenkoben (2016), Aufenthaltsstipendium im Stuttgarter Schriftst.haus (2016), Debütpreis des Nicolas-Born-Preises (2017), Robert-Gernhardt-Preis (2018). – Schriftstellerin.
Schriften: Der Du (Drama) Urauff. Düsseldorf 2010 (als Hörsp.bearb., WDR 2011); Happy End. Radionovela in 20 Folgen (Hörsp., mit R. SØRENSEN) NDR/WDR/SWR 2011; Frauen ohne Männer (Hörsp., mit DEMS.) WDR 2013; Alles ist jetzt (Rom.) 2015; Navratilova (Kurzgesch.) 2016; Walter Nowak bleibt liegen (Rom.) 2017 (als Hörsp.bearb., mit R. SØRENSEN, WDR 2017).
Literatur: S. HORSTKOTTE, Precarious Subjects, Vulnerable Love. Thomas Melle's «3000 Euro», Feridun Zaimoglu's «Isabel» and ~s «Alles ist jetzt» (in: Love, Eros, and Desire in Contemporary German-Language Literature and Culture, hg. H. SCHMITZ, P. DAVIES) Rochester/NY 2017, 135–154; S. KEGEL, Lit. Stromschnellen. Laudatio auf ~ (in: Nicolas-Born-Preis 2017, hg. Nds. Ministerium für Wiss. u. Kultur, Red. A. KOŠENINA) 2017, 33–40; ARD Hörsp.datenbank (Internet-Edition); Hörsp.datenbank HörDat (Internet-Edition); Hörsp.datenbank HspDat.to (Internet-Edition); Lit.datenbank Nds. (Internet-Edition); Lit.port Autorenlex. (Internet-Edition). FA

Wolff, Gabriele → Piotrowski, Gabriele.

Wolff, (Martina) Iris, * 28.7.1977 Hermannstadt (rumän. Sibiu); wuchs im Banat u. in Siebenbürgen auf, kam 1985 nach Dtl., studierte 1997–2003 Germanistik, Religionswiss. sowie Grafik u. Malerei in Marburg, arbeitete 2003–13 u. a. als Mus.pädagogin im DLA Marbach, ab 2007 Doz. für Kunstvermittlung u. Medienerziehung, 2013–18 für das Netzwerk Kulturelle Bildung im Kulturamt Freiburg/Br. zuständig; lebt ebenda. – Stipendium der Kunststiftung Baden-Württ. (2013), Ernst-Habermann-Preis (2014), Stipendium des Landes Baden-Württ. (2018), Otto-Stoessl-Preis (2018), Lit.preis Alpha (2018), Stipendium des Künstlerhauses Edenkoben (2019), Arbeitsstipendium des Förderkr. dt. Schriftst. in Baden-Württ. (2019), Marieluise-Fleißer-Preis (2019), Thaddäus-Troll-Preis (2019), Stipendium des Reinhold-Schneider-Preises (2020), Marie Luise Kaschnitz-Preis (2021), Preis der LiteraTour Nord (2021), Solothurner Lit.preis (2021), Eichendorff-Lit.preis (2021). – Schriftstellerin.
Schriften: Halber Stein (Rom.) 2012; Leuchtende Schatten (Rom.) 2015; So tun, als ob es regnet. Roman in vier Erzählungen, 2017; Die Unschärfe der Welt, 2020.
Literatur: A. SAVIN, Verlieren, wiederfinden u. verwandeln in ~s ‹Halber Stein› (in: Lingua. Language and Culture 12, H. 2) Cluj-Napoca 2013, 105–112; P. HOCHGATTERER, Die narrative Kartographie der ~. Zur Verleihung des Alpha-Lit.preises (in: LuK 54, H. 531/532) 2019, 29–35; H. SERFAS, Gegenwartsautor*innen im Mus.film (in: Verfilmte Autorschaft. Auftritte von Schriftsteller*innen in Dokumentationen u. Biopics, hg. T. HOFFMANN, D. WOHLLEBEN) 2020, 227–242, hier 235; Kunststiftung Baden-Württ. (Internet-Edition); Lit.port Autorenlex. (Internet-Edition); Lit.szene Stuttgart-Region, StB Stuttgart (Internet-Edition). FA

Wolfrum, Erika → Haake, Marianne.

Woolf, Marah (eig. Ina Körner; weiteres Ps. Emma C. Moore), * 11.11.1971; absolvierte 1990–92 eine Lehre als Bankkauffrau bei der Dresdner Bank, studierte später Politikwiss. u. Gesch. an der Univ. Magdeburg, zeitweise als Hörb.produzentin tätig, ihr Jgdb. ‹Sister of the Stars› gelangte 2020 auf die Spiegel-Bestsellerliste; lebt in Magdeburg. – Indie Autoren Preis der Leipziger Buchmesse (2013), LovelyBooks Leserpreis (2014, 2015, 2019). – Schriftstellerin.
Schriften: [MondLichtSaga] (Fantasy-Rom.) I MondSilberLicht, II MondSilberZauber, III MondSilberTraum, IV MondSilberNacht, 2011–15 (Selbstverlag); [BookLessSaga] I Wörter durchfluten die Zeit, II Gesponnen aus Gefühlen, III Ewiglich unvergessen, 2013/14; Wie fallender Schnee

(Rom.) 2014 (NA in der «Federleicht»-R., s. u.); [Zuckergussgeschichte] I Zum Anbeißen süß, II Zum Vernaschen zu schade, III Cookies, Kekse, Katastrophen, IV Himbeeren im Tee, V Erdbeeren im Schnee, VI Lebkuchen zum Frühstück, VII Zimt, Zoff und Zuckerstangen, VIII Liebe ist wie Zuckerwatte, IX Marshmallows im Kakao, X Küsse mit Schlagsahne, 2014–18; Finian Blue Summers. Say Something, 2016 (alles Selbstverlag); [Götterfunke] (Jgdb.) I Liebe mich nicht, II Hasse mich nicht, III Verlasse mich nicht 2017/18; Fanny Rose Eden. Timing is everything, 2018 (Selbstverlag); [Federleicht] (Jgdb., Illustr. v. C. Liepins) I Wie fallender Schnee, II Wie das Wispern der Zeit, III Wie der Klang der Stille, IV Wie Schatten im Licht, V Wie Nebel im Wind, VI Wie der Kuss einer Fee, VII Wie ein Funke von Glück, 2018; [Angelussaga] (Fantasy-Rom.) I Rückkehr der Engel (Selbstverlag), II Zorn der Engel, III Buch der Engel, 2018/19; Tausend Mal schon. Ewig ist nicht genug, 2019; Fluch der Aphrodite (Jgdb.) 2020; [HexenSchwesternSaga] (Jgdb.) I Sister of the Stars. Von Runen und Schatten, II Sisters of the Moon. Von Siegeln und Knochen, III Sisters of the Night. Von Ringen und Blut, 2020/21; [AtlantisChroniken] (Jgdb.) I Zepter aus Licht, 2021 (ff.).

Literatur: U. SCHNEIDER, Ein System geprägt von Wertigkeiten. Das Buch u. sein Markt (in: Lit. für Leser 38, H. 2) 2015, 85–97; M. STIERSTORFER, Antike Mythen in der Kinder- u. Jugendlit. der Ggw. (in: Forum Classicum 62, H. 2) 2019, 96–104.

FA

Wuger, Paula → Preyer, Josef J.

Wulff, Sara → Grotthuß, Sophie Leopoldine Wilhelmine von.

Wydmond, K. → Nekvedavicius, Christian.

Y

Yaghoobifarah, Hengameh, * 1991 Kiel; Abitur in Buchholz in der Nordheide, ab 2011 Stud. der Medienkulturwiss. u. Skandinavistik in Freiburg i. Br. u. Linköping, Praktika u. a. bei «An.schläge. Das feminist. Magazin» (Wien), danach freie Journalistin u. Bloggerin, ab 2014 Red. bei «Missy Magazine» (Berlin), ab 2016 Kolumnistin bei der «taz» (Berlin), lebt in Berlin; trat als auch Erzählerin hervor u. gab eine krit. Anthol. zum Thema Heimat heraus; Veröff. u. a. in «SPEX» (Berlin). – Journalistin, Schriftstellerin.

Schriften: Ich war auf der Fusion, und alles, was ich bekam, war ein blutiges Herz (Erz.) 2018; Ministerium der Träume (Rom.) 2021.

Herausgaben: Eure Heimat ist unser Albtraum (mit F. AYDEMIR) [2019].

Literatur: E. BERENDSEN, D.-N. CHEEMA, ‹Wir machen Identitätspolitik aus Notwehr›. Auf eine Lemonade beim Missy Magazine. Stefanie Lohaus u. ~ sprechen über das Bashing der Identitätspolitik, die übl. Fan-Probleme u. – Lederhosen (in: Trigger-Warnung. Identitätspolitik zw. Abwehr, Abschottung u. Allianzen, hg. E. BERENDSEN u. a.) 2019, 191–205. MM

Z

Zapf, Nora (eig. Eleonore Z.), * 1985 Paderborn; studierte 2006–12 Romanistik, Germanistik u. Politologie in München u. Lissabon, lehrte 2013 in Buenos Aires, war ab demselben Jahr Doktorandin in München, dort 2017 Promotion zum Dr. phil. («Ungeheurer Atlantik. Absenz u. Wiederkehr in ausgewählten atlant. Poetiken des 20. Jh.»), ab 2018 wiss. Mitarb. am Inst. für Romanistik der Univ. Innsbruck, weitere Lehr- u. Forschungsaufenthalte u. a. in Havanna (Kuba); lebt in Innsbruck; veröffentlichte u. a. Lyrik, lit.wiss. Arbeiten (etwa über Jorge Luis Borges) sowie span.-dt. u. portugies.-dt. Übers.; Hg. von Konferenzschriften. – Romanistin, Schriftst., Herausgeberin.

Schriften: Homogloben (Ged.) 2018; Rost und Kaffeesatz (Ged.) 2018; Dioden, wie es Nacht (vierhändig) (Ged.) 2021.

Übersetzungen: F. Pessoa, Der Seemann. Ein statisches Drama in einem Bild (mit O. PRECHT) 2016; M. Papasquiaro, Ratschläge von 1 Marx-Schüler an 1 Heidegger-Fanatiker, 2018.

Herausgaben: Politik der Metapher (mit A. HÖLZL u. a.) 2015; Screenshots. Literatur im Netz (mit K. LANGE) 2020. MM

Zarbock, Matthias, * 4.6.1970 Brandenburg/Havel; studierte Germanistik u. Bibliothekswiss. an der HU Berlin, 1990–93 Mitgl. der «Vereinigten Linken», 1998–2005 Lektor für Hörsp. beim WDR, ab 2000 Mitgl. der PDS bzw. «Die Linke», ab 2003 Mitarb. der Fraktions-Geschäftsstelle bei der Bezirksverordnetenverslg. Pankow u. ab 2006 dort Geschäftsführer, ab demselben Jahr Mitgl. der Bezirksverordnetenverslg. Pankow, dort ab 2016 Fraktionsvorsitzender, ab 2014 zudem wiss. Mitarb. eines Wahlkr.-Büros, auch Mitgl. im Bezirksvorstand seiner Partei in Pankow; lebt seit 1990 in Berlin; verfaßte u. a. Lyrik, Erz. u. Essays. – Politiker, Lektor, Schriftsteller.

Schriften: Waldmeisters Tarnfarbe (Ged.) 1993; Tadorna, Tadorna! (Ged., Fotos v. L. Nickel) 1995; Folge (hg. M. BARCK, Siebdruck v. P. Carle) 1995; Gott des Scheiterns (Ged., hg. DERS., Siebdruck v. K. Wiete Wulsten) 1997; Matthias Zarbock, 2000; Die Farben (Ged., Illustr. v. D. Nickel) 2006. MM

Zarnegin, Kathy, * 1964 Teheran; wuchs in Teheran auf, lebt seit 1979 in der Schweiz, studierte Philos., Germanistik u. Gesch. in Basel u. Zürich, 1997 Promotion zum Dr. phil. in Zürich («Tierische Träume. Lektüren zu Gertrud Kolmars Ged.bd. ‹Die Frau und die Tiere›»), Ausbildung zur Psychoanalytikerin sowie Psychotherapeutin u. entspr. Praxis, Mitbegründerin des Lacan-Seminars in Zürich u. des Internat. Lyrikfestivals Basel (auch Päs. des Ver.), daneben Lehraufträge, etwa an der Univ. Basel; lebt in Basel; publizierte u. a. Lyrik, Ess., Kat.texte, pers.-dt. Übers. u. germanist. Arbeiten (etwa über Rainer Maria → Rilke); auch Hg. von Anthol. u. Aufs.slg.; Veröff. u. a. in «Basler Magazin», «Orte. Eine Schweizer Lit.zs.» (Zürich) u. «Das Ged. Zs. für Lyrik, Ess. u. Kritik» (Weßling). – Psychotherapeutin, Schriftst., Herausgeberin.

Schriften: C. Wick, KopfFall (Bildbd., Texte v. Z.) 1995; H. Schaffner, Goldlight (Kat., Texte v. Z.) 1996; Evaseleien, 1998; Barock und Blues. Kunst im Blauen und Weissen Haus – eine Intervention von Crista Ziegler und Peter Suter (Text v. Z., mit H. GRABER, H. TSCHUDI, hg. Kunstkredit Basel-Stadt) 2001; A. Lüdin, Fanatics. Fotografien 1999–2001 (Texte v. Z., mit B. LUKESCH, V. ZWIMPFER) 2001; Das geniale Rennpferd, 2002; SaitenSprünge (Ged.) 2006; Der Trieb zum Krieg, 2015; Essays, 2015; Chaya (Rom.) 2017; Exerzitien des Wartens (Gedanken u. Aphorismen) 2021; Lost in Hell (Ged.) 2021.

Übersetzungen: S. Sepehri, Der Puls unserer Buchstaben schreibt in Abwesenheit der Tinte, 1998.

Herausgaben: buchstäblich traurig, 2004; Die Wissenschaft des Unbewussten, 2010; ‹Erklär mir, Liebe› (mit A. CREMONINI) 2013.

Literatur: M. SHAFI, Tierische Träume (in: Colloquia Germanica 33) 2000, H. 2, 204–206. MM

Ziefle, Pia, * 1974 Laupheim/Baden-Württ.; besuchte die evang. Klosterschule in Maulbronn/Baden-Württ., 1993 Abitur ebd., ließ sich zur Siebdruckerin ausbilden, ging nach Berlin, studierte Neuere dt. Lit.wiss. u. Philos. (ohne Abschluß), arbeitet als freie Autorin im Bereich E-Learning u. Multimedia, unterrichtet Interactive Storytelling u. a. an der Games Academy in Berlin, ab 2009 Betreiberin des Blogs «Denkding» u. ab 2013 des gleichnamigen Twitter-Accounts, eröffnete 2018 eine Buchhandlung in Mössingen/Kr. Tübingen, verfaßte Beitr. zu Digitalisierung u. Medienpolitik; seit 2013 Mitgl. des Förderkr. dt.sprachiger

Schriftst. in Baden-Württ., seit 2016 Mitgl. des P.E.N.-Zentrums Dtl., Mitgl. des Ver. für Digitalpolitik «D64»; lebt in Mössingen. – Stipendium des Förderkr. dt.sprachiger Schriftst. (2013). – Schriftst., Doz., Buchhändlerin.

Schriften: Suna (Rom.) 2012; Länger als sonst ist nicht für immer (Rom.) 2014.

Literatur: Lit.port Autorenlex. (Internet-Edition). FA

Zipfel, Daniel, * 1983 Freiburg/Br.; wuchs in Wien auf, studierte dort bis 2007 Rechtswiss., ab 2008 Rechtsberater für Geflüchtete, ab 2011 Ausbildung am «Inst. für Narrative Kunst» (Wien), Mitgl. der «Grazer Autorenversammlung», lebt in Wien; trat mit Ess., Rom. u. Erz. hervor, die vor allem die Themen Flucht u. Asyl behandeln; Veröff. u. a. in «Karussell. Bergische Zs. für Lit.» (Remscheid) u. «Driesch. Zs. für Lit. u. Kultur» (Drösing). – u. a. Anerkennungspreis der Wuppertaler Lit.biennale (2014), Prämie des öst. Bundeskanzleramtes (2015), Aufenthaltsstipendium in Paliano der Öst. Gesellsch. für Lit. (2018). – Jurist, Schriftsteller.

Schriften: Eine Handvoll Rosinen (Rom.) 2015; Die Wahrheit der anderen (Rom.) 2020.

Literatur: R. Tahoun, Multiperspektivität der Flucht in Maxi Obexers ‹Wenn gefährl. Hunde lachen› (2011), ~s ‹Eine Handvoll Rosinen› (2015) u. Emad Blakes ‹Mama Merkel› (2016) (in: Grenz-Übergänge. Zur ästhet. Darst. von Flucht u. Exil in Lit. u. Film, hg. M. Bauer u. a.) 2019, 19–37; S. Vlasta, Traiskirchen and the language of the law in ~'s Novel ‹Eine Handvoll Rosinen› (2015) (in: Austria in transit. Displacement and the nation-state, hg. D. Holmes u. a.) Cambridge 2019, 202–213.

MM

Zitter, Martha Elisabeth, * 1655 oder 1656 Kronach (?) (Bayern), † nach 1678; kam mit 14 Jahren (um das Jahr 1670) auf Wunsch ihrer Mutter Maria Margarethe Zitter (später verh. Hübner von Rosenberg) in das Erfurter Weißfrauenkloster der Ursulinerinnen, u. a. um die frz. u. lat. Sprache, musische Fächer u. entsprechende Umgangsformen zu erlernen, wurde wohl nach nur 14 Tagen Klosteraufenthalt gegen den Willen ihrer Mutter zum Noviziat überredet, floh am 1.1.1678 aus dem Kloster u. fand zunächst Zuflucht in Erfurt, begab sich jedoch noch am 22.1.1678 unter den Schutz Herzog Friedrichs I. von Sachsen-Gotha-Altenburg (1646–1691) in Gotha, wurde dort am 14.2.1678 in das fürstl. Frauenzimmer aufgenommen u. konvertierte zum evang.-luth. Glauben, floh am 28.5. desselben Jahres nach Bamberg u. kehrte zum Katholizismus zurück (am 17.6.1678), soll dort gestanden haben, daß das in Gotha abgelegte u. unter ihrem Namen publizierte Bekenntnisschreiben zum luth. Glauben nicht von ihr geschrieben worden sei, sondern von dem herzogl.-sächs. Sekretär Hieronymus Brückner (1639–1693), trat bald in das St. Ursulakloster in Kitzingen/Main ein (von dort kamen 1670 die ersten Ursulinen ins Erfurter Kloster); der Mainzer Kurfürst, Stadtherr von Erfurt, führte zudem eine Klage gegen Z. wegen Klosterdiebstahls im Wert von 200 Reichstalern. In dem erwähnten 1678 in Gotha publizierten Pamphlet berichtete Z. über die Gründe ihrer Flucht aus dem Erfurter Kloster u. ihre Abkehr vom Katholizismus, nach ihrer Rückkehr zum Katholizismus ging ein weiteres Pamphlet in Druck, mit dem ihre abermalige Konversion gerechtfertigt wird – Brückner bezweifelte in einem 1679 erschienenen Verteidigungsschreiben, daß Z. dieses Schreiben verfaßt hat. Z.s Schr. sind als Briefe an ihre Mutter verfaßt. – Vermutliche Verf. rel. Streitschriften.

Schriften: Gründliche Ursachen welche Jungfer Marthen Elisabeth Zitterinn bewogen/ das Frantzösische alias Weiß-Frauen Kloster in Erffurt/ Ursuliner Ordens/ zuverlassen/ und sich zu der waaren Evangelischen Religion zubekennen. In einen [!] Schreiben an ihre Mutter (Tit.) Frau Maria Margaretha jetzo (Tit.) Herrn Johann Hübners von Rosenberg/ Obr-Leutenants/ und Fürstl. Bamberg. Commendantens in Cronach Eheliebste/ Angezeiget […], 1678 (in mind. 4 Aufl. in Gotha und Jena erschienen, online: ThULB Jena, BSB München); Gründliche Ablehnung Der Ungegründeten Aufflagen/ welche Jungfer Marthen Elisabeth Zitterin Weyland gewesener Ursuliner Nonnen zu Erffurt In einem/ dem also titulirten Unüberwindlichem Catholischen Zeughause Herrn P. Marcus Schönemanns unter einem erdichteten Namen Petrus Wahrenfelß angehengtem/ und dem Leser zur Nachricht hier mit beygedrucktem Schreiben/ gethan werden. Durch ein anderweitiges Schreiben an Ihre Frau Mutter angezeiget […], 1678 (online: ThULB Jena); Gründliche Vorstellung Der Heiligen Römisch-Catholischen Lehr von dem Geistlichen Stand/ und dessen Gelubden, Verdienst der guten Werck, Anruffung der Heiligen, Ablaß, Beicht, Fegfewer, und Hochhheiligstem Sacrament deß Altars. Oder Aufferwachtes Gewisses Und Wahrhaffte Ursachen, Welche mich Schwester Marthen Elisabeth von Jesu bewogen Von dem Lutherthumb und Hof-Leben Zu der H. Catholischen Kirchen under die Clösterliche Zucht widerumb zuruck zu tretten. In einem Schreiben an meine liebe Mutter Frau Mariam Margaretham vormahls Zitterin/ anjetzo H. Obristen Lietenants Johann Hübners gewesenen Hochfürstl. Bamberg. Commendantens in Cronach Eheliebste, 1678 (darin ist folgendes vierstrophiges Lied für Cantus-Stimme enthalten: «Jesum ich von gantzen Hertzen zum Gespons erwehlet hab. Hertzliche Erklärung Meiner zu Jesu tragenden innbrünstigen Lieb»; online: BSB München).

Ausgabe: Convents Confront the Reformation. Catholic and Protestant Nuns in Germany (ed. M. WIESNER-HANKS) Milwaukee 1996, 81–107 (enth. die 4. Aufl. von «Gründliche Ursachen welche Jungfer Marthen Elisabeth Zitterinn bewogen [...]» mit engl. Übersetzung).

Bibliographien: L. TRAEGER, Das Frauenschrifttum in Dtl. von 1500–1650, Diss. Prag, 1943, Anh., 42; J. M. WOODS, M. FÜRSTENWALD, Schriftst.innen, Künstlerinnen u. gelehrte Frauen des dt. Barock. Ein Lex., 1984, 138.

Literatur: M. SCHÖNMANN, Das Unüberwindtliche Catholische Zeug-Hauß, Welches Nach vielen Furiosen/ aber vergeblichen/ von H. Caspare Sagittario, H. Johann Friderich Mayer/ M. Jo. Simon Schernhauer und Einem (also genant) Evangelischen Studioso, gethanen Stürmen Glücklich [...] Entsetzet worden, 1678 (enthält: «Posscriptum Eines Send-Schreibens Herrn Andreae Wunderlich/ Bürgern zu Würtzburg, An Herr Petrum Wahrenfelß/ Bürgern zu Erffurt, Und dessen Beantwortung» [‹Petrus Wahrenfelß› = Ps. von Marcus Schönmann]; online: SB Berlin); Schonemannus Heautontimorumenos. Das ist Kurtze/ jedoch gründliche Anzeige/ Wie der Jesuit P. Heinrich Schönemann/ bey fernerer mündlichen Widerlegung deß wider das Catholische Zeughauß von Hn. Casp. Sagittario Hist. Prof. zu Jena/ herausgegebenen Sendschreibens wie auch etlicher anderer Evangelischer Schrifften/ sich abscheulich prostituire. In einem zwischen zweien Studiosis zu Erffurt unlängst gehaltenem Gespräch/ darinnen [...] sonderlich Jungfer Martha Elisabeth Zitterinn/ gewesener Päbstischen Nonnen Bekehrung zu der Evangelischen Religion, vorkommen/ ausgeführet [...], 1678 (online: BSB München); Gründliche Widerlegung der angegebenen Ursachen/ Welche Jungfer Marthen Elisabeth Zitterin/ jetzo Nonne des Ursuliner Klosters zu Kitzingen in Francken am Mäyn/ unter dem Namen von Jesu/ bewogen haben sollen/ Die Evangelische Religion/ und den Fürstl. Sächs. Hof zum Friedenstein/ zu welchen Sie vorher [...] aufgenommen worden/ wieder zu verlassen. Darinnen die Päbstischen Lehren von dem Kloster-Stande/ und dessen dreyen Gelübden [...] examiniret werden/ Zur Ehre Gottes [...] aufgesetzet und heraus gegeben Von Hieronymo Brücknern/ I. U. L. Lehn-Secretario daselbst, 1679 (online: ThULB Jena); C. F. PAULLINI, Hoch- und Wohl-gelahrtes teutsches Frauenzimmer [...], ²1712, 166; G. S. CORVINUS (AMARANTHES), Nutzbares, galantes und curiöses Frauenzimmer-Lexicon [...], 1715, 2164; J. A. PLANER, Gynaeceum Doctum, d. i. Von gelehrtem Frauenzimmer, 1715, 69; K. M. WILSON, An Encyclopedia of continental women writers, 1991; M. SLUHOVSKY, The Devil in the Convent (in: American Historical Review 107) 2002, 1379–1411; Friedrich I. von Sachsen-Gotha u. Altenburg. Die Tagebücher 1667–1686, Bd. 3: Komm. u. Reg. (bearb. R. JACOBSEN, Mitarb. J. BRANDSCH) 2003, 394 u. 837; E. KORMANN, Ich, Welt u. Gott. Autobiographik im 17. Jh., 2004, 178–184; S. EVANGELIST, Nuns. A History of Convent Life 1450–1700, 2007; M. SLUHOVSKY, Believe not every Spirit. Possession, Mysticism, and Discernment in Early Modern Catholicism, 2008, 255 u. 322. MMü

Zons, Achim, * 18.7.1949; studierte Rechtswiss., Politikwiss., Gesch. u. Philos. in Heidelberg u. München, jurist. Staatsexamen, 1983 Promotion zum Dr. phil. in München («Bundeskanzler Willy Brandt u. die linksliberale Presse»), wiss. Assistent an der dortigen Univ., zudem Abschluß an der Dt. Journalistenschule (München), danach Mitarb. u. schließlich leitender Red. bei der «Südt. Ztg.» (München), zuletzt freier Journalist u. Schriftst., lebt in München; verfaßte u. a. Bildbd.-Texte, TV-Drehb. u. Thriller. – Journalist, Schriftsteller.

Schriften: Mallorca (Bildbd., Fotos v. M. Pasdzior) 1988; USA – der Südwesten (Bildbd., Fotos v. H. Friedrich) 1989 (Neuausg. 1993); Wer die Hunde weckt (Thriller) 2016; Beim Schrei des Falken (Thriller) 2019. MM

Zorn, Alma → Korn-Wimmer, Brigitte.

Zuljevic, Tvrtko → Sila, Tijan.